D1730068

Hans Bergel

Die Wiederkehr der Wölfe

Hans Bergel

Die Wiederkehr der Wölfe

Roman

LangenMüller

Dies ist ein Roman. Mit Ausnahme weniger Personen des öffentlichen Lebens, die ihre realen Namen tragen, sind Personen, Namen und Ereignisse frei erfunden.

Besuchen Sie uns im Internet unter
www.langen-mueller-verlag.de

© 2006 Langen*Müller*
in der F. A. Herbig Verlagsbuchhandlung GmbH, München
Alle Rechte vorbehalten
Umschlaggestaltung: Wolfgang Heinzel
Umschlagbild: getty-images, München
Karten: Curt Günther
Herstellung und Satz: VerlagsService Dr. Helmut Neuberger
& Karl Schaumann GmbH, Heimstetten
Druck und Bindung: GGP Media GmbH, Pößneck
Printed in Germany
ISBN 3-7844-3052-X
ab 1.1.2007: ISBN 978-3-7844-3052-2

Inhalt

Wer etwas erklären will,
muß eine Geschichte erzählen.

José Ortega y Gasset (1883–1955)

Pariser Intermezzo im August 1940 und die Kunst, die aus Menschenblut gemacht wird

Nach einer zweitägigen Unterbrechung in Basel und nach Überwindung einiger Zollschwierigkeiten von Rom nach Paris gelangt, hatte sich Waldemar Taucher mit seiner Bekannten Yvonne Marchant für diesen Augustnachmittag im Café Procope verabredet. Bei einer Verwandten in der benachbarten Rue Danton zum Besuch angesagt, hatte Yvonne das Procope vorgeschlagen – das in der Rue d'Ancienne Comédie gelegene Café war in den zurückliegenden Jahren zum gelegentlichen Treffpunkt der beiden geworden. Taucher trat über die Schwelle und nickte den zwei Kellnern im Hintergrund des länglichen, leeren Raumes zu. Geistesabwesend blieb er stehen, ehe er den Skizzenblock und die mit einer weißen Schnur überbundene, pralle Kartonmappe auf den Tisch links von der Tür legte. Er ließ das vertraute Bild auf sich einwirken. Bin ich vor einem Jahr oder erst gestern abend hier gewesen? dachte er.

Als sei die Welt seit seinem letzten Parisbesuch unverändert geblieben, fiel das Licht der Spätnachmittagssonne auch diesmal durch die Glasscheiben der halbgeöffneten Tür und der Fenster ins Innere des Cafés. Es ließ die Wandspiegel leuchten und überhauchte die ovalen Rahmen der zwischen den Spiegeln hängenden nachgedunkelten Bilder mit einem braungoldenen Schimmer, der vom Alter müde geworden zu sein schien. Trotz des Tageslichts brannten die zur Decke gerichteten Milchglasbirnen des Kronleuchters. Auch das ist so wie eh und je, überlegte er.

Waldemar Taucher war eine gute Viertelstunde zu früh eingetroffen. Er wußte aus Erfahrung, daß sich Yvonne, wie jedesmal, verspäten würde. Noch im Stehen bestellte er bei dem lautlos näher getretenen Kellner »Un café au lait, s'il vous plaît«. Er griff nach dem Skizzenblock und rückte sich einen Stuhl zurecht. Den Block auf dem Knie des übergeschlagenen Beins und den Blick immer wieder durchs Fenster auf die

Straße gerichtet, begann er schon wenige Sekunden später mit raschen Bewegungen aus dem Handgelenk zu zeichnen.

Er konnte hier ungestört arbeiten. Niemand kümmerte sich um ihn, niemand sprach ihn an. Nicht erst seit Watteaus und Chardins Tagen verkehrten im Café Procope neben den gutgekleideten Männern mit ehrenhafter Beschäftigung allerlei Künstler und Literaten. Der Anblick selbstvergessen zeichnender oder schreibender Gestalten war hier ebensowenig ungewohnt wie im Deux Magots am Boulevard Saint Germain und, gleich daneben, im Flore, wo er ebenfalls gerne einkehrte, sooft er sich länger in Paris aufhielt.

Nein, dachte er, in Paris hat sich wenig verändert … Wie immer, wenn er zeichnete oder malte, waren seine Gedanken mit beiläufigen Dingen beschäftigt. »Der Arbeit gilt mein Unterbewußtsein«, hatte er einmal zu Yvonne gesagt, »es beherrscht mich, es führt mir die Hand – Frucht des täglichen Trainings seit der Kindheit.« Von dem, was um ihn herum vorging, nahm er nichts mehr wahr.

Waldemar Taucher liebte Paris. Durchaus nicht wegen der napoleonischen oder anderer Großartigkeiten, die es hier gab. Er liebte es auf eine intime Art. Er erinnerte sich des Tages vor sechs Jahren, da er die Studentin der Kunstwissenschaft Yvonne Marchant kennengelernt hatte. Das war, überlegte er, während er mit schnellen und sicheren Strichen des weichen Bleistifts das Faltengesicht der weißhaarigen Frau skizzierte, die neben der Tür stehengeblieben war und, leicht vorgebeugt, die ausgehängte Speisekarte las – eins der typischen Großstadtgesichter, dachte er, die ich noch vor ein paar Tagen auf der Piazza de Quirinale zeichnete, wie klar geordnet noch im Verfall die ebenmäßigen Züge unter der Einwirkung des Nachmittagslichts erscheinen …

Ach ja, das war der warme Junitag auf der Avenue Kléber. Im raschen Vorbeigehen hatte sie die am Rand des Gehsteigs neben der Litfaßsäule stehende leichte Feldstaffelei mit der Handtasche gestreift und fast zu Sturz gebracht. Da er die Arbeit ohnehin hatte beenden wollen, waren sie zusammen vom Étoile bis zum Trocadéro gegangen. Im Gehen, Stehenbleiben, Weitergehen und wieder Stehen hatte er ihr die zwei Dutzend soeben angefertigter Skizzen zeigen müssen. Zuerst hatte er sich über ihre Anmerkungen und das entschieden ausgesprochene Urteil, mehr noch aber über ihr öfter wiederholtes »C'est cela!«

12

amüsiert – aber nur so lange, bis ihm klar geworden war, daß nicht allein genaue Kenntnis, sondern auch ein unbestechliches Urteil ihre Äußerungen bestimmte. Ohne Umschweife hatte sie ihn »Toché« genannt, nachdem er mit Kohlestift in Großlettern seinen Namen auf den grauen Umschlag des Skizzenblocks geschrieben und »un allemand égaré aux Balkans«, »ein auf den Balkan verschlagener Deutscher«, hinzugesetzt hatte. Schlagfertig war ihr zu ihrem Namen die darunter geschriebene Zeile »une bretonne égarée à Paris«, »eine nach Paris verschlagene Bretonin«, eingefallen. Sie hatten gelacht – und waren danach erst recht in Lachen ausgebrochen über das Dorf, das sich selbstgefällig die Welt nennt, als sich herausstellte, daß Yvonne Marchants ältere Schwester, Mireille, mit einem Arzt in eben »jener unaussprechlichen Gegend« verheiratet war – »am anderen Ende des Kontinents«, hatte Yvonne ausgerufen –, aus der auch Taucher stammte, er kannte den fernen Schwager. »Dort kennt auf geheimnisvolle Weise jeder jeden«, hatte er gesagt, »es ist eine mythische Landschaft, die nur versteht, wer dort geboren wurde. Voller Helden, Heiliger und Halunken ...«

Schon zwei Tage später waren sie wieder zusammengekommen. Auf Yvonnes Vorschlag hin hatten sie sich von der Rue du Temple aus durch die alten Stadtviertel zur Bastille aufgemacht – Yvonne wollte ihm die spaßigen Straßennamen vorführen: Die Rue du Petit Musc, die Rue du Roi Doré – die Straße des Kleinen Moschusochsen und die Straße des Vergoldeten Königs. Zu all dem hatte die pariskundige Studentin Unterhaltsames mitzuteilen.

Die Spaziergänge durch Paris, dachte er, die keine waren, weil ihm bei jedem zehnten Schritt neue Motive auffielen, er stehen blieb und wie hypnotisiert nach dem Skizzenblock griff. Belustigt und zugleich begierig, ihn bei der Arbeit zu beobachten, hatte sie vom ersten Tag an die Unterbrechungen mitgemacht. Da waren, erinnerte er sich, die neugierigen Fassaden- und Haustürengesichter auf dem Weg vom Étoile über die Cascade nach Suresnes, die ihn fesselten, die abwechslungsreichen, an ein endloses buntes Karussell erinnernden Kais am Seineufer und die in grünes Lichtgewirr getauchten Baum- und Strauchalleen bei den Gängen durch den Bois. Diese Stadt, dachte er, der ich noch niemals überdrüssig wurde, die mir beim ersten Gang vertraut war, als hätte ich in ihr das Licht der Welt erblickt. Machen das

13

ihre vielen Gesichter? Das unbekümmerte Nebeneinander ihrer großen Gesten und der Winkel des kleinen Glücks?

Mit schnellem Griff riß Taucher das von einem stupsnasigen Mädchenprofil, einem Damenhut, einem Mann mit Hund und einem halben Kinderwagen bedeckte Blatt aus der Heftung und begann mit leichthändigem Strich, die breitbeinig stehende Gestalt des Straßenjungen aufs Papier zu werfen, der, die Hände in den Hosentaschen, zu dem über den Gehsteig hinaushängenden Firmenschild emporstarrte und mit lauter Stimme die Inschrift auf dem schwarzen Grund buchstabierte: »Le Procope, fondé à 1668.« Der Junge stieß einen bewundernden Pfiff aus. Dann war er plötzlich verschwunden. Der ist mir gut geraten! dachte Taucher. O ja, überlegte er, das älteste Café in Paris, einige sagen: auf dem Kontinent.

Voriges Jahr im Spätfrühling, erinnerte er sich … Die Windmühle im Jardin Beaujon mit den Zinnen, die sich Pierre-Adrien ausdachte, der Günstling jenes armen Ludwig XVI., den sie 1793 zusammen mit seiner österreichischen Marie-Antoinette umbrachten … Yvonne war in den Beaujon mitgekommen; sie las in den soeben erschienenen »Nouvelles nourritures« von Gide, lachte manchmal leise auf und schüttelte den Kopf, während ich die Windmühle ein Dutzend Mal Naß-in-Naß malte. Der Park ertrank im Duft der Sommerlinden. Aber die Blätter, die sie sich erbeten hatte, um sie Freunden zu zeigen, wurden ihr in der Métro geklaut – ihre Zerknirschung hatte ich nur damit abfangen können, daß ich tags darauf wieder hinausfuhr und mit zehn neuen Aquarellen wiederkam, die ich ihr schenkte.

Schon die erste Stunde in Paris hatte ihn davon überzeugt, daß sich während der zwei Monate Besetzung durch die Deutschen, einigen von ihnen in feldgrauer Uniform war er auf dem Weg hierher begegnet, in der Stadt wenig, im Procope nichts verändert hatte. »Mannschaft und Offiziere«, hatte ihm Charles de Prince leise gesagt, »verhalten sich unauffällig und bei Kontakten mit Franzosen überraschend freundlich.« Taucher gestand sich ein, daß ihn die Mitteilung beruhigte.

Und der herrliche Blick vom Pont des Arts flußaufwärts, erinnerte er sich, den ich vor zwei Jahren in Öl von der Staffelei weg verkaufte! Die Rue de Rivoli, wenn abends die Lichter der Bogenlampen bis nach Vincennes zu reichen scheinen – das muß ich noch einmal malen, besser als das letzte Mal. Aber auch die prahlerisch auf die Fenster von Charver und Cartier herab- und dem Ritz in die oberen Etagen hineinblikkende Vendômesäule, die kupferfarbenen Herbstblätter in den Tuilerien! Und, ja doch, in der Rue de Tournon jene schöne Antiquitätenhändlerin mit der zusammengerollten gelben Angorakatze im Schoß! Sie war vor dem Hintergrund der rotledernen Foliantenreihe im Sessel eingenickt. Ich erblickte sie zufällig im Vorbeigehen und aquarellierte sie durch die geöffnete Tür. Welch ein Bild! Die Langhaarkatze gleich einem Feuerball zwischen den Schenkeln, schlief die junge Blondine mit leicht zitternden Augenlidern vor dem prunkenden Karminrot der Lederbände, als liege sie im Schatten eines Pfirsichbaums im friedlichsten Winkel der Provence und nicht im Zentrum der brodelnden Stadt … Das sind die Bilder, dachte Taucher, die es nur hier gibt, nur hier. Ich legte der Schlafenden das Blatt vor die Füße und verschwand. Was sie für ein Gesicht machte, als sie es fand? Doch Yvonne, die drei Tage später das Antiquariat in der Tournon betrat, um nach einem Buch zu fragen, und dabei zufällig auf das Aquarell stieß, wollte weder der Buchverkäuferin noch mir die Umstände glauben, unter denen das Bild zustande gekommen war. »Ihr beschummelt mich beide«, sagte sie zornig. Auch die Blondine mit der Feuerkatze werde ich noch einmal malen, nahm er sich vor. Ich will die Farbe ihrer Augen sehen.

Diese Stadt hat so viele Gesichter, wie einer Schritte braucht, um sie hundertmal zu durchqueren, dachte Taucher, strich sich die schwarzen Haare aus der Stirn und begann nach dem letzten Blatt übergangslos, auf einem neuen sich selber aus dem Bild des Spiegels von der gegenüberliegenden Wandseite zu konterfeien. In allen ihren Winkeln nistet Geschichte, die jeder echte Pariser kennt. Von jeder ihrer Brücken sprang schon ein Lebensmüder auf eine Weise ins trübe Wasser der Seine, daß daraus Legenden wurden. Über jedem ihrer Viertel liegt der Hauch familiärer Vertrautheit ihrer Bewohner. Auf jedem ihrer großzügigen Plätze erklangen schon Freiheitsrufe und Revolutionsschreie. Und in den Gefühlen ihrer Menschen ereignet sich immer noch Mirabeaus Zornausbruch vor den vom König heimgeschickten Ständen, als sei das alles nicht vor bald anderthalb Jahrhunderten geschehen, sondern geschähe jetzt, in diesem Augenblick …

Wie wäre es, schoß es Taucher durch den Kopf, ohne zu bemerken, daß Yvonne Marchant in dieser Sekunde das Procope betrat, wie wäre es, wenn ich mich in Paris niederließe? Yvonne blieb stehen. Sie ging um ihn herum und stellte sich hinter ihn; er hatte gerade den Blei-gegen einen Kohlestift eingetauscht, mit dem er lieber arbeitete. Nir-gendwo fühlte ich mich in meinem Leben mehr im Einklang mit mir selber als in dieser Stadt. Hatte ihm Henri Nouveau – »der Mann aus den Karpaten«, wie sie ihn hier nennen, sein Freund alias Heinrich Neugeboren – nicht erst gestern in seiner zwar drittklassigen, doch behaglich-zwanglosen Hotelwohnung zugeredet, es zu tun? »Keiner mischt sich hier in dein Leben ein«, hatte Henri gesagt, auf dem von Notenblättern in seiner Handschrift bedeckten Flügel sitzend, »keiner verzieht hier die Mundwinkel, weil du anders lebst, überall triffst du anregende und gesprächsfreudige Leute …« Henri zeigte mir seine klassisch klaren Entwürfe für eine in Quadratkörpern gedachte Monu-mentalskulptur der Musik Johann Sebastian Bachs. Er setzte sich, als ich ihn darum bat, an den Flügel und spielte die Sonatina Buffa, die ihn den Parisern bekannt gemacht hatte, bei einem Kaffee las er mir seinen gescheiten Essay über die Berührung der Kunst mit der Religion vor.

»Ich gehe von hier nie wieder in den bukolischen Südosten zurück«, hatte er beim Abschied lächelnd gesagt, »wer einmal länger hier lebte, kann das nicht mehr.«

»Und unsere Deutschen? Ich meine das Militär«, hatte Taucher ge-fragt.

»Ach«, er hatte wieder gelächelt, »die werden verschwinden, wie sie gekommen sind. Und sie werden es ebensowenig gelernt haben wie alle anderen Eroberer, daß der Waffensieg über eine Nation der Kultur des Siegers nichts bringt … Das stammt übrigens von Nietzsche«, hatte der schmale, scheue Mann hinzugefügt.

O ja, dachte Taucher, mir liegt die schnelle, sichere Art der Franzo-sen, die Promptitüde, die Genauigkeit ihres Spotts, ihr kühler Gleich-mut, der in jähes Aufbegehren umschlagen kann, sobald ihnen einer zu nahe tritt und die Haltbarkeit ihrer Treue zu diesem Land unterschätzt. Mir liegt ihr Genie der Kontinuität, dachte er, ihr Hängen an der Geschichte, das Verständnis, das sie von ihr haben: Die verbindliche Präsenz des Vergangenen im Augenblick, die den Kultivierten vom Barbaren unterscheidet.

Was mag in ihnen vorgegangen sein, grübelte er, als an jenem »schwarzen Freitag«, wie sie den 14. Juni hinter vorgehaltener Hand nennen, die fremden Truppen unter dem Arc de Triomphe hindurch und mit klingendem Spiel über die Avenue des Champs-Élysées paradiert waren? Und am Tag danach, als sie im Radio den lapidaren Bericht des Oberkommandos der deutschen Wehrmacht gehört hatten, den ich in Rom hörte: »Paris wurde gestern kampflos besetzt und durchschritten. Über dem Schloß von Versailles, in dem 1871 deutsches Schicksal gestaltet und 1919 deutsche Schmach besiegelt wurde, weht die Reichskriegsflagge.« Auf dem Hôtel de Ville sah ich die Haken-kreuzfahne wehen, die auch draußen in Versailles flattert. Und auf dem Platz vor Notre Dame, unter der aus Portalen und Rosetten, aus Blend-arkaden, Fenstern und Türmen zu einem Wunder der Architektur komponierten Steingewebe der Fassade, hatte ein strammer feld-grauer Spielmannszug den Hohenfriedberger Marsch geschmettert.

Ohne die Arbeit zu unterbrechen, schüttelte Taucher den Kopf. Als hätten die braven deutschen Trompeter und Hornisten, die Trommel-schläger und Flötenbläser vor dem Gauklerzelt eines orientalischen Jahrmarkts oder auf der Kirmes in Hintertupfing und nicht vor der Franzosen heiligstem Bau aufgespielt. Hier hatte der Rehabilitierungs-prozeß der Jeanne d'Arc begonnen, hier hatte sich fast vierhundert Jahre später Napoleon zum Kaiser der Franzosen gekrönt … Was um alles in der Welt denken sich die Kerle, die eine uniformierte Bläser-truppe mit Preußenmärschen vor diese Kathedrale schicken, in der das Herz einer stolzen Nation schlägt? …

Der Arc de Triomphe, dachte Taucher, o ja, von jedem Standort aus, zu jeder Jahreszeit stand er mir Modell. Das Flair des Unnahbaren, das ihm aus der Strenge der Vertikalen, aus dem Elefantensilber der Mauern erwächst, hatte es mir schon beim ersten Anblick angetan. Wie souverän er im Scheitelpunkt der Place d'Étoile die Stadt um die Achse der Avenue de la Grande Armée und der Champs-Élysées zur sinnvol-len Einheit bindet und zum lebendigen Ganzen gliedert!

Ah, dachte Taucher mit einem raschen, prüfenden Blick und begann, auf einem nächsten Blatt das Doppelporträt zu umreißen, das sich ihm jetzt im Spiegel darbot. Da steht doch, dachte er, eine Frau! Ich zeich-ne sie gleich mit. Hoffentlich läuft sie mir nicht bald wieder weg. Bleib, bitte, bitte, genau so stehen, wie du jetzt stehst! Er nagte sich, wie es seine Angewohnheit war, wenn er angespannt arbeitete, an der Unter-lippe. Er griff hastig in die Rocktasche und holte mit der von der Kohle längst geschwärzten Hand einen neuen Stift hervor. Der Männerkopf unten auf dem Blatt, das bin ich, dachte er – aber der Frauenkopf halb rechts darüber mit den kurz geschnittenen dunkelblonden Haaren und dem kapriziösen Sarazenenschnitt um die Augen … Nein, schön ist das Gesicht nicht, aber aufregend. Der ausdrucksvolle Kopf, der eigenwillige volle Mund, der starke Blick – ein Gesicht zum Zeichnen, zum Malen. Das Bild auf dem Blatt begann, Form und Tiefe zu gewinnen. Mein Gott, was für Augen die Frau hat, dachte Taucher, während seine bald hämmernde, bald gleitende Hand fast gleichzeitig nach allen Seiten über das Papier fuhr. Noch niemals sah ich so ein Gesicht. Ich werde sie fragen, ob ich sie gelegentlich in Öl porträtieren darf. Soll ich sie bitten, sich jetzt nicht vom Fleck zu rühren? … Das Sonnenlicht war einen Ton gedämpfter, weicher, das Spiegelglas dunkler geworden. Das gefiel ihm, denn es nahm seinen Strichansätzen die Härte.

Wie hatte der achtundfünfzigjährige Georges Braque vor drei Tagen gesagt, als ich ihn am Square de Montsouris in seinem stillen Atelier mit dem Blick auf die Baumwipfel des nahen Parks besuchte? »Die Linie darf nicht trennen, ihre Aufgabe ist es, zu verbinden, was inner- und außerhalb ihrer liegt. Nur so werden die Dinge, die wir zeichnen und malen, in dem Zusammenhang verständlich gemacht, in den wir alle eingeschlossen sind. Nur so wird Form sichtbar. Nur so! Die Form ist der Geist der Kunst«, hatte der Mann mit dem ausdrucksvollen, weißhaarigen Kopf gesagt. Die Pfeife in der Rechten, Beine in grüner Rippensamthose, Füße in Hausschuhen aus Plüsch, um die Schultern eine bequeme, ausgeschossene Leinenjacke von undefinierbarer Farbe, hatte er vor mir gestanden und war sofort auf die Arbeiten eingegangen, die ich mitgebracht hatte. »Splendide«, hatte er einige Male gesagt und dabei kurz die Hand gehoben.

Georges Braque, dachte Taucher, elektrisiert bis in die Fingerspitzen von der Rassigkeit der Frau, die immer noch hinter ihm stand und deren Porträtierung er jetzt ungleich mehr Aufmerksamkeit widmete als der des eigenen Kopfes – auch er ist Geschichte dieser Stadt: Der Mann, der die Idee hatte, die Form auf ihren linearen Grundgedanken zurückzuführen, damit der Blick frei werde für das Wesentliche … In dem mit Bildern vollgehängten Atelier, auf dessen Stühlen, Sesseln und Tischchen seltsam geformte Vasen, Masken, auffallend große Muscheln und eine Menge bunter Schüsseln standen, hatte ihn Braque am Arm genommen, zum Fenster geführt und auf die nahen Parkbäume gezeigt. »Schauen Sie genau hin«, hatte er gesagt, »keine der Linien ist eine Grenze. Jede verbindet, was sie umgibt. Im Trennenden liegt zugleich das Verbindende. Man muß das nur sehen.«

Während des ganzen Tages nach dem Besuch hatte Taucher die ruhige Nähe des Mannes am Square de Montsouris gespürt.

In diesem Augenblick sagte Yvonne Marchant hinter ihm: »Monsieur Taucher, es ist dir doch klar, daß jeder weitere Strich die exzellente Arbeit verdirbt …«

Taucher fuhr herum. »Yvonne!« rief er.

»… Und daß diese kalte, unansehnliche Tinktur, die einmal ein Kaffee war«, fuhr Yvonne fort, »eine Beleidigung jedes Pariser Kellners ist.« Ehe Taucher Stift und Skizzenblock auf den Tisch legen konnte, hatte Yvonne »deux petits noirs« bestellt und sich gesetzt. Sie war mit den Blättern beschäftigt, die sie vom Tisch und vom Parkettboden aufgelesen hatte. Taucher küßte sie auf die Stirn, was sie mit »C'est cela!« kommentierte.

»An euch Künstlern ist etwas Unmenschliches«, sagte sie und betrachtete aufmerksam ein Blatt mit einem Mädchenkopf, »ihr seht nicht die Mutter, den Bruder, die Geliebte, den Freund. Ihr seht das Modell, das ihr vor euch habt. Das Verletzende, das darin liegt, ist euch nicht bewußt, daher kümmert es euch nicht.«

»Wir sehen den Menschen«, sagte Taucher und setzte sich Yvonne gegenüber.

»Ach ja«, lachte sie, »den Menschen … Den Menschen als Vehikel eurer Zwecke, als Objekt eurer künstlerischen Absicht. Das ist von der Menschlichkeit so weit entfernt wie der Himmel von der Erde … Da stehe ich also eine geschlagene Viertelstunde lang hinter ihm. Er blickt mir andauernd ins Gesicht, zeichnet es und versäumt darüber das Nächstliegende: den Menschen wahrzunehmen, dem das Gesicht gehört … Ich bin übrigens hungrig. Ich werde mir vor dem Kaffee ein Steak frites leisten. Das Fleisch ist doch frisch und mager, monsieur?« fragte sie den Kellner und zog die volle Kartonmappe an sich heran.

»Évidemment, madame«, antwortete der Mann.

Yvonne hatte die Mappenschnüre geöffnet, den Umschlag aufgeklappt und nach dem ersten Blatt gegriffen.

»Es ist der Preis«, sagte Taucher, »den wir dafür zahlen.«

»Soso«, sagte Yvonne, »der Preis wofür?« Sie griff nach dem nächsten Blatt.

»Dafür, daß wir euch für die Dauer eines Augenblicks in die Seele schauen müssen«, erwiderte Taucher.

»Müssen?« fragte sie, »wieso denn müssen?«

»Das ist der Wille der Kunst«, sagte Taucher.

»Ach nein«, entgegnete Yvonne spöttisch, »ihr krempelt unser Innerstes nach außen, dann laßt ihr uns stehen und geht weiter. Und mit dem nächsten, dessen Aufmerksamkeit euch aus unerfindlichen Gründen erregt, treibt ihr das gleiche.«

»Und bei jedem lassen wir ein Stück von uns zurück«, sagte Taucher, »bei jedem.«

»Ihr Armen«, gab Yvonne zurück, »es wächst euch nach wie der Hydra der verlorene Kopf.«

»Der Vergleich«, sagte Taucher nach einer Pause, »der Vergleich gefällt mir nicht.«

»Mir auch nicht«, erwiderte Yvonne.

»Wir ›verbrennen‹ jedes Mal, es ist nur ein Wort«, sagte Taucher und betrachtete Yvonne aufmerksamer als bisher, »jedes Mal«, wiederholte er.

»Ich weiß, ich weiß«, sagte Yvonne und schob einige Blätter beiseite, »euer Autodafé – und der Vogel Phönix ... Oder?«

»Ich meine«, sagte Taucher nachdenklich, »wir sehen nicht nur Angenehmes.«

»Es ist Krieg«, sagte Yvonne und betrachtete das Blatt in ihrer Hand mit dem Ausdruck großer Konzentration, »und in deinen Arbeiten, mon ami, entdecke ich nichts davon, nichts.«

»Du bist immer noch Kommunistin?« fragte Taucher. »Aus deiner Feststellung spricht Marx. Ideologisierte Kunst, die Kunst als Parteijournalismus.«

»Jetzt bin ich nichts als Französin«, sagte Yvonne, »alles andere kommt nachher.«

»Ich verstehe«, sagte Taucher. Yvonne war ganz in die Betrachtung der Zeichnungen vertieft.

Der Kellner legte das Gedeck auf den Tisch. Als er Yvonne das Essen brachte, schwiegen sie immer noch. Taucher fielen die weißlichen und fleckigen Hände des Mannes auf, der mit einer knappen und sicheren

Bewegung den Teller abstellte. Das Steak dampfte. Das letzte Sonnenlicht fiel durch die Glastür und die Fenster bis zu ihnen herein. Da war der Dampf der heißen Speise erst recht zu sehen. »Bon appetit, chérie«, sagte Taucher und trank von dem Kaffee. »Ich bin kein Krieger«, fuhr er fort, »und ich bin aus dem ersten Krieg so zerschossen heimgekehrt, daß ich für den zweiten nicht mehr tauge … Ich zeichne und male dafür die Menschen. Überall, wo ich sie antreffe, und so, wie sie sich mir bieten. Die einen friedvoll, die anderen streitsüchtig. Ich will sie nicht ändern, mit nichts beglücken, sie nicht belehren. Ich will nur auf meine Art im Dialog mit ihnen bleiben. So tue ich das meine, um unsere Gesprächsfähigkeit zu retten. Ich lasse mir dabei von niemandem dreinreden – von keinem Ideologen der Politik, des Geschäfts, des Militärs, der Kunst. Und so führe ich über alle Katastrophen hinweg, die sie uns bescheren, das Gespräch auch dann fort, nein, gerade dann, wenn sie es uns mit ihrem Messianismus schwer machen. Gibt es eine andere Rettung inmitten der Borniertheiten, die unser Leben bestimmen? Nein, Yvonne«, sagte er ruhig, »ich lasse mir ihre Sprache nicht aufzwingen. Auch nicht deine …« Er stellte die Tasse ab. »Vielleicht«, sagte er nachdenklich, »hat Braque recht – er malt keine Menschen mehr. Vielleicht verzichtet die moderne Kunst aus Ekel vor allem Menschlichen auf das Menschenbildnis.« Er atmete tief auf und sagte in verändertem Ton: »Georges Braque hat mir gut gefallen. Er ist leise, klar, warmherzig.«

Yvonne hatte aufmerksam zugehört. Während sie weiteraß, zeigte sie auf die geöffnete Mappe vor sich und sagte: »Das sind nicht nur neue Arbeiten. Ich sehe, sie stammen aus mehreren Jahren.«

»Ich treffe heute abend Charles de Prince. Wir werden gemeinsam etliches für seine Galerie aussuchen.«

»Zeigst du mir alle?«

»Es sind viele«, sagte Taucher.

»Ich habe Zeit«, sagte sie, »für dich nehme ich mir immer Zeit …«

»Merci«, sagte er nach einer Weile und trank die Tasse leer.

Der erste Blick täuschte mich nicht, dachte er dabei, sie hat einen bitteren Zug um den Mund, den es bisher nicht gab.

»Die paar Blätter, die ich sah, gefallen mir«, sagte Yvonne, »ich bin begierig auf mehr.«

»Merci«, sagte Taucher wieder.

»Vielleicht haben die beiden recht«, bemerkte sie, während der Kellner das Gedeck abtrug, und zog sich die Mappe näher, »Braque und sein Freund Picasso, der ja das Menschengesicht auch nur noch als zerstückelte Fratze malt. Ist es denn anders? Wie malen übrigens die italienischen Kollegen? Sind sie unter dem Faschismus zu ähnlich geistlosen Anstreichern geworden wie die deutschen? ... Ein gutes Blatt!« rief sie und hielt eine Rötelzeichnung in die Höhe, die ein pausbäckiges Mädchengesicht zeigte.

Taucher lächelte. »Sie lehnte an der Brüstung des Vierströme-Brunnens auf der Piazza Navona, die kleine Römerin. Als sie bemerkte, daß ich sie zeichnete, verhielt sie sich still, bis ich sagte: ›Grazie, signorina!‹ Aber als ich ihr die Zeichnung zeigte, lief sie erschrocken weg.«

»Na also«, sagte Yvonne, »genau das meine ich«, sie legte das Blatt beiseite und griff nach dem nächsten, »genau das, was du mir da von der kleinen Römerin erzählst.«

»Ich verstehe dich nicht.«

»Ich werde es dir erklären. Hör zu. Bist du im Louvre einmal auf das ›Kücheninnere‹ des Elsässers Martin Drolling gestoßen?«

Taucher dachte nach, er schüttelte den Kopf und sah sie erwartungsvoll an.

»Nun, im Vordergrund des Bildes«, sagte Yvonne, »hält eine Frau ein großes rotes Tuch ausgebreitet in den Händen.« Sie schwieg.

»Und? Was ist mit dem Tuch?« fragte Taucher.

»Eh bien«, sagte Yvonne, »das Rot, mit dem Drolling dies Tuch malte, ist – Menschenblut.«

»Menschenblut?« Taucher schüttelte heftig den Kopf.

»Ja doch«, sagte Yvonne, »du hast richtig verstanden: Menschenblut.« Sie bat den Kellner um ein zweites Glas Mineralwasser und fuhr fort: »Zwischen 1662 und 1792 wurden in der Val-de-Grâce-Kirche fünfundvierzig Prinzessinnen und Prinzen beigesetzt. Die Angehörigen ließen die Herzen der Toten in Emailkapseln aufbewahren. Als dann der Revolutionskonvent im Jahr 1793 die Abschlachtungen befahl, plünderte der Mob auch die Val-de-Grâce-Kirche. Zu seinem Beutegut gehörten die Kapseln. Was aber hätte das Gesindel damit beginnen können? Es bot sie zum Kauf an. Und da fand sich tatsächlich der Maler Martin Drolling, der die getrockneten Herzen bezahlte, im Mörser zu Staubmehl zerstampfte und daraus jenes Rot von samtenem Glanz herstellte, das die Betrachter bis heute an dem Ölbild auf eine merkwürdige Weise fesselt ...« Yvonne schwieg. Mit hochgezogenen Brauen musterte sie eine Kohlezeichnung, die sie ins Licht hob. Dann sagte sie: »Sicherlich, dieser Drolling handelte im Stande der Unschuld. Die Faszination, die das Rot auf ihn ausübte, war alles, was ihn interessierte ... Soll ich dir etwas gestehen, mon ami? Seine werkbesessene Brutalität ist mir widerlicher als die Raserei der Jakobiner um Robespierre und Saint-Just.«

Das Procope hatte sich zu füllen begonnen, fast alle Tische waren besetzt. Die alten Braun- und Goldfarben der Wände, der Bilder, Tische und Stühle, die im Sonnenschein ausdruckslos gewirkt hatten, gewannen nun im Licht des Lüsters eine verhalten leuchtende Helligkeit, wie sie sich an den Abenden in Räumlichkeiten einstellt, deren Benutzung für diese Tageszeit gedacht ist. Am Tisch neben Yvonne und Taucher hatten zwei weißhaarige Männer Platz genommen. Beide schienen schwerhörig zu sein – sie neigten sich bei der Unterhaltung vor und hielten sich dabei eine Hand hinter die Ohrmuschel. Das Gesicht des einen mit den aristokratischen Zügen fiel Taucher gleich auf. Er hätte am liebsten nach Skizzenblock und Stift gegriffen. Unter anderen Umständen würde er es sofort getan haben. Aber ihm war längst klar, daß er in dieser Stunde Yvonne seine ganze Aufmerksamkeit schuldete. Das Stimmengewirr ringsum verschluckte die Gespräche.

Indessen betrachtete Yvonne immer noch die Kohle-, Stift- und Tusche-Pinsel-Zeichnungen, die sie ohne Hast aus der Mappe holte: Menschengesichter, schlafend, wachend, im Gespräch. Meer-, Gebirgs- und Hügellandschaften. Zerfallene Säulen, auf denen wilder Wein rankte, südländische Innenhöfe. Bauerngehöfte in der Marsch, einzeln stehende Eichenbäume. Geräte wie ein angelehnter Binsenbesen, ein zerrissener Korbsessel, eine an der Wand hängende Gitarre mit bunten Zierbändern. Einige Fjordlandschaften. Aber immer wieder Menschengesichter. Von Frauen, Männern jeden Alters. Erschreckende und beruhigende Gesichter. Verwegene, zerbrochene, scheue, gesammelte. Das alles in der eigenwilligen Handschrift, die Tauchers Arbeiten auszeichnete: aus kantigen, das Gewohnte unvermutet verändernden Linien übergangslos in schwebende Konturen hinübergleitend. Die knappen, präzisen Striche, die wie Messerschnitte waren, hielten sich niemals bei Unwesentlichem auf, sie kommentierten nicht, suchten keine Erklärungen, setzten ebenso jäh an wie ab, zerrissen alles, stellten alles in Frage und zwangen es in eine Form, die dem Betrachter kein Ausweichen erlaubte. »Eine der ehrlichsten Künstlerhandschriften unserer Tage«, war vor kurzem in einer römischen Zeitung zu lesen gewesen.

Yvonnes Gesichtsfarbe wirkte im dämmernden Abendlicht wächsern. Taucher sah ihr eine Zeitlang zu, wie sie eins nach dem anderen der Blätter nachdenklich und konzentriert betrachtete. Sie hat sich verändert, seit ich sie zum letzten Mal sah, dachte er – war es voriges Jahr? Die Falten rechts und links der Mundwinkel sind neu. Er las mit Sorge in ihrem Gesicht.

»Tut das alles sehr weh, Yvonne?« fragte er leise.

Ohne vom Blatt aufzublicken, das sie gerade in die Hand genommen hatte, sagte sie: »Die doppelte Schmach verletzt. Und sie schmerzt …«

Er sah sie fragend an. Sie blickte ihm sekundenlang in die Augen und sagte: »Oui, mon ami, sie ist zweifach … Nicht nur die deutschen Panzerdivisionen walzten unsere Armeen nieder, als hätte es sie niemals gegeben. Auch unsere britischen Verbündeten traten uns ins Gesicht – auf der Flucht aus Dünkirchen stießen sie unsere Soldaten wie Ungeziefer von ihren Barkassen ins Wasser, und einen Monat später fielen sie über unsere Kriegsflotte in den Häfen von Dakar und Oran her und bombten sie mit über tausend unserer Marinesoldaten auf den Meeresgrund, obwohl sie demobilisiert und somit wehrlos waren. Doch das alles weißt du ja ebensogut wie ich.« Sie schwieg, dann sagte sie: »Vom Feind geschlagen, vom Freund angespuckt … Findest du nicht, daß es etwas zu viel ist? … Apropos, wie viele Arbeiten hast du in der Mappe?«

»Ich sagte bereits, daß es viele sind, vielleicht zweihundert. Ich ordnete sie weder nach Entstehungsdatum noch nach Thema. Das werden wir heute nacht bei Charles machen.«

Sie schwiegen eine Weile. Taucher blickte kurz nach nebenan, wo sich die beiden alten Männer gerade wieder über den Tisch beugten und die Hand ans Ohr hielten. »Vergiß es, Yvonne«, bemerkte er, »ihr Franzosen sagt: C'est la guerre, und meint damit das Richtige. Jeder Krieg ist ein Kompendium von Scheußlichkeiten.«

Doch Yvonne unterbrach ihn, als hätte sie ihm nicht zugehört: »Seit dem Juni 1940 hege ich den dringenden Verdacht, daß britisches Fairplay nichts anderes ist als das aus schlechtem Gewissen versuchte Gegengewicht gegen eine immense Neigung zur Gemeinheit. Die Fairneß der Briten – hat sich Sigmund Freud eigentlich niemals dazu geäußert?« Sie sah Taucher an. Der schwieg. Erst nach einiger Zeit antwortete er: »Ich bin um Sachlichkeit bemüht. Den Deutschen wird für den Feldzug gegen euch Gelassenheit und Disziplin bestätigt. Auch von euren Generälen. Erscheinen Angst und Schrecken, die sie angeblich überall verbreiten, nicht unbegründet? Hunderttausende deiner Landsleute, die ihr Hab und Gut stehen ließen und vor ihnen flohen, kehren zurück oder sind schon nach Hause zurückgekehrt, weil nichts von dem eintrat, was eure, noch mehr die englische Propaganda über sie verbreitet … Seit ich in Paris bin, lese ich erstaunt in den Kulturprogrammen von Theater-, Konzert- und Opernaufführungen, dazu von Kunstausstellungen, beachtlichen Buchveröffentlichungen, Literaturveranstaltungen in einer Menge, die nicht nur mir für eine vom Feind besetzte Stadt ganz und gar ungewöhnlich erscheint. Ich hörte sagen, daß der soeben ernannte deutsche Botschafter – Abetz heißt er, wenn ich den Namen recht verstand – ein gebildeter Frankreichkenner und -verehrer ist und sich in allem, was er tut, als ein Mann von Takt, Phantasie und Entgegenkommen erweist.«

»C'est cela«, unterbrach ihn Yvonne und legte das Blatt auf den Tisch, das sie als letztes der Mappe entnommen hatte, »hast du dieser Art noch etwas zu sagen? Nun, über all das kann ich dir viel mehr mitteilen als du in der kurzen Zeit deines Aufenthalts hier erfuhrst. Sehr viel mehr … Hast du zum Beispiel vor einigen Tagen den Hymnus unseres hochgelobten Dichters Paul Claudel auf den Marschall Pétain gelesen? Pétain ging vor den Deutschen wie weiches Wachs in die Knie. Da bietet er sich doch geradezu an als Adressat des Hymnus auf die alte Weisheit der Franzosen von der Priorität des friedlichen Lebens – oder etwa nicht? Gibt es bei uns Romanen seit Vergils Tagen etwas, das mehr Tradition hätte als der Genuß des friedlichen Lebens? … Wie intelligent, wie schön und sinnvoll vom zweiundsiebzigjährigen Claudel, dem Dichter des ›Soulier de satin‹«, höhnte Yvonne, »sich justement zu einem Zeitpunkt daran zu erinnern, da der Feind im Land steht! Nicht wahr? … Auch kann ich dir mitteilen, daß unser literarischer Wunderknabe Jean Cocteau gerade dabei ist, mit seinem ganzen Enthusiasmus eine Ausstellung von Skulpturen des NS-Verherrlichers Arno Breker vorzubereiten. Und hast du je etwas davon gehört, daß unser großer Sprachkünstler, Moralist und Heros der französischen Jugend Henry de

Montherlant von seiner Hitler- und Mussolini-Verehrung abgelassen hätte? Genausowenig übrigens wie unser weltberühmter Humanist Giraudoux? ›La pouissance solaire‹ nannte Montherlant vor kurzem den Nationalsozialismus, ›die Sonnenkraft‹. Und der Rabelais unserer Tage, der geniale Louis-Ferdinand Céline, der unter dem Beifall vieler unserer Intellektuellen alle Hitlergegner und Judenfreunde öffentlich als ›Vampire‹ beschimpfte? … Willst du mehr dieser Art hören? Ich sehe, du machst jetzt schon ein erstauntes Gesicht. Oder deute ich das falsch?«

Yvonne schob das Blatt langsam beiseite. Sie verschränkte die Arme auf dem Tisch, neigte sich leicht vor und sagte: »Längst waren Picasso und Braque freundliche Gastgeber hoher deutscher Offiziere – sie äußerten sich nachher entzückt, sogar hingerissen über deren Höflichkeit und Bildung. Und wenn schon! Da doch erst kürzlich der allseits bewunderte Thierry Maulnier – er wird bestimmt einmal Mitglied der Académie française – in einem brillanten Zeitungsartikel die These verfocht, daß es im Sinne der Geschichtsentwicklung klug gewesen sei, den Krieg gegen die Nazis gar nicht erst richtig begonnen zu haben, ein Sieg Frankreichs, so schrieb er, wäre allgemein als abendländische Katastrophe empfunden worden … Mach, bitte, nicht ein so ungläubiges Gesicht; ich bin in der Lage, alles zu belegen, was ich dir jetzt sage … Und in der Sonne der fernen Campania, wo du, wie ich sehe, den Golf von Salerno so hinreißend skizziertest«, sie nahm das oberste Blatt aus der Mappe und hielt es ihm vor das Gesicht, »hast du mit Sicherheit auch davon nichts hören können, daß sich unser angehimmelter Tanzgott, Ballettmeister und Intendant der Grand Opéra, der elegante Lifar Serge, im Juni darum riß, Hitler höchstpersönlich durch die Oper zu führen … Eh bien, pourquoi pas? Da sich doch unsere Kabarettisten im Casino de Paris und am Montmartre vorzugsweise vor begeisterten deutschen Militärs und Diplomaten produzieren. Und unser vielumjubelter Sacha Guitry? Dinierte der feine Herr nicht vor kurzem wieder im Ritz mit dem Besatzeroberst Speidel? Und sitzt nicht ebenso freundschaftlich unser Existentialist Jean-Paul Sartre – wenn er nicht gerade philosophierend den Kopf mit Ernst Jünger zusammensteckt – mit dem Chef der Besatzungszensur aus dem Hotel Majestic, dem feinen Leutnant Heller, an einem Tisch im Flore und diskutiert mit ihm umständlich und angeregt sein Manuskript ›L'être et le néant‹, nachdem ihm

Heller schon das Placet für die Veröffentlichung seiner soeben erschienenen ›L'imaginaire‹ gab? Wetten, daß auch noch ›L'être et le néant‹ unter den huldvollen Auspizien der deutschen Eroberer erscheinen wird?«

Yvonne legte das Blatt mit dem vom Licht der schräg einfallenden Sonnenstrahlen aufgewühlten Golfo di Salerno beiseite und blickte Taucher lange in die Augen. »Das alles, cher ami«, sagte sie, »sind die ersten aller angesehenen Namen des geistigen Frankreich von heute – was ich dir aufzählte, ergibt ein französisches Kulturlexikon unserer Zeit. Alle die Herrschaften aber, munkeln die Pariser, sind häufiger beim deutschen Botschafter in der Rue de Lille zu finden als daheim bei ihren Familien … Verstehst du, daß ich krank bin vor Zorn, vor Scham, vor Ekel?«

Taucher hob kurz die Hände. »Warum quälst du dich unnötig«, sagte er, »was, bitte, ist denn so Furchtbares bei alldem? Hättest du es lieber gesehen, daß die fremde Armee euer Land kreuz und quer niederrollt, ausplündert, verwüstet? Mehr als die Hälfte ließ sie unbesetzt. Daß ihr umgebracht oder verschleppt werdet? Wäre es denn besser, die Deutschen würden in Paris wie Barbaren hausen, euch mit Verboten und Anordnungen die Luft zum Leben abschnüren? Und hätte es dir eher gepaßt, wenn sie sich, statt höflich zu sein, bestialisch verhielten? Statt in den Läden und Geschäften zu bezahlen, sich einfach bedienen und die Besitzer niederschießen würden? Das alles hat es oft gegeben … Verrenne dich nicht, Yvonne! Und, verzeih, ich hatte in Gesprächen während der paar Tage, seit ich hier bin, manchmal den Eindruck, die Franzosen sehnen sich nach einem Harmonieverhältnis mit den Deutschen, das diese gar nicht wünschen … Es war niemals anders. Der Unterlegene sucht den Modus vivendi mit dem Sieger. Doch davon abgesehen«, fügte er hinzu, »ich habe seit eh und je gute Gründe für die Ansicht, daß Franzosen und Deutsche so lange aneinander leiden werden, solange sie sich nicht im Auftrag ihrer kontrapunktischen Gemeinsamkeit begreifen. Ich weiß mich dabei von Tocqueville bis Nietzsche in bester Gesellschaft. Sollten wir uns nicht mehr als über alles andere hierüber Gedanken machen?«

Draußen war es dunkel geworden. Im Licht, das durch die Glasscheiben auf den Gehsteig fiel, tauchten Gestalten und Gesichter als vorübergleitende helle Kleckse auf, manchmal huschte ein weißer Sommermantel vorbei, ein Augenpaar – Bilder der Flüchtigkeit, die Taucher kurz ablenkten. Yvonne trug über einer weißen Ärmelbluse eine leichte, locker sitzende zinnoberrote Wollweste. Sooft sie sprach, schien sich das Goldkettchen mit dem Kreuz, das ihr um den Hals hing, zu bewegen. Sie machte eine Bewegung, als fröstelte sie, da der Abend angebrochen war. Sie hatte bisher unverändert leise und in gleichmäßigem, fast kühlem Ton gesprochen. Und Taucher spürte seine vorübergehende Verwirrung, als ihm mit einem Mal bewußt wurde, daß er eine starke Zuneigung zu der vor ihm sitzenden Frau empfand und daß dies Gefühl schon seit langem von ihm Besitz ergriffen, ohne daß er sich darüber Rechenschaft gegeben hatte. Da sagte Yvonne mit einem Tonfall, als habe sie alle seine Anmerkungen überhört:

»Aber mir wurde bisher nichts davon bekannt, daß auch nur einer der einflußreichen Herren, die ich dir nannte, etwas für unseren ehemaligen Ministerpräsidenten Paul Reynaud unternahm. Er sitzt im Gefängnis. Oder für die Expremiers Herriot und Blum. Sie sind ebenfalls in Gefahr, festgenommen zu werden. Nicht einmal unser Nationalheros Pétain in Vichy rührt einen Finger für seine Amtsvorgänger, ja er war es, der Reynaud aus Angst vor den Deutschen verhaften ließ. Und auch davon hörte ich nichts, daß sich eine unserer Berühmtheiten gegen die Aushebung und Verschickung französischer Ärzte, Professoren, Ingenieure und Journalisten zur Zwangsarbeit in deutschen Rüstungsfabriken gewendet hätte. Protestiert denn einer dagegen, daß unsere Polizei wie besessen die Jagd der Gestapo und SS auf die Juden mitmacht? Gegen all die Deportationen? Gegen die Folterungen und Hinrichtungen von Franzosen am Sitz der Gestapo in der Avenue Foch? Wie nur heißt dies nach Hitler mächtigste Ungeheuer in Berlin – Heydrich? Reinhard Heydrich, der KZ-Errichter ... Mir wurde unlängst zusätzlich zu den Namen Dachau, Sachsenhausen, Buchenwald noch einer genannt – Auschwitz, ein polnisches Städtchen an der Weichsel. Im Mai ist auch dort eine dieser Heydrich-Ausgeburten, eins dieser Lager errichtet worden, in denen Menschen verschwinden und in denen der Abschaum der höflichen, gebildeten, feinsinnigen Deutschen, von denen du mir erzählst, sein Unwesen treibt. Warst du einmal in Drancy im Pariser Nordosten? Nein, natürlich, wie solltest du auch! Eh bien, jede Nacht fahren von Gestapo und unserer Polizei mit Juden und mit Franzosen vollgepferchte Eisenbahnzüge von dorther ostwärts ...

Weißt du, wie wir unter Freunden das Ziel dieser Züge nennen? ›Nuit et brouillard‹, ›Nacht und Nebel‹. C'est cela! Doch unsere vom Pariser Konzertpublikum vergötterte Pianistin Lucienne Delforge erklärte das Ganze vor zwei Wochen so: ›Unsere Zusammenarbeit mit den Deutschen: Das ist Mozart in Paris …‹«

Yvonne schwieg. Ehe sie fortfuhr, sagte sie noch einmal: »Mozart in Paris also … Das ist alles, was die Delforge begreift. Warum nur erliegen meine Landsleute wieder einmal der Bewunderung für die teutonische Kraft und verdrängen die Erkenntnis, daß Kraft einen anderen Zweck hat als Gewalt? Daß die Deutschen ihre Kraft terriblement mißbrauchen? Auch gegen sich selber! Die Tünche der teutonischen Manieren wird nicht lange vorhalten können, denn die Absicht, die sich dahinter verbirgt, ist kriminell.« Sie blickte Taucher ruhig in die Augen, als sie nach einer Weile hinzufügte: »Du siehst doch ein, daß uns deine Deutschen nichts anderes übrig lassen, als mit den englischen Piraten gemeinsame Sache zu machen? So borniert sind sie obendrein auch noch.«

»An allem, was du mir erzählst, habe ich nur auszusetzen«, sagte Taucher, »daß du die Prioritäten der Scheußlichkeiten willkürlich verteilst. Du weißt, daß ich mich seit Jahren regelmäßig in Frankreich aufhalte. Ebensogut weißt du, daß ich nicht einer von den Malern bin, deren Neugier am Rand der Leinwand oder des Blattes aufhört, das sie gerade bepinseln. Lange bevor der erste deutsche Panzer über französischen Boden rollte, zur Zeit eures Ministerpräsidenten Blum, las ich in einer Pariser Tageszeitung die Schlagzeile ›Lieber Hitler statt Blum‹. Sagte ich dir, daß ich schon zu Beginn des Jahres neununddreißig, als ich zur Frühjahrszeit im Roussillon malte, von meiner Hauswirtin, einer Bäuerin, über Internierungslager informiert wurde, die es in den Pyrenäen gab? Zuerst wurden dort antifaschistische spanische Kämpfer, dann zunehmend französische und andere Juden und schließlich auch antihitleristische Flüchtlinge aus Deutschland und Österreich festgehalten – unter Umständen, als seien sie der Aussatz der ganzen Welt. Sie verhungerten, sie begingen Selbstmord, sie wurden wahnsinnig … Was hatten die Nazis damit zu tun? Nichts. Der Antijudaismus artikulierte sich in eurer Dritten Republik genau so wie in Deutschland. Er tut es heute noch. Das ›J‹ in den Reisepässen von Juden ist kein Einfall der Deutschen, sondern der Schweizer. Soll ich dir die zivilisierten

Staaten aufzählen, die flüchtigen Juden die Aufnahme verweigern? Und hast du außerdem eine Vorstellung davon, mit welchem Haß der Antisemitismus gar die Völker Osteuropas beherrscht? Nein, Yvonne, wir machen es uns zu einfach, wenn wir die Wurzeln des Übels, ›das heute Europa entstellt‹, wie du sagst, allein bei den Deutschen suchen. Sie sind viel weiter verbreitet, das Phänomen ist allgemeiner. Und da eröffnen sich mir im Blick auf Europa Aspekte, die mich frieren machen, weil sie mir die Frage aufdrängen: Ob das Naziunwesen nicht eine europäische Befindlichkeit ist, die von den Deutschen lediglich sichtbar gemacht wird? Sicher, sie sind in ihrem Machtgefühl rücksichtslos und pervers genug, der Verführung zur Tat zu erliegen, die eine Untat ist. Sie kennen, wie üblich, kein Maß. Doch das Umfeld bereiteten viele in ganz Europa vor. Begann das alles im Grundsatz nicht schon mit Lenins und Stalins schauerlichem Kommunismus, dem du so zugetan bist?«

Yvonne hatte während der letzten Sätze nicht mehr zugehört. Jetzt unterbrach sie Taucher mit einer ungeduldigen Handbewegung und starrte das Blatt an, das sie gerade aus der Mappe geholt hatte. Über ihrer Nase zeigte sich plötzlich eine senkrechte Falte. Ausdruckslos blickte sie Taucher an, dann betrachtete sie abermals das Blatt, das sie unsicher auf den Tisch zurücklegte. Sie schob es bis vor Taucher und fragte mit angehaltenem Atem: »Wer – wer ist das?« Innerhalb der letzten Sekunden hatte sich ihr Gesicht verändert. »Wer ist dieser Mann?«

Die Kohlezeichnung war das Bildnis eines Männerkopfs. Die Arbeit mußte einige Jahre alt sein, vom aufgesprühten Fixativ wies das Blatt angegilbte Flächen auf. Taucher nagte sich an der Unterlippe. Langsam schüttelte er den Kopf und sagte: »Du lieber Gott, wenn ich das wüßte … Nein, ich weiß nicht, wer es ist, Yvonne. Irgendein Gesicht eben, dem ich irgendwo begegnete. Warum fragst du?«

»Ich kenne das Gesicht«, sagte Yvonne rasch und griff nach der Zeichnung, »aber – aber nicht so, nicht so.« Sie wiederholte: »Nein, nicht so!«

Taucher schüttelte wieder den Kopf. »›Nicht so‹? Was meinst du damit?«

»Denk, bitte, nach, wer das ist«, sagte sie, und nach einer Pause: »Es geht um Leben und Tod.«

30

Bestürzt betrachtete Taucher die Porträtskizze, die ihm Yvonne ein zweites Mal über den Tisch zugeschoben hatte. Er hielt sie mit ausgestrecktem Arm kurz ins Licht. »Nein«, sagte er dann und legte das Blatt auf den Tisch zurück, »es fällt mir nicht ein, nein. Kennst du denn das Gesicht?« fragte er, »und warum sagst du ›aber nicht so‹? Um wessen Leben oder Tod geht es? Yvonne, ich bitte dich! Muß ich diesen jungen Mann kennen?«

»Du mußt! Ja, du mußt!« Yvonnes Gesichtszüge zeigten immer noch die Angespanntheit, die sie beim Anblick der Kohlezeichnung angenommen hatten. Sie wiederholte: »Ich brauche jetzt deine Hilfe. Du mußt dich erinnern.«

»Ich verstehe nicht«, sagte Taucher, »du kennst ihn, aber du …«

Yvonne unterbrach ihn: »Dieser Mann ist in einem der Sommerkurse aufgetaucht, die ich an der École Nationale Supérieure des Beaux Arts leite. Er ist einer der jungen Deutschen, die bald nach den Truppen hier eintrafen. Sie sind mittlerweile an allen Hochschulen und Universitäten zu finden. Samt und sonders Spitzel der Gestapo, des deutschen Sicherheitsdienstes …« Sie schwieg. Sie blickte Taucher auf eine Weise an, daß dieser erschrak. »Der hier«, sagte sie, »ist gefällig, spricht ein akzentfreies Französisch und hatte vom ersten Tag an keinerlei Probleme im Umgang mit seinen Kommilitonen. Aber noch niemals bisher, noch niemals sah ich sein Gesicht so, wie du es hier zeigst.«

»Bist du sicher, daß es sein Gesicht ist?« fragte Taucher, »ich bitte dich, Yvonne, ich bin doch kein Fotograf.«

»Es ist sein Gesicht!« beharrte Yvonne, »hier – das Kinn, die Nasenwurzel … Vor allem aber mein Gefühl. Das Gefühl, das mir deine Zeichnung von ihm gibt.«

»Die Skizze entstand vor drei Jahren«, Taucher zeigte auf die Jahreszahl und die Signatur am unteren Bildrand, ein großes »W«, darunter klein »Taucher«, »da war ich in Italien«, sagte er, »in Frankreich, o ja, ich besuchte auch die Mutter in Siebenbürgen … Überall Gesichter, Gesichter. Ich zeichnete und malte sie.«

Sie saßen noch eine Viertelstunde im Procope. Doch Yvonnes lebhafter Witz, ihr Einfallsreichtum und ihre Freude am schnellen Wort waren versiegt. Trotz aller Versuche gelang es Taucher nicht, das Gespräch wieder in Gang zu bringen. Yvonne blickte ihn einige Male zerstreut, abwesend, fast hilflos an. Und während er sich um sie bemühte, wurde ihm erst recht klar, wie stark seine Gefühle für sie waren. Das ließ ihn einige Male unsicher werden, stottern und nach Worten suchen. Sie beachtete es nicht, da sie sich mit der Porträtskizze beschäftigte. Auf sein Drängen, wie sie das »Aber nicht so ...« gemeint habe, antwortete sie schließlich: »Ist auf deiner Zeichnung nicht ein ganz und gar gefühlloser Rechner und Beobachter zu erkennen? Das springt dem Betrachter doch geradezu ins Auge. Ich meine, auf deinem Blatt kann der Mann nichts verbergen. Er kann sich nicht hinter einer Bewegung, einem Lächeln, einem Wegschauen, einem Wort verstecken. Du bist ihm zuvorgekommen. Du hast durch alle Möglichkeiten seines Gesichts hindurch aus ihm herausgelesen, was sein unsichtbares Inneres ist ... Du verstehst mich doch? Ach«, rief sie ärgerlich, »ich bin so aufgeregt, daß mir die Worte fehlen. Ich meine, du hast diesen Mann ...« Sie unterbrach sich.

Nach einer Weile fragte Taucher lächelnd: »Was habe ich? Nun sag's schon! Ich habe sein ›Innerstes nach außen gekrempelt‹ – das war doch eben deine strenge, abschätzige Bemerkung.«

»Natürlich, ja«, antwortete sie und strich sich mit einer zerfahrenen Handbewegung die Haare aus der Stirn, »und ich nehme auch keine Silbe davon zurück.« Sie warf Taucher einen ihrer schnellen und offenen Blicke zu und sagte leise: »Cher, ich bewundere dich. Ist dir das noch nicht aufgefallen?« Sie wendete sich brüsk ab, griff nach ihrer Handtasche und sagte: »Sehen wir uns morgen? Bitte, denk über das Gesicht nach. Ich werde seinetwegen heute nacht nicht schlafen ... Ich muß jetzt gehen.«

Obwohl nicht verständigt, stand der Kellner neben dem Tisch und fragte leise: »La note?« Taucher fielen wieder die weißlichen Finger des Mannes auf. Er nickte kurz, »Oui, monsieur«, und griff nach der Geldbörse. Doch während er nun die Banknoten auf den Tisch legte, beobachtete er gleichzeitig mit wachsender Verwunderung die neuerliche Veränderung auf dem Frauengesicht – soeben noch angespannt, lösten sich die Züge um Augen und Mund Yvonnes übergangslos. Taucher war von dem Vorgang so gefesselt, daß er eine Zeitlang vergaß, den letzten Geldschein auf den Tisch zu legen. Lächelnd betrachtete Yvonne ein Blatt, auf das sie zuunterst in der Mappe gestoßen war. Kaum hatte sich der Kellner entfernt, zeigte sie auf die Skizze und rief: »Wo läuft dir ein Kinderkopf mit so bezaubernd verträumtem Blick über den Weg? Mon dieu, ich werde ganz sehnsüchtig davon ... Wer ist der hübsche Bengel?« Sie war außer sich vor Begeisterung. Sie lachte fröhlich und unbeschwert auf.

Belustigt von ihrer abermaligen Veränderung warf Taucher einen Blick auf die Bleistiftzeichnung – im Unterschied zur Kohlenskizze des Männerkopfes trug sie weder Signatur noch Jahreszahl. »Ach, ja doch«, sagte er dann, »jetzt fällt's mir ein – es ist der Sohn eines Freundes. Aber den Namen des Buben vergaß ich ... Der Vater heißt Richard Hennerth ... Augenblick mal«, sagte er und erhob sich vom Stuhl, »du warst doch vor drei Jahren zusammen mit deinem Schwager Doktor Aristide Neguş kurz zu Gast bei Hennerths. Erinnerst du dich? Wir sahen uns dort.«

Doch da hatte sich auch Yvonne vom Stuhl erhoben, sie wirkte wieder zerstreut und abgelenkt. Sie sagte kurz: »C'est cela«, nickte und wendete sich der Tür zu. Nach einem Kopfnicken zu den beiden weißhaarigen Männern am Nebentisch hinüber, die, mit der Hand hinter dem Ohr, so ins Gespräch vertieft waren, daß sie den Grüßenden nicht wahrnahmen, folgte Taucher ihr. »Ich danke dir für den schönen Nachmittag«, sagte er auf der Straße und schob sich die schwere Mappe und den Skizzenblock unter dem Arm zurecht, »ich rufe dich morgen an.« Gleichzeitig fühlte er, daß ihn zum ersten Mal ein Abschied von Yvonne erregte.

Noch vor dem Procope trennten sie sich. Aber nur wenige Schritte, nachdem er ihr den Rücken zugekehrt hatte, wußte Taucher, daß sie sich heute nacht wiedersehen würden. Als er sich umwandte, war sie im Dunkel zwischen den Bogenlampen in Richtung des Boulevard Saint Germain verschwunden.

Taucher ging die Rue Dauphine mit dem Gefühl bis zum Ende, sofort zu Yvonne zurückkehren zu müssen. Er wunderte sich, daß er es nicht tat und weiterging. Bei jedem Schritt wurde er unruhiger. Erst auf dem Pont Neuf blieb er stehen. Er überlegte ernsthaft, Charles de Prince eine Stunde warten zu lassen, um Yvonne aufzusuchen. Er hatte jetzt das sichere Empfinden, daß ihm an diesem Tag noch Unerwartetes bevorstand. Dabei war ihm bewußt, daß er zwischen den Gefühlen für die Frau und der Neugier schwankte, gemeinsam mit ihr die Herkunft des Männergesichtes auf der Kohlezeichnung aufzudecken. Er blickte über die Brüstung auf den Fluß hinab. Das Wasser der Seine leuchtete unter ihm, als bewegten sich dort aus einer Welt der Tiefe geheimnisvoll aufgetauchte Wesen. Rasch ging er weiter. Er traf wenig später bei seinem Freund Charles ein.

Charles de Prince bewohnte die fünf schiefen, schrägen Zimmer der Mansardenflucht eines Hauses in der Rue de Rivoli hinter der Place du Louvre. Wie vereinbart, erwartete er Taucher mit einem selbst zubereiteten Abendessen – und in Gesellschaft seiner sieben Katzen; da Charles abergläubisch war, hielt er niemals mehr und niemals weniger als sieben der Tiere. »Die Sieben ist nicht nur das Glied einer Kette oder das Endergebnis einer Addition«, hatte er einmal gesagt, »und sie war nicht erst für Augustin eine vollkommene Zahl. Nein, sie ist eine Gabe des Heiligen Geistes. In meiner Familie spielt sie eine geheimnisvolle Rolle.«

Tauchers Aufmerksamkeit wurde diesmal von einem Birmakater gefesselt. Eierschalenfarbenes Fell, dunkle Ohren, blaue Augen, weiße Pfoten – all das stand wohl im Gegensatz zueinander, bildete aber dennoch eine Einheit von seltsamer Unnahbarkeit. »Ich nenne ihn den ›Göttlichen Tempelkater‹«, stellte Charles das auffallende Tier vor, »womit ich auf zwei andere gewichtige Namen anspiele: Heilige Birma- und Siamesische Tempelkatze.« Die Tiere wurden von Charles' Freund Jacques betreut, die beiden lebten in enger Hausgemeinschaft zusammen. Zu Tauchers Bedauern war Jacques nicht daheim; die feminine Schönheit des jungen Mannes erstaunte ihn jedes Mal von neuem.

Die vorzügliche Bouillabaisse, die Taucher an der Küche seines langjährigen Bekannten besonders schätzte, entlockte ihm diesmal nicht das übliche spontane Lob. Doch hatte Charles Sardinen, Seehecht und Gelbstriemen – wie immer von Jacques in bester Qualität besorgt – mit einem so köstlich gewürzten Sud sich durchtränken lassen, daß er schließlich dennoch, wenn auch zerstreut, ein Wort der Anerkennung fand. Als sie an dem runden Tischchen saßen und aßen, dozierte Charles über »die Katze als Motiv der Kunst«. Dabei unterbrach er sich einige Male und wiederholte die Frage: »Du bist unruhig heute, stimmt was nicht?« Schließlich holte Taucher die Kohleskizze des Männerkopfes aus der Mappe hervor. Kauend, eine große Damastserviette auf beiden Schenkeln, während ihm der Birmakater um die Füße strich, reichte er Charles die Zeichnung über den Tisch und sagte: »Hier. Dies ist der Grund.«

Noch ehe Charles das Blatt in die Hand genommen hatte, rief er: »Excellent! De première qualité!« Er betrachtete die Arbeit, verzog dann aber das Gesicht und flüsterte: »Dieu soit avec nous ... Wo um alles in der Welt stößt man auf ein solches Eisgesicht? ... Ich friere.« Er schüttelte sich.

»Genau das weiß ich nicht«, sagte Taucher, »aber ich muß es wissen. Unbedingt.«

Bis zum Ende der Mahlzeit sprachen sie nicht mehr darüber. Charles berichtete über Paul Klees keinen Monat zurückliegendes Begräbnis in Locarno, zu dem er gefahren war. Dann räumte er gemächlich den Tisch ab. Gefolgt von den Katzen, die sich aufreizend gelassen bewegten, klapperte er mit Geschirr und Besteck in der Küche und stand schließlich, eine Flasche dunkelroten Weins in der Hand, im Türrahmen. »Nun?« fragte er, »beginnen wir?« Taucher nickte und griff nach der Mappe.

Wie auf Befehl begannen sich die Katzen auf den freien Sesseln und Stühlen niederzulassen – eine von ihnen auf den sechs Bänden des »Larousse du XXe siècle« im Regal, der Birmakater mit dem rätselhaften Blick legte sich auf den zerschlissenen Karakul vor Taucher. Die Umständlichkeit, mit der sie es taten, erweckte den Eindruck, die Tiere richteten sich darauf ein, als Juroren von abgründiger Weisheit an der bevorstehenden Bildbetrachtung teilzunehmen. Charles sah das offensichtlich so, denn er wartete mit unbewegtem Gesicht, bis auch die letzte Katze Platz genommen hatte.

Es war dann ungefähr beim hundertsten Blatt, das Charles für die engere Auswahl beiseite legte, als Taucher beide Hände hob und so heftig vom Stuhl sprang, daß der Birmakater fauchend zurückfuhr – Charles hielt die Zeichnung des »Bubenlockenkopfes mit den bezaubernd verträumten Augen« in der Hand, die Yvonnes Gefallen erregt hatte und nun Charles ebenso in Entzücken versetzte. »Ich hab's!« schrie Taucher und schlug sich die flache Hand gegen die Stirn, »natürlich, aber natürlich! Der Junge war damals auch dabei. Jetzt fällt's mir ein. Charles, Lieber, der Junge, der Junge hat mich auf die Spur gebracht ... Alles, was du aussuchst, werde ich gutheißen, alles – du hast mein Wort darauf. Morgen vormittag komme ich wieder.« Er hatte Charles die Zeichnung mit dem Jungenkopf aus der Hand gerissen, er rollte sie mit der Porträtskizze des Männerkopfes zusammen und rief: »Die beiden nehme ich mit.«

»Worum geht es eigentlich?« fragte Charles irritiert, »was denn für eine Spur? Kannst du das nicht mit einem Anruf erledigen? Der schöne Abend!«

Schon im Aufbrechen, überlegte Taucher kurz. »Nein«, sagte er, »ich will sie sehen, wenn sie es erfährt.«

»Der schöne Abend«, jammerte Charles. Aber da war Taucher schon fort. Von den Katzen umringt, die ihn mit unergründlicher Ruhe maßen, stand Charles mitten im Zimmer.

Es war so spät, daß Taucher unterwegs kaum einem Menschen begegnete. Beim Überqueren der Rue de l'École de Médicine am Boulevard Saint Germain kam ihm eine feldgraue Militärpolizei-Streife entgegen. Er verlangsamte unwillkürlich den Schritt. Die drei jungen Deutschen blickten ihn neugierig an, kümmerten sich aber nicht um ihn. Im Weitergehen dachte er fast überrascht: Ich sehe sie auf einmal mit anderen Augen als bisher …

Als er eine Viertelstunde später mit den zusammengerollten Zeichenblättern unterm Arm in der Rue Auguste Comte am Jardin de Luxembourg im zweiten Stockwerk eines Hauses aus der Belle époque läutete, hatte er, um sich vor Yvonne keine Blöße zu geben, die Szene mehrere Male bis in die Einzelheiten durchdacht. Nein, es konnte kein Zweifel bestehen, er täuschte sich nicht, er sah alles klar vor sich: Der große Apfelbaum, in dessen Zweigen Lampions hingen, der lange, weiß gedeckte Tisch, die schwatzenden und lachenden Frauen und Männer, die spielenden Kinder, das Paar, das auf dem Rasen einen ungarischen Haidukentanz getanzt hatte – und das Gesicht des jungen Mannes mit den drei Kampfhunden. Vor der Buchsbaumhecke stehend, hatte Taucher all das festgehalten. Irrte sich Yvonne aber nicht, fragte er sich, da sie an jenem Sommerabend nur kurz auf dem Gartenfest gewesen war? Fällt sie nicht auf eine Ähnlichkeit herein? Denn das alles hatte sich ja, wie ihr zu Beginn ihrer Bekanntschaft eingefallen war, »mon dieu, am anderen Ende des Kontinents« abgespielt. Ausgerechnet jener junge Mann sollte sich nun als Gestapo-Agent in Paris aufhalten? … Doch es gab nichts zu deuteln: Auf das eine Blatt hatte Taucher in der warmen südkarpatischen Nacht, an die er sich deutlich erinnerte, beim »Gartenfest der vielen Völker«, wie er die gesellige Runde nannte, das Gesicht des jungen Mannes gezeichnet und gleich danach wieder vergessen, da er schon vom nächsten Gesicht gefesselt worden war. Wieso erschien mir der Birmakater unheimlich? dachte Taucher zusammenhanglos, vor der hohen schwarzen Tür stehend; er drückte noch einmal auf den Klingelknopf. Bar jeder Regung, erzeugten mir die Augen des rätselhaften Tieres ein Gefühl verborgener Unberechenbarkeiten, das mich beunruhigte ... Ach ja, dachte er und hörte, wie sich eilige Schritte der Tür näherten, ach ja, nachher zeichnete ich dann noch den Kopf des hübschen Hennerth-Jungen, und weil mir die Kohlestifte ausgegangen waren, benutzte ich dazu den Bleistift, den ich in der Brusttasche des Hemdes fand.

Yvonne trug einen knöchellangen Hausmantel aus weinroter, schwerer Seide mit schwarzem Kragen. Wie sie jetzt vor ihm stand, die eine Hand auf dem Türgriff, fiel Waldemar Taucher nicht nur die Kraft ihrer Gesichtszüge und ihres Blicks auf, sondern er erkannte gleichzeitig, daß sie erregt war. Es durchschoß ihn: Wenn ich ihr sage, daß ich sie jetzt zum Porträtieren schön finde, greift sie zum Messer. Er fühlte, daß er ihr Zeit lassen, daß er mit seiner Entdeckung warten mußte. Was ist hier vorgefallen? überlegte er. Yvonne hatte Mühe, sich zu beherrschen.

Kaum saßen sie in den Plüschsesseln neben Yvonnes Schreibtisch, fiel Taucher, der vom raschen Treppensteigen außer Atem war, der Zigarettengeruch im Zimmer auf. Er wunderte sich, er wußte, daß Yvonne nicht rauchte. Als hätte sie seine Gedanken erraten, sagte sie: »Frédéric war hier. Er ...« Sie unterbrach sich und schüttelte den Kopf. »Hattet ihr Streit?« fragte Taucher. Yvonne lachte bitter auf. »Schlimmer als Streit.« Außer sich, stieß sie hervor: »Frédéric est un fasciste, un nazi!« Sie sprang auf, sie begann hin und her zu gehen, es sah aus, als sei ihr der Weg versperrt und sie suche einen Ausgang. Taucher erinnerte sich des jüngeren Bruders Yvonnes, eines wenig über zwanzig Jahre alten klugen Menschen, dessen Ähnlichkeit mit der Schwester ins Auge sprang – sie lag im schnellen, geraden Blick, in der ausdrucksstarken Form des Munds. »Er zeigt sich nur noch in Gesellschaft deutscher Offiziere und Diplomaten«, rief Yvonne, »mit seinem Wissen und seiner gewinnenden Art wirbt er in Freundes- und Bekanntenkreisen für seine politischen Ideen. Am liebsten träte er morgen schon in die deutsche Armee ein oder gründete eine den Deutschen verbündete Franzosentruppe. ›Gemeinsam für Europa gegen das kommunistisch-jüdische Monster‹, wie er sich ausdrückt. Weißt du, womit er sich beschäftigt?

Mit der Aufstellung einer ›Légion des volontaires français contre le bolchevisme‹!«

Taucher wartete, bis sich Yvonne einigermaßen gefangen hatte und sich setzte. Dann sagte er ruhig: »Ma chère, erstens sind durchaus nicht alle deutschen Offiziere und Diplomaten Nazis. Es sind Männer, die aus langer Tradition ihrem Land dienen. Zweitens bist du zu intelligent, um nicht zu wissen, daß sich Europa eines Tages auch gegen die Moskauer Diktatur wird wehren müssen – trotz der Sympathien, die ihr französischen Intellektuellen Stalin entgegenbringt.«

»Kannst du mir, bitteschön, sagen«, rief Yvonne leidenschaftlich, »worin sich bei euch Deutschen die Nazis von den Nichtnazis unterscheiden? … Und was Moskau angeht … Doch ich wünsche heute keinen Streit mehr.«

»Den wirst du mit mir auch nicht haben.«

Sie blickte ihn an. »Apropos«, sagte sie plötzlich verändert, »was hältst du da in der Hand?«

Taucher beeilte sich, die beiden Blätter aufzurollen. Er zeigte Yvonne das Bildnis des Jungenkopfes und begann, den Zusammenhang zu erklären. Doch zu seiner Überraschung schien sie unterrichtet zu sein. »O ja«, rief sie und griff nach der Bleistiftzeichnung, »der Junge! O ja. Schon bald, nachdem wir uns vor dem Procope getrennt hatten, fiel mir das alles wieder ein. Erinnerst du dich der Nachtszene im Garten unter dem mächtigen Apfelbaum? Wie sich der Junge auf den Mann stürzte. Wie er auf ihn einschlug … Das ist der Mann«, sie zeigte auf das zweite Blatt, »das ist er! Und in meinem Sommerkurs tauchte er hier in Paris wieder auf.« Im selben Atemzug rief sie: »Schenkst du mir das Jungenporträt?«

»Behalte es«, sagte Taucher, »es ging mir wie dir – auch meiner Erinnerung half der Junge wieder auf die Sprünge. Ich entsinne mich der Debatte, die es unter dem Apfelbaum gab. Der Mann da …«

»Ein Nazi«, unterbrach ihn Yvonne, »vom Scheitel bis zur Sohle einer dieser Nazischönlinge. Die Schwester des Gastgebers, die Musikerin, mit der ich mich damals unterhielt, wußte eine Menge über ihn … Mon dieu, wie die Klavier spielte … Er sei, sagte sie mir …«

»Augenblick«, fiel ihr Taucher ins Wort, »jetzt habe ich auch seinen Namen – Giller, nein, Göller, Göller.«

»C'est cela«, rief Yvonne nach einer Pause in einem Ton, als wollte sie sagen: Sieh an, und hier trägt er also einen Decknamen, wie könnte es auch anders sein!

»Hör zu, Yvonne«, sagte Taucher, »mir kommt da ein Gedanke. In wenigen Tagen werde ich in Bukarest sein. Charles de Prince überredete mich, die Bilder der Prager und Budapester Ausstellung auch dort zu zeigen. Er bereitete alles vor. Ich werde dort Freunde treffen. Yvonne, ich kann Erkundigungen über Göller einholen. Ja? Ich werde dich sofort benachrichtigen.«

Doch zu seiner Überraschung nahm Yvonne das Angebot nicht an. »Auf keinen Fall«, rief sie heftig, »auf gar keinen Fall wirst du das tun! Du wirst dich unter keinen Umständen damit beschäftigen. Hast du verstanden?« Sie schwieg und hob die Hand vor den Mund. »Ich meine«, sagte sie zögernd, »wir ... wir werden ... Was wir über ihn wissen müssen, werden wir durch – durch unsere Leute erfahren.« Yvonne wirkte erschrocken. Als hätte sie zuviel gesagt. »Wir haben gute Verbindungen in Bukarest«, fuhr sie jetzt ruhig fort, »wir haben Mittel, uns ... Ich meine, wir können uns seiner entledigen.« Sie wirkte nicht mehr verwirrt. Sie fragte fast kühl: »Ist deine Ausstellung dort fest zugesagt?« Taucher blickte ihr neugierig in die Augen. »Mußt du dabei sein?« fragte sie. Er hörte den angespannten Unterton. Er antwortete nicht. Er blickte ihr nur in die Augen. Er wußte mit einem Mal alles.

Sie schwiegen beide, sie saßen sich regungslos gegenüber. Mit einem Ruck erhob sich Yvonne, ging zum Fenster, öffnete es und blieb davor stehen. Vom Jardin de Luxembourg drang das Aroma der alten Parkbäume herüber. In der Ferne hupte ein Wagen. Kurz danach gingen eilige Schritte unter dem Fenster vorbei. In der Nacht war ein Schrei zu hören.

Sie schloß das Fenster, setzte sich wieder Taucher gegenüber und sah ihm in die Augen. Nach einigen Minuten sagte Taucher leise: »Du hast großes Vertrauen zu mir, Yvonne. Seit kurzem weiß ich sehr viel über dich. Ich weiß jetzt Dinge, die ich bisher nicht wußte.«

Er hatte das alles fast wie eine Frage ausgesprochen. Sie wich seinem Blick nicht aus und flüsterte: »Zu wem sollte ich's haben, wenn nicht zu dir?«

Taucher neigte sich im Sessel vor, ergriff ihre Hand und küßte sie. »Du gehst einen gefährlichen Weg, Liebste«, sagte er.

In dieser Nacht schlief er zum ersten Mal bei ihr. Sie riß ihn wie eine Verhungernde in sich hinein. Er überließ sich der Leidenschaft ihrer Gier wie einem Sog, dem er nichts entgegensetzen konnte noch wollte. Seine behutsame Zärtlichkeit ließ sie in Tränen ausbrechen.

Als er tags darauf am späteren Vormittag nach einem kurzen Umweg über die Rue Mazarine und den Pont des Arts zum Galeristen Charles de Prince ging, hatte sich der Himmel leicht bezogen. Auf Paris lag das ungewisse, milchige Licht, das zu dieser Stadt gehörte. Im Gehen griff er kurz in die Innentasche des Sakkos. Er nickte, als er den harten Gegenstand fühlte. Beim Abschied hatte Yvonne aus einem Fach des Intarsieneckschranks neben dem Schreibtisch einen handgearbeiteten Stahldolch hervorgeholt. »Ein Erbstück«, hatte sie gesagt und ihm den Dolch gezeigt, dessen Griff goldtauschiert und auf dessen Klinge eine arabische Inschrift zu erkennen war.

»Niemand in der Familie weiß, seit wann sich das Stück in unserem Besitz befindet. Es muß lange her sein. Als Vater ihn mir gab, sagte er: ›Vielleicht aus den Tagen der Sarazenen, unsere Vorfahren kämpften gegen die Eindringlinge.‹« Sie hatte die Klinge in ein Lederfutteral mit filigranen Flechtmustern geschoben und es Taucher in die Hand gedrückt. »Leg ihn zu deinem Reisegepäck, mon ami«, sie hatte genickt, »schenke ihn in meinem Namen dem Lockenkopf mit den Träumeraugen. Ohne es zu wissen, hat er soeben mir und einigen Freunden das Leben gerettet. ›Der Dolch birgt geheime Kräfte‹, hatte Vater gesagt.« Die Stirn an Tauchers Wange gelehnt, hatte sie geflüstert: »Komm wieder, Geliebter. Ohne dich bin ich künftig sehr allein.« Er hatte die Wärme ihres Körpers mit jeder Faser gefühlt.

In sein Glücksgefühl an diesem Augustvormittag mischte sich die Angst um Yvonne. Keine Sekunde gab er sich der Täuschung darüber hin, daß sie sich in dem vom Feind besetzten Land auf ein Wagnis eingelassen hatte, dessen Begleiter der Tod war.

Bei Charles de Prince angekommen, bewunderte er, wie so oft, dessen Bilderauswahl. Mit unbeirrbarer Sicherheit hatte Charles auch diesmal die besten Arbeiten aussortiert; während der nächsten vier Wochen würden sie in seiner Galerie am Quai de Célestine zu sehen sein.

Er blieb länger als beabsichtigt in der Mansardenwohnung. In den mit Gemälden, Zeichnungen, Kleinskulpturen, Büchern und wenigen antiken Möbeln gefüllten Räumen hatte ihn ein Gefühl der Geborgenheit zu beherrschen begonnen – als sei er hier vor plötzlich von allen Seiten drohenden Gefahren auf einer sicheren Insel abgesetzt worden. Natürlich wußte er, daß dies Gefühl trog. Dennoch überließ er sich ihm. Von einer schwer bezähmbaren verzehrenden Sehnsucht nach Yvonne wie von einem Fieber befallen, zögerte er die Rückkehr ins Hotel in der Rue Saint Martin bis zum Abend hinaus. Charles gegenüber gab er vor, auf Jacques warten zu wollen, der jedoch bis zum Abend nicht kam.

Er traf gegen zweiundzwanzig Uhr im Hotel ein. Den Zettel mit der Bitte um einen Anruf bei Yvonne in der Hand, den ihm der Pförtner im Foyer zugeschoben hatte, ging er in seinem Zimmer geradewegs zum Telefon. Mit einer Stimme, die ihn aufhorchen ließ, wollte sie wissen: »Kannst du die Bukarestreise wirklich nicht absagen, mon ami?« »Gibt es denn einen Grund, dies zu tun?« fragte er und versuchte, seiner Gefühle Herr zu werden. »Ist das dort nicht ungefähr so wie mit Elsaß-Lothringen zwischen Frankreich und Deutschland?« fragte sie und fuhr leiser fort: »Ich meine … jenes Land Transsilvanien, das zwischen Rumänien und Ungarn liegt – ist es … Dorthin fährst du doch aus Bukarest? Oder?«

Nun ja, mit einigen Abänderungen könnte man das sagen, erwiderte er, so ungefähr sei es, die einen wollten es wiederhaben, die anderen nicht mehr hergeben; das sei dort nicht anders als in vielen anderen Gegenden Europas, doch stünde es im Augenblick weiß Gott nicht zur Debatte – wie käme sie denn darauf? Und er wünschte sich, daß sie nie wieder aufhören würde zu sprechen, daß ihn ihre Stimme so wie jetzt bis ans Ende seiner Tage begleite. Was aber, fragte er dann, was habe das alles mit seiner Reise, mit seiner Ausstellung zu tun? »Dort«, sagte sie kaum hörbar, »dort – dort steht einiges bevor … Wir wurden vor kurzem informiert … Berlin …« Nach einer Pause, in der er ihren Atem hörte: »Im einzelnen wissen wir nicht, was es sein wird, aber …«

»In drei Tagen fahre ich«, unterbrach er sie und fragte nach einer Weile, ob sie in der Angelegenheit des wiedererkannten jungen Mannes, so wie angedeutet, schon Verbindung mit den Freunden aufgenommen habe?

»Ja«, sagte sie, »ich telefonierte noch gestern nacht mit ihnen. Während du schliefst. Die Sache ist jetzt in den besten Händen. Frag nicht weiter … Adieu, adieu, ma vie«, hörte er sie flüstern, ehe sie den Hörer auflegte.

41

Niemals hat Taucher erfahren, daß sein nächtlicher Besuch im Haus in der Rue Comte beobachtet worden war – von dem Augenblick an, da er den Eingang betreten, bis zum Augenblick, da er ihn wieder verlassen hatte. Weder er noch Yvonne ahnten in jener Nacht die Folgen, die sich aus seinem Besuch ergeben sollten.

II. KAPITEL

Das Historikerquintett, die Berliner Kampfhunde und das kostbare schwarze Gold

Gerhard Göller hatte die Kindheit in einem Elternhaus verbracht, über das es wenig zu berichten gäbe, zwängen nicht einige Besonderheiten dazu. Wären Verwandte oder Freunde gefragt worden, sie hätten höchstens auf ein paar Familieneigenheiten hinweisen können, wie sie in dieser oder jener Art überall auf der Welt die Neugier der Nachbarn erregen.

Als Revisor und Fremdsprachenkorrespondent der um die Wende vom neunzehnten zum zwanzigsten Jahrhundert zu Ansehen gekommenen »Eisen- und Stahlwerke GmbH Kronstadt«, der sich schon vor dem Ersten Weltkrieg die Märkte südlich der Karpaten und der Donau geöffnet hatten, war der Vater ein von den Zeitgenossen bestenfalls mit Beiläufigkeit zur Kenntnis genommener Mensch. Eine der üblichen gesellschaftlichen Fehleinschätzungen, darf dazu angemerkt werden. Denn weder die Kunst der Buchhaltung noch die Sprachen, die Albert Göller, Sohn eines einst wohlhabenden Arztes, in Wort und Schrift beherrschte, hatte er an Schulen gelernt. Der zurückhaltende Mann hatte sich vielmehr selber beigebracht, wovon er die Familie ernährte. Weil ihm aber die Additionen und Subtraktionen, die Kontrolle der Betriebsumsätze und das Abfassen gleichlautender Geschäftsbriefe auf Deutsch, Ungarisch, Rumänisch, Englisch, Französisch, Griechisch und Serbokroatisch zu eintönig wurden, hatte er sich im oberen Stockwerk seines Hauses in der Klostergasse in Kronstadt in Siebenbürgen eine Bibliothek eingerichtet. Deren Ergiebigkeit beschäftigte ihn schließlich mehr als der Beruf. Sie war im Lauf der Jahre bei historisch Interessierten der Stadt sprichwörtlich geworden. Es ging um geschichtswissenschaftliche und philosophische Titel, die auszuleihen einige voneinander sehr verschiedene Leute das Göllerhaus durch die dunkle, schwere Eichentür unter den hohen Fenstern betraten. Das hatte eines Tages dazu geführt, daß sich aus den wißbegierigsten unter ihnen ein Kreis von fünf dilettierenden Historikern zusammenfand. Ohne umständliche Anmeldung trafen sich die fünf in der »Klostergässer Bücherhöhle«, wie einer von ihnen das weiträumige Bibliothekszimmer mit Nischen und einem Erker im ersten Stockwerk getauft hatte.

Inhalt wie Atmosphäre der oft langen Dispute, zu denen es zwischen den Männern kam, entsprachen der Zusammensetzung ihrer seltsamen Runde, und gleichviel, von welchem Ende der Weltgeschichte das Gespräch ausging, es mündete mit Sicherheit jedesmal in die Erwägung der besonderen Sorge um die eigene Herkunftsgemeinschaft. Jeder von ihnen war dieser auf seine Weise mit Hingabe zugetan. Daß dabei die Gegensätze mitunter hart aufeinanderstießen, war unausweichlich. Bei aller menschlichen Eintracht lebte zugleich in jedem von ihnen die Spannung des historisch belasteten Gegensatzes zum anderen.

Neben dem stillen, manchmal wortkargen Albert Göller, dem Hausherrn, einem hochgewachsenen kriegsverletzten Mann, wirkte der dickliche und lebhafte Direktor des städtischen Hauptpost-, Telefon- und Telegraphenamtes Ioan Crucea, ein Rumäne, mit temperament- wie geistvollen Ausbrüchen als Vulkan in der Runde. Der gelernte Jurist bedauerte es, nicht Historiker geworden zu sein. Seine Vorliebe für spanische Geschichte hatte ihm im Kreis der Bibliomanen den Spitznamen »Juan de la Cruz« eingetragen – ein Name, der ihn mit Stolz erfüllte, da er sich dem berühmten Karmeliter sowohl in der Festigkeit des Glaubens als auch in der Belesenheit verwandt glaubte. Cruceas besondere historische Neugier galt der Frage, ob und in welchem Maße »die Geographie, in der ein Volk lebt, zu dessen Schicksal wird«. Er argumentierte: »Die kontinentale Anbindung und das gleichzeitige globale Ausgreifen der Spanier wurden aus der Geographie heraus zur Nationalgeschichte und zum Nationalcharakter.« Verhielte es sich, mutatis mutandis, anders mit den Briten? Erklärten sich »Zügel- und Maßlosigkeit der russischen Seele« nicht aus der Unbegrenztheit des Riesenterritoriums? … Und gelegentlich rief er mit Leidenschaft aus, tausend Eide darauf schwören zu wollen, daß »die Geschichte meines armen Volkes eine andere, eine glücklichere gewesen wäre, hätte sie sich nicht auf diesem dreimal verdammten Landstrich des Durchgangs zwischen Europa und Asien abgespielt, auf dem alle tollwütigen Hurenböcke der Geschichte irgendwann einmal ihren Samen verspritzten«.

Den bärtigen Dr. Aghthamarzi Amurdschian, einen Finanzfachmann armenischer Herkunft von unerschütterlicher Gemütsart, den sie »Pater Musa Dagh« nannten – er war 1916 vor den Massakern der Türken aus dem Ararathochland über Ägypten und Griechenland ins gastfreundliche Rumänien geflohen –, Dr. Amurdschian beschäftigten die, wie er sagte, »fatalen Auswirkungen des Verhaltens der Kreuzritter und später der Briten auf das Europabild der Orientalen, das sich in den Seelen der Menschen erhielt«. Mit Stolz und gediegenem Wissen sprach er über die »frühe christliche Kunst und Kultur« seines Volkes, zu einer Zeit, »als die Mittel-, West- und Nordeuropäer noch halbnackt unter Wotanseichen herumtollten«. Über die kleine armenische Gemeinde hinaus, die sich in Kronstadt gebildet hatte, genoß der verbindungsreiche und wohlhabende Mann Ansehen. Er war vermutlich der einzige Mensch im Land, der mit dem in Wien lebenden Prager Franz Werfel korrespondierte. Werfel soll bei der Arbeit am Roman »Die vierzig Tage des Musa Dagh« wesentliche Hinweise von ihm erhalten haben. Dr. Amurdschians drei Töchter machten in der Stadt nicht allein wegen ihrer fremdländischen Schönheit von sich reden.

Lajos Ferencz wiederum, der wortgewandt schlagfertige Geographie- und Biologielehrer am ungarischen Knabengymnasium, forschte mit eigenwilligen Thesen den »Etappen des magyarischen Europäisierungsprozesses« nach. Nicht nur seine Heißblütigkeit hatte ihm zum Namen »Der kleine Kossuth« verholfen – der berühmte magyarische Revolutionär von 1848 war sein Großonkel gewesen. Kam die Rede auf die von Ungarn an Rumänien verlorene Provinz Siebenbürgen und beging der Rumäne Ioan Crucea die Unvorsichtigkeit, Siebenbürgen »alten, heiligen Rumänenboden« zu nennen, so verließ er jedesmal hochroten Kopfes die Bibliothek und fauchte Crucea an: »Ihr Rumänen habt uns Siebenbürgen nicht auf dem Schlachtfeld genommen, dazu reichte es nicht, sondern cu pula«, »mit dem Penis« – eine Anspielung auf den Kinderreichtum der Rumänen, dem diese bei der Volksabstimmung nach dem Weltkrieg 1918 die Provinz verdankten. Regelmäßig erwiderte Crucea ungerührt: »Tja, mein Lieber, das ist die einzig verläßliche Waffe, sich auf der Welt zu behaupten, wer sie nicht einsetzt, geht unter.« Doch schon bei der nächsten Begegnung reichten sich der Ungar und der Rumäne wieder die Hand. Dr. Amurdschians Einschätzung: »Das ist der gute Geist der Besonnenheit« traf nicht eben ins

Schwarze. Denn Lajos Ferencz alias »Der kleine Kossuth« hing seit Jahren einem selbstzerstörerischen Laster an – er spielte Roulette im berüchtigten Nobelkasino des nahegelegenen Gebirgskurortes Sinaia, er war dabei wenig glücklich und nur dank seiner vermögenden Frau einige Male vor der Katastrophe bewahrt worden. Crucea wußte, daß er gönnerhaft und nicht ohne Ironie einem Gescheiterten die Hand entgegenstreckte, von dem keine Gefahr mehr drohte.

Den Mathematik- und Physiklehrer am deutschen Adele-Zay-Mädchenlyzeum Dr. Michael Hann schließlich, dürr, glatzköpfig, von trockenem Sarkasmus – sie nannten ihn »Foliant« –, interessierte »der Persönlichkeitswandel der anno elffünfzig nach Siebenbürgen eingewanderten Deutschen«. Er vertrat die Ansicht, daß seine Landsleute »keine Ahnung davon haben, wie wenig sie heute noch den Deutschen gleichen, für die sie sich halten. Auch ihr Luthertum gehört zu ihren historischen Irrtümern, ihre konservative Beharrlichkeit ist wesenhaft erzkatholisch.« Dazu sagte er bissig: »Der zu zickigem Revoluzzertum neigende Protestantismus der Deutschen ist ihnen ebenso fremd wie deren große Klappe.«

Am liebsten hielt sich Albert Göller allein zwischen den überfrachteten Metallregalen der Bibliothek auf. Regelmäßig bis spät in die Nacht hinein saß der in sich gekehrte Mann im halb abgedunkelten Raum bei den Büchern. Unter ihnen fanden sich Titel wie Hegels »Vorlesungen über die Philosophie der Geschichte«, Kants »Ideen zur allgemeinen Geschichte in weltbürgerlicher Absicht«, Voltaires »Essai sur les mœurs et l'esprit des nations« und Montesquieus »De l'esprit des lois«, gar die Schriften Joachim von Fiores, jenes Zeitgenossen des bewunderten Staufenkaisers Friedrich II., der als kalabresischer Ordensgründer und apokalyptischer Zukunftsdeuter mit seiner Vision eines »Dritten Reichs« in die Geschichte einging. Göller las die Texte des ehemaligen Zisterziensermönchs im lateinischen Druck.

Albert Göllers Hinwendung zur Geschichtsbetrachtung kam nicht von ungefähr. Sein bohrendes Fahnden nach Gesetzmäßigkeiten in historischen Abläufen hatte persönliche Wurzeln. Als Zweiunddreißigjähriger war er ohne den linken Unterarm und den rechten Unterschenkel aus dem Krieg heimgekehrt. Bei der Sprengung der österreichischen Felsenstellungen am Col di Lana durch die Italiener, wo es im April 1916 die sechste Kompanie des zweiten Kaiserjäger-Regiments zerfetzt hatte, wie durch ein Wunder mit dem Leben davongekommen, mußten dem Schwerverletzten die Gliedmaßen amputiert werden. War über die Wiedergenesung hinaus die körperliche Verstümmelung zum Anlaß tiefgreifender Lebensveränderungen und -einstellung geworden, so wurden es erst recht die Phantomschmerzen, sie ließen den ehemaligen k.u.k. Kaiserjäger-Oberleutnant auch innerlich nicht zur Ruhe kommen. Unablässig fragte er nach Sinn und Zweck seines soldatischen Einsatzes.

Doch in dem Maße, in dem Albert Göller auf den Regalen seiner fast täglich anwachsenden Bücherei die Antwort suchte, resignierte er. Die Summe aus Niedertracht, Geltungssucht, Eitelkeit, Dummheit, Feigheit und Verlogenheit drängte sich ihm als der zu allen Zeiten entscheidende Antrieb menschlichen Verhaltens auf. Je mehr er darüber erfuhr, um so schweigsamer und sonderlicher wurde er. Während der langen karpatischen Winternächte, in denen ihn im Viertelstundenabstand der dunkle Glockenschlag von der nahen Schwarzen Kirche durch das Fenster des unauffällig auf die Straße hinausgebauten Erkers erreichte und ihn das Schmerzgefühl in den nicht mehr vorhandenen Gliedmaßen mit peinigender Hartnäckigkeit heimsuchte, gewann seine Erkenntnis immer klarere Konturen, daß sich im Dasein eines jeden Menschen das geschichtliche Ereignis, von dem die Zeit bestimmt wird, unmittelbar widerspiegelt. Nicht allein im Lebensverlauf, nein, mehr noch in der unbewußten sklavischen Abhängigkeit des Denkens. Immer nachdrücklicher stellte er sich die Frage, ob solcherart der Gang der Dinge je zu mehr Menschlichkeit gewendet werden könne? An diesem Punkt resignierte er vollends und gab sich keiner Illusion über die Aussichtslosigkeit hin. Der Mensch verbesserte seit der Steinzeit seine Techniken, er stärkte aber nicht die Kraft des Gewissens noch die der Bereitschaft, ihr zu gehorchen. Die ehemaligen Kriegskameraden nahmen diese Betrachtungen mit einer Mischung aus Respekt vor Albert Göllers Sachwissen, Nachsicht mit dem Invaliden und Verständnis für dessen einzelgängerische Grübeleien zur Kenntnis.

Diese Männer hatten den Krieg 1914–1918 mit Siegen und Niederlagen als Soldaten oder Offiziere bei der kämpfenden Truppe mitgemacht, doch keiner war ihm innerlich so verbunden geblieben wie Albert Göller. Nach Beendigung des Blutvergießens hilflos den schändlichen politischen Nachspielen ausgesetzt, hatten sie sich auf die neuen, von Grund auf umgekrempelten Verhältnisse im Südosten des Erdteils eingestellt. Sie hatten Unternehmen aufgebaut, Ehen geschlossen, Kinder gezeugt und sich in den Alltagsgeschäften mit den Chauvinismen herumgeschlagen, die dort zum Leben gehörten wie das Amen zur Predigt und nur die Hitzköpfe erregten. Sich Gedanken über Unzulänglichkeiten und Ungerechtigkeiten des Lebens zu machen, wie Göller es tat, den sie »Torso« nannten, fiel ihnen nicht im Traum ein. Sie nahmen sie zur Kenntnis und begegneten ihnen je nach Dafürhalten mit gleicher Münze.

Doch sooft der »Torso« bei geselligem Anlaß in seiner leisen, genauen Art eine Anmerkung zu ihren Gesprächen über Politik fallen ließ, horchten sie auf. Es war, als spräche jemand aus einer anderen Welt zu ihnen, die dennoch ihre Welt war. Sie wußten, daß er weiter blickte als sie und von den regionalen Umständen auf die umspannenderen europäischen zu schließen in der Lage war. Besonders dann war ihm ihre Aufmerksamkeit sicher, wenn die Rede auf die Vorgeschichte des großen Krieges kam, der ihrer aller Leben umgewälzt und verändert hatte. Mit dem Wechsel nämlich der heimatlichen Provinz von Ungarn an Rumänien war nicht nur ihre Staatlichkeit, sondern im Zeichen des fremdartigen Lebensgefühls der neuen Herren auch ihr gesellschaftliches, ihr zivilisatorisches Verständnis einem Wandel unterworfen worden: Sie meinten, von Europa ab- und dem Balkan ein Stück näher gerückt zu sein – so empfanden sie den Übergang vom österreichisch geprägten Ungarn ins levantinisch gefärbte Rumänien. Sie waren nicht die Einzigen.

»Was immer du darüber denkst«, hatte der bei Geschäftspartnern für seine Härte gefürchtete, bei Freunden wegen seiner Bonhomie beliebte steinreiche Viehgroßhändler Paul Dresshaimer, ein Frontkamerad Göllers, einmal zu diesem gesagt, »entscheidend ist doch, lieber Albert, daß sich im neuen Staat die Geschäfte leichter machen lassen. Das allein zählt. Was wollen wir denn mehr? Alle leben vom guten Geschäft. Auch du lebst davon.«

»Aber wir alle«, hatte Göller bedächtig erwidert, »ob Rumänen, Ungarn, Deutsche oder Juden in diesem Land, gehen hier keiner guten Zukunft entgegen. Dank seiner Lage wird es in der Konfliktsituation immer ein Spielball in den Händen der Großen sein. Und das werden auch deine Geschäfte zu spüren bekommen.«

»Nein, nein«, hatte Dresshaimer dem entgegengehalten, »jeder von uns weiß, daß Rumänien die Protektion der Briten und Franzosen, der Siegermächte besitzt. Haben sie ihm denn nicht im Versailler Trianon ganze Mengen von Territorien zugeschanzt?«

»Ich bezweifle die Belastbarkeit dieser Protektion im Ernstfall«, hatte Göller gesagt.

»Das mußt du uns genauer erklären.«

Göller hatte sich kurz an den Armstummel gefaßt. »Ich erinnere dich an die Absicht des zaristischen Rußlands, am Balkan einen Staatenbund der Südslawen zustande zu bringen. Dazu mußten diese zuerst aus der Donaumonarchie der Habsburger herausgebrochen werden, womit zugleich das Ziel verbunden war, das mächtige Habsburgerreich tödlich zu treffen. Für die ›lateinische Insel Rumänien‹ aber bedeutete die Stärkung der Südslawen die Gefahr der slawischen Umklammerung. Mit Prag und Kiew im Norden, Sewastopol im Osten, Sofia und Belgrad im Süden ergibt das eine perfekte Zange. Diese Bedrohung der Rumänen ging nicht nur von Moskau, sondern ebenso von London und Paris aus. Und das sollen Rumäniens ehrliche Freunde sein?«

»Moment«, hatte Dresshaimer gerufen, »was hätten Briten und Franzosen …«

»Seit 1871«, hatte ihn Göller unterbrochen, »schürten die Briten, wie du in ihrer Presse nachlesen kannst, die Idee des Panslawismus, ja sie machten sich im Namen der Freiheit zu ihrem Fürsprecher. Ihr wahres Interesse dabei war folgendes: die Aufmerksamkeit der Russen an den Balkan zu binden, um sie von Indien abzulenken. Denn das britische Imperium steht und fällt mit der wirtschaftlichen Basis Indien, ohne Indien wird aus Groß- über Nacht Kleinbritannien. Das ständig expandierende Rußland jedoch rückte in immer bedrohlichere geographische Nähe zum britischen Dominium Indien …«

»Bitte kürzer, Albert, kürzer«, war Dresshaimer dem Freund dazwischengefahren, »du bist zu umständlich.«

»Wolltest du es nicht genau wissen?« hatte Göller gefragt. »Nun, Englands Existenzweg nach Indien führt durchs Mittelmeer. Habsburgs mediterrane Präsenz dank seiner Provinzen an der Adria empfanden die Briten daher als fatal für ihre Nabelschnur nach Indien. Lag es also nicht nahe, die Serben, Kroaten, Slowenen, Slawonen, Montenegriner und Bosnier mit panslawistischen Parolen zum Ausbruch aus der Donaumonarchie aufzuwiegeln und dieser so den Weg zum Mittelmeer abzuschneiden? Dabei sicherten sich die Briten mit ihren Freiheitsparolen nicht nur die Sympathie dieser Völker, sondern auch die Moskaus. Berauscht von der Aussicht auf ein einheitliches mächtiges Slawenreich von Sibirien bis an die Ostkarpaten und an die Adria, bemerkten dabei weder die Slawen in Moskau noch die in Sofia, Belgrad, Sarajewo und Agram, daß ihnen im britischen Spiel bloß der Wert gezinkter Karten zukam. Denn keine Sekunde lang ging es London um die Vereinigung der Ost- und Südslawen. Die hätten die Briten aus dem Geist ihrer Geschichte heraus ebenfalls unterlaufen.«

»Ist das nicht alles Spekulation?« hatte Dresshaimer eingeworfen.

»Ich bin bald am Ende«, war Göllers Antwort gewesen, »mit der Schwächung Habsburgs trafen nämlich die Briten diejenige politische Macht, die ihnen zunehmend ein Dorn im Auge war: Habsburgs Bündnispartner Deutschland. Und dank ihrer Politik der Einkreisung Deutschlands mit Hilfe Moskaus gewannen sie auch die Erzfeinde der Deutschen, die seit ihrer Niederlage 1871 rachelüsternen Franzosen, endgültig für sich. So wurde das regionale Ereignis der Ermordung des habsburgischen Thronfolgerehepaars zum kontinentalen Fall gemacht – zum Anlaß, den die Briten gesucht, zur Situation, die sie angestrebt hatten.«

»Ach«, war Dresshaimer aufgebraust, »Theorien! Alles, was zählt, ist das Heute und Hier.«

»Das Heute und Hier ergibt sich aus dem, was gestern war«, hatte Göller ruhig erwidert, »je weniger einer von der Geschichte weiß, um so wehrloser ist er ihr ausgeliefert. Und jetzt bin ich soweit, die Antwort auf deine Frage zu geben. Sie lautet: Bei all diesem politischen Kalkül überließen die Briten und Franzosen die Rumänen ungerührt der Bedrohung durch die uneingeschränkte Slawendominanz in Südosteuropa … Ich frage noch einmal: Sehen so Rumäniens wahre Freunde aus? Ich wage die Prophezeiung: Briten und Franzosen werden dieses Land auch in Zukunft immer fallen lassen, wenn es in ihre Rechnung paßt. Und das, lieber Karl, verheißt nichts Gutes für die Aussichten deiner Geschäfte.« Dresshaimer hatte schallend gelacht und gesagt: »Bis dahin, mein Bester, bleibt mir aber noch Zeit für einen kräftigen Reibach.«

»An deiner Stelle würde ich mich damit beeilen«, war Göllers Antwort gewesen. Seiner sicher, hatte Dresshaimer gutgelaunt ausgerufen:

»Das Wichtigste vergißt du, Albert, das Allerwichtigste … Die Politik mag von noch so schamlosen Ludern gemacht werden«, er hatte nach dem Glas gegriffen, »ob Briten, Russen, Deutsche, Franzosen oder Österreicher: Sie alle wollen das Geschäft. Sie müssen es wollen. Daran führt kein Weg vorbei. Und ich – Prost, meine Freunde! –, ich bin dafür da. Für keinen von ihnen bin ich verzichtbar.« Sie hatten lachend angestoßen.

Albert Göllers Frau war ein willensstarker Mensch, der »mitten im Leben« stand, wie die Wendung lautet, sobald es gilt, jemanden zu beschreiben, der den Alltag um die Ohren hat und sich dabei auf den eigenen Kopf verläßt. Von praktischer Art in allem, war Frau Luise dennoch jederzeit für die Betrachtungen ihres Ehemanns aufgeschlossen. Sooft es ihr die Zeit erlaubte, hörte sie seinen weitreichenden Darlegungen zu. So wie ihr Mann entstammte sie dem betuchten deutschen Bürgertum der seit der Lutherzeit dank vielfältiger, bis nach Kleinasien erstreckter Handelsverbindungen reichen Stadt, deren Geldsäcke zeitweise voller waren als die der wohlhabenden Fuggerstadt Augsburg. Sie war zum ersten Handelsplatz Südosteuropas geworden und hatte sich – den mittelalterlichen Kern imponierend in einen Bergkessel hineingebaut – in neuerer Zeit durch die frühe und energisch durchgeführte Industrialisierung ihren wirtschaftlichen Spitzenplatz gesichert. Das alles hatte einen selbstbewußten, nüchternen, in überprovinziellen Maßstäben denkenden Menschenschlag hervorgebracht. Von Frau Luises zuverlässigem Charakter und der Gefühlskraft, deren sie fähig war, legte nichts so beredtes Zeugnis ab wie der Umstand, daß sie den aus dem Krieg an Leib und Seele gezeichnet heimgekehrten, in vielem hilflosen Mann gegen den Widerstand der Eltern geheiratet hatte und überdies seit Jahren die verwitwete und schwerkranke Mutter ohne zu murren betreute.

Aber »Königin Luise«, wie sie im Freundes- und Bekanntenkreis achtungsvoll genannt wurde, wirkte durch ihre Entschiedenheit in allen Fragen nicht allein auf die äußere Lebensgestaltung und die innere Ausgewogenheit ihres Mannes Albert bestimmend ein, sondern ebenso auf den Sohn Gerhard, das einzige Kind der beiden, einen in den Anlagen früh erkennbaren, auffallend gutgewachsenen Jungen, dessen sportliche Begabung über das Honterus-Gymnasium hinaus, das er besuchte, die allgemeine Aufmerksamkeit auf sich lenkte, wie den Eltern seine schnelle, leidenschaftslose Intelligenz bald bewußt geworden war. Sie paarte sich mit einer bemerkenswerten, bisweilen allerdings von Ansätzen zu wilden Ausbrüchen in Frage gestellten Fähigkeit der Selbstbeherrschung und einer Furchtlosigkeit, die sich durch nichts beeindrucken ließ. War der Junge nach Unterrichtsschluß nicht auf dem Sportplatz unter den Waldhängen des Zinnen-Höhenzugs, der die Stadt im Osten überragte, oder zu Kletter- und Skitouren in den nahen Bergen unterwegs, so verbrachte er die freien Stunden in der »Bücherhöhle« in Gesellschaft des Vaters. Der öffnete ihm die Augen für die »inneren Verkettungen geschichtlicher Vorgänge« und brachte ihm von Kind an im Gespräch neben dem Französischen das Englische bei.

Als Gerhard Göller, daheim und von den Freunden kurz »Gerry« gerufen, fünfzehn Jahre alt war, entschlossen sich die Eltern auf Drängen und Zureden des als vielbeschäftiger Architekt in Berlin lebenden jüngeren Bruders von Frau Luise, Kurt Baumgartner, den Knaben in die Obhut des Bruders und Schwagers zu geben und auf das über die Reichshauptstadt hinaus gerühmte Gymnasium Graues Kloster zu schicken. »Die Zukunft gehört den Deutschen«, hatte Baumgartner zum Schwager gesagt, »du kannst nichts Besseres für ihn tun, als ihm möglichst früh den Weg nach Deutschland zu öffnen. In Berlin ist er bei Agathe und mir gut aufgehoben.«

Gerry, der am Vater hing und auf dessen Spitznamen »Torso« stolz war – verband sich ihm doch mit der Bezeichnung die Vorstellung heroischer Selbstbehauptung trotz verminderter Leistungsfähigkeit –, Gerry machte keine Umstände, als ihm der elterliche Entschluß mitgeteilt wurde. Dazu trug sein gutes Verhältnis zum weltmännisch sicheren, karrierebewußten Onkel bei, der in Gesellschaft seiner lebhaften und aufsehenerregenden Frau allsommerlich für eine Woche nach Kronstadt kam. Ob er einen Sechs-Zylinder-Hanomag oder einen Sport-Roadster-Mercedes-Benz-200 fuhr, zu Gerrys und seiner Freunde Begeisterung erschien er jedesmal mit einem Stück neuester nickel- und chromfunkelnder Technik aus dem Land, von dem sich die Leute Wunder erzählten. War er wieder fort, blieb bei allen, die ihn kannten, eine schmerzhafte, mit Stolz gemischte Sehnsucht nach dem fernen »Reich« der Deutschen zurück.

Bei Onkel Kurt und dessen hübscher Frau Béatrice-Agathe, einer Ostpreußin aus der Gegend um Allenstein, bezog Gerry in Berlin-Dahlem Quartier. Vom ersten Tag an begriff er, worauf es in der neuen Umgebung und im Umgang mit den Lehrern und mit Gleichaltrigen ankam, die er durch seine Sportlichkeit beeindruckte. Tante Agathe, die fließend Englisch und Französisch sprach – sie entstammte mütterlicherseits der Hugenottenfamilie de Chambon, in der es seit ihrer Niederlassung im Brandenburgischen zu den Verbindlichkeiten gehörte, das Französische zu sprechen –, war entzückt von Gerrys Sprachkenntnissen. Die beiden unterhielten sich vom ersten Tag an bald auf Französisch, bald auf Englisch.

Keine Sekunde lang hatte Gerry Heimweh oder das Bedürfnis, auch nur für kurze Zeit ins ferne Kronstadt zurückzukehren. Die Stadt im weit abgelegenen Südosten wurde ihm nur noch während der Schulferien zum Aufenthaltsort. Traf er aber in der Vaterstadt ein, so verhielt er sich Verwandten, Bekannten und einstigen Klassenkameraden gegenüber nicht anders als früher. Wie ehemals unternahm er mit den Freunden abenteuerliche Hochgebirgs- und Klettertouren oder hielt sich zum Leichtathletiktraining auf dem Sportplatz unter der Wehrmauer mit der Bastei am Fuß der abschüssigen Westhänge der Zinne auf, von dem er sagte, das Berliner Olympiastadion liege »mit Abstand nicht so phantastisch«. Gelegentlich traf er Gitta Seeberg wieder, die lockenköpfige Mädchenschönheit; sie hatte sich längst seinen Freund Gerd Hauser zum Begleiter ausgewählt. Die Fragen der Freunde nach den Berliner Klassenkollegen beantwortete er mit nüchterner Sicherheit. Allem, was er sagte, war eine Note kühl beobachtenden Abwartens jener Art beigemischt, die für die einen Aufreizendes hatte, den anderen sogar ein Gefühl der Furcht einflößte.

Allein im Umgang mit dem Vater war davon nichts zu spüren. Der Briefwechsel der beiden setzte Gerry nicht nur über die Ereignisse in Kronstadt ins Bild. Seit er bemerkt hatte, daß ihm der Vater vieles von dem, was er in Deutschland sah und hörte, was ihm an Lehrern und Mitschülern, an Onkel Kurt und Tante Agathe auffiel, in seinen »weitläufigen Verflechtungen«, wie es in einem der Briefe aus Kronstadt hieß, mit wenigen Sätzen erläuterte, war ihm der schriftliche Gedankenaustausch unverzichtbar geworden. Durch seine Fragen drängte er dem Vater die Briefinhalte auf. »Beschwingtheit und Begeisterung der Deutschen«, war in einem der väterlichen Schreiben zu lesen, »erklären sich aus dem Aufstieg nach den Jahren der Not, die im Gefolge des

Kriegs über das Land hereingebrochen war. Ein Volk, das 1918 von den Siegermächten der Wahrheit zum Hohn als alleiniger Kriegsbrandstifter gebrandmarkt und ausgepreßt, mit dem durch Gebietsabtrennungen, Blockaden, Wirtschaftseinschränkungen, Ausschluß aus dem internationalen Sport-, Kultur- und Wissenschaftsleben Spott getrieben wurde, hat ein Recht darauf, unter der Führung einer starken Regierung wieder Tritt zu fassen und seine guten Eigenschaften zum eigenen Wohl einzusetzen. Es geschieht ja«, hatte der Vater geschrieben,»nicht nur zum Wohle der Deutschen. Niemandem kann daran gelegen sein, in Europas Mitte einen verzweifelten und unberechenbaren Staat dieser Größenordnung zu wissen. Das ist für alle gefährlich.«

Gerry bewunderte Wissen und Übersicht des Vaters, dessen Kriegsverletzungen bewiesen, daß er für seine Erkenntnisse einen hohen Preis gezahlt hatte.

Nicht nur in Briefen führten die beiden umfassende Gespräche. Sooft sich Gerry in Kronstadt aufhielt, suchte er den Vater in der »Bücherhöhle« im oberen Stockwerk auf, je älter er wurde, um so häufiger, um so länger auch dauerten die gemeinsamen Stunden. Die Unterhaltung lebte von Gerrys Wißbegierde. Der Junge saß in der Bibliothek immer auf dem alten Stuhl mit Rocaillen, der in der Familie »der Rothschildstuhl« hieß. Es war ein französisches Stück aus der Erbschaft des vermögenden Großvaters Johann Peter Göller, der es zur Erinnerung an den Sieg der Deutschen über die Franzosen 1870/1871 ins Haus gebracht hatte. Die Geschichte war in der ganzen Großfamilie bekannt und wurde oft auch Außenstehenden erzählt: Der Medizinstudent Johann Peter Göller – Staatsbürger des Habsburgerreichs – war 1870 als Berliner Studiosus gemeinsam mit seinen deutschen Kommilitonen freiwillig in den Krieg gegen den Franzosenkaiser Napoleon III. gezogen. Als Sanitäter im Elsaß eingesetzt, hatte er sich in einem Feldlazarett durch entschlossenes, sicheres Handeln und Nervenstärke so nachhaltig hervorgetan, daß er bei Kriegsende »auf Befehl seiner Majestät des Kaisers der Deutschen« mit der »Kriegs-Gedenkmünze von Stahl am Nicht-Combattanten-Bande« ausgezeichnet worden war. Er hatte die Auszeichnung an der Seite der jungen und schönen Louise von Rothschild erhalten, die ebenso durch unermüdliche Betreuung verwundeter Soldaten aufgefallen war. Die gemeinsame Ehrung hatte Louises Ehegatte, Meyer Karl von Rothschild, zum Anlaß genommen, den jungen Kronstädter zu einem Festessen auf den prächtigen Familiensitz des Frankfurter Bankhausgründers, des Juden Meyer Amschel Rothschild, einzuladen. Der stolze Gastgeber war von der Unterhaltung mit dem Medizinstudenten so entzückt, daß er diesem den Stuhl schenkte, auf dem er beim Bankett gesessen hatte. »Möge uns das Gedenken an den Sieg über die Franzmänner ewig verbinden!« hatte Herr von Rothschild in einem Trinkspruch auf Johann Peter Göller ausgerufen ... Der Enkel des Kreisarztes Dr. Johann Peter Göller, Gerry, liebte seit der Kindheit das Sitzen auf dem Rohrgeflecht des von jeher in der Fensternische stehenden Stuhls auch deswegen, weil er von dort aus den ganzen Bibliotheksraum überblickte.

Längst war es Albert Göller aufgefallen, daß sein Sohn nach jeder Rückkehr aus Berlin die Begegnungen in der Bibliothek um einiges ungeduldiger suchte und den Gesprächen immer zielbewußter die politische Richtung gab. »Vermutlich«, sagte Albert Göller zu seiner Frau, »sprechen sie im Berliner Gymnasium über diese Dinge. Ich bin manchmal verlegen um eine Antwort auf seine Fragen ...«

Schon wenige Tage später fragte Gerry den Vater nach dem »Unrecht, das an den Deutschen begangen« wurde. »Hm«, brummte Albert Göller erstaunt, »hm, da muß mehrerlei bedacht werden. Das reicht in die Geschichte zurück.«

Dann sprach er vom »Sonnenkönig« Ludwig dem Vierzehnten, der dem Deutschen Reich während des Dreißigjährigen Kriegs »an die sechshundert Dörfer und Städte entriß – ich meine Elsaß-Lothringen –, der ihnen die Stadt Straßburg stahl, ohne Grund die Pfalz verwüsten und 1693 Heidelberg zerschießen ließ, während die Deutschen zum Schutz Europas mit der Türkenabwehr beschäftigt waren«. Nun, da ließe sich seither noch manches hinzufügen, sagte Göller, »das eine schaukelte das andere hoch, und so geht es bis in unsere Tage«. Gerry hatte regungslos zugehört. Dann fragte er plötzlich: »Ist – ist Hitler die deutsche Antwort?«

»Er ist«, antwortete Albert Göller langsam, »derzeit die einzige Möglichkeit der Deutschen, sich nicht aufzugeben.«

So kehrte Gerry jedes Mal in dem Gefühl nach Berlin zurück, das Land, dessen Gast er im Hause des Onkels war, besser zu verstehen, sich ihm stärker verbunden zu wissen.

Den Kronstädter Freunden bot er bei jedem Besuch daheim Neues.

Einmal zeigte er ihnen Fotos, auf denen er im Teutoburger Wald unter dem mächtigen Denkmal des Cheruskers Armin, des Römerüberwinders, in Braunhemd und schwarzer kurzer Hose, mit Sigrunenkoppel, Schulterriemen und Halsbinde zu sehen war. Neben ihm ein sonnenblondes Mädchen mit strahlendem Lächeln. »Es ist Hanna van Ruister«, sagte er, »wir sind gemeinsam beim Segelfliegen. Sie ist von allen die tollste.« Da entdeckte der lange, sommersprossige Lothar Weiß die Kordel an Gerrys Uniformhemd. »Ich bin Scharführer in der Hitler-Jugend«, sagte Gerry. Sie löcherten ihn mit Fragen, am neugierigsten war Michael Renbrik. Gerry erzählte von den Zeltlagern auf dem baltischen Höhenrücken und den Fahrten zu den mecklenburgischen Seen. Er schilderte die Segeltörns in der Pommerschen Bucht, die Wanderungen mit Liedern und Geländespielen durch die Kiefernwälder der Mark. Als er die Reisen in die Alpen, zu den Domen und Burgen am Rhein beschrieb, rief Karli Dresshaimer: »Wahnsinn!« Sie waren alle beeindruckt. Der kraushaarige Michael Renbrik mit dem Knollenkopf, der blitzgescheite Bauernsohn, der Theologie studieren wollte, nickte heftig und starrte Hanna auf dem Foto an; er war ein Bewunderer Gerrys.

Hingerissen aber zeigten sie sich von dessen lakonischem Bericht über das Segelfliegen auf der Wasserkuppe in der Hohen Rhön. Nicht nur, was er über die »phänomenal eingerichteten« Werkstätten sagte, in denen sie Segelflugmodelle bauten – »es sind die besten in der ganzen Welt«, fügte er lässig hinzu –, und über die Flugstunden, sondern auch, was er von den Abenden erzählte. »Da gibt's Vorträge«, sagte er, »von denen man sich hier nicht einmal träumen läßt. Berühmte Schauspieler lesen Texte von Kleist, Dante und Shakespeare vor.« Die »piekfeinen« Unterkünfte schilderte Gerry, und »naja«, sagte er lächelnd, »von der Disziplin und Ordnung macht ihr euch eh keine Vorstellung. Von der Morgengymnastik und dem Bettenbauen bis zum Zapfenstreich alles auf Millimeter und Sekunde.«

»Mann!« schrie der blondmähnige Gerd Hauser, der beste Skiläufer unter ihnen, »verdammt, wann gibt's das alles endlich auch hier?«

Ob es wohl möglich sei, die Flugschule in Petersberg bei Kronstadt »auch nur halb so gut« einzurichten wie das Segelflugzentrum Wasserkuppe, wollte Karli, der Sohn des Viehhändlers Dresshaimer, wissen, dessen Stirnschramme sich jedes Mal rötete, wenn er erregt war, und welches in Deutschland die Bedingungen seien, damit einer das Segelfliegen erlernen könne.

»Es gibt strenge Ausleseverfahren«, sagte Gerry. »Wie hast du die bestanden?« fragte Gerd. Gerry lachte mit seiner immer etwas rauhen Stimme. »Mann, ich bin Scharführer der HJ-Fliegereinheit Berlin Gebiet drei.«

Und jedes Mal, wenn Gerry in die Ferien nach Kronstadt kam, erschien er seinen Freunden als der alte und dennoch auf eigenartige Weise verändert. Seine Aussprache hatte die Schwere verloren, die ihnen hier beim Sprechen eigen war. Sein Benehmen war selbstsicherer und auf eine gefällige Art glatter geworden, was ihnen auffiel, sobald sie ihn im Umgang mit Erwachsenen beobachteten. Auch benutzte er zunehmend Wörter und Redewendungen, die ihnen nicht geläufig waren. So sagte er nicht mehr »Nein«, er sagte »Nee« oder »Nö«, und die Schule nannte er »die Penne«. Auch sagte er nicht mehr »Ach was«, er sagte »I wo«, sie hörten ihn Ausdrücke verwenden wie »Mensch Meier, da wackelt die Wand, da muß was los sein«, oder ähnliche, die er immer bereit hatte. Alle waren sie mit ihm zusammen, sooft es nur ging, jeder zeigte sich gerne in seiner Gesellschaft. Gerry sähe »blendend« aus, hieß es in der Stadt, er wirkte von Mal zu Mal reifer, gepflegter. Bei den sommerlichen Sportwettkämpfen auf der Aschenbahn unter der grünen Waldwand der Zinne war er jedesmal einer der ersten. Die Mädchen, die jungen Frauen schielten nach dem athletisch gewachsenen Siebzehnjährigen mit den geschmeidigen Bewegungen. Er erschien ihnen als ein Sendbote des alle anderen Länder überstrahlenden Deutschland. Gitta verschlang ihn mit ihren Funkelaugen. Doch Gerry zeigte mit kaltem Lächeln kurz auf Gerd.

War er dann zum Schulbeginn wieder nach Berlin abgereist, konnte es vorkommen, daß Lothar verärgert zu den Freunden sagte: »Stinklangweilig ohne Gerry, beschissen fad!«

»Mann«, rief Karli Dresshaimer, »wenn ich daran denke, daß der jetzt in Berlin ist, und wir hocken hier am Rand der Welt wie bestellt und nicht abgeholt!«

»He«, mischte sich Michael Renbrik ein, »was er vom Sternmarsch der Hitler-Jugend nach Nürnberg zum Reichsparteitag der Freiheit erzählte! Der Einzug auf dem Zeppelinfeld, die Standarten … Und er war dabei.«

»Was ist das: die ›Napola‹, auf die er im Frühjahr wechseln wird?«
fragte Karli.

»Das heißt ›Nationalpolitische Erziehungsanstalt‹«, erklärte Gerd,
»eine Eliteschule. Es gibt nur drei davon. Nur die Besten aus dem ganzen Reich haben eine Chance. Gnadenlose Aufnahmebedingungen.
Auch sportliche. Rassische Eignung ist natürlich Voraussetzung.«

»Rassische Eignung?« fragte Karli und strich sich über die Stirnschramme.

»Na ja«, sagte Lothar, »nordisch – und so. Du weißt doch.«

»Ach geh, Karli«, rief Gerd, »wieso weißt du das nicht? Seht euch
doch bloß einmal unter dem halbasiatischen Völker- und Rassengesocks
um, mit dem wir hier zusammenleben – diese orientalisch-levanti-
nischen Halbaffen von Donauwalachen und Bosporuszigeunern. Soll
Europa, soll das Abendland in dem Mischgeschmeiß untergehen?
Mann, die im Reich wissen genau, was los ist. Die haben kapiert, daß
ohne Rassenhygiene nichts geht.«

»So ist es«, pflichtete ihm Lothar bei, »einst wurden die Spartaner
von den Heloten aufgefressen. Übrig blieben Balkanratten. Daraus
kann man lernen.«

»Ja, aber – aber wie stehen wir da zu Rottmann?« fragte Michael, »zu
meinem Banknachbarn Oswald Rottmann?« Einige Sekunden lang war
es still – der Einwand kam immerhin vom Klassenbesten. Dann rief
Gerd: »Der ist doch längst eingedeutscht, der ist kein Jude mehr.«

»Den laßt ihr mir in Ruhe«, sagte Michael Renbrik, dessen Knollenkopf sich gerötet hatte.

»Schon gut«, beschwichtigte ihn Lothar, »von dem will keiner was.«

O ja, nach Gerrys Abreise in Richtung Berlin dauerte es jedesmal
seine Zeit, ehe sie sich wieder in den Alltag fanden. Denn Gerrys
Anwesenheit verlieh allem, was sie in seiner Gesellschaft unternahmen,
die Note gehobener Stimmung. Die Gedanken, die er aus Berlin mitbrachte, stifteten eine belebende Unruhe. Sie weckten in ihnen den
Wunsch, die in Deutschland, im »Reich«, herrschenden Verhältnisse
möglichst bald auch hier im abseits gelegenen Siebenbürgen zu haben.

Den Höhepunkt erreichte ihre Erregung, als Gerry eines Sommers
mit Verspätung aus Berlin in die Ferien nach Kronstadt kam – geradewegs von den Olympischen Sommerspielen. Er hatte sie aus allernäch-
ster Nähe miterlebt. In monatelanger Auswahl und Vorbereitung unter

die nach Intelligenz, Sprachkenntnissen und äußerer Erscheinung aus ganz Deutschland ausgesuchten HJ-Führer aufgenommen, war er dem Informationsdienst für die Betreuung ausländischer Gäste französischer und englischer Sprache zugeteilt worden. Die jungen Leute hatten dafür als Anerkennung Freikarten für die sportlichen Veranstaltungen erhalten. Ohne eine Sekunde zu zögern, hatte sich Gerry für die Wettbewerbe der Leichtathletik entschieden.

Und was er nun den Freunden von Gerhard Stöcks spannendem Duell im Speerwerfen mit den Finnen, von Karl Heins Sieg im Hammer- und dem Sieg Gisela Mauermayers im Diskuswerfen, was er vor allem vom Hundert- und Zweihundertmeterlauf des, wie er sagte, »schwarzen Panthers« Jesse Owens und dessen dramatischem Kampf im Weitsprung mit dem Deutschen Lutz Long erzählte, war atemberaubend, ja berauschend, obgleich längst bekannt, da viele Kronstädter die Berliner »Olympia Zeitung« abonniert hatten. Doch ging vom mündlichen Bericht die besondere Wirkung aus. Das Wiedererzählte klang wie eine Sage, ein Hohelied von Kämpfen und Helden, das zu hören niemand müde wurde. Denn der als wenig zugänglich bekannte, von einigen gefürchtete Gerry schien beim Rückblick auf das olympische Ereignis von einem Feuer durchglüht zu sein, das jeden seiner Sätze zur Botschaft aus einer glücklichen, von sportlichen Heroen bevölkerten Welt machte. Die Botschaft faszinierte nicht nur. Sie überzeugte. Konnte es einen Zweifel geben, wenn sogar dieser selbstbeherrschte junge Mensch mit dem unentwegt prüfenden Blick den Eindruck erweckte, seine Begeisterung versenge jeden, der ihm zu nahe kam?

Und Gerry berichtete nicht nur über Sport und Wettkämpfe in dem von nahezu hunderttausend Menschen gefüllten Stadion – »das modernste auf dem Globus«, sagte er –, vom Triumph der Sieger und den Tränen der Unterlegenen. Er beschrieb auch »die gewaltige, auf dem Reichssportfeld stehende Skulptur ›Der Zehnkämpfer‹ des in Paris zu Weltruhm gekommenen und vor kurzem nach Deutschland zurückgekehrten Arno Breker und die kolossale Steinfigur ›Ruhender Athlet‹ auf dem Reichssportforum des von den Franzosen ebenso bewunderten Georg Kolbe … O ja«, sagte er abschließend, »ihr müßt wissen, daß die aus allen Ländern zu den Spielen angereisten Menschen die Tage in Berlin mit Dankbarkeit erlebten für das, was ihnen geboten wurde …«

Er lachte kurz auf und sagte: »Am letzten Tag umarmte mich die achtzigjährige britische Countess Churchborough, die ich täglich zu ihrem Logenplatz begleitet hatte, und sagte: ›I like the Germans!‹ Sie lud mich auf ihr Landgut bei Norwich ein.« Wieder lachte er. »Ich habe den Geruch ihres Haarpuders jetzt noch in der Nase …« Nach einer Pause sagte er: »Mann, aber erst das nächtliche Finale! Der Lichterdom aus Hunderten von Scheinwerfern über dem Stadion und den Menschen!« Niemals, sagte Gerry, niemals werde er es vergessen.

»Und was war das Tollste?« fragte der immer ungeduldige Karli.

Gerry zögerte keine Sekunde mit der Antwort: »Als der blonde Lutz Long nach dem Weitsprungkampf mit Jesse Owens die Hand des Schwarzen hochhob und dessen Namen ins Publikum rief – da schrie das ganze Stadion im Chor: ›Jesse, Jesse!‹ … Doch da war noch etwas«, fügte er mit plötzlich heiserer Stimme hinzu, »ich hatte meinen Sitzplatz nur wenige Meter unterhalb der Führerloge … Ich war dort Adolf Hitler ganz nahe.« In der Runde war kein Atemhauch zu hören, als Gerhard Göller das sagte.

Niemand wußte später, von wem der Vorschlag stammte, vermutlich hatte Gerrys engster Freund Lothar Weiß, »der Lange«, die Sache angeregt, der Neffe des Schuldirektors Dr. Tabler. Nur wenige Tage später hielt Gerry die schriftliche Einladung des Sekretariats des Honterus-Gymnasiums in der Hand, in der Aula der Schule einen »Vortrag über die Olympischen Spiele 1936 in Berlin« zu halten. Der Achtzehnjährige, der vor dem Abitur stand, Anglistik, Romanistik und Diplomatie zu studieren vorhatte, meisterte die Aufgabe vor dem überfüllten Festsaal mit einer Bravour, die noch wochenlang Stadtgespräch war.

Doppelt und dreifach schwer fiel daher diesmal den zurückbleibenden Freunden der Abschied. Gerrys nächste Freunde vermieden es nach seiner Abreise sogar eine Zeitlang, sich zu treffen. Noch niemals bisher war ihre Sehnsucht nach dem glanzvollen und in der Welt bewunderten Reich der Deutschen größer gewesen. Auch Gerrys Eltern machten die ersten Wochen der Abwesenheit des Sohnes mehr zu schaffen als sonst. Zwar wurden sie immer wieder von Verwandten und Bekannten mit Lob und Glückwünschen für Gerrys rhetorische Leistung bedacht. Doch dessen ungeachtet zog sich Albert Göller in dieser Zeit häufiger als gewohnt in die »Bücherhöhle« zurück, und Frau Luise wirtschaftete in der Wohnung und im Keller, als gelte es, mona telange Versäumnisse nachzuholen. Immer wieder nahm sie das Foto zur Hand, auf dessen Rückseite sie »Hanna und Gerry« geschrieben hatte, und erfreute sich am Anblick des hellblonden Mädchens an der Seite ihres Sohnes. Es dauerte eine Weile, ehe Luise und Albert Göller wieder unbefangen über den Abwesenden zu sprechen in der Lage waren. Sie hätten es vermutlich noch länger hinausgezögert, wäre nicht eines Abends der Postdirektor Crucea vorbeigekommen, um ein Buch abzuholen; Crucea war, wie auch die übrigen Herren der Bibliomanen-runde, bei Gerrys Vortrag dabeigewesen. Frau Luise lud ihn zum Abendessen ein.

Nach Tisch gab Albert Göller seinem Bekannten Gerrys letzten Brief zu lesen. Während er das Schreiben aus dem Umschlag zog, sagte er: »Ich verstehe nicht, was gewisse Kreise an der Entwicklung in Deutsch-land auszusetzen haben. Ist es denn nicht bemerkenswert, was den jun-gen Menschen heute dort geboten und was von ihnen gefordert wird? Es ist nichts falsch an der Erziehung, die Gerry erhält. Da wächst doch eine anständige, saubere, pflichtbewußte Generation heran. Sie wird zu Treue, Ehrgefühl, Kameradschaft, Leistungsbereitschaft angehalten. Erzieht ihr denn eure Kinder anders?« fragte er Crucea und reichte ihm das Papier, »kann es denn verkehrt sein, nach solchen Grundsätzen zu lehren und zu leben?« Frau Luise stimmte ihrem Mann zu, erst recht, als Crucea, der »zur kleinen, aber verläßlichen Minderheit der Germa-nophilen unter den Rumänen« zählte, ausrief: »Ach was, Albert! Das kennen wir ja. Da ist wieder der Neid der anderen auf die tüchtigen Deutschen im Spiel.« Göller gestand sich später ein, daß ihn Cruceas Urteil beruhigte.

Wenn es Frau Luise auch besonders hart ankam, monatelang auf ihren Sohn verzichten zu müssen, ertrug sie die Trennung in der Ge-wißheit, ihm mit dem eingeschlagenen Weg die besten Lebensvoraus-setzungen gesichert zu haben. Dachte sie daran, so empfand sie dem Bruder und der Schwägerin gegenüber, mit der sie ein herzliches Verhältnis verband, starke Dankbarkeit. Aufnahme und Befinden des Sohnes im schönen Berliner Heim trösteten sie jedesmal über den Abschied hinweg.

Sorgen bereitete ihr allein die Beobachtung, daß der zum Einzelgän-gertum neigende Sohn in Berlin kaum die Freundschaft Gleichaltriger suchte. Wiewohl in die vielfachen Jugendtätigkeiten eingebunden,

61

schien er keinen engeren Anschluß anzustreben. Sie hatte sich darüber mit der Schwägerin ausgetauscht, die ihr die Beobachtung bestätigte, daß Gerrys Drang zur Selbständigkeit auf dessen starken Charakter schließen lasse und so keinen Grund zur Sorge böte. Im übrigen aber sei ihr unter den drei, vier Freunden, die ihn gelegentlich besuchten, einer aufgefallen, wohl »ein verarmter Adliger ausländischer Herkunft seines Alters«, hatte Agathe geschrieben, den ihr Gerry, wie auch die anderen Freunde, vorgestellt habe, »ein frühreifer, intelligenter junger Mensch von feinem Äußeren«.

Tatsächlich war Gerald Marc John von Földy der einzige aus der Schar der Klassenkameraden, dessen Gesellschaft Gerry beständig suchte. Neben ungarischen hatte der in Berlin geborene von Földy deutsche und englische Vorfahren. Er war einer der besten Mathematiker der Schule, beherrschte einen zuverlässigen Stil subtiler Ironie, den auch die wählerischsten Lehrer gelten ließen, und war des öfteren in einer Marine-HJ-Uniform zu sehen, der einzige Schüler des Gymnasiums, der dieser Gruppe der Hitler-Jugend-Organisation angehörte. Gingen die beiden über den Kurfürstendamm und trug Marc, wie Gerry ihn nannte, die dunkelblaue Kluft mit der emaillierten Kokarde und dem hellblauen Band an der Mütze, entging es Gerry nicht, daß seinem aufgeschossenen, das rechte Bein leicht nachziehenden Freund anerkennende, ja respektvolle Blicke galten. Gerry schätzte an Marc vor allem das Knappe und Genaue des Ausdrucks, das Originelle der Redewendungen – so wenn er unbeteiligt befand: »Noblesse n'oblige« – und der sarkastische, spöttische Ton, gleichviel, worüber er sprach. Marcs Hang, alles andeutungsweise in Frage zu stellen, beschäftigte Gerry immer wieder. Daß Marc ihm gelegentlich eine spannenlange, dickwülstig verheilte Narbe am rechten Oberschenkel zeigte, die »von einem Manöverunfall auf stürmischer See vor Helgoland« herrührte, beeindruckte Gerry um so mehr, als der Freund dazu trocken anmerkte: »So holt sich jeder die kleinen Blessuren auf den merkwürdigsten Schlachtfeldern und -meeren. Die größeren gibt es anderwärts.« Marc zeigte seinem Freund das Attest eines SS-Stabsarztes, in dem die Art der Verletzung und der umständlichen Heilmaßnahmen vermerkt war.

Marc war ein Chaot. Das irritierte Gerry anfangs, da er in der Vorstellung gelebt hatte, ein Mensch von dieser Intelligenz und Logik sei zwangsläufig auch in der Handhabung des alltäglichen Lebens auf peinliche Ordnung bedacht. Doch der erste Besuch in Marcs Wohnung in Berlin-Schmargendorf, in einer kleinen Nebenstraße des Hohenzollerndamms, belehrte ihn eines anderen.

»Du wohnst allein?« fragte er, erstaunt über die karge Einrichtung des großen Zimmers, in dem der Freund inmitten einiger Möbelstücke, Haufen herumliegender und -stehender Bücher, alter Koffer, zweier roter Wasserkübel, über Stuhllehnen geworfener Kleidungsstücke und eines Bettes in der buntesten Umgebung hauste.

»Meine Mutter«, sagte Marc, »nahm sich vor zehn Jahren das Leben. Strychnin. Vater geht Geschäften in Budapest, Prag, Belgrad nach.«

Gerrys Blick fiel auf die über einem Metallbügel an der Tür hängende Marine-HJ-Uniform. Sie war ohne Zweifel das einzige Stück in der Ein-Zimmer-Wohnung, das sich sorgfältiger Behandlung erfreute. Penibel sauber gebürstet und geplättet, hing sie wie eine kostbare Fahne vom Haken und erweckte den Eindruck, das Daseinszentrum des jungen Barons von Földy zu sein.

»Ja«, sagte dieser, »sie hängt im Auge des Hurricans.«

»Du bist ein Exot«, lachte Gerry, ohne mit Marcs Auskunft etwas anfangen zu können – ein Exot, dachte er, mitten in der blitzblanken Reichshauptstadt! Zweifellos erhöhte dieser Besuch seine Zuneigung zu Marc von Földy, ja dessen Tanz aus der Reihe, der ihm ein Geheimnis zu bergen schien, gab ihrer Beziehung in Gerrys Augen das Besondere. Er erzählte weder Agathe noch Kurt Baumgartner etwas vom Besuch in der Wohnung des Freundes.

Der Architekt Baumgartner hatte sich zu Beginn des Aufenthalts Gerrys in seinem Haus zunächst von Gefühlen der Sympathie im Umgang mit Gerry leiten lassen. Doch Gerrys vielseitige Interessen gaben immer häufiger Anlaß zu Gesprächen und gemeinsamen Unternehmungen wie Bootsfahrten auf dem Müggelsee, Wanderungen auf den Spuren Fontanes, der zu den Lieblingsautoren des Ehepaars gehörte, Fahrten zu den Potsdamer Schlössern oder Besuche der Aufführungen im Schillertheater. Und dann begann ihn eine, wie ihm schien, ungewöhnliche Eigenschaft des Neffen zu fesseln. Ihre Entdeckung hing mit den Rassehunden zusammen, die Baumgartner auf seinem Grundstück in Berlin-Dahlem hielt.

In Baumgartners kinderloser Ehe mit Beatrice-Agathe de Chambon spielten Zuchthunde seit langem eine Rolle. Die Tiere wurden von den beiden aufgezogen und für die unterschiedlichsten Zwecke dressiert. Während der ersten Ehejahre, als in Baumgartners Architekturbüro noch verhältnismäßig wenig Aufträge eingingen, ja diesem während der Weltwirtschaftskrise sogar der Konkurs drohte, hatten sie gemeinsam aus einer Laune heraus mit dem Abrichten einer blaugrauen Dobermann-Hündin begonnen und dabei ihre Freude an der Arbeit mit Hunden entdeckt. Der Umgang mit den Tieren war Agathe vom elterlichen Gutshof am Ostufer des Okullsees her von Kind auf vertraut. Sie war aber bald allein mit den Hunden geblieben. Denn durch die schnelle Erholung des Arbeitsmarktes und die Bauwut der neuen politischen Machthaber war die Auftragslage so gut geworden, daß Kurt Baumgartner den Mitarbeiterkreis erweitern, seine Büroniederlassung erheblich vergrößern und die Wochenenden ebenso wie viele Nächte hatte durcharbeiten müssen, um den Anschluß an die Entwicklungen nicht zu verlieren.

Einen endgültigen Schub erhielt sein Unternehmen, als ihm der in hohem Ansehen stehende Architekt Werner March eines Tags die Mitarbeit am Großprojekt der Modernisierung und Umgestaltung des in Berlin-Ruhleben liegenden Deutschen Sportstadions zum Olympiastadion, bald darauf auch beim Ausbau des Reichssportfeldes anbot – Staatsaufträge erster Ordnung. Ohne Zögern hatte Baumgartner alles riskiert. Er hatte Kapital aufgenommen, über Nacht seinen Personalstab verdreifacht, das Arbeitsprogramm von heute auf morgen umdisponiert und alles gewonnen. Was natürlich auch gesellschaftliche Folgen hatte. Kurt Baumgartner galt von dem Zeitpunkt an als einer der führenden Architekten Berlins. Daß er seine Aufnahme in die Nationalsozialistische Deutsche Arbeiterpartei beantragte, rückte ihn endgültig ins Blickfeld des größten deutschen Auftraggebers. Dies alles hatte ihn wohl in die glückliche Lage versetzt, nach verhältnismäßig kurzer Zeit das ansehnliche Haus nebst Hof und Garten in einer der begehrtesten Wohngegenden der Hauptstadt erwerben zu können, doch die Beschäftigung mit den Hunden, Liebhaberei und Einkommensquelle der früheren Ehe- und Berufsjahre, hatte er immer mehr, schließlich ganz seiner Frau überlassen müssen.

Sie war es denn auch, die ihn eines Tags auf Gerrys Geschicklichkeit in der Behandlung der Tiere hinwies.

»Der Junge«, sagte sie an einem Abend, als sie bei Kerzenlicht auf dem Balkon über dem Garten saßen, »der Junge geht mit den Tieren um, als hätte er nie etwas anderes gemacht in seinem Leben. Ich sah ihn heute Nachmittag zufällig von hier aus vor dem Zwinger mit dem Boxer stehen ... Ich sagte dir schon, daß ich daran denke, den Hund abzugeben, weil sich ihm außer mir niemand nähern kann, ohne daß er in diesen Rauschzustand aggressiver Raserei verfällt, für die ich keine Erklärung habe. Über eine Stunde lang hat Gerry mit unerschütterlicher Ruhe zuerst aus ungefähr zehn Schritten Entfernung mit halblauter Stimme auf das Tier eingeredet, das sich wie wahnsinnig aufführte. Dann hat er sich ihm Zentimeter um Zentimeter genähert. Der Hund hätte ihn zerrissen, wäre er aus dem Zwinger entkommen. Ich sah, wie Gerry der Schweiß auf die Stirn trat. Sein Hemd war auf Brust und Rükken naß. Doch er ließ sich keinen Augenblick von der Konzentration auf den Hund ablenken. Jeden anderen hätte dessen pausenloses Wüten zum Aufgeben veranlaßt ... Nach einer Stunde hatte er das Tier niedergekämpft. Er hatte es völlig im Griff, so daß der Hund, als Gerry dicht vor dem Zwinger angekommen war, nur noch leise wimmerte. Und stell dir vor – der Junge steckte den Arm bis zum Ellenbogen zwischen den Eisenstäben zum Hund hinein! Mir wurde schwindlig. Wenn ich es mir überlege, war das ungefähr so, als würde jemand den Arm in den Käfig eines gerade eingefangenen Panthers stecken. Dabei redete er dem Hund die ganze Zeit über beruhigend zu, als wollte er ihn über die Niederlage hinwegtrösten. Er kraulte ihm Nacken und Rücken. Das zusammengekauerte Tier leckte ihm die Hand und bettelte förmlich um seine Zuwendung ... Ich kann dir sagen, mir riß die Szene an den Nerven.« Agathe schwieg und fügte leiser hinzu: »Mir wurde ein bißchen unheimlich vor dem Jungen. Ich habe ihm nicht gesagt, daß ich ihn beobachtete.« Nach einer Weile fragte sie ihren Mann: »Was sagst du dazu? Ein Halbwüchsiger ...« Sie starrte in die vom abendlichen Luftstreichen flackernde Kerze. »Diese Kälte der Selbstbeherrschung«, sagte sie leise.

Baumgartner stellte das halbgeleerte Weinglas auf den Tisch. Er nickte vor sich hin, ehe er seiner Frau antwortete: »Mit den Tieren, nein, mit den Tieren hat das nichts zu tun. Gerrys Neigung und seine Fähigkeit zum berechnenden Abwarten, o ja, die ist mir auch schon aufgefallen ... Gute Eigenschaften ... Der Junge ist einer von den Typen, die wir heute brauchen. Übrigens rief mich Dr. Jonas, der Schuldirektor, gestern im Büro an. Er lobte Gerrys Leistungen und Haltung. Luise wird die Nachricht freuen.«

Zwei Wochen nach diesem Gespräch schenkten Agathe und Kurt Baumgartner ihrem Neffen drei Welpen: einen pausenlos angriffsbereiten schwarzen Pitbull-Terrier, einen ebenso rauflustigen stummelrutigen Rottweiler und einen Molosser, dem die spätere Muskelwucht schon in diesem Alter anzusehen war.

»Du kannst sie heranziehen, wie du willst«, sagte Kurt Baumgartner, »du kannst sie alle drei behalten oder nur einen oder zwei von ihnen. Du kannst sie aber auch an Tante Agathe abtreten. Abnehmer finden sich bei solchen Stammbäumen jederzeit. Überleg's dir und gib mir Bescheid.«

Der Junge sah Baumgartner mit einem Blick an, der diesen unwillkürlich eine Sekunde lang den Atem anhalten ließ.

»Onkel Kurt«, sagte er mit rauher Stimme, »ich behalte sie. Ich werde alle drei zu Kampfhunden machen.«

Als Baumgartner seiner Frau davon berichtete, nickte er zweimal kurz und fügte hinzu: »O ja, der Junge hat das Lebensgesetz unserer Tage begriffen.« Es blieb offen, was er damit meinte.

Gerry nannte die Hunde Alexander, Dschingis Khan und Napoleon. Er »formte« sie während des folgenden Jahres, wie er sagte, zu »bedingungslos gehorchenden Angriffswaffen«. Wäre jemand auf den Gedanken gekommen, ihn zu fragen, warum er es tat, er hätte vermutlich die erstaunte Antwort erhalten: »Warum wohl? Jeder muß ein Kämpfer sein. Alles Leben ist Kampf. Über dem Eingang zu unserem Schulfestsaal hängt der Spruch: ›Zäh wie Leder, flink wie Windhunde, hart wie Kruppstahl‹. Und in unserem Klassenzimmer, an der Wand über der Tafel, steht mit großen Runenlettern der Friedrich-Nietzsche-Satz: ›Gelobt sei, was hart macht.‹ Goethe schrieb, daß ein Mensch sein ein Kämpfer sein heißt. Heraklit sagte, daß der Krieg, daß der Kampf der Vater aller Dinge ist. Das alles war doch immer schon so. Wer's nicht begreift, geht unter. Oder stimmt das etwa nicht?«

Dem vermögenden Onkel, dem es kaum etwas ausmachte, für den Unterhalt der Hunde aufzukommen – hatte er es doch auch abgelehnt, sich von der Schwester Geld für Gerrys Unterkunft in seinem Haus geben zu lassen –, bereitete es Vergnügen, den Dressurerfolg des Neffen zu beobachten. Um so mehr, als dieser nicht allein den Schulpflichten, sondern ebenso den Anforderungen des täglichen Sporttrainings und außerdem den Führungsaufgaben in der »Fliegerschar« mit dem Leistungsvermögen nachkam, das ihn auszeichnete.

Es war aber mehr als nur die Freude an diesem Leistungsbild, die Kurt Baumgartner beherrschte, sooft er an Gerry dachte oder gemeinsam mit diesem etwas unternahm. Es war seine tiefe Befriedigung darüber, daß da vor seinen Augen einer heranwuchs – nach äußerer Erscheinung wie nach charakterlicher Prägung ihm, dem Onkel, immer ähnlicher –, der ihn die Bitterkeiten und Zerrissenheiten der eigenen Jugend vergessen ließ.

Kurt Baumgartner hatte als blutjunger Studiosus der Technischen Hochschule Berlin in den Jahren nach dem Krieg 1914–1918 die aus dem wirtschaftlichen Elend und aus der Hungerblockade durch die Siegermächte gewachsene politische Radikalisierung der Erwerbslosenmassen, der hungernden Studenten- und Arbeiterschaft in der Reichshauptstadt erlebt; sie war Ausdruck der Verzweiflung. Aus dem Geist jenes Gefühls nationaler Zusammengehörigkeit heraus, das ihm als Lebensgesetz des kleinen, bedrängten auslanddeutschen Volkssplitters, dem er entstammte, selbstverständlich war – »Das ist genauso in jedem Kolonialbriten, -franzosen oder -spanier lebendig«, hatte er einmal gesagt –, mußte es ihm nicht nur ungeheuerlich und gespenstisch, sondern selbstmörderisch erscheinen, Deutsche in der Stunde gemeinsamer Not wegen angeblicher politischer Differenzen aufeinander einschlagen zu sehen. Rührte doch, so sagte er, »die Misere der Nation nicht von innen her, sie wird ihr von außen aufgepreßt«. Eine Zeitlang zwischen den Fronten schwankend, hatte er sich den braunen Verbänden angeschlossen. Denn »mit dem Sieg der Roten«, begründete er seinen Entschluß, »ist die Etablierung des kolossalen russischen Machtpotentials im Innern der deutschen Angelegenheiten unausbleiblich. Wer den Roten bei uns an die Regierung verhilft, der holt Moskau nach Berlin. Damit untergräbt er Freiheit und Eigenständigkeit dieses Landes und gefährdet Europa. Der Kommunismus will die Weltherrschaft. Stalin überlieferte dazu das Lenin-Vermächtnis: ›Wer Berlin hat, hat Deutschland. Wer Deutschland hat, der hat Europa. Wer Europa hat, der hat die Welt.‹ Daher ist Deutschland das erste Ziel der roten Revolution. Nur wer diese aufhält, hat begriffen, worum es geht.« Die Saal- und Straßenschlachten im Berlin jener zwanziger Jahre, bei denen

nicht selten der Bruder auf den Bruder, der Sohn auf den Vater ein-
drosch, waren Baumgartner zum traumatischen Erlebnis und zum
Ausdruck einer Selbstzerfleischung geworden, die sowohl der politischen Vernunft wie der menschlichen Würde Hohn sprach. Nie wieder
derlei zu erleben, hatte sich als oberster Wunsch seinem Denken ein-
gebrannt.

Als er dann seinen Neffen näher kennenlernte, dem der historisch
belesene, vielsprachige Vater nicht nur den Blick für ein umfassendes
Verstehen der Vorgänge geschärft, sondern auch die Liebe zu Deutschland, dem Land ihrer Herkunft, eingepflanzt hatte, der zudem über
einen hellen Verstand und selbständiges Urteil verfügte, begann er die
Entwicklung der politischen Dinge als persönliches Glück zu empfinden. Gottlob, dachte er, die Jungen dieses Schlags sind weder zu irritie-
ren noch in die Knie zu zwingen, das Kämpferische ihres Willens ist
stärker als alles andere. Sie werden diesem Land den Widerständen
zum Trotz eine Zukunft geben.

Als Gerry die maulkorbbewehrten Hunde an der Dreierleine aus
gelbem Juchtenleder zum ersten Mal ausführte, ging nicht nur Tante
Agathe mit dem sportlichen Bubikopf an seiner Seite, sondern auch
Hanna van Ruister, deren strahlendes Gesicht mit den schmalen
schwarzen Brauen unter dem hellblonden Haar überall Aufmerksamkeit erregte; Gerry war in der letzten Zeit häufig mit ihr zusammen. Das
Aufsehen, das die unübersehbare Gruppe Unter den Linden und am
Brandenburger Tor erregte, war beträchtlich. Berliner Lokalblätter
brachten Meldungen darüber.

Und als Gerry zum ersten Mal auch in Kronstadt mit den Hunden
erschien, die er dort im leerstehenden Zwinger hinter dem Blockhaus
eines Bekannten im Ragoda-Tal unterbrachte – einer von üppigen
Waldwiesen durchzogenen stillen Waldsenke unter der Ostflanke der
Zinne –, war in allen Bevölkerungsteilen der mehrsprachigen Stadt auf
Wochen hinaus für Gesprächsstoff gesorgt. Dabei hätte niemand genau
zu sagen gewußt, wem die größere Neugier galt – den in ihrer mühsam
beherrschten, auf Angriff trainierten Kraft furchterregenden Tieren
oder ihrem athletischen Bändiger mit dem unbewegten Gesicht, dem
dennoch der aufmerksame Beobachter das Gefühl des Siegers ansah,
die Wildheit der Kreatur geweckt und sie sich zugleich untergeordnet
zu haben. Die kurzen Spaziergänge Gerrys mit den Hunden über die

Kornzeile, den noblen Flaniergehsteig der Bürgertöchter und -söhne, oder an den Schaufenstern der Geschäftsstraße Klostergasse vorbei blieben allen, die ihn sahen, auf eine erregende Weise noch lange in Erinnerung. »Toll!« sagten die Deutschen, »Formidabil!« die Rumänen, »Nagyszerü!« die Ungarn.

Es muß ungefähr um die Zeit gewesen sein, als das Ehepaar Baumgartner Gerry auf eine Abendgesellschaft mitnahm, die der Gönner und Förderer des Architekten March aus Anlaß seiner Ernennung zum General-Bauinspekteur Berlins gab, ein durch Großbauten und die Ausstellung von Bauplänen weithin bekannt gewordener Architekt. Er hieß Albert Speer. Kurt Baumgartner hatte die Einladung des Neffen dank guter Beziehungen erwirkt.

Noch Jahre später erinnerte sich Gerry jeder Einzelheit des Eindrucks, den die glanzvolle, von langen Abendkleidern und Uniformen aller Farben und jeden Zuschnitts, von Diplomaten, Politikern und deren Begleiterinnen aus zwei Dutzend Ländern belebte Gesellschaft bei ihm hinterließ. Er sah, wie sich der britische Botschafter Sir Neville Henderson gutgelaunt mit dem Hausherrn unterhielt, wie der französische Botschafter Coulondre und sein italienischer Kollege Attolico angeregt der zierlichen Deutschen mit der munteren Ausstrahlung zuhörten, die er schon beim Betreten des Raumes als »die Reitsch« erkannt hatte; der blutjungen Frau war vor kurzem die erste Alpenüberquerung im Segelflugzeug geglückt, ihr Bild hatte auf den Titelseiten aller Blätter geprangt.

Vor allem dreierlei prägte sich ihm aus den Stunden jenes Abends beim »Architekten des Führers« Albert Speer ein, wie einer der Titel des zweiunddreißig Jahre alten Gastgebers lautete, dessen kerzengerade, schlanke Gestalt auffiel.

Das eine war die Schönheit einer Frau, die auf dem Höhepunkt des Festes mit seltsam umflorter und dennoch klarer Stimme zwei Lieder sang. Die Stimme erstaunte ihn. Sie hatte etwas vom Klang nachhallender Glockenschläge und war von einer Eindringlichkeit der körperlichen Präsenz, daß man hätte meinen können, die Sängerin stünde überall im Raum. Gerry, der die Dunkelhaarige bewundernd betrachtete, wünschte sich, einer der Männer zu sein, die sie umdrängten, wohin immer sie sich wendete. Die Aufmerksamkeit schmeichelte ihr, sie lächelte ununterbrochen nach allen Seiten. Eine Schwedin, sagte ihm

Agathe, er habe sicherlich von ihr gehört. Die Künstlerin mache in Berlin neuerdings von sich reden. Sie heiße Zarah Leander.

Das zweite war der Anblick eines sportlichen, braungebrannten Mannes mit markantem Schädel. Es durchfuhr Gerry heiß, als er in ihm Luis Trenker erkannte, dessen Berg- und Abenteuerfilme um die ganze Welt gingen und auch ihn und seine Kronstädter Freunde begeistert hatten – »Berge in Flammen«, »Liebesbriefe aus dem Engadin«, »Rebell«, »Condottiere«. Bilder, Szenen und Dialoge wurden ihm beim Anblick des berühmten Südtirolers plötzlich gegenwärtig. Trenker lachte gerade und zeigte dabei das weiße Gebiß, als stünde er bei den Dreharbeiten für einen seiner von verwegener Männlichkeit geprägten Streifen vor der Kamera.

Das dritte war ein kurzes, ja einsilbiges Gespräch mit einem Mann, der durch die knabenhafte und hohe Gestalt, den auffallend schmalen Kopf mit glattanliegenden blonden Haaren und die feingliedrigen Hände gleich zu Beginn des Empfangs seine Aufmerksamkeit erregt hatte. Der knapp über dreißig Jahre alte Mann trug eine blaue Uniform mit goldfarbenem Rautenmuster auf dem Kragenspiegel. Das Sektglas in der Hand, hatte Gerry ihn leicht angestoßen und sich sofort entschuldigt. Doch im Begriff, einen Schritt zurückzutreten, war er stehen geblieben, so als hätte ihn das sonderbare Lächeln des schmallippigen Mannes wie ein Befehl auf der Stelle festgehalten. Das Eigenartige des knappen Lächelns fiel Gerry sofort auf – nur der Mund deutete es an, während der Blick der wasserblauen Augen prüfend auf ihm haften blieb. Die Unterhaltung dauerte nur zwei, höchstens drei Minuten. Woher er käme, wollte er auf Gerrys noch einmal vorgebrachte Entschuldigung hin höflich wissen. »Ach«, sagte er, »interessant. Aus dem Südosten … Interessant.« Er nickte langsam, dabei hatte Gerry das Gefühl, er betrachte ihn aufmerksamer als bisher. Er habe ihn vorhin mit einer Dame Französisch sprechen gehört, fügte der Mann fragend hinzu. Nun ja, sagte Gerry und erklärte die Umstände, erwähnte kurz sein Studium an der Friedrich-Wilhelms-Universität. Mit dem unverändert spärlichen Lächeln von vorhin, mit einem kaum sichtbaren Kopfnicken verabschiedete er Gerry. Der entfernte sich, abermals erstaunt darüber, gleichsam auf Befehl zu handeln. Er spürte, wie der Mann ihm nachblickte. Das Gefühl dieser Begegnung verließ Gerry während des ganzen Abends nicht mehr. Der Mann hatte zugleich anziehend und zurückweisend auf ihn gewirkt. Im übrigen vergingen die Stunden wie im Flug. Gerry prägten sich Gesichter und Gespräche ein.

Auf der nächtlichen Heimfahrt wandte sich Kurt Baumgartner zu dem im Fonds des Wagens sitzenden Neffen. »Weißt du, mit wem du dich heute abend unterhalten hast?« fragte er, während sie über den hellbeleuchteten Kurfürstendamm fuhren. »Na ja«, sagte Gerry aufgeräumt, »mit einem Dutzend Damen und Herren. Leider jedesmal nur kurz. Die hatten ja alle Bekannte dabei.«

»Ich meine den Mann mit dem schmalen Gesicht«, sagte Baumgartner, »den mit dem blonden Scheitel.«

Gerry schüttelte den Kopf. Erst nach einiger Zeit sagte Baumgartner langsam: »Das ist einer der mächtigsten Männer Deutschlands. Chef der Geheimen Staatspolizei und des Spionagedienstes ... Heydrich. Reinhard Tristan Heydrich.«

»So, so«, sagte Gerry nach einer Pause, »das also ist der.«

Als Gerry tags darauf im Café Kranzler seiner Freundin Hanna van Ruister vom Abend berichtete, entging es ihm, daß diese ihn aufmerksam beobachtete, während er von Heydrich erzählte. Erst als sie nackt nebeneinander in Hannas kleiner Wohnung in der Hardenbergstraße lagen, hatte sie wieder ihr entrücktes Lächeln, dessen entspannte Ruhe ihn von der ersten Begegnung an gefangengenommen hatte.

Es mag fünf Wochen danach gewesen sein, als Göller während einer Trainingspause im Olympiastadion von einem Mann in hellem Trenchcoat mit Schulterklappen angesprochen wurde. Der unauffällige Mensch hatte in der vordersten Bankreihe an der Hundertmeterbahn gesessen und ihm beim Lauftraining zugesehen, war dann die paar Schritte über die Aschenbahn auf ihn zu getreten und hatte sich durch einige fachkundige Anmerkungen zur Technik des Hürdenlaufs eingeführt. Lässig gegen die Hürde gelehnt, die er beim Überlaufen gerissen und soeben wieder aufgestellt hatte, ließ Göller den Unbekannten reden, der sich mit einer knappen Verbeugung vorstellte: »Borgmann.« Mit dem Zipfel des Frotteehandtuchs, das ihm um den Nacken hing, wischte sich Göller den Schweiß aus dem Gesicht, blinzelte in die Spätnachmittagssonne und zog den Reißverschluß der Trainingsbluse höher. Er nannte seinen Namen.

71

Während des folgenden, einseitig von Borgmann geführten Gesprächs stand er, ohne den Mann anzublicken, neben der Hürde. Einmal drückte er das Kreuz durch, wobei er sich mit der Hand auf die Hürdenlatte stützte, mit der anderen einem auf der Innenbahn Vorbeilaufenden zuwinkte. Von der Sprunganlage herüber waren Rufe und das Lachen zweier Frauenstimmen zu hören. Auf der Rasenfläche davor, die sich im schräg fallenden Sonnenlicht goldgrün gefärbt hatte, machte ein Speerwerfer Dehn- und Lockerungsübungen, ein zweiter schwang in kurzen Sprintläufen den Speer, dessen Metallspitze blinkte. Da Göller das Training fortsetzen wollte, machte er dem Gespräch ein Ende.»Ich will nicht auskühlen«, sagte er.

Verabredungsgemäß erwartete ihn Borgmann nach Trainingsschluß. Von Dusche und Massage erfrischt, trat Göller auf ihn zu, die volle Sporttasche am Riemen über der linken Schulter.

In der halben Stunde, die sie im sinkenden Abend bis zum Funkturm schlenderten, redete Borgmann mehr als Göller. Er sprach gedämpft, einige Male eindringlich, nahm den Ton aber sofort zurück, als er Göllers Mißfallen spürte, er blieb sachlich und war in allem, was er vorbrachte, unmißverständlich. Stehenbleibend, sah Göller Borgmann lange an und sagte:»Sie vergessen, daß ich eine fremde Staatsbürgerschaft habe. Das müßte sich dann doch wohl ändern. Oder?«

»Aber nein«, erwiderte Borgmann eilig, »genau das nicht.« Sie gingen weiter.»Wir sind der Ansicht, daß Ihre Staatsbürgerschaft hilfreich sein kann. Abgesehen davon werden Sie selbstverständlich in jeder Lage den vollen Schutz der Reichsregierung genießen.«

»Ob mir das in den Lagen, auf die Sie anspielen, auch hilft?« fragte er spöttisch.»Ich kann mir nämlich gewisse Lagen ohne weiteres ausmalen.«

Borgmann ließ einige Zeit verstreichen, ehe er erwiderte:»Nichts braucht Deutschland bei der angespannten internationalen Lage dringender als junge Männer Ihres Zuschnitts, Herr Göller, die Reichsregierung wäre schlecht beraten, würde sie gegebenenfalls nicht alles für sie tun. Darauf dürfen auch Sie jederzeit bauen.«

Göller maß Borgmann kurz von der Seite. Das ausdruckslose Gesicht beschäftigte ihn. Was verbirgt sich hinter einem solchen Gesicht? dachte er.»Und was mache ich mit dem Studium?« fragte er,»ich stecke mittendrin im fünften Semester. Ich beabsichtige nicht, zu unterbrechen. Ich habe wichtige Seminare und Prüfungen vor mir.«

»Sie werden Ihr Studium unter günstigeren Bedingungen als den bisherigen fortsetzen«, sagte Borgmann, »Sie müssen keinen Tag lang unterbrechen. Wir – wir haben unsere Möglichkeiten, Ihnen zu helfen.«

»Danke«, sagte Göller und lachte kurz auf, »ich habe beim Studium noch niemals Hilfe gebraucht.« Das Gespräch abschließend, bat Borgmann Göller, sich das Angebot zu überlegen, er werde sich in einer Woche wieder melden; er erinnerte Göller an die vereinbarte Diskretion. Als hätte es ihn niemals gegeben, war er zwischen den Fußgängern verschwunden. Vergebens blickte sich Göller einige Male nach ihm um.

Zwei Tage später traf sich Göller wieder mit Hanna im Café Kranzler. Auch diesmal verzauberte ihn der strahlende Blick der Freundin. Obgleich er kein Geheimnis vor ihr hatte, verlor er kein Wort über die seltsame Begegnung. Auch nicht während der folgenden Nacht, die er bei ihr verbrachte.

Doch als der zweiundzwanzigjährige Gerhard Göller drei Wochen danach das SS-Hauptamt des Sicherheitsdienstes in der Prinz-Albrecht-Straße betrat, hatte er über die wichtigste Wende seines Lebens entschieden. Mit welcher Entschlossenheit er dabei verfuhr, läßt sich nicht zuletzt daran ermessen, daß er schon wenig später, als es wegen »übergeordneter Zwecke« von ihm gefordert wurde, von einem Tag zum anderen auf seine Kampfhunde »Al«, »Dsching« und »Na« verzichtete – wie er deren Namen »Alexander«, »Dschingis Khan« und »Napoleon« abgekürzt hatte. Er gab sie dem Ehepaar Baumgartner mit der Bitte zurück, ihm die Nennung der Gründe dafür zu erlassen. Diese seien, sagte er nach einigem Überlegen – und das gelte auch für manches andere, was sich nun in seinem Leben ändern werde –, objektiver Natur. Kurt Baumgartner hob kurz die Augenbrauen und blickte seinen Neffen prüfend an, seine Frau hingegen sagte fast erschrocken: »Ach!«, schwieg dann aber, da sie im Verhalten ihres Mannes eine entsprechende Bitte zu spüren glaubte. Dennoch fügte sie hinzu: »Und wann wirst du sie wieder haben wollen?« Göller beantwortete die Frage nicht. Woher auch sollte er wissen, daß er die Hunde wenige Jahre später mitten in der brennenden Hauptstadt zum letzten Mal in seinem Leben sehen würde?

Nachdem er die Tiere drei Tage darauf Agathe Baumgartner »zu freier Verfügung«, wie er sagte, übergeben hatte, zog er aus der geräumigen Mansardenwohnung des Baumgartnerhauses aus. Er richtete sich in einer Garçonnière ein, die er mit Borgmanns Hilfe in Charlottenburg am Ende einer Seitenstraße des Kaiserdamms fand. In der Folgezeit war er so sehr mit dem Studium und gleichzeitig mit der Aneignung theoretischer Grundlagen seiner neuen Tätigkeit befaßt, daß er von den Ereignissen, die sich ringsum abspielten, kaum etwas wahrnahm. Als ihn im Herbst eine Grippeinfektion außerstande setzte, die Wohnung zu verlassen, drang erst recht nichts bis zu ihm. Da er die Behandlung vernachlässigt hatte, stellte sich ein Rückfall ein; er verbrachte Tage und Nächte zwischen Schüttelfrösten und Schwächeanfällen. Hanna van Ruister war der einzige Mensch, der ihn besuchen durfte, sie hatte einen Schlüssel zu seiner Wohnung. Den Telefonhörer hob er erst nach vereinbartem Vorsignal ab, das außer Hanna nur Marc von Földy kannte. Sogar für Tante Agathe war er unerreichbar. Zu eben jener Zeit veränderte ein weiterer Vorfall sein Leben: Hanna van Ruister trennte sich von ihm.

An einem nebligen Novembermorgen trat sie unerwartet bei ihm ein. Von Glieder- und Kopfschmerzen gepeinigt, die ihn wie in Trance vor sich hindämmern ließen, bemerkte er dennoch an ihrem Verhalten, daß etwas vorgefallen sein mußte. Sie stellte zwei Medikamentenschachteln auf das Nachtkästchen und antwortete auf seine von einem Hustenanfall unterbrochene Frage knapp: »Die Ermordung eines deutschen Diplomaten in Paris durch einen jungen Juden führte zu Gewalttätigkeiten im ganzen Reich. Was hältst du davon?«

»Wie?« stöhnte er und hob die Hand vor die Augen.

»Geschäfte und Synagogen brannten«, sagte sie, »es gab Tote – Juden ...«

Als bereite ihm das Tageslicht Schmerzen, preßte er die Hand auf die Augen. Es war unklar, ob die Geste mit der Nachricht oder mit seinem Fieberzustand zu tun hatte.

»Wie?« fragte er noch einmal und flüsterte heiser: »Soll doch jeder auslöffeln, was er sich einbrockte.«

Die Wirkung der Äußerung blieb ihm verborgen, er sah den Ausdruck der Ratlosigkeit auf Hannas Gesicht nicht. »Du bist sehr krank«, sagte sie nach einiger Zeit, »wir – wir werden später darüber sprechen. Ich muß jetzt zu einer Vorlesung.«

Sie war schon längst weggegangen, als er den Duft ihres Körpers einzuatmen meinte, so eindringlich, daß er den Kopf wandte, um zu sehen, ob sie wiedergekommen sei. Mein Gott, dachte er, wird sie wiederkommen? Wovon sprach sie soeben? ... Da fiel ihm ein, daß sie ihm einige Male von ihrer Großmutter erzählt hatte, an der sie sehr hing. Die Großmutter, hatte sie gesagt, war mit dem aus Amsterdam stammenden und einige Zeit in Berlin, seit einem Jahr in Aarhus in Dänemark lebenden Kaufmann Vincent van Ruister verheiratet. »Sie ist Jüdin«, hatte sie gesagt. War nicht soeben von Juden die Rede gewesen? Hatte sie »Kristallnacht« gesagt?

Am Abend desselben Tages rief Marc von Földy an. Trotz des Fieberschubs, der sich soeben eingestellt hatte, fiel ihm sofort die Veränderung in der Stimme des Freundes auf. »Ist was los, Marc?« fragte er mühsam. Die Antwort kam leise, dennoch klang der gewohnte spöttische Unterton mit: »Nein, mir geht's blendend. Ich wollte dich bloß meine neueste Erkenntnis wissen lassen: Die Ironien des Lebens sind immer dann am größten, wenn sie uns verfehlen.« Eine marcsche Weisheit, dachte Göller und legte auf, nachdem er das Klicken am anderen Ende des Drahtes gehört hatte.

Göller erholte sich rasch. Er stürzte sich in die Arbeit, die er auch während der Weihnachtstage nicht unterbrach. Er gönnte sich während der Nächte nicht mehr als drei, vier Stunden Schlaf. Nur vorübergehend wunderte er sich darüber, daß Marc telefonisch unerreichbar war.

Es kam niemals zu dem mit Hanna vereinbarten Gespräch. Göller nahm die vielen Verpflichtungen zum Anlaß, den Gedanken daran zu verdrängen. Fürchtete er die Begegnung mit Hanna? Die Entfremdung, derer er sich bewußt war, ließ ihn merkwürdig kalt, auch als sie sich als unwiderruflich herausstellte. Die Einsichten, die ihm eine Probetätigkeit in die Welt der Geheimdienste eröffnete, hatte ihn damals schon zu sehr gefesselt, wenn er auch so klug war, sich von ihnen nicht überraschen zu lassen.

Während eines mehrwöchigen Ausbildungskurses in der Kampfschule Quenzsee, der den Teilnehmern an Härte, Schnelligkeit und Entscheidungssicherheit alles abforderte, begriff er endgültig, worauf es ankam. Erst recht, als ihm Aufwand, Intelligenz und Gerissenheit der anderen Seite bewußt wurde. Er sah in dem, worauf er sich vorbereitete, einen der schwersten Dienste, die einer der Gesellschaft leisten kann, der er angehört. So wie er sich auf der Kampfschule in zwei waghalsigen Ausbildungseinsätzen hervorgetan hatte – der eine galt der unbemerkten Beschaffung und Rückbringung eines bestimmten Fotoapparats aus der Wohnung des Berliner Polizeipräsidenten innerhalb von vierundzwanzig Stunden –, so bewährte er sich bald danach bei zwei Auslandsaufträgen. Die während des letzten halben Jahres vor Kriegsbeginn in Belgien und – drei Monate lang – in den USA erfolgreich wahrgenommenen Missionen stärkten sein Selbstbewußtsein. Seine Gewandtheit und seine Sprachkenntnisse, seine Kombinationsphantasie und Kaltblütigkeit fielen den Vorgesetzten auf. In Quenzsee war er übrigens auch zum ersten Mal mit Männern der Agentendivision »Brandenburg« zusammengetroffen und dem damals schon legendären Vizeadmiral Wilhelm Canaris, dem Chef der deutschen Abwehr, begegnet. Zu diesem Zeitpunkt wäre er zu einem Gespräch mit Hanna über die Novembervorfälle nicht mehr bereit gewesen.

Doch als ihn ein Dreivierteljahr danach, im Kriegssommer 1940, die dreißigjährige Kunstwissenschaftlerin Yvonne Marchant im Café Procope in Paris auf der Kohlezeichnung des Waldemar Taucher wiedererkannte, war sein Tod binnen Tagesfrist beschlossene Sache, weil es sich keine Widerstandsgruppe im besetzten Frankreich leisten durfte, einen Feindagenten so nahe an einer Führungspersönlichkeit der Résistance hinzunehmen.

Göller hatte zu jenem Zeitpunkt soeben das Studium an der Friedrich-Wilhelm-Universität mit höchstem Lob beendet. Daß er in Paris in letzter Minute seiner Liquidierung entging, war die unmittelbare Folge des in der Berliner Reichskanzlei ausgeheckten Plans, einen jener neuen militärischen Aufmarschräume zu erschließen, durch deren Gewinnung sich die deutschen Generäle wie auf die Beschreibung immer tollkühnerer und zugleich unübersichtlicherer Teufelskreise einließen. Erfüllte sich auf diese Weise auch an ihm, was sein Vater ihm als Grundsatz allen ernsthaften Selbstbegreifens klar zu machen nicht müde geworden war? Daß jeder Mensch in jedem Augenblick seines Lebens unlöslich in die Geschichte eingebunden ist, ja daß er selber Geschichte macht, auch wenn er es nicht wahrhaben will?

Genau zu dem Zeitpunkt nämlich, als der aus drei Männern zusammengestellte Liquidierungstrupp – ein Lehrer aus dem dritten Arrondissement, ein Mechaniker vom Flughafen Orly und ein Artist des Cirque Olympique – kurz nach Mitternacht lautlos die Tür zu Göllers Wohnung im zweiten Stockwerk des Mietshauses in der Rue de Surène öffnete, bestieg Göller nur eine Straßenecke weiter in der Rue d'Anjou einen Wagen der Gestapo, der ihn auf Anweisung seines obersten Dienstherrn, Heydrich, ohne Verzug nach Berlin bringen sollte. Erst zehn Minuten vorher hatte Göller die Wohnungstür hinter sich zugezogen. Von der Aufgabe in der französischen Hauptstadt entbunden, hatte er sich, wie ihm der Begleitoffizier kurzangebunden mitteilte – der kommt aus dem Rheinland, dachte Göller schon beim dritten Wort –, »ab sofort für die Entgegennahme eines Sonderauftrags bereitzuhalten«.

Der Befehl, den Göller während der darauffolgenden Nacht in der Berliner Prinz-Albrecht-Straße gemeinsam mit vier ihm bis dahin unbekannten Männern nach zweistündigem Informationsgespräch vom Chef der deutschen Geheimen Staatspolizei und des deutschen Sicherheitsdienstes Reinhard Heydrich entgegennahm, lautete: Noch in dieser Stunde Abflug nach Bukarest, von dort aus »sofortige aktive Einschaltung in die auf breiter Basis bereits getroffenen Maßnahmen zur Sicherung der Erdölfelder bei Ploieşti und Moreni, Unterbindung der Aktivitäten der englischen, französischen und der immer zudringlicheren US-amerikanischen Dienste, Ausschaltung der Sabotagetrupps im Land … Wir dürfen uns bei der Kontrolle der rumänischen Ölquellen«, war Heydrich fortgefahren, »keine Lücke leisten. Sie sind nicht nur die ergiebigsten, sondern zum gegenwärtigen Zeitpunkt auch die einzigen in Europa für uns erreichbaren Reserven. Noch liegen alle anderen zu weit weg. Ploieşti, Moreni haben wir vor der Haustür … Ich teile Ihnen mit, meine Herren«, sagte er, »daß der Einzug unserer Truppen in Rumänien auf Wunsch des Staatschefs General Antonescu bevorsteht. Die sechzehnte Panzerdivision unter General Hansen wird das gesamte Erdölgebiet abriegeln.«

Er hat sich nicht verändert, seit ich ihn in Berlin bei Albert Speers Empfang sah, dachte Göller. Dieselbe tonlose, zwingende Art zu sprechen. Derselbe blaue Reptilblick. Dieselbe seltsam hohe Stimme.

Gerhard Göller benötigte keine drei Sekunden, um die Tragweite der Mitteilungen zu begreifen. Für Deutschland, das war ihm sofort klar, hängen Kriegsplanung, Kriegsführung und auch Kriegsausgang von der störungsfreien Nutzung der auf halbem Weg zwischen Kronstadt und Bukarest betriebenen Rohölgewinnung ab.

»Bei der Wiener Zwischenlandung«, hörte er Heydrichs Stimme in diesem Augenblick, »werden zwei Herren des in Baden stationierten dritten Bataillons der Geheimdienst-Truppe ›Brandenburg‹ zusteigen. Von den beiden werden Sie die Einzelheiten erfahren.« Die »Brandenburger«, sagte Heydrich, säßen als leitende Ingenieure, als Direktoren und Beamte aller Ränge, als Handwerksmeister, Techniker, Vorarbeiter oder als Pförtner getarnt in Verwaltungsbehörden der Land- und Wasserwege, der Donau- und Schwarzmeer-Häfen und Bahnknoten Rumäniens und überwachten vor allem die Öl- und Getreidelieferungen donauaufwärts. »Unsere Leute«, sagte Heydrich, »haben das Land nördlich der Donau mit einem Beobachtungs- und Steuerungsnetz überzogen, mit dessen Zuverlässigkeit Sie rechnen dürfen.« Er zögerte einige Sekunden, ehe er hinzufügte: »Wir – wir bedienen uns dabei nicht zuletzt siebenbürgischer und Banater Deutscher, die dort leben. Sie besitzen den rumänischen Paß. Ihre Landes- und Sprachkenntnisse machen sie zu unverzichtbaren Helfern. Ich danke Ihnen, meine Herren. Das war's.«

Plötzlich fühlte Göller den Blick Heydrichs. Er sah dem SD-Chef in die hellen Augen und hörte ihn sagen: »Herr Göller, Sie bleiben noch kurz hier.« Während die anderen den Raum verließen, winkte Heydrich ihn zu sich. »Bevor Sie in Ploiești und Moreni beginnen, werden Sie eine andere Sache erledigen«, sagte er. »Nehmen Sie noch einen Augenblick Platz.«

Als sich die beiden drei Minuten später aus den Ledersesseln erhoben und zur Tür gingen, sagte Heydrich leise: »Bei der zweiten Zwischenlandung, in Klausenburg, erhalten Sie darüber die letzten Informationen. Das Papier vernichten Sie nach der Lektüre … Im übrigen«, er hatte die Hand schon zum Türgriff erhoben, »Sie verlassen diesen Raum als SS-Untersturmführer. Die Registratur erhielt die entsprechende Anweisung.«

So erfuhr Gerhard Göller, damals dreiundzwanzig Jahre alt, daß deutsche Truppen kurz vor dem Aufbruch ins Königreich im Südosten standen, das sein Geburtsland war, in dem Eltern, Verwandte, Freunde lebten. Denn die Panzer, Sturmgeschütze, Transportmaschinen, Spähwagen, Motorräder, die Zubringer-, Mehrzweck-, Aufklärungs-, Jagd-, Sturzkampf-, Bomber- und andere Flugzeuge, die Geschwader der Kriegsflotte aus Schlachtschiffen, Zerstörern, Tankern, Flugzeugträgern, Troß- und Schulschiffen, aus U-Booten, U-Bootjägern, Räum- und Sicherungsbooten, Kreuzern, Torpedobooten, Hafenschutz- und Geleitschiffen der riesigen und ständig weiterwachsenden Streitkräfte des Dritten Reichs waren auf jeden Tropfen rumänischen Rohöls angewiesen, wollten sie bei ihren in alle Himmelsrichtungen ausschwärmenden Sturmfahrten in Bewegung bleiben können. Hatten sich noch gestern neben den rumänischen Bohrtürmen jene belgischer, französischer, britischer und deutscher Fördergesellschaften die Vorkommen der in breiten tektonischen Schichten nach Süden hin absinkenden Karpatenausläufer geteilt, so befahl nun das Gesetz des Krieges die uneingeschränkte alleinige Herrschaft über das größte kontinentale Reservoir: Das flüssige schwarze Gold Rumäniens war die einzige Gewähr, die gigantische deutsche Kriegsmaschinerie in Gang zu halten. »Meine Herren«, hatte Heydrich gesagt, »Sie werden der Gegenseite mit allen Mitteln das Handwerk legen. Ich betone: mit allen Mitteln.« Es war seine letzte Anweisung gewesen.

Gerhard Göller malte sich während des Nachtflugs zwischen Schlafen und Wachen aus, was ihn erwartete.

Ich bin ins schwärzeste Loch dieses Kriegs hineingesprungen, überlegte er, ins Labyrinth ohne Ausgang. Ich bin auf mich allein gestellt. Das ist gut so. Er gestand sich ein, daß ihn das Abenteuer, das der reine Wahnwitz war, reizte. So wie ihn schon als Halbwüchsigen jede Herausforderung gereizt hatte, die Gefahren barg.

Die von BMW-Sternmotoren angetriebene Ju-52/3m überflog das verdunkelte Dresden mit seinen fabulösen Kunstschätzen, die einsamen Granitfelsen des Lausitzer Berglands und die Wälder der böhmischen Höhen. Nach der Zwischenlandung in Wien, die Göller nur im Halbschlaf wahrnahm, erreichten sie bald die Weiten der ungarischen Tiefebenen, flogen zwischen den Nordausläufern des siebenbürgischen Westgebirges und den Gutin-Höhen Klausenburg an – das alte römische Castrum Clus –, wo sie wenig später landeten. Bei laufenden Motoren wurde für Göller ein weißer Briefumschlag ohne Adresse und

Absenderstempel in die Pilotenkabine gereicht. Minuten danach war die Maschine wieder in der Luft. Etwa eine halbe Stunde lang beschäftigte sich Göller im Schein der winzigen Taschenlampe mit den Papieren, die er danach sorgfältig zerriß. Während er durchs Fenster in die Schwärze des Nachmitternachthimmels starrte, steckte er die Schnipsel in die Innentasche der Lederjacke. Bald werden wir die dunklen Hochgebirgskämme der Südkarpaten überqueren, dachte er, hinter denen, im Süden, Ploiești und Bukarest liegen.

Plötzlich schreckte er auf. Unter mir liegen die Landschaften der Kindheit, durchschoß es ihn. Die alten Dörfer und Städte meiner Landsleute mit den Burgen und den Kirchen, den sauberen und schmucken Häusern straßenentlang in den Hochlandtälern. Wie lange ist es her, daß wir sie auf den Fahrrädern durchfuhren? Die Klassenfreunde Lothar –»der Lange« – und Michael Renbrik mit dem Knollenkopf, der fröhliche Gerd, der Viehhändlersohn Karli Dresshaimer, der stille Rumäne Remus Marga und der Jude Oswald Rottmann waren dabei. Einen halben Sommer lang fanden wir Aufnahme bei freundlichen und fleißigen Bauern in den deutschen, rumänischen und ungarischen Siedlungen und Gemeinden, wir schwammen in den Flüssen, bestiegen die Berge und fuhren durch die nach Laub- und Nadelhölzern riechenden endlosen Wälder. Wieso wird mir die Schönheit dieses Landes erst heute bewußt?

Da sah er auch die »Klostergässer Bücherhöhle« und ihre fünf Biblioeremiten vor sich. Fliege ich in dieser Minute über sie hinweg? Hocken sie gerade jetzt zwischen den Büchern und erörtern den Lauf der Welt? Hört einer von ihnen in der Nachtstille die Motoren der Ju-52? Als hätte ich all die Jahre seit der Kindheit die Lage erwartet, in der ich mich jetzt befinde. Ich saugte begierig auf, was mir Vater sagte, sei es in Gesellschaft des polyglotten Freundeskreises, den ich »das stillvergnügte Historikerquintett« getauft hatte, sei es in einsamen Bibliotheksstunden. Von Berlin, vom Reich der Deutschen, vom »Führer« zu berichten, war der Wunsch der fünf, sobald ich in den Ferien daheim auftauchte. »Respekt«, hatte »Juan de la Cruz« gesagt, »wie der Hitler dies Volk aus der Katastrophe von Versailles herausführte.« Der »Pater Musa Dagh« hatte genickt und gemurmelt: »O ja, wenn man die Deutschen nur machen läßt, haben sie die Nase vorn.« Auch der »Foliant« hatte sich hören lassen: »Mal sehen, was daraus wird«, und der »Torso«, nachdenklich wie immer, ergänzt: »Wenn nicht alles täuscht, werden wir's erleben.« Nur der »Kleine Kossuth«, der Widerspruchsgeist, hatte auffahrend dagegen gehalten: »Mir gefällt der Hitler nicht, und daß junge Leute wie dein Gerry«, hatte er sich an Göller gewandt, »die verrückten Ideen aus Berlin bei uns einschleppen, gefällt mir ganz und gar nicht.« Keiner hatte ihm geantwortet, sie wußten, daß er grundsätzlich widersprach.

Wiesen nicht sie alle mir den Weg, den ich einschlug? überlegte Göller. War es nicht schon für den in diesem Kreis oft erwähnten Göller-Großvater die selbstverständlichste Sache der Welt gewesen, anno 1870/71 zusammen mit seinen Berliner Studienkollegen auf der Seite der Deutschen in den Krieg gegen die Franzosen zu ziehen? Danach 1914/18 für Vater? Wie käme ich dazu, mich außerhalb der Überlieferung zu stellen? Mir blieb keine Wahl.

O doch, manchmal beschlichen mich Zweifel an der Glaubwürdigkeit der achtunggebietend weltgewandten Würde des »Paters Musa Dagh«, einige Leute behaupteten steif und fest, daß sich der Ehemann und Vater dreier orientalisch schöner und frühreifer Töchter, deren jüngste, Cosmea, meine Schulfreundin war, gleich »in mehreren Städten Mätressen hält, mit denen er Orgien feiert«. Und an der Ernsthaftigkeit des dürren »Folianten«, dessen Putzfrau meiner Mutter erzählt hatte, daß der nie und nimmer ein Buch in die Hand nähme, nie am Schreibtisch sitze, den Tag verschlafe, sofern er nicht zum Unterricht ins nahe Mädchenlyzeum müßte, und sich nur wasche, wenn er ausgehe. Auch die Entdeckung, daß der energiegeladene »Kleine Kossuth« jedes Mal, wenn er mein Elternhaus betrat, gleichviel, zu welcher Tageszeit, aus der Nähe nach dem billigsten Fusel stank. Und daß mir die aufgetakelt durch die Stadt stolzierende Ehefrau des immer elegant gekleideten »Juan de la Cruz«, dem ich eine Nachricht Vaters zu überbringen hatte, als unbeschreibliche Schlampe in einem verwahrlosten Haushalt erschien … All dies hatte mich gelegentlich nachdenklich gestimmt, um so mehr, als Vater, wenn er von solchen Dingen hörte, kein Wort sagte noch sein Verhalten den Freunden gegenüber änderte.

Im Halbschlaf erschienen Göller die fünf als erregt durcheinander redende und keifende Chimären. »Wer Europas Südosten berührt«, schrie der Armenier mit rotem Kopf und stand aufgereckt hinter seinem Stuhl, als stünde er an einem Rednerpult, »der greift ins Feuer.

81

Kein Teil des Kontinents verführt wie dieser die Geister und Ungeister zu Ausschweifungen!« Der »Kleine Kossuth« war auf den Rocaillen-Stuhl geklettert, hatte die Fäuste gehoben und übertönte den Armenier mit blecherner Stimme:»Wo, meine Freunde, wo auf unserem Erdteil sind die Landschaften mit soviel Blut getränkt wie hier? Wo ist der Rausch der Freiheit schamloser?« Sogar der verschlafene »Foliant« schrie aus einer Ecke hervor immer den einen Satz:»An Schnittpunkten schlafen die Unberechenbarkeiten!« Und »Juan de la Cruz« bedrohte mit einem ledergebundenen Wälzer den »Torso«, er brüllte:»Verstehst du denn nicht? Auf Schritt und Tritt legte hier die Geschichte Fußangeln aus. Wer in sie hineinstolpert, bleibt hängen, bis er verreckt!« Sie hatten sich alle erhoben und schrien durcheinander. Reden die nicht alle über sich selber? dachte Göller, über eigene Ängste, Unfertigkeiten und Erbärmlichkeiten? Er fuhr auf, er blickte sich um. Seine Begleiter schliefen. Ihn fröstelte. Es gelang ihm nicht, die Erscheinungen ganz zu verscheuchen. Wieder im Halbschlaf, sah er das Land unten in eigentümlicher Bewegung, ehe ihm klar wurde, daß dort Menschen auf der Flucht waren. Wohin immer sie sich aber wendeten, brach das Land unter ihren Tritten ein. Die Brüche bildeten sich schneller, als die Menschen laufen konnten … Das Bild weitete sich mit einem Mal aus: Göller meinte, wie auf einer Riesenkarte die zerbrechenden Länder des Erdteils unter sich zu erkennen.

Vater, dachte er, und konnte nicht wach werden, Vater … Wo nur blieb der Bein- und Armprothese tragende ernste Mann, der ihm als Knabe soviel innere Sicherheit gegeben hatte? … Ach ja, der Brief! Göller schreckte auf und hatte plötzlich einen klaren Kopf, ja doch, der Brief, den er mir bei Kriegsbeginn schrieb! dachte er. Ich habe ihn nicht vergessen. Heute noch weiß ich ganze Teile auswendig. Der Brief war ein Ausbruch. Nie wieder hatte sich mir der zurückhaltende Mann so leidenschaftlich mitgeteilt … Göller saß jetzt aufrecht. In der Enge des Sitzplatzes hatten seine Muskeln und Sehnen zu schmerzen begonnen. Aber er hatte den Halbschlaf endgültig abgeschüttelt. Er sah die senkrechte Handschrift mit den ausholenden Unterschleifen deutlich vor sich:

»Nun haben sie ihn also – ihren Krieg, den sie immer schon haben wollten, die Räuber von Versailles. Die Fortsetzung ihres schon im vorigen Jahrhundert mit Bedacht geplanten Krieges von 1914–1918 …

Alles, was die alten, kranken, lebensverbitterten Friedensdiktatoren im Spiegelsaal des Schlosses ihren Nachfolgern vererbten, war so ausgeheckt, daß es die Völker Europas geradewegs in diesen zweiten Krieg hineinhetzen mußte ... Der achtzigjährige Giftmischer und -spucker Clemenceau. Sein Kumpan Tardieu. Der haßzerfressene Poincaré. Der von Magengeschwüren entnervte Wortbrecher Wilson. Der aalglatte Lloyd George. Legten sie nicht alle wiederholte Male vor der Welt Zeugnis ihres Kriegswunsches ab? Seit 1917 Frankreichs Ministerpräsident, höhnte George Clemenceau schon bald nach der Unterzeichnung in Versailles vor einem Kreis französischer Kadetten: ›Seien Sie ohne Sorgen um Ihre militärische Zukunft, monsieurs, der Friede, den wir soeben gemacht haben, garantiert Ihnen zehn Jahre Konflikte in Mitteleuropa.‹ Kurz vor seinem Tod, 1929, ließ der Zyniker dann auch die letzte Maske fallen und sprach von den ›Sauereien, die wir in Versailles gemacht haben‹. Im selben Jahr schrieb der klügste Kommunist, den es je gab, der Jude Trotzki, Stalins Rivale, wörtlich: ›In Mitteleuropa haben die Sieger von 1918 eigenhändig den Brand gelegt, der morgen jene neue Welt zerstören wird, die sie angeblich bauen wollten.‹ Aber noch weniger nahm sich sein Freund Lenin ein Blatt vor den Mund, als er notierte: ›Man hat Deutschland einen Frieden von Henkern aufgezwungen. Dies Land wurde ausgeplündert, zerstückelt. Man nahm ihm sämtliche Existenzmittel. Ein unglaublicher Gaunerfrieden.‹ Und hatte nicht schon am 25. April 1922 der Pariser ›Le matin‹ im Rückblick auf Versailles prophetisch festgehalten: ›Es ist, als wollte man Deutschland in einen neuen Krieg zwingen‹? ... Lies weiter, mein Sohn, lies weiter! Auch wenn dich meine eifernde Geschwätzigkeit ärgert. Doch muß deine Generation und jede weitere wissen, was geschah! Solange ein Funke Wahrheitshunger und Mut in euch glüht, werdet ihr es wissen wollen, ihr seid nichts mehr, wenn ihr es nicht wissen wollt ... Nur noch einen, den letzten Kronzeugen meiner erregten Betrachtungen laß mich zitieren, den ehemaligen britischen Premier Lloyd George. 1934 sagte er vor dem Unterhaus in London: ›Die Signatarmächte des Vertrags von Versailles haben den Deutschen feierlich versprochen, sie würden alle abrüsten, sofern Deutschland mit der Abrüstung voranginge. Vierzehn lange Jahre wartete Deutschland auf die Einlösung dieses Versprechens. In dieser Zeit war eine Reihe ausgesprochen friedfertiger Minister in Deutschland tätig – Minister, die nie aufhörten, die großen Mächte zu beschwören, endlich mit der Einlösung ihrer Versprechen ernst zu machen. Aber man hat sich in einer Reihe von Verträgen über diese deutschen Minister lustig gemacht, und in der Zwischenzeit haben alle Länder ihre Kriegsaufrüstungen gesteigert, ja den Nachbarn Deutschlands wurden sogar Geldanleihen zugestanden, um dicht an der deutschen Grenze gewaltige Militärpotentiale aufzubauen. Dürfen wir uns da wundern, wenn die Deutschen in eine Revolte gegen diese chronischen Betrügereien der Großmächte hineingetrieben wurden?‹ ... O ja, mein Sohn«, hatte der Vater geschrieben, »endlos könnte ich so fortfahren und die ›Henker‹ und ›Gauner‹ sich weiter selbst entlarven lassen, wie Lenin sie nannte. Während sie mit ihren Namenszügen unter den Versailler Verträgen ungerührt in Kauf nahmen, daß zu den acht Millionen Toten des Kriegs 1914–1918 wahrscheinlich sehr viel mehr Tote eines künftigen Krieges hinzukommen würden, tanzte das ahnungslose Volk an jenem Junitag 1919 in Paris auf den Straßen vor Glück über den in Versailles versprochenen ewigen Frieden ... Betrogene Völker, wohin ich blicke! Möge das Blut ihrer sinnlos Hingemordeten über diese Totengräber Europas und ihre Nacheiferer kommen! Sie alle haben Hitler, den sie heute dies- und jenseits des Atlantiks scheinheilig verfluchen, nicht nur möglich gemacht, sie haben ihn mit hervorgebracht. Hat 1938 die ›Time‹ nicht eben diesen Hitler bewundernd zum ›Mann des Jahres‹ gekürt, hat ihn 1934 nicht die Amerikanerin Gertrude Stein für den Friedensnobelpreis vorgeschlagen, dessen Kandidatenliste er 1938 anführte? ... Gäbe es den Hitler nicht, den wir kennen, ihr Haß hätte in Versailles Europa und der Welt einen anderen aufgezwungen ...«

Gerhard Göller entsann sich seiner Bestürzung beim Lesen des väterlichen Briefs. Die Heftigkeit hatte ihn erschauern lassen. Wie tief muß der neuerliche Kriegsausbruch den Frontkämpfer der Jahre 1914–1918 getroffen haben, hatte er gedacht. Während er das Zittern der Flugzeugkabine am ganzen Körper spürte, überkam ihn ein Gefühl starker Verbundenheit mit dem verstümmelten Mann. Zugleich übermannte ihn eine Aufwallung von Trotz: Wir werden es besser machen, Vater, als es euch vergönnt war. Wir werden härter sein mit uns und mit der Welt.

Hatten sich aber nicht schon zu jenem Zeitpunkt Bedenken bei ihm eingenistet und seinen Überlegungen, wie immer er sie auch anstellte,

einen Hauch von Ausweglosigkeit verliehen? Sie dem sich als »Torso«
durchs Leben schleppenden Mann mitzuteilen, sie ihm gar entgegenzuhalten, nein, er hätte es nicht über sich gebracht. Er selber hatte
Jahre gebraucht, ehe er sie sich eingestand. Nein, es waren keine politischen Bedenken, hinter vorgehaltener Hand ausgesprochen, wie sie
ihm als Kritik an der Berliner Regierung manchmal zu Ohren kamen.
Sie wogen schwerer. Viel schwerer. Denn sie richteten sich gegen die
Deutschen im Ganzen. Hätte ich, als sich die Zweifel verdichteten,
nicht dennoch mit Vater sprechen sollen?

Durch eine Titelverwechslung war ihm in der Uni-Bibliothek ein
Band mit Reden des letzten deutschen Kaisers, Wilhelm des Zweiten,
in die Hände gefallen. Bereits die Lektüre der ersten Zeilen hatte ihn
aufhorchen lassen. Zunächst erheitert, hatte er weitergelesen. Dann
war ihm schlagartig bewußt geworden, daß der kaiserliche Wortbom-
bast geradezu angetan war, die europäischen Erregtheiten am Ende des
neunzehnten, am Beginn des zwanzigsten Jahrhunderts zu Kriegsstim-
mungen aufflammen zu lassen. War nicht überhaupt erst durch diese
pennälerhafte Kanonen- und Degensprache das Wort vom »deutschen
Militarismus« aufgekommen? Die Deutschen waren genausosehr oder
genausowenig Militaristen wie alle anderen. Doch hatte sich wohl das
deutsche Offizierskorps, danach die ganze deutsche Männerwelt vom
martialischen Geschwätz, von der großen Klappe des Kaisers so anstek-
ken lassen, daß sich die Mächte des Kontinents in Bündnisse gegen das
mächtige Land in ihrer Mitte hineingetrieben sahen.

Unter fremden Völkern von Kind an zur Selbstkontrolle im Umgang
mit jedem Wort erzogen, hatte Göller im Weiterlesen die kaiserlichen
Texte als Akte einer geisterhaften Verantwortungslosigkeit empfunden.
Es war ihm unfaßbar erschienen, daß der stummelarmige Sprößling des
tausendjährigen Dynastengeschlechts später dies alles – dies Palaver
von deutscher Besonderheit, deutscher Berufung, deutscher Einmaligkeit – doch, bitte, bitte, gar nicht so gemeint haben wollte.

Von einer Sekunde auf die andere war ihm dann auch die Erkenntnis gekommen, daß die hemmungslose wilhelminische Großmäuligkeit
nicht allein die Eigenschaft des unglückseligen Hohenzollernkaisers
und -königs, daß sie, weit schlimmer, eine Eigenschaft der Deutschen
war. Daß sich in Wilhelm eine nationale Anlage par excellence äußerte.
O nein, Vater hatte nicht recht! Hitler wurzelte nicht in Versailles von

1919/1920: Er war im Denken der Deutschen Ende des neunzehnten, Anfang des zwanzigsten Jahrhunderts vorgeprägt. Er war die Fortsetzung mit anderem Vokabular der wilhelminischen Selbstüberschätzung. Und jetzt, dachte er, jetzt hilft uns nichts anderes mehr, als zusammenzustehen und um jeden Preis durchzuhalten. Um jeden ...

Aus dem Gefühl dieser Ausweglosigkeit sollte ihm mit den Jahren in allem, was er dachte und tat, jene Härte und Kälte erwachsen, deren Ruf ihn überall begleitete. Erst als ihm die Freunde aus der Schulzeit im Honterus-Gymnasium einfielen, begann er sich zu beruhigen – er sah sie vor sich, als hätten sie sich versammelt, um gemeinsam mit ihm den Flug ins Unbekannte anzutreten. Sie sind in alle Himmelsrichtungen verstreut, dachte er, während ihn die Maschine immer tiefer in die südöstliche Nacht hineintrug.

Gerd Haiser, der fröhliche, tollkühne Blondschopf und einstige Gegenspieler bei der Glanzaugenschönheit Gitta, war nach dem Abitur in Deutschland erschienen, hatte gegen den elterlichen Willen um die Staatsbürgerschaft nachgesucht und die Luftkriegsschule in Wildpark-Werder bei Potsdam absolviert; als Sturzkampfflieger mit seinem Geschwader auf einem küstennahen Stützpunkt irgendwo im französischen Westen, hatte er ihm eine Feldpostkarte nach Berlin geschrieben. Der Millionärssohn Hasso Reiber, das Sportass, hatte soeben die Akademie des Heeres in Berlin absolviert. Der gescheite kleine Michael Renbrik, der Bauernsohn, war in Tübingen dem Studium der Theologie nachgegangen – sie hatten sich in der Hauptstadt einige Male getroffen und Freundschaft geschlossen; nach kurzer Pastorenpraxis in der Mark Brandenburg war Renbrik auf eine der ältesten Pfarrstellen in Siebenbürgen, eine Zisterziensergründung, zurückgekehrt. Karli Dresshaimer mit der roten Stirnschramme stand vor den letzten Prüfungen an der Hochschule für Welthandel in Wien, er wollte »nach Krieg und Sieg«, wie er sagte, »in die Mordsviehgeschäfte des Vaters einsteigen«. Der aschblonde Jude Oswald Rottmann, einst Konzertmeister des Schulorchesters, studierte unter dem Namen Rotianu Jura an der Universität Bukarest. Auch Lothar Weiß, »der Lange«, war im Zuge der »Tausend-Mann-Aktion«, mit der Berlin zum ersten Mal die Fangarme nach den außerhalb des Reichs lebenden jungen Deutschen ausgestreckt hatte, in der Hauptstadt aufgetaucht und nach der Ausbildung in der Kadettenanstalt Lichterfelde sofort in die Erste-SS-

86

Panzerdivision »Leibstandarte Adolf Hitler« übernommen worden. Der Rumäne Remus Marga, jüngster Sohn des Oberstaatsanwalts, der in sich gekehrte, allseits geachtete Extremtourengeher, Kletterer und Höhlenforscher, war im letzten Winter, wie er vom Vater wußte, zwei Tage nach Ablegung der Biologie- und Geologie-Staatsexamina im Malaeschter Hochtal beim Skilaufen zu Tode gestürzt. Der schmächtige Gyula Péterfy, Sohn des steinreichen ungarischen Sägewerkbesitzers in den Ostkarpaten, hatte unmittelbar nach dem Abitur anstelle des ums Leben gekommenen Vaters – ein aus der laufenden Kreissäge geschleudertes Stahlstück hatte ihm den Schädel in zwei Hälften gerissen – die Leitung der Firma übernommen und diese zu aller Erstaunen binnen dreier Jahre um das Doppelte vergrößert … Was waren wir doch in der ehrwürdigen, aus vorlutherischer Zeit stammenden deutschen Schule im östlichsten Karpatenwinkel für eine bunte Völkergesellschaft! dachte Göller. Erst als ihm Lutz Klepper einfiel, der ehemals engste Gefährte, mit dem die Freundschaft jäh in die Brüche gegangen war, hatte er die Erinnerungen mit einer heftigen Aufwallung verdrängt. Lutz Klepper – bin ich nicht seinetwegen ohne zu zögern nach Berlin gegangen, als sich die Möglichkeit bot? Er ist der einzige, von dem ich seither nichts mehr weiß …

Doch dann hatte sich in die Runde der ehemaligen Klassenfreunde noch ein Gesicht geschoben – das des Barons Gerald Marc von Földy. Gehört der nicht irgendwie dazu? Der in Berlin in piekfeiner Marine-HJ-Uniform unbeirrt »mitten im Auge des Hurricans« herumlaufende Marc, der einmal – Richard Dehmel in leichter Abwandlung zitierend – selbstironisch über sich gesagt hatte: »Neun Völkern dankt mein bißchen Stirn ihr kolossales Hirn.« Er hatte nie aufgehört, Göllers Phantasie zu beschäftigen. Jedes Mal, wenn der Geheimagent aus Paris zur Berichterstattung nach Berlin gekommen war, hatte er, sei es auch nur für eine halbe Stunde, den Freund aufgesucht, der ihn unwiderstehlich anzog. Dabei hatte er eines Tages bemerkt, daß der gleichaltrige Gerald Marc mit dem schleppenden Schritt – »wegen der Oberschenkelverletzung vor Helgoland frontdiensttauglich geschrieben« – in der Rangordnung der Marine-HJ aufgestiegen war. Eine goldsilberne Kordel baumelte an seiner Uniform. Er hatte ihn beglückwünscht und gedacht: Ist nicht auch das ein Zeichen der Annahme des fremdartig anmutenden und einsam lebenden Freundes in der reichshauptstädtischen

Gesellschaft? Trotzdem hatte sich Gerald Marc von Földy in Göllers Augen eine nicht aufschlüsselbare Undurchdringlichkeit bewahrt, und Göller hatte sich dabei ertappt, in nachrichtendienstlichen Denkmustern über den Freund zu sinnieren.

Ohne zu wissen, woher ihm die Eingebung gekommen war, im Witz hingeworfen und auflachend, hatte er vor dem letzten Rückflug nach Paris zu Marc gesagt:»Du, Marc, ein Deutscher bist du nicht. Ehrlich, was bist du? … Bist du vielleicht ein …« Mit starrem und zugleich entsetztem Blick hatte Marc ihm die Hand auf den Mund gelegt. Minutenlang hatten sie sich in Marcs Wohnung gegenübergestanden und in die Augen geblickt. Bis Göller, fassungslos den Kopf schüttelnd, ein Lächeln und entspanntes Zwinkern angedeutet hatte.»Marc, du bist total meschugge«, hatte er mit restloser Bewunderung geflüstert,»total meschugge! Du bist verrückter als alle Verrückten in eurem Alten Testament.« Mehr hatten sie darüber nicht gesprochen, die Tollkühnheit des Freundes hatte Göller jede Waffe aus der Hand geschlagen … So hatte er erst nach Jahren der Freundschaft erfahren, daß sich der vor den Bestien in den Hurrican geflohene Budapester Jude Gerald Marc John von Földy – der mit bürgerlichem Namen Leo Fisch hieß – seine prächtigen HJ-Uniformen höchstpersönlich schneiderte, sich die Rangabzeichen nach jeder selbstverordneten Beförderung selber zurechtbastelte und mit einem von eigener Hand erstellten SS-ärztlichen Attest durch Hitlers Berlin lief. Der Husarenritt, das hatte Göller schlagartig erkannt, war nur möglich in einer Gesellschaft der theatralischen Äußerlichkeiten, einer Gesellschaft totaler Uniformvernarrtheit und -hörigkeit. Eine knappe Anmerkung noch hatte Marc der unvergeßlichen Minute nachgeschickt:»Du fragst dich, warum? Meine Antwort: Ich will dabei sein, wenn …« Er hatte dem Freund ungerührt in die Augen geblickt und hinzugefügt:»Hoffentlich bist du dann weit weg. Das Alte Testament kennt euer christliches Gnadengegackere nicht …« Im sanften Tosen der Motoren schüttelte Göller beim Gedanken an Marc den Kopf.

Da fiel ihm auch Hanna van Ruister ein. Wie oft hatten sie zu dritt bei Marcs messerscharfen Befindungen gelacht! Hanna war vom blitzschnellen und sicheren Witz des Freundes immer wieder entzückt worden. Hanna … Sie war mit den Eltern zur Großmutter nach Dänemark ausgewandert, rechtzeitig, um den Verhaftungswellen zu entgehen.

Nach der Novembergrippe hatte er sie nur noch ein Mal gesehen. Eine hastig verlaufene, fahrige Begegnung, von ihm mit dem Versprechen eines Treffens in Muße schließlich beendet; bald darauf war sie nach Aarhus abgereist. Ihr Abschiedsbrief hatte auf eine schmerzhafte Weise einsilbig geklungen, als habe sich der Schreiberin die Sprache versagt. Ihr letztes Lebenszeichen hatte ihn am Tag vor seinem Abflug nach Paris erreicht, eine schwarzweiße Ansichtskarte mit dem Bild der »Kleinen Meerjungfrau«, Poststempel Kopenhagen. Vom Anblick der schutzlos auf dem Felsen im Wasser ausgesetzten nackten Mädchenskulptur war er eigenartig betroffen gewesen. Hanna, »das sonnenblonde Lächeln«, hatte er gedacht. Das Verwirrende ihrer weichen Lippen. Die geschmeidige Spannung ihrer Brüste. Die seidige Glätte der Schenkel ... Er gestand sich ein, die Trennung nicht verwunden zu haben. Sie verließ mich nicht wegen der brennenden Synagogen, dachte er. Sie verließ mich wegen der Antwort, die ich ihr auf die Frage nach meiner Meinung zur »Reichskristallnacht« gab. Ich habe sie damals allein gelassen. Wollte sie dies mit der Karte sagen? Nein, zu dem versprochenen Treffen war es nie gekommen.

Über den Erinnerungen fiel er endlich in tiefen Schlaf. Ununterbrochen zeigten sich ihm in Traumfetzen die unter ihm zerbrechenden Landschaften. Stück für Stück verschwanden sie im Nichts. Dazwischen ununterbrochen Hannas lächelnder Mund ...

Alle bedrückenden Ahnungen jedoch waren ausgelöscht, als er in der ersten Morgenstunde auf dem Bukarester Militärflughafen die Junkers-Maschine verließ und ins Licht des Tages hinaustrat. Die Frühe war von strahlendem Herbstglanz erfüllt, der mit der steigenden Sonne aus der Donausteppe im Osten kam. Im leichten Luftstreichen wehte der Geruch verdorrter Gräser und wilder Trockenholzgewürze. Göller atmete die Aromen tief ein, während er unter der Tragfläche hindurch übers Rollfeld ging. Die Selbstsicherheit und Klarheit, die ihn auszeichneten und in den letzten Jahren härter gemacht, seine gelegentlich aufflammende Arroganz endgültig zum Einzelgängertum geprägt hatten, bestimmten jetzt alles, was er überlegte und tat.

Ein magerer, hohlwangiger Mann in der blaßblauen Uniform eines Fliegeroberleutnants, der ihn aus dem Schatten des Eingangs einer Flugzeughalle aufmerksam beobachtet hatte, kam ihm mit schlaksigen Bewegungen entgegen. Das Gesicht des etwa Dreißigjährigen wirkte

89

dank der Spuren einer schweren Verletzung um Backenknochen und Nase zerdrückt, verschoben, unlesbar. Der Wechsel von Licht und Schatten beim Vorbeigehen an den Flugmaschinen ließ es aussehen, als verberge sich dahinter ein zweites Gesicht. Ohne sich den Grund nennen zu können, gefiel der Mann Göller sofort. Vor Göller stehen bleibend, sagte er mit rauchiger, weicher Stimme zuerst auf Rumänisch, dann auf Deutsch:»Sunt locotenentul Baranga«,»Ich bin Oberleutnant Baranga.«

Sie reichten sich die Hand, Göller nannte seinen Namen. Im Weitergehen beantwortete der Oberleutnant des Militärischen Abschirmdienstes Laurențiu Alexandru Baranga Göllers bald in der Landessprache, bald auf Deutsch gestellte Fragen kurz und trocken. Als Göller schwieg, sagte Baranga:»Ich bin künftig Ihr Mann für alle Fälle.« Er lächelte, was nur an seinen Augen zu erkennen war, blieb vor einem schwarzen Wagen stehen und zeigte einladend auf ihn. Mit einer ruhigen Bewegung öffnete er die Beifahrertür. Beim Einsteigen hatte Göller das sichere Gefühl: Wir beide werden jetzt eine längere Zeit zusammen verbringen.»Und ich bin Ihr Mann für alle Fälle«, sagte er.

In der schwarzen Kabrio-Limousine der Marke Opel, Typ Kadett, mit einem auffälligen, zwei Finger breiten und langen Kratzer quer über der Motorhaube, verließen sie als letzte die Landefläche. Der Kratzer sieht wie eine unmäßig große Raupe aus, dachte Göller flüchtig, die sich am schwarzen Blech festgesaugt hat. O ja, festgesaugt, dachte er noch. Die Straße führte an einer Reihe schräg gewachsener Akazien entlang und war übersät vom welken Laub der dunkelborkigen Bäume. Göller sah, daß die Böschungserde gelb, ausgebrannt und voller Risse war. Das Erste, was ich hier tun werde, überlegte er, wird die Einrichtung einer Funkstation außerhalb meines Wirkungskreises sein, von der niemand etwas erfährt. Auch nicht der Mann mit dem melodischen Namen Laurențiu Alexandru Baranga. Ich habe hier Freunde, die ich ansprechen kann. Der Kratzer sieht aus wie eine Raupe.

»Sie sind sicher müde«, sagte der Mann mit der weichen Stimme neben ihm, »ich bringe Sie in Ihr Hotelzimmer im Zentrum von Bukarest.«

»Bevor wir nach Bukarest fahren«, erwiderte Göller, ohne auf die Anmerkung einzugehen, »möchte ich die Ölanlagen sehen. Nach Möglichkeit das ganze Gelände.«

Baranga blickte ihn kurz von der Seite an, nickte und sagte gelassen: »Machen wir.«

Der Wagen hatte das Flughafengebiet verlassen und die National-chaussee erreicht. Göllers Wunsch entsprechend, würde er die bei-den fortan auf Gedeih und Verderb miteinander verbundenen Män-ner zu dem sechzig Kilometer nördlich der Hauptstadt gelegenen Fördergelände im Westen der Erdölmetropole Ploieşti bringen. »Fah-ren Sie einen Weg«, bat Göller den schweigsamen Baranga, »der mir einen Eindruck des gesamten Zielgebietes verschafft.« Wieder nickte Baranga.

Im mattblauen Frühdunst der Ebene wurden halblinks vor ihnen die ersten Fördertürme sichtbar, aus der Ferne wirkten sie wie die astlosen Stämme eines seit langem toten Waldes; rechts blieben die Hochhäu-ser der Hunderttausend-Einwohner-Stadt hinter ihnen zurück. Mitten in der großen Kehre, durch die sie auf die Türme zufuhren, stand wie aus dem Boden gewachsen eine bis an die Zähne bewaffnete Militär-patrouille auf der Straße; die Einfahrt zum Förderareal lag noch fünf-hundert Meter vor ihnen. Während der Wagen ausrollte, sagte Baran-ga: »Wir kennen uns seit Jahr und Tag. Aber der Befehl lautet: Unnach-sichtige Kontrolle.« Er händigte dem mit einer lässigen Handbewegung zum Mützenschild grüßenden Offizier die Papiere aus, sagte halblaut etwas und zeigte mit dem Kopf kurz auf Göller. Der warf einen Blick auf die regungslos hinter dem Offizier stehenden, mit Maschinenpisto-len und Revolvern bewaffneten Soldaten; sie hatten die gesunden Gesichter von Bauernsöhnen. Keiner wich seinem Blick aus. Dann grüßte er den Offizier.

Wenige Minuten später hatten Baranga und Göller die grotesk geformten Stahlskelette neben, vor, hinter und über sich. Ein Gewirr aus Raffinerie-, Destillations- und Reformierstationen, einander in Stockwerken überquerenden kolossalen Pipelines, langen Reihen un-natürlich aufgebläht wirkender Lagertanks, turmhohen Hydroformern und Kränen, hüstelnd schmatzenden Pumpwerken und Röhrenöfen. Nur als Baranga den Wagen durch die Südanlage mit den Wohn-, Ver-waltungs- und Technikgebäuden an Grünflächen und weißgekalk-ten niedrigen Lattenzäunen entlang der Kieswege lenkte, entspannte sich das Bild. Baranga zeigte mit dem Kinn auf den Eingang des mitt-leren Verwaltungsgebäudes. »Erdgeschoß rechts, erste Tür links«, sagte er, »ist eins unserer ›Quartiere‹. Dort hinterlassen wir uns Nachrichten oder treffen uns. Den Schlüssel gebe ich Ihnen nachher.«

Bei jeder Werkstätte, an der sie vorbei kamen, bei jeder Pipeline-station und jedem Förderturm nannte Laurenţiu Alexandru Baranga die Namen der Vertrauensleute, die ins Gelände eingeschleust worden waren. »In der Montagehalle links drüben«, sagte er, »sind die beiden Werkmeister, der Deutsche Schnell und der Rumäne Şecaru, ›Brandenburger‹. Der Chef der Förderstation vorne, Trifa, gehört zu den Canaris-Leuten. Der Chefkontrolleur des PKW-Parks ist der alte Doinaş, auch er ein Canaris-Mann.« Ohne zu stocken, zählte er drei Dutzend Namen auf und sagte zum Schluß: »Wir haben hier alles im Griff. Mit den Leuten der Technik- und Verwaltungsdirektion mache ich Sie im Laufe der Zeit bekannt.« Zwei vollbeladene Zisternenlaster fuhren an ihnen vorbei, beide Fahrer hoben zum Gruß kurz die Hand vom Lenkrad. Ein Mann in verschmiertem Overall vor dem Tor einer Halle zwinkerte Baranga zu. Die Luft war durchsetzt von einem Hauch süßlich-erdigen Ölgeruchs. Manchmal ertönte irgendwo metallisches Geschnaufe, das wie unterirdisches Stöhnen klang. Sie überquerten Bahngleise, auf denen lange Züge hellbrauner Petroleumzisternen doppelt und dreifach nebeneinander standen.

Je länger sie fuhren, um so deutlicher spürte Göller die Faszination, die das scheinbare Chaos aus Eisen- und Stahlkonstruktionen auf ihn ausübte. Industriekathedralen, dachte er flüchtig, in deren monströsen Krypten Rohölmengen sabbern.

Plötzlich drängte sich eine Erinnerung in seine Gedanken. Im Keller des Elternhauses war er als Kind beim Spiel mit einem Freund auf ein nur nachlässig mit Brettern getarntes Bodenfenster gestoßen. Er war hindurchgeklettert und hatte sich, die Taschenlampe in der erhobenen Hand, unversehens in den unterirdischen Geheimgängen des mittelalterlichen Stadtkerns befunden; der Freund war ihm gefolgt. Bei jedem Schritt war das Gefühl stärker geworden, im Erdinnern zu versinken und immer unausweichlicher der gesichtslosen Gewalt der Finsternis ausgeliefert zu sein. Seine Angst, nicht mehr zurückzufinden, war so groß, daß er zitternd losrannte. Nach einiger Zeit stieß er zufällig auf den Ausgang. Da erst hatte er sich besonnen und gedacht: War nicht der Freund in einem der von schmierigen Spinnweben durchzogenen Gewölbekorridore zurückgeblieben – Lutz Klepper? … Ohne sich umzublicken, hatte er den Keller verlassen …

Alles, was der Oberleutnant Laurenţiu Alexandru Baranga – den sie hier Xandu nannten – bisher gezeigt hatte, entsprach den Zeichnungen und Luftaufnahmen, die sich ihm bei der Durchsicht der Mappe auf Heydrichs Berliner Schreibtisch eingeprägt hatten. Göllers Frage nach dem Informationsstand der Blätter hatte Heydrich mit einem einzigen Wort beantwortet:»Aktuell.«

Nach etwas über einer Stunde Besichtigung fuhr Baranga aus dem Schattengewirr der metallenen Skelettbauten westwärts in die Ebene hinaus. Feld-, Wiesen- und Ackerweiten, so weit das Auge reichte. Der Anblick tat Göller, der müde zu werden begann, gut.»Damit Sie auch von dieser Seite ein Bild gewinnen«, sagte Baranga und hielt an. Göller stieg aus und atmete die Erdgerüche ein.

Keine fünfzig Meter weit in loser Reihung drei auf Feldwegen haltende offene Geländewagen mit khakifarben Uniformierten drauf. »Wir erwarten deutsche Verstärkung«, sagte Baranga hinter ihm,»Panzer, Flak.« Jenseits der Militärfahrzeuge erblickte Göller zwei große Schafherden. Die weißen und schwarzen Tiere zogen gemächlich südwärts. Freilich, fiel ihm ein, Herbstabtrieb aus den nahen Karpaten! Wann sah ich das zum letzten Mal? Über den Schafen ragten die Gestalten der Hirten in langen Umhängepelzen, sie sahen aus wie Denkmäler. Weder sie noch die Schafe, Hunde und vollbepackten Tragesel würdigten die Bohrtürme und die davor gestapelten Kugeltanks eines Blicks. Wieder im Wagen, öffnete Göller das Fenster. Im Weiterfahren schaute er sich noch einmal nach den Herden um. Einen Augenblick lang meinte er, deren Ausdünstung zu riechen.

»Seit wann kennen Sie das Gelände?« fragte er.

»Ich fahre es seit drei Jahren kreuz und quer ab.«

»Wo liegen die Schwachstellen?«

»In Bukarest«, antwortete Baranga.

Göller nickte.»Kann ich mir denken. Darüber sprechen wir später. Ich bin müde … Wo haben Sie übrigens Ihr ausgezeichnetes Deutsch her?«

Der Wagen verließ das Areal; Baranga bog auf die Nationalchaussee ein und fuhr nach Süden.»Wir holen unterwegs in Ploieşti die neuesten Informationen ab. Bis Bukarest können wir dann darüber sprechen …

Ach ja«, fügte er nach einer Pause hinzu. »eine in Bukarest lebende Dame namens Staratiades brachte es mir bei.«

»Sieh an, eine Griechin?« fragte Göller überrascht.

»Nein«, antwortete Baranga, »eine Deutsche. Die Witwe eines Griechen. Eines ehemals hierzulande einflußreichen Beraters der Regierung in Fragen des Außenhandels. Giorgios Staratiades. Die Dame unterrichtete lange Jahre am Deutschen Lyzeum in der Hauptstadt. Eine ungewöhnliche Frau.«

»Und ein guter Schüler«, sagte Göller.

Während sie südwärts fuhren, überlegte Göller: In den kommenden Tagen werde ich zunächst den Raketenprofessor in Siebenbürgen besuchen. Heydrichs Anweisung war eindringlich – dem Professor die Rückkehr nach Deutschland mit der Zusage unbegrenzter Arbeitsmöglichkeiten und staatlicher Förderung seiner Forschungen schmackhaft zu machen. »Oberth muß wieder her«, hatte Heydrich gesagt, »der weiß zuviel ... Wir holten ihn uns vor zwei Jahren, um ihn vor fremdem Zugriff sicher zu wissen. Aber da muß es in Wien eine Panne gegeben haben. Unzufrieden mit den dortigen Bedingungen, fuhr er bei Nacht und Nebel zu seiner Familie zurück. Nicht auszudenken, daß sich die Sowjets ihn holen könnten. Moskau hat längst ein Auge auf ihn geworfen und läßt ihn beobachten ... Sie werden alles tun, um ihn zur Rückkehr zu bewegen. Sagen Sie ihm, in Dresden findet er Voraussetzungen, die weit günstiger sind, als er sie in Felixdorf bei Wien hatte. Als sein Landsmann sind Sie unser bester Gesandter.« Die Schnipsel des in Klausenburg in die Pilotenkabine gereichten Briefs mit den letzten Informationen über das Raketengenie habe ich am Bukarester Flughafen einzeln verbrannt, dachte Göller. Ich war vierzehn, als ich Hermann Oberth in der Aula des Honterus-Gymnasiums in Kronstadt sah und hörte. Der ruhige, ja unerschütterliche Mann mit dem dunkelhaarigen Römerkopf hatte dem sogar auf den Fensterbrettern stehenden Publikum die Vision vom Raumflug in einer Weise klargemacht, daß alle im Saal den Atem angehalten hatten. Nicht im Traum dachte ich damals daran, daß seine Rakete mit Leichtigkeit zur Fernwaffe umgebaut werden könnte. Die Prägnanz, mit der mir Reinhard Tristan Heydrich eben dies innerhalb einer Minute vorführte – Respekt ... Ohne Zusammenhang schoß es Göller durch den Kopf: Warum habe ich den Judenbengel Marc von Földy, der uns alle verarscht, nicht angezeigt?

94

In welches seiner KZ würde mich Heydrich schicken, wüßte er, daß ich es verschweige?

Baranga fuhr ohne Hast. Seine östliche Gelassenheit ist erholsam, ich werde ihm nahelegen, überlegte Göller, noch heute anstelle des Ploieștier ein Bukarester Nummernschild anbringen zu lassen. Woher wohl rührt der lange, tiefe Kratzer auf der Motorhaube des schwarzen Kabrios? Wie eine Riesenraupe, ging es ihm wieder durch den Kopf. Er überließ sich dem Gefühl der Müdigkeit nach der schlaflosen Nacht und dem Vormittag im Erdölgebiet. –

All dies geschah zur selben Stunde, als auf dem Bukarester Nordbahnhof, »Gara de Nord«, der Kunstmaler Waldemar Taucher den Schnellzug bestieg, mit dem er via Ploiești nordwärts über die Südkarpaten nach Kronstadt fahren wollte. Taucher hatte im weiträumigen Dallas-Saal am Magheru-Boulevard im Zentrum der Hauptstadt der Eröffnung seiner Graphikausstellung mit den von Charles de Prince ausgewählten Arbeiten beigewohnt. Er hatte – was ihm wichtiger erschien als die Pressekritiken – von den rumänischen Kollegen Anerkennung erfahren und die gebildeten Damen der Bukarester Hautevolee dadurch für sich eingenommen, daß er wohl leidlich das Rumänische, ungleich flüssiger jedoch das Französische sprach. Und daß er »directement de Paris« angereist war.

Taucher hatte vor, im siebenbürgischen Kronstadt seine Mutter und danach einige Freunde zu besuchen. Vor allem den Schulrat Rick Hennerth, den Vater des »Jungen mit dem bezaubernd verträumten Blick«, und den Stadtkantor Albrecht Carl Behrisch.

III. Kapitel

»Der Hitler soll froh sein, daß er ein Loch im Arsch hat ...«

Als Waldemar Taucher in meinem Elternhaus anrief, war ich mit den letzten Vorbereitungen für die »argonautische Transsilvanienbesichtigung« beschäftigt, wie Maria unsere sorgfältig geplante Fahrradtour spöttisch nannte.

Wie jedes Mal, wenn es um ein Unternehmen ging, das der elterlichen Billigung bedurfte, hatte Vater nach kurzem Überlegen seine Ansicht geäußert. Diesmal war er einverstanden. Hingegen fielen Mutter immer noch tausend Dinge ein, die sie zu wissen wünschte: Wo wir zu übernachten gedächten, sollte es aus diesem oder jenem Grund mit dem Zelten nicht klappen, wie sie uns erreichen könne, sollte eine dringende Mitteilung nötig sein, und ob die Kilometerzahl nicht zu hoch veranschlagt sei, die zurückzulegen wir uns vorgenommen hatten. Und dergleichen Fragen mehr, »die einer besorgten Mutter gut anstehen«, wie Vater mich zurechtwies, als ich Mutter mit einer ungeduldigen Bemerkung zum Einhalten zu bringen versuchte. Ich sagte also: »Wir werden über die Einzelheiten an Ort und Stelle entscheiden müssen.« Das erklärte Vater für eine »einleuchtende Auskunft«.

Meine Schwester Maria, der seit jeher in neuen Lagen ein neuer Name für mich einfiel, hatte mich nicht etwa Iason oder Theseus getauft, wie es die Argonautensage vorgeschrieben hätte, nein, ihrem augenblicklichen Bildungsstand entsprechend war ich für sie ein »August Weltumsegler«, wenn ich auch weder zu segeln vorhatte noch Zeichen einer inneren Umtriebigkeit von mir gab, wie der Norweger Knut Hamsun sie seinem Romanhelden andichtet – Maria hatte das Buch vor kurzem gelesen. Holger, der Jüngste von uns drei Geschwistern, lachte Tränen über Marias lächerlichen Einfall, der ihn, wie er sagte, an das lustige Liedchen »O du lieber Augustin« erinnerte, das Vater, wenn er besonders gut gelaunt war, gelegentlich sang. Die Bemerkung gefiel Maria so sehr, daß sie mich in den Tagen danach nur noch »Augustin«

rief. Ich war die Hänseleien meiner schnippischen Schwester gewohnt; sie hatte mich vor Jahren den »Gravensteinerphilosophen« genannt, weil ich im großen Obstgarten des Rosenauer Elternhauses gerne in der Krone des alten Apfelbaums gesessen, oder »Königsmatrose«, weil ich in dem von Vetter Horst »geerbten« Matrosenanzug meinen Vater zur Audienz bei dem vom Waidwerk besessenen König Carol den Zweiten begleitet hatte, zu der Vater nach der erfolgreichen Bärenjagd in den Wäldern hinter der Idweg-Klamm in den nördlichen Ausläufern der Südkarpaten eingeladen worden war.

Da wir aus Kronstadt aufbrechen wollten, mußten mein Halbvetter Horst – der U-Boot-Kommandant werden wollte – und meine beiden Freunde Paul Eisendenk, der Bauernsohn, und Willi Kurzell, der baumlange, rotblonde Geiger und Abiturient, schon am Abend vor der Abfahrt aus dem nahegelegenen Rosenau nach Kronstadt kommen und bei uns übernachten. Hilmar Blessag, der in der Schülerzeitung des Honterus-Gymnasiums Gedichte veröffentlichte – wir nannten ihn »Blessi« –, wohnte nur zwei Straßen entfernt, er würde unterwegs zu uns stoßen. Einige Wochen von daheim zu fehlen, hatte lediglich Paul vor Schwierigkeiten gestellt, er wurde für die Frühherbstarbeiten auf dem Elternhof gebraucht. Doch hatte sein Vater mit dem zuverlässigen »neică Fănel«, dem rumänischen Tagelöhner aus der Mühlgasse, eine dreiwöchige Dienstzeit verabredet; zudem würden Pauls jüngerer Bruder Michael, blondhaarig wie Paul und kräftig wie dieser, und Martha, die ältere Schwester der beiden, zupacken.

Bei der Festlegung der Route hatte uns Onkel Oskar, Horsts Vater, geduldig und kundig beraten. »Es bringt euch am meisten«, hatte er gesagt, »wenn ihr nordwärts durch die alten deutschen Städte fahrt.« Er hatte mit dem Finger den Weg auf der zerschlissenen k.u.k. Generalstabskarte gezeigt, die vor uns lag; sie verzeichnete nicht nur jeden Bach und Hügel, sondern auch die Feldwege und Pfade im Hochland. »Zunächst aber fahrt ihr zwischen Südkarpaten und Altfluß westwärts durch die ›Terra Blachorum‹, das ›Walachenland‹. Es lohnt sich, die schönen rumänischen Bauerndörfer in der ›Țara Oltului‹ am Fuß der Gebirge zu besuchen, ehe ihr nach Norden abbiegt.« Er hatte den Namen eines Dorfes und des in der Nähe gelegenen Klosters genannt und hinzugefügt: »Solltet ihr dort vorbeikommen, grüßt den Stareț von mir …«

»Staret?« hatte Paul gefragt.

»Staret heißt Abt. Er ist ein Freund von mir.«

Dr. Oskar Hennerth, ein Halbbruder meines Vaters, war als Veterinärinspektor durch ganz Siebenbürgen gekommen. »Über Hermannstadt, Mediasch, Schäßburg«, sagte er, »erreicht ihr dann bei Neumarkt die ungarisch besiedelten Teile – ihr sprecht doch alle Ungarisch?«

»Bis auf Paul«, sagte Horst.

»In Bistritz, hier, erreicht ihr den nördlichsten Punkt der Fahrt. Von dort rechts weg der Sonne entgegen über den tausendzweihundert Meter hohen Tihuta-Paß geht's in die Ostkarpaten.«

»Warst du schon mal dort?« fragte ich.

Onkel Oskar nickte. »Danach wendet ihr euch wieder nach Süden«, fuhr er fort, »durchs Tal der Goldenen Bistritz. Immer über Berg- und Paßstraßen, kommt ihr vor Niklasmarkt in die Szekler-Siedlungen, in die Gegend mit den geschnitzten Holztoren … Und dann wieder nach Kronstadt. Das sind rund tausend Kilometer.«

»Nur tausend?« fragte Horst.

»Die Zahl besagt wenig. Ihr fahrt auf Stein- und Schotterstraßen, auf Forst- und Gebirgswegen.«

»Können wir deine Karte haben?« fragte ich.

»Nein … Die begleitete mich durch vier Jahre Krieg. Ihr habt eure Karten …«

So hatte sich jeder von uns ein Bild von den Landschaften gemacht, die wir durchfahren würden.

Als Waldemar Taucher anrief, war ich gerade mit dem Zusammenlegen des Zeltes beschäftigt – ich kniete auf der widerspenstigen Rolle und mühte mich damit ab, die Schnallen zu schließen. Da außer mir niemand das Läuten zu hören schien, ging ich in Vaters Arbeitszimmer. Aus dem Musikzimmer drangen die Klänge von Holgers Klavierspiel. Ich hob den Hörer ab und erkannte Tauchers Stimme beim ersten Wort. Taucher schien überrascht zu sein. »Peter?« rief er, »daß ausgerechnet du dich meldest …« Dann sagte er, daß er vor einigen Tagen in Kronstadt eingetroffen sei und uns morgen zu besuchen vorhabe – ich möchte es den Eltern mitteilen. »Wird gemacht.« Ich hörte seinen Atem, ehe er sagte: »Ich – ich habe dir aus Paris etwas mitgebracht.« Ich schwieg und dachte an die Zeltplane, die sich aufgerollt hatte. Eine Minute später kniete ich wieder auf ihr. Als ich Vater beim Abendessen von Tauchers Anruf berichtete, sagte er erfreut:»Ach ja!« Die beiden verstanden sich gut.

Unsere Fahrräder hatten wir von Erwin Barff überholen lassen. Der hohlwangige Chefmechaniker des E-Werks unter den Nordabstürzen des Butschetschgebirges und ältere Bruder meines ehemaligen Klassenkameraden Andreas hatte als Gegenleistung das Reinemachen seiner Wohnung gefordert. Wir waren über die zwei Zimmer hergefallen, hatten sie ausgeräumt, die Wände mit kremigem Löschkalk bestrichen, Fenster und Türen blank geputzt und die Dielenböden mit heißem Laugenwasser geschrubbt. Unsere Fahrräder sahen danach aus wie neu und schienen sich flotter zu bewegen als jemals vorher.

Tags darauf erinnerte ich mich erst am Spätnachmittag wieder der Anmeldung Tauchers – als ich seine Stimme in Vaters Zimmer hörte. Ich beachtete das Gespräch der beiden zunächst nicht, und erst nach einiger Zeit wurde mir klar, daß sich Vater nicht nur mit Taucher unterhielt. Ich hörte eine dritte Männerstimme – sie klang rauh, manchmal abgehackt und trocken; der Mann sprach in kurzen Sätzen. Ich war in die am Fußboden ausgebreitete Karte vertieft, vor der ich kniete, als mir plötzlich bewußt wurde, daß die drei über unsere Fahrt sprachen. Hatte Taucher nicht soeben zum zweitenmal auf französisch»la province Transilvanie« gesagt und danach ausgerufen:»Moment mal, da fällt mir doch ein …«? Mit dem Bleistift fuhr ich die Strecke vom Städtchen Vatra Dorna südwärts über die Paßhöhen des Kelemen-Gebirges in den Ostkarpaten, wo ich meinen Freund Attila Gebefügi auf dem elterlichen Szeklerhof besuchen wollte.»Transilvanie«, dachte ich, das ist »Siebenbürgen« … Ich hörte den Dritten hart und knapp sagen:»Sollte das stimmen, dann sind die in Berlin verrückt.« Taucher sagte ungehalten:»Wann schon konnten die mit solchen Fragen umgehen!« Hier in den Bergwäldern muß es sein, dachte ich, nicht weit von Toplița. Gleichzeitig hörte ich meinen Vater irgendeine»Schauernachricht« für »glatten Unsinn« erklären. Genau hier hat uns Attilas Vater Gábor über den angeschwollenen Fluß gerudert, genau hier. Eine Nachtigall hatte in der großen Uferweide geschlagen, über dem Wasser hatte die Waldluft geschwebt. Vater und sein Freund Gábor hatten sich über den Tod ihres Kameraden Laczi in einem Schützengraben an der Piave in Norditalien unterhalten. Da sagte Taucher im Zimmer nebenan:»Mir ist in Paris zu Ohren gekommen, daß …« O ja, fiel mir ein, Attila hatte mir versprochen, mich zur Bärenhöhle über der Palota-Ilva zu führen. Ich erinnerte mich auch, wie ich auf dem von dichtem Tannenwald umstandenen Gebefügi-Hof zum ersten Mal Katalin begegnet war, »die Nachtigall der Hargita«, hatte Vater sie getauft, weil sie fast immer sang; seither lebte sie in unserer Familie. Sie stammte aus der Hargita und war das jüngste Kind des 1918 an der Piave verbluteten Laczi, wir hatten sie nach Kronstadt mitgebracht, weil damals soeben auch ihre Mutter gestorben war ...

Bis hierher hatte mich der Disput der drei Männer in Vaters Arbeitszimmer wenig gekümmert – die blauen Flußlinien in den grünen Hochlandflächen, die braunen Bergzüge, die diese von allen Seiten umschlossen und dem Land die Einheit gaben, beschäftigten mich. Zudem war ich auf die Ankunft der Freunde eingestellt. Mit Katalins Hilfe hatte ich am Vormittag aus drei vom Dachboden geholten Roßhaarmatratzen und etlichen Decken in meinem Zimmer ein Nachtlager für sie vorbereitet. Dabei war mir Katalins Sorgfalt beim Herrichten der Bettstelle für Willi nicht entgangen; ich wußte längst, daß sie in Willi verliebt war. Jedes Mal, wenn er uns besuchte und mit Vater musizierte, starrte sie ihn mit glühenden Augen an. Katalin war hübsch, leidenschaftlich, energisch und von schneller Auffassungsgabe.

Ich warf einen letzten Blick auf die Karte – auf das Städtchen Szeklerburg, wo seit undenklichen Zeiten die rauhen ungarischen Szekler wohnten – und wollte mich gerade vom Fußboden erheben, da hörte ich Taucher mit nachdrücklichem Ton laut sagen: »Unter diesen Umständen erscheint mir die Fahrt der Jungen bedenklich.« Ich hielt den Atem an und lauschte aufgeschreckt. Wovon reden die? dachte ich, nicht auszudenken, wenn Mutter das mitkriegt! Ich erhob mich. Ich hatte die Karte vergessen und trat nahe an die Tür. Aber zu meiner Beruhigung sagte Vater in diesem Augenblick: »Ich kann ihnen doch nicht den Spaß verderben.« Ich atmete erleichtert auf, o ja, auf Vater war immer Verlaß ...

Dann hörte ich noch, wie sich der Dritte verabschiedete und wie Vater seinen Freund Taucher nach der Dauer seines Aufenthalts und nach dem Befinden der Mutter fragte. Immer noch erklang in dem drei Räume weiter liegenden Musikzimmer Holgers Klavierspiel.

Zwei Minuten danach sah ich Waldemar Taucher. Vater hatte die Tür halb geöffnet und meinen Namen gerufen. Ich erkannte auf den ersten

Blick, daß der Inhalt des Gesprächs der drei Männer ernst gewesen sein mußte. Weil auch von unserer Fahrt die Rede gewesen war, bedauerte ich es nun erst recht, nicht früher zugehört zu haben. Doch bewährte sich Vaters zuverlässige Freundlichkeit auch diesmal. Er lächelte mich kurz an und zeigte auf den Mann mit der dunklen Mähne und dem durchdringenden Blick. Ich grüßte, Taucher erhob sich aus dem Sessel vor dem Fenster.»Ich hab was für dich«, sagte er und kam mir um den Schreibtisch herum entgegen.»Dies bringe ich dir aus Frankreich mit – im Auftrag einer Pariserin, die du vor einigen Jahren kennenlerntest.« Er griff nach einem schmalen Gegenstand, der auf dem Tisch lag. War es ein Messer? Ich erblickte einen ungewöhnlich geformten Dolch mit gebogener Spitze. Taucher stand vor mir und reichte ihn mir mit dem Futteral. Was der für einen Blick hat, dachte ich und sah Taucher an. Doch dann erregten die beidseitig auf die Stahlschneide eingestanzten arabischen Schriftzeichen meine Aufmerksamkeit, zugleich erkannte ich, daß in den Griff Silberstückchen eingeschmolzen waren.»Es ist ein alter Sarazenendolch«, sagte Taucher,»in der Familie Marchant wird überliefert, daß er aus der Zeit der Kämpfe Karls des Großen gegen die Araber stammt.« Ich hielt den Dolch in der einen, das Etui in der anderen Hand. Es war eigenartig, plötzlich beherrschte mich das Gefühl: Jetzt kann uns unsere Fahrt niemand mehr verbieten! Das Eigenartige war, daß dies Gefühl von dem Dolch in meiner Hand ausging. Ich sagte hastig etwas zu Taucher und bat ihn, der Geberin meinen Dank auszurichten.»Ich erinnere mich an sie, o ja«, sagte ich,»sie war beim letzten Gartenfest unter dem Gravensteiner in Rosenau dabei, sie unterhielt sich lange mit Tante Leonore. Ich meine, sie hieß Yvonne.« Ich ging in mein Zimmer zurück. Ich lasse mir weder die Fahrt verbieten, dachte ich, noch gebe ich den Dolch jemals wieder her. Ich war erregt, ohne zu wissen, warum. Immer noch kann ich ihren Namen kaum aussprechen, dachte ich und stand mitten in meinem Zimmer – Tante Leonore … In diesem Augenblick läutete es an der Eingangstür. Katalins eilige Schritte waren zu hören und bald darauf die Stimmen der Freunde – Horst, Willi und Paul waren eingetroffen. Ich schob den Dolch rasch ins weiche Lederetui und in die Außentasche des Rucksacks; dann ging ich ins Vorzimmer, die Freunde zu begrüßen.

Es wurde ein fröhliches Abendessen.»Wir tafeln in großer Gesellschaft!« verkündete Maria.

Auch Taucher blieb bei Tisch. Mutter hatte um so mehr darauf bestanden, als sie für diesen Abend die »Spanierin«, ihre Mutter, meine Hardt-Großmutter, erwartete, die Tauchers Berichte aus Italien, Frankreich, vor allem Spanien jedesmal mit Wißbegier verfolgte. Die Hardt-Großmutter traf pünktlich ein. Maria fiel ihr um den Hals, ich half ihr auf einen Wink Vaters hin aus dem Mantel; Vater führte sie mit ausgewählter Zuvorkommenheit ins Wohnzimmer und danach zu Tisch. Großmutter, deren immer noch glänzend schwarzes, volles Haar meine Mutter geerbt hatte, lud mich ein, sie vor Schulbeginn noch einmal in Rosenau zu besuchen. »Großvater wird sich darüber sehr freuen«, sagte sie. Ich versprach's. Kaum hatten wir uns gesetzt, wurde Taucher auch schon von allen Seiten bedrängt, zu erzählen. Horst, der neben ihm saß, wollte eine Menge über die Schiffahrt auf der Seine wissen, und es stellte sich zu aller Überraschung heraus, daß Taucher dazu vieles zu sagen hatte, bis in die Zeit der Normanneneinfälle zurück. Als er auf die Bücherstände am linken Seineufer zu sprechen kam, sagte Willi, daß er eine 1640 in Amsterdam gedruckte Landkarte mit der Aufschrift »Transylvania Siebenburgen« besitze, die sein Großvater im Jahr 1901 an den Seine-Quais erstanden und ihm vor kurzem geschenkt habe. Die seit Tagen unruhige Katalin hatte sich neben Willi gesetzt, sie war festlich gekleidet, las Willi jedes Wort von den Lippen ab und sprang immer wieder auf, um Mutter bei der Bedienung der Gäste zu helfen. Mir fielen zum ersten Mal ihre runden, hochsitzenden Brüste auf. Maria, die Belesene, erklärte Holger, was die Seine-Insel Île de la Cité war. Paul hatte seinen Stuhl nahe an meinen geschoben, er hörte den Gesprächen mit unbewegtem Gesicht zu.

Vater und Taucher saßen sich an den Tischenden gegenüber; ich wunderte mich flüchtig, wie verschieden die beiden waren – der dunkle Taucher mit dem forschend beobachtenden Blick, Vater, dessen heiteres Wesen, wie mir schien, zu den hellen Farben seines Gesichts und seiner Haare paßte. Wie schön Großmutters Haare sind, dachte ich bewundernd, warum wohl wird sie in der Familie und im Kreis der Bekannten »die Spanierin« genannt? Ich hatte mich daran so sehr gewöhnt, daß mir bisher nie der Gedanke gekommen war, nach dem Grund zu fragen. Das hängt wohl mit ihrem südländisch dunklen Haar zusammen, grübelte ich.

Mutter hatte in einem fast kübelgroßen blauen Emailtopf Krautwikkel gekocht und auf Vaters Wunsch mit Muskat und Majoran gewürzt. Wir verzehrten sie bis auf den letzten, schwatzten dazu und waren guter Dinge. Auch aus den Mienen der beiden Männer wichen nach und nach die Zeichen angespannten Ernstes. Ich werde Großmutter bei der ersten Gelegenheit fragen, wie sie zu dem Namen »die Spanierin« gekommen ist, dachte ich. Als sich Taucher gegen neun Uhr mit der Bemerkung verabschiedete, er dürfe seine Mutter nicht warten lassen, lächelte Großmutter und bat ihn, ihr einen Gruß zu bestellen.

Die Zeit war wie im Flug vergangen. Als wir den Tisch abgeräumt hatten und Großmutter ins Gästezimmer gegangen war, schickte uns Vater mit dem Hinweis zu Bett:»Euch steht morgen einiges bevor. Ihr müßt früh aus den Federn.«

In meinem Zimmer zeigte ich den Freunden den Dolch. Sie betrachteten ihn ausgiebig und stellten mir zu den Schriftzeichen Fragen, die ich nicht beantworten konnte.

Paul nahm den Dolch ohne Umstände in die Hand, schloß die Finger zur Faust und hob den Arm wie zum Stoß. Er nickte. »Der liegt verdammt gut in der Hand.«

Willi sagte: »Ich komme bald wieder« und ging hinaus. Ich wußte, daß er zu Katalin ging.

»Wieso eigentlich kommt der Blessi mit?« fragte Horst, als wir im Dunkel lagen, »hast du ihn eingeladen, Peter?«

»Nein«, sagte ich.

»Und du, Paul?«

»Nein.«

Nach einer Pause fragte Horst:»Er hat sich wohl ein bißchen aufgedrängt?«

»Angehängt«, antwortete ich.

»Soll er doch«, sagte Paul.

Dann schliefen wir ein.

Als wir am nächsten Morgen um fünf Uhr das Haus verließen, war außer Mutter und Katalin, die uns in der Küche das Frühstück vorbereitet hatten, noch niemand wach. Kaum hatten wir die Fahrräder auf die Straße geschoben und waren ein Stück gefahren, bog Blessi vor uns um die Ecke. Er hatte nicht, wie verabredet, gewartet. Doch so blieb uns der Umweg über die Waisenhausgasse erspart.

Es war kühl. Von den nahen Berghängen floß die Waldluft in die leeren Straßen und auf die Plätze. Als wir die Katharinengasse hinter uns ließen, tauchte die Schwarze Kirche mit ihren nachtdunklen Steinen über den Hausdächern auf. Wir fuhren an ihr vorbei, als es vom Turm fünf Uhr schlug. Ich erinnere mich, daß ich fröstelte und die Kälte auf dem Rücken fühlte, während wir die Langgasse hinabfuhren. An der nördlichen Stadtausfahrt bogen wir um die ins Blaßgrau ihrer Mauern gehüllte Bartholomäuskirche. Wenig später weitete sich vor uns die von Bergen umstandene Landschaft der Terra Borza – wie Onkel Oskar bei den Fahrtbesprechungen das Burzenland genannt hatte. So sei es in den alten Urkunden im Archivio Segreto Vaticano zu lesen. Vor mir sah ich an Pauls vernickeltem Dürkopp-Fahrrad jedes Mal, wenn ich kurz aus der Spurlinie geriet, die Hinterradspeichen aufblitzen.

Da blickte ich mich zum ersten Mal um.

Rechts, über den Höhen der Vrancea-Berge in den Ostkarpaten, hatte ein großflächiges Aufflackern die Blässe des Himmels zu erhellen begonnen. Aus welchem Grund hat Taucher meinen Vater überreden wollen, uns von der Fahrt abzuhalten, dachte ich, warum war der Dritte so ungehalten gewesen? »Das war ein General oder sowas«, hatte mir Maria gesagt, der in unserem Haus auf dem Böttcherrücken hoch über der Stadt nichts entging, »mit Gold am Mützenschild, auf der Straße unten hat ein toller Wagen auf ihn gewartet«, und hatte eine ihrer Betrachtungen daran geknüpft: »Na, du weißt ja, was für Bekanntschaften unser Vater, der Herr Kreisschulrat, so hat – Minister, Pferdediebe, Offiziere, Kesselflicker und distinguierte Damen, die um ihn herumscharwenzeln und die Augen wie blöde Kälber verdrehen, wieso sagt Mutter nie etwas? Ich würde ihm ganz schön was erzählen! Der General ist ein Gebirgsjäger, Artur Phleps …« Links von uns, im Südwesten, schienen sich jetzt die Gebirgsstöcke der beiden Königsteine und des Butschetsch mit Licht vollzusaugen. Ich hatte es deutlich gehört: Taucher hatte sich gegen unsere Fahrt ausgesprochen …

Willi führte unsere kleine Kolonne an. Wir sprachen kein Wort. Ich hörte das Summen der Räder auf der Asphaltdecke. In Zeiden überholten wir zwei Pferdewagen. Die Männer dankten für unseren Gruß, indem sie die langstieligen Peitschen kaum merklich aufrichteten; es waren deutsche Bauern, wir erkannten es von weitem an den großen Leiterwagen und Pferden.

Das Sonnenlicht erreichte uns in dem Augenblick, als wir bei der Steinkoppe ankamen, ganz nahe vor uns der bewaldete Hundsbergrükken. Auf der ansteigenden Straße hatten wir uns zum Schaukeltritt aus den Sätteln erhoben. Plötzlich war es, als würden die Vrancea-Höhenzüge unter der Wucht des aufgehenden Lichts auseinanderbrechen und die Acker- und Feldflächen hinter uns Feuer fangen. Als ich in den Waldschatten eintauchte, hatte ich das Gefühl, einem riesigen Flammenausbruch rechtzeitig entgangen zu sein.

Es war ein Sonntagmorgen im August 1940. Beim Frühstück in der Küche hatten wir in den Nachrichten des »Reichssenders Berlin« die Meldung des Oberkommandos der Wehrmacht gehört: »In der Nacht belegten unsere Kampfflugzeuge große Betriebsstofflager ostwärts von London, Rüstungswerke in Norwich und Essex, die Hafenanlagen von Milford Haven, Avenmouth, Bournemouth und Weymouth sowie Flugplätze in Südengland und Liverpool mit Bomben. Starke Brände und Explosionen wurden beobachtet. Unsere Unterseeboote versenkten über 50 000 Bruttoregistertonnen feindlichen Schiffsraumes ...«

Ich berichte über unsere »Argonautenfahrt«, weil sie mein Leben veränderte. Für immer prägten sich mir Bilder ein: die Zigeunerin am Flußufer, die Horst aus dunklen Glimmeraugen nachdenklich, fast erschrocken anblickt und dann wieder in seiner Handfläche liest. Die Gestalten, die im Schein des Lagerfeuers umherjagen, und der aufrecht vor ihnen stehende, mit einem funkelnden Gegenstand um sich schlagende Paul. Der Dorfpfarrer auf der Böschung vor der mächtigen Kirchhofmauer, der nach dem »Amen« die Stiefelabsätze zusammenschlägt und bei den Klängen des »Alte Kameraden«-Marsches der Bauernkapelle militärisch auszuschreiten beginnt – und dem die Gemeinde nicht folgt. Und der brüllende Dicke in Gendarmen-Uniform, die Augen quellen ihm aus dem Kopf, aus dem zerfetzten Leib spritzt Blut, niemand, niemand hört seine Schreie im Tannendunkel der Ostkarpatenwälder ...

Wir hatten am Spätnachmittag das wenig ansehnliche Städtchen Fogarasch hinter uns gelassen. Linker Hand stieg die metallblaue Masse der Südkarpatenkette auf, rechts leuchtete kurz der Mäander des Altflusses. Unsere Leiber dampften längst unter den Hemden, unsere Knie waren heiß. »Hej!« rief Paul zu Horst hinüber, »hat dein Vater nicht gesagt, wir sollten in die rumänischen Dörfer unter dem Gebirge fahren?

Da müssen wir nach links abbiegen.« Wir verließen die Asphaltchaussee – und waren nach wenigen Minuten auf der ungeteerten Landstraße wie unsere Fahrräder mit Staub bedeckt. Auf einem an den Rändern angerosteten Blechschild las ich:»Sâmbăta de sus«. Ja, dachte ich, Onkel Oskar hatte uns auch den ungarischen und den deutschen Namen des Rumänendorfes,»Alászombatfalva« und»Obermühlendorf«, genannt und von dem großen Kloster erzählt, dessen Stifter, ein Fürst der Walachei, in Konstantinopel auf dem Henkerblock endete; Onkel Oskar kannte den Abt,»Grüßt mir den Stareț Mihai«, hatte er uns aufgetragen.

Wir erreichten das Dorf. Die Straßen waren sonntäglich sauber gefegt und leer. Die Bauern, Frauen, Männer und Kinder, standen vor der Kirche – der Gottesdienst war soeben zu Ende gegangen. Wir hielten in einiger Entfernung neben dem Dorfbrunnen mitten auf dem Platz an. Wir wollten trinken. Einige der Bauern blickten zu uns herüber, ein Alter nickte uns zu. Aus einer Frauengruppe, die gerade die Kirche verließ, löste sich die Gestalt einer ungefähr fünfzigjährigen Bäuerin mit schwarzem Kopftuch, schneeweißer langärmeliger Bluse und schwarzem Wollumhang über den Schultern. Sie überquerte den weiten, ungepflasterten Platz und blieb vor uns stehen, sie musterte uns der Reihe nach ohne Scheu, grüßte und fragte uns, ob wir nicht Lust hätten, »einen Topf kalte Büffelmilch«,»lapte de bivol«, auf der»prispă«, dem gedeckten Holzflur ihres Hauses, zu trinken.»Doamne Dumnezeule«, sagte sie,»Herrgott, ihr seid ja klitschenaß! Wenn eure Mütter euch so sähen …« Wir folgten der Frau bis zum nahe gelegenen, mit Fichtenholzschindeln gedeckten, hellblau gestrichenen Haus um die Ecke. Schon wenig später wuschen wir uns am überdachten Hofbrunnen, dessen Wasser wir in einem schweren, an einer Kette hängenden Daubenkübel aus dem tiefen Schacht hochkurbelten. Das Wasser war kalt, verriet die Nähe der Berge und erfrischte uns, so daß wir gutgelaunt unter dem Dach der»prispă« saßen, die kühle Milch tranken und die Fragen der Gastgeberin beantworteten.

Die hauchfeinen Lachfalten auf ihren Schläfen, das silbergraue Haar, das unter dem Kopftuch hervorquoll, und die schmalrückige Nase bestimmten ihr Gesicht auf einprägsame Art. Durch das offene Fenster der Hauswand, vor dem ich saß, blickte ich in den Wohnraum – an den Wänden hingen bunte gewebte Zierteppiche, in einer Ecke erkannte ich, auf gewelltes Glas gemalt, gerahmt, das Bild der Muttergottes mit dem Christuskind in den Armen; darunter brannte in einem metallenen Schälchen der Docht im Öl, das »ewige Licht«. Da erst erkannte ich auf dem weißgedeckten rechteckigen Tisch in der Zimmermitte ein Foto in einem ovalen Metallrahmen, das Brustbild eines Mannes in Offiziersuniform, dessen eigenartig zerdrückte Backenknochen und Nase mir auffielen. Während ich das Bild im dämmerigen Raum betrachtete, hörte ich im Hinterhof die Hühner gackern. Sie waren von der Frau gefüttert worden, als wir uns am Brunnen gewaschen hatten. Wir mußten ihr reihum unsere Namen nennen. Jedesmal nickte sie. Dann sagte sie: »Ich heiße Baranga, Ana Magdalena Baranga.« Es gäbe den Namen nur einmal im Dorf. Ihr Sohn wohne weit weg. In Bukarest. »E băiat bun«, sagte sie und lächelte, »er ist ein guter Junge«, der sie nicht vergesse. Er unterstütze sie. »Er heißt Laurenţiu Alexandru, aber ich nenne ihn nur Xandu ...« Wieder lächelte sie uns an. Das Lächeln machte ihr Gesicht mädchenhaft jung. Und wie gut wir rumänisch sprächen! Woher kämen wir denn, wo wollten wir hin? ... O Gott, aus Kronstadt! Und bis Vatra Dorna hinauf, in die Ostkarpaten, und in diesen schlimmen Zeiten! »Doch ihr Deutschen wart ja immer schon mutig, sagt mein Sohn.« Ja, auch ihr stehe ein Weg bevor, sie müsse bis zum Kloster unter den Bergen hinaufgehen, um den Mönchen einen »colac«, einen Zopfkuchen zu bringen. Seit dem Tod ihres seligen Mannes auf der Jagd versorgten die Mönche sie mit Brennholz für den Winter. Über dem brusthohen Bretterzaun war im Nachbarhof ein Mädchen mit vollen schwarzen Zöpfen unter dem Kopftuch zu sehen. »Vera«, rief unsere Gastgeberin, »komm doch herüber. Ich habe liebe Gäste.« Das Mädchen schüttelte den Kopf, lachte und lief fort. Ana Magdalena Baranga bekreuzigte zum Abschied sich und uns. Sie hatte dabei die Fröhlichkeit der Lachfalten um die Augen wie ein Licht.

Ich meinte, den aus der Kirche dringenden Duft erhitzten Weihrauchs, der auf dem Lehmboden des Kellers gekühlten Büffelmilch und der in Sonne und Bergluft gebleichten Bluse unserer Gastgeberin immer noch zu riechen, als wir eine halbe Stunde später die Asphaltstraße erreichten, das »Dumnezeu să vă binecuvânteze!«, »Gott segne euch!«, der Bäuerin im Ohr. Laurenţiu Alexandru Baranga, Ana Magdalena Baranga, dachte ich, wie schön das klingt.

Da sagte mir Blessi, daß auf meinem Gepäckträger »etwas nicht in Ordnung« sei. Im Stehenbleiben winkte ich den Freunden, weiterzufahren. »Wir suchen einen Platz für die Mittagsrast und warten«, rief Horst. Ich schob das Fahrrad auf die Wiese, stellte es auf den Kippständer und machte mich daran, die Zeltrolle fester zu binden. Im Hitzeflirren über dem Asphalt verschwanden die Gestalten der Freunde, zugleich erregte ein zweispänniger Pferdewagen meine Aufmerksamkeit, der ihnen begegnete. Er fuhr an ihnen vorbei, ohne daß sie ihn beachteten. Ich richtete mich auf und blickte ihm entgegen. Auf dem Wagen erkannte ich einen Bauern, Zügel und Peitsche in den Händen. Doch nicht er, die Gestalt neben ihm zog meinen Blick auf sich – ein Mensch von massigen Umrissen, der eine Kamilawka trug, die zylinderförmige Kopfbedeckung der orthodoxen Geistlichen. Eine Kutte hing ihm lotterig von den Schultern, ein Vollbart bedeckte seine Brust. Ein Mönch, dachte ich. Der Wagen war jetzt bei mir angekommen. Er fuhr an mir vorbei. Keiner der beiden, in deren Blickfeld ich stand, sah zu mir herüber. In ruhigem Trab von den Pferden gezogen, bog der Wagen auf die Landstraße ein, die wir vor Minuten verlassen hatten. Bevor er in der Sekunde darauf in der Staubwolke verschwand, die unter den Hufen und Rädern aufstieg und regungslos in der Luft zu verharren schien, wendete sich der Mönch um und machte mir mit erhobener Hand ein Zeichen. Das ist doch, dachte ich, das ist … Aber da wurde mir bewußt, daß sich Pferde und Wagen lautlos bewegt hatten. Ich stand, bis der Staub die Sicht wieder freigab. Weit und breit die Hitzewellen über Weg, Feldern und Ackerflächen, und obgleich mein Blick ungehindert bis zu den in dunkler Bläue aufgewellten Gebirgszügen ging und ich jeden Strauch, jeden Baum, jeden Telegraphenmast deutlich erkannte – vom Gespann mit den beiden Männern keine Spur … Ich starrte ins blendende Mittagslicht. Sekundenlang hatte ich den sicheren Eindruck, Wagen, Pferde und Männer im Himmel entschweben zu sehen. Ich kam aus dem Zustand der Benommenheit zu mir, band die Zeltrolle fest und folgte den Freunden.

Ich holte sie bei den ersten Pappeln ein, die dort eine Allee bildeten. Seltsam, sie schliefen alle im Schatten der hohen, dicht beieinander stehenden Bäume. Ins Gras gestreckt, lag Paul auf dem Rücken, er schnarchte leise.

Willi erwachte als erster. Mit einer schnellen Bewegung blickte er auf die Armbanduhr und fragte: »Wo warst du so lange?«

»Wieso lange?« fragte ich.

»Du warst länger als eine Stunde fort«, sagte Willi. Noch ehe ich etwas erwidern konnte, erwachten sie der Reihe nach, Paul als letzter. Der Hunger war größer als die Neugier. Wir aßen im leichten Luftzug, der von den nahen Bergen her eingesetzt hatte, das Pappellaub bewegte und uns das vielstimmige Gezirpe der Maulwurfsgrillen aus den Wiesen zutrug. Über uns rieben sich von Zeit zu Zeit die eiförmigen Pappelblätter raschelnd aneinander. Ich fragte Willi nicht mehr nach dem Grund seiner sonderbaren Zeitbestimmung.

Am späten Nachmittag verließen wir die Asphaltstraße nach rechts in Richtung des Altflusses, an dessen Ufer die Gemeinde Kerz lag, deren Abteiruine zu besuchen uns Onkel Oskar nahegelegt hatte. Wir fuhren an den buntbemalten Bauernhäusern des rumänischen Vorortes vorbei bis in die Ortsmitte mit den breiten, graugestrichenen Fassaden der Deutschen. Unerwartet ragten rechts die Turm- und Mauerreste der Abtei wie steinerne Schatten vor dem Himmel.

Nach einem kurzen Gespräch Willis mit dem jungen Pfarrer, der im Haus neben den verfallenden Quadermauern und -türmen wohnte, schlugen wir die Zelte am Rand des grün überwucherten Innenhofs der Abtei auf. »Drüben ist der Ziehbrunnen«, sagte der kleine Mann, der uns mit wachem, prüfendem Blick beobachtete, »ihr könnt gefahrlos ein Lagerfeuer anzünden.« Er lachte. »Hier gibt's nichts als altes Gestein.« Mit einem hintergründigen Schmunzeln, das sein Gesicht veränderte, fügte er hinzu: »Sofern einer nicht darüber ins Grübeln kommt, was für eine Botschaft uns die burgundischen Herren von Cîteaux aus anno domini zwölfhundert in den Steinen hinterließen.«

Über dem Zeltaufschlagen und Herrichten der Feuerstelle brach der Abend an. Horst und Blessi hatten im Halbdunkel unter den flußwärts stehenden Bäumen Trockenholz gesammelt. Paul hatte ein Feuer entzündet, das den Platz vor den Zelten hell beleuchtete. Er kniete vor den Flammen und legte Aststücke auf den brennenden Holzstoß. Horst stand breitbeinig hinter ihm und schaute ihm aufmerksam zu, wie er die kurzen Aststücke in den Flammen zurechtrückte.

Da traten zwei Gestalten lautlos aus dem Dunkel und blieben keine zehn Schritte hinter Horst stehen. »Du, Horst, da kommt wer«, sagte ich. Es waren zwei Bauernburschen etwa unseren Alters. Der eine sagte: »Guten Abend«, der andere nickte. Paul rief ihnen zum Gruß »Hej!« zu und fragte: »Und? Wer seid ihr?«

»Ich bin der Peter Lang«, sagte der größere, »und dies ist der Martin Wallner.«

»Guten Abend«, sagten jetzt auch Willi und ich. Willi schien ebenso erstaunt zu sein wie ich – der eine der beiden sah Paul ähnlich, er war aufgeschossen und hellhaarig.

Die Flammen schlugen jetzt hoch. Auf Horsts Gesicht spielten Lichter und Schatten. »In den letzten acht Tagen«, sagte er, unbewegt im Dunkel hinter Paul stehend und den beiden Ankömmlingen kurz über die Schulter zunickend, »in den letzten acht Tagen haben die deutschen U-Boote die Engländer um gut über hunderttausend Bruttoregistertonnen erleichtert.«

»Phantastisch!« rief Blessi.

Paul schob einen faustgroßen Glutballen, der über den Rand der Feuerstelle gerollt war, mit einem Stock in die Flammen zurück.

»Seit der Krieg vor einem Jahr begann«, sagte Horst, »sind es gut über achthunderttausend Tonnen …«

»Toll!« schrie Blessi.

»Was meint ihr«, fragte Willi, »sollen wir nicht abendessen?«

Blessi kniete sich vor seinen Rucksack, holte eine Konservendose hervor und versuchte einige Male vergeblich, sie zu öffnen. »Toll, Mensch!« rief er noch einmal und ließ die Hand mit der Dose sinken. Er ging zu Paul und fragte: »Kriegst du sie auf?«

Paul hatte sich ins Gras gesetzt, beobachtete das Feuer, legte den Schürstock neben sich und griff nach Dose und Öffner. Horst hatte sich nicht von der Stelle bewegt. Immer noch breitbeinig hinter Paul stehend, sah er den höher züngelnden Flammen zu. »Ob der Günther Prien mit seinem U 47 dabei war?« fragte er und hatte den unruhigen Flammenschein im Gesicht. »Mann, o Mann, hat der den Engländern in Scapa Flow eingeheizt …«

»Und wie!« schrie Blessi begeistert, »ich hab den Bericht aus der ›Berliner Illustrierten‹ ausgeschnitten.«

»Stellt euch das mal vor«, sagte Horst und blickte zu Paul hinab, der den Öffner angesetzt hatte, »der Prien ist zusammen mit den englischen Kriegsschiffen in den Hafen eingelaufen. Dann hat er gewartet, bis die sich schlafen gelegt haben. Und dann hat er die ›Royal Oak‹ torpediert, bis sie absoff. Total abgesoffen ist das Mordsding von einem Schlachtschiff im eigenen Hafen … Ha!« Er lachte auf.

»Und dann«, schrie Blessi, »dann hat er …«

»Und dann«, unterbrach ihn Horst, »dann hat er seelenruhig auf dem Meeresgrund gewartet, bis die verrückt gemachten Engländer nach allen Seiten aus Scapa Flow hinausjagten, um ihn im Atlantik zu suchen«, er lachte wieder, während Blessi in die Hände klatschte, »und hinter ihnen her ist er aus Scapa Flow raus und auf Nimmerwiedersehen verschwunden. Ein paar Stunden später war er in Wilhelmshaven … Verdammt«, rief Horst, »Mann, warum war ich nicht mit dabei?«

Wir hockten im Gras um das Feuer.

»Wollt ihr mitessen?« rief Willi den beiden Zaungästen zu.

»Nein«, sagte der Helle, »wir haben schon gegessen.«

Während wir Brot und Fischdose herumreichten, fragte Willi: »Was sagtest du – wann fährst du?«

Horst griff nach der Brotschnitte, die Paul ihm reichte, und sagte: »Die Ausbildung beginnt Ende September.«

»Wo?«

»In der Marineschule Flensburg-Mürwik.«

»Wo ist das?« fragte Paul.

»In Norddeutschland, nahe der dänischen Grenze.«

»Wolltest du nicht schon früher fahren?«

»Doch«, sagte Horst, »aber mein Vater besteht darauf, daß ich Rumänien ›mit ordentlichen Papieren‹ verlasse. So mußte ich erst hier die Akten besorgen, jetzt warte ich auf die deutsche Antwort.«

»Wie lange dauert die Ausbildung?« fragte ich. »Weiß ich nicht genau«, sagte Horst, »Blessi, gib mir mal die Dose – danke … Mann«, sagte er, »ich kann's kaum erwarten. Wir können doch nicht hier herumsitzen und tun, als ginge uns das nichts an. Die Franzosen und Engländer fallen über die Deutschen her, und wir …«

»Nein!« rief Blessi, »meinst du nicht auch, Willi?«

Willi wischte sich die Hände an einer Papierserviette ab, die er danach ins Feuer warf, er schluckte einen letzten Bissen hinunter und fragte: »Wie alt bist du, Blessi?«

»Ich bin sechzehn geworden.«

»Dann braucht dich noch keiner«, sagte er, nahm Pauls Schürstock und schubste ein brennendes Holzstück, das ihm vor die Füße geglitten war, ins Feuer zurück.

111

»Aber dich brauchen sie«, sagte Blessi, »wirst du gehen? Du bist achtzehn.«

»Ich warte, bis sie mich holen.«

»Und?« fragte Blessi. Willi sah ihm kurz in die Augen, ehe er in seiner zurückhaltenden Art sagte: »Natürlich werde ich gehen.«

»Wer soll dich denn holen?« fragte Paul. Willi antwortete erst, nachdem er den Apfel gegessen hatte. Das Prasseln des Feuers war zu hören. Er sagte: »Deutschland.«

Ich blickte den Flammen nach, die stürmisch himmelwärts züngelten und im Scheitelpunkt des Aufloderns jäh erloschen, als hätte es sie niemals gegeben – und ich war heute zum zweiten Mal verwirrt. Nein, ich hatte mir meinen um drei Jahre älteren Freund Willi Kurzell noch niemals anders vorstellen können als mit Geige und Bogen in den Händen, vor dem Notenpult beim Spielen einer Bach-Sonate oder einer Paganini-Caprice, sooft er Vaters Urteil hören wollte oder auf dem Konzertpodium stand. Ich fragte etwas ratlos: »Läßt du dann das Geigen?«

Willi blickte immer noch in die Flammen. »Es geht um mehr«, sagte er.

Wir schwiegen eine Zeitlang. Horst wandte sich halb um. »He!« rief er ins Dunkel, wo die beiden Bauernjungen standen, »und ihr? Werdet ihr in den Krieg ziehen?«

Wir blickten alle zu den beiden hinüber. Der Hochgewachsene mit dem geraden Blick strich sich mit einer knappen Bewegung die hellblonden Haare aus der Stirn, sah Horst an und sagte: »Mein Vater sagt, der Hitler soll froh sein, daß er ein Loch im Arsch hat, und die Welt in Ruhe lassen ... Ich geh in keinen Krieg. Ihr könnt ja gehen.«

Er wandte sich um und verschwand im Dunkel; der Kleinere folgte ihm.

»Habt ihr das gehört?« schrie Blessi und sprang auf.

»Jeder wie er kann«, sagte Horst lachend.

»Ich gehe zum Fluß«, sagte ich.

»Ist es nicht schon zu dunkel?« fragte Willi.

»Ich gehe mit«, riefen Horst und Paul gleichzeitig.

Willi nickte. »Ich bleibe beim Feuer.« Auch Blessi wollte dableiben.

Es war nicht weit bis zum Fluß. Wir ließen die letzten Häuser hinter uns und gingen auf einem Feldweg durchs Dunkel. Es roch nach Staub,

Gräsern und Sumpfkräutern. Die Sterne leuchteten hier heller als über dem Lagerfeuer, auch der Mond war klar zu erkennen. Paul stolperte, faßte sich an den Fußknöchel und brummte etwas. Es geht um mehr, hatte Willi gesagt, es geht um mehr … Neben mir schritt Horst lang aus. Seit ich Willi kenne, übt er in jeder freien Minute Violine, was ihn dabei stört, nennt er »verlorene Lebenszeit«. Ihn zum Mitmachen bei unserer Fahrt zu bewegen, hatte mich Mühe gekostet. Und nun gibt es etwas, das er über seine Geige stellt. Er will doch im Herbst in Bukarest mit dem Musikstudium beginnen, dachte ich, Vater hat mir gesagt, daß sein Vorspiel die Professoren des Konservatoriums beeindruckt habe.

Noch ehe wir den Fluß erreichten, spürten wir seine Nähe. Dann hörten wir ihn. Ein großes Lebewesen, das sich in der Nacht vor uns bewegte und laut atmete. Unerwartet schnell standen wir am Wasser. Es schimmerte matt und unruhig. Von den langen Gewitterregen der letzten Woche angeschwollen, lag der Spiegel hoch, wie an den bis zur Hälfte überschwemmten Uferbüschen zu erkennen war; in breitem Auslauf verlor sich der Feldweg in ihm. Die Spuren in der nassen Erde zeigten, daß Pferde und Rinder an dieser Stelle zur Tränke gebracht wurden.

Als ich mich umwandte, um nach Paul zu sehen, der uns hinkend folgte, erkannte ich unter der halben Scheibe des zunehmenden Monds im Süden die dunklen Umrisse der Südkarpaten – sie waren vor dem helleren Nachthimmel deutlich zu sehen. »Dort irgendwo«, sagte Horst und zeigte auf die Berge, »dort oben war ich vor einem Monat. Vom Moldovan-Gipfel sah ich den Alt…« Erst jetzt entdeckten wir ein Stück flußaufwärts hinter dem schwarzen Ufergehölz die Fähre. Wir warteten auf Paul und gingen die letzten Schritte. Die Fähre schaukelte unter dem Stahlkabel, das sich in der Lichtlosigkeit über dem Fluß verlor. An den klobigen Planken schmatzte das Wasser. Die beiden Hanfseile, an denen das für Bauernwagen, Tiere und Menschen bestimmte Fährboot hing, waren um baumstammdicke Pfähle geschlungen, die im Ufer steckten. Horst stand als erster auf der Plattform. »Vertäut heißt das«, bemerkte er, als Paul etwas von »angebunden« sagte. Als ich die Hand auf eins der Seile legte, um mich hinter Paul hinaufzuschwingen, spürte ich das Zittern und Reißen an ihm.

Von hier oben sah der Fluß breiter aus, als wir ihn uns vorgestellt hatten, und das Wasser wirkte ungestümer, wie wir jetzt dicht darüber standen. »Verrückter Fluß«, sagte Horst neben mir und lachte, »er kommt aus den Ostkarpaten und rennt geradewegs auf die zweitausendfünfhundert Meter hohen Südkarpaten zu«, er schüttelte den Kopf, »und er schafft es, Mann, er schafft es – er rennt mitten durch sie hindurch! Warst du mal im Roten-Turm-Paß?« fragte er mich, »Mann«, rief er noch einmal lachend, »der rennt dort wirklich geradewegs auf die Berge zu und haut sie auseinander ...«

Und ehe Paul und ich begriffen hatten, was vorging, hatte Horst die Kleider abgestreift. Ich sah es erst, als er das Hemd über den Kopf zog und hinter sich warf. Mit einem Startsprung flog er nach drei Schritten Anlauf durchs Dunkel in die Flußmitte hinaus. Wir hörten das Aufschlagen des gestreckten Körpers. Dann war er nicht mehr zu sehen. Es war still. Nur die Schmatzlaute unter uns und das leise Ächzen der Bohlen beim Anprall des schnellen Wassers waren zu hören. Vergebens hielten wir Ausschau. Horst blieb verschwunden.

Paul sah mich an. »Dein Vetter spinnt wieder einmal«, sagte er.

»Ob wir ihm mit den Kleidern flußabwärts nachlaufen?« fragte ich.

Doch Paul setzte sich auf die Bohlen, ließ die Füße übers nahe Wasser baumeln und machte eine verneinende Handbewegung. »Kennst du ihn denn nicht? Der taucht an der unmöglichsten Stelle auf.«

Ich hockte mich neben Paul, wir blickten auf das Wasser und warteten; ich war unruhig und angespannt. Der Fluß keuchte, ich ahnte, welche Kraft in ihm steckte. Pausenlos drang das hastige, gierige Schmatzen und Schnalzen an den Planken der Fähre zu uns herauf. Da wir flußabwärts blickten, hatten wir den Mond jetzt links von uns. Im Dorf schlug ein Hund an. Es muß ein großes Tier sein, dachte ich, das Gebelfer klingt hohl. Die Antwort zweier kleinerer Köter klang wie Kinderhusten. Paul rieb sich mit beiden Händen den Fußknöchel. »Wenn ich in dies Wasser falle«, sagte er, »bin ich erledigt, ich kann kaum richtig schwimmen.« Er schüttelte den Kopf. »Würdest du da reinspringen?«

Ich überlegte und antwortete: »Ja. Aber nicht jetzt.«

»Ich verstehe«, sagte Paul. Er schien meine Unruhe nicht zu teilen.

Doch gerade, als ich sagen wollte, daß Horst längst irgendwo flußabwärts aufgetaucht sei, fuhren wir von einem klatschenden Schlag hinter uns herum – über die Randbohle der Fähre hatte sich Horst aus dem Wasser emporgestemmt. Sein nasser Oberkörper schimmerte im

Mondlicht wie ein heller Steinblock. Horst schnaufte und lachte so laut, daß der Widerhall davon über die Wasserfläche sprang. Er stand auf der Plattform, pustete und schüttelte sich die Nässe aus den Haaren. »He, ihr!« schrie er lachend, »so einer wie der Kapitänleutnant Günther Prien will ich werden ... Habt ihr das gehört? Wie? Genau so einer wie der Prien, jawohl ... Ich kann's kaum erwarten. Versteht ihr das?« Triefend stand er im Mondlicht vor uns. »Mann«, sagte er, atmete schwer und bückte sich nach den Kleidern, »war das ein Stück Arbeit ... Dort unten ist der verrückte Fluß verdammt schnell.« Er streifte das Hemd über, stieg in die Hosen und zog die Schuhe an.

Paul sah mich an und sagte: »Hatte ich nicht recht?« Er fragte: »Bist du unter der Fähre durchgetaucht?«

»Na, wenn schon«, rief Horst.

Wir warteten, bis er sich das Wasser aus den Haaren gepreßt hatte. Dann sprangen wir von der Fähre ans Ufer. Ich ging hinter Horst durchs Gras. In seinen Haaren war der wilde Geruch des Wassers haften geblieben.

Der Zeltplatz im großen Abteihof lag leer vor uns. Vom Lagerfeuer war nur die Glut übriggeblieben. Als wir etwas unschlüssig davor standen und Horst fragte: »Wo stecken die?«, hörten wir aus der am Rand der Turm- und Mauerreste stehenden Kirche Musik. »Das ist Willi«, sagte Paul sofort, »gehen wir hin.« Bei jedem Schritt, mit dem wir uns dem Kircheneingang näherten, erreichte uns der Ton der Geige deutlicher. »Und wer sitzt an der Orgel?« fragte ich. Das Portal war weit geöffnet. »O ja«, sagte Horst, »auch die Orgel ist zu hören.« Wir traten ein.

Bis auf ein ungewisses und verschwommenes Licht war es im Kircheninnern dunkel. Nur der Altar, ein Fenster, ein Stück der Kanzel und einige der Holzbänke waren zu sehen. Wir gingen auf Zehenspitzen zwischen den Bankreihen nach vorne. Horst hob kurz die Hand. »Dort«, sagte er leise, »dort geht's zur Orgel.« Während wir an den nach uraltem Steinstaub riechenden Wänden entlanggingen, hörten wir die Musik immer deutlicher. Da ich als erster auf den Dielenboden hinaustrat, erkannte ich auch als erster im Licht der rechts und links des Manuals brennenden weißen Kerzen den Orgelspieler – es war der junge Pfarrer, der uns den Lager- und Feuerplatz unter der hohen Abteimauer gezeigt und dazu gesagt hatte: »Dies war einmal die Westfront des Kapitelgebäudes.« Ins Spiel vertieft, war er auf der Bank nach vorne gerückt, um im Kerzenlicht die Noten besser lesen zu können. Er bemerkte uns nicht, obgleich wir schrittweit neben ihm standen. Mir fiel auf, daß er einen knolligen Kopf mit stark gewölbter Stirn unter dem hellbraunen Kraushaar hatte. Seitlich hinter ihm stand Willi, den Rücken uns zugekehrt. Seine Gestalt ragte ins verdämmernde Licht hinaus. Wie er sich beim Geigen vor- und seitwärts bog, erinnerten mich seine roten Haare an die Glut vor den Zelten. Auf dem losen Umschlagblatt, das neben dem Pfarrer auf der Bank lag, las ich: »Johann Sebastian Bach. Sonate G-Dur für Violine und Continuo.«

Paul stieß mich an und zeigte ins Dunkel neben dem Pedalturm. Dort stand Blessi auf einer Holzbank, er stieg abwechselnd bald auf den linken, bald auf den rechten der beiden leise knarrenden Tretbalken des Blasebalgs. Es strengte ihn an. Paul schob ihn langsam von der Bank, indem er sich auf den emporsteigenden Balken schwang. Die Orgel erklang um eine Nuance lauter. Der Pfarrer blickte auf und lächelte. Dann bewegten wir uns nicht mehr bis zum letzten Akkord. Die eine der beiden dickleibigen Kerzen hatte zu brennen aufgehört.

Nachdem uns der Pfarrer bei den Zelten eine »friedvolle Nacht« gewünscht hatte, fragte er gutgelaunt, ob wir nicht noch einen Tag bleiben wollten. Mit dem Hinweis auf unseren ausgetüftelten Fahrplan dankte Willi für die Einladung und lehnte ab. »Gott mit euch«, sagte der Pfarrer. Er hatte das Lachen in den Augen, auf das von Zeit zu Zeit ein Schatten zu fallen schien, was seinen Blick für kurze Zeit abgründig erscheinen ließ. Wir sahen die Gestalt des kleinen, seltsamen Mannes mit dem großen Kopf ins Dunkel tauchen.

Es war kühl geworden. Unterwegs zum Zelt schob Paul mit dem Fuß Erde und Sand auf die Glut, bis sie nicht mehr zu sehen war. Ich kroch in meinen Schlafsack zwischen Willi und Paul; im Zelt nebenan schliefen Horst und Blessi. Lange Zeit hörte ich nichts als unseren Atem.

»Schläfst du?« fragte Willi leise.

»Nein.«

Ich sah durch den Spalt des halb geöffneten Zelteingangs hinter einem Fenster des Pfarrhauses das Licht angehen, auf dem Vorhang erkannte ich den Schatten des Pfarrers. »Er ist Schriftsteller«, sagte Willi. »Er schenkte mir seinen Roman ›Wind über dem Fluß‹. Er erzählte mir vergnügt, daß er sich hier ›wie ein mittelalterlicher Abt‹ fühlt, ›den die Oberen des burgundischen Generalvikariats in diesen herrlichen Erdenwinkel entsandten und ihn gottlob hier vergaßen‹, sagte er, ›hier, wo ich an jedem Morgen die Gebirgskette der Südkarpaten wie Gottes aufgeschlagenes Bilderbuch vor mir sehe‹ … Er sagte, es sei einer der besten Einfälle der weißen Zisterziensermönche gewesen, ›anno 1202 diese Abtei Beatae Mariae Virginis de Kercz de Candelis zu bauen, damit ich einst hier Pfarrer werde, sie waren gut inspiriert‹ … Er lacht gerne. Du, Peter«, sagte Willi, »er hat einige tausend Bücher.« Wir lagen eine Zeitlang stumm. Ich sah den Schatten des Pfarrers.

Dann fragte ich:»Wie meinst du das mit Deutschland – daß es mehr ist als deine Geige?«

Vor dem Zelt begann eine Grille zu zirpen. Wir hörten ihr zu. Die Flußgerüche drangen bis zu uns ins Zelt. Willi sagte: »Wieso verstehst ausgerechnet du das nicht? … Deutschland – das ist Johann Sebastian Bach und Georg Friedrich Händel, Mozart und Beethoven. Was denn sonst könnte es sein? Ist das nicht mehr als alles auf der Welt? … Damit es erhalten bleibt, werde auch ich in den Krieg ziehen. Kann der Krieg einen anderen Sinn haben?«

Wir hörten dem Grillengezirpe zu, das lauter und unbeschwerter geworden war. Paul schlief längst. Auch Horst und Blessi hatten zu sprechen aufgehört.

»Aber du warst noch niemals in Deutschland«, sagte ich.

»Man muß nicht dort gewesen sein, um es zu wissen. Es gibt die Musik, es gibt die Bücher …« Nach einer Pause sagte ich: »Willi, ich habe den Mönch gesehen. Den Vater Evghenie von der Peştera-Höhle unter dem Butschetsch. Du kennst ihn. Auf dem Pferdewagen, der uns in der Pappelallee entgegenkam … Glaubst du es mir?«

»Was für ein Pferdewagen?« fragte Willi.

»Ich weiß, daß du den Wagen nicht gesehen hast«, sagte ich.

Willi atmete tief ein und aus. »Sprich weiter«, sagte er.

»Ich bin dem Pferdewagen nachgefahren. Ich war im Kloster unter dem Gebirge und habe in der Vormittagsmesse einen Mönch nach ihm gefragt. Aber dort hat ihn keiner gesehen – auch nicht der Stareţ Mihai, den ich von Onkel Oskar grüßte … Trotzdem war es so, wie ich's dir sage: Vater Evghenie saß auf dem Pferdewagen und hat mir zugewinkt. Warum dann wäre ich sonst bis zum Kloster hinaufgefahren?«

»Du warst in der Klosterkirche?« fragte Willi ungläubig.

»Ja«, antwortete ich, »sie ist klein, innen bunt und mit Bildern voll behängt. Anders als unsere Kirchen, die nur aus Steinen bestehen. Warst du mal in einer orthodoxen Kirche?«

»Ja.«

»Über der Königstür hängt die Ikone mit dem Drachentöter. Das ist die Tür, die mitten durch die Bilderwand zum Altar führt. Ich weiß das von Vater Evghenie. An der Ikone ist eine Menge Gold dran, Blattgold … Ist dir einmal aufgefallen, daß der Drache auf keiner der Ikonen tot ist? Auf keiner.«

»Wie du's jetzt sagst – ja. Du hast recht, er wird niemals tot dargestellt. Eigenartig …«

»Kennst du das Kloster?«»Nein, ich war noch niemals dort. Doch ich habe darüber gelesen. Sein Gründer war ein Herrscher. Fürst der Walachei. Constantin Brâncoveanu. Das Kloster trägt seinen Namen. Der deutsche Kaiser erhob ihn in den Reichsfürstenstand als Dank für seinen Widerstand gegen die vordringenden Türken. Dafür enthaupteten ihn die Türken 1714 – das war im Jahr, als Händel die ›Wassermusik‹ schrieb. Bevor sie ihn in Konstantinopel zum Richtblock führten, mußte er auf Befehl des Sultans zuschauen, wie seine fünf Söhne und Schwiegersöhne der Reihe nach geköpft wurden. Er soll mit unbewegtem Gesicht zugeschaut und, als er vor dem Henker stand, gesagt haben: Bei den Christen sei es Brauch, dem Todgeweihten einen letzten Wunsch zu erfüllen. Der Janitscharen-Aga, der die Exekution leitete, gewährte ihm den Wunsch. Er bitte den Sultan, soll der Fürst über die Köpfe der Menge hinweg gerufen haben, den Königen des Abendlandes seine Botschaft zu bestellen. Sie laute: ›So wie ich heute vor den Köpfen meiner teuren Söhne und bald vor dem eigenen Kopf stehe, so werden dermaleinst Europas Herrscher vor den Heiden im Staub liegen, wenn sie nicht rechtzeitig erwachen und sich erinnern, was sie ihren Ländern schulden. Und dann wird man ihnen die Frage nach dem Sinn der Opfer stellen, die Jahrhunderte lang von ihren Völkern im Abwehrkampf gebracht wurden, und Gott wird sie am Tag des Jüngsten Gerichts zur Rechenschaft ziehen …‹ Der Fürst«, sagte Willi, »war ein geistreicher und weitblickender Mann … Jedes Mal, wenn sich der Hinrichtungstag jährt, sollen im Klosterturm die Glocken weinen. Die Mönche verbringen die Nacht im Gebet für die Seele des Fürsten und seiner Söhne. Seine Botschaft soll Europas Herrscher nie erreicht haben.«

Nach einer Pause fragte ich:»Glaubst du's mir, Willi, daß mir Vater Evghenie gewinkt hat? ... Nein, du sollst mir nichts erklären. Du sollst nur sagen, ob du's mir glaubst, auch wenn du ihn nicht gesehen hast.«

»Ich weiß, daß du Dinge siehst, die sonst keiner sieht«, sagte Willi, »ich glaube es dir.« Danach sagte er in verändertem Ton:»Du, Peter, heute früh, am Ende des Wehrmachtsberichts im Rundfunk, da gab es noch die Meldung, daß die Engländer Bomben auf deutsche Städte abgeworfen haben. Kannst du dir vorstellen, was da so vor sich geht? Ich meine unten, wo die Bomben hinfallen?« Noch ehe ich antworten konnte, gähnte er und sagte:»Ach ja, der Pfarrer«, er gähnte noch einmal,»der Pfarrer heißt Renbrik, Michael Renbrik. Er hat einen lustigen Knollenkopf ... Gute Nacht, Peter, ich bin müde.«

Der goldfarbene Ikonenreiter über den bärtigen Betergesichtern, der dem Drachen die Lanze in den Leib wuchtet. Der im Feuerwagen des Propheten Elias gen Himmel fahrende Mönch Evghenie. Der beim Klang der Orgel und der Geige immer höher wachsende Raum der Abteikirche. Das Surren der Reifen unserer Fahrräder bergauf und bergab durch die Wald- und Hügellandschaften. Der kunstliebende Fürst der Walachei und seine stolzen Söhne und Schwiegersöhne in Konstantinopel unter dem Breitbeil des Henkers mit der Mondsichel auf dem roten Turban. Die beiden abendlichen Besucher, die am Rand des Flammenscheins stehen und uns beobachten. Der bald aufglimmende, bald durchdunkelte Blick des jungen Pfarrers.»Er heißt Michael Renbrik«, hatte Willi vor dem Einschlafen gesagt ... Irgendwo auf dem Grund dieser Bilder schlief ich im Grillengezirpe ein.

Ich weiß nicht mehr, wovon ich einige Stunden später erwachte. Das Geräusch, das mich, wie mir schien, seit langem erreichte, mir aber jetzt erst bewußt wurde, konnte es kaum gewesen sein; dazu war es zu leise. Es verging eine Minute, ehe ich begriff, daß ich zwei Männerstimmen hörte. Ich hätte mich jetzt auf die andere Seite drehen und weiterschlafen können. Ich tat es nicht. Ich war mit einem Mal hellwach. Ich kroch aus dem Schlafsack und aus dem Zelt. Willi und Paul atmeten tief und im gleichen Rhythmus.

Der kühle Nachthauch streifte mein vom Schlafen heißes Gesicht. Von den nahen Südkarpaten her war ein leichter Wind aufgekommen. Er trug mir von der Straßenseite der Abteiruine die beiden leisen Männerstimmen zu. Ich hörte ein Klirren, als würde ein metallener Gegenstand, ein Gerät ausgeladen werden. Schritte. Eine Tür fiel ins Schloß. Dann war es still.

Ich ging barfuß um die von Blendfenstern und -bögen durchbrochenen Klostermauern herum, ohne zu wissen, warum ich es tat. Hinter einem Fenster des Pfarrhauses wurde es hell. Es war das Fenster, das ich aus dem Zelt gesehen hatte. Wieder erkannte ich die Gestalt des Pfarrers hinter dem Vorhang – auch ein zweiter Mann war im Zimmer. Beim harten Schlag der Turmuhr über mir fuhr ich zusammen. Es war drei Uhr. Ich betrat den Kiesweg, der zur Straße führte.

Vor der Toreinfahrt des Pfarrhauses stand ein Wagen. Er war in die tiefe Einbuchtung der Zufahrt gefahren worden, so als sollte er nicht gesehen werden. Das Tor blieb geschlossen, dachte ich, weil es knarrt. Als wir die Fahrräder auf den Abteihof geschoben hatten, war mir das aufgefallen. Am Geruch erkannte ich, daß der Motor warm war – der Wagen mußte soeben eingetroffen sein. Der kleine Pfarrer mit dem Knollenkopf und dem Namen Michael Renbrik hat Besuch, es muß ein Freund sein, dachte ich, nur gute Freunde besuchen sich zu so ungewohnter Stunde. Da die Straßenlaterne hinter dem hohen Lindenbaum an der Ecke stand, war es hier finster. Ich ging um den Wagen herum. Ich legte die Hand auf die Motorhaube. Sie war fast heiß. Als ich mit den Fingern über sie strich, dachte ich: Aha, sie hat einen Kratzer – einen langen Kratzer ... Es war eine schwarze Kabrio-Limousine der Marke Opel, ein Kadett. Ich bückte mich – der Wagen trug ein Schild mit Bukarester Nummer.

Meine Füße waren naß und kalt, als ich wieder beim Zelt eintraf. Ich rieb sie mit dem Handtuch ab, das ich am Abend auf den Rucksack gelegt hatte, und kroch in den Schlafsack.

Das Licht der aufgehenden Sonne im Rücken, fuhren wir am Morgen weiter. Noch ehe das Dorf am Fuß der grauen Abteiruine erwachte, hatten wir die Asphaltstraße erreicht. Auch jetzt ragten links von uns im Süden die Höhenzüge der Karpaten – wie zerbrochene grünblaue Glasplatten, die einer gegen den Himmel gelehnt hat. Den Altfluß sahen wir erst eine Stunde später wieder – dort, wo er, in jähem Knick südwärts in den Roten-Turm-Paß einschwenkend, »geradewegs auf die Berge zurennt«, wie Horst gesagt hatte. »Da gibt es neben der Flußbrücke Wiesen. Wollen wir dort frühstücken?« hatte er vorgeschlagen.

»Wir fahren ein Stück in den Paß hinein – bis zum Roten Turm«, hatte Willi geantwortet.

Als wir auf der langen Eisenbrücke ankamen, hatte die Sonne schon so viel Kraft, daß wir schwitzten. Wir lehnten die Räder ans Brückengeländer und blickten auf den Fluß hinab. Das fünfzehn Meter unter uns brodelnde Wasser sah aus, als hätte die Nähe der Berge es in Erregung versetzt. Blessi, der links neben mir stand und sich vorgebeugt hatte, sagte: »Ins fließende Wasser kann man ohne Ende schauen.«

Nach einiger Zeit sagte ich: »Heute nacht hatte der Pfarrer Besuch.«

»Es ist wie mit der Musik«, sagte Willi, »auch sie hat nie ein Ende.«

»O ja«, rief Blessi, »und wie mit dem Feuer. Man kann stundenlang ins Feuer schauen und wird nicht müde davon.«

»Und wer war das?« fragte mich Horst.

»Im Wasser kann einer ertrinken«, sagte Paul langsam, »und im Feuer verbrennen.«

»Es war jemand mit einem schwarzen Opel«, sagte ich zu Horst.

»In der Musik kann man alles vergessen und alles finden«, sagte Willi.

»He«, rief Horst, »da fällt mir gerade ein, daß ich mich heute noch gar nicht gewaschen habe.«

»Als wir in der Früh losfuhren«, sagte ich, »war der Wagen nicht mehr da. Es war ein schwarzes Kabrio, ein Opel, mit einem Kratzer auf der Motorhaube.«

Horst stand einige Meter entfernt rechts von mir, er hatte einen Fuß auf eine der Querstangen gehoben, er streckte sich mit ausgebreiteten Armen aus dem Kreuz. Als ich wieder zu ihm hinblickte, erschrak ich – er stand splitternackt auf der breiten Tragstange des Brückengeländers. Die Sonnenstrahlen trafen ihn halb von der Seite, halb von hinten. Auf einmal leuchtete sein Körper, als wäre er aus hellem Feuerstein. Wie gestern abend, dachte ich, und jetzt stellt er wieder was an.

»Horst!« rief Blessi.

»Hej, was hast du vor?« sagte Paul.

»Ach was«, rief Horst, »so ein kleiner Opel Kadett«, und sprang mit einer angehechteten Schwalbe auflachend in die Tiefe. Sein Körper blitzte, ein Pfeil, der dem Ziel entgegenschwirrt. Dann verschwand er unter uns in den Strudeln des aufspritzenden Flußwassers …

»Wie bremst man so einen?« hörte ich Pauls Stimme.

Er hat einen Kratzer auf der Motorhaube, überlegte ich und starrte hinunter, wo Horst jetzt wieder zu sehen war.

»Mensch, Pauli, was treibst du?« fragte ich Paul, der begonnen hatte, sich das Hemd über den Kopf zu ziehen.

»Na ja«, sagte Paul ruhig, »auch ich habe heute noch keine Morgenwäsche gemacht ...« Er streifte die Hose ab und legte sie neben das Hemd auf eine Stange des Eisengeländers. Dann zog er die Schuhe aus, stellte sie darunter und schob sie umständlich zurecht.

»Du bist verrückt«, rief ich, »Paul, du kannst doch gar nicht richtig schwimmen.«

»Mensch, Paul«, sagte auch Blessi erschrocken, »tu das nicht.«

Doch da war Paul schon übers Geländer gesprungen. Nein, Horsts elegant angehechtete Schwalbe konnte er nicht springen, er hatte mit seitwärts angehockten Beinen über die oberste Eisenstange gesetzt und flog mit heftig rudernden Armen wie von aller Schwere befreit hinab. »Horst«, schrie ich, »Horst, du mußt ihm helfen! Er kann kaum schwimmen, er kann sich gerade noch über Wasser halten.« Mit wenigen Schwimmzügen war Horst bei dem aus dem Wasser Auftauchenden. Schreiend, pustend, lachend erreichten sie das Grasufer. »Du, Peter«, sagte Willi neben mir, »ich habe heute morgen gesehen, daß du dich gewaschen hast ... Du bleibst jetzt, bitte, hier oben. Ist das klar?«

Wir fuhren hinter- und nebeneinander in den Paß hinein, der den Namen des Turms trug, unter dem wir frühstücken wollten. Paul rief durch den Fahrtwind: »Hej, weiß einer, warum er Roter Turm heißt?«

Wie immer bei ungewöhnlichen Fragen, gab auch diesmal Willi Auskunft. »Durch den Paß«, rief er über die Schulter dem hinter ihm fahrenden Paul zu, »hier, die Straße herauf, die wir jetzt hinunterfahren, am rechten Flußufer, waren die Türken eingefallen – wieder einmal. Die trieben damals bis diesseits der Karpaten, was ihnen beliebte. Überleg mal, Konstantinopel ist von hier nur fünfhundert Kilometer entfernt ...«

»Wie?« rief Paul, »ich verstehe nicht.«

»Na ja«, antwortete Willi, »eine ganze Janitscharenarmee war gekommen, die wollten immer schon nach Europa herein ... Das Land brannte rings um Hermannstadt. Sie belagerten die Stadt. Was auf den Dörfern nicht niet- und nagelfest war, ließen sie mitgehen. Alles andere verwüsteten sie. Häuser, Scheunen, Ställe und Kirchen zündeten sie an und erschlugen die Alten. Schmuck, Nahrungsmittel, Geld, Tiere, die jungen Frauen und die Kinder nahmen sie mit.«

»Wann war das?« schrie Blessi, der neben mir fuhr, mit rotem Kopf.

»Vierzehndreiundneunzig ... Christoph Kolumbus bereitete sich gerade für die zweite Fahrt über den Atlantik vor.«

»Und?« rief Paul von hinten, »was weiter?«

»Ihr Anführer hieß Ali Beg, der war so etwas wie ein General.«

»Ali«, Horst lachte vom Straßenrand herüber, »Ali ... Wie denn sonst?«

»Erzähl weiter, Willi!« drängte Paul.

»Die Stadt konnten sie nicht einnehmen«, sagte Willi laut, »aber in der Umgebung klauten sie Tausende von Frauen und Kindern. Als sie mit denen dann wieder durch den Paß nach Süden wollten, packte sie das siebenbürgische Heer von allen Seiten. Von vorn und hinten, von den Bergen rechts und links ... Ein Neununddreißigjähriger hatte sich das ausgedacht. Hermannstadts Bürgermeister Georg Hecht. Er hatte die Türken durchs Land ziehen lassen und sich unterdessen hier mit dem Heer auf die Lauer gelegt und gewartet ...«

»Ja, und was dann?« schrie Paul wieder.

»Wen sie nicht erschlugen«, fuhr Willi fort, »der ersoff im Fluß. Nicht nur im Paß, auch in der Tiefebene unten bis zur Mündung in die Donau soll das Flußwasser rot gewesen sein. Tagelang. Vom Janitscharenblut. Ungefähr fünfzehn- bis zwanzigtausend von ihnen wurden erschlagen. Man weiß es nicht genau. Eine ganze Armee eben ... Den Papst erfreute die Nachricht so sehr, daß er sie vor dem Kardinalkollegium verlas, ein Fest feierte und den Siebenbürgern einen Dankbrief schrieb.«

»Toll!« schrie Blessi begeistert.

»Aber warum, verdammt, heißt der Turm ›der Rote‹?« rief Paul und fuhr näher an Willi heran.

»Die Sieger der Schlacht«, erklärte ihm Willi. »die ihre Frauen und Kinder befreit hatten, zwangen in ihrer Wut die Gefangenen, die sie am Leben gelassen hatten, sich gegenseitig die Köpfe abzuschlagen. Mit den Köpfen mußten sie den Turm so lange bemalen, bis er von oben bis unten blutrot war ... Im übrigen«, sagte Willi, der jetzt freihändig fuhr und sich aufgerichtet hatte, »war den Türken bei der Belagerung ein angesehener Bürger durch den Verrat eines Landsmannes in die Hände gefallen, unter den Augen der Hermannstädter hatten sie ihn zu Tode gequält und seinen Kopf den Hunden zum Fraß überlassen. Das hatte die erst recht in Wut versetzt.«

»Haben sie den Verräter gekriegt?« rief Horst und wich einem Schlagloch aus.

»Sie haben ihn ausgepeitscht, in einen Stadtturm geworfen und dort verhungern lassen.«

»Bravo!« rief Horst.

»Seht«, Willi zeigte in die Paßenge hinein, »dort, der Rote Turm, vorne links.«

»Was zum Teufel hatten die hier zu suchen?« schrie Paul aufgebracht.

In dem von Süden wehenden warmen Paßwind standen wir unter dem Turm. Das letzte Bauwerk der einst mächtigen, den fünfzig Kilometer langen Paß abriegelnden Befestigung reckte sich auf dem Wiesenhang zwischen Fluß und Straße empor. Der Höhe nach halbiert, so daß wir in sein zerklüftetes Innere blickten, geköpft, von Rissen und Sprüngen wie von Narben überzogen, glich der ehemals runde Steinkoloß einem Riesen, dem böse mitgespielt worden, der aber seinem Wächteramt treu geblieben war und immer noch am Ort seiner einstigen Aufgabe ausharrte. Von den Bergflanken strichen die Aromen des Mischwaldes, und ich meinte, die Quadersteine des Turms zu riechen, die sich in der Sonne erwärmten. Plötzlich hatte ich das Gefühl, der Turm teilte uns etwas von seiner Einsamkeit mit – ein alter Erzähler, der nach langer Zeit wieder Zuhörer gefunden hat.

Ehe wir aßen, schwammen wir. Es war aufregend, wie uns Gegen- und Unterströmungen erfaßten, bald nach links, bald nach rechts trieben und rissen. Unsere Rufe hallten weithin. Paul antwortete uns, er war an Land geblieben und bereitete das Frühstück vor. Als wir wieder bei ihm eintrafen, hob er die Hand mit dem Messer, mit dem er gerade das Brot aufschnitt, zeigte kurz zum Turm hinüber und sagte:»Dort ist einer. Er klettert im Turm herum und steckt den Kopf durch alle Schießscharten. Der hat uns gar nicht bemerkt.«

Wir blickten zum Turm hinauf, dessen flußwärts gekehrte Seite noch stand. Da sahen wir den Mann. Im Innern des schwarzen Turmkolosses hatte er soeben die obere Hälfte erklommen. Es war ein langer und dürrer Mensch, außer dem Turm schien ihn ringsum nichts zu interessieren. »Der war schon da«, fügte Paul hinzu, »als wir hier eintrafen, wir haben ihn bloß nicht gesehen.«

»Ich habe Hunger«, sagte Horst.

Den hatten wir alle. Wir hockten uns ins Gras und aßen.

Ich sah, wie der Mann im Turm an einem senkrechten Mauerriß bis zur höchsten der übereinander liegenden Schießscharten hinaufkletterte, das waren etwa zehn Meter über dem Turmboden. Auf dem Bauch schob er sich langsam in die Schießscharte hinein. Die Mauer war so dick, daß er darin verschwand. Es war etwas an dem Mann, an seinen Bewegungen, an seiner Art, die Turmmauer hochzublicken und das Gestein anzufassen, was mich fesselte. Jetzt sahen wir wieder seinen Kopf. »Schaut mal«, sagte ich, »er hat einen Zollstock, er mißt, er macht Notizen.« Wenn keiner von uns sprach, war das Gurgeln des Flusses unten zu hören, manchmal fauchten Windstöße durchs Gras neben uns. Einmal fiel ein Stein im Turminnern, es klang, als splitterte Glas.

Wir hatten das Frühstück beendet und waren damit beschäftigt, das Gepäck auf den Fahrrädern zu befestigen, als der Mann auf einmal vor uns stand. Sein kariertes gelbes Leinenhemd war durchgeschwitzt, Hemd und Drillichhose waren über und über mit Staub bedeckt, auch in den Haaren klebte ihm Staub. Er trug einen grauschwarz gefleckten Dreitagebart. Von der rechten Schulter baumelte ihm eine zerknautschte Ledertasche, vom Hals ein Fotoapparat. Seine nackten Füße steckten in Sandalen. Neben ihm, an die Böschung gelehnt, die zur Straße emporführte, stand sein Fahrrad. Der Mann war ungefähr vierzig Jahre alt, hatte ein hageres Gesicht, graue, struppige Haare und buschig gespreizte lange Brauen, deren Spitzen ihm über die Augen hingen. Er mußte uns eine Weile zugesehen haben, bis Blessi ihn erblickte und »Guten Morgen!« sagte. Erst da sahen wir ihn alle. Es war ein Deutscher. Er blickte uns der Reihe nach an.

»Wo kommt ihr her?« fragte er.

»Aus Kronstadt«, antwortete Willi.

»Und wo fahrt ihr hin?«

»Heute bis Hermannstadt. Dort bleiben wir einen Tag. Dann fahren wir weiter bis Schäßburg. Wir wollen bis nach Bistritz hinauf, von dort in die Ostkarpaten und wieder nach Kronstadt zurück.«

»So, so«, sagte er, »bis nach Nordsiebenbürgen also … Wie heißt ihr?« Wir nannten unsere Namen.

»Ich heiße Manfred Steinträger«, sagte er, »habt ihr schon an einen Zeltplatz in Hermannstadt gedacht?«

»Nein«, sagte Horst, »wissen Sie einen?«

»Ich wohne am Stadtrand, in einem großen Garten. Da könnt ihr zelten, solange ihr wollt.«

»Prima«, rief Blessi.

»Fragt nach der Schewisgasse«, sagte Steinträger und nannte eine Hausnummer, »die fahrt ihr bis zum Ende. Eins der letzten Häuser rechts. Nicht zu verfehlen. Zwei Granitsäulen neben dem Hauseingang. Über dem Eingang ein Steinwappen mit den Buchstaben J. O. und der Jahreszahl 1894.«

»Sie haben den Turm vermessen?« fragte ich.

»Ja«, sagte er kurzangebunden, wie bei allem, was ich bisher von ihm gehört hatte. Er sah mich durch die hängenden Brauen hindurch an. »Unsere Spuren sichern«, sagte er dann, »oder weißt du was Besseres? Was haben wir hier sonst noch zu tun? ... Na denn«, sagte er schroff, nickte und griff nach dem Fahrrad. Er schob es die steile Böschung zur Straße hinauf. Den Südwind im Rücken, fuhr er ohne ein weiteres Wort auf den Paßausgang zu. Hinter der ersten Biegung verschwand er.

»Na denn«, sagte Horst, »fahren wir dem zerknitterten Rübezahl hinterher. Den holen wir bald ein.«

Doch wir holten ihn nicht ein. Wir sahen ihn nicht einmal mehr, nicht nach der ersten und auch nicht nach der dritten Straßenbiegung. Wir hatten uns von Horst anstecken lassen und waren schnell gefahren. Doch jetzt war er es, der uns zurief: »Der Kerl ist irgendwo auf einem Waldweg verschwunden.«

»Glaube ich nicht«, sagte Paul, »der fährt einfach schnell.«

Der Tag blieb wolkenfrei in seiner schimmernden Bläue und mit ersten Vorboten des Altweibersommers – schwebende Spinnfäden, die sich rechts und links über Feldern, Hügeln und Wäldern ins Unendliche hinauszudehnen schienen. Von den Gierelsauer Höhen sahen wir die Hermannstädter Ebene im Norden unter dem friedlichen Mittagslicht vor uns liegen. »Jetzt werden wir nur noch nordwärts fahren«, sagte Willi, als wir auf der höchsten Kuppe unter einer Birke saßen, »bald sehen wir die Südkarpaten nicht mehr.« In der Birkenkrone war der leichte, verspielte Wind zu hören. Es roch nach warmer Erde.

Wir trafen am späteren Nachmittag in Hermannstadt ein. Horst erfragte schon beim ersten Versuch die Schewisgasse. Er stand auch als erster vor dem brusthohen Gartenzaun, über den hinweg wir hinter Stachelbeerbüschen, Obst- und Tannenbäumen das Haus mit den Säulen rechts und links des Eingangs erblickten, wie Steinträger es beschrieben hatte; in der Mitte des Rundbogens über der Tür erkannte ich einen vorgeneigten Wappenstein mit den verschnörkelten Initialen »J. O.«, darunter die Jahreszahl »1894«. Horst zeigte auf das Messingschild am Türpfosten. Ich las: »Dr. Dr. Manfred Steinträger.« Dann drückte ich auf den blankgescheuerten Klingelknopf.

Den hageren Mann erkannte ich nur an den chaotisch über die Augen ragenden Brauen als den Mauerkletterer aus dem Roten-Turm-Paß wieder. Steinträger war rasiert, die noch feuchten Haare waren gekämmt. Er trug ein weißes Hemd mit dunkelblauer Krawatte und einen mausgrauen Kammgarnanzug. Er sah jünger aus, als er bei unserer ersten Begegnung gewirkt hatte. »Da seid ihr also«, begrüßte er uns ohne Umstände und schloß die Tür im Lattenzaun auf, »ich zeige euch den Garten, dann muß ich weg.«

Wir schoben die Fahrräder auf einem gepflasterten Pfad um das einstöckige Haus herum, das gartenwärts eine erhöhte Steinterrasse hatte, zu der ein breiter, dreistufiger Treppenaufgang führte. An der Rückseite des Hauses wucherte wilder Wein, er war auch über das Holzgeländer der Terrasse gewachsen; die Blätter, in denen ich Bienengesumm hörte, zeigten die Röte erster Herbstverfärbung. »Sucht euch hinten einen Platz aus«, beschied uns Steinträger, »da gibt's auch eine Feuerstelle. Daneben im Schuppen liegt Brennholz. Na denn … Übrigens: Falls einer von euch lesen will, die Bücherei ist im Obergeschoß. Ihr könnt euch da umsehen. Bringt mir bloß meine Papiere nicht durcheinander. Auch das Badezimmer ist oben. Die Terrassentür bleibt unverschlossen … Bis später! Ich weiß nicht, wann ich zurückkomme.«

In dem langgestreckten Garten standen Obst- und Waldbäume. Wir fanden die Feuerstelle und schlugen die Zelte auf. »Ob wir ins Haus gehen?« fragte Blessi. »Was er wohl für ein Doktor ist?«

»Jetzt essen wir«, sagte Horst, »danach kann hineingehen, wer will.« Da wir spät, wenn auch ausgiebig gefrühstückt und nicht zu Mittag gegessen hatten, war unser Hunger groß.

Über dem Abendessen wurde es dunkel. Wir saßen wieder im Kreis ums Feuer, um das sich auch diesmal Paul gekümmert hatte. Der

Geruch der brennenden Buchenscheite, des Herbstobstes und des Tannenharzes ging ein Gemisch ein, das uns den stillen Garten auf eigentümliche Art gegenwärtig machte.

»Hör mal«, sagte Horst kauend zu Paul, »machst du das öfter? Ich meine solche – na, solche Bocksprünge ins Wasser?«

Paul leckte sich umständlich die Finger ab, betrachtete sie und sagte: »Jedes Mal, wenn mir einer wie du nichts anderes übrigläßt.«

»Auch auf die Gefahr hin, daß du …«

»Ja«, unterbrach ihn Paul, »auch auf die Gefahr hin.«

»Morgen«, sagte Willi, »sehen wir uns die Stadt an.«

»Ob uns der Steinträger noch eine Nacht hier zelten läßt?« überlegte Blessi.

»Hat er uns ja angeboten«, erwiderte ich und fing den nachdenklichen Blick auf, mit dem Horst Paul von der Seite maß. »Ich gehe ins Haus, in die Bibliothek«, sagte ich, »kommt einer mit?« Willi und Blessi schlossen sich an.

»Ich muß die Fahrradkette spannen«, erklärte Horst.

»Ich helfe dir«, sagte Paul.

Horst nickte. »Du bist in Ordnung, Paul.«

Die Terrassentür war nur angelehnt. In der Finsternis mußte ich den Lichtschalter suchen. Was ich im mattgelben Lampenschein der Deckenkrone als erstes sah, war der rubinrote Flügel auf der linken Seite des großen Raums; auf dem hochgeklappten Notenpult lagen zergriffene Notenblätter. Rechts von uns standen zwei schmale Bücherregale aus schwarzem Holz; die Golddrucklettern auf den Buchrücken leuchteten wie Flämmchen. An freien, dunklen Wandteilen hingen Ölporträts, denen das Alter ebenso anzusehen war wie den schadhaften silberfarbenen Profilrahmen. Großäugige blasse Frauengesichter über Halskrausen, bärtige Männergesichter über Stuartkrägen blickten uns streng an. Auch die im Raum verteilten fünf Ohrensessel waren alt; hinter einem von ihnen erblickte ich einen mit Blattornamenten verzierten Intarsiensekretär. Wir durchquerten den Raum; der abgetretene Kelim, der fast den ganzen Parkettboden bedeckte, fing den Laut unserer Schritte auf. Die gebohnerten Holzstufen stöhnten leise, als wir zur Bibliothek hinaufstiegen. Auch hier mußte ich den Schalter suchen. In dem aus zwei Aluminiumleuchtern strahlenden Deckenlicht lag ein völlig anderer Raum vor uns – im Gegensatz zum Raum darunter war es hier sehr hell. Die weißgestrichenen Wände, die funkelnden Stahlregale, die bunten Buchrücken erhöhten den Eindruck der Schattenlosigkeit. In der Mitte des Raumes stand ein ungewöhnlich großer Tisch, über und über bedeckt mit Papierstößen, Umschlägen, Notizblöcken und Kartonrollen. Die scheinbar regellose Ausbreitung wirkte dennoch übersichtlich. Vor dem Fenster zum Garten hin erkannte ich einen kleinen Arbeitstisch. Eine alte Schreibmaschine stand darauf, in Glasbechern steckten Stifte, Papiermesser, Brieföffner. Auf dem Fensterbrett hinter der Schreibmaschine lagen fünf prall gefüllte türkisblaue Mappen.

»Mann«, rief Willi und ging zum Tisch in der Zimmermitte, »das sieht hier nach Arbeit aus!« Zuerst fielen mir die Papierstöße auf, die sich am Tischrand bis zu einer Spanne hoch stapelten; die obersten Blätter waren mit einer kleinen, genauen Handschrift bedeckt, ich erkannte in den Text eingestreute Zeichnungen und Zahlen. Vorsichtig hob Willi einige Blätter vom ersten Stoß; die Blätter darunter boten das gleiche Bild, sie waren alle randvoll beschrieben. »Du«, sagte Willi mit angehaltenem Atem, »das sind Daten vermessener Burgen ... Sieh da: Stolzenburg, Marienburg, Michelsberger Burg, Tartlauer Burg ... Der hat sie alle, alle ausgemessen. Jede Mauer, jeden Wehrgang, jeden Turm, jede Schießscharte ... Mensch, Peter, zwischen Kronstadt im Süden und Bistritz im Norden sind das hundertfünfzig Burgen.« Nach einer Pause fügte er hinzu: »Es sollen einmal dreihundertfünfzig gewesen sein.«

»He, ihr«, rief Blessi, der vor dem Arbeitstischchen am Fenster stand, »kommt doch mal rüber und seht euch das hier an.« Wir gingen zu Blessi, der auf die fünf türkisblauen Kartonmappen auf dem breiten Fensterbrett zeigte. Mit schwarzem Zimmermannsstift war in Großbuchstaben auf die Umschlagdeckel geschrieben: Transylvanica I, II, III, IV, V. Blessi hatte eine Mappe geöffnet, er griff nach einem Blatt und las: »Die Doktor-Faust-Sage im Licht der Forschungsreisen des Theophrastus Paracelsus durch Südosteuropa.‹ ... Und da«, rief er: »›Ethnosymbiotische Fallstudie: Zaubersprüche und Märchen der Ungarn, Rumänen und Deutschen im Lande Siebenbürgen‹ ... Was heißt das?«

Willi sagte: »Wie sich das Zusammenleben der Völker äußert.«

Blessi zog ein Blatt aus der mit »V« numerierten Mappe hervor. »Mann«, sagte er und stieß einen bewundernden Pfiff aus, »Seite zweitausendfünfhundertdrei und -vier ... Und das alles in dieser kleinen Schrift.«

Ein pergamentfarbenes Blättchen, ans Fensterkreuz geheftet, erregte meine Aufmerksamkeit. Da hatte sich Willi schon vorgebeugt und las die Druckschrift:»Was immer du tun kannst oder erträumst tun zu können, beginne es. Kühnheit besitzt Genie und magische Kraft. Beginne es jetzt. Goethe.«« Das Blättchen hing so, daß derjenige, der am Schreibtisch saß, es vor Augen hatte, sooft er den Kopf hob.

Wir gingen zum Tisch in der Zimmermitte zurück – er erschien mir jetzt wie eine von allen Seiten sofort erreichbare Kommandobrücke. Wir suchten uns auf den verzeichnet wirkenden alten Landkarten zurecht, die als Rollen zwischen Heften und Papierstößen lagen. Wenn es auf ihnen auch nicht »Kronstadt«, sondern »Cronenstett«, nicht »Hermannstadt«, sondern »Hermenstett« hieß, so hatten alle – ob italienische, deutsche, französische – das Hochland im Innern des Karpatenbogens zum Gegenstand, das wir auf den Fahrrädern durchfuhren.

Plötzlich hatte ich das Gefühl, der Mann, in dessen Arbeitsraum wir uns aufhielten, stünde neben uns. Das Gefühl war so stark, daß ich mich unwillkürlich umblickte. Zugleich wurde mir das Vertrauen bewußt, das er uns bewies – ohne einen von uns zu kennen, hatte er uns den Zutritt ins Haus angeboten. In dieser Sekunde war ich mir sicher, daß Steinträger in meinem Leben eine Rolle spielen würde.

Wir hatten nicht bemerkt, wie schnell die Zeit verfloß. Als wir uns zur Tür wendeten, sahen wir uns unvermutet einem Gemälde gegenüber, das zwischen zwei Metallregalen in einer Nische hing. Die Kraft der Farben packte uns.»Toll«, rief Blessi,»toll!« Das Bild zeigte eine fremdartige Stadt. In ihrer Mitte, breitspachtelig aufgetragen, eine Kuppel. Ihr loderndes Gold beherrschte die Torbogen, Steinfassaden und Flachdächer, sogar in den steinigen Berghängen vor dem Horizont spiegelte sich ihr Farbengewoge wider. Das Bildgeschehen war in wenige große und übersichtliche Formen zusammengefaßt. Davon erhielt es seine Monumentalität ... Von einer Ahnung angehalten, beugte ich mich vor und las in der rechten unteren Ecke die Signatur. Es war ein großes »W«, darunter klein »Taucher«. Ich hob das Bild vom Wandhaken und wendete es um – in weißer Farbe, schwungvoll mit Pinsel quer über die Leinwand geschrieben, stand dort: »Jerusalem. Felsendom. Erinnerung an eine Reise der ›abenteuerlichen Herzen‹. Für Manfred.« Nach einiger Zeit sagte Willi hinter mir:»Der Taucher und der Steinträger – o ja, das paßt!«

Als wir uns unter den Bäumen den Zelten näherten, rief uns Horst zu:»Wie war's im verwunschenen Schloß?«Wir standen vor dem Feuer, Paul hockte im Gras davor.

»Der schreibt die Vergangenheit auf«, sagte ich,»er hat …«

»Hej«, unterbrach mich Paul und hob die Hand,»da kommen welche.« Vom Hauseingang her klangen Stimmen, die helle eines Unbekannten, dazwischen Steinträgers Bariton. Eine Sekunde lang meinte ich, auch eine Frauenstimme zu hören. Im selben Augenblick ging die Terrassenlampe an; das Glas der Tür funkelte, das Licht fiel zwischen den Bäumen bis zu uns vor die Zelte.

Wir hörten Schritte auf dem Steinpfad hinter dem Haus – und immer deutlicher die aufgeregte helle Stimme des Zweiten. Die Stimme kenne ich! dachte ich.

Paul hatte sich langsam erhoben.»Du, Peter«, sagte er und stieß mich an,»das ist …« Da trat Steinträger um die Hausecke, gefolgt von einem mittelgroßen jungen Mann.

»O ja«, sagte ich zu Paul,»das ist …«

»Guten Abend«, rief Steinträger, winkte uns zu und wendete sich an seinen Begleiter,»kommen Sie, ich will meine Gäste begrüßen.« Mit langen Schritten kam er unter den Obst- und Nadelbäumen auf uns zu.

»Mensch«, sagte Horst neben mir,»ist das nicht der Wanki? Den habe ich eine Ewigkeit nicht mehr gesehen … Paul, den hast du doch damals mit einem Kinnhaken in die Hecke befördert, weil er …«

»Das war kein Kinnhaken«, unterbrach ihn Paul,»es war eine Ohrfeige.«

»Aber was für eine!« sagte Horst. Er kam nicht dazu, weiterzusprechen, denn Steinträger und sein Begleiter waren bei uns angekommen.

»Guten Abend«, sagte Steinträger. Er hatte den obersten Knopf des Hemdes geöffnet, die Krawatte gelockert und sich das Sakko über die Schulter gehängt.»Heil Hitler!« rief der gutaussehende junge Mann neben ihm und lief dabei rot an. Wir sagten »Guten Abend«, und ich sah sofort, daß die Röte seines Gesichts nicht der Widerschein des Feuers war, nein: Wanki hatte Paul erkannt.

»Darf ich Sie einander vorstellen?« fragte Steinträger gutgelaunt.

»Danke«, antwortete Horst,»wir kennen uns … Servus«, sagte er und reichte dem verdutzten Wanki die Hand. Auch Paul zögerte nicht, in seiner ruhigen Art Wanki die Hand zum Gruß entgegen zu strecken. Es war Wanki anzusehen, daß er sich angesichts der Begegnung mit uns unbehaglich fühlte. Er trat von einem Fuß auf den anderen und versuchte zweimal, den unterbrochenen Disput mit Steinträger wiederaufzunehmen, um so die Peinlichkeit des Augenblicks zu überspielen, ich spürte die Ungeduld, mit der er sich die Fortführung des Gesprächs mit dem Doktor wünschte. So reagierte er denn auch mit einer fast heftigen Geste des Unmuts, als dieser uns einlud, noch eine Viertelstunde in seinem Haus zu verbringen. Doch wagte er keinen Einwand. Dafür nahm er Pauls Erklärung, schlafen gehen zu wollen, erleichtert auf. Er ging als erster durch den Garten auf das Haus zu.

Kaum hatten wir das Haus betreten, als er sich lebhaft und immer noch mit gerötetem Gesicht an Steinträger wandte. »Ich kam vorhin nicht mehr dazu«, rief er, »Ihnen zu antworten. Sie wollen doch meine Antwort kennen?«

»Durchaus«, versicherte Steinträger.

»Nun, meine Antwort kann nur diese sein: In dem Zeitenumbruch, in dem wir uns befinden, ist die Rückbesinnung der Europäer auf die abendländischen Traditionen das erste Gebot. Und ich behaupte, daß dies in unseren Tagen niemand klarer erkannte als die Nationalsozialisten.«

»Sieh an, sieh an«, sagte Steinträger und forderte uns mit einer Handbewegung auf, in den Sesseln Platz zu nehmen, »bitte, konkret.«

Wanki – der Herwart Zupfenhügler hieß, Sohn eines wohlhabenden Geschäftsmannes und gerade von einem zweiwöchigen »Weltanschauungs-Lehrgang aus Berlin und München zurückgekehrt« war, wie uns Steinträger unterwegs ins Haus unterrichtet hatte –, Wanki erhob sich aus dem Sessel, in dem er sich eben erst niedergelassen hatte, und sagte laut: »Nehmen Sie zum Beispiel das Menschenbild des Christentums. Entspricht es nicht im entscheidenden Aspekt haargenau dem des Nationalsozialismus?« Er sah Steinträger an, der sich auf den Drehstuhl vor dem Flügel gesetzt hatte, eine Zeitlang schwieg, kurz die Schultern hob und wiederholte: »Konkret, bitte!« Wanki räusperte sich und fuhr fort: »Konkret – die Judenfrage … Unterscheiden sich denn die Auffassungen des Nationalsozialismus von denen der christlichen Kirche? … Nein! Der Führer hat vor kurzem gesagt: ›Die Kirche hat die Juden tausendfünfhundert Jahre lang als Schädlinge angesehen und sie ins Ghetto gewiesen. Ich gehe zurück auf das, was die Kirche tausendfünfhundert Jahre lang tat: Ich sehe in den Vertretern dieser Rasse Schädlinge für Staat und Kirche, und vielleicht erweise ich damit dem Christentum den größten Dienst in seiner Geschichte.‹«

Immer noch stand Wanki. In seinem Blick mischten sich Herausforderung und Erwartung. Er sah Steinträger fast starr an. »Und weiter?« fragte Steinträger, indem er den Deckel über den Tasten behutsam schloß und den Ellenbogen darauf stützte, »aber behalten Sie doch Platz«, sagte er. Wie jetzt das Licht von der Deckenlampe auf seinen Kopf fiel, zeichneten ihm die herabhängenden Augenbrauen Schatten auf die eingefallenen Wangen und ließen seinen Blick nicht erkennen. Sein Gesicht glich einer altersfleckigen Gipsmaske.

»Bitte«, sagte Wanki, setzte sich brüsk und fügte hinzu: »Seit zweitausend Jahren lehrt die Kirche, daß die Bekämpfung des Judentums nicht nur ein Recht, sondern sogar die Pflicht des Christen ist. Der Nationalsozialismus ist der gleichen Ansicht. Er übernimmt so einen der Grundwerte der christlichen Kirche und damit des abendländischen Europa.« Er hielt ein, blickte angriffslustig in die Runde und sagte: »Es läßt sich nachlesen: Die Nationalsozialisten erläutern ihr Judenbild mit Formulierungen, wie die christlichen Bischöfe sie seit Jahrhunderten verwenden. Damit macht sich Hitler einen elementaren Willen der Kirche zu eigen und bringt deren Werk zu Ende.« Wieder schwieg Wanki und sah Steinträger an. »O ja«, sagte dieser, »genau das ist es, dagegen läßt sich nichts einwenden. Ich sehe es ebenso.«

Ermutigt fuhr Wanki fort: »Kann mir also jemand einen eindeutigeren Beweis für die nahtlose Anknüpfung des Nationalsozialismus an christliche Traditionswerte nennen?«

»Nein«, sagte Steinträger, »das kann niemand. Ich teile, wie gesagt, Ihre Ansicht.«

»Da nun die Kirche alt und müde wurde«, sagte Wanki, der jetzt wieder vor Steinträger getreten war, »übernahmen die Leute um Adolf Hitler mit moderner Dynamik und Härte die Lösung der europäischen Aufgabe. Nur die Akzente verschoben sich dem Geist der neuen Zeit entsprechend: Was der Jude als Ungläubiger für die Kirche war, das ist er als Rasse für den Nationalsozialismus – unerträglich. Somit wird der Nationalsozialismus zur letzten christlichen Konsequenz ... Bitte«, rief

Wanki und hob die Hand, »äußern Sie sich. Was haben Sie dem als Arzt, Anthropologe und Ethnograph entgegenzuhalten?«

Ich hatte Herwart »Wanki« Zupfenhügler vor Jahren zum letzten Mal gesehen. Seit unserem Spiel im Obstgarten meines Elternhauses war er zu einem Mann herangewachsen, unübersehbar wie einst das Gefällige seines Äußeren. Merkwürdig, wie seine Stimme den Tonfall des Eiferns behalten hatte. Seine Beredsamkeit, der schon früher keiner von uns gewachsen war, nicht einmal der kluge Willi, beeindruckte mich auch diesmal. Wie kann der bloß so glatt und flüssig daherreden? dachte ich. Horst, im Sessel neben mir, sah mich an, verzog die Mundwinkel und verdrehte kurz die Augen. Ich kannte meinen Vetter und seinen Widerwillen gegen Leute mit aufgetakelter Ausdrucksweise, der gelassene Sportsmann hielt nichts, wie er sagte, »von geschraubtem Gerede«, und das, was er hier zu hören bekam, mochte ihm danach klingen, außerdem kümmerten ihn Gedanken, wie Wanki sie erhitzt vortrug, wenig. Er zwinkerte mir amüsiert zu – und durch die breite Sessellehne getarnt, zeigte er mir mit einer Grimasse den gestreckten kleinen Finger der rechten Hand. Ach ja, fiel mir ein, Wankis kleiner Finger, den Paul so unglücklich getroffen hatte, daß er umgeknickt und gebrochen war; die Ärzte hatten ihm die Beweglichkeit nicht wieder geben können. Als sich Wanki jetzt durch die Haare strich, sah ich den leicht abgespreizten steifen Finger seiner rechten Hand deutlich. Wie hatte Paul nach dem Schlag ungerührt zu dem schreiend vor der Gartenhecke Liegenden gesagt? »Steck dir doch deinen Nibelungenfinger in den Arsch, du blöder Heil-Hitler-Städter!« Seither hieß Wanki »Nibelungenfinger« – nicht nur bei uns, der Name war weithin in Umlauf gekommen, was den Wanki gelegentlich zur Weißglut trieb.

Wanki hatte sich gesetzt. Er blickte sich um. Ermuntert durch Steinträgers mehrfache Zustimmung, nickte er noch einmal heftig und nervös. Blessi, der hinter dem Flügel saß, war die Angespanntheit anzusehen, mit der er Wanki jedes Wort von den Lippen ablas. Hinter ihm, im Halbdunkel, hatte sich Willi im Sessel zurückgelehnt. Er wirkte geistesabwesend. Ich wußte niemals, ob er zuhörte, wenn andere redeten, oder ob er an eine Violinsonate oder ein Violinkonzert dachte, das er gerade einstudierte. Doch jetzt, als Steinträger zu sprechen begann, wandte er den Kopf.

»O ja«, sagte der Doktor Steinträger, »alles, was Sie sagen, stimmt …

134

Natürlich, zu unserem abendländischen Erbe gehört der schiere Wahnsinn.« Willi reckte sich im Sessel auf. Steinträger blickte Wanki lange an. »Soll ich Ihnen Einzelheiten der kirchlichen Beteiligung daran aufzählen?« fragte er, »Ausübung seelischer und körperlicher Grausamkeit. Verfolgung und Ächtung Unschuldiger. Volksverdummung. Machtanmaßung. Wissenschaftsunterdrückung. Mordanstiftung. Frauenfeindlichkeit. Spitzel-, Intrigenwesen. Kriegshetze und Kriegsführung. Todesurteil und Massenexekution. Folterbestialität ... Zu schweigen von Lug und Betrug ohne Ende: Keine Einrichtung in Europa hat davon so viel vorzuweisen wie die christliche Kirche. Ihre Werke der Liebe wiegen es nicht auf ... Doch wozu bemühe ich mich mit der Aneinanderreihung? Ich zitiere: ›Glaubt nicht, daß ich fasele, daß ich dichte. Geht hin und findet andre Gestalt: Es ist die ganze Kirchengeschichte Mischmasch von Irrtum und von Gewalt.‹ So die größte Intelligenz, die die Deutschen hervorbrachten: Goethe ...« Steinträger sagte in trockenem Ton: »Ich stelle also fest, daß Ihr Verständnis von abendländischer Tradition die Fortsetzung des Wahnsinns ist, Herr Zupfenhügler.« Er unterbrach sich, ehe er freundlich und entschieden hinzufügte: »Nein, nein – bitte jetzt keine Unterbrechung«, er hob eine Hand, »ich bin fertig, ich faßte nur zusammen, was ich auf dem Heimweg über die Ausführungen des Redners von heute abend schon ansprach ... Lassen Sie sich von einem Anthropologen, Arzt und Ethnographen sagen: Wer in unserem Teil des Kontinents, wo die neben-, von- und miteinander lebenden Völker, Sprachen und Kulturen zu einem Organismus verwuchsen, solche Gedanken trägt, wie Sie sie von Berliner Piefkes und Münchner Berserkern mitbringen, der hat von der Welt nichts begriffen. Er wird sie zertreten. Und er wird auch uns in dieser Ecke Europas mit unserem kostbaren Erbe zerstören. Gott sei davor, daß Leute wie Sie hier das Sagen haben ... Fahren Sie doch nach Deutschland zurück«, sagte er plötzlich scharf, »machen Sie dort diesen Wahnsinn mit. Lassen Sie uns hier in Ruhe!«

Es war so still, daß ich durch die halb geöffnete Tür hinter mir die Nachtgeräusche des Gartens hörte. Was wird Wanki antworten? dachte ich. Da war der schon mit verzerrtem Gesicht aufgesprungen. Gleichzeitig hatte sich Horst mit einem Ruck erhoben, er sagte laut: »Das war's!« Mit einer knappen Verbeugung zum Doktor hin wünschte er eine »Gute Nacht«.

135

»Ihr Besuch hat mich gefreut«, sagte Steinträger und sah uns durch die hängenden Brauen hindurch der Reihe nach an.

Wanki stieß wütend hervor: »Darüber werden wir noch zu sprechen haben!«

Horst hatte ihn an den Schultern gepackt und zur Tür geschoben. »Es war genug, hau ab«, sagte er.

»Heil Hitler!« schrie Wanki und verschwand im Dunkel der Augustnacht.

Auch wir hatten das Haus verlassen. Wir hörten das Gartentor zuschlagen und eilige Schritte auf dem Gehsteig; Wanki redete erregt mit sich selber. Steinträger hatte hinter uns die Tür zugezogen. Wir standen eine Weile unschlüssig auf der Terrasse. Wir überquerten sie und stiegen in den Garten hinab. Kaum hatten wir fünfzehn Schritte auf dem Rasen zurückgelegt, als hinter uns Klaviermusik erklang.

Wir blieben gleichzeitig stehen. Die Musik hatte mit einem Thema eingesetzt, das sich wie eine verhaltene Frage anhörte. Ich hatte mich als erster umgewendet. Durch die weißen Gardinen der Glastür hindurch sah ich eine junge Frau mit hellen, krausen Haaren vor dem Flügel sitzen. Sie war schlank und hatte ein schmales Gesicht. »Eine Frau!« rief Horst. Wir sahen, wie sich Steinträger, der hinter der Spielenden stand, vorbeugte und sie auf die Stirn küßte. Die Zärtlichkeit, mit der er es tat, erstaunte mich. Sie hob den Kopf, lächelte ihn an und spielte weiter. »›Les Adieux‹ von Beethoven«, sagte Willi neben mir.

Von den Tönen begleitet, gingen wir zu den Zelten. »Toll«, sagte Blessi, »wie der Wanki sich ausdrücken kann. Findet ihr nicht auch?«

»Nein«, sagte Horst, während sich die Musik im Garten auszubreiten schien, »mir hat der Doktor gefallen.«

»Aber das mit den Juden …« rief Blessi.

Doch Horst unterbrach ihn. »Idiot«, sagte er, »der Vater des geschniegelten Wanki macht ebenso wie deiner die besten Geschäfte mit ihnen.« Wir standen unentschlossen vor der Feuerstelle, und ich hatte kurz das sichere Empfinden, Willi würde sich in den Wortwechsel einmischen. Aber er sagte mit einem Mal fast heftig: »Gute Nacht« und verschwand im Zelt.

Paul drehte sich im Schlaf auf die andere Seite, als ich mich neben ihn legte. Auch heute hat er dafür gesorgt, dachte ich, daß die Flammen gelöscht, Sand und Erde auf die Glut geschüttet, der Rasen und die

Steine rings um die Feuerstelle sauber gefegt wurden – Paul tut immer das Notwendige. Die Musik war bewegter geworden. Da flüsterte Willi neben mir:»Warum hat Paul damals dem Wanki eine heruntergehauen?«

»Das weißt du nicht mehr? Erinnerst du dich denn nicht«, sagte ich, »wie wir in den Sommerferien in unserem Garten unter dem Gravensteinerbaum die Nibelungensage spielten? Wanki hatte Paul damit aufgezogen, daß der in der Rolle des Dietrich von Bern die Kriemhild mit ›Grüß Gott, Königin!‹ statt mit ›Heil Hitler!‹ begrüßte – das sei heute in Deutschland modern, sagte er. Da hat ihm der Paul zwei gelangt, daß er in die Hecke flog und sich den Finger brach ... Du warst doch dabei.«

»Ach ja«, sagte Willi,»das Nibelungenspiel ... War damals nicht auch der Kerl mit den drei Kampfhunden aufgetaucht – wie heißt er nur?«

»Gerhard Göller«, sagte ich,»er war mit seinen drei Kampfhunden da.«

»Ja doch, das Nibelungenspiel«, sagte Willi,»jetzt fällt's mir ein ... Was macht einer bloß mit solchen Hunden?« Wir schwiegen und hörten die Musik

»Wer ist sie wohl?« fragte Willi nach einer Pause leise.»Als ich sie so vor dem Flügel sitzen sah, hatte ich eine Sekunde lang das Gefühl, es sei deine Tante Leonore. Ich weiß, daß ich das nicht sagen sollte. Aber ich weiß auch, daß du daran denkst ... Du bist noch nicht darüber hinweg?« Da ich nicht antwortete, sagte er nach einer Weile:»Nein, das kannst du nicht. Ich verstehe es ... Jetzt kommt der Schluß mit den Abwärtssprüngen der Dreiklangtriolen.« Nach den energischen letzten Akkorden war es mit einem Mal befremdend still. Auch im Zelt nebenan, wo Horst und Blessi noch eine Weile diskutiert hatten, war es ruhig geworden.

»Schläfst du?« fragte Willi.

»Nein.«

»Hoffentlich«, sagte er nachdenklich,»hoffentlich kommt der Doktor niemals in die Lage, die er befürchtet.«

»Wie meinst du das?« fragte ich,»was denn für eine Lage?«

»Mensch, Peter! Hast du nicht mitbekommen, wie der Wanki ihn angestarrt hat, bevor er ging? Hast du nicht gehört, in welchem Ton er ihm ›Heil Hitler!‹ ins Gesicht gebrüllt hat? ... Wenn der und seine Kumpane hier das Kommando übernehmen, dann ...«

137

Im Einschlafen sah ich Tante Leonore vor mir, die jüngste Schwester meines Vaters, wie sie im elterlichen Garten regungslos im Gras unter dem alten Apfelbaum lag, ich sah Vaters verzweifeltes Gesicht, den starren Blick der Hennerth-Großmutter und die leidenschaftliche Bewegung, mit der sich Tante Elisabeth auf die Tote, ihre jüngere Schwester, geworfen hatte. Noch im freiwilligen Tod hatte sich die Dreiundzwanzigjährige das schöne Lächeln bewahrt, das einst der aufwühlende Inhalt meiner ersten Knabenträume gewesen war. Wer ist die Frau, die »Les Adieux« spielte? dachte ich.

Auch am nächsten Morgen war der Himmel wolkenfrei. Schon während ich mich aus dem Schlafsack schälte, roch ich den Tee; Paul hantierte mit dem Spirituskocher, der auf einem Holzblock neben der Feuerstelle stand. Nur wenige Schritte entfernt seifte sich Willi unter der Dusche an der Gartenmauer ein; seine schwarz gepunktete rote Badehose sah aus wie ein riesiger Schmetterling mit irisierenden Flügeln. »Der Doktor läßt grüßen«, rief Paul, als er mich aus dem Zelt kriechen sah, und hob den Deckel vom Kocher, »er ist schon um halb sieben aus dem Haus gegangen.«

Ein Sonnenstrahl, der mir durch die Äste des nahe stehenden Ahorns gerade in die Augen fiel, blendete mich. Auch Horst hatte den Kopf aus dem Zelt gesteckt: »Was soll der Krach?« rief er. Willi trat neben Paul. Ich sah die Sommersprossen auf seinen nackten Schultern, als er ausholte und Horst die nasse Badehose lachend mitten ins Gesicht warf.

»Mann!« schrie Horst und sprang auf.

»Unter die Dusche mit dir«, befahl Willi, »wir wollen in die Stadt.«

»Hej!« sagte Paul und legte den Deckel behutsam auf den Kocher, »den feinen Tee hat uns seine Schwester geschenkt.«

»Wieso seine Schwester?« fragte ich.

»Na ja«, sagte Paul, »auch sie ist schon aus dem Haus, gleich nach ihm … Sie hat lustige krause Haare. Sie heißt Thea Cristina. Kommt frühstücken, der Tee ist fertig!«

Wir verbrachten den Tag in der alten Stadt. Doch als wir am Abend wieder vor dem Zeltfeuer in Steinträgers Garten saßen, beschäftigten mich nicht die Reste ihrer mächtigen roten Mauer, »die von den Janitscharen kein einziges Mal erstürmt werden konnte«, wie Willi gesagt hatte, »obwohl die hier ein Jahrhundert lang nach Belieben wüteten«. Auch nicht die Reihe der nach dem unglücklichen Grafen Harteneck benannten Wehrtürme, die verwinkelten Treppenauf- und -abstiege zwischen Ober- und Unterstadt oder die nahe beieinander stehenden großen Kirchen der Protestanten, Orthodoxen und Katholiken – die deutsche mit den spitzen Türmen, die rumänische mit der ausladenden Kuppel, die ungarische mit dem Zwiebelturm. Zwar klang mir nach der Rückkehr mit der in jeder Biegung kreischenden Straßenbahn Willis Stimme noch im Ohr, als er in der Mitte des weiten, von den ringsum emporragenden Dächern beherrschten Stadtplatzes – des Großen Rings – auf das zweistöckige Barockgebäude mit dem Mansardendach an der Südseite gezeigt hatte – »das Baron-Brukenthal-Palais mit den Kunstsammlungen« –, und während wir auf das Rundbogentor des Palais zugegangen waren, hatte Horst zu mir gesagt: »Du, Peter, der Brukenthal war ein gebildeter und fescher Kerl mit feinen Manieren, er gefiel der Maria Theresia so gut, daß sie ihn zum Staatskanzler machen wollte, ich denke, die beiden hatten was miteinander«, worauf Willi hinzugefügt hatte: »Auch Friedrich der Große wollte ihn haben. Aber der Brukenthal mochte das ewige Kriegsgerassel beider nicht, er kam nach Siebenbürgen zurück, wurde hier kaiserlicher Gouverneur und legte die Sammlung an.«

»Der war wohl stinkreich«, hatte Paul eingeworfen.

»Er kannte sich nicht nur in Politik und Kunst aus«, war Willis Antwort gewesen, »er verstand auch was vom Geld – er hatte seine Leute an der Leipziger und an der Nürnberger Börse.« Und als wir im Hof des Palais an den hohen Fenstern des Erdgeschosses vorbeigegangen waren, hatte mich Blessi aufgeregt angestoßen und ausgerufen: »Mann! Dort hinter dem Fenster habe ich gerade den Doktor gesehen … Hast du gelesen, was auf der Tür steht? ›Wissenschaftliche Akademie. Forschungsstelle Brukenthal-Museum.‹ Mann!« Und wie ich nun im Gras hinter unseren Zelten lag und durch die schütteren Zweige des Ahorns in den abendroten Himmel starrte, dachte ich auch nicht an die klobigen Haken- und Steinbüchsen, die uns in einer Museumshalle drohend umstanden hatten. Ach ja, fiel mir ein, und in einem der Gemäldesäle war Horst laut lachend vor einem nachgedunkelten Ölbild stehengeblieben: eine junge nackte Frauengestalt, schmalhüftig und von weichen Formen, um ihre Lenden wand sich ein Blumenband mit der Aufschrift »Vivat, Crescat, Floreat, was die Eva hath unter ihrem Feigenblatt«. Natürlich ging mir all dies immer noch

durch den Kopf. Doch weit stärker hatte sich mir etwas anderes eingeprägt.

Da war die Militärkapelle gewesen, dachte ich – Willi hatte als erster
ihren Gleichschritt hinter uns in der Heltauergasse gehört. Wir waren
stehen geblieben und hatten uns umgewendet. In der Vormittagshellig-
keit zuerst das Blitzen auf den Metallrahmen der kleinen Trommeln vor
den Achterreihen der Uniformierten. Dann das gelbliche Schimmern
auf dem Messing der Zugposaunen, Flügelhörner, Trompeten und
Hörner, in das sich das Schwarz und Silber der Klarinetten und Flöten
mischte. Und hinter dem Geglitzer der Tenorhörner das weitflächige
Leuchten der Baßtuben.

Wir hatten die im schnarrenden Trommelwirbel näher kommende
Truppe gerade erst gesehen, als die Instrumente auf ein Zeichen des
vorneweg schreitenden Tambourmajors – eines massigen Hauptmanns
mit Bulldoggengesicht – so plötzlich hochschnellten, daß es vom Auf-
gleißen der Metallinstrumente aussah, als züngelten Flammen aus den
Leibern der Männer. Im selben Augenblick peitschte aus den Schall-
trichtern das Unisono eines Fanfarenstoßes, der von den nahen Haus-
fronten, den Schaufenstern der Geschäftsläden, den Toren und alten
Giebeln mit verdoppelter Stärke zurückgeworfen wurde. Die abwärts
stürmenden chromatischen Läufe durchfuhren mich wie heftige, unerwartete Schläge. Und wie sich nun die Bläser und Trommler, eingehüllt
in ihre Klänge und ins funkelnde Gewoge der Instrumente, im wiegen-
den Gleichschritt die Straße herauf bewegten, sah es aus, als schritten
sie durch ein Feuer.

Das Flimmern des hohen Glockenspiels und der beiden Becken, die
ein junger, schlanker Feldwebel in der letzten Reihe in regelmäßigen
Abständen in die Höhe riß und gegeneinander schlug, verwirrte sekundenlang das Bild. Doch als der sichere Herr und Gebieter der Klang-
massen, die hinter ihm durchs Feuer schwebten, ging der Hauptmann
in straff anliegender Uniform vor der Truppe. Er blickte durch uns hindurch, als gäbe es uns nicht. Die Kordel an der Spitze des Tambours,
den er in der rechten Hand trug, tanzte auf und ab, wie er in genau be-
messenen Bewegungen den Takt der Musik und des Gleichschritts
angab. Jetzt waren auch die Bläser, Pfeifer und Trommler heran. Erst
in diesem Augenblick sah ich, daß hinter dem Musikzug eine lange Kolonne Sechzehn-, Siebzehnjähriger in Khakiuniformen marschierte –

neben dem Flügelmann der ersten Reihe ein athletisch gebauter Oberleutnant, nur wenig älter als die Offiziersschüler, die er anführte. Die Kokarden auf den Mützen funkelten über den jungen, unbewegten Gesichtern, die geradeaus blickten und unbeirrbar dem Sog der Musik und ihres Gleichschritts folgten.

Nicht nur mich hatte die Wucht und Schärfe der fetzigen Klänge gepackt; ich hatte das Aufleuchten in Horsts Augen gesehen. Von den Gehsteigen hatten sich Frauen und Männer an den Straßenrand gedrängt. Jungen, Mädchen waren neben der Bläsertruppe mitgelaufen. Ein kleiner, schnauzbärtiger Mann mit einer Warze auf der Stirn hatte sich vor mich geschoben, er hatte den Hut geschwenkt und seinem Nachbarn durch die Klänge zugeschrien:»Das sind die besten im ganzen Königreich!« Der Angeschriene war gerade aus einem Laden herausgelaufen, er trug eine weiße Schürze um den dicken Bauch und brüllte gestikulierend:»Al draculu-i fanfara regimentului nouăzeci infanterie!«»Aber erst unsere Offiziersschüler!« hatte neben ihm ein elegant gekleideter, nach Schweiß riechender Schlipsträger aufgeregt gebrüllt und mit dem Spazierstock gefuchtelt,»es lebe die Königliche Armee! Die Bläser der Neunziger sind des Teufels.«

Es war, als hätte sich die ganze Straße kopfüber in den Strudel der Klänge gestürzt. Der Sturmlauf der Flügelhörner bis zum hohen C hinauf, das grollend in unheimliche Tiefen hinabtauchende Solo der Posaunen und Tenorhörner – diese Männermusik, deren Mitreißerisches das Versprechen von Abenteuern und glanzvollen Siegen enthielt, deren Hämmern und Schmettern keine Gegenwehr duldete, hatte eine Kraft und Genauigkeit, die mich alles vergessen ließ. Ihre Entladungen und die Festigkeit des Gleichschritts der Kolonne waren mir unter die Haut gegangen. Auch wir waren der Truppe gefolgt. Allen voran Blessi mit glühenden Wangen.

Ich wußte nicht, ob es eher mit den Marschklängen zusammenhing oder mit den stummen und ernsten Gesichtern in der langen Kadettenkolonne, die alle einen Ausdruck hatten, als gehörten sie einem verschworenen Orden, einer Bruderschaft an, in die kein Unwürdiger und Unbefugter einzudringen vermochte, aber während des restlichen Tages hatte ich mich nicht mehr ganz auf das konzentrieren können, was wir in der Stadt sahen. Obwohl mir die bunten Miniaturen auf des Herrn von Brukenthal mittelalterlichem Breviarium lebhaft in Erinnerung waren – das Buch hatte mich nicht so sehr wegen des hohen Alters und der kunstvollen Anfertigung, als vielmehr wegen der Spuren der Handgriffe seines Besitzers beeindruckt –, hatten sich mir dennoch bei allem, was ich tat, als beherrschendes Gefühl die Musik und die Gesichter der Offiziersschüler erhalten. Als der Pikkoloaufschrei des letzten Akkords jäh ausgesetzt und ein geheimer Befehl die Instrumente gleichzeitig nach unten gerissen hatte, war im trockenen Schnarren der Trommelwirbel nur noch das rhythmische Rauschen des Gleichschritts der Marschkolonne zu hören gewesen. Willi hatte gesagt: »Das war der ›Einzug der Gladiatoren‹ von Fučik …« Umschart von einigen hundert Menschen, hatten sich die Musiker in der Mitte des Großen Rings aufgestellt und ihr Platzkonzert mit Johann Straußens Marsch zu Ehren des Napoleonbezwingers Radetzky eröffnet, indessen die Achter-Reihen-Kolonne der Kadetten mit den unbewegten, braungebrannten Gesichtern nach atemberaubenden Kehr- und Schwenkvorführungen über die ganze Breite des Platzes im Takt der Klänge abmarschiert war …

Ich starrte durch die Ahornblätter in die Abenddämmerung. Ich nahm es nur halb wahr, daß Paul und Horst das Essen vorbereiteten, während sich Blessi um das Feuer vor den Zelten kümmerte, das Paul angezündet hatte.

»Du, Paul«, hörte ich Horst sagen, »das Kadettenkorps … Mann, zu einem solchen Haufen gehören! Das ist was. Da läßt du dich auf jedes Abenteuer ein, auf jedes … Wie?«

»Du bist ja bald dabei«, antwortete Paul ruhig, »und sogar bei den Deutschen. Die sind viel besser. Das weiß jeder.«

»Ha!« lachte Horst kurz und vergnügt auf. Plötzlich durchflutete mich ein Gefühl des Neides auf meinen Vetter – er würde dabei sein …

Ich wollte mich gerade aufrichten, um zum Feuer hinüberzugehen, als Willi mit einem Buch in der Hand um die Zelte herum zu mir trat und sich neben mich setzte. Ich sah den Widerschein der Flammen auf seinen roten, gewellten Haaren, seine Wangen waren so hell, daß sein Gesicht einen Augenblick lang durchsichtig wirkte. Es ist dunkel geworden, dachte ich, die Flammen schlagen höher, weil Blessi auf Pauls Anweisung nachgelegt hat. Das Buch in Willis Hand war schwarz oder tiefblau, ich konnte es nicht erkennen, so wie ich die Goldbuchstaben des Titels nicht lesen konnte.

»Schneidest du das Brot auf?« hörte ich Paul hinter mir fragen.

»Ja«, sagte Horst, »gib's her.«

Willi neigte sich zu mir. »Du wolltest gestern wissen«, sagte er leise, »warum ich in den Krieg ziehe, wenn sie mich rufen werden.« Ich nickte.

Er hob das Buch in den Schein des Feuers, schlug es auf und las:

> *»O heilig Herz der Völker, o Vaterland!*
> *Allduldend gleich der schweigenden Mutter Erd,*
> *Und allverkannt, wenn schon aus deiner*
> *Tiefe die Fremden ihr Bestes haben!*
> *Du Land des hohen, ernsteren Genius!*
> *Du Land der Liebe! bin ich der deine schon,*
> *Oft zürnt ich weinend, daß du immer*
> *Blöde die eigene Seele verleugnest …«*

Willi schwieg. Indem er sich aufrichtete und das dunkle Buch zuklappte, sagte er: »Friedrich Hölderlin – ›Gesang des Deutschen‹.« Dann fügte er hinzu: »Wie käme ich dazu, Hölderlin zu widersprechen?« Ehe ich etwas erwidern konnte, rief uns Paul zum Essen.

Nachher sagte Willi: »Ich geh mal ins Haus ›Gute Nacht‹ wünschen und ›Danke‹ sagen. Morgen brechen wir früh auf.« Wir blickten ihm nach, wie er im Feuerschein durch den Garten nach vorne ging, die Glastür zur Veranda öffnete und eintrat. Wir saßen schwatzend im Kreis um das Feuer, und es wunderte keinen von uns, daß eine halbe Stunde später aus dem Raum, in dem der rubinrote Flügel stand, Klavier- und Violinmusik erklang. Die Töne perlten mit einer vergnügten Leichtigkeit aus den Instrumenten, die allen Dingen ringsum die Schwere zu nehmen schien.

Da erhob sich Blessi, ging zum Zelt und kam mit einem Papier in der Hand wieder. Er blieb vor uns stehen und sagte in den Klängen: »Hört mal, ich hab ein Gedicht geschrieben. Soll ich es euch vorlesen?«

Horst, der neben mir hockte, hob den Kopf und sagte: »Eigentlich wollte ich mir die ›Frühlingssonate‹ anhören – das ist sie doch, Peter?«

»Ja«, antwortete ich.

»Na, schieß los«, sagte Horst, »ein Gedicht zur ›Frühlingssonate‹ … Gar nicht schlecht. Los schon!«

Blessi zögerte nicht, er trat näher ans Feuer und begann deklamierend von dem Papier abzulesen:

>*Nur der Führer kann uns retten*
vor Judäas schnöder Macht,
die auf heil'gen deutschen Stätten
baute ihre falsche Pracht ...«

Er kam nicht weiter. Horst war aufgesprungen und hatte zum Schlag auf den um mehr als einen halben Kopf kleineren Blessi ausgeholt. Doch im selben Augenblick ließ er sich rücklings ins Gras fallen und brach in ein so ansteckendes Gelächter aus, daß Paul und ich uns zuerst verdutzt ansahen und dann einstimmten. Horst schrie, wieherte, trampelte, schlug mit den Fäusten um sich und wälzte sich im Gras. »Schnöde Macht!«« brüllte er und schlug um sich, »nein, ich sterbe! Du – du Lyrikfurzer, du dreimal beschissener dichtender Hosentrompeter! Sag das noch einmal: ›schnöde Macht!‹ und ›falsche Pracht!‹ ... Hilfe! Nein, Blessi, du bist ein wahrer Wonnekacker zur ›Frühlingssonate‹. Schade, daß dich der Beethoven nicht gehört hat. Blessi, was wären wir ohne dich!«

Mitgerissen von dem schallenden Gelächter meines Vetters, das uns wie ein Sturm fortgespült hatte, konnten wir nicht aufhören zu lachen, auch als Horst, immerfort lachend und schreiend, auf allen vieren ins Zelt kroch und dort weiterlachte. Er brauchte eine ganze Weile, ehe er sich beruhigte – während Willi Beethovens Adagio aus der Violine zauberte und die Klänge über uns hinweg in den Abendhimmel stiegen. Mit letzter Kraft wimmerte Horst im Zelt: »Ich werde dich für den Nobelpreis vorschlagen ...«

Blessi hatte ein feuerrotes Gesicht bekommen. »Zu dem gehe ich nicht mehr ins Zelt«, fauchte er.

»Hej!« fuhr ihn Paul mit Tränen in den Augen an, »dann hock dich auf einen Baum zum Übernachten.«

Ich lag mit schmerzenden Bauchmuskeln im Gras.

Es war spät, als Willi ins Zelt hereinkroch. »Habe ich dich geweckt?« flüsterte er.

»Nein«, sagte ich, »das hast du nicht. Paul schläft längst.«

»Du, Peter, du hast doch das schnörkelige Steinwappen über dem Hauseingang vorne gesehen?«

»Meinst du die Initialen J. O.?« fragte ich. »Die habe ich gesehen.«
»Weißt du, was sie bedeuten?«
»Nein.«
»Steinträgers Schwester hat's mir gesagt: Julius Oberth. Das ist der Vater Hermann Oberths, des Raketenprofessors, der 1894 hier im neu erbauten Haus geboren wurde ... Thea Cristina Steinträger ist Korrepetitorin an der Bukarester Staatsoper. Sobald ich in Bukarest bin, werden wir gemeinsam musizieren.«

Endlich lag Willi im Schlafsack, er sagte: »Merkwürdiger Zufall – morgen, in Schäßburg, werde ich Hermann Oberths Schwester besuchen. Sie ist eine Schulfreundin meiner Mutter. Ich soll ihr was bringen ... Vielleicht ist ja der Raketenprofessor dort. Dann werde ich ihn sehen.«

»Nein«, sagte ich, »das wirst du nicht. Er lebt in Mediasch. Da kommen wir vorher durch.«

»Wer weiß«, sagte Willi, »wer weiß ... Aber du wolltest was sagen.«

»Ach ja. Hast du daran gedacht, daß wir im Herbst alle auseinandergehen?«

»Na ja«, sagte Willi nur.

»Horst fährt nach Deutschland auf die Marineschule«, sagte ich, »du fährst zum Musikstudium nach Bukarest, Paul, da er die Schule hinter sich hat, muß auf dem Hof seines Vaters mehr tun als bisher ... Da sind meine besten Freunde alle weg ...«

»Ja, aber noch sind wir zusammen.«

»Ihr drei«, sagte ich, »seid die einzigen, mit denen ich über meine ...« Ich schwieg.

Willi sagte: »Ich weiß, mit denen du über deine Wahrträume sprichst.«

Nach einer Pause fragte ich: »Du, Willi, warum wohl hat mir Vater Evghenie gewinkt?« Doch an den ruhigen Atemzügen hörte ich, daß mein Freund eingeschlafen war. Nein, überlegte ich, von Blessis saublödem Gedicht werde ich ihm nichts sagen.

Es begann zu regnen. Leise, fast zaghaft klopfte es aufs Zelt. Ich dachte ans Goldene Vlies, das wir, nach Ansicht meiner Schwester Maria »die Argonauten«, zu finden ausgezogen waren. »Wer ist euer Iason?« hatte sie schnippisch gefragt. Ich hörte dem Regen zu. Unser Vlies, dachte ich, ist nicht das goldene Widderfell des thessalischen

145

Königssohns, es ist das Land mit dem Glanz der unerwarteten Ausblicke, den Höhen und Waldtälern, durch das wir fahren, von dem wir an den Abenden träumen. Träumte Iason das Vlies aus Gold? Träumen wir die Menschen, denen wir begegnen, mit ihren geheimnisvollen Gesichtern, ihren verborgenen Schicksalen? Ich sah den Mönch Evghenie im Feuerwagen des Propheten Elias zum Himmel auffahren, er mußte bei der stürmischen Fahrt die schwarze Kamilawka mit beiden Händen festhalten. Wie lange ist es her, daß ich in seiner winzigen Klause am Eingang zur Höhle Peștera unter den Felsabstürzen des Butschetsch-Massivs gesessen und seiner Erzählung von der jungen und schönen Königin zu Saba gelauscht hatte? Aus dem Gebirgskessel unter uns, wo im Wald die Klöster standen, als seien sie mit ihren Moosdächern und -wänden Teile des Waldes, war das Rauschen der Bäche und der Tannen heraufgedrungen. Erst später war mir bekannt geworden, daß der Hardt-Großvater nach dem tödlichen Schuß auf Ioan Garugan in den Scropoasa-Wäldern die Klause seines Freundes Evghenie aufgesucht und lange mit diesem zusammengesessen hatte. In die Stirnmitte hatte Großvater den Pferdetreiber Garugan getroffen, der zu den Mördern seines Vaters, meines Urgroßvaters, gehört haben soll. Ein »Versehensschuß«, hatte es im Gerichtsurteil geheißen, doch niemand hatte dem Spruch des angesehenen Richters Barga geglaubt ... »Er hat seinen Vater gerächt, Respekt«, hatten die Leute geflüstert. Und Vater Evghenie, der bärtige Koloß, hatte sich als Zeuge beim Prozeß in rätselhaften Aussagen ergangen, deretwegen der bissige Staatsanwalt in Weißglut geraten war ...

Als der Regen summend durch die Ahornäste auf die Zelte zu fallen begann, schlief ich ein. Träume ich? war mein letzter Gedanke. Ja, ich träumte später vom Mönch, der mit furchterregendem Blick ein Messer in der erhobenen Hand hielt, und von der jungen Königin zu Saba, deren Lächeln die Kraft seines Armes erlahmen läßt. Ich träume von den beiden, dachte ich im Traum. Und wessen Traum bin ich? dachte ich im Traum.

IV. KAPITEL

Die bernsteinblonde Burghüterin, die wahrsagende Zigeunerin und das Judenmädchen am Fluß

Am nächsten Morgen hatten wir nordwärts fahrend die Stadt schon hinter uns gelassen, als die Sonne aus den Waldrücken über dem Harbachtal emporstieg und ihre Strahlen die vom Nachtregen nassen Felder leuchtend vor uns ausbreiteten. Doch erst eine Stunde später frühstückten wir auf einem Wiesenhang unter den reckenhaften Mauertorsen der Stolzenburg. In der Talmulde unter uns kündigte ein erstes Luftzittern über den Dächern des Dorfes die Hitze des Augusttags an. Auf den Acker- und Feldflächen der Talflanken sahen wir die Bauern mit Pferde- und Ochsengespannen bei den Spätsommerarbeiten. In einer unauffälligen Weise hatten wir hier eine unserer seltsamsten Begegnungen, die in der Folge nicht aufhörte, mich zu beschäftigen.

Die »Burghüterin« – eine Deutsche aus dem Dorf, die seit dem Tod ihres Mannes ihre Tage »allein hier oben« verlebte, wie sie sagte – hatte uns in einem flachen Korb Weißbrotschnitten, einige faustgroße Stücke geräucherten, mit Paprika gewürzten Speck und fünf saftige Rotzwiebeln gebracht. »Laßt euer Essen in den Rucksäcken«, hatte sie ruhig gesagt, »dot brocht ir noch«, »das braucht ihr noch.« Im Gras sitzend, hatten wir gefrühstückt und uns in der Mundart mit ihr unterhalten.

Die gutgewachsene Frau hatte auf einmal vor uns gestanden. Sie war etwa fünfundzwanzig Jahre alt und sauber gekleidet. Mir war sofort der abwägende Blick der grüngrauen Augen aufgefallen, mit dem sie uns beobachtete. Ihre Bewegungen waren ausgewogen, sie verrieten die Kraft ihres Körpers. Während sie uns zusah, zeigte sich um die hauchdünnen Mundfalten manchmal flüchtig ein fragendes Lächeln. Sie trug einen breitkrempigen bäuerischen Sonnenhut, durch dessen luftiges Flechtwerk ihr Licht- und Schattenflecken auf das ebenmäßige Gesicht und den Ansatz der vollen Brüste fielen. Ein blaurotes Samtband baumelte ihr von der Hutkrempe auf den Rücken und flatterte kurz im

Wind. Einmal drückte sie ohne Hast den weiten türkisfarbenen Rock nieder, den ein Luftstoß jäh aufgebläht hatte, so daß ihre Beine bis zu den Schenkeln hinauf sichtbar geworden waren. Halb hinter ihr, hangaufwärts, standen drei Sonnenblumen. Es sah aus, als versuchten sie, sich ihr zu nähern und über die Schulter zu neigen. Ich bemerkte, daß sie einige Male prüfend zu Horst hinüberblickte, der das Hemd ausgezogen hatte; auf seinem braungebrannten Oberkörper, auf den Arm- und Schultermuskeln spielten in rasch wechselnden Tönungen die Lichter der Morgensonne.»Ich heiße Kathrein«, sagte sie, wandte sich kurz um und berührte eine der violetten Scheibenblüten, die ihr der Wind leicht gegen den Nacken gestoßen hatte, mit einer streichelnden Bewegung der Finger. Plötzlich sah ich die Frau für die Dauer einer Sekunde nackt über uns im Gras stehen. In den über den Kopf emporgehobenen Händen hielt sie einen Steinblock, den mit aller Kraft auf Horst niederzuwuchten sie im Begriff war. Im Augenblick darauf stand sie wieder lächelnd neben uns.

Als wir den abschüssigen Steinpfad hinabfuhren, winkte sie uns mit dem hellen Strohhut nach. Sie war von hoher Gestalt und hatte dichtes bernsteinblondes Haar. Es sah aus, als hätten sich die drei Sonnenblumen jetzt dicht an sie herangedrängt; ihre Scheiben wankten vor den dunklen Ruinenmauern. Den Blick, mit dem die Frau Horst beobachtet hatte, sah ich noch vor mir, als wir längst wieder bergauf und bergab durch die sommerlichen Wiesen-, Wasser- und Ackergerüche des Bauernlandes fuhren.

Wir traten keuchend, schwitzend die Straßenanstiege hinauf; wenn wir danach quer über die Hangfluchten in die Täler hinabfuhren, sangen und lachten wir. Es war, als flögen wir schwerelos durch die Landschaft. Wir kamen durch die deutschen Dörfer mit den grauen, massigen Kirchenburgen, mit Storchennestern auf Dachfirsten und Telegraphenmasten, mit Ochsengespannen, die sich im Wiegeschritt der Tiere gemächlich fortbewegten. Am Kokelfluß erreichten wir die Hügel des Weinlandes. Immer noch hatte ich die Frau vor Augen, die aufgereckt vor den Burgmauern stand.

Kurz vor der Stadt Mediasch schlug Horst die Mittagsrast vor. Er bremste jäh, sprang vom Fahrrad und schrie:»Mann, ich muß meine verschwitzte Arschkerbe lüften!«Auf einem Trampelpfad, der uns mitten durch den kochenden Brodem der Wiesen führte, gelangten wir zum Flußufer. O nein, dachte ich, Horst hat den Blick der bernstein-blonden Burghüterin Kathrein nicht bemerkt, als sie im Wind auf der Anhöhe neben den Sonnenblumen stand ... Ich schob das Fahrrad hinter Blessi her über den holperigen Pfad. Ich kam nicht dazu, mir weitere Gedanken über die Begehrlichkeit in den Augen der jungen Frau zu machen. Denn kaum hatten wir die Rucksäcke von den Trägern geschnallt, um uns zu entkleiden und ins Wasser zu springen, als Paul an den Weidensträuchern vorbei flußabwärts zeigte und sagte:»Hej, da hocken welche.« Kaum hatte er ausgesprochen, als wir die Zigeunerschar schon sahen, die dort lagerte. Eine Frauengestalt trat um die Büsche herum und kam rasch auf uns zu. Sie hatte mit einer Hand nach hinten ein Zeichen gemacht, um ihren Gefährten zu bedeuten, daß sie allein zu bleiben wünschte. Ihr braunes Gesicht war zitronenfaltig. Ein Windstoß trug uns mit dem Geruch von Feuer den beißenden Duft geschmolzenen alten Schweinefettes zu. Ein Hund kläffte der Näherkommenden mit brüchigem Laut hinterher.

»Mann«, sagte Horst hinter mir,»wenn die Weibsgestalt auch so stinkt wie der Fraß, den sie sich dort schmoren, werfe ich sie ins Wasser.« Hinter der Näherkommenden waren jetzt die Gestalten der ganzen Schar zu erkennen; ich zählte vierzehn Frauen und Männer, Junge und Alte. Sie hatten alle diese gelblich-braunen Gesichter. Einen Augenblick war mir, als hätte ich hinter den Büschen den Kopf eines Pferdes gesehen. Die Frau war bald ins volle Mittagslicht, bald ins Dunkel der Uferbäume getaucht, ehe sie vor uns stand.

»Eure Augen möchte ich fressen«, sagte sie freundlich,»eure Herzen und Seelen streicheln. Guten Tag, bine aţi venit!«,»Willkommen!«

Wir sagten:»Guten Tag« und starrten der Alten ins Faltengesicht, Paul ergänzte den Gruß:»Bine v-am gǎsit!«,»Wir freuen uns über euer Wohlbefinden!«

»Wollt ihr nicht mit uns lagern?« fragte die Frau, die einen bis zu den Knöcheln reichenden bunten Baumelrock, eine langärmelige geblümte Bluse und ein schmuddeliges, an den Rändern mit schwarzem Leder besetztes Stoffleibchen trug. Sie war barfüßig, ihre dunklen Haare, in die Bänder und wertlose Münzen geflochten waren, hingen ihr in Strähnen auf Rücken und Schultern, sofern das lose gebundene knallrote Kopftuch sie nicht bedeckte.

»Wir werden hier mittagessen«, sagte Paul,»und weiterziehen.«

Trotz des Geruchs von Speisen, Rauch und Schweiß, den sie ausströmte, fesselte mich ihr Anblick. Das feuchte Schimmern in den schwarzen Augen, die langen und schmalen Hände, die ununterbrochen in Bewegung waren, die schattenhafte Behendigkeit, mit der sie von einem zum anderen ging, um uns aus der Nähe zu betrachten, und ihr pausenloses Geplapper, nein, es war nicht nur das Fremdartige ihres Aussehens und Verhaltens, was mich beschäftigte.

Und noch ehe ich mich versah, hatte sie mit schnellem Zugriff meine Hand gefaßt, sie mit der Handfläche nach oben gekehrt und gesagt: »Hai, să-ți ghicesc de noroc!«, »Komm, ich werde dir dein Glück voraussagen!« Ohne viel zu überlegen, folgte ich ihrer Aufforderung, mich ins Gras zu setzen. Ununterbrochen kläffte der Hund.

Sie hockte im Schneidersitz vor mir, meine Freunde waren näher getreten. Blessi rief: »Du wirst dich von der doch nicht anfassen lassen!« Horst sagte lachend: »După aia viu eu«, »Nachher komme ich dran.« Die Zigeunerin kicherte: »Nur Geduld, ihr kommt alle dran.« Mit den Fingerspitzen der Rechten fuhr sie mir suchend über die Handfläche. »Sieh an, sieh an«, murmelte sie, »zeig die andere her.« Meine Hände ruhten in ihrer warmen großen Linken. Es war merkwürdig, daß die Wärme ihrer Hand unserer Berührung alles Befremdliche nahm. Sie hatte sich vorgeneigt, um mit ihren kurzsichtigen Augen in meiner Hand mein »Glück zu lesen«. Sie prüfte die Beschaffenheit meiner Finger, die Linien, Erhebungen und Mulden der Handfläche. Hatte Horst zuerst noch flapsige Bemerkungen gemacht und Blessi empört gerufen: »Mensch, Peter, du glaubst der doch hoffentlich kein Wort, das ist ja alles Quatsch!«, so lag in der Unbeirrbarkeit, mit der sie vorging, Zwingendes. Alle spürten wir es und schwiegen. »O ja«, sagte die Frau und sah mir lange in die Augen, »o ja, mein Küchlein, meine teure Kostbarkeit, mein Herzensengel, o ja, du hast das Zweite Gesicht ... Weißt du es?« Ich hielt einige Sekunden lang den Atem an. »Doch, doch – deine Träume, deine Bilder ... Nein«, rief sie plötzlich heftig. »dir muß ich nichts sagen. Du weißt das alles selber. Mein süßes Augenlicht, mein sanftes Veilchen, mein Zaunkönig, lerne damit umzugehen, du mußt damit leben ...«

So unvermutet, wie sie nach meiner Hand gegriffen hatte, ließ sie diese wieder los. Sie sah mich verwundert und teilnahmsvoll an, als würden wir uns seit langem kennen, und schüttelte den Kopf, daß die

Münzen klirrten. Von dem bewegten Busch- und Baumgeäst huschten ungewisse Streifen über ihr dunkles Gesicht.

»Der nächste«, rief sie, »hat einer von euch eine Zigarette?«

»Nu fumăm«, »Wir rauchen nicht«, sagte Paul.

Da hatte sie auch schon seine Hand ergriffen und sich über sie gebeugt. »Aha«, sagte sie sofort, »du bist einer von den Kühlen. Und du wirst dein Elternhaus verlassen ... Vai Doamne! O Gott! Eine Straße von Toten, du wirst zwischen Toten hindurchgehen. Doch immer wirst du ein Kühler bleiben ... Sieh da«, sie legte den Zeigefinger ins Liniengewirr seiner inneren Hand, sie nickte und fuhr fort: »Du wirst kommen, weggehen und niemals wiederkehren. Liebe, Reichtum, Tod werden dich weit fort von hier erwarten ... Aduceți-mi o țigară!« schrie sie über die Schulter ihren gaffenden Gefährten zu, »holt mir eine Zigarette!« Der Köter kläffte wie verrückt. »Fă-l să tacă!« »Bring ihn zum Schweigen!« schrie sie. Paul ging dem barfüßigen Jungen entgegen, der mit einer brennenden Zigarette in der erhobenen Hand hinkend auf uns zugelaufen kam. Sie nahm Paul die Zigarette ab, steckte sie sich in den Mundwinkel und winkte Blessi zu sich heran.

»Nein«, rief Blessi, »ich mach den Blödsinn nicht mit. Ihr seid ja alle bescheuert.«

Horst schob ihn beiseite, hockte sich vor die Frau und reckte ihr beide Hände entgegen. Ein Auge wegen des aufsteigenden Rauchs halb zugekniffen, faßte sie die Finger und musterte abwechselnd bald die eine, bald die andere Handfläche. Das rote Kopftuch war ihr in den Nacken geglitten. In ihren Haaren sah ich die zerknitterten Reste einiger Heu- oder Grashalme. Ein leichtes Luftstreichen trug uns wieder den unangenehmen Geruch des angebrannten Schweinefetts zu.

»Wie könnt ihr euch bloß mit dem Untermenschenweib einlassen!« schrie Blessi wütend, er war ein paar Schritte zurückgetreten, keiner von uns beachtete ihn.

»Ba da«, sagte sie, nachdem sie mit einem langen Zug an der Zigarette gesaugt hatte, »o ja, sieh hier, junger Herr – auch du wirst über eine lange Straße ziehen. Aber ... Aber – nein, das ist kein Blut. Das ist ... Was ist das? Wasser? ... Wasser! Deine Straße wird das Wasser sein. Und du hast Mut, viel Mut. Mein Gott, du kennst keine Angst. Es macht dir nichts aus, mit deinem Leben zu spielen.« Sie hatte sich dicht über Horsts Hände gebeugt, das Kopftuch war ihr noch tiefer in den Nacken geglitten. Mit einem Ruck richtete sie sich auf, sah Horst an und sagte: »Dein Leben währt nicht länger als dein Mut.«

Horst lachte. »Das wünsche ich mir auch gar nicht anders«, rief er, »sag – sag alles, was du siehst. Ich habe keine Angst. Auch nicht vor dem Tod.«

»Du sagst es«, murmelte die Alte, »die eine Wasserstraße wirst du zu Ende gehen. Doch eine zweite wird dich erwarten.«

Das Hundegekläff hatte endlich aufgehört. Keinem von uns war es aufgefallen, daß Willi den Platz verlassen hatte, auf dem wir nahe dem Ufer im Gras hockten und standen. Die Zigeunerin ließ Horsts Hände los und fragte: »Und wo ist der lange Rothaarige? Der mit den schönen Fingern und dem abwesenden Blick? Nicht wahr, der ist ein Musiker? Vielleicht – nein, sicher, er ist ein Geiger.« Wir sahen uns an und schwiegen.

»Du bist eine tolle Frau«, sagte Horst bewundernd, »der ist wirklich ein Geiger. Und was für einer. Habt ihr das gehört?« Er erhob sich und rief nach Willi. Doch der war weder zu sehen noch zu hören, noch antwortete er. Die Alte hatte sich auf die Knie erhoben. Sie streckte mir bettelnd eine Hand entgegen.

In diesem Augenblick trat Paul vor die Frau und hielt ihr ein Päckchen hin. »Nimm das«, sagte er, »wir schenken es dir. Es ist Tee. So guten hast du noch nie getrunken. Eine schöne Frau gab ihn uns. Hier.« Mit einem blitzschnellen Griff der knochigen Hand nahm sie das Päckchen an sich und sagte: »Ihr seid gute Jungs ... Der da«, sie zeigte auf Blessi, »der mit dem runden Kopf und dem Mund mitten im Gesicht, der Häßliche, ist noch sehr dumm. Bist du auch schlecht?« fragte sie Blessi. »Ich küsse eure jungen Herzen«, sagte sie. Wie sie sich entfernte, sah es aus, als huschte ein Schatten, ohne die Erde zu berühren, an den Uferbäumen entlang übers Gras.

»Es ist ja fabelhaft«, schrie Blessi, »von wem ihr euch loben laßt!« Minuten danach sahen wir von der Zigeunerschar keinen mehr. Alle hatten sich hinter die Bäume zurückgezogen.

Als Willi aus dem Uferdickicht auftauchte, hatten wir gebadet und das Mittagessen vorbereitet. Zu dem Räucherspeck, den Rotzwiebeln und dem Laib Weizenbrot, den uns die Burghüterin Kathrein mit auf den Weg gegeben hatte, gab es frische Tomaten, die Willi von einem der Feldstücke mitgebracht hatte, Knackwurst aus Pauls

Rucksack und von Willis Mutter gebackenen »Marmorkuchen«. Die Mahlzeit war von unseren Gesprächen über die Wahrsagerin beherrscht.

»Ihr habt alle miteinander keine geistige Hygiene«, fuhr uns Blessi an, »wie könnt ihr euch bloß mit der widerlichen Zigeunervettel einlassen?«

»Klappe«, sagte Horst, »zumindest in zwei Punkten sagte sie das Richtige: daß du total beknackt bist, und der Schönste bist du nun mal auch nicht. Was mir übrigens scheißegal ist.«

»Hej«, sagte Paul fassungslos, »die hat den Willi doch tatsächlich als einen Geiger erkannt.« Er schüttelte den Kopf, vor Verwunderung hatte er zu kauen vergessen.

»Wie?« fragte Willi ungläubig, »Paul, hat sie das wirklich?«

»Ja doch.«

»Wo warst du denn?« fragte Horst.

»Ich mußte mal«, antwortete Willi, »ich bin noch ein Stück unter den schönen Weiden entlanggewandert.«

»Woher«, fragte Paul, »woher werde ich nicht wiederkehren? Was meinte sie damit? Ich will gar nicht fort vom Hof ...«

»Reich mir, bitte, den Speck herüber«, sagte Willi zu mir und fragte mich: »Und was hat sie dir gesagt?«

»Na ja«, antwortete ich, »daß ich halt Träume habe, die ...«

»Hast du die wirklich?« wollte Blessi wissen.

»Ja«, antwortete Willi an meiner Stelle, »die hat er.«

Horst schob sich lachend eine der faustgroßen Tomaten in den Mund. »Mensch«, sagte er kauend, »daß die Alte das mit der Wasserstraße getroffen hat. Das ist genau das, was ich vorhabe.«

»Verdammt«, schrie Blessi mit rotem Kopf, »hört doch endlich auf, über das stinkende Rassengeschmeiß zu schwatzen!«

»Du, Blessi«, sagte Horst ruhig, »daß die stinken, kriege ich auch ohne deine Nachhilfe mit. Aber dein Rassenquatsch reicht mir bald. Halt endlich die Schnauze. Du tust ja gerade, als wärst du imstande, einen der armen Teufel umzubringen.«

»Und ob ich das wäre«, brüllte Blessi, »ich hab auch schon mit dem Flobert auf sie geschossen.« Er sprang wütend auf und rannte zum Lagerplatz der fahrenden Zigeunerschar, kehrte aber bald atemlos zurück und rief: »Die sind weg. Die sind tatsächlich weg, ohne daß wir's hörten. Mit Pferd und Wagen. Weit und breit keine Spur von ihnen. Die lichtscheue Bagage!«

»Du«, rief Horst laut lachend, »die haben sich bei deinem Anblick in die Hosen gemacht und sind weggerannt.«

Betreten von dem, was wir aus dem Mund der Frau mit den Bändern und Münzen im Haar zu hören bekommen hatten, redeten wir hin und her, und jeder von uns war bemüht, die eigene Unsicherheit vor den anderen zu verbergen. Nur Horst wiederholte unbeschwert: »Deine Straße wird eine Wasserstraße sein«, hat sie gesagt. Ein verrücktes Weib.«

Doch Blessi war nicht zu beeindrucken. Er packte plötzlich Willis Hände, schnitt eine Grimasse, krümmte den Rücken und äffte die Stimme der Zigeunerin nach: »Oj, junger Herr. Eigentlich solltest du mit der Geige die Welt erobern. Aber, nein, du wirst eines grausigen Todes sterben. Fern der Heimat. Von Wölfen zerrissen. Auf einer Straße aus Stein. Und ...«

Willi entriß Blessi beide Hände. Er war kreidebleich geworden. »Gehst du nicht zu weit?« sagte er ungehalten.

»Genau so hat das Stinkeweib doch geschwatzt!« schrie Blessi.

»Nein«, sagte Paul, »das hat sie nicht.« Der drohende Unterton war unüberhörbar. Blessi wußte, daß mit Paul nicht zu spaßen war, er schwieg. Willi saß immer noch mit weißem Gesicht. Ich erhob mich und ging zu Blessi hinüber. Ich stellte mich vor ihn und sagte: »Du bittest Willi jetzt sofort um Entschuldigung.« Blessi wich zurück und hob abwehrend die Hände. »Entschuldige, Willi«, sagte er.

Wir schliefen im Schatten der dicht beieinander stehenden Korbweiden an dem zu dieser Jahreszeit wasserarmen Fluß. Doch gaben uns Mücken und Fliegen keine Ruhe, so daß wir bald aufbrachen.

Wir fuhren ins Städtchen Mediasch hinein – mit dem schiefen gotischen Kirchturm am Rand des riesigen Stadtplatzes, wo wir eine Stange Eis schleckten, das wir einem dünnen, vom Zigarettenrauch auf der einen Gesichtshälfte gebräunten Ungarn abkauften. Der Mensch stand mit hängendem Schnauzbart und verdrossener Miene in der Mitte des Platzes vor einem fahrbaren Eisladen, an dem ein Sonnenschirm angebracht war. Horst sah zum schiefen Turm mit den vier Eckreitern hinauf und sagte: »Der sieht aus, als wollte er sich bald hinlegen, so wie der Kerl, von dem wir das Eis haben.« Der Ungar, der kein Deutsch verstand – die Ungarn in Siebenbürgen verstanden außer Ungarisch nichts

–, blinzelte meinen grinsenden Vetter schläfrig an. Willi wischte sich die Hände an der Lederhose ab und sagte:»Da in der Kirche gibt's einen kolossalen Flügelaltar. Vielleicht kriege ich die Schlüssel. Dann gehen wir hinein.« Ehe er zurückkehrte, schäkerte Horst mit drei hübschen Mädchen, die kichernd an uns vorbeigingen. Die eine blieb stehen, zeigte auf mich und rief:»Aber mir gefällt der da.« Sie hatte große, dunkle Augen und ein Grübchen im Kinn. Im Weitergehen warf sie sich die schulterlangen brünetten Haare mit einer gekonnten Bewegung aus dem Gesicht.»He«, rief Horst ihr nach,»in Mediasch wachsen die schönsten Mädchen des Sachsenlandes. Bist du eine von ihnen?« Willi kehrte unverrichteter Dinge zurück. Die lutherischen Kirchen der siebenbürgischen Deutschen, die man aus unerfindlichen Gründen »Sachsen« nennt, sind wie Behördenstuben nur zu festgelegten Stunden geöffnet.»Bei uns hat auch der liebe Gott Dienst- und Freizeit«, sagte Willi.

Im Tal der Großen Kokel radelten wir zwischen Wiesenhängen und Waldstücken aufwärts und erreichten am späten Nachmittag Schäßburg. Die Sonne im Rücken, sahen wir von der Steilau-Anhöhe das alte Städtchen wie in einem offenen Spielzeugkasten im Tal unter und auf den Berghängen vor uns liegen, Türme, Dächer, Schutzmauern, Basteien, Tore leuchteten im letzten Sonnenlicht, als glühten sie von innen. Wir waren stehengeblieben. Willi zeigte auf das keine zwanzig Schritte über uns aufragende Säulentürmchen mit der gebogenen Schindeldachspitze und sagte:»Darunter liegt der türkische Heerführer Ali Pascha.«

»Hej«, rief Paul,»auch einer von denen, die sich von uns was holen wollten?«

Horst lachte:»Schon wieder ein Ali.«

»Ja«, sagte Willi,»aber vom Goldschmiedeturm dort drüben schoß einer mit einer Hakenbüchse den Herrn von dem weißen Elefanten, auf dem er der Stadt entgegenritt, hier an dieser Stelle.«

Wieder lachte Horst.»So holen die kleinen Leute die großen Herren vom hohen Roß.«

Wir lachten alle und freuten uns an der Heiterkeit des Hügellandes ringsum, das bis zu den Buner Bergen hinüber die Leichtigkeit des Schwebens zu haben schien. Dann schoben wir die Fahrräder bergan durch den dichten Buchenwald bis zur»Breite«hoch. Wir schlugen die

Zelte unter einer der tausendjährigen Eichen auf, die dort, unbewegt und mächtig in sich selber ruhend, auf einer weiträumigen Wiese des breiten Hügelrückens stehen. Es mögen an die zweihundert sein. Der Nachmittag lag mit einer schweren und zugleich scheuen Wärme in den ungeheuren Kronen über uns. Ich meinte die Kraft zu spüren, mit der Blätter, Äste und Borke das letzte Tageslicht in sich saugten. Die Luft war erfüllt von der Ausströmung der schütter stehenden Baumriesen, deren abgründige Ruhe dem Platz das Gepräge gab.

Nachdem wir die Zelte aufgeschlagen und das Gepäck verstaut hatten, sagte Willi: »Ich gehe in die Stadt, einer Bekannten meiner Mutter ein Päckchen bringen. Kommt einer mit?« Keiner wollte mitgehen, da wir morgen ohnehin die Stadt besichtigen würden. »Ich werde daheim anrufen«, sagte Willi im Gehen, »die sollen's dann weitersagen.«

Ich blickte Willi nach, wie er sich unter den Eichen entfernte. Einen Augenblick lang trieb es mich, ihm nachzulaufen – ich hatte das Gefühl, daß es versäumte Zeit war, »verlorene Lebenszeit«, wie er in anderem Zusammenhang gesagt hatte, nicht mit ihm zu sein. Willi wußte, wie es mir damals erschien, aus Büchern und aus Gesprächen mit klugen Menschen alles, was sich zu wissen lohnte, und was immer er sagte, war selbst im Kleinsten sinnvoll, ohne jemals belehrend oder angeberisch zu klingen. Zu allem hatte er den eigenen Gedanken, den er nicht von anderen lieh, sondern der sich ihm als Frucht seines Überlegens und seiner Anlage ergab. Sein Ernst paarte sich auf die selbstverständlichste Weise mit zuverlässiger Redlichkeit, in seiner Nähe meinte ich jedes Mal etwas von jenem bereichernden Geist zu verspüren, der einer freien Natur zu eigen ist. Erst recht, wenn er zur Violine griff, bei deren Klängen er über sich selber hinauszuwachsen schien. Ob er Corellis A-Dur-Sonate oder Bachs Violinsuite in h-Moll spielte – der baumlange, rotblonde Freund mit dem ruhigen, oft nach innen gekehrten Blick gewann dann in meinen Augen eine Unerreichbarkeit und zugleich eine Nähe, die nur einer ausstrahlt, der alle Kraft seines Wesens auf den einen Sinn seines Lebens versammelt. Seltsam, daß ich dennoch immer wieder glaubte, in dem starken Menschen die Ahnung eines Verhängnisses zu spüren, die ihn überallhin begleitete ... Wieso nur hatte Blessi ausgerechnet ihm mit seinem äffischen Geschwätz kommen können? Und warum hatte mich das so erregt, daß ich Blessi am liebsten zu Boden geschlagen hätte? Ich kann nicht sagen, was mich an jenem Spätnachmittag bewog, bei den Zelten zu bleiben, anstatt Willi zu folgen.

Paul hatte begonnen, eine Feuerstelle herzurichten und Trockenreisig für das Lagerfeuer zusammenzutragen. Als ich ihm dabei helfen wollte, winkte er ab. »Nicht nötig«, sagte er, »wir brauchen diesmal nur ein kleines Feuer. Geh und lies. Ich weiß, daß du das lieber machst.« Horst war mit dem Aufhängen seiner verschwitzen Wäsche beschäftigt. Mit dem Rücken an die rissige Borke gelehnt, saß Blessi am Stamm der dreißig Schritte entfernten nächsten Eiche und schrieb. Ich kroch ins Zelt, um mir aus dem Rucksack Melvilles »Moby Dick« zu holen; ich hatte den Roman in einer Ausgabe von 1927 unter Vaters Büchern gefunden, meine Schwester Maria hatte ihn mir empfohlen.

Da fiel mein Blick auf Willis Rucksack, der an meinem lehnte; obenauf lag die in dunkelblaues Leder gebundene Dünndruck-Ausgabe der Werke Hölderlins; aus ihr hatte mir Willi einige Verse des »Gesangs des Deutschen« vorgelesen, der mit der Zeile beginnt: »O heilig Herz der Völker, o Vaterland …« Ich ließ meinen Rucksack ungeöffnet, nahm das Buch und sagte zu Paul: »Ich sehe mich hier mal um.«

Ich stieß auf einen kaum sichtbaren Pfad, dem ich folgte; so erreichte ich die Rudolfshöhe, wie ich an einer hölzernen Markierungssäule las. Über steilem Absturz ist dort der Blick frei auf die einzigartige Stadt, die der vielgereiste Onkel Oskar bei den Vorbereitungen unserer Fahrt »das siebenbürgische Rothenburg« genannt hatte. Ich setzte mich auf einen flachen warmen Stein im Gras und schlug das Buch auf, ohne auf den eintausendundvierzig Seiten an einen bestimmten Titel oder Text zu denken. Auf dem Kopfsteg über den Seiten 580 und 581 las ich: »Hyperion. Zweiter Band. Zweites Buch«. Ich blätterte eine Seite zurück zum Beginn des Kapitels »Hyperion an Bellarmin« und las: »So kam ich unter die Deutschen. Ich forderte nicht viel und war gefaßt, noch weniger zu finden. Demütig kam ich, wie der heimatlose blinde Ödipus zum Tore von Athen, wo ihn der Götterhain empfing, und schöne Seelen ihm begegneten –

Wie anders ging es mir!

Barbaren von alters her, durch Fleiß und Wissenschaft und selbst durch Religion barbarischer geworden, tiefunfähig jedes göttlichen Gefühls, verdorben bis ins Mark, in jedem Grad der Übertreibung beleidigend für jede gutgeartete Seele, dumpf und harmonielos, wie die

Scherben eines weggeworfenen Gefäßes – das, mein Bellarmin, waren meine Tröster.

Es ist ein hartes Wort, und dennoch sag ichs, weil es Wahrheit ist. Ich kann kein Volk mir denken, das zerrißner wäre, wie die Deutschen. Handwerker siehst du, aber keine Menschen, Denker, aber keine Menschen, Priester, aber keine Menschen, Herren und Knechte, Jungen und gesetzte Leute, aber keine Menschen ...«

Ich hatte mit angehaltenem Atem gelesen, ohne zu wissen, warum. Ich las die Sätze noch einmal und ein drittes Mal. Und plötzlich drängten sich mir hundert Fragen auf. Was hat Friedrich Hölderlin da geschrieben, dachte ich? Hatten uns nicht Elternhaus und Schule von klein auf gelehrt, daß die Deutschen unter allen Völkern das lauterste, das tüchtigste, das aufrichtigste seien? Und lebten wir Handvoll Deutsche hier, schmerzlich weit weg von Deutschland, unter vielen fremden Völkern und Nationen nicht vom Gedanken, daß es über aller Niedertracht und Gemeinheit ringsum, von denen wir uns bedrängt fühlten, das reine und unerreichte Deutschland gab, dem wir uns mit allen Fasern unseres Wesens und Herzens zugehörig wußten? Aus dem einst die Vorväter – hochgeachtet und daher als »hospites«, als »Gäste«, in diese Landstriche eingeladen – sich hierher begeben, rechtliches Denken, vielerlei Kenntnis, Fleiß und Kunst mitgebracht und dem Land und allen seinen Völkerschaften zum Segen gewirkt hatten? Immer darauf bedacht, dem deutschen Namen keine Schande zu machen. Immer voller sehnsüchtiger Bewunderung für jenes bessere ferne Deutschland, das in den Träumen und Ängsten unserer Verlassenheit von Generation zu Generation in strahlendem Glanz als Verpflichtung vor unseren Augen stand und uns als die letzte, jedoch niemals preisgegebene Hoffnung in aussichtsloser Lage galt, in der wir uns, eine lächerlich kleine Schar städte- und dörfergründender Menschen, hundertfach und immer wieder befanden. War es nicht bis in unsere Tage jene sehnsüchtige Bewunderung Deutschlands gewesen, die uns überhaupt hatte überleben lassen, die uns die Kraft gab, selbst der bittersten Bedrängnis Herr zu werden? Hatten uns die Völker, in deren Mitte wir hier leben, nicht eben dafür geachtet? ... Und all dies sollte nicht stimmen? Waren wir denn hier etwa allesamt Narren, die einem Trugbild anhingen? Welche Deutschen meinte Hölderlin mit seinem vernichtenden Urteil, dachte ich und starrte auf das Türme-

und Dächergewirr der alten Stadt unter mir, und wieso schrieb dann derselbe Hölderlin im »Gesang des Deutschen« Verse wie diese: »Du Land des hohen ernsteren Genius! Du Land der Liebe«, oder dichtete den beschwörenden Aufruf zur Opferbereitschaft »Lebe droben, o Vaterland, und zähle nicht die Toten! Dir ist, Liebes, nicht einer zu viel gefallen«? Hatte Hölderlin Phrasen und Wortgeklingel verfaßt, je nach Laune anderen Inhalts? Darf ein Dichter das? Dürfen die Dichter aus privater momentaner Befindung heraus Erhöhungen oder Verdammungen aussprechen und sie unter die Menschen bringen, wo sie, seien sie noch so falsch, über die Jahrhunderte weitergereicht werden?

Ich schreckte von Stimmen auf, die ich hinter mir durch den Wald näherkommen hörte. Doch als ich mich erhoben hatte, um den Platz zu verlassen, hörte ich die Stimmen und Schritte sich wieder entfernen. Um zu den Zelten zu gelangen, mußte ich den gleichen Weg nehmen. Weil ich jetzt aber niemanden treffen oder überholen mochte, kürzte ich die Schleife ab, in die der Pfad vor mir einbog.

Keine zwanzig Schritte voraus erblickte ich zwei Männer. Ich sah sie von der Seite. Beide waren hochgewachsen, schlank. Der ältere hatte schwarze Kraushaare und eine Adlernase; Form und Profil des Kopfes erinnerten mich an Bildnisse römischer Männerbüsten, die ich in Büchern gesehen hatte. Er ging mit schlenkerndem Schritt neben dem jüngeren sportlichen Mann, dessen blonde Haare im Licht der Stunde vor Abend auf eine seltsame Weise hell wirkten, als seien sie ein Fremdkörper in den weichen Farbtönen des sinkenden Tags. Sofort wurde mir bewußt, daß ich den Blonden kannte, ohne zunächst zu wissen, wer er war. Die beiden unterhielten sich ungezwungen. Ich verstand nur einzelne Wörter. Wieder fiel mir der phlegmatische Gleichmut auf, der aus den Bewegungen des älteren Mannes sprach. Der jüngere machte manchmal eine knappe Geste mit der rechten Hand. He, durchschoß es mich, das ist Gerry Göller! Jener entfernte Verwandte Vaters, den dieser aus mir unbekannten Gründen nicht litt. Ja doch, der Gerhard Göller! dachte ich, der vor Jahren am Abend des Festes im elterlichen Garten in Rosenau von niemandem erwartet mit drei Kampfhunden erschienen war und auf den ich mich, damals zehn-, elfjährig, gestürzt hatte, weil Vater und Großvater wegen der von ihm vorangetriebenen politischen Debatte aneinandergeraten waren. Wie kommt Gerhard Göller in diesen Wald? Der lebt doch in Berlin!

Im selben Augenblick wußte ich, daß der etwa fünfzigjährige gelassene Mensch neben ihm der Erfinder der Weltraumrakete war, der Mann, der auf den Mond fliegen wollte – Hermann Oberth. Sicherlich waren mir bei seinem Anblick Porträtfotos eingefallen, die ich in Zeitungen gesehen hatte. Wieso geht Hermann Oberth ausgerechnet mit Gerhard Göller hier durch den Wald?

Die Bestürzung und Ratlosigkeit, in die mich die Vorkommnisse dieses Tages versetzt hatten, hielten mich davon ab, zu den Zelten zurückzukehren. Ich streifte durch den Wald, bis es so dunkel war, daß ich die Hand vor den Augen kaum noch erkannte und einige Mühe aufwenden mußte, um die Freunde zu finden.

Sie saßen rings um das kleine Lagerfeuer, das Paul wegen der Nähe der Bäume niedrig hielt, und warteten mit dem Essen auf mich. Willi war schon vor einer Weile zurückgekehrt. Ich zeigte ihm den Hölderlin-Band, sagte: »Ich habe darin gelesen« und legte das Buch auf den Rucksack im Zelt.

Willi war angeregt und ungewohnt gesprächig. Während wir aßen, berichtete er vom Besuch im Haus in der Burggasse. »Um ein Haar«, sagte er mit Nachdruck, »stellt euch vor, bloß um ein Haar verpaßte ich die Begegnung mit Hermann Oberth. Peter, sagte ich dir nicht«, wandte er sich lebhaft an mich, »daß er vielleicht bei seiner Schwester zu Gast sein könnte? ... O ja, er ist in Schäßburg! Aber ein Besucher aus Deutschland, der kurz vor mir im Haus eintraf, lud ihn zu einem Spaziergang ein.«

»Hat einer von euch ihn schon mal gesehen?« fragte Paul, »wie sieht er aus?«

»Er ist hochgewachsen, schlank und schwarzhaarig, er hat einen schmalen Kopf und ruhige Bewegungen«, sagte ich.

»Was du nicht sagst«, lachte Blessi, »woher weißt du das denn?«

»Ich weiß es«, sagte ich.

»Doch«, warf Horst ein, »das kann stimmen, ich sah in einer Illustrierten Fotos von ihm. Peter hat recht.«

Paul fragte: »Was ist das Besondere an ihm?«

»Sein Traum«, sagte Willi, »sein Traum vom Sprung über die eigenen Grenzen hinaus.«

»Die Kühnheit seines Traums«, ergänzte Horst.

Durch die Eichenkronen fuhr ein leichter Windstoß. Davon schwoll ein Rauschen über uns an, das die Größe und Wucht der Bäume ahnen ließ. Es war dunkel geworden. Das Feuer brannte kaum noch. An den Rändern, vor unseren Füßen, schwelte die Glut in unruhigem Gewoge. Während wir das Geschirr zusammenlegten, sagte Willi:»Ach ja, Peter«, er erhob sich und stand jetzt über mir,»du sagtest unlängst etwas von einem schwarzen Opel-Kabrio mit einem Kratzer auf der Motorhaube. Oder habe ich das falsch verstanden?«

»Nein«, antwortete ich,»ein Opel mit Bukarester Nummernschild.«

»Zufälle gibt's«, sagte Willi und schüttelte den Kopf,»ich habe den Wagen unten in der Stadt gesehen. Er stand an der Ecke vor der Burggasse, wo Hermann Oberths Schwester wohnt. O ja, schwarz und mit einem Mordskratzer quer drüber. Nur um ein Haar«, fügte er hinzu, »habe ich den großen Mann verpaßt.«

Ich mochte an diesem Abend nicht mit den anderen ins Zelt gehen. Während sie schon eine Weile schliefen, saß ich noch vor dem Häufchen Kohlenglut und beobachtete das lautlose Verglühen, auf das sich nach und nach Schatten legten. Jedesmal wehrte sich der Rest eines Aststücks oder -knotens mit einem letzten kurzen Aufglimmen, ehe er in der Finsternis versank. Es sah dann aus, als hätte sich ein Auge für immer geschlossen. Die Geräusche im unsichtbaren Laubwerk über mir verdichteten sich, die Nähe des Waldes wurde spürbarer, die Kühle umhüllte mich schließlich als kalter Mantel, während mir die Schwärze der nächtlichen Stunde zwischen den Eichenstämmen schon sehr nahe war. Da erst kroch ich ins Zelt. In meinen Schlafsack zwischen Paul und Willi, die beide fest schliefen.

Die junge Frau, dachte ich – sie zertrümmerte dem Mann mit einem Stein den Schädel … Sie stand mit nackten Gliedern oben auf der Burghöhe neben den drei Sonnenblumen. Ich sah es deutlich: Sie führte den Schlag von hinten. Die ganze Wucht, deren ihr kräftiger Leib fähig war, lag in dem niederfahrenden Brocken. Sie hatte ihn mit beiden Händen ausholend über den Kopf gestemmt und in einer wilden Anspannung der Muskeln niedersausen lassen. Die Schädeldecke krachte dumpf, der Mann stieß einen glucksenden Laut aus, taumelte zur Seite und griff ins Leere. Dann stürzte er aufs Gesicht und blieb unter der mächtigen Mauer liegen, von der vorzeiten die auf langen Stangen gepfählten Leiber der Besiegten Wochen hindurch den Überlebenden im Tal Schrecken eingeflößt hatten, Kinder, Weiber, Männer. Die Nächte sollen vom Winseln und Klagen der im Wind Verdorrenden erfüllt gewesen sein ... Die Frau stellte sich – o ja, sie war nackt – breitbeinig über ihn und hob den blutigen Stein von der Größe eines Kalbskopfes noch einmal hoch. Sie wuchtete ihn dem Aufzuckenden mit aller Kraft genau zwischen die Schulterblätter. Die Wirbelsäule brach mit einem knirschenden Laut. Erst wie sie so über ihm stand und emporschaute, nichts als den Sternenhimmel und die schwarze Mauerkrone im Blick, keuchend, an Armen und Beinen zitternd, die bloßen Brüste wie glänzende, schwere Trauben im Mondlicht, fühlte sie, daß Ruhe in sie einkehrte. Nach jahrelanger fiebriger, Tag für Tag verzehrender Anspannung endlich Ruhe, Ruhe ...»Nie wieder!« murmelte sie,»nie wieder!«, während sie ihn zu der vorbereiteten drei Mannshöhen tiefen Grube nahe der schwarzen Mauer schleifte und ihn mit dem Fuß hinabtrat wie einen ekligen Lappen, Erde, Erde über ihn schaufelte und mit ihrer ungewöhnlichen Kraft die Steinblöcke darauf wälzte, die sie während der letzten Wochen unter der Mauer aufgehäuft hatte. »Nie wieder«, murmelte sie. Am Morgen fand die Schwester sie tief und ruhig noch bei Sonnenschein schlafend, und als sie die Schlafende weckte, lächelte diese, wie sie es nur als Kind an ihr gesehen hatte, mit verklärter Gelöstheit im ebenmäßigen Gesicht.

Niemals wurde der nackte Tote gefunden.

Im Dorf sagten sie, der Ehemann der bernsteinblonden Kathrein sei verreist und verschollen: Wer weiß, wohin ihn seine Angelegenheiten geführt, ihn seine hundert Liebschaften gelockt haben, den Starken, Unwiderstehlichen mit dem selbstsicheren Siegergehabe, den Spötter, der alle auslachte und sich als ihr Herr und Gebieter aufführte, da viele im Dorf zu Wucherzinsen bei ihm in der Kreide standen. Und von dem Tag an, da er endgültig als verschollen galt – auch in den Akten –, bestieg kein von Geschäften oder sonst einem Handel in den Ort verschlagener Mann mehr die Burg, von dem man nachher je wieder vernommen hätte. Wohl tauchten eines Tags zwei Gendarmen in dunkelblauer Uniform bei der Burghüterin auf – ein Wachtmeister und ein Sergentmajor, Rumänen aus der Nachbargemeinde. Sie schwitzten und fluchten über den Anstieg – »Verdammt, wohin überall diese Deutschen ihre Burgen bauten!« – und stellten der jungen Frau bei einem Glas kalter Milch unter dem efeuüberzogenen Vordach ihrer hübschen Behausung im Schatten der Mauerbrocken einige Fragen. Da diese aber zur Zufriedenheit der mit schweren Militärkarabinern bewaffneten Uniformierten ausfielen, verstaubte der schmale Ordner im Schrank eines Büros des Kreiskommandos. »O cetățeancă ordonată, curată și liniștită«, »Eine ordentliche, saubere und ruhige Bürgerin«, hatte der Wachtmeister darin vermerkt. Der junge Sergentmajor, als er's gelesen, hatte gefragt: »Hast du ihren Blick gesehen?« Das war eher eine Feststellung als eine Frage gewesen, auf die der Angesprochene nicht hätte antworten müssen, dennoch hatte er nach einer Pause gesagt: »Da, mă! Femeia dracului ... Dar asta n-are ce căuta în acte«, »Ja, du! Ein Teufelsweib ... Aber das hat in den Akten nichts zu suchen.« Und so blieb die Wahrheit über die Nächte der Burghüterin allein einigen Leuten im Ort bekannt. Von den einst dort oben Gepfählten, munkelten die Bauern, habe sich über die Zeiten hinweg eine Unruhe im Bollwerk erhalten, die stärker sei als alle menschliche Ordnung und deren Geist in jeden fahre, der sich über Gebühr im Bannkreis des Gemäuers aufhalte. Mochten Ahnungslose mit Verdächtigungen daherreden, die Menschen im Tal wußten mehr über die Ursache der Unruhe in den Steinen als alle klugen Fremden ...

Ich schlief gegen Mitternacht ein.

Am Morgen fand mich Paul, der immer als erster aus dem Zelt kroch, im Schlafsack unter einer der Eichen liegen. Ich konnte ihm nicht sagen, wie ich hingekommen war. Ich blickte mich erstaunt um, alles erschien mir fremd, als würde ich's zum ersten Mal sehen. »Es war dir zu eng im Zelt«, sagte Paul. Ich war ihm dankbar, daß er vor den anderen darüber schwieg. An dem Tag dachte ich einige Male: Sie hat Horst mit dem begehrlichen Blick angeschaut, als hätte sie sagen wollen: Ich lade dich auf meine Burg ein, bleib bei mir. –

So fuhren wir in das Land hinein, das voller Geheimnisse und Unwägbarkeiten vor uns und rings um uns lag und das unsere Heimat war. Eingesponnen in die uralten Rhythmen seiner Einsamkeiten, lebte es im Einklang mit deren tausend Gesichtern. Sie zeigten sich uns ohne Scheu, dann wieder nur im Verborgenen. Das Land war in der Luft, die wir atmeten, in den Speisen, die wir aßen, im Wasser, das wir tranken, und in den Gefühlen und Gedanken, die uns bewegten. Je länger wir fuhren, um so stärker verfielen wir dem Zauber seiner Vielfalt und Verheißungen. Wir empfanden es als unsere Schwester oder unseren Bruder. Es erschien uns als ein Land vor dem Sündenfall ... Seine schönsten Stellen waren die unberührten Plätze. Wir erreichten sie, wenn wir die Hauptstraße auf einer Paßhöhe verließen und der Morgensonne entgegen über einen vermodernden, von Farnen und gewaltigen Pestwurzblättern umstandenen Knüppeldamm ins Waldinnere tauchten. Aus einem Hohlweg zwischen Hasel- und Schlehdornbüschen gelangten wir ins Zwielicht unter Buchen- und Lärchenkronen. Wir stiegen bergan bis ans Ende eines Forstwegs. Dort ließen wir die Fahrräder im Unterholz liegen. Und wenn wir eine halbe Stunde später aus dem Tannendunkel auf die Hochalmen kamen und auf einen Bergrücken hinaustraten, lag nur noch die bis an den Horizont gewellte Baumwildnis vor uns; über uns prahlten die Haufenwolken mit ihrem schaumigen Weiß. Das Unbekannte, das sich uns anbot, zog uns immer weiter fort. Seh- und erlebnishungrig folgten wir ihm. Nein, es machte uns nichts aus, in dem von der Freiheit östlicher Weiten beseelten Land Siebenbürgen, das zweimal die Ausdehnung der Schweiz hat, Weg und Steg zu verlieren und nicht mehr zu wissen, wo wir uns befanden. Denn überall hatten wir das sichere Gefühl, daheim zu sein. Immer wieder verließen wir die Straßen. Wir nächtigten unter freiem Himmel, wurden von Gewittern bis auf die Haut durchnäßt und von der Augustsonne wieder getrocknet. Wir erkannten in der weichen Tonerde eines Wildbachufers die Spuren eines Wolfsrudels, sahen dem Kampf zweier brünstiger Hirsche auf einer im Rotgrün des Abends verdämmernden Lichtung zu und erstarrten mit angehaltenem Atem, an einen Baumstamm gepreßt, bei der Begegnung mit dem Braunbären, der uns aus der Lautlosigkeit seiner dunklen Masse heraus in souveräner Gleichgültigkeit unbeachtet ließ. Mitten im dicksten Gestrüpp stieß einer von uns auf den Eingang zu einer Felshöhle. Wir wagten uns mit den Taschenlampen in die tellurischen Paläste und Dome hinab, sprachlos vor den lichtlosen Wundern, die uns die Erde enthüllte. Kriegte einer von uns einen Platten und entdeckten wir den Akaziendorn oder den rostigen Hufnagel im Reifen, machten wir ein Fest daraus, und wenn es einen von uns aus halsbrecherischer Talfahrt samt Fahrrad und Gepäck im Bogen kopfüber in den Straßengraben schleuderte und er dumm aus der Wäsche schaute, lachten wir, bis die Bauchmuskeln schmerzten. Auf den nicht asphaltierten Landstraßen hüllte uns der Staub vorüberrollender Lastwagen ein, wir wurden in den Aufwirbelungen von oben bis unten gepudert, ehe wir nach Luft schnappend, schniefend und niesend wieder auftauchten. Auch der Staub schmeckte auf den Lippen und in der Nase nach Heimat, vertraut wie alles andere ringsum. Wir redeten die Menschen des wunderbaren Landes, wo immer wir sie als Fuhrleute, Bauern oder Hirten trafen, in ihren Idiomen an, hatten wir doch von Kind auf gelernt, den Rumänen ebenso auf den ersten Blick zu erkennen wie den Deutschen, den Ungarn, den Zigeuner, den Juden. Wir beherrschten eines jeden inneren Zungenschlag, den wir nicht anders als er mit der Muttermilch eingesaugt hatten. So gerieten uns auf der Fahrt alle Begegnungen zu Begegnungen mit uns selber. Entdeckten wir nicht jedesmal im anderen ein Stück von uns? Und erfuhren wir auf diese Weise nicht die Einheit der vielen Gesichter dieses Landes? Mochte einer von uns ohne sie leben?

Da war am Fluß das Mädchen von morgenländischer Schönheit. Es stand in der Früh vor Horsts gelbem Zelt. Am Rande des Städtchens Sächsisch-Regen in Nordsiebenbürgen. Am rechten Ufer des behäbig aus den hier schon nahen Ostkarpaten strömenden Miereschflusses. Das Mädchen war ungefähr fünfzehn Jahre alt. Seine fremdartige, ungewöhnliche Anmut verschlug uns die Sprache. Jedem von uns.

Tags zuvor waren wir nach Überquerung der Kleinen Kokel in die Dörfer und Weiler der von Ungarn besiedelten Gegend gekommen. Wir hatten die Stadt Neumarkt durchfahren, sie heißt bei den Ungarn Marosvásárhely, bei den Rumänen Târgu Mureş. Am Mieresch entlang nordwärts radelnd, hatten wir dann das auf den Hängen über dem Fluß malerisch gelegene Städtchen vor uns gesehen: Im deutschen Stadtzentrum die mit dem Schließen ihrer Läden beschäftigten Kaufleute. Im rumänischen Viertel, vor den Haustoren und aus den Fenstern gelehnt, die Gruppen schwatzender Frauen, die jüngeren von Kindern umringt. Im ungarischen auf einem samt Haus von einer Nußbaumkrone überdeckten Hof die weiche Singstimme eines Mannes, in der sich Wehmut und Schicksalsergebenheit die Hand reichten. Es war hier nicht anders als im übrigen Siebenbürgen – die Deutschen kümmerten sich um die Arbeit, die Rumänen setzten Kinder in die Welt, die Ungarn weinten verblichener Größe nach, und die Zigeuner tauchten wie Erdgeister auf, wo keiner sie vermutete … Am Mieresch angekommen, hatten wir ein herrenloses Boot zur Fahrt auf eine Insel in der Flußmitte benützt. Wir waren zwischen Weidenbäumen und -sträuchern über Wurzelzeug und sabberig federnden Inselsand gerannt. Horst hatte sich aus dem Lauf mit einem Startsprung in einen Schwarm davonschießender dunkler Flußbarsche geworfen. Nicht anders als sonst hatten wir den Abend rings um das Feuer verbracht, hinter uns die Zelte nahe am Wasser. Doch als wir uns am Morgen darauf mit Rufen geweckt und die Zelte verlassen hatten, stand dies Mädchen in seiner Fremdartigkeit vor uns. In der Stirn dunkles Lockenhaar, die Sonne und die Spiegelungen des Wassers im Gesicht. Wie sie so vor uns stand, war es, als hätten ihr die Lichtspiele einen silbernen Stirnreif aufgelegt. O ja, sie war ein Wunder, von der aufgehenden Sonne hierher gebracht.

Sie trug ein blaßblaues knielanges Kleid. Ihre bloßen Füße steckten in schneeweißen Tennisschuhen. Sie lief bei unserem Anblick nicht fort, die wir schlafzerzaust in einer Reihe vor ihr standen, Paul mit halboffenem Mund, als sei er soeben am hellichten Tag einer Traumgestalt begegnet. Hinter uns grummelte der Fluß, irgendwo krähte ein Hahn, ein Kind schrie. Doch alles war plötzlich in eine weite Ferne gerückt. Nur das Mädchen stand trotzig und kühn und schön vor uns. Horst fing sich als erster, er lachte und rief ausgelassen:»He, komm mit, du Schöne – wir müssen Morgenwäsche machen!« Er rannte auf den Fluß zu. Wir stoben hinterher und sprangen ihm nach ins Wasser. Als wir auftauchten, war die Besucherin nicht mehr zu sehen.»Also doch ein Traum«, rief Willi.

Eine halbe Stunde später schoben wir die Fahrräder bergan durch die am Fluß gelegene Vorstadtsiedlung mit den kleinen Häusern, die wir schon am Abend der Ankunft gesehen hatten; wir wollten zur Hauptstraße hinauf.»Mann«, sagte Horst plötzlich und blieb mit einem Ruck zwischen den ersten Häusern stehen,»Mann, wir sind im Judenviertel. Seht euch das an!« Die baumelnden Schläfenlocken der ansonsten kahlgeschorenen Jungen erheiterten uns genau so wie die Schwarzkaftane der geschäftigen Alten, die auch schwarze Hüte trugen. Einige Mädchen und Frauen blickten uns scheu entgegen und verschwanden hinter einem Hauseingang. Da rief Horst:»He, das ist sie doch« und zeigte auf die andere Straßenseite hinüber. In der geöffneten Hoftür des letzten Hauses stand das Mädchen vom Fluß. Das einstöckige Eckhaus war das größte und auffälligste Gebäude in der Straße. Schon die Konsolengesimse der vier Parterrefenster unter-

166

schieden es von den anderen Häusern, es stand dort, als gehörte es nicht mehr ganz zum Judenviertel.

Auch diesmal hatte sie die Sonne im Gesicht. Ich spürte den Wärmehauch der frühen Strahlen im Rücken. Doch diesmal lächelte sie unbefangen, als sähe sie alte Bekannte wieder. »Wie heißt du, Hübsche?« rief Horst über die Straße, »ich rate mal: Lea? Rebekka? Ruth? Oder Esther?« Hinter ihr tauchte eine Männergestalt auf, ein ernst blickender Mensch in blauem Zweireiher, mit gepflegtem braunem Stutzbart und dunkel glühenden Augen. Mit ruhiger Stimme sagte er auf Deutsch: »Fahrt weiter ... Sie heißt Rebekka.« Die Hände auf den Schultern des Mädchens, musterte er uns. Im asphaltierten Hof hinter ihm erkannte ich einen Mercedes-Benz mit grauer Karosserie und schwarzen Kotflügeln. Der Mann nickte uns zu, zog die Fünfzehnjährige langsam in den Hof und schloß die Tür. Als wir nach wenigen Schritten auf der Hauptstraße ankamen, sah ich, daß der Hauseingang auf dieser Seite des Gebäudes lag. Unter dem gedeckten Giebel führte zwischen zwei Fenstern eine Steintreppe zu einer getäfelten Flügeltür. Über dem Türrahmen ein Firmenschild mit der zweisprachigen Aufschrift: »Textile Hermes«, »Hermes-Textilien«, darunter: »Adam Hermes«, in der rechten unteren Ecke: »ScGL«, »GmbH«. Horst lachte vergnügt, indem er das Fahrrad bestieg. »Mensch, Peter«, rief er, »hat die dich mit ihren Falkenaugen angestarrt! Hast du's gesehen?« Er wandte sich zu Blessi und sagte: »Und du, mein Freund, überlegst jetzt sehr sorgfältig, ehe du was sagst. Das Judenmädchen Rebekka Hermes ist viel zu schön, als daß ich mir jetzt dein Rassegelaber anhören könnte, ohne was dagegen zu unternehmen. Ist das klar, Blessi?« Blessi schwieg und preßte die Lippen zusammen. Als wir einige Minuten später auf der Nationalstraße nach Norden radelten, rief Paul: »Weiß einer, warum die uns alle ansahen, als hätten sie Angst vor uns?« Keiner antwortete ihm.

Da war der Bauer mit dem rissigen Steingesicht.

Das war im Dorf Brigg, wo wir erst Tage später eintrafen. Wir hatten auch auf dieser Strecke der Versuchung nachgegeben, auf den oft kaum sichtbaren Abzweigungen und Seitenwegen die überall in diesem Land wartenden Abenteuer zu vermuten und zu suchen. Es war ein Sonntagvormittag. Als wir den Platz in der Mitte des von Deutschen bewohnten Ortes erreichten, bot sich uns ein überraschendes Bild. Vor der auf einer leichten Anhöhe in der Dorfmitte errichteten Wehrkirche standen die Bauern und Bäuerinnen, alte wie junge in Festtracht. Das sah aus, als seien sie soeben dem Gemälde eines flämischen Meisters der Lutherzeit entstiegen und hätten sich hier, von ihrer Heimat Brabant weit entfernt, vor grauem Kirchen- und Verteidigungsgemäuer wieder zusammengefunden. Der Dorfplatz, auf dem sie standen, neigte sich schräg der einen Längsseite zu – ich hatte flüchtig das Gefühl, Menschen und Wehrkirche könnten jeden Augenblick talwärts ins Gleiten kommen. Wirkten die in den alten Festgewändern halb unter uns Versammelten nicht wie ein Häuflein Versprengter, die aus der Zeit hinausgestoßen worden waren? Ich sah plötzlich die vielen rumänischen und ungarischen Dörfer vor mir, die wir durchfahren hatten – eingeengt zwischen ihnen, dachte ich, diese kleine Schar ... Jetzt erst bemerkte ich, daß die Menschen alle zu einem Mann hinaufblickten, der auf der Grasböschung oben vor der hohen Kirchhofmauer mit den Schießscharten stand.

Es war ein stattlich gebauter Mann. Von seinem schwarzen Talar stach das weiße Beffchen ab, das bei jeder Bewegung aufleuchtete. In der Linken trug er die Bibel an den Leib gepreßt, die Rechte fuhr bei der Predigt, die er hielt, bald in die Höhe, bald zur Seite, als wollte sie alles, was sich vor ihr befand, trennen und teilen. Wir hatten die Fahrräder an eine Hauswand gelehnt. Wir näherten uns den Bauern, bis uns einer von ihnen mit einer Härte im Blick entgegensah, daß wir sofort stehenblieben. Jetzt erkannte ich, daß der Pfarrer unter dem knöchellangen geistlichen Umhang mit den weiten Ärmeln lederne Schaftstiefel trug. Wie Offiziere oder Reiter sie tragen. Sie glänzten schwarz mitten im Huflattich und der Schafgarbe, die dort wuchsen.

In der sonntäglich feierlichen Stille der Vormittagsstunde war nur die kräftige Stimme des Pfarrers zu hören. Der Mann war offenbar am Ende der Predigt angekommen. Ich verstand nicht, was er sagte. Der warme Fallwind, der von den Hügeln und Feldern hinter uns strich, trug seine Worte zur anderen Seite hinüber, wo sich abermals Hügel über den Dächern erhoben. Doch da schlug der Wind kurz um, und ich hörte den herrisch aufgereckten, dunkelblonden Mann über die Köpfe der Bauern hinweg rufen: »Heil Hitler, liebe Glaubensgemeinde!« Die Bauern nahmen zum »Vaterunser« die Hüte ab und neigten die Köpfe – die grauen, schwarzen, brünetten, blonden und kahlen nordsiebenbürgischen Bauernschädel mit den von der Sonne bei der Feldarbeit braungebannten Gesichtern und den hellen, von den Hüten geschützten Stirnen; es waren lange, runde, quadratische und platte Schädel darunter. Durch ihre Haare sprang der verspielte Wind, indessen sie im Chor murmelten:»… und vergib uns unsere Schuld«, vom Turm erklang die kleine Glocke, solange das Gebet währte. Keiner bewegte sich, nicht die Alten, nicht die Jungen, während der Pfarrer von der Böschung stieg und den Männern der Blaskapelle, die nicht weit entfernt von uns standen, ein Zeichen gab. Im Gehen legte er den Talar ab, den er einer jungen Frau reichte. Jetzt sahen wir, daß er unter dem geistlichen Gewand einen schwarzen Uniformrock mit Schulterklappen, einen breiten Lederriemen mit Sigrunenkoppel und auf der linken Brustseite ein Abzeichen trug; seine Beine steckten in Breecheshosen. Die Blaskapelle setzte sich in Bewegung und stimmte den»Alte Kameraden«-Marsch an. Der verwandelte Pfarrer machte der Gemeinde ein Zeichen, ihm zu folgen, und marschierte als erster hinter dem Bläserzug her.

Doch in diesem Augenblick geschah etwas, womit keiner von uns gerechnet hatte. Als sich die Gemeinde anschickte, ihrem Seelsorger in langgeübter Treue zu folgen, stellte sich der Bauer mit dem Steingesicht, der uns bei der Ankunft entgegengeblickt hatte, den Andrängenden mit ausgebreiteten Armen in den Weg. Die ersten blieben stehen, die Nachdrängenden schoben sie vorwärts, ehe auch sie standen. »Mocht Platz, Piter-Ihm!«,»Macht Platz, Ohm Peter!«schrie ein junger Mann in der Mundart, in der sie hier die Älteren noch in der Mehrzahl anredeten,»was Ihr mit dem Pfarrer habt, geht uns nichts an.« »Aus dem Weg«, rief ein zweiter mit drohendem Ton,»Euren Andres macht Ihr eh nicht mehr lebendig.«

Der Alte sagte kein Wort. Er stand in den Klängen des»Alte Kameraden«-Marsches mit dem Felsengesicht vor der Menge, während die Kapelle oben in die Straßenbiegung einschwenkte, den Pfarrer hinter sich, der keiner mehr war – und der noch nicht bemerkt hatte, daß außer ihm niemand den Bläsern und Trommlern folgte. Wir waren zu unseren Fahrrädern auf der höher gelegenen Straßenseite zurückgetreten. Wir sahen, daß sich unter den Bauern Gruppen bildeten. Die einen drängten hinter ihrem Pfarrer her, dessen selbstsichere Erscheinung dazu geschaffen schien, jeden zur Gefolgschaft aufzufordern. Die anderen hatten einen Kreis um Ohm Peter gebildet. Die dritten verharrten unschlüssig. Es fiel kein Wort mehr. Wir hörten nur das Murren und den erregten Atem der Frauen und Männer, die sich stumm und dicht beieinander wie in einem verbissenen Ringkampf auf der Stelle bewegten. Die Sache, um die es ging, war ihnen bitter ernst. Wir sahen den Gesichtern an, daß es in diesen Sekunden mehr galt als nur den Vorfall, dessen Zeugen wir waren, daß vielleicht Jahre angestauten Haders oder ein aufwühlender Vorfall die Menschen auf dem schräg abfallenden Platz vor uns antrieben. Ohm Peter, das war mir bald klar, mußte im Dorf Ansehen genießen, denn auch die ungeduldig nach vorne Strebenden wagten es nicht, ihn beiseite zu schieben.

Unterdessen hatten sich seine Freunde über die Breite des Platzes auf- und den Menschen entgegengestellt. Sie standen wie eine Mauer und ließen keinen durch. Auf den Gesichtern erkannten wir Schweißperlen, die Hals- und Stirnadern der Männer waren angeschwollen, ich sah vom Zorn gerötete Frauengesichter. O nein, das waren nicht die kühl abwartenden Mienen auf den alten flämischen Gemälden.

Und da schrie auch schon ein junger Mann im buntbestickten, weitärmeligen Weißhemd und mit Zierbändern auf dem flachen schwarzen Schlapphut, indem er die Faust emporreckte:»Piter-Ihm, fragt doch mal die Reiner Susi, ja, ja, die Susi – die weiß am besten, wie das mit dem Pfarrer und mit dem Andres war! Warum gebt Ihr nicht endlich Ruhe? ... Jetzt macht den Weg frei. Es ist eine neue Zeit. Es ist die Zeit der Jugend.« Die ausgebreiteten Arme des Alten begannen zu zittern, doch er rührte sich nicht von der Stelle.»Du verdammter lausiger Scheißkerl!« schrie der neben Ohm Peter stehende Bauer, ein Brocken von einem Mann, und bahnte sich einen Weg durch die Menge zu dem Jungen. Ohm Peter packte ihn von hinten und sagte laut:»Nicht am Sonntag, Martin, nicht vor dem Gotteshaus ... Und jetzt«, rief er und gab den Weg frei,»jetzt lauft ihm hinterher, die ihr nicht anders könnt. Ich habe euch eine Bedenkzeit verschafft. Wir anderen aber gehen ein jeder in sein Haus und bitten Gott um Frieden. O nein«, rief er dem jungen Mann zu,»mit meinem Andres und mit der Susi hat es nichts zu tun. Es geht um die Wahrheit. Und um ihretwillen werde ich niemals Ruhe geben, niemals!«

So kam es, daß Junge und Halbwüchsige und einige der Älteren hinter der Marschmusik und dem Pfarrer mit dem Hakenkreuzabzeichen auf der Brust herliefen, ja sie konnten, wie es mir schien, nicht schnell genug hinterherrennen, es sah aus, als seien sie Besessene. Sie verschwanden alle in der Biegung hinter der hohen grauen Mauer, bis keiner mehr zu sehen und nur noch die Musik zu hören war. Die meisten aber der Männer und Frauen gingen mit gemessenem Schritt auf ihre Höfe zu und traten durch die breiten Tore – und dabei sahen sie jetzt wieder den bedacht dreinblickenden Frauen und Männern aus Brabant auf den Bildern der flämischen Meister ähnlich ...

Mit einem Mal war der Dorfplatz vor der Wehrkirche leer. Der lauwarme Wind kreiselte ein paar Staubwölkchen hoch, am Ende des Rasenstücks, das sich von der Böschung auf den Platz herabzog, tauchte eine Schar schnatternder Gänse auf, die froh zu sein schienen, den Platz wieder für sich allein zu haben. Ein Dutzend Schwalben schoß in Schleifen, Wendungen und Überschlagrollen um den spitzen Kirchturm herum, auf dem ein bis zur Unleserlichkeit verblaßtes Zifferblatt gerade noch zu erkennen war. Irgendwoher trug uns der Wind den Geruch warmer Brotrinde zu. In der vor uns dorfauswärts führenden Straße standen zwei Gruppen barfüßiger Zigeuner, sie blickten uns finster an. Hinter uns hatten sich einige sonntäglich gekleidete rumänische Bauern versammelt. Sie alle hatten das Geschehen auf dem Platz beobachtet.

Die Blaskapelle war jetzt jenseits der klobigen Festungsmauern angekommen. Die Klänge der Tenorhörner schwangen weich über die Mauern und Dächer bis zu uns herüber.

»Los«, sagte Horst, »fahren wir weiter.«

»Du, Peter«, fragte Blessi neben mir, »was haben die? Hast du verstanden, worum es bei dem Hin und Her ging?«

»Nein«, antwortete ich.

»Nein«, sagte auch Paul, »und du, Willi?«

Willi schüttelte den Kopf.

»Los«, drängte Horst, »fahren wir doch. Einiges habe ich schon begriffen.«

Wir schoben die Fahrräder zum Dorfausgang hinauf. Als wir die letzten Häuser erreichten, sagte ich: »Der Ort heißt auf rumänisch Brighela, auf deutsch Brigg. Der Pfarrer heißt Scheben. Doktor Fritz Scheben. Ich habe eine Frau gefragt.«

Wir bestiegen die Fahrräder und sahen dabei auf einem grasbewachsenen Erdhaufen jenseits des Straßengrabens die Zigeuner stehen. Sie waren uns ein Stück gefolgt; ein breitbrüstiger, bärtiger Mann fiel mir auf, weil er schielte. Sie blickten uns regungslos nach.

Wir aßen später und länger als sonst zu Mittag und waren einsilbig. Wir beschlossen, früher als üblich zu zelten, ohne daß einer hätte sagen können, warum. Der Vorfall in Brigg hatte uns lustlos gemacht. Er beschäftigte jeden auf andere Weise. Hatte uns der Riß, der die kleine Dorfgemeinschaft spaltete, so stark berührt, als beträfe er auch uns, oder war es die Ahnung unerhörter Vorgänge, die sich, für uns unsichtbar, hinter dem Vorfall verbargen und uns beunruhigten?

All dies mögen die Gründe dafür gewesen sein, daß wir von der gewohnten Tagesordnung abwichen und auch wenig Sorgfalt auf die Wahl des Lagerplatzes verwendeten. Wir hatten nach dem Mittagessen geschlafen, die Zeit vertrödelt und schon nach kurzer Weiterfahrt die Stelle der nächtlichen Bleibe bestimmt. Die Spitze des Kirchturms von Brigg war hinter den Hügelrücken verschwunden.

Die Wiesenhänge hinter den Zelten stiegen in leichtem Gefälle zu einem Waldrand hinauf, der mir den Eindruck erweckte, als bewege er sich. Ein Bach trennte uns von den Wiesen. Wir blieben einsilbig, auch als wir unter dem Nachthimmel rings um das Feuer saßen. »Von hier sind's noch acht Kilometer bis nach Bistritz«, sagte Paul, »bevor wir abbogen, war da ein Wegschild.« Horst nickte. Ich hätte nicht sagen können, warum mir der finstere Waldrand in diesem Augenblick beängstigend erschien.

Da fragte Horst den neben ihm sitzenden Willi: »Wie der Andres wohl ums Leben gekommen ist?« Willi zuckte mit den Schultern.

»Der Pfarrer«, sagte Horst nachdenklich, »die Susi, der Andres. Und der Alte mit dem Felsengesicht hat sich mit den Freunden den anderen in den Weg gestellt. Aber er sagte, daß es nichts mit Susi und seinem Sohn Andres zu tun hat – obwohl alle auf dem Platz an diese beiden und an den Pfarrer dachten. Glaubst du's?«

»Einer hat dabei schmutzige Finger«, sagte Willi.

»Ich tippe auf den Strahlemann von Pfarrer«, sagte Horst, »aber in diesen Dörfern genießt der Pfarrer das Ansehen päpstlicher Unfehlbarkeit. Niemand sagt ein Wort gegen einen von ihnen.«

»Still«, unterbrach ihn Blessi, »da war eine Stimme.«

Wir blickten an der Flamme vorbei in die Nacht. Außer dem Bach hinter den Zelten war nichts zu hören. Horst sagte zu Willi: »Ich gehe jede Wette ein: Hätte ich einen im Dorf was gefragt, er hätte nicht geantwortet, eher hätte er sich die Zunge abgebissen. Das ist in diesen Dörfern wie eine Wand. Da geht kein Fremder durch. Auch den größten Halunken decken sie … Ich tippe auf den Pfarrer«, wiederholte er. »Der Piter-Ihm, der Pfarrer und die Susi allein wissen, wie und warum der Andres ums Leben kam. Die anderen ahnen es.«

Blessi hob den Kopf. »Ich habe es deutlich gehört«, sagte er.

»Da ist keiner«, beruhigte ihn Horst, »und wenn schon? Soll er doch kommen.« Dann krochen wir in die Zelte.

»Ich schlafe im Freien«, sagte Paul zu mir, »unter den Büschen am Bach, neben den Fahrrädern.«

»Wie du willst.«

Paul verschwand im Dunkel. Ich konnte mich nicht aufraffen, das ganze Gepäck vom Fahrrad zu schnallen. Ich holte nur den Schlafsack, der obenauf lag, zog im Zelt die Schuhe aus und schob mich neben Willi in meine dünne Daunenhülle.

»Peter«, sagte Willi, »ich mag heute nicht mehr sprechen. Gute Nacht.«

»Schlaf gut.«

Bald darauf hörte ich den Wind einsetzen – ein kurzes, seufzendes Aufatmen in den nahen Uferbüschen hatte ihn angekündigt, es hatte geklungen, als habe das Dunkel aufgeatmet.

Und dies war die Stunde des Sarazenendolchs.

V. KAPITEL

Die Stunde des Sarazenendolchs und die Todesschreie in den Ostkarpaten

Wie und in welcher Reihenfolge alles geschah, weiß ich nicht mehr. Ich hörte Blessis hellen Aufschrei und meinte zuerst, zu träumen. Zugleich aber war mir bei dem Tumult vor den Zelten klar, daß von Träumen keine Rede sein konnte. Ich wand mich aus dem Schlafsack und fuhr hastig in die Schuhe, während ich Laufschritte, dumpfe Schläge, Fluchen und dazwischen Horsts Stimme hörte. Willi schlief so fest, daß ich ihn erst mit einem Tritt wach kriegte. »Hitleriști!« hörte ich eine heisere Stimme dicht neben dem Zelt, »lua v-ar dracu de nemți!«, »Ihr Hitleristen! Der Teufel hole euch Deutsche!« Dann stand ich draußen. Ich erkannte im Mondlicht hin und her rennende Gestalten. Ich sah Horst, der mit einem aus der Glut gerissenen armdicken Holzstück ausholend auf zwei Männer losstürmte, einer hielt ein langes Messer in der erhobenen Hand. Erst jetzt erblickte ich Blessi. Er lag regungslos auf dem Rücken neben der Feuerstelle, eine lange, blutende Platzwunde auf der Stirn. In diesem Augenblick erhielt ich einen Hieb auf den Hinterschädel und flog im Bogen auf das Zelt, dessen metallene Eingangsstütze mit einem knallenden Laut unter mir zerbrach. Wir sind überfallen worden, dachte ich.

Mit schmerzendem Kopf rappelte ich mich auf, sah Willi wie erstarrt neben mir stehen und hörte Horst schreien: »Los, Peter! Los, Willi! Die haben uns die Fahrräder geklaut.« Ich hielt plötzlich die abgebrochene Zeltstange in der Hand. »Paß auf, Peter«, schrie Willi, »hinter dir!« Ich ließ mich instinktiv in die Hocke fallen, drehte mich dabei und holte mit beiden Händen aus. Die Gestalt vor mir floh. Ich trat ihr im Lauf in die Kniekehle und schlug ihr im Sturz das Metall von der Seite übers Ohr. »Futu-vă muma voastră de hitleriști!« schrie die heisere Stimme noch einmal. Da Horst das glimmende Aststück aus der Kohlenglut gerissen hatte, war diese aufgewühlt worden. Im Schein der emporzüngelnden Flammen erkannte ich, daß wir umringt und daß die

Angreifer in der Überzahl waren. »Paul«, schrie ich, »verdammt, wo bleibst du? ... Paul!« Ein Kerl mit der Figur einer Vogelscheuche und schwarzem Totenschädel rannte Willi an. Der fing ihn mit hochgerissenem Knie ab, ich hieb ihm das Metallrohr in den Nacken, daß er aufheulend zur Seite sprang. »Paul!« schrie auch Willi und schlug um sich. Der Dunkle, dachte ich, dem Horst jetzt das Glimmscheit übers Gesicht haut, ist das nicht der Schieläugige aus der Gruppe, die uns am Dorfausgang von Brigg nachgeblickt hatte? Dann war Paul endlich da. Ich kannte ihn, ich wußte, daß es jetzt leichter werden würde. Mit einem Satz landete er mitten in der rings um ihn aufstiebenden Glut. Er stieß dem plötzlich vor ihm auftauchenden bärtigen, vierschrötigen Schielauge mit der Stacheldrahtpeitsche in den Händen den funkelnden Gegenstand, den er in der Rechten hielt, mit solcher Wucht gegen die Schulter, daß der brüllend zurückfuhr und ins Dunkel taumelte. Den nächsten erwischte er mit einem von der Seite geführten Schlag am Oberschenkel. Der Getroffene wich mit einem Aufschrei zurück.

Ich habe das Bild nicht vergessen, weil ich in dieser Sekunde die Waffe in Pauls Fäusten erkannte – Paul stand in der Glut, stampfte bei jedem Schlag, den er führte, daß die Funken um ihn hochwirbelten, und hieb mit blitzschnellen, gezielten Bewegungen meinen Sarazenendolch in die braunen Gesichter, Leiber und Fäuste hinein, die sich, wie mir schien, von allen Seiten auf uns warfen. Überallher tönten Flüche, Befehle und Warnrufe. Der hohle Laut des Schlags, mit dem Horst einem der Angreifer einen Tritt in den Bauch versetzte, ist das letzte, was mir von dem Kampf vor den Zelten in Erinnerung blieb. Im Augenblick darauf war alles vorbei, als wäre nichts geschehen. Doch Horst schrie uns an: »Ihnen nach – die haben drei von den Fahrrädern. Ich nehme den Feldweg zur Hauptstraße. Zwei sind dort über den Acker abgehauen. Los schon, Peter, ihnen nach!« Er warf sich auf sein Fahrrad. Ich rannte mit Willi nach rechts in die Dunkelheit hinein, Paul hatte sich über Blessi gekniet.

Horst holte die beiden, die sich mit Pauls und Willis Fahrrad davongemacht hatten, in derselben Sekunde auf der Straße ein, als Willi und ich nach einem Sturmlauf querfeldein über die Erdschollen die Straße erreichten. Einer Eingebung folgend waren wir über den Sturzacker gerannt und hatten ihnen den Weg abgeschnitten; Blessis Fahrrad hatten sie auf der Flucht über den unebenen Acker schon nach wenigen Schritten liegengelassen. Als wir uns von der Seite auf sie stürzten, war Horst dicht hinter ihnen. Ich spürte nach dem Sprung über den Straßengraben einen Stein unter dem Fuß, packte ihn und schleuderte ihn dem ersten der beiden in den Rücken. Er sprang vom Fahrrad und verschwand im Dunkel der Büsche, die dort die Straße säumten; der zweite folgte ihm. Zehn Minuten später trafen wir mit den Fahrrädern wieder bei den Zelten ein.

Blessi war unter den Wassergüssen aus Pauls Feldflasche gerade aus der Bewußtlosigkeit erwacht. Von einem »ordentlichen Hieb mit dem Schlagring«, wie Horst sagte, hatte er quer über die Stirn eine fingerlange Wunde. Horst, dessen Handrücken blutig waren, holte sein Verbandszeug und verarztete ihn. Blessi lag mit großen Augen regungslos vor ihm und gab keinen Ton von sich. »Könnte man zwar nähen«, sagte Horst, »heilt aber auch so.« Paul hielt mir die vom Bachwasser kalte Feldflasche auf die Stelle des Hinterkopfs, die vom Schlag, mit dem ich aufs Zelt befördert worden war, anzuschwellen begonnen hatte, er sagte: »Halt du die Flasche, ich hol Feuerholz.« Er war der einzige, der keine Verletzung davongetragen hatte.

Wir waren so sehr mit uns beschäftigt, daß wir kaum ein Wort redeten. Erst als die Flammen wieder höher schlugen und wir uns bei ihrem Licht besser sahen, lösten sich uns die Zungen. »Mann«, sagte Horst und betupfte seine verletzten Handrücken, von denen die Haut in Fetzen hing, »war das ein Ding. Der Schielende hat doch wirklich mit einer Stacheldrahtpeitsche zugeschlagen.« Blessi erhob sich wankend, das breite Pflaster auf der Stirn. Paul rief: »Hock dich noch für ein paar Minuten hin.« Horst erklärte, »einen Mordshunger« zu haben. Den hatten wir bis auf Blessi alle.

»Die hätten uns erschlagen«, sagte Horst, als wir vor dem Feuer saßen, »das ist euch doch klar? Die hatten Mordwerkzeug dabei.«

»Ein Glück«, sagte Willi, dessen linkes Auge sich blau färbte, »daß Paul als Geist aus dem Dunkel auftauchte.«

»Warum haben die uns ›Hitleristen‹ geschimpft?« fragte Paul, »sie wollten doch bloß die Fahrräder.«

»Die Hitleristen«, sagte Blessi, »das sind alle Deutschen.«

»Quatsch«, fuhr ihm Horst dazwischen, »die hätten uns überfallen, auch wenn wir Chinesen oder Tahitianer wären.«

»Paul«, sagte ich, »woher wußtest du, daß der Dolch in meinem Rucksack war?«

Paul sah mich lange an. »Ich wußte es nicht«, sagte er, »als ich aufsprang, stieß ich mit der Hand gegen deinen Rucksack. Da hielt ich den Dolch in der Hand ... Ich habe dort neben den Fahrrädern geschlafen. Nein, ich wußte es nicht.« Er sah mich immer noch an. »Als hätte ihn mir jemand gereicht. Ich hatte ihn plötzlich in der Hand. Ich habe ihn dem schielenden Kerl mit dem Bart in die linke Schulter gehauen und nach unten gerissen.«

»Na und«, sagte Horst, »sind die nicht mit Messern auf uns losgegangen? Habt ihr bemerkt, daß sie erst flohen, als Paul auf den Kerl eingestochen hat? Das war der Anführer.«

»Ich glaube«, sagte Paul, als habe er Horst nicht zugehört, »ich hab das Schielauge umgebracht.« Es war eigenartig, daß ihm niemand widersprach.

Er hob den Sarazenendolch aus dem Gras. Die Klinge mit der Inschrift, deren Inhalt wir nicht kannten, war bis zum Griff mit dunkelrotem Blut bedeckt. Im Feuerschein vor uns sah sie wie eine der Flammenzungen aus. Paul kniete nieder, wischte sie an einem Moosbüschel ab und stieß sie zweimal langsam in die Erde, so daß sie wieder blank wurde. Dann ging er zu meinem Fahrrad. Wir waren alle unsicher geworden.

»Wer weiß«, rief Horst, »wie es ohne den Dolch ausgegangen wäre!«

»Ich hab den Dolch nicht gesucht«, sagte Paul, »er lag mir in der Hand ... Mann, ich hab das Schielauge umgebracht ...«

»Ich meine«, rief Horst in die Stille, »wir sollten von hier verschwinden. Die kommen mit Verstärkung wieder ... Und nicht nur die.« Auch diesmal widersprach keiner.

Eine Stunde später trafen wir in Bistritz ein. Als wir in der Stadtmitte unter dem freistehenden Turm der deutschen Kirche über das Kopfsteinpflaster des menschenleeren Platzes fuhren, hämmerte es über uns mit so hartem Anschlag elf Uhr, daß ich zusammenzuckte. Unter dem Turm hielten wir an. Ich blickte zum steinernen Umgang unterhalb des Zifferblattes hinauf. In den Blendsäulen des Giebels verfing sich das Licht der Straßenlaternen. Blicken uns die Hausfassaden ringsum nicht an, als beobachten sie uns? dachte ich. Auf Horsts Handzeichen hin schoben wir die Fahrräder unter eine der Linden am Fuß des Turms.

177

»Wir müssen weiterfahren«, sagte Horst leise, fast flüsternd, »wenn's stimmt, was Paul vermutet, ist nämlich auch die Polizei schon hinter uns her ... Wie siehst du das, Willi?«

Willi nickte ohne zu zögern. »Es bleibt uns nichts anderes übrig. Peter?«

»Wir fahren weiter«, sagte ich. »Gegen die Polizei haben wir keine Chance«, sagte Horst.

Wir spürten die Kälte der Nachtluft, die dicht neben uns an den grobkörnigen Steinquadern entlangstrich. »Schaffst du's, Blessi?« fragte Horst.

»Ja«, antwortete Blessi, von dessen Gesicht im Dunkel nur das handbreite Stirnpflaster zu sehen war.

Wir verteilten Blessis Gepäck auf unsere Träger.

»Ich glaube, ich hab das Schielauge umgebracht«, sagte Paul, als wir weiterfuhren, als spräche er mit sich selber, »ich hab den Kerl umgebracht ...«

Vor einem der letzten Häuser der Stadtmitte machte uns Horst ein Zeichen zum Halten. Aus einem offenen Fenster vor uns fiel ein Lichtstrahl. »So ein Nachtfurz!« zischte Horst wütend. Wir folgten ihm an der Wand entlang unter dem Fenster. Aus dem Innern des stattlichen Hauses tönte laute Radiomusik. Ein Männerchor sang zu Trompetenklängen: »Auf der Heide blüht ein kleines Blümelein, und das heißt Erika ...« Die Musik setzte aus, eine Männerstimme sagte: »Das Oberkommando der Wehrmacht gibt bekannt ...« Horst hielt in der Toreinfahrt; wir drückten uns hinter ihm in den Schatten des Torbogens. Wir hörten: »Britische Flugzeuge belegten Wohnviertel in Hamburg, Bremen und Berlin mit Spreng- und Brandbomben. Dank der Disziplin der Bevölkerung sind nur vierzehn Tote und vierzig Verletzte zu beklagen. Die Verluste des Gegners betrugen vierundvierzig Flugzeuge. Einundzwanzig eigene Flugzeuge werden vermißt. Deutsche Kampfflugzeuge setzten in den frühen Nachtstunden die Vergeltungsangriffe auf London fort ... Soeben erreicht uns die Nachricht«, sagte die Stimme lauter, »daß ein Unterseeboot unter Führung des Kapitänleutnants Günther Prien auf einer Unternehmung vor der britischen Nordküste insgesamt sechs bewaffnete feindliche Handelsschiffe versenkte. Ein weiterer Dampfer wurde schwer beschädigt ...« Die klangvolle Männerstimme verstummte, dann ertönte wieder ein

Marschlied. Eine Frauenstimme rief:»Martin, unsere Helden haben wieder zugeschlagen!« Horst hatte genickt und war weitergefahren. Aus einiger Entfernung hörten wir noch, wie das Fenster geschlossen und so der Kehrreim des Liedes»Bomben, Bomben, Bomben auf Engeland« unterbrochen wurde. Die spärlichen Straßenlichter ließen mir das Nachtdunkel noch eindringlicher erscheinen. Paul, neben mir fahrend, sagte:»Die Tante wollte, daß die ganze Nachbarschaft mithört.«

Als fünf Stunden später die Sonne vor uns aus den Rücken des Dorna-Gebirges wuchs, standen wir nach der letzten Anstiegskehre auf der Höhe des Tihuta-Passes. Vor uns unter dem ungehemmten Einfall der Lichtstrahlen die betauten Waldhöhen der Ostkarpaten bis in die Moldau hinüber. Wir waren bisher weder einem Gefährt noch einem Menschen begegnet. Ich spürte jeden meiner Herzschläge in der Schwellung am Hinterkopf, der schmerzte. Mit der Wärme in der Luft stellte sich fast übergangslos die Müdigkeit ein – es war nicht nur der verlorene Schlaf, der sich bemerkbar machte. Wir hatten in einer stummen Entschlossenheit bis zur Verausgabung unserer Kräfte in die Pedale getreten. Als befänden wir uns auf der Flucht. Etwas in mir lehnte sich heftig gegen das Gefühl auf, zu fliehen. Ich spürte, daß es meinen Freunden ebenso erging.

Während wir vom langen Serpentinenanstieg mit den schweren Fahrrädern verschwitzt, außer Atem, zugleich aber erleichtert mitten auf der Straße standen, hatte Willi seine große Landkarte auf der Lenkstange ausgebreitet.»Ich schlage vor«, sagte er,»wir verlassen die Hauptstraße. Hier links, auf dem Pfad, kommen wir zu einem Bach – Ilva … Dort unten sehe ich eine langgestreckte Talsenke. Ein paar Tage …« Auf Willis Stirn leuchteten die Schweißperlen in der Sonne.»Los«, unterbrach ihn Horst und schob das Fahrrad von der Straße,»ehe jemand kommt.« Zwischen Buchsbaumsträuchern, vereinzelten Fichten und dicht beieinander stehenden Tannen bahnten wir uns mit den Fahrrädern auf dem kaum begangenen, stellenweise überwachsenen Saumpfad mühsam den Weg bis auf eine flach geneigte Wiese, neben der sich der Bach schlängelte. Wir schliefen bis in den Nachmittag hinein. Erst gegen Abend schlugen wir die Zelte auf – an einem Platz, den Horst und Paul ausgesucht hatten. Die Zelte waren nur aus der Nähe zu erkennen.

Auf dieser Wiese unter dem Bârgău-Gebirge verbrachten wir drei Tage und Nächte bei wechselndem Wetter. Während der drei Tage veränderte sich in dem Land, durch das wir fuhren, alles. Alles. Und das sollte den Grund unserer Flucht auf eine zutiefst beunruhigende Weise gegenstandslos machen.

Blessi fieberte; Horst war Tag und Nacht um ihn bemüht, obgleich er wegen der verletzten Handrückensehnen und -knorpel kaum zu greifen fähig war. Paul sorgte für die Mahlzeiten. Durch unterirdische Kanäle, die er aus dem Feuerloch nach drei Seiten hin grub, brachte er den Rauch zur Auflösung, ehe er in die Luft stieg und unseren Aufenthalt anzeigte. Da wir die Paßstraße von hier aus nicht sehen konnten, bestieg er mehrmals am Tag eine kleine, bewaldete Anhöhe und hielt Ausschau nach den blauen Uniformen der rumänischen Landpolizei. Jedes Mal, wenn er zurückkam und wir ihn fragend ansahen, schüttelte er den Kopf. Willi schaffte das Wasser herbei und wusch am Bach unsere Unterwäsche. Dazwischen saß er vor den Zelten und massierte seine Geigenfinger, im Gras vor sich ein Buch, in dem er las. Auf einen Wink Horsts hin erkundete ich die Umgebung. Ich streifte durch den Mischwald nördlich und südlich der Paßstraße, stieß auf zwei leere Sennhütten und ein aufgelassenes, vermoderndes Bauerngehöft und näherte mich unter den Abhängen dem Rumänendorf Dornișoara auf Sichtweite. Einmal beobachtete ich aus der Nähe eine Schafherde und drei Hirten, die sich langsam südwärts bewegten. Der leichte Wind strich von der Herde zu mir herüber und brachte den säuerlich dumpfen Geruch der Tiere mit; die großen, langhaarigen Hunde trotteten an der Esche vorbei, auf deren unterstem Ast ich saß. Es waren zeitlose Bilder, die ich damals in mich aufnahm. Manchmal hatte ich das Empfinden, so alt zu sein wie einer der Bäume und seit undenklichen Zeiten hier zu leben – besonders wenn morgens die ersten Herbstnebel durch die Täler schwebten, als suchten sie die Landschaft nach versunkenen Plätzen ab, oder wenn abends von Westen her die Sonne ihre Feuerspiele an den Himmel zauberte.

Am dritten Tag sagte Paul beim Frühstück: »Wir haben kein Brot mehr. Auch die Konserven gehen zu Ende.«

Horst nickte und sagte: »Heute müssen wir noch bleiben, Blessi war in der Nacht zum ersten Mal fieberfrei.«

»Ich hole Brot«, sagte Paul, »ich war gestern mit Peter nahe am Dorf

Dorniṣoara. Dort gibt es einen Laden. Ich sah Leute ein- und ausgehen. Vielleicht finde ich auch sonst einiges.« Wir beschlossen, daß er sich nachmittags auf den Weg machen sollte.

Als Paul am Nachmittag nach anderthalb Stunden Abwesenheit mit vollem Rucksack zurückkehrte, fiel mir schon von weitem an seinen Bewegungen auf, daß er eine Nachricht mitbrachte, die ihm zu schaffen machte. Entgegen seiner ruhigen, ja lässigen Art kam er mit schnellem Schritt quer über die Wiese auf den Zeltplatz zu; es war auch Willi aufgefallen, der mich kurz anblickte. Dann stand Paul vor uns, er schob sich die Tragriemen von den Schultern, stellte den Rucksack neben sich und sah uns an.

»Ist was, Paul?« fragte Willi; Blessi und Horst blickten Paul ebenfalls neugierig an.

»Hej«, sagte Paul, »irgendwas stimmt nicht ... Die in Dorniṣoara sagen: ›Die Ungarn kommen!‹ Sie fluchen und sind aufgeregt. Keiner wollte mir antworten. Auf jede Frage nur: ›Vin bozgorii!‹, ›Die Scheiß-ungarn kommen!‹ – und ein Fluch hinterher. Einer hat mich angefaucht: ›Lebst du auf dem Mond, Mensch?‹ Die Leute sind alle auf der Straße. Den Dorfgendarmen haben sie verprügelt, weil er abhaut. ›Dar oameni buni‹, ›Aber gute Leute‹, hat der immerfort geschrien, ›ich habe den Befehl, ich habe den Befehl!‹ ... Was heißt das? Was für Ungarn sollen kommen? Ich habe keinen gesehen. Wir sind ja hier in einer Rumänengegend.«

»Ich geh mal ins Dorf«, rief Horst.

»Tu das nicht«, sagte Paul, »die hätten auch mich fast verhauen, als sie merkten, daß ich kein Rumäne bin. Ich bin ihnen gerade noch entkommen. ›Den Ungarn und den Deutschen haben wir dies zu verdanken!‹ hat eine Frau geschrien. Und geflucht.« Wir standen ratlos vor den Zelten.

»Mit keinem Menschen war vernünftig zu reden«, wiederholte Paul, »sie liefen auf der Straße herum und schrien ...«

Nach einer Pause fragte Willi: »Sollten wir nicht heute schon weiterfahren?«

Wir setzten uns und berieten, bis es zu dunkeln begann. Wir würden morgen vor Tagesanbruch aufbrechen, beschlossen wir. Später, als wir aßen, sagte Horst: »Mein Vater erzählte, daß die in dieser Gegend öfter mal aneinandergeraten – nicht weit südlich von hier beginnen ja die

181

Wohnsitze der ungarischen Szekler. Messerstechereien, Totschlag. Sie gehen sogar mit Äxten aufeinander los.«

»Was denn haben sie ›den Deutschen zu verdanken‹?« fragte Paul, »wir haben ihnen doch nichts angetan.« Wir schwiegen.

»Nein«, sagte Willi, »das haben wir nicht.«

»Mann«, rief Horst plötzlich und schlug sich mit der flachen Hand gegen die Stirn, als sei ihm eine Erleuchtung gekommen, »Mann, natürlich! Die meinen gar nicht uns. Die meinen die in Berlin.« Wir sahen Horst verständnislos an.

»Fühlst du dich kräftig genug«, fragte Willi den neben ihm sitzenden Blessi, »um morgen zu fahren?«

»O ja«, antwortete Blessi, »mir geht's gut.«

Dann krochen wir in die Zelte. Paul sagte: »Ich übernachte wieder im Freien.«

Willi konnte ebensowenig einschlafen wie ich. »Du, Willi«, sagte ich, »wenn wir morgen gut vorankommen, sind wir abends bei Gebefügi Gábor südlich der Kelemen-Gebirge. Erinnerst du dich an ihn? Der Kriegsfreund meines Vaters – er war mit seiner Frau Margit damals beim Gartenfest in Rosenau.«

»Ja, selbstverständlich«, erwiderte Willi, »der breitschultrige Szekler, der mit deiner Mutter Czárdás tanzte … Aber – weißt du den Weg?«

»Ich bin mit Gebefügis Sohn Attila vor einigen Jahren eine Woche lang durch die Gegend gestreift. Er erwartet uns. Ich schrieb ihm, daß wir kommen … Willi, bei den Gebefügis lernten wir damals Katalin kennen. Wir nahmen sie mit. Seither lebt sie bei uns.«

»Ja«, sagte Willi, »ich weiß … Reden wir morgen auch mit den anderen über deinen Vorschlag.«

Eine Stunde nach Mitternacht war ich plötzlich wach. Die Phosphorzeiger meiner Armbanduhr gaben das einzige Licht im Zelt. Ich saß. Ich hörte Waldemar Tauchers Stimme im Nebenzimmer, als ich mir, über die Landkarte gebeugt, Straßen, Ortschaften, Berge in den Ostkarpaten eingeprägt hatte. Taucher war gegen unsere Fahrt gewesen. Das hatte ich deutlich gehört. Er hatte zu Vater von »Ereignissen in der ›province Transilvanie‹« gesprochen, von denen er in Paris gehört haben wollte. Auch der General hatte etwas gesagt – wie hieß er nur? Ach ja, Phleps. Aber auch er hatte Vaters Widerspruch hinnehmen müssen. Warum nur, dachte ich, warum habe ich nicht aufmerksamer zugehört?

Die drei Männer in Vaters Arbeitszimmer – worüber haben die gesprochen? zerbrach ich mir den Kopf. Doch da ich nur mit halbem Ohr zugehört hatte, versuchte ich jetzt vergebens mich zu erinnern. Soviel aber war mir klar: Eben jene Lage war gemeint gewesen, in der wir uns jetzt befanden. Was für eine Lage? Wieso hatte irgend jemand in Paris davon gewußt?

Um halb fünf weckte uns Horst. Ohne viel zu reden, mit schnellen Handgriffen schnürten wir die Rucksäcke, rollten die Zelte zusammen und schnallten das Gepäck auf die Träger. Zwischendurch erzählte ich Horst vom Gebefügi-Hof. Er nickte und antwortete:»O ja, das machen wir.« Da ich auf meinen Erkundungsgängen hinter den Zelten einen bequemen, überwachsenen Schleifenweg zur Hauptstraße hinauf entdeckt hatte, führte ich die Freunde durch das Dunkel zur Paßhöhe. Oben auf der Straße strich ein kalter Lufthauch. Vom Schieben der beladenen Fahrräder durch den Wald war es uns warm geworden. Minuten später fuhren wir den Tihuta-Paß ostwärts ab, vor und rings um uns die Schwärze der Wälder. Die Lichtkegel unserer Lampen weckten das Gefühl in mir, wir führen ins Erdinnere hinein. Keine Stunde später hatten wir das Städtchen Vatra Dorna hinter uns gelassen.

Es war dann auf der Höhe der großen Südkehre, in der die Straße dort das Pietrosul-Massiv umgeht, als Paul, der als letzter fuhr, aufgeschreckt schrie:»Hej! Da fahren uns welche hinterher!« Über den Baumspitzen links von uns hatte sich soeben ein erstes, flutendes Graulicht angezeigt. Horst bremste, wandte sich um und rief:»Da hinunter! Hinter die Sträucher! Los!« Es war eine Sache von Sekunden. Wir lagen keuchend und mit hämmernden Schläfen unter der steilen Straßenböschung im Dickicht aus Hasel- und Weißdorngestrüpp und starrten durch die Zweige zur Straße hinauf. Das Geräusch von Motoren kam langsam näher. Dann sahen wir meterweit über uns den ersten Wagen, es war ein Militärwagen mit längsgestreiftem rotweißgrünem Stander auf dem Kotflügel, dicht gefolgt von vollbesetzten Truppenlastern. Horst zählte vierundzwanzig. Die bewaffneten Soldaten saßen mit dem Rücken an dem uns zugekehrten Seitenbord. Tragen die nicht grüne Uniformen? dachte ich. Wieso grün? Was soll das längsgestreifte Hoheitszeichen?

Es dröhnte über uns, es stank nach verbranntem Sprit. Wieso rotweißgrüne Stander? Das Ende der Kolonne bildete wieder ein Geländewagen. Er fuhr keine vier Meter über uns, und ich hatte eine Sekunde lang das Gefühl, der Fahrer, dessen junges Gesicht ich deutlich sah, blickte mir gerade in die Augen. Dann war der gespenstische Zug auch schon an uns vorbei. Vierundzwanzig Militärlaster ...

Es war so hell geworden, daß wir unsere Gesichter erkannten. Ich sah, daß Horsts Stirn weiß war, als er sich neben mir halb aufrichtete und sagte:»Habt ihr das gesehen? Das war nicht rumänisches Militär! Das waren ... das waren Ungarn. Mann! Was, verdammt, soll das bedeuten? ... Ungarischer Militäraufmarsch in Rumänien.« Es knisterte im Baumgeäst über uns. Aus dem Waldtal drang erstes Vogelgezwitscher herauf. Irgendwo neben uns fiel ein trockener Ast; ich sah ein Eichhörnchen am Stamm der Fichte hinaufflitzen, die hinter Paul stand.

»Und was jetzt?« fragte Willi in die Stille.

»Jetzt holen wir erst mal tief Luft«, antwortete Horst,»was um alles in der Welt macht ungarisches Militär in diesem Land?«

»Bist du auch sicher, daß es Ungarn sind?« fragte Blessi.

»Mann«, sagte Horst,»die rumänische Trikolore ist quergestreift. Außerdem tragen die Kerle grüne Uniformen. Die Rumänen tragen Khaki.«

Wieder einmal waren wir ratlos. Paul sagte:»Na und? Wir fahren weiter und fragen den Erstbesten, was los ist. Die werden hier ja nicht alle so durchgeknallt sein wie die in Dornişoara.«

Wir fuhren weiter. Wir kamen schon nach wenigen Kilometern in ein rumänisches Bauerndorf. Fensterläden, Tore, Türen waren geschlossen, Hunde bellten, als ob sie die einzigen Ortsbewohner wären. Am Ende des Dorfes stand ein dickleibiger Mann mit zerzaustem Grauhaar am Straßenrand. Seinen Bauch, so schien es, hielt allein der breite Ledergürtel zusammen, den er übers offene Hemd geschnallt trug. Als wir näher kamen, sahen wir seine tintenblauen Tränensäcke. Paul hielt an und grüßte:»Bună dimineaţa! Guten Morgen! Wissen Sie, was das ungarische Militär hier macht?«

Die Tränensäcke des Mannes wurden noch dunkler, sein fleischiges, stoppelbärtiges Gesicht zitterte. Es war ihm anzusehen, daß er soeben erst aus den Federn gekrochen war, geweckt, nein, aufgeschreckt vom Motorenlärm der Militärkolonne in grüner Uniform, die er wohl erwartet hatte, nicht jedoch zu dieser Stunde.»Da' ce dracu mai căutaţi şi voi p'aici? Was zum Teufel sucht auch ihr noch hier? ... Und ob ich das weiß!« schrie der Mann und trat drohend auf Paul zu, der nicht zurückwich,»wer seid ihr? Woher kommt ihr?« Ohne Pauls Antwort abzuwarten, hob er die geballte Faust und stieß mit einem Blick zum Himmel einen Fluch aus:»'tu-le muma-n cur de bozgori! Le-au dat Hitler și Mussolini jumătatea Ardealului! Fick den Arsch ihrer scheißungarischen Mutter! Hitler und Mussolini haben ihnen halb Siebenbürgen geschenkt!« Er knirschte mit den Zähnen. Der Hund im Hof hinter ihm bellte in einem Zustand von Raserei, auch die Köter der Nachbarhöfe gebärdeten sich wie toll. Der Mann schrie, daß es durchs ganze Dorf zu hören war. Wenn Paul jetzt nicht einen Schritt nach hinten tut, dachte ich, bricht er ihm alle Knochen.»Und du?« schrie er mich plötzlich an, »woher kommst du?«

»Wir kommen aus Kronstadt«, sagte ich.

»De unde? Din Brașov? Ihr seid verrückt«, brüllte er,»bei Gott, ihr seid verrückt!« Er schüttelte die erhobenen Fäuste. Er war von massiger Gestalt; ich sah, daß er barfuß im Gras des Straßenrandes stand, o nein, erkannte ich, am linken Fuß trägt er einen Schuh.»Cărați-vă acasă! Haut ab nach Hause! Bis zu euch kommen die ungarischen Asiaten nicht. Nur uns hier im Norden haben die Huren von Bukarester Generälen und königlichen Politikern verschachert.« Er war bis zur Straßenmitte gegangen, er brüllte ins Dorf hinein:»Ba turcii, ba rușii, ba austriecii, ba ungurii – bald die Türken, bald die Russen, bald die Österreicher, bald die Ungarn ... Rumänische Brüder, was alles soll noch mit uns geschehen?« Hinter mir wurde ein Fensterladen aufgestoßen, eine dünne Frauenstimme wimmerte:»Komm herein, Gheorghe, du bist krank. Laß die Jungs in Frieden. Vai doamne, iartă-ne! O weh Herr, vergib uns!«

Doch es war zu spät. Mit einem pfeifenden Aufstöhnen warf der Mann die Arme zur Seite, drehte sich nach Luft ringend zweimal im Kreis und stürzte in einem Krampfanfall mit zuckenden Beinen der Länge nach auf den Rücken. Wie unter einem Stoß warf es den schweren Leib noch einmal hoch, dann lag er regungslos auf der schadhaften geteerten Straße, aus dem Mund rann ihm blasiges Gemisch aus Blut und Speichel und versickerte in einem Schlagloch. Der Hund im Hof heulte jäh in dünnem, langgezogenem Laut auf, die Frau hinter mir kreischte, aus dem benachbarten Hof stürmte ein Mann in langen

Unterhosen heraus und schrie, indem er auf uns zeigte:»Sie haben ihn umgebracht!«Schlagartig war die Straße voller Menschen. Haben die uns alle hinter verschlossenen Toren und Fenstern beobachtet? dachte ich. Frauen und Männer kamen auf uns zugerannt.

Als erster begriff Horst die Lage.»Ruhig bleiben«, sagte er,»ohne Hast auf die Fahrräder – und dann nichts wie weg.«Wir brauchten nur Sekunden, um das Dorf hinter uns zu lassen. Die lange Straßenneigung, die vor uns lag, kam uns zustatten. Es verging keine Minute, und wir waren den Verfolgern entkommen. Nach der ersten Biegung sahen wir keinen mehr von ihnen.

Während der folgenden Stunde pausenlos schneller Fahrt am Lauf der Goldenen Bistritz entlang, die hier die Ostkarpaten durchbricht und ins Moldauische fließt, veränderte sich das Bild der Dörfer. Anstelle der hölzernen, überdachten Vorflure an der Breitseite der Häuser, die wir in den Rumänendörfern gesehen hatten, fuhren wir nun immer häufiger an den mit Schnitzereien übersäten Torpfosten ungarischer Höfe vorbei. Hier waren die Straßen voller festlich gekleideter und freudig erregter Menschen. Trotz der frühen Stunde reichten die Männer Flaschen herum, tranken und gestikulierten. Kinder schwenkten rotweißgrüne Papierfähnchen und sangen ungarische Lieder. Niemand scherte sich um uns.

Mitten in einem dieser Dörfer hielt Horst an. Er sagte:»Vorläufig sind wir in Sicherheit. Hier beginnen die ungarischen, die szeklerischen Siedlungen … So, und jetzt will ich's wissen.«

Er stellte das Fahrrad auf den Kippständer und ging auf eine Gruppe von Männern zu; er sprach von uns allen am flüssigsten ungarisch, und schon nach seinem Gruß wandten sich alle ihm zu und redeten gleichzeitig, sooft er sie etwas fragte. Sie lachten, einer klopfte ihm auf die Schulter, ein anderer reichte ihm die Flasche, aus der Horst ohne Zögern einen kräftigen Schluck nahm. Wir standen indessen, verschwitzt auf Rücken und Brust, ungeduldig seine Rückkehr erwartend. Es waren weitere Männer zu der Gruppe getreten. Wir sahen, wie einer von ihnen Horst ein Papier reichte, das dieser kurz anblickte, faltete und in die Hosentasche steckte. Dann gab er den Männern reihum die Hand, winkte ihnen und kam über die Straße auf uns zu.

»Mein lieber Mann!«rief er, noch bevor er bei uns war, und machte eine nicht deutbare Handbewegung,»fahren wir ein Stück, dann sage ich euch, was hier los ist ... Mein lieber Mann!« rief er noch einmal. Die Männer grüßten uns, als wir weiterfuhren. »Mensch«, rief Horst, »haben die hier eine starke Palinka.«

Als wir den Bistritzfluß in metallischen Spiegelungen vor uns aufleuchten sahen, bremste Horst und sah sich suchend um. Wir folgten ihm durch Gesträuch und Farne, zwischen Tannen und Fichten zum steilen Ufer hinab. Das Gras war hier weich und warm, der Geruch des Wassers mischte sich mit seinen Düften. Horst hockte sich auf einen Felsblock und holte das Papier aus der Hosentasche. Wir standen vor ihm. »So«, sagte er, »ich muß das alles aus dem Ungarischen übersetzen ... Und da heißt es: ›Die königlich rumänische und die ungarische Regierung wandten sich an die deutsche Reichsregierung und an die Regierung Italiens mit der Bitte, die zwischen Rumänien und Ungarn ungeklärten Gebietsfragen mit einem Schiedsspruch zu regeln.‹ Und so weiter ... ›Der deutsche Außenminister Ribbentrop und der italienische Außenminister Graf Ciano fällten heute in Wien folgenden Schiedsspruch ...‹ Heute?« unterbrach er sich und sagte: »Hier steht aber kein Datum.« Er suchte mit dem Finger auf dem Papier. »Hier«, sagte er, »20. August 1940.«

»Hej«, rief Paul, »weiß einer von euch, wo wir an dem Tag waren?«

»Ach«, sagte Blessi ungeduldig, »ist doch halb so wichtig. Lies weiter!«

Horst brummte: »Gut ... ›Als neue Grenze zwischen Rumänien und Ungarn wird die auf der beigelegten Karte ...‹ Quatsch«, sagte Horst, »hier ist keine Karte ... ›Zweitens: Das an Ungarn fallende Gebiet Nordsiebenbürgens wird von den rumänischen Truppen innerhalb von zwei Wochen geräumt ...‹ Und so weiter, und so weiter ... ›Drittens: Alle rumänischen Staatsbürger, die heute in dem von Rumänien abgetretenen Gebiet leben, werden ungarische Staatsbürger, sie können innerhalb von sechs Monaten ...‹ Und so weiter«, sagte er wieder, »hier: ›Viertens ...‹ Na ja, die Ungarn können umgekehrt das gleiche ... ›Fünftens ... Sechstens ... Siebentens: Auftretende Schwierigkeiten regeln die Regierungen in Bukarest und Budapest untereinander‹ ... Das war's«, sagte Horst – und nach einer Pause in unser verblüfftes Schweigen hinein: »Mein lieber Mann!« Und als immer noch keiner von uns ein Wort über die Lippen brachte, sprang er auf und rief: »Verdammt nochmal, und jetzt besorge ich uns irgendwo eine Karte. Wir müssen schließlich wissen, in welchem Land wir uns befinden.«

»Blödsinn«, sagte Paul, »wir befinden uns in Siebenbürgen, wo denn sonst?«

»Denkste«, Horst lachte, »irgendwer hat das anders beschlossen.«

»Der wievielte ist heute?« fragte ich. Keiner wußte es.

»Wir haben von alldem nichts mitbekommen«, sagte Willi, »weil wir in den Wäldern herumgelaufen sind.«

Die Karte, mit der Horst nach einer halben Stunde vom Postamt eines nahegelegenen Dorfes zurückkam, war ein Abdruck auf schlechtem Zeitungspapier, aber leserlich. Doch sie erschien uns weniger wichtig als die Nachrichten, die Horst mitbrachte. Zwar wußten wir nun, daß wir uns, solange wir durch den Norden und den Osten der Provinz fuhren, auf ungarischem Hoheitsgebiet bewegten und daß jetzt alle Ortschaften, durch die wir seit Schäßburg gekommen waren, dank der neuen Grenze zu Ungarn gehörten, aber wir hatten das Gefühl, gut daran zu tun, die heimatlichen Landstriche im Süden möglichst bald wieder zu erreichen. Während wir die Karte studierten, schüttelte Paul ein ums andere Mal verständnislos den Kopf. »Das ist ja«, sagte er und wiederholte, »das ist ja, als würde einer unseren Hof durchschneiden … Wer sind die Leute, die das tun dürfen?«

»Ein gutaussehender politisierender Kaufmann von der Lippe«, antwortete ihm Willi, »und ein ebenfalls gutaussehender Conte di Cortelazzo von der ligurischen Küste.«

»Hej!« sagte Paul voller Bewunderung.

Aber mehr als all dies beschäftigte uns die Nachricht, daß es in einigen Orten der durch den »Schiedsspruch« der Herren Ribbentrop und Ciano an Ungarn gefallenen Gebiete Racheakte von Ungarn an rumänischen Nachbarn, an Justiz- und Polizeibeamten gäbe. Horst berichtete, daß er auf dem Postamt gehört habe, in der Hargita seien aufgebrachte Bewohner einer Ungarnsiedlung über einen rumänischen Rechtsanwalt hergefallen, hätten ihn kopfunter an einen Baum gehängt und ausgepeitscht. »Der Mann soll sich durch jahrelangen Rechtsbetrug an ungarischen Waldbauern bereichert haben, sagte einer … Ganz schön ruppig«, fügte er hinzu, »in Bicaz haben sie alle Orts- und Straßenschilder mit rumänischer Beschriftung heruntergerissen und durch ›ungarische mit ›Bécás‹ ersetzt. Mit den alten schlugen sie die Auslagen rumänischer Kaufläden und die Fenster rumänischer Lehrer- und Popenhäuser ein … Sollten wir aus dem Hexenkessel nicht für zwei, drei Tage verschwinden, bis die sich beruhigt haben?«

»O ja«, sagte Paul trocken.

»Wenn wir schnell fahren«, sagte ich, »schaffen wir es in drei, vier Stunden bis zum Gebefügi-Hof.«

Willi nickte, gab aber zu bedenken: »Wir haben heute schon eine ganz schöne Strecke abgespult.« Trotzdem waren alle einverstanden. Horst schlug vor, eine Kleinigkeit zu essen und eine halbe Stunde zu ruhen, »zum Auftanken«, sagte er, »ich habe das Gefühl, daß wir unsere Kräfte heute noch brauchen werden.« Ich sah ihn fragend an. »Na ja«, sagte er, »als ich aus dem Postamt herauskam, winkte mich ein Rumäne in seinen Hof und flüsterte: ›Verschwinden Sie von hier. Die sind verrückt geworden. Die gehen auf alles los, was nicht ungarisch aussieht.‹ Dann erzählte er mir, daß ungarisches Militär beim Einmarsch von Debreczin her in einem der ersten Rumänendörfer, in Ip, Bauern die Hände abgehackt, Frauen erschlagen und Kinder lebendig begraben hat, auch in anderen Dörfern gab es Massaker.« Wir starrten Horst an. »Wir werden unsere Kräfte noch brauchen«, sagte er, »wir legen bald eine Pause ein.«

Je tiefer wir in die Ostkarpatenwälder mit dem Siedlungsgebiet der ungarischen Szekler hineingefahren waren, um so unmittelbarer hatten wir überall die Erregung gespürt, die hier die Menschen beherrschte. Zweimal hatten wir lange ungarische Militärkolonnen überholt. Die Gelände- und schweren Truppentransport-Fahrzeuge hatten auf Dorfplätzen haltgemacht. Die Soldaten waren ausgestiegen und hatten sich mit den Dorfbewohnern umarmt. Waren sie auch durch das Dorf Ip gekommen?

Überall umringten festlich gekleidete Kinder, Frauen und Männer die Soldaten und Offiziere in den grünen Uniformen. Sie alle hatten die Ankömmlinge erwartet, mit Blumen, Pflaumenschnaps und Brot – und mit dem dampfenden Baumstriezel, den die Mädchen in Höfen und Gärten buken, indem sie die Teigrollen auf den Holzwalzen über offenen Feuern drehten und mit Mandeln, Honig und Zucker bestreuten und bestrichen. Sie waren alle so sehr mit sich, mit dem Glück ihrer Wiedervereinigung, der Freude über die Ankunft der grünen Honvéd-Truppen beschäftigt, die ihnen die heiß herbeigewünschte Rückkehr Siebenbürgens ins ungarische Mutterland gewährleistete, daß sie keinen Blick für uns übrig, ja wie Blinde an uns vorbeigeschaut hatten. Da hatte Horst ausgesprochen, was wir alle dachten: »Ich werde ein ungutes Gefühl nicht los. In diesem Freudentaumel wabert eine Menge Unberechenbarkeit.« Wir waren froh, die von Liedern und Rufen, von Schnaps-, Baumstriezel- und Schweißgerüchen durchwehten Siedlungen, in denen die Menschen auf den Straßen sangen, tranken und tanzten, hinter uns zu wissen.

Und so wurde aus dem geplanten dreitägigen Aufenthalt mit Streifzügen am geheimnisvollen Fluß im vulkanischen Herzen der Ostkarpaten außer einer halbstündigen Ruhepause nichts.

Von dem Platz, für den ich mich im Gras der abfallenden Uferwiese zum Liegen entschieden hatte, sah ich das südwärts führende Flußband als einen Lichtstreifen, der die Waldhöhen teilte; auf dem Tannengrün schwammen vereinzelte Purpurkleckse, Kronen von Laubbäumen, frühherbstliche Farbenspiele. Ich legte mich ins Gras.

Und dann war plötzlich mein Traum da – zusammenhanglose, dennoch zueinander gehörende Bilder.

Eigenartig an dem Traum war dies: Wohl lag ich im Halbschlaf – nein, besser: Ich schlief. Zugleich aber hatte ich den Fluß im Blick. Als sei ich wach ... Ich stand am erhöhten Bug der Argo. Unter mir sah ich den Kiel das Wasser durchschneiden. Auf dem Deck hinter mir hatte sich die Schar der Argonauten versammelt. O ja, in ihrer Mitte stand die Königstochter Medea. Ich erkannte sie sofort. Die bernsteinblonde Enkelin des Sonnengottes Helios. Aufgereckt stand sie auf der aus dem Deck der Argo wachsenden Stolzenburghöhe. Sie hatte den versengenden Blick. Sie streichelte die Sonnenblumen, die ihr aus dem Schoß zwischen den perlmuttweißen Schenkeln wuchsen. Ich wußte, daß sie sich als zauberstarke Burgwächterin Kathrein mordend an Männern vergeht, die weder ihrer Kraft noch ihrer Raserei gewachsen sind. Hatte sie nicht den eigenen Bruder Apsyrtos erschlagen und zerstückelt? Wie beherrschend sie dort im Kreis der Männer stand! Aber zugleich sah ich im Dämmer des linken Ufers die dunkelhäutigen Kämpfer des Phönikiers Kadmos aus den Drachenzähnen springen. Sie warfen sich die Waffen zu und stürzten sich auf uns. Im Feuerschein vor den Zelten erkannte ich ihre Gesichter. Gleichzeitig hörte ich aber auch durchs Raunen in den Tannenästen hinter mir das Stampfen der näherkommenden Kolchiskrieger. Sie trugen grüne Harnische, ihre Standarten waren rotweißgrün längsgestreift. In endloser Kolonne zogen sie an uns vorbei. Wir wußten alle, daß sie die flüchtige Mörderin Medea jagten. Durch die stampfenden Schritte und durch das Rauschen des Wassers am Bug der Argo hindurch, wo sich die Wellen in grünlichem Schaum auflösten, ertönten Orpheus' Geigenklänge. Ja doch, auch er, der Sohn Apollos und der Muse Kalliope, gehörte zur Schar der Argonauten! Mit feuerroten Haaren stand er unter dem Großmast, der durchs Gewölbe der Abteikirche hinauf in den Himmel ragte. Er spielte Johann Sebastian Bachs Chaconne. Ich hätte ihm endlos zuhören können. Aber schon sofort danach mußten wir durch die tief in die Berge geschnittene Flußenge zum Tihuta-Paß hinaufhetzen, jeden Augenblick in Gefahr, von den wandernden Meeresfelsen der Symplegaden gepackt und zermalmt zu werden. Wie gut, daß uns die Orakelpriesterin mit den Münzen im Haar entgegentrat und den Felsen Einhalt gebot! Sie ergriff beide Hände Horsts, den ich jetzt erst als den kühnen thessalischen Königssohn Iason, den Gatten Medeas, erkannte. Sie weissagte ihm von Liebe, Kampf und Tod. Horst lachte. Aus seinem Lachen stiegen bunte, geflügelte Fabelwesen empor und jagten am Himmel davon. Trug das größte und schnellste nicht das Goldene Vlies auf dem Rücken? Ich zauderte nicht. Ich schwang mich mit einem Satz darauf und entschwebte über den Fluß, über die Gipfel der östlichen Berge hinweg, bis an die Küste des nahen Schwarzen Meeres, das plötzlich dunkel unter mir aufleuchtete. Hier, hier war die Argo mit Iason und den anderen nordwärts gesegelt. Hier war das alles geschehen … Mit einem Mal begannen die Bilder durcheinanderzustürzen. Wieso lief ich im Schatten der Tannen über verwachsene Pfade und blieb erst atemlos stehen, als ich die Westgoten des Fürsten Athanarich vor mir sah? … Natürlich! dachte ich, die haben in diesen Wäldern gesiedelt, vor anderthalbtausend Jahren. Sie hoben das Gold aus den ruhelosen Stromschnellen des Flusses. Sie formten daraus bis heute bewunderten Schmuck, ehe sie nach blutigen Hunnenschlachten weiterzogen. Wieso stand ich dennoch plötzlich hier vor ihnen? Ach ja, mich rief die morgenländische Fürstin mit dem Falkenblick hoch zu Roß an König Athanarichs Seite, ich kenne sie! Immer noch trägt sie den Silberreif auf der Stirn. Sie ist aus dem Miereschfluß gestiegen. Das Wasser rinnt ihr über die glänzenden Glieder, über die kleinen Brüste. Sie gleitet aus dem Sattel und kommt auf mich zu. Ich beuge mich über sie. Ihre Brüste duften wie Rosenblüten. Sie ist über alle Maßen schön, die Gotenfürstin. Sie heißt Rebekka Hermes, sie ist eine Botin der Götter. Als ich sie küsse, schließt sie die Augen. Im Kreis umstehen uns die hochgewachsenen Gotenkrieger. Sie umstehen uns wie eine blonde Wand, und ich denke: Es gibt kein Entkommen ... Das Gold des thessalischen Königssohns Iason. Das Gold des gotischen Königs Athanarich ...

Ich ruhe hier, dachte ich im Traum, gebannt vom Lächeln der Fürstin Rebekka, verwirrt von den Düften ihres Leibes und ihrer Haare und umstanden von den waffenklirrenden blonden Kriegern, ich ruhe hier am Grasufer der Goldenen Bistritz auf dem Boden der Athanarichgoten. Wir alle ruhen immer und in alle Ewigkeit auf der Erde derer, die vor uns waren. Wir sind ihnen ausgeliefert. Denn sie sind alle immer noch da. Mitten unter uns. In den Wurzeln der Bäume, unter deren Kronen wir ruhen, in den Felsen, die über uns ragen, im Wasser, in das wir treten, so wie uns alle ausgeliefert sein werden, die nach uns kommen. Der Argonauten- und Gotenhunger nach Gold und Macht geht immer noch mitten durch uns hindurch. Die Geister des Totschlags und Meuchelmords, der Herrsch- und Besitz-, der Gewalt- und Zerstörungsgier, die einst mit ihnen zogen, ziehen auch mit uns, wohin immer unsere ruhelosen Argonauten- und Gotenseelen uns treiben, wo immer wir Hand anlegen. Wir tragen sie alle in uns ...

Willi weckte mich. Ich sah sein Haar im Sonnenlicht über mir und war schlagartig erleichtert. »Komm«, sagte Willi, »wir müssen weiter. Du mußt den Gebefügi-Hof finden. Schaffst du es?«

»O ja«, sagte ich, doch ich brauchte einige Sekunden, um aus der Bilderflut aufzutauchen, sie abzuschütteln, um mich zurechtzufinden in der Welt, in die ich jetzt wieder ausgesetzt war. Schüttelte ich sie ab? Fand ich mich zurecht? Ich habe es nie herausbekommen ...

Als das Licht des Spätnachmittags die Farben zu verändern begann, spürten wir nach dem anstrengenden und erregenden Tag die Müdigkeit in den Beinen. Weil ich das Ziel vorgegeben hatte, war ich froh, die Gegend wiederzuerkennen. Wir hatten länger fahren müssen als von mir veranschlagt. Doch nach anfänglicher Ungewißheit war ich mir dann endlich sicher, daß uns vom Waldgehöft des Gebefügi Gábor, seiner Ehefrau Margit und der Söhne Attila und Gyuri keine halbe Stunde mehr trennte. Nun würde ich auch den hunnenschnauzbärtigen Vilmos wiedersehen, Gebefügis Nachbarn, der in der Nacht jenes denkwürdigen Pferdediebstahls meinem Vater die Doppellauf-Remington nebst zehn Kugelpatronen gebracht und einen haßerfüllten Fluch auf alles, was rumänisch sprach, ausgestoßen hatte. Ich schlug eine kurze Verschnaufpause vor, ich sagte: »Wir sollten uns waschen und das verschwitzte Zeug wechseln, vielleicht auch etwas essen, ehe wir bei Gebefügi erscheinen.«

Im Handumdrehen hatte Paul in einer Waldnische am Ufer des zu dieser Jahreszeit wasserarmen Oberlaufs des Miereschflusses ein Feuer angezündet. Wir schrubbten uns gegenseitig die Rücken. Beim Essen fielen Blessi einige Male die Augen zu, Horst gähnte lange und laut und ohne Hemmung. »Zeit zum Schlafengehen«, stellte Willi fest, »los, machen wir uns auf.« Es hatte zu dunkeln begonnen, als wir die Fahrräder durch den Waldhohlweg bergan schoben. Nur der nahe Hügelrücken trennte uns vom Gebefügi-Hof. Unter den Tannen wurde es mit einem Mal stockdunkel. Bald werden wir da sein, dachte ich.

Ob wir verhütet hätten, was in der folgenden Stunde geschah, wären wir nur um ein Weniges zu einem anderen Zeitpunkt aufgebrochen? Hätte Horst nur drei Minuten früher oder später die Waldlichtung auf der Anhöhe erreicht, in die der Hohlweg mündete? Wäre dann alles anders gekommen? Ich weiß es nicht. Horst war ein Stück hinter uns zurückgeblieben, weil sich sein rechter Schnürriemen gelöst hatte, wie er uns zurief. Wir anderen schoben die Fahrräder schon bergab, halb unter uns, zwischen den Tannenstämmen, endlich die Lichter der kleinen Waldsiedlung. Ich ging voran. Ich fühlte, wie mir warm wurde ums Herz beim Gedanken an meinen Freund Attila.

Da hörte ich rechts von mir im Wald Laufschritte, brechende Äste, verbissenes Fluchen und zwei, drei Rufe. »Hol van a büdes ola?«, »Wo ist der Stinkrumäne?« fragte eine keuchende Stimme auf ungarisch.

»Nem tudom«, antwortete eine zweite, »ich weiß nicht. Er ist entkommen.«

»Da hinüber ist er gelaufen«, rief eine dritte Männerstimme außer Atem. Wir waren stehen geblieben. Zwischen den Bäumen herrschte eine solche Finsternis, daß wir kaum etwas sahen. Jetzt entfernten sich die Stimmen, eine stieß einen Fluch aus, von dem ich nur das Ende verstand: »... meg kell baszni az egész bandat!«, »... die ganze Bande muß zerfickt werden!«

Plötzlich erklang auf der Anhöhe hinter uns ein kurzes, heftiges Krachen und Horsts Ruf:»He, du verdammter Idiot! Was fällt dir ein!« Metall klirrte, eine rauhe Stimme rief unterdrückt auf rumänisch: »Tu-ți paștile mă-tii!«, »Fick deine Mutter zu Ostern!« Dann abermals Horst, lauter als vorhin:»Na, warte nur, du Dreckskerl!« Wir hatten die Fahrräder fallen gelassen und rannten bergauf, um Horst zu helfen.

Auf einmal näherten sich die ungarisch sprechenden Männer, die sich soeben noch rechts von uns im Wald entfernt hatten, in großer Eile wieder – sie hatten den Tumult auf der Anhöhe mitbekommen. Im Laufen hörte ich ihre nahenden Schritte und Rufe. Das sind nicht nur zwei oder drei, dachte ich, das ist ein ganzer Trupp. Ich stolperte im Finstern über Horsts Fahrrad, ich erkannte gleichzeitig einen neben dem Fahrrad liegenden untersetzten Mann – er wimmerte, er fluchte vor sich hin, hielt sich mit beiden Händen den Fußknöchel und versuchte mit aller Kraft, aufzustehen, brach aber jedesmal vor Schmerzen stöhnend und unflätig fluchend wieder zusammen.

»Was ist los?« schrie Paul keuchend neben mir.

»Der Idiot hat mich angesprungen«, rief Horst, »er hat mir das Fahrrad aus den Händen gerissen, er hätte es geschafft, aber er flog hin.«

»Sieh mal, Peter«, rief Paul und beugte sich über den Mann, »sieh doch, der trägt Uniform … Der Teufel hol mich – das ist ein rumänischer Gendarm. Ce faci aici, omule?« fragte er, »was machst du hier, Mann?«

In diesem Augenblick waren die Verfolger heran. Ich hörte die Schritte, die wütenden Rufe, das Brechen von Zweigen. Die Lichtkegel zweier Taschenlampen blendeten mich. Wir waren im Nu umringt. Dem Verhalten der Männer, den Flüchen und Fragen entnahm ich, daß ihre Aufmerksamkeit allein dem Uniformierten galt. Sie schoben uns derb beiseite, ich erhielt einen Stoß vor die Brust und taumelte gegen einen Stamm. An mir vorbei stürzten sich zwei auf den Liegenden. Der erste versetzte ihm mit dem Absatz einen Tritt in den Bauch, der andere packte ihn an den Haaren. Sie trieben und schleiften ihn mit Tritten und Hieben auf den Kopf und gegen den Leib vor sich her auf dem Waldweg hinab in Richtung der Höfe.»Jetzt Gott mit dir«, brüllte einer, »du räudiger Hund, du dreimal verfluchter Walachenbankert. Jetzt bezahlst du uns alles, alles.« Sie hörten nicht auf, ihn zu treten und zu schlagen. Der Mann stöhnte, wimmerte und schrie.

Wir standen wie gelähmt im Finstern, Horst ächzte kurz. »Mein Ellenbogen!« sagte er, »der Knilch war plötzlich über mir. Der wollte das Fahrrad.«

»Und was nun?« fragte Blessi, »gehen wir doch endlich zu deinen Bekannten, Peter.«

»Die haben alle einen Rappel im Kopf«, sagte Paul.

Auch Willi drängte. »Los, Peter«, sagte er, »nur du weißt den Weg. Wir müssen fort von hier.«

Doch ich rührte mich nicht von der Stelle und wußte gleichzeitig, daß wir nie und nimmer zu meinem Freund Attila gehen und das aus Tannenbohlen errichtete große Blockhaus der Familie Gebefügi betreten würden, in dessen Räumen es nach feinen Harzen, nach sonnengebleichter Wäsche und frischen Waldkräutern aller Art roch. »Nein«, sagte ich, »nein, wir gehen jetzt nicht mehr zu meinem Freund Gebefügi. Nein. Die sind nicht zu Hause. Sie sind mit dem Mann beschäftigt, den sie gerade gefangen haben.«

»Hej«, sagte Paul nach einiger Zeit als erster, und Horst stieß einen Pfiff aus.

»In seiner Haut möchte ich nicht stecken, Mann«, sagte er, »die prügeln den mürbe.«

Unter den Verfolgern hatte ich nicht nur Attila erkannt, sondern auch dessen Vater Gábor. Die beiden hatten heftiger als die anderen auf den Menschen in Uniform eingedroschen. Auch ihren Nachbarn, den zwirbelbärtigen Vilmos, hatte ich erkannt; da hatte ich sofort gewußt, daß der Uniformierte jener Wachtmeister Bogatu war, dem Gebefügi Gábor damals mit knirschenden Zähnen Verwünschungen hinterhergeschickt und zu meinem Vater gesagt hatte: »Wenn es sich hier einmal ändert, dann schneiden wir dem die Hoden bei lebendigem Leib heraus.« Nun hatte es sich geändert.

»Nein«, sagte ich, »sie werden ihn nicht mürbe prügeln.«

»Aber es sieht ganz danach aus«, rief Blessi.

»Nein«, sagte ich, »sie werden ihn töten.«

Ich hatte noch nicht ausgesprochen, als von den vier Gehöften der Waldsiedlung herauf ein durch Mark und Bein gehender Schrei ertönte, der wie der Schrei eines Tieres in höchster Not klang. Der dichte Wald schien ihn zu verschlucken, niemand außer uns würde den Hilfeschrei hören. »Was haben die vor?« fragte Willi mit tonloser Stimme.

Immer wieder stieß der Mann diese schauerlichen Schreie aus. »Wir können hier nicht herumstehen und zusehen, wie …« Willi ging mit entschlossenen Schritten zwischen den Tannen hinab auf die Lichter zu. Horst folgte ihm, auch wir liefen ihm nach. Ich sah, wie Horst Willi am Arm packte und herumriß. »Nein, Willi«, sagte er eindringlich, »das hat keinen Sinn. Ausrichten können wir ohnehin nichts. Wir geraten da in etwas hinein …« Die Schreie wurden lauter. Mir stockte der Atem. Horst hielt Willi, der weiterdrängte, immer noch am Arm. »Nein, Willi«, rief er, »du bleibst hier.«

In dieser Nacht brachten sie den Gendarmerie-Wachtmeister Vasile Bogatu, den Sohn eines rumänischen Kleinbauern aus dem Moldauerdorf Voroneţ, um. Während sie ihn auf dem schmalen Waldplatz vor den Höfen wie einen tollen Hund halb tot schlugen und ihn jedes Mal niederstreckten, wenn er sich zu erheben versuchte, brüllten sie ihm in das von Schlägen entstellte Gesicht, was sie dazu trieb: Daß er ihren Ehefrauen nachgestellt und versucht habe, Margit Gebefügi und die Tochter des Vilmos zu vergewaltigen. Daß er sie alle wegen geringfügiger Wilderei als Gegendienst für Nichtanzeige habe zahlen, zahlen, zahlen lassen. Daß er nie ohne ein Huhn, einen Korb voller Eier oder ein Stück Räucherspeck ihre Höfe verlassen, er sie geschunden und drangsaliert habe, wann und wie oft es ihm beliebte. Daß er trotz Bitten und Drohungen all die Jahre nicht aufgehört habe, ihnen das Leben zu vergällen. Daß er …

Sie schlugen ihm im Schein des großen Feuers, das sie zwischen den Höfen angezündet hatten, das Gesicht blutig und brachen ihm mit Tritten, mit Ketten- und Stockhieben die Arme und die Beine. Dann, als er nur noch hecheln und röcheln konnte und ihm das Blut aus den Augen quoll, banden und schnallten sie ihn auf einen aus groben Tannenbalken gefügten Holzbock, und mein Freund Attila und der Pferdezüchter Vilmos, dem die Schnauzbartspitzen zitternd auf das Kinn hingen, schnitten den untersetzten Leib des Vasile Bogatu mit der Zugsäge in drei Teile. Zuerst trennten sie die Beine des jetzt wieder wie ein verendendes Roß brüllenden Mannes ab und zerfetzten ihm dabei die Hoden. Dann schnitten sie ihm den Kopf vom Nacken. Die großzahnige Zugsäge riß Sehnen-, Muskelfetzen und Knochenstücke heraus, sie zerriß Venen und Schlagadern, so daß schließlich nur noch ein blutdurchtränkter, zuckender Fleischhaufen auf dem Gestell lag. Sie vergruben das Gestell zusammen mit dem, was von Vasile Bogatu übriggeblieben war, im Ausklingen ihrer Raserei brunnentief in der Erde der ostkarpatischen Wälder. Ohne daß sich davon, wie sie meinten, in der Tannendüsternis je wieder eine Spur zeigen würde.

Willi hatte sich hinter mir erbrochen und war in die Nacht zurückgewankt. Blessi hatte mit aufgerissenen Augen seine Hand in meinen Unterarm gekrallt, Paul mit blutleerem Gesicht unbewegt neben mir gestanden und Horst uns schließlich mit einem Aufstöhnen gepackt und vom Ort des Grauens fortgeschoben, -gedrängt und -gezerrt. Keiner der mörderischen Täter – es waren vier Halbwüchsige und sieben Erwachsene – hatte uns gesehen, obgleich wir nur schrittweit entfernt im Dunkel unter den Tannen gestanden hatten. Ihr Teufelswerk hatte sie, wie alle Besessenen, blind gemacht.

Wir fanden unsere Fahrräder, stolperten mit ihnen ziellos durch die Finsternis und brachen gegen Mitternacht vor Erschöpfung zusammen. So, wie wir in die Knie und auf die Erde sackten, schliefen wir auf dem weichen und kalten Waldboden ein. Als wir erwachten, war in unserem Leben nichts mehr so wie vorher.

Nur eine Stunde, bevor die Grenze endgültig abgeriegelt wurde, die Siebenbürgen zu einem in der Mitte durchtrennten Herzen machte, bogen wir zwei Tage später bei Sankt Georgen, das rumänisch Sfântu Gheorghe, ungarisch Sepsiszentgyörgy heißt und in den Südausläufern der herrlichen Landschaft liegt, auf die letzte Wegstrecke ein, die uns nach Kronstadt zurückbrachte.

An diesem Abend ließen die Regierungen in Berlin, Rom, Budapest und Bukarest mitteilen, daß die Neuordnung der historisch bedeutenden Provinz Siebenbürgen ohne nennenswerte Zwischenfälle plangemäß abgeschlossen worden sei. Unwesentliche Vorkommnisse am Rande seien von lokalen Behörden »zur Zufriedenheit aller Beteiligten in geregelte Bahnen« gelenkt worden. Vom Hirn an der Decke eines Bauernhauses in Ip, das ein ungarischer Unteroffizier aus dem Schädel eines erschlagenen Mannes hingeschleudert hatte, war ebensowenig die Rede wie von den Hodenfetzen des Wachtmeisters Bogatu, die ich an den Zähnen der Zugsäge hatte kleben gesehen.

Als ich, von Katalin eingelassen, das Haus betrat, hörte ich im Wohnzimmer nebenan durch die angelehnte Tür den Beginn der Abendnachrichten des Reichssenders Berlin mit der Tagesmeldung des Oberkommandos der Deutschen Wehrmacht – dreihundert deutsche Bomber hätten einen schweren Luftangriff der Royal Air Force auf Berlin mit einem Vergeltungsangriff auf London beantwortet.

Noch ehe ich ins Wohnzimmer hinüberging, sagte mir Katalin, daß der Maler Waldemar Taucher soeben dagewesen sei, um sich zu verabschieden. Er fahre morgen mit dem Orient-Express nach Paris zurück.

VI. KAPITEL

Johannes, der Bruder der »Spanierin«, und Ruxandras Tanz auf den Gräbern

M ir blieb eine Woche Zeit, das Versprechen meines Besuchs bei den Großeltern in Rosenau einzulösen. Die ersten Tage brauchte ich zum Ordnen meiner Sachen und zur Vorbereitung des Schulbeginns. Holgers Klavierspiel klang durchs Haus auf dem Böttcherrücken. Mit den Gerüchen der Bergwälder und Gartenwiesen drang das erste Herbstahnen ins Haus. Es verbreitete sich mit den Klängen der Mozart-Sonatinen und Bach-Partiten in jedem Winkel. Wie schnell er alles lernt, dachte ich, wie reif es klingt, als säße nicht ein Zwölfjähriger, sondern ein Erwachsener vor dem Bösendorfer Stutzflügel. Wieso war mir das bisher nicht bewußt geworden?

Benno Martens besuchte mich. Der Klassenfreund wohnte nicht weit im Haus am Gartenhang schräg unter uns. Benno war ein zurückhaltender, kluger Mensch. »Nicht nur ein Schnelldenker«, sagte Proder, der Klassensprecher, »auch ein Richtigdenker.« Guido Proder und Benno waren zur Zeit die Klassenbesten. Eigenartig erschien mir, daß Benno immer kühle, leicht feuchte Hände hatte. Es störte mich nicht. Seine Sachlichkeit und Unaufdringlichkeit gefielen mir. Er führte stundenlange Gespräche mit Maria. Über seine Vorliebe für Mathematik und Physik sagte sie: »Barbarisch, was der alles weiß. Er hat mir erklärt, wie das mit der biquadratischen Gleichung funktioniert.« Benno, der wegen angeborener Kurzsichtigkeit eine Brille trug, erkundigte sich nach Einzelheiten unserer »Tour de Transylvanie«, wie er sagte. Ich antwortete: »Es war eine Argonautenfahrt.«

Er sah mich durch die Brillengläser lange an, sagte: »Ich verstehe« und fragte: »Aber doch ohne die männermordende Medea?« Als ich antwortete: »Wir trafen auch Medea«, schwieg er, ehe er leise »Ach!« sagte.

Benno Martens' großes, im alpenländischen Stil errichtetes Elternhaus stand auf dem unteren Hangteil des Böttcherrückens. Ich sah aus

199

meinem Zimmer auf die eine Hälfte der Gartenterrasse hinab, über die bei sommerlicher Hitze zusätzlich zur Efeupergola eine goldgelbe Markise gerollt wurde. Aus meinem Fenster hatte ich zu jeder Jahreszeit über die Thujahecke hinweg, die unsere Grundstücke trennte, auch das Zimmerfenster Bennos im Blickfeld. Wir verständigten uns gelegentlich über die fünfzig, sechzig Meter hinweg durch Rufe oder durch Zeichen.

Bennos Vater trug den Titel eines Direktors, er war Generalvertreter des größten Industrieunternehmens Siebenbürgens, der »Kronstädter Textilwerke Berg & Cie.«, und oft unterwegs. Im Süden führten ihn Geschäftsreisen bis Bukarest und Konstanza am Schwarzen Meer, immer wieder auch nach Bräila, den wichtigen Hafen an der Unteren Donau, im Norden bis Klausenburg, Preßburg, Budapest, Prag, Wien und München. Es hieß über ihn, er sei ein Meister der Vertragsabschlüsse. Der immer vornehm gekleidete leutselige Mann mit scharfem Verstand hatte in jenen Landstrichen überall quer durch die Nationen und Gesellschaftsschichten hindurch nicht nur Kompagnons, sondern auch Freunde. So holte er sich Gäste des unterschiedlichsten Zuschnitts ins Haus – rumänische, jüdische, armenische, ungarische, österreichische, tschechische Bekannte, die zweierlei gemeinsam hatten: Sie waren alle Kaufleute, wenn auch nicht alle im Textilfach, und durchweg betucht, was sich nicht nur an ihrem Äußeren erkennen ließ, sondern auch an den Autos, in denen sie vorfuhren – es waren Mercedes-Benz, Ford mit Fließheck, Opel Admiral. Nicht selten sah ich einen von ihnen im Gespräch mit Bennos Mutter auf der Gartenterrasse sitzen. Den kühlen Kopf hatte Benno vom Vater, doch zogen ihn im Unterschied zu diesem die theoretischen Fächer an.

Eine warmherzige, gebildete Frau, bewegte sich Bennos Mutter – seit einem Unfall im Garten querschnittgelähmt – ausschließlich im Rollstuhl. Ihr Mann hatte das Haus innen von oben bis unten umbauen und neue Gartenwege anlegen lassen, um ihr überall Zugang zu ermöglichen. Den vielen Gästen gestaltete sie den Aufenthalt im Haus nicht zuletzt durch ihre musischen Vorlieben angenehm. Sie war die Tochter eines ehemaligen k.u.k. Magistratsbeamten aus verarmtem Kleinadel, Felix von Magäus, der in jungen Jahren mit seiner slowakischen Frau in Hermannstadt ansässig geworden war – einer Brünnerin namens Bernerowa, von der Frau Greta-Alma die musischen Neigungen geerbt hatte. »Die slowakische Großmutter«, hatte mir Benno einmal erzählt,»war schnell in ihrer neuen Umgebung aufgegangen und völlig saxonisiert.«Frau Greta-Alma konnte sich über Literatur, die Künste und die Musik, aber auch über wissenschaftliche Probleme bemerkenswert kundig und kurzweilig unterhalten; sie war nicht erst durch den folgenschweren Unfall zur wißbegierigen Buchleserin geworden. Gleichviel, wen ihr Mann ins Haus brachte, niemand verließ dies, ohne von ihrer freundlichen, offenen Art angetan zu sein. Seit sie meinen Bruder Holger Klavier spielen gehört und ihn zu sich eingeladen hatte, war die zwanglose Verbindung zwischen den Familien hergestellt. Auch unsere Väter verstanden sich gut. Zwar gingen sie weit auseinanderliegenden Beschäftigungen nach, doch waren ihnen Weltaufgeschlossenheit, die Freude am ungeschminkten Wort und eine heitere Gemütsart gemeinsam. So störten sie sich auch nicht an ihren abweichenden politischen Vorstellungen. Während mein Vater den von Berlin ausgehenden Ideen nicht ohne Zuneigung gegenüberstand, wenn ihm auch manche Übertreibung mißfiel, hatte der fünf Jahre jüngere Direktor Otto Martens nur Abwertung für sie übrig, er nannte sie»unnötig, gefährlich«. Über den auf Betreiben Berlins vor kurzem zustandegekommenen»Dreimächtepakt« Deutschland-Italien-Japan hörte ich ihn in einem auf der Gartenterrasse des Martenshauses geführten Gespräch zu Vater sagen:»Solchen Konstellationen fehlt das Zwingende«, er schüttelte den Kopf,»der geplante Beitritt Ungarns, Rumäniens und der Slowakei macht es nicht besser … Und jetzt fallen die Italiener auch noch über die Griechen her, ohne vorher ihre deutschen Verbündeten davon zu verständigen. Was soll das? Manchmal denke ich, die Deutschen haben ein tödliches Geschick, sich die falschen Bundesgenossen auszusuchen. Ihre Instinktlosigkeit erscheint mir erschreckend.«

Unter den Schulfreunden stand mir der kurzsichtige, immer nachdenkliche Benno Martens, ein Büchernarr, am nächsten. Er war geschwisterlos, wohl deshalb, weil sich der Unfall der Mutter in seinem dritten Lebensjahr ereignet hatte. Er war Augenzeuge gewesen. Der Unfall hatte sich ihm als die früheste Erinnerung eingeprägt.»Sie stürzte«, sagte er mir viele Jahre nach dem Tod seines Vaters und nach der Lektüre der Tagebücher aus dessen Nachlaß,»sie stürzte am hellichten Tag auf dem Gartenweg ohne erkennbaren Grund – in derselben Stunde, in der sie mein Vater, der immer piekfeine Direktor Otto Martens,

201

mit der ältesten der drei Töchter des alten ›Pater Musa Dagh‹ im Zimmer neunundsiebzig des Bukarester Renommierhotels ›Athenée Palace‹ betrog, Raphaela war etwa zwanzig Jahre jünger als er … Er notierte auch alle Einzelheiten der Kopulation. Ich weiß also, wie Raphaela, die er ›Kirschäugige und Samthäutige‹ nannte, die Beine spreizte. Wie er in sie eindrang. Wie sie winselte und ihn biß, als es soweit war … Danach war er bis zu seinem elenden Knochenkrebstod der aufopferndste Ehegatte. Die ›Samthäutige‹ also …«

Wenn Benno nicht las – außer deutsch las er englisch, französisch, italienisch und lateinisch – oder sich für den Schulunterricht vorbereitete, gab er Klassenkameraden unentgeltlich und mit Geduld Nachhilfestunden. »Es macht mir Spaß«, sagte er mir einmal, »in dunklen Köpfen Lichter anzuzünden.« So dem engelhaft schönen, ihn um einen Kopf überragenden blondmähnigen Rolf Fels, den wir »Rolfi« nannten, die auffälligste Erscheinung unseres Jahrgangs. Rolfi tat sich besonders im Naturwissenschaftlichen schwer. Rippes, der nie ein Blatt vor den Mund nahm, hatte ihn einmal angepflaumt: »Mann, du stellst dich an, als könntest du eine Klobürste nicht von einem Kamelhöcker unterscheiden.«

Warf ich einen Blick aus dem Fenster meines Zimmers, sah ich über die Gärten, Dächer und Türme der Stadt hinweg die jeden Tag in neuen Farben ausgebreiteten Westabhänge der Zinne. Der aus dem Schulergebirge über den alten Stadtkern hinweg bis in die Hochebene der Terra Borza vorspringende Rücken, auf dem, wie einige behaupteten, die Herren Deutschordensritter, nachdem sie die Stadt gegründet, auch die Burg Corona errichtet hatten, ehe sie von hier ins Culmer Land an der Weichsel weiterzogen, ragt hoch ins Land empor. Von der Burg erhielten sich ein paar zerfallende Quadersteine unter Gräsern und Moos, deren mattes Schimmern ich beim mittäglichen Lichteinfall ahnte. Wohl läßt der Höhenzug die Strahlen der Morgensonne nur zögernd auf Kronstadts Straßen und Plätze, in die alten Winkel und alten Höfe fallen, doch bewahrt er dafür an den langen Abenden der mitunter südländisch glühenden Sommer und Herbste die Tageswärme bis in die späteren Stunden, ehe der erbarmungslose Karpatenwinter alle Wärme aus dem Talkessel treibt. Der Umzug aus dem Rosenauer Hennerthhaus in den über der Stadt gelegenen villenartigen Bau war uns allen leichter gefallen als erwartet.

Ich war froh, daß Vater zum Zeitpunkt unserer Rückkehr von der Radtour nicht nur beruflich viel zu tun hatte und sich wenig daheim aufhielt, er war außerdem durch die Kriegsereignisse so stark abgelenkt, daß er mich wenig und selbst dies, wie mir schien, ohne rechte Anteilnahme fragte. Ich gab knappe Antworten, auf die er mit einem Kopfnicken, kaum aber mit weiteren Fragen einging. Immer wieder fiel mir sein angespannter Gesichtsausdruck auf, sooft er an den Abenden im Rundfunk die Kriegsberichte hörte. Es war der gleiche Ausdruck wie vor einem Jahr, erinnerte ich mich, als er monatelang die Meldungen über die Fahrten im Atlantischen und Indischen Ozean des Panzerschiffs »Admiral Graf Spee« verfolgt hatte. Die tollkühnen Kommandounternehmen des von der Royal Navy mit großem Aufgebot gejagten Kapitäns Hans Langsdorff hatten ihn gefesselt, der Deutsche war ihm nicht zuletzt deswegen ans Herz gewachsen, weil er bei seinen Torpedierungen britischer Handelsschiffe niemals einen gegnerischen Seemann ums Leben kommen ließ. Als Langsdorff dann in der La-Plata-Mündung das im Kampf mit drei britischen Kreuzern zerschossene eigene Schiff nach Evakuierung der Matrosen versenkt und sich kurz vor Weihnachten 1939 in Montevideo das Leben genommen hatte, war Vater tagelang unansprechbar gewesen, erst recht, als ihm der immer informierte Direktor Martens gesagt hatte, in der Berliner Reichskanzlei habe man Kapitän Langsdorff beschimpft. Dabei hatte der Kapitän mit seinen Männern nichts anderes gemacht als das, was er vorher mit den vielen britischen Seeleuten gemacht hatte, die er von den Schiffen steigen ließ, ehe er diese versenkte. Das nahm ihm Berlin übel. »Menschlichkeit paßt nicht ins heroische Herrenrassenbild, das man dort pflegt«, hatte Martens gesagt. Jetzt galt Vaters Aufmerksamkeit den Duellen des siebenundzwanzigjährigen Jagdfliegers Werner Mölders mit den »Spitfires« der Royal Air Force.

Anders als Vater, wünschte meine Schwester Maria eine Menge von mir zu hören. Sie war mit ihrem Geplapper ständig in meiner Nähe. Es fiel mir nicht leicht, ihre Neugier zu befriedigen. Doch erhielt ich von ihr in der ersten Stunde einen Überblick über alles, was sich »während deiner Argonautenabwesenheit in der heiligen Familie am Berge zugetragen« hatte, wie sie sagte. »Alle möglichen Leute waren in dieser Zeit bei Vater«, erzählte sie, »na, du weißt ja, er ist ein Rattenfänger. Und dann meint jeder, mit einer Bitte zu ihm kommen zu dürfen. Du hast nichts verpaßt. Bis auf Tantchen Petra aus Bukarest. Du, Peter, die mußt du endlich kennenlernen. Sie war mit einer sagenhaft schönen Bukaresterin da, einer Freundin. Sind die Weiber dort alle so madonnig schön? Die beiden hatten aber nur einen Tag Zeit. Leider. Vater ist nur so um sie herumgehüpft. Das macht er bei Mutter nie. Ich hab's ihm auch gesagt. Vor Mutter. Die hat gelacht und zu ihm gesagt: Nimm dich in acht vor deiner Tochter! Weißt du, was er da gemacht hat? Er hat mir einen Kuß gegeben. Ganz schön schlau. Du, Peter, Tantchen Petra ist zehnmal gescheiter als du.«

»Ja, ja!« rief ich.

Maria schwatzte mit einer Schnelligkeit, daß ich froh war, sie wenigstens kurz unterbrechen zu können. Schon im Augenblick darauf unterrichtete sie mich über »ein langes und kolossal ernstes Gespräch Vaters mit seinem Pariser Freund Waldemar Taucher«, den sie wegen seines »wahnsinnigen Bohrerblicks« für einen »enorm aufregenden Mann« hielt. »Der macht jede Frau sofort verrückt, jede!« sagte sie. »Hast du mal gesehen, wie der dreinschaut? Genau wie der Caspar David Friedrich auf dem Selbstbildnis. Ob der Taucher in Paris eine Freundin hat? Ich meine eine echte Pariserin? Sicher hat er eine. Wahrscheinlich eine ganz tolle Frau. Die würde ich gerne kennen. Du, Peter«, rief sie plötzlich, »sag mal, erinnerst du dich an den Offizier, der vor einiger Zeit bei Vater war, gerade als Taucher ihn besuchte? Das war ein Korpsgeneral, der Artur Phleps. Ich hab im Lexikon nachgesehen, was so einer alles auf der Uniform trägt. Aber es hat ihm gar nichts genützt. Der König hat ihn trotzdem aus der Armee gefeuert. Weil er sich über die Königsgeliebte, die Madame Hélène, lustig gemacht hat. Hast du schon mal bemerkt, wie viel sich bei den Männern um die Frauen dreht? Auch bei einem König. Verstehst du das? Wir müssen einmal darüber sprechen. Ha, und jetzt haben sie auch den König gefeuert. Stell dir das vor. Das geht ja zu wie im Kasperltheater.«

Maria plapperte in einem Tempo, daß mir schwindlig wurde.

Ich fiel ihr ins Wort: »Er mußte das Land verlassen. Ein General hat an seiner Stelle ...«

»Der heißt Antonescu!« rief sie. »Er hat ein ganz hartes Gesicht und war beim Hitler. Er hat zusammen mit der ›Eisernen Garde‹ einen Staatsstreich gemacht. Was ist das: ein Staatsstreich? Weißt du das?«

Ohne meine Antwort abzuwarten, sprudelte sie weiter: »Der gefeuerte

König, das ist doch der, bei dem du mit Vater warst, weil Vater ihm von der Bärenjagd berichten mußte. Oder? Weißt du, was der alte ›Foliant‹, unser Geschichtslehrer, zu Vater über den gefeuerten König gesagt hat? ›Recht geschieht's dem Hohenzoller‹, hat er gesagt, ›wozu auch müssen sich die Deutschen überall in Europa zu Königen machen lassen, von England über Dänemark bis Rußland, Rumänien, Griechenland, anstatt im eigenen Staat für Ordnung und Ruhe zu sorgen? Und dann führen sie als fremde Herrscher auch noch Kriege gegen das Land, aus dem sie stammen. Bei den Deutschen stimmt's im Kopf nicht ganz …‹« Maria unterbrach sich und holte Luft, ehe sie fortfuhr: »Vater und Taucher, kann ich dir sagen, waren nicht in allem einer Meinung … Du, Peter«, rief sie plötzlich zornig und stellte sich vor mich, »irgendwas verheimlichst du mir. Sicher habt ihr was Tolles angestellt auf eurer Fahrt, das du mir nicht sagst. Ich wette, dem Benno hast du davon erzählt. Aber der sagt kein Sterbenswörtchen.«

Katalin kam in mein Zimmer, sobald sie mich allein wußte. Ich erzählte ihr von Willis Geigenspiel in der Zisterzienserabtei »Beatae Mariae Virginis« am Altfluß und in Dr. Steinträgers Musikzimmer mit den barocken Ölporträts. Sie hörte hingerissen zu. Ich wunderte mich über ihr fließendes Deutsch. Die »Nachtigall aus der Hargita«, wie Vater sie wegen ihres ständigen Trällerns nannte, lebte nun schon einige Jahre fast wie unsere Schwester bei uns. Ich wußte, daß sie sich von Maria Bücher auslieh, vor allem Musikerbiographien. Sie tat es wegen Willi. Doch nicht, um ihn zu beeindrucken. Nein, sie wollte bloß wissen, was sein Leben ausfüllte. Oft überraschten mich ihre Fragen. »Ob Willi auch so ein berühmter Geiger wird wie der Tartini und der Paganini?« fragte sie mich. Ach was, rief sie aus, in ihren Augen sei er längst ein größerer Künstler als die beiden Italiener. »Ich will dir sagen, warum: Der Willi weiß, wie die Musik hier bei uns in den Karpaten klingt, wo die Zigeuner fiedeln, daß dein Herz bald vor Freude, bald vor Schmerz weint und du denkst, du bist schon tot oder in einem anderen Leben. O nein, das wußten die zwei Italiener nie und nimmer.« Die Ansichtskarte, die ihr Willi im Frühjahr von der Aufnahmeprüfung am staatlichen Konservatorium aus Bukarest geschickt hatte, hing in ihrem Zimmer über dem Bett. Sie zeigte die schöne Fassade des Konzertgebäudes »Athenäum« mit der Kuppel und den sechs Rundsäulen vor dem Haupteingang. »Ob Willi dort einmal auftreten wird?« fragte sie und gab sich, wie so oft, gleich selber die Antwort:»Bestimmt wird er das. Und ich werde dabei sein.«

Ebensowenig wie Maria ließ sich Mutter täuschen. Ich bemerkte, daß sie mich verstohlen beobachtete. Als sie mich am dritten Tag nach der Rückkehr in die Arme schloß und fragte:»Du bist so ernst. Viel zu ernst. Was ist vorgefallen?«, fiel mir die Antwort schwer. Doch ich wußte, noch bevor sie etwas sagte, daß sie sie mir zubilligen würde: Ich bat sie um etwas Zeit.»Bis du dich verständlich äußern kannst?« fragte sie,»hattest du Ärger mit einem der Freunde?«

»Nein, ich habe gute Freunde.«

Sie sah mir lange in die Augen, ehe sie plötzlich sagte:»Was immer du machst im Leben, Peter, mach's ganz. Für Halbheiten bist du zu gut.« Sie küßte mich auf die Stirn. Dabei atmete ich den Duft ihres ebenholzfarbenen Haares ein.

An einem der nächsten Nachmittage machte ich mich mit dem Fahrrad nach Rosenau auf. Ich hatte zwölf Kilometer zurückzulegen. Auf den Äckern der Hochebene brannten die Kartoffelfeuer. Ihre langen schrägen Rauchfahnen brachten Bewegung in die rötlichen Bleifarben des sinkenden Tags. Nur die Gebirgsmasse des Butschetsch ruhte unbewegt über den Dächern Rosenaus. Ich erreichte den Ort, als die Pferde- und Ochsengespanne von den Feldern heimkehrten. Ich grüßte die Bauern, die ich fast alle kannte. In der Brückengasse schob ich das Fahrrad unter den goldgelben Initialen des Michael Hennerth in den Hof des Hauses, in dem ich geboren war.

Im linken Hausflügel wohnte die Hennerth-Großmutter, im rechten, dessen viele Zimmer bis vor wenigen Jahren unsere Familie beherbergt hatten, lebten jetzt die Hardt-Großeltern. Durch den Verlust der Schafherden im Malaeschter Tal des Butschetsch wirtschaftlich über Nacht ruiniert, hatte der Hardt-Großvater das Anwesen in der Langgasse vermieten und das Angebot der Hennerth-Großmutter annehmen müssen, in die seit unserem Auszug leerstehende Haushälfte einzuziehen. »Deine Geschäfte werden sich erholen, Thomas«, hatte sie gesagt, »du schaffst das schneller als jeder andere.« Die zwei verstanden sich gut. Erst recht hatten die beiden Großmütter ein Verhältnis des Vertrauens zueinander – ja, die Hardt-Großmutter, die »Spanierin«, war der Hennerth-Großmutter fast geschwisterlich zugetan. Den Grund dafür kannte ich damals noch nicht.

Ich ging zuerst zu den Hardt-Großeltern auf der rechten Hofseite. Die beiden hatten soeben das Abendessen beendet, das sie immer zu früher Stunde einnahmen. Großvater war »vor zwanzig Minuten von einem guten geschäftlichen Unternehmen heimgekehrt«, wie er wohlgelaunt zu mir sagte. »Bei dem schwierigen Handel um den Buchenwald vor der Idweg-Klamm«, sagte er, »habe ich mit ordentlichem Gewinn vermittelt.« Er drückte mich lange an sich. Auf dem Tisch lag neben seinem Gedeck ein Exemplar der Londoner Zeitung »Saturday Review«, auf die er abonniert war, so weit ich mich zurückerinnerte. Großmutter bestrich zwei Roggenbrotscheiben mit schneeweißer Büffelbutter, legte Schafkäse zurecht und stellte einen Steinkrug mit Milch und ein Glas Waldhonig daneben. »Den Burduf-Käse° brachte Gordan gestern«, sagte Großvater und drehte sich eine Zigarette. Mit der kleinen Schneide des Bismarck-Taschenmessers schnitt er sie in zwei Hälften und holte das selbstgeschnitzte Mundstück aus der Westentasche. Ich war hungrig. Großmutter nickte mir aufmunternd zu – und wie sie im letzten Tageslicht vor dem großen Fenster den Kopf bewegte, wurde mir plötzlich deutlicher als bisher bewußt, daß meine Mutter das schwarzglänzende Haar von ihr hatte. O ja, dachte ich, jetzt will ich's wissen!

»Großmutter«, fragte ich, »warum nennen wir dich ›die Spanierin‹?« Im selben Augenblick verschwand das Lächeln in Großmutters feinen Gesichtszügen. Sie blickte rasch zu ihrem Mann hinüber. Der schob die Zigarette umständlich ins Holzmundstück und blickte nicht auf. »Warum?« fragte ich noch einmal.

»Ach, es ist eine lange Geschichte«, sagte sie leise, »es ist eine verworrene, eine unglaubliche Geschichte … Natürlich werde ich sie dir erzählen, ja, natürlich. Doch nicht jetzt, nicht heute.« Sie erhob sich rasch, fuhr mir mit einer Hand durchs Haar, räumte den Tisch ab und verließ die Wohnküche, ohne noch etwas zu sagen.

Großvater holte ein Streichholz aus der Schachtel und steckte sich die Zigarette an. Er erhob sich mit einem Ruck, griff nach der Jacke, die auf der Stuhllehne hing, und sagte: »Komm, wir gehen bis in den Burggrund.«

Als wir die Häuser hinter uns hatten und die Engschlucht zwischen den steilen Tannenhängen des Báthory-Bergs auf der rechten und des

---

°Molkenkäse

207

Burgbergs auf der linken Seite ins Dunkel hineingingen, beherrschte mich kurz das Gefühl: Es ist wie in der Kindheit, als wir zu zweit für einige Tage oder gar eine Woche in den Wäldern verschwanden. Großvaters langer, ein bißchen schleifender Schritt. Der Geruch seiner Kleider, seines Rasierwassers – er rasierte sich zweimal täglich –, seiner Zigaretten. Sein Schweigen. Seine Scherzworte. Sein kurzes, fröhliches Lachen. Bald wird er sich bücken, dachte ich, und ein Kraut oder eine Handvoll unauffälliger Gräser ausrupfen und in die Tasche stecken, die er damals immer um die Schulter hängen hatte. Doch diesmal bückte er sich nicht. Er sagte:»Na, mein Frager? Ich warte schon die längste Zeit«, er sah mich von der Seite an,»irgendwas willst du loswerden. Ich höre.«

Wir waren vom Geruch des Tannenharzes und der Tannennadeln umhüllt.»Ich will mit dir – über das Töten reden«, sagte ich,»wenn einer jemanden tötet ...« Ich schwieg. Ich hörte nur unsere Schritte. Großvaters Atem hörte ich nicht mehr. Ich sah, daß er die glimmende Zigarette vor sich auf den Steinweg warf und im Gehen zertrat.»Ist es wichtig«, fragte ich,»wie er es tut?« Jetzt hat Großvater diesen zuckenden Schatten in den Augen, dachte ich. Ich kenne das. Ich sagte:»Ich meine – als du den Ioan Garugan erschossen hast ... Auf der Jagd. Damals ... Der Richter sprach dich frei. Es war ein Versehen. Ein Versehensschuß.«

Das hätte ich nicht sagen sollen. Es überlief mich kalt, als ich an Großvaters Augen dachte. Je weiter wir gingen, um so finsterer und kühler wurde es. Wir gingen etwa hundert Schritte, ehe er sich wieder im Griff hatte. Ich spürte es.

Er sagte ruhig:»Der Täter darf dem Opfer nicht die Würde nehmen, will er nicht die eigene Würde und dazu die Glaubwürdigkeit verlieren.« Nach einigen Schritten:»Das meintest du doch, oder?«

»Ja«, sagte ich,»das meinte ich. Aber – Töten ist Töten.«

Wir hatten die Mitte der engen Talschlucht erreicht. Rechts, links stiegen fast in Greifnähe die Waldhänge in die Höhe. Es war so finster, daß ich sie mehr ahnte als sah. Unsere Schultern berührten sich manchmal im Gehen, unsere Schuhe stießen an lose Steine, die klirrend zur Seite sprangen.»Es stellt sich da jedesmal eine Frage«, seine Stimme klang noch ruhiger als vorher,»die Frage: Warum tut er es?«

»Und was ist das: die Würde?« fragte ich.

Großvater blieb stehen, er stand vor mir, packte mich am Arm und fragte barsch: »Wer um alles in der Welt bringt dich auf diese Gedanken? Hast du darüber gelesen?«

Ich hörte das Raunen im unsichtbaren Tannenwald neben und über uns, es klang, als atmete der Wald. Ich war froh, daß sich der Griff an meinem Arm löste und Großvater mir einen Ausweg angeboten hatte. Undeutlich sah ich, wie er eine Handbewegung machte, als wollte er das Gespräch beiseite schieben. Hoffentlich hat er jetzt nicht mehr die zuckenden Schatten in den Augen, dachte ich.

Als sich die Talenge vor uns zum »Burggrund« weitete, wurde es einen Ton heller. Wiesenduft trieb uns entgegen, es roch nach Brennnesseln und Schachtelhalm. Wir umrundeten den Waldkessel und wandten uns dem Heimweg zu. Vor den blutroten Streifen im Westen erkannten wir die Umrisse der Bergköpfe rechts und links der Schlucht, durch die wir gekommen waren. »Von dem da«, sagte Großvater und zeigte auf den Berg links, »beschoß einst der achtzehnjährige Fürst Gabriel aus dem Hause Báthory die Burg auf der Anhöhe rechts, in der sich die deutschen Bauern und Handwerker mit rumänischer Verstärkung verteidigten. Was trieb den Ungarn dazu? Mordlust? Habgier? Herrschsucht? Alter politischer Hader? Zorn auf die verhaßten Rumänen? Neid auf die reichen Deutschen? Er tat nichts anderes als das, was die gottlosen Mächtigen bis heute tun – er fiel über Menschen her, die seine Brüder, seine Schwestern hätten sein können. Und siehst du, hier beginnt und endet die Frage der Würde: Lasse ich den anderen als das gelten, was er ist, oder will ich ihn zu dem machen, was er meiner Vorstellung nach sein muß – mein Feind, mein Sklave, mein Sündenbock, der Teufel oder ganz einfach der, dessen Gesicht mir nicht paßt? Und dies gilt für alle … Drei Monate lang brachte der Fürst Tod und Verderben über die Verteidiger, aber er konnte ihnen die Würde nicht nehmen. Die nahmen sie sich selber, als einer unter ihnen den geheimen Zugang zur Burg verriet und so alle dem höhnischen Sieger auslieferte … Entscheide du darüber: Wer verletzte hier die Würde? Der Angreifer, der auf seine fürstliche Macht pochte? Die Verteidiger, die ihr Leben retten wollten? Der Verräter mit den faulen Ausflüchten für sein Tun?« Großvater sagte noch etwas, doch ich hörte ihm nicht mehr zu. Denn mir war plötzlich bewußt geworden, daß meine Frage mitten in sein Dasein getroffen und er begriffen hatte, daß er künftig mit meiner

209

Mitwisserschaft rechnen mußte. Von Vater kannte ich den Hergang der Gerichtsverhandlung – wie der Mönch Evghenie, Großvaters Freund, als Zeuge der Staatsanwaltschaft nicht zu bewegen gewesen war, Großvater zu belasten, aber eindringlich Moses zitiert hatte:»Die Rache ist mein, spricht der Herr.« Hat der Rächer Würde, dachte ich, wenn er im Auftrag »des Herrn« handelt? Denn zur Ausübung der Rache, die »der Herr« für sich beansprucht, bedarf er des Menschen als Werkzeug. Ich wußte es nicht. Doch ich wagte nicht, weitere Fragen zu stellen.

Wir durchschritten die Schlucht, über die anno sechzehnhundertzwölf die fürstlichen Steinkugeln geflogen waren und durch die sich der Verräter geschlichen hatte. Nie wieder würde ich Großvater eine Frage stellen, die ihn an Ioan Garugan erinnerte, den Mann, von dem es hieß, er gehöre zu den Mördern seines Vaters, meines Urgroßvaters, und den Großvater auf der Jagd in den Scropoasa-Wäldern unter den Südabstürzen des Butschetsch mit einem Schuß in die Stirn getötet haben soll. Wenig später betraten wir das Hennerthhaus in der Brückengasse; ich ging mit Großvater noch einmal in die Wohnung der Hardt-Großeltern, um der »Spanierin« eine gute Nacht zu wünschen.

So wie sie sich früher im Hardthaus in der Langgasse die erhöhte Fensternische zum Lieblingsplatz eingerichtet hatte, saß sie auch hier am liebsten im Fensterwinkel neben dem offenen Kamin – ein ruhiger, behaglicher Platz mit dem Blick auf den üppigen Fliederbaum vor der von oben bis unten mit Efeu überzogenen Laube im kleinen Hofgarten. Auch hier hatte sie das schwarzgeäderte Nußholztischchen vor sich, sobald sie sich im bequemen Ohrensessel niederließ. Wie ehedem lagen auch hier immer ein Buch, ein zierlicher Notizblock nebst Bleistift und eine Nähzeugschatulle aus Elfenbein auf dem Tisch. Und auch hier hingen an der Wand hinter dem Sessel die gerahmten Fotos ihrer beiden im Krieg 1914–1918 gefallenen Brüder. Vom jüngeren der beiden, Johannes, sprach sie selten – und wenn, dann nur wenig, wie man von einem Menschen spricht, dessen Verlust nicht überwunden werden kann.

Mich hatte das Gesicht auf diesem Foto von Kind auf angezogen, mit zunehmendem Alter immer wieder und immer stärker, weil eines Tags das Gefühl in mir erwacht war, das Bild zeige gar nicht einen Toten – meinen früh verstorbenen Großonkel –, sondern einen jungen Menschen, der mir nahestand und mir vertraut war wie ein Bruder. Ich hatte das Empfinden, träte er aus dem Bilderrahmen heraus und auf mich zu, hätte er mir sofort vieles zu sagen, was ich nur von ihm erfahren konnte. Ja, im Lauf der Jahre hatte sich ein stummes Zwiegespräch zwischen uns entwickelt, das jedesmal damit begann, daß er mich wie einen lange Vermißten freudig willkommen hieß, sooft ich die Hardt-Großeltern besuchte; und wenn ich die Großeltern begrüßte oder mich von ihnen verabschiedete, warf ich einen heimlichen Blick auf das Foto und grüßte auch ihn, dessen gerader und klarer Blick unter der hohen Stirn und den vollen dunklen Haaren unentwegt auf mir zu ruhen schien. Je älter ich wurde, um so mehr beschäftigte mich der immer drängender werdende Gedanke, daß er mir etwas mitteilen wolle. Schließlich stand für mich fest, daß der junge Mann, der im Herbst 1915 kurz vor der Erstürmung Belgrads durch die Truppen des Generalfeldmarschalls von Mackensen am linken Saveufer bei einem Stoßtruppunternehmen ums Leben gekommen war, ein Geheimnis mit sich trug, dessen Aufdeckung auf eine besondere Weise mir galt. Ich sagte niemandem etwas von unseren verborgenen Zwiegesprächen. Aber ich wartete von Mal zu Mal angespannter auf den Tag, da er sich mir mitteilen würde – so abwegig dies klingen mag.

Doch zu meiner Überraschung hatte mich nicht seine Schwester, sondern die Hennerth-Großmutter Näheres über ihn wissen lassen. »Johannes war ein kluger und wißbegieriger Mensch«, hatte diese gesagt, »ich – ich kannte ihn gut. Er machte schon in sehr jungen Jahren lange Reisen. Nach Frankreich. Nach Italien. Vor allem nach Spanien. Immer wieder nach Spanien. Niemand kannte den Grund … Oft war er monatelang fort. Er konnte viel von den Ländern erzählen. Es hieß, er habe sein ganzes ansehnliches Erbteil für die geheimnisvollen Reisen aufgebraucht. Die Ähnlichkeit mit seiner Schwester Stephanie-Elvira, deiner Hardt-Großmutter, war verblüffend, sie bestürzt mich bis heute. Die gleichen Haare, der gleiche Blick. Sooft ich Stephanie-Elvira sehe und mit ihr spreche, sehe ich Johannes vor mir, seine Gestalt, seine Art, sich zu bewegen, zu lachen, seinen Gang … Auch in deinem Gesicht erkenne ich immer deutlicher manches von ihm wieder, je älter du wirst«, hatte sie leise hinzugefügt.

Hängt es mit dem frühen Tod dieses Bruders zusammen, war mir einmal durch den Kopf gegangen, daß die »Spanierin« von einem Lebensgeheimnis begleitet zu sein scheint, das sie nicht preisgibt? Sie danach zu fragen, hielt mich eine eigentümliche Scheu zurück. Sie hatte vermutlich mit ihrem Auftreten zu tun. Die Stetigkeit ihrer Noblesse machte diese Frau zu einem der bemerkenswertesten Menschen, dem ich je begegnete. Mich in ihrer Gegenwart im Ton zu vergreifen, erschien mir undenkbar. Sie sagte und tat nichts ohne eine Note rücksichtsvollen Vorbehalts, die jedem zu verstehen gab, daß sie – ob sie um etwas bat, im Gespräch eine Frage stellte oder ihre Ansicht vorbrachte – nichts aufdränge und nichts fordere, nein, daß sie vielmehr lediglich nahelege und zu bedenken gäbe. Ich meine, daß es mehr als alles andere diese gleicherweise ungewöhnliche wie zuverlässige Toleranz war, die mich von Kind auf stark an sie band. Ich spürte aber schon damals, was ich heute weiß: Es war das Gefühl des Vertrauens zu mir, dem Enkel, das bedenkenlose Vertrauen in die eigene Art ... Die auf die Vornamen Stephanie-Elvira Getaufte stammte übrigens von einem in den Geschichtsbüchern erwähnten Kronstädter ab – von jenem Senator Walther Martinus Eder, der als Hochbetagter im blutigen, von ausufernden Nationalismen angeheizten siebenbürgischen Bürgerkrieg 1848 – es ging um den Besitz der reichen Provinz – nicht nur aus seiner Treue zu Habsburg kein Hehl machte, sondern durch kühles Taktieren zwischen den chauvinistischen Ungarn Lajos Kossuths und den gemäßigten des Grafen Széchenyi Unheil von der Vaterstadt und vom Landstrich abwendete; Siebenbürgens späteres unglückliches Schicksal jedoch hatte auch er nicht aufhalten können. Nach der Niederschlagung der Wirren und Kossuths Flucht ins englische, dann ins italienische Exil war Walther Martinus Eder allerdings die Reichstreue vom Kaiserhaus mit Undank gelohnt worden. Eder zog sich mit seiner Frau, zwei Söhnen und einer jungen Adoptivtochter, die er über alle Maßen geliebt haben soll, auf seinen ausgedehnten Landbesitz am südlichen Waldrand Rosenaus zurück, wo drei Generationen später auch seine Enkelin Stephanie-Elvira, die »Spanierin«, aufwuchs.

War meine Mutter auch durch und durch die Tochter ihres Vaters – sie besaß die starke Willens- und Durchsetzungskraft des Hardt-Großvaters und dessen ungebundenes, daseinsfrohes Wesen in allem, was sie tat –, so hatte ihr die Mutter vor allem die tiefschwarzen Haare und die feine Kreolentönung der Haut vererbt.

Ich sagte der »Spanierin«, daß ich, wie immer, wenn ich zeitig aufbrechen wollte, bei der Hennerth-Großmutter übernachten werde, die eine Frühaufsteherin war. »Ich will nach Fundata«, sagte ich, »auf den Törzburger Paß hinauf. Zu meinem Freund Gordan, dem Hirten.«

»Ja«, hörte ich Großvater hinter mir sagen, »der ist noch zwei Tage bei seiner Mutter. Dann beginnt er den Almabtrieb. Woher weißt du denn, daß er sich in Fundata und nicht bei den Herden aufhält?« fragte er.

Zögernd antwortete ich: »Du ... Hast nicht du davon gesprochen?« Großvater lächelte kurz, blieb aber ernst, er kam näher, legte mir die Hand auf die Schulter und sagte: »Schon gut. Du weißt eben manches, was andere ...« Er beendete den Satz nicht. Einige Sekunden war es eigenartig still. »Die Geschichte mit der Spanierin«, sagte Großmutter dann, »werde ich dir natürlich erzählen, Peter. Es gehört sich so in unserer Familie. Die wird immer weitergegeben, wenn es an der Zeit ist.«

Ich nickte und sagte: »Gute Nacht!«

Als ich über den Hof zur Hennerth-Großmutter ging, dachte ich: Wie Großvater mich angeblickt hat! Aus dem Blick sprach alles, was uns verband. Die unbeschreiblichen Streunereien mit ihm durch die Karpatenwälder, seine magische Sicherheit beim Einsammeln von Heilkräutern, seine Art, mit einem Wilderer zu schwatzen und mit dessen Frau zu tanzen, seine abgründige Ruhe, wenn wir zehn Schritte vor einem Braunbären standen, so als sei er der Bruder des Bären, unsere Gespräche über Gott und den Menschen, seine Geschichten aus Kanada, wo er Bisonjäger, aus New York, wo er Hafenkommissar, aus Bukarest, wo er Aktionär einer Erdölgesellschaft gewesen war ... Großvater hatte mich nicht nur seit jeher angezogen. Durch seine Art des Umgangs mit Menschen und Dingen hatte er mich zugleich erzogen.

Die Hennerth-Großmutter, als sie jetzt vor mir stand, erschien mir in allem als das Gegenteil der »Spanierin«. Weißhaarig, hoch, schlank, gehörte sie zu jenen herben Naturen, die sich auch vom ärgsten Kummer nie etwas anmerken lassen. Ich werde ihr Gesicht beim Tod ihres Mannes, des Schuldirektors Michael Hennerth, nicht vergessen. Aufgereckt stand sie vor dem auf dem Rücken liegenden Leichnam unter dem alten Gravensteinerbaum, der in der Familie »der Philosoph« hieß, durch Großvaters Bart war ein Käfer gekrochen. Meine Hand haltend, war Michael Hennerth wenig über fünfzigjährig gleich einem heimtückisch gefällten Baum umgestürzt und liegen geblieben. Großmutters Gesicht hatte einer farblosen Maske geglichen. Und als sich etliche Jahre später ihre jüngste Tochter, Leonore, nach dem Abschluß des Pianistenstudiums in Wien an derselben Stelle das Leben genommen hatte, weil ihr Lehrer, Professor Innauer, in den Händen der Gestapo zu Tode gekommen war – woran sie die Schuld zu tragen meinte –, schien das Maskengesicht mit dem kühlen Blick endgültig erstarrt zu sein.

Großmutter ging vor mir ins Wohnzimmer und setzte sich auf das goldgelb bezogene Biedermeiersofa unter der »Grande sonnerie«, deren an den Enden mit kleinen Sonnen vergoldete Zeiger kurz leuchteten, als ich mich auf ihren Wink neben sie setzte. Alles ist hier so wie eh und je, dachte ich, alles ist hier Gewißheit.

Sie hielt einen Brief in der Hand. Auf dem Umschlag, der neben ihr in der Sofaecke lag, erkannte ich fremdländische Briefmarken. »Lies«, sagte sie leise, als sie meinen Blick bemerkte, und reichte mir den Briefbogen, »Elisabeth schrieb … Setz dich und lies.« Ich nahm das Papier und setzte mich neben sie.

Ach ja doch, erinnerte ich mich, schon bevor Tante Elisabeth dem undurchsichtigen Rudolf Ferdinand Jung mit der Narbe am Kinn nach Moskau gefolgt war, hatte ich vom Postamt dessen Briefe abgeholt – sie trugen den Stempel der finnischen Stadt Lappeenranta. Und nun kamen auch die Briefe der älteren Schwester meines Vaters, Elisabeth, auf dem Umweg über die am Südufer des Saimaas-Sees nahe der Sowjetgrenze gelegene Stadt, wie ich im Atlas gesehen hatte. Ich kannte Großmutter zu gut, um nicht ihre Stimmung zu erraten, auch wenn sie während des Abends unverändert gelassen blieb, sich nach den Eltern, den Geschwistern, der Schule und den Lehrern erkundigte, dies und das von den Nachbarn berichtete. Ich hörte ihr zu und überlegte: Warum nur kommen die Briefe ihrer älteren Tochter, der Chemikerin Elisabeth Hennerth, auf verborgenen Wegen aus dem riesigen Land, da doch von Dingen des Alltags in ihnen die Rede ist, nichts was nach Verrat oder Verleumdung klingt? Erzählte man sich mit Recht von schrecklichen und grausigen Vorgängen, die sich dort bis ins endlose Sibirien hinein zutrugen? Von Zwangslagern, in denen Menschen ohne Zahl hinter Stacheldraht in den Hunger-, Erschöpfungs- und Erfrierungstod getrieben wurden? Von unschuldig Erschlagenen und Niedergeschossenen, die im eisigen Winter liegen blieben, bis sich im Frühjahr die Erde erweichte, den von streunenden Hunden und Wölfen angefressenen und verunstalteten Leichnamen ein Grab zu bieten?

… Stimmte das Bild, das sich mir beim Lesen des Buchs »Armee hinter Stacheldraht« eines Mannes namens Edwin Erich Dwinger wie der finsterste Schatten auf Geist und Gemüt gelegt hatte?

Die stolze, niemals wankelmütige Tante Elisabeth – sie hatte sich in den vom Moskauer Geheimdienst auf den Raketenerbauer Hermann Oberth angesetzten Rudolf Ferdinand Jung verliebt und war ihm kurz entschlossen in die Hauptstadt des Sowjetimperiums nachgereist, in die damals, wie der Hardt-Großvater mir einmal kopfschüttelnd gesagt hatte, nur fuhr, wer mußte oder »wer so verbohrt in politische Illusionen ist, daß er meint, den Moskauer Massenmördern die Aufwartung machen und ihnen Zucker in den Hinteren blasen zu müssen – wie einige der ahnungslosen feinen Herren Intellektuellen in Europas Westen. Diese Ignoranten!« Großvater war sehr zornig gewesen. »Wo andere leben«, hatte Tante Elisabeth zu ihrer Mutter gesagt, »kann auch ich leben.« Der aus Überdruß »an der bürgerlichen Gesellschaft« und aus »Wut über ihre doppelte Moral« zum Kommunisten gewordene Sohn eines österreichischen Geldmagnaten und einer böhmischen Adligen und seit dem siegreichen Vorstoß der kaiserlichen Truppen 1914 bei Komarów hochdekorierte k.u.k. Offizier hatte nach dem Krieg 1914–1918 bei den Moskowitern und ihrer Revolution Heimat und Gesinnungsgemeinschaft gesucht; Tante Elisabeth hatte an seiner Seite in Moskau leben wollen.

Da ich die Sorge fast mit Händen greifen konnte, die Großmutter beherrschte, vermied ich es, Fragen zu stellen, erst recht, als sie plötzlich wie im Selbstgespräch, aber laut sagte: »Ob es auch mit den Russen Krieg geben wird? … Mein Gott, wir sind hier so nahe an ihnen dran, sie sind ja im Osten unsere Nachbarn. Und was geschieht dann mit Elisabeth und mit Rudolf?« Sie sah mich mit einem Blick an, als machte sie mich verantwortlich für Leben und Tod ihrer bedrohten Tochter, die ihr sehr ähnlich sah. Als ich einen beruhigenden Einwand vorzubringen versuchte, schnitt sie mir das Wort ab. »Hat dir dein Großvater denn nicht gesagt«, fragte sie, »was ihm der Mönch Evghenie berichtete? Der war vor ein paar Tagen wieder hier.«

Ich war so erstaunt, daß ich sie wortlos anblickte. Vater Evghenie? dachte ich. Erst hatte ich über ihn gewußt, daß er sich in einem der Moldauklöster aufhielt. Doch dann hatte ich ihn auf dem Pferdewagen gesehen, der von der Nationalstraße vor der Pappelallee abgebogen und

zum Gebirge hin auf das Kloster mit den betenden Mönchen zugefahren war. Und jetzt sollte er hiergewesen sein, war aber auch schon
wieder fort …

»Der Mönch hat die ganze Nacht mit deinem Großvater zusammengesessen«, sagte Großmutter,»kurz vor Tagesanbruch verließ er das
Haus. Ist das nicht ein unheimlicher Mann? Er war schon wieder in
Rußland drüben. Wie schafft der das jedes Mal schwarz über die Grenze und zurück? Er soll dort einen Neffen haben. Einen Offizier. Laß es
dir doch von deinem Großvater erzählen …«

»Ich weiß«, unterbrach ich sie,»ich weiß. Ich war vor einigen Jahren
am Weihnachtsabend dabei, als er mit Großvater über den Neffen
sprach. Der heißt Grigori, ja, Grigori. Er ist Generalleutnant.«

»Unfaßbar«, fuhr Großmutter fort, als sei sie nicht unterbrochen
worden,»unfaßbar«, wiederholte sie,»der Neffe will mit eigenen Augen
gesehen haben, wie sie irgendwo in einem Wald am Djneprfluß mehrere tausend junge Menschen erschossen. Lauter Offiziere. Und ein-
scharrten. Ich glaube, es waren Polen. Einfach so in sie hineinschossen
und sie dann in eine Grube warfen … Mein Gott, was nur wird aus Elisabeth, wenn es mit denen Krieg gibt? … Ist es möglich, daß der Ort …
Nein, nein, ich weiß nicht mehr, wie er heißt. Etwas mit Ka – Kat …
Frag doch Großvater. Mein Gott – Elisabeth …«

Als ich eine halbe Stunde später im Bett lag und es im Nebenzimmer
dunkel geworden war, dachte ich über die Einsamkeit der herben Frau,
der Mutter meines Vaters, nach.

Ehemals Mittelpunkt unserer Familie, lebt sie jetzt als letzte Hennerth in dem viel- und weiträumigen Haus mit dem großen Obstgarten,
das ihr Mann, Michael Hennerth, nach eigenen Plänen hatte erbauen
lassen. Was weiß ich schon von ihr über die Jahre meiner Kindheit hinaus? überlegte ich, niemals habe ich sie nach ihrem Leben gefragt. Ein
fast schuldhaftes Gefühl der Verbundenheit mit ihr durchflutete mich,
die immer ein Platinmedaillon mit Lapislazuliverzierung als Anhänger
trug, ein Hochzeitsgeschenk ihres Mannes. Ich werde sie künftig besuchen, sooft ich es einrichten kann, nahm ich mir vor. Am Morgen verließ ich das Haus bei Sonnenaufgang. Großmutter, die Frühaufsteherin, hatte mich zum vorbereiteten Frühstück geweckt. Gutgelaunt
scherzte und lachte sie mit mir. Eine Viertelstunde später fuhr ich aus
Rosenau hinaus.

Aber Großmutter ging mir nicht aus dem Kopf. Sie war mit dem um vieles älteren selbstsicheren Schulgründer und -leiter, dem harten Banken-, Vereins-, und E-Werk-Stifter Michael Georg Hennerth verheiratet gewesen, einem tatendurstig rastlosen, überlegen auftretenden und geachteten, von einigen gefürchteten Mann, dessen Daseinsparole »Wer nicht ständig lernt, vergeudet sein und anderer Leben« hieß und der mich, sein erstes Enkelkind, verwöhnt hatte, wo er nur konnte. Ihre große Liebe jedoch hatte nicht dem Ehegatten, sie hatte dem südländisch aussehenden Johannes Schmidt gehört. Die Aussicht aber auf eine Verbindung war der rätselhaften Reisegetriebenheit Johannes' zum Opfer gefallen.

»Oft hatte ich das Gefühl«, war die Großmutter fortgefahren, als sie zum ersten und letzten Mal mit mir über jenen Johannes gesprochen hatte, »das Gefühl, als suchte er etwas, über das er mit keinem Menschen sprach. Auch nicht mit mir. Es war wie ein Zwang, was ihn auf seine Reisen trieb. Ich werde den Grund niemals erfahren.«

Die Tochter aus mittelloser Beamtenfamilie hatte schließlich auf Drängen der Eltern nicht mehr gewartet und dem Werben des zielbewußten, untadeligen Michael Georg Hennerth nachgegeben. Sie ließ ihn die Trauer um den Verlust der Jugendliebe niemals fühlen. Und sie war nach seinem verhältnismäßig frühen Herztod den Kindern und Enkelkindern ein umsichtiges Familienoberhaupt geworden.

»Großmutter«, hatte ich sie damals mit einer plötzlichen Gewißheit unterbrochen, »ich werde den Grund der Reisen des Johannes erfahren und ihn dir nennen.« Ich hatte das sehr bestimmt gesagt. Die Großmutter hatte mich fragend und verwundert angeblickt.

Je mehr ich mich dem Gebirge näherte, um so klarer wurde die Luft. Sie befreite mir schließlich den Kopf von allen Nachtgedanken.

Ich erreichte das am Paßeingang auf dem Dietrichstein errichtete Schloß, auf dem einst der Herr der Vampire Dracula gehaust und sein Unwesen getrieben haben soll. Ich durchfuhr die Ortschaft am Fuß des Schlosses. Die steigende Sonne im Rücken, begann ich die Paßstraße zwischen Königstein und Butschetsch bergauf zu treten. Nach einer knappen Stunde traf ich in der rumänischen Bergbauern- und Hirtensiedlung Fundata nahe der Paßhöhe ein.

In dem auf einer halb felsigen, halb grasbewachsenen Kuppe gelegenen Licu-Hof traf ich Gordans Mutter, die ich »Doamna Miranda«,

»Frau Miranda«, nannte. Sie war gerade beim Füttern der Hühner, die sie gackernd und hüpfend umringten. Sie reichte mir wortlos die Hand und zeigte mit dem Kopf zum Schuppen hinter dem Haus hinüber.

Gordan war mit dem Aufschichten des Feuerholzes beschäftigt, das er der Mutter für die Wintermonate gesägt und gespalten hatte; die Winter sind hier oben von polarer Gewalttätigkeit. In dem nach der Südseite hin offenen, gleich dem Haus mit Schindeln gedeckten Schuppen hatte er der Länge nach fünf bis zur Bretterdecke reichende Reihen gestapelt; ich warf ihm die Scheite für zwei weitere zu. Erst als wir die letzten Scheite und Wurzelstrünke unter Dach und Fach hatten, begrüßten wir uns. Er reichte mir die Hand. Er war groß wie ein Bär, der sich aufgerichtet hat.

Wir setzten uns in den Schatten unter der jungen Eiche, die auf dem Hügelkopf des Licu-Hofs oberhalb des Anwesens stand – des Blockhauses, der Ställe und Schuppen. Frau Miranda brachte uns eine Kanne kalter Milch, einen Blechtopf mit heißen, frisch gekochten Kartoffeln, dazu in einem Steingefäß Salz. Von unserem Platz aus blickten wir über die Felsen der Paßhöhe hinweg nach beiden Seiten. Im Westen auf den langgezogenen hellen Grat des Großen Königsteins, im Osten auf die grauschwarzen Türmungen des Butschetsch. Die vereinzelten Gehöfte auf den Steilwiesen der Waldschluchten unter uns klebten gleich Nestern im Grün. Sie wirkten wie verletzliche, von den immer eiligen Menschen für flüchtige Augenblicke errichtete zerbrechliche Gebilde; ihre Winzigkeit sprang in der gewaltigen Umgebung ins Auge. Ich kenne keine schönere und tiefgründigere Landschaft, keine, die mehr zum Nachdenken einlädt.

Die Wärme der Vormittagssonne trocknete die Hemden auf unseren Oberkörpern. Das Gesicht der Frau Miranda, dachte ich, hat seit dem grausigen Tod ihres Mannes und ihrer sechs älteren Söhne ans Mark rührende Züge der Ausdruckslosigkeit angenommen. So wehrt sich ein Mensch gegen das Unfaßbare, das ihm zustieß.»Die Prätorianer« hatte der spitzbärtige Abt Atanasiu von den Skitu-Höhlenklöstern unter dem Butschetsch die sieben Licu-Brüder genannt, der Stolz nicht allein der Familie Licu, sondern der ganzen Gegend – die älteren drei Zwillinge und Gordan, der Jüngste.

Gordan schob sich eine der dampfenden Pellkartoffeln in den Mund, trank einen Schluck Milch, reichte mir die Kanne und sagte:»Wir werden uns jetzt längere Zeit nicht mehr sehen.«

Es hatte wie eine Frage geklungen.»Sobald du zurück bist, werde ich wiederkommen«, sagte ich.

»Wirst du auch nach Malaescht hinaufkommen?«

»Ja, ich werde auch ins Malaeschter Tal kommen ... Hast du noch gesucht?« fragte ich.

Wir tranken abwechselnd von der im Keller gekühlten Milch und bissen in die heißen Kartoffeln, wir blickten über die Talschluchten zu den Bergzügen hinüber, deren Kalkgrau im wachsenden Licht hell geworden war.

Gordan nickte.»Ich suche ihn jedes Mal, wenn ich oben bin.«

»Und?«

Er schüttelte den Kopf.»Nici o urmă, nici una«,»Keine Spur, keine einzige.« Der Friedhof lag nicht weit vom Licu-Hof. In den Trauergesängen der Klageweiber hatten wir nur Gordans Brüder zu Grabe getragen; den Vater hatten wir nicht bergen können. Über und über beschmiert vom Blut der Toten, zu denen wir in die Felsen hinaufgeklettert waren, hatten wir die Suche aufgegeben, als Gordan erschöpft zusammengebrochen war, sich vor der Mutter auf die Knie geworfen, das Gesicht in ihren Schoß gewühlt und aufgeschrien hatte, daß es im ganzen Tal zu hören gewesen war. Heute noch überläuft es mich kalt, wenn ich an die Schreie denke. Seither suchte Gordan den Vater, Großvaters kleinwüchsigen Obersenn Bade Licu, der mich gelehrt hatte, mit den Schafen und Hütehunden umzugehen, so wie seine sieben Hünensöhne mir die ungestümen Hirtentänze beigebracht hatten.

»Wann beginnt die Schule?« fragte Gordan.

»Anfang nächster Woche.«

»Dann bin ich schon in der Ebene drüben angekommen.«

»Treibst du die Schafe auch diesmal bis vors Donaudelta?« »Nein. Wir betreuen zu viert die Herden dreier Törzburger Schafhalter. Die besitzen in der Nähe des Eisernen-Tor-Passes Winterställe. Wir gehen an Ploieşti vorbei nach Westen.«

»Ploieşti?« fragte ich.

»Ja, an den Ölfeldern vorbei, wir sehen dort die Bohrtürme«, antwortete Gordan,»bis Ploieşti ist es nicht weit.« Er nickte einige Male.»Eine ganze Armee von Türmen aus Eisen steht dort, mein Lieber. Einige der

Ölleitungen sind so dick, daß ein Mann aufrecht darin stehen und gehen kann. Sie sehen aus wie vollgefressene schwarze Riesenschlangen. Wir kommen ziemlich nahe an ihnen vorbei.« Er schüttelte den Kopf. »Ich kann dir sagen, da werden ganz schöne Mengen von dem stinkenden, schmierigen Zeug hindurchgepumpt.« Er schüttelte wieder den Kopf und sagte nach einiger Zeit: »Aber wir dürfen nicht mehr so nahe an die Türme ran wie die Jahre bisher. Es ist Krieg, da brauchen alle möglichen Leute das Öl. Schon im vorigen Winter hat uns eine Militärstreife angehalten und nach Sonnenuntergang hin abgedrängt. Und schon damals haben sie uns auch nicht mehr an die Donauwiesen herangelassen.«

»Wie, nicht an die Donau?« fragte ich.

»Na ja, die schaffen dort das Öl und was weiß ich sonst noch die Donau hinauf.« Wieder schüttelte er den Kopf und sagte: »Es ist unser Öl. Der Teufel hol sie alle miteinander, die bedienen sich von unserem Öl!« Er sah mich mit dem Gletscherblick an, der mir manchmal Angst einflößte, und fragte heftig: »Warum haben sie den König aus dem Land gejagt?« Ehe ich erwidern konnte, daß jetzt der Sohn Michael der Erste auf dem Thron säße, fuhr er ungehalten fort: »Der König Carol wollte keinen Krieg, sagen die Leute. Doch du wirst sehen, die Generäle und diese rotznasigen ›Eisernen Gardisten‹ treiben jetzt auch unser Land in den Krieg. Du warst mit deinem Vater beim König Carol. Und?«

Ich nickte. »Ich brachte ihm deinen Stock mit dem geschnitzten Bärenkopf. Der König erschrak, als ich ihm sagte, daß du trotz der Wachen im Schloßpark warst.«

»Ich habe auch dir einen Stock geschnitzt«, sagte Gordan nach einer Pause.

»Ja, den Eibenstock mit dem Christusgesicht, ja, er steht in meinem Zimmer.«

Abermals nach einer Pause sagte Gordan: »Bunicul tău e om bun«, »Dein Großvater ist ein guter Mensch.«

»Ich weiß.«

»Obwohl er sein ganzes Vermögen verloren hat, schickt er der Mutter Geld. Gott helfe ihm dafür bei allem, was er tut.« Gordan schlug sich ein Kreuz vor der Brust und murmelte: »Dumnezeu să-l ierte«, »Gott vergebe ihm.«

»Er war ein Freund deines Vaters«, sagte ich. »Ja, er war nicht nur der Besitzer der größten Herden weit und breit und unser Gebieter«, sagte Gordan, »er war auch unser Freund ... Sei wie dein Großvater, dann bist du richtig.«

»Hast du die Bärin Cora noch gesehen?« fragte ich.

»Die treibt sich mit ihren zwei Jungen im Wald unter dem Hochtal herum. Vorgestern erst bin ich wieder auf sie gestoßen. Sie kommt jedes Mal, wenn ich sie rufe, gleichviel, wo sie sich gerade aufhält.« Gordan wischte sich die Handflächen und Finger an den Hosen ab.

Wir hatten uns erhoben. Ich wollte dem Neunzehnjährigen die Hand zum Abschied reichen und ins Haus hinuntergehen, um seiner Mutter »La revedere«, »Auf Wiedersehen«, zu sagen – da sahen wir gleichzeitig auf dem breiten Steinpfad von der Straße zum Wohnhaus eine Frau heraufkommen. Sie öffnete die Tür im niederen Kreuzzaun aus Birkenästen, betrat das Wiesengrundstück und blieb stehen.

Ich fühlte, wie Gordans Händedruck weich wurde, Gordan ließ meine Hand langsam los. Er winkte der Frau mit einer knappen, andeutenden Bewegung. Sie kam ohne Zögern am Haus vorbei auf uns zu.

Jetzt erst erkannte ich, daß es eine Siebzehn-, höchstens Achtzehnjährige war, die schlanke Gestalt erschien durch den eng anliegenden schwarzen Rock noch schlanker, bei jedem Schritt machte die Bewegung der Hüften ihre Biegsamkeit sichtbar. Sie blieb lächelnd vor uns stehen. Aus dem glatten, vom dunklen Kopftuch eingerahmten Gesicht blickte mich ein Paar hellbraune Augen ohne Scheu an. Die Wangen vom Anstieg leicht gerötet, sagte sie zu Gordan: »Ist dies dein deutscher Freund?« Ohne eine Antwort abzuwarten, streckte sie mir die Hand entgegen. An den Füßen trug sie Bundschuhe, die Riemen um Knöchel und Gelenke waren neu und gelb. Ich dachte, daß die Beschwingtheit, mit der sie den Berg heraufgekommen war, mit dem Schuhwerk zusammenhing, das sie trug.

»E Ruxandra, vecina«, sagte Gordan, »es ist Ruxandra, die Nachbarin.«

Ruxandra trug über der dunkelroten langärmeligen Bluse eine weiße, mit schwarzen Lederbändern gesäumte Lammfellweste. Der Blick ihrer Augen unter den genau gezeichneten dichten Brauen verwirrte mich.

»Die Mutter ist im Haus«, sagte Gordan, »ich komme bald nach.«

Und wie Ruxandra quer über die Wiese zum Blockhaus hinabging, fiel mir wieder die federnde Geschmeidigkeit auf, mit der ihre Hüften jeden Schritt abfingen. Vor der Eingangstür des Hauses blieb sie stehen, wandte sich zu uns und rief:»Gordan, lade deinen Freund zum Mittagessen ein. Es ist bald soweit.« Dann ging sie rasch ins Haus.

»Komm«, sagte Gordan,»wir sägen noch einen Stamm, bis sie uns rufen.« Wir hoben einen Tannenstamm auf den Holzbock vor dem Schuppen. Gordan holte die Zugsäge. Wir sägten schweigend. Die weichen Späne bedeckten meine Handrücken und meine Schuhe. Die Säge fraß sich bei jedem Schnitt mit hellem Summen tiefer ins Holz. Das Holz war weich und warm. Die Sägespäne spritzten mir auf die Brust und ins Gesicht. Der Königstein und der Butschetsch begannen vor meinen Augen zu tanzen, zu stürzen und wieder emporzusteigen. Dann drehten sie sich im Kreis um mich.

»Ce-i cu tine?« fragte Gordan,»was ist los mit dir?« Er richtete sich auf, als mein Zittern so heftig wurde, daß das Stahlblatt klemmte. Ich war schweißnaß. »Bist du …?« Er unterbrach sich und sah mich aufmerksam an. Als er merkte, daß ich nicht sprechen konnte, trat er mit einem Schritt über den Stamm auf mich zu. Ich wollte etwas sagen. Doch ich konnte den Mund nicht öffnen. Ich konnte mich auch nicht von der Stelle rühren, als Gordan mit ausgebreiteten Armen vor mir stand, um mich aufzufangen. Ich stützte mich auf den Tannenstamm, ich stammelte etwas, wußte aber nicht, was ich sagen wollte. In letzter Sekunde packte mich Gordan am Arm. Er blickte zum Haus hinüber, aber ich schüttelte den Kopf. Da hatte er schon nach Ruxandra gerufen. Er sagte ruhig:»Sie hat gute Hände. Sie hat viel Kraft. Sie wird dir helfen.« Noch ehe Ruxandra bergan gelaufen kam, konnte ich, wenn auch noch unsicher, wieder stehen. Gordan, hinter mir, hielt mich an beiden Schultern. Als Ruxandra mir den Schweiß aus dem Gesicht gewischt und mir danach einige Minuten lang wortlos mit beiden Händen über Schläfen, Wangen und Hinterkopf gestrichen hatte, wobei sie mich kaum berührte, ich die Nähe ihrer Hände aber eindringlich spürte, waren Schwindel und Benommenheit gewichen. Ein Gefühl hellsichtiger Klarheit und körperlicher Leichtigkeit gab mir meine Sicherheit zurück. Aus der Nähe sah ich, daß auf dem Grund der braunen Augen Ruxandras ein tiefer, ja ein unerbittlicher Ernst lag. »Es ist wieder gut«, sagte sie,»nicht wahr?« Sie blickte Gordan kurz an und ging über den Wiesenhang zum Haus hinab.

Wir saßen noch eine Zeitlang im Paßwind, der in der letzten halben Stunde aufgekommen war. An den Stamm der Eiche gelehnt, hörte Gordan meinen Bericht über die Nacht in den Ostkarpaten. Ich fügte abschließend hinzu:»O ja, Ruxandra hat gute Hände.«

Da erst bewegte sich Gordan und sagte:»Daß sie den Gendarmen totschlugen, kann ich verstehen.« Ich hörte ein Geräusch wie Zähneknirschen, dann sagte er:»Aber die ungarischen Hunde haben ihm die Würde genommen.«

Nach dem Mittagessen verabschiedete ich mich, Gordan stand am Zaun und blickte mir nach. Als ich mich umwendete, stand er nicht mehr dort.

Ich fuhr zum Friedhof. Er lag am Rand der Siedlung auf einem sanft ansteigenden Hang unterhalb einer Gruppe haushoher Felsbrocken, die aussahen, als wären sie die Hüter des heiligen Ortes.

Ich fand die sechs Licu-Gräber. Sie waren so ausgerichtet, daß die Toten den Gebirgsstock des Butschetsch im Blick hatten. Auf den Gräbern der Licu-Brüder, die zusammen mit dem Vater von der in die Irre gegangenen Schafherde wie von einem Wasserfall über die Steinwände in die Tiefe des Malaeschter Tals gerissen worden waren, standen Holzkreuze; in ihre Längsbalken hatte Gordan Tierköpfe, Sonnenräder und Pflanzenmuster geschnitzt. Die Gräber waren gepflegt. Am Kopfende eines jeden brannte in einem windsicheren Glasgefäß der Docht des ewigen Lichts. In der Mitte zwischen ihnen war eine Grabstelle freigelassen, sie würde die Gebeine des noch nicht gefundenen Vaters aufnehmen.

Während ich die Schnitzereien auf den Holzkreuzen betrachtete, hörte ich am oberen Ende des Friedhofs das helle Geräusch eines fallenden Steins. Auf einem der halb übermoosten Felsblöcke erkannte ich die Gestalt eines Jungen. Er suchte einen Platz zum Sitzen. Wie er saß, blickte er über den Friedhof hinweg, holte eine Flöte aus der Brusttasche und begann zu spielen.

Die dünnen und heiteren, bald klar zu mir herüberschwingenden, bald verwehenden Töne waren der einzige Laut über den Schindeldächern der verstreuten Gehöfte und über den im Paßwind zu Häupten der Toten stehenden Kreuze. Sie klangen wie eine ausgelassene Tanzweise, aufjauchzend, dann wieder verführerisch dahingleitend. Durch den Friedhofseingang kam Ruxandra auf mich zu. Sie lächelte mich an, sie bog dicht vor mir ab und ging mit wiegendem Schritt zu den Gräbern, über die sie hinwegschwebte. Leichthändig öffnete sie die mit Blumen geschmückten Grabhügel. Gordans Brüder traten nacheinander aus der Erde hervor. Ich sah sie alle vor mir, so wie ich sie in der Augustnacht unter der Kassiopeia die Talflanke hinaufstürmen gesehen hatte, als der fremde Bär in die Herde eingebrochen war, so wie sie im Tanz den Sieg über das Raubtier gefeiert hatten, so wie sie auf der Suche nach mir durchs Hochtal gestreift waren, während ich mich in der Höhle unter der Ziganeschter Ostwand zusammengekauert hatte, entschlossen, mich nicht finden und mich nach dem Sommer bei den Hirten, Herden und Hunden nie wieder in eine Schulbank zwingen zu lassen ... Jetzt tanzte Ruxandra mit den Licu-Brüdern auf den Grabhügeln. Von jedem der Mordskerle ließ sie sich der Reihe nach herumwirbeln. Ihre geschnürten gelben Flügelschuhe trugen sie von einem zum anderen. Die Brüder lachten. Filip, der blonde Spaßvogel, forderte mich lautstark auf, mitzutanzen. Mit ihrer Kraft hatte Ruxandra die Brüder wieder zum Leben erweckt. Die Bundschuhe züngelten unter ihr wie Flämmchen.

Und da stand auch Frau Miranda neben mir, sah dem Treiben zu und lächelte glücklich beim Anblick der tanzenden Söhne, der Riesenmänner von ihrem Fleisch und Blut. Gordan, halb hinter mir, hatte mir die Hand auf die Schulter gelegt. »Wir sind den Toten näher als den Lebenden«, sagte er.

Ich stand allein auf dem Friedhof. Ich war die ganze Zeit allein gewesen. Das sind meine Bilder, dachte ich, niemals weiß ich, wann sie kommen. Das Flötenspiel des Jungen auf dem Felsen und die Bilder von Ruxandras Tanz über den Gräbern begleiteten mich, als ich das Bergdorf mit dem seltsamen Namen »Fundata« hinter mir gelassen hatte und rasch talwärts fuhr. Der Fahrtwind kühlte mein Gesicht. Ein hintergründiger Name. »Fundata« kann soviel wie »Die Gegründete«, »Die Gestiftete« heißen. Andere aber sagen, es heißt »Am Ende der Welt« oder »Wo nichts mehr ist«, »Wo nichts mehr weitergeht«.

Die Bilder begleiteten mich immer noch, als ich in Rosenau den großen Eisendenk-Hof betrat. Mit Pauls kraushaariger Schwester Martha schwatzte ich lange unter dem Vordach des Stalls, das voller leerer Schwalbennester hing, während sie das Schweinefutter anrührte. Martha lachte gerne und ansteckend – und die ganze Zeit über sah ich

Ruxandra im Tanz von Grab zu Grab schweben, sie hatte die sechs Licu-Brüder, die Herkulessöhne der zierlichen Frau Miranda und ihres klein geratenen Ehemanns, mit ihrem Lächeln und dem schwerelos aus den Hüften schwingenden Schritt der langen Beine aus den Gräbern geholt und zu neuem Leben erweckt ... Ich wartete, bis Paul mit dem vollgeladenen Pferdegespann vom Kartoffelacker heimkehrte. Paul hatte schon am Tag der Rückkehr von der Fahrradtour bei der Feldarbeit helfen müssen. Bald danach kamen mit dem zweiten unter der Last ächzenden Gespann auch Pauls Vater und Bruder Michael.

Wir redeten wenig. Als ich mich verabschiedete, sah ich es Paul an, daß ihm mein Besuch gut getan hatte. »Gestern war Horst hier«, sagte er, »er ist heute früh abgereist, in die Marineschule. Aber das weißt du ... Mürwik? So heißt der Ort?«

»Ja«, sagte ich, »auch Willi ist fort. Nach Bukarest.«

»Gut, daß du vor Schulbeginn noch mal vorbeigeschaut und dich verabschiedet hast«, sagte er.

»Paul«, unterbrach ich ihn, »die Nacht ... Ich meine die Nacht ...«

»Mit dem Sarazenendolch, meinst du?« fragte er.

»Ja. Sollte es so sein, daß du – daß du den Mann ... Du hast ihm die Würde nicht genommen«, sagte ich, »nein, das war anders als die Nacht in der Hargita.«

Paul sah mich mit unbewegtem Gesicht und jenem ruhigen Blick an, den ich an ihm kannte. »Du denkst an das Schielauge?« fragte er. Ich nickte. Er ist noch lange nicht fertig damit, überlegte ich, dazu ist er zu ernst. »Ich hab ihn umgebracht«, hatte er gemurmelt.

Bevor ich aus Rosenau heimwärts fuhr, sah ich noch bei Rosina und Martin Strehling, der im Ort »der Panduren-Marz« genannt wurde, vorbei; ihr Hof lag an meinem Weg. Schon von weitem konnte ich am flachen Dreiecksgiebel des Hauses den in großer Antiquaschrift gemalten Spruch lesen:

> *Ehrlich sein trägt wenig ein.*
> *Trägt ehrlich sein gleich wenig ein,*
> *So will ich dennoch ehrlich sein.*

Rosina, in unserer Familie seit jeher »Rosinchen«, hatte gerade die Wäsche von der quer über den Vorhof gespannten Leine geholt. Den Korb mit dem nach Sonne und Wind duftenden Weißzeug in den Händen, stand sie pausbäckig vor mir; ihr leuchtendes Gesicht erinnerte mich auch diesmal an einen reifen Apfel. Martin, nach Marias Befinden »der Mann mit Fäusten wie Steinblöcke«, kam aus der Scheune nach vorne. Als er mir die Hand reichte, hatte ich das Gefühl, in einen Schraubstock geraten zu sein. Die beiden, als Vollwaisen aufgewachsen, besaßen neben ihrem ganz und gar verbohrten und unerschütterlichen Fleiß die Gnade der Fröhlichkeit. In ihrer Wärme wuchs das zweijährige Söhnchen Matthias heran. Ich mußte den kleinen Schlafenden im abgedunkelten Zimmer sehen und bewundern. Er duftete wie Rosinchens Wäsche. In zurückliegenden Jahren hatte das Ehepaar »jedes Joch« auf sich genommen und sich so den Weg »aus dem Tal der Habenichtse gebahnt. Das einzige Möbel, das wir bei der Heirat besaßen«, hatte mir der Panduren-Marz lachend erzählt, »war ein altes Bettgestell, das in der Hochzeitsnacht zu Kleinholz zusammenbrach.« Einiges gepachtete Land, Vieh, Schweine, zwei Pferde, der vor kurzem abgezahlte Hof – in Engpässen von meinem Vater nicht im Stich gelassen, waren sie unserer Familie verbunden geblieben. Martin holte aus der kleinen Sommerküche »en Flosch Pali for denjen Voter«, eine Flasche Pflaumenschnaps »für deinen Vater«, und während wir im Stehen ein paar Worte wechselten, drang durch die Tür, die er nur angelehnt hatte, Radiomusik – Militärmärsche.

Eben noch ein Lachen um die hellgrauen Augen, nickte Martin mit umdüsterter Miene. »Dein Vetter Horst ist also fort?«

»Ja, heute.«

»Die einen«, sagte der Panduren-Marz und sah mich mit kaltem Blick an, »rennen in den Krieg. Die anderen holt sich der Krieg. Na ja, ich bin fünfundzwanzig, da werde ich auch bald dran sein. Wer weiß, wann die mich holen ... Mach dich auf den Weg, Peter, es wird dunkel.«

Rosinchen umarmte mich, Martins Steinfaust ließ den Druck meiner Hand schon im Ansatz zunichte werden. »Grüß die Eltern«, rief mir Rosinchen auf der Straße nach.

Ich hörte das Flötenspiel auf dem bemoosten Felsen über den Friedhofkreuzen. Ich sah Ruxandra mit den Brüdern tanzen und neben mir die vor Glück lächelnde Frau Miranda. Ich hatte Martins kalten Blick und Rosinchens lächelndes Apfelgesicht vor mir. Ich hörte Großmutters Stimme: »Ob es auch mit den Russen Krieg geben wird?« Als ich am Abend in Kronstadt eintraf, das Fahrrad auf den Böttcherrücken hinaufschob und lange durchs Fenster meines Zimmers auf die dunkelnde Stadt und die vielen Straßenlichter unter mir blickte, war das alles so gegenwärtig, als ereignete es sich eben jetzt.

Warum, dachte ich, vor dem offenen Fenster stehend, warum hat Paul gesagt, daß mein Besuch ein Abschied war? Abschied, hatte er gesagt. Warum? Wovon? Ich hatte mich von niemandem verabschiedet. Ich hatte vor dem Schulbeginn nur noch einmal alle sehen wollen. Abschied? ... Ich wußte an jenem Abend noch nicht, wir wußten es alle noch nicht, daß es die großen Abschiede waren, die damals unser Leben bestimmten. Daß wir alle uns verabschiedeten. Von uns selbst. Darüber gaben wir uns erst später Rechenschaft. Zu spät.

Denn als ich wenige Tage danach wie in jedem Jahr zum herbstlichen Schulbeginn über den Kieshof des deutschen Honterus-Gymnasiums in Kronstadt auf die von zwei Wandsäulen gesäumte Eingangspforte zuging, wo schon vor der Zeit des Erasmus von Rotterdam und des Doktor Martinus Luther die *Septem Artes liberales* gelehrt worden waren und wo seither trotz der ununterbrochenen Folge von Türkeneinfällen und Kuruzenkriegen, generationenlangen blutigen Bauernaufständen, trotz Gegenreformationswut, fürstlicher und kaiserlicher Herrschaftswillkür und soldatesken Wütens aus allen Himmelsrichtungen, trotz Pest, Cholera, Bränden und Erdbeben der Appell einer Handvoll Unverzagter an das bißchen menschlicher Vernunft niemals verstummt war – da ahnte ich ebensowenig wie einer meiner Klassenkameraden, daß es diesmal ein anderer Beginn sein würde, daß wir uns alle miteinander von einer Welt verabschiedeten, die ohne Wiederkehr war.

Im übrigen weiß ich bis heute nicht, was mich an jenem Tag veranlaßte, vor der ersten Stufe des Aufgangs zur Eingangspforte plötzlich stehenzubleiben und wie unter einem Zwang zu den beiden durch die oberen Stockwerke gehenden hohen Fenstern emporzublicken, als habe mir dorther jemand ein Zeichen gegeben: Du bist in Gefahr ... Ich hatte das Gefühl, beobachtet zu werden, obwohl ich wußte, daß dort niemand war. Doch ich wußte jetzt schon, daß sich in der Aula hinter den im herbstlichen Morgenlicht kühl über mir schimmernden Fenstern wenige Jahre später der Weg meines Lebens entscheiden sollte. Genauer gesagt, im Frühsommer neunzehnhundertzweiundvierzig. Um die Zeit also, als das deutsche Afrikakorps unter dem Befehl des

Generalobersten Erwin Rommel die von den Briten verteidigte libysche Hafenstadt Tobruk eroberte – ein Sieg des »Wüstenfuchses«, den wir bewunderten und bejubelten. Freilich würde der berühmte Heerführer, zum Generalfeldmarschall befördert, schon elf Tage später mit seiner bravourösen Truppe vor El-Alamein, hundert Kilometer südlich der am Nildelta liegenden Stadt Alexandria, endgültig steckenbleiben. Nicht mehr vorwärts stürmen, sondern nur noch zurückweichen. Von Afrika über das Mittelmeer nach Sizilien. In mörderischen Gefechten durch ganz Italien. Durch Südtirol, über die Alpen. Bis nach Deutschland. Bis in den Bau zurück, aus dem die »Wüstenfüchse« einst ausgezogen waren.

Doch bis dahin gibt es noch einiges zu berichten.

VII. KAPITEL

Vom großen deutschen Muttervolk, von der amphibischen Urscheiße und der Herrenrasse

An jenem denkwürdigsten Schultag meines Lebens im Herbst des Jahres 1940 lief alles wie am Schnürchen. Ohne jemandes sichtbaren Widerstand. So, als hätte eine geheime Macht die Weichen gestellt, während die meisten schliefen. Ist es einmal soweit, entpuppt sich alles andere nur noch als eine Frage der Zeit. Die Personen, deren es zur Ausführung bedarf, lassen sich jedesmal beliebig finden. Die Mitläufer mit ihren tausend miesen, geleckten und parfümierten Ausreden danach erwiesen sich in der Geschichte als eine unausrottbare Spezies.

Wie bedenkenlos ging auch hier die Preisgabe der Grundlagen vor sich – der Umsicht, der Besonnenheit, des Mutes, des Maßhaltens in allem, was von Frauen und Männern während langer Zeiträume der mühseligen Arbeit, der Not, des Immer-wieder-von-vorne-Beginnens und des Ausharrens zum Staunen aller erschaffen worden war, auf diesem transsilvanischen Flecken südöstlicher Erde, auf dem sie einst Burgen zur Verteidigung gegen alles mögliche kriegswütige Pack errichtet hatten, die öfter als Troja zerstört, aber noch öfter wiederaufgebaut worden waren. Vor allem der Gesittung: Gilt ihr nicht unentwegt die Aufmerksamkeit, geht sie über Nacht verloren und mit ihr nach und nach alles andere. Gleichviel, an welchem Ort der Welt.

Nur wenige Tage nach dem Unterrichtsbeginn wurden wir von der Schulleitung angewiesen, uns auf dem Hof einzufinden. Die Klassensprecher ließen uns wie bei sportlichen Schülerveranstaltungen in Fünferreihen zum offenen Karree vor dem Haupteingang des vierstöckigen Mittelgebäudes antreten. Vom Turm der nahen Schwarzen Kirche schlug es zehn Uhr, als Direktor Armin Tabler, der betont aufrecht gehende Mann mit energischem Gesichtsausdruck, als erster aus dem Gebäude auf die Treppe heraustrat.

Dr. Tabler war Naturwissenschaftler, Studium in Hamburg, Berlin, München und Cambridge. Er hatte sich neuerdings durch ausführliche »Eugenische Untersuchungen zum Rassenbild der Siebenbürger Sachsen« in Fachkreisen bis nach Deutschland hin einen Namen gemacht, wo er während der letzten Jahre wiederholte Male Gast des »Rassenpolitischen Amtes der NSDAP« und des »Rasse- und Siedlungshauptamtes der SS« gewesen war. Zur Nürnberger Ausstellung »Volksheilkunde aus Blut und Boden« hatte er im »Siebenbürgisch-Deutschen Tageblatt« einen umfangreichen Aufsatz veröffentlicht. Im Dämmerlicht der Eingangspforte erblickten wir hinter ihm die Schar unserer Lehrer, im Hintergrund einige unbekannte junge Männer.

Es war ein wolkenloser Tag, dessen Klarheit sich schon in der Früh angezeigt hatte. Vom schmalen Rücken der Zinne und von der Ebene draußen hatten sich die durchsichtigen Dunstschleier bei der ersten Lufterwärmung rasch zu heben und aufzulösen begonnen. Als wir uns vor dem hohen Hauptgebäude versammelt hatten, erreichte die Sonne gerade den Schulhof. Dr. Tabler trat nach kurzem Zögern mit elastischem Schritt ins Licht des hellen Kiesbelags herab; die anderen blieben hinter ihm stehen. Im gewohnten Befehlston verkündete er: »Herr Doktor Wiegand Schädel hat uns im Zusammenhang mit bevorstehenden grundlegenden Änderungen in unserem traditionsreichen Schulwesen etliches mitzuteilen.«

Ein mittelgroßer Mann, über der schwarzen Pastorenweste ein Asketengesicht, trat die letzte Stufe herab und kam uns auf dem Kies einige Schritte entgegen. Noch bevor er das erste Wort gesagt hatte, ahnte ich plötzlich die einprägsame Gestik der feingliedrigen Hände. Auch die hohe Stirn und der fast schwärmerisch leuchtende Blick der dunklen Augen übten ihre Wirkung auf uns aus. Es wurde still. Wir hörten den Verkehrslärm auf der Straße hinter uns.

»Ist das ein Pfarrer?« flüsterte Benno Martens neben mir dem Klassensprecher Guido Proder zu, der vor mir stand. Proder wendete leicht den Kopf und zischte: »Der war bis vor kurzem Pfarrer im Stadtviertel Martinsberg. Es heißt, er soll der neue Sachsenbischof werden.«

»Und wer ist der links hinter Professor Weiß?«

Wieder gab Proder über die Schulter Bescheid:

»Der heißt Zupfenhügler. Ein Hermannstädter. Seine Freunde nennen ihn Wanki. Einige sagen ›Nibelungenfinger‹ zu ihm. Keine Ahnung, warum. Er hat im Reich Führerlehrgänge der Hitler-Jugend absolviert.«

Ich hatte vor Überraschung zu atmen vergessen. Tatsächlich, auf der obersten Stufe hinter unseren Lehrern stand Wanki, die Arme vor der Brust verschränkt, den Blick in einer Weise auf uns gerichtet, als wäre er ein Feldherr, der die Heerscharen beim Befehl zum letzten Sturmangriff in Augenschein nahm. Die blickten immer so, ihre Art, vor »versammeltem Volk«, wie sie sagten, zu blicken, prägte sich mir in den folgenden Jahren für alle Zeiten ein – wir, das niedere Volk, sie, die von der Vorsehung zum Führertum Berufenen. Doch aufregender als Wankis Gegenwart erschien mir die Kleidung, die er trug: Es war »Hitler-Jugend«-Uniform, HJ-Kluft, wie wir sie bisher nur auf den bunten Bildern der Berliner Zeitschrift »Signal« gesehen hatten – Braunhemd mit Schulterklappen und Schulterriemen, über der linken Brusttasche als Rangabzeichen eine rote, geflochtene Kordel: die »Führerschnur«.

Ein nur wenig älterer, noch nicht dreißigjähriger schmalköpfiger Mann gleicher Größe mit beunruhigend ausdruckslosem Gesicht reckte sich neben ihm auf. Ich hatte ihn zuerst nicht beachtet. Doch überrascht bemerkte ich jetzt, daß er neben dem auffällig adretten Zupfenhügler gerade durch seine Ausdruckslosigkeit von allen anderen abstach. Auch er blickte unbewegt über die Grauköpfe unserer Lehrer auf uns herab. Ich spürte sofort, daß er hier das Sagen hatte, auch wenn er kein Wort sprechen würde. Ich starrte die beiden an. Mit einem Mal beherrschte mich das Gefühl, daß des »Nibelungenfingers« Anwesenheit in dieser Stadt ein Problem für mich bedeutete.

»Meine Jungen«, rief Dr. Schädel in diesem Augenblick mit einer Stimme, die mich überraschte, sie klang, als habe ein Instrument eingesetzt, melodisch singend, von verkünderischem Pathos erfüllt. »Meine Jungen«, rief er noch einmal, »wenn ich heute mit dem Gruß ›Heil Hitler!‹ vor euch trete, dann ist damit mehr als ein Gruß, es ist eine Botschaft gemeint. Und was ich euch zu sagen habe, ist ein Teil jener Botschaft vom neuen deutschen Menschen, die nun endlich auch uns hier im südöstlichen Vorfeld des Abendlandes erreichte und uns in den gewaltigen Schicksalsstrom des erwachten, im Kampf um Freiheit auf Leben und Tod stehenden großen deutschen Volkes aufnahm.« Die Stimme sang und beschwor. Ich ertappte mich dabei, daß sie mich vom Inhalt des Vortrags ablenkte. Sie schwang über den weiträumigen

Schulhof hinaus.»Was, meine Jungen«, rief Dr. Schädel,»was kann, nein, was muß all das auch für euch bedeuten? Für die ehrwürdige Schule des unvergessenen Johannes Honterus, des Sohnes dieser stolzen deutschen Stadt im Osten, den Martin Luther bewunderte, dem Philipp Melanchthon und Ulrich Zwingli herzliche Verbundenheit bekundeten, den Aventinus seinen Freund nannte, dessen große ›Weltbeschreibung‹ ungezählte Neuauflagen bis Paris erfuhr, der Dürers Sternkarten verbesserte? Ich frage euch, Zöglinge dieser ruhmreichen Lehranstalt: Wozu seid in historischer Stunde gerade ihr berufen, die ihr dermaleinst in Europas gefahrenträchtigem Südosten die Geschicke unseres Volksstammes in die Hände nehmen werdet?« Die Stimme wurde immer federnder:»Ich will es euch sagen: So wie vor vierhundert Jahren Honterus mit der *Constitutio Scholae Coronensis* das moderne Leitbild der Schule hier im Südosten schuf und damit ein Stück Abendland hierher verpflanzte, so ergeht heute an uns alle abermals der Aufruf zur Erneuerung des Schul- und Erziehungsbegriffs. Fort mit überholten einengenden Bindungen! Laßt uns im Geiste des Aufbruchs auf der Höhe der Zeit denken und handeln. Nichtswürdig, wer sich dem Auftrag entzieht!« O ja, er hatte »nichtswürdig« gesagt.

Das Licht des Vormittags lag auf dem Gesicht des knabenhaft schmalen Mannes. Seine Hände schienen die eigene Rede zu dirigieren. Seine Stimme klang über den Schulhof hinaus, dessen Kies blendete und leuchtete. Sie drang bis zum Park jenseits der Straße. Hinter dessen alten Kastanienbäumen lag der offene Hof des rumänischen Jungengymnasiums. Es trug den Namen jenes Andrei Șaguna, der einst mit beherztem Auftreten vor dem jungen Kaiser Franz Joseph in Wien die Unterdrückung der siebenbürgischen Rumänen durch die Ungarn angeprangert hatte; das war etwa um die Zeit, als der Kronstädter Kaiserliche Reichsrat Carl Mager das gleiche für seine deutschen Landsleute tat. Der Rumäne Șaguna blieb geschichtlicher Sieger. Denn die rechtlosen Rumänen von gestern waren heute die Herren des Landes, Ungarn wie Deutsche aber nur noch ärgerliche Minderheiten.

Sooft Dr. Schädel eine Pause machte, hörten wir das Geschrei der fußballspielenden Șaguna-Schüler bis zu uns herüber. Unter ihnen befand sich mein Kindheitsfreund aus den Jahren in Rosenau, Ovidiu Neguș, den wir Owi nannten, der Sohn unseres Hausarztes Dr. Aristide Neguș und der Pariserin Mireille Marchant – ein Lulatsch von aufrei-

232

zend lässigem Phlegma, mit dem ich mich immer schon gut verstanden hatte. Aber auch mein Sportfreund Radu Coliban, mit dem wir, früher gemeinsam mit Horst, an jedem schulfreien Nachmittag die Slalomhänge und Abfahrtsstrecken des südlich der Stadt aufragenden Schuler-Massivs befuhren; künftig würden wir uns zu zweit aufmachen, hatten wir vereinbart. Coliban hatte dreimal den Spezialslalom der Junioren-Landesmeisterschaften gewonnen, der »Deutsche Ski-Verband« in München hatte ihn zusammen mit Lutz Ganter und Bernd Kegler aus der Zwölften zu Trainingskursen nach Garmisch-Partenkirchen eingeladen ... All dies ging mir durch den Kopf, als mich der Redner jenes denkwürdigen Tags durch die abermalige Veränderung der Stimme aus meinen Gedanken riß. Aha, dachte ich, jetzt kommt er auf den Punkt.

Und so hörte ich, daß wir, die Handvoll Deutschen in Rumänien, »ab sofort ein eigenes ›Volksgruppenrecht‹ erhalten. Jawohl!« rief der Mann, »die Regierung in Bukarest mußte der Reichsregierung in Berlin einen entsprechenden Erlaß zusichern und gab diesen nun vor wenigen Tagen heraus. Damit, meine jungen Freunde«, die Stimme sang jetzt fast hymnisch über uns hinweg, »damit erfreuen wir uns wie unsere Vorfahren wieder selbständiger Rechtskörperschaft. Ist euch bewußt, was das für uns und für unsere Zukunft bedeutet? Ich will es euch sagen: Im Schutze des herrlich wiedererstarkten großdeutschen Reichs erfuhren wir endlich, endlich historische Gerechtigkeit!«

Vor allem aber dies erfuhren wir von dem vollends entflammten Mann: »Ab sofort werden unser Erziehungsideal und -ziel, unsere Unterrichtsbücher, unsere Jugend- und all die anderen völkischen Organisationen« – von hier weiter wurde Dr. Wiegand Schädel immer lauter, wie ein Sänger, der sich mit Stakkato-Akzenten und unter Aufbietung der ganzen Stimmkraft dem Schluß der Arie nähert, er meißelte gleichsam jede Silbe des Finales dem Blau des Herbsttags ein –, »ab sofort gleichen wir uns in allen Lebensfragen und für alle Zukunft unserem großen deutschen Muttervolke an, dessen Erneuerungswunder heute und in Ewigkeit mit dem Namen unseres Führers Adolf Hitler verbunden bleiben wird.«

»Und wer ist der Mensch hinter Doktor Tabler?« flüsterte Benno neben mir, »der gesichtslose Schmalschädel neben dem ›Nibelungenfinger‹?«

Auch das wußte Proder. »Der heißt Schmidt – Andreas Schmidt ...

Soll mit einem einflußreichen Berliner SS-Heini, einem General, dick befreundet sein. Berger oder ähnlich. Der will ihn angeblich zu unserem ›Volksgruppenführer‹ machen. Mann, im Juni haben die beiden eintausend unserer Leute donauaufwärts aus dem Land geschmuggelt. Nach Österreich. Zur Waffen-SS. Im Donauhafen Orşova am Eisernen-Tor-Paß wurden sie eingeschifft, in Wien ausgeschifft. An der rumänischen Grenzpolizei vorbei. Verrückt, was?«

»He, Proder«, zischte Blessi hinter mir, »was heißt ›geschmuggelt‹? Das war die phantastische ›Tausend-Mann-Aktion‹. Was redest du, Mann! Außerdem sollte einer wie du wissen, daß es Ostmark und nicht Österreich heißt und daß es bei der SS keine Generäle, sondern Brigadeführer gibt.«

»Du wasserköpfiger Klugscheißer«, gab Proder ungerührt über die Schulter zurück, »merke: Der SS-Brigadeführer entspricht dem Generalmajor. Kannst du das behalten? … Sag mal, wieso ist eigentlich dein Vater nicht dabei?« fragte mich Proder und zeigte mit dem Kinn auf die Lehrerschar vor der Schulpforte.

»Er ist in Bukarest, dienstlich«, antwortete ich.

Dann war die Zusammenkunft beendet. Auch auf dem Schulhof des Şaguna-Gymnasiums war es still geworden. Wir gingen in die Klassenräume. Hinter uns blieb der leere Schulhof mit dem in ungewissem Licht schimmernden Feuersteinsplitt zurück.

War es dieser Tag, von dem an ich das sichere Gefühl hatte, daß nichts mehr so war wie vorher? Ich weiß es nicht. O doch, in meiner Erinnerung ist es dieser Tag! Bis heute blieb er mir mit dem seherisch flammenden Blick in dem Asketengesicht verbunden, das ich, umrahmt von den beiden Säulen rechts und links der dunklen Schulpforte, während der Rede vor mir gesehen hatte.

Damit war »die neue Zeit« aus dem »Reich« auch zu uns nach Siebenbürgen herübergeschwappt. Was das Auffälligste an ihr war? Hatten wir uns bis dahin mit dem in den ehemaligen habsburgischen Ländern bei allen Völkern üblichen »Servus!« gegrüßt, auch wenn wir rumänische oder ungarische Bekannte trafen, so scherten wir jetzt aus dieser Grußgemeinschaft aus, hoben unter uns Deutschen den rechten Arm und riefen: »Heil Hitler!« Bis auf wenige sture Ausnahmen traten auch immer mehr unserer Lehrer zum Unterrichtsbeginn mit dem »Hitlergruß« vor uns. Wer seien wir denn, hatte ich Pfarrer Mager

einmal zu Onkel Oskar sagen gehört, daß wir uns außerhalb stellten?
»Unser Maßstab«, hatte er gesagt, »ist das große deutsche Muttervolk
mit seinen weltumspannenden und weltbeseelenden Namen Luther,
Kant, Hegel, Bach, Mozart, Beethoven, Humboldt, Planck, Sauer-
bruch. Kann eine Nation, die solche Männer hervorbringt, etwas falsch
machen?«

Seit jenem denkwürdigen Tag also schallten über den Schulhof Kom-
mandos von militärischer Eindeutigkeit und Schärfe. »Antreten! Augen-
geradeaus! Rechtsum! Imgleichschrittmarsch!« wurden zum täglichen
Vaterunser. Wir liefen – nach dem Vorbild des »großen deutschen Muttervolkes« – immer häufiger in kurzer schwarzer Samthose, mit Sigrunenkoppel und Schulterriemen auf dem Braunhemd der »Hitler-
Jugend« herum, die bei uns nur »Deutsche Jugend« heißen durfte, was
einige bedauerten. Und wenn der »DJ-Hauptbannführer« Herwart
Zupfenhügler, auch »Wanki« oder »Nibelungenfinger« – der seit kurzem in Kronstadt lebte, wo sich die »Volksgruppenführung« eingenistet
hatte –, aus besonderem Anlaß den Schulhof betrat und die »DJ-
Gefolgschaften« und »Jungvolkzüge« der »Pimpfe« antreten ließ, um
uns einen Befehl des »Landesjugendführers« Uli Leppner vorzutragen,
legte er beim »Hitlergruß« mit eherner Miene die linke Faust über das
Germanenzeichen auf dem Metallkoppel, als gelte es, dort den heiligen
Gral der Artusritter vor unbefugtem Zugriff zu schützen. An der Hand
seines erhobenen Arms fiel mir jedesmal der gespreizte steife Nibelungenfinger auf.

Überhaupt »traten« wir damals bei jedem Anlaß »an«.

Natürlich, wir waren auch all die Jahre bisher unter dem strengen
Auge unseres Sportlehrers, eines wegen seiner kantigen Männlichkeit
legendären Leibeserziehers, den wir »der Major« nannten, in angemes-
sener Ordnung vom Schulhof zum nahen Sportplatz oder zu den Wald-
läufen auf die Burgpromenade unter der Zinne gegangen. Doch jetzt
gingen wir nicht mehr. Wir marschierten. In Viererreihen und unter
dem Kommando des »Scharführers« mit der grünen Kordel Gunter
Braumüller, der bei uns Bramü hieß. Er schrie: »Ein Lied!«, und einer
stimmte als Vorsänger an: »Was fragt ihr dumm, was fragt ihr klein,
warum wir wohl marschiern? Setzt nicht vergebens Mühe ein, ihr werdet's niemals spürn!« Oder: »Es zittern die morschen Knochen der Welt
vor dem großen Krieg. Wir haben den Schrecken gebrochen ...« Oder:

»Ein junges Volk steht auf zum Sturm bereit ...« Und dann legten wir los, als wollten wir alle Himmel zum Einsturz bringen: »Reißt die Schranken doch zusammen, Kameraden. Wir fühlen nahen unsere Zeit, die Zeit der jungen Soldaten. Vor uns marschieren mit sturmzerfetzten Fahnen die toten Helden der jungen Nation, und über uns die Heldenahnen, Deutschland, Vaterland, wir kommen schon!« Zwar konnten wir uns die Helden mit den sturmzerfetzten Fahnen vor oder über uns nicht recht vorstellen, doch wir berauschten uns an den mitreißerischen Melodien, an den dunklen Bildern der Liedtexte und an unserer Lautstärke. Ohne uns dabei etwas zu denken, brüllten wir den verwundert von den Gehsteigen blickenden Rumänen die Verszeile »Deutschland, Vaterland, wir kommen schon!« mitten in ihrem Vaterland ins sprachlose Gesicht. Wir sangen herausfordernd inbrünstig im Gleichschritt: »Deutsch ist die Saar, deutsch immerdar«, als ströme das Flüßchen nicht auf der anderen Seite Europas, sondern entlang der Karpaten unser Leben bestimmend mitten durchs Herz des siebenbürgischen Sachsenlandes. Und wir schrien ebenso eindringlich: »O du schöner Westerwald, über deine Höhen pfeift der Wind so kalt«, als hätten wir den rheinischen Schiefer unter unserem Schritt und Tritt und nicht den Kalkstein der Karpaten. So tief wurzelte das Gefühl der Verbundenheit mit Deutschland in uns, daß wir die ferne Saar und den fernen Westerwald besangen, als wären sie ein Stück von uns und befänden sich vor unserer Haustür.

Nein, wir dachten uns also nichts dabei.

Keiner von uns.

Denn es war ja auf der anderen Seite durchaus nach unserem Geschmack, wenn wir anstimmten: »Wir lieben die Stürme, die brausenden Wogen, der eiskalten Winde rauhes Gesicht«, oder »Aus grauer Städte Mauern ziehn wir durch Wald und Feld, wer bleibt, der mag versauern, wir fahren in die Welt«, oder »Einen Sack voll Hafer für mein Pferd, und was kümmert mich ein warmer Herd, die Welt ist weit und der Himmel breit und wir reiten«. Wir sangen begeistert Friedrich Schillers Wallenstein-Reiterlied »Wohlauf, Kameraden, aufs Pferd, aufs Pferd, ins Feld, in die Freiheit gezogen. Im Felde, da ist der Mann noch was wert, da wird ihm das Herze gewogen. Da tritt kein anderer für ihn ein, auf sich selber steht er da ganz allein«, und die Landsknechtsmelodie »Wir sind des Geyers schwarze Haufen, hojotoho, wir wollen mit Ty-

236

rannen raufen, hojotoho!« Dies alles klang nach Abenteuer und Männlichkeit, nach verwegener Ausfahrt, Freiheit und Erlebnis, nach Wagnis und Herausforderung, die sich jeder von uns wünschte. Denn wir waren weder Muttersöhnchen noch Jammerlappen. Wir hielten nichts von Feiglingen, Leisetretern und Weichlingen. Wir verlachten Bequemlichkeiten und sehnten uns nach Ausbruch und Ungebundenheit. Und wie wir uns Gefahren wünschten! Wir bewunderten jeden, der sie suchte und bestand.

Hatte auch nur eine der heldischen Gestalten, von denen wir im Unterricht hörten und lasen, anders gelebt? Von Mucius Scaevola bis Leif Erikson, von Leonidas und Alexander über den Cheruskerfürsten Armin bis zum Campeador El Cid, von den draufgängerischen Reitergenerälen Friedrichs des Großen bis zum brillanten Prinzen Eugen? Wir erzählten uns die Feuerland-Abenteuer des Piloten Gunther Plüschow und die des Sven Hedin auf den Forschungsreisen durch die Wüste Gobi, wir begeisterten uns an Max Schmelings Boxsiegen.

Nein, wir waren dort alle zu sehr die Abstämmlinge einer rüden und rücksichtslosen Geschichtslandschaft, die uns – dem einen mehr, dem anderen weniger – ihre Stempel aufgedrückt hatte, als daß Zimperlich- und Wehleidigkeiten unsere Sache hätten sein können. Die Stärkeren unter uns rissen die Schwächeren mit. Waren nicht oft die Schwächeren die Eifrigen? Die Orientierungs- und Geländespiele, zu denen wir in die Bergwälder vor der Stadt auszogen – wir liebten sie mit ihren Ruppigkeiten und Rauheiten. Von unseren »Schar-« und »Gefolgschaftsführern« der älteren Jahrgänge lernten wir den Umgang mit Kompaß und Karte, die Bestimmung der Himmelsrichtung mit Hilfe des Moosbewuchses an den Baumstämmen, die ersten Handgriffe bei Verletzungen, das Abseilen in unwegsamer Gegend, das Durchschwimmen in Kleidern des Altflusses. Einige von uns waren in der »Flieger-DJ«, andere in der »Motor-DJ«, wieder andere in der »DJ-Spielschar«. Sooft und wo immer wir zusammenkamen, bot sich uns die Gelegenheit für jederlei erdenklichen Unfug, ohne daß jemand zurechtweisend den Finger hob. Saßen wir nach einem Wandertag abends vor dem Lagerfeuer, sangen wir Moritaten wie »Negeraufstand ist im Sudan, Negerweiber rühren Blut an, und in langen dünnen Linien pissen alle in die Pinien«, und die »Lustige Seefahrt« mit der Strophe »Und der Koch in der Kombüse, diese dicke, fette Sau, mit den Händen im Gemüse,

mit den Füßen im Kakao«, oder das »Judenlied«: »Zwei Juden krochen
auf einen Turm, der eine hatte den Bandelwurm, der andere keck und
munter ließ sich an ihm herunter«, dazu den Kehrreim: »Freut euch
des Lebens, Großmutter wird mit der Sense rasiert …« Wir lachten
uns halbtot über solche und ähnliche Reime und erfanden neue, wir
schwatzten, was uns gerade durch den Kopf ging und wozu wir Lust hatten, eiferten unsere Spaßmacher an und balgten uns wie junge Wölfe.
Wenn uns nicht Veranstaltungen oder deren Vorbereitungen abhielten,
tummelten wir uns auf dem Sportplatz, wo wir nichts höher schätzten
als Wettkampfhärte, Siegeswillen und Fairneß. Im Weltrekordläufer
Rudolf Harbig und der alpinen Olympiasiegerin Christl Cranz, in den
Bezwingern der Eiger-Nordwand Heckmayer, Vörg, Harrer und Kas-
parek, im Autorennfahrer Bernd Rosemeyer und seiner Frau Elly Bein-
horn, die den Globus umflogen hatte, in Werner Mölders, dem Jagdflieger mit den meisten Luftsiegen über England, sahen wir unsere Vor-
bilder.

Bei alledem lernten wir unsere Stärken und Schwächen in- und auswendig kennen und erzogen uns gegenseitig zu Hilfsbereitschaft und
Zusammenhalt. Wir kannten die Ängstlichen und die Mutigen unter
uns, wußten, wer zu krummen Touren neigte und wer zu den Gradlini-
gen gehörte. Als der Beste galt nicht allein der Klügste und Belesenste
im Unterricht – den ernst zu nehmen die unnachgiebige Strenge der
Lehrer uns auch nicht andeutungsweise die Wahl ließ –, sondern auch
der Kaltblütige, der Besonnene, sobald es darauf ankam, im Gebirgs-
nebel die Wegrichtung vorzugeben, einem Erschöpften das Gepäck
abzunehmen oder Streit zu schlichten, wenn sich zwei in die Wolle
gekriegt hatten. Daß Rippes den kleinen Kulli, wie dieser uns erzählte,
vier Stunden lang durch die Abstürze der Hirschschlucht in der Ostflanke des Butschetsch bis zum Talbahnhof Buşteni auf dem Rücken
geschleppt hatte, nötigte uns ebenso Achtung ab wie Guido Proders
flüssiges und geschmeidiges Latein, wenn er einen Graf-Bobby-Witz in
Ciceros Muttersprache zum besten gab.

Verpönt waren unter uns die Lüge und das Kneifen, die Hinterhäl-
tigkeit und der Verrat. Als wir Blessi bei der Gemeinheit ertappten, daß
er beim Umkleiden nach der Sportstunde Proders goldene Armbanduhr Benno Martens in die Hosentasche gesteckt und keinen Laut von
sich gegeben hatte, während Proder die Uhr suchte, die Benno dann

beim Überziehen der Hose vor die Füße fiel, war Blessis Ächtung auf Wochen hinaus eine unübersteigbare Mauer, ja, Hilmar »Blessi« Blessag wurde Rippes' Urteil nie mehr los: »Du bist eine dreckige und gefährliche Laus, vor dir wird man sich in alle Ewigkeit hüten müssen.« Dennoch verstießen wir Blessi nicht aus dem Freundeskreis, noch verpetzten wir ihn beim Klassenlehrer oder dem »Scharführer«. »Der hat Glück mit der saxonischen Wagenburg- und Herdentriebmentalität«, spottete Proder, »immer nach dem Motto: Auch der Halunke gehört zu uns.«

Die »Jungzug-«, »Schar-«, »Gefolgschafts-«, »Stamm-« und »Bannführer«, die uns vorgesetzt wurden?

Nein, natürlich wählten wir unsere Sprecher nicht mehr, wie noch im Schuljahr davor den »Präfekten« der Schülerselbstverwaltung »Coetus«, was an dieser Schule vierhundert Jahre lang demokratischer Brauch gewesen war – bis zu jenem Ab-sofort-Tag, an dem sich dann alles veränderte: »Ab sofort« bekamen wir unsere Schülerkapos von oben vor die Nase gesetzt. Punktum! »Führerprinzip« hieß das. Doch sie beschäftigten uns nicht weiter. Die einen von ihnen gebärdeten sich wie Gesalbte, für uns, »das Fußvolk«, unerreichbar. Die anderen kamen uns wie Halbverrückte vor, die mit überschnappender Stimme »Augäään – rächts! Augängäradäää – aus!« brüllten. Die dritten wieder fanden wir in Ordnung, weil die »Führerschnur« sie nicht verbog.

Keiner von uns hielt sich lange darüber auf, daß unsere »Führer« den aus »erziehungsdienlichen Gründen« uns fast täglich auferlegten vormilitärischen Drill – »Schleifdienst« hießen die Übungen – mit den verwunderlichsten Wortgebilden der Sprachphantasie würzten. »Stillgääästan'n!« schrie uns der pockennarbige Gunter Braumüller aus der Zehnten an, unser »Scharführer«, und wetterte ohne Unterbrechung los: »Himmelarschundzwirn! Ich habe ›Stillgästan'n!‹ befohlen und sehe einen Haufen in die Luft geschissene Fragezeichen vor mir!« Und weil sich Kulli – er hieß Kurt Killian und war der Kleinste in der »Schar« – beim Kommando »Hinleg'n!« nicht schnell genug zu Boden geworfen hatte, schnaubte Bramü: »Tempo, Mann, oder ich schneide dir deine winzigen Eier ab und verbrate sie zu Palatschinken!« Zwei Tage später raunzte er mich beim »Wochenendschleifdienst« im Ragoda-Tal hinter der Zinne an: »He, du, Hennerth, wenn du so lässig weitermachst, reiß ich dir den Kopf ab und scheiß dir in den Hals!« Ach wo, wir hatten unseren pubertären Spaß an der Hemmungslosigkeit der verbalen Landsknechtspornographie, am Fäkalischen und Geschlechtlichen, das dabei zum Vorschein kam – und ich blieb auch künftig ein Günstling Bramüs, weil ich »einer der Harten« war, wie er knurrte: Ich machte die vierzig Liegestützen, die er mir als »Strafdienst« aufgebrummt hatte, als wär's ein Niesen, und grinste ihn danach freundlich an.

Es war uns kein Geheimnis, daß des soldatischen Bramü Idol bei diesem Getue der »Hauptbannführer« mit der roten Kordel, Herwart Zupfenhügler, war. Der smarte und machthaberische Zupfenhügler hatte die Gewohnheit, uns bei jeder passenden und unpassenden Gelegenheit mit den Sätzen anzubrüllen: »Mann, reiß dich zusammen, oder ich bügle dich nieder!« Ihn freilich seit der »Nibelungenfinger«-Taufe ernst zu nehmen, wollte mir nicht gelingen. Daraus sollte mir im Lauf der Zeit jenes bedrohliche Verhältnis erwachsen, das in einem über die Schule hinausreichenden Eklat und einer jähen Wende meines Lebens endete. Der eitle »Nibelungenfinger« mied seit dem peinlichen Vorfall jede Begegnung mit mir. Denn der Gedanke, daß ich ihn vor dem zuschlagenden Bauernsohn Paul Eisendenk jaulend in der Gartenhecke liegen gesehen hatte, war ihm unerträglich. Kam es dennoch dazu, daß wir einander gegenüberstanden, »schiß« er mich jedesmal besonders schneidig »an«, zum ersten Mal ausgerechnet beim »Schleifdienst«, den Bramü am Südhang des Zinne-Gipfels mit uns veranstaltete, dort also, wo letzte Bausteine der angeblichen Ritterordensburg im Gras zerfielen und zerbröselten. Der »Nibelungenfinger« verlor, als er mich unerwartet vor sich sah, die Selbstbeherrschung. Er ließ mich ohne Grund aus der Kolonne vortreten und schrie mir aus einem Meter Entfernung ins Gesicht: »Nimm Haltung an, Hennerth, wenn du vor mir stehst. Reiß dich zusammen, oder ich bügle dich nieder! Verklemm deine Kinderarschbacken, daß dir die Kacke gegebenenfalls in Nudelform aus dem After schießt und deine labberigen Babyfürze zu Hallelujachören zerquetscht werden! Meinst du vielleicht, weil dein Vater ein hohes Schulvieh ist, gibt's für dich Extrabehandlung?« Doch noch ehe ich sein Geschrei richtig begriffen hatte, fauchte er auch schon den hinter mir stehenden, nach Bramüs letztem »Bergaufmarschmarsch!« schwer atmenden Benno Martens an: »Mann, die kämpfen dort draußen auch für dich, und du bist nicht imstande, deine Mamasöhnchenhodensäcklein hier bergauf zu schwingen!« Weil mir die Hinterfotzigkeit der sinnlosen Anspielung auf meinen Vater das Blut in den Kopf trieb und mir der schmächtige Benno leid tat, wäre ich dem »Nibelungenfinger« fast an die Gurgel gesprungen. »Verdammter Dreckskerl«, dachte ich wütend, »irgendwann zeig ich's dir.« Er mußte mir die Unfreundlichkeit der Überlegung angesehen haben, denn kaum war ich ins Glied zurückgetreten, riß ihn der Zorn der Überrumpelung durch meine Präsenz auch schon zur nächsten Entladung hin.

»Ihr seid alle miteinander nichts weiter als ein Stück Urscheiße«, tobte er durchgedreht, »doch ich sage euch an dieser Stelle, wo einst die Herren des Deutschordens ihre Burg bauten, ich werde Männer aus euch machen wie Stahl, zu jedem Dienst an Deutschland tauglich!«

Hingerissen von soviel überwältigender Führerkraft, hatte Bramü, der vor lauter Bewunderung den rechten kleinen Finger auch schon abspreizte, daneben gestanden. »Weitermachen, Scharführer!« hatte ihm der »Hauptbannführer Nibelungenfinger« eiskalt befohlen. Und wir waren in den Wald vor der ehemaligen Ordensfeste, von der es längst nichts mehr zu sehen gab, hineinmarschiert und hatten auf Bramüs markige Anweisung hin das Lied geschmettert: »Die Fahne hoch, die Reihen fest geschlossen ...« Während wir stolpernd marschierten, durchschoß mich der niederträchtige Gedanke: Wenn der es so weitertreibt, erzähle ich eines Tags den Freunden die Geschichte von der wenig rühmlichen Herkunft seines steifen Fingers und Pauls trockener Anmerkung: »Steck dir doch deinen Nibelungenfinger ins Arschloch!« – wie der selbstgefällige »DJ-Hauptbannführer« damit zurechtkommt? Der Gedanke bereitete mir Schadenfreude, und ich brüllte begeistert die Liedzeile: »... SA marschiert mit ruhig festem Schritt.« Hinter mir sagte Rippes: »O Mann, ob hier auch die Herren Ritter ihre Hintern beim Schleifdienst zum Kochen brachten?«

Aber all dies fiel, wie schon gesagt, kaum ins Gewicht, denn diese betreßten Wankis und Oberwankis – nein, in unseren Augen waren sie nur so etwas wie unumgängliches Beiwerk unseres tollen, ereignisreichen Daseins, und dem täglich neu in uns entfachten Erlebnishunger wurde ja nicht zuletzt auch mit ihren Großauftritten Rechnung getragen. Denn da waren jene Inszenierungen der Massenaufwiegelung, von deren Strudeln der einzelne so lange mitgerissen wurde, bis er sich darin preisgab und verlor. Wir erlebten das zum ersten Mal, als es auf dem weiträumigen Marktplatz im alten deutschen Stadtzentrum unter dem Turm des freistehenden Rathauses zu einer »Massenkundgebung der nationalsozialistischen deutschen Jugend« kam, wie die Ankündigung gelautet hatte.

Nicht allein Kronstadts Jugend-Einheiten, auch die aller dreizehn deutschen Landgemeinden der Terra Borza waren für den Tag aufgeboten worden: schwarzgestiefelte, medaillengeschmückte brustgeschwellte »Führer«, dazu weißwadenstrümpfige Braunhemdkolonnen Halbwüchsiger und Scharen weißblusiger, blauberockter Mädchen unter zuckenden und zappelnden Dreieckwimpeln an allen Ecken und Enden. Den geschichtsumwitterten Platz – einst Stätte dramatischer Vorgänge von Hexenverbrennungen bis zu Massenenthauptungen – füllten jetzt Hakenkreuzfahnen und -standarten, -banner und -flaggen über unseren brünetten, schwarzen und blonden langmähnigen oder kurzgeschorenen Köpfen. Das Klanggewühl von allen Seiten heranziehender Bläser-, Fanfaren- und Spielmannszüge, die Lieder der bald vom Roßmarkt herab-, bald durch die Klostergasse heraufkommenden Gruppen, das nicht endende Stampfen der Marschtritte und darüber immer wieder die hellen Kommandoschreie – dies alles mischte sich in unseren erregten Gefühlen zu einer einzigen Symphonie des Anbrandens elementarer, zu allem fähiger und entschlossener, von keiner Macht der Erde je wieder aufzuhaltender Kraft, deren Teil ein jeder von uns war. Mehr noch: die wir waren!

Als nach abgeschlossenem Aufmarsch bei dem aus den Lautsprechern dröhnenden »Stillgäää-stan'n!« die aus unseren erhitzten Leibern zentimetergenau geformten, den ganzen Platz füllenden Menschenblöcke zur braunen Masse erstarrt waren, trat eine Stille ein, die keiner von uns erwartet hatte. Ihre Wucht jagte uns kalte Schauer über den Rücken. Denn das Fauchen und Brodeln der aufgewellten Fahnentücher über uns und das Rauschen von den nahen Bergwäldern herüber erschien uns wie eine Urmelodie. Aus der Stille nach all dem Gedröhne, so meinten wir, sprach eine überwältigende Bedeutsamkeit. Sie verlieh dem Ereignis beredtes Gewicht … Wir standen regungslos zwischen dem herrischen Rathausbau und dem bleidunkel aufgetürmten Gemäuer mit den Stifterfiguren der Schwarzen Kirche und hörten Ernst Strauß aus der Zwölften, der Schauspieler werden wollte, Sprechunterricht nahm und wegen seines makellosen Tonfalls über die Schülerkreise hinaus gerühmt wurde, von der Tribüne das Gedicht »Junge

Generation« aufsagen. Die Lautsprecher erhöhten die Wirkung der Stimme, deren sonore Sinnlichkeit und Klarheit den Platz füllte:

>»... *Wir aber, angerufen vom ewig eisernen Wort,*
Wir, des großen Führers gezeichnet Verschworene,
Ungeborgen in scharfen Morgenstürmen,
Halten auf Türmen und Gipfeln klirrende Wacht.
Kühl, hart und wissend ist dies wache Geschlecht,
Nüchtern und heiliger Trunkenheit voll,
Tod oder Leben, ein Rausch, gilt uns gleich –
Wir sind Deutschlands brennendes Blut! ...«*

Bei den Versen fühlten wir uns hineingerissen ins Sogfeld jedem menschlichen Einzelwillen unendlich überlegener geschichtlicher Mächte. Wir wußten uns in die Pflicht genommen von der uns allen schon im Mutterleib mitgegebenen einzigen Parole, in deren Zeichen die Vorväter in diesen bedrohlichen Landstrichen seit eh und je allein hatten überleben können: dem Kampf. Meinten wir nicht sogar, die uns mit Büchern, Reden und Zeitungen in die Köpfe getrommelten Vorstellungen vom »Aufbruch der Nation« als gottgewollten Schöpfungsauftrag zu erkennen? ... Vor mir warf der warme Herbstwind Guido Proders braunen Haarschopf bald nach links, bald nach rechts, Proder stand, als sei er aus Bronze gegossen. Selbst der immer zum Tanz aus der Reihe bereite Rippes, über dessen Vater, einen Automechaniker, es hieß, er sei »ein Erzkommunist«, stand wie eine Steinsäule vor mir, ehe das Kommando »Rüüüührt-euch!« über den Platz hallte.

»Wie heißt der Dichter?« fragte ich Benno.

»Es ist eine Dichterin«, flüsterte er mir zu, »sie heißt Luise Rinser.«

In diesem Augenblick sagte Ritschi leise und mit weinerlicher Stimme neben mir: »Du, Peter, ich muß pinkeln, ich mach mir in die Hosen.«

Rippes, der es gehört hatte, zischte: »Heiliger Strohsack! Ein besserer Zeitpunkt fällt dir nicht ein, Mann?«

»Ich muß mal«, wimmerte Ritschi.

»Sag's doch dem Scharführer«, flüsterte der blonde Lulatsch Rolfi Fels hinter mir. Die Botschaft erreichte Bramü am Kolonnenkopf. Der zeigte sich der Lage sofort gewachsen. Doch ließ er Ritschi nicht etwa mitteilen, auszutreten und in einer Toreinfahrt zu verschwinden, sondern befahl bündig: »Soll seinem Nebenmann in die Hosentasche brunzen. Verlassen der Kolonne kommt nicht in Frage.«

Das schien mir keine gute Lösung zu sein, und ich raunte Ritschi zu: »Mach den Hosenschlitz auf und piesel einfach vor dich hin.«

»Der heilige Aufbruch der Nation«, schrie der »DJ-Hauptbannführer« Herwart Zupfenhügler im selben Augenblick unter den vier die Rednertribüne umstehenden roten Fahnentüchern mit der rechtsgeflügelten, heilbringenden *Crux grammata* der Römer – dem Hakenkreuz im weißen Rund –, »der heilige Aufbruch der Nation«, brüllte die Stimme des »Nibelungenfingers« aus den Lautsprechern, »ist der historische Wille der Stunde, die uns zum Angriff aufgerufen hat. Adolf Hitler befiehl, wir folgen dir!«

»So mach schon«, sagte ich leise zu Ritschi, der sich beide Hände zwischen die Schenkel geklemmt hatte, um das Unheil aufzuhalten.

Es war gar nicht der exaltierte, wirrsinnige Inhalt der Reden des auf »Hitler-Jugend-Führerlehrgängen« im »Reich« zur blitzenden Einpeitscherphrase geschulten Herwart Zupfenhügler und des »Volksgruppenführers« Andreas Schmidt, des Mannes mit dem beunruhigenden Durchschnittsgesicht, der seinen hochrangigen Berliner SS-Kumpanen in einer Nacht-und-Nebelaktion eine Tausendschaft kriegsfreiwilliger Siebenbürger ans Messer geliefert hatte, was uns packte, mitriß und in Begeisterung versetzte. Nein, wir waren zu jenem Zeitpunkt schon so weit, daß wir gar nicht mehr hinhören mußten, um uns in der Gewißheit bestätigt zu fühlen, vor Gott und den Menschen das Rechte zu tun. Wie, wann es dazu gekommen war – keiner von uns hätte es sagen können. Doch beherrschte uns längst die blinde Entschlossenheit, hinter das, war wir begonnen hatten und vor aller Welt zur Schau stellten, nicht mehr zurück zu können noch zu wollen, gleichviel, welches unser Schicksal und das aller anderen dabei sein würde. Die Masse, der wir uns überlassen hatten und die wir waren, erlaubte keine Umkehr, jeder von uns war zur Masse und als einzelner hemmungs- und urteilslos geworden. Das Gefühl der daraus erwachsenden Bereitschaft mündete von selbst in den Rausch und in dessen höchste Steigerung ein – ins dumpf empfundene Glücksgefühl kollektiver Todessehnsucht.

Ich glaube, daß Ritschi dank seiner schlichten Bedrängnis weder an den hehren Gedankenflügen des »Hauptbannführers Nibelungenfinger« noch an diesem Rauschzustand teilhatte. Er war mit Wichtigerem beschäftigt.

Nach Beendigung der Reden peitschten Fanfarenstöße vom Rathausbalkon über uns in den wolkenlosen Himmel. Befehle schrien auf, die wir, die zu abertausend Angetretenen, mit bedenkenloser Präzision befolgten. Da hatte sich Ritschi längst in die Hosen gemacht, zu spät hatte er versucht, den Schlitz zu öffnen.

Die Bläserzüge schleuderten und hämmerten den »Fridericus Rex«- und gleichzeitig den »Deutschmeister«-Marsch gegen die Fassaden der Bürgerhäuser – gegen die Ornamente in den Giebeln, die Wappen über den Toreinfahrten, die Säulen zwischen den Fenstern und die Wetterhähne auf den Dachreitern. Mit aufröhrendem Gleichschritt setzten sich die Kolonnen unter den Fahnen in Bewegung, als seien sie ein einziges blindes Riesenwesen mit unbeirrbarem Zielhunger. In diesen Augenblicken war unsere magische Befangenheit nicht mehr teilbar. Wäre uns selbst mit Engelszungen widersprochen worden, wir hätten es nicht verstanden. Denn was schon war gegen diesen geballten Willen aller vorzubringen? ... Auch dies geschah getreulich nach dem unheimlichen Vorbild des »großen deutschen Muttervolkes«, das wir dort in jener Ecke des Erdteils in unserer Ausgesetztheit und Verletzbarkeit so unaussprechlich verehrten.

Die Rumänen, die Ungarn, die Juden und all die anderen, die uns aus geöffneten Fenstern oder hinter Vorhängen, von den Balkonen oder durch die Dachluken der Häuser rings um den Platz zusahen, zeigten unverhohlene Bewunderung für unser bis in die kleinste Handbewegung geordnetes deutsches Tun, wenn sich auch von den meisten Gesichtern Züge der Fassungslosigkeit ablesen ließen. Nein, Ritschis nasse Hosen und Strümpfe und die Tränen in seinen Augen sahen sie nicht, auch keiner aus der Gruppe junger Rumänen, die ich hinter dem geschnörkelten Eisengitter des großen Balkons eines zweistöckigen Hauses erblickte. Einige trugen die Grünhemden ihrer faschistischen Partei, andere waren in schöne rumänische Bauernfesttrachten gekleidet, alle hatten sie zum Gruß den rechten Arm erhoben und blickten mit leuchtenden Augen auf uns herab. Als wir unter ihnen vorbeimarschierten, hörte ich sie dreimal im Chor »Sănătate!«, »Heil!«, rufen.

»Toll«, sagte Blessi neben mir und zeigte mit dem Kopf zum Balkon, auf dem die zwanzig Männer standen, »siehst du die Gruppe von der ›Eisernen Garde‹? Die sind auf unserer Seite, die ›Gardisten‹.«

Hier waren wir auf unserem Marsch bei Ritschis Elternhaus angekommen. »Hau ab!« sagte ich und stieß Ritschi in die Seite.

»Aber der Bramü …?«

»So hau doch ab«, sagte ich wütend. Ritschi rannte zwischen den Braunhemdreihen aufs halbgeöffnete Tor des Elternhauses zu und verschwand dahinter. Weder der von den »Gardisten« faszinierte Blessi noch der vorneweg marschierende Bramü hatte ihn gesehen.

»Na ja«, sagte Proder nachher zu mir, »dem Ritschi ist der heilige Aufbruch der Nation in die Hosen gegangen.« Mehr redeten wir auf dem Heimweg über die »Großkundgebung« nicht.

War das nicht eigenartig? Diese massenbeschwörerischen Zelebrationen perlten an uns Jungen ab wie Wasser an einer Regenhaut. Sie übten nur so lange Wirkung auf uns aus, wie wir beieinander waren. Ja, sie erschienen uns nachher unwirklich, wir schlüpften aus ihnen wie aus einem Gewand, mit dem wir uns für ein Spektakel verkleidet hatten. Auch an jene »nationalsozialistische Großkundgebung« auf Kronstadts Marktplatz erinnere ich mich nur wegen der Umstände mit Ritschis Pinkelproblem. Von uns aus mochten sich einer wie der »DJ-Hauptbannführer« Zupfenhügler mit dem lächerlichen Beinamen »Nibelungenfinger« und alle anderen seinesgleichen vor der Kulisse, die wir abgaben, noch so im Element fühlen und sich gestikulierend am »Aufbruch der Nation« und am »historischen Willen der Stunde« aufgeilen: Die hatten samt und sonders keine Ahnung davon, wie scheißegal sie uns im Grunde waren. Wir kehrten nach den »Kundgebungen« schnell in unseren Jungenalltag mit seinen Abenteuern zurück.

Wie ich aus Bramüs Zeitschriftenheften »Der DJ-Führer« mit dem Impressumsvermerk »Im Auftrag der Landesjugendführung herausgegeben von DJ-Hauptbannführer Herwart Zupfenhügler« las, hatte die »Schleifdienst«-Erziehung zum Zweck, den »inneren Schweinehund in uns zu vernichten und den neuen Menschen in uns aufzubauen«. Selbstverständlich geschah auch dies, wie hätte es anders sein können, nach dem Vorbild des »großen deutschen Muttervolkes«. Denn dorther, von den »Führerlehrgängen im Reich«, brachten der »Nibelungenfinger« und seine Gesinnungsfreunde, die sich wie eine neue Adelskaste unter uns aufführten, die tollen Redewendungen mit, auf die bei uns transsilvanischen Hinterwäldern nicht einmal im Traum einer gekommen wäre – diese »Beweg dich, Mann, oder ich steck dir eine brennende Wunderkerze in den Arsch und lasse dir zur Beschleunigung einen zweiten After bohren!«, »Das soll eine ausgerichtete Mannschaft sein? Das ist eine menschgewordene Jauchengrube in Verwesung!« Wir fanden das fabelhaft und bewunderten die fernen Deutschen. Nein, derlei erlesene Sprachverwegenheiten hätten wir Provinztrottel vom Balkan uns niemals einfallen lassen.

Wie sich überhaupt in dieser Zeitschrift Lesenswertes fand. Neben Gedichten von Blessi »An den Führer« und »Deutsche Helden der Luft über Engeland« las ich eine ausführliche Betrachtung »von DJ-Hauptbannführer Herwart Zupfenhügler« über die »Erziehung der deutschen Söhne und Töchter«. Diese könne, hieß es da, nicht früh genug den Händen der Eltern entrissen und in die der Jugendführung gelegt werden. Denn in Siebenbürgen besäßen die Eltern »noch nicht die Reife konsequenten nationalsozialistischen Denkens wie im Reich«. Weil es sich aber »bei unserer Jugend um den Zukunftsgaranten des Großdeutschen Reiches« handle, gehe es hier um »die Frage der gesamtvölkischen Existenz«.

Aber mir war auch ein Zupfenhügler-Aufsatz über die »verheerende Zerstörungsrolle des Weltjudentums aus der Sicht des nationalsozialistischen Rasse- und Kulturgedankens« unter die Augen gekommen. Mit innerer Anteilnahme hatte ich gelesen, daß die »nordische Rasse, der blonde und blauäugige Herrenmensch«, durch die »internationalen Drahtziehereien der semitischen Plutokratie« in Gefahr sei. Um welche Gefahr es sich handelte, wurde mir damals nicht klar. Nach einem Gespräch mit dem in allen Fragen fixen Guido Proder aber begann ich, Literatur zu suchen. In Vaters Bibliothek fand ich einige der von Proder aufgezählten Titel – sein um vieles älterer Bruder Ernst hatte sie ihm genannt.

Dieser Ernst Proder war ein an Fragen der Zeitgeschichte interessierter Rechtsanwalt. Seit dem niemals restlos aufgeklärten Tod des Lajos Ferencz alias »Kleiner Kossuth« verkehrte er im Haus Albert Göllers, jenes »Torso« genannten weitläufigen Verwandten der Hennerths, dessen Sohn, den einst von mir bewunderten Gerry Göller, ich vor kurzem meinte gesehen zu haben. Von Vater wußte ich, daß der »Torso« die größte private Fachbücherei in der Stadt besaß, in der sich seit Jahren ein Kreis von fünf Geschichtsliebhabern traf, darunter auch der »Kleine Kossuth«. Lange Zeit war der Rechtsanwalt Ernst Proder vergebens um die Aufnahme in den Fünfer-Kreis bemüht gewesen.

»Der alte ›Pater Musa Dagh‹, der Armenier mit den drei Scheherezadeschönheiten von Töchtern, du kennst ihn, hat meinen Bruder dann bald nach dem Tod des ›Kleinen Kossuth‹ dort eingeführt«, hatte Guido zu mir gesagt, »na ja, das war ein Handel, denn dafür übernahm mein Bruder die Rechtsvertretung des steinreichen Armeniers. Und seither«, hatte Guido Proder vergnügt gesagt, »seither ist das ›Historikerquintett‹ wieder vollzählig.« Lachend war er fortgefahren: »Die Herren Historiker hatten sich nämlich im Lauf der Jahre so sehr daran gewöhnt, zu fünft zu disputieren, daß sie seit dem Tod des ›Kleinen Kossuth‹ meist nur noch stumm dasaßen. Denn jedes Mal, wenn der fünfte zu Wort kommen sollte, trat eine Pause ein, die keiner unterbrach. Alle warteten auf die Meinung des fünften …« Wieder hatte Guido Proder gelacht und mich gefragt: »Übrigens, erscheint es nicht auch dir seltsam, daß der ›Kleine Kossuth‹ weder am Suff noch an Dementia alcoholica einging? Das wäre doch bei dem Trunkenbold zu erwarten gewesen. Aber woher, der ›Kossuth‹ erhängte sich! An einer der alten Linden im Park des Spielkasinos in Sinaia.«

Ach ja doch, fiel mir ein, davon hatte ich gehört – der »Kleine Kossuth« war unter rätselhaften Umständen aus dem Leben geschieden, im benachbarten Gebirgsnobelkurort Sinaia, der seinen Namen vom heiligen Mosesberg Sinai herleitet und auf dessen Waldhängen das prächtige Königsschloß Peleş stand. Doch war Guido Proder noch nicht am Ende seiner Geschichte angekommen.

»Die Leute in Sinaia«, hatte er erzählt, »nennen die Parklinden ›Galgenbäume‹. Weißt du, warum?«

»Nein.«

»Weil die Gärtner an jedem Morgen mindestens einen der Herren Rouletteverlierer an einem Lindenast baumeln finden. Verrückt, was? ›Galgenbäume‹ und ›Galgenpark‹, sagen die Leute … Aber der Witz ist hier der, daß es gar nicht die Spielschulden waren, die den ›Kossuth‹ den Kopf in die Schlinge stecken ließen. Nein! Mein Bruder erfuhr, daß der Polizeikommissar Traian Demetriade, als sie den ›Kossuth‹ vom Baum knüpften, zwischen dessen Zähnen einen zusammengeknüllten Zettel mit der Notiz fand: ›Tod, Tod, Tod den Bastarden von Rumänen!

Es lebe unser heiliges, ewig ungarisches Siebenbürgen!‹ … Mensch, Peter, bei aller Liebe zu meiner ungarischen Mutter: Soviel magyarischer Transsilvanienpatriotismus ist doch bescheuert! Ha«, hatte Guido gelacht, »Spötter sagen sogar, der ›Kleine Kossuth‹ wollte den Zettel im Namen seines berühmten Großonkels post festum als Bittgesuch im Schloß Peleş dem Rumänenkönig Carol dem Zweiten überreichen … Doch nicht einmal dies«, war er amüsiert fortgefahren, »auch dies ist noch nicht das Ende der Geschichte. Es gibt Leute, die steif und fest behaupten, der Selbstmord des ›Kleinen Kossuth‹ im Park war inszeniert. ›Der Ungar‹, behauptet mein Bruder Ernst, ›hat den Mund so voll genommen, daß es einigen patriotischen Rumänen zu bunt wurde.‹ Der für seinen Chauvinismus bekannte Kommissar Demetriade soll bei der Besichtigung des Tatorts sogar geknurrt haben: ›Zur Hölle mit dem Balg wie weiland mit seinem rumänenfresserischen Großonkel Lajos Kossuth im Turiner Exil!‹ … Da sieht man«, hatte mein Freund geschlossen, »wozu Patriotismus gut sein kann.«

Ich las also die Kurzfassung des »Versuchs über die Ungleichheit der Menschenrassen« des französischen Diplomaten Graf Arthur de Gobineau. »Der hat«, sagte Proder, »um die Mitte des vorigen Jahrhunderts damit begonnen, zusammen mit Darwins Vetter Francis Galton, der die Rassenzüchtung und Ausmerzung der Schwachen vorschlug.« Ich stieß aber auch auf Houston Stewart Chamberlains rund fünfzig Jahre später gedruckte »Grundlagen des 19. Jahrhunderts«, sie erschienen mir als Fortsetzung der Gedanken Gobineaus. Ich las Hans Friedrich Günthers »Rassenkunde des deutschen Volkes«, die ich wieder als Fortführung Chamberlains begriff. Ich fand schließlich unter Vaters Büchern einen Sonderdruck des »Gesetzes zum Schutz des deutschen Volkes und der deutschen Ehre« aus dem Jahr 1935. O ja, ich verstand, worum es diesen Autoren ging. Sie sahen, ob sie es nun klar aussprachen oder nicht, den Menschenschlag in Gefahr, der Europas Lebens- und Kulturstil erschaffen hatte. Das erregte mich, denn es betraf auch mich. Doch irritierten mich zugleich in einigen der Ausführungen Bezeichnungen wie »Semit« oder »Antisemit«, weil ich trotz ausgiebigen Nachschlagens nirgendwo auf die eindeutige Erläuterung der Begriffe stieß. Semiten waren doch die Araber, dachte ich, gemeint sind aber die Juden. Verunsichert fragte ich mich, ob hier von etwas die Rede war, das es so nicht gab? Die Unschärfe der Definitionen machte mir in der

Folge auch in anderen Zusammenhängen immer häufiger und immer mehr zu schaffen.

Doch las ich mich nun in all diese Fragen ein und wußte dann eines Tages schließlich zumindest soviel, daß auf der Erde »Arier« und »Nichtarier« lebten, daß, weiter, von der »Überlegenheit der germanischen Rasse« gegenüber den »rassisch Minderwertigen« auszugehen war, ja, daß es die Notwendigkeit der »Germanisierung des abendländischen Europa um der Gesundung seiner Völker« willen gab – und die der Niederhaltung etwa des »slawischen Untermenschentums«.

Die Fotos, die solchen Texten zur Veranschaulichung beigegeben waren, zeigten auf der einen Seite schöne, in der Regel hellhaarige Menschen mit edler Kopfform, hoher Stirn, kühnem Nasenschnitt, ausladendem Hinterschädel: es waren die »germanischen Herrenmenschen«. Auf der anderen Seite rund- und flachköpfige, dunkelhaarige Geschöpfe mit Wulstlippen, breiter Nase, niederer Stirn, einfältigem Gesichtsausdruck: es waren die »slawischen Untermenschen«. Das erweckte den Eindruck, als seien die Germanen ausnahmslos unerreichbar herrlich geglückte, erlesene, die Slawen hingegen ausnahmslos bedauernswert häßliche Wesen. Kamen dann noch Bilder hängenasiger, unrasierter Männer mit stechendem Bocksblick hinzu, unter denen »Jude, vorderasiatisch-semitischer Typus« stand, dann war alles getan, uns am Vergleich die Aura des sonnenhaften Strahlegermanen und ewig Seelenadligen als Schöpfungsauszeichnung nicht nur glaubwürdig vorzuführen, sondern auch den Abscheu in uns zu schüren vor den Minderwertigen dieser Erde, die sich ja schon durch ihr Äußeres als solche zu erkennen gaben, wenn nicht ausrottenswert, dann mit Recht zumindest zu zeitlosem Helotentum verdammt ... Kurz, nichts wurde versäumt, uns das Bewußtsein elitärer Arroganz als unsere wahre Natur einzupflanzen. Vor allem die Vorstellung, mit allen anderen nach Belieben umspringen zu dürfen.

Entsprach aber all das nicht auch dem Überlegenheitsgefühl, das wir siebenbürgischen »saxones« – wie wir in den frühen Aufzeichnungen der Arpaden-Kanzleien hießen – unseren Mit- und Nachbarvölkern gegenüber entwickelt hatten? Die Urkunden belegten, daß wir einst dorthin eingeladen worden waren, weil andere von uns zu lernen begehrten. So weit, so gut, und bis auf einige Wirrköpfe hatte sich auch die Mehrheit unter uns das Gespür dafür bewahrt, daraus keinerlei prahlerische Theorie zu machen, wie es nun neuerdings geschah, sondern vielmehr eine Verpflichtung darin zu sehen: Wir schuldeten unserem Namen einiges und waren uns dessen bewußt. Ganz entschieden war die Neigung zur Maßlosigkeit im Umgang mit dieser Frage erst mit dem »neuen Gedankengut« aus dem »Reich« zu uns gekommen. Sie war niemals unsere Sache gewesen. Doch sie hatte nicht wenige von uns angesteckt.

Und wir hörten sowohl im Schulunterricht von einigen unserer Lehrer als auch an den »Heim«- und »Schulungsabenden« in Vorträgen von unseren »DJ-Führern« die bemerkenswertesten Einzelheiten zur rassischen Werteskala.

So etwa, daß es neben dem »nordischen« den »fast ebenso wertvollen westfälischen« Menschenschlag, danach die minderere »dinarisch-alpenländische« und, wie gesagt, schließlich die letztklassige »ostische Rasse« gab. Hinzu kam noch die »fragwürdige, aus lauter Gigolotypen bestehende unkämpferische westische Rasse«, wie uns der »Scharführer« Bramü belehrte, die sich in Ländern wie Spanien, Portugal, Italien und Frankreich fand, diese »lackierten Tangofiguren von Lateinern, diese femininen Schmalzlockenheinis«, sagte das Pockennarbengesicht Bramü – als hätte die Welt noch niemals etwas von den alles zermalmenden Legionen des Römers Caesar, von Napoleons verwegenen Combattants oder vom Todesmut spanischer Guerilleros gehört, die alle miteinander Lateiner waren. Daß also, sei zusammengefaßt, die »nordische Rasse« alle anderen an faustisch tiefschürfender Intelligenz, an kindhafter Gemütsreinheit, heroischer Kühnheit und charaktervollem Anstand übertreffe. »Dies alles«, erläuterte uns der blonde Bürstenkopf, »läßt sich deutlich an den Engländern im Umgang mit den Kolonialvölkern erkennen. Die Engländer«, machte er uns klar, »sind sich ihrer rassischen Überlegenheit bewußt und gehen entsprechend mit denen um. Sie treten die Kretins von Indern, Chinesen und Afrikanern etceterapeepee ohne zu zögern in den Hintern. Oder die US-Amerikaner – die machten von dem indianischen Rassengelump gleich einige Millionen kalt ... Das nenne ich gelebtes Herrenmenschentum«, sagte Bramü und reckte sich herausfordernd vor uns auf.

Unser Geschichtslehrer Hermann Mehner, ein knickeschwarz- und kraushaariger Mann mit nervösem Oberlippenzucken und dem Kopf von der Form eines Ofenrohrs, tat sich unter allen am meisten in der

Lobpreisung dieser Rasse hervor, der er auch Jesus Christus zuzählte, »der wahrscheinlich ein germanischer Philister war«, sagte er, »die historischen Quellen lassen ihn als blond und blauäugig vermuten«. Mehner ereiferte sich beim Vortrag über diese Fragen jedesmal so sehr, daß ihm beim Sprechen ununterbrochen Speichel von den Lippen spritzte, so daß sich die ersten Bankreihen vor seinen Stunden immer leerten. Der ansonsten vernünftige Mensch überschlug sich vor Beflissenheit in der Aufzählung von Vorzügen der »germanischen Königsrasse«, der er, der rassenpatriotische Deutsche mit dem schwarzen Ofenrohrschädel, keineswegs angehörte.

So empfanden wir es nur als folgerichtig, daß uns eines Tags von der Schulleitung mitgeteilt wurde: Eine »Abordnung verdienter Rassenforscher und -kundler aus dem Reich« sei eingetroffen, wir hätten uns für »Untersuchungen zur Bestimmung der rassischen Zugehörigkeit« bereit zu halten. Wir wurden klassenweise in den Turnsaal im Südflügel des Schulgebäudes bestellt. Dort mußten wir uns entkleiden. Es war die Stunde unseres rassenkundeforschenden Direktors Dr. Tabler.

Sprungkästen, Matten, Barren und Pferde waren in eine Ecke geschoben worden. Vor der Sprossenwand saßen an zwei nebeneinander gerückten Tischen die Herren aus dem »Reich« in weißen Kitteln. Zwischen ihnen, auch er weißbekittelt, mit herrenrassiger Miene Dr. Tabler – nordischer Adlerblick, metallisches Haargrau über blitzender Stahlbrille. »Welches sind die Forscher und welches die Kundler?« fragte der kaltschnäuzige Guido Proder neben mir.

Im hohen, großen Saal war es kalt. Wir froren. Unsere Pimmel hatten sich zu unscheinbaren Dingern zusammengezogen. Da uns niemand etwas über die Art der Untersuchung gesagt hatte – ob man uns impfen, ein Stück aus dem Hintern schneiden oder anderen medizinischen Torturen unterwerfen würde –, maulte Richard »Rippes« Reutsch: »He, vielleicht säbeln die uns ja unsere zarten Schwänzchen ab, weil wir doch bis auf den Rolfi sowieso alle rassisch minderwertig sind ... Zeig mal deinen nordisch reinrassigen Zebedäus her, Rolfi! Wie sieht so ein Ding aus? Oder hast du vielleicht sogar zwei davon?«

In der Tat, nur einer in unserer Klasse entsprach dem Bild eines rassisch ungebrochen durch die strapaziösen Zeitläufte abendländischer Geschichte hindurch erhaltenen Jungsiegfried: Rolfi Fels. Goldblond, zum Erschauern blauäugig, adonishaft wohl- und hochgebaut, hyste-

252

risch strahlend – der reinste arische Licht- und Wonnenborn. Betucht verwöhntes Einzelkind irgendwoher aus dem Westen Siebenbürgens, war Rolfi nicht eben eine Intelligenzbestie – daher ja die Nachhilfestunden bei Benno –, auch kein Löwenherz, nein, er war ein weicheiiger, samtpfotiger Schönling, aus Anzügen feinsten Schnitts unentwegt lächelnd. Wir mochten ihn zwar, doch weil er zu uns gehörte, störte uns seine hasenfüßige Laschheit, es störte uns, daß sich jeder ungestraft an ihm reiben durfte. Benno, beileibe kein verletzender Spötter, hatte ihn aus diesem Grund einmal zornig angefahren: »Du lauwarmer Regenwurm!«, und der stiernackige Rippes hatte trocken festgestellt: »He, dich kann doch jeder nach Belieben ankacken!« Sogar der seit einer Kinderlähmung mit einem steifen linken Arm herumlaufende »Ritschi« Riehl ließ seine streitsüchtigen Anfälle an ihm aus. Der blonde Prachtarier Rolfi grinste – und nahm alles hin. Er hatte sich seine Taktik des Selbstschutzes zurechtgelegt: Er lachte. Doch nicht wie einer, der dem Reiz von innen nach außen drängender »Haha«-Atemstöße mit Vergnügen, vielleicht sogar mit befreiender Lust nachgibt. Nein, seine Lache ging den umgekehrten Weg, von außen nach innen. So weinen Menschen. Anstatt den groben Klötzen, wie sich's gehört, grob zu begegnen, ließ Rolfi seine »Haha«-Lachschluchzer, sobald einer sein Mütchen an ihm kühlte, gleich heiseren Eselsschreien mit Untertönen schierer Verzweiflung stoßweise in sich selber hineinsinken. Das klang gespenstisch. Rolfis meckerndes Lachweinen war auf dem Schulhof weithin zu hören. So war der »Modellnordling« im ganzen Honterus-Gymnasium zum Spottnamen »Lachgorilla« gekommen, was durch die weibliche Form des rumänischen Wortes ohne Artikel die besondere Würze erhielt:»Lachgorilă.«

Nun, niemand legte frevelnd Hand an uns, und es waren sicherlich alles wichtige und nützliche Vorrichtungen, die da herumstanden und -lagen und auf uns warteten – Metallzirkel, zierliche Zollstöcke, große, mittlere und kleine Schieblehren und Zentimetersäulen, mit denen wir vermessen werden sollten.

Wir mußten der Reihe nach zuerst eine chromfunkelnde Waage besteigen. Einer der Kundler und Forscher las die Ziffern von den Skalen, Meßtafeln und -latten ab und diktierte sie schnarrend zu den Tischen hinüber. Dort begannen dann jedesmal zwei der Weißkittel mit Eintragungen auf Vordrucktabellen. Dr. Tabler schielte mit hochgezogenen Brauen nach den Zahlen. Er machte dazu ein gedankenvoll zergrübeltes Gesicht, als gingen ihm Erkenntnisse von schöpfungsgeschichtlicher Bedeutsamkeit auf. Die Herren steckten bei jeder neuen Zahl, die ihnen zugerufen wurde, die Köpfe zusammen, nickten sich vielsagend zu und murmelten sibyllinisch.

»He, Blessi«, hörte ich Rippes hinter mir sagen, »von mir weiß ich, daß ich mit meinem Schwarzbüffelnacken und dem dicken L zur aussterbenden Rasse des Homo transsilvanus gehöre. Aber zu welcher Rasse gehört ein adelsverdächtiger Pinkel wie du, mit Breitmaul und verzucktem Geschau mitten in der Ballonfresse?« Als ich mich umwendete, sah ich Blessi erbleichen. Er wußte um seine schlechtsitzenden Gesichtsmaße und den Spott der Leute über die Bemühungen seiner Mutter, im Stammbaum ein Adelsprädikat zu entdecken. Rippes grinste übers ganze Gesicht.

Dann war ich dran. Ich hörte noch, wie Rippes knurrte: »Wenn ich auf die Waage steige, laß ich einen fahren.« Der glatzköpfige Kundler vor mir nahm ein stechzirkelähnliches Gerät, legte mir die Spitze des einen Schenkels auf die Stirn, die andere auf den Hinterkopf, rief zu den Tischen hinüber: »Schädelindex« und nannte eine Zahl, während mir die Gänsehaut schon über die Fußsohlen kroch. Danach vermaß er mit einer Schublehre den Abstand von Schläfe zu Schläfe, die Stirnhöhe und Nasenlänge, die Tiefe des Unter- und Oberkiefers, die Gesichtsbreite von Backen- zu Backenknochen, Brustkorbhöhe und -umfang, Ober- und Unterschenkellänge ... Dr. Tablers Miene zeigte bei alldem Züge abgründiger Denkvorgänge. Ich fror immer stärker und mußte mir von dem nach Zigarettenrauch riechenden Kundler oder Forscher an den Hintern, an die Rücken- und Schultermuskeln, an Bizeps und Thorax greifen lassen. Hoffentlich fingert er mir nicht auch zwischen den Schenkeln herum, dachte ich, der weiß nicht, daß ich kitzelig bin und reflexbedingt um mich schlage, wenn mir einer auch nur in die Nähe der Reizzonen kommt. Doch ich blieb verschont. Nach einem Blick in meinen aufgerissenen Mund schnarrte er mit seinem uns ungewohnten Gaumen-r, das nicht wie r, sondern wie ää klang, eine letzte Auskunft tischwärts und entließ mich ... Dr. Armin Tablers Gesichtsausdruck hatte jetzt, bei dem prüfenden Blick auf die Zahlen, die mein Rassenporträt und die daraus zu folgernden Geistes- und Charaktereigenschaften wiedergaben, einen Zustand erreicht, der eindeutig

Idiotisches aufwies, doch ahnte ich, daß es sich dabei um den Ausdruck äußerster Ergründungskonzentration handelte. Das erst recht, als Rolfi Fels nach mir die Rassenvermessungsszene betrat und sich die honiggelben Seidenhaare mit einer Kopfbewegung aus der Stirn warf. Da schien Dr. Tabler zu wachsen, als wollte er rufen: Seht her, ihr Herren aus dem Reich, was wir hier im fernen Siebenbürgen zu bieten haben ... Deutlich aber verstand ich, was einer der Kundler und Forscher, indem er auf die vollgeschriebenen Tabellen vor sich zeigte, mit anerkennendem Kopfnicken zu ihm sagte: »Ganz vorzügliches Menschenmaterial.«

Wir waren froh, die Kleider wieder anziehen und den kalten Turnsaal verlassen zu können. »Peter«, flüsterte mir der etwas schreckhafte Benno zu, der mit Abstand beste Schüler unserer Klasse, »du, Peter, das war doch soeben ein Viehmarkt. Die begutachteten uns wie Rinder. Darüber müssen wir sprechen. Hörst du?« Sein rundes Kindergesicht war vor Erregung rot, im Blick seiner leicht vorstehenden Augen mischten sich Zorn und Fassungslosigkeit. Wie immer, wenn er erregt war, nahm er die Brille ab und begann sie heftig zu putzen, obwohl sie glänzte. Beim Hinausgehen ließ Rippes den versprochenen Furz und sagte laut: »Darauf kann man ja nun einen fahren lassen. Verdammt, warum kommt der mir erst jetzt!« Wir lachten, die Herren in den schneeweißen Kundler- und Forscherkitteln aber kümmerten sich nicht um die Respektlosigkeit. Nur Blessi murmelte empört etwas von »mehr Achtung vor den Reichsvertretern«, hatte aber nicht den Mut, Rippes offen zur Rede zu stellen.

Erst Jahre später erfuhr ich, daß es gar keine Rassenkundler und -forscher waren, die uns damals beklopften, befummelten, abwogen, der Länge und Breite nach vermaßen und »unsere halbnordischen Leiber bis zum Umbilicus registrierten«, wie Proder feststellte. Nein, es waren Musterungsoffiziere der Himmler-SS, die im Auftrag der Berliner Kanonenfutterrequisiteure auf der Suche nach kriegerischer Jünglingskraft inkognito von Stadt zu Stadt durch unser schönes und ach so ahnungsloses Siebenbürgen reisten. Was wußten wir schon von derlei Tricks, mit denen uns die feinen und findigen Herren aus dem »großen deutschen Muttervolk« so hereinlegten, daß uns Hören und Sehen vergehen und wir uns niemals wieder davon erholen sollten?

Kein Zweifel, jeder Tag der »neuen Zeit«, von der in einem jener

Liedtexte die Rede war, die täglich wie brennende Lunten an uns gelegt wurden, brachte Neues. Es war so viel, daß mir wie allen anderen keine Muße blieb, die Fragen bis zu Ende zu denken, die mich beschäftigten, auch wenn mich der kluge Benno immer wieder drängte, dieses oder jenes mit ihm zu besprechen.

Wir Jungen wurden neben dem Schulunterricht – das heißt neben Caesars »De bello Gallico« und dem »Riemannschen Integral«, neben dem »Planckschen Strahlungsgesetz« und Darwins »Entstehung der Arten durch natürliche Zuchtwahl«, neben Goethes »Faust«, Französischvokabeln und Daten aus der rumänischen Staats- und Literaturgeschichte –, wir wurden mit allen erdenklichen Programmen überschüttet, die sich alle im Zeichen des Hakenkreuzes abspielten. Sporttraining und Wettkämpfe, Schulungsabende, Wochenendlager, Kulturveranstaltungen, Nachtmärsche, »Schleifdienste« in Uniform prasselten gleichsam auf uns nieder, ohne uns Zeit zum Atemholen und zum Nachdenken zu lassen. Ja, selbst die Hochzeit unseres »DJ-Landesjugendführers« Uli Leppner wurde zu einer Begebenheit unter dem Hakenkreuz. Sie war als »germanische Eheweihe« angekündigt worden, erregte die Gemüter und war lange Zeit Gesprächsstoff über Kronstadt hinaus. Der Jugendabordnung, die daran teilnahm, gehörte auch ich an.

Doch nicht in die hohe und kühle Pfeilerhalle der spätgotischen Schwarzen Kirche hatte das Brautpaar eingeladen, wie andere ungezählte Brautpaare in den Jahrhunderten zurück bis zu den Türkeneinfällen und davor, o nein! Diesmal wurde die Trauung unter freiem Himmel abgehalten. Denn »der nordische Mensch ist ein Mensch der Naturnähe«, rief der zum Zeremonienmeister bestellte Pfarrer Mager – ein Anhänger dieser vom »großen deutschen Muttervolk« zu uns gekommenen Erleuchtungen – begeistert über die Köpfe der Eheweihegäste hinweg. »Im Rauschen der Eichenwipfel über uns«, rief er, »vernehmen wir in diesem Augenblick die in unserem Blut niemals verstummten Stimmen des Götterpaares Wotan und Frigga.« Ein »altisländischer Schwerttanz« im Zeichen »geschlechtervereinigender Sinnbildkraft«, wie Pfarrer Mager laut rief, wurde auf dem Höhepunkt des Festes inmitten der großen germanischen Eheweihegesellschaft von einer Gruppe sorgfältig ausgewählter und vorbereiteter halbnackter Jünglinge getanzt. Der blondsträhnige »Scharführer« Bramü mit dem pockennarbigen Caesarengesicht und der alle überstrahlende Rolfi

Fels waren die Vortänzer. Während das Brautpaar – wie der Pfarrer Mager mit der Warze auf dem rechten Nasenflügel sagte –»germanisch-altdeutschem Brauch treu« unter der Eichenkrone die Ringe wechselte, spielten acht Hornbläser eine getragene Melodie, die an die Tonmonotonie bronzener Germanenluren erinnern sollte. In Magers »Eheweiheworten« mischten sich Sprüche aus der »Edda« mit Stabreimen aus der »Heliand«-Dichtung, in denen die Rede vom Ritter Jesus war, der inmitten seiner »adeligen Gefolgschaft an diesem Tage und zu dieser Stunde im Geiste unter uns weilt«, sagte Pfarrer Mager.

In der Stille des schönen Tags blickten vom Rand der Terra Borza die blauen Bergkolosse des Butschetsch und des Königsteins auf die Hochebene nieder. Über diese waren einst die Reiterheere der Hunnen und Mongolen, der Kumanen und Osmanen gestürmt. Dem Lande zum Schutz hatte dann der König von Ungarn und Böhmen und spätere Kaiser Siegmund ihre deutschen Ortschaften, allen voran Kronstadt, unter persönlicher Aufsicht zu Festungen an seiner Reichsgrenze ausbauen lassen. Doch schon tausend Jahre vor des Kaisers Aufenthalt hatte sich der Bischof Wulfila hier am Fuß der Karpaten an die Übersetzung der Christenbibel für seine Westgoten gemacht. Später hatten die frommen Ungarn, Rumänen und Deutschen hier ihre Kirchen und danach die Juden in den Städten ihre Synagogen gebaut. Und jetzt tummelten sich also unter dem Hakenkreuz wieder die nordischen Gottheiten quicklebendig in ihren Weiten. »O Wunder glaubenvereinigender Auferstehung!« rief der Pfarrer ergriffen aus. Zwar hingen an dem windstillen Tag rings um den Eheweiheplatz die Hakenkreuzfahnen schlaff an den Stangen, doch das junge Paar unter der Weiheeiche, in deren weithin wisperndem Wipfel wir Wotans und seines wunderbar wohlgestalten Weibes wolkendurchwanderndes Wortgeraune zu vernehmen angehalten worden waren – das junge Paar bot ein Bild jenes knospenhaft unschuldigen Liebreizes, dessen Weltentrücktheit zu Recht die empfindenden Seelen aller Zeiten mit Gefühlen der Rührung erfüllte. Ich sah, daß sich Pfarrer Mager nach Beendigung der Zeremonie angeregt mit Dr. Wiegand Schädel unterhielt, der zur schwarzen Pastorenweste schwarze Breecheshosen und schwarze Schaftstiefel trug. Unter den Klängen des »Badenweiler Marsches« verließ die über dreitausend Menschen zählende spätgermanische Eheweihegesellschaft den Ort des Ereignisses; der jungvermählte Uli Leppner hatte sich zum Aus-

257

klang des Festes diesen »Lieblingsmarsch unseres Führers Adolf Hitler« gewünscht. Der Name des Marsches hat, nota bene, nichts mit dem Schwarzwaldstädtchen zu tun, er gedenkt der Erstürmung des vogesischen Badonviller – Badenweiler – anno 1914 durch deutsche Truppen. Nun ja, ich darf als Chronist, auch wenn es manchem wider den Strich gehen mag, nicht müde werden darauf hinzuweisen, daß dies alles »nach dem Vorbild des großen deutschen Muttervolkes« geschah. Denn wer schon – auch dies wiederhole ich –, wer schon von uns rückständigen Bewohnern des geheimnisvollen Bärenlandes hinter den sieben Bergen besaß die rotzigforsche Bedenkenlosigkeit, neuheidnische und pseudochristliche Moderne zu einem so unsäglichen wie unseligen Kitsch zu verkleistern und zu verkneten? Nein, nein, für derartige Piefketollheiten waren wir dort alle zu vorsichtig, zu konservativ, zu halsstarrig dem Ererbten verbunden. Bedurften wir also – könnte einer fragen –, um auf der Höhe der Zeit zu sein, nicht dringend der modernisierenden Anschübe aus dem dynamischen deutschen Mutterland, wo es offenbar zu allen Zeiten Leute gibt, die nur dann leben können, wenn sie sich, o Gott, bald dieser, bald jener modischen Hysterie an den Hals werfen und dann auch noch obendrein jeden verteufeln, der es ablehnt, ihren Quatsch mitzumachen?

»Na«, sagte Guido Proder, als wir uns nach dem »Eheweihefest« trennten, »das war ja wieder mal was Neues.« Er war immer kühl und distanziert, dieser Proder, dessen Mutter einer Budapester ungarischen Familie entstammte. Ganz anders der wendige Blessi! Der veröffentlichte schon wenige Tage danach in der Schulzeitung ein Gedicht auf die »Eheweihe im heiligen Hain des vorgeschobensten Postens des Abendlandes«, wie Pfarrer Mager in seiner »Predigt« Siebenbürgen genannt hatte. Ich erinnere mich, daß sich in Blessis »Germanischer Festode« die Wörter »Posten« auf »Osten« und »Ahnen« auf »Germanen« reimten ...

O nein, es ist keineswegs zu leugnen: Es war eine großartige Zeit, über die ich hier berichte. Sie war es nicht zuletzt deshalb, weil wir nicht wußten, was später zu wissen uns die Umstände keine Wahl ließen. Ich kenne Leute, die sich bis heute damit beschäftigen, das eine vom andern zu trennen. Ich werde über das Gefährliche der Betrachtungsweise berichten.

Als ich am Spätnachmittag vom Ehefest heimwärts schlenderte, kam es zu einem Zwischenfall, der mich aus den Gedanken über die Stunde unter der Weiheeiche riß. Während ich den Roßmarkt hinaufging, fiel mir ein Wagen auf, der nahe dem Westportal der Schwarzen Kirche parkte. Er erregte sofort meine Aufmerksamkeit. Ich wechselte die Straßenseite. Doch als ich auf ihn zuging, sah ich mit einem Mal nicht mehr die dunklen Steinquader der Kirchenmauer vor mir, sondern die hellgraue Ruine der Beatae-Mariae-Virginis-Abtei, so wie ich sie am Nachmittag unserer Ankunft hinter den Zelten und Fahrrädern gesehen hatte. Der Bildwechsel war so eindringlich, daß er mich erregte und ich beim Überqueren der Straße einen Augenblick zögerte.

Dann stand ich dicht vor dem Wagen. Ja, es war die schwarze Kabrio-Limousine der Marke Opel, Typ Kadett. Ich blickte mich in der Erwartung um, den Fahrer oder Besitzer auftauchen zu sehen. Wem gehört der Wagen? dachte ich. Er trägt ein Bukarester Nummernschild, quer über die Motorhaube läuft ein Kratzer. Ich legte die Hand auf das Blech. Es war kalt.

Ein Stück straßenaufwärts stellte ich mich beunruhigt in einen Hauseingang und beobachtete den Wagen und dessen Umgebung. Keiner der Vorübergehenden beachtete das schwarze Fahrzeug mit dem Kratzer auf der Motorhaube, niemand näherte sich ihm. Als ich nach einer Stunde aufgeben wollte, sah ich eine dunkelhaarige junge Frau in einem Ledermantel neben dem Wagen stehen bleiben. Die eiligen Fußgänger nahmen keine Notiz von ihr. Sie blickte sich kurz nach allen Seiten um und zog aus ihrer Handtasche einen Schlüssel; drei, vier Sekunden später saß sie auf dem Beifahrersitz. Ehe ihr Gesicht hinter der Spiegelung der Windschutzscheibe verschwand, hatte ich sie erkannt. Ich stand noch eine Viertelstunde in dem Eingang. Die Frau verließ den Wagen nicht, auch stieg keine zweite Person zu. Ich hätte eine weitere Stunde und noch länger ausgeharrt, wäre da nicht mein Abendprogramm gewesen. So erfuhr ich erst sehr viel später, auf wen die aparte Cosmea Amurdschian, die jüngste Tochter des Börsenspekulanten und Grundstücksmaklers »Pater Musa Dagh«, an jenem Abend im schwarzen Opel-Kabrio mit dem Kratzer auf der Motorhaube gewartet hatte.

Ich habe aber keine Erklärung dafür, daß sich mir damals plötzlich die Frage stellte, ob tatsächlich die anmutige Cosmea Amurdschian im Wagen saß. Habe ich mich nicht getäuscht? dachte ich. Ist es nicht jenes Mädchen vom Ufer des Ostkarpatenflusses, das am Morgen im Murmeln des Wassers bei den Zelten wie eine Erscheinung vor uns aufgetaucht war, einen frühen Sonnenstrahl als Silberreif auf der Stirn? ... Rebekka heiße sie, hatte der Mann mit dem gepflegten braunen Stutzbart im marineblauen Zweireiher gesagt und sie vor unseren neugierigen Blicken in die Toreinfahrt gezogen, Rebekka, die sich mir im Traum als Gotenfürstin gezeigt hatte. Was mich bestürzte, während ich aus dem dämmerigen Hauseingang den Wagen beobachtete, war nicht so sehr das Gaukelspiel der möglichen Verwechslung, es war die jähe Erkenntnis von der Kraft des Gefühls, mit der sich Rebekka meinem Innern eingewurzelt hatte.

Fast fluchtartig lief ich nach Hause.

Als ich keine zehn Minuten später atemlos die Lattentür zum Garten des Hauses auf dem Böttcherrücken öffnete, erhob sich Benno Martens aus dem Gras unter dem großen Holunderstrauch, der neben dem Eingang stand. Er müsse dringend mit mir sprechen. »Dringend«, wiederholte er, »dringend – verstehst du?« Doch ich sah immer noch hinter der dunkelhaarigen, eleganten Frau Rebekkas Gesicht im ungewissen Licht der grauschwarzen Quadersteine der Kirchenmauern, vor denen der Wagen stand. Ich war in Eile und mußte Bennos Bitte abschlagen. »Mir bleibt gerade noch Zeit zum Umkleiden«, sagte ich hastig, »ich muß in den Blaukreuzsaal – in die Vorbereitungsstunde für DJ-Führeranwärter.« Die Art, wie Benno bei meinem kurzen: »Es geht heute nicht« die Schultern sinken ließ, nach der Brille griff, um die sauberen Gläser zu putzen, und mich dabei anblickte, ließ mir während des ganzen Abends keine Ruhe mehr. Ich war unaufmerksam und hörte dem Vortrag des »DJ-Stammführers« Ralf Kepp über den »Gelände- und Wehrsport als Vorstufe des Fronteinsatzes« nur mit halbem Ohr zu.

Dieser Ralf Kepp hatte die Eigenheit, bei allen Wörtern und Silben, die mit H begannen, zu stottern. Daher versuchte er, zumindest die Wörter mit dem Anfangsbuchstaben H zu meiden. So hütete er sich, »Heil Hitler!« zu sagen, weil dabei »Hei-Hei« und »Hi-Hi« herauskam. Es ist nicht übertrieben zu sagen, daß dieser Umstand einen tragischen Schatten auf seine Jugendjahre warf. Es hieß, er übe daheim stundenlang vor dem Spiegel. Er schreie sich wie ein Wahnsinniger selber an: »Hei-Hei-Heil Hi-Hi-Hitler!«, und je erfolgloser und erschöpfender seine Bemühungen ausfielen, um so leidenschaftlicher verehre er den Führer im fernen Berlin. Das Experiment, auf »Eil Itler!« auszuweichen, hatte ihm der »DJ-Hauptbannführer« Zupfenhügler untersagt – wegen der »Nähe zur Verächtlichmachung des Führers«. Das soll Kepp noch tiefer in seine Hitler-Verehrung gestürzt haben. Kepp war der Sohn des bekanntesten Bäckermeisters der Stadt, Johann Julius Kepp. Schon nur der Gedanke an »Kepps ofenwarme Frischsemmeln« machte jedem Kronstädter den Mund wässerig. Der »alte Kepp« war stolz auf den »DJ-Führer«-Rang des Sohnes und versorgte an jedem Freitag die ganze »Bannführung« mit dem knieerweichend duftenden, weit und breit konkurrenzlosen Gebäck. Die Wochenendbeschwingtheit der in der »Bannführung« beschäftigten »BDM-Führerinnen« und »DJ-Führer« war nicht zuletzt auf Johann Julius Kepps Backkunst zurückzuführen. An der Stotterei seines Sohnes änderte das freilich nichts, die soll erst ein Ende gefunden haben, als die Berliner Tyrannei fiel, danach soll sich Ralf Kepp wunderbarerweise niemals wieder in seinem Leben stammelnd, stockend und vergebens um die Überwindung des H bemüht haben müssen.

Ralf Kepp informierte uns im Blaukreuzsaal in der Schwarzgasse zunächst über die »Führerschule Hermann von Salza« bei Hermannstadt und ließ uns dann wissen, daß dort demnächst »die Besten von euch aus dem ganzen Land zu einem ersten Gelände- und Wehrsportlehrgang zusammentreffen werden«. Doch während er das sagte, gingen mir die Fragen durch den Kopf: Wer war damals der mitternächtliche Besucher des Pfarrers mit dem Knollenkopf in der Abtei gewesen? Und auf wen hatte heute nachmittag Cosmea Amurdschian in demselben Opel Kadett gewartet, der in jener Nacht vom Besucher des Pastors Renbrik vor der Einfahrt zum Pfarrhaus abgestellt worden war? Aber alle diese Fragen wurden immer wieder verdrängt von der Erinnerung an das Mädchen Rebekka, dessen Bild mir der Anblick der Armenierin Cosmea Amurdschian für den Bruchteil einer Sekunde vorgegaukelt hatte und das sich nicht mehr auslöschen ließ … Der Satz, den mir Benno nachgerufen hatte, als ich die Kehren des Gartenwegs hinaufgelaufen war, ging mir nicht aus dem Kopf, während Ralf Kepp mit eintöniger Stimme seinen Text vorlas und dabei manchmal »Hu-Hu« und »Ha-Ha« sagte. »Peter«, hörte ich Bennos Stimme mir nachrufen, »Peter, weißt du, ich kann einfach nicht aufhören zu denken!« Es hatte hilflos und verlassen geklungen.

Was ich tue, dachte ich, ist Verrat an meinem Freund.

VIII. KAPITEL

Vom Wunsch, bei den großen Entscheidungen dabei zu sein, und von den Schwierigkeiten, die sich mir in den Weg stellten

In der Regel bewirkten Kleinigkeiten den Zustand von Verwirrung, in den ich mich immer tiefer hineingedrängt fühlte. Da mir jenes Mindestmaß an Verständnis der Dinge fehlte, das zur Erörterung mit einem zweiten erforderlich ist, war es mir lange unmöglich, mich jemandem mitzuteilen, auch wenn sich mir nach und nach manches zu klären begann. Andeutende Gespräche mit Mutter blieben ergebnislos. Meine Äußerungen waren zu vorsichtig. Sobald sich Mutter meinen inneren Nöten näherte, machte ich einen Rückzieher, zu dem mich vor allem eins bewog: Meine Zweifel angesichts der politischen und patriotischen Begeisterung ringsum waren mir peinlich. Auch mein zeitweises Erschrecken vor deren Bedenkenlosigkeit. Aus diesen Gründen hätte ich erst recht nicht mit Vater sprechen können – vor ihm hätte ich mich in Grund und Boden geschämt, er, der neunzehnhundertvierzehn in meiner Lage keinen Augenblick gezögert hatte, mußte mich für einen Abtrünnigen und Feigling halten.

Was mir mehr als alles andere zu schaffen machte, ohne daß es mir hinlänglich ins Bewußtsein drang, waren die zwei Gesichter, die sich mir in allem zeigten, was in Schule, Jugendverband, Literatur und Medien an uns herangetragen wurde. Im gleichen Maß, in dem ich mich angezogen fühlte und mit Leib und Seele dabei war, mich sogar immer wieder als einer der ersten hervortat, weil mich die Freude am Wettstreit antrieb, stieß mich ein Mißton ab, den ich im Hintergrund mitschwingen zu hören oder zu spüren meinte. Ich suchte die Schuld bei mir. Ich fragte mich: Bin ich überempfindlich? Trotz der schonungslos spöttischen Anmerkungen, die zu unserem Umgangston gehörten, waren fast alle meine Freunde, wenn auch nur wenige kritiklos, durchdrungen und aufgewühlt von der Aufbruchstimmung, die uns erfaßt hatte: von dieser Verlockung zum Ausbruch aus den althergebrachten, gewohnten und strengen Vorstellungen und Formen, in denen wir, wie alle vor uns, erzogen waren, von diesem Kitzel: Jetzt machen wir mal alles anders als die ewigen Alten, wir beginnen was Neues und kümmern uns einen Dreck um ihre vorgestrigen, lächerlichen Auffassungen, die Zeiten haben sich geändert! Alles, alles werden wir jetzt anders machen als die verknöcherten Altvorderen! ...

So war ich, ohne sagen zu können, warum, hin und her gerissen zwischen Zustimmung und innerer Ablehnung. Ich wich den klugen und bohrenden Fragen Bennos nach den, wie er respektlos sagte,»stupiden Inhalten der schneidigen ›Nibelungenfinger‹-Reden« aus.»Bemerkst du denn nicht«, fragte er mich,»daß der geleckte Uniformaffe nichts als Quatsch von sich gibt?« Zugleich aber packte mich eine heillose Wut, sooft ich Wanki bei»Schulungs-«oder»Heimabenden«zuhören mußte.»Darf einer denn diesem Hauptbannführer ›Nibelungenfinger‹ nicht widersprechen?« fragte mich Benno im Zorn und gab sofort selber die Antwort:»O ja doch, freilich darf ich das. Aber nur, wenn ich ein Selbstmörder bin. Denn ich werde zum Volksverräter erklärt und von der Schule gejagt. So sehr hängen die alle miteinander zusammen ... Na und? Wenn schon!« rief er,»dann werde ich eben zu den Rumänen aufs Șaguna-Gymnasium gehen. Die scheinen dort noch nicht so beknackt zu sein.« Ich hatte dazu geschwiegen.

Weit mehr als die germanische Eheweihe der Leppners bewirkte zunächst die Nachricht von der Ankunft deutscher Truppen im Land bei uns Jungen eine schwer zu beschreibende Aufgeregtheit. Ohne öffentliche Ankündigung waren sie eines Tags da. Als Freunde. Als Verbündete. Als Kumpel. Laut Abmachung zwischen Bukarest und Berlin waren es»Lehrtruppen«, wie Blessi wußte. Bukarest hatte die Herren der Neuen Reichskanzlei in der Voßstraße kurz nach der Abdankung König Carols des Zweiten darum ersucht. Es gab Leute, die der Ansicht waren, Carol hätte einen dermaßen entscheidenden Schritt nicht getan, obwohl er Monate vorher die braunen Männer in Berlin um die Entsendung einer deutschen Heeresmission in sein Königreich gebeten hatte. Doch Carol lebte inzwischen als Exkönig mit seiner Geliebten Hélène Lupescu in der Schweiz – weil er genügend Geld bei sich hatte, war er von den tapferen und freundlichen Eidgenossen ohne Umstände aufgenommen worden. Und sein neunzehnjähriger Sohn Michael von Hohenzollern-Sigmaringen saß auch als König lieber in einem seiner schnellen Sportautos als auf dem Regententhron. O ja, vom Krieg verstanden die Deutschen eine ganze Menge. Das mußte man ihnen lassen. Jedes Kind wußte es. Warum sollten sie es nicht auch ihren rumänischen Partnern beibringen? In Hermannstadt hatte ihnen die Königlich-Rumänische Kadettenschule die Unterkunft vorbereitet und sie mit allen Freundschafts- und Ehrenbezeigungen empfangen.

Die Mirakel, die sich die Menschen von den feldgrauen Mannschaften mit dem schwingenausbreitenden Adler als Emblem über der rechten Blusentasche und an der Mütze erzählten, bestimmten tagelang in den Unterrichtspausen auf dem Hof des Honterus-Gymnasiums die Gespräche. Unsere Neugier wuchs sich zu fiebrigen Gemütszuständen aus. Blessi veröffentlichte ein Gedicht mit dem Titel »Die Adler sind gekommen!«. Schreiend und gestikulierend schlug er einen Schulausflug nach Hermannstadt vor. Der Geschichtslehrer Mehner – dessen vier Kinder mit der Ofenrohrkopfform des Vaters gesegnet waren – unterstützte den Vorschlag. Handelte es sich doch immerhin, wie er uns mit Sprühwölkchen vor dem Mund in Erinnerung rief, um Truppen jenes verwegenen und fabelhaften Heeres, »das die größenwahnsinnigen, noch vor Jahresfrist mit der Plakataufschrift ›Wir marschieren nach Berlin!‹ durch Warschau rennenden Polen in nur vierzehn, danach die arrogant mit ihrer Maginot-Verteidigungslinie prahlenden Franzosen in nur vierzig Tagen weggeputzt und in dreißig Tagen das gigantische Landungsunternehmen der Briten in Norwegen zurückgeschlagen hatte«. Das alles waren soldatische Leistungen, denen niemand den Respekt vorenthielt. Am allerwenigsten die Gegner. Zu dem Schulausflug kam es dann aber nicht, weil sich der Lateinlehrer Wegener und der Deutschlehrer Langer mit dem Hinweis auf die ausfallenden Unterrichtsstunden dagegen wehrten. »Wohin kommen wir«, soll der hinkende, wegen seiner Kantigkeit allseits gefürchtete Wegener gewettert haben, »wenn wir freiwillig Unterrichtsstunden an diese Braunen abtreten?«

»Der Reaktionär und ewiggestrige Kacker!« hatte Blessi über ihn geschimpft.

So blieb uns nur der Neid auf die Hermannstädter, die sich in der glücklichen Lage befanden, die »durchtrainierten, disziplinierten, blitzsauberen deutschen Jungs« fast täglich beim Ausrücken aus der Kadettenschule zu bestaunen, von denen der germanophile Oberpostdirektor Ioan Crucea meinem und Bennos Vater im Café Central erzählt hatte. »Eine solche Armee gab es seit den Römern nicht mehr«, zitierte Vater beim Mittagessen den Oberpostdirektor, »ha, wie die den Polen in der Kesselschlacht an der Bzura, den Franzosen beim Sturm durch die Ardennen und den Briten vor Narvik heimgeleuchtet hat!«

In Begleitung unseres Nachbarn Otto Martens war Vater in dem auf Wiener Art nahe dem Stadtzentrum eingerichteten Café Central dem zur Leibesfülle neigenden Ioan Crucea begegnet. Der Bonhomme und Causeur verbrachte die meisten Stunden seiner Dienstzeit Journale und Geschichtswerke lesend im Central bei Mengen starken türkischen Kaffees, den die Rumänen fast als Koseform liebevoll weiblich »turceasca«, »die Türkische«, nennen; das Getränk mußte ihm jedesmal »cu caimac«, »mit Schaum«, und brühheiß serviert werden. Crucea sei nicht zu bremsen gewesen, sagte Vater, so daß alle es hören konnten, habe er im Central verkündet: Seinem Volk habe keine größere Ehre widerfahren können, als sich an der Seite »germanilor formidabili«, »der großartigen Deutschen«, zu wissen, die sich als die intelligentesten und tapfersten Krieger »lumii moderne«, »der modernen Welt«, erwiesen hätten. »Meine Herren Martens und Hennerth«, habe er bei der dampfenden »turcească cu caimac« gesagt, »die sind hart und präzise wie Diamantschneiden. Gnade Gott dem, der sich mit ihnen anlegt. Um die kleinzukriegen, müßte sich schon die halbe Welt zusammentun.« Was Vater uns von dem Treffen mit Ioan Crucea im Café Central nicht berichtete, was ich aber schon am Nachmittag von Benno erfuhr, war dies:

Trotz seiner germanophilen Begeisterungszustände war der rundliche Oberpostdirektor Ioan Crucea an jenem Tag unglücklich und niedergeschlagen gewesen. Mit den Zähnen knirschend habe er vor sich hingeflucht: »Futu-i grijanie mă-sii de rușine națională!«, »Fick deiner Mutter Heiliges Abendmahl und nationale Schande!«, und seinen Bekannten unter Tränen die Nachricht mitgeteilt, die er »soeben hier an diesem Tisch im Central« von einem Freund erhalten hatte: daß sein gottähnliches Idol, der von sechzehn französischen, deutschen, englischen und anderen Universitäten mit der Ehrendoktorwürde ausgezeichnete Historiker Nicolae Iorga, dem sich die Kronstädter wegen seiner hier geborenen Ehefrau in besonderer Weise verbunden fühlten, daß Iorga vor zwei Stunden ermordet aufgefunden worden sei. »Einfach umgelegt«, habe Crucea mit zitterndem Kinn gestammelt, »die Bestien von ›Eisernen Gardisten‹ – gegen deren Hirnrissigkeiten er öf-

fentlich auftrat, wie Sie wissen, meine Herren – haben den Neunund-
sechzigjährigen nicht nur niedergeknallt wie einen räudigen Hund, sie
haben den Toten obendrein auf einen Acker bei Ploieşti geschleift, ihn
dort nackt liegen lassen und ihm auch noch zu Spott und Hohn einen
Maiskolben in den Mund und in den After gesteckt. Stellen Sie sich das
vor! Als man den Leichnam fand, stritten sich die Krähen um den Maiskolben und um die Genitalien ... Tausendmal verfluchter Balkan mit
seinen Helden, Hurensöhnen und Hasardeuren! Der herrliche Iorga!«
Erst nach drei Glas Metaxa-Weinbrand habe sich Crucea einigermaßen
beruhigt. Sicher eingedenk dieser Begleitumstände hatte uns Vater
beim Mittagessen von alldem nichts erzählt.

Der wegen seiner Vorliebe für spanische Geschichte als »Juan de la
Cruz« stadtbekannte Ioan Crucea – entgegen dem Spitznamen auch ein
leidenschaftlicher Kenner der europäischen Kriegsgeschichte – hatte
sich diensthalber in Hermannstadt aufgehalten und dabei die Deutschen gesehen, ja er hatte sogar mit einigen ihrer Offiziere Gespräche
geführt. Cruceas Vetter, ein Oberst, war Kommandant der Kadettenschule, ein verdienstvoller Mann, der im Feldzug Rumäniens 1919
gegen »die Banden des aus unserem schönen Siebenbürgen stammenden stinkigen Bolschewiken und Massenmörders Béla Khun«, wie Crucea sagte, mit dem Orden »Michael der Tapfere« dekoriert und danach
zum Leiter der Schule ernannt worden war; obwohl Absolvent der Pariser »École supérieure de guerre«, war er ein Bewunderer preußisch-
deutscher Kriegskunst. Von ihm habe Crucea auch erfahren, erzählte
Vater beim Mittagstisch, »daß die Kameraderie zwischen den Deutschen und den rumänischen Kadetten exzellent« sei.

»Wie alt sind denn die deutschen Jungs?« wollte Maria beim Nach-
tisch wissen, zu dem sie und Katalin heiße Omelette mit eisgekühlten
Preiselbeeren aufgetragen hatten.

»Ich schätze«, antwortete Vater nach kurzem Überlegen, »um die
zwanzig.«

»Waren die alle schon im richtigen Krieg?« erkundigte sich Holger.

»Vielleicht«, sagte Vater.

»Pah«, rief Maria geringschätzig, »du warst bereits mit sechzehn im
Krieg. Großmutter hat mir alles genau erzählt.«

Vater schwieg. Er sagte bei Tisch kein Wort mehr. Holger sah ihn mit
großen Augen an.

Ich erinnere mich des langen Tischgesprächs aus einem besonderen Grund. Bei Vaters Wiedergabe der hingerissenen Anmerkungen Ioan Cruceas über die Bravour der Deutschen im Polen- wie im Frankreichfeldzug und bei der Abwehr des britischen Versuchs der Besetzung Norwegens war mir mein Vetter Horst eingefallen, und plötzlich hatte mich wieder die Unruhe erfaßt, die mich in der letzten Zeit immer häufiger überkam und umtrieb. Horst, dessen Wagemut Ansteckendes hatte, der lachend immer alles auf eine Karte setzte ... Vorgestern erst war aus der Marineschule bei Flensburg ein Foto von ihm eingetroffen. Es zeigte ihn in der schicken Uniform eines Seekadetten. Die keck in die Stirn gezogene Mütze mit dem nach links blickenden Adler machte die Kühnheit in seinen Gesichtszügen noch sichtbarer. Und mit einem Mal hatte mir die Vorstellung körperliche Schmerzen bereitet, daß Horst nun zu diesem Heer gehörte und teilhaben würde am Abenteuer siegreicher Gefechte. Während sich Maria mit Katalin unterhalten und Mutter noch einen Löffel Preiselbeeren auf Holgers Teller geleert hatte, war mir beim Gedanken an Horst das ganz und gar Lächerliche meiner Lage klar geworden: Ich hockte zur selben Zeit auf abgewetzten Schulbänken herum und sagte lateinische und französische Vokabeln auf, als ob es darauf ankäme in einer Welt, in der Feuer ausgebrochen war. O ja, Horst stand mitten im Strom des großen Geschehens, ich stand irgendwo am Rand. Das empfand ich als unerträglich.

Neben mir hatte Holger mit aufgeblähten Wangen den heißen Omelettebissen auf der Gabel angeblasen, und gleichzeitig war mir Hunderlei durch den Kopf geschossen: Wie stelle ich es an, um gleich Horst auch dabei zu sein? Denn gehe ich, wenn ich es versäume, nicht an der wichtigsten Frage vorbei, die einem im Leben gestellt wird? Lasse ich sie, sollte ich daheim bleiben, nicht unbeantwortet? Die Frage nach meiner Tauglichkeit, wenn das Äußerste von mir gefordert wird.»Und setzet ihr nicht das Leben ein«, ließ Schiller die Reiter singen,»nie wird euch das Leben gewonnen sein.« Damit meint Schiller mehr als den Krieg, hatte ich gedacht. Aber da war noch etwas gewesen: Täuschte ich mich, wenn ich bei der Erwähnung der Bewunderungsäußerungen Ioan Cruceas für die deutschen Krieger Vaters inneres Erglühen zu verspüren glaubte? Vater war nicht viel älter gewesen als ich jetzt, als er sich 1914 der Herausforderung gestellt hatte.

Und zusätzlich hatte mir bei jenem Mittagessen zum ersten Mal auch eine andere Frage so sehr zu schaffen gemacht, daß ich mich endgültig vor unüberwindliche Hindernisse gestellt sah: Während die anderen in der unbeschwertesten Unterhaltung begriffen waren, hatte sich mir plötzlich die Erkenntnis aufgedrängt, daß ich bei meinen quälenden Überlegungen zu allen anderen auch noch zwischen den beiden Männern stand, die mir von Kindheit an das Leben bestimmt hatten, die Dreh- und Angelpunkt meiner Gefühle, Träume und Gedanken, meines Tuns und Lassens waren – zwischen meinem Vater und dem Hardt-Großvater.

Bisher hatte ich mich weder für die Auffassungen des einen noch die des anderen entscheiden müssen. Ich hatte ihren Gesprächen aufmerksam zugehört, mit zunehmendem Alter verstanden, worum es dabei ging, und die beiden wegen ihrer Kenntnisse und der Umsicht bewundert, mit der sie sich erklärten. Daß mir aber in Zukunft die Entscheidung nicht erspart bleiben würde, war damals, als Holger neben mir auf den heißen Omelettebissen blies, wie eine Erleuchtung über mich gekommen, und ebenso, daß ich mich, gleichviel, ob ich mich für Vaters oder für Großvaters Auffassung entscheiden würde, vor allem gegen mich selber entschied. Meine Zuneigung zu beiden machte es unausweichlich. Seit Großvaters Behauptung bei jenem um Jahre zurückliegenden Disput unter dem Gravensteinerbaum im Garten des Rosenauer Elternhauses vom Verlauf der Ereignisse bestätigt worden war, hatte sich zum Kummer aller ein unsichtbarer Keil zwischen die beiden Männer geschoben. Vaters »Thomas, einer, der wie wir jahrelang den Frontdreck kennenlernte, kann keinen Krieg wollen« hatte Großvater unbeirrt mit dem Satz: »Rick, der Mann will nichts als den Krieg!« beantwortet. Zwar hatte ich, als Hitler den Einmarsch in Polen befahl, Vater gefragt, wie er jetzt vor dem Hardt-Großvater, seinem Freund, dastünde? Vater hatte ruhig erwidert: Er werde Großvater selbstverständlich sofort aufsuchen und seinen Irrtum zugeben, ihm jedoch auch sagen, daß nach seinem Ermessen die europäischen Verhältnisse zwangsläufig auf diese Entwicklung der Dinge hingeführt hätten.

Wie beneidete ich Blessi! Dessen wohlhabender Vater war auf einer seiner Geschäftsreisen nach Wien oder nach München der Partei Hitlers beigetreten und seither mit dem kleinen, funkelnden Parteiabzeichen auf dem Rockkragen zu sehen. Seine Mutter – eine Frau mit üppigem Busen und von stolzer Haltung, die meiner Mutter ein Dorn im Auge war, sie hatte sie einmal verächtlich »die aufgeblähte Oberwalküre« genannt – bekleidete das Amt der »Landesfrauenführerin«. Aber auch der »Scharführer« Bramü und seine Familie erschienen mir beneidenswert. Deren zahlreiche Mitglieder verstanden sich durchwegs als feurige Hitler-Anhänger. Alle – Eltern, Geschwister, Tanten, Onkel – waren im familieneigenen Lederverarbeitungsbetrieb beschäftigt. Während sie die auch von der anspruchsvollen Bukarester Damenwelt begehrten Glacé- und Nappalederhandschuhe herstellten, sangen sie aus allen Ecken des langgestreckten Werkraums, daß es schallte, im Chor die strammen Lieder, die Bramü uns lehrte. Ja, es hieß, sie würden sogar mehrmals am Tag in Kolonnenreihen um die großen Zuschneidetische marschieren, mit Inbrunst das Lied »Es klappert der Huf am Stege, wir ziehn mit dem Fähnlein ins Feld, blut'ger Kampf aller Wege, dazu sind auch wir bestellt« singen und jedes Mal, wenn sie dabei am gewaltigen Hitler-Porträt vorbeikamen, zum Gruß die Köpfe nach rechts reißen. Hatte ich nicht auch in Blessis Elternhaus eine Reproduktion des Ölgemäldes »Der Bannerträger« gesehen: Hitler als Ritter im Harnisch zu Pferd unter wallender Hakenkreuzfahne? Und erst recht war für den wegen seiner glatten »Jugendführer«-Arroganz widerlichen »Nibelungenfinger« mit der schnellen Klappe alles glasklar: Er hegte nicht nur keine Zweifel an der Überlegenheit seiner »Weltanschauung«, er trug diese auch für jeden sichtbar in Gang und Gebärde zur Schau … Für sie alle gab es keine Bedenken. Auch nicht für meinen Freund Benno, den Nachbarn, sein leises »Nein!« war eindeutig.

Anders bei mir. Ich wußte aus dem Gewirr von Beobachtungen und Gefühlen immer weniger einen Ausweg. Was ich sah, hörte und mir in Gedanken zurechtlegte, machte alles noch unübersichtlicher. Der Keil, der sich zwischen Vater und den Hardt-Großvater geschoben hatte, ging mitten durch mich hindurch.

Meine Verunsicherung wurde mir beim Besuch in Rosenau am Tag nach dem dichtesten Schneefall jenes Winters besonders bewußt.

Es hatte mich unwiderstehlich in den Ort dicht unter den Bergen hinausgezogen. Die harten, schneereichen Winter waren meiner Kindheitswelt so stark eingeprägt worden, daß sie jedesmal eine magnetische Kraft auf mich ausübten. Ich war am frühen Nachmittag mit der

Eisenbahn ins lückenlose Weiß der Landschaft unter den Vorbergen des Butschetsch-Massivs gefahren und vom Bahnhof geradewegs zum Eisendenk-Anwesen gegangen. In der winterlichen Stille war es nach den schweren Herbstarbeiten auf den Bauernhöfen ruhig. Der Geruch von Eiskristallen, wie es ihn in der Nähe verschneiter Berge und Wälder gibt, erfüllte die Luft. Ich atmete ihn tief ein und spürte, wie mein Schritt davon entspannter und ausgreifender wurde.

Ich traf Pauls Geschwister Martha und den jüngeren Bruder Michael auf dem blankgefegten Hof, an dessen einer Seite Schneehaufen getürmt waren. Die beiden trugen einen großen Korb mit Brennholz in die Wohnung. Martha lachte mich an, zeigte kurz zu den Ställen nach hinten und rief: »Dort findest du ihn, er hat Besuch.« Im Weitergehen überquerte ich die Spuren, die Pauls Großvater mit dem Holzbein auf der soeben freigeschaufelten Hoffläche in der dünnen Schneedecke hinterlassen hatte, der Abdruck des rechten Schuhs und das Loch von der Holzprothese wechselten einander ab. Ich fand Paul bei den Pferden. Nach dem Schneeschaufeln, Ausmisten der Ställe und Füttern der Tiere hatte er sich, was er nach der Arbeit gerne machte, auf die Krippe neben sein Lieblingspferd »Leo«, den braunen Wallach mit weißem Brustmal, gesetzt.

Den Stiel der dreizinkigen Heugabel zwischen den Knien, strich er dem fressenden Pferd mit einer Hand über die Stirn. Vor Paul standen Martin Gober und Andreas Barff, ehemalige Klassenfreunde, die in der Nachbarschaft wohnten. Ich atmete den Geruch der warmen Tierleiber, des Lederzeugs und des Heus ein, das Paul durch die Deckenluken in die Krippe geworfen hatte. Da ich hinter den sechs Pferden entlanggegangen und mein Schritt von den Kaugeräuschen und dem Klirren überdeckt worden war, sie sich außerdem unterhielten, sahen mich die drei erst im letzten Augenblick. Paul nickte mir kurz zu und sagte: »Wir besprechen gerade den deutschen Wehrmachtsbericht über das zweite Halbjahr 1940. Eine Zusammenfassung. Gestern im Kurzwellensender Berlin.« Ach ja, fiel mir ein, darüber hatten wir am Vormittag in der großen Pause diskutiert; bei der Aneinanderreihung der atemberaubenden Erfolge der Deutschen und der Verluste der Briten hatte Blessi geschrien: »Toll, Mann! Da glotzen die Söhne des perfiden Albion ganz blöd aus ihrer Bulldoggenfresse!«, und Bramü, der zu einer Stippvisite in unser Klassenzimmer gekommen war, hatte martialisch geknurrt:

»Die Franzmänner haben wir kastriert, jetzt ziehen wir den Engländern die beschissenen Union-Jack-Unterhosen vom königlich-großbritannisch blasierten Arsch.« Die drei begrüßten mich ohne Aufhebens. Paul blieb auf dem Krippenrand sitzen. Sie waren alle älter als ich – auf Drängen der Mutter hatte ich vorzeitig mit dem Schulbesuch begonnen. Gober war sogar zwei Jahre älter, wegen eines Unfalls beim Baumfällen im oberen Râṣnoava-Tal – er war mit einem Beckenbruch davongekommen – hatte er ein Jahr aussetzen müssen. Ich klopfte den Schnee von den Schuhen und lehnte mich neben Paul. Und wie ich ihnen nun in den mahlenden Kau- und Atemgeräuschen der Pferde und im Kettenklirren zuhörte, fiel mir mit einem Mal der lakonische Gleichmut auf in allem, was sie sagten. Ich hatte das bisher niemals bemerkt. Über den Rundfunkbericht tauschten sie sich einsilbig unaufgeregt aus. Der stämmige Gober, ein aufgeweckter, stets gutgelaunter Mensch, den wir wegen seines Kraushaares über die Schulzeit hinaus in der Mundart »Kriushoor« nannten, hatte für die Wehrmachtsmitteilungen gerade mal einen Satz übrig. Er fuhr sich mit der Rechten über den Nacken und sagte: »No, de Detschen hun et den gegin«, »Na, die Deutschen haben es denen gegeben.« Der dürre, lange Barff mit den abstehenden Ohren – er war so dürr und hohlwangig wie sein Bruder Erwin, der Mechaniker beim E-Werk unter dem Butschetsch-Gebirge – lachte kurz und ergänzte: »Se hu se orentlich af de Nos gehon«, »Sie haben sie ordentlich auf die Nase gehauen.« Viel mehr sagten sie nicht. Paul schwieg. Er nickte einmal und brummte: »Na ja.« Sie müßten sich noch um Vieh und Ställe kümmern, sagten die beiden und verabschiedeten sich: »Servus!« Ihre Hände waren rauh und warm. Als sie gegangen waren, fragte Paul: »Hast du herausbekommen, was auf deinem Dolch steht?«

Ich nickte. »›Der Tod, den du fliehst, wird dich erreichen.‹ Das steht im Koran.« Ich erklärte ihm, was der Koran ist. Er sah mich an, nickte und sagte: »Er hatte eine niedere Stirn, starke, zusammengewachsene Brauen, er schielte – ich sehe die Schielaugen jetzt noch vor mir. Das heilige Buch der Mohammedaner, sagst du?«

Wir wechselten ein paar Sätze, dann verließ ich den Hof. Ich hörte, wie Paul hinter mir das Tor abschloß und den Riegel vorschob. Bis zum Hennerthhaus waren es nur wenige Schritte. Es hatte zu dämmern begonnen. Im Licht der Straßenlampen glitzerte der Schnee. Ich dachte: Paul hat immer dies graphitsilberne Grau in den Augen; die Nacht des

Überfalls vor den Zelten, sein plötzliches Auftauchen und blitzschnelles Zustechen, das die hinterhältigen Angreifer in die Flucht trieb, ist er nicht los, sein »Ich hab den Kerl umgebracht, umgebracht, umgebracht« klingt mir bis heute in den Ohren.

Wieso eigentlich ist mir bisher niemals aufgefallen, daß keinem der Freunde von den Bauernhöfen auch nur eine der hemmungslosen Tönespuckereien über die Lippen kommt, die ich in der Stadt täglich höre? Den Waffensieg der Deutschen wünschen sie sich um nichts weniger als alle anderen. Aber die schneidige Zungendrescherei der meisten unserer »DJ-Führer« ist selbst bei noch so schwindelerregenden Siegesmeldungen nicht ihre Sache. Versucht einer von ihnen, sie nachzuahmen, wirkt er lächerlich. Er fällt aus dem Rahmen. Würde sich der »DJ-Scharführer« der Dorfjugend, Martin Gober – dessen älterer Bruder Walter bis vor kurzem der jahrhundertelang bewährten, von der »neuen Zeit« hinweggespülten »Bruderschaft« der jungen Männer vorgestanden hatte, »Die alte Kacke muß weg«, hatte der »Nibelungenfinger« in einer Rede dazu gesagt, »es muß was Neues her!« –, würde sich Martin Gober jemals so ausdrücken wie unser Bramü? Gar wie der »Nibelungenfinger«, aus dessen Mund ich bei jeder »DJ-Veranstaltung« hörte: »Die konservativen Reaktionäre muß man in den Arsch treten!«, »Wir werden den alten Bonzen den Garaus machen!«, »Den bourgeoisen Bremsern müssen wir auf die Finger hauen!« Oder wie neuerdings der zum »DJ-Rottenführer« ernannte Blessi? Niemals! Eher würde sich »Kriushoor« die Zunge abbeißen. Bei aller Deftigkeit ihrer Redeweise, wenn einer der älteren unter ihnen etwa von den »Weibern« sprach, die man »im Heu futzen« oder »durchziehen« oder »äm Leecheltschen gäcken«, »im Löchlein jucken«, sollte, verstiegen sie sich niemals zu den affigen Wortblähungen der Städter.

Hängt das mit der Arbeit auf den Höfen, auf Äckern und Feldern zusammen, deren Härte keinerlei Verschwendung und Getue erlaubt, auch nicht mit Worten? Erzog sie die Verantwortung im täglichen Umgang mit den Tieren dazu? Lehrte sie die Natur bei jedem Handgriff die Nüchternheit? »Jeden Fehler, den du in ihrer Behandlung machst, bestraft die Natur mit der Unumkehrbarkeit«, hatte mir Großvater einmal gesagt, »sie kann gar nicht anders.« Er hatte hinzugefügt: »Ihren Maßlosigkeiten setzt sie selber die Grenzen.« Sie lernen das früh, überlegte ich, als ich an die drei im Pferdestall dachte.

Hatte mich schon die Begegnung mit den Freunden nachdenklich gestimmt, so tat dies erst recht die folgende mit Großmutter. Wie so oft hatte die weißhaarige, schmalgesichtige Hennerth-Großmutter, als hätte sie mich erwartet, auch diesmal »eine ihrer Leckereien parat«, wie Maria das nannte. Sie tischte mir auf einem der schönen Fürstenberg-Porzellanteller einige Schnitten Honigtorte auf. Sie wußte, daß mir die mit gemahlenen Nüssen, Zucker und Rum angerührte Rahm- und Honigfülle besonders gut schmeckte. Ist Großmutter nicht ernster als sonst? dachte ich und beobachtete sie unauffällig.

Als wir uns im Pendülezimmer am großen Tisch gegenübersaßen und sie mir beim Essen zusah, fiel mein Blick auf die »Kronstädter Zeitung«, die sie geöffnet beiseite geschoben hatte. Sie bemerkte es und zeigte auf eine fettgedruckte Überschrift. Noch ehe ich sie lesen konnte, fragte Großmutter kopfschüttelnd: »Lernt ihr das in der Schule? ›Rassenkunde – ein wichtiges Bildungsfach‹?« Sie sah mich über die Brille hinweg an. Aha, dachte ich, das ist es, was sie so nachdenklich macht, sie kann damit nichts anfangen. Doch schon bald sollte ich merken, daß ich mich täuschte. Da ich kaute und nicht antworten konnte, redete sie weiter: »Was da steht ... Nein, das geht nicht, Peter.« Sie sah mich wieder an und schüttelte noch einmal den Kopf, dabei schimmerte das Platinmedaillon mit dem Lilienornament auf ihrer Brust. Im Licht der tiefhängenden Deckenlampe fielen mir die Gichtknoten an ihren Fingergelenken auf, sie zog die Zeitung näher und sagte: »Herwart Zupfenhügler. So heißt der Mensch, der das schreibt. Was für ein ›Führer‹ ist der? Ein – ›Bannführer‹? Was ist das? Kennst du den? ... Iß in Ruhe zu Ende«, fuhr sie fort, »wir sprechen nachher darüber.« Was sie gelesen hatte, gab ihr keine Ruhe. Aber da war noch etwas in ihrem Gesicht, ich sah es deutlich. »Hier steht«, sagte sie, »der Stärkere‹, ›der Wertvollere‹. Gut. Aber das ergibt nur dann einen Sinn, wenn der Stärkere dem Schwächeren hilft. Anders ist der Starke weder stark noch wertvoll. Doch der da schreibt das Gegenteil: ›Minderwertiges Rassengut‹ ... Meint er damit – minderwertige Menschen? Was heißt ›beseitigen‹? Nein«, sagte sie entschieden und schob die Zeitung von sich, »wenn der Starke etwas wert sein will, dann nur, wenn er bereit ist, zu helfen. Ein anderes Recht gibt ihm seine Stärke nicht. Und überhaupt«, fuhr sie fort, »leben wir denn unter Wilden? Wohin sind wir gekommen? Wer sind diese Leute, die es sich herausnehmen, die Menschen nach ihrer Nase und Haarfarbe in gute und schlechte einzuteilen? Seit wann machen Äußerlichkeiten unseren Wert aus? Das stellt alle Erfahrung auf den Kopf, es ist weder wahr noch christlich. Es ist auch eine Selbsttäuschung. Ich lernte in meinem Leben eine ganze Reihe schöner Niemande kennen und ebenso viele Tapfere, die nach nicht viel aussahen. Wann endlich begreift der Mensch das?«

»Aber, Großmutter«, unterbrach ich sie, »in der Natur gibt es eben Rassen.«

»Mag sein«, sagte sie gelassen, »aber merk dir eins: Der Mensch ist nicht nur Natur, das macht ihn ja erst zum Menschen.« Mehr sagte sie dazu nicht.

Als ich die dritte Schnitte der feinen Honigtorte gegessen hatte, gab es zu diesem Gegenstand nichts mehr zu sagen. Großmutter hatte alles gesagt. Und sie hatte dem Gespräch hierüber abschließend hinzugefügt: »Richte deinem Vater aus, daß ich seinen Besuch erwarte. Ich habe mit ihm zu reden.« Noch ehe sie ausgesprochen hatte, war mir klar, daß sie nicht den Sohn, sondern den einflußreichen Schulmann meinte. Zugleich wußte ich, daß das Letzte noch nicht ausgesprochen war, was es heute abend zu sagen galt.

»Ich muß dich über etwas unterrichten«, sagte sie, »es geht nicht an, vor dir darüber zu schweigen. Auch deine Hardt-Großeltern meinen das.« Der Ton, in dem sie dies aussprach, ließ mich hellhörig werden.

»Onkel Sepp war hier«, sagte sie nach einer Pause.

»Ach«, rief ich, »und wo ist er jetzt?«

Sie schwieg eine Zeitlang. »Du weißt, daß er vor etwa einem Jahr nach Bukarest übersiedelte«, sagte sie, als sei sie nicht unterbrochen worden, »jetzt mußte er aus Bukarest fliehen.«

»Fliehen?« fragte ich, »was heißt das?«

»Einige Wahnsinnige trachten ihm nach dem Leben«, sagte Großmutter, »ihm und anderen … Dort wurden Menschen erschlagen«, fuhr sie fort, »viele … Er erzählte keine Einzelheiten. Er entkam wie durch ein Wunder.«

»Und wo ist Onkel Sepp jetzt?« rief ich mit trockenem Mund, »so sag's doch schon. Ich will es wissen.«

»Darüber will der Hardt-Großvater mit dir sprechen«, sagte sie, »geh jetzt zu ihm. Komm nachher noch kurz herüber.«

Ich überquerte wie betäubt den Hof. Wer trachtet dem alten Mann, dem Rabbiner Dr. Dr. Schapira, nach dem Leben? Und warum? Hinter den Fenstern des rechten Haustrakts war es stockdunkel, die Hardt-Großeltern waren nicht daheim. Nein, sie hatten nicht gewußt, daß ich heute kommen würde. Ich sagte es der Hennerth-Großmutter. Sie schwieg lange, ehe sie sagte:»Er ist jetzt in Sicherheit. Und du wirst über das, was ich dir sagte, mit niemandem sprechen, wenn nicht ausgerechnet du ihn in Gefahr bringen willst. Solange du nicht mit Großvater geredet hast, wirst du schweigen. Du wirst auch daheim nicht davon sprechen. Niemand soll belastet werden.«

»Aber wo ist er jetzt?« fragte ich wieder.

Großmutter küßte mich zum Abschied auf die Stirn. Ihre Lippen waren weich und warm. Sie sagte nichts mehr. Ich lief bis zum Bahnhof. Ich durfte den letzten Zug nicht verpassen. Ich fühlte die kristallene Eisluft bis in die Lungen. Wegen dieser Winterluft, die es nur hier gibt, dachte ich, bin ich nach Rosenau gekommen. Ich mußte nicht lange warten. Der Zug traf auf die Minute ein und fuhr pünktlich in Richtung Kronstadt weiter. Eine Dreiviertelstunde später war ich zu Hause.

Ich erinnere mich, daß ich in der folgenden Nacht unruhig schlief, einmal aus dem Bett stieg und lange vor dem Fenster stand. Die Sterne flimmerten über der Stadt im Bergkessel. Die seit kurzem angeordnete Verdunkelung ließ sie wie einen menschenleeren Friedhof mit übermäßig großen und unförmigen Gedenksteinen erscheinen. Die Thujahecke zwischen unserem Garten und dem Martensgrundstück war beschneit. Die Schneehäufchen sahen aus, als säßen bucklige Lebewesen auf den Sträuchern, die sich von Zeit zu Zeit bewegten. In Bennos Zimmer unten ging das Licht kurz an, ich sah es durch einen Spalt der Läden. Ich werde mit Benno sprechen, dachte ich, nein, natürlich nicht über Onkel Sepp. Über andere Dinge, die ich nicht verstehe. Fröstelnd legte ich mich wieder hin.

Es kann kein Zweifel daran bestehen, überlegte ich, daß Großvater, wie ich ihn kenne, den bedrohten Onkel Sepp verstecken wird. Und weder wird die »Spanierin« noch die Hennerth-Großmutter auch nur eine Sekunde lang zögern, ihm dabei behilflich zu sein. Das große Haus mit den vielen verschachtelten und unbewohnten Zimmern und Ausgängen zum Garten hin ist wie geschaffen, um Bedrohtes unsichtbar zu beherbergen. Rudolf Ferdinand Jung war da versteckt gewesen, als er

275

aus Moskau hierher geschickt worden war. Bei seinem k.u.k. Frontkameraden Rick Hennerth hatte er sich sicher gewußt. Jetzt werden sie Onkel Sepp, den keiner sehen darf, in einem der Zimmer unterbringen. Vielleicht wird er das Zimmer beziehen, in dem Jung, der Moskau-Emissär auf Hermann Oberths Fährte, heimlich gewohnt hatte, ehe er unverrichteter Dinge ins riesige östliche Reich zurückgekehrt war. Onkel Sepp, der Freund der Hennerth- und der Hardt-Familie, soweit ich mich erinnerte – der Dr. Dr. Josef Schapira, ehemals Oberrabbiner der Kronstädter, seit einem Jahr Rabbiner einer Bukarester Judengemeinde. Er betritt seit der gemeinsam mit dem Hennerth-Großvater in Budapest verbrachten Studienzeit wie ein Familienangehöriger das Haus in der Brückengasse. Alle in der Familie nennen ihn seit eh und je »Onkel Sepp«. Auf seinen Knien sitzend, den Rücken von seinem langen grauen Bart gewärmt, hatte ich als Fünfjähriger von ihm lesen und schreiben gelernt. Es hatte mit dem Wort »Gott« begonnen. Ich sah den schlanken Zeigefinger mit dem schmalen Fingernagel immer noch vor mir im Alten Testament der Familien-Lutherbibel über die Zeilen gleiten und jedesmal wie auf Befehl beim Wort »Gott« einhalten.

Was hat Großvater soeben gesagt? dachte ich in diesem seltsamen Zustand zwischen Wachen und Schlafen, in den ich manchmal unversehens geriet, ohne mich dagegen wehren oder ihn herbeizwingen zu können – der Londoner »Saturday Review«, den er seit zwanzig Jahren bezieht, wird ihm seit gestern nicht mehr zugestellt? »Es dürfen keine englischen Zeitungen mehr ins Land«, hat ihm die Leiterin des Postamtes, die Frau Butnaru mit dem Ikonengesicht, gesagt.

Wie zornig Großvater ist! Er geht im Wohnzimmer auf und ab, sagt von Zeit zu Zeit etwas, die »Spanierin« sitzt in der Fensterecke vor den Fotos ihrer gefallenen Brüder, hört ihm zu und versucht, ihn zu besänftigen. »Sie lügen alle«, sagt er heftig, »aber aus dem Vergleich konnte ich mir ein Bild über die wahre Lage machen.« Jetzt ist Großvater vor dem offenen Kamin stehengeblieben. Er stochert mit dem langen Schürhaken sinnlos in den brennenden Scheiten herum. Er sagt höhnisch: »Jedenfalls muß das rumänische Erdöl seit der verlorenen Schlacht um England weniger deutsche Flugzeugtanks füllen. Weil der Herr Luftmarschall Göring jetzt weniger davon hat. Und die sechzehnte deutsche Panzerdivision vor Ploieşti wird verdammt gut aufpassen müssen, will sie die Kontrolle über die Raffinerien behalten.« Aufgebracht hat Großvater das ausgestoßen. Im Feuerschein sehe ich zum ersten Mal, daß sich in seinen braunen Schnurrbartharren silberne Fäden zeigen …

Plötzlich waren die Großeltern verschwunden. Ich sah nur noch die schneehelle Nacht am Fenster kleben, es sah aus, als wollte sie zu mir ins Zimmer kommen. »Großvater«, sagte ich halblaut. Doch ich erhielt keine Antwort. Ich war auch nicht mehr im Wohnraum der Großeltern. Ich stand allein im Zimmer.

Ehe ich einschlief, dachte ich: Was hat Großvater soeben für Zeugs von sich gegeben? Verlorene Luftschlacht um England? Was ist nur los mit ihm? Seit wann gehört ausgerechnet er zu den Verzagten? Er, der jede Niederlage sofort wegsteckt und schon zum nächsten Angriff übergeht, ehe noch einer daran denkt. Weil er alt ist, hat er den Mut verloren, dachte ich. Ja, das ist es, er ist alt und ängstlich geworden! Als er mir vor Jahren seine Tapferkeitsmedaillen aus dem Krieg 1914–1918 zeigte, deren eine ihm verliehen worden war, weil er den ganzen Nachschub seines Regiments durch die russischen Linien hindurch gerettet hatte, war ich stolz gewesen und hatte gedacht: Was für ein unerschrockener Mann! Und nun ist er alt, schlapp, verzagt …

Als ich am Morgen erwachte, sah ich Großvaters zornigen Gang durchs Wohnzimmer noch lebhaft vor mir. Ich brauchte einige Zeit, um mich im Schulalltag zurechtzufinden.

Hatte mich schon die Mitteilung über Onkel Sepps Bedrohung in einen Zustand der Beklemmung versetzt, so speiste sich mein allgemeiner Zustand der Unruhe auch aus anderen Quellen. Drei Vorfälle während des Winters machten alles noch schlimmer.

Zum ersten kam es schon wenige Wochen nach dem Besuch in Rosenau. Er bestärkte mich im Vorsatz, es meinem Halbvetter Horst gleichzutun. Dutzende Male durchdachte ich die Einzelheiten und war entschlossen, zunächst nur mit Maria darüber zu sprechen. Sie schweigt, wenn ich sie darum bitte. An Mutter, Vater und Holger, auch an Katalin werde ich einen Brief schreiben. Doch ich verwarf den Gedanken schon am nächsten Tag. Nein, mich davonstehlen, das kann ich nicht, das tue ich ihnen und mir nicht an.

Vater hatte an jenem Tag nach dem Mittagessen zu Mutter gesagt: »Heute nachmittag wird mich Musikdirektor Behrisch besuchen. Ich weiß, daß er Teetrinker ist. Hanna, hast du …«

»Es ist noch vom Ceylon-Tee da und vom grünen chinesischen«, hatte ihn Mutter in ihrer bündigen Art unterbrochen, »auch noch eine Packung von dem guten ostfriesischen. Frag deinen Gast nach seinem Wunsch.«

Wenige Minuten danach erklang Holgers Klavierspiel aus dem Musikzimmer. Katalin klapperte in der Küche noch eine Weile mit dem Geschirr herum; sie hatte das Radio angestellt, Zarah Leander sang mit umflorter Altstimme:»Ich weiß, es wird einmal ein Wunder geschehn, und dann werden tausend Märchen wahr«, dann schloß Katalin die Tür. Weil der Blick durch das hohe und breite, bis zum Parkettboden hinabreichende Fenster bequemer als aus meinem Zimmer auf die weißen Dächer der Stadt fiel, setzte ich mich mit einem Buch im Wohnraum auf die Couch; ich sah über das Martenshaus hinweg die Schwarze Kirche. Doch so fesselnd die Lektüre auch war, meine Gedanken schweiften ab. Mann, hatte Horst vor dem abendlichen Lagerfeuer zu Paul gesagt, zu einem solchen Haufen gehören, das ist was! Erst recht bei den Deutschen, hatte Paul geantwortet. Seit den Römern gab es eine solche Armee nicht mehr, hatte »Juan de la Cruz« im Central berichtet. Ich hatte den dunklen Gleichschritt der Hermannstädter Offiziersschüler zu den Rhythmen des »Einzug der Gladiatoren«-Marschs nicht vergessen. Aber ich hatte auch Rebekka Hermes nicht vergessen ...

Kurz nach drei Uhr stand Professor Behrisch wie aus dem Boden gewachsen auf der Terrasse. Er hatte mich erblickt, war nahe ans Fenster getreten und winkte mir einen Gruß zu. Ich war so in mein Buch vertieft gewesen, daß ich ihn nicht die Gartenkehren heraufkommen gesehen hatte. Ich legte das Buch neben mich, verständigte Vater, daß der Gast eingetroffen sei, und ging ins Vorzimmer, um zu öffnen. Behrisch war klein und zierlich von Gestalt. Er lächelte mich an, reichte mir ohne Umstände die schmale, kühle Hand und trat ein.

Professor Albrecht Behrisch war als Kantor der Schwarzen Kirche und als Musikerzieher des Honterus-Gymnasiums weit über Kronstadt hinaus geachtet. Aber mehr noch hatten die Aufführungen sakraler Werke der Meister Bach, Händel oder Haydn seinen Ruf durchs Land getragen. Rühmten die einen seine Kunst an der vor hundert Jahren vom Berliner Buchholz gebauten Orgel – ein viermanualiges gewaltiges Werk mit nahezu viertausend Zinnpfeifen –, so die anderen die zuverlässige Entschiedenheit seiner Chor- und Orchesterleitung. Er war als

Musiker so bekannt, daß sich die Zigeunergeiger des Unterhaltungs-
orchesters im noblen »Aro«-Restaurant – auch wenn sie gerade die
Schmalzarie »Dein ist mein ganzes Herz« aus Lehárs Operette »Das
Land des Lächelns« fiedelten – mitten im Spiel tief verbeugten, sooft
er mit einem Gast das Lokal betrat. Dessen Speisekarte bot die raffi-
niertesten Köstlichkeiten der südrumänischen Küche an. Sie seinen
ausländischen Musikergästen zu empfehlen, bereitete ihm jedesmal
Vergnügen. Alle zeigten sich schon nur bei der Aufzählung hingerissen
– wie der Pianist Wilhelm Kempff oder die Geigenvirtuosen Gerhard
Taschner und der blutjunge Yehudi Menuhin: von den »fudulii de ber-
bec«, »tuslama regală«, »ciorbă de văcuță«, »icre de dunăre«, den Schaf-
bockhoden, Königlicher Kuttelfleck, Rindfleisch-Borschtsch, Donaustör-Rogen. Die eisige Schlagfertigkeit des Spotts Behrischs und die
vernichtende Genauigkeit seiner Pointen waren bei uns Honterianern,
wie die Schüler des Honterus-Gymnasiums hießen, bewundert, ge-
fürchtet – und beliebt. So hatte Albrecht Behrisch in einer Musiktheo-
riestunde Rolfi Fels vergebens den Quintsextakkord als eine der Um-
kehrungen des Septimenakkords klar zu machen versucht. Er hatte es
schließlich aufgegeben und zur Feststellung des Faktums an unseren
blonden »gorilă« den Satz gerichtet: »Tja, Stroh auf dem Kopf, Stroh im
Kopf. Da wächst kein Edelweiß des Geistes. Nehmen Sie Platz, schöner Mann.«

Wie immer, trug Behrisch auch diesmal eine schwarze Fliege auf
weißem Hemd. Er war grau- und stoppelhaarig. Jedem, der ihm begegnete, prägten sich sein von wenigen Furchen durchzogenes Gesicht
und die Kirschenaugen ein, die mit Glut, doch schon in der Sekunde
darauf mit abwägender Kühle blicken konnten.

Albrecht Carl Behrisch stammte aus einem kleinen, im östlichen
Randgebiet der Masuren unterhalb der Seesker Höhe gelegenen Ort.
Mit der Begründung, nach dem Kriegserlebnis »nur noch in der Musik
glaubwürdig mit sich selber und anderen umgehen zu können«, hatte
der von der Front mehrfach verwundet heimgekehrte Ostpreuße zu
Anfang der zwanziger Jahre bei bedeutenden Lehrern in Leipzig und
Berlin Kirchenmusik studiert und sich nach dem Studienabschluß um
die vakante Stelle des Stadtkapellmeisters und Stadtkantors in Kron-
stadt beworben. Die Ausschreibung war ihm, wie er sagte, »durch einen
Zufall, der keiner war«, bekannt geworden. Jahre danach soll er geäu-

ßert haben, er sei »dank einer Geworfenheit an die Südkarpaten gespült worden«, die ihm die Chance bot, »wenn ich schon in Ostpreußen nicht Brot und Stellung fand, dann hier unter den Südkarpaten gewissen hysterischen deutschen Unfertigkeiten für immer den Rücken zu kehren«. Der energische, bewegliche Mann hatte an der stoischen Nüchternheit der Siebenbürger Sachsen und an deren Musikliebe Gefallen gefunden.

Vater und er hatten sich während der Studienzeit in Berlin kennengelernt; gleich Behrisch kriegsversehrt, war Vater jedoch nach einem körperlichen Zusammenbruch infolge von Unterernährung und aufbrechender Wunden zum Verzicht auf den Abschluß des Studiums der Staatswissenschaften gezwungen gewesen.

Albrecht Carl Behrisch machte nicht allein wegen seiner geschätzten Konzertaufführungen bei den Musikfreunden aller Sprachen und Nationalitäten in weitem Umkreis von sich reden. Er diente auch den Kronstädter Kriegsteilnehmern der Jahre 1914–1918 aus einem nicht alltäglichen Grund immer wieder als Gesprächsstoff – er hatte 1918 in der Großen Schlacht von Frankreich bei Cagnicourt in der Kompanie des später als Schriftsteller zu Weltruhm gekommenen Ernst Jünger gekämpft.

Wer immer Behrischs Namen nannte, dachte seine beiden Künstlerfreunde mit: den Maler Waldemar Taucher, der ihn bei jedem seiner regelmäßigen Aufenthalte in Kronstadt besuchte, und den Romanautor Eric August Waltos, der mit seiner Frau – einer an etruskische Schönheiten erinnernden jungen Rumänin – aus Bukarest zu den Treffen angereist kam. Die drei Männer gehörten dann jedesmal für die Dauer einiger Tage, manchmal einer Woche, zum Stadtbild. Im Schatten der riesigen Kastanienkronen auf der Burgpromenade unter der Zinne im Gehen diskutierend, stehenbleibend, wieder gehend, regten sie die Fantasie ihrer Beobachter auf vielfältige Weise an. Die Bildungssnobs unter den Kronstädtern sprachen von den »drei Peripatetikern«, und die Leute erzählten sich, die drei hätten bei jedem ihrer Treffen delikate Überraschungen füreinander bereit. So etwa veranstaltete Albrecht Behrisch für die Freunde ein kleines Konzert auf der Buchholz-Orgel mit selten gehörten Stücken früher Meister, wobei er sogar nach alten Tabulaturen musizierte.

Mein Vater erfuhr dies alles von seinem Freund Waldemar Taucher.

Von Taucher hatte er auch gehört, daß sich Behrisch beim jüngsten Bei-
sammensein der »Peripatetiker« über das Vorhaben des dreißigjährigen
Bukaresters Paul Constantinescu ausgelassen hatte, angelehnt ans
Bachsche Werk ein »Byzantinisches Weihnachtsoratorium« zu kompo-
nieren – »ein musikalisches Dokument des introvertierten morgenlän-
dischen Glaubensgefühls«. Die vor kurzem in einer Klosterbibliothek
auf Athos entdeckte, auf das elfte Jahrhundert datierte gregorianische
Choralnotation, als Duplikat in den Besitz der Bukarester Alten Hofkir-
che, Curtea Veche, gelangt, hatte zu einem ersten Entwurf geführt; der
war Behrisch vom Komponisten mit der Bitte um kritische Durchsicht
vorgelegt worden. Von diesem gefragt, warum ihm ausgerechnet Bachs
riesiges Werk als Vorbild diene, habe Constantinescu geantwortet:
»Bachs Musik ist an den letzten Abgründen angesiedelt, daher rührt
ihre schmerzvolle Schönheit und Menschlichkeit. Kein abendländischer Künstler erreicht durch die Unbedingtheit des Ernstes in sol-
chem Maß die Seele des Osteuropäers wie Johann Sebastian Bach. Er
ist der Maßstab.« Ich erinnere mich, daß Holger bei diesem Gespräch
am Abendtisch Messer und Gabel sinken ließ und Taucher bewegungslos anblickte.

Ebenfalls von Waldemar Taucher wußte Vater, daß Eric August Waltos beim diesmaligen Treffen der drei mit einem schon vor längerer Zeit
angekündigten Brief Thomas Manns erschienen war: »Den hat ihm der
große TM vor einigen Jahren aus Küsnacht zu seinem Roman ›Meer
ohne Grenzen‹ geschrieben.« Sie hätten sich – hatte Waldemar Taucher
von Herzen lachend erzählt – über Manns »Hanseatenvorstellungen
vom mythendurchwebten Balkan zwar respektvoll, aber dessen ungeachtet königlich« amüsiert. »Nun ja«, hatte Taucher zu Vater gesagt,
»die braune Kulturidiotie hat es geschafft, auch ihn aus dem Land der
Dichter und Denker zu jagen.« Vater hatte dazu geschwiegen.

Eben diese Bemerkung Tauchers paßte zu der Fama, die über die
drei in der Stadt umging: Die Kronstädter wollten hinter vorgehaltener
Hand wissen, daß sich die drei Männer in keiner Weise freundlich über
die von Berlin dirigierte Politik und deren Auswirkungen auf den Südosten Europas äußerten. Der Aufeinanderprall der seit Jahr und Tag
von Moskau ins benachbarte Rumänien geschleusten kommunistischen
Heilsverkündigungen mit der berlinfreundlichen Weichenstellung Bukarests, das gegen die bis an die Zähne gerüstete Sowjetmacht Stalins

und deren aggressive Weltrevolutionspläne einen starken Partner suchte, war erst vor kurzem das Thema einer aufsehenerregenden essayi-
stischen Studie Eric August Waltos' gewesen. Sie hatte in den frankophilen Intelligenzijakreisen der Hauptstadt Wirbel erzeugt, weil sie –
ohne einen Zweifel an Waltos' Ablehnung des »nationalsozialistischen
Geistessuds« zu lassen – in zwei Passagen heftige Angriffe auf den dem
Kommunismus zuneigenden legendären Romain Rolland enthielt. Von
jenen »ewig falsch inspirierten intellektualistischen Schwärmereien,
die uns im modernen Europa immer schon die Realitäten ausreden
wollten«, war darin die Rede. »Monsieur«, hatte sich Waltos direkt an
den Franzosen gewendet, den er während eines Parisaufenthalts kennengelernt hatte, »die Antwort auf rechts kann niemals links lauten, die
auf links niemals rechts, wollen wir aus dem Teufelskreis ausbrechen.
Die Antwort können allein Vernunft und Humanitas geben, die wahrzunehmen freilich schwerer fällt als die einfältigen ›links‹ und ›rechts‹.
Erläutern Sie dies, bitte, gelegentlich auch Ihren Bekannten Louis Ara-
gon, Bernard Shaw und den Herren Feuchtwanger, Andersen-Nexö
und Brecht, deren moskauservile Ansichten in diesem südöstlichen
Land der unmittelbaren geographischen Nachbarschaft zum sowjetischen Koloß mit Schaudern zur Kenntnis genommen, von jedem Kind
verlacht und früher oder später um den Preis ungezählter Toter von der
Geschichte mit Spott und Hohn bedacht werden. Sie, monsieur, werden mitverantwortlich gewesen sein.« Die harte Formulierung hatte
Aufsehen erregt.

Auf den ausgedehnten Spaziergängen des Trios würden aber auch,
flüsterten sich die Kronstädter zu, Äußerungen über Berlin fallen,
deren Gefährlichkeit ihresgleichen suche. War es nicht unerhört, daß
die drei aus ihren Ansichten kein Hehl machten? So hatte denn auch
Blessis Vater, der mit dem Abzeichen der NSDAP auf dem Rockkragen
herumstolzierende Vorsitzende des Kronstädter Banken-Konsortiums
Heinrich Robert Blessag, im Café Central laut zu Ioan Crucea gesagt:
»Das sind doch halbe Kommunisten und halbe Anarchisten. Hätte da
nicht längst eingeschritten werden müssen?«

Weit bedenklicher als des Herrn Direktor Blessags Anmerkung war
freilich ein anderer Umstand: Der seinen NS-Fanatismus offen zur
Schau tragende »DJ-Hauptbannführer des Bannes eins Kronstadt«,
Herwart Zupfenhügler, hatte dem »Volksgruppenführer« Andreas

Schmidt mit der dringenden Empfehlung zugesetzt, die drei in Absprache mit der staatlichen Geheimpolizei »Siguranţa« sofort »unter Beobachtung zu nehmen«, nötigenfalls biete er sich persönlich an, »die Sache ohne falsche Rücksichtnahme« zu betreiben. »Die defätistische Impertinenz der Gleichstellung von Nationalsozialismus und Kommunismus kann um so weniger hingenommen werden, als sie sich in geistiger Nachbarschaft zu gewissen städtischen Klerikalen kundtut und deren reaktionäres Geschwätz mitten in unserem Volkskörper ermutigt«, hatte er gesagt.

Vater war aus seinem Arbeitszimmer herübergekommen. Er begrüßte den Gast und schlug vor, im Wohnzimmer zu bleiben. Als ich das Zimmer verlassen wollte, lud mich Behrisch in weltgewandter Art ein, »dem Gespräch beizuwohnen«. Wir setzten uns. Behrisch blickte wortlos auf die verschneite Stadt im Talkessel hinab. Über den weißen Dächern ragte der dunkle, hohe Kirchenbau – seit zwei Jahrzehnten das Ziel täglicher Wege des Mannes, den es aus den Weiten der masurischen Seenlandschaft an den nördlichen Rand der Südkarpaten verschlagen hatte. Währenddessen war aus dem Musikzimmer jeder Ton der von Heiterkeit beseelten Fuge Nummer drei in B-Dur von Georg Friedrich Händel zu hören. Als Mutter mit dem Tee hereinkam, erhob sich Behrisch rasch und begrüßte sie mit einem Handkuß. Seine Galanterie überraschte mich. Mutter bat, sie wegen unaufschiebbarer Arbeiten im Haus zu entschuldigen. »Nein, danke«, sagte Behrisch zu Vater, als Mutter das Zimmer verlassen hatte, »ich nehme keinen Zucker, nein, danke.«

Die beiden unterhielten sich über die zurückliegende Aufführung der Weihnachtspassion »Historia der freudenreichen Geburt Jesu Christi« von Heinrich Schütz in der Schwarzen Kirche, besonders über den vorzüglichen Bukarester Tenor. O ja, beantwortete Behrisch die Frage Vaters, im Frühjahr käme es zu dem den Kronstädter Musikfreunden in Aussicht gestellten Konzert George Enescus, der in Paris soeben die Arbeit an seiner achten Symphonie abzuschließen im Begriff stünde. Ohne Umschweife, wie bei allem, was er bisher gesagt hatte, kam Behrich dann auf das Anliegen seines Besuchs zu sprechen.

»Es geht um Ihren Sohn Holger«, sagte er und stellte die Tasse ab, »natürlich trage ich Eulen nach Athen, wenn ich Ihnen von der stupenden Musikalität des Jungen erzähle. Trotzdem machte ich mich schuldig, versäumte ich's.« Vater saß unbewegt. In der Stille war Holgers Klavierspiel wieder deutlich zu hören. Behrisch sagte: »Ich erinnere mich nicht, jemals einer Begabung dieses Formats begegnet zu sein. Hören Sie nur«, sagte er und hob eine Hand, »hören Sie ... Nein, ich meine nicht die Technik des Spiels. Die kann jeder lernen. Ich meine das komplexe musikalische Begreifen, die schlafwandlerische Formsicherheit.« Er sah Vater an und fragte rasch: »Komponiert der Junge?« Vater antwortete erst nach einer Pause: »Er hat mir davon nie etwas gesagt.«

Behrisch wußte, daß Holgers Musikausbildung bis zum Tag ihres frühen Todes in Tante Leonores Händen gelegen hatte; ihre Prüfungskonzerte in Salzburg und Wien hatte Leonore Magdalene Hennerth mit Behrisch besprochen. Er hob die Tasse, trank und sagte zu Vater: »Ich komme als Bittsteller: Schicken Sie mir den Jungen zum Privatunterricht. Ich sorge für die besten Lehrer in den praktischen Fächern. Von den theoretischen versteht in dieser Stadt keiner so viel wie ich.« Wieder waren in der Stille die Klavierklänge zu hören, und auch jetzt erwiderte Vater erst nach einer Pause in der Knappheit, mit der Behrisch gesprochen hatte: »Ich danke Ihnen. Wann soll er kommen?« Behrisch stellte die Tasse ab, nannte Tag und Stunde und bat um eine zweite Tasse Tee.

Das Gespräch kam übergangslos auf die vor einiger Zeit von den Mitgliedern der »Eisernen Garde« im ganzen Land angezettelte Rebellion, die auch in Kronstadt für vorübergehende Unruhe gesorgt hatte. Dabei war ein rumänischer Bekannter Behrischs – »ein exzellenter Musiker« – ums Leben gekommen, einen »hochintelligenten radikalen Narren« nannte Behrisch den »Gardisten« und fügte hinzu, daß Eric August Waltos zu diesen Vorgängen angemerkt habe: Seine Freunde Mircea Eliade und Emil Cioran, die Philosophen, könnten von Glück reden, seit einiger Zeit im Ausland zu leben, als scharfmacherische Sympathisanten der »Garde« hätten auch sie nichts zu lachen gehabt. General Antonescu, der Königsstürzer und selbsternannte Staatschef, hatte zurückschlagen und im ganzen Land Mitglieder der »Garde« standrechtlich füsilieren lassen – es waren vor allem Intellektuelle.

Schon im Augenblick darauf unterhielten sich die beiden über die Restaurierungsarbeiten an den Pfeilerfiguren und am Turmhelm der Schwarzen Kirche. »Seit der Teilung Siebenbürgens«, sagte Behrisch, »kann aus den nun zu Ungarn gehörenden szeklerischen Steinbrüchen kein Sandstein mehr geliefert werden. Ich sehe die Architekten und Steinmetze täglich. Sie sind in der größten Verlegenheit. Was produziert doch die Politik an Absurditäten!«

Alles, was die Männer sagten, entsprang sicherer Kenntnis der Dinge. Bei keinem Gegenstand hielten sie sich ausschweifend auf. Sie teilten sich fragend und antwortend einander nur so lange mit, als es die Erörterung erforderte, um ihnen Klarheit zu verschaffen. Ich hörte kein unnötiges Wort. Ich wünschte mir, so zu sein wie sie. Den Abschied vorbereitend, sah mich der Musikdirektor plötzlich an und fragte freundlich nach dem Buch, in dem ich bei seiner Ankunft gelesen habe. Es war eine Frage des Taktes, die mir das Gefühl der Überflüssigkeit in der Runde nehmen sollte, obwohl mir jetzt der Grund seiner Einladung, zu bleiben, durchaus bewußt war: Holger.

Ich griff nach dem Buch, dessen Lektüre ich vor drei Tagen begonnen und soeben beendet hatte. Die letzten Sätze waren mir noch im Gedächtnis: »Seine Majestät der Kaiser hat Ihnen den Orden Pour le mérite verliehen. Ich beglückwünsche Sie im Namen der ganzen Division.« Ich hielt dem Musikdirektor das Buch über den niedrigen ovalen Teetisch entgegen. Er beugte sich vor und las laut: »Ernst Jünger. In Stahlgewittern.«

Gerade noch im Begriff, sich zu erheben, setzte er sich wieder. »Ach«, rief er, »erst gestern hatte ich darüber einen Disput! Wissen Sie auch«, fragte er rasch, »wie das zu lesen ist?« Ich sah ihn fragend an. »Wer Jüngers ›In Stahlgewittern‹ für eine Ruhmrede auf den Krieg nimmt«, sagte er, »der liest falsch. Ich empfehle jedem, der nach dem Buch greift, die Auflistung der Attribute. Was am Ende herauskommt, sind Bilder des Mordens. Des Verendens in Blut und Dreck. Der Angst. Des Grauens. Daß Jünger dabei meisterlich verfährt und Larmoyanzen vermeidet, läuft nicht auf die Legitimierung des Kriegs hinaus. Es ist der Ausdruck seiner Autoreneloquenz. Mit ›Los Desastres de la guerra‹ verherrlichte Goya die Kriegsbrutalität nicht. Er notierte sie lediglich. Bei beiden – Goya wie Jünger – schockiert natürlich die Exaktitüde der Notiz. Doch sie ist Teil des Könnens. Einem Künstler seine Meisterschaft vorzuwerfen, wird dort zum Gebot, wo er sie mißbraucht. Nicht, wo er ehrlich Zeugnis ablegt. Auch für Künstler gilt das fünfte Gebot: Du sollst nicht falsch Zeugnis reden … Nota bene: Daß Ernst Jünger ein furchtloser Soldat war, ist als Argument das Mißverständnis der Dilettanten. Ein Künstler hat kein Ideologe, er hat ein Mensch zu sein. Und Tapferkeit war noch nie eine Untugend.« Behrischs Augen wirkten wie schwarzes Glas. Holger spielte jetzt die letzten Takte der Fuge Nummer sechs in c-Moll von Händel. Es ist eine Musik der Selbstversenkung. Sie klingt, als habe einer die Welt vergessen und spräche nur noch mit sich. Behrisch lauschte lange. Dann sah er mich plötzlich an und sagte:»Ein Beispiel: Die Schilderung jenes Geschoßeinschlags, der am neunzehnten März achtzehn zwischen Noreil und Ecoust-Saint-Mein binnen einer Sekunde unsere Kompanie vernichtete. Die vierzig Zeilen enthalten etwa ein Dutzend Vokabeln wie ›schrecklich‹, ›furchtbar‹, ›grauenhaft‹. Dies ist der Aussagekern. Selbst dann, wenn sich Jünger dennoch als Soldat versteht. Es gibt immer auch die Möglichkeit Remarque. Solange es Menschen gibt, wird es beide Möglichkeiten geben ... Wie sehen Sie das, Herr Hennerth?« fragte er Vater. In Vaters Gesicht bewegte sich kein Muskel. Als der Schlußakkord verklungen war, atmete er tief auf. Es war ihm nicht anzusehen, ob er Holgers Spiels gelauscht oder seinem Gast zugehört hatte. Er nickte und sagte:»Ja, natürlich.«

Behrisch erhob sich. Wie die beiden Männer voreinander standen, sah ich, daß Behrisch einen halben Kopf kleiner war als Vater, dessen gelassene, sportliche Körperhaltung ich unter Tausenden sofort erkannt hätte. Abermals mit gewinnender Galanterie küßte Behrisch Mutter, die das Zimmer betreten hatte, zum Abschied die Hand. Als ich ihm in den Mantel half, sagte er zu Vater:»Ich werde mir überlegen, wie eine Freistellung Ihres Holger von dem – wie nennen die das? Von dem – ach ja, von dem ›Pimpfen-Dienst‹ bei der ›DJ‹ zu erreichen ist. Vielleicht über Direktor Tabler. Der steht sich ja gut mit den Leuten.« Schon halb in der geöffneten Tür, sagte er:»Ich denke mit Vergnügen an die Berliner Abende, als Sie mit Freunden die späten Beethoven-Streichquartette spielten. Das unvergleichliche dreizehnte B-Dur, das großartige vierzehnte cis-Moll ... Es waren Augenblicke des Himmelsbrotes in der Düsterkeit der Hungerblockade-, Spartakisten- und Umsturzjahre. Schade, Herr Hennerth, daß Sie keine Zeit mehr für die Geige haben.« Er zog die schwarzen Lederhandschuhe über, trat auf die Terrasse hinaus und blickte Vater lächelnd an.»Nein«, sagte er, »noch habe ich es keinen Tag bereut, Ihrem Rat gefolgt zu sein und die Berufung hierher angenommen zu haben. Ich wollte Ihnen das schon immer sagen.« Ich verstand nicht, was Vater erwiderte. Doch ich wußte, daß ich jetzt nicht länger schweigen durfte.

In diesem Augenblick erklang aus dem Musikzimmer eine Terrassenfolge enharmonischer Tonstufen, die ohne Modulation jeweils im gleichen machtvollen Akkord endeten. Holger spielte sie mit hartem, präzisem Anschlag. Es klang ganz anders als alles, was wir bisher gehört hatten.

Albrecht Behrisch hob den Kopf. »O ja«, sagte ich, »Holger komponiert. Ich weiß es.« Die beiden Männer standen im Schnee, sie sahen mich mit dem gleichen verblüfften Blick an. Ich sagte: »Er hat vor ein paar Tagen das ›Vaterunser‹ für Orchester und Chor fertiggeschrieben. Er spielte soeben den Schluß.«

Ich werde Vaters Gesichtsausdruck niemals vergessen. Aus seiner Erstarrung heraus machte er einen Schritt auf mich zu, packte mich an beiden Schultern und fragte atemlos: »›Vaterunser‹?« Er sah Behrisch an. Der hob den Zeigefinger vor den Mund und sagte: »Überlassen Sie das jetzt mir.« Er nahm Vater am Arm. Vater begleitete ihn zum Gartentor hinab.

Ich blickte den beiden nach und dachte trotzig: Nein, ich lasse mich von eurem Gerede nicht irre machen! Was ihr euch in meinem Alter herausnahmt, das wollt ihr mir jetzt ausreden. Aber ich werde den Weg finden, es Horst gleichzutun. Ich will dort sein, wo die Entscheidungen fallen … Auch ihr seid, wie Großvater, alt, mutlos und schlaff geworden. Es ist unfair von euch, mir heute etwas anderes zu empfehlen als das, was ihr in meinem Alter für euch in Anspruch nahmt …

Schon drei Tage nach Albrecht Carl Behrischs Besuch im Haus auf dem Böttcherrücken ging der knapp zwölfjährige Holger zur ersten Unterrichtsstunde. Mutter hatte darauf gedrängt, keinen Tag zu verlieren.

Der Musikdirektor wohnte im Stadtzentrum nahe der Schwarzen Kirche. Da ich wegen einer Buchbesorgung ebenfalls in die Stadt mußte, begleitete ich Holger bis vor den Hauseingang, an dessen rechtem Türpfosten auf einem oxidierten Metallplättchen in Kursivschrift knapp vermerkt war: »Behrisch«. Im Weitergehen wunderte ich mich über die Selbstverständlichkeit, mit der sich mein Bruder auf den Weg zu dem Mann aus Preußen gemacht hatte, so als sei das längst fällig, bloß hatten es die anderen erst jetzt bemerkt.

Als ich eine Dreiviertelstunde später wieder zu Hause ankam, hörte ich die Geigenklänge aus Vaters Arbeitszimmer. Vater war immer ein guter Geiger gewesen, und während ich ihm jetzt zuhörte, hatte ich nicht den Eindruck, daß seinem Spiel Sicherheit und Glanz verlorengegangen waren, weil er nur noch selten zum Instrument griff. Wir befanden uns allein im Haus, er hatte mich nicht kommen gehört. So spielte er ungestört. Es kam öfter vor, daß er mitten in der Arbeit nach dem Instrument griff, ein paar Minuten spielte und sich wieder an den Schreibtisch setzte. Ich hörte es seinem Spiel an, daß er der Geige die Freude über die Nachricht mitteilte, daß sein Sohn Holger komponierte.

Bald danach kam es zum zweiten Ereignis, das mich in meiner Absicht bestärkte.

Einige Wochen nach Behrischs Besuch betrat Bramü vor Unterrichtsbeginn unser Klassenzimmer, nahm mich zur Seite und sagte mir, daß ich mich im Lauf des Nachmittags in der »Bannführung« melden sollte. Er zwinkerte mir gönnerhaft zu, klopfte mir auf die Schulter und ließ mich stehen, noch ehe ich eine Frage stellen konnte.

Gegen drei Uhr betrat ich das mehrstöckige Gebäude der »Volksgruppenführung«. Der unscheinbare Bau, der auch die »Bannführung« beherbergte, stand nahe dem städtischen Judenfriedhof und der seit den Hexenverbrennungen und -ertränkungen »Tränengrube« genannten Senke. Dessen ungeachtet duftete es im Treppenhaus und in den Korridoren beschwingt und lebensfröhlich nach den frischen Semmeln, die der Bäckermeister Johann Julius Kepp einmal in der Woche »den Volksführern«, wie er sagte, spendierte. Ich fand die »Dienststelle, Bann I, Kronstadt« und klopfte.

Unter dem großen Hitler-Porträt mit Braunhemd und Schulterriemen, das mir entgegenblickte, als ich die Tür öffnete, saß der Bäckermeistersohn, Stotterer und »DJ-Stammführer« Ralf Kepp an einem Schreibtisch; er war wie »unser Führer Adolf Hitler« gekleidet. Meinen »Heil Hitler«-Gruß erwiderte er mit einem Kopfnicken und der Aufforderung, mich zu setzen. Innerhalb der nächsten Minute erfuhr ich, daß mich »der Scharführer Braumüller der Bannführung für die Landesliste der fünfzig ausgewählten DJ-Jungs vorgeschlagen« hatte, die an dem in wenigen Tagen beginnenden ersten »Gelände- und Wehrsportlehrgang in der – He-He-Hermann-von-Salza-Führerschule teilnehmen werden«. Die Schuldirektion sei verständigt, der Doktor Tabler persönlich habe das Placet mit der Beurteilung gegeben: Hennerth? In Ordnung. Der holt den Unterrichtsstoff ohne weiteres nach.

»Na?« fragte Kepp, »was sagst du dazu?«

»Nichts«, erwiderte ich.

Etwas irritiert, ja gereizt merkte er an: »Der Ha-Ha-Hauptbannführer Zupfenhü-hü-hügler ist zwar der Ansicht, daß dein Eigensinn dich nicht gerade empfiehlt. Aber der Bramü war mit dem Hi-Hi-Hinweis, daß in dir das Zeug zum Kämpfer steckt, von seinem Vorschlag nicht abzubringen. Da«, sagte er barsch und reichte mir einen Papierbogen über den Tisch, »alles weitere kannst du da lesen.«

Das war's. Ich sagte: »Heil Hitler!« und verließ den Raum. Das war an einem Freitag.

Am Montag darauf fuhr ich mit dem Schnellzug nach Hermannstadt und von dort lange mit der quietschenden Straßenbahn südwärts aus der Stadt hinaus in die ausgedehnten Wälder unter den Ausläufern der Zibins-Berge. In einem auf leichter Anhöhe im tiefsten Wald stehenden großen Landhaus verbrachte ich in Gesellschaft Gleichaltriger zwei Wochen und drei Tage.

Es wurden unsanfte, sogar auf eine verrückte Art erbarmungslose Wochen und Tage. In den Nächten war durch das geöffnete Fenster der fünfundzwanzigbettigen »Schlafhalle II« des Obergeschosses pausenlos das an- und abschwellende Rauschen des Waldes und darüber das helle Knattern der Hakenkreuzfahne auf dem Dachfirst zu hören. Durch den Roten-Turm-Paß brauste zu eben jener Zeit von Süden her »der Talmescher«, ein föhnartiger Fallwind, der sich aus der Donautiefebene durch die Karpatenübergänge sturmartig in diese Gegend Siebenbürgens wühlt, in der Regel eine Woche lang durch die Wälder, über Felder und Ortschaften orgelt und alles vor sich herwirbelt, was nicht niet- und nagelfest ist. Diesmal fegte er die Regenwolken von den Höhenzügen der Zibins-Berge mit, blies mit den stiebend vor ihm hertreibenden Wassermassen den letzten Schneeresten das Leben aus und verwandelte Wege und Pfade, Waldwiesen und Blätterlaub in Orgien durchnäßter, aufgeweichter, klebriger Schmierigkeiten und alles Land in Tümpel, Pfützen und Rinnsale.

In die kalte und graue Regen-, Nebel- und Windbrühe hinaus peitschte uns jeden Morgen um sechs Uhr das Gellen der UvD-Trillerpfeife, des respektabelsten Marterinstruments, das sich einer in den Händen des »Unterführers vom Dienst« vorzustellen vermag; dessen blaugelbe Armbinde trug nach Bestimmung der Lehrgangsleitung jeden Tag ein anderer von uns. Morgenlauf über Stock und Stein. Quer durch den Wald. Durch Morast, Wassermulden, Unterholz. Über Baumstämme, Steine, Knüppelpfade. Immer mitten in die dicksten Regenböen hinein. Danach Gymnastik und Kaltwasserduschen im Freien auf der Anlage am Rand des großen Platzes vor dem Haus. Waschen des dreckigen Zeugs. Aufhängen im Trockenkeller. Geschniegelt und gestriegelt zum Frühstück im hellen Speisesaal. Und nach dem Frühstück wieder raus. Zum Morgenappell. Mit Fahnenhissen und Tagesspruch: »Was uns nicht umbringt, das macht uns härter.« Oder: »Herr, laß uns hungern dann und wann. Satt sein macht stumpf und träge. Und schick uns Feinde Mann für Mann. Kampf hält die Kräfte rege.« Oder: »Die Fahne ist mehr als der Tod.«

Was dann zwischen Morgenappell um sieben Uhr und abendlichem Zapfenstreich um halb zehn vor sich ging, war so beschaffen, daß wir, wenn der UvD am Schaltkasten in der Vorhalle die Lichter im Haus löschte, mit der Kraftlosigkeit ausgewrungener Lappen, die einer achtlos fallen läßt, in die Betten kippten und schon schliefen, bevor wir die Matratzen erreichten. Zermürbt bis in die Ohrläppchen. Mit aufgeweichten Knochen bis ins Steißbein. Gerädert an Muskeln und Sehnen bis in die Fußsohlen.

Denn es gab ungefähr nichts – nein, gar nichts, wovon wir verschont wurden. Ob es das Exerzieren mit »Links um!«, »Rechts um!«, »Das Ganze kehrt!«, »Im Gleichschritt marsch!« zur Einstimmung auf den Tag oder das Ballern auf dem Schießstand mit den deutschen 5,6-mm-Kleinkalibergewehren und den 7,92-mm-Militärkarabinern war, ob wir beim Angriffs-, Verteidigungs-, Einkesselungs- und Stoßtrupp-Training mit Waffe und Sturmgepäck durchs Gelände hetzten, auf Bäume kletterten, uns in den Nahkampf stürzten, durchs stachelige Unterholz robbten, ob Sanitätsübungen mit kilometerweitem Abtransport über die Schultern gelegter oder huckepack genommener »verwundeter« Kameraden, Wurfübungen mit Stiel- und Eierhandgranaten aus allen Körperlagen, Anschleichübungen durch Dreck und Geröll, bergan durchs eiskalt schäumende Wasser des tief eingeschnittenen Răşinarer Wildbachs, ob Fünf-Kilometer-Geländeläufe oder unangekündigte nächtliche Schleifdienste gefolgt von Märschen in Kampfausrüstung in die nasse Nachtfinsternis hinein auf dem Programm standen, nicht zu reden vom täglichen Boxtraining, vom unentwegten Auseinandernehmen, Reinigen und Zusammenbauen der Karabiner, Maschinenpistolen und Maschinengewehre in jeder freien Minute – der »Lehrgang« begann spätestens am dritten Tag die Gewichtungen in uns so zu verschieben, daß wir uns selber nicht wiedererkannten. O ja, in den Grundzügen war uns dies alles natürlich vom »DJ-Schleifdienst« her vertraut. Doch hier erfuhr es die Steigerung ins Professionelle.

Unsere drei wenig über zwanzigjährigen Lehrgangsleiter unterwiesen uns pünktlich und aufs genaueste in allem, was auf dem Programm stand. Und nicht nur das: Der lange, hellblonde Wolf Schreier – der Leiter des »Lehrgangs« –, der breitschultrige, sommersprossige Harry Glaser – er war die Nummer zwei – und der schweigsame, schmale Werner Schremm mit dem seltsam eisenfarbenen Gesicht machten zusätzlich auch noch alles mit, was sie von uns forderten. Sie ermunterten uns bei den neuen und unbekannten Aufgaben, spornten uns bei jedem Schritt an und halfen, wenn einer nicht weiter wußte. Sie verrieten uns Kniffe und Finten und verbesserten im Laufen unsere Handgriffe an den Waffen. Sie packten sich jeden, der schlapp machte, so lange auf den Rücken oder ließen ihn mit einem Begleiter zurück, bis er wieder stehen und gehen konnte. Immer einen imaginären Feind vor Augen, lehrten sie uns einzeln und in der Formation je nach Lage das taktische Denken und schnelle Umdenken. Sie teilten uns in Gruppen ein, ließen uns gegeneinander »kämpfen«, Schützenlöcher und Laufgräben ausheben, den Standort eines Beobachtungspostens bestimmen und einrichten und schärften uns ein: Angriff, Angriff, Angriff ist alles! Das oberste Gebot dabei: den Nebenmann niemals im Stich lassen. »Eine Armee«, sagte Werner Schremm, »in der das gilt, kann vernichtet, sie kann nicht besiegt werden.«

Die drei konnten aber vor allem eins: Bei allem, was sie uns einpaukten und abverlangten, begeisterten sie uns. Und sie brachten uns die philosophische Kunst des Lachens im ärgsten Dreck, im Zustand der Erschöpfung, des körperlichen Schmerzes bei – des Lachens über uns selber. Schon nach den ersten Tagen wären wir ihnen in die Hölle gefolgt. Keiner unter uns, den es nicht beeindruckte, wie jeder von ihnen doppelt und dreifach soviel wußte und konnte wie wir.

Es gelang ihnen sogar, aus den scheußlichen Nachtalarmen eine erheiternde Übung zu machen. So, als uns die Nummer zwei, Harry Glaser, der sich für besondere Späße eignete, am dritten Tag kurz vor Mitternacht aus den Betten pfiff, uns brüllend »Auf dem Dachboden in Viererreihen antreten, marsch, marsch!« ließ und dort »Hinlegen!« schrie. Wir stürzten in Pyjamas, Nachthemden, Sporthosen oder nackt, je nachdem, wie wir gerade im Bett gelegen hatten, vornüber auf den staubigen Dielenboden und begannen auf Glasers Befehl: »Bis ins Erdgeschoß runter robben!« auf allen vieren dichtgedrängt neben- und hintereinander die Stufen der Wendeltreppe hinunterzukriechen. Mitten ins halsbrecherische Unternehmen hinein brüllte Glaser: »Ein Lied! Ein Lied will ich hören!« Und als Breckner das Wolgaschlepperlied auf den Text »Zieht euch warm an, zieht euch warm an, denn die Kälte greift den Darm an«, anstimmte, brüllte er noch lauter: »Kaum bekannt! Herhör'n!« und legte los: »Vom Himmel hoch, da komm ich her‹ ...« Keiner, der den aus dem Schulchor bekannten Choral Martin Luthers beim Treppabrobben nicht aus vollem Hals mitgeschmettert hätte.

Wenn wir an den Abenden gewaschen, umgekleidet und gefüttert im Gemeinschaftsraum zusammenkamen, an dessen einer Stirnseite eine Tafel mit der Aufschrift hing »Was ist gut? fragt ihr. Tapfer sein ist gut. Nietzsche«, und Wolf Schreier, der Technikstudent an der Temeschwarer Universität, Amateurmusiker und Absolvent einiger vormilitärischer Ausbildungskurse auf den »NSDAP-Ordensburgen für den Führernachwuchs« Sonthofen im Allgäu und Crössinsee in Pommern, auf dem verstimmten Flügel eine Chopin-Mazurka spielte, aus der er übergangslos in Marlene Dietrichs »Ich bin von Kopf bis Fuß auf Liebe eingestellt« wechselte und dabei die laszive Raucherstimme der Dietrich nachahmte, bald darauf Max Hansens »Was kann der Sigismund dafür, daß er so schön ist« näselte, plötzlich Heinz Rühmanns »Ich brech die Herzen der schönsten Fraun« im Tonfall eines Halbidioten quakte und schließlich mit dem schamlosen Schlagerpathos der Zarah Leander »Davon geht die Welt nicht unter, sehn wir sie manchmal auch grau, einmal wird sie wieder munter, einmal wird sie wieder himmelblau« röhrte und sich selber am Flügel begleitete, vergaßen wir alle Schweinereien und Schindereien des Tages, wir jaulten vor Vergnügen und schlugen uns auf die Schenkel. Dann wieder unterhielt uns der immer zu einem Witz bereite, zu losen Redensarten neigende Harry Glaser mit Taschenspielertricks, indem er mich um den Hosenriemen brachte, ohne daß ich's merkte, dem athletischen Bernd Breckner aus Bukarest, meinem Bettnachbarn, ebenso unbemerkt die Armbanduhr vom Handgelenk fingerte oder dem pickelgesichtigen Dieter Blatz, einem drahtigen Hermannstädter, der alle Geländeläufe gewann, heimlich den Füllhalter aus der Hemdtasche entfernte.

Aber es gab Abende, an denen uns der verschlossene, wortkarge Werner Schremm mit dem durchschatteten Gesicht bei Kerzenlicht mit leiser, genauer Stimme Nietzsche-Texte vorlas, zum Beispiel Passagen des Kapitels »Vom Krieg und Kriegsvolke« aus »Also sprach Zarathustra«: »Ihr sollt den Frieden lieben als Mittel zu neuen Kriegen. Und den kurzen Frieden mehr als den langen. Euch rate ich nicht zur Arbeit, sondern zum Kampfe. Euch rate ich nicht zum Frieden, sondern zum Siege. Eure Arbeit sei ein Kampf, euer Friede ein Sieg! Man kann nur schweigen und stillsitzen, wenn man Pfeil und Bogen hat: sonst schwätzt und zankt man … Ihr sagt, die gute Sache sei es, die sogar den Krieg heilige? Ich sage euch: der gute Krieg ist es, der jede Sache heiligt. Der Krieg und der Mut haben mehr große Dinge getan als die Nächstenliebe. Nicht euer Mitleiden, sondern eure Tapferkeit rettete bisher die Verunglückten. Was ist gut? fragt ihr. Tapfer sein ist gut … Der Mensch ist etwas, das überwunden werden soll. So lebt euer Leben des Gehorsams und des Krieges! Was liegt am Langleben! Welcher Krieger will geschont sein! …« Die Sätze hallten wie Paukenschläge in uns nach. Sie waren angetan, uns die tägliche Knochenmarter im Zeichen eines höheren Sinnes begreiflich zu machen.

In der Nacht nach diesem Abend wurde ich durch einen Griff am rechten Oberarm geweckt. Nach einigen Sekunden erkannte ich Bernd Breckners Gestalt über mir. Er legte mir die Hand auf den Mund und flüsterte: »Du hast im Traum geredet. Ich kann nicht schlafen, da hab ich's gehört. Es ist Vollmond. Man sieht's an den hellen Wolken. Dann kann ich niemals schlafen.« Schnarchlaute, Geräusche tiefer Atemzüge füllten den Raum. Der Wind fauchte. In trockenen, abgehackten Tönen plärrte die Fahne auf dem Dach über uns. Der Regen hatte ausgesetzt.

»Wie spät ist es?« fragte ich.

»Etwa halb elf.«

Ich fühlte, daß ich jetzt nicht bald wieder einschlafen würde. Ich stieg aus dem Bett und ging zum offenen Fenster. Der Wald stand als schwarze Mauer jenseits des Wildbachs. Die Holzbrücke war ein matter, unwirklicher Streifen. Breckner, der nicht höher, aber breiter gewachsen und fast zwei Jahre älter war als ich, hatte sich neben mich gestellt.

Nach einer Weile fragte er leise: »Denkst du manchmal an die Mädchen?«

»Nein«, antwortete ich.

»Ich denke an sie«, sagte er, »jede Nacht. In Bukarest gibt's ganz tolle.«

»Die gibt's auch in Kronstadt. Die gibt's überall.«

»Mann«, sagte Breckner und stieß mich an, »da hast du noch nie eine von den rassigen Walachinnen gesehen. Oder?«

»Hab ich nicht.«

»Die sind wie heiße Schlangen«, sagte er, »du, schau mal her.« Er stieß mich wieder an. Er griff nach dem leeren Wasserglas auf dem Fensterbrett, stülpte es sich über den steifen Penis, den er mir entgegenreckte, und grinste. »He, hast du so einen Liebesbolzen schon mal gesehen?« fragte er vergnügt.

»Idiot«, sagte ich, »hinter Glas noch nicht.«

»Mann, bist du ein Holzklotz?« fragte er. »Hätte ich jetzt eine von denen hier, da würdest du anders reden.«

»Sag mal«, fragte ich, »Bukarest? Wie ist das dort? Da hat man vor einiger Zeit Menschen umgebracht …«

»Ach was«, flüsterte Breckner, »ein paar stinkenden Juden die Schädel eingeschlagen. Die kann in Bukarest sowieso niemand ausstehen, niemand, sage ich dir … Bukarest ist eine sagenhafte Stadt. Alles ist dort anders als hier. Alles ist …«

»Pst«, unterbrach ich ihn, »da kommt jemand.«

Breckner stellte das Wasserglas umständlich aufs Fensterbrett zurück. Wir lauschten.

Im Wald jenseits der Brücke waren jetzt halblaute Stimmen zu hören. Sie näherten sich. Mit einem Mal standen zwei Gestalten auf den Holzplanken, als seien sie daraus emporgewachsen. Dann kamen sie über den Platz auf das Haus zu. Wir befanden uns genau in ihrem Blickfeld.

»Mensch, Peter«, flüsterte Breckner, »was machen wir?«

»Den Mund halten«, sagte ich leise. Im selben Augenblick erkannte ich die eine der beiden Gestalten. Es war unser Lehrgangsleiter drei – der stille, ernste Werner Schremm. Neben ihm ging eine Frau.

Sie blieben kurz stehen. Schremm zeigte zum Haus herüber, machte der Frau ein Zeichen, zu schweigen, und führte sie an der Hand den Platz herauf zur Eingangstür. Die beiden waren bemüht, jedes Geräusch zu vermeiden. Das Licht, das durch die rasch ziehenden, tief liegenden Wolken drang, tauchte sie in ein geisterhaft helles und fahles Grau. Sie waren keine zwanzig Schritte entfernt und in jeder Einzelheit zu erkennen. Im Dunkel des Schlafraums blieben wir für sie unsichtbar. Ich sah, wie Schremm einen Schlüsselbund aus der Hosentasche zog und der Frau mit vor den Mund gelegtem Zeigefinger wieder Vorsicht gebot. Die Frau war schlank. Sie trug einen leichten, cremefarbenen Trenchcoat, den sie mit nach unten gestreckten Armen im Wind an sich zu pressen versuchte. Sie hatte krause Haare, die ihr die Windstöße immer wieder hochwarfen. Irgendwie kam mir die Frau bekannt vor. Die beiden waren wieder stehen geblieben. Plötzlich umarmten und küßten sie sich. Danach strich sie ihm mit einer eigentümlichen Behutsamkeit über den Kopf und drückte sich mit einer jähen Bewegung heftig an ihn. Er umklammerte sie mit einer Gier, vor der ich erschrak. Hatte ich im Wind nicht einen Laut wie ein Aufstöhnen gehört? Noch ehe ich mich faßte, waren die beiden unter dem Vordach des Eingangs verschwunden.

»Mein lieber Kakadu«, zischte Breckner neben mir, »so ist das also. Die holen sich nachts Weiber auf die Bude. Der Schremm hat keinen schlechten Geschmack – wie die aussah!«

Ich sah ihn an und sagte: »Ich kenne die Frau.«

Er schnitt eine Grimasse. »Sieh einer an, es wird ja immer besser.«

»Halt die Schnauze«, fuhr ich ihn an. Sofort bereute ich meine Heftigkeit. Doch sie veranlaßte ihn, zu schweigen. Er brummte: »Mein lieber Kakadu!« Als ich im Bett lag, hörte ich ihn murmeln: »Mann, die liegt jetzt bei dem im Bett …«

»Entschuldige«, sagte ich halblaut, »du hast natürlich recht.«

»Mein lieber Kakadu«, wiederholte Breckner anstelle einer Antwort.

Die Frau, die Schremm vermutlich von der etwa einen Kilometer entfernten einsamen Endstation der Straßenbahn abgeholt hatte, war Thea Cristina Steinträger, die Schwester jenes Dr. Manfred Steinträger, in dessen verwildertem Garten wir auf der Fahrradtour im Herbst des vorigen Jahres Gäste waren, Thea Steinträger, die meinen Freund Willi Kurzell bei der Frühlingssonate am Klavier begleitet hatte. Ich sah sie vor mir, wie ich sie durch die Glastür der Gartenterrasse gesehen hatte: Sie hatte vor dem Flügel gesessen, den Kopf zurückgeneigt, ihr Bruder, der hinter ihr stand, hatte sie auf die Stirn geküßt. Und jetzt verbrachte sie die Nacht mit Schremm. War sie zum ersten Mal bei ihm hier draußen?

Tags darauf beim Morgenappell, während uns der regenschwere Wind in die Gesichter peitschte, beobachtete ich Schremm. Als die Fahne gehißt wurde, stand er wie eine in die Erde gerammte Stahlsäule, mit undurchsichtigem, überschattetem Gesicht. So wie immer.

In der Nacht darauf gab's Alarm. Kurz vor zwölf Uhr wurden wir aus den Betten und in voller Marschausrüstung in die Wälder gejagt. Es goß wie aus Schäffern. Die Vorgabe lautete: Die auf der Karte eingezeichnete große Sennerei in den Abhängen der Cândrelul-Berge zu erreichen, ohne beim Passieren der rumänischen Bergsiedlungen gesehen zu werden. Für die zuerst Eintreffenden galt der Befehl, schußsichere Stellung zu beziehen und die Nachkommenden ins Gelände einzuweisen. Nach ungefähr einer Stunde hatten der Lehrgangsleiter drei, Werner Schremm, und ich die Spitze übernommen. Die anderen waren zurückgefallen.

Ich war zu dem Zeitpunkt schon so durchnäßt, daß mir das Regenwasser durch die Gesäßkerbe floß und ich in den Stiefeln schwamm, als watete ich barfuß durch Morast. Bei jedem Atemzug brannten die Lungen von der kalten Luft. Meine Schenkel und Hände zitterten, als ich mich aus dem Laufschritt neben Schremm hinter einem Felsblock zur Erde warf, dicht vor uns im diffusen Dunkel die flachen Blockhäuser der Sennerei. Wir lagen keuchend nebeneinander. Ich dachte an Schremms Nacht mit der Frau und an Breckners Feststellungen. In unser Keuchen hinein sagte Schremm, über dessen eingefallenes Gesicht ich aus der Nähe das Wasser rinnen sah: »Du bist ein harter Hund, Hennerth. Doch beeil dich nicht. Sieh zu, daß du ein ordentliches Abitur baust. Hörst du mir zu? ... Wenn schon Krieg und Front – ich seh's dir an, daß du darauf brennst –, dann mit Abitur und als Offizier. Laß dir Zeit. Dieser Krieg dauert lange. Er hat noch nicht mal richtig begonnen.« Dann sagte Schremm noch einen Satz: »Und merk dir für jeden Fall: Die richtige Entscheidung ist immer die mutige.«

Ich habe Schremm nach jener Nacht nie wieder gesehen.

Tags darauf teilte uns der Lehrgangsleiter zwei, Glaser, beim Mittagessen in trockenem Dienstton mit, daß Schremm »wegen Krankheit« nach Hermannstadt gefahren sei. Wir maßen dem keine Bedeutung bei, nur Breckner zischte mir eine schlüpfrige Bemerkung zu.

Jahre später erfuhr ich, daß sich Werner Schremm drei Tage nachher im Garten des Steinträgerhauses in der Schewisgasse eine Kugel durch den Kopf schoß. Der knapp Vierundzwanzigjährige mit deutscher Staatsbürgerschaft, Sohn einer Thüringerin und eines Siebenbürgers, hatte als Infanterist vom ersten Tag an den Krieg in Polen und bald darauf in Frankreich bis zur Einschließung des britischen Expeditionskorps im Juni vierzig bei Dünkirchen mitgemacht und für Tapferkeit vor dem Feind das Eiserne Kreuz erster Klasse erhalten. Mit Rücksicht auf eine beginnende schwere Erkrankung aus dem deutschen Armeedienst »abgestellt«, war er umgehend zu den Eltern nach Siebenbürgen gefahren. Er wußte damals schon, daß es für ihn keine Rettung gab. Mit dem Hinweis auf seine Fronterfahrung hatte er sich in Hermannstadt für die Leitung der Lehrgänge in der »Hermann-von-Salza-Führerschule« zur Verfügung gestellt. »Ich will den Jungs wenigstens beibringen, wie sie sich schützen können, wenn auch sie mal soweit sind«, soll er zu seiner Mutter gesagt haben. Um der finalen Phase des Gallen- und Leberkarzinoms zuvorzukommen, hatte er nach langen Gesprächen mit seiner Braut Thea Cristina Steinträger und deren Bruder Dr. Manfred Steinträger, mit dem ihn herzliche Freundschaft verband, seinem Leben ein Ende bereitet. An der Stelle, an der einst unsere Zelte gestanden hatten ...

Auf dem Programm des letzten Tags unseres »Gelände- und Wehrsportlehrgangs« in den Südkarpatenwäldern lasen wir neben »Reisevorbereitungen« und der nachmittäglichen »Abschlußfeier« die Ankündigung: »Abendvortrag, neunzehn Uhr. Dr. Dr. h.c. Heinar Willig« – es war der Name eines Schriftstellers, der, wie einer von uns wußte, »im Reich lebt«. Der Talmescher hatte sich ausgeschnauft und -getobt und einen blankgefegten Vorfrühlingshimmel mit blitzenden Lichtern auf dem ersten Grün der Laubkronen hinterlassen. Beim Mittagessen berichtete mir Bernd Breckner, man erzähle sich vom Dr. Willig, er sei auf einer »der moribunden Burgen« der Deutschordensritter in der Gegend um Kronstadt geboren – »die stammen ja alle aus der Zeit der Herren Hermann von Salza und Innozenz des Dritten«, sagte Breckner, »die euch den Orden in die Terra Borza schickten, sie sind also schon recht verstaubt. Der Willig«, sagte Breckner grinsend, »sieht sich selbst als so etwas wie einen letzten Ordensritter, daher leitet sich wohl die Note einer gewissen Feudalität seines Auftretens ab«, die ihn ebenso bekannt gemacht habe wie seine Bücher. »Du wirst das bald sehen«, sagte er und fügte hinzu: »Der Doktor ist Mitglied der ›Reichsschrifttumskammer‹, des ›Reichsverbandes der Deutschen Presse‹, des ›Reichsverbandes Deutscher Offiziere‹ und der ›Nationalsozialistischen Deutschen Arbeiterpartei‹.« Dr. Dr. h.c. Heinar Willig war mit einem Vortrag über »Die Neuordnung Europas als abendländische Aufgabe der Deutschen« angesagt.

Als wir geduscht, gestriegelt und bis in die Finger- und Zehenspitzen wie aus dem Ei gepellt uniformiert im Gemeinschaftsraum saßen, trat ein ungefähr vierzigjähriger hochgewachsener Mann in makellos sitzendem grauen Zweireiher ein. Als erstes fiel mir an ihm die Kälte im Blick der hellgrauen Augen auf. Sie paarte sich mit einem sofort spürbaren Hauch schwer zu beschreibenden Hochmuts. Ob das die von Breckner angemerkte »Feudalität« ist? dachte ich. Der Mann war der Romanautor Dr. Dr. h. c. Heinar Willig. Unser Wolf Schreier begleitete ihn. Der Lehrgangsleiter zwei, Glaser, der sich zwischen uns gesetzt hatte, rief: »Achtung!« Wir sprangen auf, legten die Hände an die Hosennaht und erstarrten zu Denkmälern unserer selbst – auch dies war uns in den zwei Wochen und drei Tagen in Fleisch und Blut übergegangen. Dem »Heil Hitler!«-Gruß des Dr. Dr. h. c. Heinar Willig schmetterten wir unser chorisches »Heil Hitler!«-Echo hinterher.

Zur Eröffnung der Vortragsstunde sangen wir den Kanon: »Grüßet die Fahnen, grüßet die Zeichen, grüßet den Führer, der sie schuf. Grüßet alle, die für sie starben, folget getreulich ihrem Ruf. Tag und Nacht gen alle Feinde, laßt uns der Fahne Hüter sein. Ob wir siegen, ob wir fallen, unsre Fahne bleibe rein.«

Ich erinnere mich keiner Einzelheit des Vortrags. Ich war in Gedanken schon unterwegs nach Hause. Ich weiß nur soviel, daß uns Dr. Dr. h. c. Heinar Willig eine Dreiviertelstunde lang das Wort »Abendland« in einigen Dutzend Variationen um die Ohren schlug.

Abendländisches Schicksal. Abendländische Sendung. Abendländischer Schutzwall. Das heroische Abendland. Das Abendland der Hellenen und Römer. Des Leonidas und des Publius Cornelius Scipio. Das Abendland der Karolinger, Salier, Staufer, Habsburger. Das germanische Abendland. Der künstlerische Genius des Abendlands. Von Homer bis Hamsun. Von Praxiteles bis Rodin. Von Palestrina bis Richard Strauss. Das Abendland der Edda, der Nibelungen und Shakespeares. Das Abendland der Denker von Aristoteles bis Heidegger, der Wissenschaften von Galilei bis Planck. Das schöpferische Abendland. Das Abendland als Wiege unbesiegbaren Kriegertums. Das Abendland als angelsächsisch-deutscher Zukunftsauftrag ... Und dann die entscheidende Kehre: das Abendland als Schoß der Rasseeliten. Die abendländische Idee als Grundlage des Dritten Reichs. Die Geburt des Nationalsozialismus aus dem Geist des Abendlands. Das Abendland als Vision Karls des Großen und Adolf Hitlers. Das Abendland ...

Es nahm kein Ende. Es abendländerte aus dem Mund des tadellos kammgarnzweigereiht selbstherrlich aufgereckt vor uns stehenden Mannes, als habe sich eine Kettenreaktion in ihm ausgelöst und er sähe vor lauter Abendländerei die übrige Welt nicht mehr.

Ich gebe zu, gefesselt gewesen zu sein. Doch zunächst nicht so sehr von den auf uns niederflutenden Abendlandkatarakten, sondern vom kalten Habichtblick des eisgrauäugigen Mannes und der unbeirrbaren Sicherheit seines Verkündigungstons. Noch niemals vorher hatte ich einen dermaßen Beachtung heischenden Menschen gesehen. Im gleichen Maß, in dem er die Breitseiten seines abendländischen Manifestes auf unseren Haufen abfeuerte, gab er uns in jeder Sekunde zu verstehen, daß hoffnungslos in der Lächerlichkeit versank, wer zur Höhe seiner Weltsicht sich emporzuschwingen unfähig war. Dadurch erdrückte mich der Furor seiner Abendlandlawinen erst recht. Je länger ich ihm – Aug in Aug mit den abendländischen Ansprüchen, die er vor uns auftürmte – zuhörte, um so mehr fühlte ich mich in die Niederungen dieser Lächerlichkeit verstoßen. Ich verzweifelte fast bei dem Gedanken, nicht im entferntesten auch nur zu erahnen, was alles ich, der Unwürdige, dem Abendland schuldete.

Doch als der Dr. Dr. h. c. Heinar Willig dann endlich fort war und wir uns wieder mit unseren Alltagskinkerlitzchen zu beschäftigen hatten, wich der Druck, und ich konnte freier atmen. Breckner, den seine Großstadtschnauze nie im Stich ließ, trug das seine dazu bei, als er sagte: »Na, der Herr Abendland war doch toll.« Er grinste übers ganze

Gesicht, hob den vollgepackten Koffer mit einem Ruck vom Bett und sagte:»Hab ich dir zuviel versprochen? Ich war dabei, als er im Bukarester Dallas-Saal aus seinem Roman ›Über Gräbern und Nächten‹ vorlas. Danach hat er den Rumänen erzählt, wie phantastisch es auf dem Monte Pasubio bei den ›Kaiserjägern‹ war … He«, Breckner grinste wieder,»weißt du übrigens, wer damals das Glas vom Fensterbrett zum Zähneputzen benützt hat?«

»Nein«, antwortete ich.

»Der Dieter Blatz«, sagte Breckner,»na, vielleicht vergehen ihm davon die scheußlichen Gesichtspickel. In meinem Primus schlummert Heilkraft.«

Ich mußte so lachen, daß ich aufs Bett hinter mir fiel.

Aber erst, als ich im Schnellzug saß und ostwärts in Richtung Kronstadt fuhr, stellte sich das Gefühl einer ersten Distanz zu den Vorgängen und Vorfällen der letzten zwei Wochen und drei Tage ein. Schlagartig wurde mir dabei klar, was mir aus dieser Zeitspanne für immer, für mein ganzes Leben bleiben würde. O ja, überlegte ich, während der Zug pustend durch die Bilderbuchlandschaft an der weißen Gebirgskette der Südkarpaten vorbeistürmte und die Lok beim Durchfahren der ländlichen Bahnhöfe kurze Pfiffe ausstieß, ich weiß es jetzt genau: Ich habe erfahren, daß ich Herausforderungen anzunehmen bereit und ihnen auch gewachsen bin, die mich bis an die Grenzen meines körperlichen Leistungs- und Leidensvermögens und meines Bewußtseins zwingen, ja, daß eine starke Leidenschaft in mir lebt, sie zu suchen und mich bis zur Erschöpfung an sie zu verausgaben.

Als ich am Nachmittag in Kronstadt aus dem Zug stieg, wußte ich auch das nächste: So wenig ich mich dem Mann mit dem Eisgrau in den Augen innerlich hatte annähern können, so sehr übten seine Äußerungen über das, was man»das Abendland«nannte, mit der Fülle der großen Namen ihre Wirkung auf mich aus und feuerten mich im Wunsch an, im Geist ihrer Maßstäbe zu leben.

Und dies alles, so meinte ich, machte mein Vorhaben, es meinem Vetter Horst gleichzutun, unanfechtbar.

IX. Kapitel

Die Dame mit dem Lorgnon, der geschändete Tempel und die Bukarester Panzerparade

Ich ahnte nicht, daß am Ende des dritten Ereignisses, von dem hier die Rede sein muß, Umstände eintreten würden, die meine Überlegungen auf eine erste Probe ihrer Ernsthaftigkeit stellten.

Vater hatte von der Inspektoratsabteilung des Unterrichtsministeriums ein Schreiben erhalten. Er kam damit zum Abendtisch und teilte uns mit, daß er fürs kommende Wochenende zu einer Dienstbesprechung nach Bukarest bestellt worden sei; wie jedes Mal, wenn er in der Hauptstadt weilte, würde er bei Tantchen Petra übernachten.

Tantchen Petra war eine entfernte Verwandte Vaters, über die in der Familie allerlei Geschichten umgingen. Sie hatte vor dem Ersten Weltkrieg – damals eine feministische Ausnahme – an den Universitäten in Bordeaux und Paris studiert. Nach jahrzehntelangem Schuldienst am Bukarester Deutschen Lyzeum als Latein- und Französischlehrerin bewohnte sie seit der Pensionierung ein schönes Appartement ihres stattlichen Gründerstilhauses in der Strada General Berthelot nahe der Cişmigiu-Parkanlage, in der sie zu jeder Jahreszeit und bei jedem Wetter täglich anderthalb Stunden verbrachte. Die unternehmungslustige Frau, die ich nur einmal gesehen hatte, da sie Bukarest kaum verließ, verstand sich seit jeher gut mit Vater. Belesen und geistvoll, hieß es, verfüge sie über einen unerschöpflichen Zitatenschatz.

Nach dem Tod ihres Mannes – des Griechen Giorgios Staratiades – war sie zur Alleinerbin eines ansehnlichen Vermögens geworden. Der aus dem Norden Griechenlands stammende Staratiades hatte neben einer gut dotierten Beratertätigkeit im Bukarester Außenhandelsministerium gemeinsam mit seinem Freund aus Jugendtagen Dr. Amurdschian, dem Armenier mit dem Beinamen »Pater Musa Dagh«, und dessen Bukarester Landsmann Hagop Patkanjan längere Zeit glücklich an der Börse spekuliert. Doch nicht allein aus diesem Grund war die

Verbindung zwischen dem Ehepaar Staratiades und der Familie Dr. Amurdschians im Laufe der Jahre immer enger geworden. Auch die kränkelnde Frau Amurdschian und ihre drei heiratsfähigen Töchter Raphaela, Teophania und Cosmea waren im Haus in der Strada General Berthelot gern gesehene Gäste; die unbewohnte mittlere Etage stand ihnen dabei zur Verfügung.

Kinderlos, hatte Tantchen Petra Cosmea, die jüngste, auffälligste und auch eigenwilligste der Schwestern ins Herz geschlossen.»Cosmea ist schön wie eine Hochlandwüste im Morgenlicht«, sollte sie kürzlich über ihren Schützling gesagt haben. Sie nahm sich Cosmeas mit mütterlicher Hingabe in allen Fragen an. Sie empfand das als um so gebotener, als sich Cosmea – wie mich Maria eifrig unterrichtete – eine von ihrer Mutter nicht gern gesehene Liebesverbindung leistete; das hatte Tantchen Petra erst recht auf den Plan gerufen, da sie selber als junger Mensch wegen ihrer Beziehung zu dem fremdländischen Staratiades auf Widerstand in der Familie gestoßen war.

Im übrigen traf sich Dr. Amurdschian bei jedem seiner hauptstädtischen Aufenthalte in Tantchen Petras Wohnung mit Hagop Patkanjan, der ein steifes Bein hatte und ein weit herumgekommener Unternehmer von jenen besonnenen Umgangsformen war, die bei weltläufigen Geschäftsleuten oft zu beobachten sind. Tantchen Petra mochte den in mehreren Sprachen belesenen Patkanjan, der einige Jahre lang auch mit Thomas Hardt in Waldkäufen und -verkäufen geschäftlich verbunden war und den ich einige Male bei Großvater getroffen hatte. Er war der erste Mensch, den ich Zigarre rauchen sah. Das Ritual der Vorbereitung eines der lederfarbenen Glimmbolzen, das er mit schlanken Fingern vornahm, beeindruckte mich jedesmal. Patkanjan war immer ausnehmend freundlich zu mir.

Nun, in der Familie munkelte man, Tantchen Petra halte sich trotz ihrer vierundsiebzig Jahre junge Freunde. Doch keiner der Freunde – war ich von Maria geheimniskrämerisch belehrt worden, die alles über Tantchen Petra zu wissen behauptete und Briefe auf Französisch mit ihr wechselte –, keiner der Freunde dürfe länger als bis Punkt zehn Uhr abends in ihrer Wohnung bleiben.»Dann schmeißt sie jeden raus«, hatte Maria gesagt,»und haut er nicht freiwillig ab, wird sie rabiat, sie hat immer einen schußfertigen Browning in der Handtasche.« Ich habe niemals erfahren können, woher Maria das alles wußte. Ihre langen

Briefe an Tantchen Petra kamen jedesmal, so beider Abmachung, postwendend korrigiert und kommentiert aus Bukarest zurück.

Wie all dem auch sei, Tatsache war, daß Tantchen Petra Staratiades ihre Tage mit Opern-, Theater-, Konzert- und Galeriebesuchen, mit der Teilnahme an exklusiven literarischen Zirkeln, mit der Lektüre moderner europäischer und amerikanischer Autoren und mit Gesprächen im Kreis ihrer vielen Bekannten aus den illustren Familien Bukarests verbrachte – den damals dort hochangesehenen Ghika, Ralea, Suchianu, Iuca und Nicolau, die Fürstenhäusern, Diplomaten- und Wissenschaftlerdynastien angehörten. Als Vater beim Abendessen Mutter von der bevorstehenden Bukarestfahrt in Kenntnis setzte, rief ich zu meiner eigenen Überraschung:»Darf ich mitkommen?« Mutter sah mich zwar etwas verblüfft an, doch Vater machte eine Handbewegung, als wollte er sagen: Warum eigentlich nicht? Da der Unterricht am Samstag wegen einer in der Stadt grassierenden Grippe ausfiel, bedurfte es keiner langen Erörterungen. Als ich zwei Stunden später im Bett lag, stellte sich mir, ohne daß ich darüber nachgedacht hatte, unvermittelt die Frage, ob mich zur spontanen Bitte um die Mitfahrt nicht die Erinnerung an Bernd Breckners Äußerungen über die»heißen« Bukarester Mädchen veranlaßt hatte. Ich kam mir wie ertappt vor.

Wir fuhren mit dem im Morgengrauen durch Kronstadt kommenden Orientexpress der Bukarester Linie, in einem Abteil der Luxusklasse, dessen Sesselbänke die Leute der Compagnie Internationale des Wagons-Lits mit karmesinrotem Plüsch gaufré hatten tapezieren lassen; es war bequem, wir saßen allein im sechssitzigen Coupé. Noch niemals war ich so komfortabel gereist. Auf eine merkwürdige Art empfand ich den Aufwand der Ausstattung als eine Sache, die mit mir nichts zu tun hatte. Auch Vater hatte keinen Blick dafür – noch bevor der Zug abgefahren war, hatte er sich ins Studium umfangreicher Akten und sonstiger amtlicher Papiere vertieft, die er erst kurz vor der Ankunft auf der Bukarester»Gara de Nord«, dem Nordbahnhof, wieder in die Aktentasche schob. Von der Fahrt auf den Predeal-Paß hinauf, durchs großartige Gebirgsdefilee südwärts bis in die Donautiefebene und an den Bohrtürmen der Ploieștier Ölfelder vorbei hatte er nichts gesehen. Seine Antwort, sooft ich etwas gesagt hatte, war ein zerstreutes Nicken gewesen. Auf einer blauen Blechtafel nahe am Gleis, als wir schon durch die Vororte fuhren, las ich»București« und rief:»Vater, wir sind da!«

Durch das ameisenhaft drängende, in alle Richtungen lärmende Menschengewusel auf den Bahnsteigen der Gara de Nord wühlten wir uns ins Freie. Es roch nach französischen Damen- und Herrenparfüms, nach Knoblauch und wunderbar frischem Frühlingsgrün, nach süßlichen Shalimar-Duftstoffen, nach Schweiß, Schafkäse und aus ganz und gar unerfindlichen Gründen auch nach Naphthalin. Vor den weltberühmten Bukarester Taschendiebartisten hatte mich Mutter so eindringlich gewarnt, daß ich den Lederbeutel, dessen Tragriemen mir um den Nacken hing, mit beiden Fäusten festhielt. Auch noch in der offenen Vorhalle war der Lärm so groß, daß Vater laut werden mußte, als er mir zwei Geldscheine in die Hosentasche schob und mir zurief, ich solle mich in ein Taxi Richtung Strada General Berthelot setzen, er müsse sich beeilen, um pünktlich im Sitzungsraum am Boulevard Regina Elisabeta einzutreffen; gegen Abend erst werde er zu Tantchen Petra kommen. Weg war er. Ich stand allein unter dem Vordach der Bahnhofsfassade in der fremden Millionenstadt.

Trotz der verhältnismäßig frühen Stunde und der noch jungen Jahreszeit war es in Bukarest warm. Die Rasenflächen auf dem Platz vor mir leuchteten, die Sträucher blühten, alles war anders als nördlich der Karpaten: Licht, Luft, Gerüche, auch die Gesichter und die Art der Menschen, sich zu bewegen und zu sprechen. Hätten wir mit Tantchen Petra nicht telefonisch die Uhrzeit meiner Ankunft bei ihr abgemacht, ich hätte keine Sekunde gezögert, dem plötzlich wie ein Prickeln in mir aufsteigenden Abenteuerdrang nachzugeben und mich ins Unbekannte der fremden, südländisch lauten und unbekümmert bunten Welt hineintreiben zu lassen, die sich vor mir auftat.

Von zehn mit einem Mal auf mich einschreienden und gestikulierenden Männern umringt, die mir alle wie Harlekine gekleidet erschienen, begriff ich, daß ich mich für einen von ihnen entscheiden mußte. Dem Jüngsten mit wulstigen Erdbeerlippen, über Stirn und Ohren fallendem, geöltem schwarzem Haar folgte ich zu einem hellgelben DKW-F7. Er jagte über den Bahnhofsplatz, daß es mich in die Sitzlehne preßte, fegte über die breite Calea Griviței, bald halb auf dem Gehsteig, bald vor wütend klingelnden Straßenbahnen den ganzen Boulevard querend, dann wieder mit virtuosen Hup-Stakkati wie durch ein Nadelöhr zwischen zwei Lastern hindurch, als sei der Leibhaftige mit Terpentin im Arsch hinter uns her. Dazu sang und pfiff er abwechselnd »La Paloma« und die Bukarester Kneipenschnulze »La umbra nucului bătrân«, »In des alten Nußbaums Schatten«, betrachtete sich und seine Frisur selbstgefällig im Spiegel der Sonnenblende und machte im übrigen den Eindruck eines in Seelenfrieden einvernehmlich mit Gott und der Welt lebenden Menschen. Ich hatte meinen Spaß an der närrischen Kavalkade, deren Geschwindigkeit Didi, wie er sich mir vorgestellt hatte, in der verkehrsärmeren Luiggi-Cazzavillan-Straße noch erhöhte. Als er in der General Berthelot den Wagen in einem verwegenen Haken nach rechts gerissen und mit quietschenden Bremsen zum Stehen gebracht hatte, gab ich ihm die beiden Geldscheine und die paar Münzen, die ich in der Hosentasche fand. Er zählte mit halboffenen Mund und ungläubigem Blick nach und schrie mir hinterher: »Herr! Sie sind ein Herr, mein Herr! Ein wahrer Herr!« Mit einem Ruck fetzte er das gelbe Gefährt vor einen behäbig anrollenden dunkelblauen Ford-V8 und verschwand wie ein Rodeoreiter, mit dem das Pferd durchbrannte, hinter der nächsten Straßenecke.

Das breite zweistöckige Haus, vor dem ich stand, hatte eine jener historisierenden Fassaden, wie sie seit dem neunzehnten Jahrhundert in allen europäischen Städten gebaut wurden – ein Sammelsurium aus ionischen Gipssäulen, korinthischen Kapitellen, gotischen Blendarkaden und arabischen Fenstergittern. Am auffälligsten erschien mir das Schnitzwerk in der hohen Doppelflügeltür mit den aneinandergereihten Löwenhäuptern. In der Mauer neben ihnen eine schwarze Metalltafel in Wappenform mit vier weißen Klingelknöpfen und Namensschildchen, von denen aber nur zwei, eins oben, das andere darunter, beschriftet waren. Ich erinnere mich dieser Einzelheiten, als sei das alles gestern geschehen.

Denn nun geschah etwas, womit ich nicht im Traum gerechnet hatte: Ehe ich die Namen »Petra & Giorgios Staratiades« fand, blieb mein Blick am Namen in der unteren Reihe hängen, besser gesagt, ich konnte nicht weiterlesen – »Laurenţiu Alexandru Baranga«. Mir war plötzlich, als blockiere mich ein warnendes Gefühl bei der weiteren Suche. Baranga? Ist mir der Name nicht schon begegnet? dachte ich. Mir fiel nur ein, daß Holger gelegentlich seine Freude daran hatte, vokalklare und rhythmische Wortfolgen spontan vor sich hin zu singen. Laurenţiu Alexandru Baranga. Das war eine solche Folge. Während ich auf den Klingelknopf neben dem Namen Staratiades drückte, dachte ich immer noch: Baranga, Baranga – diesen Namen kenne ich … Doch dann hörte ich den Schnarrton des Türöffners. Ich stieß den rechten, schweren Flügel auf und hatte keine Zeit mehr, über den volltönenden Männernamen nachzudenken. Ich fuhr mit dem Lift aus kunstvoll verschnörkelten Eisenstäben hinauf.

Tantchen Petra war eine hinreißende Frau. Schon in der ersten Sekunde nahm sie mich für sich ein. Eine Dame mit Lorgnon, das ihr an einer zierlichen Goldkette auf der Brust baumelte, mattsilbernen gepudertem Grauhaar, klarem, geradem Blick der großen grünen Augen unter auffallend geschwungenen schwarzen Brauen. Sie war schmal, trug einen nach der letzten Mode geschnittenen Hosenanzug aus türkisblauer Seide und stand, von einer nur erahnbaren Wolke feinsten Odeurs umschwebt, aufrecht vor mir. Ungemein gepflegt, wirkte sie als Verkörperung jener Mischung aus erlesener konservativer Eleganz und unaufdringlicher jugendlicher Sportlichkeit, die immer zeitgemäß erscheint. Der wache, kritische Geist, der ihr aus den Augen blickte, war nicht zu übersehen. Als sie die Wohnungstür hinter mir geschlossen hatte, blickte sie eine Minute lang prüfend und ohne Hast an mir auf und ab, schaute mir dann gerade in die Augen und sagte kühl: »O ja, die gute Statur und Figur des Vaters.« Sie nickte anerkennend. »Und die verträumten Augen der Mutter … Wie ich dich so vor mir sehe, bin ich sicher, auch beider guter Verstand. Willkommen, mein Prinz!« Sie trat lächelnd auf mich zu und umarmte mich. »Sei mir willkommen. Tritt ein!«

Sie führte mich ins Wohnzimmer und sagte ohne Umstände: »So wie ich deinen Vater kenne, ist er bestimmt vom Bahnhof geradewegs zur Arbeitssitzung und kommt erst am Abend … ›Aliis inserviendo consumor‹, müßte sein Wahlspruch lauten.« Aha, dachte ich, das ist eins ihrer Zitate, von denen Vater erzählt hat, es müßte ungefähr heißen: »Ich verbrauche mich im Dienst anderer.« Einen Augenblick war ich bestürzt, denn noch niemals bis dahin hatte ich meinen Vater auf diese Weise gesehen. Erst recht, als Tantchen Petra wie zu sich selber sagte: »›Der Deutsche‹, wie sie ihn nennen … Er hat wegen seiner Offenheit und Unbestechlichkeit im Unterrichtsministerium ebenso viele Freunde wie Gegner. Aber die entscheidenden Leute kriegt er immer wieder auf seine Seite.« Ich kam nicht dazu, über das Gehörte nachzudenken, denn Tantchen Petra sagte: »Wir werden auf dem Balkon einen Türkischen trinken.« Sie zeigte durch die geöffnete Glastür.

Der Balkon im zweiten Stockwerk ging mit einer durchbrochenen Steinbrüstung über einen Garten hinaus. Dessen Anblick überraschte mich. Ich hatte ihn von der Straße aus nicht vermutet. Unter mir schimmerte im Vormittagslicht das Grün von Jasminsträuchern und drei Buchsbäumen. Hier am Rand der Bărăgan-Steppe war es bereits zu dieser Jahreszeit warm und die Luft angenehm weich. Auch nicht ein Rest winterlicher Kühle wie nördlich der Karpaten lag in ihr. Der Gartenanblick hatte mich die Unruhe der Stadt vergessen lassen. Die Balkonmarkise war ausgerollt. Auf dem weißen Tischchen stand neben einer blauen Porzellankanne mit Kaffee ein schöner Glaskrug mit Wasser. Als wir uns gegenübersaßen, wußte ich nach den ersten Sätzen, daß ich in Tantchen Petra eine Vertraute gefunden hatte, mit der ich immer würde rechnen können. Gleichzeitig ertappte ich mich bei dem Gedanken, einen Blick in ihre Handtasche zu werfen, um endlich den Browning zu sehen, von dem mir Maria erzählt hatte. Erst jetzt fiel mir Tantchen Petras schmalrückig vorspringende Adlernase auf; sie gab ihrem Gesicht das Gepräge. Das erinnerte mich von ferne an den Gesichtsausdruck der Hennerth-Großmutter, deren Cousine zweiten Grades Tantchen Petra war.

Eine halbe Stunde später brachen wir zu einer Stadtrundfahrt auf. Tantchen Petra hatte ein Autotaxi für den ganzen Tag gemietet. »Es ist an der Zeit«, hatte sie gesagt, »daß der karpatische Saxonenprinz Großstadtluft atmet. Ich werde dir Licht und Schatten einer aufregenden Metropole zeigen.« An Laurenţiu Alexandru Baranga – woher nur kannte ich den Namen? – dachte ich längst nicht mehr.

Ich hatte die beste Stadtführerin. Der beleibte, schnauzbärtige Besitzer und Fahrer des schwarzen Mercedes Benz 200 aus dem Jahr 1933 mit einer Million Kilometerstand ähnelte seinem Wagen. Wie dieser strahlten seine sanften Bewegungen die abgeklärte Ruhe gediegener Zuverlässigkeit aus. Da er kein Wort Deutsch verstand, lenkte ihn unsere Unterhaltung im Wagenfond nicht ab. »Let me have men about me that are fat««, sagte Tantchen Petra, »wir kennen uns seit zwanzig Jahren, er war schon damals so umfangreich wie jetzt. Ich habe ihn mir auf Shakespeares Empfehlung hin ausgesucht und wurde nicht enttäuscht: ›Laßt wohlbeleibte Männer um mich sein.‹ Er fährt seit dem ersten Tag unfallfrei.« Sie hatte mich dem etwa Sechzigjährigen, den sie, obwohl älter als er, »Nea Nae«, »Väterchen Nae«, nannte, als »einen, na sagen wir Großneffen« vorgestellt. Nea Nae hatte eine schnaufende Verbeugung vor mir gemacht, es hatte geklungen, als presse er alle Luft aus seinem Leib, und die bei den Rumänen übliche Formel ausgesprochen: »Er soll lange leben.«

Nea Nae frönte, wie ich schon nach den ersten Minuten bemerkte, der Gewohnheit, während des Fahrens mit seinem Wagen zu sprechen. Ging's nach rechts, brabbelte er fast zärtlich vor sich hin: »Ia-o la dreapta, scumpule, că-i mai bine așa!«, »Halt dich rechts, Teurer, es ist besser so!«, ging's flott geradeaus, hörte ich ihn sagen: »Acu' dă-i bătaie, bătrâne, c-o luăm la vale!«, »Jetzt vorwärts, Alter, denn 's geht bergab!«, und beim Bremsen: »Stai pe loc, furiosule, că pun mâna pe biciul!«, »Halt an, du Raser, oder ich greife zur Peitsche!« Am eindringlichsten geriet das Beschwörungsgeraune, wenn Nea Nae den Motor startete: »Vino, dulcele, vino, că nu doare!« »Komm, Süßer, komm, es tut nicht weh!« Dies alles kam ihm leise, aber mit Bestimmtheit und unverändert liebevoll über die Lippen.

Und der schwarze Mercedes Benz 200 folgte ihm aufs Wort. Die beiden schienen uns bei jedem Manöver zu versichern: Verlaßt euch auf unser Zusammenwirken, wir werden euch nicht enttäuschen! Die Hinweise, die Tantchen Petra Nea Nae während der Fahrt gab, nahm dieser mit stummen Kopfnicken entgegen und gab sie sogleich an den Wagen weiter: »Imediat la stânga, iubitule! Nu te teme, sunt lângă tine!«, »Bald geht's nach links, Geliebter! Nur keine Angst, ich bin bei dir!« Daran änderte sich nichts, auch als wir durchs Gewühle auf dem Bălcescu-Boulevard, auf der Piața Victoriei und am Arcul de Triumf vorbei über die achtspurige Kiseleff-Chaussee zu den Seen am Nordrand Bukarests hinausfuhren. »Stai liniștit, că-i aranjez eu pe golanii!« murmelte Nea Nae, wenn uns ein Verrückter entgegenkam und um Haaresbreite an uns vorbeiflitzte, »Bleib ruhig, ich stutz' mir die Lümmel schon zurecht!«

Doch bald vergaß ich Nea Naes Mercedes-Dialoge. Denn alles, was ich rechts und links sah, war eingetaucht in das ungewohnt helle, südlich zugreifende Sonnenlicht, das dem Frühjahrstag mit den Fassaden der Bojarenpaläste hinter den mächtigen Ulmen, den Schaufenstern und den Hochhäusern, dem durchsichtigen frühen Grün der Linden- und Kastanienalleen in den alten Straßen mit den Gründerstilbauten, den Kuppel- und Zwiebelturmkirchen und schließlich dem satten Blau der Herăstrău- und Floreasca-Seeflächen im Norden der Hauptstadt die Note der heitersten Daseinsfreude verlieh.

Ich weiß nicht, was mir von all dem, was ich an diesem Tag sah, den stärksten Eindruck machte. War es die rötliche Riesenfront des Königspalastes derer von Hohenzollern-Sigmaringen im Stadtzentrum mit den helmbuschbewehrten Wachen vor den Eingängen, die wie Zinnsoldaten unbeweglich standen? Oder der Bummel durch die quirlige Bewegtheit der Strada Lipscan – der Leipziger Straße – mit Waren aus der berühmten deutschen Messestadt, aus Athen, Prag und Wien, von Kaufleuten angeboten, durch deren Adern das Blut eines Dutzends südöstlicher Völker floß? Die weltentrückte Stille der Gärten und Wasserflächen rings um die nach innen schauende Schönheit des Schlosses Mogoșoaia nahm mich gefangen, ich dachte an den Erbauer, dessen Namen ich aus der Schule kannte und von dessen bitterer Erkenntnis im Angesicht des Todes über Europas Herrscher mir Willi erzählt hatte – der kunstfrohe, gebildete, wie so viele hier im Kampf zwischen den Großmächten zerriebene Fürst Constantin Brâncoveanu. Nach seiner Enthauptung gemeinsam mit Söhnen und Schwiegersöhnen hatten es die türkischen Eroberer den Rumänen ein Jahrhundert lang verwehrt, eigene Herrscher einzusetzen ...

Das Mittagessen in der während eben jenes Unglücksjahrhunderts im Herzen Bukarests errichteten Prunkkarawanserei »Hanul lui Manuc« prägte sich mir ein, weil uns die Kellner, als sie Tantchen Petra erblickten, mit einer Zuvorkommenheit empfingen und bedienten, als seien wir Abgesandte des Kalifen Harun-ar-Raschid aus dem prächtigen Bagdad der Abassiden. Das eindringlich nach Weihrauch duftende Innere der Patriarchenkirche mit dem Mosaikbild des Pantokrator in der Kreuzkuppel und mit der goldfarbenen Ikonenwand, das mich, den Zögling protestantischer Nüchternheit, erstaunte. Dazu die vielen ungeniert lauten und beweglichen Menschen auf den Straßen und Plätzen, vor Kiosken, in Geschäften und Kaffeehäusern mit den getischen, thrakischen, römischen, slawischen, syrischen, griechischen, indischen und armenischen, den Levante- und Maghrebgesichtern, darunter wilde Heiducken- und überzüchtete Gelehrtengesichter, tumbe Hirten- und nach innen gekehrte Mönchsgesichter, verlebte Gigolo- und arrogante lateinische Machogesichter, Diebs- und Schlitzohrenvisagen reinsten balkanischen Zuschnitts, die Gesichter ausgeronnener Hurenböcke und kraftstrotzender, von des Gedankens Blässe noch nicht angekränkelter karpatischer Naturburschen ... Oder gar die Frauen? Deren immer wieder kluge, dunkel verschleierte Blicke und geschmeidige Haltung erinnerten mich an Porträts auf alten Fresken und Ikonen, wie ich sie aus Büchern kannte ... Oder ... Nein, ich weiß es nicht mehr ...

Doch eines wurde mir auf unseren Wegen durch die fremde Stadt bald klar: Bei der Überquerung der Karpaten nach Süden hatte ich eine Grenze überschritten – ich war in eine Lebenssphäre eingetreten, in der Leichtigkeit und geistige Wendigkeit die bestimmenden Maßstäbe des Daseins waren. Es erschien mir unwirklich, daß nur wenige Stunden Eisenbahnfahrt nördlich die zurückhaltende Welt der zitadellenähnlichen Wehrkirchen der Deutschen lag, der altersgrau vor sich hinbröckelnden Mauern mit der Jahrhundertelast der Türme, Tore und Basteien, der überbedächtig und mit ungelenker Zunge sprechenden Männer, der strenggesichtigen Frauen und der verkniffen frömmelnd dreinblickenden lutherischen Pastoren – der Welt, in der ich aufgewachsen war. Unternahmen wir Jungen nicht gerade im Zeichen einer neuen Zeit den Ausbruch aus deren Altersverkrustungen? ... Ich ahnte, was Tantchen Petra schon in frühen Jahren bewogen hatte, die eine gegen die andere einzutauschen. Bei dem Gedanken fühlte ich sie mir mit einem Mal näher als bisher. Sie war nie mehr hinter jene Grenze zurückgekehrt. Diese zu vergessen, wird auch mir fortan unmöglich sein, wurde mir damals bewußt.

Es war später Nachmittag geworden. Eine erste Welle von Mattheit hatte mich erfaßt, als Tantchen Petra mit der Bemerkung:»Eh bien! ›Revenons à nos moutons!‹« die Heimkehr einleitete; sie fügte sogleich hinzu:»Die bemerkenswerte Aufforderung, ›zu den Hammeln zurückzukehren‹, stammt von einem Franzosen des fünfzehnten Jahrhunderts.« Ich schüttelte die Müdigkeit ab, ich streckte mich aus dem Rükken und sah wieder aufmerksamer zum Fenster hinaus. Da fiel mein Blick für die Dauer einer Sekunde auf die Vorderfront eines ungewöhnlichen Gebäudes.

Einen solchen Bau hatte ich noch niemals gesehen. Die dreiteilige Fassade mit vorspringendem Mittelteil und hohem Rundbogenportal war eine rötlich leuchtende Mosaikwand. An den beiden Ecken des Flachdachs darüber standen sechseckige Türmchen. Der kleine Hofplatz vor dem Portal war zum Gehsteig hin nur mit einer hüfthohen Steinmauer abgegrenzt, aus deren Mitte eine mannshohe Menora ragte. Die sieben ausholenden Leuchterarme aus dunklem Metall erhoben sich mit fast abwehrender Geste vor der dreifach gegliederten Fassade, so als wollten sie diese schützen. Ich weiß nicht, wieso sich mir in diesem Augenblick die Ahnung von der leichten Verletzlichkeit des Schönen aufdrängte. War es die ruhige Farbenharmonie, die mich auf den Gedanken gebracht hatte? Seltsam, dies geschah, noch ehe ich begriff, daß die Fassade von Schmierereien, Brandspuren und zertrümmerten Fenstern entstellt war – sie wirkte wie eine Fratze in der farbenfrohen Bilderfolge des Tages. Das wurde mir erst bewußt, als Nea Nae den Wagen unter gutem Zureden schon um die nächste Ecke lenkte. Im letzten Augenblick fiel mir der Straßenname auf – Strada Sfânta Vineri, Karfreitagstraße … »Was war das für ein Gebäude?« rief ich rasch, »das mit der beschädigten Front?« Da Tantchen Petra schwieg, fügte ich hinzu: »Karfreitag – der Todestag Jesu?« Ohne zu wissen, warum, war ich plötzlich hellwach.

Bisher hatte mir Tantchen Petra freundlich und genau jede Frage beantwortet, sie hatte mich, wie sie sagte, »wohltemperiert auf die wesentlichen Dinge« aufmerksam gemacht, darauf bedacht, mich »nicht zu überfüttern«. Doch als wir jetzt über den Brătianu-Boulevard in Richtung Universitätsplatz rollten, blickte sie geradeaus, als habe sie meine Frage nicht gehört, wendete sich dann dennoch ruckartig zu mir, sah mir unbewegt in die Augen und sagte: »Du hast recht. Hier kam Jesus Christus zu Tode. Diesmal freilich anders. Er wird seit der Kreuzigung von denen, die in seinem Namen handeln, täglich und jedesmal auf andre Weise getötet.« Nach einer Pause fuhr sie fort: »Was du in der Karfreitagstraße gesehen hast, ist die Fassade des Coral-Tempels. So lautet der Name der ersten Synagoge Bukarests.« Ich blickte sie verständnislos an. Sie sagte: »Sie haben sie nicht nur beschmutzt, beschädigt und verunstaltet. Vor ihrem Portal haben sie auch Menschen totgeschlagen. Wie? Mit Pflastersteinen, mit Stöcken, mit Kanaldeckeln. Die mit dem Leben davonkamen, trieben sie wie eine Viehherde vor sich her auf den Schlachthof. Dort brachten sie alle um. Sie hängten sie bei lebendigem Leib an Fleischerhaken. Am Kinn. Am Halswirbel. Ganze Familien. Darunter die Fischers, Giorgios' einstige Geschäftsfreunde – Vater, Mutter, Kinder nebeneinander. Großeltern neben Enkeln. Als keine Haken mehr frei waren, schlugen sie mit Schlachtkeulen zu und schlitzten ihnen mit Schlachtmessern die Bäuche auf. Eingeweide und Hirne sollen an Estrich und Wänden geklebt haben. Im Blutrausch fielen einige der Mörder über die Leichname junger Frauen her, die sie soeben erschlagen hatten, rissen ihnen die Kleider vom Leib, leckten ihre Brüste und begatteten sie. Dann plünderten sie die Häuser, die Geschäfte und verwüsteten auch die anderen Tempel. Der Brandrauch färbte den Himmel schwarz.«

Tantchen Petra schwieg. Nea Nae murmelte:»Aṣa-i bine, ursuleţul meu!«,»So ist's gut, mein Bärchen!« Dann sagte Tantchen Petra:»Es heißt, der angesehene Rabbiner Schapira, Doktor Josef Schapira, habe gerettet werden können. Freunde zwangen ihn, der mit den Seinen in den Tod gehen wollte, zur Flucht. Seither sah ihn niemand mehr. Niemand weiß, wo er sich aufhält. Mir wurde erzählt, zwei Anführer der Mordbande haben geschworen, nicht zu ruhen, bis sie den Rabbiner und jeden, der ihn aufnimmt und versteckt, zur Strecke bringen.« Nea Nae murmelte übers Lenkrad gebeugt:»Hai, păpuṣo, acu' o luăm la stânga!«,»Komm, Püppchen, jetzt geht's nach links!« Tantchen Petra sagte:»Vor einem halben Jahr hörte ich einen Vortrag von dem gescheiten Mann:›Die Religionen als Ethos des Maßes und die Zügellosigkeit der Moderne‹.«

Ich rief:»Wer tat das?«

»Junge, schöne Männer«, antwortete Tantchen Petra,»Männer der ›Garda de fier‹, der ›Eisernen Garde‹, die sich als christliche Vereinigung versteht, sie nennt sich auch ›Legion des Erzengels Michael‹. Grünhemdiges Faschistenpack, Freunde der deutschen Braunhemdmonster.«

Nea Nae war vom Universitäts-Platz auf den Elisabeta-Boulevard eingebogen. Bis in die General Berthelot sagte Tantchen Petra nur noch diese Sätze:»Der Mensch ist das Ebenbild Gottes«, sie fügte hinzu:»Was muß das für ein Gott sein!« Sie sagte es weder höhnisch noch verzweifelt. Sie sagte es kalt.

Viele Jahre später, kurz vor ihrem Tod, gestand mir Tantchen Petra, daß sie Nea Nae mit dem Vorsatz die Sfânta Vineri zu durchfahren angewiesen hatte, meine Reaktion auf den Anblick der Synagogenfassade herauszufordern.»In diesen Zeiten gibt es keine Schonung, dachte ich mir, er ist alt genug dazu ... Deine Reaktion erschreckte mich«, sollte sie zu mir sagen, »der Peter, dachte ich, ist einer, der zu genau hinsieht. Er wird's nicht leicht haben. Ich faßte damals eine starke Zuneigung zu dir.«

Aber bei jener umdüsterten abendlichen Rückkehr in die General Berthelot kam ich nicht dazu, alle die weiteren Fragen zu stellen, die mir auf der Zunge brannten. Denn als wir den weißgekachelten Hausflur mit der Milchglastür zum Garten hin betraten, öffnete Tantchen Petra an der Innenseite der Eingangspforte nicht nur das Postlädchen mit dem Namen »Staratiades«, sondern zu meinem Erstaunen auch das zweite mit dem Namensschildchen »Baranga«. Sie leerte sie mit einer Selbstverständlichkeit, als gehörten beide ihr. »Halt mal, Peter«, sagte sie, als wir im surrenden Aufzug ins zweite Stockwerk hinauffuhren; sie reichte mir die Zeitungen und Kuverts, um die Hände frei zu haben für die Suche nach dem Wohnungsschlüssel. Der obenauf liegende Briefumschlag drohte mir zu entgleiten, ich griff nach ihm; indem ich ihn zurückschob, las ich, ohne zu wollen, den Namen des Empfängers: »Herrn Fliegeroberleutnant Laurenţiu Alexandru Baranga«. Der Name der Absenderin links oben: Ana Magdalena Baranga.

Tantchen Petra hatte meinen Blick bemerkt. Während sie die Wohnungstür aufschloß, sagte sie: »Wo sich Xandu bloß wieder herumtreibt? ... Das ist der Offizier im Erdgeschoß, wir sind alte Bekannte. Er war Militärtestpilot der IAR-Flugzeugwerke in Kronstadt. Er flog als erster das IAR-80-Jagdflugzeug. Nach einem Unfall, bei dem ihm das Gesicht zerfetzt wurde, pflegte ich ihn. Seit dem Absturz fliegt er nicht mehr. Die Armee beschäftigt ihn in anderen Angelegenheiten.« Wir betraten die Wohnung. Im Vorzimmer nahm ich Tantchen Petra die leichte, beigefarbene Wolljacke ab und hängte sie an einen der schwarzen Bügel. »Ich weiß nicht, in was für Angelegenheiten«, sagte sie, »er spricht nicht darüber, ich habe ihn auch nicht danach gefragt.« Nein, dachte ich, in der Handtasche hat sie keinen Browning. Sie hatte die Tasche so dicht vor mir geöffnet, daß ich die Waffe hätte sehen müssen. Als wir das Balkonzimmer betraten, fuhr sie fort: »Seine Mutter wohnte damals monatelang bei mir. Eine Witwe aus einem siebenbürgischen Dorf unter den Karpaten. Eine entschlossene, lebensstarke Frau.«

Tantchen Petra war in ihr Schlafzimmer gegangen. Ich stand allein in dem Raum. Ich hörte das Ticken der französischen Kaminuhr, die auf dem Tragstein in der Ecke stand; die kraftvolle Bronzefigur des Kronos trug das Zifferblatt. Im eintönigen Ticktack fiel mir plötzlich das Foto des uniformierten Mannes mit den zerdrückten Backenknochen und der entstellten Nase ein, das ich auf unserer Fahrradtour von der Holzveranda – der »prispǎ« – des rumänischen Bauernhauses aus durchs Fenster auf dem Tisch des Wohnzimmers unserer Gastgeberin gesehen hatte. Ja, die Frau hatte Baranga geheißen. Ana Magdalena Baranga. Sie hatte von ihrem Sohn in Bukarest erzählt. »E bǎiat bun«, hatte sie gesagt, »Er ist ein guter Junge.«

Tantchen Petra kam zurück. »Ein intelligenter Mann«, sagte sie und öffnete die Balkontür, »er verlor als Elfjähriger den Vater durch Blitzschlag. Als Halbwaise machte er seinen Weg in der Armee. Sein älterer Halbbruder half ihm dabei. Die beiden verstehen sich gut. Er absolvierte die Militärakademie, wurde Jagdflieger und galt als einer der besten des Landes. Ich sah ihn bei zwei Schauflügen, die er gewann. Er kam auch von Flugveranstaltungen in Paris, Rom, Berlin mit Preisen zurück und war in Frankreich Gast der Blériot-, in Deutschland der Messerschmitt- und in Italien der FIAT-Werke ... Während der Rekonvaleszenz konnte er wegen des Verbands lange Zeit nur die Lippen öffnen. Er hatte einundzwanzig Knochenbrüche, innere Verletzungen, dazu Wunden am Kopf, im Gesicht. Auf seinen Wunsch brachte ich ihm damals Deutsch bei. Er hat ein Gedächtnis, wie es mir bei keinem zweiten Menschen begegnete. Er flüsterte mir alles nach und behielt es beim ersten Zuhören. Ich werde es nicht vergessen, wie er den ›Osterspaziergang‹ aus ›Faust eins‹ aufsagte. Flüsternd. Ohne die Zähne auseinander zu bringen. Niemals wieder habe ich die Verse so eindringlich sprechen gehört. Die Ärzte hatten ihm an dem Tag mitgeteilt, daß keine weiteren Operationen erforderlich seien und daß er wieder gehen können werde ... Danach wünschte er, den ganzen Tag allein gelassen zu werden. Hier, auf dem Balkon, kniete seine Mutter Ana Magdalena nieder und betete.«

Doch auch diesmal kam ich nicht dazu, wenigstens einiges von dem loszuwerden, was mich beschäftigte. Denn in dem Augenblick, als mich Tantchen Petra aufgefordert hatte, Platz zu nehmen, läutete es im Vorzimmer. Wir wußten beide sofort, daß es Vater war. Ehe sie hinausging, um zu öffnen, sagte sie: »Machst du die Stehlampe in der Sitzecke an?«

Vater war erregt. Es kostete ihn Mühe, das vor uns zu verbergen. Zwar überreichte er Tantchen Petra mit Handkuß einen üppigen Strauß

Frühlingsblumen und winkte mir kurz zu. Doch kaum hatten die beiden die Begrüßung hinter sich, als er mit einer knappen Entschuldigung fragte:»Habt ihr die Nachrichten gehört?«Das hatten wir nicht, nein.»Wir sind eben erst gekommen«, sagte Tantchen Petra,»wir waren den ganzen Tag auf Entdeckungsreise.«Doch ging sie ohne weitere Aufforderung zum braunen Telefunken-Radio auf dem Wandschränkchen, fragte:»Bukarest? Berlin? Oder …?«und schaltete das Gerät ein.»München«, sagte Vater rasch,»München ist wohl am deutlichsten zu verstehen.«

Es dauerte eine Zeit, ehe ein erstes Geräusch zu hören war, Musik, von Nebengeräuschen ebenso überdeckt wie die Stimme des Sprechers, die langsam näher zu kommen schien, dann hatte Tantchen Petra den»Reichssender München«mit klarem Empfang. Die Männerstimme sprach über den zurückgenommenen Musikklängen im Halbminutenabstand zweimal von der Wiederholung einer Sondermeldung. Wir blickten Vater erwartungsvoll an. Tantchen Petra hatte immer noch beide Hände an den hellen Drehschaltern, in ihren großen grünen Augen war vom Schein der Lampe ein eigenartiges Licht. Da sagte Vater:»Seit heute haben wir den Krieg auch vor unserer Haustür.« Gleichzeitig hörte die Musik auf, und die klangvolle Männerstimme des Münchner Funkhauses sagte:

»Angesichts des Vordringens britischer Landungstruppen aus dem griechischen Raum nach Norden und der bekannt gewordenen Vereinigung mit der mobilisierten jugoslawischen Wehrmacht sind Verbände des deutschen Heeres heute früh, den sechsten April, zum Gegenangriff angetreten. Die griechische und serbische Grenze wurde an mehreren Stellen überschritten. Die deutsche Luftwaffe griff in den Morgenstunden mit starken Verbänden die Festung Belgrad an und vernichtete Kasernen sowie militärische und kriegswichtige Anlagen. Italienische Kampffliegerverbände griffen gleichzeitig kriegswichtige Ziele in Südjugoslawien an. Der Angriff schreitet unter hartnäckigen Kämpfen planmäßig fort. Eine große Zahl von feindlichen Flugzeugen wurde in Luftkämpfen abgeschossen. In Libyen warfen deutsche und italienische schnelle Verbände feindliche Nachhuten nordostwärts und südostwärts Bengasi zurück und wehrten einen Gegenstoß britischer Panzer erfolgreich ab.«

Mit einem Knackton im Gerät endete die Durchsage; Tantchen

Petra hatte ausgeschaltet. »Ist das nicht zuviel?« fragte sie in der Stille, »im Westen, im Norden, in Afrika – und jetzt auch hier im Südosten? Muß das alles sein?« »Einige Sekunden war es so still, daß ich das Ticken der Uhr und das Geräusch in den Baum- und Strauchblättern im Garten unter dem Balkon hörte. In der Stille sagte Vater nach einer Pause: »Morgen vormittag wird die sechzehnte deutsche Panzerdivision auf der Piața Victoriei zu einer Parade auffahren. Es heißt, Staatschef Antonescu, der gemeinsam mit dem König zugegen sein wird, habe die Deutschen darum gebeten – als Demonstration der Warnung an die Adresse berlinfeindlicher Kräfte im Land. Halb Bukarest wird versammelt sein.« Er sah mich an und fügte hinzu: »Bevor wir heimfahren, Peter, sehen wir uns das an.« Tantchen Petra sagte etwas von »atavistischen Männerbedürfnissen« und fügte laut hinzu: »Seid ihr niemals zu bremsen?«

Zum Abendessen gab es kaltes Buffet. Tantchen Petra hatte es aus Meeresfrüchten, Donaustör-Rogen, moldauischem Rahm- und Ziegenkäse, Oliven und Gewürzpaprika zusammengestellt. Die beiden überspielten die angespannte Stimmung immer wieder erfolgreich. Sooft es ihnen gelang, wurde mir die herzliche Beziehung bewußt, die sie verband. Sie gründete auf einem von heiterer Geistigkeit geprägten Gedankenaustausch, den beide gleicherweise genossen, auch wenn sie, wie ich bald merkte, in den politischen Urteilen nicht jedesmal übereinstimmten. »Wie denn soll ich den Einfluß Berlins nicht begrüßen?« sagte Vater einmal zu Tantchen Petra, »der Druck, den Bukarest auf das deutsche Schulwesen im Land ausübte, ist schlagartig weg. Unsere Lehrer werden endlich menschenwürdig besoldet. Wir müssen nicht mehr um unsere Schule fürchten, ohne die wir als Minderheit verloren sind. Ich stehe in der Tradition eines halben Jahrtausends Kampf um sie … Das alles kennst du doch ebensogut wie ich«, fügte er fast ungehalten hinzu.

Sie mieden das Gespräch über die soeben gehörte Kriegsnachricht. Hingegen hörte sich Vater meinen Bericht über die Bukarestfahrt mit jener kameradschaftlichen Zuwendung an, die seit frühester Kindheit mein Verhältnis zu ihm bestimmte. Aber es ergab sich keine Gelegenheit, ihm vom geschändeten Tempel und von den Schlachthofgreueln zu berichten. Ich spürte, daß die Rede auf den Krieg kommen würde, hätte ich's getan; und den wollten sie nicht erwähnen. Ungeachtet dessen hatte ich während des ganzen Abends meine Freude an der Fülle lateinischer und französischer, englischer, deutscher und spanischer Zitate, die Tantchen Petra an unerwarteten Stellen zwanglos von den Lippen sprangen und allem, was einer von uns sagte, eine zusätzliche Bedeutung verliehen, weil es dann jedesmal war, als würden alle die Cicero, Voltaire, Shakespeare, Goethe und Cervantes für die Dauer einiger Sekunden unserer Runde angehören, und wir seien für diese Zeit geborgen vor den bedrohlichen Ereignissen ringsum.

Während des ganzen Abends aber war ich mir auch dessen bewußt, daß mich die bevorstehende Panzerparade mehr in Spannung hielt als alles andere, auch als der soeben in unmittelbarer Nachbarschaft entbrannte Krieg jenseits der hier nur sechzig Kilometer entfernten Donau. Denn ich würde sie endlich, endlich sehen! Die Krieger jener Armee, die die Welt in Erstaunen versetzte und zu der es mich hintrieb … Nur als wir die Runde aufhoben, wurde ich kurz aus meinen erwartungsvollen Gefühlen gerissen. Tantchen Petra hatte uns die vorbereiteten Zimmer gezeigt, ich hatte ihr und Vater eine gute Nacht gewünscht. Im Begriff, die Tür hinter mir zu schließen, hörte ich sie Vater fragen:»Mein Gott, Rick, in Hágios Germanós leben meine beiden Schwägerinnen mit ihren Familien, Giorgios' jüngere Schwestern. Der Ort liegt dicht an der griechisch-jugoslawischen Grenze. Das ist dort jetzt womöglich alles Kampfgebiet. Oder?« Ich hörte Vaters Antwort nicht. Ich hatte die Tür hinter mir zugezogen.

Das Ereignis des darauffolgenden Sonntagvormittags ist rasch erzählt. Drängten sich hunderttausend-, dreihunderttausend oder noch mehr Bukarester rings um die von doppelten Polizeiketten abgesperrte Piaţa Victoriei? Sie waren außerdem in Fenstern, auf Balkonen, Dächern, Bäumen, Lichtmasten und auf Autos zu sehen. Alle wollten sie Zeugen der Panzerschau werden. Die Nachricht davon hatte sich wie ein Lauffeuer in der Hauptstadt verbreitet. Dabei hatte weder eine Zeitung noch ein Radiosender eine Meldung darüber gebracht. Alle aber wußten, daß die Panzer und die Soldaten mit den silbernen Adlern auf Blusen und Mützen kommen würden.

Wir hatten zeitig gefrühstückt und uns von unserer Gastgeberin verabschiedet. Tantchen Petra hatte auch diesmal in einer kaum wahrnehmbaren Wolke erlesenen Parfümodeurs vor mir gestanden, mir das Versprechen abgenommen, bei erster Gelegenheit wiederzukommen –

»Wir zwei haben uns noch vieles mitzuteilen« –, und mir ein Geschenk für Maria mitgegeben, ein Lesezeichen aus Seide mit dem Aufdruck einer Landschaft in der Art chinesischer Malerei. Danach hatte uns Nea Nae in die Nähe des größten Platzes der Hauptstadt gebracht, während der ganzen Fahrt in ein durch nichts erschütterbares Zwiegespräch mit dem brummelnden Mercedes Benz 200 vertieft:»Nicio grabă, porumbelule, i vom vedea și noi la timp pe războinicii ăștia!«,»Keine Eile, Täubchen, auch wir werden diese Krieger rechtzeitig sehen!«

Vor dem Parlamentsgebäude auf der Ostseite des riesigen Platzes stand nicht weit von uns eine Tribüne aus Eisenstangen. Wir hörten, daß sie für König Michael den Ersten, den Staatschef Antonescu und beider Gefolge bestimmt war. Von der Stelle, die wir uns ausgesucht hatten, konnten wir bequem nach Norden blicken, woher die Deutschen erwartet wurden. Im fahlen Morgendämmer stand dort das Fliegerdenkmal, das sein Schöpfer»Ikarus« getauft hatte. Die mit ausgebreiteten Flügelarmen turmhoch über dem Sockel ragende nackte Athletengestalt hielt ihr verwegenes antikes Gesicht dem aufhellenden Himmel entgegen; das Dunkel ihrer Bronze leuchtete gebieterisch über den noch schütteren Lindenkronen rechts und links des Bulevardul Aviatorilor, des Boulevards der Flieger.

Wir waren rechtzeitig eingetroffen und hatten noch einen Platz in der vordersten Reihe auf dem Randstein des erhöhten Gehwegs gefunden. Schon zehn Minuten später füllten die Menschen nicht nur die Trottoire rings um den Platz, sondern auch die Zufahrten der sieben auf ihn mündenden Magistralen. Allein der Boulevard der Flieger – eine der beiden nördlichen Zufahrten der Hauptstadt – und die Calea Victoriei, die Siegesstraße, woher die königliche Entourage eintreffen sollte, waren von Polizeieinheiten frei gehalten worden. Rufe, Geraune und Gescharre schwollen zu solcher Lautstärke an, daß ich schreien mußte, wollte ich mich mit Vater verständigen. Wir wurden geschubst und geschoben, bis wir schließlich aneinandergepreßt standen. Nach einer Stunde unruhig angespannten Wartens kam Bewegung in die Menschenmasse halbrechts von uns. Jemand rief:»Vine regele!«,»Der König kommt!«, und gleichzeitig sahen wir eine Gruppe khakifarben uniformierter Männer die Stufen zur Plattform der Tribüne hinaufsteigen. Rings um deren Eisengerüst ertönten Hurra-Rufe, ich hörte Beifall und erkannte die mir aus der Zeitung vertrauten Gesichter des

Königs Michael und des Staatschef-Generals Antonescu, dazu ungefähr fünfzehn Offiziere, die sich hinter die beiden stellten. Ein Kordon mit Maschinenpistolen bewaffneter grünbemützter Gebirgsjäger der Leibgarde drängte die Menschen zurück und umstellte die Empore. Wir standen so nahe, daß die Gesichtszüge mit Leichtigkeit zu erkennen waren. Das weiche, füllige Teddybärgesicht des jungen Königs, der die Uniform eines Gebirgsjägers mit der großen grünen Tellermütze trug, daneben das Gesicht des kleineren, drahtigen Generals mit dem bekannten harten und beherrschten Ausdruck, das mich jedes Mal, wenn ich es abgebildet sah, beeindruckte. Und dann …

Und dann – als sei es auf die Sekunde berechnet worden – kam mit dem ersten Sonnenstrahl, der die weite Asphaltfläche vor uns überflutete, vom Bulevardul Aviatorilor her ein offener Geländewagen mit Tarnanstrich auf den Platz zugefahren. Ich erblickte ihn, als er unter der jetzt mit dem Oberkörper im vollen Morgenlicht stehenden Denkmalsgestalt vorbeifuhr. Das Seltsame daran war, daß offensichtlich alle Menschen zur gleichen Zeit den Wagen erblickt hatten. Es wurde schlagartig still. Der Wagen wirkte wie ein Spielzeug. Er erreichte die Nordtangente der Piaţa Victoriei. Lautlos glitt er aus dem Schatten der Alleebäume ins Licht der Piaţa und auf uns zu.

Die beiden Gestalten hinter der Windschutzscheibe trugen die hier ungewohnte Uniform in Feldgrau. Der Mann am Lenker führte den Wagen langsam an die Menschen heran und begann, in Schrittnähe deren Spalier im Kreis abzufahren. Auf dem Uniformrock des Beifahrers sah ich für den Bruchteil einer Sekunde einen metallischen Gegenstand aufblitzen. Im Augenblick darauf erhob sich der Mann. Er war baumlang und hager. Er legte die Linke auf die Windschutzscheibe, wendete sich der Menge zu und hob die Rechte zum Gruß ans Mützenschild. Zwischen den Kragenspitzen seines Uniformrocks funkelte ein Kreuz. Ich hörte den Menschen neben mir seinem Nachbarn zurufen: »Vezi Crucea de Cavaler?«, »Siehst du das Ritterkreuz?« Als sich der Wagen näherte, sah ich auf den Kragenspiegeln auch das goldene Eichenlaubemblem. Der Mann, der die Bukarester Bevölkerung grüßte, war ein General. Auch der Offizier im Wagenfond hatte sich erhoben.

Es herrschte Totenstille, während der einsame Wagen das Rund entlangfuhr. Die zivile Gelassenheit, mit der der Ritterkreuzgeneral aus dem in Schrittgeschwindigkeit rollenden Wagen die Menschen grüßte, die stoische Ruhe, die aus seiner Körperhaltung sprach, ließen mich den Atem anhalten, als das Fahrzeug mit dem deutschen Kriegsflaggenstander auf dem Kotflügel keine zehn Meter entfernt an uns vorbeiglitt. Das Bild wirkte wie eine Erscheinung. Vor der Königsempore hielt der Wagen an. Der stehende Ritterkreuzgeneral gab die lässige Haltung auf, er nahm die Linke von der Schutzscheibe, legte sie an die Hosennaht und salutierte mit straff durchgestreckter Hand die neunzehnjährige Hohenzollermajestät und den sechzigjährigen Staatschef, die gemeinsam mit den Begleitoffizieren den Gruß erwiderten. Kein Laut war in der gespenstischen Stille zu hören. Plötzlich aber brach irgendwo Beifall los, es war wie eine Explosion. Die »Bravo!«- und »Vivat!«-Rufe, das Händeklatschen, die Begeisterungsschreie, die gleich Sturmböen aus den Kehlen der Hunderttausende über den Platz flogen, gaben dem Vorgang den Anschein einer Theaterszene auf einer riesigen Freilichtbühne. Noch ehe der Wagen weiterfuhr und den Platz umrundete, stand fest, daß die Vorstellung des hageren Mannes mit der entspannten militärischen Grußgeste und seiner von der königlichen Empore jäh gewandelten Körperhaltung bei den schaulustigen Bukarestern ihre Wirkung erzielt hatte. Durchaus, o ja, auch bei denen unter ihnen, die die Deutschen nicht gerne im Land sahen. »Ce domn!« schrie eine Männerstimme, »Was für ein Herr!«

Der Beifall erstarb erst, als sich die Luft mit einem fernen und unheimlichen Grollen zu füllen begann. Zunächst schien niemand zu wissen, woher es kam. Die Menschen blickten nach links, nach rechts und riefen sich zu, einige zeigten bald in diese, bald in jene Richtung. Zu diesem Zeitpunkt hatte der Ritterkreuzgeneral den Wagen schon verlassen und sich nahe der Einmündung des Boulevards der Flieger auf den Platz gestellt. Dorther würden seine Panzer anrollen, das Grollen kam immer näher. Die Hände lässig auf dem Rücken verschränkt, erwartete sie der hagere Mann. Hinter ihm stand sein Adjutant. Der Wagen war ein Stück weitergefahren. Die Gestalt des Generals glich im Sonnenlicht einer grauen, kalten Messerklinge.

Als die erste der stählernen Kampffestungen auf den Platz rollte, auf den General zuschwenkte und dann an ihm vorbeifuhr, war die Menge längst verstummt. Der junge Leutnant in der Panzerkuppel über dem Kanonenrohr und den zwei Maschinengewehrläufen hatte den Oberkörper aufgereckt und hielt die Hand zum Gruß an den Helmrand. Der

General dankte in militärischer Haltung. Das Bild wiederholte sich vor der Ehrentribüne. Dort dankten dem grüßenden Leutnant in schwarzer Uniform König, Staatschef und Offiziere. Das Bild wiederholte sich über eine Stunde lang ohne Unterbrechung.

Denn ohne Unterbrechung kamen jetzt die Panzer von Norden her hintereinander über den Prachtboulevard angefahren. Langsam. Selbstsicher. Fast gemessen. Die Erde bebte unter den mahlenden und knirschenden Raupenketten. Die Luft dröhnte vom Löwengebrüll der bald aufheulenden, bald abgedrosselten Motoren. Der Ritterkreuzgeneral stand regungslos. Er grüßte zu den Offizieren und Unteroffizieren in den Panzerkuppeln hinauf. Er schien im Grüßen erstarrt zu sein. Eins der stählernen Raubtiere nach dem anderen rollte vom Boulevard der Flieger heran, an ihm, an uns und am König vorbei.

Ich spürte das Zittern der Erde in den Fußsohlen, in den Knien. Vom Lärm vibrierten meine Muskeln, meine Adern, meine Eingeweide. Mit seinem Teddybärgesicht staunte der junge König die Panzer an, bei deren Parade die Miene des uniformierten Staatschefs das Aussehen der eigenen Totenmaske angenommen hatte. Ich sah ihm an, daß ihm der Anblick vertrauter war als Ihrer Majestät. Fast meinte ich, daß sein Gesichtsausdruck Ähnlichkeit aufwies, nein, nicht mit den Gesichtern der jungen Krieger, die vor ihm defilierten, sondern mit deren Fahrzeugen. Immer neue kamen mit dieser alles zermalmenden gebändigten Wut heran. Es nahm kein Ende. Eine nicht abzusehende Kolonne röhrender Drachen zog an uns vorbei – Parade der in den Krupp-Werken am fernen Rhein zu Kraftballungen geronnenen erzenen Raserei, deren feuer- und todspeiende Angriffsbereitschaft jeder hier schaudernd ahnte. In Klirren und Dröhnen gehüllt, zogen sie bei genau gewahrtem Abstand nahe an den Menschen und an der Ehrentribüne entlang ihren Kreis, scherten aus dem Platz hinaus und rollten nordwärts wieder fort. Es kamen immer neue, und es sah aus, als ritten die Männer in den Kuppeln mit dem silbernen Adler auf der Uniformbluse apokalyptische Ausgeburten. Der Gestank verbrannten Treibstoffs mischte sich in den Duft des von den Baumalleen herüberstreichenden frischen Grüns. Die blutjungen und unbewegten Gesichter im Schatten der Helmränder glichen einander wie Brüder, als entstammten sie alle dem Schoß derselben unerschöpflichen Kriegergebärerin. Und der feldgraue General mit dem feuerfunkelnden Kreuz unter dem Kinn grüßte sie alle mit dem einen uralten Befehl in den Augen: Ave Caesar, morituri te salutant! Heil dir, Caesar, die Todgeweihten grüßen dich! Er rührte sich nicht, bis auch das letzte der brüllenden Angriffsmonster an ihm vorbeidefiliert, die im jubelnden Licht der Frühlingssonne liegende Piaţa Victoriei umrundet und danach unter dem heroischen Bronzegott mit den ausgebreiteten Armen auf dem Boulevard der Flieger die Hauptstadt wieder verlassen hatte. Die Stille war jetzt unheimlich, als der Ritterkreuzgeneral ein letztes Mal in die Runde grüßte, sich in den Wagen setzte und langsam, wie er gekommen war, wieder aus der Hauptstadt hinausfuhr.

Nein, diesmal erhob sich kein Applaus. Es waren einzelne ekstatische Rufe zu hören: »Extraordinar!«, »Fantastic!«, »Fenomenal!« Die Menschen verließen verwirrt und erregt diskutierend den Platz. Stinkende Abgasschwaden waberten in der Luft. In Asphalt und Steine waren die Krallenspuren der Ungeheuer eingedrückt.

Damals durften auch wir Kronstädter uns schon seit einiger Zeit mit dem Adelsbrief deutscher Truppenpräsenz brüsten. Im Hotel Aro nahe dem alten Stadtzentrum hatte sich ein General niedergelassen. Doch nicht der General und seine nach Uniformschnitt und Auftreten makellosen Begleitoffiziere, Adjutanten und Kuriere noch ihre Besprechungen, Telefonate, Befehlsempfänge aus dem fernen Berlin und Frontmeldungen aus dem ebenso fernen Sevastopol oder die Erwägungen zur unberechenbaren Sicherheitslage der nahen Ölgebiete beschäftigten uns Jungen. Nein, uns fesselte Näherliegendes – die Wachablösungen vor dem Haupteingang des Hotels. Auf die Minute genau traf die neue Wachmannschaft in zwei offenen Geländewägen ein. Stahlhelme, Karabiner, Koppel und Stiefel blitzten, wenn die Landser zur militärischen Zeremonie antraten. Jedesmal wurden sie von einigen hundert Gaffern erwartet. Die Paradeschritte knallten auf den Asphalt, als sei die Gruppe uniformierter Männer an einen einzigen Mechanismus angeschlossen. Die Wachübergabe und -übernahme beim Wechsel mit den Kameraden, die zwei Stunden lang statuenhaft regungslos die Hotelpforte flankiert hatten, vollzog sich vom Karabinerpräsentieren und den knappen Befehlen, dem leisen Parolenzuruf und dem Abmarsch der Abgelösten mit einer Präzision bis in die kleinste Bewegung der Fingerspitzen hinein, die keinen der Zuschauer unbeeindruckt ließ, gleichviel, in welcher der hier gängigen Sprachen er sich hingerissen zeigte. Das Kabinettstück soldatischer Perfektion hatte in der Stadt eine Popularität erreicht, daß Müttern mit Babys, Großvätern am Stock und vielbeschäftigten Männern die Zeit für das Warten vor dem Hotel nicht zu kostbar war. Wie sollte sie auch! Denn wann im Leben, fragte sich der wie überall in der Welt auch hierzulande immer und um jeden Preis schaulustige Mensch, wann würde sich wieder die Gelegenheit bieten, einer Uniformrevue dieser Qualität beizuwohnen?

Aber dies hier, überlegte ich, während wir die Piața Victoriei verließen, dies hier war etwas anderes gewesen. Was die Menschen hier gesehen hatten, war nicht mehr Bühnenspiel. Nach der kühlen Eleganz des Ritterkreuzgenerals, der unserer Freude am Theatralischen entgegengekommen war, hatte uns die nackte Rohheit der Geschichte in Zeiten blutiger Entscheidungen angeblickt. Darüber hatten wir auch den König mit dem Teddybärgesicht vergessen.

Die Parade hatte zweifach ihren Zweck erfüllt …

Als wir uns zehn Minuten später nach einem Taxi umsahen, um zum Nordbahnhof zu fahren, stand unerwartet Nea Nae vor uns, zeigte stumm auf seinen Wagen und fragte einladend: »Gara de Nord?« Etwas geistesabwesend nickte Vater und sagte: »Da.« Während der Fahrt stellte sich heraus, daß Nea Nae ebenfalls am Rande der Piața Victoriei gestanden und sich die Parade angesehen hatte. Es gab aber kein Gespräch zwischen ihm und uns darüber – Nea Nae besprach das ehern dröhnende Spektakel mit dem alten Mercedes Benz 200. Ich hörte, wie er zu diesem sagte: »Fahr zu, Alter, diese Jungs werden wie ihre Panzer untergehen, aber wir werden immer noch durch Bukarest spazieren fahren.«

»Bau zuerst dein Abitur«, hatte Werner Schremm drei Tage vor seinem Freitod im eiskalten Bergregen jener Nacht keuchend gesagt, als wir bis auf die Knochen durchnäßt vor den leeren Sennhütten gelegen und auf die anderen gewartet hatten, ausgepumpt, zu keinem weiteren Schritt fähig; er hatte es nachdrücklich gesagt. Gut, überlegte ich nun, gut, das leuchtet mir ein. Ich bin ein Jahr früher zur Schule gegangen als meine Freunde, überlegte ich weiter, ohne deswegen jemals Schwierigkeiten gehabt zu haben. Obwohl ein Jahr jünger als die Klassenkameraden, habe ich damit auch jetzt kein Problem. Ohne es anzustreben, wechseln wir uns mit Guido Proder und Benno Martens an der Spitze der Klasse ab. Warum nicht noch ein Jahr überspringen, um schneller zum Abitur zu kommen? Ich werde Vater bei erster Gelegenheit fragen, was ich dafür zu tun habe, er weiß da Bescheid. Ich will in diese Armee! dachte ich und meinte, das erotische Rauschgefühl des Vibrierens vom Motorengebrüll immer noch im ganzen Körper zu spüren. Die Kerle auf den Zwanzig-Tonnen-Kampfwagen IV-D sind nicht viel älter als ich. Ich weiß alles über ihre Waffe. Ich will in diese Armee! Ich will in diesem Männerbund der auf Tod und Leben einander Verschworenen dabei sein, wenn die Entscheidungen fallen!

Doch die ungewöhnlichen Vorfälle dieser zwei Tage waren noch nicht zu Ende. Denn plötzlich wandte sich Vater zu mir und fragte: »Hast du ihn auch gesehen?«

»Wen?« fragte ich überrascht.

»Er stand nicht weit von uns«, sagte Vater, »aber als ich wieder hinschaute, war er weg.« Er schüttelte lange den Kopf.

»Wen, Vater?« fragte ich.

»Ach ja«, sagte Vater, »während der Parade sah ich Gerhard Göller … Er stand keine dreißig Schritte links von uns. Er ist also wieder im Land.« An Vaters Gesicht vorbei sah ich einige der nahen Bohrtürme und Pumpenböcke des Ploieştier Fördergeländes zurückbleiben. »Was treibt der Göller in Bukarest?« fragte er und fügte hinzu: »Er war in Begleitung eines Mannes mit einem eigenartigen Gesicht. Gerry Göller …«

»Nein«, sagte ich, »ich habe ihn nicht gesehen. Bist du dir sicher, daß er es war?«

»Das bin ich, obgleich es etliche Jahre her ist, daß ich ihn zum letzten Mal sah. Ich denke, der lebt in Berlin. Merkwürdig, die beiden waren plötzlich da und ebenso plötzlich wieder weg.« Mehr sprachen wir darüber nicht. Doch trotz meiner zweifelnden Frage war mir klar, daß sich Vater nicht geirrt hatte. Die beiden Männer waren Gerry Göller und Laurenţiu Alexandru Baranga, von dessen Existenz er nichts wußte. Ob Baranga heute in seiner Wohnung in der General Berthelot übernachten würde? Welche Gründe hatte er, es nicht zu tun? Weil ich es für unerheblich hielt, sagte ich Vater nicht, daß der Fliegeroberleutnant Baranga zur Miete in Tantchen Petras stattlichem Haus wohnte.

Wir trafen erst am frühen Abend in Kronstadt ein.

Wir fuhren mit dem Bus quer durch die Stadt bis zum Angerplatz hinauf. Dort schienen sich die immer kleineren Häuser im enger werdenden Talkessel zu drängeln. Zu Fuß unterwegs zum Böttcherrücken stellte sich dann dies drängende Gefühl ein, dessen Heftigkeit ich bis heute nicht vergessen habe, das Gefühl: Du mußt jetzt zu Benno Martens gehen! Jetzt! Es war, als befehle mir jemand: Du mußt zu Benno gehen! Sofort! Auf der Stelle ... Nein, nicht der Wunsch trieb mich, das immer wieder verschobene Gespräch mit Benno zu führen. Auch nicht der Wunsch, mit ihm über die Bukarester Erlebnisse zu sprechen. Den kalten Eisengriff der Gartentür noch in der Hand, hörte ich mich zu Vater sagen: »Ich lauf mal kurz zu Benno.«

»Gut«, sagte Vater und stieg die Kehren zum Haus hinauf.

Im letzten Tageslicht überquerte ich den Gartenhang unter den Obstbäumen, vor mir die Thujahecke, die die beiden großen Grundstücke voneinander trennte. Zwischen den zwei am weitesten auseinanderstehenden Stämmen hatten wir für unsere Stegreifbesuche einen Durchschlupf ausgeweitet. Während ich die Zweige zur Seite drückte, roch ich den intensiven harzigen Duft des Zypressengewächses, und wie immer, wenn mich in der Nähe der Hecke dies Aroma erreichte, hatte ich auch jetzt das Empfinden, plötzlich in ein fernes und fremdartiges, ja märchenhaftes Land versetzt zu sein.

Drei Sekunden später stand ich unter der Efeupergola auf der Gartenterrasse des Martenshauses, im Innersten noch erregt von den Ereignissen der beiden letzten Tage.

Wie an jenem Morgen am Ufer des Miereschflusses in Nordsiebenbürgen, als wir sie in den Strahlen der über den Ostkarpaten aufgehenden Sonne vor unseren Zelten stehen gesehen hatten, stand sie auch jetzt vor mir. Waren das nicht die Lichtreflexe von der nahen Wasserfläche auf ihrem Gesicht? Wie damals raubte mir auch jetzt ihre Gegenwart den Atem und die Besinnung. Im Argonautentraum am Ufer der Goldenen Bistritz hatte sie sich mir als Gotenfürstin gezeigt. Sie war aus dem Flußwasser gestiegen und hatte einen silbernen Stirnreif getragen. Ich hatte mich über sie gebeugt, ihre nach Rosenblüten duftenden Brüste geküßt, ihre Schenkel gestreichelt ... Es war ein stechender Schmerz, als mir jetzt bewußt wurde, daß sie niemals aufhören würde, in mein Leben zu treten. Ich hatte das Gefühl, ihr Anblick löschte mich aus. Im Abendlicht erschien sie mir in ihrer Kühnheit und in ihrem Trotz schöner denn je.

»Benno wird gleich wieder da sein«, sagte sie, als sei es die selbstverständlichste Sache der Welt, daß wir miteinander sprachen. Sie blickte mich aus drei Schritten Entfernung ruhig an. »Er holt ein Buch.« Ich nickte und konnte mich nicht von der Stelle bewegen. »Wir sahen uns am Fluß«, sagte sie plötzlich lebhaft, »du heißt Peter Hennerth ... Ich bin seit drei Tagen hier. Benno erzählte mir von dir. Ich heiße ...«

»Rebekka«, unterbrach ich sie.

»Rebekka Hermes«, sagte sie.

Als Benno aus der Tür trat, sah ich, daß er bei meinem Anblick erschrak. Er drängte uns ins Haus und flüsterte: »Peter, du sagst zu niemandem ein Wort darüber, daß du Rebekka gesehen hast!«

X. KAPITEL

Die Dreckshändel der Welt, die Donaubrücke Fetești-Cernavoda, der gallische Hund

D er Ausbruch des Krieges Mitte 1941 zwischen dem Dritten Reich und dem Sowjetimperium erweckte in Heydrichs Mann für die Kontrolle der rumänischen Rohölsicherung, Gerhard Göller, die Befürchtung, Franzosen und Briten könnten die Konzentration der Deutschen auf den Ostfeldzug für Sabotageakte großen Ausmaßes an den Bohrplätzen und Raffinerien nutzen. Mit Anschlägen der Sowjets rechnete Göller wegen des Rückzugschaos und der Demoralisierung der Roten Armee nach den Erschießungen höchster Frontkommandeure auf Befehl Stalins nicht. Oberleutnant Laurențiu Alexandru Baranga vom Rumänischen Militärischen Abschirmdienst – auch er »zur besonderen Verfügung« – teilte die Ansicht.

Die Befürchtung erhielt weitere Nahrung, als Rumänien und Ungarn Moskau den Krieg erklärten und Bulgarien auf die Seite der Deutschen trat. So war den Deutschen zusätzlich zum Ölbestand durch die Donau-Anrainerstaaten auch der Wassertransportweg gesichert. Dies alles, darin waren sich Göller und Baranga einig, zwang die andere Seite zu Maßnahmen.

In einem ausführlichen im »Quartier« auf dem Ploiești Gelände geführten Gespräch erinnerte Baranga Göller an die Unternehmungen der französischen und britischen Geheimdienste ein Vierteljahrhundert zuvor gegen die in Rumänien stationierte achte deutsche Armee unter General Erich von Falkenhayn: Auf Drängen des obersten Armeebefehlshabers Frankreichs, Maurice Gamelin, und des Foreign Office waren 1916 in vertraulicher Absprache mit der Bukarester Regierung in einer einzigen Nacht von Franzosen und Briten Verwüstungen auf dem Fördergelände angerichtet worden, deren Umfang wohl zu empfindlichen Einbußen in der Brennstoffversorgung des gesamten deutschen Heeres geführt, darüber hinaus aber das Land noch Jahre nach dem Kriegsende 1918 um die wichtigste nationale Einnahmequelle gebracht hatten. Die von Frankreich und England versprochenen Reparaturhilfen hatten quälend lange auf sich warten lassen. Zum Teil waren sie niemals geleistet worden.

Diese Erfahrung wollte Bukarest ein Vierteljahrhundert später nicht noch einmal machen. Der angesehene Chef des Rumänischen Nachrichtendienstes, Moruzov, hatte seinen besten Mann, den Fliegeroberleutnant Baranga, persönlich mit weitgehenden Vollmachten beauftragt, alles zu unternehmen, um einer Wiederholung der Situation zuvorzukommen. »Welches« ist der Stand Ihrer Information?« hatte Moruzov im Sommer gleichzeitig von Laurenţiu Alexandru Baranga wissen wollen. Der hatte nach einigem Nachdenken mit der unverwechselbar weichen Raucherstimme zögernd erwidert: Es gäbe im Augenblick – im Augenblick, hatte er bedächtig gesagt – keinerlei Erkenntnisse über feindliche Aktivitäten; er, Baranga, habe eingedenk des 1939 von Agenten der Sûreté Nationale auf dem Gelände der »Orion«-Raffinerie gelegten verheerenden Großbrandes »în colaborare perfectă« mit den »Brandenburgern« und den Leuten der deutschen Abwehr zwei des Herrn Admiral Canaris entsprechende Schutzvorkehrungen getroffen, seither herrsche Ruhe.

Der Oberleutnant hatte seinem Chef nicht die Wahrheit gesagt. Die Bedenken, dieser könnte ihn unter Druck setzen und ihm so die Handlungsfreiheit einschränken, war einer der beiden Gründe dafür. Ich werde erst mit ihm sprechen, hatte Baranga gedacht, wenn ich mehr weiß und genaue Daten in den Händen halte, bis dahin kann die Angelegenheit allein meine Sache bleiben – außerdem hat er mit den Ränken in seiner Umgebung jetzt ohnehin genug am Hals. Dies war der zweite Grund gewesen.

Doch Barangas Plan sollte durchkreuzt werden. Denn Moruzov wurde auf allerhöchste Anweisung zu Fall und ums Leben gebracht.

General Moruzov repräsentierte in klassischer Weise den damals in allen Balkanländern vorherrschenden Offizierstypus. In Frankreich ausgebildet, war er zum Bewunderer und Freund der in der Entente Cordiale vereinigten Mächte Frankreich und Großbritannien geworden – intelligent, selbstdiszipliniert, geschmeidig und verschwiegen, gegebenenfalls bedenkenlos zum Aufwieglertum bereit. Ende der dreißiger Jahre zum obersten Nachrichtendienstler König Carols des Zweiten aufgestiegen, hatte er sich aber schon wenig später durch die Kritik an der faschistischen »Eisernen Garde« in den schroffsten Gegensatz zum machthungrigen General Antonescu gebracht. Als dieser sich der »Garde« zur Entthronung des Königs bediente, äußerte er in einem Kreis von Regierungsmitgliedern: »Im Bund mit Mördern stürzt man keinen König.« Er war der einzige in der Umgebung des Militärdiktators, der den Mut hatte, derlei auszusprechen, wenn auch alle anderen seine Ansicht teilten.

Der als Ehrenmann bekannte Moruzov hatte ins Schwarze getroffen, und Antonescu sollte die Beleidigung niemals vergessen – er sah fortan in Moruzov seinen gefährlichsten innenpolitischen Widersacher. So stellte sich mit Carols Abgang ins Exil die Frage nach der Zukunft Moruzovs, obwohl Antonescu, der neue Herrscher, auf dessen exzellente Kenntnisse angewiesen war.

Einige Zeit sah es freilich aus, als habe der als unbeeinflußbar geltende Moruzov in der bedenklichen Lage einen neuen und gewichtigen Rückhalt gefunden: Er hatte sich, wenn zuerst auch innerlich widerstrebend, mit dem mächtigen Chef der militärischen Auslandsabwehr im Oberkommando der deutschen Wehrmacht angefreundet, Admiral Wilhelm Canaris.

Es war weder Sympathie für den Riesenstaat der Nationalsozialisten in Europas Mitte noch für dessen Führungstruppe, was Moruzovs Annäherung an Canaris erklärte. Auch sollten sich die Vermutungen, Moruzov habe sich aus Furcht vor dem unumschränkt herrschenden Antonescu dem Admiral angeschlossen, bald ebenso als falsch herausstellen wie die Annahme, Canaris sei lediglich an Moruzovs vorzüglichen Verbindungen zu den sowjetischen Nachrichtendiensten interessiert. Nein, neben einer Reihe sachlicher Gründe war es die Persönlichkeit des Deutschen, die Moruzov für ihn gewann. Canaris' seigneurale Unaufdringlichkeit, Gelassenheit und klarer Sachverstand, die Mischung der Fama des verwegenen U-Boot-Kapitäns des Ersten Weltkriegs mit dem Charme einer im Grunde lebensheiter angelegten Natur, dazu die starke persönliche Ausstrahlung – mit eben diesen Eigenschaften hatte der Admiral auch die Leiter der Geheimdienste Bulgariens und Ungarns, die ebensowenig wie Moruzov im Grundsätzlichen eine Zuneigung zu den Deutschen empfanden, für sich eingenommen. So war Moruzov schon nach der ersten Begegnung mit Canaris bereit gewesen, die entscheidenden Leute der Bukarester Regierung für den Ge-

danken des Schutzes der Ölanlagen durch die Deutschen zu gewinnen.
Dabei hatte er die fatalen wirtschaftlichen Folgen der 1916 von den
Sûreté- und SIS-Agenten vorgenommenen Zerstörungen als wichtigstes Argument vorgetragen; die traumatischen Erinnerungen der Politiker und des Regenten daran hatten den Ausschlag gegeben.

Canaris war im Spätsommer 1940 über die Gefahr unterrichtet
worden, in der Moruzov schwebte, noch ehe dieser etwas davon wußte.
Er zögerte keine Sekunde. Unter dem Vorwand, im Rahmen der von
beiden Ländern gegründeten Ölschutzorganisation besondere Sicherungsmaßnahmen erörtern zu müssen, bat er Moruzov auf dem Amtsweg dringend, nach Venedig zu kommen, wo er sich nach einem Treffen mit dem Chef der italienischen Abwehr, Cesare Amé, im Palazzo
Foscari aufhielt; durch Amé war er mit dem Besitzer bekannt geworden, der ihn sofort zu sich eingeladen hatte. Schon einen Tag später traf
Moruzov in Venedig ein. Er war in Begleitung eines Offiziers seines
Dienstes in Zivil: Laurenţiu Alexandru Baranga. Die beiden hatten sich
im Albergo»La perla« auf dem Campo dei Santi Giovanni e Paolo einquartiert, aus dessen Fenstern Verrocchios Bronzegestalt des wuchtig
reitenden Colleoni zu sehen war. Unterwegs zum Palazzo sagte Moruzov zu Baranga:»Der Condottiere Colleoni lebte in verworrenen Zeiten – nicht anders als wir …«

»Ja«, antwortete Baranga,»hier ist alles Geschichte. Unser Gasthof
›La perla‹ befindet sich seit zwölf Generationen im Besitz der Familie
Valeri und soll Schauplatz nie geklärter Vorgänge sein, die in die Stadtgeschichte eingingen, ließ ich mir sagen.« Um Mitternacht betraten sie
den Palazzo Foscari.

Die nächtliche Unterredung in einem zur Wasserseite hin gelegenen
Balkonzimmer des ersten Stockwerks dauerte zwei Stunden. Sie wurde
in französischer Sprache geführt und ließ den Deutschen an einer Stelle aufhorchen: Canaris meinte, aus Moruzovs Worten die Bestätigung
der Information über dessen unsichere Zukunft herauszuhören.

Gegen zwei Uhr morgens hatten die beiden die Besprechung der
Sicherungsfragen beendet und traten aus dem mit aufwendigem Mobiliar des achtzehnten Jahrhunderts ausgestatteten, nur schwach beleuchteten Kaminzimmer auf den Steinbalkon. In den dunklen Wassern des Kanals spiegelte sich das Licht des Mondes, der sich fast im
Zenit bewegte. Außer den von Zeit zu Zeit gegen die ausgehöhlten

Grundsteine des Palazzo schlagenden Wellen war nichts zu hören. Canaris atmete die Nachtluft tief ein. Die Hände auf dem Rücken verschränkt, trat er an die Brüstung. Er zeigte ins Dunkel und sagte leise: »Hier irgendwo steht der Palazzo Giustinian.«

Moruzov beugte sich vor, sah Canaris lächelnd an und gab ebenso leise zurück: »Sofern ich richtig informiert bin, wohnte dort der todkranke Richard Wagner, ehe er in den Palazzo Loredan-Vendramin Calergi umzog und starb.«

»Sie sind richtig informiert«, sagte Canaris, »von einem Fenster des Palazzo Giustinian aus soll er eines Nachts einem singenden Gondoliere zugehört und sich von dessen Melodie angeregt gefühlt haben.«

Moruzov nickte und sagte: »Die Melodie findet sich im Vorspiel zum dritten Akt von ›Tristan und Isolde‹ wieder.«

»Eine schwermütige, eine tragische Melodie«, sagte Canaris und trat nahe an Moruzov heran. »General«, sagte er eindringlich, »ich rate Ihnen, nicht mehr in Ihr Vaterland zurückzukehren. Sie sind dort in Gefahr. Ich biete Ihnen Schutz und Asyl an.«

Moruzovs Antwort fiel kurz aus. »Merci beaucoup pour votre amitié, amiral«, sagte er, »aber es gibt auf der Welt nur einen Platz, wo ich hingehöre – mein Vaterland.« Sie schwiegen. Vom Meer herüber war eine kühle Brise zu spüren. Moruzov stützte beide Hände auf die Brüstung und blickte bewegungslos aufs schwarze Wasser der Lagune hinab. »Ich denke eben daran«, sagte er langsam, »daß der Geist aller Musik im Grunde das Tragische ist. Ich danke Ihnen, Admiral.«

»Wir dienen beide dem Falschen«, merkte Canaris an, »doch es gibt das ewige Vaterland, sagten Sie.«

Noch bevor Moruzov, den ein dienstliches Anliegen von Venedig nach Rom weiterführte, drei Tage später wieder in Bukarest eintraf, hatte Admiral Canaris beim Staatschef Antonescu um eine Audienz angesucht. Wiewohl überrascht, hatte Antonescu den Deutschen am Regierungssitz empfangen. Canaris trug Antonescu »quelques questions essentielles d'urgence« vor und bat um Schonung des »auch für uns außerordentlich wichtigen« Moruzov. Beruhigt von Antonescus Versprechen, Moruzov unbehelligt zu lassen, flog er noch am selben Tag nach Berlin weiter. »Es wird ihm kein Haar gekrümmt«, hatte der Staatschef knapp mit spröder Stimme gesagt.

Doch schon zwanzig Tage später wurde General Moruzov in seiner

Villa am Kiseleff-Boulevard von zwei Polizeioffizieren des Innenministeriums verhaftet und ins Bukarester Militärgefängnis gebracht. Canaris flog sofort nach Bukarest, konnte Antonescu jedoch nicht sprechen, da dieser – wie ihm höflich mitgeteilt wurde – an geheimem Ort bei der »kämpfenden Truppe vor Odessa« weile. Canaris kehrte unverrichteter Dinge und beunruhigt nach Berlin zurück.

Eine Woche darauf starb Moruzov in einer Einzelzelle. Schon am nächsten Tag wurde Canaris unterrichtet. Auf die Frage, wie Moruzov ums Leben gekommen sei, erhielt er die Antwort: »Drei beim Minister für Innere Angelegenheiten in höheren Stellungen beschäftigte Mitglieder der ›Eisernen Grade‹ erschlugen ihn mit Ketten und Kabeln.« Von diesem Tag an weigerte sich Canaris, je wieder mit dem rumänischen Diktator zu tun zu haben – während der vier Jahre, die Canaris bis zu seiner Hinrichtung im Oberpfälzer Wald beschieden waren, sollte er ihn in der Tat nicht mehr sehen. Ein Jahr nach Canaris' Hinrichtung auf Anweisung Berlins wurde Antonescu auf Anweisung Moskaus im »Tal der Pfirsiche« nahe dem unterirdischen Fort Jilava bei Bukarest erschossen.

Das Bild der beiden unter Venedigs Nachthimmel auf dem Balkon des alten Palazzo am Canal Grande nebeneinander stehenden Männer hatte sich Laurențiu Alexandru Baranga, der hinter ihnen in die geöffnete Tür getreten war, für immer eingeprägt. Canaris hatte den Arm um Moruzovs Schultern gelegt.

»Was haben Sie Moruzov damals verschwiegen?« wollte Göller wissen.

»Ich verschwieg ihm«, antwortete Baranga, »was jetzt seit wenigen Stunden wieder aktuell ist.«

»Das wäre?« fragte Göller.

»Heute morgen wurde ich davon unterrichtet, daß sich seit vorgestern zwei Franzosen von der Sûreté und ein Brite vom SIS im Land herumtreiben, die schon neunzehnhundertsechzehn hier waren. Vermutlich mit dem gleichen Auftrag – die Förderung lahmzulegen.« Baranga reichte Göller aus einer Mappe drei Fotos älteren Datums und zeigte der Reihe nach auf sie. »Das ist der Franzose Léon Wenger, Ingenieur, Fachmann für Raffineriekonstruktionen. War schon 'sechzehn einer der findigsten Köpfe, von zwei Aufenthalten aus den Vorkriegsjahren kennt er auch die neuen Anlagen. Daneben sein Begleiter

Pierre Angot, ein Draufgänger, hier der Engländer James Smith. Auch sie waren 'sechzehn dabei. Als die drei dann im September 'neununddreißig hier auftauchten, stellten ihnen der französische Botschafter Thierry und der britische Gesandte Sir Reginald Hoare die Verbindung zu bestimmten Leuten in Bukarest her. Moruzov gab mir damals den Auftrag, sie erst aus dem Land zu entfernen, wenn sie genug gesehen hatten. Ich machte ihnen den Boden unter den Füßen heiß. Sie verschwanden, und wir hatten unseren Zweck erreicht: Wir hatten sie feststellen lassen, daß sie zu spät dran waren, überall sitzen die Deutschen so fest, daß sie es diesmal nicht wagen können, sich den Anlagen zu nähern. Ich kenne die Codenamen, die sie bei der Einreise benutzten. Sie wohnen im Hotel ›Union‹.« Baranga reichte Göller drei weitere Bilder. »So sehen die Herren heute aus«, sagte er, »ich habe Beobachter für Tag und Nacht auf sie ansetzen lassen und ...«»Entschuldigen Sie«, unterbrach ihn Göller, »das sind doch keine Selbstmörder. Das heißt, ich kann mir nicht vorstellen, daß sie uns auf dem Fördergelände ins offene Messer laufen wollen. Es beunruhigt mich also, daß sie trotzdem wiederkamen.« Baranga nickte und sagte: »Genau das ist der Punkt. Was haben die drei demnach vor? Angot, der jüngste«, fuhr er fort, »ist in Sondereinsätzen bewährt. War Pilot, einige Jahre bei der Fremdenlegion. Ihm ist alles zuzutrauen.« »Irgendetwas entgeht uns«, sagte Göller, als spräche er mit sich selber, »irgendetwas führen die drei im Schild, woran wir nicht denken.« Er sah Baranga an und sagte: »Ich – ich habe seit längerer Zeit eine Frage, Sie müssen sie nicht beantworten. Was halten Sie von der Zuverlässigkeit des Nachfolgers Moruzovs?« Es war einer jener Punkte in ihren Gesprächen, an denen Barangas von Narben überzogenes Gesicht keine Regung zu erkennen gab. Erst nach einiger Zeit antwortete Baranga: »Generalleutnant Romulus Stoican hat weder das berufliche noch das charakterliche Format Moruzovs. Und er kann den Admiral ebenso wenig leiden wie der Admiral ihn. Er wird es nicht wagen, uns Schwierigkeiten zu machen. Aber er wird auch nichts von dem veranlassen, was ich ihm vorschlage.«

»Sie – operieren auf eigene Faust?«

»Ich tue, was mir das Gesetz befiehlt.«

»Danke für die Offenheit«, sagte Göller, »wir brauchen Stoican nicht.«

»Da ist noch etwas, was Sie wissen sollten«, sagte Baranga, »mit Pierre Angot habe ich eine persönliche Rechnung offen ... Er war es, der vor zwei Jahren die große ›Orion‹-Raffinerie in Brand steckte. Innerhalb einer Woche brannten vier Raffinerien. Bei der ›Orion‹ weiß ich, daß es Angot war. Die anderen Brände trugen seine Handschrift. Es kam damals zum einzigen Auftritt, den ich je mit Moruzov hatte.« Mit einer Heftigkeit, die Göller bei dem ruhigen Mann nie vermutet hätte, fügte er hinzu: »Angot wird mir das bezahlen, so wahr ich lebe.«

Baranga breitete zwei handgefertigte Karten auf dem Tisch aus, die ein Offizier der »Brandenburger« – der Leutnant Sven Boll, ein Berliner – eigens für ihn gezeichnet hatte. Bei allen Bohr- und Raffinerieanlagen waren Einzelheiten berücksichtigt, die auf den üblichen Karten fehlten; wieder ruhig, erläuterte Baranga seine Überlegungen.

Die beiden gingen vier Stunden lang die denkbaren Schwachstellen durch. Dabei erschien es ihnen zunehmend rätselhafter, wie sich die Franzosen und der Brite schon allein die Annäherung ans Gelände, sollten sie diese beabsichtigen, vorstellten; unbeobachtet war weder das Betreten noch gar ein Schritt drauf möglich. Nein, die hatten etwas anderes vor.

Während der Erörterung dachte Göller einmal: Was nur hat er mit diesem Pierre Angot? Daß ihn die Vorhaltungen seines Chefs noch nach Jahren die Beherrschung verlieren lassen – da scheint es noch etwas zu geben.

Je länger sie sprachen, um so bewußter wurde Göller die Stärke Barangas. Dieser kannte nicht nur das von der Division »Brandenburg« und der Canaris-Abwehr zwei angelegte Sicherungssystem bis in die letzte Kleinigkeit, auch die Namen, die Dienstränge, die Sonderaufgaben, die Berufe, das Alter und die privaten Verhältnisse der Männer waren ihm vertraut. »Leutnant Boll weiß Bescheid«, sagte Baranga schließlich, »ohne unseren Leuten in die Quere zu kommen, hat er einen seiner besten Männer auf die drei losgelassen.«

Gegen Morgen stand ihr Plan fest, die zwei Franzosen und den Briten so lange zu beobachten, bis diese sie selber an ihr Zielobjekt heranführen würden. Es war beiden klar, daß ihnen etwas anderes nicht übrigblieb.

Im Begriff, sich zu trennen – Göller beabsichtigte, einige Stunden im »Quartier« zu schlafen, Baranga, seine Wohnung in Bukarest noch vor

Tagesanbruch zu erreichen –, hatte Göller die Frage auf der Zunge: Ob Baranga es für denkbar halte, daß sein Chef Romulus Stoican falsch spiele, da sich die drei allzu unbekümmert bewegten. Statt dessen sagte er aber nur:»Ich schaue morgen im Café des ›Athenée Palace‹ vorbei. Vielleicht erfahre ich von Lincoln etwas.« Baranga nickte und sagte: »Lincoln steckte mir auch die Information über das Auftauchen der drei. Mit Sicherheit weiß er mehr. Sie kennen ihn ja, er verkauft sich jedesmal nur in Raten ... Auch ich habe seit längerem eine Frage«, fuhr er fort und blickte Göller an,»ich stelle Ihnen die Antwort ebenfalls frei.«

»Bitte.«

»Wie ist das Verhältnis Ihres Chefs Heydrich zum Admiral?«

Ohne zu zögern erwiderte Göller:»Heydrich kann den Admiral nicht ausstehen. Der Admiral verachtet Heydrich.«

»Danke«, sagte Baranga,»wir sind auf beide angewiesen ... Sie – Sie sind sich doch im klaren darüber, daß ich mich gegebenenfalls dem Admiral verpflichtet weiß.«

»Ich verstehe«, sagte Göller.

Baranga erhob sich.»Ach, da ist noch etwas«, sagte er und schwieg.

»Ja?« fragte Göller.

Die Hand bereits auf dem Türgriff, sagte Baranga:»Die drei brachten eine Französin mit. Eine Pariserin ... Lincoln ließ eine Bemerkung fallen wie ›Résistance‹, wollte aber kein weiteres Wort sagen. Haken Sie da mal nach, wenn Sie mit ihm sprechen.« Dann murmelte Baranga, schon zum Gehen gewendet:»Was, verdammt, sucht eine Frau in der Gruppe der drei?«

Das Athenée Palace, Bukarests bekanntestes Hotel nebst Café, beherbergte damals Südosteuropas erste geheime Informationsbörse – Gegenstück zur nördlichen Drehscheibe Stockholm. Spione, Diplomaten, Korrespondenten, Politiker aus aller Herren Länder gingen hier inkognito ein und aus. Der Blick fiel aus dem Café über den großen Platz rechts auf die Fassade des Königsschlosses, links auf die Säulen des Konzerthauses Athenäum. An den kleinen Tischen saßen von früh bis spät Männer teils abenteuerlichen, teils harmlosen Aussehens. Die verwegen gekleideten, wildmähnigen gehörten zur harmlosen avantgardistischen Kunstbohème. Die bürgerlich unauffälligen waren Abenteurer mit halsbrecherischen Beschäftigungen, vom Nachrichten- und

335

Menschenjäger über den militärischen Topagenten bis zum Regierungsemissär in getarnter Mission.

»Der am Ecktisch neben der Garderobe hinten«, hatte Baranga am dritten Abend ihrer Bekanntschaft zu Göller gesagt, »der mich umarmte und küßte, als wir hereinkamen, heißt Ivanov. Stammt aus dem Jaroslawer Bahnhofsviertel Moskaus. Ein Hasardeur. Riskiert Kopf und Kragen für drittklassige Informationen. Hauptsache, er kriegt viele davon. Trotz seiner Maßlosigkeit ein Artist der Branche. War übrigens einer der Freunde Nikolaj Bucharins; bei dessen Ermordung vor drei Jahren zog er als einer der wenigen den Kopf aus Stalins Schlinge. Ein Artist, wie gesagt. Unberechenbar ... Am dritten Tisch rechts von ihnen, der mit dem Schnauzer, der Brite Chesterton. Ein Kind aus den Slums von Manchester. Doch mit Eton-Abschluß. Skrupellos. Ein Doppel- und Dreifachagent. Arbeitete Anfang der Dreißiger fürs FBI in England, verkaufte zugleich seine amerikanischen und britischen Informationen an die GPU und seine sowjetischen an den SIS. Bis die Londoner Admiralität ihn vor zwei Jahren auf die ›Graf Spee‹ des Kapitäns Hans Langsdorff ansetzte. Aus Montevideo morste er den britischen Verfolgungskreuzern die Position eines der peruanischen Versorgungsschiffe der ›Graf Spee‹, das war dann deren Ende. Bei Chesterton ist Vorsicht geboten ... Natürlich tragen dieser und alle anderen falsche Namen. Ivanov weist sich als bulgarischer Viehhändler Radko Dimitroff aus, Chesterton als irischer Botaniker Séan O'Harty. Wir lassen sie alle gewähren, solange sie als Quellen und Verbindungsleute nutzbar sind ... Moment mal«, hatte Baranga gesagt, »da ist noch einer, fast hätte ich ihn vergessen. Der Dicke zwei Tische hinter mir, der ständig irgendwelche Papiere ordnet: Lincoln – ein Ami. Der einzige, der jeden Tag in diesem Café zu finden ist. Er betreibt das Ganze hier als Geschäft. Kauft Informationen, die gerade Konjunktur haben, verkauft sie dem Meistbietenden. Ein echter US-Ami: Money ist alles, was zählt; wenn's Geld bringt, verschachert er seine Mutter und macht Ihnen das obendrein auch noch als einen Akt demokratischer Kultur klar. Er legte mich zu Beginn unserer Bekanntschaft in einer wichtigen Sache herein. Ich sagte nichts, schob ihm aber bald darauf einen Tipp zu, an dem ihm einiges lag. Es war eine Fälschung. Er fiel mächtig auf die Nase und verlor fast seine Klientel. Seither verhält er sich korrekt.«

Nach einer Pause hatte Baranga hinzugefügt:»Fast alle von ihnen arbeiteten schon auf etlichen Kontinenten, in einem Dutzend Länder, für mehrere Auftraggeber. Die meisten sehen eben aus wie Buchhalter. Aber Sie erfahren von ihnen das Neueste aus dem engsten Führungsstab der Tito-Partisanen in Užice, von den streng geheim gehaltenen Beratungen der Franzosen mit dem türkischen Staatschef Inönü in Kairo – wo sich übrigens auch unsere Oppositionellen mit den Briten treffen – und von den Plänen des SIS mit der Exilregierung des Griechenkönigs Georg. Und einiges mehr. Sie wurden hier alle zu Balkanspezialisten, weil sie die Gesetze dieser Geographie akzeptierten: Jeder arbeitet jedem in die Hand, oder es läuft nichts. Der Stil unterscheidet sich von dem in den westlichen Agentenzirkeln. Es geht familiärer und brutaler zu, östlicher … Ich rate Ihnen, sie möglichst bald alle kennenzulernen.« Baranga hatte gelächelt, was in dem verformten Gesicht nur an den Augen abzulesen war, sie wurden, wenn er lächelte, einen Ton heller. Er hatte Göller schon während der ersten Tage mit über zwanzig Café-»Athenée-Palace«-Biographien und mit den »Fällen sonderbaren Verschwindens des einen oder anderen« bekannt gemacht.

Damals war es Göller klar geworden: Laurenţiu Alexandru Barangas Stärke lag in einem einzigartigen Gedächtnis.

Es begann zu dunkeln, als Göller das Café betrat. Am Tischchen in der hintersten Ecke, nahe der Theke, saß der dicke Jeremy Lincoln. Er war mit Papieren und Papierschnipseln beschäftigt, auf denen er Notizen machte, sie aus einer Rocktasche in die andere steckte, sie wieder hervorholte und las. Er grüßte Göller mit erhobener Hand, winkte ihn zu sich heran und lud ihn ein, auf dem freien Stuhl Platz zu nehmen. »Damned«, sagte er gutgelaunt und grinste übers ganze verschwitzte Gesicht – er hatte immer ein leicht verschwitztes Gesicht –, »Gott strafe mich, aber·ich habe eine Schwäche für Sie. Ihre undurchdringliche teutonische Raubtierfresse liegt mir einfach mehr als die scheinheilige Britenvisage Chestertons.« Göller kannte den Ami seit einem halben Jahr. Er hatte Nachforschungen mit gutem Erfolg über ihn anstellen lassen. Er rückte sich den Stuhl zurecht und fragte: »Und? Was kostet sie?«

»Hey«, sagte Lincoln, »meine Nachrichten sind unbezahlbar!«

»Machen Sie schon, Lincoln«, sagte Göller, »ich sehe es Ihnen an, daß Sie was für mich haben. Ich habe auch einiges zu bieten. Kommen wir ins Geschäft.«

Lincoln kniff die Augen zusammen, wie immer, wenn er die Falle zu ergründen versuchte, die er witterte, oder die Höhe der Summe erwog, die er auf den Tisch zu legen bereit war. Er hatte Göller, der in der Szene als »Ger« bekannt war – was in Lincolns Mund »Dschörr« klang –, als einen Mann kennengelernt, mit dem »seriöse Abwicklungen möglich« waren, auch wenn ihm »die Undurchsichtigkeit des Deutschen ein Rätsel und unheimlich« blieb. »Ich höre«, sagte er.

Göller lachte kurz auf und sagte: »No, no! Andersrum, mein Freund: Zuerst bin ich es, der hört. Das Angebot kam von Ihnen. Hätten Sie mich sonst an Ihren Tisch gerufen? Also – ich höre.«

»Such a willfulness!«, »So ein Eigensinn!« schimpfte Lincoln und wechselte Papierstückchen aus einer in die andere Rocktasche, »okay, aber dafür kriege ich von Ihnen …«

»Kriegen Sie«, sagte Göller, »versprochen ist versprochen.«

Lincoln reckte sich über den Tisch. Göller zog seinen Stuhl ein Stück näher.

Nach fünf Minuten richtete er sich auf, schüttelte den Kopf und sagte: »Das ist nicht alles, was Sie in dieser Sache wissen, Lincoln. Ich erwarte mehr.«

»Hm«, machte der Amerikaner und blickte angestrengt auf seine Papierschnipsel.

»Los, Mann, oder ich vergesse Sie beim nächsten Tipp«, sagte Göller, »Ivanov ist genau so scharf auf meine Informationen wie Sie.«

»Ivanov alias Dimitroff ist eine Kommunistensau. Sie werden doch den nicht mir vorziehen.«

»Wer weiß«, sagte Göller.

»Okay, aber alles braucht seine Zeit. In einigen Tagen. Schneller geht's nicht.« Mehr war aus Lincoln nicht herauszubekommen.

Als Göller das Café gegen zehn Uhr verließ und auf ein Taxi zuging, war er wohl im Besitz einer Lincoln-Information, deren Stichhaltigkeit er nicht bezweifelte, die sich aber in sein Lagebild nicht einordnen ließ. Er hatte es Lincoln nach kurzem Überlegen auch gesagt, in der Hoffnung, ihn auf diese Weise weiter zum Reden zu bringen. Aber der war ihm mit der wiederholten Aufforderung ausgewichen: »Denken Sie doch nach! Versuchen Sie sich zu erinnern! Na?« Aber es hatte nichts gebracht … Göller nannte dem Taxifahrer, einem Mann von der Leibesfülle Lincolns, die Adresse. Er amüsierte sich kurz, als er bemerkte, daß der sich während der Fahrt mit dem Wagen unterhielt, einem schwarzen Mercedes Benz 200. Nach einer Viertelstunde stieg er in der Colentina-Chaussee vor einem einstöckigen Altbau aus. Noch ehe er das Haus betrat, hörte er den Mercedes mit den abgeschirmten Lichtern brummelnd weiterfahren.

Erst als er im dunklen Zimmer neben Adelina im Bett lag, den Kopf der Schlafenden mit dem schokoladefarbenen, weichen Haar und mit den mandelförmigen Augen halb auf der Schulter, halb auf der Brust, schob er Lincolns Mitteilung als vorläufig unverwendbar endgültig beiseite. Nein, damit kann ich im Augenblick nichts anfangen, dachte er … Gut, nochmal der Reihe nach. Soviel hatte ihn Lincoln wissen lassen: Die mit den drei Geheimagenten in Bukarest aufgetauchte Französin heiße Michèle Tireau. Sie gehöre in führender Stellung zur Pariser Résistance, lebe in enger Verbindung mit einem Deutschen, einem Maler und Zeichner, und halte sich nicht zum ersten Mal im Land auf. Ob Michèle Tireau der wahre oder der Deckname sei, wisse er freilich nicht, werde es aber feststellen. Die »Lady hat eine verdammt gute Tarnung«, auf alle Fälle »the frenchwoman is a communist« und hierher entsandt, um ihre Gesinnungsgenossen beim Aufbau einer Anti-Antonescu-Hitler-Résistance zu beraten. »Mann, Ger«, hatte Lincoln gesagt, »Sie waren doch längere Zeit in Paris. Ist Ihnen in der deutschen Kolonie kein Maler untergekommen, der sich mit einer Französin zeigte? Mit einer gottverdammten Kommunistin? … Hey, Ger, seit ihr euren Scheißkrieg gegen die moskowitischen Massenmörder führt, ist es ein verdammt guter Krieg. Da machen auch die jungen Niederländer, Finnen, Dänen, Norweger, Schweden, die Slowaken, Kroaten, Belgier und Franzosen mit. A very good war.« Adelina drehte sich im Schlaf halb zu ihm, seufzte kurz und hob ihm das angewinkelte Bein auf den Bauch, so daß er ihre Schamhaare am Oberschenkel fühlte. Michèle Tireau? grübelte er.

Plötzlich fiel ihm Yvonne Marchant ein – o ja, die Sommerkurse an der École Nationale des Beaux Arts! Eigenwillig, eloquent, von gezügeltem Ungestüm und bestechendem Esprit. Eine in vieler Hinsicht bemerkenswerte Frau. Wie komme ich auf sie? Es hieß damals, sie sei Kommunistin. Aber das ist unter Frankreichs Intellektuellen und Künstlern chic und à la mode. Er schüttelte den Gedanken ab. Er hatte jene Yvonne Marchant zudem niemals in Begleitung eines deutschen

Malers gesehen. Allerdings war er vor Ablauf des Beschattungsauftrags von Paris nach Berlin zu Heydrich geholt worden, in dem unterwegs verfaßten Bericht hatte er keinen eindeutigen Aufschluß über die Marchant geben können.

Adelinas Körper schien immer wärmer zu werden. Er roch erregend, erst recht, als sich die Zwanzigjährige wieder bewegte und noch näher an ihn heranrückte. Die eine ihrer runden, festen Brüste kam auf seiner Schulter zu liegen.

Nein, nein, ich werde mich durch die Französin nicht von Pierre Angot, Léon Wenger und James Smith ablenken lassen. Unter Umständen ist diese Michèle Tireau – oder wie immer sie heißt, Lincoln nannte mir nur diesen Namen, was mich den Preis herunterhandeln ließ –, ist diese Michèle Tireau lediglich mit dabei, um uns von den zwei Franzosen und dem Engländer weg und auf eine falsche Fährte zu locken … Danach dachte er noch flüchtig: Schließlich bin ich hier, um die Sicherung des Ploieşter Öls zu kontrollieren, nicht um irgendeiner Pariser Résistance-Spezialistin auf die Finger zu schauen.

Adelina war erwacht. Sie drängte sich in voller Körperlänge auf ihn, lachte leise glucksend und küßte ihn aufs Kinn. Mit weit gespreizten Beinen, langsam und mit angehaltenem Atem schob sie sich immer weiter vorwärts.

Als Göller am Morgen erwachte, war Adelina fort. In der geräumigen Garçonnerie im ersten Stockwerk herrschte erheiternd heilloses Durcheinander. Göller setzte sich im Bett auf und blickte sich um. Alles wie gehabt, dachte er. Geöffnete Schranktüren, auf Stuhl- und Sessellehnen baumelnde BHs, Seidenstrümpfe, Hosen, auf den Wandregalen häuften sich Bücher, unter dem Tisch lagen Sportschuhe, Sandaletten, auf der einen Hälfte der Tischplatte Fachbücher und Hefte neben Bleistiften, Füllhaltern, Linealen, auf der anderen ein gefaltetes Tischtuch, darauf eine blaue Thermosflasche mit heißem Kaffee, in eine Serviette gewickelte Weißbrötchen, dazu Marmelade, Butter, ein gekochtes Ei.

Ich werde frühstücken, bevor das Essen kalt wird, dachte er und stieg aus dem Bett. Im Vorbeigehen blickte er durch die geöffnete Tür in die Duschkabine. Quer über den Wandspiegel hatte Adelina mit Rouge geschrieben: »Je t'aime, mon bélier blond«, »Ich liebe dich, mein blonder Bock«, darunter: »Komm wieder. Wann du willst. Aber komm.« Ein Stück tiefer: »Ich habe Konzertkarten für heute abend im Athenäum.

340

Hinterlaß eine Nachricht, ob du Zeit hast für Grieg, Sibelius und mich. Das Violinkonzert von Sibelius übrigens mit einem jungen Geiger, der als Entdeckung gilt – Willi Kurzell oder ähnlich.«

Nein, Göller hatte keine Zeit für die Studentin der Mathematik, Physik und Chemie Adelina Borca, die rebellische Tochter des Bukarester Botschafters in Madrid, Dr. Marin Borca, der sich im Spanischen Bürgerkrieg 1936–1939 als Freiwilliger auf der Seite der Francotruppen gegen die Internationalen Brigaden hervorgetan und es so im Antonescu-Staat zu hohem Ansehen gebracht hatte. Denn als er nach dem Frühstück einen Blick aus dem Fenster warf, sah er auf der gegenüberliegenden Straßenseite den schwarzen Opel Kadett mit dem Kratzer auf der Motorhaube gerade ruckartig anhalten. Am Lenker saß Baranga.

Sofort war ihm klar, daß etwas vorgefallen sein mußte. Er fuhr in Kleider und Schuhe, kritzelte auf den Spiegel im Duschgehäuse »Regrette!« und saß keine halbe Minute später neben Baranga. Er hatte die Wagentür noch nicht zugezogen, als Baranga im Losfahren sagte: »Die drei sind unseren Beobachtern entkommen.« Er schickte der Nachricht halblaut einen Fluch hinterher, der mit den Eingeweiden eines der Erzengel zu tun hatte, und sagte heiser: »Das Schlimme daran ist, daß es nicht den geringsten Hinweis gibt, wohin sie verschwanden. Was fällt Ihnen dazu ein? Ich höre!«

Göller überlegte eine Sekunde und fragte: »Wo wurden sie zuletzt gesehen?«

»Im Hotel ›Union‹, wo sie wohnen.«

»Deutet etwas darauf hin, daß sie sich endgültig absetzten?«

»Bisher nicht.«

»Wie alt ist die Nachricht?«

»Ich erhielt sie vor einer halben Stunde, unmittelbar nach der Entdeckung.«

»Sind ihre Hotelzimmer durchsucht worden?«

»Damit beginnt Leutnant Boll in diesen Minuten. Diskret natürlich. Auch das Hotelpersonal darf nichts merken.«

»Und die Frau?«

Baranga schüttelte den Kopf. »Von der weiß ich nichts.«

Baranga fuhr schneller als üblich. Als die Hotelfassade in der Dacia-Chaussee auftauchte, sagte Göller: »Gestern abend war ich mit Lincoln zusammen. Er meint, die Frau hätte mit dem Auftrag der drei nichts zu

341

tun. Sie soll zum Aufbau von Widerstandsgruppen nach dem Vorbild der Pariser Résistance ins Land geschickt worden sein.«

»Ich werde es melden«, sagte Baranga und hielt den Wagen etwa fünfzig Meter vor dem Hotel an, »aber unser Thema ist nicht die Frau. Unser Thema sind die drei. Unser Thema ist Pierre Angot.«

»Wir treffen uns in den Zimmern 412 und 413, vierter Stock«, sagte Göller und stieg aus.

Sie betraten das Hotel »Union« im Abstand von einer Minute. Göller, der vorausging, kaufte sich am Kiosk des geräumigen Foyers ein Exemplar der großformatigen Tageszeitung »Universul«. Während er die Schlagzeilen überflog, sah er sich in dem vom morgendlichen Hin und Her der Gäste gefüllten, mit angebräunten Wandspiegeln, mit Zimmerlinden in bauchigen Tontöpfen, Rauchertischchen und dunkeln Clubsesseln eingerichteten Raum unauffällig um. War das nicht Lincoln? Im letzten Augenblick erkannte er den Amerikaner, der soeben den Lift bestieg. Göller las die Ziffern auf der Leuchttafel über der Tür mit. Der Aufzug hielt im dritten Stockwerk, ohne weiterzufahren. »Stalin ruft den großen vaterländischen Krieg aus«, war der »Universul«-Aufmacher in Riesenlettern überschrieben, »Aufforderung Stalins zum Partisanenkrieg für das ewige Mütterchen Russland«, lautete der Untertitel. Der hierauf bezogene Leitartikel von Pamfil Șeicaru trug die Überschrift: »Ein Monster entdeckt Mütterchen Rußland.« Baranga ging an Göller vorbei zum Treppenhaus. Lincoln? dachte Göller. Was macht Lincoln hier?

Er fuhr ins vierte Stockwerk hinauf und ging den breiten Korridor nach beiden Seiten ab. Vor einigen der mattglänzenden Türen blieb er kurz lauschend stehen. Er traf keinen Menschen. Es war hier oben totenstill. Der weiche Bodenbelag fing den Laut der Schritte auf. Im Zimmer 412 fand Göller den Leutnant Sven Boll und Baranga. Boll hatte die Durchsuchung des Zimmers vor wenigen Minuten beendet. Er stand vor Baranga, hielt ein Foto in der Hand und sah Baranga fragend an. Der schien um eine Antwort verlegen zu sein.

»Das Bild«, sagte Boll und wendete sich an Göller, »das Bild da ist alles, was mir beachtenswert erscheint.« Boll war Berliner, ein unerschütterlich ruhiger Mann mit rundem Kindergesicht und jederzeit wachen, klugen Augen. »Was erkennen Sie darauf?« fragte er. Göller nahm das Foto in die Hand. »Ich fand das leicht zerknitterte Bild in Angots

Jackentasche«, fügte Boll hinzu. »Hm«, Göller trat mit dem Bild näher ans Fenster, »ist das eine – Felswand? Eine Steinwand?« Er schüttelte den Kopf, »damit kann ich vorläufig nichts anfangen. Ohne Grund findet sich aber ein solches Bild nicht in der Jackentasche eines Mannes wie Pierre Angot. Als hätte er's dort vergessen. Was meinen Sie?« Er sah Baranga fragend an. »Können Sie das Bild innerhalb der nächsten Minuten fotografieren lassen? Wir müssen hier weg, bevor uns jemand sieht oder die drei unter Umständen zurückkommen.« Baranga griff nach dem Bild. »Zwei Häuser weiter gibt's einen Fotoladen«, sagte er, »ich kenne den Besitzer.«

Noch während sich Göller und Boll im Nebenzimmer 413 umsahen, ohne auch nur andeutungsweise etwas zu finden, was einen Hinweis enthielt, kam Baranga mit der Fotografie zurück. Er gab sie dem Leutnant Sven Boll und bat diesen, sie wieder so in Angots Jackentasche unterzubringen, wie er sie dort gefunden hatte. »In einer Stunde bekomme ich drei vergrößerte Reproduktionen und den Film«, sagte er, bevor sie die Zimmer verließen. Boll schloß beide Türen ab. Baranga fuhr mit dem Lift hinunter, Göller und Boll benützten die Treppe.

Weder im vierten Stockwerk noch im Treppenhaus begegneten sie jemandem. Im Foyer drängten sich Hotelgäste an der Rezeption. Es fiel Boll leicht, dem Empfangschef die Schlüssel unbemerkt zu überlassen. Der junge, smarte Rumäne Ion Pleșu nahm sie mit einem beiläufigen Handgriff an sich, während er einem älteren Ehepaar lächelnd den Anmeldeblock zuschob und etwas sagte; Pleșu arbeitete seit dem ersten Tag mit den »Brandenburgern« zusammen.

Sie setzten sich zu dritt in eine Kneipe gegenüber dem Hotel. »Diese – diese Michèle Tireau«, sagte Göller, »ist sie …«

»Sie wohnt im Zimmer 320«, unterbrach ihn Baranga, »eine Treppe tiefer. Sie hält sich im Hotel auf.«

»Sieh an«, sagte Göller, »drittes Stockwerk also. Lincoln fuhr ins drittte Stockwerk, als ich im Foyer stand.«

»Noch weitere Ungereimtheiten?« fragte Boll.

»Vor allem die grundsätzlichen«, sagte Baranga, »wie konnten die drei vergangene Nacht das ›Union‹ unbemerkt verlassen? Wo sind sie hin? Was planen sie?«

Baranga machte sich schon vor Ablauf der vereinbarten Stunde zum Fotoladen auf. Er ist angespannt, dachte Göller, der phlegmatische Baranga, der in Zivilkleidung aussieht, als passe er mit seinen schlaksigen Bewegungen weder in Hose noch Rock, als bedürfe er der Uniform, um seine Körpersprache zu ordnen. Seit von Pierre Angot die Rede ist, wirkt er zerfahren, unruhig. Göller hatte es gespürt und verstanden. Und jetzt sieht er sich um die vielleicht einmalige Gelegenheit gebracht, den Franzosen zu stellen und den Ballast der Erinnerung loszuwerden; noch bis gestern wußte er den Augenblick zum Greifen nahe, ihn endlich in einer Lage vor sich zu haben, in der er jeden Zwang zur Rücksichtnahme fallen lassen kann. »Mich laust der Affe«, sagte Boll in diesem Augenblick und packte Göller am Unterarm, »sehen Sie, drüben rechts. Das ist Lincoln mit der Französin.«

Tatsächlich, soeben trat der beleibte Amerikaner an der Seite einer Frau mit mahagonirotem Haar und eigenwilligem Augenschnitt aus der Glastür des Hotels »Union«. Das ungleiche Paar wirkte fast belustigend. Göller hatte sich halb erhoben, um über die Blätter des Gummibaums hinwegblicken zu können, der zwischen ihrem Tisch und dem Fenster stand. Im ersten Augenblick hätte er einen Eid darauf geschworen, in der Frau neben dem Amerikaner Yvonne Marchant zu erkennen – die Pariser Kunstwissenschaftlerin, auf die ihn das Berliner Sicherheitshauptamt angesetzt hatte, nachdem bei Heydrich persönlich in der Prinz-Albrecht-Straße der Hinweis eingegangen war, die Marchant gehöre möglicherweise als Schlüsselfigur dem aus dem unbesetzten Süden Frankreichs gesteuerten Pariser Résistance-Ring an. Doch schon in der Sekunde darauf wurde er unsicher, ohne sich den Grund dafür nennen zu können. War die Marchant nicht dunkelblond? Aber das besagt nichts, sie … Berlin! durchschoß es ihn, o ja, das ist's! Heute nacht noch werde ich aus Berlin Nachricht darüber erbitten, ob sich die Marchant in Paris aufhält, es wäre ein Coup, sie hier in Bukarest zur Strecke zu bringen!

Ehe er eine Frage Bolls beantwortete, trat Baranga ein. Er kam eilig zu dem Tisch, griff in die Rocktasche und legte die vergrößerten Repros vor die beiden.

Die Kneipe, soeben erst geöffnet, war leer. Sie konnten ungestört sprechen. Der stoppelbärtige Wirt brachte ihnen drei Tassen heißen türkischen Kaffee, sagte: »Ich lasse euch allein, ich gehe frühstücken« und verschwand hinter einer in den Nationalfarben Blau-Gelb-Rot geblümten Tapetentür.

War schon das Foto aus Angots Jackentasche unscharf, so waren es erst recht die drei Vergrößerungen. »Da sehe auch ich auf den ersten Blick nichts als eine Steinwand«, sagte Boll in seiner schnellen Art, wenn auch etwas ratlos, »wie sie im Gebirge auf Schritt und Tritt zu finden sind.« Baranga nickte nachdenklich und sagte: »Das hier scheinen Moosflechten zu sein.« Sie drehten und wendeten die Bilder, bis Göller sagte: »Mir fällt auf, daß die Felswand unten heller ist als oben.«

»Und was schließen Sie daraus?« fragte Baranga rasch.

Es vergingen einige Minuten, in denen sich jeder mit dem vor ihm liegenden Foto beschäftigte. Alle drei tranken den fast berauschend aromatischen Kaffee mit der gleichen morgendlichen Gier nach Belebung. Göller blickte dabei bald auf das Foto vor sich, bald starrte er zum Hoteleingang jenseits der Straße. Wieso eigentlich sind die Beobachter ausgetrickst worden? überlegte er, was stimmt hier nicht? Wenn er sich gleichzeitig auch die Frage nach der Lücke in der Observierung der Michèle Tireau stellte und im selben Augenblick Yvonne Marchant vor sich sah, so beschäftigte ihn dennoch mehr als alles andere das Schwarzweißfoto mit der grauen, von helleren und dunkleren Flecken überzogenen Steinwand, das er in den Händen hielt. Ein Gefühl sagte ihm, daß es mit dieser Felsenfläche eine Bewandtnis hatte, die er nicht übergehen durfte. Irgendwie ist dies Foto ein Hinweis, grübelte er ... Der Reihe nach, dachte er sich, wie immer, wenn er die Antwort auf eine heikle Frage suchte, noch einmal der Reihe nach. Scheinbar ohne Zusammenhang fragte er Boll: »Ihr Mann ist doch jetzt hinter dem Ami und der Französin her?«

»Er folgt den beiden«, Boll nickte, »ich sah ihn die Straße hinter ihnen überqueren.« Er wollte Baranga über die Lage aufklären, doch der war im Bild, er hatte von der Straße aus alles beobachtet.

»Das können wir also abhaken«, murmelte Göller.

»Diese helle Streifung«, sagte Boll zu Baranga, »kann der Lichteinfall eines Sonnenstrahls sein. Ein Fehler beim Entwickeln des Films. Eine Widerspiegelung. Eine Tönung des Steins. Eine ...«

»Moment«, unterbrach ihn Baranga, trank einen vollen Zug und stellte die Tasse neben das Foto, »Sie sagen: Spiegelung. Meinen Sie die Spiegelung von einer – einer Wasserfläche?« Noch ehe Boll antwortete, mischte sich Göller ins Gespräch: »Sehen Sie da unten rechts. Sieht das nicht aus wie – wie der Rand eines Höhleneingangs? Wäre die Kamera weiter nach rechts und nach unten gerichtet worden«, er zeigte mit dem Finger auf die Stelle, »würden wir hier vermutlich so etwas wie eine Felsnische, eine Bucht sehen. Ein Versteck? Dies Foto ist nur eines aus einer ganzen Serie ... Hm.« Göller wandte den Blick nicht vom Foto. »Sie meinen die Rückstrahlung von einer Wasserfläche?« fragte er Baranga.

Der nickte.

»Dann müßte der Felsen im oder am Wasser stehen«, sagte Boll und schüttelte den Kopf, »aber in welchem? Für uns ist nur die Donau von Belang.«

»Klar doch«, pflichtete ihm Göller bei, »die Donau! Aber wo?«

Sie waren wieder einige Zeit ratlos und sahen sich fragend an. Boll gehörte zu den Menschen, die gerne lachen. Er blickte seine Tischnachbarn mit vergnügtem Blick von der Seite an und fragte: »Wissen Sie eigentlich, wie der Kerl, der uns diesen phänomenalen Kaffee brachte, sein Lokal nennt?« Baranga sagte mit weicher Stimme: »La trei păduchi«, »Zu den drei Läusen.« Unbeschwert lachend, steckte Boll sie an. Dann wurden sie gleichzeitig wieder ernst.

»Aber ich bin mir nicht einmal sicher«, sagte Göller, »ob das hier überhaupt eine Felsfläche ist. Könnte es nicht ebensogut eine verwitterte Betonwand sein? Mit feinen Rissen, Unebenheiten, kleinen Löchern, Moos? Damit wird alles noch unklarer.«

»Das mit der Betonwand könnte hinhauen«, warf Boll ein, »die Körnigkeit des Wandstücks ...«

»Nein«, gab Baranga zu bedenken, »der Eindruck der Körnigkeit kann durch die Rastervergröberung zustandekommen, die bei Fotovergrößerungen dieser Art die Regel ist.«

»Und was«, sagte Göller, »wenn Angot das Foto absichtlich in der Tasche ließ, um uns etwas vorzutäuschen? Ich werde das Gefühl nicht los, daß uns die drei zum Narren halten, daß sie uns um die entscheidende Nasenlänge voraus sind.«

Sie schwiegen, tranken den Kaffee aus und entschieden sich für Göllers Vorschlag: Er werde, da ohnehin in diesem Zusammenhang mit ihm im Gespräch, Lincoln noch heute abend mit einem verlockenden Angebot zum Reden zu bringen versuchen. »Oder fällt Ihnen sonst was ein«, fragte er, »was wir im Augenblick tun könnten? Lincoln scheint mir durch den Kontakt mit der Französin in dieser Situation die einzige Quelle zu sein, aus der wir etwas über den Verbleib, wenn schon nicht über die Pläne der drei erfahren können … Ich denke da aber auch an eine andere Möglichkeit«, fügte er nach einer Pause hinzu, »um dieser Madame Tireau auf die Schliche zu kommen, hilft uns vielleicht Berlin weiter.« Er blickte Baranga unvermittelt gerade in die Augen und sagte abgehackt: »Pierre Angot … Er wird Ihnen nicht entkommen. Ich rieche ihn.« Da ist sie wieder, dachte Baranga, diese Kälte in Göllers stahlgrauen Augen. Er kannte den Blick, der sich bei bestimmten Anlässen, die niemals voraussehbar waren, wie eine Wand zwischen ihm und dem Heydrich-Mann aufbaute.

Sie setzten sich über ihre Aufenthaltsorte während der nächsten Stunden ins Einvernehmen, Sven Boll verabschiedete sich und fuhr in Richtung Infanteristen-Straße, Baranga brachte Göller bis in die Nähe des Hotels »Athenée Palace«, wo dieser seit seiner Ankunft vor über einem halben Jahr zwei Zimmer im fünften Stockwerk bewohnte. »Sie erreichen mich im Hotel«, sagte Göller und stieg aus.

Der Oberleutnant Baranga blickte Göller unwillkürlich nach, wie der im Licht der Vormittagssonne über den Platz vor dem Königsschloß auf das Hotel zuging. Im Weiterfahren fiel ihm plötzlich Moruzovs Äußerung ein: »Xandu, ist dir der Unterschied zwischen den ›Brandenburgern‹ und den Leuten des Admirals auf der einen und den Heydrich-Leuten auf der anderen Seite aufgefallen? … Die einen sind brave Männer und tapfere Soldaten, die anderen sind Killertypen. Tipi de asasini.« Der Gang des athletischen Blonden hat in seiner lässigen Selbstsicherheit Beunruhigendes, dachte Baranga, noch nie gelang es mir, ihn zu durchschauen.

Göller verlor keine Zeit. Noch bevor er sich rasierte und wusch, rückte er einen der beiden Lehnstühle vor das Fenster mit Blick auf die Fassade des Königspalastes, setzte sich, stellte das Telefon aufs Fensterbrett und hob die Füße daneben. Unter der Nummer der Hotelrezeption bat er um den Empfangschef Constantin Dogar. Er mußte warten. Ehe Dogar an den Apparat geholt wurde, streckte er sich, daß er alle Gelenke spürte. Auf der Hand, in der er den Hörer hielt, roch er den Duft der Haut Adelinas – alles hielt ich in den Händen, dachte er, was ihr gehört. »Hallo, Constantin«, sagte er in der Sekunde darauf, »wie geht's? Daheim alles in Ordnung? … Ja … Handkuß an deine Frau … Gib mir die Verbindung AA-Drei ins Zimmer … Und sieh zu, daß ich allein in der Leitung bleibe – wie üblich … Merci! Ja, ich warte.« Er behielt den Hörer in der Hand und beobachtete durchs Fenster das Ritual der Wachablösung vor dem Hauptportal des Schlosses. Das weiße Riemenzeug auf den khakifarbenen Gebirgsjägeruniformen leuchtete in der Sonne wie Phosphor. Dieser Constantin Dogar war eine gute Akquisition, dachte er, unauffällig, leise, schnell, zuverlässig. Er hörte ein Klicken und sofort danach die Stimme seines Freundes Michael Renbrik. Schon im belanglosen ersten Satz nannte er Renbrik das Codewort seiner Mitteilung.

Fünfzehn Minuten später sendete der lutherische Pastor der Beatae-Mariae-Virginis-Gemeinde am ungebärdigen siebenbürgischen Altfluß mit dem Funkgerät, das ihm Göller nächtens ins Haus gebracht hatte, die chiffrierte Bitte an das Berliner Sicherheitsamt Heydrich weiter, umgehend mit einer Nachricht über den Verbleib der Yvonne Marchant – er nannte Arrondissement und Straße – zu antworten: Liege dem Amt eine Information darüber vor, ob sich die Marchant in Paris aufhalte, oder sei etwas über eine Auslandsreise der Genannten, eventuell unter dem Namen Michèle Tireau, bekannt?

Die doppelten Chiffrierungen waren eine bewährte Vorkehrung, da weder die rumänischen noch die deutschen Dienste bisher die Funk- und Abhörstützpunkte der Westalliierten im Land hatten ausfindig machen können. Auf Michael Renbriks verwunderte Frage, als Göller in jener Nacht mit seinem Ansinnen und dem Gerät bei ihm erschienen war: »Aber ihr seid doch hier im Land eines Verbündeten«, hatte Göller kurz geantwortet: »Geheimdienste haben keine Verbündete.«

Von der Antwort aus Berlin, dessen war sich Göller sicher, würde das Leben der Michèle Tireau abhängen. Sollte diese, was er vermutete, Yvonne Marchant sein, würde er den Fall selber erledigen. An Heydrichs Einwilligung, die er einholen mußte, hegte er keinen Zweifel. Göller rasierte sich, duschte und bestellte, noch naß und nackt, ein zweites Frühstück. Er stand vor dem Fenster und rieb sich mit dem flaumigen Badetuch Brust, Arme und Schenkel ab. Ich habe bei Heydrich einen Stein im Brett, dachte er, seit ich ihm den Raketenprofessor zuspielte, dessen Vorfahren Aubert hießen und aus Frankreich stammten. Ob der immer noch an der Technischen Hochschule in Dresden sitzt, wo Heydrich ihn nach der Rückkehr ins »Reich« mit »Reichsausreiseverbot« festnagelte, um zu verhindern, daß er sein phänomenales Wissen in Sachen Raketenbau anderen zur Verfügung stellt? Oder holten sie auch ihn schon nach – nach … Wie nur hieß das Nest an der – an der Peene? Ach ja, Peenemünde, »Heeresversuchsanstalt«, wo der preußische Baron Wernher von Braun, der das Handwerk bei Oberth lernte, an den geheimen Waffen bastelt … Denn alles, was der Oberth will, ist der Flug auf den Mond. Es heißt, er denke seit seinem dritten Lebensjahr an nichts anderes … Daß ihn die Moskowiter schon im Jahr 1929 – so sagte Heydrich doch? – »beobachteten, seither nach ihm schielen und die Hand nach ihm ausstrecken«, ist jetzt wohl endgültig vorbei, Heydrich hat Grund genug, mir dankbar zu sein, dachte Göller und warf das schneeweiße Frotteetuch auf eine Sessellehne, massierte sich vom Nacken bis zu den Zehen mit dem frischen, beißenden Parfümöl, dessen Alkoholduft sich bald verflüchtigte, dessen Balsame aber noch lange anregend wirkten, und zog die Hosen an. Er frühstückte stehend und barbrüstig.

O ja, der Chef des Reichssicherheitshauptamtes Reinhard Heydrich, dessen Einsatzgruppen zur Zeit vor allem mit Massendeportationen von Juden im Rücken der Front beschäftigt waren, hatte sich von der Promptitüde in der Erledigung des Falles Oberth angetan gezeigt. Schwer war das nicht zu deichseln gewesen, überlegte Göller und schob sich das hartgekochte heiße Ei in den Mund. Oberth hatte es in seiner knochennüchternen Art für »selbstverständlich« gehalten, dem »Ruf ins Reich« zu folgen, wenn ihn dort nur günstige Forschungsmöglichkeiten erwarteten – »obwohl ich die Deutschen mittlerweile kenne«, hatte er gesagt. Wenn der auch dort so offen daherredet, dachte Göller, so wie ihm der Schnabel gewachsen ist, macht er sich, Hitler hin oder her, keine Freunde. Er trank das Glas warme Milch in einem Zug leer, wischte die Hände an der Serviette ab, spülte sich den Mund aus und zog einen leichten Sportpulli über. »Gäbe es nur nicht die Neigung der Deutschen zum unseriösen Geschwätz«, hatte Oberth beim Spaziergang durch den Eichenwald auf der Schäßburger »Breite« gesagt und hinzugefügt: »Aber geht es um diese männlichen Klatschtanten? Es geht immer um Deutschland.« Und aus diesem Grund, dachte Göller und kämmte sich vor dem Spiegel über dem Waschbecken, werkelt auch er jetzt in – ach ja, in Peenemünde an den Wunderwaffen …

In diesem Augenblick hörte Göller eilige Schritte auf dem Korridor näher kommen. Unwillkürlich griff er nach der Walther-Pistole. Gleichzeitig klopfte jemand an die Tür. Es war das mit Baranga verabredete Zeichen. Eine Sekunde darauf stand Baranga vor ihm. Er stieß außer Atem hervor: »Angot und die anderen sind im Bereich der Donaubrükke Fetești-Cernavoda gesehen worden.«

Sie waren in einer Minute unten. Vor dem Hotel stiegen sie in Bolls schnellen grauen BMW 328; Boll hatte den Wagen Baranga überlassen. Ohne Rücksicht auf den Verkehr durchquerte Baranga das Stadtzentrum. Wo es nur ging, fuhr er, was der Motor hergab. In Richtung Pantelimon jagte er den Wagen aus den Vororten der Hauptstadt ostwärts hinaus. »Die Meldung kam von der Brückensicherung der ›Brandenburger‹«, sagte er, »ich kenne die Gegend und einige Leute. Ich schlug Boll vor, die Sache uns zu überlassen.« Die letzten Randviertel blieben endlich zurück. Vor ihnen dehnte sich das helle Straßenband.

Baranga fuhr mit der Ausschließlichkeit eines Irren. »Wir nehmen die weniger gute Straße«, rief er, »dafür sparen wir nahezu siebzig Kilometer und haben nur hundertfünfzig zu fahren. Am westlichen Brückenkopf, in Fetești, werden wir erwartet … Unter Ihrem Sitz liegt eine Karte.«

Als Göller im Rütteln des Wagens auf der von Schlaglöchern übersäten Stein- und Schotterstraße die Militärkarte mit den Ialomița-Sümpfen hervorzog, glitt ihm ein Schulterholster aus braunem Leder zwischen die Füße, in dem eine Pistole steckte. Auf den ersten Blick erkannte er die Zehn-Schuß-Selbstladewaffe als eine Walther-P-38, Kaliber neun Millimeter. Er schob sie zurück und faltete die Karte auf. »Haben Sie eine Waffe?« fragte Baranga und jagte den Wagen haarscharf an einer Ausbuchtung des Straßengrabens vorbei. Göller griff unter die Windjacke und hielt ihm die neue kleine Walther-PP, 7,65 Millimeter, hin. Baranga nickte.

Die Karte auf den Knien, versuchte Göller sich ein Bild von dem über zweihundert Kilometer langen, stellenweise zwanzig Kilometer breiten Sumpfgebiet zu machen – dem größten an der Unteren Donau. Es wird in der Mitte von der zehn Kilometer langen Eisenbahnbrücke in West-Ost-Richtung überquert. Der Strom bildet dort ein Seen- und Flußsystem aus Tausenden kleinerer und größerer Wasserflächen, Lagunen und Riedinseln, ein unübersichtliches Gewirr aus Fahrrinnen, Sumpf- und Schilfplatten, Sabbereilanden mit Weiden- und Riesendistelwäldern.

»Wo sind die drei gesehen worden?« rief Göller und hielt sich am Türgriff fest.

»Am Ostufer, nicht weit von Cernavoda. Nahe bei einem Dorf. In einem Motorboot.«

»Wer sah sie?«

»Ein Fischer. Sie wären ihm nicht weiter aufgefallen, hätten sie bei seinem Anblick nicht beigedreht, um hinter einer Schilfinsel zu verschwinden. Der Mann hatte bei seinen Reusen zu tun. Nach der Rückkehr sagte er es dem Dorfgendarmen. Der meldete es nach Cernavoda weiter. Der dortige Polizeileutnant gehört zur Abwehr zwei, zum Canaris-Netz. Er verständigte die ›Brandenburger‹.«

»Wann sah der Fischer sie?«

»Gestern abend kurz vor Einbruch der Dunkelheit.«

»Und woher wissen wir, daß es Angot, Wenger und Smith waren?«

»Die Beschreibung des Fischers läßt keinen Zweifel zu. Er sah die drei aus zwanzig Meter Entfernung. Der ›Große, Gutaussehende‹, von dem er berichtete, ist Angot. Der ›Breite mit Glatze‹ Leon Wenger. Der ›kleine Dünne‹ der Brite.«

Der Wagen sprang wie unter Stößen bald zur Seite, bald in die Höhe und fegte um Haaresbreite am Straßengraben entlang. Die Staubwolken, die er hinterließ, trieben langsam nordwärts. Baranga schaltete fast ununterbrochen aus dem vierten in den dritten Gang und wieder zurück. Er nahm den Fuß selbst beim Schalten kaum vom niedergedrückten Pedal. Die südliche Bărăgan-Steppe, die sie durchfuhren, flimmerte. Die beiden Männer hatten das Licht der Vormittagssonne, in dem hier schon etwas vom Glanz des Schwarzen Meeres zu liegen schien, genau in den Augen. »Ich höre Ihnen zu«, rief Baranga. Er blickte unablässig geradeaus. Die Schläge gegen die Stoßdämpfer klangen wie Trommelwirbel.

»Natürlich geht es den dreien um die Brücke«, rief Göller. »Gelingt es ihnen, auch nur einen der hundert Pfeiler zu sprengen, sind die Öltransporte auf dem Schienenweg in den Hafen von Konstanza für lange Zeit unterbunden. Das hätte unabsehbare Folgen für die Fronten in Ost und West – die Donauroute allein schafft die erforderliche Kapazität nicht. Die wirkungsvollsten Sprengungen bieten sich im Mittelbereich der Brücke an. Dort wären die Schäden wegen der kaum zugänglichen tiefen Sümpfe am schwersten zu beheben. Dort lassen sich außerdem die Vorbereitungen für einen Anschlag am besten tarnen. Dort haben wir die drei vielleicht schon in der kommenden Nacht zu vermuten. Wir werden sie also in der Umgebung der Brückenpfeiler erwarten. Unser Problem ist, daß sie uns nicht bemerken dürfen ... Bekommt jetzt das Foto aus Angots Jackentasche einen Sinn? Mit Sicherheit gibt es mehrere davon. Aufnahmen von Brückenpfeilern, an deren Betonmasse die Sprengladungen befestigt werden.«

In den wenigen Ortschaften, durch die Baranga den Wagen mit unverminderter Geschwindigkeit pausenlos hupend hindurchhetzte, flatterten und sprangen freilaufende Hühner, Gänse und Köter zur Seite. Dann waren sie wieder in der Steppe draußen, die sich mit der großartigen Gebärde der Endlosigkeit rings um sie ausbreitete. Alleenpassagen aus turmhohen Pappeln wechselten einander mit leuchtend in der Ferne verzitternden Grünflächen ab, in denen sich das helle Straßenband als Strich am Horizont verlor. Als Göller das Fenster einen Spalt öffnete, hüllte sie sofort der Pfefferminz-, Azaleen- und Lavendelduft des Landes ein. Die Aromen hatten einen Beigeschmack von Wildkräutern. Göller erinnerte sich seiner Ankunft auf dem Bukarester Militärflughafen, als ihn mit dem Ostwind eine Welle dieser Gerüche des unverbrauchten Landes erreicht und belebt hatte.

»Wie viele Männer haben wir?« rief Göller.

»Etwa zwanzig.«

»Wir brauchen nicht so viele. Und Boote?«

»Genügend.«

»Bis zum Abend müssen wir mit allen Vorbereitungen fertig sein. Wir operieren in zwei Gruppen. Die eine von Feteşti im Westen aus«, er fuhr mit dem Finger über die Karte, »die zweite, bei der Sie dabei sein werden, von Cernavoda im Osten aus. Je vier Mann. Wegen des Lärms je ein Ruderboot, im Schlepptau je ein Motorboot. Die beiden Gruppen fahren einander nach Einbruch der Dunkelheit von Pfeiler zu Pfeiler entgegen und legen sich auf die Lauer. Bewaffnung: Pistolen, Maschinenpistolen. Schießen nur, wenn's anders nicht geht. Wir packen sie lebendig.«

Nach einer Pause nickte Baranga. »O ja, das ist gut so!«

Göller rief: »Noch heute nachmittag mache ich mich allein in den Bereich der Mittelpfeiler auf.«

Wieder nickte Baranga.

»Eine letzte Frage«, rief Göller durch die von unten krachenden Schläge und das Stöhnen der Karosserie, »wie schaffen Sie die zehn Brückenkilometer von Fetești nach Cernavoda hinüber?«

»In Fetești steht ein Schienenkraftrad bereit.«

»Gut«, sagte Göller, »den Zeitplan im einzelnen legen Sie in Absprache mit den anderen fest. Erwarten Sie dabei Schwierigkeiten?«

Baranga antwortete erst nach einiger Zeit: »Nach dem Absturz vor vier Jahren und der monatelangen Bettruhe, als ich endlich wieder allein gehen konnte, verbrachte ich von Cernavoda aus acht Wochen beim Fischen in den Lagunen und Seen. Genesungsurlaub. Keiner von uns kennt die Gegend so gut wie ich. Das wissen die von der Brückensicherung.«

»Und was, wenn sie heute nacht nicht aktiv werden?« fragte Göller, »wenn wir ...« Er unterbrach sich und redete nicht weiter. Auch Baranga sagte nichts.

Bis nach Ștefan-cel-Mare zwanzig Kilometer vor Fetești sprachen sie kein Wort mehr. Baranga fuhr immer noch wie ein Irrer, der nicht weiß, was er tut. Göller hatte dabei keine Sekunde lang das Gefühl der Unsicherheit. Der Splitt des neuen Straßenbelags prasselte gegen den Wagenboden. »Wir sind bald da«, schrie Baranga. Göller spürte die innere Anspannung des Oberleutnants, der den Fuß zum ersten Mal vom Pedal nahm, als sich die Dächer von Fetești zeigten. Baranga wartete, bis es stiller wurde, dann schrie er: »Wer um alles in der Welt hätte gedacht, daß die drei ausgerechnet hier etwas vorhaben! Ger, sollten Sie vor mir auf Angot stoßen, bewahren Sie ihn mir auf.«

»Er gehört Ihnen«, sagte Göller.

Die Geschwindigkeit weiter verringernd, fragte Baranga, der plötzlich entspannt wirkte: »War Ihre letzte Nacht so, daß Sie die kommende hinkriegen, ohne einzuschlafen?«

Göller lachte kurz auf. »Kein Problem.«

»Sie wissen doch«, sagte Baranga und lenkte den Wagen zwischen die ersten Häuser, »wer Adelina Borca ist?«

»Die Tochter Ihres Spanienkämpfers.«

Jetzt lachte Baranga auf. »Schon, schon. Aber das ist nicht alles.« Doch sie kamen nicht dazu, das weiter zu erörtern, denn Baranga fuhr durch ein weitgeöffnetes hohes Flügeltor aus braunen Metallplatten auf den Hof eines dreiteiligen Gebäudes, das eine Kaserne oder eine Behörde sein konnte.

Noch ehe der Wagen hielt, stand ein hochgewachsener Mann mit Vollbart in schwer zu beschreibendem Räuberzivil, dem eine ungewöhnliche Körperkraft anzusehen war, auf der Fahrerseite. Er umarmte Baranga leidenschaftlich, noch ehe dieser die Tür hinter sich zugeschlagen hatte. »Dies ist mein Halbbruder«, sagte Baranga zu Göller und machte eine Handbewegung, »Oberst Doru Baranga, der Sohn aus erster Ehe unseres Vaters.« Der Oberst streckte Göller beide Hände entgegen, zeigte lachend ein Gebiß mitten im Haargestrüpp, wie dieser es noch niemals gesehen hatte, und strahlte ihn an. »Sie sind der Deutsche, den mein Bruder begleitet? Willkommen! Mich nennen alle Doru.«

Oberst Doru Baranga war ein Mann ohne Umstände. Erst seit kurzem Chef des Abwehrbereichs Fetești-Cernavoda-Brücke, hatte der zehn Jahre ältere Halbbruder Laurențiu Alexandrus in kürzester Zeit die besten Leute um sich gesammelt, das gesamte Sicherungskonzept neu geordnet und von der ersten Stunde an mit den deutschen Diensten zusammengearbeitet. Dank seiner Fähigkeiten und seiner Geradlinigkeit hatte er nicht nur Moruzovs uneingeschränktes Vertrauen besessen, sondern seit einem unangekündigten Besuch des Admirals Canaris am westlichen Brückenkopf auch dessen Zuneigung erworben. Erst recht blieb Canaris dem Oberst als einer verläßlichen Größe im weitverzweigten und komplizierten Gefüge seines Abwehrnetzes seit einem über die Dienste hinaus Aufsehen erregenden Vorfall zugetan: Ein Sonderkommando des SIS hatte vom Schwarzen Meer aus stromaufwärts den tollkühnen Versuch unternommen, Sprengstoff in den Donauhafen Giurgiu südlich von Bukarest zu schaffen, um die Docks der deutschen Tanker, die dort das Ploiești Öl in Empfang nahmen, in die Luft zu jagen. Die Briten hatten sich zu dem Husarenstück entschlossen, nachdem alle ihre Bemühungen gescheitert waren, die vom deutschen Korvettenkapitän Weiß entlang der Donau bis Wien getroffenen Schutzmaßnahmen zu durchbrechen. Ihr Kommando war jedoch nur bis Cernavoda gekommen: Ein knapp zwei Tage vorher vom Oberst aus anderen Gründen in den Donaudeltahafen Tulcea entsandter Späher hatte diesem drei als Schaluppen getarnte Boote gemeldet – der Oberst war dann in einer Sturmnacht mit vier Flußschnellbooten den

354

Briten entgegengefahren, er hatte ihnen den Weg abgeschnitten, sie geschickt voneinander getrennt und nach kurzem Schußwechsel gefangengenommen.

Trotz aller Ähnlichkeit der Brüder Baranga, dachte Göller, als er neben den beiden das Büro des Obersten betrat, in einem Punkt unterscheiden sie sich unübersehbar voneinander: Während mir der jüngere Bruder allein in der Uniform seinen Platz zu finden scheint, kann ich mir den Oberst in Uniform beim besten Willen nicht vorstellen.

Es stellte sich heraus, daß der Oberst nach dem Telefongespräch mit Leutnant Sven Boll alle Vorbereitungen für die kommende Nacht im Grundsätzlichen so getroffen hatte, daß sie die Geländekenntnisse des Bruders berücksichtigten und diesem die letzten Anweisungen überließen, was auch der »Brandenburger«-Oberleutnant Furnegg guthieß; sie entsprachen im großen und ganzen dem von Göller auf der Fahrt skizzierten und mit Baranga besprochenen Plan. »Wir haben keinen Flugbeobachter aufsteigen lassen«, sagte der Oberst, als sie sich zu Tisch gesetzt hatten. »Wir wollen die Herren nicht kopfscheu machen – wir wollen sie fangen.« Er blickte seinen Bruder kurz an. Während sie aßen, machten sie als Treffpunkt einen der Mittelpfeiler der Brücke aus, den sie auf einer von Furnegg über die freie Tischhälfte ausgebreiteten Karte bezeichneten. Die Karte, auf der ausschließlich die Brücke mit sämtlichen Details und ihr Umfeld dargestellt waren, und der bereitgelegte Kompaß waren für Göller bestimmt. Der Oberst war in allem, was er erläuterte, vorschlug oder fragte, genau und direkt. Er kannte die Brücke wie seinen Schreibtisch. Das militärisch Eindeutige seiner Ausdrucksweise stand in einem fast belustigenden Gegensatz zur weichen Stimme, die er mit dem Bruder gemeinsam hatte. An seiner Kompetenz und Autorität, das bemerkte Göller bald, konnte kein Zweifel bestehen. Sein immer wieder unerwartetes gemütvolles Auflachen gab der Besprechung den Anschein eines freundschaftlichen Beisammenseins.

Göller prägte sich nach Tisch eine Stunde lang die Route seines bevorstehenden Alleingangs ein. Dann bat er, um siebzehn Uhr geweckt zu werden, legte sich angekleidet auf die alte Ledercouch im Nebenzimmer des Büros und schlief sofort ein. Als er geweckt wurde, war Baranga seit einer Stunde in der Kleidung eines Eisenbahners in Richtung Cernavoda abgefahren.

Schon fünf Minuten später begleitete ihn einer der Männer aus der Truppe Furneggs durch den Hinterausgang des mittleren Gebäudes auf einen Pfad, auf dem sie zwischen übermannshohem Schilf und dicht beieinander stehenden Weiden mit schuppigen Stämmen zum Strom hinabgingen. In einer winzigen Bucht wartete ein Einerboot mit eingezogenem Ruder auf Göller. Im Boot lagen eine Maschinen- und eine Leuchtfeuerpistole, einige Reservemagazine, eine Scheinwerfer-Taschenlampe, ein Außenbordmotor und ein Proviantbündel. Göller blickte kurz nach dem Stand der Sonne und verabschiedete sich mit einer angedeuteten Grußgeste von seinem Begleiter und dem Mann, der in der Bucht Wache gehalten hatte. In dem bis zu fünf Meter hohen Schilfrohrdickicht ringsum war ein Rascheln zu hören. Aufkommender Ostwind trieb erste Wolkenansammlungen über den Himmel. Göller überlegte: Sehr gut, damit wächst die Wahrscheinlichkeit eines Anschlags der drei … Das schmale, leichte Boot glitt zwischen den Schilfwänden in die Wasser- und Sumpfwildnis hinaus. Dabei war Göller sekundenlang vom Gefühl beherrscht, der Atem des Stroms ziehe ihn wie ein übermächtiger Sog an sich.

Baranga hatte vierzehn Minuten vor sechzehn Uhr Cernavoda erreicht. Seine Überfahrt war zeitlich so abgestimmt gewesen, daß der Nachmittags-Schnellzug Konstanza-Bukarest, der acht Minuten nach sechzehn Uhr den Bahnhof von Cernavoda durchfuhr, keinerlei Verspätung erhalten hatte. Als sich Baranga von dem jungen Polizeileutnant in dessen Dienstzimmer den Fischer vorstellen ließ, der Wenger, Angot und Smith gesehen hatte, war es genau sechzehn Uhr dreißig. Baranga lachte, als er den Mann zur Tür hereintreten sah, ging auf ihn zu und umarmte ihn. »Wir kennen uns«, sagte er zu dem verdutzten Leutnant, »wie geht es dir, Tudor? Fährst du immer noch deinen alten Kahn mit dem eisernen Hundekopf am Steven?«

Baranga ließ sich von dem etwa fünfzigjährigen unrasierten Mann mit dem knochigen, gebräunten Gesicht noch einmal alle Einzelheiten schildern und die Stelle nennen, an der er die Männer gesehen haben wollte. Er fragte hartnäckig, mißtrauisch und geduldig. Die wachsende innere Anspannung, während er es tat und während Tudor antwortete, war ihm bewußt. Als er sich nach einer halben Stunde von Tudor trennte, war er sich endgültig sicher, daß dieser die beiden Franzosen und den Briten gesehen hatte. In welcher Richtung die sich nach der unerwarteten Begegnung davongemacht hatten, wußte Tudor nicht, da sie hinter dem hohen Schilfdickicht, wie er sagte, »gleich Schatten verschwunden« seien. »Nein«, hatte er Baranga versichert, »nein, ich habe mit niemandem darüber gesprochen, das war unsere Abmachung mit dem Herrn Leutnant ... Mensch, Xandu«, hatte er kopfschüttelnd hinzugefügt, »hätte ich gewußt, daß du hinter denen her bist, nici in ruptul capului, um den Preis meines Kopfes wären sie mir nicht entkommen.«

»Gut, daß du's nicht wußtest«, hatte Baranga ihn getröstet, »sunt periculoși ca satana«, »sie sind gefährlich wie der Teufel.«

»Solltest du mich brauchen«, hatte Tudor gesagt, »laß es mich wissen.«

»Eine letzte Frage«, hatte Baranga abschließend gesagt, »konntest du sehen, was der ›große Gutaussehende‹, wie du ihn nanntest, machte?«

»Und ob! Er fuhr das Boot.«

Auch hier in Cernavoda war durch den Oberst und Furnegg das Erforderliche in die Wege geleitet. Zudem lernte Baranga gleich nach seinem Gespräch mit dem Fischer Tudor im Stabsfeldwebel Toni Hutterer von den »Brandenburgern« einen Mann kennen, dem er auf Anhieb vertraute. Der in einer deutschen Bergbausiedlung in der Nähe des Hüttenwerks von Reschitza im Banat geborene Hutterer war Turbinentechniker und hatte sich während eines Fortbildungskurses im Rahmen des internationalen Lehrprogramms der Thyssen-AG in Oberhausen von den »Brandenburgern« anwerben lassen. Vom Beginn der nachrichtendienstlichen Tätigkeit an in seinem Geburtsland an der Donau im Einsatz, hatte er an der vom Oberst Doru Baranga umgebauten Brückensicherung von der ersten Stunde an mitgewirkt. Baranga spürte gleich, daß ihm Hutterer die Zuneigung entgegenbrachte, deren sich sein Bruder bei den Männern des Kommandobereichs erfreute. Nach kurzem Gespräch billigte Hutterer Barangas geringfügige Änderungswünsche und gab sie als Anweisung weiter.

Die beiden speisten gemeinsam zu Abend auf dem Polizeirevier und besprachen letzte Einzelheiten. Dabei sagte Baranga zu Hutterer: »Einer von Ihrem SD ist schon unterwegs zum Mittelteil der Brücke. Hutterer erwiderte, ohne die Miene zu verziehen: »Daß der Heydrich seine Politrukschnauze in alles hineinstecken muß!« Baranga beruhigte ihn: »Es ist ein guter, sogar ein exzellenter Mann. Ich arbeite schon eine ganze Zeit mit ihm zusammen.« Eine Stunde später, in den ersten

Minuten nach Eintritt der Dunkelheit, legten sie in Begleitung zweier Männer mit den beiden Booten ab, von Uferweiden, -akazien und -schilf getarnt; für jeden war im Blick auf die bevorstehende Nacht selbst der letzte Handgriff festgelegt worden. Der Himmel hatte sich bezogen, nur stellenweise riß die Wolkendecke von Zeit zu Zeit auf. Das ist günstig für einen Anschlagsplan, dachte Baranga.

Anders als am Westufer, wo sich das Wasser der Donau in Lagunen, toten Armen und Seen um Inseln und Inselchen sammelte, mußte hier die kraftvolle Strömung der Hauptfahrrinne überwunden werden, um an die Mittelpfeiler heranzukommen. In der Nachtschwärze brauchten die Männer unerwartet lange, ehe sie sich in ruhigem Wasser auf einmal vor dem ersten Pfeiler sahen; Baranga, der die Navigation bestimmte, atmete auf. Der Halbmond zeigte sich einmal kurz hinter den Spitzen des Schilfrohrs, er war von den schmalen Blättern und Rispen wie von einem Gewirr schwarzer Linien überzogen. Doch schoben sich rasch wieder Wolken vor ihn, die Finsternis nahm allen Dingen das Gesicht. Nach den eiligen, verworrenen und beunruhigenden Geräuschen der Strömung wirkte die Stille geisterhaft.

Baranga hatte in Fetești mit dem Oberst und mit dem Chef der »Brandenburger«, dem aus Graz stammenden Oberleutnant Furnegg, die ungefähren Zeitspannen der Strecken von Pfeiler zu Pfeiler abgestimmt, um die beiden Trupps zu voraussehbaren Uhrzeiten im Mittelbereich ankommen zu lassen. Wegen der zahlreichen Inseln und seichten, zum Teil schlammigen Arme, die dabei umfahren werden mußten, hatte sich das als einigermaßen umständlich erwiesen, sie hatten es aber alle für erforderlich gehalten, um jederzeit über die Position der anderen Gruppe im Bild zu sein. Es war eine gute Entscheidung, dachte Baranga, es gibt Sicherheit, zu wissen, wo die anderen jetzt sind. Sie hatten zudem keine andere Wahl gehabt, als davon auszugehen, daß ein Anschlag im Zentrum der Brückenanlage und daß dieser in der »toten Zeit«, wie der Oberst gesagt hatte, in den Stunden nach Mitternacht durchgeführt würde.

Das dumpfe Gurgeln des Wassers, das kaum vernehmbare Geräusch der ein- und auftauchenden Ruderblätter, der starke Fisch- und Schilf-, der Wurzel- und Seegrasgeruch umgab die Boote. Der Mond wanderte jetzt wieder kurz auf den Spitzen des Schilfrohrs halb seitlich vor ihnen, es sah aus, als bewegte er sich auf Stelzen. Sooft sein Licht erlosch, näherten sich ihnen die Betonpfeiler der Brücke wie unförmige Schattenklötze. Sie glitten meternahe an ihnen vorbei. Die Brückenbogen darüber schienen den Himmel zu tragen. Dann wieder entfernte sich das Boot von der Brücke und umfuhr die Schilfinseln, die sich als erstarrte Wesen vor ihnen aufbauten. Sie hatten den unsteten Mond bald vor, bald hinter, bald neben sich. In den unerwartet wechselnden Nachtlichtern wirkte die einheitliche Wasserlandschaft zerklüftet, zerrissen.

Baranga war bis in die letzte Fiber gespannt. Ohne zu wollen, griff er einige Male zur Pistole im Holster und prüfte mechanisch ihren Sitz. Kurze Zeit beherrschte ihn ein Gefühl von Ratlosigkeit bei dem Gedanken, daß er nicht wußte, wie er sich zu verhalten hatte, sollte ihm Angot in der unübersichtlichen Sumpfwildnis, im nächtlichen Gewirr der Wasserrinnen und Schilfteppiche entkommen. Er spürte einen Anflug von Neid, gemischt mit Bewunderung, als er an Göller dachte. Er wünschte sich dessen raubtierhaften Willen und die rücksichtslose Unbeirrbarkeit in allem, was er tat. Die sind von Kind an trainiert wie Angriffstiere, dachte er. Gleichzeitig empfand er Beruhigung bei der Vorstellung, Göller in der Nähe zu wissen.

Zu diesem Zeitpunkt hatte Göller – ständig umschwirrt von Schwärmen auffliegender Sumpfenten, Wildgänse und Kormorane, unter die sich Reiher und Taucher mischten – längst alle Brückenpfeiler bis dicht an die Hauptfahrrinne am Ostufer heran abgefahren und sie mit der vergrößerten Fotografie aus Angots Jacke verglichen. An keiner Stelle der Betonwände jedoch hatte er eine Ähnlichkeit mit dem Bild feststellen können.

Noch bevor sich die Dunkelheit gesenkt hatte, war er in die Bucht einer kleinen Insel gerudert, auf der drei alte Weiden mit gewaltigen Stämmen und Kronen standen. Es begann zu dämmern, als er die Bootsleine um einige der armdicken Rohrstengel schlang und den Außenbordmotor mit den Klemmschrauben am Heck befestigte. Er wühlte sich bis zum Bauch im Wasser durch das dichte Schilf an Land und watete durch die breiige Erde zu einer der Weiden, die er unter großer Anstrengung erklomm. Als der Widerschein des untergehenden Sonnenballs am wolkenfreien westlichen Himmelsrand nach und nach erlosch und dann fast übergangslos die Dunkelheit hereinbrach, hatte er sich die Sicht auf den Mittelteil der Brücke durch die Kronenäste freigeschnitten. Von dem erhöhten Standort aus sah er drei der Pfeiler und überblickte, anders als aus dem Boot, seine Umgebung, ohne selber gesehen zu werden. In Schweiß gebadet, mit brennenden Handflächen hockte er in der üppigen Krone des Baumungetüms, verfolgte das Zerflackern der letzten Lichtflecken im chaotischen Himmel und hörte den aufflatternden Vögeln und springenden Fischen zu, er beobachtete zugleich die Verfärbung des bedeckten Himmels im Umfeld des Halbmonds, dessen Goldlicht durch die Wolkendecke schimmerte. Er dachte: Jetzt werden sich die Boote von Fetești und Cernavoda aus in die Sümpfe aufmachen. Eine halbe Stunde danach wirkte die Sumpf- und Inselwildnis spukhaft und wie von magischen Wechselbildern erfüllt. Er spürte die Kühle des Wassers zu sich aufsteigen. Er zog die Kleider aus, die auf ihm getrocknet waren, und rieb sich Arme, Beine, Brustkorb und Rücken heftig, bis er die Wärme in Wellen durch sich strömen fühlte.

Die Nacht war von Geräuschen belebt, wie er sie noch niemals gehört hatte. In den Blättern der Weide raschelte es, obgleich die Windstöße aufgehört hatten. Ja, er meinte sogar, das Mondlicht übers Wasser gleiten zu hören, sobald sich die Wolken öffneten. Jedesmal veränderte sich dann für Sekunden das Bild der vielen glitzernden Flächen, die ihm wie Gesichter und Fratzen erschienen. Gegen zehn Uhr erkannte er am feinen Vibrieren der Luft, daß sich der Nachtzug Bukarest-Konstanza von Westen näherte. Er hatte ihn erwartet, und als der Oberst ihn vorsichtshalber darauf hingewiesen hatte, war ihm der Gedanke gekommen: Wäre ich anstelle der drei, würde ich die Sprengung zum Zeitpunkt der Überfahrt eines Zuges zünden.

Er sah den Zug von weitem durch das ebenso gigantisch wie gespenstisch in den Mondhimmel gereckte Gebilde der Brücke näher kommen. Der Lokomotive und den Waggons lief durch den ganzen Brückenkörper ein metallen ächzendes Dröhnen voraus, es kam wie ein Sturmstoß die Gleise entlanggelaufen, noch ehe die Räder mit ihrer Fracht da waren, und flog halb über, halb vor ihm hinweg. Göller hatte sich aus dem Astsitz erhoben. Ohne sich von dem vorbeijagenden und tobenden Zug ablenken zu lassen, starrte er auf das Wasser, auf die Pfeiler, auf die Inseln ringsum, ob sich nicht irgendwo eine Bewegung andeutete. Nur kurz sah er die im Rauchausstoß der Führerlok aufsprühenden Feuerfunken, die sich in der Schwärze des Himmels zwischen dem Gestänge der Brückenbogen verloren. Der ganze Bau bebte, das Wasser um die Pfeiler schien zu zittern. Als der Spuk vorbei war, folgte ihm ein Pfeifen und Keuchen in den Gleisen und in den Metallkörpern der Brücke.

Dann war er wieder mit der Wasserwildnis, mit den Geräuschen, mit dem saugenden Atem des mächtigen Stroms und mit sich allein. Hoffentlich treffen die Boote ein, dachte er plötzlich, ehe sich hier etwas tut, allein werde ich mit den dreien kaum fertig, allein kann ich diesen Angot nicht fangen.

Kaum hatte er den Gedanken zu Ende gedacht, als er unwillkürlich den Atem anhielt. Deutlich hatte er Stimmen gehört, die sich näherten, halblaut gesprochene Wörter, die er nicht verstand. Nein, dachte er sofort, die kommen weder von Feteşti noch von Cernavoda her. Die kommen stromaufwärts. Von Norden. Das ist weder der Oberst noch sein Bruder.

Er versuchte, sich die Einzelheiten der Karte zu vergegenwärtigen, die er nach Tisch im Büro des Obersten studiert hatte. Innerhalb einer Sekunde hatte er das Bild der Arme, Strominseln und Sumpfplatten des Mittelbereichs der Brücke vor Augen. Er blickte auf die Uhr. Die Phosphorzeiger standen auf zehn Uhr fünfunddreißig. Aha, überlegte er, die können von der großen Insel im Norden gestartet sein, wo sie sich tagsüber versteckt hielten. Als »Insula salcilor«, »Weideninsel«, mit dichtem Baumbewuchs eingezeichnet, können sie sich dort seit Tagen unbemerkt aufgehalten haben. Wieso kommen sie so früh? dachte er, sie durchkreuzen unsere Überlegungen.

Göller hielt sich an einem Ast fest und beugte sich vor. Sie müssen hier nahe an mir vorbeikommen, dachte er. In derselben Sekunde sah er rechts von sich, keine zehn Schritte entfernt, hinter dem Schilfufer des kleinen Eilands, auf dem er sich befand, die Umrisse des Vorderstevens eines Motorboots auftauchen. Der Mond war jetzt wieder zu sehen. Göller hatte ihn halb links von sich im Osten.

Das leichte, wendige Sportmotorboot glitt aus dem Schatten der Weiden heraus, umfuhr die Insel, tauchte in den Schatten der langen Schilfzunge linker Hand und nahm Kurs auf den hundert Meter entfernten Mittelpfeiler. Bevor die Wolken den Mond von neuem verdeckten, konnte Göller dem Boot mit den Blicken folgen. Er erkannte am Hintersteven einen Mann, der das Boot in dem hier fast stehenden

Wasser mit einem Stechpaddel lautlos fortbewegte. Vor ihm kniete eine Gestalt mit einer Waffe in den halb erhobenen Händen, links vor ihr eine dritte Gestalt, die dem Paddler Anweisungen gab ... Verdammt, dachte Göller, wo nur bleiben die Brüder Baranga, wo bleibt Furnegg mit seinen Leuten? Warum kommen die nicht endlich? ... Er wußte nur zu gut, daß die beiden Boote noch nicht in der Nähe waren. In allen Unternehmungen des Dienstes zu Mißtrauen erzogen, wäre sich Göller selbst jetzt noch nicht sicher gewesen, es mit den drei Gesuchten zu tun zu haben – Herrgott, was ist nur los mit Furnegg und den Barangas? dachte er, hätte er nicht in diesem Augenblick die eine der beiden Gestalten halblaut sagen gehört: »À droite, Pierre, à droite!« Sie sind's! In Göller löste sich die Spannung der letzten Stunden mit einem Schlag. Kein Zweifel, sie sind's ... Elender Mist, fluchte er vor sich hin, wenigstens der jüngere Baranga könnte endlich da sein!

In derselben Sekunde änderte er sein Verhalten. Er wußte jetzt, wo und wer der Gegner war, er wußte, daß er allein vorzugehen hatte, vor allem, daß er keinen Augenblick verlieren durfte. Keinen Gedanken mehr an Furnegg und die Barangas, befahl er sich und glitt mit der Lautlosigkeit einer Schlange von der Weide. In kürzester Zeit war er beim Boot. Es gab keinen Zweifel, daß die drei den Pfeiler anfuhren, der genau vor ihnen stand. Ich muß den Mond im Rücken haben, dachte Göller. Wir haben einen Fehler gemacht, als wir voraussetzten, daß wir sie erst für die Stunden nach Mitternacht zu erwarten hätten. Wir haben sie unterschätzt. Jetzt muß ich den Fehler ausbügeln. Er löste die Leine, wälzte sich über die Bordkante ins Boot und griff nach einem der beiden Ruder. Vorsichtig stieß er ab und trieb das leichte Boot nach zwei, drei geringfügigen Manövern aus der Bucht hinaus und in den Schatten der Schilfzunge auf der Ostseite. Dann griff er nach einem starken Schilfrohr und hielt das Boot an. Erst jetzt blickte er sich nach den dreien um. Die Wasserfläche vor ihm lag bis zur Brücke im Dunkel. Weit und breit war niemand zu sehen.

Bei allem, was in den nächsten Minuten zu geschehen hatte, würde er so vorgehen, als gäbe es außer ihm weder die Brüder Baranga noch Furnegg. Er wußte, daß es falsch wäre, wollte er bei dem, was auf ihn zukam, mit ihrem Eintreffen rechnen. Zwar fühlte er noch einmal die blanke Wut in sich hochsteigen – dreimal gottverfluchte Scheiße, wo bleiben die nur! Doch war ihm dabei zugleich endgültig klar, daß er sich auf diese Weise selber von dem ablenkte, was vor ihm lag. Wohin sind die drei verschwunden? war der nächste Gedanke, der ihn beschäftigte.

Er benützte nur ein Ruder, als er das Boot dicht am Schilf entlang in dessen Schatten in Bewegung setzte. Er hatte Glück damit, daß sich die Schilfzunge in einem Bogen bis in die Nähe des Brückenpfeilers erstreckte und er sich so bis fast an diesen heran in ihrem Schattenschutz bewegte. Je näher er der Brücke kam, um so riesiger wuchsen die Stahlbogen und die Bogenträger vor ihm empor. Es war richtig, dachte er, daß der Oberst den Brückenposten des Mittelbereichs befahl, sich unsichtbar zu halten … Er hatte die Breitseite des in der unteren Hälfte im Mondlicht stehenden Pfeilers etwa fünfzig Meter vor sich, als die Schilfzunge endete. Von den drei sah er immer noch nichts. Sollte er den Pfeiler verfehlt haben? Wo waren die drei? Er umfuhr die Schilfzunge, hielt wieder an und wand, von ihr getarnt, die Bootsleine unter Wasser um einige der Stengel, streifte Hosen, Schuhe, Hemd ab und ließ sich langsam ins Wasser sinken. Er stieß auf keinen Grund. Bis zum Pfeiler hatte er ungefähr fünfzig Meter zurückzulegen. Mit der letzten Luft erreichte er ihn, fühlte an den Fingerspitzen den schlammig glatten, von Algen überzogenen Sockel und ließ sich an ihm zur Oberfläche hinauftreiben. Eine Spanne vor dem Betonklotz tauchte er auf.

Im selben Augenblick hörte er die Stimmen wieder. Die drei befanden sich auf der anderen Pfeilerseite.

Mit aller Vorsicht, deren er fähig war, schob er sich am Pfeiler entlang stromaufwärts. Er erreichte den aus dem Pfeiler vorragenden Eisbrecher und glitt über ihn hinweg. In der Sekunde darauf sah er das Motorboot keine fünf Meter vor sich und erfaßte zugleich das Bild: Pierre Angot und Léon Wenger waren mit dem Befestigen der Haftsprengkörper beschäftigt. Smith, die Maschinenpistole mit angewinkelten Armen schußbereit vor der Brust, sicherte die beiden, er stand aufrecht auf dem Bootsdeck und hatte den Kopf zur anderen Seite gewendet. Bevor er wieder stromaufwärts blickte, hatte sich Göller unter die Wasseroberfläche sinken lassen.

Ich muß jetzt schnell sein, sagte sich Göller und schwamm mit aller Kraft unter Wasser zu seinem Boot zurück. Ich muß sie unter Feuer nehmen, bevor sie alle Sprengkörper an die Pfeiler anhaften und die Zündung einleiten. Ich habe keine andere Chance. Es kann sich um

Bruchteile von Sekunden handeln. Auch mit dem Boot muß ich mich von dieser Seite dem Pfeiler nähern, ihn von oben umfahren und das Feuer eröffnen. Smith muß der erste sein, auf den ich anlege. Bis Angot und Wenger nach der Waffe greifen, habe ich auch die erledigt. Göller tauchte einen Meter vor dem Bootskiel auf. Er handelte mit schlafwandlerischer Sicherheit bei jedem Handgriff. Er löste die Leine, stemmte sich ins Bootsinnere und zog die Kleider über. Mit schnellen Bewegungen entsicherte er die Maschinenpistole, hängte sie sich um und legte ein Reservemagazin zurecht. Dann griff er nach einem der Ruder. Er versuchte abzuschätzen, ob der Mond für die Dauer der nächsten Minuten verdeckt bleiben würde. Davon abgesehen, durfte er aber keine Sekunde verlieren. Auf ein Knie niedergeduckt, paddelte er das Boot um die Schilfzunge herum und auf den Brückenpfeiler zu. Als er die Mitte der Wasserfläche erreichte, riß der Himmel auf; alles war plötzlich in Helligkeit getaucht. Er hatte das Gefühl, in ein Feuer hineinzugleiten, er war dem Licht auf der glänzenden Wasserfläche schutzlos ausgesetzt. Sollten die drei hinter dem Pfeiler auftauchen und ihn sehen, war er ihnen, mit dem Paddeln beschäftigt, ausgeliefert. Es schien ihm eine Ewigkeit zu dauern, bis er den Pfeilerschatten so nahe vor sich hatte, daß er den gedämpften Laut ihrer Stimmen hörte. Er atmete tief durch. Beherrscht und umsichtig führte er das Ruder. Die vier, fünf Tropfen, die vom Blatt ins Wasser fielen, verursachten unerhebliche Geräusche. Jetzt nur nicht an die Barangas und an die anderen denken! durchfuhr es ihn, als er vor dem Pfeiler ankam.

Mit einem letzten langen Zug trieb er das Boot im Dunkel der Betonwand stromaufwärts, dann riß er es mit einem blitzschnellen, kraftvollen Eintauchen des Ruderblatts herum, packte die Waffe und richtete sich halb auf. Zuerst Smith, dann die beiden anderen, dachte er noch. Wenn ich die Sprengladungen treffe, hält sich der Schaden in Grenzen, weil sie noch nicht alle in Position gebracht sind. Wie kühl der Abzugsbügel am Finger, dachte er, als er das Motorboot und die drei Männer darauf schrittweit vor sich sah. Das Mondlicht hatte er schräg hinter sich. Wie auf dem Präsentierteller erkannte er vor sich Smith, Angot und Wenger. Smith starrte ihn mit aufgerissenen Augen und geöffnetem Mund an.

Dies geschah in dem Augenblick, als auf der Ostseite des Stroms Baranga dem Stabsfeldwebel Hutterer zuflüsterte: »Wir sind bald da. Wir müssen nur noch den Pfeiler vor uns erreichen.« Westlich des Pfeilers wandte Oberst Doru Baranga soeben den Kopf nach hinten und sagte leise zu dem Mann an den Rudern: »Atenţiune, ne apropiem!«, »Achtung, wir nähern uns!«

Die Männer in den beiden Booten zuckten im Augenblick darauf zusammen, als vor ihnen eine Salve heller MP-Schüsse durch die Stille peitschte. Ein Schrei ertönte, das Gelärme aufflatternder Vögel überdeckte ihn, zwei Salven hämmerten in kurzem Abstand durch die Nacht, ein Motor sprang an, dessen knatternde Explosionsfolgen jäh in ein langgezogenes Aufheulen übergingen. »Motor an!« brüllte der Oberst nach hinten, sprang mit einem Satz aus dem Ruder- ins Motorboot und stieß einen Fluch aus: »Futu-vă valtrapu la muma voastră, câini blestemaţi!«, »Fickt die Schabracke eurer Mutter, verfluchte Hunde!« Er packte das Steuerrad und riß das Boot nach Backbord, er hatte sofort gehört, daß sich das Jaulen des Motors vor ihnen stromabwärts entfernte.

Drüben hatte der Oberleutnant Baranga den Motor des Bootes, in das er nach den ersten Schüssen mit Hutterer gewechselt war, angeworfen und gerufen: »Das war Göllers MP-40. Verdammt, was ist dort geschehen?« Er sah das Boot seines Bruders vor sich aus dem Schilf heraus und mit eingeschaltetem Scheinwerfer in weitem Bogen stromabwärts jagen. Mehr vom Instinkt als vom Verstand getrieben, lenkte er sein Boot auf den Mittelpfeiler zu, umfuhr ihn und erkannte im Brückenschatten die Gestalt Göllers. »Haut ab! Verschwindet!« brüllte Göller ihnen entgegen und versuchte, vom Boot aus an die Sprengkörper heranzukommen, »sie haben die Zünder schon eingestellt. Haut ab!« Baranga drängte sein Boot dicht an das Göllers heran. »Übernehmen Sie«, sagte er zu Hutterer und sprang auf das Verdeck. Er stand höher als Göller. Hutterer hatte begriffen und hielt das Boot an der Betonwand, jetzt erkannte er auch die Sprengkörper. Innerhalb einer Minute rissen Göller und Baranga sämtliche Gurdynamitbehälter von der Wand, schleuderten sie ins Wasser und nahmen die beiden Männer aus dem Ruderboot an Bord. Sie waren schon einige hundert Meter hinter den Flüchtigen her, als die Detonationen erklangen, von den Wassermassen abgefangene dumpfe Schläge am Grund des Stroms, die ohne Wirkung auf die Brücke blieben. Die Wolken verdeckten den Mond jetzt wieder.

Die Sinnlosigkeit der Verfolgung war bald allen klar. »Im Wasser erhalten sich keine Spuren«, stellte der Oberleutnant Furnegg trocken fest. »Erst recht nicht bei Nacht«, fluchte der Oberst. Sie verständigten sich mit Baranga und Hutterer und beschlossen die Rückkehr in die Kommandozentrale Fetești, holten die Ruderboote aus dem Bereich der Brückenpfeiler und trafen noch vor Mitternacht am Sitz des Obersten und Furneggs ein. Wortlos wateten sie über den Schilfpfad durchs Dickicht. Göller ging als letzter.

Erst als sie im Licht des Konferenzraums standen, in den der Oberst eingeladen hatte, bemerkte Baranga das Blut an Göllers Pulli, Jacke und Hose. Göllers linker Deltamuskel war von zwei Treffern durchschlagen worden, eine Kugel hatte ihm dicht oberhalb der Halsschlagader die Haut aufgerissen. Von der starken Blutung war die eine Seite der Kleidung durchtränkt. Ein Feldscher der »Brandenburger«, ein wortkarger, sachkundiger junger Wiener, seit den Kämpfen in Polen mit einer langen Narbe auf der rechten Wange, kümmerte sich im Nebenraum darum; er erbot sich auch, Göllers Kleider zu waschen. Währenddessen informierte Furnegg die Kommandostellen der »Brandenburger« im Umkreis der Unteren Donau bis an die Schwarzmeerküste. Der Oberst unterrichtete den Chef der Abwehr in Bukarest, Generalleutnant Romulus Stoican, und telefonierte danach mit einer Reihe von Leuten im Hafen von Konstanza; Göller staunte über die Fülle von Bekanntschaften, die der Oberst duzte, vom letzten Schauermann bis zum Hafenkommandanten und Polizeipräsidenten. Die seinetwegen vorgeschlagene Verschiebung der Lagebesprechung lehnte Göller ohne Aufhebens in einer Weise ab, die keinerlei Widerspruch duldete. Er war es auch, der als erster zu berichten hatte.

Er habe, sagte er, Smith im Feuer der ersten Salve auf dem Verdeck zusammenbrechen und danach Wenger gegen die Bordwand taumeln gesehen. Hätte sein, Göllers, Boot nicht wegen der Heftigkeit einer unwillkürlichen Bewegung beim Herumreißen der Waffe auf Angot gegen den Pfeiler geschlagen und ihn zum Straucheln gebracht, wäre ihm vermutlich auch Angot nicht entkommen. Der habe aber eben in diesem Augenblick zurückfeuern, den Motor anlassen und die Flucht ergreifen können. Wohl das einzig Vernünftige in seiner Lage. Welcher Art Smith' und Wengers Verletzung sei, könne er nicht sagen und also auch nicht schätzen, wie sich die weitere Flucht der drei gestalte. »Mir blieb nichts anderes übrig als der Angriff«, sagte er zum Schluß an Baranga gewendet, »da ich nicht wußte, wann Sie auf der Bildfläche erscheinen werden.« Er blickte der Reihe nach auch den Oberst, Furnegg und Hutterer an. Er sah dem neben ihm sitzenden Baranga ins Narbengesicht und sagte leiser: »Tut mir leid, Oberleutnant, ich hätte Ihnen diesen Angot verdammt gerne geliefert.« Barangas ohnehin schwer lesbares Gesicht wirkte im Licht der Deckenlampe noch undurchsichtiger als sonst. Nach einiger Zeit, in der niemand etwas sagte, wiederholte er: »Tut mir leid.« He, dachte er zugleich überrascht, dem setzt der Franzose mehr zu, als ich bisher annahm! Es gibt da also etwas, wovon ich nichts weiß. Hab ich's mir doch gedacht! ...

Die nächstentags schon vor Sonnenaufgang eröffnete Jagd auf die drei verlief bei tiefliegenden Wolken und ununterbrochen diffusen Lichtverhältnissen ergebnislos. Der »Fieseler Storch«, der den ganzen geschlagenen Tag lang im Tiefflug über den Sümpfen kreiste, zum Tanken niederging, aufstieg und immer wieder vor allem das Gelände nördlich der Brücke absuchte, landete gegen Abend in Cernavoda, ohne die geringste Fährte ausfindig gemacht zu haben. Auch die Boote kehrten ohne eine Erfolgsmeldung zurück.

Von früh bis spät war Göller mit seinem Außenbord-Motorboot unterwegs. Er fuhr in die kleinsten Schilfbuchten hinein, durchsuchte die von den überhängenden Ästen großer Trauerweiden zugewucherten toten Arme und ging auf der »Insula salcilor« an Land. Er arbeitete sich durch das Distel-, Gräser- und Schilfgewirr. Mit Schmerzen in der Schulter kletterte er auf eine Weide, um Ausschau zu halten. Ein Schwarm mit wildem Flügelschlag schrittweit vor ihm aufsteigender Bläßhühner ließ ihn zusammenfahren. Der »Fieseler Storch« flog nahe über ihn hinweg; Göller erkannte Baranga im offenen Führersitz, der Oberleutnant grüßte ihn kurz mit erhobener Hand.

Bei allem, was Göller an diesem Tag tat, hatte er Barangas umdunkeltes Narbengesicht vor sich und stellte sich immer häufiger die Frage, was es zwischen dem ruhigen, gelassenen Baranga und dem Sûreté-Agenten Angot gab? Es können nicht allein Moruzovs Vorhaltungen sein, dessen war er sich jetzt sicher. Versprach ich ihm den Franzosen voreilig? dachte er. Aber ich rieche Angot. Ich rieche es, daß wir ihn kriegen. Ein zweites Mal unterschätze ich ihn nicht ... Ich werde noch heute mit Baranga sprechen. Er darf jetzt nicht die Nerven verlieren.

Noch befinden sich die drei in unserem Bereich ... Doch es kam zu keinem Gespräch. Denn als er müde, abgespannt, mit brennender Schulter nach Einbruch der Dunkelheit als letzter in der Zentrale Feteşti eintraf, empfing ihn der Oberst mit der Nachricht, Baranga sei vor einer halben Stunde vom Abwehr-Chef Generalleutnant Romulus Stoican nach Bukarest beordert worden. Er habe zwar erwogen, auf ihn, Göller, zu warten, doch sei der Bukarester Befehl von schroffer Nachdrücklichkeit und Göllers Rückkehr so ungewiß gewesen, daß er sich gezwungen gesehen habe, allein aufzubrechen. »Morgen früh«, sagte der Oberst, »fährt ohnehin einer meiner Leute in die Hauptstadt. Er wird Sie mitnehmen.« Und im übrigen, fügte er hinzu, sei ja nun hier der Fall erledigt. Mit Sicherheit würden sich die drei nicht mehr zeigen. »Die werden, wenn überhaupt«, sagte der Oberst, »ein anderes Operationsgebiet anpeilen. Ich danke Ihnen für die Hilfe, die Sie uns geleistet haben«, sagte er.

Göller aß eine Kleinigkeit, bat den Oberst, auch die kommende Nacht »auf der prachtvollen Ledercouch neben Ihrem Büro« schlafen zu dürfen, »ich habe mich auf dem alten Möbel wie in Abrahams zersessenem Schoß gefühlt«, sagte er, wusch sich, ließ sich einen frischen Verband anlegen und kroch, nur mit der Sporthose bekleidet, unter die leichte Decke. Das stromwärts gehende Fenster war weit geöffnet. Mit der lauen Luft der Spätsommernacht kamen die Gerüche des Wassers, die nahen und fernen Geräusche von den Schilf- und Weidenurwäldern ins Zimmer. Göller schlief trotz der Moskitos nach wenigen Minuten ein. Es hatte aufgeklart, durch das Fenster war der Sternenhimmel zu sehen.

Er erwachte von einem Geräusch, das er im Nebenzimmer hörte. Unter der Tür sah er einen Streifen Licht und wußte sofort, daß sich der Oberst im Büro aufhielt; es war ihm auch klar, daß er nicht so sehr von einem Geräusch als vielmehr von den Schmerzen in der rechten Schulter erwacht war, auf der er gelegen hatte. Dennoch waren zwei Männerstimmen zu vernehmen. Im Begriff, sich auf die andere Seite zu drehen, hörte er eine Tür gehen. Danach wurde es still. Der Lichtstreifen unter der Tür war immer noch zu sehen. Der Oberst ist allein, dachte Göller. Ein Stuhl wurde gerückt, die Dielen vor Göllers Tür knarrten. Jemand öffnete die Tür einen Spalt. Nach einer Weile fragte der Oberst leise: »Ger, schlafen Sie?«

»Nein«, sagte Göller, »ich bin gerade aufgewacht.«

»Haben Sie Lust auf ein Glas Wein?«

Göller kroch von der Couch, zog die Windjacke über und ging barfuß ins Büro hinüber. Er blinzelte kurz; nicht nur an den zwei leeren Flaschen neben dem Schreibtisch erkannte er, daß der Oberst schon einiges getrunken hatte, er sah es auch dessen Blick an.

Es war eine Stunde nach Mitternacht. Der Oberst trug ein kragenloses Hemd aus grobem weißem Leinen; er war in Unterhosen und Strümpfen. Seine Kleider hingen auf der Lehne des Stuhls vor dem Schreibtisch. »Diese verdammte Steppenhitze«, sagte er und goß Göller ein Wasserglas voll, »sie mischt sich hier mit der Sumpfnässe zu einem unerträglichen Luftbrei.« Er hob das Glas und lachte das Perlweiß seines makellosen Gebisses durch die Bartwildnis hindurch. Er stieß mit Göller an – und der verspürte mit einem Mal das unbezähmbare, heftige Bedürfnis, sich nach dem spannungsreichen Tag in Gesellschaft dieses rauschebärtigen, in labberigen Unterhosen und härenem Gewand wie ein Wassergeist vor ihm stehenden Mannes in einen gewaltigen Rausch hineinzutrinken.

Was dann auch ohne Zurückhaltung geschah.

Als sie beim ersten Sonnenstrahl, der sie durchs offene Fenster traf, nebeneinander auf der Ledercouch erwachten und Göller einige Mühe aufwenden mußte, um zu erkennen, ob er des Obersten Hinterkopf oder Gesicht vor sich hatte, war es klar, daß sie mehrere Flaschen des schweren Murfatlars geleert hatten. Jenes Weines, war Göller vom Oberst nach der dritten Flasche unterrichtet worden, dessen Rebe »auf einem einzigen vom Sonnengott gesegneten Hang der nahen uralten Dobrudschaer Berge gedeiht. Schon die Thraker«, hatte der Oberst gesagt, »berauschten sich mit ihm, dieses klügste Volk in der Geschichte des Kontinents, das seine Toten mit Tanz, Gesang und Gelagen beisetzte, weil es der Ansicht war, daß es keinen überzeugenderen Grund zur Freude gäbe als den Tod«. Der Oberst hatte Göller umarmt, ihn mit seiner Bärenkraft an sich gezogen und mit der Flasche in der erhobenen Hand durchs weit geöffnete Fenster in die Nacht über dem Strom gesungen: »Lume, lume, soro lume, unul moare, altul naște«, »Welt, Welt, Schwester Welt, der eine stirbt, der andre lebt.« Göller hatte die schwermütige Melodie mitgesungen. Es hatte wie das Heulen zweier einsamer Wölfe geklungen, im blanken Nachthimmel stand die halbe Mondscheibe über dem Strom.

»Der gallische Hund von einem Angot!« hatte der Oberst zähneknirschend gesagt, das letzte Glas in der leicht schwankenden Hand, »die Sûreté hatte ihn mit dem Auftrag ins Land geschickt, die Produktion unseres Jagdflugzeugs IAR-80 mit allen Mitteln zu stören – weil unsere Ingenieure zur Beratung in einigen Konstruktionsdetails die Deutschen und nicht die Franzosen eingeladen und dafür sogar die Bukarester Frankophilie gewonnen hatten. Damit war die Sache zum Politikum geworden ... Verstehen Sie? Im ersten Testflugzeug, das aufstieg, saß mein Bruder.« Der Oberst hatte zum Fenster hinausgespuckt, sich mit dem Handrücken die Lippen abgewischt und gesagt: »Pierre Angot war, Gott allein weiß wie, vor dem Start an die Maschine herangekommen und hatte die Seitensteuerung ›gestört‹. Fünf Sekunden nach dem Abheben sackte die Maschine zur Seite und stürzte ab. Sie stand sofort in Flammen. Mein Bruder verbrannte fast. Ich sah es aus hundert Metern Entfernung. Ich war als erster beim brennenden Wrack ... Sehen Sie her!« Der Oberst hatte Göller die von Brandnarben überdeckten Handrücken und Arme hingehalten, einen Fluch ausgestoßen und wieder zum Fenster hinaus in die Nacht gespuckt. »Ich zog ihn aus den Flammen ... Aber das ist noch lange nicht alles, Ger«, war er fortgefahren. »Als ihn seine Braut – sie hieß Raluca – nach sechs Wochen wieder sehen durfte, hatte er kein Gesicht mehr. Es war verbrannt. Verbrannt. Verstehen Sie? ... Kein Gesicht mehr ... Eine Stunde später erschoß sie sich mit seiner Dienstpistole in der Bukarester Wohnung. Die Hausbesitzerin, eine Dame namens Staratiades, fand die Tote. Und seither«, hatte der Oberst gestöhnt, zum Fenster hinausgespuckt und aus der Flasche getrunken, »seither gibt es in seinem Leben diesen Pierre Angot. Zu allem anderen wischte ihm der Franzose dann auch noch mit dem Brand der ›Orion‹-Raffinerie eins aus. Und beide Male, Ger, beide Male ließen unsere krankhaft frankophilen Hauptstädter den Angot entkommen. Sie werden es auch diesmal tun ... ›Welt, Welt, Schwester Welt‹«, hatte der Oberst wie ein klagender Wolf in die Nacht über dem Strom gesungen. Dann waren sie Arm in Arm zur Ledercouch gewankt. Doch ehe sie sich in »Abrahams zersessenen Schoß« hatten sinken lassen, war etwas Seltsames geschehen: Der Oberst war niedergekniet, hatte die Hände gefaltet und Göller aufgefordert, es ihm gleichzutun.

370

»Herr«, hatte er gebetet, »gib den elenden Hirnen unserer Völker Vernunft, das Rechte zu erkennen, und den Mut, es zu tun. Wenn's die Vernunft nicht macht, gib uns Gemüt, damit sich in der schrecklichen Prüfung, die du uns geschickt hast, wenigstens unsere Herzen daran erinnern, daß wir Menschen sind.«

Das alles ging Göller, wie er jetzt neben dem Oberst lag, durch den Kopf. »Kommen Sie, Ger«, sagte der Oberst, »gehen wir zur Morgenwäsche an den Strom. Das alte Wasser reinigt auch die Seelen.« Er stieg von der Couch, schob sich Handtuch und Seife unter den Arm und ging in Unterhosen und im kragenlosen Hemdmonstrum, das ihm bis in die Kniekehlen reichte, vor Göller quer durch den Hof, nach rechts und links die militärischen Grüße seiner Männer mit einem Kopfnicken erwidernd. Dann stapfte er über den Schilfpfad bis ans Ufer und hockte sich, splitternackt, bis zum Nabel ins Wasser. Umständlich schrubbte er sich Gliedmaßen und Brust, seifte sich den Bart und Göller, dem er ein Zeichen gemacht hatte, sich vor ihm niederzulassen, Kopf und Rücken ein.

Und während er das mit ruhigen, kraftvollen Bewegungen tat, fragte er schnaufend: »Sagen Sie, Ger, wie stehen Sie zu Hitler?« Göller hatte sich mit Gefühlen des Wohlbefindens dem Streicheln der Fäuste und Handflächen des Obersten überlassen, der anfing, ihm den Kopf einzuseifen. Er sagte: »Hitler ist die letzte Chance Europas. Die allerletzte.« Der Oberst massierte ihn hinter den Ohren und schwieg. Nach einer Weile fügte Göller hinzu: »Nicht nur Europas, Oberst. Er ist die letzte Chance der Weißen.« Vorsichtig knetete der Oberst Göllers Nackenmuskeln. Danach verrieb er ihm den Seifenschaum von der Stirn bis zum Hinterkopf. Im Schilf ringsum war ein leichtes Rascheln zu hören. Göller sagte: »Ich habe mich eine Zeitlang in den Vereinigten Staaten von Amerika aufgehalten. Mir wurde klar, daß in nicht ferner Zukunft der Rassenkrieg – nein, nicht mit Bomben, sondern als Rassenüberschwemmung – auf die weißen US-Amerikaner zukommt. Sie bedeutet ihr Verschwinden. Gleiches wird dann den Europäern widerfahren. Die US-Amerikaner sind die Zukunft, aber auch das Ende des weißen Mannes, wird den Entwicklungen, die von ihnen kommen, nicht Einhalt geboten … Wie ich zu Hitler stehe? Nun, als Knabe … Mein Gott … Heute weiß ich einiges. Doch ich sagte es Ihnen: Ich sehe keine andere Chance.«

Der Oberst spülte Göller den weißen Schaum vom Kopf und seifte ihm den Rücken ein.

»Auch ich habe eine Frage«, sagte Göller und saß mit geschlossenen Augen.

»Fragen Sie, Ger«, sagte der Oberst, »fragen Sie, ich höre.«

»Warum«, fragte Göller, »warum haben wir heute nacht gebetet?«

Der Oberst wühlte ihm die Fäuste in die Rückenmuskeln, bei jeder Bewegung darauf bedacht, der verletzten Schulter nicht zu nahe zu kommen. »Sie haben doch davon gehört«, sagte er, »daß unsere Leute vor nicht allzulangem in der Moldau und in Bessarabien an die zehntausend Juden umbrachten? Daß sie bei den Verschleppungen nach Transnistrien über zehntausend umkommen ließen? Daß Soldaten und Offiziere der Königlich-Rumänischen Armee mit den Leichen je nach deren Goldzähnen und Schmuck untereinander Handel trieben? Wen sie nicht erschossen oder erschlugen, den stopften sie in Viehwaggons und ließen den Zug auf der hundertfünfzig Kilometer langen Strecke zwischen Jassy und Kischinew so lange hin und her fahren, bis die Eingepferchten verdursteten, wahnsinnig wurden oder Selbstmord begingen ... Das alles, Ger, auf Geheiß des ›Judenbefehls‹ unseres Staatschefs General Antonescu. Kennen Sie den Befehl? Es gibt ihn seit dem Juli dieses Jahres. Ger, er frißt mir die Seele ... ›Seid unerbittlich‹, heißt es darin, ›seid gnadenlos, denn wir wissen nicht, in wieviel Jahrhunderten wir wieder die Möglichkeit zur ethnischen Säuberung haben werden. Wenn's nicht anders geht, schießt mit Maschinengewehren auf sie. Auf alle. Ihr habt freie Hand. Kein Gesetz bedroht euch.‹« Der Oberst schwieg, er schnaufte und stöhnte. Er sagte: »Hören Sie, Ger, ich mag weder die Arroganz der Auserwähltheit dieses noch eines anderen Volkes. Auch nicht die des Ihren ... Aber Frauen ins Gesicht und in den Bauch schießen? Kinder in den Wahnsinn treiben oder verdorren lassen? ... Ich habe fünf Kinder, meine Frau ist schön wie eine byzantinische Madonna und zum sechsten Mal guter Hoffnung ...« Der Oberst war erregt. Er drückte Göller die Fäuste auf beiden Seiten der Wirbelsäule mit solcher Kraft bis ins Kreuz hinab, daß der vor Schmerz stöhnte und sich leicht krümmte. Dann stieß er einen jener fürchterlichen Flüche aus, die bis zum Schöpfungsbeginn zurück allem, was je auf Erden atmete, den Zorn Gottes und den Unflat des Teufels ins Gehirn und in die Geschlechtsteile wünschen. Der Fluch nahm kein Ende, und der Oberst sprach ihn mit der Inbrunst eines Betenden vor sich hin. Schließlich erstickte er in einem Wimmern. »Und Sie bleiben dabei«, keuchte der Oberst, »daß er unsere letzte Chance ist? ... Sie sind mir unheimlich, Ger, und alle Ihresgleichen ...«

»Ich werde Ihnen einiges in Erinnerung rufen, Oberst«, sagte Göller nach einer Pause kühl, »der ›Henker der Ukraine‹, Lasar Moissejewitsch Kaganovitsch, ließ im Einvernehmen mit seinem Duzbruder Stalin während der Zwangskollektivierung Anfang der dreißiger Jahre und danach während der ›Großen Säuberung‹ rund zehn Millionen Menschen systematisch verhungern, totschlagen, erschießen; Eltern aßen damals ihre verendeten Kinder auf. Kaganovitsch, der Sohn einer Jüdin und eines Juden, läuft frei herum ... Der siebenbürgische Bolschewikenjude Béla Khun ermordete zusammen mit seiner Geliebten, einer Absolventin der Sorbonne, an die fünfzigtausend wehrlose, gefangene Offiziere der Weißen Armee. Die GPU-Sonderführer ...«

»Hören Sie auf, Ger«, unterbrach ihn der Oberst barsch, »und seien Sie gerecht: Die meisten seiner Exekutanten ließ das Monster Stalin mittlerweile liquidieren. Und denken Sie daran, daß die Wut der Juden auf die Russen die Reaktion auf Pogrome und schändliche Behandlung im Zarenreich war und ist.«

»O ja«, antwortete Göller, »doch sehen Sie sich auch in Ihrem Land um, Oberst! Was richteten die aus Galizien in die Nordmoldau eingesickerten Juden als Geldverleiher mit Ihren Bauern an? Haben Sie gelesen, was Ihr verehrter Nationaldichter Mihai Eminescu darüber schrieb? Und da wundert Sie der ›Judenbefehl‹ Ihres Staatschefs? ... Erinnern Sie sich, bitte, außerdem an die antijüdische Haltung der britischen Mandatsverwaltung seit den Jahren vor diesem Krieg und bis zum jetzigen Zeitpunkt – arbeiten die Briten da nicht Hitlers Judenpolitik in die Hände? ... Und vergessen Sie schließlich nicht: Hitler, man mag von ihm halten, was man will, ist nicht nur die Antwort auf die Schweinereien der Siegermächte des Ersten Weltkriegs. Er ist bisher auch die einzige eindeutige Antwort Europas auf den Bolschewismus, mit dem die feinen Pinkel des Westens kokettieren ... Wie? ... Sie sagen, es geht nicht an, ein Volk ausrotten zu wollen, wie Hitler das will? Lenin und Stalin rotteten Klassen aus. Nennen Sie mir den Unterschied. Beide Male geht es um Menschen. Zu Tode gequälte Menschen sind nicht dadurch bedauernswert, daß sie einem Volk oder einer Klasse angehören.«

»Ger, um Gottes willen, Ihre Leute vergasen Menschen«, schrie der Oberst.

»Ich weiß es«, erwiderte Göller, »sie lernten es von Stalin, der sein NKWD schon Jahre vor Hitler Vergasung als Mittel der Massenhinrichtung einsetzen ließ ... Ich bleibe dabei«, sagte Göller ruhig, »Hitler ist unsere letzte Chance. Die allerletzte.«

»O ja«, sagte der Oberst mit letzter Beherrschung, »Sie sind mir unheimlich. Sie denken nicht wie ein Mensch, Sie befehlen sich selber, im Kopf wie eine Ausrottungsmaschine zu funktionieren. Sie rechtfertigen sich mit Stalin? ... Ger, Stalin ist das indiskutabelste Argument dieses Jahrhunderts ...«

Der Disput und Göllers Ungerührtheit hatten den Oberst bis zur Erschöpfung erregt. Er schüttelte lange den Kopf, massierte immer noch Göllers Rücken und sagte schließlich: »Ich erzähle Ihnen eine jüdische Geschichte: Ein Rabbi fragt seinen Schüler: ›Wann beginnt der Tag?‹ Der Schüler antwortet: ›Wenn ich die Terebinthe nicht mehr mit der Palme verwechsle.‹ – ›Nein‹, sagt der Rabbi, ›das genügt nicht.‹ Sagt der Schüler: ›Vielleicht wenn ich zwischen einem schwarzen Schäferhund und einem schwarzen Schaf unterscheiden kann.‹ – ›Auch das reicht nicht‹, antwortet der Meister, ›erst wenn du im Antlitz eines Menschen deinen Bruder erkennst, ist es Tag geworden ...‹« Nach einer Pause sagte der Oberst leise: »Denken Sie darüber nach, Ger.«

Eine Zeitlang waren wieder nur das Rascheln im Schilf und die sanften Bewegungen des Wassers zu hören. Göller schwieg. Dann kehrten die beiden erfrischt zu dem ihnen zugedachten Tagwerk in der pausenlos und bis in alle Ewigkeit hinein mit den abartigsten Drecks-händeln beschäftigten Welt zurück und setzten sich an den reichen Frühstückstisch. Oder hätten sie die Welt verändern können? Die Welt verändern heißt den Menschen verändern. Wer kann das schon? Gott hat ihn mit dem Fluch des größten aller Zerstörer belegt, und dabei bleibt er. Die beiden Männer hatten an jenem Morgen über Näherliegendes zu sprechen.

Später fuhr Göller, wie abgemacht, mit einem der Männer aus des Obersten Truppe nach Bukarest. Nein, am Ufer der Ialomiţa-Sümpfe gab's für ihn nichts mehr zu tun. Noch bei der Ankunft in der Hauptstadt fühlte er den Prankengriff des Obersten in Rücken und Nacken. Ich werde mich an ihn erinnern, dachte er, sooft mir die Stunde im Wasser des alten Stroms einfallen wird. »Ger«, war des Obersten letztes Wort beim Abschied gewesen, »die Nacht in den Sümpfen war für meinen Bruder eine weitere Niederlage gegen Pierre Angot ... Besorgen Sie ihm den Franzosen! Jetzt weiß ich, daß Sie der richtige Bluthund dafür sind ...«

XI. Kapitel

Vom Blut im Eisernen-Tor-Paß und auf Adelinas Schläfe

Drei Tage lang fieberte Gerry Göller – trotz der Antibiotika, die er sich verabreichte. Er schlief viel und verließ das Hotelzimmer nicht. Drei Tage lang grübelte er über Dutzende möglicher Fluchtwege Angots und dessen Begleiter. Sie müssen im Brückenumkreis einen Unterschlupf haben, überlegte er, den ihnen Ortsansässige mit Deckung durch übergeordnete Stellen bereit halten, der Oberst und Furnegg liegen richtig mit dem Vorhaben, das Gebiet Schritt für Schritt absuchen zu lassen. Baranga sah er in diesen Tagen nicht.

Er hörte in den Rundfunknachrichten die Meldung über den Ausgang der Doppelschlacht vom Bialystok-Nowogródek. »Die größte Material- und Umfassungsschlacht der Weltgeschichte wurde siegreich abgeschlossen«, hieß es im Text des deutschen Armeekommandos, »323 898 Gefangene, darunter mehrere kommandierende Generäle und Divisionskommandeure, fielen in unsere Hand, 332 Panzerkampfwagen, 1809 Geschütze und Mengen an sonstigen Waffen wurden erbeutet oder vernichtet. Damit hat sich die Gesamtzahl der bisher an der Ostfront eingebrachten Gefangenen auf über 400 000 erhöht ... Gleichzeitig scheiterte in Nordafrika ein Ausfallversuch britischer Panzer aus Tobruk heraus am zusammengefaßten deutsch-italienischen Artilleriefeuer ... An der Kanalküste verlor der Feind bei Angriffsversuchen am Tage zwanzig Flugzeuge. In den letzten drei Tagen wurden 83 britische Flugzeuge abgeschossen.«

Am Abend des dritten Tages – er war, Erleichterung verspürend, eingenickt – weckte ihn das Läuten des Telefons. Schon bei der ersten Silbe erkannte er die Stimme seines Freundes Renbrik, des Pastors der Beatae-Mariae-Virginis-Gemeinde. Berlin ließ mitteilen – las der Pastor den ihm verschlüsselten Text vor –, daß sich Yvonne Marchant schon vor einer Woche ihren Beobachtern in Paris entzogen habe und sich, wie soeben erst festgestellt, als Michèle Tireau in Bukarest aufhalte. Mit Rücksicht auf Stimmungen in der französischen Bevölkerung sei sie in Paris nicht eliminierbar. Die Gelegenheit, dies in Bukarest zu tun, habe umgehend wahrgenommen zu werden.

Göller hatte mitgeschrieben und dechiffrierte die Nachricht. Dann schluckte er zwei bereitliegende Pillen, kleidete sich an und steckte die handliche kleine Walther-Pistole ein. Als er eine Minute später das Hotelzimmer verließ, senkte sich der Abend über Bukarest.

Er kam nur bis ins Foyer, das Baranga gerade betrat und an ihm vorbei zum Treppenhaus ging. Er benutzte den Aufzug und stand wenig später in seinem Zimmer vor dem Oberleutnant, dem er von der Anweisung aus der Berliner Prinz-Albrecht-Straße nichts sagte. Während des folgenden Gesprächs erwähnten sie weder die Vorgänge in den Sümpfen noch Barangas plötzliche Abreise.

Baranga hatte in einem der beiden Sessel Platz genommen. Er sagte ohne Umschweife: »Ich habe einige Nachrichten. Die erste betrifft Angot, Wenger und Smith – die drei sind, was ich erwartete, hier nicht wieder aufgetaucht. Sie werden es auch nicht mehr, vermute ich. Damit sind wir auf den dicken Lincoln angewiesen ... Die zweite Nachricht ist noch schlimmer: Wir haben es nicht nur mit Angot, Wenger und Smith zu tun, wir haben es mit höchsten Stellen meines Dienstes zu tun. Mehr darüber in einigen Tagen. Die dritte Nachricht betrifft die Französin. Michèle Tireau – oder wie auch immer – verließ Bukarest Hals über Kopf in der vergangenen Nacht. Ich vermute, Lincoln hat sie vor uns gewarnt. Es ist eine gute Nachricht. Wir sind sie los.«

Baranga sah erschreckend müde aus. »Ger«, sagte er mit leiser Stimme, »ich habe seit zweiundsiebzig Stunden nicht geschlafen. Ich hatte außerdem mit einigen kolossalen Schweinen zu tun. Ich darf ihnen nie wieder zu nahe kommen, will ich meinen Kopf behalten. Ich bin todmüde. Ich muß über vieles nachdenken. Ich lasse mich jetzt nach Hause und geradewegs ins Bett fahren. Da ist der Schlüssel, der Wagen steht unten. Übermorgen um diese Zeit treffen wir uns hier in Ihrem Zimmer. Suchen Sie mich in den nächsten zwei Tagen nicht.«

Besorgen Sie ihm Angot! hörte Göller die Stimme des Obersten, als Baranga die Tür hinter sich zugezogen und sich seine Schritte entfernt hatten, besorgen Sie ihm Angot ... Die Marchant ist also fort, dachte er, Heydrich wird eine andere Lösung für sie finden müssen.

Göller konnte seinen Vorsatz, Baranga die verdiente Ruhe zu lassen, nicht verwirklichen. Nach dessen Weggehen fühlte er sich zu frisch, um an Schlaf zu denken, obwohl es mittlerweile zehn Uhr geworden war. Er schob sich die Walther hinter dem Hosenriemen auf den Rücken und fuhr ins Erdgeschoß hinab. Als er das Café des Hotels durch den Nebeneingang betrat, sah er zuerst den Moskauer Ivanov wie üblich am Ecktisch sitzen. Chesterton saß ihm gegenüber. Die beiden hatten die Köpfe zusammengesteckt. Dann erblickte er den schwitzenden Lincoln, der ihm, mit Papierstückchen beschäftigt, aus einem seiner Schweinsäuglein über feister Wange zuzwinkerte. Zum ersten Mal kam Göller der Gedanke, Lincoln könnte Jude sein. Er ging geradewegs auf den Amerikaner zu, und noch bevor er sich den Stuhl zum Sitzen zurechtschob, sagte er: »Ich habe mich bei Ihnen zu bedanken, Lincoln, Sie haben mir die Pariserin vom Hals geschafft.« Lincoln war so verblüfft, daß er seine Unsicherheit eine Sekunde lang nicht verbergen konnte. Aha, dachte Göller, Baranga hatte recht, er war's! Er setzte sich, lächelte Lincoln an und sagte: »Dafür, daß Sie sie mir kopfscheu gemacht haben, kriege ich einen Tipp von Ihnen. Oder unsere Freundschaft ist in Gefahr.« Lincoln war zu schlau, um den Unschuldigen zu spielen. »Ich verlange nicht von Ihnen«, sagte Göller, »daß Sie mir Ihre Quelle nennen. Die finde ich selber. Ich erwarte einen Tipp in der anderen Richtung. Zum Beispiel, was in der nächsten Zeit so auf mich zukommen wird. Na?«

»Verdammter ›Kraut‹«, knurrte Lincoln, fuhr dann aber nach kurzem Überlegen leise fort: »Hören Sie genau zu, Ger, ich sage nur: Donau …«

»Ach, Lincoln«, unterbrach ihn Göller, »das habe ich eben erst hinter mir.«

Doch Lincoln wiederholte eindringlich: »Ger, ich sage Ihnen nur: Donau! Und damit ich bei Ihnen wieder im Geschäft bin: Morgen um diese Zeit an diesem Tisch. Dann weiß ich mehr. Sind wir quitt? Ger, wir beide brauchen uns noch.«

Göller sagte: »Okay« und wollte das Lokal verlassen. Doch Lincoln faßte ihn am Ärmel und machte ihm mit den Augen ein Zeichen, sich wieder zu setzen. »Ja?« fragte Göller, nachdem sie sich eine Zeitlang in die Augen geblickt hatten.

»Vergessen wir für drei Minuten«, sagte Lincoln, »warum wir beide in dieser Balkantaverne sitzen, wo wir eigentlich nichts zu suchen haben. Mich beschäftigen seit langem einige Fragen, die ich nun Ihnen stellen will.«

»Ich höre«, sagte Göller.

»Sagen Sie mir, Ger«, Lincoln neigte sich über den Tisch, »warum kämpft ihr Deutschen nicht ausschließlich gegen die Bolschewiken, sondern gegen die Slawen? Gegen Menschen, die nicht anders sind als Sie oder ich? Ich habe das nie verstanden. Warum nimmt eure Propaganda nicht ausschließlich die Kommunisten ins Visier, sondern redet vom ›ostischen Untermenschen‹? Warum widerlegt ihr mit der Erfahrung eurer respektablen Kultur und der Schärfe eurer Intelligenz nicht eine blenderische Ideologie, sondern beleidigt und erniedrigt, ermordet und meuchelt Unschuldige, die Achtung und Bewunderung für euch empfanden? Wenn ich richtig vermute, ist einer Ihrer belesenen und musisch gebildeten Obermörder Ihr Chef, Heydrich? … Sieht keiner von euch, daß ihr auf diese Weise alle gegen euch aufbringt, die sich – seien sie rassisch so oder anders – das Gefühl für Menschlichkeit, für die Würde auch des allerletzten Menschen bewahrten? Ohne den Nazischeiß hättet ihr die Welt auf eurer Seite gehabt. Warum mißbraucht ihr auf diese barbarische Weise euren Namen, euer Genie? Warum tötet ihr Juden, nur weil sie Juden sind, anstatt euch, wenn es schon sein muß, nach allgemeinen Rechtsgrundsätzen Individuen vorzuknöpfen, von denen ihr meint, daß sie Verrat an eurem Staat üben, egal ob sie Slawen, Juden, Deutsche oder was auch immer sind? Wenn ihr euren rheinischen Hinkekrüppel Goebbels unwidersprochen posaunen laßt: ›Wir merzen die Juden aus, weil sie nicht zu unserer Rasse gehören!‹, und euer österreichisches Ungeheuer Hitler: ›Ich habe meinen Generälen befohlen, alle Polen – ob Weib, Kind oder Mann – zu töten!‹, dann versetzt ihr damit nicht nur Juden und Polen in Angst und Schrecken, sondern alle Menschen auf der Erde, die nicht zu eurer ›Rasse‹ zählen. Ihr redet von den slawischen Halbtieren, wollt aber Bulgaren, Slowaken, Slowenier, Kroaten und Ukrainer zu Verbündeten haben. Ist euch noch zu helfen? Ist die Steigerung solcher Stupidität möglich? Mit eurer Verranntheit vertut ihr im Osten die welthistorische Chance ganz Europas. Meine Eltern stammen aus dem europäischen Osten, und ich weiß, daß die Ostvölker in euch Deutschen ihre Befreier sahen. Statt ihnen Gelegenheit zu geben, gemeinsam mit euch für ihre Freiheit gegen den Bolschewismus zu kämpfen, benehmt ihr euch wie die Trottel: Ihr treibt sie in die Arme des Monsters Stalin zurück. Euer Erbübel ist eure Arroganz, seit eh und je die gottverdammte unheilbare Arroganz eurer Führerkaste ... Und was heißt schon ›Rasse‹? Seht euch in der Geschichte um: Ger, auch die beste Rasse taugt nichts, wenn ihr die gute Motivation fehlt. Der Mensch war niemals das wert, was ihm seine ›Rasse‹ mitgab, sondern immer allein das, was als Motivation in ihm lebt. Sind wir Juden nicht das beste Beispiel dafür? Und jede Politik, Philosophie und Gesellschaftsordnung ist zum Scheitern verurteilt, die sich nicht am Menschen orientiert, so erbärmlich er auch sein mag. Was ihr also macht, ist nicht nur kriminell, es ist auch abgrundtief dumm ... Ich kann mir nicht vorstellen, daß sich euer Fußvolk, diese tapferen Jungs, die ihr in allen Himmelsrichtungen an den Fronten verheizt, den hirnverbrannten Quatsch ausdenkt. Ger, ich habe die deutschen Intellektuellen im Verdacht, die Verdummer und Verderber der Nation zu sein ... Wieviel schlauer sind da die Kommunisten unseres Genossen Marx! Mit den Proletariern aller Länder, die sich gegen die besser Weggekommenen vereinigen sollen, versprechen sie jedem etwas. Natürlich können sie ihr Versprechen nicht halten. Denn auch ihre Theorie akzeptiert genau wie die der Nazis den Menschen nur als Funktionsteilchen im Kollektiv. Aber sie beschränken sich nicht auf die Provinz eines elitären Rassekreises, sie sichern sich durch die Globalität ihrer These den weltweiten Zulauf einer Klasse ... Ihr mißachtet mit eurer Rassenüberheblichkeit eine Weisheit, die auch bei euch sprichwörtlich ist: ›Hochmut kommt vor dem Fall.‹ Ger, Sie sehen mich ratlos.«

Göller hatte schweigend und aufmerksam zugehört. Es ist zum ersten Mal, dachte er, daß ich Lincoln sehe, ohne daß er mit Papierschnipseln hantiert, o ja, Jeremy Lincoln – einst Jeremias Lincovitsch – ist also bekennender Jude. Erst nach einer Pause sagte er: »Vielleicht ist unsere Kultur gar nicht so hochstehend, wie wir und andere meinen. Vielleicht ist Kultur überhaupt immer nur die Angelegenheit sehr weniger. Aber beweist selbst einer, der himmelstürmende Verse dichtet, damit schon Kultur? Müssen wir Kultur nicht neu definieren?«

»Und wie?« fragte Lincoln.

»Kultur«, antwortete Göller, »beginnt und endet mit der Fähigkeit zur Scham. Sie fehlt unserer Zeit. Und sie wird künftig immer seltener ... Im übrigen bin ich in allem, was sie sagten, Ihrer Meinung ... Haben Sie eine gute Zeit, Lincoln«, sagte er und reichte dem dicken Ami die

Hand, was er bisher niemals getan hatte. Als er hinausging, blickten ihm Ivanov und Chesterton nach. Ich habe ihm auf seine Fragen nicht geantwortet, dachte er. Donau? Was, verdammt, meint er damit? War Lincoln verspätet oder wußte er was Neues? Wieso wieder Donau?

Einer Eingebung folgend, fuhr er in die Colentina-Chaussee.

Adelina war soeben eingetroffen. Sie wirkte fahrig, zerstreut, behauptete, »fürchterlichen Ärger« zu haben, und fragte ihn unvermittelt, womit er sich »denn eigentlich so« beschäftigte. O ja, es gäbe da etwas, beantwortete sie seine Frage und blickte ihn prüfend an, »bei dem du mir behilflich sein kannst«. Sie begann im Zimmer auf und ab zu gehen und sah ihn dabei immer wieder an, als erwäge sie die Möglichkeit der Lösung ihres Problems mit seiner Hilfe, müsse sich den Schritt aber noch überlegen.

Während sie redete, beobachtete er sie unauffällig. Sekundenlang wirkt sie, dachte er, als hielte sie sich an einem weit entfernten Ort auf, dann wieder sieht sie mich mit dem geraden Blick an, in dem sich ihr ganzes Wesen ausdrückt: Eigensinn, Furchtlosigkeit, Zielstrebigkeit, Unberechenbarkeit. Er wußte, daß von eben dieser Mischung der Reiz ausging, auf den er ansprach. Sie war im gängigen Sinn nicht schön, aber von einer zugleich spröden wie geschmeidigen Rassigkeit in allem, was sie tat, die ihm in solcher Unmittelbarkeit vorher niemals begegnet war. Auch ihre Sexualität ist davon bestimmt, dachte er, sie hat die unsteuerbare Vorbehaltlosigkeit von Gewitterentladungen.

Er wich ihrer wiederholten Frage nach seiner Beschäftigung so klug aus, daß sie es nicht bemerkte. Er treibe sich, sagte er wie beiläufig, in allen wissenschaftlichen Bibliotheken der Hauptstadt herum. Wie er ihr ja berichtet habe, ermögliche ihm das Jahresstipendium der Universität Bukarest in Absprache mit der Berliner Friedrich-Wilhelm-Universität den Zugang zu den Schriftensammlungen aus dem Nachlaß des Moldaufürsten Dimitrie Cantemir. Besonders dessen Briefwechsel mit der Berliner Akademie der Wissenschaften in den Jahren vor 1714 beschäftigte ihn, das heißt, bevor der Fürst zum Akademiemitglied berufen wurde. Das alles sei ihr doch bekannt, wo liege ihr Problem?

Adelina unterbrach ihn, blieb stehen, löschte das Deckenlicht – schon wieder ist sie mit den Gedanken sonstwo, dachte er – und zündete die kleine Wandlampe mit dem dunkelgelben Porzellanschirm über dem Bett an. Sie ging zum Fenster, lauschte und sagte: »Ach ja!

Wir sprachen darüber.« Und das Stipendium könne verlängert werden, habe er ihr erzählt, sie erinnere sich, ja natürlich ... Was ist nur los mit ihr? grübelte er, sie war die letzten Tage und Nächte nicht daheim, ich rief ein Dutzend Mal vergebens an. Wo war sie? Nein, dachte er, verstecken kann sie sich nicht, auch das gehört zu ihr. Was denn vorgefallen sei? fragte er, sollte er ihr helfen, so müsse sie ihm endlich ... »Nein«, sagte sie entschlossen und trat vom Fenster zurück, »nein!«, so als hätte sie es sich nun endgültig überlegt, »vergiß es. Ich krieg's allein hin. Das war vorhin nur ein Moment der Schwäche, eine kurze Müdigkeit.« Sie war jetzt wieder ganz da. Doch als sie ihn gleich danach mit diesem halb herrischen, halb ungezähmten Blick anlachte und sagte: »Jetzt will ich mit dir ins Bett, mon bélier blond!«, hatte sich bei ihm schon jenes gewisse Gefühl des Lauerns eingestellt, das er kannte. Es würde ihn jetzt nicht mehr loslassen, wußte er, er konnte sich darauf verlassen.

Das Gefühl erfuhr eine Steigerung, als sie sich nackt gegenüberstanden und sie beim Anblick des Schulterverbands und des Heftpflasters zuerst erschrak, dann aber sofort das starre und ungläubige Lächeln um Mund und Augen hatte, erst recht, als sie fast tonlos fragte: »Wie sagtest du? Eine Verletzung beim Sturz auf der Treppe?« Aus jeder Fiber ihres Gesichts las er die Zweifel. Sie standen Körper an Körper. Er spürte, wie sie sich an ihn drängte und ihn suchte, sie öffnete leicht die Schenkel und nahm ihn auf. Er sah dabei, daß sich die starren Züge und der zweifelnde Ausdruck um ihren Mund sekundenlang lösten, während sie ihren heißen Schoß gegen ihn preßte. »Wie holt man sich eine solche Verletzung auf einer Treppe?« fragte sie flüsternd. »Indem man falsch tritt«, sagte er und lauerte jetzt bis zum Äußersten angespannt auf jede Regung in ihrem Gesicht, »und mit der Schulter auf einen der Metallzierstifte am Geländer fällt.« Er hob sie mit beiden Händen an den Schenkeln hoch. Er öffnete sie dabei noch mehr. Sie legte die Arme um seinen Nacken, schlang die Beine um ihn und schloß die Augen. Er trug sie langsam zum Bett, legte sie mit dem Gesäß behutsam auf dessen Rand und überließ sich ihren Ausbrüchen. Einige Male stöhnte sie: »Wie holt man sich bei einem Treppensturz eine solche Verletzung?« und hatte immer wieder Anflüge dieses fassungslosen, erstarrten Lächelns, als hege sie einen unerhörten Verdacht, den sie aber nicht wahrhaben wollte.

Sie schliefen nachher sofort ein. Dreimal weckte sie ihn heißhungrig, und er hatte das Gefühl, als wolle sie mit der Unersättlichkeit etwas verdrängen. Sie setzte sich auf ihn. Sie schob ihm das Gesäß entgegen. Sie kroch unter ihn.

Und von Mal zu Mal war er sich sicherer, daß sie von dem nächtlichen Schußwechsel unter den Stahlbogen der Cernavoda-Brücke wußte. Daß sie mit Angot, Wenger und Smith irgend etwas zu tun hatte. Und daß sie ahnte, daß er in jener Nacht der Akteur auf der anderen Seite war.

Als er nach Tagesanbruch mit dem Entschluß erwachte, so lange mit ihr darüber zu sprechen, bis er erfahren würde, was er wissen wollte, war sie schon fort. Sie hatte sich den Schlüssel aus seiner Hosentasche geholt und den Wagen genommen. Auf dem Wandspiegel in der Duschkabine las er, mit dem Rougestift in energischen und schwungvollen Zügen geschrieben: »Den Wagen kriegst du in zwei Tagen bei mir wieder. Ich brauche ihn für einen Dienst an meinem Vaterland, mon bélier blond.« O ja, überlegte er, sie ist noch unberechenbarer, als ich dachte.

Im Foyer des Hotels wartete der Leutnant Sven Boll auf ihn. Als sie sich in Göllers Zimmer im fünften Stockwerk gegenüberstanden, sagte Boll: »Baranga schickt mich. Er suchte Sie telefonisch ohne Erfolg, dann rief er mich an. Kommen Sie, es gibt da etwas, worüber wir zu dritt sprechen müssen.« Keine Viertelstunde später hielt Boll seinen BMW in der Strada General Berthelot vor einem breiten Haus an, dessen Fassade mit Gipssäulen, Blendarkaden und kunstvoll verschnörkelten Kapitellen ausgestattet war; in der Eingangsnische erkannte Göller eine von Schnitzwerk bedeckte Tür, in dem ihm die aneinandergereihten assyrischen Löwenköpfe besonders auffielen. Boll drückte auf einen der weißen Klingelknöpfe in der wappenförmigen Eisentafel und stieß gleich danach den rechten Türflügel auf.

Barangas Erdgeschoßwohnung bestand aus zwei geräumigen Zimmern, Küche und Badezimmer. Durch die Glastür des hinteren Zimmers ging der Blick auf einen von Jasminsträuchern und drei Buchsbäumen bewachsenen Garten. Baranga trug einen schwarzen Bademantel, er hatte soeben geduscht, seine Haare waren naß und ungekämmt. Das Narbengesicht war vom heißen Wasser gerötet. Er lud die beiden ins Arbeitszimmer ein, wo auch sein Feldbett stand. Wie immer ohne Umschweife, kam er zur Sache, wobei auch diesmal seine weiche Stimme die Vermutung hätte aufkommen lassen, es gehe um Belangloses. Während er den heißen türkischen Kaffee einschenkte, den er »cu caimac«, »mit Schaum«, servierte, sagte er:

»Meine Vermieterin«, er blickte kurz hinauf, als wolle er zeigen, wo sie wohnte, »Frau Petra Staratiades, weckte mich vor anderthalb Stunden mit der Frage, ob ich jemanden kenne, dem ein ›offenbar sehr interessanter geheimdienstlicher Tipp‹ mit der Hoffnung ›auf eine entsprechende Gegenleistung‹ anvertraut werden könnte. Die Angelegenheit sei dringend. Sogar sehr dringend.«

Baranga setzte sich zu den beiden an den runden, niedrigen Tisch, hob langsam die Tasse und schlürfte von dem brühheißen Getränk. Göller hatte nach seiner Tasse greifen wollen, hielt aber in der Bewegung ein; er sah Baranga an. Der sagte: »Es geht um eine Frau, deren Verlobter in Konstantinopel auf Betreiben der Deutschen von der türkischen Geheimpolizei verhaftet wurde. Die Frau behauptet, Kenntnis zu haben von einem ›großangelegten kriegswichtigen Sabotageakt‹ hier im Land. Sie ist bereit, ihre Information weiterzugeben, wenn ihr dafür die Entlassung ihres Verlobten aus der Haft, ihre Ausreise in die Türkei und beiden von dort aus die Emigration ins britische Mandatsgebiet Palästina garantiert wird.«

»Wo liegt der kritische Punkt der Angelegenheit?« fragte Göller.

Boll und Baranga sahen ihn gleichzeitig an, dann blickte Boll zu Baranga hinüber, als wollte er fragen: Sagen Sie es ihm – oder überlassen Sie es mir? Baranga forderte Boll zum Sprechen auf.

»Der kritische Punkt ist der Verlobte«, sagte Boll und stellte die Tasse ab, »der Mann ist Jude.«

»Und?« fragte Göller, »wenn das, was uns die Frau mitteilen will, tatsächlich die Brisanz hat, von der sie spricht, was kümmert es uns, wer der Mann ist?«

»Das ist richtig«, sagte Boll, »dadurch aber wird die Angelegenheit zu Ihrem Fall, Ger. Weder die Abwehr zwei noch wir ›Brandenburger‹ dürfen agieren, sobald es sich um Juden handelt. Das ist Heydrichs – das ist allein Ihr Ressort. Lägen die Dinge anders, wäre ich längst aktiv geworden. Jetzt müssen Sie entscheiden. Aber schnell.«

Göller überlegte kurz, sagte dann »Aha!« und fragte Baranga: »Wo ist die Frau?«

»Das weiß ich nicht. Ich bringe Sie zu Frau Petra Staratiades. Über alles weitere weiß nur sie Bescheid.« Während sich Baranga nebenan ankleidete, trank Göller seine Tasse leer, murmelte zwischen zwei Zügen: »Gottverdammte Berliner Idioten!« Er erhob sich rasch, als Baranga aus dem Nebenzimmer trat. »Ich warte hier«, sagte Boll, »beeilen Sie sich.«

Als sie im Lift ins zweite Stockwerk fuhren, sagte Baranga: »Frau Staratiades darf nicht erfahren, daß ich für den Dienst arbeite.« Göller nickte.

Die Dame mit Lorgnon, vor der die beiden Männer zwei Minuten später standen, beeindruckte Göller durch die Klarheit und Knappheit ihrer Ausführung. Während er ihr zuhörte, erreichte ihn das kaum wahrnehmbare Odeur erlesenen Parfüms, das sie umgab. Der Blick ihrer grünen Augen ruhte prüfend auf ihm. »Ich weiß nicht, wer Sie sind«, sagte sie, »es kümmert mich auch nicht. Es genügt mir, daß Xandu Sie hierher brachte.« Göller nickte. »Es handelt sich«, fuhr sie fort, »um Stunden, so wurde mir berichtet. Höchstens um einen Tag. Ich zweifle nicht an der Richtigkeit der Mitteilung. Wollen Sie sie auswerten, müssen Sie vermutlich sehr schnell handeln.« Sie schwieg, Göller ließ ihr Zeit. Die Unbeirrbarkeit, die von Frau Staratiades ausging, übertrug sich auf ihn und beseitigte seine Bedenken. Ohne zu wissen, wieso, war er sich sicher, hier weder in eine Falle zu tappen noch einem Phantom nachzuspüren, so unwahrscheinlich sich die Umstände auch darstellten. »Ich werde Sie mit der jungen Frau zusammenbringen … Und wir zwei«, sagte sie zu Baranga, »wir werden ihn mit ihr allein lassen.«

Wieder nickte Göller.

»Komm, Xandu«, sagte sie, »wir gehen hinüber ins Balkonzimmer.« Unterwegs ins Zimmer mit dem Steinbalkon über dem Garten öffnete sie die Tür an der Schmalseite des Wohnraums einen Spalt und sagte etwas. Dann war Göller allein in dem mit Empire-Möbeln eingerichteten Raum. Es war so still, daß er das langsame Ticken der französischen Kaminuhr mit dem von der Bronzefigur des Kronos getragenen Zifferblatt hörte; die Uhr stand auf einem Tragstein in der Ecke. Als sich die Tür ganz öffnete, die Petra Staratiades kurz aufgestoßen hatte, erhob er sich. Nur eine halbe Sekunde dauerte sein ungläubiges Staunen, dann trat er auf die junge Frau zu, die wie gelähmt stehengeblieben war. Er ergriff ihre Hand und küßte sie. Vor ihm stand Dr. Amurdschians jüngste Tochter, Cosmea Amurdschian – Göllers gleichaltrige Schulfreundin aus Kindheitstagen.

Er verlor keine Zeit, und Cosmea Amurdschian wußte, daß jede unnötig verstreichende Minute in ihrer Lage verschwendete Lebensfrist war. Sie zog Göller in einen der Sessel, setzte sich ihm gegenüber und begann, ihm halblaut, ohne Erregtheit und sachlich die Zusammenhänge zu erläutern.

Es war die Angelegenheit weniger Minuten. Was Göller erfuhr, löste in ihm das Gefühl aus, das Blut gefriere ihm in den Adern. Woher Cosmeas Information stammte, fragte er nicht, wußte es jedoch schon nach den ersten Sätzen. Die Genauigkeit, mit der Cosmea Amurdschian die Einzelheiten nannte, ließen keinerlei Zweifel an der Zuverlässigkeit ihrer Mitteilung aufkommen. »Gerry«, fragte sie, deren halborientalische sinnliche Schönheit unaufdringlich war und sich in ihrer Reife dem flüchtig erstaunten Göller erst während des Gesprächs erschloß, »Gerry, mit dem, was ich dir sage, liefere ich mich dir ganz aus. Benutze mich, bitte, nicht, um einen Fall zu lösen, der dich in deiner Karriere weiterbringt. Wenn du mir nicht helfen kannst, sag's mir. Die Information, die ich dir gab, war mein einziges Atout. Jetzt hältst du es in der Hand.«

Göller durchschossen hundert Gedanken. Für eine Rücksprache mit Berlin war keine Zeit. Außerdem wußte er, daß sich Heydrich im Augenblick für ihn unerreichbar in Prag aufhielt. Wie sollte er es zuwege bringen, Cosmea Amurdschian aus dem Land zu bringen, dessen Grenzen seit Kriegsbeginn hermetisch abgeschlossen waren? Wie die Entlassung ihres Verlobten, des Agenten in britischem Auftrag Daniel Nelson, aus dem türkischen Gewahrsam und wie zusätzlich die Emigration der beiden nach Palästina erreichen? … Das alles muß innerhalb der nächsten Stunde geklärt werden, dachte er, andernfalls kann ich Cosmeas Information vergessen. Mir bleibt nichts übrig als eigenmächtiges Vorgehen. Rücksicht auf den hiesigen Geheimdienst? Solange Baranga mitzieht, stellt sich mir die Frage nicht.

Aber er wußte auch, daß ihm die Situation auf den Leib zugeschnitten war. Er überlegte kurz. »Du wartest hier in dieser Wohnung auf mich«, sagte er dann, »du wartest bei Frau Staratiades, bis ich von mir hören lasse. Ich stelle dir eine Bedingung: Du sagst keinem Menschen, daß wir uns kennen. Du sagst keinem Menschen, womit ich mich beschäftigte, keinem, verstehst du? Jetzt nicht, in Zukunft nicht. Zu deiner und meiner Sicherheit.« Sie sah ihn ohne Scheu an. »Du hast mein Wort.« Er lächelte kurz und sagte: »Ich weiß, daß ich dir vertrauen kann.« Sie verschwand hinter der Tür zum Nebenzimmer.

Schon zehn Minuten, nachdem Baranga und Göller die Wohnung der Frau Petra Staratiades betreten hatten, saßen die drei Männer wieder im Erdgeschoß in Barangas Arbeitszimmer. So erfahren alle drei im Umgang mit außerordentlichen, ja mit phantastischen Umständen waren, die Mitteilung, die sie von der jungen Armenierin erhalten hatten, ließ auch den schnellen, geistesgegenwärtigen Berliner Boll und den gelassenen Baranga einige Male nervös den Kopf schütteln. Göller jagte sie auf. Der ist wie ein Panther vor dem Sprung, dachte Baranga und sagte gleichzeitig: »Mein Bruder, der Oberst, ist vermutlich in der Lage, die Überfahrt der Dame durchs Schwarze Meer in einen der nahen türkischen Häfen zu veranlassen, auf einem der neuen Schnellboote, die in Konstanza vor Anker liegen und seinem Kommando unterstehen. Er hat da gute Leute. Aber Daniel Nelsons Haftentlassung in Konstantinopel und die Emigration des Paares ...?«

»Das ist's!« rief Göller, »das ist's! Wenn der Oberst das in die Hand nimmt ... Aber er muß wissen«, sagte er, »daß er dabei Kopf und Kragen riskiert. Es geht darum, die Informantin an der Siguranţa und an der Gestapo vorbei aus dem Land zu schmuggeln.«

Noch ehe Göller ausgesprochen hatte, stand Baranga vor dem Schreibtisch; den Hörer in der Hand, wählte er eine Nummer. Göller winkte Boll ins Wohnzimmer hinüber. Während sie Barangas weiche, eintönige Stimme durch die angelehnte Tür hörten, sagte Boll, dessen Kindergesicht mit den blitzblauen Augen in den letzten Minuten straff geworden war: »Ihr Heydrich ist unerreichbar, sagten Sie? Das ist doch ausgezeichnet. Dann bleibt uns für die Intervention in Konstantinopel nur der Admiral ... Mann, Ger! Damit haben wir vielleicht Glück. Ich übernehme das. Ich telefoniere mit Canaris.«

Keine dreißig Minuten nach Bolls und Göllers Ankunft im Gründerstilhaus in der Strada General Berthelot legte Göller seiner ehemaligen Schulfreundin Cosmea Amurdschian in der Staratiades-Wohnung die Einzelheiten der nächsten Schritte auseinander. Von der Ruhe ihres Vaters, dessen Liebling sie war, nahm die Tochter des steinreichen Armeniers alles, was sie hörte, äußerlich unbewegt zur Kenntnis. Als es nichts mehr zu sagen gab, stand Göller auf und fragte:»Haben wir uns jetzt einander ausgeliefert?«Auch sie erhob sich und sagte:»So wie damals, als ich dir beim Blick vom Gipfel der Zinne auf die Stadt hinab meine gräßliche Angst gestand – und du mir von deiner Furcht in den unterirdischen Geheimgängen Kronstadts erzähltest … Hast du auch heute noch manchmal Angst?«Während sie sich kurz zu ihm neigte und ihn auf die Wange küßte, sah sie nicht, wie sich sein Gesicht verfärbte. Verdammt, was habe ich ihr davon gesagt? versuchte er sich krampfhaft zu erinnern.»Ja«, antwortete er, als spräche er mit sich selber,»ich habe auch heute manchmal Angst, aber heute sage ich es keinem mehr.«

»Jetzt mußt du dich beeilen«, flüsterte sie, als hätte sie seine Bemerkung nicht gehört.

Göller war froh, daß Baranga mit keinem Wort nach dem Verbleib des Opel-Kabrio fragte, als sie eine Stunde später nach einigen längeren Telefonaten aus Bukarest westwärts hinausfuhren; Boll hatte die beiden in seinen BMW genommen und bei der Ausfahrt aus der Hauptstadt die zwei Reservekanister vollgetankt. Er fuhr schnell, doch ohne die Hasardbesessenheit Barangas bei der Fahrt nach Osten, und ließ sich wie die beiden anderen nichts von der Angespanntheit anmerken, die sie alle drei nach und nach spürbar beherrschte. Auch an Stellen, an denen er wegen des Verkehrs zur Drosselung der Geschwindigkeit gezwungen war, zeigte er keine Ungeduld.

Sofern Cosmea Amurdschians Information stimmte, mußten sie, um sich ein Bild des Operationsgebietes zu machen, noch bei Tageslicht den Eisernen-Tor-Paß erreichen, durch dessen Felsenlandschaft sich die Wassermassen der Donau zwischen den Südkarpaten und dem serbischen Erzgebirge zwängen. Boll hatte vor der Abfahrt die»Brandenburger«-Zentrale Bukarest-Padina angewiesen, über ihre Kommandostelle im Donaustädtchen Orşova eine der deutschen Militäreinheiten am jugoslawischen Ufer in den geplanten Handstreich einzubeziehen. Doch es war verlorene Zeit, der Versuch scheiterte an den lückenhaften und auch vielfach gestörten Nachrichtenwegen; ohnehin war mit der Abkömmlichkeit der in diesem Raum von serbischen Partisanengruppierungen gebundenen spärlichen deutschen Einheiten nicht zu rechnen. So hatte Boll nach einigem Hin und Her den Befehl nach

Orșova durchgeben lassen, außer der Beobachtung des rechten Donau-
ufers bis zu ihrem Eintreffen nichts zu unternehmen.

»Woher hat die Dame Kenntnis vom Vorhaben der Briten?« fragte
Baranga, der auf dem Beifahrersitz saß. Göller, im Wagenfond mit
Karten, Zeichnungen und Fotografien beschäftigt, hörte Barangas
Stimme die Müdigkeit an. Sie wirkt schlaff und kraftlos, dachte er. Seit
ihm Pierre Angot nicht nur entkam, sondern er offenbar bei der Jagd
auf den Franzosen auch »von oben« gestoppt wurde – ob der Generalleutnant Romulus Stoican dahintersteckt? überlegte er –, ist er nur
noch halbherzig bei der Sache. Aber gerade jetzt darf er nicht aufgeben, verdammt … »Sie sagte es zwar nicht«, beantwortete er Barangas
Frage, »doch ergab es sich aus ihrer Mitteilung: Ihr Verlobter Daniel
Nelson ließ ihr aus Konstantinopel die Nachricht kurz vor seiner
Festnahme zukommen, er gab ihr dabei auch den Tipp für deren Verkauf.«

»Wissen Sie, wie alt die Nachricht ist?«

»Sie erhielt sie telefonisch gegen drei Uhr vergangene Nacht.«

»Der SIS der Briten«, sagte Baranga nach einigem Überlegen, »operiert also nach wie vor aus der Türkei.«

»Ist ja auch sicherer«, sagte Göller, »als vom besetzten Jugoslawien
aus.«

Boll, der bisher während der Fahrt kein Wort gesprochen hatte, lachte kurz auf und rief anerkennend: »Da sind schon ein paar verrückte Ba-
starde beim SIS am Werk! Den Eisernen-Tor-Paß absperren! Die Öl-
transportroute Donau blockieren! Mir wird eiskalt bei dem Gedanken,
daß auf dieser Strecke täglich fünftausend Tonnen rumänisches Rohöl
nach Deutschland gebracht werden …« Er schüttelte sich. »Wie wollen
die Strauchdiebe das anstellen?« Er lachte auf, sah Baranga und Göller
an und fragte: »Kennen Sie die Gegend?« Beide verneinten. »Und das
Ganze«, fragte er, »soll in der kommenden Nacht über die Bühne
gehen?«

»Ja«, sagte Göller.

»Da hat dieser Daniel Nelson mit der Information an die Verlobte
seinen Auftraggebern einen ganz schön stinkenden Hund zugeschoben«, rief er.

Sie schwiegen, bis Göller sagte: »Mit wem haben wir's diesmal zu
tun?«

Weder Baranga noch Boll antwortete. Die Spannung stand allen dreien ins Gesicht geschrieben.

Es kam während der schnellen Fahrt zu einem Vorfall, der sich jedem von ihnen auf andere Weise einprägte.

Als sie sich, von Osten kommend, vor dem Städtchen Slatina dem Altfluß näherten, der hier in fast schnurgerader Nordsüdrichtung die Getische Tiefebene teilt und der Donau zufließt, überquerte vor ihnen eine große Schafherde die Nationalchaussee. Sie war weither zu sehen. Es mochten über zweitausend Tiere sein. Boll drosselte die Geschwindigkeit und schraubte das Fenster hinunter. Mit einem Mal war das Geblöke der Lämmer und das Gebimmel der Glöckchen am Hals der Leithammel zu hören; die Ausdünstung der Tierleiber, der Geruch ihrer Wolle drangen ins Wageninnere. Schließlich war der Wagen so nahe an die Herde herangefahren, daß Boll anhalten mußte.

Unbeeindruckt ergoß sich der Strom der Herde dicht vor ihnen über die Straße. Aus Barangas Gesicht war die Anspannung verschwunden; er lächelte. Göller und Boll war die Ungeduld anzusehen, doch keiner sagte ein Wort. Über die schwarzen und weißen Wollrücken ragten Leiber und Köpfe dreier hintereinander gehender schwer beladener Grauesel empor. Auch sie bewegten sich mit der Ruhe der Gewißheit, daß niemand ihren Weg zu stören berechtigt war. Allein die klobigen, dickpelzigen Hütehunde neben der Herde blieben schrittweit vor dem Wagen stehen. Sie sahen mit erhobenem Kopf und warnendem Blick zu dem übelriechenden Gefährt herüber, dann trotteten sie weiter. Immer noch lächelte Baranga.

Die Hirten, deren einer weit vor der Herde ging, trafen keinerlei Anstalten, die Tiere zur Eile anzutreiben; sie wußten, daß es wenig fruchten würde. Da fiel Göllers Blick auf eine der drei hinter der Herde gehenden Männergestalten, die sich jetzt langsam der Straße näherten. Er sagte leise zu Boll und Baranga: »Sehen Sie sich mal den Kerl dort an!« Der Hirte überragte seine beiden Gefährten um mehr als Haupteslänge. Er war breit, von hünenhafter Erscheinung und schritt mit der Gelassenheit eines Tieres, das keine Furcht kennen muß, weil sich seine Kraft allen anderen ohne Dazutun mitteilt. Dem Riesen hing ein langer Umhängepelz von den Schultern. Er hielt einen armdicken Stock unter die Schulter geklemmt, an dem er im Gehen schnitzte. Einmal leuchtete die Messerklinge in der Sonne kurz auf.

Er war der erste, der erkannte, daß sich die drei Männer im Wagen in Eile befanden. Mit einem gellenden Pfiff, der wie ein Peitschenknall klang, hob er beide Arme. Sofort begannen die Hunde, die Schafe bellend vorwärts zu drängen. Dennoch ging es langsam. Der Mann kam mit langem Schritt um die Herde herum auf den Wagen zu, dem er sich von der Beifahrerseite näherte. Baranga kurbelte die Scheibe hinunter und blickte ihm entgegen. Es war deutlich zu erkennen, daß der Hirte die Nachsicht der drei erbitten wollte: Da sei nichts zu machen, schien seine Körpersprache zu sagen, noch ehe er einen guten Tag wünschte, so sei das nun mal mit den Schafen ... Göller hielt eine Sekunde lang den Atem an, als sich der Mann herabbeugte. Die Adlernase, der fast unheimlich kalte Blick der hellen, nahe beieinander liegenden Augen gaben dem Gesicht einen Ausdruck von Verwegenheit, wie er es noch nie bei einem Menschen gesehen hatte. Der Mann reichte Baranga vorsichtig den am Knotenende zu einem Frauenkopf geschnitzten Stab zum Fenster hinein. Er sprach kein Wort, aber seine Geste und sein Blick auf die Herde sagten: Nehmt diesen Stock als ein Zeichen des Danks für die Geduld, die ihr mit meinen Schäfchen habt ... Wortlos wendete er sich um und ging den Schafen hinterher, deren letzte jetzt tippelnd des Straßenband überquerten – in Richtung der Donausenken, wo sie den Winter verbringen würden. Er wendete sich nicht mehr um. Der zottige Mantel ließ ihn noch größer und breiter erscheinen ... Barangas Veränderung war nicht zu übersehen. Sein Lächeln wirkte fast entrückt.

Boll drückte aufs Gaspedal. Der BMW startete mit scheuernden Reifen, die Herde blieb in der Ebene hinter ihnen zurück. Alle drei hatten Mühe, sich wieder auf die Aufgabe zu konzentrieren, die vor ihnen lag. Boll sagte nach einer Pause: »Den hätte Napoleon auf Anhieb zum Offizier gemacht.«

Unter dem Frauengesicht, das sie von der Knotenverdickung am oberen Stockende mit fast zärtlich ins Holz geschnitzten Augen anblickte, als sie der Reihe nach den Stock betrachteten, war mit feinen Linien in senkrecht übereinander gestellten Buchstaben ein Name eingeritzt. Göller, dem Baranga den Stock nach hinten gereicht hatte, las den Namen laut vor: »Gordan ... Daneben wollte er anscheinend einen zweiten Namen schneiden«, sagte Göller, »aber er kam über den Anfangsbuchstaben nicht hinaus: R ...«

»Vielleicht ein Frauenname«, rief Boll, »meine Frau heißt Ruth.«

»Wer weiß«, sagte Baranga nach einiger Zeit, »wer weiß.«

Boll fuhr plötzlich schneller als bisher. »Ruth«, sagte er halblaut.

Sie trafen am frühen Nachmittag in der Stadt Orşova am rumänischen Donauufer ein. Ein schmächtiger Kerl, der sich als Gleim vorstellte, empfing sie am Sitz der »Brandenburger« in einem alten, aufgelassenen Schulgebäude nahe der Donau mit der Nachricht, daß »alle verfügbaren Männer unter dem Kommando von Oberleutnant Meinhardt im Uferbereich das Gelände beobachten«, der Oberleutnant habe die Anweisung hinterlassen, die drei Herren sofort nach der Ankunft zu ihm zu bringen – der Unteroffizier Gleim kommt aus Dresden, dachte Göller. Gleim hatte in ihrer Erwartung eine Generalstabskarte an die schwarze Wandtafel geheftet. Er erklärte Grundsätzliches und beantwortete Göllers Frage, ob es sinnvoll sei, über den Strom zu setzen, um auch von der anderen Seite einen Überblick zu gewinnen, mit der Bemerkung: »Kaum – meint der Oberleutnant. Drüben ist nichts als Steilufer, Fels, gegen den der Strom in der Biegung drückt, man kommt von dort aus nur schwer und nur an wenigen Stellen ans Wasser heran. Ich kann mir nicht vorstellen«, sagte er, »daß bei der starken Strömung da jemand etwas unternehmen will. Ist Ihre Information denn zuverlässig?« Als ihn Göllers eisiger Blick traf, schwieg er. »Dafür kann ich es mir vorstellen«, sagte Göller, »das genügt. Bringen Sie uns zu Ihrem Oberleutnant.«

Die Nachmittagssonne ließ mit dem schräg einfallenden Licht die Gebirgsauftürmungen der Felsenwülste am Südufer als kilometerlange dramatische Szenerie erscheinen. Göller war, als sich ihm das ganze Bild darbot, schockiert. In grellem Grau phosphoreszierende, mit Wildbewuchs durchsetzte Steinwände waren von kantigen Schatten aufgerissen, die wie drohende Wesen im Fels klebten. Die aus dem Strom himmelwärts wachsenden grauen Wände gaben im scharfen Licht die Spalten, Risse, Vorsprünge und Einbuchtungen bis in die letzte Einzelheit preis. Noch bevor sie im unwegsamen, auch auf dieser Stromseite von Buschwerk, Bäumen und Geröll bedeckten Gelände bei Meinhardt ankamen, der von gut getarnter Stelle aus mit dem Feldstecher die Felswildnis drüben absuchte, mußte Göller die wachsende Mutlosigkeit in sich niederkämpfen. Nein, so gewaltig hatte er sich den Stromdurchbruch nicht vorgestellt, die Unübersichtlichkeit der kilometerweit gewundenen Gebirgswände machte den Plan, den er sich zurechtgelegt hatte, zunichte. Sie überquerten unter Pappeln, Akazien und stacheligem Unterholz ein Stück der Tabula Romana, der alten Römerstraße. Die Wassermengen, in der Paßenge zusammengepreßt und von den nachdrängenden zu schneller, ja reißender Bewegung angetrieben, wirkten hier in ihrer rastlosen, grollenden Erregung unheimlich. Und die Sonne sank. Viel Zeit hatten sie nicht. Göller blickte unruhig auf die Uhr.

Über Barangas Narbengesicht rannen glitzernde dicke Schweißtropfen, Bolls Hemd war durchnäßt, als sie beim Oberleutnant ankamen, der im Sichtschutz dornigen Gestrüpps unter einer Akazie stand.

Der Oberleutnant verharrte unbewegt. Ohne den Feldstecher sinken zu lassen, sagte er halb über die Schulter zu den dreien in sonorem Bayerisch:»A so a spinnerte Idee von die Scheißengländer, Herrschaftszeiten ... Nix! Goar nix seh i! Schaug'ns hoit söiber.«Er setzte den Feldstecher ab, wandte sich um und reichte den dreien die Hand. Er war ein dunkelhaariger Mann mit loderndem Blick. Sein Hemd war weit geöffnet, der Feldstecher baumelte ihm auf der behaarten, breiten Brust. Im reinsten Hochdeutsch fuhr er an Boll gewendet fort:»Wir zwei haben doch miteinander telefoniert?«

»Ja«, sagte Boll.

»Setzen wir uns«, sagte er,»meine Leute sind weiter stromabwärts ... Du kannst zurückgehen, Gleim.«

Sie setzten sich auf Steinblöcke und Moosbuckel.»Sie müssen einiges wissen«, sagte Meinhardt,»vor Beginn des Balkanfeldzugs im April gab's Bewegung auf der jugoslawischen Seite des Wassers. Noch in der letzten Nacht beobachteten wir einige beladene flache Donaufrachter, die von Semlin aus losfuhren. Als wir sie nach dem Durchbruch nicht mehr ausmachen konnten, wurden wir stutzig. In der Nacht waren drüben außerdem Geräusche zu hören, als würde im Fels gearbeitet. Doch als dann nichts weiter geschah und wir uns um eine Menge anderer Dinge zu kümmern hatten, dachten wir nicht mehr an die Frachter.« Meinhardt rieb sich die behaarte Brust, sah Boll nachdenklich an und sagte:»Aber seit unserem Telefongespräch heute früh gehen mir die Frachter nicht mehr aus dem Kopf.« Er schlug sich eine Stechmücke aus dem Gesicht.»Nein«, sagte er,»nein, Ihre Information ist keineswegs aus der Luft gegriffen, wie es beim ersten Blick aussieht. Bevor ich Ihnen stromabwärts eine bestimmte Stelle zeige, noch dies: Ich ließ dort Sturmboote und Waffen ausladen und zog alle verfügbaren Mannschaften zusammen. Kommen Sie.«

Sie arbeiteten sich wieder durch zerschründetes Geröll- und Dornbuschgelände, kletterten in schluchtartige Einschnitte hinab und auf der anderen Seite wieder hinauf, ehe Meinhardt stehen blieb und mit Stacheln und Kletten in Hose, Bart und Hemd auf sie wartete. »Da sind wir«, sagte er. Das Geräusch des Stroms unter ihnen hörte sich wie ferner und dunkler Gewitterdonner an. Meinhardts Männer waren so vorzüglich getarnt im abstürzenden Ufergebiet verteilt, daß Göller erst nach Minuten einige von ihnen erkannte. Meinhardt zeigte zwischen Zweigen und Ästen über den Strom. »Sehen Sie die Vorsprünge und Spalten«, fragte er, »da, wo das Wasser dicht am Felsen schäumt?«

Baranga wischte sich eine der lästigen Stechmücken von der Stirn und setzte als erster den Feldstecher an, den ihm Meinhardt gereicht hatte. Göller spürte sofort die Spannung, die von dem neben ihm stehenden Baranga Besitz ergriff, während er das gegenüberliegende Ufer absuchte. Seltsam, dachte er, welche Verwandlung seit der Begegnung mit der Herde in ihm vorging, als habe das Eintauchen ins Urtümliche seiner Heimat einen Kraftschub ausgelöst ... Zwei, drei Minuten lang war nur das gedämpfte Tosen des Stroms zu hören. Keiner der Männer sagte ein Wort. Dann gab Baranga den Feldstecher an Göller weiter, wortlos, mit aufgerissenen Augen zeigte er über den Strom.

Was Göller durch die vergrößernden Gläser sah, waren glatte Steinflächen, Einschnitte und mächtige Felsvorsprünge mit seltsamen Löchern in den tieferen Lagen, an deren Gestalt das Wasser in langen Zeiten gearbeitet hatte. In diesem Augenblick sagte Boll, der halb vor Göller stand und Gleims Feldstecher behalten hatte: »Sehen Sie sich mal die Stelle oberhalb des rechten Einschnitts genau über dem Wasserschaum an.« Solange Göller die Stelle suchte, war es wieder still. Der schwere und brodelnde Atem der Donau drang bis zu ihnen herauf. Göllers Blick glitt Meter für Meter auf den bezeichneten Punkt zu. Dort waren die dunkelgrauen Vorsprünge so versetzt, daß hinter einem eine Einfahrt vermutet werden konnte. Risse und Moosflechten ließen sich erkennen. Wieso ist der Fels dort oberhalb der Wasserfläche heller? dachte er noch, dann hielt er den Atem an und wagte nicht, sich die blitzartige Erkenntnis einzugestehen, daß ihm das Bild vertraut war.

Noch ehe er den Feldstecher zögernd niedersinken ließ, wandte ihm Baranga das Gesicht zu. Göller erschrak – niemals bisher hatte er die von Schrammen und vernarbten Schnitten durchzogenen Züge so gesehen: Barangas Gesicht war fast weiß. »Ger«, flüsterte Baranga, »das Foto ...«

»Mann!« stieß Boll fast gleichzeitig hervor, »das Foto in Pierre Angots Jackentasche! Von wegen Brückenpfeiler! Der Hundesohn von einem Franzosen hat von hier aus die Uferfelsen drüben fotografiert.« Meinhardt sah die drei der Reihe nach mit seinem Flackerblick an; Göller erläuterte ihm kurz die Umstände. »Da schau her«, sagte der Bayer und fragte rasch: »Aber wieso ein Franzose? Wieso Angot? Ich denke, wir haben es mit Briten zu tun?«

»Angot ist das As«, sagte Boll, »sowohl Sûreté als auch Secret Service setzen ihn ein, wenn ...«

»Sie wissen noch nicht alles«, unterbrach ihn Meinhardt, »erst heute nachmittag entdeckte ich, daß hinter der Wölbung mit dem Einschnitt oder Spalt eine größere Bucht liegen muß, ich sah dort einen Baumstamm hinter die Felsen hineintreiben und nicht wieder zum Vorschein kommen. Ich hätte mir Klarheit verschafft. Aber der Befehl aus Bukarest-Padina band mir die Hände«, er unterbrach sich, nahm Göller den Feldstecher ab, setzte ihn an und sagte entschieden: »Klar doch, hinter den Vorsprüngen liegt ein Versteck!«

»Und der Angot hat von hier aus die Fotos gemacht«, rief Boll, »um sich die letzte Sicherheit darüber zu verschaffen, daß die Zufahrt von diesem Ufer aus nicht zu erkennen ist. Das paßt doch, ja! Da muß es so etwas wie ein Versteck geben. Wozu sonst hätte Angot die Bilder gemacht?«

»Unsere Luftaufnahmen von dieser Stelle sind unbrauchbar«, sagte Meinhardt, »der dichte Baumbestand beginnt, wie Sie sehen, gleich hinter den Uferwänden alles zu überwuchern.«

Baranga, seit der Nacht in den Ialomiṭa-Sümpfen in allem, was er sagte und tat, gezeichnet, wirkte wie ausgetauscht, Göller spürte es in jeder Faser. »Wir haben keine Zeit«, rief er auffahrend, »los! Als erstes müssen wir feststellen, was es mit dem Versteck auf sich hat. Hören Sie, Ger, egal, ob es da einen Zusammenhang mit der Information gibt, wegen der wir hier sind, oder nicht: Was immer hinter den Felsen stecken sollte, es ist jetzt unser einziger Anhaltspunkt.« Wieder verscheuchte er mit einer Handbewegung und einem Kopfschütteln die Moskitos aus seinem Gesicht. Göller nickte und fragte Meinhardt: »Auf der anderen Uferseite sind doch unsere Truppen?«

»Ja und nein«, erwiderte Meinhardt, »das schroffe Gebirgsgelände ist bis zur Donau herab voller Partisanengruppen.«

»Aha«, Göller nickte, »wenn also die Engländer für heute nacht am Wasser was geplant haben, werden sie dafür sorgen, daß die Partisanen unsere Truppen weiter landeinwärts beschäftigen. Das heißt, wir sind auf uns allein gestellt ... Ich habe dazu einige Ideen.«

»Los«, drängte Baranga noch einmal.

Alles, was innerhalb der nächsten zwei Stunden geschah, lief in rascher Reihenfolge ab.

Als Ergebnis ihrer Beratung in der »Brandenburger«-Kommandostelle Orşova setzten Boll, Baranga und Göller kurz nach Einbruch der Dunkelheit in einem Motorboot, das sie ruderten, über die Donau – eine Fahrt ins Blinde und ein gewagtes Unternehmen, da in der Finsternis jeder falsche Handgriff fatale Folgen haben konnte. So erschien den dreien die weit stromaufwärts angesetzte Überquerung auch wie ein Ritt auf einem beängstigenden Riesenwesen. Doch Meinhardt hatte die Flutbewegung mit solcher Sicherheit bestimmt, daß sie, trotz der schnellen Strömung in der Fahrrinne, am rechten Ufer fast auf den Meter genau ins Kehrwasser vor dem Felseneinschnitt trieben, der auch aus der Nähe kaum zu erkennen war. Eine Minute später drängten und zogen sie das Boot durch Brecher und Gegenwellen hinter die Felsen in eine übergangslos ruhige Wasserschneise.

Es war hier stockfinster und vom rollenden Poltern des Stroms schlagartig nichts mehr zu hören. Das Boot glitt auf der ruhigen Fläche langsam durchs Dunkel, bis der Kiel mit einem brüchigen, dumpfen Knacklaut gegen einen Widerstand stieß. Über ihnen hingen vor dem Sternenhimmel von allen Seiten die Äste großwüchsiger Bäume. Sie verharrten minutenlang, ohne sich zu bewegen. Dann erkannten sie im Licht der Taschenlampe, die Baranga in die Höhe hielt, die Umrisse eines Frachtkahns. In der Ausweitung, die sie vor sich sahen, entdeckten sie fünf weitere schwerbeladene Kähne. Göller kletterte auf den nächstgelegenen. Alle Kähne hatten Zement- und Sprengstoffsäcke an Bord. »Die sollen hinausgebracht und versenkt werden«, sagte Boll, »so wird die Hauptfahrrinne unpassierbar.«

»Und in den Löchern, die in die Felsvorsprünge gebohrt sind«, ergänzte Göller, »werden zusätzlich die Dynamitsprengsätze gezündet. Dann ist der Paß zu.«

»Mann«, sagte Boll, es klang wie ein Stöhnen, »das ist der reine Wahnsinn! ...«

O ja, der Plan sah vor – so wie Boll auf der Fahrt ungläubig ausgerufen hatte –, die schmale Hauptfahrrinne des Eisernen-Tor-Passes »abzuriegeln«. Das Waghalsige an dem Vorhaben war seine Durchführung auf dem von den Deutschen besetzten und beherrschten Gebiet.

Eine halbe Minute, bevor der Schußwechsel einsetzte, raunte Baranga dem neben ihm stehenden Göller zu: »Ger, ob der Angot mit dabei ist?«

Göller antwortete halblaut: »Ich wittere ihn.«

Sie hatten das Motorboot nahe der Ausfahrt hinter einem Felsbrokken festgemacht. Baranga hatte mit den verabredeten Lichtsignalen die Meinhardttruppe über die Lage unterrichtet. Dann waren sie aus dem Boot gestiegen und mühsam über die Simse und aus dem Gestein hängende Wurzelstrünke in den landeinwärts gelegenen Teil der Kesselbucht geklettert, vom Klirren der gegen den Fels schlagenden Maschinenpistolen und von den klackernden Geräuschen fallender Steine begleitet. Oben angekommen, hatte sich Baranga hinter einen mannshohen Baumstrunk gestellt und Signalverbindung mit Meinhardt aufgenommen. Sie waren durchgeschwitzt und keuchten; Göller roch Bolls Schweiß und Rasierwasser dicht vor sich. Was für eine hübsche Frau er hat – dank des R auf dem Hirtenstab weiß ich jetzt, daß sie Ruth heißt, dachte er, sie erinnerte mich an Tante Agathe in Berlin, mit wieviel Stolz er mir auch seine drei strohblonden Kinder auf dem Foto zeigte. Ob Baranga eine neue Freundin hat? Mit dem von Flammen zerfressenen Gesicht ...

Als Pierre Angot an der Spitze des aus britischen und serbischen Spezialagenten rekrutierten Trupps von den Berghängen herab auf den Einstieg in die felsige Stromausweitung stieß, war er sich der natürlichen Tarnung zu sicher und unvorsichtig genug, Fehler zu machen. Nicht nur das Licht der Taschenlampen, wenn in der Dunkelheit auch unerläßlich, sondern schon die Lautstärke der Unterhaltung verriet ihn und seine Männer. Baranga, Boll und Göller sahen die Leuchtkegel von weitem durchs Unterholz näher kommen. Bald danach verstanden sie jedes Wort. Als Pierre Angot und sein Trupp bei den Frachtkähnen unten angelangt waren, rief Göller halblaut zu Baranga hinüber:»Jetzt!« Baranga gab in der Sekunde darauf Meinhardt das Lichtsignal zum Angriff.

Das Gemetzel war ebenso gespenstisch wie grausig. An der Flucht durch das Feuer aus Bolls, Barangas und Göllers Waffen gehindert, waren der Franzose und seine Leute ohne Ausweg in eine tödliche Zange genommen. Pausenlos mit Leuchtspurmunition aus den Maschinengewehren feuernd, waren die Sturmbootbesatzungen, allen voran der draufgängerische Oberleutnant Josef Meinhardt, über den Strom und in die Felsenbucht geprescht, die sich in eine Hölle verwandelte. Durch den vervielfachten Geschützlärm gellten die Aufschreie der Getroffenen. Im Licht der gegen die Wände prallenden und aus den Steinen Funkengewitter schlagenden Leuchtspursalven, deren Bahnen wie Feuerwerkszauber das Dunkel durchzogen, sahen die von Kugeln herumgerissenen, ins Wasser springenden und über die Felsen fliehenden Männergestalten wie tanzende Schatten eines nächtlichen Spektakels aus, bei dem ein Wahnsinniger Regie führte.

Als die Maschinengewehrsalven in die Sprengsätze auf den vollbeladenen Kähnen einschlugen und die Detonationen die Bucht auseinanderzureißen schienen, flogen Gliedmaßen und Köpfe im hellroten Licht der seltsam zwitschernden Geschoßbahnen durch die Luft. Da erkannte Baranga, der aufrecht über dem Kessel stehend alle Magazine leergeschossen hatte, in den taghellen Explosionsblitzen Pierre Angot – er stürmte in verzweifelten Sprüngen den Steinhang herauf. Geradewegs auf ihn zu. Erst in letzter Sekunde erblickte der Franzose aus zwei Schritten Entfernung die Gestalt mit dem schwarzen Gesicht eines verbrannten Toten vor sich. Da hatte Baranga mit dem Stahlstilett schon ausgeholt. Er rammte dem hochgewachsenen Mann die fingerbreite Klinge mit solcher Kraft in den Kehlkopf, daß die Spitze auch den hinteren Schädelknochen zertrümmerte und wieder herausdrang ...

In dieser Nacht, in der vier der Meinhardt-Männer in den Fluten der Donau und zwei durch gegnerische Kugeln elend ums Leben kamen, der mit einer blonden Frau namens Ruth verheiratete fröhliche Berliner Sven Boll, Vater dreier minderjähriger Kinder, durch eine Salve der eigenen Leute den Tod fand und die zwölf Briten und Serben im Ge-

398

schoß- und Explosionshagel starben, trugen sich noch zwei Ereignisse zu, die hier der Erwähnung bedürfen.

Zur Zeit der Vorgänge im Eisernen-Tor-Paß fuhr die zwanzigjährige Adelina Borca die schwerverletzten Léon Wenger und James Smith aus dem Versteck im Haus eines Dorfschullehrers am Ufer der Ialomița-Sümpfe in Gerry Göllers Opel-Kabrio mit dem Kratzer auf der Motorhaube ins prächtige Karpatenschloß Peleș der rumänischen Königsfamilie. Die beiden Verwundeten wurden von ausgewählten Ärzten erwartet und sofort operiert. Beide sollen sich, wie Eingeweihte wissen wollen, noch monatelang in den Waldaromen der Höhen über dem Luftkurort Sinaia der vorzüglichsten Behandlung erfreut haben. Moruzovs Nachfolger, der Generalleutnant Romulus Stoican, heißt es, habe sie persönlich in verschwiegener Schutzhaft gehalten. Im übrigen verließ Adelina das Dorf am Westufer der Sümpfe nur eine halbe Stunde, bevor die Suchtrupps des Oberleutnants Furnegg auf einen Wink des Fischers Tudor hin das Haus des Lehrers betraten und zu durchsuchen begannen.

Zur selben Zeit, als Adelina Borca nächtens mit den zwei Verletzten den Karpatenpaß nordwärts fuhr und Göller in der Donauenge sämtliche Reservemagazine seiner MP-40 leerschoß, legte im Schwarzmeerhafen Konstanza heimlich eines der beiden dem Befehl des Obersten Doru Baranga unterstehenden Militärschnellboote ab. Der Oberst persönlich stand am Steuer. An Bord befand sich Cosmea Amurdschian. Zwei Stunden danach erreichte das Küstenboot bei ruhiger See das türkische Kap Uzunce nördlich des Bosporus. Dort wurde Madame Cosmea Amurdschian vom Beauftragten des Admirals Canaris in Empfang genommen. Oberst Doru Baranga kannte den Mann. Die beiden umarmten sich mit Herzlichkeit.

In dem mit den blutigen Vorgängen dieser Nacht beschäftigten Bericht des Oberkommandos der deutschen Armee hieß es lakonisch: »Eine aus Pionieren und einer Sonderformation gebildete Gefechtsgruppe überschritt in der vergangenen Nacht unter schwierigen Stromverhältnissen die Donau im Eisernen-Tor-Paß. In kühnem Handstreich wurde das jugoslawische Ufer angefahren und der feindliche Versuch vereitelt, die Fahrrinne zu sperren. Damit wurde durch entschlossenes Zufassen unserer Soldaten der lebenswichtige Schiffahrtsweg gesichert.«

Bleibt nachzutragen, daß Heydrichs Mann in Angelegenheiten der Kontrolle des rumänischen Rohölgebiets, der SS-Sturmführer Gerhard Göller, drei Wochen nach dem Vorfall im Eisernen-Tor-Paß die Studentin Adelina Borca mit dem Einverständnis seines Chefs auf einer Spazierfahrt in den Băneasa-Wäldern nördlich von Bukarest durch einen Schläfenschuß aus der Walther 7,65 tötete. Der Leichnam der jungen Frau wurde niemals gefunden, ihr Mörder erst Jahre danach einem kleinen Kreis beruflich Eingeweihter bekannt, denen er gestand, daß ihn damals die Helligkeit des Blutes auf der Schläfe Adelinas mehr beschäftigt habe als deren Tod. Eine Stunde nach der Tat brach die verheilte Wunde in seinem linken Deltamuskel wieder auf. Das Aufbrechen der Wunde in bestimmten Augenblicken sollte ihn fortan sein Leben lang begleiten.

Als ich Tantchen Petra im Spätherbst desselben Jahres zum zweiten Mal besuchte, lernte ich den Fliegeroberleutnant und ehemaligen Elitepiloten Laurenţiu Alexandru Baranga bei ihr kennen. Sein Kerbengesicht verursachte mir nur in den ersten Sekunden der Bekanntschaft Beklemmung. Als er zu sprechen begann, vergaß ich die Verunstaltungen. Seine Stimme klang weich, ja gefügig wie die eines schüchternen, sanften Mädchens. Wir tranken den Nachmittagskaffee, zu dem Tantchen Petra – auch diesmal von kaum wahrnehmbarem distinguiertem Parfümduft umschwebt – selbstgebackene Greta-Garbo-Schnitten auftischte, »nach einem Wiener Rezept meiner Mutter«, sagte sie. Baranga entschuldigte seinen verhinderten Freund Ger – er sagte »Dschärr« –, dem die Absage »unendlich schwer gefallen« sei, eine dringende Dienstverpflichtung »hat ihn nach Băneasa geführt«. Tantchen Petra bedauerte das, habe sie doch dem Helfer ihrer Schutzbefohlenen Cosmea Amurdschian, von der übrigens eine erste Nachricht aus England eingetroffen sei, herzlich danken wollen, sie werde es nachholen. Ich hatte keine Ahnung, daß Laurenţiu Alexandru Baranga mit »Dschärr« niemand anderen meinte als »Gerry« Göller.

Baranga hatte Tantchen Petra ein Präsent mitgebracht: Er schenkte ihr einen Hirtenstab, »in dessen Besitz ich auf ungewöhnliche Weise kam«, sagte er und legte den Finger mit einem kurzen Kopfnicken auf den kunstvoll eingeschnitzten Buchstaben R, woraufhin Tantchen Petra ihm mit unvermutet weichem Glanz in den Augen kurz zunickte. Der Anblick des Stocks und des neben dem R lesbaren Männernamens

»Gordan« hatte mich so überrascht, daß ich unfähig war zu einer Mitteilung über meine Beziehung zum Hirten Gordan Licu. Später drängte es mich nicht mehr, darüber zu sprechen, auch nicht darüber, daß ich seit der Kindheit einen Eibenholzstock mit eingeschnitztem Christusgesicht besaß, den mir Gordan im Malaeschter Gletschertal während des ersten Abenteuersommers meines Aufenthalts bei den Hirten und Herden im Hochgebirge geschenkt hatte … Tantchen Petra stellte den Stock unter die Steinkonsole mit der französischen Kaminuhr. In all den Jahren, in denen ich sie bis zu ihrem Tod besuchte, sah ich den Stock an derselben Stelle stehen.

Wir saßen zu dritt bis zum Einbruch der Dunkelheit auf dem Balkon über dem Garten mit Jasminsträuchern und Buchsbäumen. Der wunderschöne, von Herbstmelancholien erfüllte Nachmittag war unversehens in den Abend hinübergeglitten, als sich Baranga verabschiedete.

XII. Kapitel

Die Zupfenhügler-Variationen, Rebekka und die Folgen

Nahe der Tränengrube und dem Alten Judenfriedhof in Kronstadt, am Fuß des Schloßbergs mit den düsteren Befestigungsmauern, stand ehemals ein dreistöckiges nüchternes Gebäude. Weder ein Fenstersims noch die Rahmung einer Tür bemühte sich, die seelenlose Zweckmäßigkeit des Kastenbaus zu verbergen.

In der heute nicht mehr kenntlichen Tränengrube waren seit dem ausgehenden Mittelalter und darüber hinaus Kindsmörderinnen und Geistesverwirrte, die man für besessen erklärte, ertränkt worden – im Beisein der machtlos daneben stehenden Angehörigen, deren Tränen zu den Lieben in die Wassergrube flossen. Auch vom Alten Judenfriedhof ist nichts Erfreuliches zu berichten. Als die Juden vor einem halben Jahrhundert Stadt und Land verließen, wo sie als Nachbarn der Rumänen, Deutschen, Ungarn, Armenier und Griechen gelebt hatten, löste ihn die Stadtverwaltung auf; die unansehnliche Mauer, die ihn zur Straße hin abgrenzte, stand bis vor kurzem. Über den Gebeinen der Kinder Israels wurden sozialistische Mietshäuser nach Art kollektivistischer Kulturvorstellungen gebaut – übereinander getürmte Schlaflöcher.

Auf dem leicht abfallenden städtischen Grundstück errichtet, erweckte das Gebäude gelegentlich den Anschein, es könnte jeden Augenblick ins Gleiten kommen und im Schatten des Schloßbergs in der Senke der einstigen Hinrichtungsstätte zu Füßen der Judengräber versinken.

Zum Zeitpunkt dieses Berichts residierten in seinen drei Stockwerken die »gestiefelten Jungärsche« der »NS-Volksgruppenführung« – wie die ein- und ausgehenden uniformierten, meist jungen Männer von einigen in der Stadt im Flüsterton derb genannt wurden – und die hitlerbegeisterten NS-Germanenmaiden und -weiber mit hochgestecktem Haarknoten und trampeligen Bundschuhen. An diesem Tag herrschte in allen Zimmern der drei Stockwerke erregte Stimmung.

Dem bei allen Vertretern und Vertreterinnen der »NS-Führungselite« ebenso seiner arroganten Schnauze wie seiner forschen Rücksichtslosigkeiten wegen gefürchteten »DJ-Hauptbannführer Nibelungenfinger« – Lieblingsredewendung: »Reiß dich zusammen, oder ich bügle dich nieder!« – war ein Spottgedicht zugetragen worden, dessen Inhalt ihn betraf. Hinter allen Türen wurde darüber gesprochen.

Auch an diesem Freitagvormittag dufteten die Korridore nach den frischen Semmeln, die der Bäckermeister Johann Julius Kepp gratis an die »Volksführer« hatte verteilen lassen. Kepps Sohn Ralf, der »Stammführer«, hatte die Papiere mit dem Gedicht gefunden und sie hochroten Kopfs dem zehn Minuten später eintreffenden Herwart Zupfenhügler, alias »Nibelungenfinger«, überreicht. »Ha-Ha-Hauptbannführer«, hatte er gestottert, »ein hu-hu-hundsgemeines Spottgedicht.«

Trotz des versöhnlichen Brötchendufts war der »Nibelungenfinger« nach der Lektüre der Verse in maßlose Wut geraten. Sie als Kleinigkeit abzutun, fiel niemandem im Haus ein.

Wer den »Nibelungenfinger« kannte, wußte, daß er – an der Eitelkeit gekratzt – im Gegensatz zu seiner adretten Aalglätte der Brutalität fähig war. Zwar kicherten die gestiefelten männlichen und die bundbeschuhten weiblichen NS-Volksgruppengermanen über das Gedicht, das am Morgen an den Türen sämtlicher Stockwerke geklebt hatte, ohne daß jemandem auch nur im entferntesten eine Erklärung dafür einfiel, wie es über Nacht hingekommen war. Doch da der »Hauptbannführer« und einflußreiche Chef des »NS-Jugendpresse- und Propagandadienstes« Herwart Zupfenhügler als der Typ in den höheren Rängen galt, dessen Verbindungen und Verschlagenheit ihn gegebenenfalls für jeden gefährlich machten, hüteten sich alle, ihn ihren Spott fühlen zu lassen, um so mehr, als auch sie in dem Gedicht ihr Teil abkriegten. Nicht einmal die in hohem Ansehen stehende Landesfrauenführerinstellvertreterin Lilianne Miller, die sich nach dem aufwühlenden Erlebnis der Handreichung mit Hitler bei einer NSDAP-Massenveranstaltung in Nürnberg zwei Wochen lang die rechte Hand nicht gewaschen hatte, wagte eine Bemerkung.

Als der »Volksgruppenführer« Andreas Schmidt – während der vergangenen Nacht aus Berlin von der Berichterstattung in der »Volksdeutschen Mittelstelle« beim Reichsführer-SS Heinrich Himmler zurückgekehrt – gegen Mittag von dem Vorfall erfahren und die Spottverse gelesen hatte, ließ er den »Hauptbannführer Nibelungenfinger« sofort zu sich bestellen.

Schmidt war schlecht gelaunt. Sein Versuch, in Berlin den mächtigen Himmler über das »mangelnde Gespür des Reichsbotschafters in Bukarest Manfred von Killinger bei der Einschätzung politischer Verhaltensweisen der Rumänen« zu unterrichten, war fehlgeschlagen. Himmler hatte den freiherrlichen ehemaligen SA-Rabauken, Straßenprügler und in einen politischen Mord verwickelten von Killinger mit der markigen Anmerkung: »Wird nicht angerührt, gehört zur Garde der Alten Kämpfer« in Schutz genommen und sich jede weitere Äußerung verbeten. Mit dem Instinkt für Machtverhältnisse begabt, hatte der Bauernsohn Schmidt davon abgesehen, seinem Schwiegervater, dem SS-Obergruppenführer Gottlob Berger, über den vergeblichen Versuch bei Himmler zu berichten und ihn in der Frage »der diplomatischen Katastrophe Killinger« um Unterstützung zu bitten. Er wußte nur allzugut, daß er zwischen die Mühlsteine der SS-Rivalitäten auf höchster imperialer Ebene geraten und dort zermalmt werden konnte. So ließ er, als jetzt der »Hauptbannführer« vor ihm stand, seinen Himmler-Frust an diesem aus. Sein ausdrucksloses Schmalgesicht verhieß nichts Gutes, wie er mit verschränkten Armen vor dem Schreibtisch saß, an der Wand hinter sich das Hitler-Porträt – Profil, Braunhemd, Hakenkreuzkrawatte und -armbinde, eigenhändige Führerunterschrift.

»Wie oft habe ich dir gesagt«, blies er Zupfenhügler ohne Einleitung an, »daß du dich mit deinen Scheißanflügen von Arroganz vor dem Volk zurückhalten sollst. Und was hat das mit dem Paul auf sich, der dir eine ›geknallt‹ und dich ›in die Hecke‹ befördert hat? In die Hecke, Mann ... Hat das was mit deinem steifen Finger zu tun, mit deinem – ›Nibelungenfinger‹?« Schmidt lachte hämisch auf: »Nibelungenfinger ... Wie kann man sich bloß so einen Spottnamen holen.« Der »Nibelungenfinger« erblaßte. Doch Schmidt kümmerte das nichts. Er lachte immer noch, als Zupfenhügler schrie: »In dem Spottgedicht werde nicht nur ich verulkt. Wir werden alle zur Schnecke gemacht, der Führer, das Reich, der Nationalsozialismus.« Schmidt griff nach dem Papier, das vor ihm auf dem Schreibtisch lag, hob es hoch und sagte ungerührt: »Aber an dir wird all das aufgehängt, lieber Wanki, du bist der Anlaß. Begreifst du, was das heißt? ... Nein? Nun, es gibt hier genügend Leute, die darauf warten, daß ich dich fallen lasse ... Du wirst also die Sache untersuchen und sofort in Ordnung bringen. Und du wirst damit hier im Haus beginnen. Jeden einzelnen wirst du dir vorknöpfen. Vielleicht sitzt der Täter in unserem Kreis. Was für ein Verrückter sollte schon auf den Gedanken kommen, ins Gebäude einzudringen?« Er las das Gedicht genüßlich vor:

>»Zupfenhügler-Variationen<

Braunhemdbügler	*Zupfenstrammer.*
Zupfenhügler.	*Reißzusammer.*
Hügelzupfer	*Sogenannter*
Bergerupfer.	*Hauptgebannter.*
Rassenkesse	*Redenschwinger*
Nazifresse.	*Reichsbesinger.*
Nibelscheißer	*>Halt dein Maule<,*
Maulaufreißer.	*sagte Paule,*
Nibelzunge	*>in die Hecke,*
Fingerlunge.	*ekle Zecke!<*
Hitlerschreier	*Knallt dir eine*
Schleifdienstgeier	*ganz Gemeine …*
Reißenhügel	*Fingerhinker.*
Niederbügel.	*Nazistinker.«*

Die Ausdruckslosigkeit in Schmidts Gesicht hatte jetzt einen Zug ins Gefährliche bekommen, ähnlich dem übergroßen Braunhemdgesicht auf dem Foto an der Wand hinter ihm. »Du hast doch einen Verdacht, wer dahinter steckt?« fragte der »Volksgruppenführer«, »nein? Da kann ich dir nur raten, bald einen zu haben.« Ohne Zupfenhügler eines Blicks zu würdigen, sagte er: »Ich habe mir sagen lassen, daß du einige Redewendungen pflegst: ›Reiß dich zusammen, oder ich bügle dich nieder.‹ Steht ja alles hier drin. Leg dir schleunigst neue zu, lieber Wanki, wer sich wiederholt, ist schwach im Geist … Daß sie dich überall den ›Hauptbannführer Nibelungenfinger‹ nennen, geht nicht nur dich etwas an. Es färbt auf uns alle ab. Unangenehm für dich.« Er klopfte auf das vor ihm liegende Papier und sagte plötzlich kalt: »Das hier ist Verrat an Reich und Führer. Und du wirst herausfinden, wer es verfaßte. Oder – oder ich werde dich nicht nur ab-, sondern auch versetzen lassen. Zum Beispiel an die Front. Ist dir das alles klar?« Er machte eine eindeutige Handbewegung zur Tür hin.

Vor Zorn zitternd stand Zupfenhügler auf dem Korridor, wo es aufreizend nach des Bäckermeisters Johann Julius Kepp »ofenwarmen Frischsemmeln« duftete, was ihn erst recht wütend machte. Schon im Augenblick darauf öffnete er die Tür zur »Kanzlei des Volksgruppenführers« wieder, ging durchs Vorzimmer, klopfte und trat rasch ein. Schmidt hatte gerade seine Sekretärin, die flachsblonde fünfundzwanzigjährige Gudrun-Uta Freddels, angewiesen, »sämtliche Stabsführer dringend zu einer Besprechung hier bei mir« zusammenzurufen; er mußte umgehend deren Meinung in Sachen Baron von Killinger hören. »Hinter Killingers politischer Borniertheit paktieren die Bukarester Frondeure mit Engländern und Franzosen. Wollen die Herren der Reichskanzlei nicht wahrhaben. Killingers schwachsinnige Diplomatenberichte passen ihnen besser in den Kram«, hatte er sich hastig und gereizt für die Besprechung notiert.

»Nein, nicht schon wieder«, murmelte er, als er den »Nibelungenfinger« vor sich sah. »Ich habe einen Verdacht«, rief dieser.

»Soso«, sagte Schmidt leise, »und ich habe dir gesagt, daß du die Angelegenheit aufklären und Meldung machen sollst. Ich will nichts mehr davon hören.«

Doch der »Hauptbannführer Nibelungenfinger« ließ sich nicht abweisen. »Ich bin informiert«, sagte er rasch, »daß Direktor Martens von der ›Berg und Companie‹, mit dem wir schon einmal Probleme hatten, Leute in seinem Haus versteckt, die ...«

»Dann geh der Sache nach«, schrie Schmidt, »und leg mir ein Ergebnis vor. Du wirst mir doch nicht erzählen, daß ›versteckte Leute‹ die Spottverse verfaßten.«

»Nein«, rief Zupfenhügler, »aber nicht nur Direktor Martens, auch der junge Benno Martens und sein Freund Peter Hennerth ...«

»Hinaus!« brüllte Schmidt, »ich kann mich nicht auch noch um deinen Kindergarten kümmern. Der Erzreaktionär Martens versteckt jemanden, sagst du? Bist denn nicht du der Mann der Verbindungen zu Gestapo und Siguranţa? Stell die Beteiligten fest, mach sie fertig, gib mir schriftlich Bericht. Worauf wartest du?«

Der »Nibelungenfinger« bekam gerade noch mit, wie die angelehnte Tür zum Sekretariat, wo die Kanzleihüterin Gudrun-Uta Freddels herrschte, vorsichtig zugezogen wurde. Er riß sie auf und rannte an der kühl blickenden, stämmigen Blondine, die ihn nicht ausstehen konnte, vorbei auf den semmelduftenden Korridor.

Als er ein Stockwerk tiefer durch die Semmelduftschwaden hindurch ins Zimmer des »Stammführers« Ralf Kepp stürmte, stieß er dort auf den »Scharführer« Braumüller. »Gut, daß du da bist«, fuhr er Bramü an, »such die Beurteilungsakten Benno Martens und Peter Hennerth heraus und komm damit sofort zu mir.« Ohne weitere Erklärung durchquerte er das Zimmer und betrat seine dahinter liegende »Dienststelle Bann I, Kronstadt«. Bramü schluckte den letzten Bissen der »ofenwarmen Frischsemmel« aus der Bäckerei Johann Julius Kepp hinunter, die Ralf Kepp ihm mit den Worten: »Hi-hi-hier ha-ha-hast du eine Semmel von meinem Vater« zugesteckt hatte, und ging mit den beiden Kartonmappen ins Dienstzimmer des »Hauptbannführers Nibelungenfinger«.

Und so kam es, daß ich über »die Sache« unterrichtet wurde, die »sofort zu erledigen« von allerhöchster Stelle der »Nibelungenfinger« angewiesen worden war, noch ehe dieser etwas hatte unternehmen können. Denn schon nächstentags stand Bramü in der ersten Unterrichtspause auf dem Schulhof plötzlich neben mir, ich hatte noch den Schlußsatz des Geschichtslehrers Hermann Mehner im Ohr: »Mit Herodots Geschichtsdarstellung beginnt das abendländische Bewußtsein« und mir soeben überlegt, wo ich in Vaters Bücherei etwas darüber finden könnte.

Bramü legte mir den Arm um die Schultern und zog mich in eine abgelegene Hofecke. Er blickte sich um und sagte: »Du, Hennerth, der Wanki hat eine Mordswut auf dich und Benno Martens.« Während er weitersprach, dachte ich: Warum sagt er mir das, was veranlaßt ihn, das Schweigegebot seines verehrten »Hauptbannführers« zu mißachten und mich in Dinge einzuweihen, von denen ich nichts wissen soll? »In Bennos Beurteilung beim Bann«, sagte Bramü, »steht: ›Neigt zu klugscheißerischer Querulanz. Bei jeder Gelegenheit nörgelnde Bemerkungen. Verweigert sich innerlich. Dicke Freundschaft mit Peter Hennerth.‹« Ich zuckte mit den Schultern. »Und in deine«, sagte Bramü, »hat der Wanki eintragen lassen: ›Beste Beurteilung beim Gelände- und Wehrsportlehrgang in der Hermann-von-Salza-Führerschule. Leistungs- und belastungsstark. Entspräche sämtlichen Anforderungen, aber von zeitweiser Bockigkeit. Unberechenbar. Daher unzuverlässig.

Freundschaft mit dem Sohn des Reaktionärs Martens von abträglichem Einfluß.«

Da ich nicht wußte, worauf Bramü hinauswollte, aber spürte, daß er aus freundschaftlichen Gefühlen handelte, sagte ich unverblümt: »Was geht es den ›Nibelungenfinger‹ an, wer mein Freund ist? Was nimmt der sich überhaupt mit solchen ›Beurteilungen‹ heraus?« Bramü überhörte meinen Einwand und zog mich mit einem harten Griff am Arm näher an den Lattenzaun. Von der anderen Straßenseite drang aus dem Hof des Adele-Zay-Gymnasiums das Gekreische zweier Gruppen Völkerball spielender Mädchen bis zu uns herüber; ich meinte, die unverkennbare Kommandostimme meiner Schwester Maria herauszuhören. Jenseits des Astra-Parks spielten auch in dieser Pause die Schüler des rumänischen Șaguna-Lyzeums Fußball. Bramü hielt mich immer noch am Arm fest. »Hör gut zu, Hennerth«, sagte er eindringlich, »wart ihr beide das? Du und Benno? … Ich kann mir vorstellen, daß die Frechheit auf eurem Mist gewachsen ist. Ich meine das Zupfenhügler-Pamphlet. Jeder weiß, was ihr von Wanki haltet.«

»Ich halte ihn für einen Affen in Uniform, der nicht weiß, daß man seinen Hintern sieht«, sagte ich.

»Das will ich nicht gehört haben«, fuhr mich Bramü an, »antworte! Wart ihr beide das?« Ich sah ihm ins gerötete Gesicht und schwieg. »Mensch, Hennerth«, fauchte er, »macht nur keinen Blödsinn. Der Wanki kann verdammt unangenehm werden, der kennt kein Pardon.«

»Du mußt es ja wissen«, sagte ich, verbiß mir aber die weitere Antwort, denn bei Bramüs Bemerkung durchschoß mich ein Gedanke, der mich erschreckte. Noch ehe ich die Sprache wiederfand, sah mich Bramü mit ungläubigem Kopfschütteln an. »Wußte ich's doch«, sagte er wie zu sich selbst, »ihr beide wart das. Wer denn sonst.« Immer noch kopfschüttelnd fuhr er fort: »Gut, Hennerth, ich sag's keinem, wir zwei hatten nie Probleme … Aber der Zupfenhügler – der hat euch jetzt im Verdacht.« Er schwieg, er war ratlos, dann sagte er: »Ich habe den Auftrag, euch beide zu beobachten. Und beobachten zu lassen. Mehr sage ich nicht. Und du versprichst, daß du mich nicht verpetzt.« Ich versprach's. »Du hast – du hast mich sehr enttäuscht, ausgerechnet du«, sagte er und ließ meinen Arm los.

Er wendete sich brüsk ab und überquerte den Schulhof, der sich zu leeren begann, weil es zum Pausenende geläutet hatte. Der »Nibelungenfinger«, dachte ich, der »Nibelungenfinger« hat ihm nicht alles gesagt.

Während der folgenden Erdkundestunde behielt ich kaum einen Satz vom Vortrag »Erdgasvorkommen und -erschließungstechniken im Karpatenbogen« des kürzlich in Göttingen mit der Leibniz-Medaille ausgezeichneten Geologen Doktor Heinrich Wachner, eines durch sein einzigartiges Fachwissen und seine geduldige Gesprächsbereitschaft bei uns Schülern angesehenen und beliebten Lehrers. Die paar Wortfetzen, die ich aufschnappte, vergaß ich nach Sekunden wieder. Ich hätte jetzt sofort mit Benno sprechen müssen, doch der war krank gemeldet. So überstand ich diese letzte Unterrichtsstunde mit wachsender Ungeduld. Denn eines war mir sofort klar: Rebekka und ihr Vater schwebten in Gefahr – und mit ihnen die Familie Martens. Nein, dies hatten Benno und ich nicht bedacht. Daß ich in der Stunde nicht wegen Unruhe zurechtgewiesen wurde, hatte ich allein der weithin bekannten Gutmütigkeit Doktor Wachners zu verdanken. –

Wenige Monate nach der Teilung Siebenbürgens durch den »Zweiten Wiener Schiedsspruch« im Herbst 1940, für den die »Hauptstadt der Ostmark« ihren Namen hatte hergeben müssen, war es Direktor Martens mit Hilfe vielfältiger Verbindungen gelungen, seinem Geschäftspartner und Freund Adam Hermes und dessen Tochter Rebekka zur Flucht aus dem an Ungarn gefallenen Teil der Provinz nach Süden, nach Rumänien, zu verhelfen. Der vierundvierzigjährige Adam Hermes, seit fünf Jahren Witwer, hatte Otto Martens um Rat gebeten, nachdem er vertraulich unterrichtet worden war, daß auf Drängen Berlins und im Einverständnis mit der Budapester Regierung in Ungarn Juden- und Zigeunerverhaftungen und -verschleppungen erheblichen Ausmaßes bevorstünden. »Der Antisemitismus ist im Volk der Magyaren verbreitet«, hatte Hermes gesagt, »und die politischen Führungskreise in Budapest haben dem Ansinnen nur allzugerne stattgegeben.« Direktor Martens hatte nicht wenig gestaunt, als Hermes ihm auch den Namen des Mannes nannte, der »die Aktion im Besitz unumschränkter Befugnisse unter Mitwirkung der kollaborationswilligen ungarischen Polizei flächendeckend« durchzuführen bestimmt war. »Ich kenne den Mann sogar persönlich«, hatte Hermes zu Martens gesagt, »Anfang der dreißiger Jahre war ich geschäftlich in Düsseldorf mit ihm zusammen.

Ein kleiner, unscheinbarer Handelsvoyageur. Er heißt Eichmann … Wenn ich mich recht erinnere Karl Adolf.«

Dieser fünfunddreißigjährige gelernte Handelsvertreter Eichmann war vor kurzem von dem nur zwei Jahre älteren deutschen Sicherheitsdienst-Chef Reinhard Heydrich mit dem Referat für Judenfragen im Berliner Amt betraut und neuerdings an vorentscheidender Stelle in die »Endlösung« der Frage eingebunden worden. Dem Befehl Heydrichs gemäß sollten dabei Ungarns Juden besonders ins Auge gefaßt werden. Auch hierüber war Adam Hermes in den Besitz genauer Information gekommen: Auf einer Geschäftsreise durch Süddeutschland hatte ihn ein Bekannter, ein Münchner Tuchhändler, hinter vorgehaltener Hand davon unterrichtet und gewarnt. Hermes war klug genug, Martens' Vorschlag sofort anzunehmen und alles stehen und liegen zu lassen. Innerhalb zweier Tage hatte Martens in Budapest gefälschte Ausweis- und Ausreisepapiere für Vater und Tochter besorgt, ein Bravourakt des geschmeidig und nervenstark agierenden Mannes, für den sie alle, wäre er mißglückt, teuer hätten bezahlen müssen.

In einer gewagten Nachtfahrt hatte Martens Vater und Tochter Hermes dann beim Städtchen Sfântu Gheorge, Sankt Georgen, im Wagen über die Grenze nach Süden gebracht. In seinem großen Kronstädter Haus könnten die beiden so lange wohnen, wie es die Lage gebiete, hatte Martens seinem Geschäftsfreund Hermes zugesichert, da seien sie gut aufgehoben. Die Wahnsinnsorgien in den alten rumänischen Landesteilen jenseits der Karpaten, hatte er hinzugefügt, seien hier nicht denkbar, Siebenbürgens Süden sei so etwas wie eine Insel der Ruhe. Freilich habe man vorsichtig zu sein, denn wie überall gäbe es auch hier Narren, doch verfügten sie zum Glück über keine Exekutive … Die Forderung nach Kennzeichnung einiger Geschäftsläden als »jüdisch« bestimme lediglich das Verhalten einer Handvoll hoffnungsloser Fanatiker, und die Zwangsbeschäftigung einiger Juden bei Straßenarbeiten auf behördliche Anweisung sei ein Skandal, aber im Verhältnis immer noch gelinder als die Schauergeschichten, die es andernorts gäbe. Eher sei für die hiesigen Verhältnisse der Vorfall in einer benachbarten Stadt bezeichnend. Der deutsche Bürgermeister Mediaschs habe bei der Nachricht bevorstehender Plünderungen jüdischer Läden durch Gruppen der »Eisernen Garde« die Postierung uniformierter NS-Leute aus den Kreisen der deutschen Stadtbevölkerung zum

Schutz der fraglichen Läden veranlaßt und auf diese Weise Übles verhütet – »so närrisch anders gehen die Uhren hier«, hatte Direktor Martens gesagt. Im übrigen werde er morgen schon beginnen, für rumänische Personalpapiere zu sorgen. »Das muß geschehen, ehe die Spürhunde herausfinden, wo ihr euch aufhaltet. Habt ihr einmal die Papiere, kann euch niemand mehr etwas anhaben.« Hier hatte Adam Hermes eingeworfen, daß er »einige Beziehungen von früher« habe, die behilflich sein könnten.

Direktor Martens war mit den beiden in einer jener Kronstädter Gewitternächte daheim eingetroffen, deren Sintfluten zu dieser Stadt gehören wie die Berge ringsum. Das war allen recht gewesen, denn auf diese Weise hatten sie das Haus am Osthang des Böttcherrückens unbeobachtet erreichen können.

Da Vater und Tochter Hermes die ehemals sogenannten drei siebenbürgischen Landessprachen Rumänisch, Deutsch und Ungarisch beherrschten, Rebekka ohnehin mit ihrem Vater deutsch sprach und zudem in ihrem Heimatort Sächsisch-Regen das deutsche Gymnasium besucht hatte, gab es im Haus Martens keinerlei Verständigungsschwierigkeiten, ja trotz der nun für alle bedrohlichen Lage war schon in der ersten Stunde eine Stimmung familiärer Vertrautheit und Herzlichkeit aufgekommen. Nicht zuletzt hatte Frau Greta-Alma, Bennos Mutter, mit ihrem unbeirrbar freundlichen Wesen dafür gesorgt, daß die anfängliche Spannung von allen wich. Im Rollstuhl zeigte sie den Flüchtigen die drei geräumigen Mansardenzimmer und hatte ihre Freude an Rebekkas ruhiger und unkomplizierter Art, die Lage zu begreifen, sich in ihr zurechtzufinden und dem sorgenvoll blickenden nervösen Vater zur Hand zu gehen.

Drei Tage später hatte ich, nach der Rückkehr vom Besuch bei Tantchen Petra in Bukarest, auf der Gartenterrasse des Martenshauses vor Rebekka gestanden ...

Mein Gespräch mit Benno in der Nacht darauf, als ich mich durch die dunklen Obstgärten geschlichen und am Fenster des Freundes geklopft hatte, war erst gegen fünf Uhr morgens beendet gewesen. Benno hatte mich in allem über die Vorgänge ins Bild gesetzt. Nach dem anschließenden Zwei-Stunden Schlaf hatte ich so stark gefiebert, daß ans Aufstehen nicht zu denken gewesen war. Der herbeigerufene Dr. Aristide Neguș – unser einstiger Rosenauer Nachbar und Vaters Freund, seit einem Jahr Bezirksarzt – hatte nach der Untersuchung ratlos die buschigen grauen Augenbrauen gehoben und in seinem einwandfreien, während der Studienjahre in Halle an der Saale erlernten Deutsch zu mir gesagt: »Peter, ich kenne dich seit der ersten Sekunde außerhalb des Leibes deiner wunderbaren Mutter. Schon damals warst du mir ein Mirakel. Du blicktest mich an, als hättest du sagen wollen: ›Bonjour, monsieur docteur, auch schon da?‹ Du bist mir auch heute ein Mirakel. Ich finde partout nichts. Du allein weißt, was dir fehlt.« Er hatte gemeinsam mit Mutter eine Tasse Tee getrunken – »vom guten ostfriesischen wie in hallensischen Tagen«, hatte ich ihn durch die offene Tür rufen gehört – und war ohne den geringsten Hinweis auf meine Behandlung gegangen. »Wir wissen doch, Hanna«, hatte er, der immer laut redete, gesagt, »er ist plötzlich weg, er ist plötzlich wieder da. Vielleicht ist er verliebt.« Mutter hatte gelacht.

Dies alles ging mir durch den Kopf, als ich nach Unterrichtsschluß durch die Katharinengasse heimwärts lief; ich mußte dringend mit Benno sprechen, ich mußte die Familie Martens warnen. Denn wenn der »Nibelungenfinger« Benno und mich wegen des Pamphlets im Visier hatte, Erkundigungen über uns einholte und uns beobachten ließ, war die Aufdeckung der Umstände im Haus Martens nur eine Frage der Zeit.

Daß Benno und ich es waren, die mit dem aus einer Gesprächslaune heraus verfaßten Gedicht die Aufmerksamkeit des »Nibelungenfingers« erst eigentlich auf das Martenshaus gelenkt hatten, bohrte sich mir jetzt wie ein Stachel in die Seele. Nicht genug damit, ich Idiot, dachte ich, schleiche mich zu allem anderen auch noch hinter dem Putzdienst ins Gebäude und klebe die Papiere an die Türen, ständig in Gefahr, von einem der Besenmänner gesehen zu werden. Ich hätte die Raserei des »Nibelungenfingers« voraussehen und die Folgen bedenken müssen. Es war mir klar, daß meine Beklemmung bei diesen Überlegungen vor allem einen Grund hatte – Rebekka.

Schwer atmend kam ich auf dem Böttcherrücken an, ich lief quer durch unseren Garten zur Thujahecke und zwängte mich zwischen den duftenden Zweigen des Zypressengewächses auf das Martensgrundstück. Ich klopfte an Bennos Fenster, ohne Antwort zu erhalten. Ich ging um das Haus herum; alle drei Eingangstüren waren verschlossen. Am Haupteingang läutete ich. Vergeblich. Als ich wieder vor der Thujahecke stand und daran dachte, daß Benno die Krankheit nur vorgeschützt habe, daß es einen geheimnisvollen Grund für sein Fehlen im Unterricht und das Verlassen des Hauses geben könnte, hörte ich hinter mir leise meinen Namen rufen. Ich fuhr herum und erkannte im selben Augenblick, wie das linke der beiden Mansardenfenster vorsichtig zugezogen wurde. Sekunden später drehte sich der Schlüssel in der Terrassentür unter der Efeupergola. Im Dämmerlicht des Flurs erkannte ich Rebekka. Es durchlief mich heiß, als sie mich an der Hand faßte. Sie zog mich die Holztreppe hinauf in die Mansarde im ersten Stockwerk, in das Zimmer, das sie bewohnte. Eine fast unwirkliche Stille umgab uns, als wir voreinander standen. Ich wußte plötzlich nicht mehr, warum ich hierher gekommen war.

»Herr Martens und mein Vater sind vergangene Nacht nach Bukarest gefahren«, sagte Rebekka. Sie war fast so hochgewachsen wie ich, dabei gehörte ich zu den Größeren in meiner Klasse. Erst jetzt bemerkte ich, daß sie immer noch meine Hand hielt. Ich war zu keiner Bewegung fähig. Ich fühlte, wie ihre Gegenwart durch unsere Hände in mich einfloß und von mir Besitz ergriff. »Ich bin allein im Haus«, sagte sie leise, »Frau Martens ist vor einer Stunde mit Benno in die Klinik gefahren; es ging Benno nicht gut. Du bist sicher zu Benno gekommen?«

Ich antwortete: »Nein, ich bin zu dir gekommen« und hätte mich schon in der Sekunde darauf für meine Antwort ohrfeigen können.

»Ja«, sagte sie, »ja, ich freue mich ...«

»Ich – ich meine«, unterbrach ich sie und entzog mit einer heftigen Bewegung meine Hand der ihren, »nein, ich muß dir ... Ich muß Benno ... Das heißt ... Wann wird Frau Martens wieder zurück sein? Und Herr Martens – wann kommt er aus Bukarest zurück?«

Der Blick der dunkelgrauen Augen Rebekkas war mir unerträglich, er sah mich nicht nur an, er hatte mich umfaßt, er war wie eine Fessel, die mich von Kopf bis Fuß einschnürte. Mit Anstrengung riß ich mich los; ohne etwas zu sagen, ging ich hastig aus dem Zimmer. Ich verließ das Haus überstürzt, ich rannte durch die beiden Gärten, stellte mich in meinem Zimmer vor das geschlossene Fenster und starrte über die Thujahecke hinweg auf die Mansarde des Martenshauses. War der Schatten hinter den weißen Gardinen Rebekka? ... Was habe ich für einen Schwachsinn angerichtet! dachte ich wütend, beschämt, wieso weiß ich in ihrer Gegenwart nicht, was ich tue? Mein Blick fiel auf den hohen, in einem geschnitzten Knoten endenden Hirtenstab in der Fensterecke, den mir Gordan geschenkt hatte – und auf den am Wandnagel darüber im Lederetui hängenden Sarazenendolch. Hätte ich in diesem Augenblick den »Hauptbannführer« Herwart Zupfenhügler über das Nachbargrundstück auf das Martenshaus zugehen gesehen, ich bin mir sicher, ich hätte keinen Augenblick gezögert. Warum unternimmt keiner etwas gegen den, war mein einziger Gedanke.

Nach dem Mittagessen, bei dem sich Maria und Katalin über Tantchen Petras letzten Brief unterhielten, in dem von den piekfeinen deutschen Offizieren in Bukarest die Rede war, »tirés à quatre épingles«, hatte Tantchen Petra geschrieben, erledigte ich die Schulaufgaben und rannte, unruhig, auf den nahegelegenen Sportplatz unter der Zinne.

Bramü stand mit Rippes auf der Kugelstoßanlage. Er zeigte Rippes einige Male die Schulterdrehung und ließ ihn dann stoßen. Rippes stellte sich zwar, wie in allem, ungelenk an, wuchtete die Eisenkugel aber weiter als Bramü. Ich begrüßte die beiden kurz und winkte Guido Proder zu, der sich mit dem langen Geltz aus der Abiturklasse neben der Weitsprunganlage unterhielt. Neben ihnen stand die auffallende Frauke Reiber – eine Hellblondine mit den federnden Bewegungen eines Rehs. Sie galt als die begabteste Fünfkämpferin der Juniorinnenklasse und hatte vor einem Jahr in Bukarest die Landesmeisterschaft gewonnen. Ihr Vater Arnold Reiber war einer der steinreichen Besitzer der »Eisen- und Stahlwerke GmbH Kronstadt«. Er unterhielt in der Nähe der Szeklerstadt Covasna ein für seine Zucht weithin gerühmtes Pferdegestüt. Von seiner Tochter Frauke hieß es, sie sei eine vorzügliche Reiterin. Als sie mich sah, winkte sie mir mit beiden Händen lebhaft zu. Ihr helles Haar leuchtete über dem schwarzen Trainingsanzug. Ich winkte zurück und ging zu der Läufergruppe am Ende der Zielgeraden, wo zu meiner Überraschung der sechsundzwanzigjährige Lutz Klepper stand und den im Gras Sitzenden etwas erklärte.

Klepper war Mittelstreckenläufer, ein Typ mit Stutenbeinen, der alle Mußestunden auf dem Sportplatz zubrachte, zwei Stunden vor Beginn seiner Dienstzeit und nach Dienstschluß bei jedem Wetter Runde um Runde drehte oder durch die Bergwälder der Umgebung lief. Er war zweimaliger Landesmeister über achthundert Meter, leitender Bankbeamter und unverheiratet. Seine von ihm allein erstellten und minutiös ausgearbeiteten Trainingspläne wurden in Läuferkreisen ebenso gerühmt wie seine Endspurtkraft in wichtigen Rennen. Ich mochte den Einzelgänger und Außenseiter, der eines Tages quer über die Grünfläche des Platzes zu mir gekommen war, trocken zu mir gesagt hatte:»Du hast das Zeug zum Mittelstreckler« und wieder gegangen war. Er muß Fronturlaub haben, dachte ich, als ich ihn erblickte. Ich wußte, daß er am ersten Tag der Mobilmachung für den Krieg gegen die Sowjetunion eingezogen worden war.

Ich habe kein zweites Mal in meinem Leben einen Menschen gekannt, der über die Kunst des Laufens soviel wußte wie er. Ohne Umstände hatte ich mich ihm vom ersten Tag unserer Bekanntschaft an zu Wald- und Querfeldein-Trainingsläufen angeschlossen und war dann auch auf der Aschenbahn hinter ihm hergetrabt, das Bild seiner gleichmäßig vorwärts schnellenden Stutenbeine noch im Schlaf vor Augen, fasziniert auf seltsame Weise von dem laufenden Mann, jedes Mal fassungslos, wenn er Zwischensprints einlegte, bei denen ich ihm, da ich über eine gute Grundschnelligkeit verfügte, zwar drei-, viermal zu folgen vermochte, dann aber mit siedeheißen Bleigewichten in den Schenkeln und zum Zerreißen schmerzenden Lungen aussichtslos hinter ihm zurückblieb. Seine Laufhärte und -leichtigkeit erschien mir unmenschlich, seine Willenskraft ausufernd.

Klepper war wortkarg. Er sprach nur das Nötigste. Er beobachtete mich beim Laufen, sagte ab und zu einige Sätze über Armhaltung und -führung, Atemeinteilung und Ökonomie der Beinbewegung, forderte mich auf, hinter ihm laufend mich auf sein Laufbild zu konzentrieren und mich ihm zu überlassen, bis ich es mir zu eigen machte.»Das Laufen ist Philosophie«, sagte er,»wenn du diesen Gedanken verinnerlicht hast, wirst du ein guter Läufer. Den Lauf als einen Vorgang erkennen, der mit dem Leiblichen nur die Voraussetzung zu tun hat. Laufen ist die Überwindung der Körperlichkeit, ein innerer Klärungsprozeß. Nicht zuletzt – es weist dir bei jedem Schritt deine Grenzen auf. Und merk dir: Das Laufen ist wichtiger als die Rennen.« Ich gewann durch den einzelgängerischen Mann Einsichten, die ich auf keiner Schulbank hätte lernen können. Nach seinem Weggang an die Ostfront als Reserve-Oberleutnant der Königlich Rumänischen Armee hatte ich mich wochenlang verlassen gefühlt.

Ehe ich bei der Gruppe ankam, fiel mein Blick auf die überdachte Tribüne an der Westgeraden, wo einige Zuschauer saßen und standen und das Treiben auf der Laufbahn und auf dem Rasen verfolgten. Die Tribüne war ein beliebter Feierabendplatz, die Leute trafen sich hier, unterhielten sich und sahen den Athleten zu. He, dachte ich überrascht, der dort am Ende der Tribüne ist doch der »Nibelungenfinger«. Er stand aufgereckt und gestikulierend vor einem Mann, dem er erregt etwas zu erklären schien. Den kenne ich, dachte ich und blieb vor Verwunderung kurz stehen – ja, das ist Göller, Gerry Göller. Den hatte Vater doch vor einiger Zeit in Bukarest gesehen! Was macht er jetzt hier? Es sah aus, als verstünden sich die beiden gut, sie steckten die Köpfe zusammen, nickten und redeten. Sie waren mit dem Gegenstand ihrer Erörterung so sehr beschäftigt, daß sie mich nicht sahen. Ich weiß nicht, wieso mich beim Anblick der beiden sofort ein ungutes Gefühl beschlich, ich hatte sogar das Empfinden, es drücke mir für einen Augenblick die Kehle zu. Gehörte auch Göller zum Kreis derer, von denen Gefahr drohte? … Blödsinn, sagte ich mir und ging weiter, ich fange an, Gespenster zu sehen.

Als ich bei der Gruppe ankam, hatte Klepper gerade zu laufen begonnen, alle folgten ihm. Ich mußte mich sputen, um den Anschluß an die Letzten nicht zu verlieren. Nach drei gemächlichen Runden, während derer ich keinen Blick auf die Tribüne warf, aber jedesmal an Frauke vorbeikam, die ihr Hochsprungtraining unterbrach und mir entgegenblickte, sooft ich die Gegengerade lief, fühlte ich, wie sich Muskeln, Sehnen und Gelenke zu lockern begannen und mein Körper anfing, zu sich selber zu finden. Klepper betrieb die Aufwärmung tänzerisch, spielerisch. Bald lief, bald sprang, bald tippelte er, hüpfte im Wechselschritt, lief seit- und rückwärts und schlenkerte Arme und Beine wie eine Gliederpuppe. Nach und nach sammelte sich alles an seinem Körper immer mehr um den Laufvorgang. Dann streifte er das Trainingszeug ab und lief ohne Unterbrechung weiter.

Nach acht Runden war ich der einzige, der noch hinter ihm lief. Sein vorwärts federnder Schritt unter dem fast unbewegten entspannten Oberkörper, die Armschwünge, mit denen er sich in den Lauf hineinzuziehen schien, das gleichmäßige Knirschen der Spikes bei jedem Schritt halfen mir, Rhythmus und Ebenmaß in mir herzustellen. Immer wenn der Abstand zu mir groß geworden war, lief er langsamer, bis ich ihn wieder erreicht hatte. Plötzlich scherte er aus und machte mir, indem er mich mit erhobener Hand lächelnd grüßte, ein Zeichen, weiterzulaufen. Zu diesem Zeitpunkt hatte ich die Übereinstimmung zwischen innerem und äußerem Gleichtakt soweit erreicht, daß ich mir das Laufen nicht mehr befehlen mußte. Es wuchs aus mir als ein Ereignis, das sich unabhängig von meinem Verstand und Willen abspielte. Längst hatte ich auch die beiden Männer auf der Tribüne vergessen und Fraukes erwartungsvollen Blick nur noch beiläufig wahrgenommen. Klepper sagte mir nachher, die beiden Disputanten unter dem Tribünendach hätten mich aufmerksam beobachtet und vermutlich über mich gesprochen.

Ich lief, bis es zu dunkeln anfing. Ich hatte nicht aufhören können. Der Lauf hatte begonnen, mir als diejenige Erfahrung bewußt zu werden, von der die Lutz Klepper gesprochen hatte. Ein Gefühl von Klarheit, Sicherheit und Freiheit beherrschte mich.

Zu Klepper, der mir vom Rand der Aschenbahn aus zuschaute, war ein Mann getreten. Ich kannte ihn. Es war der Rumäne Dan Pandare, Kleppers Mittelstreckenrivale und Freund; anders als Klepper, war er der breitschultrige, nervige Läufertyp. Die beiden wechselten sich in Sieg und Niederlage ab, ihre Duelle waren landesweit Gesprächsthema. Pandare hatte immer ein Lachen im Gesicht. Als ich eine Runde auslief, war mein Trainingszeug durchnäßt.

Die beiden begrüßten mich mit Handschlag. Wir verließen gemeinsam den Platz, über dessen östlicher Schmalseite die bewaldeten Steilhänge der Zinne jetzt schwarz in den Himmel ragten. Klepper fragte: »Alles in Ordnung?«

Ich nickte. »Ja.«

Pandare, der Strahlemann, zwinkerte mir zu und sagte zu Klepper: »Băiatul are un fuleu excelent«, »Der Junge hat einen ausgezeichneten Antritt, er muß im Oberkörper ruhiger werden.«

»Ich habe zehn Tage Urlaub«, sagte Klepper. Mir fiel auf, daß sein Gesicht schmaler und undurchsichtig geworden war. »Sehen wir uns?«

»Ja.«

»Sag mal«, fragte er, schon halb zum Gehen gewendet, »kennst du die beiden, die dort standen?« Er zeigte mit dem Kopf auf die im Dunkel liegende leere Tribüne.

Ich sagte: »Ja.«

Sein Gesicht erschien mir noch undurchsichtiger, als er mich wortlos ansah. Ich blickte ihnen nach, als sie im Abenddämmer verschwanden;

Pandare hatte Klepper untergehakt; die beiden wohnten nicht weit voneinander entfernt. Wir trafen uns täglich, ehe Klepper in die seit Monaten tobende Schlacht um die Schwarzmeer-Stadt Odessa zurückkehrte. Sehen so die Gesichter aus, dachte ich auf dem Heimweg, die aus der Schlacht kommen und wieder in die Schlacht gehen?

In der Hoffnung, Benno anzutreffen, lief ich nach dem Abendessen noch einmal ins Martenshaus hinab. Frau Greta-Alma war aus der Klinik zurückgekehrt. In ihrer versöhnlichen Art berichtete sie, daß es Benno gut gehe, er habe eine Magenspülung hinter sich, morgen werde er heimkommen; ihr Mann und Adam Hermes träfen erst spät aus Bukarest ein. Daß Frau Greta-Alma meine Begegnung mit Rebekka nicht erwähnte, zeigte mir, daß diese nichts davon gesagt hatte. Ich saß noch einige Minuten mit ihr im Wohnzimmer, in dem der Flügel stand, auf dem Benno oder sie, im Rollstuhl sitzend, spielte. Manchmal spielten sie vierhändig, ich hörte es aus meinem Zimmer. Ich wünschte mir mit allen Fasern, Rebekka zur Tür hereintreten zu sehen – und fürchtete, daß sie es tun könnte. So ruhig ich innerlich den Sportplatz verlassen hatte, so aufgewühlt war ich beim Gedanken an sie, ohne daß ich auch nur das Geringste dagegen hätte tun können. Sie ist wie ein Blitz in mich gefahren, dachte ich plötzlich und erinnerte mich gleichzeitig, daß Arnold Reiber seine Tochter Frauke mit einem weißen Mercedes-Zweisitzer vom Training abgeholt hatte; Reiber war wie die Tochter eine auffallende Erscheinung.

Frau Greta-Alma brachte das Gespräch auf den Klavierabend, den Holger vor zehn Tagen mit Bach-, Beethoven- und zwei eigenen Kompositionen im Martenshaus gegeben hatte. Dann sagte sie: »Ich habe eine Frage, Peter.«

»Bitte«, sagte ich.

»Hättest du Rebekka und ihren Vater auf eurer Fahrradtour nicht zufällig gesehen – Rebekka erzählte mir davon –, so wüßtest du doch jetzt ebenso wie alle anderen, daß die beiden meine Anverwandten aus Bukarest sind. Oder?«

»Ja«, antwortete ich.

Sie sah mich mit freundlichem Lächeln an und sagte: »Dir ist doch klar, daß es dabei bleiben muß?«

»Ja,«

»Fällt es dir schwer?«

»Nein«, sagte ich, »es muß sein.«

Sollte ich ihr sagen, worüber mich Bramü informiert hatte, und daß dies der Anlaß auch meines zweiten Besuchs heute im Martenshaus war? So wenig meine Mitteilung darüber einen Aufschub duldete, so klar war mir, daß ich sie mit ihr nur in Unruhe und Angst versetzen würde, ohne mehr zu bewirken. Ich mußte auf Benno oder dessen Vater warten und hoffen, daß bis zu deren Rückkehr nichts von dem geschah, was mich seit dem Gespräch mit Bramü umtrieb. »Gibt's noch was?« fragte Frau Greta-Alma in diesem Augenblick. »Nein, nein«, erwiderte ich rasch und ging. Als ich durch unseren Garten zum Haus hinaufstieg, blickte ich kurz zurück. Hinter dem Fenster in Rebekkas Mansardenzimmer war es dunkel. Ich nahm mir vor, nicht einzuschlafen, bis Direktor Martens und dessen Freund Hermes zurückkehren würden; ich hörte es jedes Mal, wenn Martens mit seinem Horch 853-A unten vorfuhr.

Ich hörte den Wagen auch diesmal. Katalin hatte bis spät bei mir im Zimmer gesessen und mir zum zwanzigsten Mal von ihrem Konzertbesuch in Bukarest erzählt, vom ersten öffentlichen Auftritt meines Freundes Willi Kurzell vor dem hauptstädtischen Publikum im Saal des Athenäums, als Solist des d-Moll-Violinkonzertes von Jean Sibelius mit Maestro George Georgescu am Dirigentenpult. O ja, der baumlange, rothaarige Geiger hatte Aufsehen erregt und viel Applaus erhalten, was uns von Vater bestätigt wurde, der Katalin nach Bukarest mitgenommen und in die zweite Parkettreihe neben sich gesetzt hatte. »Von der Kadenz im ersten bis zu den Tanzrhythmenfolgen im dritten Satz«, hatte Vater erzählt, sei Willi »ausnahmslos überzeugend« gewesen. Daß er nach dem Sibelius als enthusiastisch geforderte Zugabe Bachs Chaconne aus der d-Moll-Partita gespielt habe – »diese kühnste Violinmusik, die ich kenne« –, sei zum eigentlichen Konzertereignis geworden und werde den begeisterungsfähigen Bukarestern mit Sicherheit lange in Erinnerung bleiben.

»Und dann«, hatte Katalin gesagt, »Peter, dann hat sich der Willi ganz tief verbeugt – und dabei mich angeschaut. Verstehst du? Er hat mir lange in die Augen geschaut. Mir! Und nicht den verrückten Bukaresterinnen. Du, Peter, die sind nach vorn an die Rampe gerannt und haben sich zu ihm hinaufgereckt, als hätten sie ihn packen und sich in ihren walachischen Busen oder was weiß ich wohin sonst stecken wollen …

Oh, oh, Peter«, hatte Katalin gestöhnt, »der Willi ist ein treuer Mensch. Trotz der Bukaresterinnen hat er nur mich angeschaut. Nur mich. Und nachher, im Café Lloyd, hat Tantchen Petra zu Willi gesagt: ›Ich habe den Sibelius noch niemals so brillant gehört.‹ Brillant, hat sie gesagt. Peter, da bin ich aufgestanden, zu ihr hingegangen und hab ihr dafür einen Kuß gegeben … Nagyszerü!« sagte sie hingerissen auf ungarisch, »brillant!«

Dann war Katalin aus meinem Zimmer gegangen.

Zehn Minuten später hatte ich unten den Wagen gehört. Es war eine knappe Stunde vor Mitternacht.

Im Haus schliefen alle, als ich leise über die Gartenterrasse und unter den Obstbäumen auf die Thujahecke zuging. Durch die Zweige sah ich das Licht im Wohnzimmer aufleuchten, Direktor Martens und Adam Hermes befanden sich also im Haus.

Bevor ich die Hecke erreichte, war mir, als hätte ich ein Geräusch an unserer Gartentür gehört, ich lauschte einige Sekunden, ohne mich zu bewegen. War dort jemand? Als alles still blieb, zwängte ich mich zwischen den Zweigen durch die hohe Hecke. Ich dachte noch einmal: Habe ich an der Gartenpforte nicht jemanden gesehen?

Bei dem kurzen Gespräch war ich mit Direktor Otto Martens allein; Hermes war in die Mansarde hinauf, Frau Greta-Alma wohl schon zu Bett gegangen. Martens hörte mir ruhig zu, als ich ihm von meinen Befürchtungen sagte, ihn bat, mich nicht nach der Quelle zu fragen, und hinzufügte, daß ich mit niemandem über die Angelegenheit gesprochen habe noch sprechen werde. »O ja«, sagte der auch jetzt elegant gekleidete Mann mit dem abwägenden Blick, »ich weiß. Er ist einer der Scharfmacher, eine der Henkersnaturen, die ihre Zwangsvorstellungen um jeden Preis umsetzen wollen.« Ich wußte, daß er Zupfenhügler meinte. Dann murmelte er spöttisch: »Fragt sich jetzt, wer schneller ist – er oder ich. Mal sehen. Ich danke dir, Peter«, sagte er plötzlich und erhob sich aus dem Ledersessel neben dem Flügel. Er reichte mir die Hand und begleitete mich zur Terrassentür.

Es war kühl geworden. Aus dem unmittelbar hinter unserem Garten beginnenden Südkarpatenwald senkte sich der schwere Duft der Mischwälder; ich spürte das feuchte Luftstreichen im Gesicht, als ich durchs Gras hinaufstieg. Da erst wurde mir bewußt, daß in Vaters Arbeitszimmer das Licht brannte. Als ich vor wenigen Minuten das Haus verlassen hatte, war es hinter allen Fenstern dunkel gewesen. Ich habe Direktor Martens nichts von unserem Spottgedicht gesagt, dachte ich, das wird Benno tun müssen, aber es hat jetzt auch nichts mehr zu sagen. Es geht um mehr. Zugleich hatte ich das sichere Gefühl, daß ich mich nicht ins Haus schleichen durfte, weil das Licht in Vaters Arbeitszimmer etwas mit mir zu tun hatte.

Als ich den Hausflur betrat, hörte ich Stimmen mir entgegenkommen. Das Deckenlicht ging an. Vor mir stand Vater, eine flachsblonde Frau in einem lavendelfarbenen Popelinemantel von sportlichem Schnitt mit Gürtel neben sich. Vater sah mich einigermaßen verblüfft an. Die stämmige Blondine mit den etwas schlaffen Gesichtszügen nickte und ging an mir vorbei zur Tür.»Danke«, sagte sie leise zu Vater, »danke, es ist besser, ich gehe allein.« Vater schloß die Tür hinter ihr und blickte mir fragend in die Augen.»Ich war bei Benno«, sagte ich, »er ist krank, sie brachten ihn in die Klinik.«

»Komm in mein Zimmer«, sagte Vater, »Vorsicht, damit wir niemanden wecken.«

»Wer war die Frau?« fragte ich, als wir in Vaters Arbeitszimmer mit dem überfüllten schwarzen Schreibtisch und den Bücherregalen an allen Wänden standen. »Eine meiner besten Schülerinnen in den Jahren, als ich noch unterrichtete«, sagte Vater und forderte mich zum Sitzen auf, »und eine der anhänglichsten bis heute. Sie ist Chefsekretärin der ›Volksgruppenführung‹. Im Vorzimmer des Andreas Schmidt. Sie heißt Gudrun-Uta Freddels.«

Noch ehe ich eine weitere Frage stellen konnte, zog Vater seinen Stuhl näher an mich heran. Er hielt ein Blatt Papier in der Hand.»Ihr zwei habt ganz schön was angerichtet«, sagte er ruhig, »der Zupfenhügler soll getobt und mit seinen Nachforschungen die ganze ›Volksgruppenführung‹ auf den Kopf gestellt haben.« Vater las mir Bennos und meine »Zupfenhügler-Variationen« vor. Dann sah er mich fragend an. »Peter«, sagte er nachdenklich, besonnen, wie jedes Mal, wenn er sich mit einer Angelegenheit vertraut machen und ihr auf den Grund gehen wollte, »du mußt mir nicht berichten, daß du es warst, der das Gedicht im ›Volksgruppengebäude‹ an die Türen klebte, ich kenne meinen Sohn. Außerdem lag vor deiner Zimmertür ein Zettel mit den Kritzeleien eurer ersten Einfälle herum ... Du mußt mir auch nichts über den Zupfenhügler sagen, euren ›Nibelungenfinger‹. Willst du meine Meinung über ihn hören? Er ist einer jener mitläuferischen Maulhelden, die sich zu allen Zeiten im Umfeld der Mächtigen einfinden, einer von den Modefatzken, denen die eigene Hohlköpfigkeit nicht bewußt ist und die zu beschränkt sind, um zu bemerken, daß sie nur Vorgekautes nachschwatzen. Es gibt sie nicht nur in der Politik. Es gibt sie in der Kunst, in der Literatur. Überall. Sie haben eines gemeinsam – die Feigheit, sich außerhalb der gerade gängigen Klischees zu bewegen und sich ihnen zu widersetzen. Herde, Masse, Plebs. Ich mag sie ebensowenig wie du, wie deine Freunde Benno und Guido. Auf sie kam es noch niemals an, auch wenn ihr Gespreize noch so sehr ins Auge sticht. Verlieren wir also kein Wort mehr über sie … Aber über die anderen Teile eures Spottgedichtes sollten wir zwei uns unterhalten.«

Das bis lange nach Mitternacht dauernde Gespräch führte zum Gegenteil dessen, was Vater beabsichtigte. Dabei wollte er nichts weiter, als mich über Dinge unterrichten, die ich nicht wissen konnte oder von denen ich zu wenig wußte. Ich war ja auch vorbehaltlos bereit, ihm zu folgen. Mehr noch, ich war begierig, endlich seine Meinung über Fragen zu hören, die mich zunehmend beschäftigten und die meine innere Unruhe schürten, die ich aber nicht ausdrücken konnte – und auf die ihn anzusprechen ich schon allein wegen seiner Arbeitsmengen nicht wagte. Manches von dem, was er dachte, kannte ich aus seinen Wortwechseln mit Mutter, die ihm nicht selten widersprach. Dabei erstaunte mich jedesmal seine Geduld beim Zuhören und die Verständlichkeit seiner Antworten auf Mutters unumwundene Anmerkungen. Gleich ihrem Vater, dem Hardt-Großvater, verspürte Mutter keinerlei Sympathie für die »Ideenmuster aus Berlin, die für uns hier nicht taugen«, wie sie einmal angemerkt und fast bissig hinzugefügt hatte: »In dem Goetheband, der gestern geöffnet auf deinem Schreibtisch lag, las ich einen Satz, der mir so recht aus der Seele spricht – Goethe schrieb ihn bei einem Berlinaufenthalt: ›Ich sitze hier an der unruhigen Quelle künftiger Kriege.‹ Was für ein gescheiter Mann!«

Doch trotz meines Bemühens während unseres Gesprächs, die mir von Vater nahegelegte »Unterscheidung des Wesentlichen vom Unwesentlichen« zu begreifen, gelang es mir nicht, meine Zweifel zu überwinden, die Bennos sarkastische Bemerkungen ja zusätzlich weckten. Im Gegenteil, die Zweifel wurden größer. Sicher, alles was Vater jetzt erläuterte und für die aus Deutschland zu uns gekommenen Ansichten werbend vorbrachte, klang völlig anders als das, was ich hierüber je aus dem Mund unserer »Führer« mit der Schulterschnur auf dem Braunhemd zu hören bekommen hatte. Nein, es ging dabei nicht um die abgebrühten »Schleifdienst«-Rüpeleien. Die störten mich ebensowenig wie meine Freunde, sie trieben mir nur dann das Blut in den Kopf, wenn einer der »Führer« sie als Keule benützte, um Schwächere, etwa Benno, »niederzubügeln«, wie der »Nibelungenfinger« solche Anwandlungen von Entwürdigungs- und Selbstbestätigungsgier nannte. O nein, viel mehr als dies erregte mich die rotzforsche und schmissige Leichtfertigkeit der »Nibelungen«-Clique und -Kumpanei in der Benutzung von Wörtern, die in meiner Vorstellung sehr wohl beachtliche Inhalte ausdrückten, wie »germanisches Kulturerbe« oder »abendländischer Geist«, die sie aber um sich warfen, als ginge es um Lächerlichkeiten wie ihren Haarschnitt, ihre Unterhosen oder den billigsten Kitsch aus einem Ramschladen. Nein, ich glaubte dieser flotten Mundfertigkeit immer weniger. Die schänden und entleeren alles, was ihnen über die Lippen kommt. Ihre zackigen Phrasen hatten mich längst mißtrauisch gemacht.

Ich sagte es Vater. Er erwiderte lebhaft: »Eben dies versuche ich dir klarzumachen, Peter, wenn ich dir die Trennung des Wesentlichen vom Unwesentlichen nahelege. Die Entwicklung wird all diese Wichtigtuer, an denen du dich stößt, in dem Augenblick fallen lassen, da die Zeit dafür gekommen ist. Halte dich also nicht mit ihnen auf. Hast denn nicht du mir von Leuten erzählt wie Werner Schremm und eurem Lehrgangsleiter Wolf Schreier, die du als das Gegenteil dieses ›Nibelungenfingers‹ bezeichnetest? Statisten wie der ›Nibelungenfinger‹ sind von jeher das unvermeidliche Zubehör jeder geschichtlichen Wendemarke, sie sind die peinlichen Begleiterscheinungen auch der großen deutschen Befreiungsbewegung unserer Zeit. Nein, auf sie kommt es nicht an.«

Aber gerade in diesem Punkt konnte ich Vater nicht beistimmen; das, was er »die Idee« nannte, auf die es ankomme, verband ich mit den Menschen, die sie vertreten. Ich sagte es ihm, ohne zu wissen, woher ich meine Begründung nahm. »Nein, Vater«, sagte ich, »genau das, was du ›die Bewegung‹ nennst, genau das sind ja eben die ›Nibelungenfinger‹. *Sie* sind die ›Bewegung‹, und Schremm, Schreier sind die Ausnahme.« Niemals, fuhr ich fort, niemals sei zum Beispiel der Schremm so wie vor drei Wochen der Zupfenhügler bei einem Schulungsvortrag in der Aula des Honterus-Gymnasiums zu einer »bescheuerten Faselei« wie der folgenden fähig: »In diesen heroischen Zeiten haben wir Deutschen uns für Schiller oder für Goethe zu entscheiden. Wir entscheiden uns für den Kämpfer Schiller, nicht für den gefälligen Weltbürger Goethe. Wir haben zu wählen zwischen Beethoven und Bach. Wir wählen den Heroen Beethoven und nicht den biederen Orgelmusikanten Bach ...‹ Ja, doch«, rief ich, als mich Vater mit einer ungläubigen Geste unterbrach, als wollte er mich auffordern, ihn mit frei erfundenem Schwachsinn zu verschonen, »es ist die Wahrheit! Und er hat noch etwas gesagt: Ihm sei zu Ohren gekommen, daß es ›mitten unter uns Hanswürste gibt, die religiöse Musik schreiben. Man stelle sich vor‹, hat er geschrien, ›in einer Zeit aus Stahl und Eisen wie der unseren Halleluja und Vaterunser! ...‹ Vater«, sagte ich, »der hat Holger gemeint, Holger. Er hat davon gehört, daß Professor Behrisch die Aufführung des ›Vaterunser‹ von Holger vorbereitet. Er hat geschrien: ›Wir werden die nationalsozialistische Erziehung deutlicher als bisher vorantreiben müssen!‹«

Vater war irritiert, doch nach einigem Überlegen forderte er mich wieder auf, weiter zu blicken als nur bis zur »Unzulänglichkeit einzelner«, es käme immer darauf an, »die übergeordnete Idee im Auge zu behalten, nicht die menschliche Fehlerhaftigkeit. Wieviel Gesindel«, sagte er, »ist doch bei der Französischen Revolution mitgelaufen. Doch deren Verdienste bestreitet heute niemand, niemand mehr.«

»Aber sind die Ideen nicht das, was der Mensch ist?« fragte ich beharrlich. Ich überhörte, was er mir darauf antwortete. Denn mich beschäftigte immer mehr mein Unvermögen, der Stichhaltigkeit seiner Argumente auf gleicher Ebene zu begegnen, ich war keinem von ihnen gewachsen. Jedes Mal, wenn ich meinte, klarer zu sehen als er, fehlte mir die zwingende Formulierung.

Doch während er übersichtlich und in ganz anderer Weise sprach, als ich es in diesen Zusammenhängen vom »Nibelungenfinger« und dessen Genossen je gehört hatte, überfiel mich plötzlich ein ungeheuerlicher Gedanke: Vater weiß nicht, wovon er redet! Er hat kein realistisches Bild vom Denken und Tun derer, vor deren Ideen er sich stellt. Bei ihm dreht sich alles immer wieder um »unsere bedrohte Schule, den Lebensnerv unserer geschichtlichen Existenz, ohne das beste denkbare

Bildungswesen sind wir verloren, wie jede zivilisierte Gesellschaft, die das vergißt. Die Pflege der eigenen Sprache ist die erste Stufe der Kultur und die Voraussetzung für alles höhere Begreifen«, sagte er,»das erstarkte deutsche Mutterland war die Rettung unserer Schulen im letzten Augenblick.«

Und dann durchzuckte mich gleich auch der nächste Gedanke: Sieht Vater denn nicht, daß eben diese schneidigen und reptilhaft bedenkenlos das Wort »Deutschland« um sich spuckenden »Nibelungenfinger«-Typen all das ruinieren, was *er* darunter versteht? Ich beobachtete es doch täglich: Durchaus nicht die Menschen seines Schlags bestimmten Inhalt, Gestalt und Verlauf der Dinge, sondern die alerten Braunhemdkotzbrocken à la »Nibelungenfinger«, die unausrottbare Gattung derer, die sich, anders als er, zu jeder Zeit scham- und rücksichtslos in den Vordergrund drängen, auch wenn sie mit der Sache, um die es geht, ernsthaft nichts gemeinsam haben.

Ich kann nicht sagen, woher mir diese Gedanken zuflogen, die ich in solcher Deutlichkeit bisher nicht gehabt hatte. Doch sie waren für mich selber überraschend im Gespräch mit einem Mal da.

Es kam wie eine Erleuchtung über mich: Nein, er sieht es nicht! Nur so erklärt es sich, daß in seinen Augen unwesentlich ist, was sich mir als das Wesentliche aufdrängt. Was er »verständliche menschliche Fehlerhaftigkeit« nennt, ruft in mir Widerwillen und Zorn hervor, reizt mich zur Auflehnung. Was ihm angesichts der »übergeordneten Idee« unerheblich erscheint, gibt nach meinem Dafürhalten den Ausschlag, ohne daß ich es überzeugend hätte begründen können – denn mein Urteil rührte aus dem Gefühl.

Niemals, niemals hätte ich behaupten dürfen, daß mir die »Nibelungenfinger«-Kerle zuwider waren, weil sie sich »Nationalsozialisten« oder »Hitleristen« nannten und das Braunhemd trugen. Trug nicht auch ich das Braunhemd? Hielt nicht auch ich es für selbstverständlich, an den »Führer« zu »glauben«? Nein, etwas ganz anderes wurde mir in dem Gespräch bewußt – daß es mir nämlich auf die Kenntnis dessen, was sie von sich gaben und was ich oft noch nicht begriff, gar nicht erst ankam, um sie zum Erbrechen zu finden: »Der slawische Untermensch ist auf der Stufe des analphabetischen Arbeitssklaven zu halten«, »Der Jude ist auszumerzen, weil er nicht zu unserer Rasse gehört.« Nein, die Kenntnis der *Inhalte* ihrer Vorstellungen interessierte mich gar nicht, mich stieß der *Ton* ab, in dem sie all dies vortrugen, ihr *Stil* ekelte mich an und machte mir speiübel, die dünkelhafte Selbstgefälligkeit ihres Umgangs untereinander, mit uns, mit allen, ihr Geschmack und ihre geistige Handschrift brachten mich zum Kotzen. Und dicht hinter ihrer zu aalglatter Disziplin erzogenen Maske ahnte ich schon früh einen Hang und eine Bereitschaft zur Brutalität, die mich schaudern machten ... Da ich von all diesen Dingen jedoch nicht viel mehr als das Gefühl hatte, war es mir unmöglich, Vaters Beredsamkeit klare Erwiderungen entgegenzustellen.

Wie anders als diese gewandt daherschwätzenden Lackaffen waren doch meine Freunde unter den Bauernsöhnen in Rosenau und der Hirte Gordan Licu im Bergdorf Fundata, der Geiger Willi Kurzell und mein vor kurzem zum »Fähnrich zur See« beförderter Halbvetter Horst, der den ersten U-Boot-Einsatz im Atlantik hinter sich hatte, wie uns von Onkel Oskar bei dessen letztem Besuch berichtet worden war, der kühle Proder und der unbestechliche Benno! Keiner von ihnen hatte je auch nur eine Andeutung des forschen Selbstbefriedigungsgehabes nach Art der »Nibelungenfinger«-Kaste gezeigt. Keiner von ihnen ist ein Großmaul, ein Schaumschläger, dachte ich.

Auf dem Höhepunkt des Zwiespalts und der Hilflosigkeit, in die mich Rede und Gegenrede mit Vater gebracht hatten, weil ich meinte, mich nicht verständlich machen zu können, sagte ich unvermittelt: »Vater, wirst du mir helfen, eins der nächsten Schuljahre zu überspringen? Ich will Kriegsabitur machen. Ich will an die Front.«

Vater war so überrascht, daß er mich lange anblickte, als überlegte er, ob er richtig gehört habe. »Du hast recht«, sagte er dann, »ja, du hast recht. Es geht einzig und allein darum. Es geht um Deutschland.« Er bat mich um Geduld, er habe mit meiner Frage zu so frühem Zeitpunkt nicht gerechnet. Ich sah die Wärme in seinen hellen, schönen Augen. Da sagte ich hastig, als wollte ich ihm Abbitte leisten für meine Weigerung, ihm im letzten zuzustimmen: »Versteh, bitte, richtig: Alles, was wir so in den Jugendgruppen machen, geht in Ordnung. Ich bin ja überall dabei. Aber ich komme nicht klar mit diesen – diesen Führerschnurgigolos wie Herwart Zupfenhügler oder Ralf Kepp, und mein Klassenfreund Blessi, der DJ-Rottenführer, protzt, mit seinem Flobert-Gewehr auf einen Unbewaffneten geschossen zu haben.«

»Ja, ja, ich weiß«, sagte Vater, »auf den Zigeuner. Scheußlich! Sein Vater mußte tief in die Tasche greifen, um die Sache zu bereinigen.«

»Und der Angeschossene hinkt sein Leben lang.«

»Ja«, erwiderte Vater, »aber es geht nicht um die ›Nibelungenfinger‹ und nicht um die Blessis, Peter. Darin sind wir uns einig.«

»Und so einer«, sagte ich, »wird zum Rottenführer gemacht ... Ich möchte dich noch was fragen.«

»Es ist bald zwei Uhr«, sagte Vater, »ich höre.«

»War die – diese Gudrun-Uta Freddels hier, um Benno und mich zu verpfeifen?«

»Nein«, sagte Vater ernst, »sie war hier, um mich zu warnen. Wir werden über ihren Besuch schweigen.«

Ich nickte.

»Da ist noch was, Peter«, sagte Vater, »ihr habt den Herwart Zupfenhügler bis aufs Blut gereizt. Jetzt müßt ihr klug genug sein, mit ihm fertig zu werden. Helfen kann euch dabei niemand.«

»Ich weiß«, sagte ich und dachte daran, daß Vater im entscheidenden Punkt dieser Angelegenheit ahnungslos war: Er wußte nichts von der Anwesenheit Rebekka und Adam Hermes' im Martenshaus, und ich durfte ihm davon nichts sagen. Er wußte nicht, daß Onkel Sepp, der Rabbiner, bei den Hardt-Großeltern versteckt war. Auch darüber mußte ich schweigen.

Bevor ich mich ins Bett legte, blickte ich zum offenen Fenster hinaus. Das Nachbarhaus war ins Dunkel der Neumondnacht getaucht. Das linke Mansardenfenster schien mich unbewegt anzuschauen. In der Ecke meines Zimmers ahnte ich den Sarazenendolch.

Ich schlief lange und traumlos bei weitgeöffnetem Fenster, bis mich ein Geräusch weckte, das nicht laut, aber von einer Art war, die mich aufschreckte. Draußen war es schon taghell, im Haus hörte ich Bewegung und Katalins Stimme.

Es war ein schulfreier Samstag; Direktor Armin Tabler hatte die Lehrerkonferenz einberufen. Der angenehme Gedanke daran beruhigte mich wieder; ich lag im Bett, blickte zu den von der Morgensonne leicht geröteten Lämmerwolken über den Kamm der Zinne hinauf und nahm mir vor, nach dem Frühstück von Frau Martens den Zeitpunkt der Rückkehr Bennos zu erfahren. Aber da hörte ich das Geräusch wieder. Es waren – o ja, es waren Männerstimmen. Die kommen vom Martensgrundstück, dachte ich. Eine Sekunde später stand ich am Fenster. Von der Straße her näherten sich zwei Gestalten der Gartentür des Nachbarhauses. Die eine blieb stehen, die andere öffnete gerade die Tür und betrat den breiten, mit Steinplatten ausgelegten Weg, der zum Haus führte. Durch die Äste und Zweige hindurch erkannte ich die Gestalt. Es war der »Nibelungenfinger«.

Noch ehe ich die Lage begriff, fiel mir ein: Ja doch, der Herwart Zupfenhügler »Wanki« ist ein entfernter Verwandter von Direktor Otto Martens, er kann es sich erlauben, unter nichtigem familiären Vorwand unangemeldet und ohne Umstände an dessen Haustür zu klopfen, vielleicht nur, um eben mal im Vorbeigehen »Guten Tag« zu wünschen … Es durchlief mich heiß: Rebekka und ihr Vater sind im Haus! Der »Nibelungenfinger« wird sie sehen oder aus einer Kleinigkeit auf ihre Anwesenheit schließen. Es war zu spät, die Bewohner des Martenshauses zu warnen. Der Gedanke lähmte mich für Sekunden.

In diesem Augenblick riß Katalin die Tür auf und rief: »Langschläfer! Komm frühstücken!« Ich stotterte: »Ja, ja.«

Ich frühstückte im Wohnzimmer, von wo aus ich das Martenshaus sehen konnte. Katalin war damit beschäftigt, Maria das Uniformhalstuch umzubinden; Maria hatte eine Zusammenkunft ihres »Jungmädchenzugs« mit der »BDM-Führerin« Elita Schleier, sie zappelte, weil sie zu spät dran war. Während Katalin vor dem Türspiegel eines Kleiderschranks an dem Dreieckstuch herumfummelte, maulte Maria: »Warum bin ich nicht auch so schön blond wie die Birgitt und die Frauke? Ich bin eine richtige Pechmarie! …«

»Schweig«, fuhr Katalin sie an, »du hast die Haare deiner lieben Mutter und Großmutter. Haare!« rief sie, »Hauptsache, du hast Kopf.« Dann rannte Maria los.

Die Eltern waren schon aus dem Haus, wegen irgendwelcher gemeinsamer Besorgungen, rief mir Katalin aus der Küche zu, wo sie mit Geschirr klapperte. Holger hatte sich im Musikzimmer gerade ans Klavier gesetzt, ich hörte ihn die Goldberg-Variationen spielen, an denen er seit einer Woche mit Professor Behrisch neben der Orchestrierung seiner »Vaterunser«-Kantate arbeitete. Ich ließ das Martenshaus nicht aus den Augen. Ich war kaum imstande, einen Bissen hinunterzuwürgen. Alles, was ich denken konnte: Was geht jetzt in Bennos Elternhaus vor? Hätten wir uns doch mit dem Abfassen des Zupfenhügler-Pamphlets begnügt! Wem von uns war zuerst der Gedanke gekommen, es zu vervielfältigen und ins »Volksgruppengebäude« zu bringen? Benno oder mir? Das Ergebnis war nun die Bedrohung, der wir nicht allein Rebekka und ihren Vater Adam Hermes, sondern auch Bennos Eltern ausgesetzt hatten. Und zu allem anderen spitzelte der »Nibelungenfinger« im Martenshaus herum.

Ich rief Katalin durch die geöffnete Küchentür einen Dank fürs Frühstück zu und rannte in mein Zimmer hinauf. So fieberhaft ich auch überlegte, was zu tun sei, mir fiel nichts anderes ein als zu warten. Ich stellte mich in die Ecke neben das Fenster, um nicht gesehen zu werden. Ich beobachtete über die Thujadecke hinweg das Nachbarhaus. Die Sekunden erschienen mir endlos. Einige Male blickte ich auf die Uhr. Was spielt sich jetzt im Martenshaus ab? Ich spürte den Pulsschlag in den Schläfen. Es verging eine peinigende Viertelstunde. Tausenderlei schoß mir durch den Kopf. Ich hörte Holger spielen. Ich nahm mir vor, in der ersten freien Minute im »Großen Brockhaus« die Entstehungsgeschichte der Goldberg-Variationen nachzulesen. Soviel wußte ich, daß ein Adliger sie bei Bach bestellt hatte. Außerdem werde ich Holger nach den »Carmina Burana« eines Komponisten namens Orff fragen, die ihn zu seiner »Vaterunser«-Kantate angeregt hatten. Ob Tantchen Petra Staratiades den Browning immer in der Handtasche trägt? … Ich war nahe daran, hinunterzulaufen und mich Zupfenhügler in den Weg zu stellen. Doch ich sagte mir, daß er bei meinem Anblick erst recht in Rage geraten und ich alles noch schlimmer machen würde.

Ich fuhr zusammen, als ich unten Geräusche hörte. Es waren Stimmen. Kurz darauf sah ich Zupfenhügler über den Steinplattenweg auf die Gartentür zugehen. Er trat auf die Straße hinaus. In Gesellschaft des zweiten Mannes, der neben dem Telegraphenmast auf ihn gewartet hatte, ging er die Straße hinab und verschwand. Ohne zu wollen, atmete ich tief auf und fühlte, wie sich mein Körper entspannte. Erst in diesem Augenblick bemerkte ich, daß ich den Griff des Sarazenendolchs umklammert hielt. Meine Faust zitterte. Ich wußte nicht, wann ich den Dolch vom Wandhaken genommen und aus dem Etui gezogen hatte, das vor mir auf dem Boden lag.

Keine zwei Minuten später stand ich unter der Pergola des Martenshauses vor der Terrassentür.

Ich klopfte, die Haushälterin Anni Goos, eine etwa vierzigjährige stille Frau mit schlohweißem Haarkranz, die an jedem Vormittag kam und gegen Abend wieder ging, öffnete und führte mich ohne ein Wort zu sagen ins Frühstückszimmer, wo Bennos Mutter im Rollstuhl am Tisch saß.

Die ersten Sonnenstrahlen fielen durchs breite Fenster. Sie tauchten das Zimmer in Helligkeit und zauberten aus dem weißen Damast des Tischtuchs und der Servietten, aus dem Silberbesteck und dem Porzellangeschirr ein heiteres Geflimmer. »Guten Morgen, Peter, ich habe dich erwartet«, sagte Frau Greta-Alma freundlich, »komm, setz dich auf Bennos Stuhl. Leistest du mir Gesellschaft beim Essen? Es ist heute später geworden als sonst. Ich hatte unerwarteten Besuch.«

Da ich in Eile und nur wenig gefrühstückt hatte, nahm ich die Einladung an; ich aß ein Butterbrot und trank eine Tasse Tee. Während der ganzen Zeit suchte ich eine Erklärung für den Gleichmut meiner Gastgeberin. Kein Wort über Vater und Tochter Hermes, keine Andeutung über ihre Anwesenheit im Haus. Nur die beiläufige Anmerkung, daß Direktor Martens das Haus früh habe verlassen müssen. Ob den beiden das Essen in die Mansarde hinaufgebracht wird? dachte ich. Ob die eigenartig schweigsame Haushälterin mit dem penibel geflochtenen Haarkranz eingeweiht ist? »Gut, daß du gekommen bist – hast du Zeit, Benno abzuholen?« fragte mich Frau Greta-Alma, indem sie eine Brotschnitte mit Erdbeerkonfitüre bestrich und dazwischen einen Schluck Kaffee trank, »er würde sich darüber freuen, und ich wäre beruhigt, weil er wohl etwas schwach ist. Wenn du dich gegen zehn Uhr in der Klinik des Doktor Haltrich einfindest, ist es der richtige Zeitpunkt.« Natürlich würde ich das tun, erwiderte ich, natürlich, froh über die Aussicht, mit Benno sprechen zu können.

»Ja, mein etwas frühzeitiger Besuch«, sagte Frau Greta-Alma und klopfte das Ei auf, das in einem mit Rosen bemalten bonbonnièreförmigen Porzellanbecher vor ihr stand, »er schielte sich die Augen aus dem Kopf nach einem Hinweis auf unsere Gäste.« Hat sie soeben verschmitzt gelächelt? dachte ich. »Aber«, sagte sie, »aber da war niemand.« Sie blickte mir vergnügt in die Augen, während ich den Atem anhielt. »Weil er Gefallen an unserem Haus fand«, fuhr sie fort, »zeigte ich ihm auch den schönen Mansardenblick auf die Gärten und Hänge oben. Nun ja, er war sehr höflich und trug Gottseidank keine Uniform.«

Ich verstand die Welt nicht mehr. Lachte Frau Greta-Alma im Stillen über mich?»Du mußt dir wegen Rebekka und ihrem Vater keine Sorgen machen, Peter«, sagte sie leise,»nach deinem späten Besuch gestern abend brachte mein Mann die beiden sofort zu einem zuverlässigen Freund. Er bat mich, dir für die Information seinen Dank auszurichten. Wie wir jetzt wissen, kam sie im rechten Augenblick. Nicht auszudenken, wenn du damit bis heute gewartet hättest … Im übrigen erzählte ich dem Besucher, daß wir noch gestern meinen Schwager aus Bukarest mit seiner ältesten Tochter für einige Tage zu Gast hatten.« Sie griff nach der Kaffeetasse, auf die ebenfalls zierliche Rosen gemalt waren, blickte mich gutgelaunt an und sagte:»Du weißt doch?«»Ja.« »Ich habe tatsächlich einen Schwager in Bukarest«, fügte sie nach einer Pause hinzu,»er hat fünf Töchter … Na ja«, sagte sie noch, verzog kurz die Mundwinkel und seufzte.

Ja, doch! erinnerte ich mich, über Frau Greta-Almas Schwägerin, die in der Hauptstadt verheiratete jüngere Schwester Ulrike des Direktors Martens, wußte ich von Benno, daß sie vor Kriegsbeginn jedes Jahr»ins Reich zu einer KdF-Schiffsreise« gefahren war –»von Kronstadts gesamter bürgerlicher Damenwelt wegen der besonderen Umstände darum beneidet«, hatte Benno augenzwinkernd gesagt. Ihr Ehemann, Besitzer des gutgehenden anspruchsvollen Antiquariats auf dem hauptstädtischen Universitätsplatz, sei zwar»ein feinsinniger und belesener, doch schlapper Papierwurm«. Er habe aber seinerzeit die kostspielige Reiselust der Gattin nicht nur mit Wohlwollen, sondern sogar mit Gewinn gefördert. Denn jedesmal pünktlich neun Monate nach der Rückkehr von der Besichtigung der Hugenottenstadt La Rochelle, des Geirangerfjords oder der Insel Helgoland wurde die Reiselustige von einem Kind entbunden, und die bei bester Gesundheit das Licht der Welt erblickenden»KdF-Töchter« waren dem mütterlichen Wunsch gemäß alle auf einen»der Geographie des Ereignisses entsprechenden Namen« getauft – sie hießen Rochella, Geyra, Helga, die beiden jüngsten Edenburga und Gotalinda. Die Schwestern unterschieden sich so stark voneinander, daß an der Vielfalt der väterlichen Herkunft keinerlei Zweifel bestehen konnte; ihr Erscheinungsbild reichte vom Weißblond bis zum Nußbraun der Haare, von der gertenschlanken bis zur pummeligen Leibesfigur, vom Rund- bis zum Langschädel. Alle fünf noch sehr jungen Töchter aber zeichnete bereits in zartem Alter die unbändige, geradezu draufgängerische Lebensleidenschaft der Mutter aus, deren »unermüdlich fruchtbarer Tatendrang an keinerlei Prüderie« krankte und die im übrigen mit ihrem Bruder, dem Direktor Otto Martens, ein ungewöhnlich herzliches Verhältnis verband. »Wenn die beiden zusammen sind«, hatte mir Benno gesagt, »wird ohne Ende getuschelt und gelacht.« Niemals soll der solcherart wohl gehörnte, aber auch beschenkte Ehemann ein ungehaltenes Wort über die Gattin geäußert haben, die er verehrte. War er sich doch der Tatsache bewußt, daß sie ihm zusätzlich zu der auf bedrucktem Papier in seinen Lebenskreis tretenden Welt des Gedankens auch die lebendige Welt mit ihrem unberechenbaren Formen- und Farbenreichtum bescherte. Nein, die Familie lebte in Harmonie und in Erwartung der nächsten »Kraft-durch-Freude«-Reise, die von der verdienstvollen Massenerholungseinrichtung der Berliner »Deutschen Arbeitsfront« dank der NS-Propaganda bis in den fernen Südosten angeboten wurde. »Allein der Krieg hat der abenteuerlichen Familienvergrößerung Einhalt geboten«, hatte Benno abschließend gesagt.

Ich betrat die Eingangshalle der unter den Zinne-Abhängen im Wald gelegenen Haltrich-Klinik fast gleichzeitig mit Benno, der durch die Glastür aus einem der Korridore kam. Er war blaß, wirkte etwas matt und war froh, mich zu sehen. »Mensch, Peter«, sagte er, nahm die Brille ab und putzte die blitzblanken Gläser. Das Geld, das mir seine Mutter für ein Taxi gegeben hatte, steckte er ein und sagte: »Kriegt sie wieder. Wir gehen zu Fuß. Nach der abscheulichen Kochsalzdusche meiner Innereien tut's mir gut.« Wir gingen quer durchs Stadtzentrum, ich berichtete von den Vorfällen: Was die »Zupfenhügler-Variationen« ausgelöst hatten. Was mir Bramü unter dem Siegel der Verschwiegenheit anvertraut hatte. Was meinem Vater über den Krach in der »Volksgruppenführung« insgeheim zugetragen worden war. Wie Zupfenhügler dort gewütet hatte. Und daß dabei die bedrohlichen Wörter »Gestapo« und »Siguranța« gefallen waren. Die Informantin nannte ich nicht. »Dein Vater«, sagte ich, »ist vergangene Nacht mit Rebekka und Herrn Hermes in Richtung unbekannt abgehauen. Der ›Nibelungenfinger‹ hat heute morgen beim Besuch in eurem Haus nur blöd geglotzt. Deine Mutter ist richtig Schlitten gefahren mit ihm.«

Ohne etwas zu sagen, hörte mir Benno zu. Zweimal blieb er stehen und überlegte, und mir wurde während meines Berichts etwas klar, was ich bisher nicht bedacht hatte – daß ich nämlich bei den veränderten Umständen Rebekka nicht mehr sehen würde, daß mein Blick zum Mansardenfenster des Martenshauses jetzt in ein leeres Zimmer ging, wer weiß, ob ich sie überhaupt noch einmal sehen würde … Nicht nur, daß mir unsere »Zupfenhügler-Variationen« auf einmal ganz und gar als eine Eselei erschienen, ich fühlte bei dem Gedanken eine Anwandlung von Schwäche. Benno bemerkte meine Veränderung und fragte verwundert: »Ist was?«

»Ach wo, nein, nein, nein«, stammelte ich.

»Aber du bist käseweiß«, sagte er und sah mich aufmerksam von der Seite an.

»Es ist nichts.« Bis zur Katharinengasse sprach keiner mehr ein Wort. Plötzlich packte mich Benno am Arm und zog mich unter die Kastanienbäume des Astra-Parks. »Du, Peter«, sagte er eindringlich und stellte sich vor mich, »mir beginnt etwas zu schwanen. Verdammt! Daran habe ich bisher nicht gedacht.« Er schwieg.

»Woran hast du nicht gedacht?« fragte ich.

»Hör zu. Sollte der ›Nibelungenfinger‹ bei der Jagd auf Rebekka und Herrn Hermes leer ausgehen – und das wird er, so wie ich den Direktor Otto Martens kenne –, dann sind *wir* dran. Dann muß er nämlich uns beide zur Strecke bringen. Ohne eine Erfolgsmeldung kann er seinem Chef unmöglich unter die Augen treten. Und unsere Reimerei – das ist doch was! Oder? Da haben wir nicht nur den Zupfenhügler, wir haben sie alle auf die Schippe genommen. Ist dir klar, was das heißt?« fragte Benno.

»Ja«, sagte ich, »der ›Nibelungenfinger‹ hat keine Wahl«, und ich fügte hinzu: »Mein Vater sagt, daß jetzt alles an uns liegt. An dir und mir. Daß wir klüger sein müssen als der Wanki.«

»Und was sollen wir tun?« fragte Benno.

»Da war einer in der ›Führerschule‹«, sagte ich, »der Schremm, der hat mir mal gesagt: ›Die Möglichkeiten durchdenken. Die kühnste wählen. Im entscheidenden Augenblick nicht zögern.‹«

Wir gingen ein Stück. Benno sagte nachdenklich: »Aha! O ja! Du, ich habe auch schon einen Plan … War das mit unserem Gedicht ein Schuß, der nach hinten losging?« fragte er.

Vor dem Gartentor des Martenshauses blieben wir stehen. Benno sagte: »Ich war in der Klinik mit einem zusammen. Die hatten mich für die eine Nacht zu ihm ins Zimmer gesteckt. Weil kein Bett mehr frei war. Ich denke, den kennst du. Der ist vor Jahren mal mit drei Kampfhunden aus Berlin in der Stadt herumspaziert. Göller, der Sohn des Invaliden, den sie ›Torso‹ nennen.«

»Ach!« sagte ich nur.

»Der hat eine Verletzung an der Schulter, die nicht heilt«, sagte Benno, »der Doktor Haltrich persönlich hat ihn behandelt. Er ist ein Freund seines Vaters, des ›Torso‹. Sie haben manchmal nur geflüstert. Aber soviel habe ich mitbekommen: Auf den Göller hat irgend jemand geschossen. Und das darf niemand wissen. Er muß in ein paar Tagen nach Berlin. Danach wird er aber bis zur Heilung bei den Eltern in Kronstadt bleiben ... Apropos«, Benno neigte sich zu mir, »du hast ›Gestapo‹ gesagt, sind das nicht diese – diese Heydrich-Leute? Treiben die sich denn auch hier herum? ... Na ja«, er wartete meine Antwort nicht ab, griff nach der Türklinke und sagte: »Ich komme später zu dir. Danke für's Abholen.«

»Du, Benno«, sagte ich, »der Schuß ging nicht nach hinten los. Er traf ins Schwarze.«

»O ja«, sagte Benno, und sein Gesicht hellte sich auf, »du siehst das richtig.«

»Hast du Angst?« fragte ich.

»Nein«, antwortete Benno, polierte seine sauberen Brillengläser und lachte mich an.

»Wer ist der Heydrich?« fragte ich.

»Ach, so ein Obertier in Uniform«, antwortete er.

Während dieses Samstags und des Sonntags danach beschäftigte mich nicht die Frage, was geschehen würde, sollte der »Nibelungenfinger« samt seinen Spitzeln Benno und mich als Verfasser des Pamphlets entdecken. Die Aussicht darauf ließ mich eigenartig kalt: Wenn schon ... Aber Vaters Anmerkung, daß alles weitere von Bennos und meiner Geistesgegenwart und Umsicht abhänge, hatte eine neugierige Entschlossenheit in mir geweckt, allein mit der Sache fertig zu werden. Dabei wußte ich, daß im Fall des Triumphs Zupfenhüglers die Folgen für unsere Familie auf die eine oder andere Weise wohl mißlich, doch für die Familie Martens fatal sein würden, sollten zusätzlich die Versuche des Industriedirektors Otto Martens fehlschlagen, Vater und Tochter Hermes neue Personalpapiere zu besorgen. Nein, weit mehr als all

434

dies beschäftigte mich die Frage, wo sich Rebekka aufhielt. Wohin waren sie und ihr Vater gebracht worden? Wie kann ich sie finden und sehen? Vor allem die Frage: Wünscht sich Rebekka ein Wiedersehen mit der gleichen Heftigkeit wie ich? Nur sehen will ich sie, dachte ich, mehr nicht. Nur sehen. Ich wagte es nicht, Benno hierzu eine Frage zu stellen.

Die Antwort erhielt ich auf andere Weise. Ehe es dazu kam, spielten sich Ereignisse ab, die ich nicht voraussah.

Gegen Abend ging ich auf den Sportplatz. Lutz Klepper erwartete mich. Auch jetzt fielen mir das schmal gewordene Gesicht, die undurchdringlichen Züge auf. Er nickte zur Begrüßung, ohne ein Wort zu sagen. Nach dem Einlaufen und den aufwärmenden Dehn- und Lokkerungsübungen hatte ich ihn wieder vor mir, mit seinem trocken vorwärts schnellenden, ausgreifenden Schritt, mit der entnervenden Schnelligkeit seines Antritts bei Zwischensprints und der Härte bei langen Steigerungsläufen. Aber auch mit der Leichtigkeit der Bewegungsvorgänge, die mich faszinierte und mitzog. Wieder begann es zu dunkeln, als wir die Aschenbahn verließen. Und auch diesmal erschien Dan Pandare kurz vor unserem Aufbruch. Ich sah ihn zum ersten Mal in Uniform. Auch er, erfuhr ich, war bei Kriegsausbruch zur Armee eingezogen worden; als »mobilizat pe loc« leitete er die Abteilung »Evidență« im Kommissariat des Armeekorps in Kronstadt.

Bevor wir auf die Straße hinaustraten, blickte Klepper zur leeren Tribüne hinüber, dann sah er mich an. »Heute zeigten sich die zwei nicht«, sagte er und fuhr fort: »Ich war mit Göller in derselben Klasse des Honterus-Gymnasiums. Bis ich die Schule wechselte. Ich frage mich, was aus dem ausgebufften Hund in Berlin wurde. Wieso ist er eigentlich nicht an der Front? Ich werde dir gelegentlich sagen, was ich mit ihm erlebte. Na ja, der und der Zupfenhügler … Komm den beiden nicht zu nahe, Hennerth.« Er wandte sich jäh ab. Pandare winkte mir grüßend und folgte ihm.

Das war am Sonntag nachmittag.

Benno und ich mußten nicht lange auf die zweite Fahndungsmaßnahme des »Nibelungenfingers« warten, nachdem die erste in der »Volksgruppenführung« ergebnislos geblieben war. Denn schon am Montag vormittag gingen die »Scharführer« mit der Anweisung des »Hauptbannführers« durch die Klassenräume der Oberstufe, um fünfzehn Uhr uniformiert in der Aula zu erscheinen. »Aha, die Gesalbten geruhen, sich dem Volk zu zeigen«, sagte Proder ungeniert, als Bramü den Raum verlassen hatte.

»Proder«, schrie Blessi, »was fällt dir ein? Das gibt eine Meldung!« Seelenruhig sagte Proder: »Genau danach siehst du aus, Herr DJ-Rattenführer.« Auch der kleine Killian fuhr Proder an: »Mann, red nicht so über unsere Führerschaft.« Der schöne Rolfi Fels stand neben Proder, ich sah ihm an, daß er sich bei dem Disput unwohl fühlte, er wußte nicht, auf wessen Seite er sich schlagen sollte.

Doch kam Blessi nicht dazu, sein Geschrei fortzusetzen. Der Mathelehrer Doktor Seidel betrat den Raum, das große blaue Klassenbuch unter dem Arm. Blessi war drauf und dran, ihm von Proders Despektierlichkeit zu berichten; Seidel gehörte zu den Lehrern, die sich gerne in Uniform und mit erhobenem Grußarm zeigten. Aber Rippes hatte die Absicht seines Vordermanns Blessi erraten. Er stieß ihm die Faust in den Rücken und machte eine eindeutige Geste: Wenn du auch nur ein Wort sagst, drehe ich dir den Hals um! Der lange Rolfi Fels, der neben Rippes saß, machte ein erschrockenes Gesicht und strich sich verlegen die seidenweichen Blondhaare einige Male aus der Stirn. Doktor Seidel hatte das Buch aufs Pult gelegt. »Heil Hitler!« rief er und nickte mit befriedigtem Lächeln, als wir ihm unser »Heil Hitler!« entgegenschmetterten. Nur Benno, mein Banknachbar zur Linken, preßte die Lippen zusammen.

Auf dem Heimweg aus der Schule, den ich gemeinsam mit Benno und auch ein Stück mit Proder zurücklegte – dessen Eltern bewohnten in der Oberen Vorstadt ein solides Blockhaus in einem der Waldgärten zur Schulerau hin –, fragte Proder: »Weiß einer von euch was über die Hetzflugschrift, die dem ›Volksgruppenführer‹ an den Schreibtisch genagelt worden sein soll?« Benno warf mir einen Blick zu und schüttelte verstohlen den Kopf, ich unterdrückte einen Lachanfall und erwiderte: »Genagelt, sagst du?«

»Ja, alle reden doch davon, wieso wißt ihr nichts?«

»Jetzt wissen wir's«, sagte Benno.

»Bis zur Heerschau heute nachmittag«, unkte Proder und bog nach links ab, »es geht vermutlich um die Hetzschrift.« Ich war mir dessen seit dem ersten Augenblick sicher.

Doch bei der Nachmittagszusammenkunft der »DJ-Gefolgschaft Oberstufe Honterus« im Festsaal der Schule kam für den »DJ-Haupt-bannführer« und Herausgeber der Propagandazeitschrift »Der DJ-Führer« Zupfenhügler nichts heraus. Nach der Trennung von Proder waren wir mit Benno übereingekommen, uns um keinen Preis ein Geständnis abluchsen zu lassen. Wir waren der Auffassung, daß uns mit Rücksicht auf unsere Eltern auch nichts anderes übrigblieb. »Wir kennen das doch«, hatte Benno eindringlich zu mir gesagt, »jedes Mal, wenn einer von uns was verzapft hat, stellen sie sich mit großen Sprüchen von Bekennermut vor uns. Dagegen wäre nichts zu sagen. Aber von diesen Uniformdandys lassen wir uns nicht hereinlegen, auch nicht, wenn sie drohen. Wir zwei entscheiden, wie wir uns zu verhalten haben. Oder? Wie siehst du das?«

»Klar«, sagte ich, »was der Zupfenhügler quatscht, zählt für mich nicht ... Du, Benno, der Bramü ahnt, daß wir zwei es waren.«

Aber unser »Scharführer« Bramü erwies sich wie immer als zuverlässig. Als wir in schultergeriemter Braunhemduniform im bequemen Gestühl der Aula saßen, in der ersten Reihe durchgehend führerschnurbebaumelte Schar-, Hauptschar-, Gefolgschafts-, Stamm-, Bann- und Hauptbannführer, und der »Nibelungenfinger« mit schneidig-smartem Gehabe seine Rolle als NS-Oberpfau zu spielen begann, machten Benno und ich, um keinen Verdacht zu erregen, das Gesicht nicht nur unschuldiger, sondern vor Unschuld sogar schon halb verblödeter Schafe.

Der »Nibelungenfinger« redete sich in einen Koller hinein: »Deutsche Jungen haben Ehrgefühl. Sie stehen für alles gerade, was sie tun. Sie sind tapfer und besiegen sich selbst. Sie überwinden die eigene Angst und blicken jeder Gefahr ins Auge. Schändlich, was sich in den vergangenen Tagen abgespielt hat. Unser Führer Adolf Hitler und seine Bewegung wurden in den Schmutz gestoßen und mit Dreck beworfen. Eine einzige Möglichkeit hat der Täter«, schrie der »Hauptbannführer Nibelungenfinger« in den braunhemdgefüllten Saal hinein, »das offene Bekenntnis. Legt er es hier vor versammelter Mannschaft ab, so besteht die Gelegenheit ehrenvoller Wiedergutmachung!« Er schrie so laut, daß einige seiner »Führer«-Genossen in der ersten Reihe die Köpfe leicht einzogen. Hoffentlich, dachte ich, hoffentlich hält sein Bewunderer Bramü dicht. Von meinem Platz konnte ich Bramü gut sehen; unter den orkanartigen »Nibelungenfinger«-Entladungen saß er mit den breiten Schultern gekrümmt da, als habe er, wie Atlas, die ganze Welt zu tragen, die das nicht verdiente. Benno, zwei Reihen schräg vor mir, putzte immer wieder seine Brillenlinsen und starrte währenddessen den »Nibelungenfinger« an, den er ohne Brille nicht sah. Plötzlich schrie der: »Hennerth! Peter Hennerth! Was hat einer wie du dazu zu sagen? Aufstehen!«

Ich erhob mich – aha, durchschoß es mich, das ist seine Wunde: Seit Paul Eisendenk ihn mit einem Faustschlag in die Hecke befördert hat – was längst nicht mehr nur mir bekannt, aber vielleicht durch mich in Umlauf gekommen ist –, sitzt ihm die Allgegenwärtigkeit meiner Zeugenschaft wie ein Dorn im Leben; er kriegte Wutanfälle, sobald er von einem Ahnungslosen guten Glaubens als »Herr Nibelungenfinger« angesprochen wurde, wie ich wußte. Mir fiel in diesem Augenblick Werner Schremm ein: Je brenzliger es wird, um so ruhiger mußt du bleiben, hatte er mir bei der Besprechung einer Nahkampfübung gesagt, und wenn es ganz beschissen ist, mußt du zum Eisblock werden.

»Was hast du zu melden?« brüllte mich der »Hauptbannführer Nibelungenfinger« an.

Der Wahrheit getreu sagte ich laut und deutlich: »Nichts, gar nichts, Hauptbannführer Nibelungenfinger – Entschuldigung: Zupfenhügler.« Ich fügte in der Stille hinzu: »Ich meine, nichts was du wissen müßtest.«

Bennos entsetzter Blick mahnte mich, den randalierenden »Führer« um alles in der Welt nicht noch mehr zu reizen. Aber ich war mir jetzt sicher: Der hat bisher nicht den geringsten Hinweis auf die Verfasserschaft der »Variationen«, nie und nimmer hätte er sonst das Spektakel der öffentlichen Befragung mit »Bekennermut«, »Tapferkeit«, »Geradestehen« gewagt, es war seine einzige Chance. Und zugleich fühlte ich den Zorn in mir aufsteigen und dachte: Auch jetzt wieder die Bedenkenlosigkeit im Ausspucken schwerwiegender Worte, denen sie jeden Wert stehlen, gleichviel, was sie in den Mund nehmen, alles wird davon wertlos, dachte ich wütend. Doch da war Bennos flehender Blick, nein, weitergehen durfte ich nicht. So rief ich dem »Nibelungenfinger« zu: »Hauptbannführer, bitte mich setzen zu dürfen« und setzte mich, ohne seine Erlaubnis abzuwarten.

Einige Sekunden lang sah es aus, als würde der »Nibelungenfinger« explodieren, so rot war sein Gesicht geworden. Er machte unbeherrschte Gesten mit beiden Händen, schien nach Luft zu schnappen und begann vor der ersten Sitzreihe auf und ab zu gehen, bis ihm der »Gefolgschaftsführer« Holm Britting beisprang, ein etwas schwerfälliger Mensch mit den Zeitlupenbewegungen eines trägen Bullen; er stellte sich breitbeinig vor uns hin und blökte mit dumpfer Stimme: »Ich verwende mich an euer urdeutsches Gewissen. Wer sich schuldhaft weiß, der trete hervor und stehe zu seiner Tat. Der heilige Geist der Kameradschaft befiehlt es ihm heute und hier, damit nicht alle auf einen Makel hereinfallen.« Ich biß mir auf die Zunge, um nicht herauszuplatzen, und traute meinen Augen nicht, als danach der zungenfertige »DJ-Rottenführer« Blessag, unser Blessi, aufsprang und schrie: »Um der Ehre der Gefolgschaft und der Schule willen ...« Ich war nahe daran, nach vorne zu gehen und ihm eine zu knallen. Hatte der Wicht vergessen, wie das mit Proders goldener Armbanduhr war, die er Benno unbemerkt in die Hosentasche geschoben hatte? Ich konnte mich nicht lange bei seiner Schamlosigkeit aufhalten, denn es »traten« noch einige »vor die versammelte Mannschaft«. Alle, alle bedienten sie sich der untadeligen Wörter, die mir mittlerweile nichts mehr bedeuten dürfen, dachte ich verzweifelt – haben wir denn alle den Verstand verloren?

Das kernige Gelaber der »Gefolgschaftsstunde« in der Aula röchelte in Platitüden aus, als des »Nibelungenfingers« Niederlage längst allen klar war. Aber die »Unterhöhlung der Treuemoral dem Reich und Führer gegenüber«, die »Verächtlichmachung hehrer nationalsozialistischer Tugenden«, der »Vertrauensbruch im Kampf gegen das blutsaugerische Weltjudentum«, danach die Verdammung der »mit Schweinstexten hintenherum operierenden Feiglinge unter uns« und schließlich die vom »Hauptbannführer Nibelungenfinger« mit einem starren Glanz in den Augen hysterisch hinausgeschriene Drohung: »Ich werde sie vernichten, wenn ich sie schnappe! Vernichten! Vernichten!« – dies alles hatte dennoch seinen Erfolg und regte mich zu frühen Betrachtungen über die obrigkeitsservile Eilfertigkeit des Menschen an. Denn es verschaffte, man sollte es nicht glauben, dem ungeliebten »Nibelungenfinger« sogar einige Popularität. Beim Verlassen der Aula rüffelten mich mehrere wegen meiner »frechen Gosche«. Am ungehaltensten der rot- und kraushaarige Knilch mit dem Habsburgerkinn aus der Abiturklasse, Pipinikel, so hieß er in der Tat. Er raunzte mich an: »Mensch, Hennerth, welchen Ton nimmst du dir dem Hauptbannführer gegenüber heraus?« Der »unansehnliche Rötling« war, so Proder, »einer der schärfsten Naziböcke der Schule«, er hatte seine Klasse in einer viel diskutierten Auseinandersetzung zum Austritt aus der Kirche aufgefordert, »weil unsere Christlichkeit unvereinbar ist mit unserem nationalsozialistischen Glauben«. Dafür soll er von seinen weniger engagierten Altersgenossen fast Klassenprügel bezogen haben. Auch aus meiner Klasse gaben mir etliche zu verstehen, daß sie meine Beantwortung der »Hauptbannführer«-Frage mißbilligten. Aus der Gruppe, die sich im Hof um Blessi gebildet hatte, erreichten mich zornige Blicke. Und wieder beobachtete ich, wie der dabeistehende Rolfi, der allbekannte »gorilă«, nicht wußte, wohin er sich zu schlagen hatte – zur Gruppe um Blessi und »Kulli« Killian oder zu der um Proder, Benno und mich. »Ach«, sagte Proder laut, »unser Arier ist überfordert. Wenn jetzt einer zu ihm hingeht und ihn anpinkelt, schreit er vor Begeisterung dreimal ›Heil Hitler!‹. Kameraden, wir wollen Nachsicht mit ihm üben.« Da kam es fast zur Schlägerei.

Als ich mit Benno und Guido den Schulhof verließ, lenkte mich das Blinken in den hohen, durch die beiden oberen Stockwerke gehenden Aula-Fenstern von der Gruppe um Blessi ab. Denn schlagartig stellte sich das Gefühl ein, das mich beim Anblick des kalten Leuchtens in den Fenstern schon einmal überkommen hatte – am Morgen jenes denkwürdigen Tags, an dem »die neue Zeit« mit der Rede des kurz danach zum Bischof der Deutschen in Siebenbürgen gewählten Dr. Schädel eingeläutet worden war. So wie damals hatte ich auch jetzt das Gefühl, mir habe dorther jemand ein Zeichen gegeben: Achtung, Gefahr … Ich ahnte, daß die soeben zu Ende gegangene wirre Stunde in der Aula erst der Anfang war. Die Entscheidung stand mir für einen anderen Tag bevor. »He, Peter«, rief Benno, »was glotzt du die Fenster an? So komm doch endlich.«

XIII. Kapitel

Lutz Klepper, die Galgenkandelaber von Odessa
und die »Vaterunser«-Kantate

Die Ereignisse drohten, mir die Übersicht zu nehmen. Doch half mir Bennos Urteilssicherheit immer wieder, Fragen zu beantworten, die mich beunruhigten.

Bei den Besuchen im Martenshaus, wenn wir gemeinsam Schulaufgaben erledigten, spürte ich die wachsende Angespanntheit des Hausherrn, dessen äußere Ruhe ich bewunderte. Direktor Martens' Bemühungen in Bukarest um die Beschaffung der Personalpapiere für Adam und Rebekka Hermes gestalteten sich langwieriger als angenommen, ja sogar gefährlich. Die Anweisungen der Regierung bezüglich der jüdischen Bevölkerung standen im Zeichen des »Judenbefehls« des Militärdiktators Antonescu, wenn auch die Durchführung von der schieren Raserei bis zum stillschweigenden Ignorieren reichte. Sie waren dennoch so harsch, daß kein Beamter der zuständigen Behörden den Mut aufbrachte, Direktor Martens entgegenzukommen, trotz der Lockung mit erheblichen Bestechungsangeboten. Selbst Leute, deren Vertrauen er seit langem besaß, schüttelten den Kopf. Da Martens aus Sicherheitsgründen in der oberen Staatsbürokratie ansetzte, gerieten seine Unternehmungen erst recht heikel.

Hinzu kam, daß er – wie mir Benno eines Tages berichtete – »seit einiger Zeit verfolgt und beobachtet wird«. Er habe dies in seiner, Bennos, Gegenwart der Mutter mitgeteilt und hinzugefügt: »Die Observierung hat eindeutig mit meinen Demarchen in der Angelegenheit Hermes zu tun.« An der Tatsache, daß Herwart Zupfenhügler dabei »maßgeblich die Hand im Spiel hat«, bestand seit dessen Morgenbesuch im Haus Martens kein Zweifel.

Sooft ich Direktor Martens antraf, entging es mir nicht, daß er die Angelegenheit, je länger sie sich hinzog, immer mehr als eine Frage der persönlichen Erfolgsfähigkeit begriff; er setzte alles daran, das gewagte Duell mit dem ungeliebten Verwandten zu gewinnen. Da Zupfenhügler weder über eine entsprechende Amtsbefugnis noch über einen für derlei Tätigkeiten einsetzbaren Mitarbeiterstab verfügte, lag die beunruhigende Vermutung nahe, daß ihm ein zuständiger Dienst behilflich war.

Trotz aller Versuche, in unauffälliger Weise zu erfahren, wo sich Rebekka aufhielt, gelang es mir nicht, auch nur andeutungsweise etwas darüber herauszubekommen. Ich verzehrte mich im Wunsch, sie wiederzusehen und mit ihr zu sprechen. Wo finde ich sie? Benno konnte mir nicht helfen, da sich seine Eltern sogar ihm gegenüber in Schweigen hüllten. Die Angespanntheit im Martenshaus übertrug sich auf mich, und immer angelegentlicher beschäftigte mich die Frage, ob sich Direktor Martens im Tauziehen mit Herwart Zupfenhügler nicht überschätzt hatte; zwar handelte Zupfenhügler nur aus einem Verdacht heraus, jedoch unter Einsatz der Mittel, die ihm die politischen Verhältnisse an die Hand gaben.

In diese Zeit fiel meine letzte Begegnung mit Lutz Klepper. Der in den Büros des Korpskommandos kriegsmobiliserte Leutnant der Reserve Dan Pandare hatte mit Hilfe einiger Beziehungen die Verlängerung des Fronturlaubs Kleppers um eine Woche erwirken können. Der Absolvent der Kronstädter Handelsakademie Pandare, der kurz vor Kriegsausbruch eine Stelle in der Wirtschaftsabteilung der Armeekorps-Verwaltung angetreten hatte, war mit Beginn der Feindseligkeiten vom Kommissariat angefordert worden; hier hatte er, ohne es ihm zu sagen, schon nach kurzer Zeit eine Reihe von – bisher allerdings erfolglosen – Unternehmungen in die Wege geleitet, seinen Freund Lutz Klepper von der Front in die Etappe versetzen zu lassen.

An einem der Trainingsnachmittage hatte mir Klepper von der Urlaubsverlängerung berichtet. Als wir uns dann verabredungsgemäß am Tag vor seiner Abreise trafen, fragte er mich, ob ich bereit sei, den Lauf von gestern mit ihm zu wiederholen.»Gestern liefen wir durch Nebel«, sagte er,»heute haben wir schönes Wetter.« Wir waren von der Postwiese nahe dem Stadtzentrum über die Warte bis zum Großen Hangestein hinauf- und zurückgelaufen. Ich sagte ja, und schon zehn Minuten später tauchten wir in die herbstlichen Verfärbungen der aus Buchen, Eichen, Eschen und Fichten gemischten Wälder.

Vielleicht war es die Stimmung dieses Herbsttages und die nahende Trennung, die Lutz Klepper gesprächiger machten als üblich. Doch zunächst liefen wir in ununterbrochen sanfter Steigung Kilometer um Kilometer nach Südwesten, Atemwege und Lunge vollgepumpt mit den würzigen Erd-, den Borken- und Harzdüften der Berghölzer. Kleppers Lauf erschien mir mehr als jemals bisher wie ein Schweben und Gleiten, das sich in rhythmischen Wellen fortbewegte. Ehe es mir bewußt wurde, übernahm ich das Fließende seines Laufs, während wir unter Baumkronen durch Hohlwege, über weiche Pfade, über Wiesen, Lichtungen und steinige Anstiege liefen, liefen und liefen – wir liefen, als würde es niemals ein Ende geben.

Auf einer Wiese über den Abstürzen des Großen Hangesteins in die Hochebene hinab machten wir vor der Rückkehr eine kurze Rast. »Wie ich las, gibt's demnächst die Jugendmeisterschaften?« fragte Klepper, der neben mir stand und sich mit dem schmalen Frottiertuch, das er beim Training immer um den Hals trug, Gesicht und Nacken abwischte.

»Ja«, antwortete ich und rückte mich auf dem angenehm warmen Felsstück zurecht, auf das ich mich gesetzt hatte.

»Wie fühlst du dich?«

»Gut«, sagte ich.

Klepper nickte und hockte sich ein paar Schritte vor mir ins Gras. Wir blickten in die Hochebene hinab, die sich in gelbbraunen Farbverwehungen unter uns bis zu dem über die Hügelkette rund emporragenden Zeidener Berg erstreckte.

»Du kannst alle schlagen«, fuhr er fort, »alle. Laß dich nicht einpakken. Auch nicht auf die Gefahr hin, außen zu laufen. Laß dich auch nicht einlullen. Geh dein Tempo. Das Gefühl dafür hast du. Endspurt spätestens ausgangs der Zielkurve. Warte nicht bis auf die Zielgerade ... Ich hörte, du läufst außer den Achthundert noch in der Viermalvierhundert-Staffel?«

»Ja, den letzten Wechsel.«

Er nickte einige Male. »Kennst du deine Gegner?«

»Der beste von ihnen ist Dieter Blatz.«

Wieder nickte er einige Male. Wie im Selbstgespräch fuhr er fort: »Ich wollte dir was über Göller sagen.«

»Ja, ich weiß.«

»Wir waren Klassenkameraden«, sagte er, »Rivalen in Schule und Sport. Unsere Eltern waren befreundet, mein Vater holte sich ab und zu einen Band aus der ›Klostergässer Bücherhöhle‹. Ich war früher oft in dem Haus. Manchmal machten wir uns zu ›Entdeckungsreisen‹ auf in dem alten zweistöckigen Gebäude mit dem vollgestopften Dachboden, den leeren Mansarden und dem merkwürdig tiefen Keller. In den Kartons unter den verstaubten Dachbalken fanden wir k.u.k. Offizierssäbel. Hinter einer Kiste mit einigen Jahrzehnten gebundener Kollektionen der ›Gartenlaube‹ entdeckten wir eine Kamera aus Holz mit der eingeschnitzten Jahreszahl des Deutsch-Französischen Kriegs. In der kolossalen Bücherei des Vaters, des ›Torso‹, stießen wir auf das ›Große Conversationslexikon 1840‹. Auch in den Kellernischen unter den niederen Steingewölben gab's allerlei Kram … Ich habe nichts davon vergessen.«

Klepper fuhr sich mit dem weißen Frottiertuch über den Nacken, erhob sich aus dem Gras und blickte lange über die Hochebene hinaus, deren Farben an den Rändern zu ermatten begannen. »Eines Tages stießen wir in einer Kellerecke auf einen halb zugemauerten Durchstieg«, sagte er, »ich erinnere mich noch, wie hohl der Laut unserer Stimmen verklang, als wir in die Finsternis hineinriefen. Göller hatte eine Taschenlampe. Ich zwängte mich hinter ihm ins Gewölbelabyrinth. Wir tappten durchs Dunkel. Bei jedem Schritt wurden wir neugieriger, was der nächste bringen würde. Beiden war uns etwas unheimlich zumute … Plötzlich, ehe ich es begriff, rannte Göller los – und war nach wenigen Schritten verschwunden. Ich rief. Ich wartete. Ich tastete mich an den Wänden entlang. Ich fiel hin. Schließlich war ich von Seitengängen, vorspringenden Mauerstützen und Nischen so verwirrt, daß ich nicht mehr wußte, aus welcher Richtung ich gekommen war, in welche ich zu gehen hatte. Von Göller keine Spur. Kein Lichtzeichen. Kein Ton …« Klepper sah mich mit einem eigenartigen Blick an, er wischte sich das Gesicht ab, das im Licht der auf den Königsteingrat niedersinkenden Sonne wie Bronze wirkte. Er trat einen Schritt auf mich zu und sagte: »Ich weiß bis heute nicht, was in ihn gefahren war. Er hat mir auf meine Fragen nie geantwortet … Ich brachte acht Stunden in den Irrgängen zu. Ich war dem Wahnsinn nahe. Endlich fand ich einen Ausgang unter der alten Stadtmauer vor der ›Graft‹. Ein Luftzug hatte mich erreicht. Ich mußte Steinbrocken und Erde beiseite räumen. Zwischen Ratten, Würmern und Asseln wühlte ich mich hinaus. Kurz vor Mitternacht war ich zu Hause. Die Eltern waren ausgegangen.

Der Mutter sagte ich am nächsten Tag, ich hätte die Kleider beim Spielen beschmutzt.« Immer wieder fuhr sich Klepper mit dem Tuch übers Gesicht. »Wie ich später erfuhr«, sagte er, »war Göller nach einer Viertelstunde wieder draußen. Er hat keinem Menschen ein Wort von mir gesagt. Er hat niemanden aufgefordert, mich zu suchen. Er hat sich schlafen gelegt. Er hätte mich dort unten umkommen, verhungern lassen. Tags darauf sah er mich kalt an und fragte: ›Na, wie war's?‹ Weil ich seinen Anblick nicht mehr ertrug, wechselte ich die Schule, ich ging vom Honterus- aufs Handelsgymnasium Mercuri.«

Klepper atmete tief auf. »Damals begann ich zu laufen«, sagte er, »ich lief wie ein Gehetzter. Ich lief vor der Finsternis und vor meiner Angst weg. Als mir das nach einiger Zeit bewußt wurde – ich war in deinem Alter –, legte ich immer mehr alles darauf an, so lange an meiner Lauftechnik, an Schrittlänge, Atemfrequenz, Ausdauer und Schnelligkeit zu arbeiten, bis ich das Angstmotiv ins Gegenteil umgekehrt haben würde. Ich spürte, es war mein einziger Weg aus der Angst hinaus. Nach Jahren voller Alpträume war ich soweit. Heute laufe ich bei jedem Schritt mit dem Gefühl des Siegers.« Er schwieg eine Zeitlang, ehe er sagte: »Ich weiß nicht, wie Göller mit seiner Angst umgeht. Eines Tages werde ich ihn danach fragen, ohne ihn ausweichen zu lassen … Komm, machen wir uns auf, wir kühlen aus.«

Wir liefen bergab durch die dunkelnden Wälder. Ich hatte das Gefühl, den Mann vor mir seit Ewigkeiten zu kennen und ihm dennoch unendlich fern zu sein.

Aber der Tag war für mich noch nicht beendet. Von der Warte weiter mußte Klepper nach links zur Postwiese hin laufen, wo er im Haus der Eltern wohnte, ich nach rechts am Weißen Turm vorbei in die Katharinengasse. Klepper war stehengeblieben und streckte mir die Hand entgegen. Ich war verlegen, ich wußte nicht, wie man sich von einem Mann verabschiedet, der in die Schlacht zurückfährt; morgen früh würde er abreisen. Weit und breit war kein Mensch zu sehen. Ich wunderte mich, daß Klepper meine Hand so lange hielt und sich dabei umschaute, als wollte er sich vergewissern, daß uns niemand zuhörte. Mit einer schnellen Bewegung beugte er sich zu mir und sagte leise: »Ich soll dich von Rebekka grüßen. Direktor Martens brachte die beiden zu uns. Rebekka sagte, dir dürfte ich es anvertrauen.« Fast im selben Augenblick war seine Gestalt mit dem Dunkel verschmolzen. Sekundenlang noch hörte ich seinen leichten, federnden Schritt. Er klang wie das Rascheln vom Wind bewegter Blätter. Mit einem Mal wußte ich nicht, ob ich den Wind oder seinen Schritt hörte, ja, ich wußte nicht einmal, ob ich mit Klepper zusammengewesen war.

Lutz Klepper kam nicht mehr dazu, Göller nach seinem Umgang mit der Angst zu fragen. Nicht lange nach unserer Trennung auf der Warte wimmelte es im Stadtzentrum von den aus dem ganzen Land zu den Wettkämpfen angereisten Jugendlichen. Es war ein wolkenloser Herbsttag. Bernd Breckner war aus Bukarest gekommen, er würde als Kugelstoßer und Diskuswerfer an den »Deutschen Jugendmeisterschaften« teilnehmen. Er wohnte bei uns, brachte Mutter, Maria und Katalin mit seinen Sprüchen zum Lachen und saß am Abend lange bei mir in meinem Zimmer. Er hatte das vorgezogene Abitur abgelegt, sich freiwillig zur deutschen Armee gemeldet und sollte in zwei Wochen zur Musterung nach Prag fahren. »Bevor ich zur rumänischen Armee gehe«, sagte er, »wo die Offiziere noch prügeln, die Mannschaft in abgefetzten Uniformen herumläuft, hungert und schlecht ausgerüstet ist, bin ich doch lieber bei den Deutschen. Es heißt, die Oberbonzen in Berlin und Bukarest werden einen Vertrag darüber aushandeln ... Außer einem Drückeberger«, sagte er, »haben sich aus meinem Jahrgang alle gemeldet.« Er sang: »Es ist so schön Soldat zu sein, Rosemarie«, und fuhr ohne Unterbrechung fort: »Ach, weißt du, das ist endlich mal was anderes. Fremde Länder, fremde Frauen. Wie stehst du mit den Mädchen? Meldest du dich auch bald?«

»Ich will zuerst das Abitur haben«, sagte ich, »ich will Offizier werden.«

»Mir ist das ziemlich egal«, er lachte, »Hauptsache, es gibt Abwechslung. Unsere Jahrgänge ziehen jetzt alle los.«

»Ja, auch von hier aus Kronstadt, auch meine ehemaligen Schulfreunde aus Rosenau.«

»Was weißt du noch von deinem U-Boot-Vetter, von dem du mir erzähltest?«

»Die letzte Postkarte schickte er aus Le Havre. Er erhielt das U-Boot-Kriegsabzeichen. Onkel Oskar war mächtig stolz, als er's uns berichtete.«

»Gehen wir schlafen«, sagte Breckner, »ich las im Programm, daß du morgen vormittag in der Viermalvierhundertmeter-Staffel läufst. He,

446

da triffst du vermutlich auf unser Pickelgesicht aus der ›Führerschule‹, Dieter Blatz … Aber vorher gibt's den großen Einmarsch.«

Nach dem »großen Einmarsch« mit Fahnen und Musikzügen am Samstagmorgen, den nicht nur die deutschen, sondern auch die rumänischen und ungarischen Kronstädter von den Gehsteigen aus verfolgten, eröffnete der »DJ-Landesjugendführer« Uli Leppner auf dem Sportplatz unter den Waldhängen der Zinne die Meisterschaften mit einer Rede, der er nach der Feststellung, daß »unsere Zeit junge, kühne, kampfesfrohe Soldaten« brauche, die Sätze hinterherrief: »Lernt, stark und unbarmherzig zu sein! Gelobt sei, was hart macht!« Hinter dem »Landes-Uli« standen in der zweiten Tribünenreihe gemeinsam mit den »Bann-« und »Hauptbannführern« die »BDM-Führerinnen«. Die Tribüne war bis auf den letzten Platz gefüllt, rings um die Aschenbahn und die Rasenfläche drängten sich die Menschen. Auch das Feldgrau deutscher Soldaten und Offiziere war zu sehen, ein großer Teil von ihnen wohnte bei deutschen Familien in der Stadt. Die ersten Athleten, die den Platz betraten, wurden mit viel Beifall begrüßt.

Die Viermalvierhundertmeter-Staffel gewannen die Hermannstädter. Ich übernahm als Schlußläufer unserer Mannschaft den Stab. Da war ihr letzter Mann, Dieter Blatz, schon mit einem solchen Vorsprung unterwegs, daß ich ihn nicht mehr packte. Aber es erfüllte mich mit Genugtuung, ihm deutlich näher gekommen zu sein.

Nach dem Rennen stand plötzlich der Strahlemann Wolf Schreier vor mir, der Lehrgangsleiter aus der »Hermann-von-Salza-Führerschule«. Wir freuten uns beide über das Wiedersehen; ich hatte Wolf in guter Erinnerung. Er gehörte dem Stab der Wettkampfrichter an.

Als ich tags darauf am späteren Nachmittag die achthundert Meter nach Lutz Kleppers Anweisungen lief und gewann, saß Dan Pandare am äußersten rechten Rand der ersten Bankreihe unter dem Tribünendach. Ich hatte ihn schon beim Aufwärmen gesehen, er hatte mir zugewinkt und die beiden erhobenen Fäuste zum Zeichen des Mutzuspruchs geschüttelt. Während des Rennens hatte ich mit halbem Auge mitbekommen, daß er als erster aufsprang und zu schreien begann. Ich lag vor der zweiten Stadionrunde an fünfter Stelle. Als ich dort an Pandare vorbeikam, hatte ich das sichere Gefühl, daß mir in diesem Rennen keiner gewachsen war. Ich spürte mit einem Mal eine Leichtigkeit in meinem Schritt, als beseelte mich Lutz Kleppers laufhungriger

Wille, als treibe und sauge mich seine Beschleunigungskraft vorwärts. Ich begann den Endspurt mit jähem Antritt in der zweiten Hälfte der Zielkurve. Ich überraschte damit alle und hatte nach vierzig Metern nur noch Dieter Blatz neben mir. Er hatte mich in der »Führerschule« bei allen Läufen geschlagen. Diesmal nicht! dachte ich. »Der zähe, pickelgesichtige Balg«, wie Breckner ihn genannt hatte, fiel kurz nach der Mitte der Zielgeraden mit verzerrtem Gesicht zurück.

Dan Pandare, der jedem Sportkundigen im Land bekannte Mittelstreckenchampion, durfte es sich erlauben, über die Tribünenbrüstung auf die Aschenbahn herabzuspringen und durch die Gruppe der Zeitmesser und Wettkampfrichter zu mir auf den Rasen zu stürmen, wo ich ausgelaugt und außer Atem im Gras hockte. Er stürzte vor mir auf die Knie, packte mich an den Schultern und riß mich im Geschrei der Zuschauer an sich. Er rief, nein, er schrie etwas. Ich verstand kein Wort. Ich sah, daß er immer wieder das gleiche schrie. Der weint doch! dachte ich plötzlich, Pandare weint ... Sein Gesicht war naß, sein Kinn und seine Lippen zitterten. Er schrie mich an, doch ich verstand immer noch nicht, warum und was er schrie. Bis ich es ihm von den Lippen ablas: »Er ist tot!« schrie und weinte er hemmungslos, »er ist gefallen! Lutz ist gefallen!« Einen Augenblick lang hatte ich das Empfinden, mein aufgebrachter Herzschlag sprengte mir den Kopf. Warum gebärden sich die Menschen auf der Tribüne und rings um die Aschenbahn wie närrisch? Ach, die dachten wohl, der große Läufer Pandare, dessen Ideal der Weltrekordler Rudolf Harbig war und der sich nichts sehnlicher wünschte, als einmal in seinem Leben »neben dem phänomenalen Deutschen zu starten«, wie er sagte, die dachten wohl, Pandare weint vor Freude über den bravourösen Lauf des Jungen ...

Es war das letzte Rennen des Tages gewesen. Pandare hatte mich vom Rasen weg in die dunkelste Ecke der Tribüne gezogen. Der feierliche Abschluß mit Musik aus Trommelwirbeln und Fanfarengeschmetter, den ich von der Tribüne aus beobachtete, erschien mir theatralisch, fremd; ich hatte auf einmal damit nichts mehr zu tun. O ja, Benno, Rippes, Proder, Bramü, Rolfi Fels und sogar Blessi waren gekommen und hatten mich beglückwünscht, hatten sich dann aber, als sie den Mann mit dem nassen Gesicht neben mir sahen, rasch wieder entfernt. Wolf Schreier hatte mich an den Schultern gepackt und in seiner ansteckend fröhlichen Art ausgerufen: »Bravo, Peter!« Bernd Breckner, der das

Diskuswerfen gewonnen hatte, war plötzlich aufgetaucht und hatte geschrien:»Mensch, Peter, wir zwei sind die Größten!«Natürlich hatte sich mir meine Schwester Maria an den Hals geworfen und Katalin mich geküßt; Mutter hatte mich angestrahlt und in die Arme genommen, Holger aufgeregt»Peter! Peter!«gerufen, und auf Vaters täglich ernsterem Gesicht hatte ich seit langem nicht mehr den Ausdruck ungetrübter Freude gesehen, mit dem er mir, die Arme hochgereckt, zugelacht hatte – er lebte in wachsender Sorge um seine Schwester Elisabeth. Neben ihm hatte der Schuldirektor Dr. Armin Tabler gestanden und mir mit soldatisch knapper Kopfbewegung anerkennend zugenickt.

Ich saß mit Pandare in der hintersten oberen Sitzreihe dicht unter dem Tribünendach. Unter uns die leeren Bänke, die Rasenfläche, das in der Abenddämmerung schwarze Oval der Aschenbahn.

Schon vor drei Tagen hatte Dan Pandare auf dem Amtsweg die Nachricht von Lutz Kleppers Soldatentod erhalten. Er hatte sie erst heute an die Eltern weitergeleitet und niemandem ein Wort gesagt. Mir schon gar nicht. Er hatte mich vor den Wettkämpfen damit nicht belasten wollen. Sein freundliches Gesicht erschien mir völlig verändert. Es war eingefallen und farblos. Zum ersten Mal sah ich die Tränensäcke darin. Stockend sagte er zu mir:»Und dabei hatte ich endlich – ich hatte endlich alle Papiere beisammen. Mit der alles entscheidenden Unterschrift des Korpsgenerals … Ich habe Monate dazu gebraucht. Ich habe in den letzten Monaten an nichts anderes gedacht, als ihn von der Front wegzuholen, ihn ins Kommissariat versetzen zu lassen … Am Tag seiner Abreise traf der Versetzungsbefehl hier ein. Vier Stunden, nachdem wir uns am Bahnhof getrennt hatten. Mein Gott!«Der Mann weinte ohne Scheu, die Hände vor dem Gesicht.

Nach diesem Abend sah ich ihn längere Zeit nicht mehr; er hatte mich gebeten, seinen Anruf abzuwarten, er benötige jetzt eine Weile, um mit sich ins Reine zu kommen. Während der fünf Wochen, die bis dahin vergehen sollten, machte ich die Trainingsläufe allein und fühlte mich dabei ohne Lutz Klepper todunglücklich und von Gott und der Welt verlassen. Gleichzeitig war mir klar, daß ich den Zustand aus eigener Kraft überwinden mußte. Ich brauchte Abstand zu mir und zu den Ereignissen.»Du mußt deinen Rhythmus finden«, hätte Klepper gesagt.

Ich mied den Sportplatz und wich den Freunden aus, wo es nur ging. Ich hatte immer wieder das Bild des verstümmelt irgendwo auf dem Schlachtfeld liegenden Klepper, ebenso oft aber Rebekkas Gesicht vor Augen. Gefühle der Vergeblichkeit, tiefer Verletzungen und ungewisser Hoffnungen mischten sich in mir. Bei alldem spürte ich eine zunehmende wilde Bereitschaft zu Trotz, Widerstand und Auflehnung in mir wachsen, als deren Ursache mir meine steigende Verzweiflung bewußt war.

Ich las bis spät in die Nacht. Manchmal löschte ich das Licht erst, wenn sich der Morgendämmer an mein Fenster herantastete. Ich las alles, was mich in Vaters umfangreicher Bücherei beim ersten Blick auf eine Buchseite fesselte. Wenn ich bei der Lektüre auf einen Titel oder einen Schriftsteller stieß, den ich in Vaters Bücherei nicht fand, ging ich in die kleine, unter den Gewölben des ältesten Hauses Kronstadts untergebrachte »Buchhandlung Demenschörfer«, deren junger Gründer und Besitzer mir mit engelhafter Geduld in einem der mittelalterlichen Winkel alles auf den Tisch legte, wonach ich fragte. Konnte auch er mir nicht weiterhelfen, suchte ich in der nahen Katharinengasse meinen Deutschlehrer Dr. Otokar Stottwick auf, der mir ebenfalls mit Freundlichkeit und Zuvorkommenheit half und mich wie einen Erwachsenen behandelte. Otokar Stottwick galt als der Kauz unter den Lehrern des Honterus-Gymnasiums. Dessenungeachtet erfreute ich mich seiner besonderen Zuwendung.

Obwohl noch nicht fünfzigjährig und ohne jedes erkennbare körperliche Gebrechen, war er immer mit einem schwarzglänzenden Spazierstock zu sehen, den er im Takt seiner gravitätischen Schritte wie einen verlängerten Arm vor- und rückwärts schwang; zu jeder Jahreszeit trug er einen übermäßig langen, ebenso schwarzen Mantel – unverkennbar sein an Stefan George angelehnter Stil, sich selber zu zelebrieren. Täglich schritt Dr. Stottwick einmal die breite Burgpromenade mit dem großartigen Blick auf das alte Stadtzentrum ab, und einmal während des Jahres begegnete er auf diesem Weg mit Zeichen der Ehrerbietung dem »Peripatetiker«-Trio Behrisch-Waltos-Taucher. Stottwick trug bei seinen Spaziergängen den Kopf so hoch, daß zunächst sein emporgerecktes Kinn auffiel. Dies sei das Zeichen des Verweilens seines Geistes in höheren Sphären, spotteten die bösen Zungen in der Stadt. Stottwick dichtete nämlich. Ohne je einen seiner Texte zu veröffentlichen, schrieb er Balladen, Oden und Verstragödien. Da diese niemand zu Gesicht bekam, die Kunde von ihnen aber seltsamerweise immer wieder zum Stadtgespräch wurde, entstanden Gerüchte über ihren Inhalt und ihre Form, wobei die Lästermäuler von dem aus jedem Rahmen fallenden Äußeren des in skurriler Art pathetisch wirkenden Mannes auf seine Dichtungen schlossen.

Das bezog sich von Zeit zu Zeit immer wieder auf die vor Jahren entstandene siebenaktige, in Hexametern verfaßte Tragödie »Die Habsburger«, von der einige Leute wissen wollten, daß ihre überragende Figur der ehemals durch seine endlose Regierungszeit von achtundsechzig Jahren bei allen Völkern der Monarchie zum imperialen Gottvater gewordene Kaiser Franz Joseph der Erste war. Mit der Hauptgestalt Franz Joseph hing denn auch die ganz und gar ungeheuerliche Geschichte zusammen, die sich die Kronstädter über Stottwicks Tragödie »Die Habsburger« mit nicht nachlassendem Vergnügen erzählten: Aus Wien, hieß es, sei eine Woche nach Beendigung der Arbeit an dem Bühnenstück bei dessen Autor die Nachricht eingetroffen, durchs Gemäuer der Grabstätte der Familie Habsburg hindurch – der berühmten Kapuzinergruft – dringe seit sieben Tagen ein unheimliches Geräusch. Der Vorgang habe Wiens tatkräftigen Bürgermeister Richard Schmitz schließlich zur Anweisung veranlaßt, die Eisentür zu den kaiserlichen Sarggewölben zu öffnen. Käseweiß im Gesicht und mit erstarrten Gliedmaßen hätten die Herren Stadtväter Minuten später zwischen den kolossalen Sarkophagen des einst von den Niederlanden bis Siebenbürgen in Kriege verstrickten Kaisers Leopold des Ersten, der bis heute sagenumwobenen Gegnerin des Preußenkönigs Friedrich des Zweiten, Maria Theresia – und eben des sechsundachtzigjährig verstorbenen Kaisers Franz Joseph gestanden. Aus dessen prunkvoller Todesbehausung sei jenes furchterregende Geräusch zu vernehmen gewesen – die Stimme des Monarchen habe grollend, aber verständlich, pausenlos ein Wort im Wiener Dialekt wiederholt: »Umdrahn! Umdrahn!«, »Umdrehen! Umdrehen!« – »Untertänigst«, habe der Bürgermeister gestammelt, »Allerkatholischste Majestät, wie haben wir das aufzufassen?« – »Umdrahn«, habe die seit dreißig Jahren auf dem Rücken im wohlverschlossenen Gehäuse liegende apostolische Majestät ungehalten befohlen, »umdrahn sollt's mi, umdrahn! Damit mich der Stottwick aus Kronstadt am Arsch lecken kann ...« Der Bürgermeister der ehemaligen Kaiserstadt habe daraufhin eiligst ein Schreiben nach Kronstadt senden lassen, mit der dringenden, ja flehentlichen Bitte, der solcherart Gerufene möge sich baldmöglichst nach Wien begeben, um dem kaiserlichen Wunsch zu entsprechen, da andernfalls der ewige Friede derer von Habsburg und der ganzen Stadt Wien gefährdet sei ...

Nun, die ungebührliche Herabminderung der – zugegeben dilettierenden – poetischen Kraft meines Deutschlehrers durch Kronstädter Schuster, Stoff- und Eisenhändler, Industrielle, Gastwirte und Schneider, Gerber, kleine Beamte, Buchhalter und Ladenbesitzer vermochte mir die Zuneigung zu meinem Lehrer nicht zu schmälern. Denn er gehörte zu jenen begnadeten Pädagogen, die voller Ideale, erzieherischer Leidenschaft und selbstloser Hingabe ihrem Beruf dienten, und darüber hinaus zu den Mutigen, die uns die Dichtung als ein Schutzschild gegen alles Barbarische und als Zeichen dafür begreifen lehrten, daß der Mensch gelegentlich aus den Ozeanen seiner üblen Eigenschaften aufzutauchen und zum Menschenwürdigen fähig ist.

Damals ging mir die schmerzliche Schönheit der »Ilias« auf, ich begann, den Genius der Leichtigkeit in Goethes Lyrik, das innere Gleichmaß in Fontanes Prosa, Kleists unerhörte Stildisziplin, Trakls Bildkraft und Rilkes Wortzauber zu begreifen. Schopenhauers »Welt als Wille und Vorstellung« machte mir Wesens- und Denkstrukturen verständlich. Immanuel Kants kleine Schrift »Was ist Aufklärung?« lehrte mich, daß sich die Klarheit der Vernunft in der Klarheit des Wortes niederschlägt und daß der Mut zum Gebrauch der Vernunft ein gesellschaftliches Gebot ist. Nietzsches »Also sprach Zarathustra« erlebte ich als ein Sprachwunder. Ich ging ins Musikzimmer zu Holger. Vor dem Flügel sitzend, philosophierten wir stundenlang über seine Kantate. Auf meine Frage, was ihn bewogen hatte, die Paukenschläge in Viertelnoten durch die »Vaterunser«-Komposition vom Andante des Einsatzes bis zum Schlußakkord hindurchgehen zu lassen, antwortete er mir nur: »Ich fühle, daß es so sein muß ...« Oder ich saß bei meiner Schwester Maria, die mir den letzten ihrer »französischen Bukarestbriefe«, wie sie sagte, vorlas, in dem Tantchen Petra ihr die Lektüre von Gedichten Aragons, Éluards und des Spaniers García Lorca empfahl; sie gab mir die drei Bände gleich mit. Gleichviel aber, was und womit ich mich beschäftigte – unabweisbar schob sich neben Lutz Kleppers schmerzliche Gegenwart immer stärker Rebekkas Erscheinung in mein Bewußtsein, ihre Gestalt, ihre Bewegungen, ihr Lachen, die Kraft im Blick ihrer dunkelgrauen Augen.

Da ich, wann immer es sich machen ließ, allein sein wollte und nicht mehr lesen mochte, lief ich in den freien Stunden über den Böttcherrücken auf die ersten Hügelkämme und durch die Wälder bis unter die Nordabhänge des Schuler-Massivs, durchquerte die Wiesen der Schulerau und kehrte oft erst spät zurück. Die Läufe stellten das Gleichmaß in mir her, das mir genommen war. Manchmal sah ich bei Onkel Oskar vorbei, der im Tannenwald der Schulerau hinter der Skifahrerherberge »Höhenheim« ein ungefügtes Blockhaus bewohnte, in dem er sich, seit vielen Jahren Witwer, allein versorgte. Die Innenwände des Hauses waren außer in Horsts ehemaligem Zimmer alle von Schroteinschüssen zerlöchert. Denn Onkel Oskar schoß bei Tag und vor allem bei Nacht, wenn er vor dem Schlafengehen die Repetierflinte an den Bettrand gelehnt hatte, auf Ratten, Mäuse und anderes Kleintier, das sich von den Speisengerüchen anlocken ließ und zwischen den grob zubehauenen Balken oder auf dem Dachboden herumtrieb. An den Morgen lag die Ausbeute auf Tischen, Stühlen, Schränken und auf den Dielenbrettern. Bei jedem Besuch berichtete mir Onkel Oskar das Neueste von Horst, der die lässige und kaltblütige Art des Vaters hatte.

In diese Zeit fiel das Wiedersehen mit Onkel Sepp, dem Rabbiner. Es spielte sich in einer Weise ab, die mir den Zustand meiner inneren Bedürftigkeit und meines Zwiespalts in ganzem Umfang bewußt machte.

Ohne zu wissen, warum ich es tat, bog ich bei einem der Nachmittagsläufe über die Wiesen der Schulerau auf den Waldpfad ein, der westwärts in einem der Täler vor Rosenau mündete. Zigeunerische Beeren- und Reisigsammler, rumänische Holzfäller benützten ihn, seltener einer der deutschen Jäger dieser Gegend. Ich wunderte mich, daß ich eine Richtung einschlug, in die ich gar nicht hatte laufen wollen, doch es war, als lenkte mir jemand die Schritte. Schon drauf und dran umzukehren, meinte ich plötzlich, Lutz Klepper laufe vor mir her. In derselben Sekunde vergaß ich die Absicht, mich heimwärts zu wenden. Bis Rosenau lag über eine Stunde Laufzeit durch wechselndes Gelände vor mir. Ich lief auf dem durchs Unterholz führenden federnden Pfad immer tiefer in die Wälder hinein. Neugierig beobachtete ich, daß die innere Last, mit der ich mich abmühte, bei jedem Schritt an Gewicht verlor und sich meine Gedanken zu ordnen begannen.

Ich traf gegen fünfzehn Uhr in Rosenau ein und stand wenige Minuten später vor dem Hennerthhaus. Die Türen der linken Hofseite waren verschlossen – die Hennerth-Großmutter war ausgegangen. Ich wusch mich bei den Hardt-Großeltern. Die»Spanierin«schüttelte den Kopf über»die närrische Lauferei«und hatte das feine Lächeln um den Mund, das ich an ihr mochte, als sie das verschwitzte Trainingszeug in den Hof hängte und mich in Großvaterkleider steckte, die mir zu weit und zu kurz waren.»Mein Gott«, sagte die»Spanierin«,»wo hinaus willst du noch wachsen?«

»Keine Ahnung«, sagte ich. Wir lachten.»O ja«, beantwortete ich ihre Frage,»ich habe einen Mordshunger.«

Während wir zu dritt einen Imbiß einnahmen, fiel mir die Veränderung in Großvaters Gesicht auf. Die ansteckende Ausstrahlung von Beherztheit und Sicherheit schien sich nach innen gewendet zu haben; Großvater sprach auch weniger als sonst. Irgend etwas ist los mit ihm, dachte ich. Aber seine Handgriffe beim Zigarettendrehen nach dem Essen, beim Durchschneiden der Zigarette mit dem Bismarcktaschenmesser und die Art, wie er die eine halbe Zigarette in die Silberdose mit dem eingravierten Pflanzenmuster auf dem Deckel, die andere ins Holzmundstück schob, stellten das Gefühl der Vertrautheit in der Nähe der Großeltern wieder her.

Nach dem Essen fragte ich ohne Umschweife:»Wo ist Onkel Sepp?« Obwohl ich wußte, daß er seit längerem im Haus versteckt war, hatte ich niemals nach ihm gefragt. Wegen meiner häufigen Besuche hatten die Großeltern es für angezeigt gehalten, mich über die Anwesenheit des Rabbiners im Haus zu unterrichten. Ich hatte vom ersten Augenblick an gewußt, daß darin ein Vertrauensbeweis lag, der mich nicht nur zur Verschwiegenheit, sondern auch zur Unaufdringlichkeit verpflichtete. Für bloße Neugier ist der Grund seines geheimen Aufenthalts zu ernst, hatte ich mir gesagt; die Zurückhaltung war dankbar aufgenommen worden. Die»Spanierin«hob bei meiner Frage kurz den Kopf und zeigte stumm in die Richtung der gartenwärts gelegenen leerstehenden Räume.

Es war das Zimmer, in dem vor Jahren Rudolf Ferdinand Jung, der Frontkamerad meines Vaters aus dem Krieg 1914–1918, kurze Zeit gewohnt hatte – der aus Moskau mit dem Auftrag entsandte Mann, das Raketengenie Hermann Oberth ins Sowjetimperium zu locken. Ich drückte auf den kupfernen Türgriff von der Form eines Löwenkopfes – und verbrachte den Nachmittag mit dem in der Familie »Onkel Sepp« genannten Dr. Dr. Josef Schapira.

Seit ich ihn zum letzten Mal sah, dachte ich, ist er gebückter, sein Bart ist weiß und schütter geworden, in den Schatten um seine tiefliegenden Augen nistet ein düsterer Zug, doch seine Stimme hat den gewohnten freundlichen Ton. Wie ich schon in den ersten Minuten erfuhr, wußte er, daß ihn seit den Bukarester Schlachthofmorden einige der gefährlichsten Leute der »Eisernen Garde« suchten. »Fanatiker lernen niemals etwas dazu«, sagte er, »das ist ihr und unser Fluch.« Aber hier habe ihn bisher keiner vermutet. »Seit ich mich auf der Flucht an deine Hennerth-Großmutter wandte, lebe ich hier sicher. Daß ich hier wohne«, fügte er hinzu, »und deine Großeltern mich versorgen, weiß außer ihnen, dir und dem Mönch niemand.« Er blickte mich lange an. »Ich wußte, daß der letzte Tag meines Aufenthalts hier nicht enden würde, ohne dich zu sehen. ›Peter wird kommen‹, sagte ich heute früh zu deinem Großvater.« Er nickte und schwieg auf eine Weise, die mich warten ließ.

Das Gespräch ist mir mit allen seltsamen Einzelheiten in Erinnerung geblieben. Der Achtzigjährige redete manchmal auf eine dunkle, zusammenhanglose Art in halben Sätzen und Andeutungen, so daß ich einmal meinte, er sei verstört, sogar von Sinnen. So bruchstückhaft er sich mir jedoch mitteilte, in seinen Selbstgesprächen lag Zwingendes. Ich hörte ihm gespannt zu, erfuhr und begann Dinge zu ahnen, die mir später Entscheidungen nahelegten, zu denen ich ohne sie nicht in der Lage gewesen wäre. Wohin er denn gehe, wenn er das Hennerthhaus verlasse, fragte ich ihn, hier sei er doch sicher. »Der Bedrängte, der über die Zeit hinaus am Zufluchtsort bleibt, verschleißt dessen bewahrende Kräfte«, erwiderte er, »heute abend bringen mich Freunde in ein anderes Refugium.« Er blickte mich prüfend an, nach einer Pause sagte er: »Ein junges Ärzteehepaar. Sie ist Szeklerin. Er ein Rumäne ... Die Welt ist nicht nur voller Bluthunde. Sie ist auch voller guter Menschen.« Er blickte mich wieder an und redete nicht weiter. Er habe in den letzten Tagen viel mit Großvater und dem Mönch zusammengesessen, fuhr er schließlich fort. O ja, er sei sich mit dem Hardt-Großvater, dem »starken, felsenhaften Mann«, in »all den Wochen unfreiwilliger Klausur nahegekommen, so wie einst mit deinem Hennerth-Großvater«. Der

Ukrainer, der »Vater Evghenie«, wie ich den Mönch wohl nenne, habe dem Großvater soeben einen seiner unerwarteten Kurzbesuche gemacht – die beiden hingen seit früher Jugend aneinander, aus der Zeit, bevor Großvater nach Amerika ging, seit den gemeinsamen Streifzügen durch den Nahen Orient. In Dschidda, nahe Mekka, habe Großvater dem Mönch, der damals noch keiner, sondern ein Messerstecher war, ohne ihn zu kennen unter gefährlichen Umständen das Leben gerettet. Seither sei der Mönch zu allem für ihn bereit, zu allem ... Großvater habe mir doch davon erzählt?

»Nein«, sagte ich.

»Vater Evghenie trug mir Grüße auf an dich«, murmelte der Rabbiner, »ich soll dich fragen, warum du seine Zeichen zur Umkehr mißachtet hast? Damals, als du mit dem Fahrrad am Straßenrand standest, er kam dir auf dem Pferdewagen entgegen ... Er sagte mir, er habe dich vor Schrecknissen bewahren wollen, deren Gedenken dich dein Leben lang belasten würde. ›Aber der Peter will es immer wissen‹, sagte mir Evghenie, ›er läßt sich nicht aufhalten. Wir taumeln alle durch Licht und Schatten, Gott will es so.‹ ... Und ob Gott das will«, sagte der Rabbiner und nickte. »Ja, ja, der Mönch war dabei, als dein Großvater in den Scropoasa-Wäldern den Ioan Garugan getötet hat. Der Mönch ist überall und nirgends.«

Wie er jetzt zusammengesunken vor mir saß, hatte ich flüchtig das Gefühl, er würde sich niemals wieder bewegen. »Ein christlicher Ahasver ist der Evghenie«, sagte er dann langsam, »ruhelos, weltgierig. Ist er auf Gottsuche? frage ich mich. O ja, gewiß ist er das, bei allem, was wir tun, suchen wir Gott. Die einen wissen es, die anderen wissen es nicht.« In seiner Umtriebigkeit habe sich Evghenie kürzlich sogar hinter den ostwärts vordringenden Kampftruppen bis in eines der ukrainischen Dörfer am südlichen Bug gewagt, dessen Bewohner zur Hälfte seine Anverwandten seien. Evghenie stamme aus einer Siedlung bei Berezkowa, unweit der einst schönsten Stadt im großen Zarenreich, der Schwarzmeer-Stadt Odessa. Von den vielen Verwandten fand er aber nur noch zwei am Leben. Ja, ja ... Nur noch zwei von einigen Dutzend«, sagte der Rabbiner, »auch dort geschehen hinter der Front Dinge, die – die ...« Er unterbrach sich, erstarrte und hockte wie ein lebloser Steinblock vor mir. Ob ich den Namen Heydrich schon gehört habe? fragte er.

»Ja«, antwortete ich, »aber wer ist das?«

»Dein Großvater nannte ihn mir … Evghenie«, fügte er kaum hörbar hinzu, »sah auch die Judenlager der Rumänen in Transnistrien. O Gott …«

Da ich nicht verstand, wovon der Rabbiner redete, fragte ich ihn nach einer Zeit: »Und wo ist Vater Evghenie jetzt?« Als erwachte er aus dem Schlaf, blickte mich der weißbärtige Mann an. »Er ist heute im Morgengrauen aufgebrochen«, sagte er, »in die Moldau. In einem der Klöster will er den Herbst und den Winter verbringen. In Voroneṭ. Er sagte mir, er verbringe die Winter immer dort. Wer weiß …«

Nach einer weiteren Pause fragte ich: »Tantchen Petra hat in Bukarest deinen Vortrag über die ›Zügellosigkeit der Moderne‹ gehört. Was heißt das?«

Ohne zu zögern, antwortete er: »Der Mensch hat Gott vergessen und sich so den Weg zu sich selber abgeschnitten. Denn der Mensch kommt von Gott. Woher denn sonst? Er lebt von Gott. Wovon denn sonst? Und er will zu Gott zurück. Wohin denn sonst? Er ist in jeder Sekunde des Lebens an Gott gebunden.« Er schwieg lange.

»Und?« fragte ich.

»Aber der Mensch meint frei zu sein, wenn er bindungslos ist.«

Abermals fragte ich nach einer Pause: »Und?«

»Bindungen abzustreifen, mit deren Hilfe sich jahrtausendelang die Tapferen gegen den Rest der Welt bemühten, den Bau einer Kultur der Menschlichkeit zu errichten, bringt keine Freiheit. Es bringt den Absturz. In Haltlosigkeit. In Verrohung. In Verblödung … Binde dich an ein starkes Gesetz, das alles von dir fordert, dann wirst du als ein Freier leben, Peter! Alles andere ist das Geschwätz von Narren. Laß dich nicht irremachen.«

O ja, sagte der Rabbiner, Großvater schreibe, schreibe, schreibe … Er hob den Kopf und blickte mit den Schattenaugen durch mich hindurch.

»Wie?« fragte ich, »was schreibt Großvater?«

»Er schreibt Tag und Nacht … Die Handschrift … Er entziffert die Handschrift … Für dich, für dich, Peter … Sie ist kaum lesbar. Sie läßt ihm keine Ruhe.« Gemeinsam hätten sie über ihr gebrütet. Wochenlang. Ja, die Schrift – an manchen Tagen seien sie nur wenige Zeilen vorangekommen. Nein, nein, sie seien damit längst nicht fertig geworden, nein! Der Großvater werde das jetzt allein zu Ende bringen müssen. »Erkennen und Aufschreiben«, sagte der Rabbiner, »ist unser vornehmstes und schwerstes Gebot, nichts bringt uns der Wahrheit näher. Das sind die ›schweren Dienste‹, deren ›tägliche Bewahrung‹ Goethe über alles stellte, ›sonst bedarf es keiner Offenbarung‹, schrieb er im ›Buch des Parsen‹ ... Was das ist, die Wahrheit, fragst du mich? Ich will es dir sagen: Gott ist die Wahrheit. Daran kommt keiner vorbei. Er ist die Wahrheit, auf die alles andere zurückgeht. Vergiß es nie.«

Der Rabbiner erhob sich. Ich verstand, daß er müde war. Auch jetzt fiel mir die wie unter einer erdrückenden Last gebückte Gestalt auf. Wir standen nach drei Stunden Gespräch voreinander, sein Schattenblick ging wieder durch mich hindurch, er fragte: »Bist du stolz darauf, ein Deutscher zu sein?«

Ich zauderte nicht, ich sagte: »Ja.«

»Bleib ein Mensch«, sagte er und nickte.

Dann legte er mir zum Abschied die Hand auf den Kopf, murmelte dazu etwas und umarmte mich lange.

Ich ging durch den Hof nach vorne zu den Hardt-Großeltern. Ich nahm dabei das getrocknete Trainingszeug vom Wäscheständer und kleidete mich in der Diele um. Bis zur Abfahrt des Zugs, mit dem ich nach Kronstadt zurückfahren wollte, war noch Zeit für ein kaltes Abendessen. Als Großvater meinen Blick auf den Käse bemerkte, den die »Spanierin« auf einer gelblich leuchtenden Lindenholzplatte aufgetischt hatte, sagte er: »Gordan war vor dem Almabtrieb wie in jedem Herbst zu Besuch. Er brachte uns die urdă, die telemeá în coajă de brad und die brînză de burdúf.° Er fragte nach dir. Er hat im Sommer oben am Malaescht auf dich gewartet ... Im nächsten Herbst heiratet er seine Nachbarin Ruxandra. Er brachte sie mit, um sie uns vorzustellen. Sie lud uns zur Hochzeit nach Fundata ein. Sie läßt dir sagen, daß sie auch dich, Gordans guten Freund, erwartet. Gordan ist als einziger Sohn einer Witwe vom Kriegsdienst befreit ... Doch sieh mal«, sagte Großvater plötzlich lebhaft, als wollte er die Gedanken an den Tod des Vaters und der sechs Brüder Licu abschütteln, »sieh, was mir Gordan schenkte.« Er griff nach dem Stock, den er hinter sich an die Wand gelehnt hatte.

°Molkenkäse; in Tannenborke gepreßter Rahmkäse; balgverpackter Schafkäse

458

Der schlanke Stock war aus einem kerzengeraden Eschenast geschnitten, entrindet und geglättet. Den abgewinkelten kräftigen Sproß hatte Gordan zum Griff geschnitzt und ihm die Form eines Wolfskopfes gegeben, dessen Gesicht die Züge Großvaters zeigte. Großvater bemerkte meine Überraschung, er lächelte und sagte:»Ich soll dir von Gordan ausrichten, daß auch die Bärin auf dich wartet. Sie war im letzten Sommer die alleinige Herrscherin im Malaeschter Tal. Sie kommt jedes Mal, wenn er sie ruft. Er will euch miteinander bekannt machen.« Was ist nur los mit mir? dachte ich. Anstatt mein Gordan gegebenes Versprechen zu halten und ins Hochgebirgstal zu ihm, zu den Schafen und Hunden, zur Bärin Cora hinaufzusteigen, gehe ich mit der Braunhemdhorde auf»Gedenk-« und»Nachtmärsche«, mache »Wehrorientierungs-« und»Fackelläufe« mit und vergesse darüber, wer ich bin. Will ich all das denn wirklich? Ist es stärker als die Bindungen der Kindheit, in die ich hineinwuchs? Oder bin ich nur dabei, weil ich mich im Haufen mitschleifen lasse? Weil wir zum Haufen wurden? ... Ich fragte Großvater mit keinem Wort nach der Handschrift, über deren Enträtselung er gemeinsam mit Onkel Sepp, der heute das Haus verlassen würde, gebrütet hatte. Ich weiß nicht, warum ich nicht fragte. Ich dachte nur: Hat die Beschäftigung mit der Handschrift ihn so verändert? Es begann zu dunkeln, als ich mich zum Bahnhof aufmachte. Was für eine Handschrift? dachte ich unterwegs, und wieso für mich? Ich werde ihn nicht fragen, ich werde warten, bis er mir davon erzählt ... Was ist nur los mit mir? ...

Ich saß wenig später allein und sehr wach in einem Zugabteil. Nein, ich träumte nicht ... Ich hörte und spürte des Hämmern der Eisenräder unter mir, ich sah die von Kind auf bekannten Landschaften am Fenster zurückbleiben – und zugleich blickte ich Großvater in die Augen, der sich auf die Bank mir gegenüber gesetzt hatte, neben sich das Gesicht des Rabbiners mit dem schattengrauen Blick über dem ungewohnt weißen Bart. Aha, und neben dem Rabbiner hatte auch Vater Evghenie Platz genommen, der Mönch, der bei Großvaters aufsehenerregendem Todesschußprozeß wie eine alttestamentarische Erscheinung mit wundersamen, ablenkenden Bibelsprüchen aufgetreten war, er trug die schwarze Kamilawka auf dem ausdrucksvollen Kopf, über ihm wehte die Kutte wie eine Fahne durchs Abteil. Aber das war gar nicht seine Kutte! Das war ein tanzender Schatten. Der Schatten versuchte, Rebekkas biegsame Gestalt zu umfassen, die ich im Hintergrund erkannte. Doch schon im Augenblick darauf schwebten die Papierblätter mit der verblaßten Handschrift, die soeben noch auf Großvaters Knien gelegen hatten, keine zwei Spannen weit übergroß vor meinen Augen. Wieso fiel es ihnen schwer, die Schrift zu entziffern? Ich konnte mit Leichtigkeit jeden Buchstaben lesen. »Die Entscheidung fiel auf dem Puerto de Tosas«, stand dort, »der Oberst Juan Carlos de Conderra ... Doña Elvira ... Toledo ...« Zugleich sah ich die Landschaften meiner Kindheit im Abendlicht vorübergleiten, ich erkannte alle Einzelheiten, ich hörte die Schläge der Räder gegen das Gleis genau unter mir, ich hatte die Hand auf den kühlen Metallgriff des Fensters gelegt und spürte in ihm das Hämmern. Nein, ich schlief nicht, ich träumte nicht, ich war wach.

Doña Elvira? ... Mir fiel eine Rubrik in meinem »Ahnenpaß« ein, den wir Jungen auf Anweisung der NS-»Volksgruppenführung« der Schulleitung hatten vorlegen müssen, um als legitimierte »Arier deutschblütiger Abstammung« den Unterricht besuchen zu dürfen. Dort hatte ich neben der Jahreszahl 1808 den Frauennamen Elvira, Doña Elvira, gelesen. Ich hatte mir nichts dabei gedacht. Warum sollte ich? Hieß nicht auch die Hardt-Großmutter, die »Spanierin«, mit einem ihrer Vornamen Elvira? Da hatte es vor ihr eben schon mal eine Elvira gegeben. Überlieferungstreu, wie die Familien waren, vererbten die Generationen einander auch die Vornamen ...

Ich habe also, überlegte ich in derselben Sekunde, in der ich an all dies dachte, die Begegnung mit Vater Evghenie auf unserer Radfahrt dennoch nicht geträumt? Woher sonst hätte er von ihr wissen und mit dem Rabbiner darüber sprechen können? Habe ich damals sein Handzeichen mißdeutet? Hätte ich den Mord in den Ostkarpaten, der mich, sooft ich mich seiner erinnerte, innerlich frieren machte, nicht ansehen müssen, wäre ich Vater Evghenies mahnender Geste gefolgt? Ich war ihm bis ins Kloster unterm Gebirge mit den bärtigen Betermönchen nachgefahren, er hatte sich mir nicht gezeigt, und ich war mit den Freunden weitergeradelt. Haben die Zeichen, die uns gegeben werden, keine Wiederholung? ...

Ich las auf den Blättern, die mir jetzt Rebekka entgegenhielt: »Reite, Oberst, reite! Die Bluthunde sind dir auf der Spur. Es geht um dein und deiner Tochter Elvira nacktes Leben. Wenn sie euch fangen ...« Auf einmal sah ich zwischen den Zeilen die übereinander gehäuften ukrainischen Bauerngesichter. Sie kamen so nahe, daß ich ihre erloschenen Augen erkannte. Über ihnen züngelten Gewehrfeuer und Flammen brennender Häuser. Sie waren von uniformierten Männern umstellt. Zugleich sah ich Menschen mit abgewetzten Kleidern in einem Steinbruch arbeiten, Bewaffnete in Uniformen bewachten auch sie; einer der Geschundenen schrieb heimlich auf einen Papierfetzen: »Kariera am Bug ...«

Seit der Kindheit stellten sich die Bilder ein. Sie waren oft unvollständig. Als seien sie lediglich Hinweise. Weder hatte ich sie jemals verdrängen noch herbeizwingen können. Sie auch nicht herbeiphantasiert oder -gewünscht. Sie waren plötzlich da. Mitten am Tag. Unterwegs zur Schule. Während des Gesprächs mit einem Freund. Abends vor dem Einschlafen ... Ich erinnere mich nicht ans erste Mal. Ich hatte auch nicht herausfinden können, ob sie mir aus bestimmtem Anlaß erschienen, ob ein äußerer Anstoß oder eine Stimmung sie herbeirief. Ich verfügte nicht über sie. Ich war ihnen ausgeliefert und wußte meist nicht, wie ich mit ihnen umzugehen hatte. Manchmal lösten sie Angstgefühle und Furcht in mir aus. Doch manchmal wünschte ich mir, sie würden nicht wieder erlöschen. Der einzige Mensch, der ihre Gegenwart fühlte, sie mir von den Augen oder von Geringfügigkeiten meines Verhaltens ablas, war Mutter. Ich erkannte es am Blick, mit dem sie mich dann ansah, oder daran, daß sie mir den Arm um die Schulter legte und mich an sich zog, mich vielleicht unauffällig von den Menschen entfernte. Sie war auch der erste Mensch gewesen und der einzige geblieben, mit dem ich offen darüber gesprochen hatte. Über meine Hilflosigkeit, meine Verwirrung. Aber auch über die wachsende Neugier, mit der ich sie erwartete. Denn seit ich wußte, daß mir die Bilder – ob sie Zukünftiges oder Zurückliegendes sichtbar machten – unabhängig von meinem Dafürhalten erschienen, wann und aus welchen Gründen immer ihre Zeit gekommen war, und daß es sich nicht um Wahnvorstellungen oder Truggespinste handelte, hatte ich mit zunehmender Sicherheit vor allem dieses erkannt: Die Bilder logen nicht. Ich verstand sie manchmal nur nicht sofort. Doch sie logen nicht ... Hing es damit zusammen, daß ich »anders war als die anderen«, wie Lutz Klepper gesagt hatte?

Mit einem Mal saßen Großvater, der Rabbiner und der Mönch nicht mehr auf der Bank vor mir. Ich sah auch die angegilbten Blätter mit den spanischen Namen Juan Carlos de Conderra, Doña Elvira, Puerto de Tosas und Toledo nicht mehr. Ebenso waren die Gesichterhaufen vor den brennenden Häusern, die Elendsgestalten im Steinbruch verschwunden. Es erstaunte mich nicht. Ich saß allein im kalten Zugabteil. Und ich hatte es während der ganzen Zeit gewußt ... Dies geschah am Ende der fünften Woche seit meiner letzten Begegnung mit Dan Pandare.

Am Tag darauf erwartete mich Pandare nach Unterrichtsschluß am Eingang zum Hof des Honterus-Gymnasiums. Noch bevor wir uns begrüßten, sah ich ihm an, daß etwas vorgefallen sein mußte. Ohne ein Wort zu sagen, faßte er mich am Arm und drängte mich unter die alten Kastanien des Astra-Parks vor der Fassade des Şaguna-Lyzeums.

Im Gehen berichtete er, daß er Erkundigungen über Einzelheiten des Todes Lutz Kleppers eingezogen und dabei das Folgende erfahren hatte: Der Infanterie-Oberleutnant Klepper gehörte nicht, wie den Eltern und Kleppers Schwester Tilly mitgeteilt worden war, zu den siebzigtausend Toten der dreihundertvierzigtausend Männer zählenden vierten Armee, mit der General Antonescu Odessa belagert und erstürmt hatte. »Nein«, sagte Pandare, »die Akten lügen ... Lutz kam nicht an der Front ums Leben. Er wurde bei den Massakern danach hinterrücks erschossen.«

»Massaker?« fragte ich.

»In Odessa«, sagte Pandare, »brachten unsere königlichen Gendarmerie- und Truppenkommandos nach der Eroberung der Stadt an die zwanzigtausend Juden um. Weitere dreißigtausend mähten sie in den Verteidigungsgräben vor der Stadt nieder.« Er schwieg, er blickte an mir vorbei und sagte: »Lutz hat sich auf dem Platz vor der Oper gegen eine Einheit gestellt, die gerade dabei war, drei Mädchen an einem Kandelaber zu erhängen. Ganze Straßenzüge sollen auf diese Art zu Galgenalleen gemacht worden sein. Eine ›verirrte Kugel‹ durchschlug ihm dabei von hinten den Kopf. Als ich nähere Umstände erfuhr, besorgte ich mir einen Marschbefehl für Odessa. Ich kam gestern dorther zurück. Ich sah den Kandelaber, vor dem Lutz unter den drei erhängten Sechzehnjährigen zusammenbrach. Unser Staatschef Antonescu beförderte sich tags darauf als Odessa-Eroberer selber zum Marschall ... Peter«, stöhnte Pandare und sah mich an, »lumea a înebunit«, »die Welt ist wahnsinnig geworden.«

462

Am Abend nach den Leichtathletik-Jugendmeisterschaften hatte ich Dan Pandare ein Stück auf seinem Heimweg begleitet. Zum ersten Mal hatte er sich bei mir untergehakt, so wie er es bis vor kurzem bei seinem Freund und Sportgegner Lutz Klepper getan hatte. Während des ganzen Wegs war der erschütterte Mann zu keinem zusammenhängenden Satz fähig gewesen. Zum Abschied hatte er gestammelt:»Wenn du ... Wenn du willst ... Überleg's dir ... Du kannst jetzt mit mir trainieren.« Auch diesmal gingen wir ein Stück gemeinsam. Doch Pandare hatte sich verändert. Diesmal spürte ich nicht seine Trauer und Düsterkeit. Ich spürte die kalte Wut, die ihn beherrschte. Als wir uns die Hand reichten, sagte er so laut, daß alle Vorbeigehenden es hörten und einige stehenblieben:»Scheißkrieg! Dreimal verfluchter und verdammter dreckiger Hurenkrieg! Gott strafe die Ungeheuer, die ihn wollten! Alle ... Peter, versprich mir, niemals in einen Krieg zu ziehen.«

Bevor es am Tag des ersten Schneefalls»im Rahmen eines Gebetsgottesdienstes für die Frontkämpfer« in der Schwarzen Kirche zur Aufführung der»Vaterunser«-Kantate von Holger kam, sah ich Rebekka.

Ich war in der Abenddämmerung durch den Garten ins Martenshaus hinuntergegangen, um mit Benno eine Unsicherheit in der Beschreibung der Säure-Base-Titration zu besprechen. Auf keinen Fall wollte ich mir in der Chemiestunde nächstentags eine Blöße geben vor dem spottsüchtigen Dr. Heideran, den wir wegen seines Stelzschrittes»Doktor Reiherhahn« nannten. Die kronenzöpfige, weißhaarige Haushälterin Anni Goos war gerade dabei, die Terrassentür abzusperren und das Haus zu verlassen. Frau Martens sei mit Benno für zwei oder drei Stunden bei ihrer Schwester, sagte sie, zum Geburtstag, sie müßten»jeden Augenblick wiederkommen.« Wenn ich warten wolle, könne ich ja in Bennos Zimmer gehen, der Herr Direktor Martens käme erst spät aus dem Ausland zurück. Ich nickte und durchquerte den großen Flur, während sie das Haus verließ.

Ich setzte mich an Bennos Schreibtisch und versuchte noch einmal, mich in dem Formelgewirr zurechtzufinden, in dem ich mich vor zehn Minuten verheddert hatte. Im Haus herrschte Stille, anders als bei uns, wo immer etwas los war. Entweder spielte Holger Klavier, oder Katalin wirbelte trällernd durch die Wohnung, bald lachte Maria mit einer Freundin bei geöffneter Tür in ihrem Zimmer, oder Mutter war mit einer geräuschvollen Arbeit beschäftigt, dann wieder, sobald Vater Zeit hatte, musizierten wir zu dritt oder zu viert. Nein, hier im Martenshaus war es still. Aber während ich mich mit den Meßverfahren für die Festlegung des pH-Wertes auseinandersetzte und mir der elektrometrische Vorgang auf einmal sonnenklar wurde, so daß ich daran dachte, nach Hause zu gehen, hörte ich über mir ein Geräusch.

Zuerst fiel mir die Haushälterin Goos ein, die wohl etwas vergessen hatte und zurückgekehrt war. Doch, nein, die hätte ich im Flur gehört, da die Tür zu Bennos Zimmer nur angelehnt war. Hatte die weißhaarige Frau mit den strengen, ein bißchen säuerlichen Gesichtszügen nicht auf eine merkwürdige Art, wenn auch kaum sichtbar gelächelt, als sie mich im Weggehen kurz von oben bis unten maß?

Deutlich hörte ich jetzt drei, vier, fünf rasche Schritte oder Sprünge über mir – sie klangen, als hastete jemand barfüßig und in großer Eile im Raum über Bennos Zimmer hin und her. Dann war es eine Zeitlang still. Sekunden später waren die Schritte wieder zu hören. Ich trat auf den Flur hinaus und stieg im Lichtschein, der hinter mir durch die geöffnete Tür fiel, das Treppenhaus ins erste Stockwerk hinauf. Auf halbem Weg fiel mir ein, daß über Bennos Zimmer die Mansardenwohnung lag, in der Rebekka und ihr Vater gewohnt hatten. Ich blieb vor der Tür stehen und lauschte. Ich hörte jetzt nicht nur die eigenartigen Schrittfolgen, ich hörte auch eine Stimme – oder waren es zwei, die in merkwürdig summenden Tönen leise miteinander sprachen? Ich öffnete die Tür. Der Raum war nur von einer Kerze beleuchtet, die auf dem niedrigen ovalen Tisch in der Zimmermitte stand.

Vor mir tanzte Rebekka – barfuß, in einem knöchellangen weiten Rock aus schwarzer Seide, der sich bei den Drehungen bald zu einer schwingenden Glocke formte, bald wie eine Fahne wehte. Sie trug eine langärmelige Bluse, über deren Dunkelrot im Kerzenlicht funkelnde Schatten glitten. Rebekka tanzte auf ihren Gesang. Sie hatte den Kopf zurückgeneigt und die Arme halb erhoben. Sie sah mich. Sie erschrak bei meinem Anblick nicht, im Gegenteil. Sie lachte mich an. Ich sah das Weiß ihrer Zähne, als sie auf mich zutanzte. Sie faßte mich an einer Hand, mit der freien Hand forderte sie mich zum Tanz auf. Ohne zu zögern folgte ich ihr. Ich umtanzte sie im Kreis und ließ sie mich mit ihrem schnellen, huschenden Schritt umkreisen. Leise und fröhlich sang sie dazu die fremdartig anmutende Melodie. Ich hatte den Rhythmus ihrer

Schritte bald herausgefunden. Sie faßte mich an beiden Händen und überließ sich meiner Kraft, als sie sich zurückgelehnt um mich drehte. Ich spürte den festen Griff ihrer Hände, der mich leitete, wenn ich mich ungeschickt anstellte. Eigenartig, nichts war in mir von der Befangenheit, die mich bisher in ihrer Nähe jedesmal befallen und gelähmt hatte, sobald mich der ungebärdige Blick ihrer dunkelgrauen Augen traf. Sie sang und lachte. Sie ließ mich los und schwebte allein um den Tisch, indem sie sich aus dem Oberkörper nach allen Seiten bog. Ihr Schatten tanzte an den Wänden mit. Das sah aus, als bewegte sich ein zweiter Tänzer hinter ihr, dessen gesichtslose dunkle Gestalt sich bald verzerrte und wuchs, sich bald entfernte und schrumpfte. Sie sah den Schatten und tanzte singend und lachend mit ihm, als sei er ihr Partner. Er war es. In vollendeter Harmonie glich er sich ihren Bewegungen an, so sehr sie auch darum bemüht war, sich ihm zu entwinden, ihn zu überlisten und ihm zu entkommen. Sah es nicht aus, als sei dem Schattentänzer alles daran gelegen, sie zu umarmen, mit ihr zu verschmelzen? Das Spiel fesselte mich. Plötzlich blieb sie vor mir stehen. Sie packte meine Hände und riß mich an sich. Ich fühlte die Glut ihres Körpers von den Knien aufwärts bis zum Hals. Ich dachte: Das kolometrische Verfahren zur Messung des pH-Wertes ist leichter zu verstehen als das elektrometrische, wenn mich der »Reiherhahn« morgen in der Chemiestunde aufruft, wird mir Rebekka als die Tänzerin mit dem Schattenpartner einfallen, und keiner wird eine Ahnung davon haben, woran ich denke … Im Augenblick darauf trat Rebekka zurück und fragte mich lachend: »Wie alt bist du?«

»Im Frühjahr werde ich siebzehn«, antwortete ich und wünschte mir gleichzeitig, sie würde meine Hände niemals wieder loslassen.

»Ich habe heute Geburtstag«, rief sie, »ich bin sechzehn … Ich singe und tanze an meinem Geburtstag ›Klezmer‹. Ich bin ein Judenmädchen.«

Ich hätte alles dafür gegeben, ein Geschenk zur Hand zu haben. Etwas verlegen brachte ich einen Glückwunsch vor. Da lachte sie laut auf, sie lachte lange und rief dazwischen: »Und sonst nichts?« Ich lachte mit, ohne zu wissen warum. Mit einem schnellen Schritt stellte sie sich wieder so dicht vor mich, daß ich ihren ganzen erhitzten Körper fühlte, der sich an mich schmiegte. Sie hielt mir eine Wange hin, ich begriff, daß sie einen Kuß erwartete. Ich küßte sie auf die warme, samtweiche Haut und spürte, wie mir das Blut ins Gesicht schoß. Sie klatschte in die Hände und sagte: »Das war heute das Schönste … Sieh, was mein Vater mir schenkte, den Seidenrock und die Bluse.« Sie reckte sich auf. Ich sah den Stolz, mit dem sie mir ihre Brüste unter dem Dunkelrot der schwer fallenden Seide zeigte, das volle, gelockte Haar lag ihr auf den Schultern. »Du wirst meinen Geburtstag niemals vergessen«, sagte sie und blickte mir gerade in die Augen.

»Nein«, erwiderte ich.

Ich wußte nicht, wie es dazu gekommen war, daß ich ihr auf einmal gegenübersaß. Das Licht der Kerze, die zwischen uns stand, beleuchtete ihr Gesicht aus der Nähe. Das Lachen in ihrem Blick war erloschen, das Weiß ihrer Zähne verschwunden. Sie sah mich kühl an – und erzählte ohne Einleitung, daß sie und ihr Vater in der Nacht zuvor das Haus der Familie Klepper verlassen und wieder hierher zu Direktor Martens, Frau Greta-Alma und Benno hatten kommen müssen. »Frau Klepper«, sagte sie, »ist eine kränkelnde Frau. Seit dem Tod von Lutz redet sie irr. Sie verläßt nachts kaum bekleidet das Haus. Sie spricht fremde Menschen an und lädt sie zu sich ein. Sie weiß nicht mehr, was sie tut. Da mußten wir fort.«

Sie schwieg. Sie schwieg so eindringlich, daß ich einmal dachte, sie hätte mich vergessen. Die Kerze zwischen uns flackerte und wurde dann wieder ruhig. Der Schatten hinter Rebekka erzitterte und verharrte dann regungslos. Die Stille war mir unerträglich. Ich sagte: »Lutz hat mir damals deine Grüße ausgerichtet.«

Sie nickte. »Ja … Lutz sagte, du bist anders als die anderen. Ich wußte es schon am Fluß bei euren Zelten. Aber – ich bin ein Judenmädchen, sagt mein Vater.«

Sie ist ein Judenmädchen, dachte ich, als ich zwei Stunden später in meinem Zimmer im Bett lag. Ich weiß nicht, ob ich von ihr träumte oder vor dem Einschlafen an sie dachte. Die morgenländisch schöne Gotenfürstin mit dem Silberdiadem. Sie sitzt mit glänzenden Gliedern hoch zu Roß. Sie gleitet aus dem Sattel und kommt zwischen den blonden Kriegern auf mich zu. Sie bietet mir ihre Lippen, ihre nassen Schultern, ihren Hals zum Kuß an. Unbewegt umstehen uns die Krieger mit dem eisigen Blau in den Augen. Auf den ersten, der eine feindselige Bewegung macht, stürze ich mich, denke ich. Doch plötzlich ist Rebekka die vor den Wüstenzelten der glutäugigen Krieger im Schein nächtlicher

Feuer tanzende Fatima, deren braunhäutigen Körper ich hinter dem durchsichtigen weißen Schleier erkenne ... Wieso bin ich anders als die anderen? denke ich. Sie ist ein Judenmädchen, hat ihr Vater ihr eingeschärft ...

Eine Woche darauf schneite es. Bis Weihnachten war es nicht mehr lang. Damals schneite es in jenem Hochlandwinkel zwischen den Ost- und Südkarpaten immer zuverlässig schon vor dem Weihnachtsfest und jedesmal in der gleichen Weise, das heißt, der Schneefall nahm kein Ende. Jedesmal stauten sich die Wolken im Talkessel über dem alten Stadtkern und lagen plötzlich dicht über den Dächern, so daß von den Bergen ringsum nichts mehr zu sehen war. Und immer schneite es maßlos, großflockig und dicht. Die niederschwebenden Eiskristalle erlaubten keine weite Sicht und erweckten den Eindruck, sie seien lebendige, zu dieser Stadt gehörende Wesen, die sich nur vorübergehend an einem anderen Ort aufgehalten hatten. Der Schnee schluckte die Laute auf der Straße. Die Schneeräumer der Stadtverwaltung rumorten zwar schwerfällig über die Fahrbahnen, doch ebenso wie die Schaufelgeräusche auf den Gehsteigen schienen sie nur in einem kaum wahrnehmbaren Brummen gegen die weißen Wächten anzukämpfen. Die blanken Pflastersteine, die sie zurückließen, waren bald wieder weiß überdeckt. Eindrucksvoller als zu anderen Jahreszeiten zeichnete sich die seit dem Stadtbrand vor einem Vierteljahrtausend rußfarbene Schwarze Kirche als erratischer, über alle Dächer hinausragender Koloß von der Umgebung ab.

Es war der Tag vor der Aufführung der »Vaterunser«-Kantate meines Bruders Holger in der Kirche »im Rahmen« des schon vor drei Wochen angekündigten »Gebetsgottesdienstes für die Frontkämpfer«.

Als wir am dunkelnden Spätnachmittag durch den Garten am Böttcherrücken hinabstiegen, um zur Kirche zu gehen, hatte es gerade zu schneien aufgehört. Die an den Berghängen ringsum haftenden Wolken hatten sich leicht gehoben. Unter uns lag die Stadt im Talkessel, als hätte jemand eine weiße Decke über sie gebreitet, durch die vereinzelt Fenster, Rauchfänge und Türme blinzelten. Tantchen Petra, die von Maria über das bevorstehende Ereignis unterrichtet worden und zusammen mit Willi um die Mittagszeit aus Bukarest eingetroffen war, blieb mitten im Hang stehen und rief: »Eh bien, welch ein Anblick!« Auch Willi würde einige Tage bei uns wohnen; die beiden hatten sich auf der gemeinsamen Bahnfahrt, wie Tantchen Petra sagte, »vorzüglich ausgetauscht«. Katalin hatte Willi mit Mutters Erlaubnis eingeladen. Verabredungsgemäß trafen wir die Großeltern vor dem Westportal. Sie waren mit dem Pferdeschlitten aus Rosenau gekommen; Großvater hatte, wie er mir sagte, den Goldfuchs Betyár und den Schlitten bei einem Freund in der Altstadt, einem Gemüsebauern, untergestellt. Wir stampften den Schnee von den Schuhen. Die beiden Großmütter nahmen mich in die Mitte, wir betraten durch die Vorhalle das Mittelschiff.

Anstelle des erkrankten Stadtpfarrers hielt der Pastor der am Nordeingang Kronstadts stehenden Bartholomäuskirche, Daniel Roth, den Gottesdienst – ein dürrer Mann mit verschlossenem Gesicht. In der überfüllten Kirche sprach er von »unseren lieben toten und lebenden Soldaten«. Dann, übergangslos, rief er zur Besinnung auf »in einer Welt, die sich von Gott ab- und den Parolen heidnischer Schreier und Täter zuwandte«, und endete mit den Sätzen: »Nach Warschau, Rotterdam und Coventry nun auch Belgrad mit deutschen Bomben in Schutt und Asche gelegt … Herr, nicht weil wir stark sind im Glauben – denn es drängt uns zum Ruf nach unnachgiebiger Strafe für den Frevel –, nein, sondern allein weil unser Heiland es uns vorgesprochen hat und wir ihm die Treue gelobten in allem, sagen wir in dieser Stunde mit ihm, so schwer es uns auch über die Lippen kommt: Vergib ihnen, denn sie wissen nicht, was sie tun …« Es war totenstill nach dem mit fester Stimme und ohne Erregung gesprochenen Gebet. Das »Amen« hallte vom hohen Chor bis zum mächtigen Pfeifenwerk der Orgel zwischen den Säulen nach, als geisterten geheimnisvolle Stimmen über uns hinweg. Es dauerte lange Zeit, ehe die Menschen auf den Bänken mit den schwenkbaren Rückenlehnen, das Gesicht zur Orgelempore gekehrt, Platz nahmen.

Die Eindeutigkeit des Gebets war jedem bewußt, nicht wenige Gesichter spiegelten die Art der Aufnahme wieder. Ebenso war den meisten der Riß bekannt, der durch die Familie des Geistlichen ging: Der neunzehnjährige Sohn Matthias war »DJ-Fähnleinführer« gewesen, er kämpfte jetzt als Freiwilliger in der »SS-Division Vikking« an der Ostfront. Der Vater hingegen hatte sich frühzeitig nicht nur als Kriegsgegner zu erkennen gegeben, sondern überdies in der Öffentlichkeit kein Hehl aus seiner Zurückweisung der Anschauungen gemacht, mit denen »die ungeheuerlichen deutschen Verkennungen bis hierher die Geister vernebeln«, wie er sagte. Wiewohl von seinem Bischof Dr. Wiegand Schädel einige Male ermahnt, war er unbeeinflußbar geblieben. Der Riß ging nicht allein durch sein Haus, er ging durch die ganze Glaubensgemeinschaft, die hier saß. Nicht wenige hatten deutsche Soldaten oder Offiziere mitgebracht, die für die Dauer ihrer Stationierung in Kronstadt von den Familien aufgenommen worden waren.

In einer Bank des Mittelschiffs saß ich neben Holger, neben dem die Eltern Platz genommen hatten, an Vaters Seite Tantchen Petra, Willi und Katalin, neben mir Benno – hinter uns hatten sich die Hennerth-Großmutter, die »Spanierin« und der Hardt-Großvater niedergelassen, den ich als erster unter dem Eingangsportal gesehen und begrüßt hatte.

Drei Reihen hinter den Großeltern saß der Maler Waldemar Taucher, der sich wie jedes Jahr wieder für zwei, drei Wochen in Kronstadt aufhielt. Er war vor vier Tagen unser Gast gewesen. Beim Abendessen hatte er mit Vater über Frédéric Marchant gesprochen, den jüngeren Bruder seiner Pariser Bekannten Yvonne, der in der »Légion des Volontaires Français« an der Neva vor Leningrad gegen die Sowjets kämpfte, »die bestialische Belagerung St. Petersburgs fordert monatlich Zehntausende von Ziviltoten«, hatte Taucher gesagt. An Tauchers rechter Seite erkannte ich das blasse Gesicht Eric August Waltos', dessen Donaudelta-Roman »Meer ohne Grenzen« ich vor kurzem auf Drängen Marias gelesen hatte.

Der Mensch mit den in die Augen hängenden struppigen Brauen links von Taucher war Dr. Manfred Steinträger, Tauchers Begleiter auf jener »Reise der ›abenteuerlichen Herzen‹« zum Jerusalemer Felsendom, der Turmkletterer, Burgenvermesser, Sagensammler, der besessene, unbequeme Forscher mit dem Ruf eines notorischen Querkopfes, der mich unter dem Ruinenklotz des Roten Turms im Paßwind der Südkarpaten mit dem mir nicht ganz verständlichen Satz angeraunzt hatte: »Was denn ist uns hier noch zu tun übriggeblieben, als unsere Spuren aufzuzeichnen, da es einige Wahnsinnige gibt, die ganz Europa ruinieren? Auch uns.« Im Disput mit dem »Nibelungenfinger« hatte er als erster Mensch die Zweifel in mir geweckt, die ich seither nicht mehr loswurde. Eines Tages würde ich ihn fragen, was er mit der »Spurenaufzeichnung« meinte – den Bruder jener Thea Cristina Steinträger, die ich in einer stürmischen Nacht auf dem Plateau vor der »Führerschule Hermann von Salza« in Begleitung Werner Schremms heimlich auf den

Eingang zueilen gesehen und mir Bernd Breckners Anmerkungen dazu angehört hatte. Ja, natürlich, fiel mir ein, ich hatte die Plakate gelesen, auf denen Steinträger mit drei Vorträgen angekündigt worden war, im Saal der Rédoute in deutscher, im Leseraum der Kreisbibliothek in rumänischer, in der Aula des katholischen Knabengymnasiums in ungarischer Sprache. Der Titel hatte sich mir eingeprägt:»Der ›Homo transsilvanus‹ – Siebenbürgen als Schweiz des Südostens? Realität und Vision eines verspielten kontinentalen Lebensmodells«. Wegen Unterrichtsstunden hatte ich keinen der Vorträge besuchen können. Im übrigen wußte ich an jenem Winterabend in der Schwarzen Kirche noch nicht, daß Werner Schremm auf unserem Zeltplatz im Garten des Steinträgerhauses durch einen Pistolenschuß in den Mund zu Tode gekommen war, jenes Hauses in Hermannstadt, das wir unter den Wappeninitialien des Namens Julius Oberth betreten hatten. So gut war das Geheimnis der verzweifelten Todesumstände von den Geschwistern gehütet worden ...

Hinter Taucher, Waltos und Steinträger saßen zwei deutsche Luftwaffenoffiziere in taubenblauer Uniform; der jüngere trug auf der linken Brustseite das Eiserne Kreuz Erster Klasse, er hatte ein mädchenhaft zartes Gesicht. Bei ihrem Anblick hatte mir Benno gesagt:»Die beiden sind vom Jagdgeschwader, das zum Schutz der Ölanlagen bei Ploiești stationiert ist.« Der einarmige, hohlwangige Mann neben ihnen – war das nicht der»Torso« Albert Göller, über dessen Sohn Gerry mir Benno vor einiger Zeit gesagt hatte, er halte sich seit einer Verletzung an der Schulter in Kronstadt auf?

Im nördlichen Seitenschiff erblickte ich Blessis Eltern, den Vorsitzenden des Banken-Konsortiums Heinrich Robert Blessag mit der NSDAP-Anstecknadel auf dem Revers unter dem Wolfsfellmantel und seine Gattin Berta Blessag, die»Landesfrauenführerin«, deren üppiger Busen den Nerzkragen aufbauschte, später hörte ich, daß sie bei den Eingangsworten des Pfarrers Roth mit Gesten der Empörung die Kirche verlassen wollte und nur mit Mühe von ihrem Mann daran hatte gehindert werden können. Blessi mit dem Rundkopf und dem breiten Mund mitten im Gesicht wirkte auch jetzt verloren und unscheinbar neben der gewichtigen Walkürenmutter. Die Szene, die sie soeben gemacht hatte, ließ ihn verstört dreinblicken. Einige Reihen vor ihnen erkannte ich Bramü, der»mit der ganzen lederhandschuhherstellenden

Sippschaft« gekommen war, wie er mir vor zwei Tagen in gönnerhaftem Ton angekündigt hatte. Er hatte einen Gefreiten von der Flak-Einheit mitgebracht, die auf der Durchfahrt nach Kertsch am Asovschen Meer in Kronstadt für einige Tage untergebracht worden war; Bramüs Schwester Gunda hatte sich in ihn verliebt.

Und auf dem Balkon des südlichen Seitenschiffs sah ich dann halb hinter der sechseckigen Säule auch den »Nibelungenfinger« Zupfen-hügler. Ich dachte sofort: Nein, der kam nicht, um Holgers »Halleluja-Musik« zu hören, wie er getobt hatte, der hat sich oben neben die Säule gesetzt, um die Menschen möglichst unbemerkt beobachten zu können. Eine Sekunde lang meinte ich, seinen lauernden gläsernen Blick auf mir ruhen zu fühlen.

Aber da schaute ich schon zur Empore hinauf, wo Professor Behrisch am Dirigentenpult gerade die Arme gehoben hatte. Im Augenblick darauf setzten Chor und Orchester ein.

Der d-Moll-Akkord im Tutti-Einsatz auf die erste Silbe des Wortes »Vater« ging wie ein Aufschrei durch den hohen Steinraum. Die drei Paukenschläge, von denen die Dreiviertelnote im Forte-Fortissimo vorangetrieben und zugleich gezügelt wurde, gaben den Stimmen der Chorsänger, den Klängen der Orgel und des Orchesters vom ersten Takt an eine mitreißende Kraft. Wie die Schritte eines Unbeirrbaren gingen sie nach dem »...unser« in Viertelnoten durch die Pause vor der Wiederholung des »Vaaa-ter-unser« im d-Moll-Sextakkord hindurch und noch einmal durch die Pause vor der zweiten Wiederholung im Quartsextakkord. Sie sollten bis zum letzten Ton nicht mehr aufhören, die Klangfluten der Stimmen und Instrumente des großen Christengebets zu durchpochen – die Pianissimi der chromatischen Triolen des »Und vergib uns unsere Schuld«, das Forte des Parlando »... wie wir vergeben unseren Schuldigern« und die rhythmischen Aufbrechungen in »Und führe uns nicht in Versuchung«. Die Einsatzakkorde hatten jede Bewegung auf den Bänken erstarren und von Beginn an keinen Zweifel am »Soli Deo gloria« der Musik aufkommen lassen.

Ich hatte beim ersten Takt unwillkürlich zu Holger geblickt. Das Gesicht mir zugewandt, sah er mich mit den aufgerissenen Augen eines bis auf den Grund der Seele Erschrockenen an, als faßte er es nicht, daß er es war, der den Anrufungsgesang angestimmt hatte. Benno hatte sich zu mir geneigt, er hielt die Brille in der Hand, putzte erregt die Gläser und flüsterte mir ins Ohr:»Unglaublich! Unglaublich!«

Ich blickte gebannt über die vor mir Sitzenden hinweg zur Empore hinauf, wo rechts und links von Professor Behrisch die Köpfe einiger Geiger zu sehen waren; über ihnen wuchs das Pfeifenwerk der Orgel bis zum Deckengewölbe empor. Wie einen Schmerz fühlte ich die Einsamkeit meines dreizehnjährigen Bruders. Werden wir ihm folgen können, dachte ich, wenn er sich so weit entfernt? Als ich wieder zu ihm hinblickte, sah ich, daß Mutter eine Hand ergriffen und an sich gepreßt hatte.

Einmal noch blickte ich zum Balkon im südlichen Seitenschiff hinauf. Der Platz neben der Säule, auf dem der »Nibelungenfinger« gesessen hatte, war leer. Hatte den »Hauptbannführer« und »Chef des NS-Jugendpressedienstes« Herwart Zupfenhügler das Wagnis vertrieben, das der Geistliche in dem fast bis zur Erde reichenden Gewand auf der obersten Stufe des Chorraums eingegangen war? Hatten ihn Kraft und Eindeutigkeit der Aussage in der Musik des noch nicht Halbwüchsigen aufgeschreckt, dessen Unerreichbarkeit er ahnte? Viele Jahre später erst wurde mir bekannt, daß der Botschafter des »Dritten Reichs« in Bukarest, der ehemalige SA-Rüpel Manfred Freiherr von Killinger, auf ein schon wenige Tage nach der Aufführung der »Vaterunser«-Kantate mit dem »Nibelungenfinger« geführtes Gespräch hin ans SS-Sicherheitshauptamt in Berlin Meldung erstattete über Daniel Roths »freche reichsfeindliche Predigt« und der oberste Dienstherr der Gestapo, Heinrich Himmler, die Festnahme des Geistlichen und dessen Verbringung in eins der von Heydrich errichteten Mordlager erwogen hatte. Wieso es nicht dazu kam, konnte ich nicht erfahren.

Noch lange, nachdem wir an jenem Abend die Säulenhalle der Schwarzen Kirche verlassen hatten und in die dunkle, vom Atem der winterlichen Berglandschaft erfüllte Schneekälte hinausgetreten waren, klangen mir die Terrassen der enharmonisch übereinandergestuften Akkorde »… das Reich – und die Kraft – und die Herrlichkeit«, dazu die Paukenschläge in den Ohren, sie waren durch das lange Decrescendo des »Amen« hindurch weitergeschritten, als gäbe es im Leid und in der Klage, im Aberwitz und in der Hemmungslosigkeit der Welt allein sie als letzten Halt. Der Nachhall ihrer Klänge hatte sich im vibrierenden Steinraum erhalten. Auch als es still geworden war, meinte ich, ihr Pulsieren in mir zu fühlen wie den eigenen Herzschlag.

Wir waren bis zum Erlöschen des letzten Wisperns sitzen geblieben. Dann hatten wir uns nach und nach zögernd erhoben und wieder dem Geistlichen zugewandt. Im schwarzen Talar unter dem Altargemälde der auf dem Berg predigenden Jesusgestalt zwischen den mannshohen Kerzen beidseits des Opfertischs stehend, hatte er in der Totenstille Gott für »die Tiefe der verflossenen Stunde« gedankt und mit den Seligpreisungen aus dem fünften Kapitel Matthäus geendet:

»Selig sind die Sanftmütigen, denn sie werden das Erdreich besitzen. Selig sind, die da hungert und dürstet nach Gerechtigkeit, denn sie sollen satt werden. Selig sind die Barmherzigen, denn sie werden Barmherzigkeit erlangen. Selig sind, die reinen Herzens sind, denn sie werden Gott schauen. Selig sind die Friedfertigen.«

Auf dem Heimweg ging ich neben Benno hinter den anderen. Maria fing erst in der Mitte der Katharinengasse zu plappern an; Tantchen Petra unterhielt sich mit ihr. Vater hatte seiner Mutter, der Hennerth-Großmutter, den Arm angeboten. Holger ging neben Mutter, ich sah zum ersten Mal, daß er so groß war wie sie. Vor uns gingen Katalin und Willi.

Während des schon am Nachmittag von Mutter und Katalin vorbereiteten Abendessens bot ich, nach kurzer Beratung mit Vater, dem Hardt-Großvater an, Pferd und Schlitten zu holen und ihn mit den beiden Großmüttern nach Rosenau zurückzufahren, ich würde morgen vormittag mit dem Zug wieder heimkommen. Großvater nahm an – und erst in diesem Augenblick wurde mir der Grund meines Angebots bewußt. War Großvater krank? In seinem Gesicht las ich überdies den Ausdruck von Geistesabwesenheit … Obwohl er die Fragen seiner Tochter mit abwehrenden, entschiedenen, ja selbstsicheren Handbewegungen, die wir alle an ihm kannten, und einem Scherzwort beantwortete, dem er einen seiner aufblitzenden Blicke in die Runde folgen ließ, blieb ich unruhig. Nein, es war nicht die Verwandlung in den Zügen des »starken, felsenhaften Mannes«, wie Onkel Sepp ihn genannt hatte, die mir bei der letzten Begegnung aufgefallen war. Es hatte auch nichts mit der Konzentration auf das Skriptum zu tun, das er »entzifferte und abschrieb« – mit der schwer lesbaren Handschrift, die in irgendeiner Weise mich betraf. Es kam etwas hinzu. Ich beobachtete ihn,

473

wie er einmal lange und nachdenklich zu Holger hinüberblickte, der Willi in ein Gespräch verwickelt hatte. Als Mutter ihn und die beiden Großmütter jetzt noch einmal einlud, die Nacht bei uns zu verbringen und morgen heimzufahren – »In diesem Haus ist Platz für alle«, sagte sie –, schüttelte er kaum erkennbar den Kopf, nein, danke, sagte er, diesmal nicht, er bekomme nächstentags wichtigen Besuch. Auch die Hennerth-Großmutter lehnte dankend ab, sie wolle sich in Muße auf den morgigen Sonntagsgottesdienst in Rosenau vorbereiten, man erwarte dort ihr Erscheinen. Wie in meiner Kindheit saß sie auch jetzt am Kopfende des Tisches, wie damals sprach sie auch jetzt das Tischgebet. Danach unterhielt sie sich mit Tantchen Petra; die Ähnlichkeit der beiden fiel mir auf. Ich hatte mich neben die »Spanierin« gesetzt, deren sorgenvolles Gesicht mir aufgefallen war.

Bald danach machte ich mich auf und holte Pferd und Schlitten. Zehn Minuten später fuhren wir ab. Es war finster in den Straßen, wie der Verdunkelungsbefehl es verlangte.

Als wir an der massigen, freistehenden Bartholomäuskirche vorbei die Stadt durch die Nordausfahrt verlassen und uns am Rand der Hochebene nach Westen gewandt hatten, rissen die letzten Wolkenschleier auf und gaben den Sternenhimmel frei. Gleich einer Feuerkuppel ragte das Gestirn plötzlich aus den Horizonten ringsum empor und wuchs ins Unermeßliche. Der Anblick erweckte mir trotz der überirdischen Ausmaße das Gefühl sicheren Aufgehobenseins. In die Reisepelze gehüllt, hockten wir auf den Holzsitzen, Großvater neben mir. Alles Land war schneebedeckt. Bäume, Straßenböschungen, Berge buckelten sich aus dem nächtlichen Weiß, auf dem ein Abglanz der Sterne zu irisieren schien.

Das eisige Luftstreichen vom Königstein und Butschetsch her schnitt uns in die Gesichter, erst recht, da der Goldfuchs kaum zu bändigen war, er wußte, daß er sich dem heimatlichen Stall näherte, und legte einen gestreckten Trab hin, der seiner achtzehn Lebensjahre spottete. Jeder Atemzug, der ihm aus den Nüstern stob, wehte ihm in kurzen Dampfwölkchen um seine hochgestellten Ohren und die wippende buschige Mähne. Ich gab ihm die Zügel frei, atmete den Geruch des warm gewordenen Ledergeschirrs und des Pferdeschweißes ein und spürte die Eisluft wie ein Prickeln auf Nase, Stirn und Wangen. Außer dem Hämmern des Trabschrittes und den pfeifenden Quietschtönen unter den Metallkufen weit und breit kein Laut. Sooft ich hinaufblickte – und, je länger ich es tat, um so gewisser –, hatte ich das Empfinden, wir bewegten uns geradewegs ins All hinein.

»Selig sind die Friedfertigen«, hörte ich immer noch die Stimme des denkmalhaft vor dem Altar stehenden Pfarrers durch den Säulenraum der Kirche hallen – und hatte gleichzeitig die Rundfunkmeldung des Nachmittags im Ohr, daß die Angriffe der elften deutschen Armee auf die im Südwesten der Halbinsel Krim liegende Stadt Sewastopol unter blutigen Verlusten hatten abgebrochen werden müssen … Ob das tanzende Judenmädchen Rebekka Hermes weiß, dachte ich, daß Lutz Klepper auf dem Opernplatz von Odessa unter drei erhängten Judenmädchen verendete? … In den Paukenschlägen, die durch die »Vaterunser«-Kantate Holgers hindurchgehen, erkenne er, so hatte der Pfarrer vor dem Altar gesagt, den Ruf des Gewissens, der »niemals aufhört, jeden einzelnen von uns beim Namen zu nennen, wenn im Lande Martin Luthers, anstatt zum einzigen Gott aufzuschauen, die Menschen sich Götzen zurechtlegen nach eigenem Gefallen: die Partei, die Rasse …« Ich roch die Ausdünstung des Goldfuchses Betyár und den Schnee, der etwas vom Atem des Alls mitbringt, sooft er unsere Landschaften bedeckt, und ich dachte: Da sind also die Barmherzigen, die Sanftmütigen, denen die Erde versprochen ist – und da sind die Krieger, die Eroberer, die, streitsüchtig, ihr Bluthandwerk ausüben, um die Erde zu gewinnen … Da ist der Doktor Steinträger, der den »Nibelungenfinger« im Zorn anfährt: »Gehen Sie mit Ihren mörderischen Ideen dorthin zurück, woher Sie sie holten, nach Berlin, nach München« – und da ist jener Pfarrer im nordsiebenbürgischen Dorf Brigg, Scheben heißt er, der unter Talar und Kruzifix die Uniformstiefel und das Hakenkreuz trägt … Wie geht das zusammen? Rebekkas Tanz auf die Klezmermelodie – und die drei leblos am Kandelaber vor der Opernfassade hängenden Sechzehnjährigen, die nie mehr tanzen werden … »Selig sind die Friedfertigen«, verkündigt der Pfarrer – »Wir brauchen junge, harte Soldaten, lernt, stark und unbarmherzig zu sein«, schreit der »Landesjugendführer« … Immer wieder dachte ich: Wie paßt das alles zusammen? … Und während wir im Schlitten durch die Nacht auf das Butschetschgebirge zufahren, die Gesichter vor der Kälte in den Pelzen versteckt, sagt Großvater, der erschöpft wirkt, etwas von einem »japanischen Wahnsinnsgroßangriff«, er redet wie in grimmigem Selbstgespräch in den Fahrtwind hinein etwas von »Pearl Harbour auf Hawaii« und von dem erst wenige Tage alten Kriegseintritt der Vereinigten Staaten von Amerika, er stößt mich auffahrend an und sagt laut: »Nein, Peter! Schon einmal, als die Europäer halb ausgeblutet waren, haben die auf Drängen ihrer Rüstungsfabrikanten als Kriegsgewinnler hier eingegriffen ... Nein, denen in der Berliner Reichskanzlei geht die Rechnung nie und nimmer auf ...«

Was ist nur los mit mir, dachte ich, daß ich immer noch die Schulbank drücke, anstatt dort zu sein, wo die Entscheidungen fallen? Oder meint Großvater, wir müßten Angst haben vor irgendeinem Feind? Gehörte je die Erde den Friedfertigen mit den leeren Beterhänden oder immer schon den Männern mit Feuer und Schwert in den Fäusten?

Wem sollte ich glauben? Dem »Nibelungenfinger«, der vorige Woche mit neuesten Informationen von einer »Dienstreise« ins »Reich« zurückgekehrt war und vor der »DJ-Gefolgschaft Honterusschule« in schneidend selbstbewußtem Ton gesagt hatte: »Es gibt keine Zweifel: Der Sieg ist unser!«, dessen Gehabe mich zwar abstieß, es jedoch als unwesentlich abzutun mir Vater dringend geraten hatte – oder dem Hardt-Großvater, dessen Urteil ich seit der Kindheit vertraute? War denn nicht selbstverständlich, was die Deutschen taten, die doch, wie ich gelesen hatte, mit ihrem Angriff dem Überfall auf ihr Reich durch die bolschewistischen Heere zuvorgekommen waren? Fochten nicht Skandinavier, Belgier, Niederländer, Slowaken und Tausende von Franzosen freiwillig an ihrer Seite und bestätigten so ihre Haltung? Zu ihnen gehörte Frédéric Marchant, der Bruder jener Pariserin, die mir »den Dolch aus der Zeit der Abwehrkämpfe des Frankenreichs gegen die arabischen Aggressoren« geschickt hatte. Ging es für die Europäer nicht immer wieder gegen die Aggressoren aus Osten? Waren also die Deutschen nicht im Recht? ... Aber dieselben Deutschen sagten, daß »die Juden ausgemerzt werden müssen«, während ich ... Rebekka ... Ich konnte es kaum erwarten, Rebekka zu sehen ... Wie nur bringe ich all dies zusammen? dachte ich ratlos und fühlte mich hintergangen.

Ich erschrak, als ich Großvaters schweren Oberkörper gegen meine rechte Schulter fallen spürte. Unwillkürlich riß ich kurz am Zügel. Betyár setzte mit einem Sprung zum Galopp an. Wir hatten Neustadt durchfahren, vor uns begann sich die Gebirgsmasse des Butschetsch von unten ins Flimmern des Sternenhimmels hineinzuschieben. Ich hatte die Zügel in die linke Hand genommen und mit der rechten den Pelz gepackt, in den Großvater gehüllt war. Betyár galoppierte wie närrisch. Mit aller Kraft bemühte ich mich, den auf mir lastenden Körper bei der wilden Fahrt nicht nach unten gleiten zu lassen. Doch ich konnte es nicht verhindern, daß er mir ruckweise auf die Schenkel fiel. Der Hengst jagte durch die Nacht, als hätte ich ihn gepeitscht. Sooft ein Huf durch die Schneedecke gegen einen Stein stieß, stoben die Funken. Ich blickte kurz hinter mich. Die »Spanierin« und die Hennerth-Großmutter hatten sich die Pelzkapuze übers Gesicht gezogen, um vor dem Fahrtwind geschützt zu sein; sie hatten nichts gesehen. Als wir die Häuser am Ortseingang erreichten, mäßigte Betyár den Galopp, ging in Trab über und zog den Schlitten durch die menschenleeren Straßen bis zum Hennerthhaus in der Brückengasse, vor dessen Tor er aufschnaubend stehenblieb. Immer noch hielt ich Großvater mit der rechten Hand fest, wie er mir bewegungslos auf den Schenkeln lag. Erst in diesem Augenblick fiel mich die nackte Angst an.

Wie von Sinnen schüttelte ich den Siebzigjährigen. Ich riß und zerrte an ihm, packte ihn mit beiden Händen an den Schultern und richtete ihn auf. »Großvater! Großvater!« keuchte ich. Durch den Körper ging ein zweimaliges Zucken, als schlüge jemand auf ihn ein. Dann bewegte er sich mit einem tiefen Atemzug, der wie ein Seufzer klang – gerade als die »Spanierin« hinter mir sagte: »Hier, Peter, der Schlüssel, das Tor ist abgesperrt.« Ich blickte Großvater aus der Nähe ins Gesicht. In der matten Schneehelligkeit sah ich, daß die tiefen Falten es wie aufgebrochen erscheinen ließen. Großvater starrte mich schweratmend an, schüttelte kurz den Kopf und legte den Zeigefinger auf die Lippen. Ich verstand und nickte. Ich nahm der »Spanierin« den Schlüssel ab und öffnete das Tor. Die beiden Frauen hatten von dem Vorfall nichts mitbekommen. Bis ich Betyár ausspannte, abrieb und in den Pferdestall des Nachbarn Eisendenk brachte, der einen Platz für den Hengst zur Verfügung gestellt hatte, war Großvater zu Bett gegangen.

Ich übernachtete bei der Hennerth-Großmutter, die an mein Bett kam, mir einen Gutenachtkuß gab und kaum hörbar sagte: »Seit der Krieg im Osten begann, kam keine Nachricht mehr von ihr, keine … Ich bete für sie. Tu du es auch …« Ich sah Tante Elisabeth vor mir, aufrecht, immer den Funken Stolz im Blick; ich verstand, daß der ehemalige k.u.k. Hauptmann Rudolf Ferdinand Jung mit dem metallischen Glimmern in den Augen und der Narbe am Kinn Gefallen an ihr gefunden hatte. Wie lebten die beiden in Moskau, auf das die deutsche Luftwaffe in der vergangenen Nacht Bomben abgeworfen hatte?

Zum Frühstück gingen wir »hinüber«, wie Großmutter sagte. Die »Spanierin« hatte uns eingeladen. Ich betrat die Wohnung der Hardt-Großeltern mit bangem Gefühl. Ich hatte Angst vor dem Wiedersehen mit Großvater. Doch ich kam aus dem Staunen nicht heraus, als er strahlend, wohlgelaunt, mit fröhlichem Blick auf mich zutrat.

Als ich mich nach dem Frühstück von den dreien verabschiedete, war ich zwar noch verwirrt von den Ereignissen des vergangenen Tags, aber nach dem von lebhafter Unterhaltung begleiteten Zusammensein am Frühstückstisch erfüllten mich Gefühle der Erleichterung.

Unterwegs zum Bahnhof blieb ich vor dem Eisendenk-Hof stehen. Als ich nach kurzem Überlegen gerade die Tür öffnen wollte, kam mir die Familie meines Freundes Paul entgegen; sie war auf dem Weg zum sonntäglichen Gottesdienst. Ich begleitete sie bis vor die Kirche. Wir gingen langsam, weil sich Pauls Großvater mit der hölzernen Beinprothese nicht helfen lassen wollte. »Sei doch nicht so eigensinnig, Großvater«, sagte Paul schließlich und packte den Alten entschlossen am Arm. Der Frost brachte den hartgefrorenen Schnee unter unseren Tritten in Zwitscherlauten zum Singen. Von allen Seiten näherten sich die schwarzgekleideten Bauern. Sie grüßten sich in der Mundart: »Gäden Douch!«, »Guten Tag!« Als wir die Mitte des Platzes unter dem Burgberg erreicht hatten, sagte Paul zu mir: »Wenn ich mich bis Frühjahr nicht freiwillig zum deutschen Militär melde, holen mich die Rumänen. Zu denen will ich nicht. Der Barff und der Gober sind vor einer Woche zur Musterung nach Wien abgehauen. Auch sie wollten nicht zu den Rumänen.«

»Soso«, schrie Pauls schwerhöriger Großvater mit der Fistelstimme, »zum Militär wollt ihr Scheißer? In den Kindergarten gehört ihr Hosentrompeter! Das da«, er schlug sich mit der Faust auf die Holzprothese, »das da hat man vom Krieg! Dies Holzstück und der Spott der Jungen ist der Dank des Vaterlandes.«

Vor dem Kirchenportal begegneten uns Rosinchen und Martin Strehling – die junge Frau mit dem Apfelgesicht und ihr Mann mit den Steinfäusten, die jeden, der ihm die Hand reichte, klein werden ließen. Ich begrüßte sie, nickte Paul zu und ging zum Bahnhof.

Am Montag darauf, nach der Chemiestunde, in der es dem »Doktor Reiherhahn« – obgleich er mich eine ganze Woche lang hatte zappeln lassen – nicht gelang, mich mit dem Kompensationspotentiometer und dem Tetrabromphenolsulfotalein aufs Kreuz zu legen, so sehr er es darauf angelegt hatte, zog mich Benno in der Pause in eine Ecke des Schulhofs. »Komm«, raunte er mir zu, »es gibt Neuigkeiten.«

Mit halblauter Stimme berichtete er, daß sein Vater, von dem er nur als dem »Direktor Martens« redete, in der zurückliegenden Nacht »zwar ziemlich am Ende seiner Nervenleitungen, aber mit den kompletten Personalpapieren« für Vater und Tochter Hermes aus Bukarest zurückgekehrt sei. »Die beiden haben eine neue Identität«, sagte er, »der Direktor Martens besorgte ihnen nicht nur Staatsbürgerschaftszeugnisse, er erreichte auch, daß unter der Rubrik ›Nationalität‹ der Vermerk ›rumänisch‹ eingetragen wurde … Und stell dir vor«, sagte Benno bewundernd, »er hat das beim obersten Chef des Geheimdienstes hingekriegt. Das Ganze hat ihn ein Dutzend maßgeschneiderte Anzüge aus englischen Stoffen gekostet, für den Geheimdienstmeister hergestellt in der Exklusivabteilung der Kammgarnschneiderei der ›Kronstädter Textilwerke Berg und Companie‹. Ist für die ein Klacks. Ja«, fügte Benno hinzu, »so einer ist der Direktor Martens, mein Erzeuger … Der feine Agentenhäuptling heißt Stoican. Generalleutnant Romulus Stoican … Romulus! Das ist der, der den Bruder erschlug. Feine Gesellschaft. Le nom oblige … Wie nur kommt der Direktor Martens an solche Leute heran? Wie schafft er das immer wieder? Kann er wirklich jeden kaufen? … Wie dem auch sei, Rebekka und ihr Vater sind außer Gefahr.«

Überwältigt blickte ich Benno an. Der hatte mit der Schuhspitze ein Loch in den Schneehaufen gestochert, neben dem wir standen, er zog sich den gelben Wollschal enger um den Hals. Ein toller Einfall des Direktors Martens! Sich in der delikaten Angelegenheit an denjenigen Mann zu wenden, der im ganzen Land die höchste Sicherheitsgewähr bot, erschien mir ebenso umwerfend wie naheliegend. Es machte mir schlagartig die Intelligenz, die Maßstäbe, den nüchternen und kühnen Sinn von Bennos Vater klar.

Und ich begriff auch sofort, daß damit zugleich selbst die gerissensten Versuche des »Nibelungenfingers« in dieser Frage im Keim erstickt worden waren. Denn bei allen Beziehungen, die er haben mochte, in diese Höhen hinauf reichten sie nie und nimmer.»Benno«, sagte ich,»dein Vater hat gemacht, was uns der Schremm in der ›Führerschule‹ gelehrt hat: ›Beobachten, die kühnste Möglichkeit wählen, handeln.‹« Benno überlegte, nickte, doch schon im Augenblick darauf, als habe er meine Gedanken erraten, sagte er leise:»Jetzt *muß* der ›Nibelungenfinger‹ in Sachen Spottgedicht fündig werden. Oder sein ›Volksgruppenführer‹ Schmidt jagt ihn aus Amt und Würden und zum Teufel. Der ist als Schwiegersohn und Protegé des Berliner SS-Hauptamt-Chefs Berger mächtiger denn je, der läßt sich von niemandem aufhalten. Und was beginnt ein Modeaffe wie der ›Nibelungenfinger‹ ohne Uniform und Führerschwur? Was anders hat der ja nicht. Du, Peter, jetzt wird dem ›Nibelungenfinger‹ jedes Mittel recht sein.«

»Mir egal«, sagte ich.

Benno griff nach Brille und Putztuch; während er die Gläser reinigte, sah er mich mit den kurzsichtigen Augen aus der Nähe an und sagte: »Du hast unlängst den ganzen Abend bei Rebekka auf mich gewartet?«

»Ja«, sagte ich und nickte. Benno setzte die Brille umständlich auf. Ich wiederholte:»Ja, natürlich.«

»He«, sagte Benno,»hast du dich in sie verliebt?« Es läutete das Ende der Pause, so kam ich um eine Antwort herum. Aber Benno packte mich am Ärmel.»Du weißt doch, was daraus werden kann«, sagte er leise und sah mich durch die funkelnden Gläser erschrocken an,»wenn jemand trotzdem draufkommt, daß sie Jüdin ist?«

Als wir zwischen den anderen die Treppe zum Hauptkorridor hinaufdrängten und an der Dienstloge des Hausmeisters vorbeikamen, hörten wir durchs geöffnete Schiebefensterchen aus dem Radio die Stimme der Marika Rökk:»Die Julischka, die Julischka aus Buda-Budapest, die hat ein Herz wie Paprika, das keinem Ruhe läßt. Und wenn die kleine Julischka am Abend schlafen geht, dann hat sie mit Allotria uns ganz den Kopf verdreht.« Das grelle Organ der Ungarin übertönte unser Gelärme. Einige stimmten grölend in den Kehrreim ein:»Joi, joi, Mommo, wos sie olläs konn, sie zieht gänau wie ein Mognet die Männärhärzän on …« Längst machte die Rökk mit ihren Liedchen und feschen Beinen auf Bühnen und in Ufa-Filmen den Deutschen, über deren Städten die Royal Air Force nach zigtausend Tonnen zählende Brandbomben abwarf, gute Laune und Mut zum»Endsieg«. In der Wochenschau zum Veit-Harlan-Film»Jud Süß«, in dem die Schwedin Kristina Söderbaum die Hauptrolle spielte, hatte ich die Achtundzwanzigjährige erst vor kurzem wieder gesehen: Im Parkett vor ihr hatten lauter Soldaten in Feldgrau gesessen, einige mit verbundenen Köpfen, in der ersten Sitzreihe war mir einer mit weißem Armstumpf und ein zweiter mit einem Beinstummel aufgefallen, die beiden waren nicht viel älter als ich. Alle trugen sie Auszeichnungen auf der Brust. Auf ihren Gesichtern wirkte das Lächeln wie erfroren.

Ich hatte keine Zeit, lange über diese Dinge nachzudenken, denn der hinkende Lateinlehrer Wegener erschien in der Tür – der wegen seiner Eckigkeit von allen gefürchtete Mann mit der nicht kämmbaren grauen Mähne. Jeder Klasse, vor die er trat, rief er ein knurriges »Salve!« zu und war trotz einiger kollegialer Ermahnungen durch Direktor Dr. Tabler zu keinem »zeitgemäßeren Gruß« zu bewegen. Wir verstummten und erhoben uns von den Bänken.

Dieser Tag – es war der neunzehnte Dezember des Jahres 1941 – blieb mir auch aus einem anderen Grund in Erinnerung.

Als ich am Nachmittag im Wohnzimmer das Radiogerät einschaltete, hörte ich vom »Reichssender Berlin« die Meldung, daß der Generalfeldmarschall Walther von Brauchitsch den Oberbefehl über das deutsche Heer niedergelegt hatte. Der neue Oberbefehlshaber hieß Adolf Hitler; vor wenigen Tagen hatte ich im Rundfunk gehört, daß er seine Soldaten zum »fanatischen Widerstand« gegen die Rote Armee aufgefordert hatte. Widerstand? hatte ich gedacht, stürmen die denn nicht ununterbrochen siegreich vorwärts? Wieso Widerstand? »Er hat die Deutschen aus einer dunklen Stunde ihrer Geschichte herausgeführt«, hatte mir Vater über ihn gesagt. Von Großvater hingegen wußte ich, daß »Männer, die ihn für den bösen Dämon ihres Volkes halten, bisher zwanzig vergebliche Attentate auf ihn verübten«. Was mache ich nur? überlegte ich, wie bringe ich das alles zusammen? »Rebekka ist außer Gefahr«, hatte Benno gesagt, »sie kann sich auf der Straße zeigen. Sie wird bald wieder in die Schule gehen können. Ins katholische Mädchengymnasium der Franziskanerinnen. Schon heute will meine Mutter mit der Schuldirektorin sprechen, sie kennen sich.« Und was, wenn die Sache mit den falschen Personalpapieren auffliegt?

Ich hatte Benno nur noch mit halbem Ohr zugehört. Denn mich hatte fast überfallartig etwas anderes beschäftigt. Auch jetzt, als mich Wegener mit den Worten aufrief: »Nun, Hennerth? Wir hören«, war ich

481

immer noch dabei, meine Gedanken in eine Form zu ordnen, an die ich mich halten konnte. Cicero, durchschoß es mich, aha … Guido Proder, der hinter mir saß, hatte mich wegen meines Zögerns schon mit der Hand angestoßen und mir zugeflüstert: »Videant consules …« Ich erhob mich rasch und sagte: »›Videant consules, ne quid res publica detrimenti capiat.‹ Übersetzt: ›Die Konsuln mögen dafür sorgen, daß die Republik keinen Schaden nimmt.‹« Wegener nickte. »Danke, Hennerth«, knurrte er, »ich wußte, daß auf Sie Verlaß ist. Nehmen Sie Platz.«

Es war dieser Tag, an dem ich zum ersten Mal mit Sicherheit fühlte, daß es mich jetzt unweigerlich auf die Entscheidung zutrieb. Ich hatte nicht viel dazu beigetragen. Die Klarheit, die mich zu beherrschen begann, hatte sich ohne mein Dazutun eingestellt. Ich hatte mich nur von bestimmten Dingen beunruhigen lassen. Wie hatte mich Werner Schremm gelehrt? »Die kühnste Möglichkeit wählen und handeln.« Er hatte nach einer Pause hinzugefügt: »Damit du diese Mistzeiten heil an Leib und Seele überstehst …«

XIV. KAPITEL

Der Todesgeiger und Großvaters Anmerkung zur Gleichsetzung Hitlers mit dem deutschen Volk

Zerknitterte alte Briefe, Post- und Ansichtskarten, zufällig erhaltene Notizen und Bruchstücke von Tagebuchaufzeichnungen, dazu in umständlichen Korrespondenzen bei Verwandten, Freunden, Bekannten und Kennern der Umstände erfragte Mitteilungen und bis weit ins neunzehnte Jahrhundert zurückgehende Zeitungsausschnitte, lose Buchseiten und Fotos, ja sogar einige Daguerreotypien füllen die drei Etagen meines ansehnlichen, aus solider Buche gebauten Ablagetisches und die Metallregale vor und neben mir. Das sind ungefähr zwanzig Quadratmeter übereinandergehäufte Familiendokumente, mit deren Hilfe ich die Ereignisse aus den zurückliegenden Jahren rekonstruiere, sie zueinander in Verbindung setze und hier niederschreibe.

Die Arbeit verschafft mir vielerlei Befriedigung. Die nachhaltigste empfinde ich jedes Mal, wenn ich einen Vorgang nach freiem Ermessen schildere, an dem ich nicht teilhatte, zu dessen Wiedergabe mir auch keins der gehorteten Zeugnisse die Unterlage lieferte, der aber wegen belegter nachfolgender Vorgänge stattgefunden haben muß – und wenn mich dann, oft erst zu einem viel späteren Zeitpunkt und oft auch nur zufällig, die Nachricht erreicht, die mir die Richtigkeit meines Verfahrens bestätigt. Wenn sich also meine Intuition als zuverlässige Vollenderin des lückenhaften Quellenmaterials bewährte. Ich bin mir dessen sicher, daß sich eines Tags auch für diejenigen Teile meiner Aufzeichnungen die Belege finden werden, die mir zunächst die Phantasie diktierte. Es ist der einzige Weg, dem Anspruch des Ganzen zu genügen. Beim Ordnen der vielen Erinnerungsfragmente zur sinnvollen Einheit vertraue ich meinem Gespür für Zusammenhänge.

Worüber ich solcherart mit dem Blick auf südöstliche Landschaften unseres Erdteils berichte, ist europäisches Ereignis – so sehr diese Feststellung manchen der seit eh und je in provinzieller Egozentrik befangenen und daher für vielerlei Unheil in unserer kontinentalen Geschichte verantwortlichen Mittel- und Westeuropäer verwundern mag. Provinz ist an ihnen dies: Sie mögen Imperien und Kolonialreiche gegründet, Länder erobert, Motoren erfunden und philosophische Systeme ersonnen haben – sie gewöhnten es sich dabei nicht ab, ausschließlich sich selber zum Maßstab zu nehmen und auch ausschließlich nach dem zu fragen, was allein ihr Leben betrifft. Ja, es erscheint ihnen in ihrer Beschränktheit sogar wunderlich, daß andere ebenso wie sie am Leben teilhaben, daß ein anderer als ihr Lebensstil, eine andere als ihre Auffassung von der Welt vertret- und denkbar sein könnten. Auf den Gedanken, daß in den Augen derer, die sie als Exoten betrachten, oft sie selber die Exoten sind, kommen sie gar nicht erst. Dabei wirken sie schon in den Augen des Südosteuropäers – vor der eigenen Haustür also – mit ihrem peniblen Rationalismus, ihrer anämischen Unfähigkeit zur heiteren Improvisation und ihrer panischen Feigheit vor einem Leben außerhalb des Kalküls spießig und lächerlich. Sie gelten ihm bei aller bewunderten Fortschrittlichkeit ihrer Technik und Zivilisation nicht als wahrhaft seelenvolle Wesen von Fleisch und Blut, sondern als perfekt geeichte leblose und leere Gefäße. Und wie ihre Daseinserscheint ihm auch ihre Machthandhabung auf dem Reißbrett entworfen: kalt wie eine Maschine, furchteinflößend und bedauernswert gleichermaßen.

Ich habe die Papiere in nicht nachlassender Erinnerungsbesessenheit gesammelt. Daß ich mit schlafwandlerischer Sicherheit in die Stöße hineingreife und mir dabei jedesmal gleichsam genau diejenige Nuance des Rückblicks heraushole, zu der mich Fakten und Stimmungen im Fluß der Erzählung gerade zwingen, macht die Arbeit erst recht zum Vergnügen und läßt mich das Geplacke mit der Suche etwa nach der genauen Schreibweise eines alten Personennamens vergessen. Rechne ich die einschlägigen Werke der Fachliteratur hinzu, deren ich bedarf, um die Zuverlässigkeit meiner Auslassungen ein weiteres Mal abzusichern – angefangen vom besonderen historischen Datum bis zur Benennung der endemischen Flora –, so schwellen die zusammengetragenen Nachschlagematerialien zu beängstigenden Mengen an.

Aus all dem schälen sich die Gestalten, die ich schreibend ins Leben zurückrufe, mit einer Anschaulichkeit heraus, als erzählte nicht ich ihr Leben, sondern als erzählten sie es mir – mein Hardt-Großvater, der Hirte Gordan, der Geiger Willi Kurzell und der Bauernsohn Paul

Eisendenk, der Gestapo-Agent Gerry Göller, sein Freund Zupfenhügler, der Forscher Manfred Steinträger und die anderen. Dazu Frauke Reiber. Vor allem aber Rebekka.

Mehr als andere war es der »Nibelungenfinger« Zupfenhügler, der in den folgenden Abschnitt meines Lebens mit jener Hartnäckigkeit hineinwirkte, die zum Alptraum werden kann. Denn beim geschilderten Stand der Dinge mit leeren Händen dastehend, schien er sich aus jenem Instinkt heraus immer mehr in mich zu verbeißen, der gemeinen Naturen oft eignet. Fast jedes Mal, wenn ich mich mit Rebekka traf, spürte ich die Nähe einer seiner Leute; etliche Male sah ich auch ihn. Damals lernte ich die Empfindungen kennen, die mich in meinem späteren Leben über weite Strecken begleiten sollten – beobachtet, verfolgt, im Auftrag einer bedrohlichen Kraft von unbekannter Hand »aufgezeichnet« zu werden. Wer diesen Zustand der Wehrlosigkeit und der ohnmächtigen Wut darüber nicht kennen lernte, soll nicht mitreden. Er weiß vom europäischen Lebensgefühl des zwanzigsten Jahrhunderts soviel wie nichts, weil er in den Diktaturen entweder buckelte, sie hofierte oder mit ihnen lief. Oder er lebte auf einem anderen Stern.

Der Winter hatte sich mit der gleichen Heftigkeit verabschiedet, mit der er gekommen war. Auch dies war dort einst die Regel. Mit der Leidenschaft eines jungen, ungestümen Eroberers griff der Frühling nach allem, was Leben in sich hatte. Mehr als jede andere Jahreszeit es vermag, wühlte er mit seiner Kraft der elementaren Unberechenbarkeit die Natur und die Menschen auf und warf sie aus ihren Bahnen. Oder sage ich besser: *in* ihre Bahnen?

Denn was anderes war es, wenn sich mein einstiger Nachbar und Klassenkamerad, mein um ein Jahr älterer Freund Paul Eisendenk entschloß – wie er mir sagte, als wir im Pferdestall auf dem Krippenrand neben dem Braunen mit dem weißen Stirnmal saßen –, dem Aufruf zum freiwilligen Beitritt in die soeben entstehende siebente SS-Gebirgsdivision »Prinz Eugen« nicht zu folgen, zu der die jungen Deutschen im Land massenhaft strömten? Nein, sagte er, nein, er fahre nicht nach Temeswar im Banat, »wo der Phleps die ›Prinz Eugen‹ aufstellt«, er fahre nach Wien und melde sich dort bei einer der Annahmestellen. Er wüßte selber nicht recht, warum er's täte, aber das sei es nun mal; er habe das starke Gefühl, fügte er hinzu, gewisse Dinge »aus der Entfernung« sehen zu müssen, um mit sich ins klare zu kommen, diesem Gefühl werde er folgen, auch wenn es ihm wegen der Arbeit auf dem Hof schwerfalle, er habe mit seinem Vater darüber gesprochen, der habe Verständnis gezeigt ... Ahnte er, daß er gerade dadurch mit fast tödlicher Sicherheit eben den Weg fortsetzte, den er, ohne es zu wissen, längst eingeschlagen hatte? Paul war seit der Kindheit in allem, was er dachte und tat, von einzelgängerischer Selbständigkeit, die durch eine nüchterne Unerschrockenheit die besondere Note erhielt. Dies zeigte sich jetzt wieder. Daß der von der deutschen Heeresleitung aus dem Königlich-Rumänischen Gebirgsjägerkorps übernommene Siebenbürger Artur Phleps als Generalleutnant der SS »die Prinz Eugen« aufstellte, um an ihrer Spitze in den Berglandschaften des Balkans den Krieg gegen die Partisanen der Völker Jugoslawiens zu führen, unter denen ein Mann namens Tito zunehmend von sich reden machte, wußte Paul. Mit dem Ansehen des Generalleutnants Phleps war unter den jungen Deutschen im Land erfolgreich Werbung betrieben worden. Phleps hatte im Ersten Weltkrieg 1914–1918 als Offizier der österreichisch-ungarischen Armee in Italien gekämpft – denn er war Siebenbürger. Er hatte im Theißfeldzug 1919 als Offizier der Königlich-Rumänischen Armee in Ungarn gekämpft – denn er war Siebenbürger. Er hatte sich 1941 als Offizier zur deutschen Armee gemeldet und in Rußland gekämpft – denn er war Siebenbürger ... Der großgewachsene, schlaksige Mann war volkstümlich. Daß er ein bewährter Truppenführer ohne scharfmacherische Drillneurose, sondern väterlich um die Mannschaft bemüht war, hatte sich herumgesprochen. Doch das beeindruckte Paul nicht.

»Der Phleps war mal bei meinem Vater zu Besuch«, sagte ich ihm, »er ist mit Vater und dem Maler Taucher befreundet.«

»Du hast mir davon erzählt«, erwiderte Paul, »vielleicht würde ich mich ja unter dem Kommando eines Landsmannes sicherer fühlen. Ich gehe trotzdem nicht zur ›Prinz Eugen‹.« Er begründete das nicht weiter. Doch sagte er es so entschieden, daß ich schwieg. Ich wußte, daß seit den Messerstichen in der Nacht des Überfalls, seit seinem Auftauchen mit dem Sarazenendolch im Schein des Lagerfeuers kaum ein Tag vergangen war, an dem er sich nicht die Frage nach der Tödlichkeit seines Tuns gestellt hatte; meinen Versuchen, ihn davon abzubringen, war er mit ruhiger Unbeirrbarkeit begegnet. Und ich wußte, daß er deswegen jetzt »möglichst weit weg« gehen wollte. »Kommst du zum Abschiedsball ins Gemeindehaus?« fragte er, »fast alle jungen Männer gehen fort.«

»Ich werde kommen.«

»Wenn du eine Freundin hast, bring sie mit. Wie heißt sie?«

Ich zögerte, ehe ich antwortete: »Rebekka.«

»Na, egal, wie sie heißt, Hauptsache, ihr versteht euch gut.«

»Und du – hast du eine Freundin?«

»Na ja«, sagte er nach einer Pause, »ich war in der letzten Zeit mit der Elsi aus der Oberen Langgasse zusammen. Aber ich habe ihr gesagt, daß daraus nichts wird. Weil ich an die Front gehe.«

Verhielt es sich anders mit dem Hardt-Großvater? Er war nur dank einiger im Bett verbrachter Grippetage auf das Entziffern der Handschrift verfallen, von der ich durch den Rabbiner Kenntnis hatte. War ihm bewußt, daß er sich mit der Reinschreibung jenes lapidar »Die Entscheidung fiel auf dem Puerto de Tosas« beginnenden Textes auf ein Unterfangen eingelassen hatte, mit dem er die Lebensrichtung seines Lieblingsenkels bestimmen sollte, dessen Erziehung ihm wichtiger war als alles andere? Sicherlich nicht. Doch als er die »Spanierin«, seine Frau, darum bat, die Papiere nicht den Flammen zu übergeben – was diese mit der Begründung zu tun beabsichtigte, das vor Jahren beim Umräumen »durch Nässe unleserlich gewordene« Skript habe jeden Wert verloren –, sondern sie drängte, ihm die Blätter zur Kurzweil ans Bett zu reichen, hatte er damit den Weg eingeschlagen, der ihm, ohne daß er's ahnte, ebenso vorgeschrieben war wie Paul der Entschluß, sich nicht wie seine Altersgenossen zur »Prinz Eugen« zu melden.

Oder Gerry Göller ... Sein Dienstherr, der Gestapo-Chef Heydrich, sollte ihn Ende Mai zu einer Lagebesprechung nach Prag kommen lassen – die Residenz des »Reichsprotektors« Reinhard Tristan Heydrich in den von Berlin annektierten Provinzen Böhmen und Mähren. Am fünfundzwanzigsten Mai schon eine Stunde nach der Ankunft in Prag saß Göller auf dem Beifahrersitz des offenen Mercedes 320 »SS 3«, mit dem Heydrich zum Hradschin gefahren wurde, und berichtete dem Blaßblonden mit dem wasserblauen Reptilblick und der Falsettstimme von den jüngsten Vorgängen um das Ploieşter Ölgebiet. Heydrich hatte noch am Vorabend in einem Kreis musikliebender Bekannter den Geigenpart in Leoš Janačeks Sonate für Violine und Klavier gespielt und sich entzückt über das Kantilene des zweiten Satzes ausgelassen, des-

487

sen Hauptthema er jetzt vor sich hinsummte. Während er sich leicht zu Göller vorneigte, um ihn etwas zu fragen, stürmten tschechische Bewaffnete den Wagen. Ein Bombensplitter verletzte den Mann tödlich, der als der größte Terrorist des »Dritten Reichs«, als eine Art deutscher Dzerschinskij in die Geschichte einging. Zwei Wochen danach, einen Tag vor seinem Rückflug nach Bukarest, gehörte der von Heydrich am letzten Tag seines Lebens zum SS-Hauptsturmführer, zum Hauptmann der Gestapo, beförderte Gerhard Göller auf eigenen Wunsch dem Kommando an, das als Vergeltung die böhmische Siedlung Lidice dem Erdboden gleichmachte und alle über sechzehnjährigen Männer, dazu Frauen, Alte und Kinder, niederschoß. Göller feuerte auf eine Gruppe schreiender Halbwüchsiger. Er zielte zuerst auf die Knie, bis keiner mehr auf den Beinen stand. Dann durchsiebte er die Leiber und die Köpfe. Wohl war seine Fähigkeit zur Gemütskälte, deren er sich als Vierzehnjähriger bewußt geworden war, ein erster Hinweis gewesen, als er Lutz Klepper allein in den unterirdischen Gewölben Kronstadts stehengelassen hatte. Doch der Augenblick der entscheidenden Wende hatte sich auch in seinem Leben unerwartet eingestellt: Damals Student in Berlin, war er eines Tags nach längerer Abwesenheit aus der Hauptstadt gegen Abend in der Dahlemer Villa seines Onkels Kurt und dessen Gattin Agathe eingetroffen und hatte den beiden, die gerade auszugehen im Begriff waren, im Scherz zugerufen: »Und mich laßt ihr allein zu Hause?« Fünf Minuten später, nach einem Telefonat Kurt Baumgartners, war er lachend zu den beiden in den Wagen gestiegen und hatte sich darüber gewundert, daß er mitfuhr – anstatt sein Vorhaben durchzuführen, sich mit Hanna van Ruister zu verabreden. War der Umstand, daß er dann am Abend jenes vom Hitler-Architekten Albert Speer gegebenen Empfangs durch eine Unachtsamkeit beim Leeren des Sektglases die lebensentscheidende Bekanntschaft Heydrichs machte, etwas anderes als Großvaters »zufälliger« Griff nach den handschriftlichen Blättern oder Pauls »spontaner« Entschluß, sich nicht der Masse seiner Altersfreude anzuschließen?

Und hierher gehört auch die Freistellung vom Frontdienst meines Freundes aus sommerlichen Tagen, Gordan. Doch keineswegs entging Gordan seinem Schicksal dank der Akte der obersten Heeresinspektion mit dem Stempelvermerk »dispensat«. Das kann einer nur bei oberflächlicher Betrachtung annehmen, wenn er sich nämlich

darauf stützt, daß im Herbst dieses Jahres die dritte Königlich-Rumänische Armee – in deren Musterungslisten Gordan geführt wurde – von
den Sowjets vollständig vernichtet werden sollte, nachdem sie, ohne
eine Handbreit zu weichen, der Gegenoffensive des Feindes bis zur
letzten Patrone, zum letzten Gefreiten und Offizier standgehalten
hatte. Das sollte sich übrigens nahe dem großen Wolgaknie nördlich
einer Ortschaft ereignen, die einst als Kosakenstützpunkt gegen die Angriffe asiatischer Steppenvölker gedient hatte und Zarizyn, danach Wol-
gograd, später vorübergehend auch Stalingrad hieß. Im Gegenteil, gerade Gordans Dispens vom Militärdienst und Fronteinsatz ebnete den
Weg für das unerhörte Schicksal, das den jüngsten und einzigen der
beim Sturz inmitten der Herden ins Hochtal am Leben gebliebenen
Licu-Brüder vorgezeichnet war. Niemand ahnte es. Niemand hätte voraussagen können, daß es dem Hirten aus der Bergsiedlung Fundata
zwischen dem Königstein- und dem Butschetschmassiv aufgespart
blieb, in dunkelsten Tagen seines Volkes zur Heiducken-Legende zu
werden, am allerwenigsten hätte Gordan selber an derlei gedacht. Bei
Stalingrad aber wäre auch er als einer der nach Abertausenden zählenden Namenlosen ausgelöscht worden.

Und Willi Kurzell, der vor kurzem meinem Vater geschrieben hatte,
daß er für den kommenden Sommer als Solist des Brahms-Violinkonzerts mit den Wiener Philharmonikern zu den 41. Salzburger Festspie-
len eingeladen worden war, die Einladung aber wegen einer »hohen
Verpflichtung«, die er empfinde, abgelehnt habe? Als der kompromiß-
los ernste Mensch zum Entsetzen seiner Bukarester Lehrer, die ihn
nicht umstimmen konnten, das Musikstudium abbrach, um sich zutiefst
überzeugt von der moralischen Notwendigkeit und Unanfechtbarkeit
seines Entschlusses zur Division »Prinz Eugen« zu melden, tat er diesen Schritt aus den lautersten Quellen seines Wesens heraus. Wenn es
um Johann Sebastian Bachs und Wolfgang Amadeus Mozarts Vaterland
gehe, hatte er mir einmal gesagt, erübrige sich die Frage der Vorrangig-
keit. »Es geht nicht an«, war er in seiner leisen, bestimmten Art fortgefahren, »nur Nutznießer zu sein. Wir sind ihr Genie erst dann wert,
wenn wir, so es sein muß, die Bereitschaft aufbringen, uns unter Einsatz des Lebens schützend davor zu stellen.« Auch ihn also, den von
Kind an mit der Geige Verwachsenen, sollte es unerwartet in die Bahn
werfen, die längst in ihm vorgezeichnet war, ohne daß er's wußte.

Und wie war das mit mir? Nein, nicht Rebekka Hermes veranlaßte mich, so zu handeln, wie ich es wenig später tat. Entgegen dem Anschein war Rebekka vielmehr die *Folge* meines Verhaltens, zu dem es mich schon vor der Bekanntschaft mit ihr gedrängt hatte – Rebekka war die Konsequenz, nicht der Auslöser. Wodurch und wann dieser zustande gekommen war, weiß ich nicht.

Was schon wissen wir von uns? Wir klammern uns an die kleinen, vordergründigen Begreifbarkeiten unserer Existenz und haben alle miteinander keine Vorstellung von den Kräften, die als die eigentlichen Beweger unseres Leben auf uns einwirken, lange bevor wir es merken. Alles, was wir klugschwätzerisch darüber befinden, sind Hilfsgebilde, die wir errichten, um uns nicht in den Unfaßbarkeiten unserer Vorbestimmungen zu verlieren, gegen die wir machtlos sind. Nicht, uns ihnen tatenlos auszuliefern – da wir doch vermeintlich ohnehin nichts gegen sie ausrichten können –, kann das Ergebnis dieser Einsicht sein. Sondern alles darauf zu verwenden, sie zu erkennen und entsprechend zu handeln. Das allein macht uns stark, treibt uns voran und verleiht unserem bißchen Leben Sinn, Gehalt und innere Sicherheit.

»Denkst du deswegen anders als deine Schulfreunde, weil es mich gibt?« fragte Rebekka, als wir am ersten warmen Sonnentag auf der Steinbrüstung der Zinne-Aussichtswarte nebeneinander saßen und auf die schöne Stadt in der Tiefe unter uns hinabblickten.

»Nein«, sagte ich und spürte die Wärme ihrer Schulter an meiner, »nein, nicht deswegen.«

Sie ließ nicht locker, sie fragte: »Hat es damit zu tun, daß ich Rebekka heiße und nicht Frauke, Gudrun oder Sigrid?«

Ich lachte. In ihren Augen spielten Licht und Schatten, während ihr die leichten und unregelmäßigen Windstöße die Haare bald ins Gesicht, bald in die Höhe warfen.

»Nein«, sagte ich und lachte immer noch, »meine Mutter heißt Hanna und meine Schwester Maria, wie die Frauen im Alten und Neuen Testament, so wie du. Und ich heiße Peter, auch das ist ein Name aus der Bibel. Hauptsache«, sagte ich, »wir sitzen hier nebeneinander.«

»Würdest du es wegen mir tun?« fragte sie.

»Ich weiß nicht«, antwortete ich, »ich kann das nur sagen, wenn ich in der Lage bin.«

Nach einiger Zeit fragte sie: »Bist du nicht in der Lage, die du meinst?« Ehe ich antwortete, sagte sie: »Weißt du, was mir an dir gefällt?« Ich schüttelte den Kopf. »Dein Mut und deine Klugheit«, sagte sie ernst, »wie du vorhin von da unten die Felsen zu mir heraufgeklettert bist, weil ich gefragt hatte, ob man das kann, wurde mir vor Angst schwindelig. Aber ich sah auch, daß du bei jedem Griff genau überlegst.«

O nein, sie täuschte sich. Ich hatte keinen Mut. Und war auch nicht klug. Denn mir fehlte der Mut, sie zu fragen, ob sie mit mir auf den Ball zur Verabschiedung meiner Freunde nach Rosenau kommen würde, zu dem die jungen Männer und Mädchen aus mehreren Gemeinden des Kreises und aus Kronstadt eingeladen waren. Und mir fehlte die Klugheit, ihr verständlich zu machen, warum die Freunde meiner Kindheit alle zur Waffen-SS gehen werden. Alle die vernünftigen und zuverlässigen Bauernsöhne, mit denen ich aufgewachsen war. Dabei hätte ich sie gerne dem besten meiner Freunde vorgestellt, dem immer mit Bedacht handelnden Paul Eisendenk.

Wir saßen im warmen Frühjahrswind auf der Steinmauer, baumelten mit den Füßen und blickten auf die Berge und Wälder ringsum, von denen im Sonnenlicht noch vereinzelte Schneeflächen herüberglänzten, und auf die Dächer, Türme und Straßen fast senkrecht tief unter uns im weiten Bergkessel. Die Luft schmeckte nach feuchter Erde und erstem, frischem Grün. Wir schwiegen, lächelten uns an und hatten beide das Gefühl, aus der Zeit hinausgehoben zu sein. Die herrliche Landschaft, die uns umgab und deren Mittelpunkt wir waren, spiegelte sich in Rebekkas Gesicht.

Wir stiegen über den Zinne-Sattel ab, zwängten uns auf dem nassen, abschüssigen Waldboden zwischen Kiefer- und Haselgehölz talwärts und suchten dabei, um sicher auftreten zu können, die Steinblöcke, die hier überall aus der Erde reckten. Als wir schon fast auf der Sattelwiese über der Oberen Vorstadt angekommen waren, glitt Rebekka auf dem letzten Hang aus, verlor den Halt und fiel kopfüber geradewegs auf mich zu. Ich sprang ihr entgegen, fing sie auf, im Sturz warf sie mir die Arme um den Hals. Wir standen aneinandergepreßt und hielten uns umarmt. Ich fühlte Rebekkas Herzschlag. Sie lachte mit dem wilden Leuchten in den Augen und fragte: »Schreibt dein Bruder eine neue Komposition?«

»Ja«, erwiderte ich.

»Auch diesmal für Chor und Orchester?« Ich nickte.

»Wie nennt er sie?«

»Ich glaube, er wird sie ›Apokalypse‹ nennen.«

»Was heißt das?« Ich spürte die Nähe ihrer Lippen an meinen. Ich sagte: »Das Weltende.«

»Wie? Der Untergang der Welt?«

»Nein«, antwortete ich, »die Zerstörung der Menschen, ihre Vernichtung, ihre Selbstvernichtung …«

Rebekka lachte, sie hatte immer noch das wilde Leuchten im Blick. Während wir uns umarmt hielten, sagte sie lachend: »Wie gut, daß du genau da gestanden hast, wo ich hingestolpert bin.«

»Ja«, sagte ich, »wie gut.«

Sie schob mich langsam von sich. Ich empfand die Loslösung fast schmerzhaft. Auf dem Anger-Platz trennten wir uns. Rebekka nahm den Bus, der sie zum Schloßberg bringen würde, wo der auf Veranlassung von Direktor Martens im Außendienst der »Textilwerke Berg & Cie.« beschäftigte Adam Hermes hinter der alten Festung ein kleines Haus gemietet hatte – nur einen Steinwurf vom Sitz der NS-»Volksgruppenführung« an der Tränengrube und nicht weit vom Alten Judenfriedhof entfernt. Ich beeilte mich nach Hause, um mein Trainingszeug zu holen; Pandare erwartete mich auf dem Sportplatz unter der Zinne.

Radu Coliban war bei ihm – erst jetzt erfuhr ich, daß die beiden Vettern waren. Radu Coliban, den wir gemeinsam mit Horst bis zu dessen Abreise nach Mürwik an der Flensburger Förde in den zurückliegenden Wintern an jedem freien Nachmittag zum Skilaufen auf dem Schuler-Massiv abgeholt hatten, wollte wissen, wie es Horst, dem »stegar de marină«, dem Fähnrich zur See, gehe. Als ich ihm sagte, daß Horst wochenlang im Atlantik kreuze – »zwischen den Shetland-Inseln, Island und den norwegischen Fjorden, vermute ich« –, wurde er ernst und schüttelte nachdenklich den Kopf. »Luminiţa weint sich die Augen aus nach ihm«, sagte er etwas verlegen und lächelte, »er wird sie längst vergessen haben.« Luminiţa – das Lichtlein – hieß Colibans jüngere Schwester. Sie hatte sich in Horst verliebt und uns, sooft wir Coliban zum Skilaufen abholten, erwartet, als gelte unser Besuch ihr. »Deine Schwester ist schön wie Schneewittchen«, hatte Horst einmal zu Coliban gesagt, »so weiß wie Schnee, so rot wie Blut, so schwarz wie Ebenholz.«

»Von mir wird sie niemals erfahren, daß du das gesagt hast«, war Colibans Antwort gewesen, er hatte hinzugefügt: »Să nu-ți bați joc de ea«, »Treib keinen Spott mit ihr.«

»Darauf hast du mein Wort«, hatte Horst geantwortet und gelacht, »ich hau ohnehin bald ab. Eine Zigeunerfrau hat mir geweissagt, daß ich nicht wiederkomme; aber das glaube ich nicht. Und bis ich wieder da bin, hat Luminița einen anderen.«

Coliban bat mich, Horst zu grüßen; er verabschiedete sich in seiner spröden, schwer zugänglichen Art, hinter der sich ein leidenschaftliches, kämpferisches Wesen verbarg.

»Komm«, sagte Pandare, »wir laufen heute über den Sattel und durch den Wald ins Ragoda-Tal hinüber.« Ich lief hinter ihm. Manchmal meinte ich, in seinem Schritt etwas von Lutz Kleppers Schritt wiederzuerkennen. Doch fehlte Pandare das gewichtlose Vorwärtsschweben, sein Schritt war härter, willensbetonter. Bei der Überquerung des Zinne-Sattels lief er genau über die Stelle, an der ich Rebekka im Arm gehalten hatte. Mir war plötzlich, als würde mein Schritt von der Stelle weiter leichter und beschwingter.

Als ich mich zwei Wochen danach für die Fahrt nach Rosenau zum Abschiedsball der zur »Prinz Eugen« gehenden jungen Männer vorbereitete – den zu besuchen ich allein meinem Freund Paul zuliebe vorhatte – und Katalin bat, mir die braunen Halbschuhe aus dem Schuhschrank im Vorzimmer zu holen – »Ich bin spät dran«, rief ich –, stand Maria plötzlich in der Zimmertür. Sie sah mir eine Zeitlang beim Ankleiden zu und sagte dann spitz: »Wie ich höre, macht mein charmanter Bruder einer überaus schnuckeligen und wildmähnigen Dame von den Franziskanerinnen den Hof. Wieso weiß ich nichts davon? So was sagt man zuallererst seiner Schwester. Ist es eine stolze Magyarin, eine kesse Griechin, ein glutäugige Armenierin, eine madonnige Rumänin oder sonst eine aus dem bunten franziskanischen Weiberverein? Ist sie katholisch, unitarisch, griechisch-orthodox, gregorianisch oder ...«

»Ich habe sie nicht danach gefragt«, unterbrach ich meine Schwester, »und schnuckelig ist sie schon gar nicht.« Ich saß auf dem Bettrand und zog mir die Strümpfe über.

»Aha«, rief Maria triumphierend, »du gibst es zu, es stimmt also ...

Sag mal, hast du eigentlich nie bemerkt, daß die Frauke Reiber die Augen nach dir verdreht? Du bist ja immer wieder mal auf dem Sportplatz mit ihr zusammen. Wie kann man da einer anderen zulächeln?«

»Die Frauke?« fragte ich verwundert.

»Du lieber Gott«, rief Maria, »bist du denn blind? Nach der lecken sich deine Freunde alle Finger. Aber sie sieht nur dich. Die würde zu dir passen ... Nein, Peter, was bist du doch ein beknackter Klotz!« rief sie und trat zur Seite, um Katalin ins Zimmer zu lassen, die mir die Schuhe nicht nur geholt, sondern auch noch geputzt hatte, »die Frauke Reiber ist die fescheste von allen, das weiß jeder in der Stadt, die ist wie eine blonde Königin aus dem ›Nibelungenlied‹ ... Meinst du nicht, daß du mir deine unvergleichliche Franziskanerin vorstellen solltest? Ich höre immer nur von ihr, aber du versteckst sie. Bring sie mal mit ... Nanu!« unterbrach sie sich und starrte Katalin an, die festtäglich herausgeputzt zwischen uns stand, »was hast du denn vor? Was ist überhaupt los mit euch beiden?«

Katalins Wangen waren gerötet. Sie sah mich, dann Maria an und sagte laut: »Ich fahre mit Peter zum Ball.«

»Nein«, schrie Maria, »noch eine Verrückte!«

Sie wandte den Kopf halb nach hinten und rief: »Holger, komm schnell und sieh dir die beiden an. Die gehen tanzen! Wie schade, daß Mutter und Vater nicht da sind, um euch zu bewundern.« Doch Holger ließ sich im Klavierspiel nicht unterbrechen, vermutlich hatte er Maria gar nicht gehört.

Von Katalins Mitteilung überrascht, hatte ich vergessen, die Schuhe anzuziehen.

Katalin sagte ruhig: »Ich werde heute nicht mit Peter tanzen. Der kann das gar nicht. Ich werde heute abend nur mit Willi tanzen. Er hat mich eingeladen. Zum letzten Tanz. Übermorgen fährt er fort. In den Krieg ... Mach schon, Peter, komm.«

Maria war sprachlos, ein Zustand, in den sie selten verfiel, der auch niemals lange anhielt. Sie war sogar außerstande, uns einen Gruß nachzurufen, als wir das Haus verließen. Bis zur Gartenpforte hinunter hörten wir Holgers Klavierspiel. »Das ist der letzte Satz des Italienischen Konzerts von Bach«, sagte Katalin, »ich habe neben Holger gestanden, als er zu spielen anfing.«

Als wir den großen und hohen Rosenauer Gemeindesaal betraten, hatte es zu dunkeln begonnen. Schon im Hof waren wir von den Klängen der Tanzmusik, von Lachen, Rufen und Liedern empfangen worden. Nicht allein Jugendliche aus dem ganzen Landkreis hatten sich versammelt. Auch Soldaten, Unteroffiziere und Offiziere eines seit fünf Tagen in Rosenau zwischenstationierten deutschen Panzergrenadier-Bataillons waren gekommen, das übermorgen schon wieder an die Front im Abschnitt der Heeresgruppe Süd Ukraine weiterziehen sollte. Zigarettenrauch, Bier- und Weindunst füllten trotz der geöffneten Fenster die Luft. In diesem Saal hatten in Friedenszeiten die großartigen Bauernfeste stattgefunden, die mit bis zu fünfhundert Gästen drei Tage lang gefeierten Hochzeiten, die Bälle der Feuerwehr, der Straßennachbarschaften, des Gewerbe-, Frauen-, Turn- und Gesangsvereins, das Reformations- und Erntedankfest – vor Lebensfreude überbordende Volksvergnügungen, die sich die Menschen im Herbst nach der kräftezehrenden Sommerarbeit auf den Feldern und Äckern gönnten. Diesmal ging es um etwas anderes.

An den rings um die überfüllte Tanzfläche aufgestellten Tischen saßen ältere Frauen und Männer, übers Parkett drängten und drehten sich schwitzende Paare. Auf der Bühne spielte eine Zehn-Mann-Kapelle, Geiger, Holz- und Blechbläser, ein Kontrabassist, ein Schlagwerker. Vor ihnen an der Bühnenrampe, baumlang, die feuerroten Haare in der Stirn, die Violine hoch erhoben, stand Willi Kurzell.

Der für die Aufführung des Brahms-Violinkonzerts mit den Wiener Philharmonikern nach Salzburg eingeladene Solist spielte Walzer, Cancan, Foxtrott, Tango, die Polka »Das macht die Berliner Luft, Luft, Luft so mit ihrem holden Duft, Duft, Duft« und den Englishwaltz »Ich tanze mit dir in den Himmel hinein, in den siebenten Himmel der Liebe ...«

Er spielte bis zum Morgengrauen. Bei meinem Anblick hatte er kurz die Hand mit dem Bogen gehoben und mir gewinkt. Wenn er zu einem Tanz mit Katalin seinen Platz als Primgeiger verließ und einer der beiden anderen Geiger der Kapelle, die er für diesen Anlaß gemeinsam mit Freunden zusammengetrommelt hatte, an seine Stelle trat, war es jedes Mal, als sei nicht nur den Musikern auf der Bühne, sondern dem ganzen Saal mit den nach sechs-, siebenhundert zählenden Ballgästen das Glanzlicht genommen. Denn der schon durch seine Körperlänge und die feuerroten Haare auffallende Willi spielte mit einer Hingabe, wie ich es niemals an ihm gesehen hatte, und tanzte mit einer Selbstvergessenheit, die mich in Staunen versetzte. Katalin hing dem langen Menschen mit nach oben gestreckten Armen und tränenbedeckten Wangen am Hals. Willi war von einer Ausgelassenheit, die ich ihm nicht zugetraut hatte. Einmal tanzte er mit Katalin nahe an mich heran, packte mich am Arm, und wir drehten uns zu dritt durch den Saal, lachten und sangen die Melodien mit. Wenn er dann wieder mit der Geige vor der Kapelle auf der Bühne stand und virtuose Kadenzen in die Johann-Strauß-, Nico-Dostal- oder Peter-Kreuder-Melodien und -Rhythmen einflocht, so daß alle zu ihm hinblickten, saß Katalin mit glühendem Gesicht in der Ecke hinten im Saal, verschlang ihn mit den Augen und wies jeden ab, der sie zum Tanz aufforderte.

Auch den jungen deutschen Leutnant mit dem eigenartig abwesenden Blick, der plötzlich den Saal betrat, sich kurz umschaute und wie ein Geist geradewegs auf sie zuging. Nicht nur mir, allen war das Schlafwandlerische seiner Bewegungen aufgefallen. Die Soldaten und Unteroffiziere, die soeben noch »Vor der Kaserne, vor dem großen Tor, stand eine Laterne und steht sie noch davor«, gesungen hatten, verstummten. Ihr Leutnant, der auf dem rechten Ärmel der Uniformbluse das Panzervernichtungsabzeichen für Einzelkämpfer und auf der Brust das Eiserne Kreuz Erster Klasse trug, schien von seiner Umgebung nichts zu bemerken. Paul, den ich erst nach einigem Suchen in der Nähe der Bühne im Gespräch mit Freunden gefunden hatte, sagte mir, der Leutnant wohne bei ihnen auf dem Eisendenkhof. »Hast du die Zahl ›Hundert‹ am unteren Rand seines Abzeichens gesehen?« fragte er, »hej, der hat hundert Kommunistenpanzer im Alleingang erledigt. Der Bataillonschef hat ihm gestern dafür das Abzeichen verliehen. Meine Schwester Martha hat's ihm auf den Ärmel genäht.« Ich sah den Leutnant nach Katalins abweisender Handbewegung den Saal sofort wieder verlassen. Auch diesmal erweckte es den Anschein, als nähme er seine Umgebung nicht wahr. »… Bei der Laterne woll'n wir stehn, wie einst Lili Marleen, wie einst Lili Marleen«, sangen die Panzergrenadiere im Chor mit den Burschen und Mädchen.

Und der Geiger auf der Bühne mit dem feuerroten Haar spielte und spielte. Ich streifte durch den Saal und traf ehemalige Schulfreunde. Alle würden sich in den nächsten Tagen bei der »Prinz Eugen« melden. Alle. Die Langen und die Kurzen, die Sommersprossigen und die Braunhäutigen, die Schwarz- und Blondhaarigen, die Leisen und die

Lauten, die Fröhlichen und die Nachdenklichen, die Klugen und die Dummen, die Mutigen und die Ängstlichen, die von den reichen und die von den armen Höfen. Ich sah Paul mit der lächelnden Elsi tanzen, die sich bemühte, meinen Freund im Takt zu drehen und zu bewegen. Sie war eine Brünette mit aufgewecktem, schnellem Blick, schmalem Gesicht und selbstbewußten, sicheren Bewegungen. Und alle ließen sich vom Schwung der deutschen Feldgrauen beim Trinken, Tanzen und Singen mitreißen. Und was für einen Schwung die hatten!

Denn für Zurückhaltung gab's nicht den geringsten Anlaß. In wenigen Tagen würden sie wieder irgendwo im Osten gegen die Armeen der Sowjets anrennen, so wie sie es bisher bei Minsk, Smolensk, Kiew, Wjasma oder Bryansk in Schlachten getan hatten, an denen gemessen Hannibals Canae eine Bagatelle gewesen war, sie würden sich von den feindlichen Geschossen niederstrecken, den Kopf oder die Beine abreißen lassen und im Feuer ihrer Geschütze die Männer auf der anderen Seite zerfetzen, wegfegen oder halbieren. Was gab es da bei der kurzen Zeitspanne, die ihnen gegeben war, Besseres zu tun als zu feiern? Sieben lächerliche Tage überlebte im Durchschnitt einer der Kämpfer sein Frontdasein. Warum sollte da das blutjunge Gewächs die Gnadenfrist nicht bis zur Neige auskosten? Erst recht, wenn es wie diese Panzergrenadiere für kurze Erholungszeit in eine der reichen deutschen siebenbürgischen Gemeinden fernab der Kriegsschauplätze verlegt war – zu Menschen, die, zwar seit langem weit weg von der Heimat am Rhein oder an der Waterkant, in der Rhön oder den Alpen, wohl mit schwerer Zunge, aber treu und unverfälscht immer noch in ihrer Muttersprache redeten und sie mit gemütvoller Gastfreundlichkeit als Brüder aufnahmen? Nein, hier gab es auch keinen Bombenkrieg. Hier fielen nicht wie auf Hamburg, Köln, Düsseldorf, Berlin, München, Kiel, Lübeck oder Wuppertal Spreng-, Brand- und Flammstrahlbomben, wurden keine Menschen als Fackeln von den Feuerorkanen flammender Häuserreihen in den Asphalt der Gehsteige eingeschmolzen, im Glutbad der Brunst zu Puppengröße zusammengeschrumpft, als brennende Skelette über einstürzende Dächer geschleudert, zu Tausenden vom Sog in Flammenröhren verwandelter Straßen verschlungen. O nein, hier in dieser einst von den Römern Dacia felix, glückliches Dazien, genannten südöstlichen Provinz herrschte die beschauliche und weise Ruhe langatmiger Zeitrhythmen. Im Wind der Nächte atmeten die

Menschen in den Städten, Marktgemeinden und Dörfern wie eh und je ungestört den Duft der Wälder und der Erde ein und nicht den Giftgestank tödlichen Phosphors. An den Abenden sangen hier immer noch die Grillen über dem Land, und kein Sirenengeheul gellte wie des Teufels Zähnegefletsche Kindern, Frauen und Alten durch Hirn und Sinne. Hier flossen trotz Kriegs und unvorstellbaren Jammers in der Welt ringsum Milch und Honig, wurden auch im dritten Kriegsjahr dampfende Weißbrote, groß wie Wagenräder, und handbreitdicke geräucherte Speckseiten über die Bauernhöfe getragen, jeder konnte sich damit den Wanst vollschlagen, Gastgeber und Gast, keiner mußte hier wie im »großen deutschen Mutterland« unter dem Diktat der Ration bei kärglicher Mahlzeit den Hosenriemen eng schnallen. Und erst recht mußte hier keiner wie die jungen, nur flüchtig im Quartier liegenden Panzergrenadiere aus Nord- und Süd-, West- und Ostdeutschland in jeder Sekunde mit der Frage leben, ob Eltern, Geschwister, Braut, Frau oder Kind in diesem Augenblick daheim noch atmeten. Oder vielleicht schon für immer unter den alles verzehrenden Feuerteppichen verschwunden waren ...

Und der Geiger oben auf der Bühne spielte, spielte und tanzte, die lautlos weinende Katalin in den Armen. Jedes Mal, bevor er wieder auf die Bühne stieg, ging er zu einem der Tische. Keiner der Männer, der gezaudert hätte, ihm das Glas mit »Kokeltaler Mädchentraube« zu füllen. Er leerte es mit einem Lachen und griff noch leidenschaftlicher als vorher zur Geige. Was gilt jetzt noch das Leben? Was zählen die letzten Tage? Jede Stunde ist die letzte. Ist geschenkt. Tanz in den Tod mit mir, ahnungsvolle schöne Nachtigall aus den Ostkarpaten. Morgen gehe ich fort und gehöre nur noch ihm, dem Sensenmann, den wir Ewigkeit nennen. So wie dein Vater fortging und es ihm an der norditalienischen Piave den Leib zerriß, dessen Rest der achtzehnjährige Rick Hennerth, der Vater meines Freundes Peter Hennerth, im Feuer der feindlichen Haubitzen in die eigenen Gräben zurückschleppte. In einer der schwarzen Schluchten Montenegros, auf einer Höhe des kroatischen Karsts erwartet er im Feuer der Partisanen auch mich, ich fühle es mit allen Sinnen ... Laßt mich von eurem schweren Wein trinken, Leute – mich, der ich bis gestern nichts anderes kannte als den asketisch unbeugsamen Willen, meinen Fingern, meinem Geist, meinem Instrument Stunde für Stunde die Meisterschaft abzuringen, die ich träumte.

Deine Tränen machen dich noch schöner und begehrenswerter, als du ohnehin bist, Liebste, weil sie allein mir gelten. Ach, ruf den jungen Leutnant mit den erloschenen Augen, der den Saal fluchtartig verließ, zurück! Leg deine weichen Arme um ihn, laß ihn deinen süßen Atem spüren und tanze mit ihm – dem Adligen aus Westfalen, der gestern, nur eine halbe Stunde, nachdem sie ihn vor angetretenem Bataillon und einer Menge von Gaffern für die verwegenen Alleingänge in die feindlichen Panzerhaufen hinein dekoriert hatten, die Nachricht vom Tod seiner Familie in den Händen hielt – der Bombenregen der Royal Air Force auf die Vaterstadt am Rhein hat Großeltern, Eltern und Geschwister ausgetilgt ... Ruf ihn zurück! Ich spiele euch zum Tanz auf in dieser Welt des Irrsinns, der Völkerselbstmorde, der viehischen Monster, deren Befehlen wir alle, alle in hirnlosem Gehorsam folgen ...

Sie nannten meinen Freund Willi Kurzell später in Erinnerung an diese Minuten den »Todesgeiger«. Keiner wußte, wann es dazu gekommen war. Doch fast gleichzeitig hatten alle im Saal aufgehört zu tanzen, zu trinken, zu singen, die Tänzer wischten sich den Schweiß aus den Gesichtern, die Musiker ließen die Instrumente sinken. Willi stand vorn an der Rampe und spielte als einziger, die langen Feuerhaare im nassen Gesicht. Es sah aus, als habe er alles ringsum vergessen und den Kopf lauschend an den Leib der Geige gepreßt, um zu hören, was sie ihn zu spielen anwies. Die Töne des einsamen Instruments füllten den Saal eindringlicher, als es der Lärm vorher getan hatte. Ich saß neben Katalin am anderen Ende des Saals; Katalin erhob sich, ich tat es ihr nach. Einmal stiegen Klangfontänen in atemberaubender Steile empor wie Passagen aus Bachs Chaconne, dann hämmerten die Finger ohne Übergang mit einer Geschwindigkeit übers Griffbrett, wie Tartini sie in der Teufelstriller-Sonate und Sarasate in den Aragonesischen Tänzen für die wenigen begnadeten Geiger schrieben, die es in einer Generation gibt. Mitten in den akrobatischen Spiccati, die Willi mit halb nach hinten, halb zur Seite geneigtem Oberkörper in einer schwerelosen Leichtigkeit spielte, als zauberte er Funkengestöber aus seinen Fingern, brach er plötzlich ab, beugte sich vor und ließ die Geige kaum noch hörbar auf der dunklen G-Seite die Klage einer uralten rumänischen Diona* weinen, der alle im Saal mit geweiteten Augen lauschten,

---

*Schwermütige, klagende rumänische Volksweise

auch wenn sie solche Musik noch nie gehört hatten. Dann wechselte er in der Totenstille mit einem Glissando in eine jener schwerblütigen ungarischen Volksweisen, deren jenseitige Abgründigkeit ebenso erschauern macht, weil die Herkunft auch ihres Schmerzes aus den tiefsten Schichten unserer Gefühle rätselhaft bleibt.

Katalin stand mit nassem Gesicht neben mir, griff nach meiner Hand und drückte sie. Der letzte Ton, leiser als ein Hauch, war kaum noch zu hören. Willi ließ die Geige sinken, er richtete sich in der Stille langsam auf und blickte sich um. Niemand regte sich. Und diese paar Sekunden lang war es, als sei der Flügelschlag des Todesengels über unseren Köpfen zu hören.

»He!« schrie Willi, »was soll das?«, er reckte die Arme mit Geige und Bogen in die Höhe, »tanzt, Freunde, tanzt, solange uns die Zeit noch läßt!« Er riß die Musiker hinter sich und die Menschen im Saal mit einem Galopp aus der Starre. Er blickte von der Bühne auf die hüpfenden, singenden, trinkenden »Prinz-Eugen«-Burschen unter sich, die noch nicht wußten, was Krieg ist, und auf die Panzergrenadiere aus Hessen, Thüringen, Friesland, Kärnten, Bayern und Ostpreußen, die ihn hundertfach erfahren hatten. Ihre Leiber dampften wie die Brüste und Schenkel der Mädchen und jungen Frauen, die sie im Tanz mit der Gier Verdurstender an sich preßten. Einige der Tänzer waren halb-, andere schon volltrunken, die wenigsten nüchtern geblieben.

Ich streifte zwischen den Tanzenden, den Herumstehenden und Sitzenden durch den Saal, grüßte nach links und rechts, wechselte ein paar Worte mit zwei, drei der ehemaligen Klassenkameraden und erblickte den »Panduren-Martz« Martin Strehling, den Mann mit den Fäusten aus Stein, und seine apfelgesichtige Frau Rosinchen.

Sie saßen mit drei Soldaten und zwei Unteroffizieren am Tisch und winkten mir gleichzeitig zu. »Auf ein Glas Wein, Peter«, rief Martin durch den Lärm. Ich setzte mich kurz zu ihnen, hörte, daß der Unteroffizier rechts von mir aus einem Dorf an der Mosel herkam, er war ein fröhlicher Kerl, er roch nach gepflegtem Leder und Seife. Er stieß mit mir an, sagte, daß auch er Peter heiße, und schlug mir auf die Schulter. Das Glas in der Hand, rief mir Martin ins Ohr: »Jetzt gehe auch ich.« Ich sah ihn überrascht an. In seinen Augen war nicht zu lesen, ob es ihn freute oder ob er's verfluchte, sein Blick war hart, wie immer. »Übers Jahr bist auch du dran«, sagte er, »da ist dein Jahrgang fällig. Sie holen uns alle.« Wir stießen an. Wieder neigte er sich zu mir, während sich Rosinchen mit den beiden Soldaten unterhielt und lachte. Er rief mir ins Ohr: »Ich muß gehen, sonst schreiben sie mir wie dem Walter Porr ›Drückeberger‹ aufs Hoftor und machen mich in der Gemeinde unmöglich … Peter, kümmere dich in den Sommerferien ab und zu um Rosinchen. Für sie wird das mit dem kleinen Matthias alles ein bißchen viel.« Da wußte ich, daß er zähneknirschend ging. Ich hatte schon vorher an den Tischen das Murren einiger älterer Bauern mitbekommen. Die Frühjahrs- und Sommerarbeiten standen vor der Tür, und die Söhne zogen an die Front. Die Grauhaarigen schüttelten zornig den Kopf, auch wenn sie sagten: »Es muß ja sein.« Ich versprach es Martin und ging weiter. Am Honoratiorentisch in einer Ecke saß der Pfarrer Mager, den meine Schwester »Magier« getauft hatte, neben dem Bataillonskommandeur, einem Major, ein dunkelhaariger, untersetzter Mann mit straffem und undurchsichtigem Gesicht. Der Pfarrer mit der Warze auf der Nase redete auf den Offizier ein, der zweimal nickte, und hob das Glas. Ich ging weiter – und stand mit einem Mal vor Blessi.

Ich hatte im letzten Augenblick gesehen, daß er mich beobachtete, mir jetzt aber mit einer schnellen Drehung den Rücken zukehrte, um mir auszuweichen. Wären mir der spähende Blick und der Versuch, sich unsichtbar zu machen, entgangen, hätte ich mir nichts weiter gedacht; es befanden sich auch andere Kronstädter im Saal, ja, vor der Tür drängelte sich eine Schar rumänischer Burschen, angelockt vom Treiben der Deutschen. Aber ich begriff sofort, was Blessi hier suchte. Ich verstellte ihm den Weg. Er grüßte verlegen, fand jedoch schnell zu seinem frechen Ton. »So allein, Hennerth?« sagte er, »wo hast du deine Geheimnisvolle mit dem Lockenkopf gelassen? Kann sie nicht tanzen?« Es lag mir auf der Zunge, ihm zu sagen: »Du hast zwar die Fresse eines Schweins, aber du bist die alte miese Laus«, doch ich schwieg. Ich ließ ihn stehen und wußte jetzt, daß er im Auftrag des »Nibelungenfingers« gekommen war. Er hat Rebekka hier vermutet, dachte ich, will er herauskriegen, wer sie ist? Der »Nibelungenfinger« hat also nicht aufgegeben. Bennos Äußerung fiel mir ein: »Der kann nicht aufgeben, will er seine Position in der NS-Führerhorde behalten …« Versucht er, über Rebekka an Benno und mich oder über uns zwei an den »dubiosen Fetzenhändler Hermes« samt Tochter und an den »Erzreaktionär Martens« heranzukommen? Hatten sich Vater und Tochter Hermes etwa durch eine Unvorsichtigkeit verdächtig gemacht?

Vom Gefühl getrieben, ich dürfe sie heute nacht nicht allein lassen, war ich im Begriff, zu Katalin zu gehen, die sich am anderen Saalende wieder auf ihren Stuhl gesetzt hatte und alle Tänzer fortschickte, die vor sie traten, als mir jemand von hinten die Hände über die Augen legte. Es war eine Mädchen- oder Frauenhand. Ich spürte es nicht nur an der weichen Haut der Handfläche. Auch der Duft, den die schlanken und kühlen Finger ausströmten, ließ mich darauf schließen. Nein, Rosinchens zerarbeitete Hände waren es nicht, und Katalin hatte ich soeben noch drüben gesehen. Vielleicht eine ehemalige Klassenfreundin? Ich war stehengeblieben, schüttelte den Kopf und sagte: »Ich weiß nicht, wer du bist.« Einen Augenblick durchfuhr es mich heiß: Sollte sich Rebekka hierher gewagt haben? Hatte sich ihr Körper nicht an mich geschmiegt wie soeben dieser? Da lösten sich die Hände. Ich drehte mich um blickte in ein Paar Dunkelblauaugen. Vor mir stand Frauke Reiber.

»He«, sagte ich und lachte sie an, »bist du schon lange hier?«

»Nein«, sie schüttelte den Kopf, »ich bin eben erst gekommen. Tanzen wir?«

»Ich kann nicht tanzen«, sagte ich und fühlte gleichzeitig, daß sie meine Hand ergriff.

»Mit mir kannst du es«, sagte sie.

Wir tanzten. Jeder Zoll ihres Körpers war bestimmender Wille. Mir blieb nichts anderes zu tun, als nach wenigen Schritten und Wechselschritten mich so zu bewegen, daß sie sagte: »Du tanzt gut.«

»Nicht ich tanze«, sagte ich, »du tanzt.«

Maria hatte recht: Frauke war die auffallendste unter ihren Altersgenossinnen. Ihre Hand, die auf meiner Schulter lag, ihre festen, elastischen Schenkel, der leichte Druck ihrer Brust – mit allem, was sie hatte, schrieb sie mir auf eine kaum merkliche Art die Richtung vor, die sie anstrebte. Wenn wir uns drehten, streiften ihre seidigglatten hellen Haare mein Gesicht, ihre Stirn berührte flüchtig meine Wange. Ihr Körper fühlte sich wie eine vollkommene Bündelung aus geschmeidigen und schlanken Sehnen und Muskeln an. Ihre Bewegungen waren genau und ohne Zaudern, jeder Schritt gab mir zu verstehen, daß ich einen Menschen im Arm hielt, der keine Halbheiten kannte. Manchmal bog sie den Kopf zurück und blickte mich mit diesem Dunkelblau an, das ihr wie körperlose Fontänen aus den Augen sprühte.

»Toll«, sagte sie lachend, »wo hast du tanzen gelernt?«

»Ich habe es nicht gelernt. Oder gerade erst. Hier. Jetzt. Von dir.«

»Du tanzt so, wie du läufst«, sagte sie, »ich beobachte dich jedesmal auf dem Sportplatz und bei den Wettkämpfen.«

Ich lachte und fragte: »Wie laufe ich?«

»Leicht und stark wie ein Rassetier ... Ich kann es jedesmal kaum erwarten, dich zum Endspurt ansetzen zu sehen. Ich erkenne es schon vorher. Du biegst dich dann leicht vorwärts. Als hättest du etwas losgekoppelt in dir, bist du mit fünf, sechs Schritten an allen vorbei. Ich glaube, jeder wird schwach, wenn er dich neben sich auftauchen sieht. Könnte ich das auch!«

»Das kannst du«, sagte ich, »ich sehe doch, wie du die anderen hinter dir läßt.«

»Ist dir der Sport das Wichtigste im Leben?«

»Nein.«

»Aber mir«, sagte sie, »du – du hast eine Freundin?«

Ich sagte: »Ich weiß nicht, ob sie sich für meine Freundin hält.«

»Ist sie heute hier?«

»Nein.«

»Aber ich bin hier«, sagte sie, »wäre sie deine Freundin, dann wäre sie jetzt hier.«

»Wer weiß.«

»Alle reden von ihr«, sagte sie und sah mir gerade in die Augen, »sie soll ungewöhnlich sein.«

»Das bist auch du«, sagte ich.

»Gefalle ich dir?« fragte sie und schob mich mit einem leichten, keinen Widerstand duldenden Druck in eine Linksdrehung hinein.

»Ja.«

»Kannst du reiten?« wollte sie wissen.

»Ja.«

»Ich lade dich auf das Gestüt meines Vaters bei Covasna unter den Vrancea-Bergen ein ... Wäre ich deine Freundin«, sagte sie und warf den Kopf lachend in den Nacken, »ich wäre überall mit dir dabei.«

Frauke ist ein offenes Tor, dachte ich, durch das ich nur hineingehen muß. Sie ist die verwöhnte Tochter steinreicher Eltern, sie ist es gewohnt, zu kriegen, was immer sie will. O ja, dachte ich, sie gefällt mir. Wie anders ist der Tanz mit ihr als jener Tanz mit Rebekka beim Schein der Kerze …

Der Tanz war zu Ende, ohne daß ich wußte, daß es ein Englishwaltz gewesen war. Ehe ich mich verabschieden konnte, trat sie mit einem Schritt dicht an mich heran und sagte:»Wenn du willst, nehme ich dich mit nach Kronstadt. Der Fahrer wartet mit dem Wagen im Hof.«

»Ich bleibe bei den Großeltern, ich versprach's«, sagte ich,»danke.« Im selben Augenblick machte sie eine kurze, schnelle Bewegung aus den Schultern und gab mir einen Kuß auf den Mund. Ihre Lippen waren wie ihr Körper weich und zugleich gespannt. O ja, sie gefiel mir. Als ich zu Katalin ging, dachte ich: Sie ist zu allem anderen auch noch hartnäckig. Was weiß sie über Rebekka? Ich hatte auf einmal das Gefühl, Rebekka unendlich weit entrückt zu sein.

Ich schob mich zwischen den Tanzenden zu Katalin durch und setzte mich neben sie, die mich nicht zu sehen schien, die stumm weinend nach meiner Hand griff, durch die Tränen hindurch zu Willi hinblickte und sich, sobald er die Geige auf den Stuhl legte und von der Bühne herabstieg, vom Stuhl erhob, noch ehe er bei ihr war. Ich sah Frauke mit einem jungen Oberleutnant tanzen, der ebenso blond war wie sie, sie winkte kurz. Hinter mir, im Dunkel der Kleiderablage, hörte ich ein Kichern und Schnaufen. Ich wendete mich um und sah, wie sich ein Obergefreiter mit durchgeschwitzter Uniformbluse an einer sperrigen Ballschönheit zu schaffen machte. Er versuchte vergebens, ihr mit dem Knie die Schenkel auseinanderzudrücken. Nein, den Leutnant mit dem erloschenen Blick hatte Katalin nicht zurückgeholt. Sie hatte genug mit sich selber zu tun in dieser Nacht des kurzen Glücks mit Willi. Des Abschieds und der Ahnungen.

Als wir gegen Morgen, nachdem die Musiker zum Kehraus »Muß i denn, muß i denn zum Städtele hinaus« aufgespielt und alle mitgesungen hatten, gemeinsam den Saal verließen, ging Katalin mit Willi zu dessen Eltern. Sie würde in diesen letzten drei Tagen, in denen sich die beiden verlobten, nicht mehr von ihm zu trennen sein – bis in die letzte Sekunde. Als wir auf dem großen Marktplatz stehenblieben, um uns voneinander zu verabschieden, hörten wir am anderen Ende des Platzes eine heisere Tenorstimme den fast täglich von einem der »Reichssender« ausgestrahlten Zarah-Leander-Schlager singen:»Ich weiß, es wird einmal ein Wunder geschehn, und dann werden tausend Märchen wahr. Ich weiß, so schnell kann keine Liebe vergehn, die so groß ist und so wunderbar ...« Der Gesang entfernte sich im Dunkel, eine Trompete hatte sich ihm zugesellt, ich verstand noch die Worte: »Wir haben beide denselben Stern, und dein Schicksal ist auch meins ...« Vom nahen Kirchturm schlug es in dem nach allen Seiten auseinanderfallenden Stimmengewirr der Heimgänger vier Uhr. Ich sah die weiße Mercedes-Limousine, mit der Frauke zum Ball gebracht worden war, an der Kirche vorbei stadtwärts fahren.

Willi umarmte mich mit einer jähen Bewegung. Ich staunte über die Kraft seiner Arme. Er sagte kein Wort, wandte mir den Rücken zu und ging. Der Geigenkasten hing ihm am Tragriemen von der Schulter. Katalin küßte mich. Ich fühlte das Naß ihrer Wangen und Lippen. Sie streichelte mich aufschluchzend mit beiden Händen und sagte: »Ich werde nicht mehr bei euch wohnen. Ich werde zu Willis Eltern ziehen ... Mit deinen Eltern habe ich alles besprochen.« Sie lehnte ihre Stirn an meine und flüsterte: »Es war immer so gut bei euch, Peter, so gut. Und heute nacht warst du der treueste Freund. Ich danke dir.« Sie lief Willi hinterher.

Den steil über mir aufragenden Burgberg nahm ich als eine ungewisse dunkle Masse wahr, während ich im kühlen morgendlichen Luftstreichen neben Paul in die Brückengasse einbog, um ins Hennerthhaus zu gehen. »Auf Wiedersehen, Peter«, sagte Paul, als wir stehengeblieben waren, und streckte mir die Hand entgegen, »wie heißt die Schrift auf dem gottverdammten Sarazenendolch?«

Während wir unsere Hände hielten, sagte ich: »Der Tod, den du fliehst, wird dich erreichen.«

»Ich fliehe den Tod nicht«, sagte Paul unbewegt, ließ meine Hand los und ging auf sein Vaterhaus zu.

O ja, in der vernunftlosen Aufgewühltheit jener Tage war von den sonderbarsten und widersprüchlichsten Vorkommnissen zu hören. So hieß es, daß von den wehrfähigen Burschen eines Vierhundertseelendorfs, die sich freiwillig zu einer Waffen-SS-Annahmestelle in Wien aufgemacht hatten, in überschäumender Kriegsbegeisterung auf ihren Waggon des Orientexpress-Zuges weithin lesbar die Reime geschrieben worden waren:

Stalin, hast du schon vernommen,
daß die Siebenbürger kommen?
Halte dich am Schnauzbart fest,
denn die geben dir den Rest.

Nein, an welterschütterndem Selbstbewußtsein hatte es denen nicht gefehlt …

Aber auch dies erzählten sich die Leute: Die ebenfalls geschlossen nach Wien aufgebrochenen halbflüggen Burschen eines anderen Dorfs seien in Budapest von einer Gesandtschaft der Dorfältesten eingeholt und mit harter Ermahnung zur Umkehr veranlaßt worden. In den vielen Jahrhunderten der Geschichte – habe der Anführer der Gesandtschaft, ein siebenundachtzigjähriger Bauer, den Jungen ins Gewissen geredet – sei niemals ein Siebenbürger Sachse über einen anderen Menschen kriegerisch hergefallen, allein zur Verteidigung sei der Griff zur Waffe statthaft gewesen. Wollten ausgerechnet sie nun die ersten sein, die mit der Würde des ungeschriebenen Gesetzes Spott trieben? »Sollen sich doch die streitsüchtigen und ungeduldigen Deutschen mit ihrem Schandkrieg über die halbe Welt ausbreiten. Aber ohne uns. Die treiben uns nur ins Verderben hinein.« Die einsichtigen Burschen seien zur Arbeit auf die Höfe zurückgekehrt, und kein noch so rasch in Begleitung des »Hauptbannführers Nibelungenfinger« herbeigeeilter tobender und bettelnder »Volksgruppenführer« habe sie dorther wieder fortbringen können.

Freilich ging auch die folgende Geschichte durch die Dörfer und Städte, in denen Deutsche lebten: Der Stellvertreter des Sachsenbischofs Dr. Wiegand Schädel, ein Geistlicher mit Namen Mahler-Kurzberg, Historiker und Theologe, habe seine Predigt am zwölften Sonntag nach Trinitatis in der großen Hermannstädter Bischofskirche mit dem Satz beendet: »Das ›Heil Hitler‹ wurde in unseren Tagen zum Gebet. Der Führer handelt gewiß als Werkzeug Gottes …« Vom stummen Kopfschütteln bis zur begeisterten Zustimmung, von zähneknirschender Wut bis zur verächtlichen Anmerkung über das, was sich »Kirche« nennt, reichten die Reaktionen der Hermannstädter.

Und es war für die gelegentlich verkehrte Welt dieser Siebenbürger bezeichnend, daß sich bei ihnen ebenso auch diese Münchhauseniade ereignete: Dem für seine philosophische Bildung weithin angesehenen,

506

für seinen nationalsozialistischen Eifer bekannten NS-Chef des mittel-
siebenbürgischen Städtchens Schäßburg, Doktor Fritz Maporius, sei
auf dem Amtsweg die für die bevorstehende Nacht geplante Verhaftung
der Juden Schäßburgs als Geheimsache mitgeteilt und er zur Unterstützung der Polizeiaktion angewiesen worden. Für seine Tatkraft oft gerühmt, habe Maporius denn auch nicht gezaudert, zu handeln. Noch
ehe die Nacht hereinbrach, hatte er mit Hilfe einiger Freunde die
Juden Schäßburgs vom bevorstehenden Ereignis unterrichtet, in seinem Haus sechzehn von ihnen versteckt und dafür gesorgt, daß die übrigen bei zuverlässigen Freunden und Bekannten untergebracht wurden. Schäßburgs Polizeikommandant konnte am nächsten Morgen seinem Präfekten stolz melden, die Stadt sei »epurat de evrei«, »von Juden
gesäubert«.

So verwirrt zeigten sich die Köpfe damals. Nicht nur, daß die einen
aus dem guten Geist ihrer Geschichte heraus handelten, die anderen
sich von ihm losgesagt hatten, in ein und demselben Menschen stritten
wie bei Fritz Moparius die widersprüchlichen Kräfte gegeneinander …

Seit jenem Morgen nach der Ballnacht, als der schwere Schlag der
Turmuhr über uns erklungen war, sah ich meinen Freund Willi Kurzell
niemals wieder. Seine Mutter, eine stille, aber starke Frau, die den Soldatentod des einzigen Sohnes, das unbegreifliche Verschwinden Katalins und den Tod des bald danach vor Kummer verstorbenen Eheman-
nes lange überlebte, schenkte mir Jahre später das Instrument, auf dem
der »Todesgeiger« zum »letzten Tanz« aufgespielt hatte – über den Tanzenden emporgereckt gleich einem Zeichen, das ich bis heute nicht vergessen habe.

Als ich den Hof des Hennerthhauses betrat, war es hinter den Fenstern dunkel. Doch als ich die Treppe zur Wohnung der Hennerth-
Großmutter hinaufgehen wollte, sah ich auf der anderen Hofseite in
Großvaters Arbeitszimmer das Licht angehen. Ich wartete eine Minute lang; das Licht wurde nicht gelöscht. Ich überquerte den Hof, sah
durchs Fenster Großvater im Morgenmantel am Schreibtisch sitzen
und sich einen Kaffee eingießen; dann griff er nach der halben Zigarette neben der Silberdose. Ich klopfte leise. Großvater hob den Kopf, erkannte mich und machte mir ein Zeichen, zu ihm zu kommen. Ich spürte keinerlei Müdigkeit und kein Bedürfnis nach Schlaf.

Auf dem Tisch vor Großvater lag die Handschrift. Ich erkannte sie sofort an den verblaßten, verwischten, streckenweise nicht mehr lesbaren Buchstaben. Das obere Blatt ließ nur erahnen, daß es beschrieben war. Daneben schichteten sich die Papiere mit Großvaters senkrechten, klaren Schriftzügen zu einem Stoß. Aha, dachte ich, er hat nur noch zwei, drei Blätter zu entziffern, er nimmt die große Lupe mit dem schwarzen Griff zu Hilfe, die daneben liegt. Ob es der Text ist, dachte ich, der mit dem geheimnisvollen Satz beginnt »*Die Entscheidung fiel auf dem Puerto de Tosas*«? Doch ich hatte mir vorgenommen, nicht danach zu fragen.

»Tja«, sagte Großvater, »die letzten Seiten, an denen ich soeben begann. Sie lösen, wie mir scheint, alle Rätsel ... Ich weiß jetzt sehr viel mehr über dich.« Er lächelte über mein verwundertes Gesicht, fragte, ob ich müde sei, und lächelte erst recht, als ich verneinte. Ich sah ihm an, daß es ihn freute, mich nach der schlaflosen Nacht frisch zu sehen. Ob ich eine Tasse Kaffee mit Milch trinke? Danke, nein, sagte ich.

»Wie geht's in der Schule?«

»Alles in Ordnung.«

»Maria und Holger?«

»Maria«, sagte ich, »wechselt mit Tantchen Petra ihre Briefe auf Französisch und gibt sich immer gescheiter. Na«, fügte ich hinzu, »sie ist es wohl auch, sie ist die Beste in ihrer Schule. Sie steckt die Nase stundenlang mit meinem Freund Benno Martens zusammen, das ist der Klügste meiner Klasse ... Holger arbeitet an einer Komposition, die er ›Apokalypse‹ nennen will.«

»So?« sagte Großvater und sah mich fragend an.

»Er bat mich, aus der ›Offenbarung des Johannes‹ Stellen auszusuchen und sie in eine Abfolge zu ordnen, deren Absicht er mir erklärte. Ich habe ihn nicht gefragt, wie er auf den Bibeltext kam.«

»Und?« fragte Großvater, trank einen Schluck Kaffee und saugte an der Zigarette.

»Ich schlug ihm vor, mit dem Vers zu beginnen: ›Und ich sah in der rechten Hand des, der auf dem Thron saß, ein Buch, beschrieben inwendig und auswendig, versiegelt mit sieben Siegeln.‹«

Großvater blickte mich immer noch fragend an.

Ich sagte: »Eine der anderen Stellen, die ich aussuchte, heißt: ›Und ich sah einen Engel vom Himmel fahren, der hielt den Schlüssel zum Abgrund in der Hand.‹ Daraus will Holger eine vierstimmige Fuge machen.« Ich schwieg und wartete, bis Großvater die Tasse abgesetzt hatte. Dann sagte ich:»Für den Schlußsatz wählte ich den Vers: ›Wenn jemand mit dem Schwert tötet, der muß mit dem Schwert getötet werden.‹ Holger ist mit meinen Vorschlägen einverstanden.« Nach einer Pause fügte ich hinzu:»Ich verstehe da nicht alles … Zum Beispiel die Stelle: ›Und ich sah ein Tier aus dem Meer steigen, das hatte zehn Hörner und sieben Häupter und auf seinen Hörnern zehn Kronen und auf seinen Häuptern lästerliche Namen …‹ Ob da Onkel Sepp Bescheid gewußt hätte?«

Bedächtig schabte Großvater den Zigarettenrest aus dem Mundstück und klopfte dies am Rand des gußeisernen Aschenbechers aus.

Währenddessen fiel mein Blick auf einen hellblauen Briefumschlag nahe am Tischrand. Die Vignette »Air Mail« und die unbekannten Briefmarken erregten meine Aufmerksamkeit. Der Umschlag war geöffnet. Großvater hatte meinen Blick bemerkt.»Der Brief kam aus den Vereinigten Staaten«, sagte er,»vorgestern traf er ein. Trotz Zensur.« Er trank einen Schluck Kaffee, griff nach dem Umschlag und sagte:»Mein Freund Nikos Tersakis schrieb, der Grieche.«

»Du hast mir von ihm erzählt«, sagte ich,»ja, der Mann aus Piräus.«

»Er lebt seit langem in New York«, Großvater nickte,»ich machte dort seinerzeit gute Geschäfte mit ihm. Er hatte immer die besten Verbindungen in der Welt der Wirtschaft, der Politik, des Geldes. Er drängte mich, selber ein ›politician‹ zu werden. Daraus wurde nichts, ich wollte nach Europa zurück … Hier«, sagte er,»lies die Stelle.« Er zog das Papier aus dem Umschlag und zeigte auf einige mit Bleistift unterstrichene Zeilen. Der Brief begann mit der Anrede »Dear Tom«. Ich las die paar Zeilen:

»But also when it became known that the Gestapo chief Reinhard Heydrich's special forces murdered half a million men – children, women, old people – behind the front in Eastern Europe during a single year of the war, the Germans forfeited even more the strong sympathies they enjoyed among most Americans. Although their tremendous military victories were admired, these crimes take away the moral worth. Because the atrocities cast the shadow of a detestable action even onto the most heroic warriors, who were in no way involved. It will be difficult for Historians to establish the difference between those two.«

»Aber auch seit man hier weiß, daß die Spezialtruppen des Gestapo-

509

bosses Reinhard Heydrich während eines einzigen Kriegsjahres in Osteuropa hinter der Front eine halbe Million Menschen umbrachten – Kinder, Frauen, Alte –, büßten die Deutschen die starken Sympathien erst recht ein, die sie bei der Masse der Amerikaner genossen, selbst wenn ihre fulminanten militärischen Siege bewundert werden. Diese verlieren durch die Verbrechen den moralischen Wert. Denn die Untaten werfen auch auf die tapfersten Kämpfer, die damit nichts zu tun haben, den Schatten verabscheuungswürdigen Tuns. Es wird für die Historiker später schwer sein, das eine vom anderen zu trennen.«

Ich las die Stelle dreimal, ehe ich meinte, ihren Inhalt ganz begriffen zu haben. Er machte mich nicht fassungslos, nein, ich konnte mir darunter nichts oder nur ahnungsweise etwas vorstellen. War es den Menschen, von denen jener Nikos Tersakis schrieb, so ergangen wie dem Uniformierten in den Ostkarpaten, den sie zersägt, wie Lutz Klepper, den sie hinterrücks niedergestreckt, oder wie den drei Sechzehnjährigen, die sie am Kandelaber vor der Oper erhängt hatten? ... Großvater trank währenddessen die Kaffeetasse leer. Ein erstes Dämmerlicht begann sich auszubreiten.

»Deine Freunde und die Soldaten, die sich heute nacht verabschiedeten«, sagte Großvater, »leben die im Glauben, für Deutschland zu kämpfen, wenn sie für Hitler in den Krieg ziehen?« Es war so still im Zimmer, daß wir unsere Atemzüge hörten. Großvater zog sich den schwarzrot gestreiften Frotteemantel fester um die Schultern, als fröstele ihn. Er schüttelte den Kopf und murmelte immer noch kopfschüttelnd: »Hat man euch gelehrt, Deutschland mit Hitler gleichzusetzen?« Ich erkannte im Licht des Tischlämpchens den starren Ausdruck seines Gesichts. Er murmelte: »Das Mißverständnis ist nationaler Selbstmord.« Er schwieg, schreckte auf und beantwortete jetzt erst meine Frage: »Die Erklärung? Du fragst nach einer Erklärung der Stelle in der ›Johannes-Offenbarung‹? ... Die Erklärung ist die Lüge. Die braune Lüge. Jene aufgeblasene lügnerische Mißgeburt mit zehn Köpfen und selbstherrlichem Ramsch auf allen Hörnern, die aus der Kloake steigt und mit lästerlichen Parolen um sich wirft ... Und die Lüge, Peter, die Lüge hat es überall dort leicht, wo sie auf Schwarmgeister trifft. Unter den Deutschen gibt es zu viele davon. Das ist ihr Unglück. Sie laufen heute auf der einen, morgen auf der anderen Seite begeistert mit. Sie bedauern das dann später wohl, doch den Schaden, den sie anrichteten, können sie nie wieder gutmachen. Sie sind eine Gefahr für sich selber und für die ganze Welt ... Ich hoffe«, sagte er plötzlich schroff, »mein Enkelsohn hat ein Problem damit.«

»Nicht so, wie du es sagst«, erwiderte ich.

»Ich höre«, sagte Großvater.

»Erst glaubte ich, daß es auch meine Sache ist, was wir in der Jugendorganisation machen. Jetzt glaube ich es nicht mehr.«

»Wie meinst du das?«

»Na ja, zuerst dachte ich, bloß mit den Führerschnurangebern ein Problem zu haben.«

»Sag mir was darüber«, ermunterte mich Großvater.

»Ich habe immer stärker das Gefühl, nicht ganz dazuzugehören. Nicht ganz dazuzupassen. Ich weiß nicht, ob das nur mit den ›Führerschnurbräunlingen‹ zu tun hat, wie Benno sie nennt.«

»Hat es mit deinen Freunden zu tun?«

»Weißt du, es gibt da Benno Martens, Guido Proder, Richard Peutsch, ich meine den Rippes, und andere. Die sind in Ordnung. Aber es gibt ... Ich weiß nicht, woran es liegt«, unterbrach ich mich.

»Hm«, brummte Großvater.

»Es liegt wahrscheinlich an mir«, sagte ich, »und ich fühle mich dabei auch nicht immer wohl in meiner Haut. Ich mag nicht darüber sprechen ... Dies – dies ist mein Problem«, sagte ich abschließend und fügte noch hinzu: »Ich sag's, weil du mich danach fragtest.«

Großvater überlegte lange, ehe er wie zu sich selber sagte: »Ich glaube dich zu verstehen.« Er nickte und sagte: »Dich stört das penetrant Deutsche, das bei ihnen zum Vorschein kam, seit sie die Nazitöne mitheulen ... Glaub mir, Peter, sie waren vorher nicht so, die Reichsdeutschen haben sie verdorben und sich selber entfremdet. Und eines Tages werden dieselben Deutschen sie dafür verdammen, die Söhne der Täter werden selbstgerecht über uns, die Opfer des Hochmuts ihrer Väter, befinden.«

»Ich weiß nicht, was es ist«, antwortete ich, »doch ich werde darüber nachdenken, bis ich es weiß.«

Großvater sah mich mit einem eigenartigen Blick an.

Draußen war es hell geworden. Großvater hatte die kleine Tischlampe ausgeschaltet. Als ich mich jetzt halb umwandte, um einen Blick aus dem Fenster zu werfen, sah ich in der Ecke des Schreibtischs ein gerahmtes Foto stehen, das mir bisher nicht aufgefallen war. Ich erkannte im Dämmerlicht das Bild meines 1915 fünfundzwanzigjährig an der Save in Serbien gefallenen Großonkels Johannes, das seinen Platz in der Sitznische seiner Schwester, der »Spanierin«, hatte. Es dauerte keine Sekunde, und ich befand mich im Zwiegespräch mit dem jungen Mann, der mich, froh darüber, von mir entdeckt worden zu sein, mit dem Ruf zu begrüßen schien: »Willkommen! Endlich nimmst du mich zur Kenntnis.« Am liebsten hätte ich ihn, dem ich immer ähnlicher wurde, wie die Hennerth-Großmutter wehmütig lächelnd festgestellt hatte, gebeten: »Hilf mir aus den Schwierigkeiten, in denen ich mich mit mir selber befinde, ich fühle, daß du es kannst.«

Doch noch ehe ich Großvater fragte, warum er das Foto von der Wand genommen und auf den Schreibtisch vor sich gestellt hatte, sagte er: »Vielleicht erscheint es dir sonderbar, aber seit ich Johannes hier bei mir habe, fällt mir das Entziffern seiner Handschrift leichter ...«

»Wie?« unterbrach ich Großvater überrascht, »seiner Handschrift? Ist das denn eine Niederschrift von Johannes? Von Großmutters Bruder?«

Großvater nickte. »Du wirst sie lesen, wenn die Zeit dafür gekommen ist.«

Ich verstand die Aufforderung, ihn nicht zu bedrängen. »O nein«, sagte ich, »es erscheint mir nicht sonderbar. Auch ich bin im Gespräch mit ihm. Ich meine, immer wenn ich sein Foto ansehe, denke ich das ...«

Großvaters verwunderten Blick sah ich noch vor mir, als ich zur Hennerth-Großmutter »hinüber« ging, wo ich die Frühaufsteherin schon seit einer Weile durch die Fenster ihrer Wohnküche beobachtet hatte.

Als ich eine Stunde später aus dem Tor des Hennerthhauses trat, um zum Bahnhof zu gehen, kündigte das Entflammen des Himmels über dem Burgberg den Sonnenaufgang an. Die Straße war leer; nach dem Ball, der vor zwei Stunden zu Ende gegangen war, schliefen die Menschen ihren Rausch und ihre Müdigkeit aus. Während ich die Hoftür zuzog, hörte ich plötzlich vom nahen Marktplatz her den Gleichschritt einer marschierenden Kolonne. Ich rührte mich nicht von der Stelle. Sekunden danach bog die Spitze des fünfhundert Mann starken Panzergrenadier-Bataillons in die Brückengasse ein. Die Fünferreihen waren wie mit dem Lineal gezogen. Die Männer trugen Gefechtsausrüstung. Rückten sie zu einer Nahkampfübung aus? Die jungen Gesichter zeigten keinerlei Regung. Ich erkannte einige wieder, die ich soeben noch beim Tanzen und Trinken gesehen hatte. Vor ihnen ging der Major, der die Übung befohlen hatte, auf beiden Seiten neben ihm der Leutnant mit dem erloschenen Blick, den Katalin abgewiesen, und der Oberleutnant, der mit Frauke Reiber getanzt hatte. Die fünfhundert Männer sangen:

> *SS marschiert in Feindesland*
> *Und singt ein trutzig Lied.*
> *Ein Schütze steht am Wolgastrand,*
> *und leise summt er mit:*
> *Wir pfeifen auf unten und oben,*
> *und uns kann die ganze Welt*
> *verfluchen oder auch loben,*
> *gerade wie's jedem gefällt.*
> *Wo wir sind, da ist immer vorne,*
> *und der Teufel, der lacht dazu.*
> *Wir kämpfen für Deutschland,*
> *wir kämpfen für Hitler,*
> *für uns gibt es nie ein Zurück …*

Ein Gefühl der inneren Leere bemächtigte sich meiner, als mir einfiel, was Großvater gesagt hatte: »Wissen die, daß sie Leben und Seele für Banditen hingeben? Wollen sie's nicht wissen? Begeisterung macht blind.« Hin und her gerissen zwischen der Bewunderung für die jungen Männer, die – gerade noch angetrunken und übermütig durch den Tanzsaal wankend – von der ihnen anerzogenen Disziplin ohne Wimpernzucken dazu befähigt waren, schon in der Sekunde danach als schlagfertiger Verband aufzumarschieren, zwischen dem Wunsch, dabei zu sein, der mir keine Ruhe gab, und dem Erschauern beim Gedanken daran, traf ich in Kronstadt ein.

Ich war auch jetzt nicht müde. Ich versuchte, Ordnung in meine Gedanken zu bringen. Der Reihe nach, dachte ich.

Da war Frauke Reiber, überlegte ich, die aus dem Nichts aufgetaucht mit dem Azurblick plötzlich fordernd vor mir gestanden hatte. Da war Willi, den ich mir bisher so nicht hätte vorstellen können. Und wie würde es künftig im Elternhaus ohne die tremolierende Katalin zugehen? Dann war da Großvaters unerwartete Eröffnung über das Skriptum seines früh ums Leben gekommenen Schwagers Johannes, mit dem ich seit langem mein Gespräch führte, das mir jetzt freilich nur als Vorgespräch über angekündigte Enthüllungen erscheinen mußte. Da waren die nicht viel mehr als halbwüchsigen SS-Panzergrenadiere, die ein knapper Befehl im Handumdrehen aus einem Torkelhaufen in eine Kampftruppe umzuwandeln vermochte. Und da war Rebekka, das Judenmädchen von morgenländischer Schönheit, die in eine große Ferne zu entrücken Frauke, die »blonde Königin aus dem Nibelungenlied«, in wenigen Minuten fertiggebracht hatte …

Ich entschloß mich, zu Fuß nach Hause zu gehen. Quer durch die Stadt. Um allein zu sein. Um meine Gedanken zu ordnen. O ja, ich werde das Trainingszeug anziehen und so lange durch den Wald laufen, bis ich die Nachtgeister aus dem Kopf habe, dachte ich. Ich ging Umwege, um Zeit zum Nachdenken zu gewinnen. Es war Sonntagmorgen und kaum Verkehr auf den Straßen, nur vereinzelt traf ich Menschen. Zwanzig Minuten später ging ich durch die fast leere Klostergasse hinauf. Die Schaufenster der Geschäfte mit den dreisprachigen Aufschriften leuchteten träge im Frühlicht, als schliefen sie noch. Kurz nach dem Lebensmittelgeschäft »Julius Meinl – Cafea, Kaffee, Kávé« kam ich am Haus mit dem unauffälligen Erker über der Eingangstür aus dunklem Eichenholz vorbei, in deren Mitte auf einer handgroßen Stahlplatte der Name »Albert Göller« in eckigen Großbuchstaben eingraviert war. Flüchtig dachte ich an die »Klostergässer Bücherhöhle« darin und die fünf Biblioeremiten, über die mir Guido Proder Einzelheiten erzählt hatte. Ob der »Torso« zu dieser Tageszeit schon in seinem Gehäuse mit dem Rothschildschen Rocaillenstuhl saß, den nur der Sohn Gerhard benützte, sobald er sich im Elternhaus aufhielt? Der »fesche Gerry« mit den Berliner Kampfhunden Al, Dsching und Na.

Schon eine Minute später, bei den ersten Schritten auf dem Rathausplatz, erkannte ich den schwarzen Opel Kadett. Er stand an der östlichen Turmseite des Rathauses. Ich ging geradewegs auf ihn zu. Ich hatte alle Überlegungen der letzten Minuten vergessen. Ja, das war sie, die Kabrio-Limousine, die ich unter den Abteiruinen am Altfluß vor dem Haus des Pastors Michael Renbrik gesehen hatte! Danach beim Westportal der Schwarzen Kirche, mit Cosmea Amurdschian, der Armenierin? Da war immer noch der lange, breite Kratzer auf der Motorhaube. Ich werde jetzt von hier nicht weggehen, nahm ich mir vor, bis ich gesehen habe, wer den Wagen fährt.

Ich mußte nicht lange warten. Kaum hatte ich mich ein paar Schritte vom Wagen entfernt, als ein Mann in Begleitung einer Frau quer über den Platz kam, den ich erst im letzten Augenblick erkannte. Er trug eine hellbraune Lederjacke und eine Cordhose in ähnlichem Ton. Ich blieb stehen, um ihn zu grüßen. Doch er ging achtlos an mir vorbei. Er sah mich zwar kurz an, unterbrach aber das Gespräch mit seiner Begleiterin nicht. Nein, er hatte mich nicht erkannt. Wie soll er auch, dachte ich, wir sahen uns zum letzten Mal vor Jahren. Ich hatte mich verändert. Ich war kein Kind mehr. Der Mann war Gerry Göller.

Auch die bernsteinblonde Frau an seiner Seite kannte ich. Auch sie streifte mich mit einem teilnahmslosen Blick. Das ist ja, überlegte ich, das ist die Burghüterin Kathrein, die Frau aus dem Schatten der Burgmauern, in denen seit dem Tod der Gepfählten eine machtvolle Kraft umgeht – die männermordende Medea meines Traums an der Goldenen Bistritz, der jener Gendarmerie-Wachtmeister in der Akte bestätigt hatte, »eine ordentliche, ruhige, saubere Bürgerin« zu sein. Sie trug weder einen Strohhut noch ein Gewand nach Art der Bäuerinnen. Sie war mondän gekleidet, über dem dunkelblauen, gelbrot gestreiften Faltenrock und der weißen Seidenbluse einen beigen Frühjahrsmantel mit Schulterklappen. Der Mantel war geöffnet, die gute Gestalt und die Brüste zeichneten sich bei jedem Schritt und bei jeder Bewegung durch die Kleidung hindurch ab, ihre Haare waren kurzgeschnitten. Der begehrliche Blick, mit dem sie Horst beobachtet hatte, war mir unvergessen geblieben.

Ich stand am Rand des Gehsteigs vor der »Buchhandlung Hiemesch« und sah den beiden zu, wie sie, ohne sich um mich zu kümmern, in den Wagen stiegen und abfuhren. Aus diesem Wagen also hatte Göller in jener Nacht vor dem Pfarrhaus in Kerz ein Gerät ausgeladen, wovon ein metallisches Klirren bis zu mir ins Zelt gedrungen war – und sich nachher hinter den durchsichtigen Fenstervorhängen des Arbeitszimmers mit dem Pastor Renbrik unterhalten ... Hier, in Kronstadt, hatte er den schwarzen Opel Kadett mit dem Kratzer auf der Motorhaube in der Nähe des Elternhauses geparkt. Und die Burghüterin Kathrein an seiner Seite? ...

Noch am selben Tag sollte mir Guido Proder, den ich bei Benno traf, sagen, daß Gerhard Göller bei den Eltern zu Besuch gewesen war. Dabei hatte ihn Proders Bruder, der Rechtsanwalt Ernst Proder, dort getroffen und von ihm gehört, er habe unterwegs nach Bukarest für die Dauer einer Nacht bei Vater und Mutter in der Klostergasse unterbrochen. Frau Luise Göller freilich hatte dem immer höflichen Ernst Proder, einem Mann von gewinnendem Benehmen, der seit dem Selbstmord des roulettespielenden »Kleinen Kossuth« zur Freude von Frau Luise Göller der Historikerrunde angehörte, unter dem Siegel der Verschwiegenheit zugeflüstert: Es sei ja kein Geheimnis, ihr Sohn werde kommende Woche »in einem Kreis wichtiger Leute auf der Prager Hofburg, auf dem Hradschin, zum Gespräch erwartet«.

Was es mit der bernsteinblonden Burghüterin Kathrein in Göllers Gesellschaft auf sich hatte, sollte mir erst später bekannt werden. Im übrigen hieß die siebenundzwanzigjährige Kathrein – eine geborene Matthes – seit einiger Zeit mit Familiennamen Baranga ... Aber dies erfuhr ich, wie gesagt, erst später.

Ich traf am frühen Vormittag zu Hause auf dem Böttcherrücken ein. Das Bedürfnis, mich durch einen Waldlauf von den Nachtmahren zu befreien, hatte sich verflüchtigt. Maria war vor einer halben Stunde mit ihrer »BDM«-Mädchengruppe zu einem »weltanschaulichen Schulungsausflug« in die Schulerau aufgebrochen, Holger in die Schwarze Kirche gegangen, um beim gottesdienstlichen Konzert als Notenblätterer neben Professor Behrisch auf der Orgelbank zu sitzen. Vater fand ich in seinem Arbeitszimmer, ich steckte den Kopf durch die Tür und wünschte ihm einen guten Morgen. Nein, danke, sagte ich zu Mutter, die ich im Wohnzimmer beim Begießen ihrer geliebten Blumen vorfand, »nein, danke, ich habe mit der Hennerth-Großmutter gefrühstückt«.

Mutter brachte das Gespräch ohne Umschweife auf Katalins Weggang. »Ich habe viel mit ihr darüber geredet«, sagte sie, »es stand fest, seit Willi sie zum ersten Mal in sein Elternhaus mitnahm. Willis Mutter hatte sie sofort ins Herz geschlossen.« Sie fuhr mit einer streichelnden Handbewegung über die dunkelroten Blüten der Orchidee, der ihre besondere Zuwendung galt, und sagte: »Gott segne beider Weg ... Katalin war mir wie eins meiner Kinder. Ihre Fröhlichkeit wird den alten Kurzells guttun. Wie kommst du damit klar?«

»Sie ist ja nicht aus der Welt«, sagte ich, »sie war immer ein prima Kumpel.«

»Von uns allen fällt ihr die Trennung am schwersten«, sagte Mutter und ging zur großen Monstera in der Gartenecke des Zimmers.

»Ich weiß.«

»Waldemar Taucher war gestern abend noch kurz hier«, sagte sie, »er ist wieder für einige Zeit im Land ... Der Gesundheitszustand seiner Mutter scheint bedenklich zu sein, Frau Taucher kränkelt seit einer Weile.« Mutter neigte das kupferne Gießkännchen über den Tontopf und beobachtete den dünnen Wasserstrahl, der in der Blumenerde versickerte. »Erinnerst du dich an die französische Schwägerin unseres Doktor Neguş?« fragte sie, »Yvonne, meine ich, heißt sie – Yvonne Marchant. Schickte nicht sie dir den schönen Dolch? Mir gefiel die Frau, obwohl wir uns kaum verständigen konnten – leider. Aber Tante Elisabeth war sofort im Gespräch mit ihr. Taucher ist aus Gründen, über die er nicht sprechen wollte, in Sorge um sie. Ich vermute, daß es um politische Fragen geht ... Außerdem sagte er, ihr Bruder – er nannte ihn Frédéric – sei an der Ostfront verwundet und in eine Pariser Klinik verlegt worden ... Dieser erbärmliche Krieg frißt den Jungen das Leben ... Taucher«, fügte sie nach einer Weile hinzu und hob das Kännchen zum Philodendron auf der Schrankkonsole empor, »Taucher wird heute nachmittag bei Martens sein, Direktor Martens kaufte ihm ein Bild für seine Frau ab. Frau Greta-Alma lud ihn zum Kaffee ein.«

»Da werde ich ihn sehen«, sagte ich, »wir verabredeten uns mit Guido Proder bei Benno, wir wollen für die morgige Logik-Stunde ein Problem besprechen.«

»Was für ein Problem?« wollte Mutter wissen.

»Es geht um Tautologie und Kontradiktorik.«

»Davon verstehe ich nichts. Hast du damit Schwierigkeiten?«

»Keiner von uns«, sagte ich, »aber wir wollen ganz sicher sein, Rumpelstilzchen ist ein beharrlicher Mikrokaktiker.«

»Wer, bitte, ist Rumpelstilzchen, und was ist ein Mikrokaktiker?« fragte sie erheitert, ließ das Kupferkännchen sinken und sah mich an.

»Keine Ahnung, warum der Doktor Leicht ›Rumpelstilzchen‹ heißt«, sagte ich, »vielleicht weil er mit seinen beliebten ›Beweisketten‹ wie Rumpelstilzchen aus Stroh Gold macht. Und ein Mikrokaktiker ist er, weil er bis hin zum Tüpfelchen auf dem i immer alles genau wissen will

– ›mikrós‹ heißt auf Deutsch ›klein‹, den Rest darfst du nach Belieben deuten.«

Mutter lachte. Bevor sie das Wohnzimmer mit dem leeren Kännchen in der Hand verließ, kam sie zu mir, küßte mich auf die Wange und sagte: »Mein Junge.« Auch als sie schon die Tür hinter sich zugezogen hatte, spürte ich ihre Nähe. Das Großartige an ihr, dachte ich und blickte ihr nach, ist ihre Präsenz, die uns niemals einengt. Zugleich wurde mir bewußt, daß es ohne Katalin leiser zugehen würde im Haus. Katalin hätte beim Blumengießen geträllert.

Am Nachmittag lief ich durch den Garten zu Benno hinunter. Ich stieg durch die Thujahecke und klopfte an sein Fenster. »Komm«, rief Benno, »Guido ist schon da.«

Wir brauchten eine halbe Stunde, um uns in der Frage der kontradiktorischen Aussagen im logischen Quadrat zu verständigen, wobei Benno mit einer solchen Schnelligkeit über das »Beziehungsgeflecht kontradiktorischer, konträrer und subkonträrer Gegensatz« dozierte, daß Guido ihn erst mit der Feststellung zum Einhalten brachte: »Mann, würde ich dich nicht kennen, wäre ich geneigt zu sagen, du bist ein aus dem Häuschen geratener Zirkusaffe.« Wir lachten und gingen ins Wohnzimmer. »Meine Mutter erwartet das«, sagte Benno.

Außer Bennos Eltern und Waldemar Taucher gehörte zu meiner Überraschung auch Adam Hermes zur Runde. Rebekka hat seine Augen, dachte ich, diese dunkelgraue Iris, diese dichten schwarzen Brauen. Auf dem niederen Glastisch war aufgedeckt. Anni Goos, »die schlohweiße Hausfee mit dem angeschmiedeten Haarkranz« – so Benno –, kam ihren Pflichten lautlos nach, man hätte meinen können, sie schwebte; das Gesicht der Frau wirkte in seiner frostigen Regungslosigkeit wie eingegipst. Nach der Begrüßung fiel mein erster Blick auf das Ölbild Tauchers an der hellsten Wand des Raumes, das Direktor Otto Martens seiner Frau geschenkt hatte. Überrascht erkannte ich sofort, daß ich das Bild oder ein ihm ähnliches schon einmal irgendwo gesehen hatte; auch die Signatur sah ich nicht zum ersten Mal – das große »W«, darunter klein »Taucher« in der rechten unteren Bildecke hatte sich mir eingeprägt. Von der Stunde am Kaffeetisch im Wohnzimmer des Martenshauses blieben mir vor allem Tauchers Ölgemälde und Bruchstücke des daran geknüpften Gesprächs in Erinnerung, das durch unser Eintreten unterbrochen, bald danach aber wieder aufgenommen worden war.

Es ging um »die Redlichkeit des Kunstwerks«, wie ich Frau Greta-Alma sagen hörte, während ich mir den Kopf darüber zerbrach, wo ich dem Gemälde mit der eigenwilligen Signatur schon begegnet war, die mich an die Signatur Albrecht Dürers erinnerte, wie ich sie auf Reproduktionen in Büchern gesehen hatte – das große A über dem kleinen D darunter.

»Sie ist die einzige verläßliche Gewähr für das Überdauern eines Kunstwerks«, sagte Taucher.

»Woran erkenne ich sie?« fragte Frau Greta-Alma.

»Darüber entscheidet allein die Zeit.«

»Aber das bringt doch den Kunstbetrachter in die Lage«, gab Frau Greta-Alma zu bedenken, »urteilsunfähig zu sein, weil ihm die Zeit nicht zur Verfügung steht, deren es bedarf, um über Wert oder Unwert des Kunstwerks zu entscheiden.«

»Das war«, sagte Taucher, »von der Literatur über die Musik bis zu den bildenden Künsten mit Ausnahmen niemals anders.«

»Das heißt weiter«, fuhr sie fort, als sei sie nicht unterbrochen worden, »daß ich bei meiner Wahl, ob ich es will oder nicht, allein nach subjektivem Befinden verfahre – etwa nach kurzlebiger Laune oder momentaner Lebensstimmung, nach mir vielleicht nicht bewußter unmaßgeblicher Präferenz oder in der Gesellschaft, in der Politik, unter Umständen sogar in der Kunstbetrachtung gerade gängigen, modischen Klischees?«

»Ja«, sagte Taucher, »ja, so ist es.«

»Und daß ich damit das Risiko einer Entscheidung eingehe, die von der Zeit womöglich als lächerlich, vielleicht gar als fatal widerlegt werden kann?«

Wieder nickte er.

»Sie machen mich verlegen, Meister«, sagte sie irritiert, »denn ich weiß jetzt nicht mehr, ob das Bild, für das ich mich unter dreien entschied, Dauer haben oder mir schon in einem Jahr als nichtssagend erscheinen wird.«

»Ich weiß es auch nicht«, entgegnete Taucher und hob die Hände, »die einzige Gewißheit, die ich Ihnen geben kann, ist die meines durch nichts käuflichen Willens zur Redlichkeit, mit der ich das Bild malte –

durch kein Zugeständnis an die mächtige Mode, ans Geld, an die Nachfrage, ans Diktat der Intelligenzija. Mit keinem Pinselstrich machte ich dem Betrachter etwas vor.«

Hier mischte sich Direktor Martens ins Gespräch. »Birgt das nicht die Perspektive der Erfolglosigkeit? Ist Anpassung nicht das A und O jeder Existenz?«

»Was schon sagt Erfolg oder Mißerfolg über den Wert des Kunstwerks aus?« erwiderte Taucher. »Die Geschichte der wesentlichen Kunst, die Teil unseres Lebens wurde und die wir als Beweis unserer Kultur anführen, ist zum guten Teil eine Geschichte der Erfolglosigkeit zu Lebzeiten des Autors.«

»Aber Sie sind schon zu Lebzeiten ein erfolgreicher Künstler«, merkte Adam Hermes leise an.

»Das ist kein Argument gegen meine Feststellungen«, entgegnete Taucher, »ich genieße nur das Glück der Umstände.«

»Über diese Seite der Kunst habe ich niemals nachgedacht«, sagte Frau Greta-Alma. Auf ihrem Gesicht war das Erschrecken darüber zu lesen. »Und ich wage nicht, daran zu denken«, fuhr sie fort, »daß ich zu Johann Sebastian Bachs Lebzeiten vielleicht mit den vielen geheult hätte, die das ›Weihnachtsoratorium‹, die ›Hohe Messe‹ und die ›Toccata und Fuge‹ als teuflische Musik apostrophierten. Oder zur Masse derer, die Bizet wegen der Oper ›Carmen‹ fast totschlugen und Schuberts Symphonien dem Komponisten ins Gesicht als völlig unzumutbar verhöhnten …«

»Oder zu denen«, nahm ihr Taucher das Wort ab, »die den Rembrandt des ›Mannes mit dem Goldhelm‹, der ›Kreuzabnahme‹ und der späten Amsterdamer Porträts, dem eigentlich großen Rembrandt also jede Anerkennung versagten und ihn verhungern ließen. Oder vielleicht auch zu den angesehenen Pariser Kunstexperten, die den heute bewunderten Impressionisten den Zutritt zu den bedeutenden Galerien verwehrten, sich über sie amüsierten, sie für Banausen erklärten und dafür Maler hochjubelten, von denen heute kein Mensch mehr spricht … So peinlich können Kunsturteile unter dem Blick der unerbittlichen Zeit ausfallen.«

In diesem Augenblick fiel mir die Begegnung mit Waldemar Tauchers Gemälde wieder ein: jenes Ölbild an der Wand zwischen den Bücherregalen in Dr. Steinträgers hellem Arbeitsraum mit Tauchers

Widmung auf der Rückseite »Erinnerung an eine Reise der ›abenteu-erlichen Herzen‹« – Jerusalem unter der strahlenden, alles beherr-schenden Goldkuppel des Felsendoms.

Auch das Ölgemälde, das wir hier im vollen Licht der großen Fenster vor uns sahen, zeigte Jerusalem. Aber hier war nicht die arabische Feu-erkuppel das Ereignis. Vielmehr breiteten sich über den Bildvorder-grund bis in dessen obere Hälfte hinauf Farbflächen aus Weinrot und Wüstengelb, aus Rost- und Sandtönungen unter tiefblauem Himmel, die sich, gegeneinander abgestuft, bald überlappten, bald hart vonein-ander absetzten. Immer wieder in diese brüchig zerfallenden Steinta-feln rhythmisch aufgegliedert, erfüllte die Farbenbewegtheit das Bild-geschehen mit fast schmerzhaft eindringlicher Spannung. Es war, als blickten über- und ineinandergeschichtete Gesichter aus dem Bild, die der Maler zur Einheit eines einzigen Gesichts und zugleich zum Pan-orama eines Dramas aus gewaltsamen Überschneidungen und abgrün-dig eingekerbten Schattenfugen komponiert hatte, zu einer Tragödie aus Bruchstücken zerrissener Lebens- und grotesker Todeshysterien – Grimasse und Leidensantlitz, Qual und aufgereckter Lebenswille in einem. Die Schönheit des Bildes lag in den flutenden Farbakkorden, die das Gegenständliche aufhoben und ihm zugleich eine Inständigkeit verliehen, die den Betrachter bestürzt machte … Es war die Klagemau-er des Jerusalemer Tempelplatzes, was Taucher hier gemalt hatte. Die Goldkuppel des Felsendoms darüber im Tintenblau des Wüstenhim-mels war ihm auf diesem Bild nur als Feuerfunken in der Ferne erheb-lich erschienen.

Als ich nach der Gesprächs- und Bildbetrachtungsstunde durch den Garten zu unserem Haus hinaufging, war ich erregt, ohne mir den Grund nennen zu können. Tauchers Anmerkung über die Redlichkeit als sittliche Grundlage des Wertes eines Kunstwerks und einzige Ge-währ für die Dauer hatte mich aufgewühlt. Eine Erklärung dafür fand ich nicht. Vielleicht, weil ich zum ersten Mal in meinem Leben eine Ah-nung von dem Wagnis hatte, das die Annahme seines Anspruchs ent-hielt? Ich war in dem Alter, da einer diesen Anspruch wörtlich nimmt. Und da ich ihn ohne zu zögern auf mich bezog, schreckte ich einen Au-genblick vor seiner Unausweichlichkeit zurück.

Nein, nicht der Umstand, daß Waldemar Tauchers Gemälde vor kur-zem in Paris auf bedrohliche Weise zum politischen Skandal geworden war – unpathetisch »Die Klage« genannt, hatte er es der Charles-de-Prince-Galerie am Quai de Célestine als Exponat für die Dauer einer Woche überlassen –, nicht dieser Umstand war der Anlaß meiner Aufgebrachtheit, denn ich wußte ja nichts von den Vorgängen in Paris. Und was schon wußte ich damals von der Klagemauer außer dem Namen? Was vom Ausmaß tödlicher Provokation der Geheimdienste der deutschen Besatzungsmacht, auf die sich Taucher mit der Pariser Ausstellung des Bildes eingelassen hatte? Hätte ich all dies gewußt, wäre mir sein knappes und eindeutiges Beharren auf dem kategorischen Anspruch der Redlichkeit noch nachdrücklicher als das Ereignis nicht nur jenes Tages erschienen – wie ich bald feststellen sollte. Allein das ernste Gesicht und das zeitweise verquält wirkende Verhalten Adam Hermes' bei der Betrachtung und Erörterung des Bildes hatten mir die Dimension des Geschehens, um das es hier anscheinend ging, vorübergehend spürbar gemacht. Doch auch ohne die Kenntnis im einzelnen: Taucher hatte mir mit seiner bündigen Äußerung einen Anspruch ins Blickfeld gerückt, in dessen Zeichen ich zwar erzogen worden war, der mir aber als Richtungsanzeiger jetzt erst voll ins Bewußtsein drang.

Tauchers schmucklose Anmerkung gab mir in der Folge keine Ruhe. Trotz der bevorstehenden Jahresabschlußprüfungen und Schularbeiten beschäftigte mich die Schule kaum. Ich tat nur das Nötigste. Ich lief stundenlang durch die Mischwälder hinter dem Haus bis unter die Steilhänge des Schuler-Massivs und versuchte, über den Rhythmus des Laufs zur Ordnung in mir selber zu finden. Ich las bis spät in die Nacht hinein – Bücher, die mit dem Schulunterricht nichts zu tun hatten, die mir aber Ausblicke eröffneten, wenn ich zum Beispiel in einem der Bücher, die ich mir aus Vaters Bibliothek oder von meinem Deutschlehrer Dr. Otokar Stottwick holte, bei Immanuel Kant auf den Satz stieß: »Was der Mensch im moralischen Sinne ist oder werden soll, gut oder böse, dazu muß er sich selbst machen …« – ein Satz, der kein Kneifen, keine Ausrede, kein Abwälzen eigenen Versagens auf andere zuließ, der ohne Wenn und Aber die Verantwortung jedem zu übernehmen befahl. Hatte Taucher dasselbe gemeint?

Ich verbrachte auch jetzt ganze Nachmittage neben Holger am Klavier, wenn er mir Passagen seiner neuen Komposition vorspielte, über die wir sprachen, oder mich um meine Ansicht über den erst grob skizzierten Entwurf für das Finale der »Apokalypse« bat, für dessen Beginn ich ihm den Satz vorgeschlagen hatte: »Denn es ist gekommen der große Tag seines Zorns ...« Und sooft ich auf dem Sportplatz mit Frauke Reiber zusammengewesen war und mich ihre beherrschende Gegenwart alles andere hatte vergessen lassen, suchte ich mit einer mich selber erstaunenden Ungeduld die Begegnung mit Rebekka, der das Fordernde und Drängende Fraukes fremd war.

Nur einen Vorfall gab es dann noch vor dem entscheidenden Ereignis jener Jahre.

Eines Abends kam Vater zu mir ins Zimmer, setzte sich wortlos auf den Bettrand und sah mich fragend an, ehe er mir mitteilte, daß ihn in der Nacht zuvor Gudrun-Uta Freddels zum zweiten Mal besucht hatte. Es gehe um Holger, habe ihm die Chefsekretärin der »Kanzlei des NS-Volksgruppenführers«, seine ehemalige Schülerin, unter dem Siegel der Verschwiegenheit gesagt. Um Holgers Kompositionen auf biblische Texte. In einem erregten Gespräch zwischen dem »Volksgruppenführer« und dessen »Hauptbannführer« Zupfenhügler – bei dem »ein Mann namens Gerhard Göller zugegen war, wenn auch ohne ein Wort zu sagen« – habe Zupfenhügler »Maßnahmen gegen den von dieser Familie ausgehenden Ungeist« gefordert. Der »weiche Familienvater« Rick Hennerth erweise sich »trotz seiner nicht undeutschen und nationalsozialismusnahen Anschauungen als durchsetzungsschwach«. Den »jungen Quertreibern«, den beiden Hennerth-Söhnen, müsse daher »von außen in die Parade gefahren« werden. Mache sich der eine verdächtig durch »seine Freundschaft mit einer orientalisch aussehenden Elevin der reaktionären katholischen Franziskanerinnen-Schule«, so setze der andere alldem »die Krone auf mit lächerlicher, den Kampfgeist der Volksgemeinschaft unterwühlender Bibelmusik. Solche Kerle werfen unsere nationalsozialistische Erziehungsarbeit über den Haufen!« Die Öffentlichkeit der Vorgänge, habe Zupfenhügler geifert, erlaube der »Volksgruppenführung kein Vorbeiblicken«, es handle sich schließlich um eine der einflußreichen deutschen Familien der Stadt, das »Gift ihrer Gesinnung« könne um sich greifen. Deshalb habe Zupfenhügler von Schmidt »die Genehmigung der von der Jugendführung ins Auge gefaßten Schritte« verlangt.

Der »Volksgruppenführer«, hatte die Freddels berichtet, habe zunächst nur spöttisch angemerkt, daß sein »Hauptbannführer« über die »Zupfenhügler-Variationen« wohl immer noch nichts herausgefunden habe und sich daher nun auf »Nebenkriegsschauplätzen um Verdienste« bemühe. Doch habe er Zupfenhügler freie Hand gelassen, als dieser schrie: »Wir müssen um so mehr ein Exempel statuieren, als auch der jüngst in Paris auf unerhörte Weise ins Visier unserer Dienste gerückte Maler Waldemar Taucher bei Hennerth ein und aus geht. Dieser Taucher besuchte unlängst in Begleitung eines dubiosen Fetzenhändlers namens Hermes, um den ich mich demnächst kümmern werde, auch den erzkonservativen Direktor Martens.«

So wie sie Zupfenhügler einschätze, hatte die Freddels noch zu Vater gesagt, »kann er Ihnen auf die eine oder andere Weise schaden – es gibt keinen rücksichtsloseren Intriganten«. Jener Gerhard Göller, hatte sie hinzugefügt, »der von Zeit zu Zeit beim Volksgruppenführer auftaucht, was diesen jedesmal zum Absagen sämtlicher Termine veranlaßt«, habe sich übrigens bei der Nennung des Namens Taucher »außerordentlich interessiert« gezeigt und Schmidt in ein längeres Gespräch verwickelt, »über das ich Ihnen aber nichts sagen kann«.

Vater schwieg einige Sekunden lang. Dann sagte er: »Ich bin nicht gekommen, um dir Fragen zu stellen. Ich wollte dich unterrichten.« Ich sah ihm an, daß ihn nicht in erster Linie der Inhalt der Freddels-Eröffnungen beschäftigte. »Haben die nichts anders zu tun?« fragte er wie im Selbstgespräch. Ich meinte zum ersten Mal, einen Zweifel in seinem Gesicht zu lesen. Ich empfand es als Auszeichnung, daß er ihn mir mitgeteilt hatte. Das ist seine offene, gewinnende Art, mit sich selber und mit anderen umzugehen, dachte ich. Als er das Zimmer verlassen wollte, hielt ich ihn am Arm zurück.

»Vater, ich muß dir was sagen.«

»Ja?«

»Sie heißt Rebekka«, sagte ich, »wir verstehen uns gut … Und an – Holger wird sich keiner von denen heranwagen. Was mich betrifft, werde ich mit dem Zupfenhügler allein fertig, da mußt du dir keine Gedanken machen.«

Wir standen voreinander, Vater maß mich mit einem erstaunten Blick, wie mir schien. »Du beginnst mir über den Kopf zu wachsen, mein Sohn«, sagte er lächelnd, »wenn du trotzdem meine Hilfe brauchst, laß es mich wissen.« Er lächelte immer noch, während er die Tür hinter sich zuzog. Einen Augenblick lang sah er aus wie früher, dachte ich – unbeschwert, ansteckend heiter, seit es Krieg gibt und seit von seiner Schwester Elisabeth kein Lebenszeichen mehr kommt, wird er immer ernster. Ich war auf einmal froh, ihm ein Lächeln entlockt zu haben. Da öffnete sich die Tür einen Spalt. Ich sah sein Gesicht. Ich hörte ihn fragen: »Rebekka heißt sie?«

»Ja.«

»Ein schöner Name«, sagte er und zog die Tür zu.

Eine Woche darauf – um die Zeit der ersten Rundfunkmeldungen über die Niederlagen der deutsch-italienischen Afrika-Armee unter Rommel bei El-Alamein und der ersten auffälligen Erwähnungen der Stadt Stalingrad in den Frontberichten der deutschen Wehrmacht – wurde die »DJ-Gefolgschaft Honterusschule« uniformiert in die Aula beordert – »Keine Entschuldigung gilt.« Auf dem Anschlagbrett war der Vortrag eines Berliner »Hitler-Jugendführers als Abgesandter des Reichsjugendführers der NSDAP und des Jugendführers des Deutschen Reichs, Artur Axmann«, angekündigt – ein, wie wir lasen, »Reichsjugendredner«. Sein Thema: »Die Rasse als Grundlage der Neuordnung Europas«.

»Auch wenn ihr halb krepiert seid, werdet ihr erscheinen, klar?« hatte uns Bramü zur Sicherheit noch einmal persönlich wissen lassen, »ein solches Kaliber wie den Berliner kriegt ihr so bald nicht wieder zu Gesicht, wir dürfen uns nicht mit leeren Plätzen blamieren … Hast auch du mich verstanden, Hennerth?« hatte er mich angefahren, weil ich bei seiner Ansprache in mein Buch vertieft geblieben war. »Natürlich«, hatte ich geantwortet.

Kaum hatte Bramü den Klassenraum verlassen, raunte mir Proder zu: »Was hat einer wie ich eigentlich bei dem Palaver verloren? Meine Mutter ist Magyarin. Einige meiner Ahnen ritten also halbnackt und mit Schlitzaugen auf Steppenpferdchen durch Asien. Die lasse ich mir nicht nehmen … Nix von asengezeugtem Herrenmenschentum.« Der neben mir sitzende Benno hatte mitgehört, er wandte sich halb nach hinten. »Du, Proder, ich habe eine slowakische Großmutter, Gott allein weiß, wo und auf wem meine Ahnen herumritten.« Er blickte sich in der von Geschwätzlärm erfüllten Klasse um, beugte sich nahe zu uns und sagte: »Wißt ihr, ich habe mir dazu längst meine Gedanken gemacht. Ein Drittel unserer als teutonici und saxones anno domini 1150 hierher eingewanderten Vorfahren waren Wallonen, das sind romanisierte Kelten. Dann stürmten schon bald einige Male die Mongolen hier über uns hinweg, raubten massenweise Weiber und ließen sie wieder laufen. Die Türken besprangen Jahrhunderte hindurch unsere Dörfer und Städte und taten das gleiche. Die Habsburger, die von Siebenbürgen bis Kastilien herrschten, versetzten ihre Beamten zwischen Kronstadt und Cordoba nach Bedarf, die k.u.k. Herrschaften schickten Soldaten und Offiziere aus zehn Nationen in unsere Garnisonen, die nie wieder wegzogen, hier ehelichten und Kinder zeugten – darunter Spanier, Kroaten, Österreicher, Böhmen, Montenegriner, Ungarn, Italiener, Polen, Slawonen, Serben, Ruthenen ... Wer weiß schon, was an Szeklern, Rumänen und sonstigen in unsere Familien hereinheiratete. War es bei denen in Deutschland denn anders? Aus allen Himmelsrichtungen strolchten spätestens seit den Tagen der Römer die Begatter nach Germanien. Und da kommt uns einer der Abstämmlinge des Sammelsuriums mit seinen Rassegeschichten von Reinblütigkeit! ...« Proder hatte vergnügt zugehört, er lachte, unterbrach Benno und feixte mich an, als der »Doktor Reiherhahn« die Klasse schon betreten hatte: »He, Peter, womit hat da einer wie du zu dienen?« Ich zuckte die Schultern und sagte: »Keine Ahnung.«

In der Tat wimmelte es von braunhemdigen Rassenmixturen, als wir uns am Nachmittag nach »DJ-Scharen« geordnet in der Aula des Gymnasiums einfanden. Auch Direktor Armin Tabler, der Geschichtslehrer Mehner mit dem schwarzen Ofenrohrkopf, der »Heil-Hitler«-Grußsüchtige Mathelehrer Seidel und andere unserer Lehrer waren gekommen. »Istenem!« sagte Proder auf ungarisch – es klang »Ischtänäm!« –, »mein Gott! Ob die paar Blondlinge unter uns das europäische Kulturdebakel verhindern?«

Ich hatte weder einen Vorsatz noch einen Plan. Vielleicht ging deshalb alles so schnell. Außer Zweifel stand, daß der smarte »Reichsjugendredner« mit dem Adelsnamen auf ungewohnte Art eine beeindruckende Erscheinung war. »Das ist einer von den ganz Schnittigen und Schnieken«, zischte Proder von hinten. Und wie! Blitzende Uniform, an allen Körperteilen Funkelschnallen, auf der Brust rechts wie links Auszeichnungen und Medaillen, einstudierte Gesten und im Zeichen höherer Weihen zelebrierter Schritt, als er zum Rednerpult ging, Seherblick des Gesalbten über unsere Köpfe hinweg ins zeitlos Heroische – er sah aus, als habe ihn soeben jemand aus einem arischen Wäscheschrank hervorgeholt. Die Aula war bis auf den letzten Platz mit

Braunhemden gefüllt. Wir glotzten uns die Augen aus dem Kopf. Was hatte doch »das große deutsche Muttervolk« für herrliche Vertreter aufzubieten!

Das wurde uns erst recht bewußt, als der blaßhäutige Berliner zu sprechen begann, nachdem sich die Schar unserer um ihn herumscharwenzelnder und -dienernder Haupt- und Bannführer, allen voran der »Nibelungenfinger«, und die Lehrer in den beiden ersten Sitzreihen niedergelassen hatten. Schon die Begrüßung: »Heil Hitler, Jungs!« – so kriegte das keiner unserer »Führer« hin, auch wenn sie noch so oft die »Lehrgänge« auf einer »Ordensburg im Reich« besucht und von hehrem und markigem Geschwafel erfüllt wieder ins rückständige Siebenbürgen gefunden hatten, um uns vom Scheitel bis zur Sohle damit einzuseifen. Der Mann – es war ein Freiherr von Strippe, von Pippe oder ähnlich – sprach leise, gewählt, eiskalt, mit vollendeter Diktion. Nein, er war keiner der üblichen Brüller und Tober. Er war gefährlicher: Er war ein Intellektueller – und er brachte die Kultur durch viele Generationen hindurch geübter untadeliger Umgangsformen mit. Das wirkte vollends überzeugend.

Doch ich war mittlerweile mißtrauisch, fast immun geworden. Und so kam denn der »Reichsjugendredner« aus Berlin über den zehnten Satz nicht hinaus, so sehr es aus seinem Mund – wie ehemals aus dem des Dr. Dr. h. c. Willig – ohne Einleitung bestechend druckreif abendländerte, von arischen Übermenschenentwürfen und nordischen Herrenrassevisionen blondete und blaute und im gleichen Atemzug die rhetorischen Hammerschläge auf alles minderwertige Fußvolk im slawischen Untermenschenosten und im lateinischen Weicharschsüden so vernichtend niedersausten, daß wir bei den schneidend geschliffenen Tiraden den Atem anhielten. Noch niemand hatte mir die Rassenfrage aus nationalsozialistischer Sicht so zwingend vor Augen geführt – so unfaßbar voll der Arroganz und Nächstenverachtung vom Sockel eines Menschenbildes der geleckten und fleckenlosen totalen Oberfläche herab.

Was waren wir doch für Kretins, gab uns der adlige »Reichsjugendredner« mit jeder Silbe zu verstehen, die wir nicht zum Kreis der ewig edlen Königsblonden gehörten, sondern mit schwarzen oder schokoladenfarbenen Haaren, braun- und grünäugig, rund- und breitköpfig herumliefen, von der Natur und Vorsehung also unbedeutend ausgestattet,

527

auch wenn wir die blaublonden Scheißer unter uns im Unterricht und auf dem Sportplatz zehnmal in den Sack steckten.

Ich blickte mich in der Aula um. Genausowenig wie jeder andere hier wäre ich jemals auf den Gedanken gekommen, eine Teilung und Trennung, eine Spaltung unserer Schulgemeinschaft nach »Rassemerkmalen« vorzunehmen, seien es die Haare, die Kopfform oder die Augen. Doch dieser Medaillenhäuptling und Adelsaffe in Uniform brachte es fertig! Zum ersten Mal versuchte mir jemand bewußt zu machen, daß wir eigentlich gar nicht zusammengehörten, die wir hier saßen, die wir uns seit der Kindheit kannten, in Freundschaft, in Kameradschaft einander verbunden, solange wir uns erinnerten, ja sogar über die Generationen hinweg, auch nicht mit denen, die wir sonst zu Gefährten und Vertrauten hatten. Daß mich, den dunkelhaarigen Langschädel mit der leichten Kreolentönung, nach den Vorstellungen des Berliner Reichsschwätzers im Grunde nichts meinem hellblonden Freund Paul Eisendenk verband, auch nichts meinem fast zwei Spannen kleineren rundköpfigen Freund Benno mit dem aschfarbenen Haarschopf, ebensowenig dem indianisch backenknochigen, brünetten Guido Proder und allen anderen, mit denen ich verbunden war wie mit meinen Geschwistern, nicht einmal meinem Vater, dessen auffallendes Platinblond sich bis heute erhalten hatte ... Der »neue Mensch« soll also in einer nach Rassen geordneten Klassengesellschaft leben? dachte ich; das ist lächerlich, das ist Bolschewismus auf andere Art.

Denkt denn von allen unseren »Führern« und von den Lehrern, überlegte ich halb verstört, halb unschlüssig, keiner daran, daß dieser rheinische Naziaristokrat mit seinen Thesen die hier Versammelten in ihrer geschichtlichen Treue zueinander, in ihrer über ungezählte Geschlechterfolgen hinweg bewährten menschlichen Übereinkunft verhöhnt? Daß er alle beleidigt, die nicht in sein Menschenbild der schönen Tünche passen? Dieser Hakenkreuzadlige, dachte ich, verhöhnt ja nicht nur uns, sondern auch unsere Vorfahren – er verhöhnt jene meiner Großmütter und Großväter, die mir die dunklen Haare, das bräunliche Schimmern der Haut und alles andere vererbt hatten, was mich von seinen »reinrassigen« Paradehengsten und -stuten unterscheidet ... Jetzt, dachte ich plötzlich, spätestens jetzt stellt sich mir die Frage der Redlichkeit, von der Taucher gesprochen hat. Hier sitzen und den Mund halten hat mit Redlichkeit nichts zu tun. Was der Mensch ist, hatte ich bei Kant gelesen, dazu muß er sich selber machen, Freiheit heißt, »von seiner Vernunft in allen Stücken öffentlichen Gebrauch machen«, hatte ich bei ihm gelesen, und »der öffentliche Gebrauch der Vernunft muß jederzeit frei sein«. Wie hatte mir Werner Schremm eingeschärft? »Entscheide dich in schwieriger Lage für die kühne Möglichkeit, sie ist immer auch die kluge und anständige.«

Ich merkte es erst an Bennos verwundertem Blick, daß ich die Hand gehoben hatte – unüblich, denn derlei Verhalten entsprach nicht dem Kodex jener »Stillgestanden! Hinsetzen!«-Veranstaltungen deutschen Ordnungsbegreifens in nazistischer Auffassung. Ganz und gar nicht. »Was hast du?« flüsterte mir Benno zu. Von der anderen Seite sah mich Guido ebenso erstaunt an.

Auch der »Reichsjugendredner« hatte meinen gestreckten Arm bemerkt. Er unterbrach sich und beugte sich leicht zur Seite, um mich besser zu sehen. Von allen Seiten reckten meine Schulfreunde die Hälse. Das fiel natürlich auch den Führerbeschnürten und den Lehrern in den ersten Sitzreihen auf. Ich sah plötzlich in ihre Gesichter.

Als erster reagierte der »Nibelungenfinger«. »Hand runter, Hennerth!« zischte er, »hast du verstanden?« Das hatte ich. Aber ich hielt die Hand oben. »Die Hand runter, verdammt!« fauchte der »Nibelungenfinger«. Direktor Tabler rief in scharfem Ton: »Hennerth!« Auch er empfand mein Verhalten als blamabel. Denn der »Reichsjugendredner« wirkte verunsichert, vielleicht sogar ungehalten. Ich sah ihm an, daß er es nicht gewohnt war, durch Frager gestört zu werden. Da hatte er dann aber endlich begriffen, daß meine erhobene Hand ihm galt und ich nicht zur Einsicht zu bringen war. Ob ich etwas fragen oder sagen wolle, fragte er leise, beherrscht und im gepflegtesten Berliner Max-Reinhardt-Deutsch. »Ja.« Ich trat aus der Bankreihe hinaus und ging nach vorne. Ich stellte mich vors Rednerpult. Ich sagte laut in die volle Aula hinein: »Ich lasse mich, meine Freunde und meine Vorfahren von diesen Wahnsinnigen nicht länger beleidigen.«

Ich glaube, daß keiner in der Aula mein Anliegen sofort begriff. Anders kann ich es mir nicht erklären, daß alle stumm auf ihren Plätzen ausharrten, bis ich den Raum verlassen hatte. Sogar der »Nibelungenfinger«. Als ich mich im Hof kurz umwandte, sah ich die hohen Fenster gleißen. Das Licht war so stark, daß ich wegblicken mußte. Es war nicht anders als an jenem Tag, da Dr. Schädel uns hier zugerufen hatte, daß das deutsche »Erneuerungswunder heute und in alle Ewigkeit mit dem Namen Adolf Hitler verbunden bleiben wird«. Zehn Minuten später traf ich zu Hause ein.

Am nächsten Tag wurde ich wegen »Zersetzung und Verächtlichmachung der im deutschen Schulwesen Siebenbürgens die erzieherischen Leitlinien bestimmenden nationalsozialistischen Grundsätze durch wiederholte Ausfälle vor versammelter Schülerschaft« von Direktor Dr. Armin Tabler der Schule verwiesen. Anschließend warf mich der »Hauptbannführer« Herwart Zupfenhügler, der »Nibelungenfinger«, vor der angetretenen »DJ-Gefolgschaft Honterusschule« wegen »Beschimpfung eines Vertreters des Großdeutschen Reiches« aus der Hitler-Jugend-Organisation. He, dachte ich, als ich allein den Schulhof verließ, das war ein Fehler – ich hatte nicht in der Einzahl, ich hatte in der Mehrzahl gesprochen.

Am selben Tag starb der Hardt-Großvater, ohne von dem Vorfall erfahren zu haben. In den Armen seiner Frau, der »Spanierin«, erlag er, wie wir später feststellten, während der Minuten meines Rausschmisses einer Herzattacke.

Eine Viertelstunde bevor uns die Nachricht in Kronstadt erreichte, hatte ich Vater vor der im Wohnzimmer des Hauses auf dem Böttcherrücken versammelten und wegen meines Schulverweises und der Entfernung aus der Jugendorganisation etwas ratlosen Familie gebeten, mir beim Überschreiben ins rumänische Șaguna-Lyzeum zu helfen. Da das Schuljahr beendet ist, sagte ich, dürfte der Wechsel keine Schwierigkeiten bereiten. Vater versprach's ohne Kommentar. Mutter sagte ungewohnt hart: »Das hast du richtig gemacht, Peter. Ich wußte, daß es eines Tages so kommen würde.« Maria erlebte ich zum ersten Mal sprachlos, sie brachte nur den Satz hervor: »Bist du jetzt ein Volksverräter?«, schwieg aber sofort, als Mutters Blick sie traf und Mutter im gleichen harten Ton sagte: »Peter gehört Gott sei Dank zu denen, die es nicht sind.« Minuten danach hörte ich die Eltern wie noch niemals vorher im Schlafzimmer heftig miteinander sprechen, ja fast streiten. Als ich an der Tür vorbeiging, rief Mutter: »Sei doch froh, Rick, daß er seinen eigenen Kopf hat und sich sein Verhalten weder vom Herdentrieb seiner sächsischen Landsleute noch von ihrer kleinkarierten Minderheitlerarroganz und -beschränktheit vorschreiben läßt … Du weißt, wie ich darüber denke.« Vaters Antwort verstand ich nicht. Ich saß tod-

530

unglücklich auf meinem Bett. Sie streiten meinetwegen, dachte ich. Am liebsten hätte ich alles rückgängig gemacht. Ich sah immer noch Holgers große Augen vor mir, wie er mich anstarrte und erschrocken über das, was mit mir geschehen war, den Kopf schüttelte.

Mitten in die Diskussion der Eltern hinein kam dann die Nachricht aus Rosenau. Maria hatte den Telefonhörer abgehoben, ich hörte sie dreimal »Ja, ja, ja …« sagen, durchs Treppenhaus stürmen, die Tür zum Schlafzimmer der Eltern aufreißen und rufen: »Großvater ist tot!«

Ich setzte mich sofort aufs Fahrrad und traf eine Stunde vor den Eltern und Geschwistern, die mit dem Zug nachkamen, bei der »Spanierin« ein. Die Hennerth-Großmutter war bei ihr. Beide trugen schwarze Kleidung.

Großvater lag aufgebahrt im Wohnraum. Als ich an die Bahre trat, hatte ich kurz das sichere Gefühl, er würde sich aufrichten, mich mit seinen Augenblitzen in die Arme nehmen und seine stoppelbärtige Wange an meine legen – ich zögerte aus diesem Grund, bevor ich den letzten Schritt tat. Niemals war mir sein Gesicht so männlich und so friedvoll erschienen wie jetzt. Daß er mir für immer entrückt war, begriff ich sofort. Ich stand lange vor ihm, berührte seine weißen Hände und küßte ihn auf die kalte Stirn. Dann rannte ich an den Großmüttern vorbei in den Garten. Ich warf mich ins Gras, umklammerte den Stamm des Gravensteinerbaums, biß in die Borke und schrie minutenlang meinen Schmerz aus mir hinaus. Ich hatte das Gefühl, diese Minuten nicht überleben zu können.

Zur Beisetzung drei Tage später kamen Hunderte von Menschen. Zwischen den deutschen Ortsbewohnern – den selbstbewußten Bauern und reichen Viehzüchtern, den Kaufleuten, Unternehmern, Handwerkern und Lehrern, bei denen allen er in hohem Ansehen stand – erkannte ich die riesenhafte Gestalt des Hirten Gordan, seine Verlobte Ruxandra und Frau Miranda, die Mutter. Ich erkannte auch den versoffenen Waldheger Ilarie vom Großen Rong und seine beiden Sauf- und Wildererkumpane; neben ihm stand seine Frau Mioara »mit den Rehaugen«, die uns bei jeder Einkehr ins Blockhaus über der abschüssigen Waldschlucht die beste tocană, ein Rehragout, zubereitet hatte. Auch die großbrüstige blonde Zigeunerin Semiramida Cariovanda war gekommen, die Witwe des Clanhäuptlings, des bulibaşa, und Nachfahrin der Kronstädter Scharfrichter, die einst meine Amme gewesen war; sie küßte mich auf die Wangen, nahm mich an ihren herrlichen Busen und flüsterte:»Inimioara mea, dulceața mea!«,»Mein Herzapfel, meine Süßigkeit! Wie schön du bist.« Katalin stand neben mir. Der alte, krumm gewordene Pista-Bácsi, der Szekler, der gemeinsam mit Großvater den Goldfuchs aufgezogen und mich reiten gelehrt hatte, hielt sich zitternd an seinem Spazierstock fest. Neben ihm hochaufgereckt und steif wie eine Degenklinge, ein Männerbildnis aus untergegangener Kaiserzeit, der Oberst Ludwig Heribert Robert Edler von Schuß, Kommandeur des k.u.k. Infanterieregiments, in dem Großvater 1916 gegen die Truppen des Russengenerals Brussilow gekämpft hatte, seit Jahren Königlicher Jagdhofmeister. Halb hinter ihm Hagop Patkanjan, der elegante armenische Geschäftsmann aus Bukarest, mit dem steifen Bein, der immer Zweireiher trug und den Eindruck eines Diplomaten erweckte, der Zigarrenraucher, der durch Großvaters Vermittlung ansehnliche Ländereien und Bergwälder nahe der Nachbargemeinde Wolkendorf erworben und Großvater wieder zu Geld und Vermögen verholfen hatte. Und mitten in der Grabpredigt des Pfarrers Mager sah ich Vater Evghenie quer über den Friedhof an den Gräbern und Ziersträuchern vorbei auf die überwölbte Familiengruft der Hardts zueilen, vor der wir dichtgedrängt standen, er kam mit mächtigem Schritt, sein langes Haupt- und Barthaar wehte, es sah aus, als habe er seinem Freund aus Jugendtagen Thomas Hardt noch eine dringende Frage zu stellen, ehe der in die Erde versenkt würde ...

Alle waren sie da, alle, sofern die Nachricht vom Tod des »Thummes« Hardt sie erreicht hatte – des fröhlichen, lebensmutigen Draufgängers und Streuners, des Lachers und gelegentlichen Zechers, der es nie abgelehnt hatte, selbst mit dem abgerissensten Landstreicher eine țuică, einen Pflaumenschnaps, zu trinken, mit Mioara einen Hirtentanz hinzulegen, daß mir die Augen übergingen, mit dem spitzbärtigen Abt Atanasiu von den Höhlenklöstern tiefsinnige Gedanken über Gott und die Welt zu tauschen, mit den zigeunerischen Beerensammlerinnen ein Gespräch über die ununterbrochen wachsende Schar ihrer Kinder zu führen und den gewalttätigen, schnell zum Messer greifenden szeklerischen Fuhrknechten, die mit ihren Sechsergespannen die Tannen- und Buchenstämme aus seinen Holzschlägen an der Idweg-Klamm talwärts brachten, in einer Härte entgegenzutreten, die jeden ringsum kuschen ließ ... Dieser in jeder Lage seiner selbst sichere Mann, der, wenn's ihm danach war, von Abenteuern in der halben Welt berichten konnte – und warum er wieder in die abgelegene Urlandschaft seines Ausgangs zurückgekehrt war und hier seine Tage im Zeichen der Weisheit Epikurs »Lathe biosas!«, »Lebe verborgen!«, verbrachte … Manches an ihm war mir von Geheimnissen umwittert erschienen, ohne die er in meinen Augen nicht der gewesen wäre, den ich liebte. Und ich hätte auch keins seiner Geheimnisse kennen wollen, nein. Bis auf eins: Hatte er auf jener Jagd in den dunklen Scropoasa-Wäldern den Ioan Garugan aus Versehen erschossen oder ihn aus Rache für die Beteiligung an der Ermordung seines Vaters, meines Hardt-Urgroßvaters, mit einem in seiner Genauigkeit fast unheimlichen Kugelschuß zwischen die Augen getötet? … Jetzt, das wußte ich, kannte dies Geheimnis nur noch einer – der Mönch Vater Evghenie … Alle waren sie gekommen, alle …

Der Pfarrer Mager faßte sich »christlich und kurz«, wie ihm die Hardt-Großmutter in ihrer feinen, aber eindeutigen Art mit dem Hinweis auf die Lebenshaltung ihres Mannes nahegelegt hatte. Sie hatte den Vers achtzehn des einundzwanzigsten Kapitels aus dem Johannes-Evangelium ausgesucht und dem Pfarrer als Ausgang der Abschiedspredigt empfohlen: »Als du jünger warst, gürtetest du dich selbst und wandeltest, wo du hinwolltest; wenn du aber alt wirst, wirst du deine Hände ausstrecken, und ein anderer wird dich gürten und führen, wohin du nicht willst.«

Vater und Mutter standen rechts und links der »Spanierin«, die von Zeit zu Zeit ein weißes Taschentuch ans unbewegte Gesicht mit den melancholischen Zügen hob.

Während des Totenmahls in den beiden großen Zimmern des Hennerthhauses in der Brückengasse bat sie mich, ihr in Großvaters Arbeitsraum zu folgen. Sie gab mir die Mappe, in der sich die Aufzeichnungen ihres an der Save gefallenen Bruders Johannes befanden, und sagte mit leicht bebenden Lippen: »Großvater hat die Reinschrift für dich angefertigt. Einige Stunden vor seinem Tod schrieb er die letzten Zeilen … Hier, sie gehört dir …«

Ich ging mit der weichen kalbsledernen Mappe in den Obstgarten und setzte mich unter den Gravensteiner, der in der Familie »der Philosoph« hieß. Es war ein Frühsommertag mit allem Jubel in der lauen Luft, allem Gekrabbel auf der Erde, allem Geraune und Gesumme in Baum und Busch, zu dem die Natur in dieser Jahreszeit einlädt. Es war einer jener Tage, an denen Großvater, als ich ein Kind war, sich mit mir auf und davon gemacht hatte – in die Wälder und Berge, zu den Hirten und Herden, den Wildtieren und Waldläufern, den Mönchen und Klöstern der Südkarpaten, diesem Gebirge zwischen den zwei Gesichtern Europas, die einander so nahe verwandt und dennoch einander so fremd sind, an deren Fuß aufzuwachsen ich das unvergleichliche Glück und schon früh die Bürde ihres Reichtums als Preis solchen Glücks begreifen gelernt hatte. Die erste Liebe zu ihnen und die Kenntnis ihrer Einmaligkeit verdankte ich Großvater – dem Welterfahrenen, den ich auf den Streifzügen durch ihr Wunderreich einmal das Wort von der »Majestät der Natur« sagen gehört und der mich gelehrt hatte, daß alle Dinge der Schöpfung in ihren abertausend Formen und Gesichtern der Ausdruck eines einzigen großen Willens sind, den wir »Gott« nennen. Er hatte nie darüber gesprochen, aber dies war die Lehre, die ich von ihm erhielt.

XV. KAPITEL

Die Entscheidung

Den Rücken gegen den Stamm des »Philosophen« gelehnt, legte ich die Mappe ins Gras, entnahm ihr das erste Blatt und begann zu lesen:

Die Entscheidung fiel auf dem Puerto de Tosas.

Hätte sich der Oberst auf der Paßhöhe zur Umkehr entschlossen, stünde ich heute nicht hier.

Auf dem sechseckigen Turm der Alcántara-Brücke an die warme Mauerbrüstung gelehnt, blicke ich über die versengte Hochebene nach Süden. Das Land ist bis zu den Gebirgszügen der Sierra del Castanar zu sehen. Im Anprall der Augustsonne flirrt die Luft. Vor meinen Fingerspitzen huscht eine Smaragdeidechse in den Schatten eines rissigen Steinquaders. Eine Zeitlang sehe ich ihre Zunge in Abständen aus dem Mund schießen. Dann ist sie weg.

Tief unter mir in der Felsschlucht am Fuß der alten mächtigen Stadtmauer blinkt das schwarze Wasser des Tajo. Wie ein Auge, denke ich, das mich anblickt.

Wen suchst du? schien mich der Fluß in den vergangenen Jahren zu fragen, sooft ich hier oben stand. Ich suche den Oberst Juan Carlos de Conderra, antwortete ich. Nein, ich suche sie alle, in deren Namen er damals, anno 1808, auf der ostpyrenäischen Paßhöhe die Entscheidung traf. Was weißt du darüber? fragte ich den Fluß. Du hast an deinen Ufern so unendlich viel gesehen: Was weißt du über die Flucht des Obersten und seiner Tochter Elvira Ana Maria? Hatte er den tollkühnen Plan schon während der nächtlichen Ritte vom Aguasvivas nordwärts gefaßt? Oder hetzte ihn die nackte Angst vor der Gefahr des Augenblicks? ...

Bald wird der Abend hereinbrechen. Er wird die Kühle der kastilischen Nacht über die verbrannte Erde der Meseta ausgießen. Noch stehe

535

ich hier oben im heißen Wind, der ums alte Gemäuer streicht. Er riecht nach der staubigen Trockenheit des Granits, aus dem sich die Stadt auf dem Bergfelsen über mir türmt.

Überall steigt dieser herbe Geruch hier aus den Felsencastillos und Alcázaren, die aus den steinigen Hochflächen zwischen den Sierras wachsen. Sie gleichen den harten, melancholischen Gesichtern der Menschen dieses Landes. Und immer wartet unter ihren Basteien und vor ihren Mauern der Tod ...

Seit wieviel Stunden stehe ich auf der Plattform des Brückenturms? Es ist mein Tag. Der Tag, an dem die Unrast in mir zur Ruhe kam. Ich will ihn mit der Aussicht vom Turm beenden. Wie schnell die Zeit vergeht! Schon nähert sich das Dunkel aus dem Osten. Es erklimmt langsam das helle Gebirge des Himmels. Mir ist auf einmal, als kämen mit den ersten Schatten scharf geschliffene Messer über die Meseta auf mich zugeflogen.

Ich denke an den Coronel de Conderra. An seine Entscheidung, zu reiten, zu reiten. Seit Tagen waren sie ihm wie Bluthunde auf der Spur. Er hielt die Fünfzehnjährige vor sich im Sattel. Das Blut an seiner Uniform war getrocknet. Es klebte verkrustet am Stehkragen, an den Goldknöpfen und an den himmelblauen Rabatten der Ulanka seines toledanischen Kavallerieregiments, das es nicht mehr gab. Es scherte ihn nicht. Er schrie in der Nacht auf die Pferde ein, die lange Zügelleine, an der die falbe Stute lief, am Sattel des Hengstes Saladin verknotet, Elvira, die einzige Überlebende der dreizehnköpfigen Familie vor sich. Er ritt um ihr Leben.

Erschlagen, niedergestochen, erschossen, erwürgt, erhängt die anderen. »Conderra?« hatte der kaiserliche Grenadierlieutenant gebrüllt, »Conderras seid ihr?«, und hatte als erste die Achtzigjährige niedergeritten, die dem anpreschenden Hengst des fremden Offiziers mit der Regungslosigkeit eines Steins entgegenblickte, aufrecht vor der Eingangspforte unter dem verblaßten Wappen der Castaldos stehend, den Kopf erhoben, bis die Vorderhufe des aufbäumenden Rosses sie niedergeworfen und niedergestampft hatten wie einen welken Grashalm – des Obersten Schwiegermutter Gräfin y Castaldo. »Conderras?« hatte der Lieutenant geschrien, seinen Hengst herumgerissen und im Staub des Schloßhofs die Reiter angetrieben, nach Belieben zu wüten, »Hört, Leute, es sind die Conderras! Hier also hält der Hund seine Brut versteckt!«

Die drei jüngeren Brüder des Obersten waren gefallen. Der jüngste während der ersten Minuten des Mai-Aufstands auf der Plaza de Oriente, als das Volk von Madrid vor dem Palacio Real im Feuer der Franzosen mit wütendem Geheul auf die ägyptischen Söldner in der Garde des Marschalls Joachim Murat losgestürmt war, der Achtzehnjährige hatte sich dem barfüßigen Haufen angeschlossen. Der zweite tags darauf, als die französischen Exekutionspelotons wahllos in die festgenommenen Aufständischen geschossen hatten, unter denen er sich befand. Zwei Monate später der älteste – Rodrigo, der klügste, angesehenste der Brüder – beim Sturm des Generals Castaños auf die Franzosenstellungen vor Bailén.

»Conderras seid ihr? Das Gezücht des Teufelsobersten, der uns zum Narren hält? Nehmt euch die Weiber, Soldaten! Bringt die Männer um! Hört ihr? Bringt sie alle um!« hatte der Lieutenant mit den enganliegenden weißen Hosen und den Konterepauletten der Kaisergarde wie von Sinnen gebrüllt und im Geschrei und Gezeter auf dem Schloßhof die fünf an die Mutter gepreßten Kinder des Obersten mit dem langen Kavalleriesäbel der Reihe nach erschlagen, als schlüge er junge Früchte vom Strauch – ehe er sich auf die Frau warf. Ein Bild von einer Frau, Ricarda Amalia Elvira y Castaldo, in deren nachtdunklem Haar, im kreolenfarbenen Teint und in der Augenform sich die arabischen Vorfahren zu erkennen gaben. Eine großäugige, im Augenblick des Todes flammende Schönheit, als sie dem kaiserlichen Lieutenant in blitzschnell zustoßender Bewegung mit den Daumen beide Augen aus den Höhlen drückte, bevor er ihr, vor Schmerzen aufkreischend, die halbe Säbelklinge in den Unterleib rammte ...

Reite, Coronel, reite, reite! denke ich auf dem Brückenturm unter Toledos Mauern, reite, reite! Sie sind hinter dir und deiner Tochter Elvira her! Du weißt, was dich und sie erwartet, wenn sie euch fangen. Zaudere nicht, reite! Keine Entscheidung in deinem Leben war richtiger als diese. Hattest du die Wahl? Es gibt immer nur die Entscheidung für das Leben ...

Wie muß der Oberst von Conderra geritten sein! denke ich. Vom Schlag der Hufe auf Fels und Geröll überallher der hämmernde Widerhall in den nahen Paß- und Talwänden. Es rauschte und schallte ringsum durch die Schwärze der Nacht in jenem Juli 1808, in die der Oberst die vor Müdigkeit und Angst erregten Tiere hineinhetzte ...

537

Nein, ich stünde heute nicht hier, wäre der Oberst Juan Carlos Francisco aus dem Geschlecht der Conderra, toledanischem Offiziersadel seit der Zeit des bei Jerez de la Frontera unter den Damaszenerschwertern der Araber um Leben und Land gekommenen Gotenkönigs Roderich, wäre der Oberst in jener Nacht nicht nordwärts geritten. Mit vor Erschöpfung zitternden, schäumenden Pferden. Den Arm schützend vor der Brust der fünfzehnjährigen Tochter. Stumm, weich und angespannt, wie ihre Mutter großäugig, lag sie in der Umklammerung des Vaters. Der trieb die Rosse in die Finsternis der Bergnacht hinauf. Mit heiserer, zerrissener Stimme. Kein Lebewesen weit und breit, das je wird Auskunft geben können darüber, ob es die Befehlsschreie eines Antreibers oder die Angstschreie eines Gejagten waren. –

Vor einem knappen Monat bin ich über den Paß, den sie Puerto de Tosas nennen, nach Süden gekommen. Es sind hundert Jahre her seit des Obersten Flucht mit Elvira. Ich habe mir in den Felsen jeden Saumpfad angesehen. Ich bin auf den im Stein noch kenntlichen Kehren der alten Paßstraße in die Schluchten der Sierra del Cadí hinabgestiegen. Unzählige Male habe ich überlegt, wo der wahrscheinliche Übergang nach Norden, nach Mont Louis, ins Tal der oberen Têt führt, nein, vor hundert Jahren führte.

Bevor ich in die Ostpyrenäen hinaufgestiegen war, hatte ich mich aus dem gleichen Grund eine Woche lang auf der französischen Seite in einem Tal unter dem Col de la Perche aufgehalten. Bei den zwei alten Hirten François und Jean Corbet. Der löwenmähnige François ist hundertdrei, sein jüngster, kahlköpfiger Sohn Jean zweiundsiebzig Jahre alt. Wir leben, hatten sie mir gesagt, »de temps immémorial« unter dem Col de la Perche ...

Ich suche den Oberst de Conderra und seine Tochter, antworte ich dem Wasser des Tajo, das aus der Schlucht am Fuß des Brückenturms im Abendlicht schwarz zu mir heraufschaut, als erwiderte es meine Blicke. Der Oberst Juan Carlos Francisco de Conderra – dies steht fest – war vor hundert Jahren, im Monat Juli jenes denkwürdigen Jahres 1808, in den Südausläufern der Sierra de Cucalón mit seinen Freischärler-Schwadronen am Flüßchen Aguasvivas den Fremden in die Falle gegangen. Als der siebzehnjährige bucklige Alonso, der nie von seiner Seite wich, aufschrie und in die Felsen zeigte, wo die Uniformen der Reiter des Generals Fleuront blau leuchteten, war es zu spät. »Viva la libertad!

*Muertes a los gabachos!« brüllend und aufrecht in den Steigbügeln ste-
hend, war der Oberst durch die Schluchtsohle geradewegs in den Ge-
schoßhagel der französischen Eskadronen hineingeprescht. Befehle
schreiend, dazwischen das »Viva la libertad!« auf den Lippen, das den
Befehlen wie Peitschenhiebe folgte.*

*Das Treffen war den Spaniern zum verheerenden Gemetzel gewor-
den. Denn seit Stunden hatten sich die Fleuront-Kavalleristen, durch
eine Abteilung berittener Feldkanoniere und eine halbe Eskadron der
von Napoleon geliebten polnischen Lanzenreiter verstärkt, in unein-
nehmbaren Schußnestern verschanzt und gewartet. Wohin immer der
Oberst seinen schwarzen Hengst mit der auffallenden Silbermähne herumgerissen hatte, hinter den pausenlos aufquellenden Rauchwölkchen
waren ihm überallher die Gewehr- und Feldkanonensalven entgegenge-
flogen und hatten seine Leute niedergestreckt. Kaum einer war aus dem
Talkessel entkommen. Kaum einer der dreihundert Reiter – blutjunge
Kadetten, Bauern und Hirten, ruppiges, widerspenstiges Berg- und
Hochlandvolk. Verwegene Desperados, unter der napoleonischen Herrschaft zu haßerfüllten Franzosenfeinden und wilden Guerrilleros geworden, die zwischen dem Golf von Cádiz und dem Kantabrischen Gebirge vor keiner Grausamkeit zurückschreckten, rebellisch, zur wilden
Auflehnung bereit, wie er, der demselben steinigen Boden entsprossen
war. »Viva la libertad!« hatten sie zusammen mit ihrem Oberst gebrüllt,
der sich bald nach links, bald nach rechts geworfen hatte, den Säbel in
der Faust mit der Todesverachtung kämpfend, die sie an ihm kannten.
»Fangt ihn!« waren die Schreie der französischen Offiziere dazwischen
zu hören gewesen, »le diable de Conderra!« …*

*Reite! denke ich im Abendwind auf der Plattform des Turms am Ein-
gang dieser unfaßbaren Stadt Toledo, an der die Römer, die Westgoten,
die Spanier, die Juden und mehr als alle anderen die Araber bauten, um
alles in der Welt reite, Oberst! Wenn sie dich fangen, sind die Qualen
der Tode deiner dreihundert Männer am Aguasvivas nichts gegen das,
was dir bevorsteht, ist die Schändung deiner Frau nichts gemessen an
dem, was sie deiner Tochter antun werden. Reite, reite, reite! Denk nicht
zurück. Woran schon hättest du zu denken? Bei dem Gemetzel am Aguasvivas hast du bis auf drei, vier alle deine Männer verloren. Als hätten
es die fremden Dragoner auf die Bauern, Eselstreiber und Kadettenbüb-
chen abgesehen und nicht allein dir ans Leben gewollt. Weiß Gott nicht*

auf ihren, nein, auf deinen Namen hatte Napoleon den Steckbrief aus-
stellen lassen, dich und nicht deine Rebellen hatte der eiskalte Fouché
dem Empereur versprochen. »Tot oder lebendig«, soll der Kaiser seinen
Polizeiminister angefahren haben, »ich will diesen Spanier haben, der
mir an der Spitze seiner zerlumpten andalusischen Ziegenmelker und
des verdammten adeligen Kadettenpacks die Vorhut meiner herrlichen
gardes du corps bei Saragossa niedermachte! Ist das der Dank dafür,
daß ich ihnen die Inquisition und die feudalen Privilegien vom Halse
schaffte?«

Nun waren sie am Aguasvivas verblutet. Die verhöhnten Schweine-
hirten aus den Eichenwäldern der Estremadura. Die Olivenbauern von
den Adelsgütern in Andalusien. Die Fischer aus den Dörfern der Costa
Blanca und der Costa del Azahar. Die Fallensteller und Jäger aus der Si-
erra Ronda. Die kleinen Obst- und Gemüsehändler aus Valencia und Se-
villa. Die Handwerker aus Valladolid. Und ihnen zur Seite die sechzehn-
jährigen Sprößlinge der ersten Familien Kastiliens. Mit verzerrtem Ge-
sicht aufschreiend. Stumm kopfüber in die Steine stürzend. An die
Gewehrläufe der Franzosen geklammert. Einer nach dem anderen.
Einer über den anderen. Jungen Bäumen gleich, die der Sturm in Scha-
ren umwirft, hatte es sie in jenem Bergkessel zwischen Felsbrocken und
Steinen niedergestreckt. Den Sohn neben dem Vater. Den Enkel unter
dem Großvater. Und eine Kartätsche hatte ihm den Körper des sieb-
zehnjährigen Alonso mit abgerissenem Schädel vom Pferd weg genau an
die Brust geschleudert. So als hätte sich der Junge dem Mann hilfesu-
chend in die Arme geworfen.

Der Oberst hatte in verzweifelter Wut den Hengst vor jeden gerissen,
den er im Handgemenge in Gefahr sah. Unbegreiflich, daß ausgerech-
net er, auf den die Napoleondors des Kopfgeldes ausgesetzt waren, le-
bend aus dem Talkessel in der Sierra de Cucalón entkam – vom Schlag
mit dem Kolben einer leergeschossenen Muskete quer über den Hinter-
kopf betäubt, besinnungslos in den Zügelriemen vom Sattel hängend,
während der Hengst Saladin in kopfloser Flucht mit ihm durch die Tal-
sohle davonstob, über die Toten, die Geschütze und die Reihen der feu-
ernden französischen Dragoner und Kanoniere hinweg dem Talausgang
zu, in die von Nebelschleiern gefüllten Mulden und Senken der Hoch-
ebene hinaus. Dort war ihm der Wolkentag mit dem weithin verstreu-
ten und verwehten Dunstgebräu zur Rettung geworden.

Als der Oberst de Conderra aus der Ohnmacht erwachte, in den ver-
knoteten Zügelriemen ans Roß gefesselt, von dem er kraftlos kopfunter
herabhing, sah er vor sich im dichten Frühnebel die falbe Tragstute stehen, die Ledersäcke mit den Silber- und Billonreales, den Goldnapole-
on- und den seltenen Louisdors auf dem Rücken. Er hatte die Münzen
vor einer Woche dem Train der Division Fleuront in einer seiner blitz-
artigen Attacken abgejagt, sein Name war durch den Überfall erst recht
zum Schrecken der Franzosen geworden. Er wand sich unter Kopf- und
Nackenschmerzen aus den Riemen und fiel auf den steinigen Boden. In
den Schwaden der Morgendünste lag er mit angehaltenem Atem zwischen bemoosten Felsklötzen in Disteln und Thymian. Die Rufe und Flüche der suchenden Franzosen über, vor und hinter sich. Eine Ewigkeit
lang. Als hätten sie die Lage begriffen, standen die Pferde mit hochge-
reckten Ohren still neben ihm. Er war nicht einmal verwundet. Das
Blut, das ihn über und über bedeckte, stammte vom zerfetzten Alonso.

O nein, den Coronel de Conderra hatten sie auch damals nicht bekommen. Über den anderen kreisten in der Glut der steigenden Julisonne die Geier. Am Ufer des Auguasvivas. Am Wasser des Lebens, am Wasser des Todes.

Er hatte den ganzen Tag in der Felsenmulde ausgeharrt, sich in der
sinkenden Nacht auf den Hengst hinaufgezogen und den Langzügel der
Stute am vorderen Sattelzwiesel befestigt. Dann war er nordwärts auf
den Ebro zugeritten. In Richtung Saragossa. Frierend. Von Fieber-
schauern geschüttelt. Hungernd. Ausgelaugt. Ausgebrannt. Jede Sekunde am Ende der Kraft. Durch verwüstetes Land, in dem der Aufstand
gegen die dreimal verfluchten Fremden tobte. Durch menschenleere
Dörfer, an deren Hoftore die Bauern die Gliedmaßen zerstückelter
Franzosen genagelt, an Windmühlen vorbei, an deren Flügelsprossen
die Franzosen dutzendweise Bauern erhängt hatten.

Im Morgengrauen des dritten Tags erblickte der Oberst das Schloß
Castaldo, den Wohnsitz der Schwiegereltern, wohin er die Familie nach
dem Ausbruch der Revolte gebracht hatte, um sie aus den Gefahren des
an allen Ecken brennenden Kastilien herauszuhalten. Durch die Allee
der dicht beieinander stehenden Oleanderbüsche, an deren Ende die
weiße Schloßfassade am Berghang sichtbar wurde, stiegen die Pferde
langsam hinauf. Auf der Anhöhe zeigte sich kein Leben. Als dann der
englische Vollbluthengst Saladin ermattet auf dem Kieshof fünf Schrit-

te vor der Schloßtreppe hielt, saß der Oberst mit entstelltem Gesicht im Sattel. Er war zu keiner Bewegung fähig. Erst nach Minuten half er sich mit stockenden Griffen aus den Steigbügeln. Er stand minutenlang starr neben den Pferden – ehe er im Hof, in den Vorhallen und Räumen des Schlosses über die Leichen seiner Familie hinwegtrat. Im Keller stieß er zwischen etlichen von den Mägden zum Säubern der Wege aufgeschichteten Binsenbündeln auf die kauernde, leise wimmernde fünfzehnjährige Elvira. Sie war der einzige Mensch, der das Massaker überlebt hatte. Das Kind erblickte den blutverschmierten Mann. Es schrie und kroch verängstigt auf allen vieren in die Binsenstauden hinein.

So kam es, daß in dieser ersten Stunde der Einkehr auf Castaldo des Obersten Juan Carlos Francisco de Conderra Haar weiß wurde wie die in der Julisonne von der Anhöhe weit ins Land hinaus leuchtende Schloßfassade ...

Turmhoch über dem dunklen Tajowasser, das schlangengleich den Felsberg umgleitet, auf dem sich die Stadt erhebt, denke ich im Halbdämmer des Abends: Was nützte es ihm, daß er der Metzelei am Aguasvivas entgangen war? Was bringt es einem Mann wie dem dreiundvierzigjährigen weißhaarigen Oberst, der mit dem Schrei »Viva la libertad!« den Hengst Saladin in die feindlichen Mündungsfeuer hineingejagt hatte, sein Leben gerettet zu haben, wenn er hier die einunddreißig Toten sehen muß, unter denen sich seine Familie befindet? Der sich hinfort in jedem Augenblick seines Lebens sagen wird, daß niemand anders als er sie aus Toledo hierher brachte, um sie vor Schaden zu bewahren?

In den darauffolgenden Nächten begrub Conderra die dreizehn Familienmitglieder auf dem Hügel hinter dem Schloß. Die anderen ließ er liegen und hängen, wie die Franzosen sie in den Tod geschickt hatten, für sie reichte seine Kraft nicht mehr. Währenddessen lag die phantasierende Elvira, die Letzte des Geschlechts, im abgedunkelten Zimmer und schrie auf, sooft er behutsam die Tür öffnete. »Pobre hija mia«, flüsterte der Weißhaarige mit dem versteinerten Gesicht, das die Farbe der Meseta angenommen hatte. Er beugte sich über das Mädchen, »Ich bin's, dein Vater«. Aus den zu Latten zurechtgeschnittenen Pinienhölzern, die er im Wirtschaftsraum der erschlagenen Knechte fand, zimmerte er dreizehn Kreuze. Er trieb sie in die Steinhaufen, die er über den Toten errichtet hatte. Das letzte und größte zwischen die Steine, unter denen seine Frau Ricarda Amalia Elvira lag, die Mutter seiner sechs Kinder, *von denen noch eins lebte. Im Trockengras am Rand des Schloßhofs sank er in einen wirren Schlaf. Er erwachte kurz vor Mitternacht und richtete sich langsam auf.*

Als er im Mondlicht vor den Steingräbern neben dem alten Ölbaum mit dem von einem Blitzeinschlag zerfetzten felsenartigen Stamm stand, bis in die Seele hinein ermattet, trat aus dem Dunkel Elvira neben ihn. Er erschrak, da er sich des Gefühls nicht erwehren konnte, eine der Toten sei auferstanden. Das Gesicht, in das er im nächtlichen Licht starrte, erinnerte ihn zum ersten Mal an das Gesicht seiner Frau, der Condesa y Castaldo, die er einst nicht nur wegen ihrer mit Zügen einer sarazenischen Vorfahrin ausgestatteten Schönheit geliebt und verehrt hatte.

»Mein verehrter Vater«, sagte Elvira und griff nach seiner Hand, »wir werden ihnen in unserem Herzen ein würdiges Andenken bewahren.« Sie strich ihm mit den Fingerspitzen vorsichtig über die Wangen und küßte ihn auf das weiße Haar über den Schläfen. Erst jetzt, als ihm die Veränderung bewußt wurde, die in den letzten Stunden mit ihr vor sich gegangen war, brach das ganze Ausmaß seines Jammers auf, und es war, als schwemme eine übermächtige Kraft einen Damm in ihm hinweg. Während sich die Gerüche von der sommerlichen Meseta her in die Düfte der Mancha mischten und im leichten Nachtwind über die Anhöhe mit dem verödeten Schloß strichen, legte er das nasse Gesicht auf die Schulter der Tochter – der Doña Elvira Ana Maria de Conderra y Castaldo, die seit dieser Nacht kein Kind mehr war.

Schon eine Viertelstunde später brachen sie nach Norden auf. In allerletzter Minute. Denn vom Hügelkamm im Rücken des Schlosses aus, den sie soeben erreicht hatten, erkannte der Oberst die Fackeln des Suchkommandos der Kavalleriedivision Fleuront. Aus dem Tal kommend, schwenkten sie in die Allee vor dem Schloß ein. Der Oberst gab sich einen Ruck. Er schüttelte das letzte Schaudern ab. Mit zwei kurzen Pfiffen und einem Schrei trieb er die Pferde zu scharfem Galopp an. Geradewegs in die Talflanke der ersten Bergkette hinauf. –

Bei meinen Nachforschungen habe ich herausgefunden, daß in dieser Nacht ein etwa sechzigjähriger schwerhöriger Mann in Begleitung dreier gepflegter junger Männer in dem unweit des Schlosses gelegenen Dorf Fuentetodos eintraf. Der Mann war vornehm gekleidet. Er trug einen schwarzen Halbzylinder, ein weißes seidenes Jabot auf hellgelbem

543

Baumwollhemd, dazu einen langen schwarzen Gehrock aus feinstem englischen Tuch und Kniehosen von blauem Samt. Seine Begleiter bemühten sich mit Zeichen der Ehrerbietung um ihn, der zu kränkeln schien. Sie halfen ihm aus dem Sattel und führten ihn zur Pforte des ländlich einfachen Hauses, vor dem sie die Pferde angehalten hatten. Der Wirt und Hausbesitzer, ein untersetzter Glatzkopf mit einer Knollennase, verneigte sich sehr tief vor dem Gast und führte ihn ins Haus. »Es ist alles noch so wie in den Tagen Ihrer Eltern«, sagte er. Der Gast blieb in dem vorbereiteten Zimmer stehen und sah sich mit einem Kopfnicken um. Wie jetzt im Lichtschein der Tischlampe mit dem fingerdikken Docht zu erkennen war, standen die Züge des breiten Gesichts und die vollen Lippen in eigenartigem Gegensatz zu den Augen – von schweren Lidern halbverdeckt, blickten sie ernst, kühl und, obschon leicht entzündet und getrübt, aufmerksam in die Runde. Einem der jungen Leute, der mit einer großen, flachen Holzschachtel und einem zusammengelegten Gestell wartend an der Tür stehengeblieben war, nickte er langsam zu und zeigte mit dem Kinn auf eine Zimmerecke, in die der junge Mann die Gerätschaften trug. Danach machte er ein knappes Zeichen mit den Händen und gab so zu verstehen, daß er allein gelassen zu werden wünschte. Dabei waren die auffallend nervigen Handrücken deutlich zu sehen, aus ihrer kraftvollen Bündelung sprachen Energie und die Fähigkeit zu starker Leidenschaft. »Oui, maître«, sagte der junge Mann. Mit einer Verbeugung zog er die Tür hinter sich zu, seine beiden Gefährten und den Wirt hinausdrängend.

Als der Alleingebliebene den Hut vom Kopf nahm, fielen ihm die vollen Haare bis auf die Wangen hinab; sie waren gleichmäßig ergraut. »Fuendetodos, Fuendetodos«, murmelte er einige Male, während er sich entkleidete und auf das breite Holzbett legte, »mein altes vergessenes unvergessenes Fuendetodos.« Er schlief bald ein. Er erwachte erst, als der Morgen graute. Unter dem Fenster krähte ein junger Hahn, den er aber nicht hörte.

Beim Frühstück aus Ziegenmilch, einer Handvoll Feigen und einem Fladen Hartbrot, das der Hausbesitzer nebst einem Steinbecher Vino tinto aufgetischt hatte, nahm der Gast wahr, daß der Wirt ununterbrochen mit geschwätziger Mitteilsamkeit auf ihn einredete. Eine Zeitlang blickte er ihm gespannt auf die Lippen, dann winkte er kopfschüttelnd einen der drei jungen Leute herbei, der ihm auf ein Blatt Papier in Stich-

worten die Botschaft des Wirtes notierte: Vor drei Tagen, entzifferte der
Speisende die knappe Niederschrift und setzte dabei die hölzerne Milch-
schale ab, die er gerade zum Mund gehoben hatte, vor drei Tagen, war
da zu lesen, hätten französische Reiter die ganze Sippe der Conderra
und Castaldo, dazu die Diener, die Knechte und Mägde niedergemacht.
Das Schloß stünde seither leer. Niemand wage es, sich ihm zu nähern.
Aus der Ferne erkenne man die Erhängten an den Bäumen und auf
Stangen einige abgetrennte Menschenköpfe.

Im Zimmer war es totenstill geworden. Der Gast schob das Papier
von sich und aß mit starrem Gesichtsausdruck weiter.

War er einen Ton blasser geworden? Machte das ungewisse Morgen-
licht, das durch die kleinen Fenster fiel, sein Gesicht totenbleich? Ruck-
artig erhob er sich und ordnete an, sofort zum Schloß gebracht zu wer-
den, was nicht nur den Wirt, sondern auch die drei Begleiter zu er-
schrecken schien. An die jungen Leute gewandt, überbot sich der Wirt
in der Schilderung der Gefahren, denen sich der »maestro« aussetze,
falls er sich dem Schloß nähere. In den vergangenen Nächten sei dort ein
sonderbar unheimliches, nicht zur Ruhe kommendes Leben zu verspü-
ren gewesen. Ja, rief er aus, allein schon der beschwerliche Weg mit der
Karosse von Madrid nach Saragossa und dann zu Pferd hierher sei bei
allem Respekt vor der Verbundenheit des »maestro« mit dem ehemali-
gen elterlichen Anwesen in Fuentetodos und bei allem Schutz, den die
Krone dem Reisenden angedeihen lasse, in diesen schrecklichen Zeiten
ein Wagnis ohnegleichen gewesen. Dies letzte Stück aber berge tausend
Bedrohungen, sagte er. Doch der Gast, schwer und regungslos im Zim-
mer stehend, im Blick ein unruhiges Zittern, gab mit leiser Stimme die
Anweisung zum Satteln der Pferde; das Gejammer des Wirtes, der hän-
deringend hinter ihm stand, hörte er nicht. Er setzte den Steinbecher ab,
aus dem er mit einem langen Zug den Rest des starken Rotweins getrun-
ken hatte, und stellte ihn auf den Tisch. Dann sagte er zu seinen Beglei-
tern: »Die Mappe mit den Blättern. Fünf, sechs Schachteln Kohlestifte.
Nehmt für alle Fälle die Feldstaffelei mit.« Ohne ein weiteres Wort trat
er ins Morgenlicht hinaus, das zögernd in die Winkel der leeren,
schmucklosen Dorfstraße einsickerte. Die Gewähltheit seiner und seiner
Begleiter Kleidung, als sie die Straße hinaufritten, wirkte befremdend,
ja ungehörig. Im Dunst der Ferne leuchtete auf einem der Hügelhänge
gespenstisch die weiße Vorderfront des Schlosses Castaldo vor ihnen.

Der Maler Francisco de Goya y Lucientes, vor kurzem zweiundsechzig Jahre alt geworden, war damals der angesehenste Künstler Spaniens. Ein Freund der Franzosen – ein »afrancesado«, ein Französling, wie das Volk sagte –, war er den Fremden aus dem Norden der Erlesenheit ihrer Sitten und ihrer Kultur wegen wie mancher Spanier bewundernd zugetan, denn er hatte sich von den Ideen ihrer Aufklärung für sein Land, für dessen Wissenschaften, Künste und gesellschaftliche Umgangsformen, vielerlei Gewinn versprochen. Was er nun im Schloßhof von Castaldo sah, erschütterte seine Vorstellungen bis in die Wurzeln.

Den ganzen Tag verbrachte Goya zeichnend und skizzierend in der Umgebung des Schlosses. Er verweigerte jede Nahrung, jede Erfrischung, die ihm von seinen drei Begleitern angeboten wurde. »Grande hazaña! Con muertos!«, »Große Heldentat! Mit Toten!«, schrieb er höhnisch auf eines der drei Blätter, auf dem er verstümmelte und zerfetzte, an einen Baum gebundene aufgespießte Männergestalten mit wenigen Strichen festgehalten hatte. »Ni por esas«, »Nicht einmal diese«, notierte er bitter auf ein anderes Blatt, das unter einem düsteren Torgewölbe französische Uniformierte zeigte, die zwei jungen Frauen Gewalt anzutun im Begriff standen. Im Vordergrund neben der einen ihr erschlagener Säugling. Im Hintergrund der Turm der Schloßkapelle.

Goyas Begleiter zitterten beim Anblick dessen, was sie sahen; er kümmerte sich nicht darum. Er hockte bald auf einem Stein, bald auf einer Gartenbank, die Blätter auf den Schenkeln und Knien. Noch nie hatten sie ihn so gesehen. Einen Schritt nach links, dann nach rechts tretend, musterte er drei nackt auf die Baumäste gespießte Männerleichen, um die Tausende von Schmeißfliegen schwirrten. Dann betrachtete er scheinbar teilnahmslos den Körper des toten dreijährigen Kindes im Staub vor dem überwölbten Eingang zum Wirtschaftshof, trat einige Schritte vor, dann wieder zurück. Umständlich suchte er jedesmal den wirkungsvollsten Blickwinkel, ehe er ein neues Blatt aus der Mappe forderte, die der älteste seiner Begleiter, der dreiundzwanzigjährige Ignacio Esteban, unter dem Arm trug. Schweißtropfen auf der Stirn, stand er in der glühenden Mittagssonne, mit schnellen Strichen fuhr der Stift über das Papier, sprang nach oben, nach unten, schraffierte und skizzierte Umrisse. Die Staffelei blieb unbenützt.

Nein, noch niemals hatten die drei ihn, den Verwöhnten des Madrider Hofs, den vom Hochadel umschwärmten und gefeierten Mann der

Akademien und Salons so erlebt. Sie standen im Schatten der Zypressen und Steineichen am Rand des Schloßhofs und sahen ihm ratlos zu. Cristobal, der jüngste, hatte sich erbrochen, er weinte vor sich hin. Tomás redete flüsternd auf ihn ein. Währenddessen stand Goya mit zusammengepreßten Lippen zwischen den Toten und zeichnete wie im Fieber. Das nasse Haar klebte ihm am Nacken und an der Stirn.

Als sich der Tag neigte, war etwas an ihm, das den drei jungen Leuten das Empfinden gab, sie stünden vor einem Mann, den sie bisher nicht gekannt, nicht einmal geahnt hatten. Die weiche Genügsamkeit des erfolg- und ruhmgesättigten Lebens, die ihm in ihren Augen angehaftet hatte, war einer Härte gewichen, deren Ausstrahlung sie schaudern machte, weil sie ihnen gefühllos erschien. Dann hörte er plötzlich auf zu zeichnen, setzte sich auf eine Steinbank, wischte sich mit beiden Händen langsam übers Gesicht und verbarg den niedergebeugten Kopf lange in den Handflächen. Er blickte die drei jungen Männer der Reihe nach in einer Weise an, als seien sie zu Schatten eines vorausgegangenen Lebens geworden.

Nach Fuentetodos zurückgekehrt, ordnete Francisco de Goya den sofortigen Aufbruch an. Es ist der Beginn des Wegs in ein anderes Leben, dachte Ignacio Esteban. Er half Goya in den Sattel. Des glanzlosen Wegs abseits der Städte, Paläste und Salons durch das gequälte, blutende Land, das sein Land ist. Ohne das er niemals hatte sein wollen. Ein Land, das die Segnungen ablehnt, die ihm die Fremden brachten, das einzig und allein die Freiheit begehrt, das zu sein, was es ist: Spanien. Und das dafür zu allem bereit ist. »Desastres de la Guerra«, »Schrecken des Krieges«, hatte Goya auf das erste der Blätter geschrieben. Noch heute meine ich beim Betrachten der Zeichnungen inmitten »wilder Tiere« zu stehen, wie eine von ihnen heißt. –

Als der Oberst damals im Nachtdunkel nach halsbrecherischem Ritt durch das Segre-Tal bergan auf einem der ersten Höhenrücken östlich des Fürstentums Andorra angekommen war, hatte er nach dreistündiger Jagd die Verfolger abgeschüttelt. Gott und die Welt verfluchend, hatte der Kommandant der Eskadron, der spindeldürre Capitain Lacomte mit dem herrischen Raubvogelgesicht, den Fangschuß auch für das dritte Pferd befehlen müssen, das mit gebrochenem Kötengelenk am Rand einer abschüssigen Geröllhalde liegen geblieben war. Die Finsternis war zu solcher Schwärze geronnen, daß auch das Fackellicht im unwegsamen Gelände kein Weiterkommen mehr ermöglicht hatte. Die Verfolgung war sinnlos geworden. Endgültig hatte sich jeder Gedanke daran verboten, als die Lichter nacheinander ausfielen. Dabei war Lacomte dem Oberst einige Male so dicht auf den Fersen gewesen, daß er dessen Rufe und die Hufschläge der zwei Rosse deutlich über sich gehört hatte. »Maudit! Peste!« hatte er geflucht und »Au diable!« geschrien, als die Laute über ihm wieder vom Dunkel verschluckt worden waren.

Obwohl ihm die Jagd durch die Bergnacht bei jedem Schritt zum Verhängnis hätte werden können, hatte der Oberst die Pferde pausenlos angetrieben. Das erregte Schnauben und das Zittern der Leiber zeigten die Anstrengung an, denen er sie aussetzte. Doch erst als sie zwischen Mitternacht und Morgengrauen den Gebirgsgrat westlich des Puigmal erreicht hatten, gönnte er sich, Elvira und den Pferden eine Rast. Gleichzeitig war ihm bewußt, daß er trotz der gebotenen Eile nichts überstürzen durfte. Er wußte, daß er diese Verfolger zwar abgeschüttelt hatte, daß aber andere auf ihn warten würden. Doch er wußte ebenso, daß er sich für die Entscheidung, die ihm bevorstand, Zeit nehmen mußte. Er war entschlossen, sich die Zeit zu nehmen. Es galt, alles noch einmal zu überdenken und abzuwägen. Und hier oben, auf dem schmalen, steinigen Höhenrücken, auf dem Paß, als die Mondscheibe über den nach der französischen Seite hin erstreckten Bergkämmen sichtbar wurde – hier sollte der Grande dann die Entscheidung seines Lebens treffen.

Er ließ Elvira behutsam zur Erde gleiten, nachdem er eine Zeitlang im Sattel verharrt und angestrengt in die Schwärze der Täler hinabgelauscht hatte, aus der sie gekommen waren. Er stieg vom Pferd und band die unter den Brust- und Bauchriemen nassen, zwischen den heißen Schenkeln von flaumigem Weiß bedeckten Tiere umständlich an den armdicken Stamm einer verwitterten Krüppelföhre; er hüllte Elvira, die während des ganzen Ritts kein Wort gesagt hatte, in seinen Mantel und bettete sie zwischen den Steinen. »Schlaf, tesoro mio, mein Schatz«, flüsterte er, »la virgen nos ayudará, unsere hilfreiche Jungfrau, beschütze dich, durch ihre Gnade sind wir hier in Sicherheit.« Er lud die schweren Ledersäcke von der Stute und wischte ihr und dem Hengst Schaum und Nässe von den Flanken. Erst danach setzte er sich, das Gesicht talwärts gekehrt, zu Füßen der Pferde nieder. Den Rücken gegen den kurzen und krummen Stamm einer Föhre gelehnt, die beiden Pistolen rechts und links auf der Erde neben sich, schlief er in der nächtlich kühlen Höhenluft nach wenigen Minuten ein.

Nein, die Nacht war nicht zu Ende.

Denn kaum hatte der Oberst die Augen geschlossen, als ihn Saladins Schnauben weckte. Die Erregung des Tieres teilte sich ihm sofort mit. Habe ich sie also doch nicht abgeschüttelt, war sein erster Gedanke. Mit beiden Händen griff er nach den Pistolen. Er kniete zwischen den Pferden, in Erwartung des Überfalls der Lacomte-Truppe entschlossen, sich und seine Tochter zu erschießen, ehe die Franzosen heran waren. Das Dunkel war von solcher Dichte, daß er die eigenen Hände nicht sah. Außer dem Schnauben Saladins, dem trockenen Klirren, sobald eins der tänzelnden Tiere mit dem Huf gegen einen Stein stieß, und dem eigenen Atem hörte er nichts. Er richtete sich auf und trat, die Waffen in den halb erhobenen Händen, näher an den Hengst heran. Er redete besänftigend auf ihn ein. Dazwischen rief er zweimal leise den Namen seiner Tochter und befahl ihr, hinter ihn zu treten. In diesem Augenblick schob sich der Mond über einen Bergkamm. In Sekunden wurde es hell. Auf dreißig Meter Entfernung erkannte der Oberst die Wölfe. Elvira hatte seinen Ruf nicht gehört. Sie schlief.

Ein Feuer anzünden? dachte er rasch. Das verbietet die Nähe der Franzosen. Die Pferde, die das Rudel anlockten, laufen lassen? Das bedeutet das Ende der Flucht. Auf die Wölfe schießen? Es brächte bei dem Büchsenlicht nichts und verriete zudem unseren Standort. Wenn ich keinen Fehler mache, werden sie nicht angreifen. Es war einen Augenblick so still, daß er hinter sich die Fünfzehnjährige atmen hörte.

Saladin und die Stute ließen sich nicht beruhigen. Der Hengst warf den Kopf mit zurückgelegten Ohren hoch und schnaubte in die Richtung, in der die Wölfe vor den hellen Felsen zu sehen waren. Kurz danach begann das Rudel, die Flüchtenden zu umkreisen. Angespannt bis in den letzten Nerv, verfolgte der Oberst ihren Weg. Sie sind ausgehungert, dachte er, der Krieg im Land hat sie in die Berge heraufgetrieben. Auch die Hirten trieben ihre Schafherden herauf, um sie vor den Fremden in Sicherheit zu bringen, die hungrigen Wölfe folgten ihnen. Lautlos bewegte sich das Rudel vor ihm durchs wechselnde Nachtlicht. Er erkannte die Tiere vor den Felsen und schon im Augenblick darauf ihre Umrisse vor dem Mondhimmel. Er zählte zwölf, während er ununterbrochen mit halber Stimme beruhigend auf Saladin einredete. Er stand

jetzt halb vor den beiden aufgebrachten Pferden. Es vergingen zehn Mi-
nuten, als plötzlich, ohne daß er die Annäherung wahrgenommen hätte,
der Leitwolf schrittweit hinter ihm auftauchte. Er hatte sich soeben um-
gewendet, um nach Elvira zu sehen. Gleichzeitig stürmten drei Wölfe
von der Seite heran. Nicht schießen! dachte der Oberst. Er sprang mit
erhobenen Armen an den Pferden vorbei auf den Rüden zu. Der Wolf
war schwarz und hatte im Mondlicht schwefelgelbe Augen. Neben ihm
stieg der Hengst mit schlagenden Hufen gegen die Angreifer empor. Wie
Schatten tauchten die Wölfe ins Dunkel. Einige Minuten stand der
Oberst heftig atmend hinter den Pferden. Danach war er so erschöpft,
daß er auf die Knie fiel. Die Pistolen noch eine Zeitlang in den erhobe-
nen Händen, sank er zur Seite. Er schlief sofort ein.

Als er eine halbe Stunde später aufschreckte, die Pistolen immer noch
in den Händen, wußte er nicht, ob er geträumt oder ob er die Wölfe ge-
sehen hatte. Dicht über der Felsenspitze des Puigmal schwebte der er-
blassende Mond. Der Oberst zitterte am ganzen Körper. Eine Stunde da-
nach weckte er Elvira. Vor ihnen zeichnete sich gegen den graublauen
Morgenhimmel die Anhöhe des Puerto de Tosas ab – ungefüges Gestein
gleich Fäusten vor dem Himmel.

Ich werde ein Versteck suchen, und wir werden hier oben auf die
kommende Nacht warten, überlegte der Oberst. Bei Tageslicht ist jeder
Schritt lebensgefährlich. Erst im Dunkel werden wir uns wieder aufma-
chen. Wir müssen über Mont-Louis ins Roussillon hinab, an der Ille-sur-
Têt vorbei ostwärts bis zur Küste. Dort über Perpignan hinaus bis in eins
der Schmugglernester am Golfe de Lion … Napoleons Leute werden
überall sein.

Da sah er, daß sich seine Tochter bewegt und mit einer schnellen Be-
wegung aufgerichtet hatte. »Mir träumte von Wölfen, Papa«, sagte El-
vira leise und erhob sich, »werden sie wiederkehren?« »Wir müssen auf
sie vorbereitet sein«, antwortete der Oberst, »sie werden wiederkehren.
Sie tun es seit jeher. Wir müssen immer auf sie vorbereitet sein. Niemand
vermag Ort und Stunde ihrer Wiederkehr vorauszusagen …« Ich werde
ihr meine Entscheidung mitteilen, dachte er und wandte sich ihr zu. Er
bat sie, näherzutreten.

Er tat es ohne Umschweife. »Ich habe die Entscheidung erst hier oben
getroffen«, sagte er, »ich wünsche mir, du würdest verstehen, daß ich
mich nicht in eine Lage gedrängt sehe, in der ich mich unter Zwang

fühle und unfrei handle …« Er bat sie dringend, dies zu bedenken, er halte es für wichtig. »Wir können jetzt ebensogut wieder nach Kastilien zurückreiten«, fuhr er fort, »und ich kann wie bisher gegen die Franzosen kämpfen. Ich weiß, du würdest mich ohne Zögern begleiten, denn ich kenne dich als furchtlos … Aber wir werden es nicht tun. Vielmehr«, sagte er bestimmt, »werde ich dich – erschrick nicht – zu deinem Vetter Miguel García de Ribeira bringen, der nach dem Tod seiner frühverstorbenen Eltern dem Wunsch der österreichischen Mutter gemäß in die Armee des Hauses Habsburg eintrat. Du weißt, daß er in einer der östlichen habsburgischen Grenzgarnisonen Dienst tut …« Der Oberst schwieg, ehe er abschließend sagte: »Du wirst so lange bei Miguel bleiben, tesoro mio, bis wir die Fremden aus Spanien gejagt und die Freiheit wieder errungen haben. Dann werde ich dich heimholen.«

O ja, Doña Elvira erinnerte sich Miguels. Dessen heitere, gelassene Art war ihr seit dem Urlaub vor zwei Jahren auf Schloß Castaldo lebhaft gegenwärtig. Vor allem ihrer Mutter war der wohlerzogene Junge damals ans Herz gewachsen. Sein Mut, seine Klugheit, sein Verantwortungsbewußtsein waren Gegenstand eines Gesprächs zwischen den Eltern gewesen, dessen Zeugin sie hatte sein dürfen. Elvira nahm die Mitteilung des Vaters mit der Gefaßtheit entgegen, die zur Familientradition gehörte. Zum Zeichen, daß sie den Vater verstanden und sich seine Entscheidung zu eigen gemacht hatte, neigte sie kurz den Kopf.

Sie wechselten danach zunächst kein Wort mehr, während der Oberst sorgfältig die Umgebung prüfte und danach die Pferde vorbereitete. »Wir müssen die Paßstraße für die Dauer des Tages verlassen und uns in einem der Täler verbergen«, sagte er und zog Saladin den Sattelgurt fest. Er hat mir nicht alles gesagt, dachte sie.

Nein, die Mitteilung des Obersten war unvollständig gewesen, und Elvira spürte es. Da er die Erwartung der Tochter fühlte, die sich nicht von der Stelle bewegt hatte, wandte er sich wieder zu ihr, blickte ihr in die Augen und sagte: Daß ihn die Franzosen seit Wochen steckbrieflich suchten und ihm die Späher des Herzogs von Otranto, Joseph Fouché, Napoleons Polizeiminister, auf den Fersen seien, falle wenig ins Gewicht. »Weit schwerer wiegt«, fuhr er fort, »daß ich mich zur Flucht aus Spanien entschloß. Als der erste unseres Namens«, sagte er.

»Wie?« fragte Doña Elvira, die erst jetzt die Lage des Vaters begriff, »sollte ich Sie recht verstanden haben, mein Papa? Sie wollen Spanien

verlassen, da es Sie am dringendsten braucht?« Sie ließ den Mantel, den sie eben hatte zusammenlegen wollen, zu Boden gleiten und trat vor ihn. Erschüttert blickte sie in das innerhalb weniger Tage verfallene Gesicht, in dem allein der brennende Blick von Leben zeugte. Sie faßte die Hände des Vaters. Wie die beiden wortlos voreinander standen, war das Raunen aus den Tälern bis herauf zu hören, es klang, als sprächen die Geister der Erde zu ihnen. Das Klirren der Ringe am Zaumzeug Saladins ließ sie zusammenfahren. Mit fremder Stimme sagte der Oberst: »Tesoro mio, ich will, daß unsere Geschlechter fortleben. Ich darf jetzt nichts anderes wollen. Kein Eid, den ich je als Offizier geschworen habe, zählt mehr als das Leben.« Der Oberst Conderra sagte heiser: »Auch wenn ich mich damit gleich dreifach schuldig mache. Ein Unwürdiger trägt Spaniens Krone – der Bruder des verbrecherischen Franzosen.« Er atmete die kühle Morgenluft tief ein und sagte: »Sobald ich dich bei Miguel in Sicherheit weiß, kehre ich nach Spanien zurück und greife wieder zur Waffe ...« Da sagte Doña Elvira: »Ja, mein verehrter Vater.«

In dieser Sekunde begann der Sonnenball über die Bergrücken im Osten emporzusteigen. Sein Licht verwandelte die Welt. Himmel und Erde waren gleichermaßen ins Leuchten des jungen Tages getaucht. Vater und Tochter standen in stummer Umarmung auf der Paßhöhe. –

Die Luft, die um den sechseckigen Brückenturm vor Toledos östlicher Einfahrt streicht, ist kühl geworden. Auf dem staubigen Fahrweg jenseits des Tajo bewegen sich Schatten nordwärts dem Castillo de San Servando zu. Wanderer? Reiter? Ich weiß es nicht. Auf der Steinbrücke, die sich aus zwei mächtigen Tonnengewölben heraus unter mir über das Wasser schwingt, sehe ich Fußgänger in die Stadt eilen. Ihr Lachen und Singen dringt bis herauf.

Die Hitze des Tages hat endgültig nachgelassen, die Abendluft ist durchweht von den Wellen scharfer und klarer Nachtaromen, die von den Hängen der Sierra del Castanar herübertreiben.

Wie lange suche ich schon nach den spanischen Vorfahren? ... Wie oft schon kam ich auf ihren Spuren in dieses Land? In den letzten Jahren meines Lebens beherrschte es mich wie ein Fieber, kein Gedanke, kein Gefühl, das nicht auf verzehrende Weise ihnen galt, alles andere vernachlässigte ich, die Eltern, die Geschwister, die Freunde – die Geliebte ...

Auch auf dieser Reise hierher hielt ich mich, wie die vorigen Male, einige Tage in Perpignan auf, bei Doktor Auguste Daladier. In den beiden Jahren davor hatte ich zwischen Port-la-Nouvelle an der Garonne-Mündung im Norden und Port-Vendres im Süden alle größeren und kleineren Häfen kennengelernt. Doch erst in Perpignan war ich auf einer Parkbank unter Platanen dem alten Geschichtslehrer und -schreiber begegnet, der mir weiterhelfen sollte; er hatte mir nach unterhaltsamem Gespräch über die historischen Wurzeln des Boccia-Spiels seine Visitenkarte gegeben. Wie ich in der Buchhandlung »Le pierrot«, »Der Spatz«, gegenüber dem Stadtpark erfuhr, war Auguste Daladier der Verfasser mehrerer heimatkundlicher Geschichtswerke über die Landstriche dieser südöstlichen Ecke Frankreichs. Er sei der beste Kenner der alten Katharerburgen, hatte mir die Besitzerin versichert – Queribus, Peyrepertuse und das geheimnisvoll tragische Montségur. »Monsieur le professeur c'est excellent«, hatte sie bewundernd geflüstert.

Tags darauf hatte ich »monsieur le professeur Auguste Daladier« unter den herrlichen, an die dreißig Meter hohen Parkplatanen beim Boule-Spiel wiedergetroffen. Die Bekanntschaft mit ihm war gegenseitige Zuneigung auf den ersten Blick, und nach einem gemeinsam verbrachten Nachmittag war auch ich zum Bewunderer des Professors geworden. Er kannte die Landschaften zwischen dem Meer, den Pyrenäen, der Garonne und dem Languedoc, der legendären Gallia Narbonensis, wie seine Hosentasche.

In der Folge hat mir dann der zierliche alte Mann bei meinen Nachforschungen mehr geholfen, als mir alle Besuche in jener Gegend bis dahin gebracht hatten. Erst wenige Jahre vor unserer Bekanntschaft hatte der kribbelige Achtzigjährige in der Dreyfus-Affäre zusammen mit Émile Zola so streitbar antiklerikal gewirkt, daß er Paris hatte verlassen müssen, wie ich von der Buchhändlerin unterrichtet worden war, doch nach der Rehabilitierung des Generalstabshauptmanns wollte er nicht wieder in die Hauptstadt zurückkehren, er äußere sich nicht zu den Gründen … Kurz, eines Tags brachte mich Auguste Daladier zu einem der ungewöhnlichsten Menschen, die mir je begegneten.

Dieser Mensch hieß Soufflot – Henry Soufflot. Auf der Suche nach den Spuren des Obersten Conderra und der Doña Elvira wurde mir der geheimnisumwitterte Monsieur Soufflot zur entscheidenden Begegnung. Ohne ihn hätte ich aufgeben müssen, was mir bald klar wurde.

Henry Soufflot bewohnte in einem der südlichen, von dschungelarti-
gen, an afrikanische Flora erinnernden Gärten bedeckten Randviertel
Perpignans ein Haus, das halb wie ein normannisches Schloß, halb wie
ein Kalifensitz aussah. Die Familie Soufflot beschäftige sich, wie mir
»monsieur le professeur« unterwegs zu dem Haus immer aufgeregter
berichtete, »seit hundert Generationen mit der Kunst des Schmuggels.
Mein Herr«, rief der Professor und blieb stehen, »die Soufflots waren
zur Zeit des Kinderkreuzzugs 1212 am Menschenhandel mit dem Orient ebenso beteiligt, wie sie heute über ihre Stützpunkte auf Mallorca
Riesensummen aus dem illegalen Handel mit algerischem Tabak heraus-
schlagen. Doch was sage ich! Die waren schon am Schmuggel des Grals
aus dem Heiligen Land auf die Burg Montségur beteiligt … Glauben Sie
mir, monsieur Johannes«, war er, der sich die Geschichte meiner Spu-
rensuche zu eigen gemacht hatte, temperamentvoll fortgefahren und
weitergegangen, »die Soufflots sind Ihre Leute, nur und nur die Soufflots! Die Soufflots sind besser informiert als alle gelehrten Chroni-
queurs dieser Gegend zusammengenommen. Die Kontinuität ihrer Dy-
nastie ist unverwüstlicher als die sämtlicher Herrscherfamilien
Europas. Niemand«, hatte er ausgerufen, als wir der verwunschenen
Festung der Soufflots auf Sichtweite nahe gekommen waren, »niemand,
mein Herr, der sich je mit der Geschichte dieses Drehscheibenland-
strichs beschäftigte, kam um die Soufflots herum. Niemand! Sie waren
die zuverlässigsten Quellen meiner Bücher. Ich stieß in den unerwartet-
sten Zusammenhängen auf sie. Jedes Mal, wenn ich nicht weiter wußte,
suchte ich einen von ihnen auf und erfuhr Dinge, die nur sie wissen. Der
Ruhm meiner Bücher gründet auf ihren Kenntnissen … Jawohl!« rief er,
blieb wieder stehen und hob die Hände, »nicht erst die Sarazenen im
Mittelalter, schon die vorchristlichen Römer, die Iberer – ha!«, rief der
Professor, »schon die Hellenen trieben von diesen Küsten aus Schmuggel zwischen den Kontinenten – mit Gold, Elfenbein, Menschen aller
Hautfarben. Und von Anbeginn an, mein Herr, waren die Soufflots mit
von der Partie. Jawohl!« schrie der alte Professor, als hätte ich ihm widersprochen, »die Soufflots schmuggelten schon zur Zeit des Perikles,
des Solon. Ha, was heißt Solon!« schrie er, »schon zu Lebzeiten Homers!
Verstehen Sie? Während Homer die ›Ilias‹ und die ›Odyssee‹ schrieb,
schmuggelten hier die Soufflots … Dieser Henry Soufflot, den sie ›die
Kralle‹ nennen, ist ja nur das im Augenblick gerade sichtbare Glied in

der Geschlechterkette einer wunderbar unveränderten ›race des pirates et contrebandiers‹, die uns armselige Anämiker alle überdauern wird. Alle, sage ich Ihnen! Denn die lebt seit Beginn der Menschheitsgeschichte im Humusboden der Gesetzlosigkeit. Die ließ sich nicht domestizieren. Die blieb hungrig, wach, stark, jung!« Ich werde jenen ersten Weg zum Sitz der Soufflots schon wegen dieser Eröffnungen nie vergessen.

Nun, beim dritten Besuch im Hause des Henry Soufflot in der Rue sur la Mer wurden auch meine letzten Zweifel daran ausgeräumt, daß der Coronel de Conderra zusammen mit seiner Tochter Elvira im September 1808 von Henry Soufflots Großvater Georges – »der Papagei« genannt – in einem Zweimast-Gaffelschoner der in Port-Vendres vor Anker liegenden Soufflot-Schmugglerflotte über den Golf von Lion ostwärts gebracht worden war. Zu meinem Glück war der rotbärtige Henry Soufflot mit dem Doktor Daladier so vertraut, daß er sich in dessen Gegenwart ohne Scheu über all diese Dinge mitteilsam zeigte. »Allerdings«, gab er einschränkend zu bedenken, »sind mir nähere Umstände der Geschäfte meines Großvaters Georges mit dem Spanier nicht bekannt. Nein, das nicht«, betonte er.

Aber nach Verlauf einer weiteren Stunde, in der wir die Karaffe aus geschliffenem venezianischen Glas mit dem ausgezeichneten dunklen Muskateller dreimal geleert hatten, warf Henry Soufflot, das vierschrötige Clanoberhaupt mit den über der Nasenwurzel zusammengewachsenen dunkelroten Brauen, wie beiläufig hin: »Übrigens fällt mir da ein, daß der Spanier von meinem Großvater zwei Terzerolen und Munition kaufte.« Aha, durchschoß es mich, ich vermutete richtig, der weiß mehr, als er bisher sagte! Da hatte sich Monsieur Henry, als hätte er meine Gedanken erraten, schon erhoben und verließ das Zimmer. Er kehrte Minuten später wieder – und legte eine Goldmünze vor mich auf den Tisch. Es war, wie ich sofort erkannte, ein 1777 in der Münzstätte von Bourges geprägter Louisdor. »Ein Familienerbstück«, knurrte Henry Soufflot. Er sah mich mit unergründlichem Blick an und schob die Münze mit der stählernen Krallenhand, die er anstelle des verlorenen Unterarms trug, an der Karaffe vorbei zum Professor hinüber … Sieh an, dachte ich, der gelehrte Professor und der gerissene Schmuggler sind ein Herz und eine Seele.

Ich hatte zu Henry Soufflot hinaufgeblickt und den Atem angehalten. Denn was im Widerschein des vom Wein rot gefärbten geschliffenen Karaffenglases auf dem Tisch vor uns lag, war eine Goldmünze der gleichen Prägung, wie ich sie am dritten Tag meines Aufenthalts im Seitental unter dem Mont-Louis zu fortgeschrittener Stunde in der Hand des einhundertunddreijährigen Hirten François Corbet gesehen hatte. Jedes Wort des Gesprächs an dem schiefen Tisch in Corbets Hütte fiel mir wieder ein. »Mon ami«, hatte der Pyrenäenhirte mit den wässrigen Augen geheimnisvoll gesagt, als wir damals um Mitternacht in seinem Blockhaus am Bohlentisch vor dem mit sahnigem Roquefort bestrichenen Weißbrot und den Steinschalen mit kühler Buttermilch gesessen hatten, »mon cher ami, diese Münze schenkte mir mein Vater auf dem Sterbebett ... Als ich drei Jahre alt war, hatte er eines Nachts einen vornehmen, unheimlichen Spanier mit einer schönen jungen Frau vom Gebirge hierher mitgebracht, ihnen tags darauf neue Kleider besorgt und sie nach Perpignan hinunter begleitet. Von den beiden weiß ich zwar nur aus seinen Erzählungen. Aber ans Pferd erinnere ich mich, das sie ritten, ans Pferd! Ein schwarzer Hengst, Mähne und Schweif aus gelbem Silber ... Der Fremde stellte den unheimlichen Hengst bei uns ein. Er beschenkte meinen Vater mit viel Geld. Und obendrein gab er ihm die Goldmünze. O ja, die Münze brachte mir Glück. Und wie! Denn als ich Jahre später schwer erkrankte, hielt ich sie auf Geheiß meines Vaters Tag und Nacht in der Hand. ›Halt sie fest‹, hatte er gesagt, ›die Kraft des Spaniers ist darin! ...‹ Oui, mein Herr, mon père hatte gespürt, wie etwas vom Lebenswillen jenes Spaniers in sie eingeflossen war, als der sie ihm gegeben hatte. Und die Kraft hat fortgewirkt, monsieur ... Hihi, mon fils wird die Münze demnächst erben«, hatte der zahnlose Hundertdreijährige gekichert, »kein Leben währt ewig.« François hatte den Louisdor angespuckt, am Ärmel abgewischt, ihn mir noch einmal gezeigt und in den schwarzen Lederbeutel zurückgeschoben ... Und nun lag neben Henry Soufflots Karaffe die Zwillingsschwester der Münze, die der Hirte besaß. Ich hatte also nach Jahren vergeblicher Suche auch diesen Teil der Conderra-Fährte gefunden!

Doch die alles entscheidende Bemerkung hatte Monsieur Henry Soufflot erst nach Beendigung dieses dritten Besuchs im Haus inmitten der Baumwildnis am Rande Perpignans gemacht. Und zwar, als wir beim nächtlichen Abschied im Dunkel der Oliven- und Tamariskenbäume vor der Gartenpforte gestanden hatten, über die sich die Äste einer mächtigen Pistazie neigten. »Mein seliger Großvater Georges, der ›Papagei‹«,

*hatte er gemurmelt und hinter dem Bart kaum die Lippen bewegt, »be-
sorgte dem Spanier und dessen Tochter in Genua die französischen Papiere für die Weiterfahrt ...« Dann hatte Henry Soufflots Stahlkralle die
Pforte mit hartem Schlag zugeworfen. Der Mann war im Dunkel verschwunden, als hätte er nicht soeben vor uns gestanden. Ich habe ihn
nie wieder gesehen ...*

*Der Oberst, denke ich mir, hat genau den Weg genommen, den ich
hier nachzeichne: Durch Aragonien, dann durchs westliche Katalonien
nordwärts, schließlich im Tal der Segre zu einem der Pyrenäenpässe,
zum Puerto de Tosas, hinauf. Von dort herab an die französische Mittelmeerküste. Denn die Münzen, deren erste ich beim Hirten François Corbet unter dem Col de Perche gesehen und berührt hatte, und deren zweite mir dann etwa einen Monat später beim Schmuggler Henry Soufflot
in Perpignan in dem vom schweren Duft der Terpentinbaumharze und
Myrtensträucher eingehüllten Haus begegnet war – diese beiden Münzen stammen aus der gleichen Prägung, beide wurden sie im selben Jahr
1777 geschlagen wie jene Münzen, die der Oberst de Conderra den Fleu-
ront-Reitern abgejagt und nach der Vernichtung seiner Schwadronen
am Aguasvivas in den Ledersäcken auf der Flucht nordwärts mitgenommen hatte. Und beide Münzen hatten in meiner Hand gelegen! Die erste
beim Hirten. Die zweite beim Schmuggler ... Die seit dem 17. Jahrhundert in Gold und Silber geprägten Stücke gehen auf Ludwig XIII. zurück. Ihre Aversseite zeigt das Königsprofil, eingerahmt von lateinischer
Inschrift.*

*Die Entdeckung, im Louisdor des Hirten François und in dem des
Schmugglers Henry zwei jener Münzen in der Hand gehalten zu haben,
die hundert Jahre vorher auch in der Hand Conderras gelegen hatten –
ich gebe zu, daß mir diese Entdeckung nach den Jahren mühseliger Ermittlungen fast die Sinne geraubt hatte. Nein, hatte ich beide Male gedacht und mich bemüht, äußerlich ruhig zu bleiben, nein, jetzt kann
mich nichts mehr täuschen. Endlich bin ich mir der Spur sicher, die von
den Conderra über drei Generationen hinweg bis zu mir führt! Denn
die Münzen, die ich unter den Nordabhängen der Pyrenäen und danach
in Perpignan sah, entstammen demselben Vorrat, aus dem auch jene
drei Louisdorsmünzen herrühren, die sich in meinem Besitz befinden.
Alle Münzen tragen die Jahreszahl 1777, alle zeigen sie das verwasche-
ne Königsprofil.*

Ich hatte in jener Nacht kein Auge schließen können ...

Längst sehe ich den Tajo unter mir nicht mehr. Auch diesmal macht mich die Übergangslosigkeit betroffen, mit der hier die Glut des Tages in die Hochlandkühle der Nacht übergeht. Sie kommt im Charakter der Menschen zum Ausdruck, die in der Meseta leben, der Kastilier. Erscheint uns der Mensch nicht immer im Licht und im Geist der Landschaft, in der er vor uns steht? Ich weiß nicht, wieso mir der Sternenhimmel, zu dem ich emporblicke, auf einmal wie ein ausgeworfenes Netz erscheint, das mir die Ausweglosigkeit bewußt macht, in der wir uns in jedem Augenblick des Lebens befinden – den Weg gehen zu müssen, der uns vorgezeichnet ist, den einzigen.

Ich steige durchs finstere Treppenhaus des Brückenturms hinab. Auf der Straße unten angekommen, wende ich mich nach links, wo ich die beiden Dachreiter über der Ostfront des Alcázar in den Nachthimmel ragen sehe.

Ich wohne im Westen der Stadt. Ich werde durch einige der schmalen Straßen schlendern, über die kleinen Plätze am Rathaus vorbei, das El Grecos Sohn Manuel erbaute, und durch die Calle del Cardenal Cisneros bis zur Kathedrale von Toledo, die ja nur dem Namen nach mit Architektur zu tun hat – sie ist das grandioseste steinerne Drama der Widersprüchlichkeiten, das ich mir denken kann. An El Grecos Haus vorbei werde ich dann den Heimweg einschlagen.

Ich kenne keine zweite Stadt, deren herrische Selbstversponnenheit und Ichbezogenheit sich so zum Kosmos verdichtet wie Toledo, keine, die sich ehrlicher, eigensinniger und bedenkenloser als Spiegelbild des Menschen preisgibt. In der Abgründigkeit der engen Sarazenenstraßen und vor den phantastischen Fassadenträumen am Hospital de Santa Cruz stehst du den Abbildern deiner verborgensten Gesichter und Träume gegenüber. Die himmelstürmenden Wucherungen in den Ornamenten des Klosterkreuzgangs San Juan de los Reyes, die Visionen über der Innenseite der Puerta de los Leones, die Abenteuer der bergauf und bergab durch verwitterndes Mauerwerk hindurch stürzenden Gänge, Kehren und Stufen – all dies sind Eröffnungen, wie sie nur aus seit langem vergessen geglaubten, verschütteten Sehnsüchten emporsteigen. Die Einsamkeit des Versuchs, die ganze Welt auf einem Bergfelsen zu vereinen und als Hohelied aller Rassen, Religionen und Kulturen zu begreifen, die je an ihr bauten und sich an ihr verzehrten, legt Zeugnis ab von der Unsterblichkeit der Utopien, ohne die wir nicht sein können. Wie in keiner anderen Stadt kann es in dieser geschehen, daß du plötzlich vor dir selber stehst und bei deinem Anblick den Jubel und das Glück, die Hoffnungslosigkeit und die Trauer, aus denen wir alle gemacht sind, in einer bisher nicht gekannten Eindringlichkeit erfährst. Hier in Toledo ist von alldem mehr als in jeder anderen Stadt, durch die ich in meinem Leben je kam. –

Auf meiner Fahrt vor zwei Jahren von Genua über Piacenza und Verona nach Venedig sagte ich mir hundertmal: Du jagst einem Gespinst nach. Dennoch fuhr ich. Ich befand mich in einer jener inneren Verfassungen, in denen der Verstand das eine vorschlägt, das Gefühl zum anderen drängt. Wie bin ich überhaupt auf Venedig gekommen, hatte ich mich an jenem unvergeßlich schönen Frühjahrstag unterwegs durch die blühende, duftende Poebene gefragt, da sich doch der Gedanke, ich könnte in Venedig einen Anhaltspunkt finden, der mir weiterhilft, durch keinen Hinweis angeboten hatte? Aber seit ich mich damit beschäftigte, Spuren des Coronels Juan Carlos de Conderra und seiner Tochter Elvira zu suchen, war ich immer tiefer in ein Gefüge unerwarteter Möglichkeiten und Zusammenhänge hineingeraten. Es hielt mich schließlich nicht nur gefangen, es hatte mich, mehr noch, als einen seiner Teile auch endgültig angenommen und schob mich längst ohne mein Dazutun, ja ohne sich um mein Dafürhalten zu kümmern, in seinen Verflechtungen, die ich nicht kannte, hin und her. Bald narrte es mich, dann eröffnete es mir eine Aussicht und ließ mich kurz danach ratlos und dem Aufgeben nahe in einer Sackgasse stehen.

Nun, mich interessierten in Venedig der Dogenpalast, die Piazza San Marco oder der Campanile im Grunde genauso wenig, wie mich in Genua der Palazzo Blanco, der Torre della Lanterna oder der Blick vom Meer auf die dunklen Bergmassen des Ligurischen Apennin beschäftigt hatten. Mir einredend, ich wollte die berühmte Stadt kennenlernen, in die vor etwa einem Vierteljahrhundert die Hochzeitsreise meiner Eltern geführt hatte, war ich aufgebrochen. Die Sammlung von Abbildungen der Stadt im Meer nach frühen Veduten Francesco Guardis, die sich unter den Büchern der Eltern befand, hatte wohl von Kind an meine Einbildungskraft in ungewöhnlicher Weise erregt. Ich war begierig, all die Paläste, Kirchen und Kunstschätze in der Laguna Veneta, in der innerlich verblaßten, nur noch von ihren Wasserspiegelungen lebenden, von einer großen Vergangenheit zehrenden Serenissima zu sehen. Doch mein Entschluß zum Aufbruch war in Wahrheit vom Gefühl bestimmt worden, es habe mit der Hochzeitsreise der Eltern eine besondere Bewandtnis, es sei ein Geheimnis mit ihr verbunden, das die Conderras und unsere ganze Familie beträfe.

Als ich in Venedig eintraf, herrschte dort helle Aufregung. Soeben hatte die Nachricht die Stadt erreicht, daß der deutsche Kaiser, nach Umschiffung des Kaps Trafalgar, in Tanger an der marokkanischen Küste gelandet sei. Kein Mensch verstand, was er dort suchte, und vor allem, warum er sich dabei provozierend eines Schiffes seiner Kriegsmarine bediente. Alle redeten auf den Brücken und Piazetten von einem Krieg, der nun vor der Tür stünde. Zeitungsjungen schrien die Nachricht aus, jeder Barbier auf dem Markusplatz entpuppte sich als Stratege und entwickelte die abenteuerlichsten Vorstellungen darüber, wo die Deutschen die Franzosen in Afrika angreifen und wie sich die Franzosen verteidigen müßten. Hatte der Hohenzoller Wilhelm der Zweite die Erregung nicht bedacht, die seine Fahrt auslösen würde?

Mich beschäftigten freilich andere Gedanken, auch wenn ich mir an den Abenden im bescheidenen Zimmer des Albergo »La perla« auf dem Campo dei Santi Giovanni e Paolo, aus dessen Fenster ich Verrocchios Bronzegestalt des wuchtig reitenden Colleoni sah, kopfschüttelnd sagte, daß Namen, Gesichter und Gebärden zu allen Zeiten austauschbar sind und nur eins sich nicht ändert: die Begierde, zu herrschen. Ich habe so die Beschäftigung mit der Geschichte von früh an als ein Exerzitium der Ernüchterung empfunden. Denn was zum Beispiel haben die Franzosen und die Deutschen in Afrika zu suchen? Von all den anderen zu schweigen! War es nicht das gleiche gewesen hundert Jahre vorher, als der Oberst de Conderra und dessen Tochter auf dem Soufflot-Schoner in einer warmen Septembernacht des Jahres 1808 im Hafen von Genua eintrafen? Das ganze italienische Festland befand sich in Napoleons gierigen Händen, ja die nördlichen Landstriche Ligurien, Piemont, Parma, die Lombardei, Toscana und, jenseits der Adria, Istrien und Dalmatien waren Teile des aufgeblähten Empire geworden. »Die Franzosen stürmen vom Ozean zur Donau« – den lächerlichen Satz hatte Napoleon 1805 in den Triumphbogen auf der Place du Carrousel in Paris einmeißeln lassen. Was hatten die an der Donau zu suchen? dachte ich. Ach ja, fiel mir ein, sie waren der Ansicht, anderen Nationen die Kultur, ihre

Kultur bringen zu müssen, sei es selbst um den Preis ungezählter Toter.
Warum müssen ständig irgendwelche Leute anderen ihre »Kultur« auf-
drängen? Bleibt der Widersinn für alle Zeiten unausrottbar? Und ich
malte mir aus, mit welchen Empfindungen der Verachtung der kastili-
sche Grande im Herbst 1808 das norditalienische Festland betrat, ge-
hörte er doch – wie ich herausgefunden hatte – in Madrid zur kleinen
Partei derer, die die Kolonialpolitik der spanischen Krone in Lateiname-
rika ablehnten. Des Gesprächs, das er vier Jahre vorher mit dem jungen
und klugen General Simón Bolívar bei einer Soirée auf dem Landsitz
seines Vetters geführt hatte, wird er sich mit Freude erinnert haben;
Freiheit und Selbstbestimmung der Völker waren sein Inhalt gewesen,
wie aus einem Brief im Nachlaß Bolívars hervorgeht. Wieso eigentlich
sehen die Italiener im anmaßenden Franzosenkaiser einen der ihren?
mag er gedacht haben. Sind sie blind? Begreifen sie nicht, daß sie den
Mann kaltlassen? Daß er nichts als die eigene Gloire vor Augen hat? Er
stiehlt ihnen die Kunstschätze, er erklärt ihr Land zu einem Teil des
Franzosenreichs … Verhält es sich anders mit den fremdanbeterischen
Deutschen? Ein Großteil jubelt dem korsischen Parvenü zu, kokettiert,
eitel und dumm wie eh und je, mit ihm, als sei er ihr Messias, nicht ihr
Schänder. Was würde de Conderra erst gesagt haben, hätte er's erlebt,
wie Napoleon Frankreichs ersten Kunstkenner, Vivant Denont, in Be-
gleitung eines später unter dem Namen Stendhal als Romancier zu
Ehren gekommenen gewissen Marie Henri Beyle beorderte, die deut-
schen Bibliotheken und Museen ihrer wichtigsten Kostbarkeiten zum
höheren Ruhm der Franzosen zu berauben? … Was sind das für Men-
schen, die das imperiale Geglitzer blind macht für den Verlust der Frei-
heit? Nein, der Spanier begriff die Bonapartomanie dieser Völker nicht.

Und er mag an seine barfüßigen andalusischen Pferdeknechte, an die
milchgesichtigen kastilischen Kadetten, an die asturischen Bauern-
sprößlinge vom Aguasvivas gedacht haben, die der Imperatorenglanz
keinen Augenblick um ihr Freiheitsgefühl gebracht hatte – an alle diese
zur Rebellion bereiten Söhne Spaniens, deren er selber einer war.

Nach einigem Widerstreben hatte sich der Oberst von Georges Souf-
flot überzeugen lassen, daß seine Fluchtroute durch das Gebiet der fran-
zösischen Italienischen Republik nordwärts führen müsse und keines-
falls an die – von Napoleon zwar nicht besetzten – sizilischen und die
ebenso unsicheren adriatischen Küstenstriche der Osmanen führen

561

dürfe, wie der Oberst es zunächst geplant hatte; es hätte Leichtsinn bedeutet, Georges Soufflots Rat gering zu achten. Bestimmend für des Obersten Sinneswandel war die Einsicht gewesen, daß sich ihm in den vielfältigen Schmugglerverbindungen der Soufflots immer noch die sicherste Möglichkeit der Verwirklichung seines Vorhabens anbot, möglichst bald außer Reichweite der Franzosen zu gelangen, das heißt, den Boden der Erzfeinde des Imperators zu betreten – den Herrschaftsbereich der Habsburger.

Den Ausschlag hatte dabei Soufflots erstaunlich genaue Kenntnis der verworrenen Zustände und Lebensverhältnisse auf dem Balkan gegeben. Hier lagen sich nämlich seit den Zeiten des Sultans Saladin wieder einmal die Russen unter Zar Alexander mit den Osmanen in den Haaren. »Abgesehen davon«, hatte Soufflot den Oberst schließlich eindringlich gewarnt, »in den Ländern zwischen der Donau und den südlichen Karpaten gibt ein Diebsgesindel von außerordentlicher Gerissenheit den Ton an« – er hatte »roublardise étonnamente« gesagt –, »vor dem der Reisende nicht einmal des Kissens sicher ist, auf dem er sitzt. Sollten Moskowiter und Türken Sie und Ihre Tochter ungeschoren lassen«, hatte der Schmuggler die Warnung vielsagend abgerundet, »so tun dies auf keinen Fall die Wegelagerer und Taschendiebe an der unteren Donau.«

Damit waren die Bedenken des Spaniers endgültig ausgeräumt. Als dieser nach zwei an Bord des Lieblingsschoners Georges Soufflots, »Le perroquet«, zugebrachten Tagen und Nächten an einem der Kais im Osten des Hafens von Genua gemeinsam mit Elvira zu einem letzten Spaziergang an Land ging, hatte ihm Soufflot soeben die Papiere auf den Namen André Porfetier in die Hand gedrückt. Sie wiesen ihn als einen in Begleitung seiner Tochter und Sekretärin Eugénie im Auftrag der kaiserlichen französischen Zivilgeneralverwaltung reisenden Großhandelskaufmann aus.

Soufflot hatte unweit der Landungsbrücke, an der »Le perroquet«, »Der Papagei«, festgezurrt war, eine zweispännige Reisekutsche vorfahren lassen. Die schlanken braunen Hannoveraner davor gefielen dem Coronel de Conderra auf den ersten Blick. Sie sind schnell und ausdauernd, dachte er. Zusätzlich hatte der Schmuggler – der des Obersten Vertrauen gewonnen und sich auf der Überfahrt aus Port-Vendres nach Genua als ein welterfahrener Mann von Grundsätzen erwiesen hatte, an *dessen Geschäftsehrlichkeit kein Zweifel bestand –, hatte Soufflot also den Reisenden den Kutscher und Diener Oliviero zur Verfügung gestellt, einen landeskundigen Piemonteser. Der hatte die Anweisung, Monsieur Porfetier und Mademoiselle Eugénie über Venedig und Triest bis in die Krain zu bringen, die nördlichste der napoleonischen Provinzen an der Adria, »die nächste am habsburgischen Territorium«. Georges Soufflot hatte dem jungen, des Französischen leidlich mächtigen Oliviero im Beisein Conderras die Anordnung erteilt, sich während der Reise unter allen Umständen an die Befehle des »Monsieur Porfetier« zu halten.*

Einen Brief Soufflots an einen Geschäftsfreund im Städtchen Laibach in der Brusttasche, verabschiedete sich der Oberst im Morgengrauen des dritten Tages am Kai vom Schmuggler, mit dem ihn nicht nur der Haß auf Napoleon verbunden hatte, sondern auch der Stolz, sich in dem, was für richtig oder falsch zu halten war, von niemandem das Verhalten vorschreiben zu lassen.

Die beiden kleinen, mit Leder überzogenen und mit Metallverschlägen versehenen schweren Holzkoffer waren von Oliviero in die Versenkung des Kutschenbodens gehoben worden. Im Schrei einiger Möwen, der die Morgenstille zerschnitt, half der Oberst seiner Tochter beim Einsteigen, indem er ihr die Hand reichte. Während er den Wagenschlag hinter sich zuzog, sich zu Elvira setzte und sich eins der beiden geladenen Terzerole unter den Leibriemen schob, dachte er flüchtig daran, daß sie spätestens in acht Tagen am Oberlauf der Save sein würden, dem Grenzfluß zwischen dem Imperium des Franzosenempereurs und dem Reich der Habsburger. Von den handlichen Terzerolen hatte er sich seit der Ausfahrt aus Port-Vendres keinen Augenblick getrennt. Er hatte die Waffen auf dem Schiff selbst noch zu dem Zeitpunkt schußbereit unter dem Rock getragen, als er im Verkehr mit Georges Soufflot, dem Fünfzigjährigen mit dem hintergründigen Blick, jegliches Mißtrauen abgelegt und die beherrschte Autorität beobachtet hatte, mit der dieser, ohne ein Wort zu verlieren, auf die Zucht der zusammengewürfelten Schiffsbesatzung eingewirkt hatte.

Als sich die Kutsche auf der gepflasterten Kaistraße lärmend in Bewegung setzte, im ungewissen Frühlicht zur Linken die bleigraue Fläche des Ligurischen Meeres, schlug Doña Elvira das Kreuz vor der Brust und schickte ein kurzes Gebet zur Heiligen Jungfrau. Bald danach ging es in dem gut gefederten, leichten Gefährt nordwärts auf der schmalen Straße am Flüßchen Scrivia flott in die Berge hinauf. Schon am Spätnachmittag hatten die Reisenden deren Hauptkamm überquert und die Apenninausläufer hinter sich gelassen. Durch die vielfarbig flammenden herbstlichen Wälder trabten die Hannoveraner mit spielerisch scharfer Gangart talwärts in die piemontesische Hügellandschaft hinaus. Oliviero sang auf dem Kutschbock mit warmer Stimme ein Liebeslied. –

Von hier weiter fehlen mir über den folgenden Teil des Fluchtwegs genaue Informationen. Das heißt, gleichsam im Augenblick des Handschlags, mit dem sich der weißhaarige spanische Adlige von dem rotbärtigen, breitschultrigen französischen Korsar nicht ohne Bekundung der Zuneigung verabschiedet hatte, reißt jede Möglichkeit ab, eingehendere Kenntnisse über den Verlauf der Flucht des Coronel de Conderra und seiner bei Olivieros Gesang mit unsagbarer Trauer in die Welt blickenden Tochter Elvira zu erhalten. Erst viel weiter nördlich, im Landstrich südlich der Karawanken – ebenfalls französisches Hoheitsgebiet –, gelang es mir, die Spur wieder aufzunehmen. Was sich aber zwischen der Küste Liguriens und den Julischen Alpen im einzelnen zutrug, konnte ich nicht in Erfahrung bringen. Zwar stieß ich in Triest durch einen Zufall im alten Stadtarchiv zwischen vergilbten Rechnungen und Quittungen der Überseehandelskompanie des Freihafens an zwei Stellen auf den Namen eines »Signor Andrea Porfetiere«. Doch waren die großenteils auf Zahlen beschränkten Anmerkungen zu Person und Geschäften dieses Mannes trotz meiner Konsultation eines vorzüglichen jungen Kopisten für meine Interessen dermaßen unvollständig, zudem jäh abgebrochen, daß ich die Nachforschungen bald aufgab, so groß mir der Reiz auch erschienen war, dem Träger des italienischen Namens jenes Monsieur André Porfetier nachzuspüren, den Georges Soufflot in Genua seinem Schicksal überlassen hatte.

Hinter dem kaum leserlichen Vermerk nämlich: »Ad acta«, mit dem der Schreiber auf einem der beiden Papiere die Eintragungen abgeschlossen hatte, entzifferte ich zwei Wörter: »Scomparso. Morto?«, »Verschollen. Tot?« Mißmutig, nicht weitergekommen zu sein, machte ich einen letzten Spaziergang zum Schloß Miramare, das der unglückliche, vor einundvierzig Jahren in Queretaro in Mexiko erschossene Kaiser Maximilian, als er noch Erzherzog von Österreich war, hatte erbauen lassen. Ich verließ Triest am nächsten Tag.

So hatte ich auf meiner Fahrt nach Venedig trotz des mehrtägigen Zwischenaufenthalts in Triest darauf verzichten müssen, die Spur in dieser Gegend weiter zu verfolgen. Immer wieder war ich an den Punkt gekommen, an dem die eigentümlichen Anmerkungen in den archivierten Handelspapieren abrissen, so als gäbe es von hier weiter keine Auskunft mehr. Das »Scomparso. Morto?« gab mir jedoch keine Ruhe, weil ich mir natürlich sagte, daß »Morto?« lediglich eine Vermutung des Schreibers war. Warum sonst denn das Fragezeichen?

Aber ich bin davon überzeugt, daß der Hinweis, auf den ich später in Toledo stieß, etwas mit dieser Wegstrecke zwischen Ligurien und den Ostalpen zu tun hat und daß die beiden Stationen Venedig und Triest dabei eine besondere, wenn auch vermutlich niemals aufklärbare Rolle gespielt haben müssen.

Señor Cristo Nasar in Toledo, leitender Magistratsbeamter im zweitürmigen Rathaus gegenüber der Kathedrale, der mit Zuvorkommenheit und Eifer während der ganzen Zeit die Ermittlungen unterstützte, schob nämlich schon am Tag meiner Ankunft nach der vergeblichen Suche in Triest ein Papier auf das im Archivraum vor dem großen Fenster bereitgestellte Lesepult. »Señor«, sagte er mit leiser, gedämpfter Stimme und nickte mir zu, »mein Amt bewahrt unter anderem ein Personenregister aus den ersten Jahren des vorigen Jahrhunderts auf. Sehen Sie«, sagte er und faltete das Papier auseinander, »ich fand hier einen Aktenvermerk von unbekannter Hand über die Rückkehr des berühmten Coronel de Conderra. Nun, was sagen Sie dazu? ... Es sind unter Umständen die letzten Aufzeichnungen, die hier in Toledo über eine Person der Familie de Conderra gemacht wurden. Da wird festgehalten, daß der Oberst an einer noch nicht verheilten Schußwunde litt, die vermutlich ungenügend und unregelmäßig behandelt worden war. Die Verwundung ist hier deshalb vermerkt, weil der Oberst im städtischen Hospital de Santa Cruz dringend um einen neuen Verband bat, ehe er sich – wie da zu lesen ist – beim Truppenkommando des Generals Castaños vor Segovia zu melden beabsichtige.«

Señor Nasar hatte das Papier vor mir glattgestrichen. Mit der feingliedrigen Hand fuhr er noch einmal darüber, zeigte dann auf eine Fußnote am unteren Rand des Blattes und sagte:

»Dies nicht mehr ganz entzifferbare Notabene scheint ein weiß Gott aus welchen Gründen vermerkter Hinweis auf die Herkunft der Ver-

565

wundung zu sein. Demnach – so lautete vermutlich die Angabe des
Obersten im Hospital – soll die Wunde bereits älteren Datums gewesen
und – qué extraño! – dem Oberst irgendwo in Norditalien zugefügt wor-
den sein. In Norditalien ... Können Sie damit etwas anfangen?« fragte
der höfliche, modisch gekleidete Magistratsbeamte und fügte hinzu:
»Norditalien! Por Dios, was unsere spanische Bürokratie in ihren Akten
alles festhält! ...« Er schüttelte leise lachend den Kopf. »Ist denn in
Norditalien auf den Oberst geschossen worden? Wissen Sie etwas dar-
über?« fragte er noch, »was trieb der Oberst in Norditalien?«

Die Eröffnung Cristo Nasars im Leseraum des Rathauses zu Toledo,
durch dessen hohes Fenster ich auf die Südfassade der Kathedrale blik-
ken konnte, bereitete mir eine schlaflose Nacht. Auf dem harten Bett in
meiner Wohnung nahe der Puerta del Cambrón bis in die Morgenstun-
den wach liegend, als ich die ersten Bauern mit ihren Früchte- und
Obstkarren über die Plazuela de San Martin in die Stadt kommen hörte,
versuchte ich zum hundertsten Male, all die zusammenhanglosen Ein-
zelteile zu einem sinnvollen Bild zu fügen, die ich auf jener dunklen Weg-
strecke zwischen der Mittelmeerküste bei Genua und der Save in den
Ausläufern der Ostalpen gleichsam aufgelesen hatte. Nein, besser sage
ich gewiß, die mir durch eine Reihe von Zufällen untergekommen
waren, wenn es mir freilich in diesen Zusammenhängen immer schwe-
rer fiel, von Zufall zu sprechen.

Was nur war auf dieser gut über vierhundert englische Meilen langen
Teilstrecke geschehen? Wurde der Oberst, fragte ich mich, etwa in
jenem venezianischen Albergo »La perla« auf dem Campo dei Santi
Giovanni e Paolo verwundet, dessen Besitzer sich noch heute im Fami-
lienkreis von einer Schießerei erzählen, die sich zu »Großvaters Zeiten«,
wie sie sagen, in dem dank des Vorfalls mit einem Schlag stadtbekann-
ten Gasthof zugetragen hatte? Das Gedächtnis der Wirtsleute Maria
und Giulio Valeri schien zuverlässig zu sein. Denn an den Abenden, an
denen ich bei einer Flasche roten Chianti-Weins gemeinsam mit ihnen
am Tisch vor dem alten Hause saß, im Blumenduft des herben Getränks,
im warmen, nach Wasser und Gärten riechenden Wind, der vom Fest-
land strich und den Campo in einen von schwatzenden, lachenden und
singenden Menschen gefüllten Gemeinschaftsraum verwandelte, er-
zählten sie mit einer Genauigkeit vom Aufenthalt meiner Eltern in der
»Perla«, die keinen Zweifel an ihrem Wirklichkeitssinn zuließ. Um so

weniger, als sich ja die Erzählungen hinsichtlich der Verwundung Conderras – sollte es sich tatsächlich um ihn gehandelt haben – nicht nur
mit Señor Nasars Hinweis, sondern auch mit einigen Anmerkungen im
späteren Tagebuch der Doña Elvira deckten. Eindeutig, und trotz einiger von mir unauffällig angeregter Wiederholungen jedesmal gleichlau-
tend, klang Papá Valeris Wiedergabe des Berichts aus »Großvaters Zeiten«: Ein ungewöhnlich wohlhabender weißhaariger Fremder, der mit
seiner schönen Tochter in der »Perla« für drei Tage Quartier genommen
habe, sei eines Nachts das Ziel des Überfalls dreier vermummter Männer gewesen, die ihn entweder hätten töten oder berauben oder ihm die
Tochter hätten entführen wollen, vielleicht alles zugleich. Vom Lärm geweckt, seien die Großeltern aus ihrer Wohnung gestürzt und Zeugen des
»coraggio straordinario«, des ungewöhnlichen Mutes des Fremden geworden, der sich, aus zwei Waffen feuernd, wie ein Löwe auf die Eindringlinge geworfen und sie in die Flucht geschlagen habe, aus einer
Wunde zwischen der linken Schulter und dem Herzen blutend. Der
ganze Campo sei in Aufruhr geraten, sogar die bei der Nachtmesse in
der Kirche Santa Maria dei Miracoli versammelten Mönche hätten das
Schreien und Lärmen der aus ihren Häusern geeilten Menschen gehört.
Die vermummten Attentäter seien in Richtung des alten Ospedale Civi-
le entkommen. Am aufregendsten aber an dem »avvenimento orribile«
sei der Umstand gewesen – so zumindest hätte Großvater Arturo Valeri
immer wieder erzählt –, daß der Fremde, nachdem man ihn notdürftig
verbunden, im allgemeinen Tumult und Durcheinander zusammen mit
seiner Tochter spurlos aus der »Perla« verschwunden sei. Niemand habe
ihn seit jener Nacht wieder gesehen, auch nicht den jungen Kutscher, der
in der Fuhrmannsherberge draußen bei Mestre genächtigt und gemeinsam mit zwei Trägern die Koffer der beiden Reisenden ins Albergo gebracht habe …

Na ja, hatte Papá Valeri einem seiner Berichte über die fragliche
Nacht hinzugefügt, da gäbe es noch etwas, aber das sei eine Vermutung,
vom Großvater einmal und nie wieder geäußert. »Per favore«, hatte ich
ihn zum Weitersprechen aufgefordert. Na ja – es hieß damals, der Fremde und seine Tochter hätten von einer der vornehmsten venezianischen
Familien unauffällig Hilfe erhalten, von einem Nachkommen des berühmten kriegerischen Dogen Francesco Foscari, dessen Ehefrau einer
spanischen Adelsfamilie entstammte. Der Palazzo der Foscari stehe

heute noch am Canale Grande ... Papá Valeri hatte die Schultern geho-
ben und geschwiegen.

Ich beobachtete bei diesen nachmittäglichen Gesprächen, mit wel-
cher Aufmerksamkeit die Söhne, Töchter und Enkelkinder des Ehepaa-
res Valeri jedes Wort aufnahmen, und ich dachte mir, daß sie die Erzäh-
lungen ihren Kindern und Enkeln ebenso weitergeben würden. Nein,
sagte der siebzigjährige Giulio Valeri in seiner gelassenen Art und schüt-
telte bedächtig den quadratischen Stoppelkopf, als ich ihn fragte, ob
denn die beiden damals nichts zurückgelassen hätten und ob sich aus
jener Zeit in der »Perla« kein Gästebuch oder sonst eine Aufzeichnung
des Hauses erhalten habe, der sich die Namen der Fremden entnehmen
ließen. Nein, sagte er ruhig, diese Gästeregister, sofern sie angelegt und
überhaupt ordnungsgemäß ausgefüllt würden, landeten alle eines Tags
im Ofen; wohl verlange die Polizei die befristete Aufbewahrung, doch
käme es nur im Sonderfall zur Überprüfung. Und die Geschichte jener
nächtlichen Schießerei im Herzen Venedigs läge weit zurück ... »Tempi
passati«, sagte Papá Valeri und machte eine entschiedene Handbewe-
gung. Nein, mehr war von den Wirtsleuten nicht zu erfahren gewesen.

Noch am selben Abend suchte ich den Palazzo Foscari auf. Ergebnis-
los. Zwar wurde ich von einem Diener höflich ins Balkonzimmer im er-
sten Stockwerk mit dem Blick auf den Canale Grande und die Fassade
des schräg gegenüberliegenden Palazzo Grassi geführt. Doch der femi-
nin hübsche junge Mann, der bald darauf das Zimmer betrat, war au-
ßerstande, mir Auskunft zu geben. Er sagte zu meinem knapp vorgetra-
genen Anliegen einige Male »Una cosa interessante!«, aber das war auch
alles. Er lächelte und entließ mich »con mio grande rammarico«, »zu
meinem großen Bedauern«, ohne brauchbare Information. Schon wenig
später vergaß ich ihn – nur der Wellenschläge an die ausgehöhlten
Grundmauern des Palazzo während des Wartens und des gepflegten
Mobiliars aus dem achtzehnten Jahrhundert erinnere ich mich bis
heute.

Als ich tags darauf nach dem Abschied von der Familie meiner Gast-
geber noch einmal die erstaunliche Markusbibliothek aufsuchte, ließ ich
mir in der Zeitungsabteilung die September-1808-Folgen des »Corriere
della Venezia« geben. Auf Seite vier der mit »venti settembre« datierten
Ausgabe stieß ich auf die Meldung, daß im Albergo »La perla« des Si-
gnor Arturo Valeri in der vergangenen Nacht drei Banditen einen rei-

chen ausländischen Kaufmann und dessen Begleiterin überfallen, vermutlich beraubt und verschleppt hätten, es fehle von den Opfern jede Spur; Signor Arturo und dessen Familie seien, wenngleich bestürzt, wohlauf. Barone de Foscari habe der Familie zur Behebung des angerichteten Schadens großmütig eine Summe gespendet. Unbefriedigt hatte ich Venedig verlassen. –

Während ich in jener Nacht in Toledo nach dem Besuch im Archivleseraum des Rathauses den Stundenschlägen von San Juan de los Reyes zuhörte und mir die Tage in Venedig mit den vielen Gesprächen und Auskünften durch den Kopf gehen ließ, bestürmten mich tausend Fragen. Waren die Gäste der »Perla« in jenem September wirklich der Oberst und dessen Tochter, waren vor allem die Maskierten, wie der »Corriere« seinen Lesern mitgeteilt hatte, tatsächlich Banditen gewesen? Warum das eigenartige Verschweigen der Namen der Überfallenen? Sollte da Polizeizensur im Spiel gewesen sein? Was hatte es mit den noblen Foscari auf sich? Verhielt es sich nicht vielmehr so, daß die gefürchteten Geheimagenten des blonden Herzogs von Otranto, Joseph Fouché, längst auch in Venedig im Hintergrund die Fäden in den Händen hielten, die zu Behörden, öffentlichen Personen und nicht zuletzt zu den Gasthäusern jeglicher Art führten? Hatte sich das alles nicht vielmehr so abgespielt, daß der Überfall auf den Oberst de Conderra ein Versuch der napoleonischen Geheimpolizei gewesen war, des Gejagten bei Nacht und Nebel habhaft zu werden, vereitelt allein durch dessen wilde Entschlossenheit? Erscheint es doch über die Maßen seltsam, daß der Name Andrea Porfetiere – der dem in Genua von Georges Soufflot besorgten Decknamen André Porfetier auffallend ähnlich ist – schon vier Tage später in Triest in den Geschäftsakten der dortigen Überseehandelskompanie auftauchte. War also jener Triester Porfetiere identisch mit dem Genueser Porfetier? Und sollte jener Andrea Porfetiere in der Tat der Oberst de Conderra gewesen sein – in welche Verwicklungen, auf die sein aktenvermerktes Verschwinden hinweist, war dieser in Triest geraten? Zwingt nicht der Umstand der italienisierten Namensangabe, darauf zu schließen, daß der Oberst nach dem Überfall in Venedig erst recht seine Spur hatte verwischen müssen? Daß es sich somit durchaus nicht um Banditen, sondern um französische Fouché-Spione gehandelt hatte, die auf seine Spur gestoßen waren? Und hatte einer der franzosenfeindlichen Herren de Foscari rettend eingegriffen? Schließlich aber verscheuchten mir damals in Toledo vor allem die folgenden Fragen den Schlaf: Wieso hatten meine Eltern im gleichen »La perla« logiert, in dem zwei Menschenalter vor ihnen der geheimnisvolle Conderra und seine Tochter übernachtet hatten? War das ein Zufall? Und warum war niemals von meinen Eltern im Familienkreis die Rede auf die spanischen Vorfahren, auf den Oberst und Elvira gebracht worden?

Fragen über Fragen. Sie verunsicherten mich, und ich wußte keine Antwort auf sie. Wie lange noch werde ich suchen müssen, dachte ich, bis ich mir über die letzte Einzelheit Klarheit verschafft habe? Oder suche ich vergebens? War alle Mühe bisher umsonst? Ich versuchte, mich selber zu beruhigen: Daß sich der Oberst de Conderra seiner auf der Höhe des Puerto de Tosas getroffenen Entscheidung im bisher gefährlichsten Abschnitt des verwegenen Fluchtplans gewachsen gezeigt hatte, war eine Information, die mir weiterhalf. Gegen Ende September des Jahres 1808 nämlich hatten er und Doña Elvira bei sturmähnlichen Regenschauern nördlich von Laibach die Save überquert. Sie hatten damit die Grenze zum Reich der Habsburger passiert und sich so dem Zugriff der Franzosen entzogen.

Aus einer späteren Tagebuchaufzeichnung der Doña Elvira de Conderra geht hervor, daß ihr Vater in Laibach nach Überreichung des Soufflot-Schreibens an den Vertrauensmann des Schmugglers von diesem eine genaue Karte des Flußverlaufs mit allen Übergängen und zudem einen Begleiter in Aussicht gestellt erhalten hatte, der ihn und seine Tochter schon in der kommenden Nacht durch eine Furt ans andere Ufer bringen würde. Fast heftig jedoch habe der Oberst dies Angebot ausgeschlagen und den Soufflot-Vertrauten in Gegenwart seiner Tochter gebeten, ihm lediglich die Lage der nächstgelegenen Garnisonen und deren Siedlungen am Nordufer der Save, eines Donauzuflusses, im Bereich der bis weit in die Länder des Südostens hinein reichenden vielgerühmten habsburgischen Militärgrenze zu beschreiben. Als der Mann daraufhin den Oberst erstaunt angeblickt und gesagt habe – notierte Elvira schon wenig später –, daß die Flüchtenden doch am linken Saveufer in Sicherheit seien und demnach nichts mehr befürchten müßten, hätte der Oberst schroff erwidert: Da sei er aber anderer Ansicht – seit einem Vorfall in Triest gäbe es für ihn keinen Zweifel mehr daran, daß Fouchés Arm nicht nur bis hierher nach Laibach, sondern auch jenseits der Grenze »bis ins Mark der habsburgischen Provinzen« reiche;

er sähe sich aus diesem Grunde zu äußerster Vorsicht veranlaßt und halte daran fest, keinen einzigen weiteren Mitwisser in den Kreis der Eingeweihten aufzunehmen.

So hatten sich Vater und Tochter schon in der Nacht darauf, zwei Stunden nach Dunkelwerden, ohne Begleitung aufgemacht.

Der Regen hämmerte pausenlos auf das dünnwandige Kutschenverdeck. Als das Gefährt auf dem schadhaften Knüppeldamm das letzte Waldstück in unmittelbarer Nähe des Flußufers nordwestlich der Stadt verließ, wurde es von den Windböen so heftig gepackt, daß es in den Federn ächzte. Aber schon kurz nach Mitternacht zogen die Pferde die Kutsche über den Schotter des Nordufers die Flußböschung hinauf. Der Oberst, der übrigens den in allen Belangen zuverlässigen piemontesischen Kutscher Oliviero in Triest entlassen hatte, lenkte die Hannoveraner auf das nordöstlich liegende Marburg an der Drau zu, ehe er, der Drau flußabwärts folgend, nach Warasdin im Osten abbog. Und hier nun, in Warasdin, beginnt am 25. September Elviras Reisetagebuch. Der Text liegt mir in Teilen vor.

Dies Tagbuch ist lückenhaft, ich weiß zudem nicht, ob die Abschrift, die ich besitze, sämtliche Eintragungen wiedergibt. Ich bezweifle es. Aber davon abgesehen: Es hält dennoch kennzeichnende wie bewegende Augenblicke eines Leidenswegs fest, der auch nach dem Verlassen französischer Hoheitsgebiete nicht beendet war.

Ganz im Gegenteil! Denn hatte die Flucht aus Aragonien über das von Napoleon besetzte Nordspanien bis auf das linke, habsburgische Saveufer die beiden bedauernswerten Menschen durch die Bedrohung, entdeckt und festgenommen zu werden, in Atem gehalten und von der Erinnerung an das schauerliche Ereignis auf Schloß Castaldo abgelenkt, so drängte nun, da sie sich außerhalb der unmittelbaren Reichweite Fouchés und seiner Häscher wußten, der ganze Gram des Familienuntergangs von neuem in ihr Bewußtsein. Das betraf besonders den Oberst. Bisher angetrieben, ja vorangepeitscht vom Willen, die letzte Überlebende beider Familien zu retten, wurde er als Folge der Verwundung, vor allem aber der jähen Entspannung nach dem Überschreiten der Grenze von Tag zu Tag schwächer. Elvira hingegen gewann – wie die Tagebuchaufzeichnungen zeigen – bemerkenswert rasch an Übersicht, Festigkeit und Reife. Sie hatte in den fremden Ländern und im Umgang mit fremden Menschen unerwartete Lagen mit Geistesgegen-

571

wart zu meistern, sie mußte Unterkunft für Mensch und Tier besorgen und all die Schwierigkeiten überwinden, die sich einem Reisenden auf schlechten und gefährlichen Straßen entgegenstellten. Vor allem jedoch von der Sorge um den Vater berichten ihre täglichen Aufzeichnungen zusätzlich zu den Beobachtungen auf den rund sechshundert Meilen Wegs ostwärts durch die Provinzen des Habsburgerreichs. Im Ton manchmal kindhaft, sind sie in der Schilderung wesentlicher Vorgänge eine zuverlässige Quelle, wie mir, je öfter ich sie las, immer bewußter wurde.

So notierte sie am 25. September unter anderem: »Warasdin – Varazdin. – Freundliche Menschen nehmen uns auf – sie reden hier alle deutsch. Wie bin ich froh, von Vetter Miguel einigermaßen Deutsch gelernt zu haben. Mutter Elisabeth Glasl, die Herbergsbesitzerin, wäscht meinem verehrten Vater die Wunde und holt ihren Bruder, der Arzt ist. Mein verehrter Vater schläft einen ganzen Tag und eine ganze Nacht ohne Unterbrechung. Mutter Elisabeth Glasl sagt, wir sollten noch bleiben. Doch wir werden morgen weiterfahren.«

29. September: »Fünfkirchen–Pecs. – Schon den dritten Tag lenke ich nun allein die Pferde. Heilige Jungfrau Maria, ich flehe dich an, gib mir Kraft, stehe meinem über alles geliebten Vater bei! Bis in die Herberge mußte ich ihn stützen. Er hat Fieber, Schmerzen … Ich danke dir, mein verehrter Papa, daß du mir nach der Grenzüberfahrt wieder erlaubtest, mein Tagebuch zu führen, so wird mir alles viel leichter … Herr Karl Erkel, der Gastwirt, für den wir eine Empfehlung von Mutter Elisabeth Glasl mitbrachten, hat uns eingeladen, drei Tage zur Erholung auf seinem Hof unter dem Mecsekgebirge zu bleiben. Der Weg, der vor uns liege, sei lang, sagte er mir. Doch mein verehrter Vater trug mir auf, freundlich zu danken und ihm zu sagen, daß wir in Eile wären … Der Arzt, den Herr Erkel holte, legte meinem verehrten Vater einen frischen Verband an. Ich verstand nicht, was er nachher mit Herrn Erkel flüsterte.«

Am Tag danach, am 30. September, ohne Ortsnamensnennung: »O meine teure liebste Mutter! O meine Schwester Isabella! Teure Schwestern! Meine Brüder! Mein Brüderchen Carlos! Wo seid ihr? Unser verehrter Vater ist krank und schwach! Hilf mir, Heilige Jungfrau Maria, Gebenedeite, hilf uns! Meine teuerste Mutter, warum hast du uns verlassen?«

Eine Woche später, am 7. Oktober – nachdem unter dem ungefähren Datum »Anfang Oktober« die Donauüberquerung auf einer Fähre bei Mohács knapp vermerkt ist –, folgt dann jene merkwürdige Eintragung, die meinen langgehegten Verdacht bestätigte. Nach der Notierung des Ortsnamens »Großsanktnikolaus« und einigen Feststellungen über die Freundlichkeit der Aufnahme bei dem reichen Bauern Franz Huller, der zwölf Kinder habe, und über den Gesundheitszustand des Vaters, in denen zum ersten Mal Hoffnung mitschwingt, berichtet Elvira zunächst von einem Gespräch mit dem Oberst. In dessen Verlauf habe dieser, wie allabendlich am Tisch über zwei große Landkarten gebeugt, zu ihr gesagt, daß sie alles daran setzen müßten, bald das Ziel zu erreichen – einen unmittelbaren Grund habe er nicht genannt. Ob sie die Kraft aufbringe, habe er sich danach sorgenvoll an sie gewandt, die Pferde noch einen weiteren Tag allein zu lenken? Danach werde wieder er es tun, er fühle sich gekräftigt.

Hier leuchtet zum ersten Mal ein Lächeln durch die Zeilen der erschütternden Aufzeichnungen, da Elvira nämlich wörtlich die folgende Szene niederschrieb: »Ich antwortete meinem Vater: O ja, leicht könnte ich auch das Doppelte an Kraft aufbringen und würde die braven Pferde gerne bis ans Ende der Welt lenken, mein verehrter Vater, wenn Sie sich doch nur Ihren langen schneeweißen Rauschebart scheren würden, dessen Anblick mich erschrickt, mutlos und schwach macht, als wären Sie nicht mein Vater, sondern ein Räuberhauptmann aus der Sierra de Guadarrama …« *Eine Zeile weiter ist dann zu lesen:* »Mein verehrter Vater sah mich erstaunt an und lachte auf einmal so laut, wie ich es noch nie gehört. Er nahm mich in die Arme, drückte mich lange, streichelte mich und küßte mich und sagte zu mir, wie glücklich er sei, eine solche Tochter zu haben. Er küßte mich immerfort und sagte, ich sei sein ganzes und sein einziges Glück auf der Erde …« *Die Tagebucheintragung abschließend, fügte Elvira noch hinzu:* »Ich war den ganzen Abend vor Freude und Stolz sehr aufgeregt. Ich habe im Bett lange geweint vor Freude über meinen innig geliebten Vater. Ich danke Dir, Heilige Jungfrau, daß wir diesen Vater haben dürfen. Laß es auch meine teure Mutter und meine Geschwister im Himmel wissen. Wir wollen Dir alle danken, daß unser verehrter Vater soviel Kraft hat, wie ich sie bei seiner Umarmung spürte. Gleich danach scherte er sich den Bart.«

Wiewohl es mir geschmacklos erschienen war, im Zusammenhang mit

der Schilderung der bewegenden Szene zwischen den beiden Flüchtigen
die Frage des Geldes zu erwägen, war ich um den Gedanken daran nicht
herumgekommen – ergibt er sich doch unmittelbar aus der Aufzeich-
nung Elviras, die einen Tag später, am 8. Oktober, im Journal festhielt,
daß ihr Vater sie nach über einer Woche zum ersten Mal beim Lenken
der Pferde bis in den Ort Lipova abgelöst habe, der an »einem Fluß mit
drei Namen« liege – »Mieresch, Maros und Mureş«. Was aber, hatte ich
mich ja schon vorher gefragt, was wohl war mit den Gold- und Silber-
münzen in den beiden Holzkoffern, mit all den Louis- und Napoleondors
und den Silberreales geschehen, ohne deren Besitz der Oberst den lan-
gen und kostspieligen Fluchtweg niemals hätte bewältigen können?
Denn so erheblich die Summe gewesen sein mag, die er Monsieur
Georges Soufflot für Überfahrt, Beschaffung der Papiere, Pferde und
Kutsche, dazu für die Herstellung wichtiger Verbindungen und eine
Reihe weiterer Hilfeleistungen ausgezahlt, so viel Geld er auch in Her-
bergen und Gasthöfen für Quartier und Speise, für Pferdefutter und
-unterbringung gelassen hatte und zudem für alles weitere aufgekom-
men war, so undenkbar erscheint es mir, daß die beachtliche Summe, in
deren Besitz er sich beim Verlassen Spaniens befunden hatte, so früh zur
Neige gegangen sein soll. War mir im Laufe meiner Nachforschungen
auch nirgendwo ein noch so flüchtiger Hinweis auf den Geldbesitz des
Coronel de Conderra aufgefallen, so kann ernstlich kein Zweifel daran
bestehen, daß er auf seinem abenteuerlichen Weg die hohe Summe in der
einen oder anderen Form mit sich führte. Da dies unter keinen Umstän-
den auffällig hatte geschehen dürfen und mit Sicherheit auch nicht ge-
schah, muß er eine Art und Weise gefunden haben, die Münzen zu trans-
portieren, die jedem Beobachter verborgen blieb. Ich hatte mir längst
meine Vorstellung zu diesem Punkt gemacht. Sie bleibt eine Vermutung,
wie so vieles in meiner Niederschrift, und beantwortet meine Fragen nur
zum Teil. Zwei Umstände sprechen für sie.

Das eine ist die Anmerkung im Reisetagebuch vom 27. September, in
der Elvira festgehalten hatte, daß ihr Vater in Warasdin seinem Rock
Goldstücke »entnommen« habe, um damit »Reisepapiere« zu bezahlen,
sie habe, heißt es weiter, den Rock »nähen« müssen. Das ist ungemein
aufschlußreich. Elvira notierte nämlich nicht, daß der Oberst die Mün-
zen aus einer Tasche des Rocks hervorgeholt, sondern daß er sie dem
Rock »vorsichtig entnommen« habe. Abgesehen davon, daß der Oberst

keinerlei »Reisepapiere«, sondern eher österreichische Ausweispapiere benötigte, um unbehelligt weiterzukommen – und er mit großer Wahrscheinlichkeit dank der bis an die Drau reichenden Beziehungen Soufflots in den Besitz solcher Papiere gekommen war –, zwingt Elviras zurückhaltende Notierung zur Folgerung, daß der Oberst einen Teil der von den Franzosen erbeuteten Goldmünzen – sehr viel kann es, gemessen an der gesamten Menge, nicht gewesen sein – noch vor der Überfahrt nach Genua ins Futter seines Rocks, vielleicht auch der Hosen, hatte einnähen lassen. Ich bin der Ansicht, daß er es tat. Ungeachtet zunächst der Frage nach dem anderen, dem größeren Teil der Münzen kommt mir bei dieser Annahme ein zweiter Umstand zu Hilfe. Und zwar:

Die drei Goldlouisdors, die sich in meinem Besitz befinden, weisen bemerkenswert einheitliche Beschädigungen auf. Zwei von ihnen schon beim ersten Blick, und zwar solcherart, als sei mit einem harten Gegenstand, etwa einem Metallgriffel, ein heftiger Schlag auf sie geführt worden. Dabei müssen die am Rand getroffenen Münzen übereinander gelegen haben, da sich die Dellen genau ineinander fügen. Und bei aufmerksamer Betrachtung der dritten, nur leicht beschädigten Münze hatte sich seinerzeit bald herausgestellt, daß der abgeglittene Stoßgegenstand auch sie getroffen haben muß, da sich ihre Schadstelle im entsprechenden Verhältnis zu denen der beiden anderen Münzen befindet.

Ein Gespräch mit einem Waffenkundigen hatte meine schon damals angestellte Vermutung zur Gewißheit erhärtet, daß die Einbuchtungen in den Goldmünzen von einer aus der Nähe abgefeuerten Pistolenkugel stammten. Da mir bei meinen Ermittlungen auf den Spuren des flüchtenden Paares nur ein einziges Mal die Tatsache eines Schußwechsels begegnete, in den der Oberst einbezogen war, steht für mich fest, daß die Goldmünzen tatsächlich in des Obersten Rock eingenäht gewesen sein müssen und daß die drei Louisdors in jener Nacht im Albergo »La perla« in Venedig ihn zumindest vor einer weiteren Verwundung schützten, wenn nicht gar ihm das Leben retteten.

Auf meine Vermutung läßt außerdem die Tatsache schließen, daß es ausgerechnet diese Münzen waren, die der Oberst vor der Rückkehr nach Spanien seiner Tochter beim Abschied gleichsam als lebenschützendes Vermächtnis schenkte – und zugleich anvertraute. Denn als Doña Elvira viele Jahre später, vor ihrem Tod, die drei Münzen ihrem ältesten Sohn vererbte, tat sie es mit der Auflage, daß sie niemals veräußert und niemals außerhalb der Familie weitergereicht werden dürften.

Noch eine Stelle in den Reiseaufzeichnungen erscheint mir im Hinblick auf des Obersten Verhalten und auf das daraus resultierende spätere beharrliche Schweigen in unserer Familie wichtig. Auch hier bin ich auf Vermutungen angewiesen.

Schon einige Tage vorher hatte Elvira unter der Ortsangabe »Szegedin« etwas unklar einen Vorfall eingetragen, der darauf schließen läßt, daß der Oberst im Gasthof »Zum Türken«, wo die beiden in der an den Ufern der Theiß gelegenen Stadt nächtigten, von drei weltmännisch gekleideten Schnauzbärten mit orientalischen Gesichtszügen »in einer ungewöhnlichen Sache« angesprochen worden war. Elvira berichtet, daß sie ihren Vater »erblassen, wenn auch keinen Augenblick die Ruhe verlieren« gesehen habe. Aus dem Mund der französisch sprechenden Männer habe sie während des eindringlich geführten Gesprächs Wörter aufgeschnappt wie »notre guerre contre la Russie«, dann wieder sei von »argent«, sogar von »beaucoup d'argent«, von viel Geld, die Rede gewesen. Ihr Vater habe den fremdartigen Männern äußerlich ruhig zugehört und schließlich leise gesagt, daß er sich »l'offre honorable«, das ehrenvolle Angebot, überlegen und morgen zur gleichen Stunde wieder mit ihnen sprechen werde; woraufhin sich die drei mit übertrieben höflichen Verbeugungen verabschiedet hätten. Schon zehn Minuten später aber hätte der Vater mit ihr, Elvira, den Gasthof Hals über Kopf durch eine Hintertür verlassen, und trotz größter Müdigkeit seien sie heimlich und in Eile weitergereist. Unaufhörlich habe der Vater in der Nacht auf der staubigen, ebenen Straße die Pferde mit der Peitsche angetrieben, was sonst nicht seine Gepflogenheit gewesen sei. Doch noch vor der Abfahrt, als sie im Zimmer hastig ihre Habseligkeiten zusammengepackt hätten, habe sie ihren Vater kopfschüttelnd murmeln gehört: »Dios mio, lo saber todo! Die wissen alles! Selbst hier haben wir keine Ruhe!« Auf Anweisung des Vaters habe sie die Lampen im Zimmer brennen lassen.

Soweit Elviras beunruhigende Niederschrift.

Ich habe mir nach vielfacher Überlegung nur den einen Reim darauf machen können: Hatten dem Oberst türkische Emissäre, seine Lage nutzend, das Angebot gemacht, in osmanische Kriegsdienste gegen Rußland zu treten und ihm dafür hohe Entlohnung geboten, erstreckte sich doch das türkische Hoheitsgebiet damals bis wenige Meilen südlich von Sze-

gedin? Nein, überlegte ich, das erscheint mir unglaubwürdig, so entzückt die Fachleute unter den Historikern das Lob der osmanischen Geheimdienste als ein altes Erbe asiatischer Eroberungs-, Verteidigungs-
und Regierungskunst auch singen mögen. Nein, ich neige viel eher zur
Annahme, daß sich der Oberst in Szegedin getarnten Fouché-Agenten
gegenübergestellt sah: Sie gingen, als sie ihn anredeten, davon aus, daß
ihm nichts daran gelegen sein konnte – was durchaus auch in ihrem Interesse lag –, Aufhebens um ihren Auftrag und um ihre Person zu machen, die ihm eine Falle stellen, ihn fangen und unauffällig zu ihren Auftraggebern verschleppen wollten. Der Oberst muß dies, sofern ich in Elviras Notierungen einen Sinn finden kann, sehr bald durchschaut und
mit der ihm eigenen schnellen Tatkraft entsprechend gehandelt haben.
So hatte die überstürzte Abreise aus Szegedin ostwärts im doppelten
Sinn im Zeichen der Flucht gestanden.

Seit jener Nacht aber in der Stadt mitten im Sumpf- und Mündungs-
gebiet dreier Flüsse muß den flüchtigen Coronel de Conderra das Gefühl, nirgendwo auf dieser Welt einen sicheren Platz für seine Tochter
finden zu können, wie ein Alptraum umgetrieben haben. Sollte vielleicht
im Zusammenhang damit bis heute das Schweigen in unserer Familie
über Elvira und ihren Vater zu erklären sein?

Doch so, wie mir der Verbleib jenes größeren Teils des von Conderra
aus Spanien mitgenommenen Münzvorrats bisher unbekannt geblieben
ist und ich lediglich darüber unterrichtet bin, daß – wie Elvira festhielt
– ihrem Vater das Geld »unterwegs ausging«, was mit Sicherheit nicht
stimmt, ebenso, fürchte ich, werde ich auch auf diese Frage niemals eine
Antwort erhalten. –

Vom Turm der gotischen Santa Iglesia Catedral Primada über mir
schlägt es Mitternacht. Den Kopf in den Nacken gelegt, blicke ich hinauf und ertappe mich dabei, zu den Glockenschlägen ein Wetterleuch-
ten im Sternenhimmel über Toledos großer Kathedrale zu erwarten. Ich
habe mich an ein Tischchen vor dem »Restaurante Andrés Villas« gesetzt. Mein Blick geht zur machtvollen Löwenpforte in der Südfront der
Kathedrale hinüber, die im spärlichen Licht der vier Gaskandelaber mit
der Gewalt aufsteilender Gebirgsfelsen vor mir in den Nachthimmel
wächst. Ich überlasse mich dem Sog der granitenen Wucht.

O ja, das Schlendern durch die Stadt hat erheblich länger gedauert
als vorgesehen. Von einer Gruppe fröhlicher junger Menschen verführt,

577

denen ich ihrer Lieder wegen bis zur Piazza de Zocodover gefolgt war,
hatte ich dabei plötzlich vor der Puerta del Sol gestanden, dem Bastei-
tor mit den arabischen Hufeisenbögen, deren Form sich ahnungs- und
geheimnisvoll in der kleinen Cristo-de-la-Luz-Kapelle daneben wieder-
holt. Ich liebe diese kleine Kapelle seit meinem ersten Aufenthalt in To-
ledo. Immer wieder kehre ich zu ihr zurück, fasziniert von der Fein-
gliedrigkeit ihrer Gestalt – einem Wunder architektonischer Intimität.

Noch strömen die Steinquader der Häusermauern die tagsüber auf-
gesaugte Wärme aus. Die wenigen im Freien stehenden Restaurant-
tischchen des Señor Andrés sind von schwatzenden Menschen besetzt.
Allenthalben schweben Speisedüfte. Mit der Nachtluft atme ich gleich-
sam die Knoblauchsuppen, die Lammbraten und die ölgedünsteten Pfef-
ferschoten, Zwiebeln und Tomaten des köstlichen Pisto manchego ein.
Ich habe bei Andrés ein Gericht der hier beliebten mit Weißwein, Lor-
beerblättern, Pfeffer, Knoblauch und Zwiebeln zubereiteten Rebhühner
bestellt, das die Spanier Perdices a la toledano nennen. Der kräftige
Manchawein von Valdepeñas, den mir der dicke, immer stoppelbärtige
Señor Andrés Villas diesmal persönlich einschenkte, mundete so vorzüg-
lich, daß ich weit länger als beabsichtigt sitzen blieb. Und während ich,
schlafunwillig, den brühheißen Café schlürfe, fällt mir plötzlich die Le-
gende ein, die sich die Toledaner über die Cristo-de-la-Luz-Kapelle er-
zählen – über jenen winzigen Bau am Rande des steinernen Universums
namens Toledo, der es mir schon beim ersten Anblick angetan hatte.
Auch diesmal war ich auf dem Weg durch die Stadt nachdenklich vor
ihm stehengeblieben. Mein Freund Andrés hat mir die Legende erzählt:

Im Jahr 1085 eroberte Kastiliens König Alfons VI. der Tapfere, der
Landesvater des heldischen Cid el Compeador, die ehemalige westgoti-
sche Hauptstadt Toledo von den Arabern zurück, die sich zu Beginn des
achten Jahrhunderts ihrer bemächtigt und ihr das orientalische Geprä-
ge gegeben hatten, das sie bis heute behielt. Doch als König Alfonso der
Tapfere im Triumph durch das Bib-al-Mardon-Tor in die Stadt eingerit-
ten war, kniete sein Schimmelhengst nach wenigen Schritten plötzlich
und ohne einen Befehl erhalten zu haben vor einer kleinen, unscheinba-
ren Moschee zur Linken auf einem weißen Stein nieder und war nicht
zum Weitergehen zu bewegen, so sehr sich der Monarch, die Hofleute
und auch einige Toledaner darum bemühten. Bis schließlich ein Edel-
mann aus dem königlichen Gefolge vor seinen Herrn trat und ihn auf

die Moschee am Straßenrand aufmerksam machte. Alfons überlegte kurz und befahl dann, die islamische Anbetungsstätte zu durchsuchen. Sofort machten sich einige Offiziere daran. Zum Erstaunen der Anwesenden entdeckte einer von ihnen hinter einer dünnen Wand ein Kruzifix und nur eine Spanne darunter, ungeachtet der Jahrhunderte arabischer Herrschaft, einen im heiligen Öl brennenden Docht: Die Flamme brannte seit der Zeit, als die Moschee eine Kapelle der christlichen Westgoten gewesen war, woran sich in der Stadt kein Mensch mehr erinnerte – es waren über dreihundert Jahre seither vergangen ...

Ich habe Señor Andrés nach Frau und Kindern gefragt, ihm das Nachtmahl bezahlt und ihm gesagt, daß ich morgen zu einem Cocido, einem Eintopf, wiederkomme. Ich gehe durch die menschenleere Calle de Santo Tomá heimwärts. Mich beschäftigt nicht das Historische der Legende um den kastilischen Alfons, der als vornehmer Charakter mit der Rückeroberung Toledos bis zum Tod seines arabischen Freundes Talamun, des Taifa-Königs von Toledo, gewartet hatte, weil er einst dessen Gast gewesen war. Mich berührt das Tiefgründige und Doppelsinnige an ihr, auf das sie hinweist. Verschüttet unter den Schichten der Zeiten und Ereignisse, denke ich mir, war dem Verstand des Menschen die Erinnerung an die ursprüngliche Bestimmung des kleinen Baues verlorengegangen. Der Instinkt der Kreatur aber war nicht zu täuschen gewesen, er hatte über die Ratio triumphiert und die von dieser vergessene Wurzel bloßgelegt. Warum sonst war der Hengst in der Legende niedergekniet? Der Verstand, dachte ich, schloß seinen Kompromiß mit der alles auslöschenden Zeit, das Gefühl für den Ursprung jedoch war lebendig geblieben ...

Während ich, wieder allein, durch die dunkle Calle del Angel an dem gotischen Gäßchen De Bodegones vorbei auf das Kloster San Juan de los Reyes zugehe, denke ich: Sollte es damals in Venedig nach dem nächtlichen Überfall in »La perla« auf den Oberst Juan Carlos de Conderra und seine Tochter Elvira vielleicht so gewesen sein, daß er sich aus der Lage heraus nicht anders hatte entschließen können, als die Münzen in den beiden kleinen Holzkoffern im Albergo der Familie Valeri zurückzulassen? ... Wenn tatsächlich er und Elvira es waren, die in »La perla« übernachtet hatten – war dann sein blitzschnell gefaßter Entschluß, unter Zurücklassung des Geldes aus dem Blickfeld der Öffentlichkeit zu verschwinden, nicht das einzig Angemessene gewesen, was er hatte tun können? War er später zurückgekehrt und hatte sich die Geldkoffer geholt? Und wie so oft in diesem Zusammenhang auch jetzt die Frage: Was wußten meine Eltern von all diesen Vorgängen, als sie fünfundzwanzig Jahre vor meinem Besuch in Venedig für die Dauer ihrer Flitterwochen ausgerechnet in der »Perla« Logis genommen hatten?

Ich hatte alles wissen wollen. Doch bei keinem einzigen der langen Abendgespräche auf dem Campo dei Santi Giovanni e Paolo war es mir geglückt, mehr aus den alten Eheleuten Valeri herauszubekommen, als ich hier bereits niederschrieb. Es gab eine Grenze ihrer Mitteilsamkeit, die sich immer dann als unsichtbare Wand vor mir erhob, wenn ein bestimmter Punkt des Gesprächs erreicht war. Mit undurchdringlicher Gelassenheit brachte Papá Valeri sein »Tempi passati« vor und hatte danach einen Ausdruck in den Augen, der mir jedes weitere Bohren verbot. Oder hatte ich mich damals an den Frühlingsabenden in Venedig getäuscht? Hatte ich mir dies alles nur eingeredet? Hätte ich mit Papá Valeri offen über meine Fragen sprechen sollen? Aber wie hätte ich ihm, dem stoischen Venezianer, diesem unbeirrbar nüchternen Geschäftsmann klarmachen können, daß mich eine geldliche Hinterlassenschaft des einstigen spanischen Gästepaares in der »Perla« nicht im geringsten oder nur insofern beschäftigte, als sie einen wichtigen Teil des Bildes darstellte, den ich mir vom Fluchtweg der Conderra machen wollte, koste es, was immer es wolle. Sollte ich ihm sagen, daß ich seit Jahren unterwegs war, um mir Gewißheit über mich selber zu verschaffen? Weil mir früh in meinem Leben, nicht selten auf beunruhigende Weise, bewußt geworden war, daß es in bestimmten Augenblicken etwas in mir gab, das mich anders denken und fühlen ließ als die Freunde und Bekannten meiner Kindheit und Jugend? … Was ich aus purer Abenteuerfreude begonnen hatte, aus verspielter Lust, Informationen über zwielichtige Vorfahren zu sammeln, war nach und nach zum Zwang geworden. Und je mehr ich mich mit Gedanken und Gefühlen, Absichten und Handlungen des Carlos und der Elvira de Conderra beschäftigt hatte, mich mit ihnen hatte beschäftigen müssen, um meinen Weg zurück zu ihnen finden zu können, um so klarer hatte ich ihre Identität als meine eigene erkannt. Es geht um die Übereinstimmung mit mir selber, zu der ich allein dann finde, wenn ich alles tue, meiner Verbindung zu den Conderra die Gewißheit konkreter Kenntnis hinzuzufügen. Das schulde ich nicht nur mir, sondern auch ihnen …

Doch Gedankenspinnereien bringen mich nicht weiter, sage ich mir, und Papá Valeri würde mich bei Äußerungen dieser Art ohne Wimpern-zucken kühl und mißtrauisch gemustert haben – wie einen zudringli-chen und unreifen Schwätzer …

Ich blicke zum Kloster San Juan de los Reyes hinüber, dessen Fenster und Turmfialen im Schwarzblau der Nacht die Konturen verlieren. Werden je alle Abschnitte des Weges, den die beiden letzten Conderra im Herbst des Jahres 1808 aus dem Schatten des Torre Lanterna im Hafen von Genua heraus über Flüsse, Ströme und Berge, durch Ebenen, Dörfer und Städte bis in die gebirgigen östlichen Provinzen und Kron-länder des Hauses Habsburg zurücklegten, aufzuhellen sein? … Ich sehe die Gestalt des weißhaarigen Mannes mit dem Gesicht wie aus brü-chigem Stein und das großäugige Mädchen mit dem Kreolenteint und schwarzen Glanzhaar an seiner Seite so lebhaft auf mich zutreten, daß ich nicht nur nachts, sondern auch tags von ihnen träume, sie zu beglei-ten und miteinander sprechen zu hören meine, ja mich laut und ohne Scheu mit ihnen unterhalte, bald an diesem, bald an jenem Ort ihrer ein-zigartigen Reise, die sie nach dem Willen des rebellischen Grande ange-treten hatten.

Dabei wirkten die hundert Mal gelesenen, oft nur spärlichen Reise-notizen der Fünfzehnjährigen in dem Maß erregender auf mich, in dem sich die beiden Flüchtigen jenen Landstrichen zu nähern begonnen hat-ten, in denen das Ziel ihrer Flucht lag, der Ort, von dem ich ausgezogen war, sie zu suchen – meine Vaterstadt Kronstadt. Mir ist, als habe ich den Oberst und seine Tochter seit der Kindheit dort erwartet.

O ja – bis zuletzt müssen Fährnisse die beiden auf der Flucht be-gleitet und gelegentlich zu schnellem Umdisponieren gezwungen ha-ben. »… Papa zog den Umweg vor, weil er ihn für sicherer hielt«, heißt es bei Elvira an einer Stelle einsilbig und ohne weitere Angaben; sie be-zieht sich damit auf den Umstand, daß sie, obschon in Zielnähe, nicht den bequemeren Weg durch die Senken des Miereschflusses ostwärts ins transsilvanische Hochland nahmen, sondern sich »nach Süden entlang dem Flüßchen Temesch durch die Banater Berge der Donau zuwandten, bis wir im Städtchen Orşova nahe dem sogenannten Eisernen-Tor-Paß eintrafen«. Eine gewaltige Landschaft, wie ich mich auf meinen Erkun-dungsfahrten durch jene Gegend überzeugte – durch den Paß bahnt sich der Strom den Weg zum Meer: Steinberge, darunter furchterregende tosende Wassermengen, durch deren steinige Uferabstürze schon die Römer eine Straße für ihre Heere bauten …

Vermutlich verschwieg der Oberst Elvira seine Gründe für die Richtungsänderung, um sie nicht zu ängstigen. Erst nach der Übernachtung in Craiova in der Kleinen Walachei – dessen Namen Elvira betonungsgetreu mit dem Accent aigu über dem ó schrieb – wandten sich die beiden dann zielstrebig nach Norden, um die hohe Südkarpatenkette zu durchqueren. »Wir fuhren«, heißt es in Elviras Tagebuch hierzu, »flußaufwärts durch eine Gebirgsenge immer an schäumenden Wasserschnellen vorbei. Die steilen und hohen Felsen rückten von beiden Ufern so nahe an uns heran, daß wir von Schatten umgeben waren. Die Enge heißt ›Puerto‹ oder ›Paso de torre rojo‹ – ›Paß des Roten Turms‹, sagen die Leute hier. Und wirklich sah ich am Ende der langen Durchfahrt, an dessen Anfang wir bei einem alten Kloster hielten und auf Papas Wunsch beteten, ehe wir die ins Hochland hinausführende Straße erreichten, einen hohen, runden Turm mitten in den Wäldern zwischen Straße und Fluß stehen. Ein einsamer, vergessener Hüter, der dort Wache hält.«

Unter dem Datum des 25. Oktober 1808 findet sich die umfangreichste Eintragung im Reisejournal der jungen Spanierin – in der Abschrift, die Onkel Andreas, Mutters jüngster Bruder, kurz vor seinem unglücklichen Tod anfertigte; sie erhielt sich in losen, unfertigen Blättern und befindet sich in meinem Besitz. Es war das wichtigste Datum auf der Reise der beiden Conderra.

Denn der 25. Oktober war der Tag, an dem das von den Hannoveranern gezogene Coupé mit dem gelben Lederverdeck den Oberst und dessen Tochter nach insgesamt tausendfünfhundert englischen Meilen in die Terra Borza brachte, den südöstlichen Teil des habsburgischen Kronlandes Transsilvanien. In die Stadt Kronstadt. Das Ziel.

Als Kornett einer kaiserlichen Schwadron stand dort Elviras Vetter Miguel de Ribeira unter dem Garnisonskommando des Oberstleutnants von Tannhausen in Dienst. Deutlich erkennen läßt sich, daß die junge Doña Elvira diese Seiten ihres Reisetagebuchs, über deren erste sie die Worte »Kronstadt – aber auch Brassó und Braşovia« schrieb, im Zustand großer Gemütsbewegtheit gefüllt hat, mehr noch, sie muß außer sich gewesen sein vor Freude über das Wiedersehen mit dem Vetter. Diesem hatte der Oberst wenige Tage vorher auf dem Kurierpostweg die Mitteilung von ihrer bevorstehenden Ankunft und vom Schicksal der

Familien Conderra und Castaldo zukommen lassen. Die Sätze im Rei-
sejournal drängen, sie überschlagen sich. Sie ergeben unter dem Datum
dieses und des nächsten Tages das folgende Bild:

Nach Erhalt des vom Bruder der verstorbenen Mutter geschriebenen
Briefs hatte Miguel de Ribeira beim Kommandanten der Stadtgarnison
»in einer außerordentlichen Angelegenheit«, wie in der schriftlichen Pe-
tition zu lesen war, um einen Empfang angesucht. Er war ihm sofort ge-
nehmigt worden. Der noch nicht zwanzigjährige Kornett berichtete dem
wenige Jahre vorher in der Dreikaiserschlacht bei Austerlitz schwer ver-
wundeten und nach der Genesung als kriegsdienstuntauglich auf eige-
nen Wunsch ins südöstliche Kronland versetzten Oberstleutnant – ein
Vertrauter jenes Grafen von Stadion, der als Außenminister der Habs-
burger die allgemeine deutsche Erhebung gegen Napoleon betrieb – klar
und knapp vom Inhalt der Mitteilungen des verletzten Grande de Con-
derra. Er zeigte dem Oberstleutnant dessen Brief und erbat eine Woche
Urlaub, um sich der beiden Verwandten annehmen zu können.

Der Oberstleutnant, ein magerer Fünfzigjähriger, dessen jederzeit
schläfriger Gesichtsausdruck sowohl über die lebensfrohe Gutherzig-
keit wie über die disziplinierte Spannkraft hinwegtäuschte, die ihn be-
seelten, erweckte bei dem Kornett, als er auf den Brief in dessen Hand
blickte, einen Augenblick lang den verwirrenden Anschein, als erfahre
der Vorgesetzte nichts Neues, ja als wüßte er über den Spanier längst Be-
scheid. Er sah dem in Uniform vor ihm stehenden jungen Mann eine Zeit-
lang ausdruckslos in die Augen, nickte dann und sagte eintönig und in
einem Tonfall, dem die Kindheit und Jugend in der Kaiserstadt Wien so-
fort anzuhören waren: »Herr von Ribeira, im Interesse Ihrer Gäste er-
warte ich von Ihnen unverzüglich Meldung, sollten Sie der Hilfe bedür-
fen – Sie sind mit sofortiger Wirkung abkommandiert, für die beiden zu
sorgen. Und vergessen S'ja net, mein Verehrtester, daß wir hier dicht an
der unergründlichen Militärgrenze Dienst tun … Hob'n S'mi ver-
stand'n?«

Gegen Abend dieses Tages, fünf Stunden nach dem kurzen Gespräch
mit seinem Garnisonskommandanten, stand Miguel de Ribeira im
Schatten der alten Bartholomäuskirche am nördlichen Stadteingang
dem Oberst Juan Carlos Francisco de Conderra und dessen Tochter El-
vira einige Sekunden lang sprachlos und mit angehaltenem Atem gegen-
über. Er hatte den jüngeren Bruder der verstorbenen Mutter als einen

Mann jenes Zuschnitts in Erinnerung, der unwillkürlich das Bild der vielgerühmten toledanischen Degenklingen beschwört – von geschmeidiger Angriffsbereitschaft, die sich schon in Blick und Körperhaltung verriet. Doch der Weißhaarige, der in den Strahlen der Spätnachmittagssonne mit langsamen Bewegungen vom Kutschbock herabstieg und ihm verstaubt, hohläugig und mit einem erloschenen Lächeln entgegentrat, erschien dem erschauernden Kornett nur noch als ein verblaßtes Abbild der ehemaligen Gestalt. Das Gesicht des Obersten zuckte, als der Kornett auf ihn zustürzte und ihn umarmte.

Doña Elvira zeichnete auch diese Szene auf. Sie bemerkte dazu, daß sie sehr lange – »mucho, mucho tiempo« – hinter ihrem Vetter Miguel habe stehen und warten müssen, ehe sich die beiden Männer aus der Umarmung gelöst hätten. Dann folgt die vielleicht reifste Stelle des Tagebuchs, die das innere Wachstum des Mädchens während der letzten harten Wochen ahnen läßt. Elvira schreibt: »Wir betraten die Kirche San Bartolomeo, knieten nieder und beteten, ehe wir weiterfuhren. Die Fahrt im Licht der nachmittäglich milden Oktobersonne durch die lange, breite Vorortstraße bis ins ›centro de la ciudad‹ hinauf mit der großen ›catedral negra‹ wird mir unvergeßlich bleiben. Die Laubwälder an den steilen Berghängen über der schönen Stadt leuchteten in herbstlichem Goldgrün, als habe ein freundlich wärmendes Feuer von allen Seiten einen Schein über die Häuser, Türme, Kirchen und Menschen ergossen. Ach, während unseres langen und erschöpfenden Wegs hatte ich hier, auf der Fahrt durch diese Stadt inmitten der Berge, zum ersten Mal das Empfinden, daß ich mich da zu bleiben und zu leben ohne Bedenken entschließen könnte, wenn mir schon die Rückkehr ins geliebte Spanien vorerst vom Schicksal verweigert wird.« Zugleich, notierte Elvira abschließend, habe sie ein Gefühl unendlicher Müdigkeit überkommen, »un cansancio agotador«, sie hatte hinzugefügt: »Heute ist mein sechzehnter Geburtstag.«

In der Abschrift meines Onkels Andreas ist dies eine ihrer letzten Eintragungen, von der nur noch der Schlußsatz für meine Nachforschungen erheblich ist, wenn allerdings auch lediglich als zweitrangiger Hinweis. »Woher wußte Barón de Tannhausen, daß wir kommen würden?« fragte sich Elvira.

Die Bruchstücke meiner weiteren Nachrichten entnehme ich zwei durch Zufall von der Vernichtung verschonten Aktenblättern aus dem

Bestand des »senatus coronensis«, des »Senats von Kronstadt«. Beide Schriftsätze stammen aus dem Herbst des Jahres 1808. Sie blieben in einigen jahrelang übersehenen Papierstößen erhalten, die ich für billiges Geld als »wertlose Ablagereste« aus den städtischen Archivdepots erstehen konnte. Aus dem einen wird ersichtlich, daß der Spanier samt Tochter in Begleitung des Herrn Miguel García de Ribeira vor dem Senator Walther Martinus Eder erschienen war, um diesem ordnungsgemäß von seinem und seiner Tochter Aufenthalt in der Stadt Mitteilung zu machen, und daß außerdem schon tags darauf der Stadtsenat »des Herrn Obersten von Conderra und des ehrenwerten Fräuleins Elvira von Conderra und Castaldo Aufenthaltnahme daselbst mit extraordinairem Wohlwollen« zur Kenntnis genommen hatte.

Die Notiz bedürfte keines Kommentars, enthielte sie nicht den zusätzlichen, durch die Schadhaftigkeit des Papiers jedoch nur noch in einer Zeile vorhandenen Vermerk: »Ad rem: Herr Kommandant Oberstleutnant Graf Carl Philipp von Tannhausen teilte schon vor drei Tagen mit, daß …« Hier ist das Blatt durchgerissen. Ungeachtet jedoch der weiteren möglichen Mitteilungen enthält dieser halbe Satz gleichsam die amtliche Bestätigung der Niederschrift im Journal Elviras, in der des Vetters Miguel erstaunte Anmerkung darüber wiedergegeben ist, daß Graf Tannhausen über das Flüchtlingspaar offensichtlich im Bilde gewesen sei, noch ehe er durch ihn, den Kornett, eine Unterrichtung erfahren habe. Auf alle Fälle erhärtet sich solcherart der merkwürdige Umstand, daß von Tannhausen dienstlich in den Fall vergattert war, da anders sein Name in der Aktennotiz nicht auftauchen würde. Wieso eigentlich? frage ich mich, was hatte sich im Hintergrund der Ereignisse abgespielt?

Vielerlei Vermutungen erscheinen angebracht, von denen ich nur zwei festhalte: daß, zunächst, auch die habsburgischen Informationsdienste exzellent gearbeitet haben müssen, und daß, zum anderen, der gut unterrichtete von Tannhausen offensichtlich Gründe hatte, de Conderra beobachten zu lassen. Und diese Vermutung führt im Zusammenhang mit der zweiten Akte des »senatus coronensis« zu einer geradezu ungeheuerlichen Gewißheit: Der Chef des Pariser Ministère de Police, Joseph Fouché – seinerzeit als radikales Konventsmitglied die Hinrichtung des Bourbonenkönigs Ludwig XVI. und dessen Familie betreibend und im Jahr darauf allein in Lyon mit einem Federstrich unter andert-

halbtausend Todesurteile ohne Gerichtsverfahren zum Massenmörder geworden –, dieser noch heute berüchtigte Joseph Fouché hatte bis in den entfernten südkarpatischen Landstrich mit krimineller Genialität in Napoleons Auftrag sein Netz von »indicateurs« und »agents« ausgeworfen … Schreckhaft war mir da das ganze Ausmaß der Gefahr bewußt geworden, in der sich der Oberst de Conderra und seine Tochter Elvira auf Schritt und Tritt während ihrer Fluchtreise bewegt hatten. Sehr nachdrücklich außerdem der Grund für die wiederholten Umwege, zu denen sich der Oberst hatte entschließen müssen.

In dieser zweiten Akte nämlich, die lediglich ein Ergänzungspapier zu einem verlorengegangenen amtlichen Dokument, überdies nur das Mittelstück einer mehrseitigen Niederschrift zu sein scheint, ist die Rede davon, daß der Oberst de Conderra auf ausdrückliche geheime Anweisung des Grafen von Tannhausen dem besonderen Schutz sämtlicher städtischer Behörden empfohlen werde und jede von diesen ihm, dem Garnisonsbefehlshaber, mit Kopf und Kragen für dessen Sicherheit bürge. Hierzu gäbe es – heißt es auf dem Papier doppelt unterstrichen – als Verschlußsache zusätzlich aus Hermannstadt eine Sonderanweisung des Kommandierenden Generals von Siebenbürgen, Vinzenz Graf Kollowrat-Liebsteinsky. Die Aufzeichnung ist ebenfalls unvollständig, da sie mitten in einem Satz abbricht, den das nächste, fehlende Blatt weiterführte. Der Beginn des Satzes jedoch enthält jenen alarmierenden Hinweis, der lautet: »Die als walachische Kaufleute getarnten und verhafteten drei französischen agents provocateurs, die den Herrn von Conderra …« Zusammen mit dem folgenden Blatt fehlt auch hier die Fortsetzung des Vermerks.

Nur einmal noch stieß ich seither in einer Akte auf den Namen des Obersten – als hier in Toledo, im Leseraum des Rathausarchivs, der Magistratsbeamte Cristo Nasar mit dem Eintrag über die ambulante Behandlung der Schußwunde des Obersten zu mir ans Pult vor das große Fenster mit dem Blick auf die Kathedrale getreten war.

Da die Truppen des Generals Castaños, des Herzogs von Bailén, bei denen sich zu melden der Oberst de Conderra nach seiner Rückkehr auf die Iberische Halbinsel bekundet hatte, im Dezember 1808 unter den Nordostabhängen der Sierra de Guadarrama in einer auf der gegnerischen Seite von Napoleon geleiteten Schlacht fast vollständig niedergemacht worden waren und ich seit jenem von Señor Nasar entdeckten Pa-

pier keine weitere Spur des Obersten mehr fand, ist anzunehmen, daß dieser hier, in der Schlacht von Somosierra, den Tod fand. Ohne seine Tochter je wiedergesehen zu haben.

Mit »Viva la libertad!« hatte er kein halbes Jahr vorher am Aguasvivas seinen Haß auf die Eindringlinge aus sich hinausgeschrien und erleben müssen, wie seine Freischar verblutete, er hatte seine Familie begraben, sein letztes Kind außer Landes bringen und einem ungewissen Schicksal überlassen müssen. Die Übermacht der fremden Armeen war so erdrückend gewesen wie die eigene Ohnmacht vollkommen. Doch als der eroberungshungrige Empereur seinen Bruder Joseph Bonaparte auf Spaniens Königsthron gesetzt und gegen Ende jenes denkwürdigen Jahres 1808 triumphalen Einzug in Madrid gehalten hatte, war sein Absturz trotz allen Siegesglanzes vorgezeichnet. Denn von den Spaniern mitgerissen, begannen sich Europas Völker gegen ihn zu erheben. Zu seinen Opfern, die er wohl töten, nicht aber überwinden hatte können, gehörten die ehemals blühenden Geschlechter der Conderra und Castaldo. Sie um keinen Preis untergehen zu lassen, hatte der dreiundvierzigjährige Grande unabsehbare Wagnisse und Strapazen zu Lande und zu Wasser auf sich genommen. Näheres über seine Rückkehr nach Spanien wurde mir trotz vielfältiger Nachforschungen nicht bekannt. Ich vermute, daß sie mit Hilfe des Grafen von Tannhausen zustande kam. Daß der Oberst auch diesmal mit dem Schmuggler Georges Soufflot zu tun hatte, ist sicher. –

Ich stehe vor dem Haus neben der Puerta del Cambrón, das ich vor einem Jahr erwarb. Es schlug soeben die erste Stunde nach Mitternacht. Die Luft ist auch zwischen den Häusern der Stadt abgekühlt. Ich atme sie tief ein. Seit ich vom Brückenturm über dem Tajo herabstieg und durch die Stadt schlenderte, ist die Erinnerung an meine vielen Begegnungen auf den Wegen zwischen Transsilvanien, jener Landschaft des habsburgischen Imperiums, in der ich zur Welt kam, und Kastilien, dem Bourbonenland, in dem ich lebe, nicht mehr verklungen. Die Haustür aus rissiger, verblaßter Steineiche öffnet sich wie von selber, als ich den Metallring hebe. Ich trete unter das dunkle Eingangsgewölbe. Es führt nach der einen Seite in den mit emaillierten Buntkacheln ausgelegten, von Topfblumen überquellenden Innenhof, den Patio, nach der anderen zum Treppenaufgang. Ich gehe die ausgetretenen flachen Holzstufen langsam hinauf und denke:

Ich bin auf den Spuren des untergehenden Lichts aus meiner Heimat im Südosten des Erdteils immer weiter westwärts gefahren, bis ich in diesem Land eintraf, wo mir auf den Straßen und Plätzen der Städte und Dörfer Frauen entgegenkommen, in denen ich meine Mutter und meine Schwester, die wir »die Spanierin« nennen, erkenne, Frauen mit Gebärden im Sprechen und Schreiten, die mir von den Frauen meiner Familie vertraut sind – mit Gesichtern und Augen, wie die großen Maler dieses Landes sie porträtierten. Wo ich in Museen und Galerien vor den Gemälden des Verlásquez und El Greco, des Murillo und Francisco de Goya die Art, die Welt zu fühlen und zu begreifen, bestürzt als meine Art des Welterfühlens und -begreifens erfahre. In dieses Land, wo der Tanz und der Tod, die Leidenschaft zu leben und die Furchtlosigkeit zu sterben, eine Nähe zueinander haben, die mich unmittelbarer anrührt als jedes andere Daseinsverständnis, zu dem ich je fand. Wo mich beim Gang und Ritt über die kargen Hochebenen im Wind und Licht der Macchien, in den Düften des Lorbeers und der Zistrose und beim Gespräch mit Olivenbauern und Maultiertreibern, mit Señoras und Señores im Foyer der Opera Real eine Ahnung meiner selbst erfaßte, die ich seit der Kindheit habe, die mir aber erst hier als mein Erleben von Daheimsein bewußt wurde. Indem ich ins Land meiner Conderra- und Castaldo-Vorfahren kam, bin ich nach Hause gekommen. Ich sage es mit dem dankbaren Glücksempfinden dessen, der nach ungezählten Fragen auf mühsam erkundeten Wegen endlich das Ziel erreichte ... Mögen mir diejenigen vergeben, denen ich damit einen Schmerz zufügte. Ich konnte nicht anders. Ich wäre ruhelos und unglücklich geblieben und hätte andere ruhelos und unglücklich gemacht ...

Auf dem Tisch im Wohnzimmer, der aus einer massiven, in die Wand eingelassenen zerkerbten Holzplatte besteht und nicht jünger ist als die jahrhundertealte Eichenpforte meines von keinem Verputz um sein Gesicht gebrachten Hauses aus grauem Granitstein, liegt ein hellblauer Briefumschlag. Im Licht der Lampe, deren Docht ich mit einem der vorbereiteten Streichhölzer zum Brennen brachte, ist er auf dem Tisch so zurechtgerückt, daß ich nur nach ihm zu greifen brauche. Teresa Sofia, die treue Hausverwalterin, die im Erdgeschoß zwei Räume bewohnt, hat nicht nur Brief und Streichhölzer, sie hat in der blaßrot gemaserten Schüssel aus Kieselstein auch Schafkäse in Wasser und daneben einige

Feigen für mich bereit gelegt. Mein Bett im Nebenzimmer ist gemacht,
eine Ecke des schneeweißen Lakens zurückgeschlagen.

Ich setze mich an den Tisch, öffne den Umschlag und falte das Papier
auf.

Da taumelt ein Nachtpfauenauge zum Fenster herein, von einer
Größe, wie sie nur in den warmen Landstrichen anzutreffen ist – die
Flügel spannen sich handtellerbreit. Der Schmetterling umkreist zuerst
meinen Kopf, danach einige Male das Briefpapier, das ich regungslos in
der Hand halte. Die dunkel umrandeten Leuchtflecken auf dem Flügel-
paar und das hauchfeine Wispern, das ich in der Stille höre, sooft der
späte Gast meine Stirn streift, scheinen den ganzen Raum zu beherr-
schen. Er läßt sich auf dem Papierrand nieder. Dreimal öffnet und
schließt er langsam die Flügel, bis sie schließlich in voller Pracht ausge-
breitet ruhig vor mir liegen. Als wolle er mich teilhaben lassen an ihrer
makellosen Schönheit.

Der Brief traf mit der heutigen Post ein. Der Rundstempel trägt die
Inschrift: »Magyar Ország Posta – Brassó«, »Ungarische Reichspost –
Kronstadt«. Meine Mutter schrieb ihn. Als sei sie, die auf die Namen Ste-
phanie Maria Elvira getauft ist, soeben zur Tür hereingetreten, sehe ich
plötzlich ihr El-Greco-Gesicht mit den dunklen Augen der Doña Elvi-
ra, ihrer Großmutter, vor mir. Ich lese:

»Mein großer, ruheloser Junge! Als Juan Carlos Francisco de Conder-
ra seine Tochter Elvira im Hause des Richters und Senators Walther
Martinus Eder, meines Urgroßvaters, zurückließ, ehe er sich wieder auf
den beschwerlichen Weg nach Spanien machte, drängte er diesen, einen
Eid abzulegen, daß niemals ein Mitglied der Familie außerhalb des Hau-
ses darüber berichten dürfe, wo sich Elvira aufhält, bis er wiederkom-
men und die Tochter abholen werde. Mein Urgroßvater, ein angesehe-
ner und wohlhabender, um seine Vaterstadt Kronstadt vielfach verdien-
ter Mann, nahm Elvira im Einvernehmen mit seiner Frau wie ein
eigenes Kind in der Familie auf, die bald in der Stadt, bald auf dem wun-
derschön gelegenen stattlichen Rosenauer Anwesen unter den Karpa-
tenvorbergen lebte, wohin er sich gegen Ende des Lebens zurückzog. El-
vira wuchs in Sehnsucht nach ihrem Vater, der niemals wiederkehrte,
und ihren so elend ums Leben gekommenen Lieben inmitten der Fami-
lie auf, bis der jüngste der drei Eder-Söhne, Friedrich Wilhelm, der in
Wien die Rechtswissenschaften studiert hatte, sie zur Frau nahm; sie

war damals einundzwanzig Jahre alt. So wurde sie Deine Urgroßmut-
ter.

Elvira war nicht nur eine ungewöhnlich starke, sondern auch eine
kluge und fröhliche Frau. Sie wurde zweiundachtzig Jahre alt, und
noch in diesem Alter hatte sie glänzend schwarzes Haar, das ich wohl
von ihr geerbt habe, und jenen offenen Blick, der niemandem auswich
und der die meisten, die ihr in die Augen schauten, verwirrte. Sie war
in der Familie ebenso beliebt wie geachtet, ich habe als Kind viele hei-
tere Stunden in ihrer Gegenwart erlebt. Ein einziges Mal erzählte sie
mir, der Zehnjährigen, von ihren Eltern und Geschwistern. Ich werde
ihr Gesicht, während sie sprach, niemals vergessen, ich habe es vor- und
nachher nie wieder so gesehen – ein aus Stolz der Selbstbeherrschung
verpflichtetes Gesicht, in dem für die Dauer einiger Sekunden alles
bebte, als würde es die Züge von innen zerreißen. Niemals klagte sie
über ihre Einsamkeit in der Fremde. Gott der Allmächtige schenkte ihr
die Gnade einer glücklichen Ehe, in der jene Schmerzen ihre mögliche
Linderung erfahren haben mögen, die zu ertragen ihr in so frühem
Alter vom Schicksal zugedacht waren. Den Eid aber, den Walther
Martinus Eder geleistet hatte, brachen auch meine Eltern nicht, wenn-
schon sie sich seiner entbunden wußten, da längst feststand, daß die
Zeit der Hoffnung auf eine Wiederkehr des tollkühnen Obersten abge-
laufen war. Du weißt, es ist nicht unsere Art, mit derlei leichtfertig
umzugehen. Nur wenige Einzelheiten aus der Lebensgeschichte der
spanischen Ahnen sickerten bis zu uns Kindern durch, nach Kinderart
vergaßen wir sie bald wieder. Doch mein Bruder Andreas bedeutete mir
viele Jahre später, er habe unter den von Vater hinterlassenen Papieren
ein Tagebuch der Großmutter Elvira gefunden, er habe Teile daraus
übersetzt und abgeschrieben. Bei dem Hausbrand, bei dem er Deiner
Schwester das Leben rettete, ehe er selber im zusammenstürzenden
Bau umkam, wurde die Erstschrift, wie so vieles andere, ein Opfer der
Flammen. Daß dann aber beim Umzug ins neue Haus die Tagebuchab-
schrift auftauchte und ausgerechnet Dir in die Hände fiel, konnte nicht
anders kommen; das weiß ich heute. Noch kurz vor seinem Tod hatte
mich Andreas nach einem in Großmutter Elviras Notizen angedeuteten
rätselhaften Ereignis in Venedig gefragt. Dies, hatte ich ihm geantwor-
tet, war einst der Grund meiner Hochzeitsreise mit Deinem Vater
Klaus-Wolfgang nach Venedig gewesen. Doch weder im Gasthof ›La

perla‹ noch andernorts erfuhren wir mehr, als ich hier für Dich nieder-
schreibe.

Da ich schon seit geraumer Zeit beobachte, wie sehr Dich, mein lie-
ber Sohn Johannes, der Lebenslauf unserer Ahnfrau Elvira beschäftigt,
Dich von Tag zu Tag ruheloser machte, wie stark Deine Zuneigung zu
den kastilischen Vorfahren ist – als ob sie sich in Dir vernehmlicher als
in uns wieder zu Wort meldeten –, bringe ich's nicht länger über mich,
Dir selbst unter Außerachtlassung des in der Familie zur Tradition ge-
wordenen Schweigegebots vorzuenthalten, was ich weiß. Schon als Kind
träumtest du mir mit einer Lebhaftigkeit von diesen Dingen, daß ich
manchmal erschrak. Deine Ahnung davon war stärker, als es Deine
Kenntnis sein konnte. So wußte ich früh, daß es eine Gewißheit in Dir
gab, die Dich eines Tages auf den Weg in die Heimat der kastilischen
Mütter und Väter führen würde, dorthin, wo der Coronel de Conderra
und seine, wie ich von meiner Großmutter Doña Elvira weiß, in weit zu-
rückliegender Generation einem vornehmen arabischen Geschlecht ent-
stammende Gattin Ricarda Amalia Elvira y Castaldo gelebt hatten. Und
erst von dem Tag an, meinte ich, hat es seine Richtigkeit vor Gott und
den Menschen, erst dann ergibt es über die schiere Neugier hinaus einen
Sinn, Dir mein Wissen in dieser Frage mitzuteilen.

Und auch dies gehört hierher: Nein, die Geldmittel, mit denen Du all
die Jahre Deine Reiseunternehmungen bezahlst, stammen nicht aus dem
Erbe Deines früh verstorbenen Vaters, meines unvergessenen Klaus-
Wolfgang: Es ist das Geld aus der Hinterlassenschaft des Juan Carlos
Francisco de Conderra. Niemand weiß, wie er – in zwei kleinen Koffern
– die französischen Münzen aus Spanien bis hierher brachte. Auch
meine Großmutter Elvira wußte es nicht. Und Walther Martinus Eder
– auf den der Spanier, wie er einmal gesagt haben soll, einen ›unerhör-
ten Eindruck‹ gemacht hatte – bestritt aus ihrem Bestand lediglich die
Auslagen für Erziehung und Kleidung der ihm anvertrauten Elvira. Als
die einzige Enkelin der Spanierin erbte ich den erheblichen Rest; Elvi-
ras Gatte Friedrich Wilhelm rührte die Barschaft seiner Gattin nicht an.
Und als mir dann klar wurde, wie es Dich unwiderstehlich zu deiner
spanischen Herkunft hin drängte – von der Du ja kaum etwas wissen
konntest –, war mir klar, daß die Stunde der Louisdors und Silberreales
gekommen war. Hat der Spanier die Münzen nicht eben zu diesem
Zweck hier zurückgelassen? fragte ich mich und war mir der Antwort

sicher, daß sie sinnvoller nicht angelegt sein können als in Deine Suche nach Dir selbst. Du bist nun schon – zum wievielten Mal? – seit drei Monaten in Spanien, Frankreich, Italien oder wer weiß wo. Was wirst Du finden? denke ich oft. Mögen Dir, mein fernes Kind, diese Eröffnungen ein Licht auf Deinen weiteren Wegen sein. – Mit inniger Liebe wünscht Dir Gottes Segen, umarmt und küßt Dich Deine Mutter.«

Wie nahe sie mir ist, die Unvergleichliche, denke ich und betrachte ihre klaren und schnörkellosen Schriftzüge. Der leuchtende Schmetterling sitzt immer noch auf dem Briefbogen, den ich langsam sinken lasse. Jetzt bewegt er sich auf die Mitte des Papiers zu. Eine Zeitlang betrachte ich ihn noch, wie er im Wunder der Vollendung seiner Beschaffenheit ruhig und entspannt vor mir verharrt. Dann lösche ich vorsichtig die Tischlampe und stelle mich ans offene Fenster. Bald danach meine ich den lautlosen Hauch zu verspüren, mit dem der Falter an meiner Wange vorbei in die Nacht zurückschwebt, aus der er kam.

Nun bin ich allein.

Mein Blick geht über die Stadtmauer ins dunkle und starre Land hinaus, zu den unsichtbaren Felsenkastillos und Alcázaren, die hier überall am Rande der Sierras oder inmitten der Hochebenen aus den Steinhügeln emporwachsen. Und an deren Mauern seit jeher der Tod wartet – auf den Angreifer, der ihnen naht, wie auf den Verteidiger, der ihre Wehrgänge betritt.

Das letzte Blatt mit den Aufzeichnungen meines früh ums Leben gekommenen Großonkels Johannes, die der Hardt-Großvater ins Reine geschrieben hatte, hielt ich lange in den Händen, ehe ich es zu den anderen Blättern in die Mappe legte. Als ich den Garten verließ, hatte ich das Gefühl, Juan Carlos de Conderra und seine Tochter Elvira gingen neben mir.

XVI. KAPITEL

Der sowjetische Armenier Arpiar, der Ritt
mit Frauke und der Stalingradtote

Die längste Zeit der fast drei Monate dauernden Sommerferien nach Großvaters Tod hatte ich mit einigen Unterbrechungen auf dem Strehling-Hof in Rosenau verbracht – nicht zuletzt, um dem Stadtgetratsche und der Fragerei wegen meines Rausschmisses zu entgehen, aber auch, weil ich mit den Problemen, die mir zu schaffen machten, allein sein wollte.

Spätestens fünf Uhr aus den Federn, das Vieh versorgen, die Ställe säubern und die am Abend vorher mit Rosinchen besprochenen Arbeiten vorbereiten – ich machte das allein, da die Bäuerin mit anderen Dingen die Hände voll zu tun hatte. Arpiar traf erst gegen sechs Uhr auf dem Hof ein.

Ich hatte die fröhliche, mollige Ehefrau des nach drei Monaten Ausbildung irgendwo bei Charkow in der Nordukraine eingesetzten »SS-Mannes Martin Strehling«, wie es auf einer Feldpostkarte hieß, als eine unerwartet entschlossene Hofwirtin kennengelernt. Weder bei der Planung noch bei der Feldarbeit oder beim Verkauf eines Kalbs an einen der gerissenen oltenischen Viehhändler zauderte sie auch nur eine Sekunde in der Verfolgung ihres Ziels. Sie ließ dem in Begleitung des Hofhunds Papsi – ein schwarzweißer, nur beim Anblick an der Hoftür bettelnder Zigeuner die Gutmütigkeit verlierender Wollhaufen – die Ställe, die Scheune und den Garten weltentdeckerisch durchschwärmenden Matthias alle Freiheit, war jedoch unnachgiebig, wenn es darum ging, daß sich alle um des guten Fortgangs der Angelegenheiten willen der Ordnung zu fügen hatten. Auf diese Weise wußte sich jeder von uns bei ihr sicher aufgehoben.

Auch der vierundzwanzigjährige Arpiar Nasrjan, der bei den Kämpfen um Odessa in rumänische Kriegsgefangenschaft geratene sowjetische Unteroffizier. In ein Gefangenenlager gebracht, dessen Insassen auf einem der von jungen Männern entleerten Bauernhöfe Feldarbeit zu leisten hatten, war er vom Gemeindeamt dem Strehling-Hof zugeteilt worden. Der Armenier sprach ein paar Brocken Deutsch, war von Beruf Volksschullehrer und stammte aus einem Dorf am Sewansee im Hochland südlich des Kaukasus. Nach anfänglich mißtrauischer Zurückhaltung, ja fast schreckhaftem Zusammenfahren, sobald er angesprochen wurde, verlor er bald die mit Angst gemischte Scheu vor uns, da ihn Rosinchen nicht anders behandelte als mich und ich ebenso unbefangen mit ihm umging. Er hatte kleine, enganliegende Ohren, war lebhaft, hellhäutig und sommersprossig, was auf seine ukrainische Großmutter zurückgehe, wie er mir klarmachte. Hände und Füße benutzend, erzählte er mir, daß von einer der Berghöhen rings um den Sewansee der schneebedeckte Große Ararat zu sehen sei, »wo Noah Schiff Schluß gemacht«, aha, wo Noahs Arche nach der Sintflut gelandet war, »ist armenisch heilig Berge«, fügte er hinzu, »hat böse Türk armenisch Mensch gestoßen weg in syrisch und mesopotamisch Wüste«. Der bei der Arbeit immer gutgelaunte und ohne Federlesens rasch zupackende Arpiar – der mich Bedros nannte und von mir pausenlos in deutscher Sprache unterrichtet zu werden wünschte –, war schnell von Begriff und nie um eine Lösung verlegen, wenn sich eine schwierige Aufgabe stellte.

Nach drei Wochen gemeinsamer Arbeit vertraute er mir seine Ungehaltenheit darüber an, daß er jeden Abend ins Lager am Ortsrand zurück mußte. Im Lager hätten drei Scharfmacher das Sagen, sie würden dafür sorgen, daß der Haß auf die Feinde »von wunderbares Sawjetland« in den Gefangenen lebendig bleibe. Aber er, Arpiar, wünsche sich, die Feinde der Sowjetunion würden den Krieg »gegen das ganz groß Tier Stalin« gewinnen, ich hätte keine Vorstellung davon, sagte er, was der mit den Menschen »in Sawjetland« treibe, »ist ganzer Land Gefängnis mit viel Toter«. Als die Rede auf Stalin kam, wurde Arpiar blaß, sah sich nach allen Seiten um und legte mir die Hand auf den Mund, als wolle er verhüten, daß ich den Namen »Stalin« zu laut ausspreche. »GePeU überall!« flüsterte er, »auch hier …«

Erst nach gut drei Wochen begriff Arpiar, daß Rosinchen Strehling nicht die Direktorin einer »Kollektiwnoje chosjaistwo«, einer Kolchose war, sondern Alleinbesitzerin des Hauses, des Hofs und Gartens, der Ställe, Scheune, Gerätschaften und der Pferde, Ochsen, Kühe und Schweine, in deren Gebrauch oder Nichtgebrauch ihr niemand reinzureden hatte, daß die Felder, die Äcker und Wiesen, auf die wir täglich hinausfuhren, niemand anderem als ihr und ihrem Ehemann gehörten, und daß es sich nicht anders bei den Nachbarn verhielt, die aber erheblich mehr besäßen als das Ehepaar Strehling. Er starrte mich minutenlang entgeistert an, ehe der Erkenntnisvorgang abgeschlossen war. »Gospodina Rosa Kapitalist?« fragte er entsetzt. »Nein«, antwortete ich lachend, »sie und ihr Mann, Gospodin Martin, sind fleißige Leute. Das ist alles.« Wieder zuckte es minutenlang in seinem Gesicht, ehe seine Augen schmal wurden und er mit zornroter Stirn an mir vorbeispuckte. Er stieß eine Kette von Flüchen aus, die ihm wie heiseres Pfeifen und zugleich der Beginn einer Beschwörung oder eines Gebets über die Lippen kamen. Darin war von Marx, Lenin und Stalin die Rede, an die er sich der Reihe nach wandte. An Marx gerichtet, sagte er: »Matj twoja, mandawocha, wysrala tybia w ubornuju!«, »Deine Mutter, die Filzlaus, hat dich in die Latrine geschissen!«, an Lenin gerichtet: »Tschobe rasrushilsea huj slonskyj u twojetioo gorlu!«, »Möge sich der Elefantenpenis in deine Gurgel entleeren!«, an Stalin: »Swesatj tybjea pod sasranomu sraku werbljuda!«, »Du gehörst unter den scheißenden Arsch eines Kamels gebunden!« Danach spuckte er noch zweimal dicht an mir vorbei, wischte sich mit der Faust Speichel und Schaum von den Lippen und redete den ganzen Tag über kein Wort mehr mit mir.

Tags darauf fragte ich ihn beim Anschirren der Pferde, ob alles in Ordnung sei. Er nickte. Ob er sich als Armenier oder als Ukrainer fühle, fragte ich, um ihn auf andere Gedanken zu bringen. Er lachte und sagte, er sei nie etwas anderes gewesen als ein Armenier. »Du, Arpiar«, sagte ich, »Armenier gibt's auch hier bei uns.« Er streifte mich mit einem ungläubigen Blick, zog dem Pferd das Zaumzeug über die Ohren und sagte nur: »Äh …«

»Doch«, erwiderte ich, »es gibt da gar nicht weit nördlich sogar eine Stadt, die bis vor einiger Zeit ›Armenopolis‹ hieß, ›Armenierstadt‹ – heute heißt sie Gherla. Sie ist das Zentrum der armenischen Siebenbürger. Und in Bukarest, im Süden, gibt's eine ›Armenische Straße‹, auch dort leben Landsleute von dir.«

Die Wirkung meiner Anmerkungen überraschte mich; ihre Nachhaltigkeit wurde mir aber erst im Lauf der Zeit bewußt. Denn in den folgenden Tagen kam Arpiar mit hartnäckigen Fragen darauf zurück, ja er schien an nichts anderes zu denken. Ob in – in Armenopolis, so hätte ich doch gesagt –, ob in Armenopolis heute auch noch Armenier leben? wollte er wissen.

»Ja, natürlich«, antwortete ich, »einer kam öfter zu meinem Großvater, die beiden machten Geschäfte miteinander.«

Ob der noch einmal käme?

»Nein, die Gegend gehört seit einiger Zeit zu Ungarn – und mein Großvater starb vor kurzem.«

Ach so, aber wie verhalte es sich mit den Armeniern in Bukarest? fragte er lebhaft.

»Die haben sogar eine eigene Kirche«, sagte ich, »sie treffen sich und machen ihre Veranstaltungen. Auch dort hatte Großvater einen Geschäftspartner. Der war sogar bei seinem Begräbnis. Er heißt Hagop Patkanjan, ein Mann, der Zigarre raucht und Besitztümer hier in der Gegend hat.«

Ah, sagte Arpiar überrascht, Patkanjan! In welcher Sprache sich mein Großvater mit dem verständigt habe?

»Sie sprachen deutsch. Manchmal rumänisch.«

Ah, sagte Arpiar wieder und schwieg.

Ich sah dem Infanterieunteroffizier der Roten Armee Arpiar Nasrjan an, daß ihm meine Mitteilung über die Armeniergemeinde im siebenbürgischen Gherla, dem ehemaligen Armenopolis, keine Ruhe ließ, viel weniger aber noch die über seine Landsleute in Bukarest. Zugleich erhöhte er seine Bemühungen, Deutsch zu lernen, und fragte mich, ob ich ihm auch Rumänisch beibringen könne. Seine guten grammatischen Grundkenntnisse kamen ihm zustatten. Als ich ihm an einem der nächsten Tage sagte: »Arpiar, hoffentlich redest du nicht im Schlaf von deinen armenischen Landsleuten in Bukarest«, erschrak er. Er erschrak auch deshalb, weil ihm klargeworden war, daß ich seine Überlegungen durchschaut hatte. Er verzichtete aber auf den Versuch, mir etwas vorzumachen. Im Gegenteil, er fragte leise: »He, du helfen?«

Ich nickte. »Wenn du soweit bist, sag's.«

Während dieser Wochen traf ich öfter mit Benno zusammen. Wie alle Jugendlichen unserer Jahrgänge hatte auch er laut Verordnung der NS-»Volksgruppenführung« auf einem der männerlosen deutschen Bauernhöfe »Landdienst« zu leisten, wollte er im Herbst die Schule wieder besuchen dürfen. Ich hatte ihm zugeredet, sich nach Rosenau zu melden, da wir uns auf diese Weise in den Ferien sehen könnten –

ich hätte dem Bauern Martin Strehling, dem Panduren-Marz, zugesagt, seiner Frau auf dem Hof und auf dem Feld zur Hand zu gehen. Das müsse ich jetzt tun, wenn mich in meiner neuen Lage auch keine »Volksgruppenführung«, kein »Hauptbannführer Nibelungenfinger« und kein »Ha-Ha-Hauptstammführer Kepp« mehr zu irgend etwas zwingen könnten. »Ich tue es aus freien Stücken«, hatte ich zu ihm gesagt.

Ohne Namen und Umstände zu nennen, hatte ich Benno über den Inhalt der letzten, meinem Vater von Gudrun-Uta Freddels heimlich zugetragenen Nachricht ins Bild gesetzt und ihm gesagt, daß der »Nibelungenfinger« seit meinem Ausschluß aus Schule und »DJ« die Nachforschungen in Sachen »Zupfenhügler-Variationen« eingestellt hatte. Er habe meinen Rausschmiß als persönlichen Triumph dargestellt und brüste sich mit ihm, wo immer sich die Gelegenheit biete, vor allem seinem »Volksgruppenführer« Andreas Schmidt gegenüber – der ihm übrigens dringend nahegelegt habe, sich nicht zuletzt eingedenk seines »strammen Nibelungenfingerleins« an die Front zu melden. »Mein lieber Wanki«, habe Schmidt spöttisch angemerkt, »der Finger prädisponiert dich geradezu, ein Held wie Siegfried oder Hagen zu werden. Doch Spaß beiseite, seit Stalingrad kann ich dich nicht mehr hier behalten, du mußt …«

»Ja, natürlich!« war mir Benno lebhaft ins Wort gefallen, »mein Vater sagte unlängst, daß die Bukarester Regierung seit Stalingrad den Krieg für verloren hält und daß sie aus diesem Grund ihre Haltung den Juden gegenüber änderte. Du, Peter«, war er fortgefahren, »wenn das stimmt und außerdem der ›Nibelungenfinger‹ aus dem Rennen ist, dann gibt es keinen Grund mehr zur Sorge um die beiden Hermes. Was meinst du?«

»Ich weiß nicht«, hatte ich geantwortet und gleichzeitig die Erleichterung verspürt, die mir Bennos Feststellung verschaffte.

»He«, hatte er noch gesagt und mich mit dem Ellenbogen angestoßen, »Rebekka ist außer Gefahr.«

Benno war dem Bauern Johann Barff, einem rüstigen Fünfziger, in der Nachbarschaft des Strehling-Hofs zugewiesen worden, dessen beide jüngere Söhne an der Ostfront waren, der Mechaniker des E-Werks Emil in der rumänischen und mein einstiger Schulfreund »Pitz«, der jüngere der Brüder, in der deutschen Armee.

Benno tat sich mit der ungewohnten Arbeit schwer. Doch der Bauer zeigte Verständnis für den »witzigen und schlauen kleinen Städter« – »dot äs jo e Krischpindel«, »der ist ja ein Krisperl«, hatte er zu Rosinchen gesagt. Er übertrug ihm leichte Verrichtungen und verwickelte ihn an den Abenden, nach getaner Arbeit, in lange Gespräche vor allem landeskundlichen Inhalts. Dabei erläuterte ihm Benno, warum die linksrheinischen Deutschen Siebenbürgens »Sachsen« genannt werden, »obwohl sie mit den Nieder- und den Obersachsen nichts zu tun haben, sondern ehemals Flamen, Wallonen, Lothringer, Burgunder, Westfranken« waren, die aus Freiheitsliebe die Heimat verließen – »um der feudalen Knute zu entgehen« – und hier zu den Gründern einer Republik »mit einer Verfassungsurkunde wurden, die nur neun Jahr jünger ist als die Magna Charta libertatum der Engländer«, und das zu einer Zeit, sagte Benno zu dem Bauern, »da die in Deutschland noch wie die Wilden als adlige Ritter übereinander herfielen oder den leibeigenen Bauern das Fell über die Ohren zogen, was es bei uns niemals gab. Ja, wie die Wilden … He«, habe er dem Bauern Johann Barff erklärt, »die sollen ganz schön schweigen. Wir haben hier in Siebenbürgen die älteste deutsche Republik. Da könnten die Piefkegroßmäuler was von uns lernen.« Barff war so begeistert, daß er den kurzsichtigen Benno mit den immer blitzblanken Brillengläsern am liebsten nie wieder fortgelassen hätte. Er erzählte in der Gemeinde, von allen »Landdienststädtern« habe er den klügsten auf dem Hof. »Das ist ein Genie«, sagte er.

Nach meiner Schulverweisung und dem Antrag an die Leitung des Şaguna-Lyzeums, dessen Unterricht besuchen zu dürfen, hatte ich Benno nur mit Mühe davon abhalten können, es mir gleichzutun. Bei der Erörterung hierüber war er vor Zorn in Tränen ausgebrochen. Er strafte fortan, wie mir Guido Proder berichtete, die Lehrer »wegen ihres untätigen Zuschauens« mit Teilnahmslosigkeit, was allseits mit Bedauern vermerkt wurde, da er wie kein anderer durch scharfsinnige Einwürfe, unerwartete Fragen und Antworten den Unterricht beleben konnte. Einzig in Professor Behrischs und Doktor Wegeners Stunden verhielt er sich wie vorher, seit durchgesickert war, daß sich beide mit Direktor Tabler auf eine laute Auseinandersetzung eingelassen hatten und seither einander nicht mehr grüßten.

Mitte August stieg ich für zwei Tage zu Gordan ins Malaeschter Tal hinauf.

Ich war bei Nacht aufgebrochen. Der Himmel war klar. Es windete. Als ich beim Anstieg in den Wald tauchte, rumorte und rauschte es in den Baumkronen. Die Luft ringsum schien zu kochen. Ich erreichte das Hochtal, als das Sonnenlicht die Felsenmassen zu überstrahlen begann, sie leuchteten wie eine gigantische Anhäufung von Metall über mir. Ich atmete den Dunst, der ihnen entströmte, die Aromen der Gräser und Kräuter und den Harzgeruch der Krummföhren tief ein. Hier oben, zwischen den Felsen, war es windstill. Gordan und seine drei Helfer hatten die Herden schon aus dem Gehege unter den Ziganeschtwänden getrieben, ich sah sie von weitem auf den Steilwiesen der oberen Talterrasse.

Soeben hatte sich Gordan auf einen Felsbrocken von der Größe und Form eines Rundtischs gesetzt, als ich im Gebell der Hütehunde bei ihm ankam. Er hielt einen entrindeten Buchenstab in der einen, das Solingentaschenmesser mit der Gestalt des Fürsten Bismarck auf dem Griff, das ihm Großvater geschenkt hatte, in der anderen Hand; er hatte die große Klinge so oft nachgeschliffen, daß sie schmal geworden war. Wir reichten uns die Hand, ich setzte mich neben ihn. Durch die Öffnung des abstürzenden Hochtals hindurch war in der glasklaren Morgenluft tief unten die Ebene mit Bächen, Baumreihen und Straßen zu erkennen. Gordan holte aus der Ledertasche, die neben ihm lag, ein faustgroßes Stück Käse und einen doppelt so großen Klumpen »mämăligă«, festen Maispudding, hervor und reichte mir beides. Während ich aß, hob er den Buchenstab kurz und sagte: »Ich schnitt ihn gestern abend unten beim Wasserfall. Cora, die Bärin, war mit den beiden zweijährigen Jungen da. Was sind die beiden seit dem letzten Herbst gewachsen! Schade, daß du erst heute kommst … Ich sah dich beim Begräbnis. Să-i fie țărâna ușoară! Möge ihm die Erde leicht werden … Im Herbst ist es also mit der Hochzeit soweit. Wenn du eine Freundin hast, bring sie mit. Es ist immer besser, zu zweit zu sein. Auch die Leute sehen das lieber. Eine gute Frau bändigt den Mann, sagen sie. Ich hinterlasse dir Nachricht bei der Großmutter.«

Bis zum abendlichen Herdenabtrieb stieg und kletterte ich vom Bukschoi bis zum Ziganescht über die Kämme und Sättel und merkte bald, daß es mich immer wieder zu den Abstürzen drängte, durch die Gordans Brüder und sein kleiner Vater von den Schafen in die Tiefe gerissen worden waren. Gordan mußte mich beobachtet haben, denn als wir uns bei Einbruch der Dunkelheit in der Sennhütte trafen und er mir seine drei Helfer vorgestellt hatte, sagte er ruhig: »Ich habe ihn immer noch nicht gefunden. Ich werde weitersuchen.« Wir aßen vor dem offenen Feuer in der Ecke des großen Raums. Gordan zeigte dabei zu den Haken, wo die Umhängepelze baumelten. »Auch deiner ist da. Die Mutter bringt ihn jedes Frühjahr herauf. Sie hat ihn mit trockenem Maismehl gereinigt.« Nach dem Essen ging ich noch einmal hinaus.

Als ich spät die Hütte wieder betrat, leuchtete in der Ecke die Glut rubinrot zwischen den Steinen des Feuernestes. Ich war erregt und zugleich von einer Ruhe erfüllt, wie ich sie in dieser Art noch niemals empfunden hatte. Die vier Hirten schliefen längst. Ich legte mich im Pelz neben Gordan auf den Tennenboden. Ich brauchte eine Stunde, um Schlaf zu finden.

Nein – ich war nicht erregt, ich war hellwach; nach dem Essen hatte ich zu Gordan gesagt: »Ich kann noch nicht einschlafen«, hatte mir den Pelz umgehängt und war quer durchs Bachbett unterhalb der Sennhütte und drüben auf die breitrückige Erhebung gestiegen. Hütte und Schafgehege im Rücken, hatte ich mich ein Stück talwärts auf dem weichen Abhang hingesetzt, der in einem Geröllgürtel endete, und im nächtigen Geraune des Hochtals die Sterne über mir und die Lichter in der Ebene unter mir beobachtet.

Plötzlich hatte ich gespürt, daß ich nicht allein war. Mit angehaltenem Atem lauschend, hatte ich einen Stein aufschlagen und neben mir einen Trockenast knacken gehört. Dann hatte der Bär einen Schritt weit vor mir gestanden – als Schattenriß auf dem Hintergrund des Sternenhimmels. Zuerst regungslos, dann mit vorsichtigem Kopfwippen hatte er mir die Schnauze in den Pelz gestoßen. Ich hatte die raschen, prüfenden Atemzüge gehört und den beißenden Geruch davon in die Nase bekommen. Es nahm kein Ende. Alles andere als ruhig sitzen zu bleiben, wäre töricht gewesen. Als mich auch von beiden Seiten neben mir Atemgeräusche erreichten, wußte ich, daß die Bärin Cora und die beiden Jungen bei mir waren; der aus dem Hochtal herabströmende Luftzug hatte die Witterung der Tiere nicht bis zu den Hunden dringen lassen.

Wie lange die Begegnung dauerte, weiß ich nicht. Die Bären umkreisten mich und stupsten mich ununterbrochen mit der Schnauze an. Ich war mir sicher, daß der vertraute Geruch des Umhängepelzes Gordans und seiner Hütte die Tiere zu ihrem Verhalten bewog. Einmal blieb Cora mit der Wucht ihrer Gestalt wie ein Denkmal vor mir stehen, hob eine Tatze, bewegte sie und ließ sie unschlüssig wieder sinken. Ich sah das Tier über mir. Ich hockte wie gelähmt. Aber mein verrücktes Herzklopfen ließ nach. Als sich Cora neben mir niederließ und es die eine endlose Minute aussah, als würden wir gemeinsam auf das Land unter den Sternen hinabblicken, wurde ich ruhig, noch ehe mich die Bärenfamilie wieder verließ und ins Dunkel der Hochgebirgsnacht tauchte, als hätte es sie niemals gegeben.

Es brauchte seine Zeit, bis ich fähig war, mich zu erheben. Doch dann wunderte mich die Furchtlosigkeit, mit der ich den Hang hinaufstieg und zur Sennhütte ging. Mir war, als sei etwas von den Bären in mich eingeflossen. Ich hätte nicht sagen können, was es war. Über mir standen die Kassiopeia, der Drachen, der Große Bär. Erst während der letzten Schritte durchs steinige Bachbett schlugen die Hunde an.

Am darauffolgenden Morgen vermißte ich beim Griff in die Hosentasche die paar Geldmünzen, die ich vor dem Aufbruch eingesteckt hatte. Als ich aus der Sennhütte trat, stieg Gordan mit nassem Gesicht und Oberkörper vom Bach herauf, Hemd und Wolljacke unter dem Arm, groß wie der Bär, der sich in der Nacht über mir erhoben hatte. Er hielt mir die Münzen auf der geöffneten Hand entgegen und lächelte. »Gehören sie dir?« fragte er.

Ich nickte. »Wo hast du sie her?« fragte ich.

Er gab mir die Münzen. »Sie müssen dir beim Sitzen aus der Tasche geglitten sein, auf dem Hang drüben, neben den Bärenspuren«, sagte er und sah mich mit dem Gletscherblick an, den ich an ihm kannte, »ich wußte, daß du Cora eines Tags treffen würdest. Aber ich dachte, ich müßte dabei sein.«

Als ich mich gegen Mittag von ihm verabschiedet hatte und den Abstieg begann, blickte er mir nach, bis ich hinter den haushohen Felsbrocken des Talausgangs verschwand. Als ich mich ein letztes Mal umwendete, sah ich ihn winken. Das hatte er noch nie gemacht. Und als ich zwei Wochen später die »Spanierin« besuchte, hatte er mir nicht nur die Nachricht vom Tag der Hochzeit hinterlassen, sondern auch einen Astknoten aus Lindenholz von der Größe einer Faust, in den die Köpfe einer Bärin und zweier Jungen geschnitzt waren. Auf dem Kopf der Bärin saß eine Krone; ich wußte, daß Gordan Cora »die Königin des

601

Hochtals« nannte. Trotz der zwei Wochen war mein Gefühl von der Begegnung mit den Tieren unvermindert stark.

Ich ging an den Rosenauer Sommerabenden jenes Jahres einige Male zu den beiden Großmüttern in der Brückengasse. Schon beim ersten Besuch löste ich das der Hennerth-Großmutter gegebene Versprechen ein, die ihr seit Jahrzehnten schleierhaften Gründe für die »seltsamen Reisen des Johannes« eines Tags aufzuklären; ich hatte nicht geahnt, auf welche Weise ich es tun würde. Wir saßen eine halbe Nacht lang im Wohnzimmer mit der Grande sonnerie über dem Biedermeiersofa. Von meinem Platz aus sah ich bei jedem Pendelschlag die aus Blattgold gehämmerten Sonnen auf den Zeigerspitzen kurz aufleuchten.

Großmutter hörte mir stumm zu und rieb sich von Zeit zu Zeit die schmerzenden Gichtknoten der Fingergelenke. Ich erzählte ihr von Johannes' Reiseaufzeichnungen, von deren Existenz sie nichts gewußt hatte, und wie sie an mich gekommen waren. Ich überließ ihr die kalbsledere Mappe mit Großvaters Reinschrift auf holzfreien gelblichen Papierblättern und holte sie auf ihren ausdrücklichen Wunsch nächstentags wieder ab.

»Hat sich«, wollte sie wissen, als sie mir die Mappe gab, »für dich etwas geändert, seit du Johannes' Schrift kennst?«

Ich überlegte nicht. »Ja. In einigen Fragen, die mir wichtig sind. Ich habe jetzt Klarheit.«

Sie sah mich mit einem Blick an, in dem ich Vaters Art, mich manchmal anzublicken, erkannte.

Schon im Weggehen, den Türgriff in der Hand, fragte ich sie: »Hat es dir sehr weh getan, daß er nicht wiederkam?«

Sie lächelte flüchtig, senkte den Kopf und sagte mit der Genauigkeit und Sachlichkeit, der sie in der Familie den gelegentlichen Beinamen »die Kleistin« verdankte: »Es ist lange her. Seit damals ist vieles geschehen. Ein ganzes Leben. Ich habe keinen Grund, etwas zu bereuen.« Eine Sekunde lang hatte ich das Gefühl, es gäbe keinen Altersunterschied zwischen uns.

Die Hardt-Großmutter auf der anderen Hofseite traf ich fast jedes Mal in ihrer Ecke zwischen Kamin und Fenster mit einem Buch auf dem Nußholztischchen vor sich oder mit einer Handarbeit beschäftigt. Johannes' Porträtfoto hing wieder an der Wand hinter ihr; seit der Lektüre seiner Aufzeichnungen sah ich ihn mit anderen Augen als vorher. Er erschien mir nahe, vertraut, ja beim Anblick des Bildes hatte ich das Empfinden, ich wäre auf den endlosen Such- und Fahndungswegen sein Begleiter gewesen, ich hätte neben ihm gestanden, als er mit dem Schmuggler Soufflot in Perpignan, mit Andrés Villas in Toledo, dem Pyrenäenhirten François und mit dem venezianischen »Albergo-Perla«-Eigentümer Valeri oder dem geschichtskundigen Professor Daladier sprach. Ich wäre mit ihm durchs Hochlandlicht der Macchien geritten und im »Prado« vor Velasquez' und Goyas Gemälden gestanden.

Die verhaltene Melancholie in dem trotz des Alters immer noch glatten Gesicht der »Spanierin« hatte seit Großvaters Tod einen Zug von Unnahbarkeit angenommen. Liegt darin eine Ähnlichkeit mit unserer kastilischen Ahnherrin Doña Elvira? dachte ich, wirkt in Großmutters Gesicht deren beherrschter Lebensschmerz nach? Zu dem Umstand, daß sich der ihr seit vielen Jahren bekannte Schriftnachlaß ihres jüngsten Bruders nun in meinem Besitz befand, sagte sie nur wenige Sätze. Ich habe sie mir gemerkt: »Ein Geheimnis wird wertlos, wenn es zu lange eines bleibt. Wenn die Zeit gekommen ist, muß es sich offenbaren, um die Frucht zu tragen, die es in sich barg und die es erst sinnvoll machte. Auch unsere Mutter, deine Urgroßmutter, wußte das, als sie meinem Bruder Johannes jenen Brief nach Toledo schrieb. Die Zeit löschte den Sinn des Eides. Es kommt allein darauf an, daß du aus dem Wissen, das er bewahrte, das Beste machst.« Ich mußte es ihr versprechen.

»Ja«, sagte ich.

Ehe ich im Herbst zum Schulbeginn ins Șaguna-Lyzeum ging, unterhielt ich mich einige Male länger mit Radu Coliban, der den Șaguna-Direktor Cristian Petraca, seinen Onkel – einen Mann mit humanistischen Studienabschlüssen an italienischen und französischen Universitäten –, darum bat, mich seiner Klasse zuteilen zu lassen. Eine Woche besuchte ich Coliban täglich und ließ mir von ihm besonders in den naturwissenschaftlichen Fächern die mir fremden rumänischen Fachausdrücke nennen. Schon in diesen Gesprächen stellte ich fest, daß sich der Bildungsanspruch der beiden Schulen kaum voneinander unterschied und daß die Lehrer beider Schulen, des Honterus-Gymnasiums wie des Șaguna-Lyzeums, unnachgiebig Leistung forderten. Im Șaguna aber, wo an die französischen Traditionen des rumänischen Bildungswesens angeknüpft wurde, Lehrer und Schüler mit einer mir neuen, den lateinischen Völkern eignenden Kenntnis und Leidenschaftlichkeit über Autoren und Werke der nationalen Literatur diskutierten, lag in allem ein deutlicherer Akzent auf Stil und Rhetorik. So gewann ich schon bald nach Schulbeginn einen Zugang zu Fragen des Umgangs mit Sprache und Dichtung, der mir in dieser Unmittelbarkeit persönlicher Teilnahme vom Honterus-Gymnasium her nicht vertraut war. Das alles erschien im Șaguna nicht eigentlich als Lehrfach, sondern als ein ständiger Gesprächsstoff. Es kam mir entgegen und trug dazu bei, mir die Einfindung in die neue Umgebung zu erleichtern. Aber ich erschrak, als mir Dr. Claudius Borega, der die Fächer Rumänische Sprache und Literatur sowie Latein unterrichtete, eines Tags vor der Klasse mit erstauntem Gesicht sagte: »Domnul Hennerth, dacă nu te-ai chema Hennerth, aș înclina să spun că ești latin«, »Herr Hennerth, würden Sie nicht Hennerth heißen, wäre ich geneigt zu sagen, Sie sind ein Lateiner.«

Ich mußte zweimal schlucken, ehe ich antwortete: »Das bin ich nicht.«

»Eben«, sagte er und lachte, »dazu sind Sie zu gründlich.« Die Klasse lachte. Von dieser Stunde an war ich von allen angenommen. Keiner nahm es mir übel, als ich mich bei den Leichtathletik-Schulmeisterschaften weigerte, gegen meine ehemaligen Kollegen vom Honterus-Gymnasium anzutreten.

Bei einem der Besuche im Hause Coliban traf ich die Schwester meines Klassenfreundes – Luminița, »das Schneewittchengesicht«, wie Horst sie genannt hatte. »Sag mal«, fragte sie und stellte sich mir herausfordernd in den Weg, »wirst du jetzt ein Rumäne sein?« Hinter ihr sagte Coliban in dem unterkühlten Ton, der ihn auszeichnete: »Nu, scumpă soră«, »Nein, teure Schwester, er besucht eine rumänische Schule. Das ist alles. Solange er lebt, ist er ein Deutscher. So wie du die entzückendste aller weiblichen Römernachfahren bist und für alle Zeiten auch bleiben wirst, wenn du uns jetzt, bitte, allein läßt.«

»Schade«, sagte sie keck, verzog das Gesicht zu einer Grimasse und ließ uns stehen, »so einen wie dich könnten wir brauchen. Mein Bruder und seine Freunde langweilen mich nämlich.« Zu jenem Zeitpunkt trauerte sie nicht mehr meinem Halbvetter Horst nach. Sie hatte sich mit einem siebzehnjährigen Milchgesicht aus der Nachbarschaft getröstet. »Un pişpiric«, sagte Coliban verächtlich über ihn, »ein Knilch, ein Würstchen.«

Während dieses Herbstes hatte Horst zum ersten Mal Urlaub und kam für eine Woche nach Hause.

Es war ein kalter, jeden Tag auf andre Weise bedrückender Novemberbeginn. Ich hatte nach längerem Zögern Frauke Reibers Einladung zu einem Ritt auf dem Gestüt ihres Vaters bei Covasna angenommen. Sie war schon am Tag davor hinausgefahren. Am frühen Nachmittag holte mich die weiße Mercedes-Limousine ab, der Fahrer brachte mich an den Rand der Ostkarpatenwälder unter die Vrancea-Berge.

Frauke überließ mir die Wahl des Pferdes. Von den ungefähr zwanzig Tieren, die ich auf der Koppel zählte und die von zwei Szeklern betreut wurden – einem schnauzbärtigen Vierzigjährigen und dessen o-beinigem, verwachsenem Sohn –, entschied ich mich für einen jungen braunen Hengst, der sich mir, als begrüßte er einen Bekannten, in federndem Trab und mit wachem Blick lebhaft wiehernd näherte, noch während der junge Szekler hinter uns mit trägen Bewegungen das Gattertor schloß. Im Steinhaus mit der großen Terrasse vor der Reihe dunkler Tannen hatte mir Frauke ein Paar Reithosen und -stiefel ihres älteren Bruders gegeben. Jetzt lachte sie laut auf und rief: »Das ist der fünfjährige Trakehner Timur Lenk, mein Lieblingspferd.« Doch sie bestand darauf, daß ich ihn ritt.

Sie rief den einzigen Schimmel herbei, den ich auf der weiten, welligen, zum Haus hinaufsteigenden Rasenfläche sah. Es war eine Stute. Sie kam mit fast tänzerischem Schritt über die Wiese galoppiert, blieb vor Frauke stehen und warf den Kopf einige Male hoch. Sie muß oft hier sein, dachte ich, die Pferde kennen und mögen sie, fast sieht es aus, als versuchte jedes, ihre Aufmerksamkeit zu gewinnen. Die beiden Szekler waren mit Sattel und Zaumzeug zur Stelle – und noch ehe ich daran dachte, saß Frauke im Sattel. Sie ist ohne Steigbügel wie eine Katze hochgeschnellt, dachte ich; sie blickte mit dem unfaßbaren Blau ihrer Azuraugen gebieterisch auf mich herab, es ihr gleichzutun.

Wir ritten die Wiese hinauf, verließen die Koppel und trieben die Pferde im Trab am Waldrand entlang nordwärts. Von der langgestreckten Höhe ging der Blick nach Westen, wo sich das Sonnenlicht im Dunst und Nebel der Ferne über dem Butschetsch und den König-

steinen als in- und übereinandergeschobene, von silbernen Durch-
schüssen aufgebrochene Flächen aus kalten Gelbtönen zeigte.

Frauke ritt vor mir. Sie saß im Sattel wie mit dem Schimmel verwach-
sen. Nur ihr helles Haar flog und flatterte ungehemmt seitwärts und in
die Höhe. Aufrecht, schlank, bis in die Fingerspitzen beherrscht, wäre
sie mir fast unwirklich erschienen, hätte nicht jeder Handgriff die
selbstbewußte Gegenwart ausgestrahlt, deren Unmittelbarkeit ich
beim Tanzen erfahren hatte. Durch die enganliegende Reithose erkannte ich jeden Muskel ihres Gesäßes bis hin zu den Schenkelansät-
zen. Ihre Wespentaille fing die Stöße des Pferdekörpers ab. Als der
Reitpfad breiter wurde, ging sie in starken Trab über und winkte mich
mit einer Handbewegung neben sich. Der Trakehnerhengst bewegte
sich mit einer Geschmeidigkeit unter mir, die mich schon bei den ersten Schritten hatte verstehen lassen, warum er Fraukes Lieblingspferd
war.

»Und?« rief sie mir zu, als ich neben ihr angekommen war, »wie geht's
in der neuen Umgebung?«

»Aufschlußreich«, rief ich zurück.

»Das heißt?«

»Ich lerne, mich selber von außen zu betrachten, mit den Augen anderer.«

»Hast du das nötig?«

»Ich meine, es bekommt jedem gut.«

Sie lachte und rief: »O ja, mein Vater sagte mal, es würde den deutschen Siebenbürgern nicht schaden, ihren Horizont über den eigenen
Tellerrand hinaus auszuweiten, sie könnten einiges dazulernen.«

»Das gilt auch für die anderen«, rief ich.

»Reiten wir Galopp?« rief sie zurück.

»Reiten wir.«

Sie deutete der Stute kurz die Sporen an und machte eine knappe
Bewegung aus den Hüften. Das Pferd ging sofort in leichten Galopp
über. Ehe ich den Trakehner das gleiche zu tun veranlassen konnte,
streckte er sich und galoppierte an der Seite des Schimmels über das
weiche Geläuf des sanft geneigten Hangs, der sich etliche hundert
Meter vor uns am Waldrand entlangdehnte. Das dunkle Hufgetrappel
klang, als käme es aus dem Innern der Erde.

»Wie sind die neuen Klassenkameraden?« rief Frauke. Ihr Haar wehte wie ein Bündel blonder Wimpel, jeder Zug ihres vom Grau des Tages abstechenden Gesichts verriet die Freude am schnellen Ritt. »Bis auf zwei, drei Ausnahmen fair. Einige kannte ich schon vom Sport«, antwortete ich, »es ist nicht anders als im Honterus-Gymnasium.«

»Und die Lehrer?«

»Auch nicht anders. Die einen bescheuert, die anderen in Ordnung. Einige ekelhaft, andere haben Format.«

»Mußt du nicht besser sein als die anderen, um dich zu behaupten?« Ich lachte und rief: »Müssen wir das nicht alle? Wer in der Minderzahl ist, muß immer besser sein. Aber das weißt du ja.«

Die Pferde stoben nach links über die Wiese, die hier eben war, talwärts weit ausbuchtete und ihnen so einen großen Bogen zu laufen erlaubte, ohne sich zurücknehmen zu müssen. Der Tannengeruch mischte sich mit der herben Würze der Herbstgräser und der kühlen Erde zu spröden Aromen. Sooft wir um eine Waldecke bogen, kam eine andere Note in die Gerüche, je nach Bäumen und Sträuchern, Bach- und Wiesenkräutern. »Meine Mutter«, rief Frauke und lachte mich an, »meine Mutter sagte: ›Der Hennerth ist ein toller Kerl, wie er das durchsteht …‹ Die haben alle von dir geredet … Stimmt es, daß du dem Berliner eine runtergehauen hast?«

Immer eine halbe Pferdelänge vor mir, ritt sie mit einer Leichtigkeit und Selbstverständlichkeit, die mich erstaunten. Es sah aus, als sei sie gewichtlos. Sie hatte Mut. Sie ließ die Stute in vollem Ansturm zuerst über einen Graben, dann über eine niedrige Buschreihe hinwegsetzen. »Sag mal«, schrie sie nachher, »wirst du wie die anderen in den Krieg ziehen? Oder hast du dich losgesagt und zählst dich jetzt nicht mehr zu uns? Ich meine, gehörst du jetzt nicht mehr zu unserem Volk? … Ich verstehe das nicht ganz. Mein Bruder Hasso ist Oberleutnant bei der vierten deutschen Panzerarmee. Er ist in Stalingrad. So heißt das Kaff, glaube ich. Und du …«

Ich riß so heftig am Zügel, daß der Hengst mitten im Lauf mit herumgebogenem Kopf aufbockend seitwärts ausbrach und mich um ein Haar abgeworfen hätte. Er stand wie angewurzelt, schnaubte zwei Mal aufgebracht und stellte die Ohren hoch. Ich hatte den linken Steigbügel verloren und bemühte mich mit der Fußspitze, den Metallrahmen zu finden. Ich war außerstande, die Erregung zu beherrschen, die mich befallen hatte. Frauke war es entgangen, daß sie allein weiterritt. Ich sah das Weiß der Stute und das Hellblond ihrer Haare im dunkelnden Herbstnachmittag sich immer mehr entfernen. Dann bemerkte sie mein Fehlen, wendete mit aufbäumendem Pferd und kam zurück. Ich war viel erregter, als ich es mir eingestand. »Peter«, schrie sie von weitem, »Peter, ist was?« Sie hielt einen Schritt vor dem Hengst an.

Erst jetzt begann sie den Grund meines Verhaltens zu ahnen. Ihr Gesicht verfärbte sich, als sie mir in die Augen blickte. Meine Hände und meine Oberschenkel zitterten. Ich war nicht imstande, ein Wort zu sagen. Ohne mich beruhigen zu können, glitt ich wie unter einem Zwang vom Pferd. Ich war so erregt, daß ich sekundenlang nicht wußte, was ich tat. Mit hastigen Griffen schnallte ich dem Hengst das Zaumzeug vom Kopf, schnallte ihm den Bauchgurt vom heißen Körper und schleuderte sie samt Sattel der Schimmelstute vor die Hufe. Dann riß ich Frauke, die unwillkürlich zurückfuhr, die Reitgerte aus dem Stiefelschaft. Mit einem Griff der Linken packte ich die Mähne des Trakehners, mit der Rechten stützte ich mich auf die Kruppe, warf mich bäuchlings auf das Tier und hieb ihm mit ganzer Wucht die Gerte zwischen die Ohren. Der Trakehner stieg mit der Vorderhand hoch. Ich schlug ihm die Sporen zweimal in die Weichen und schrie: »Wer sagt das? Wer sagt so etwas?« Ich spürte, wie der Hengst zusammenzuckte. Dann jagte er aus dem Stand in gestrecktem Galopp die Wiese hinauf. Ich schrie in einem fort: »Wer sagt so etwas?«

In dem Zustand von Besinnungslosigkeit, der mich ergriffen hatte, fühlte ich plötzlich: O ja, so ritt ich als Kind, halbnackt, ohne Sattel, so hielt ich mich mit der Linken an der Mähne des Goldfuchses Betyár fest, so trommelte ich, die Rechte hochgeworfen, den Oberkörper zurückgeneigt, mit den Hacken gegen seinen Leib, so flog mir der Wind um die Ohren … Aber das alles war weit weg. Es waren nur Bilder, Erinnerungsfetzen. Es war nicht der Zustand, in dem ich mich befand.

Der ungewohnte Körperkontakt mit dem Reiter reizte den Hengst aufs äußerste. Gleichzeitig spürte er, daß er nicht machen konnte, was ihm beliebte. Meine Faust krallte mit der Kraft eines Würgetiers in seiner Mähne und zwang ihm meinen Willen auf. Ich ließ ihn am Waldrand entlangjagen und sah dabei mit halbem Auge, daß Frauke mir zu folgen versuchte, es aber bald aufgab. Nach einer Viertelstunde wirrer Galoppade über Wiesen, durch Wald und Windbrüche, über Bäche, Äcker und Feldwege kam ich soweit zu mir, daß ich den Trakehner zum

Stehen brachte. Ich war vom Nacken bis in die Kniekehlen schweißnaß. Ich riß Grasbüschel aus und wischte dem Hengst den Schaum vom Leib. Ich streichelte ihn. Ich küßte ihn. Dann ging ich neben ihm durch den Novemberabend zum Reiber-Gestüt zurück – in einer Gegend, die ich nicht kannte, durch die mich der Trakehnerhengst mit dem Namen des hinkenden, grausamen asiatischen Eroberers führte. Einige Male betrachtete ich meine Hände. Sie zitterten nicht mehr.

Frauke stand auf der Veranda des Steinhauses und erwartete uns. Sie hatte zwei dicke Kerzen auf dem Eichenholztisch angezündet. Das Dochtlicht machte im Halbdunkel ihre Augen zu durchsichtig blauen Steinsplittern, als sie mir entgegenblickte. Als ich mich umgekleidet hatte und neben sie trat, kam sie mir zuvor. »Ich wollte dich nicht kränken«, sagte sie.

»Warum heißt der Hengst Timur Lenk?« fragte ich.

»Als Fohlen hinkte und biß er. Wegen seines Stammbaums behielt Vater ihn und gab ihm den Namen. Beides verwuchs, wie du siehst.«

»Du hast mich nicht gekränkt«, sagte ich, »aber sprich nie mehr mit mir darüber. Es ist meine Sache, ich habe mir ohnehin eine Menge Fragen zu beantworten … Entschuldige …«

»Ich wußte nicht«, flüsterte sie nach einiger Zeit kaum hörbar, »daß du so sein kannst, so – so … Ich hatte Angst vor dir. Jeder hätte Angst bekommen.« Sie drängte sich an mich. Die gläsernen Farbenflächen im Westhimmel waren streifigen Grauschatten gewichen. Hinter uns, im Osten, stieg die Nacht herauf. Wir küßten uns. Unten im Tal erklang das Bellen eines Hundes, über uns hörten wir einen Nachtvogel durchs Geäst streichen. Ihr Körper war straff und warm. Ich dachte während der ganzen Zeit darüber nach, ob Rebekka mir die Frage auch so gestellt hätte. Mich fröstelte, und ich fragte Frauke, was Rebekka zu fragen ich mir vorgenommen hatte: ob sie mich auf die Hochzeit meines Freundes Gordan, des Hirten in Fundata, begleiten würde. »Am kommenden Wochenende«, sagte ich. Sie hatte begriffen, daß es Fragen gab, die allein ich mir beantworten wollte. So sagte sie nur: »Ja.« Ich wußte nicht, warum ich sie und nicht Rebekka gefragt hatte.

Eine Stunde später stieg ich in Kronstadt am Fuß des Schloßbergs zu Beginn der Iorga-Zeile aus dem weißen Mercedes; Frauke war auf dem Gestüt geblieben, wo sie am nächsten Tag die Eltern erwartete. Ich ging zum Haus hinter der alten Festung hinauf, in dem Vater und Tochter

Hermes wohnten. Ich pfiff, Rebekka kam ans Fenster. »Peter«, rief sie. Ich hörte der Stimme die Freude an, mich zu sehen. »Ich will dir bloß sagen, daß ich mit Frauke zu Gordans Hochzeit fahre«, sagte ich, wandte mich um und ging nach Hause. Ich kam rechtzeitig zum Abendessen. Das erste, was mir Maria mitzuteilen hatte, war die Nachricht von der Ankunft unseres Halbvetters Horst. »Er kommt geradewegs aus Wilhelmshaven, das furchtbar zerbombt ist«, sagte sie, »du sollst anrufen.«

Tags darauf betrat ich gegen neun Uhr Onkel Oskars Blockhaus in der Schulerau; Horst hatte mich zum Frühstück eingeladen.

Wie jedes Mal, wenn ich zum älteren Halbbruder meines Vaters kam, umfing mich in den Räumen des einsiedlerischen Holzbaus die Atmosphäre der männlichen, rauhen Gemütlichkeit, der alles Liebliche fehlte; Onkel Oskars schnörkellose Warmherzigkeit sprach aus jedem Winkel, die Räumlichkeiten in Holzhäusern strahlen ohnehin den Geist kreatürlicher Nähe aus. Die von den nächtlichen Schüssen aus der Repetierflinte zersiebten Wände, Zimmerdecken und Möbel – weil sich Onkel Oskar Ratten, Marder und Mäuse nur so vom Hals halten konnte – gaben der »schönsten väterlichen Blockhütte auf Erden«, wie mir Horst einmal gesagt hatte, »Gepräge und Gepränge eines Zauberschlosses«; schon als Kleinkind hatte er sich so an die Knallerei gewöhnt, daß sie ihn nicht weiter störte.

Ich erkannte sofort, daß mein Halbvetter ernster, fast unzugänglich geworden war. Alles an ihm wirkte gezügelt, sein Tonfall war fast abgehackt, seine Bewegungen waren knapp geworden. Die Unbeschwertheit seines Draufgängertums, die ihm einst aus den Augen geblickt hatte, war einem manchmal lauernd abwartenden Gesichtsausdruck gewichen. Aber schon nach der Begrüßung und nach wenigen Sätzen schien er mir wieder der alte zu sein; während wir Käse, Aufschnitt und zur warmen Milch, die Horst liebte, Preiselbeeren auf Butterbrot aßen, ging die Unterhaltung wie eh und je zwischen uns zwanglos vor sich. Ich bemerkte Horsts erstaunten Blick, mit dem er mich einige Male betrachtete, wohl weil ich so in die Länge geschossen war. Mit keinem Wort sprachen wir vom Krieg. Zwei, drei Bemerkungen Onkel Oskars entnahm ich, daß Horst im Rang eines Oberleutnants zur See das U-Boot 221 kommandierte, mit dem er vor zwei Monaten zum ersten Mal in den Atlantik ausgelaufen und auf den britischen Geleitzug SC 104 gestoßen war, aus dem er während einer zwölfstündigen Verfolgungsjagd sieben Schiffe mit sechzigtausend Bruttoregistertonnen versenkt hatte – vom Befehlshaber der U-Boote, Vize-Admiral Dönitz, mit dem Eintrag »Volle Anerkennung« ins Kriegstagebuch des Bootes vermerkt. Mich erstaunte das nicht weiter, ich hatte von Horst nichts anderes erwartet.

Als ich mich gegen Mittag von den beiden verabschiedete, murmelte Horst: »Ich begleite dich ein Stück.« Wir gingen durch den Tannenwald. Horst sagte: »Vater hat mir von deinem Vorfall erzählt … Diese Reichsschwätzer kotzen auch mich an. Was sie sagen, ist Mist. Es geht in Ordnung, wie du dich verhalten hast. Ich hätte nichts anderes getan.« Er blieb stehen und reichte mir die Hand. Ich sah hinter ihm im Sonnenstrahl, der für Sekunden aus einem Wolkenspalt durch die Äste fiel, ein großes, zwischen zwei Tannen gespanntes Spinnennetz. Es hing nur wenige Meter hinter seinem Kopf. Die Fäden waren von vollendeter Symmetrie und Dichte und so hell, als glühten sie. Dann war der Sonnenstrahl weg und das Netz nicht mehr zu sehen. Aber der Gedanke, daß es immer noch da war, irritierte mich. Plötzlich sagte Horst leise, als redete er mit sich selber: »Die Amis bauen mehr Kriegsschiffe, als wir versenken können, auch wenn wir sie Tag und Nacht torpedieren würden. Täglich bauen sie mehr. Und mit dem Radar haben die begonnen, uns ganz schön fertig zu machen … Sie bauen auch mehr Flugzeuge als alle anderen am Krieg beteiligten Länder zusammen.« Ohne ein weiteres Wort hob er kurz grüßend die Hand und ging zwischen den Tannen zum Blockhaus zurück, dicht an dem unsichtbaren Netz vorbei, an dessen Rand ich eine Sekunde lang die Spinne in Wartestellung gesehen hatte.

Horst beendete den Urlaub vorzeitig. Schon nach vier Tagen fuhr er in den Marinestützpunkt Wilhelmshaven an der Nordsee zurück. Onkel Oskar, der mit ihm in die Stadt heruntergekommen war und ihn bis zum Bahnhof begleitet hatte, aß nachher bei uns zu Mittag. Er war einsilbig und berichtete Vater und Mutter beim Kaffee, Horst habe ihm beim Abschied gesagt: »Ich bin unruhig. Ich muß zurück. Keine Sorge. Ich komme aus der Scheiße wieder raus. Das fühle ich. Aber zuerst müssen wir sie auf anständige Weise zu Ende bringen.«

Am Wochenende danach fuhr ich mit Frauke nach Fundata zu Ruxandras und Gordans Hochzeit. Diese prägte sich mir nicht so sehr als das erwähnenswerte Fest ein, zu dem sie wurde; vielmehr wegen eines

Vorfalls danach. Er bewirkte eine Veränderung meines Gefühls vom Ablauf der Ereignisse, die in der Erinnerung so stark mit der Nacht im Bergdorf auf der Paßhöhe zwischen den Gebirgsstöcken der beiden Königsteine und des Butschetsch verbunden ist, daß ich das eine vom anderen nicht trennen kann.

Obwohl Frauke, anders als mir, die Welt der rumänischen Karpatenhirten, Holzfäller, Jäger, Wilderer, Waldarbeiter und Bergläufer fremd war, fand sie sich, wenn zuerst auch zaudernd, so doch mit Geschick ins Ungewohnte. Als wir am Spätnachmittag kurz vor Einbruch der Dunkelheit eintrafen, loderten auf der Anhöhe in der Hofmitte neben der einzeln dastehenden Eiche die Flammen zweier Feuerstellen. Vier Halbwüchsige waren unter Geschrei mit dem Einrammen von Pfählen beschäftigt, für die entrindeten Spieße, an denen ein Kalb, ein Widder und mehrere Lämmer gebraten werden sollten. Die enthäuteten und ausgeweideten Tierleiber lagen neben den Feuerstellen auf nassen, weißen Tüchern bereit, um über den Glutbetten gedreht zu werden. Die Flammen züngelten in der sinkenden Nacht so hell, daß der Hof zwischen den Holzgebäuden und der Eiche in grellem Licht lag. Haus, Holzschuppen und Geräteräume des Licu-Anwesens waren festlich hergerichtet, mit Tannengirlanden und großen Blumenkränzen und -zweigen. Überall an den Wänden hingen Gordans geschnitzte Stäbe und Wurzelstrünke, was den Räumen zu einem selbständigen, von den Menschen unabhängigen Leben verhalf. In der Ecke der sauber gefegten Tenne des Schuppens, in dem Tische und Bänke aufgestellt waren, legten sich eine Gruppe von Zigeunerfiedlern, -klarinettisten, -zimbalisten und ein Panflötist die Instrumente zurecht. Überall drängten sich Menschen. Durch die geöffneten Türen und Fenster des Wohnhauses sahen wir vor allem ältere an den Tischen sitzen. Überall Geschwätz, Rufe, Lieder, Lachen.

Obgleich ich den Eindruck hatte, von niemandem beachtet worden zu sein, mußte jemand Gordan von unserer Ankunft verständigt haben. Ruxandra an der Hand, trat er mit suchendem Blick aus dem Haus, erkannte mich und kam uns entgegen. Als Frauke ihn sah, blieb sie unwillkürlich stehen. »Das ist Frauke, das sind Ruxandra und Gordan«, sagte ich. Mit einer ausholenden Armbewegung, die ihn noch höher und breiter erscheinen ließ, zeigte Gordan über das Anwesen und sagte: »Willkommen! Dies ist euer Haus und Heim, solange es euch beliebt.«

Wir folgten beiden in den Wohnraum und begrüßten Gordans Mutter, Frau Miranda, die uns stumm anlächelte, und Ruxandras Eltern. Ihr Vater galt als der wohlhabendste Bewohner des Bergdorfs, er war ein hagerer, aus dem Rücken leicht gebeugter Mann mit knochigem Gesicht und dem geraden Blick der Tochter. Kein Muskel regte sich in den starren Zügen, als er mich anblickte und mir die große Hand entgegenstreckte. Gordan – es entging mir nicht – war stolz darauf, mich zu Gast zu haben. Er betrachtete einige Male verstohlen die hellblonde Frauke an meiner Seite, führte uns zu allen Gästen und stellte mich als seinen »deutschen Freund aus der Stadt« vor. Freigebig von Vater unterstützt, hatte ich ihm von meinem Taschengeld als Geschenk drei Konturmesser unterschiedlicher Größe und einen Spitzstichel gekauft. Für Ruxandra hatte mir Mutter eins ihrer buntbedruckten Halstücher aus Cuite-Seide mitgegeben.

Wohl war die gottesdienstliche Trauung schon am frühen Nachmittag vollzogen worden. Wie es der Brauch vorschrieb, hatte nun aber, ehe die Zigeuner ihre Wirbelmusik anstimmten, abermals der ehrwürdige Pope das Wort, ein Mann mit schwarzer Kamilawka, schwarzem Gewand und handgroßem Silberkreuz an der langen Halskette. Obwohl jung, trug er einen von grauen Strähnen durchzogenen glänzend braunen Vollbart und hatte fast mädchenhaft geformte volle Lippen.

Die Hochzeitsgäste versammelten sich im Freien, als er die cădelniţă° zu schwingen begann und mit melodiös psalmodierendem Gesang gelassen im Kreis durch den Hof, danach durchs Haus, durch die Wirtschaftsräume und den Schuppen schritt. Für jedes Fleckchen Erde, das Mensch und Tier betreten würden, erflehte er den Segen des Allmächtigen, ohne den nichts ist. Außer seiner tiefen, angenehmen Stimme und dem Prasseln der klafterlangen Tannenscheite in den Flammen oben neben der Eiche war kein Laut zu hören. Die vom Wein schon erhitzten Männer, die von der Unterhaltung angeregten Frauen standen im kühlen Novemberabend, schlugen von Zeit zu Zeit das Kreuz vor der Brust und murmelten die Gebetsworte mit. Der Pope segnete auch die Instrumente der Musiker, die nackten Tierleiber und das Feuer; er schwang im leisen Klirren der Kette sein Gefäß lange vor dem jungen Paar. Die schlanke, biegsame Ruxandra und der Hüne Gordan trugen

---

° Weihrauchgefäß

wie alle Hochzeitsgäste die Festtracht der Hirten dieser Gegend, sie mit lachsroten Reihenornamenten auf dem enganliegenden schwarzen Rock und bunten Stickereien auf der weißen Leinenbluse, mit Herbstblumen im dunklen Haar und dem schönsten Lächeln im ruhigen Gesicht, er, wie Ruxandra um die Waden die Lederschnüre der Bundschuhe, in weißen groblinenen Hosen, weißärmeligem Hemd, breitem Ledergürtel und Lederweste mit aufgenähten prächtigen Verzierungen aus Blumen-, Vogel- und geometrischen Mustern. Hinter ihren vom Feuerschein überstrahlten Gesichtern sah ich die schattenhafte Masse des Butschetsch vor dem dunklen Himmel. »Doamne miluieşte«, sang die volle Stimme des Geistlichen. Er schlug große Kreuze zu den Menschen hin, die ihn umstanden. Alle bekreuzigten sich und sprachen ihm nach: »Herr, sei uns gnädig.«

Doch von einer auf die andere Sekunde änderte sich dann das Bild. Die Zigeuner hatten das Ende der Segnungszeremonie kaum erwarten können. Schon beim letzten Wort des Popen begannen sie mit einem Mal zu fiedeln und zu blasen, als hätten sie nur noch die nächste Minute zu leben und müßten in dieser Zeit alles aus sich herauslassen, was sich an Musik in ihnen angestaut hatte. Gleichzeitig fingen die Leiber des Widders und der Lämmer an, sich über den Flammen zu drehen. Und ohne jemandes Anweisung ordnete sich die ganze Hochzeitsgesellschaft zu einer horă.° Frauen und Männer legten einander im Kreis die Arme auf die Schultern oder faßten sich an der Hand. Erste Juchzer ertönten. Von den Zehnjährigen bis zu den Achtzigjährigen hatten sich alle lachend und jauchzend zum Tanz zusammengefunden. Die einen ausgelassen, die anderen würdevoll. Die einen stürmisch und mit hochgeworfenen Beinen, die anderen maßvoll bedacht. Bald vorwärts, bald seitwärts, dann wieder rückwärts in wechselnden Schrittfolgen schreitend, bewegten sich die Tänzer im Flammenschein über die von der Eiche oben bis zu den Gebäuden unten abfallende Wiese. Ich erkannte Ruxandras Vater, dessen unbewegte Gelassenheit mich auch diesmal auf eigentümliche Weise beeindruckte.

Ich packte die zögernde Frauke an der Hand und zog sie in den Kreis der Tanzenden hinein. Zuerst stolperte sie durch die Schritt- und Wechselschrittverknüpfungen. Aber die auf ihre Schultern geleg-

---

° Rundtanz

ten Arme der Nachbarn zogen sie mit und halfen ihr über die Unsicherheit hinweg. Bald glühte ihr Gesicht wie das Ruxandras, deren fremdländische Schwester sie in diesen Augenblicken hätte sein können. Warum habe ich nicht Rebekka mitgebracht? dachte ich. Als uns Gordan und Ruxandra in ihre Mitte nahmen, er neben Frauke, sie neben mir, und Gordan uns mit einem Freudenschrei in die horă hineinriß, die uns mit dem geheimnisvollen Rhythmus der Vor-, Seit- und Rückwärtsbewegungen durch den weiten Berghof, rings um die Eiche, um die Feuerstöße und am Haus entlang führte, hatte ich einen Augenblick lang das Gefühl, ich könnte jetzt den Licu-Hof verlassen. Frauke würde es nicht bemerken und sich irgendwann erstaunt meiner erinnern wie eines Fremden. Ich könnte jetzt zu Rebekka laufen, ihre Nähe spüren, ihrer weichen Stimme zuhören, wenn sie eine Klezmermelodie sang – und würde mich dabei mit keinem Gedanken Fraukes entsinnen …

Der Pope hatte die Kamilawka abgelegt. Sein nackenlanges, volles Haar flog ihm ums Gesicht. Er war noch jünger, als ich vermutet hatte. Er lachte in die Hände klatschend, sprang im langen, flatternden Schwarzrock tanzend an Gordan vorbei auf Frauke zu, legte ihr den Arm um die Schultern und drängte sie aus der horă in die lebhafteren Schrittfolgen der sârbă° hinein, in die das wie närrisch aufspielende Musikervolk übergangslos gewechselt hatte. Das funkelnde Silberkreuz sprang ihm über die Brust. Die ganze Gesellschaft folgte ihm, der als Vortänzer mit dem blonden, hochgewachsenen Mädchen an seiner Seite aufstampfend, dann wieder mit schnellen Schritten vor- und rückwärts hüpfend alle hinter sich zog und zur Eiche hinaufführte. Wieder fiel mir Ruxandras Vater auf – den einen Arm auf den Schultern seiner Tochter, den anderen auf denen seiner Frau, tanzte er mit unbewegtem Gesicht in einer Reihe mit den Gästen, die er schon vor Wochen zur Hochzeit der Tochter eingeladen hatte.

Erst als die Tierleiber an den Holzstangen goldbraun über den Flammen glänzten, der Geruch des gebratenen Fleisches, des in die Glut tropfenden Fettes die Luft auf der Anhöhe füllte und die Jungen an den Spießen zum Essen riefen, löste sich die Tanzgemeinschaft lärmend auf.

° Bauern- und Hirtentanz

Innerhalb einer Minute war der Hof leer. An den Tischen wurde geschwatzt, gesungen, gelacht. Auf der Anhöhe schwelte an den verlassenen Feuerstellen blutrotes Licht. Es sah aus, als liege im Dunkel ein Tier ungeahnter Größe und Gestalt mit Leuchtaugen, das uns beobachtete, bis wir ins Haus traten.

Es war dann gegen Mitternacht, als ich mich nach einem Blick auf die Uhr und kurzer Verständigung mit Frauke von Gordan und Ruxandra verabschiedete. Ich bat die zwei, kein Aufhebens zu machen, trat vor das Haus und wartete im Hof auf Frauke, die sich mit dem jungen, deutsch sprechenden Geistlichen noch etwas zu erzählen hatte. Während ich die kalte Novemberluft einatmete, in der ein erster Anhauch des nahen Winters lag, erkannte ich im Dunkel auf der Gartenbank vor mir zwei Männer.

Der eine war Ruxandras Vater. Er sagte zu dem weißhaarigen, kleinen Alten, der neben ihm saß: »Ja, ja, ich weiß, wie das ist, eingekesselt zu sein ...«

Der Weißhaarige nickte heftig, legte die geöffnete Hand hinters Ohr und rief: »Ih?«

Ruxandras Vater beugte sich zu ihm und sagte ihm laut ins Ohr: »Ich meine, als wir uns 'neunzehn mit den ungarischen Bolschewiken des Béla Khun schlugen. Die kreisten unser Regiment bei Tokay an der Theiß ein. Wir waren dreitausend Mann. Sechs Tage lang beschossen sie uns von allen Seiten. Doamne dumnezeule! Großer Gott ... Wir hatten keine Munition, kein Essen mehr. Am sechsten Tag befreiten uns unsere Divisionen. Wir trieben die Bolschewikenbande vor uns her. Wir besetzten Budapest.« Er räusperte sich lange, spuckte zwischen den Knien auf die Erde und machte eine auffahrende Handbewegung. »Aber bei Stalingrad«, rief er, »bei Stalingrad, mein Lieber, ist das anders. Da hocken nicht nur dreitausend, da hocken dreihunderttausend in der Falle. Die Deutschen und unsere Leute. Das haben sie heute nachmittag im Radio gesagt ... Da hat der Russe sie im eigenen Land in der Hand«, sagte er, »und im eigenen Land entkommt ihm keiner.« Wieder spuckte er und sagte mit belegter, versagender Stimme: »Meine beiden Ältesten sind dabei. Ion und Gheorghe. Zwanzigste Infanteriedivision. Und ich muß tanzen. Sfântă Marie! Wir können die Hochzeit doch nicht mittendrin abbrechen. Doamne dumnezeule!«

»Ih?« schrie der weißhaarige Gnom mit der Hand hinter dem Ohr, »ih?«

»Verstehst du«, rief Ruxandras Vater seinem Nachbarn ins Gesicht, »Ion, Gheorghe … Eingekesselt in Stalingrad! … Und ich muß tanzen. Es frißt mir die Seele.«

»Ih?« schrie der Alte mit offenem Mund, »ih?«

Frauke kam in Begleitung Gordans und Ruxandras, von denen wir uns an der Hoftür verabschiedeten. Als wir die paar Schritte zur Paßstraße hinunter gingen, wo der weiße Mercedes wartete, hörte ich aus den Waldschluchten, die sich links neben der Straße öffneten und bis zum Großen Königstein erstreckten, ein Raunen aufsteigen, als redete dort die Erde mit sich selber. Während ich in den Wagen stieg, begann ich plötzlich zu frieren.

Ich fror auch, während wir längst fuhren. Wir redeten wenig. Nach einiger Zeit sagte Frauke, die auf dem Beifahrersitz saß, nachdenklich: »Ich wußte nicht, wie die Menschen sind, neben denen wir in diesem Land leben. Wieso kennst du sie so gut?«

»Aus der Kindheit«, antwortete ich.

»Wie das?«

»Durch meinen Großvater. Er hatte Schafherden, er handelte mit Wolle und mit Holz. Da mußte er öfter in die Königsteindörfer kommen. Er nahm mich mit.«

»Ja, aber – aber du hast richtige Freunde unter ihnen. Den Riesen Gordan. Und diese – diese aparte Ruxandra.«

»Ich kenne Gordan seit dem siebenten Lebensjahr.«

»Macht es dir nichts aus, daß er ein Rumäne ist?«

»Nein.«

»Da bist du aber anders als die anderen. Du bist die Ausnahme.«

»Ich weiß. Das geht in Ordnung so.« Nach einer Pause fügte ich hinzu: »Vielleicht hängt es damit zusammen, daß mir Großvater die Scheuklappen abnahm.«

»Meinst du die sächsischen Scheuklappen?«

»Ich meine die Scheuklappen der Überheblichkeit. So à la Blessi, Zupfenhügler und Konsorten: Wir sind was Besseres. Kennst du das nicht?«

»Bist du klüger als deine Freunde?«

»Lutz Kleppers bester Freund hieß nicht Hans oder Fritz, Gert oder

617

Jürgen«, sagte ich, »er hieß Dan. Dan Pandare. Nein, ich bin nicht klüger. Ich bin bloß nicht verbohrt. Die Überheblichkeit einiger kotzt mich an. Meine Entscheidung traf ich. Das weiß jetzt jeder.« Ich spürte, daß Frauke noch etwas sagen wollte. Doch sie unterdrückte es.

Als wir die Talabfahrt durch die vielen Kehren hinter uns hatten, in denen die Scheinwerferstrahlen rasch über die nahen Büsche am Straßenrand geglitten waren, Törzburg erreichten und rechts über uns das Dracula-Schloß auftauchte, das die Kronstädter einst als Schutz- und Mautburg am Paßausgang errichtet hatten, fragte ich die leise vor sich hinsummende Frauke: »Wo, sagtest du, wo ist dein Bruder im Fronteinsatz?«

»Ach«, erwiderte Frauke, »bei diesem Nest mit dem schauerlichen Namen – Stalingrad oder ähnlich. Sprechen wir doch über etwas anderes.«

Hasso Reiber war das männliche Gegenstück seiner Schwester, ein Urbild blonden Mannestums und in mehreren Sportarten ungewöhnlich erfolgreich; ich wußte, daß er Lutz Kleppers und Gerry Göllers Klassenkamerad gewesen war. Von seiner körperlichen Begabung hatte ich den ihm befreundeten Klepper erzählen gehört, sie befähige ihn zur Meisterschaft, gleichviel, was er beginne. Als Kunstspringer und Kraulschwimmer hatte er sich schon im Alter von siebzehn Jahren den Landesmeistertitel geholt und im Jahr darauf als Abfahrtsläufer im alpinen Skisport, er hatte als der beste Eishockeyspieler Kronstadts gegolten. Als ich im ersten Jahr das Honterus-Gymnasium besuchte, war er Abiturient. Nicht nur wir Jüngsten bewunderten den Neunzehnjährigen, der sich in allem so verhielt, daß keiner ihm den Reichtum der Eltern und die sportlichen Erfolge neidete. Er war das Glück seiner Mutter, die sich gelegentlich bei Einkäufen in der Klostergasse, im Theater und in Konzerten mit ihm zeigte und kein Hehl aus ihrem Stolz auf den Sohn machte. Schon bald nach dem Abitur war er nach Deutschland gefahren; von Benno Martens wußte ich, daß er dort die Kriegsakademie des Heeres in Berlin besuchte. Ein Foto im Steinhaus auf dem Gestüt bei Covasna, wo ich seine Reithosen und -stiefel angezogen hatte, zeigte ihn in schwarzer Panzeroffiziersuniform. Mit dem Totenkopf über dem Mützenschild. Einigen Bemerkungen hatte ich entnommen, daß Frauke den älteren Bruder verehrte, ja leidenschaftlich liebte.

Als wir nach halbstündiger Fahrt in Kronstadt eintrafen und vor der Reiber-Villa auf der Postwiese anhielten, nur zwei Häuser von Lutz Kleppers Elternhaus entfernt, brannte hinter allen Fenstern das Licht. Den Rest des Heimwegs würde ich zu Fuß zurücklegen, sagte ich zum Fahrer, dankte ihm und begleitete Frauke bis zur breiten Steintreppe. Schon wieder auf der Straße, hörte ich, wie die Eingangstür der Villa geöffnet wurde. Ich wendete mich um und erkannte über den niedrigen Staketenzaun hinweg im Licht der Hoflampe Fraukes Mutter. Die Frau mit dem anliegenden blonden Haar, der der Sohn wie aus dem Gesicht geschnitten war, hielt die Hände vor der Brust, ich sah ein Taschentuch zwischen den aneinandergepreßten Fingern. Mit eigentümlich tonloser und klarer Stimme hörte ich sie sagen: »Hasso ist gefallen. Die Nachricht traf kurz nach deiner Abfahrt ein. Komm, Vater geht es schlecht, sehr schlecht ...«

Ich blickte mich nicht mehr um. Ich ging ins Dunkel hinein unter den alten Linden und Kastanien, deren Stämme mich in einer mir bis dahin niemals bewußten Lautlosigkeit umstanden. Als ich später im Rundfunk die Berliner Sportpalast-Rede des Doktor Goebbels hörte, in der er kurz nach dem Untergang der sechsten deutschen Armee in der Stadt am rechten Wolgaufer die Frage in die Massen hineinschrie: »Wollt ihr den totalen Krieg?«, und die wie in Trance zurückgebrüllte Antwort seiner Zuhörer: »Ja!«, sah ich während der ganzen Zeit die Gestalt des blonden Hasso Reiber in schwarzer Totenkopf-Uniform vor mir. Er blickte mir bewegungslos in die Augen, wie auf dem Foto, das ich an der Wand des Zimmers im Gebäude auf dem Ostkarpaten-Gestüt gesehen hatte. Bis heute verbindet sich mir die Erinnerung an die Rede – »Nun Volk steh auf und Sturm brich los!« – mit dem fast unheimlich ausdrucksleeren Blick des jungen Menschen.

Und obwohl ich sie niemals gesehen hatte, schoben sich die Gesichter der beiden Brüder Ruxandras von der zwanzigsten rumänischen Infanteriedivision daneben. »Eingekesselt!«, hatte ihr Vater dem schwerhörigen Alten ins Gesicht geschrien, »und ich muß tanzen ...« Auch sie blickten ausdruckslos ins Leere.

XVII. Kapitel

»Ich töte, und ich lache«

Es waren nicht die von den Chronisten in den Jahrzehnten seither anhand scheinbar unerschöpflicher Archivquellen tausendfach nachgezeichneten »umwälzenden Vorgänge«, die in diesem vierten Kriegsjahr mein Fühlen und Denken, meine Vorstellungen von Gang und Verlauf der Dinge bestimmten. Die Welt hielt bei den Meldungen den Atem an: Die nach der Schlacht von Stalingrad geschlagenen Schlachten, in deren Totentänzen auf den östlichen Ebenen Europas und in den nordafrikanischen Wüsten unsere vorwärts stürmenden zu weichenden Armeen wurden; die Kriegseintritte immer neuer Staaten auf seiten der Westalliierten; die von Palermo und Neapel über La Spezia, Turin und Mailand bis Bordeaux, Saint Nazaire, Brest und London, von Antwerpen über Köln, Hamburg, Kiel und Berlin bis Helsinki, Moskau, Gorki und Jaroslawl mit Millionen Spreng- und Brandbomben zu Hunderttausenden umgebrachten Kinder, Frauen und Alten; oder die zufällig durchsickernden, unser Erschauern und zugleich unseren heftigsten Unglauben erregenden Flüsternachrichten über Massentötungen in für die meisten namen- und gesichtslosen Lagern der Polizei-SS. Hätte mir aber selbst die umfassende und genaue Kenntnis der Vorgänge zu Gebote gestanden, ich wäre nicht fähig gewesen, mir das Ausmaß der kontinentalen Tragödie auch nur annähernd anschaulich zu machen.

Wie denn hätte ich mir das in diesem Jahr nahe bei Katyn am Dnjepr in Rußland entdeckte Massengrab der von Stalins NKWD abgeschlachteten über zehntausend jungen polnischen Offiziere vorstellen sollen, zu denen zehntausend niemals wieder aufgetauchte ihrer Kameraden hinzukamen? Wie die mehr als zweitausend toten Antwerpener nach dem Bombenangriff der US-Air Force auf ihre Heimatstadt? Wie die fünfzigtausend von der SS-Polizei in Warschau hingemeuchelten Juden, zu denen dreihunderttausend auf Nimmerwiedersehen Verschleppte hinzuzurechnen sind? Oder wie die zu Aberhunderttausenden Bruttoregistertonnen im Atlantik, im Indischen Ozean, im Nord- und Mittelmeer versenkten gegnerischen Schiffe durch deutsche Unterseeboote, denen nach unvorstellbaren Erfolgen nun ebensolche Niederlagen das Rückgrat brachen – so daß der Großadmiral die Einstellung der Angriffe auf Geleitzüge befehlen mußte? … Auf welchen Meeren Horsts U-Boot trieb, wußte Onkel Oskar längst nicht mehr. Seit über einem halben Jahr ohne Nachricht von seinem Sohn, besuchte er uns immer häufiger, vernachlässigte sich und schoß im Dunkel zunehmend schlafloser Nächte die Schrotladungen der Repetierflinte auf alles, was in seinem Blockhaus einen Laut von sich gab oder auch nur ein vermeintliches Geräusch verursachte; »Stimmen der Nacht«, nannte er das, »ich schieße auf die Stimmen der Nacht«, sagte er mit sarkastisch-hintergründigem Lächeln im verwitterten Gesicht. Auch daß zweihundertfünfzigtausend deutsche und italienische Afrikakämpfer in englische Gefangenschaft gerieten und je eine amerikanische und britische Armee auf Sizilien landete, bedeutete mir nicht viel mehr als die Zahl.

Anschaulicher wurden mir die Ereignisse, als ich die Meldung las, daß die US-Luftwaffe bei einem ersten Angriff auf das Ploieşter Erdölgebiet – dessen Bohrtürme, Pumpwerke, Zisternen und Raffinerien ich lebhaft vor mir sah –, ohne irgendein Ergebnis zu erzielen, von einhundertachtzig B-27-Bombern durch die deutsche Flak fünfundsiebzig Maschinen mit nahezu achthundert Mann Flugpersonal verlor. Zum Zeitpunkt dieses Angriffs hielt sich der Hauptmann des SS-Sicherheitsdienstes Gerry Göller weder in seinem Ploieşter noch im Bukarester Einsatzgebiet auf, sondern in Hamburg. Während eines Urlaubs hatte er im halbverwüsteten Berlin das Ehepaar Baumgartner besucht, die drei Kampfhunde Al, Dsching und Na wiedergesehen und auf Tante Agathes dringende Bitte hin seinen vom Rüstungsminister Albert Speer für zwei Tage in die Hansestadt entsandten erkrankten Onkel begleitet. Die beiden waren dabei ins »Gomorrha«-Bombardement der Royal Air Force geraten – jenen Feuerorkan, wie ihn Militärs bis dahin noch nie entfacht hatten. In vier Angriffsnächten verbrannten in den Explosionen und Flammen der zehntausend britischen Bomben vierzigtausend Menschen. Göller kam gerade noch mit dem Leben davon. Als ihn zwei Detonationen in einen offenen Kellereingang schleuderten, sah er seinen Onkel Kurt Baumgartner als kohlende Fackel im Glutsog vor sich verschwinden. Benno berichtete es mir; Frau Greta-Alma hatte es von Göllers Vater »Torso« erfahren, dessen Frau, die »Königin Luise«, bei der Nachricht vom Verlust des Bruders einen Schlaganfall erlitt. »Du«, hatte Benno hinzugefügt, »das war die Antwort auf die deutschen Vorexerzitien von Guernica, Warschau, Belgrad und Rotterdam – aber auch auf Stalingrad, wo tausendzweihundert deutsche Bomber bei einem einzigen Angriff ebenfalls ungefähr vierzigtausend Zivilisten umbrachten.«

»Woher weißt du das?« hatte ich gefragt.

»Mein Vater und Adam Hermes unterhielten sich gestern darüber. Der Hermes ist immer unterrichtet – über Dinge, von denen sonst keiner was weiß …«

Daß der »Panduren-Marz« und SS-Mann Martin Strehling bei der Rückeroberung der Stadt Charkow durch die Sowjets der Gefangennahme knapp entgangen war – wie ich auf einer durch die Zensur geschlüpften Feldpostkarte bei Rosinchen las –, rückte mir das Geschehen erst recht nahe. Weit unmittelbarer aber berührte mich, was mir Martha Eisendenk eines Tags sagte: Von ihrem Bruder Paul fehle seit dessen Mitteilung, daß er mit seiner Einheit voraussichtlich nach Nordkarelien kommen und gemeinsam mit Finnen gegen die Sowjets eingesetzt werde, jedes Lebenszeichen – es waren sieben Monate seither …

Es sind diese Bruchstücke auf einzelne Menschen bezogener Wahrnehmungen, mit denen sich mir das Geschehen immer bewußter machte – die Selbstentleibung der Europäer als letzter Akt einer Abfolge wahnwitziger Verkennungen ihrer Lage in der Welt, Bruchstücke von der Kraft erhellender Gewitterblitze.

Ich hörte begierig zu, wenn Erwachsene in meiner Gegenwart Informationen und Ansichten austauschten wie Onkel Oskar und Vater – oder mich der seit Lutz Kleppers Tod im Urteil unerbittlich gewordene Dan Pandare seine vernichtenden Auffassungen wissen ließ von der »wie weiche Scheiße beliebig knetbaren Materie Mensch in Zivil und Uniform, es braucht immer nur diejenigen, denen es Freude macht, in die Kacke hineinzugreifen«. Sobald ich Zeit hatte, saß ich zu den vollen Stunden vor dem Philips-Rundfunkgerät im Wohnzimmer und suchte die Nachrichtensender. War ich allein, schaltete ich den Empfang auf London. Die vier Eröffnungsschläge aus Beethovens Fünfter, mit

622

denen die zwar gestörten, aber verständlichen BBC-News eingeleitet wurden, erfüllten mich mit beklemmenden Erwartungen. Sie hatten mit der Ahnung zu tun, daß seit der deutschen Kapitulation in Stalingrad das Schlachtenglück für immer gewendet war und sich mit den nicht mehr aufhaltbaren roten Armeen eine Welt des Schreckens auf uns zubewegte. Die gebetsmühlenhaft im schnittigen Fanfarenton wiederholte Verheißung der deutschen Frontreporter »Der Sieg ist unser!« erschien mir danach als eine Formel des erschreckendsten Realitätsverlustes, der sich denken läßt. Es wirkte kabarettistisch, daß die Kerle, je mehr sich der Krieg unseren Ostgrenzen näherte, um so greller tönten. Ich sah bei dem Satz jedesmal den »Nibelungenfinger« vor mir; wie kein anderer verkörperte er in meiner Vorstellung die makabre Phrase.

Doch gleichviel, was ich damals hörte oder las – es machte mich irre an allem, woran zu glauben mir bis dahin selbstverständlich war, und stellte alles in Frage, wozu mich Eltern, Großeltern und Lehrer je angehalten hatten. Vor allem aber dies: Die täglichen Meldungen über Scheußlichkeiten und Bestialitäten ohne Ende – ob die Deutschen wahllos Bomben auf London, die Engländer und Amerikaner auf Berlin, die Sowjets auf Helsinki warfen – ließen in mir das Gefühl endgültiger innerer Entwurzelungen als die größte aller Bedrohungen wachsen.

»Binde dich an ein starkes Gesetz«, hatte mir Onkel Sepp, der Rabbiner, gesagt. An welches? In einem langen Gespräch mit Benno und Guido Proder, mit denen ich trotz des Schulwechsels häufig zusammen war, redeten wir darüber. Dabei sagte Benno den Satz: »Das Enthemmte und das Rohe gehören zusammen.« Ich dachte lange darüber nach. Noch mehr machte mir eine Unterrichtsstunde mit dem Romanisten Dr. Cristian Petraca – Șaguna-Direktor und einer der beliebtesten Lehrer – die Frage bewußt. Petraca hatte zum Thema eines französischen Literaturnachmittags den Beginn des Goethe-Gedichts »La divine«, »Das Göttliche«, gewählt: »Que l'homme soit donc noble, bon, secourable«, »Edel sei der Mensch, hilfreich und gut.« Er hatte länger als zwei Stunden »die phänomenale Gedankentiefe der nur vordergründig einfachen Aussage« mit uns erörtert, uns diese als »das moralische Grundgesetz jeder kultivierten Lebensform« verständlich gemacht und zum Schluß gesagt: »Sollte einer von Ihnen einmal Staatspräsident werden, empfehle ich ihm die Formel des großen Deutschen als Grundlage einer modernen Verfassung.«

Edel sei der Mensch? grübelte ich auf dem Heimweg, hilfreich, gut? Was gilt das in einer Welt, deren Normalzustand das Gegenteil ist? War das nicht wie mit dem Gebet des Pfarrers Daniel Roth bei der Aufführung der »Vaterunser«-Kantate – die Friedfertigen, denen die Welt gehören wird? Spinnerei! »Gedankentief« hat Petraca den Goethe-Satz genannt, »profond en idée«. Was zählt das schon? »Étranger au monde«, »weltfremd« hätte er besser sagen sollen ... Gleichzeitig aber hatte ich zum ersten Mal in meinem Leben die Ahnung davon, daß eben darin die einzige Hoffnung liegt – in der Kraft, sich dem gleichmacherischen Willen der »Welt« weder ein- noch unterzuordnen, sich ihren irrwitzigen Bevorzugungen und Moden weder zu beugen noch nachzurennen, auch wenn alle anderen es tun. War dies des Rabbiners »Gesetz«? Kants Forderung, von der eigenen Vernunft Gebrauch zu machen? Der Antrieb für des Obersten Juan Carlos de Conderra Entscheidung auf dem Puerto de Tosas? ... Ich fühlte die Faszination der einzelgängerischen Verheißung, die der Anspruch auf mich ausübte, und ich ahnte auch, daß ich mich so auf dem besten Wege befand, mich außerhalb der Befindlichkeit der meisten Freunde und Bekannten zu stellen. Es schreckte mich nicht. Es reizte mich.

Daheim angekommen, fand ich das Gedicht in einem Goethe-Band. Ich las vom ersten Satz weiter: »Denn das allein unterscheidet ihn von allen Wesen, die wir kennen.« Die siebente Strophe prägte ich mir ein: »Nur allein der Mensch vermag das Unmögliche: Er unterscheidet, wählt und richtet.«

Ich bin das Gefühl der Gefahr innerer Entwurzelungen seither nicht mehr losgeworden. Es erscheint mir als ein Grundgefühl der Zeiten, in denen wir leben. O nein! Längst war ich von meinem Entschluß abgekommen, bei den »großen Entscheidungen« dabeizusein, wie es mein heftiger Wunsch gewesen war, als Horst aus Flensburg-Mürwik das Foto in der Uniform eines Seekadetten geschickt und der Anblick der über die Bukarester Piaţa Victoriei rollenden Panzer mit den »Morituri te salutant«-Gesichtern darauf mich zu todessüchtigen Rauschgefühlen veranlaßt hatte ... Die Mutigen, die Tapferen – ja. Doch nicht sie, sondern die unausrottbaren Blender und Täuscher, die seit jeher die Bereitschaft der Mutigen und Tapferen schüren und sich zunutze machen, sind das Tier mit den sieben Häuptern, den zehn Hörnern und den lästerlichen Namen …»Sie verblöden die Völker und hetzen sie aufeinander«, hatte Großvater gesagt. Ihre Sache ist nicht meine, dachte ich, ich mache sie nicht mit … Nur halb war mir dabei bewußt, daß ich mir so selber ein Stück vom Boden entzog, auf dem ich stand, da ich aus dem Kreis trat, in den ich hineingeboren war … Aber auch auf diese letzte beunruhigende Frage sollte ich bald die Antwort erhalten.

Vollends hatte ich das Empfinden, den Boden unter den Füßen zu verlieren, als gegen Ende des vierten, zu Beginn des fünften Kriegsjahres drei mit den wüsten Vorgängen auf unserem Erdball zusammenhängende Ereignisse in einer Unmittelbarkeit an mich herantraten wie keine anderen zuvor.

Ich hatte mich nach einem gut über zehn Kilometer langen Geländelauf durch die Kleine und die Große Schulerau im Abenddämmer von Dan Pandare verabschiedet und war mit nassem Trainingszeug daheim eingetroffen. Beim Anstieg durch den Gartenhang hatte ich plötzlich das sichere Gefühl, daß Unerwartetes auf mich zukam. Mutter, die mich gesehen hatte, erwartete mich im Vorzimmer.»Wenn du geduscht und dich umgezogen hast«, sagte sie, »komm in Vaters Arbeitszimmer. Wir sind alle dort …« Ich fragte nicht. Zehn Minuten später betrat ich den großen Raum, er lag im ersten Stockwerk neben meinem Zimmer. Die Jalousien der zwei Fenster waren heruntergelassen, auf dem dunklen Schreibtisch brannte die kleine Schirmlampe.

Im Ohrensessel neben der Tür erkannte ich Mutter, neben ihr stand Maria. Die Hände auf dem Rücken verschränkt, ging Vater vor dem Bücherregal rechts auf und ab. Holger hatte sich auf den Stuhl hinter dem Schreibtisch gesetzt. Auf dem Sofa an der Längswand saßen eine Frau und ein Mann. Bei meinem Anblick erhob sich die Frau, kam auf mich zu und umarmte mich mit einer hastigen Bewegung. Ich sah noch, daß auch der Mann aufstand. Er war schlank, hatte genau gezeichnete, fast kantige Gesichtszüge und eine Narbe am Kinn.

Es war Rudolf Ferdinand Jung, der k.u.k. Offizier des Ersten Weltkriegs, der mit Vater an der Piave gegen Italiener und Briten gekämpft und sich nach dem Zusammenbruch der Mittelmächte so zielsicher dem Kommunismus zugewandt hatte, daß er – das elterliche Riesenvermögen mit einem Lachen ablehnend – nach Moskau abgereist war, »wo die Zukunft der Menschheit gestaltet wird«, hatte er zu seiner Mutter gesagt, einer Frau aus böhmischem Adel, die in ihrem Wiener Salon mit den linksextremen Ideen des Sohnes kokettierte. Anderthalb Jahrzehnte später war er inkognito mit Stalins Auftrag nach Siebenbürgen gekommen, das Raketengenie Hermann Oberth auszuspionieren, wenn möglich sogar ins Sowjetimperium zu locken: »Ehe Hitler ihn holt.« Dabei hatte der nicht nur dank seiner soldatischen Bravour auf seiten der Roten in den Kämpfen gegen Koltschaks Weiße, sondern ebenso wegen der Arbeiten auf dem Gebiet der Fernwaffentechnik in der Moskauer Nomenklatura angesehene Jung bei seinem Kriegskameraden Rick Hennerth Unterschlupf gefunden; für die Dauer seiner – ergebnislosen – Bemühungen war er Gast meines Elternhauses in der Rosenauer Brückengasse und Bewohner jenes Zimmers gewesen, das einige Jahre danach dem Rabbiner Dr. Dr. Josef Schapira als Versteck diente. In einer Mondnacht hatte ich, der Zehnjährige, im Hof vor Jung und meiner Tante Elisabeth gestanden, die sich umarmt hielten – und dabei den kupfernen Löwenkopf des Türgriffs hinter ihnen im Licht des Vollmonds blinken gesehen. Entschieden und selbstbewußt in allem, war sie ihm bald danach ins Sowjetimperium gefolgt; die beiden hatten geheiratet.

In diesem Augenblick wußte ich, daß die grauhaarige Frau von aufrechter Körperhaltung, die mich an sich preßte, Vaters ehemals hellblonde Schwester und meine Tante Elisabeth war. »Peter«, flüsterte sie, »Peter.« Ich fühlte ihre Arme zittern. Wir saßen bis gegen halb drei Uhr morgens im Wohnzimmer.

Erst beim Licht der Deckenlampe erkannte ich die Veränderung in den Gesichtern der beiden. Ich hätte nicht gleich sagen können, worin sie bestand. Nur daß ein fremder Zug in sie gekommen war, drängte sich mir ins Bewußtsein. Er wirkte wie eine Maske. Erst nach und nach erschloß sich mir Tante Elisabeths Gesicht so, wie ich mich seiner entsann.

Was wir in jener Nacht hörten, ist schnell gesagt. Die beiden waren aus Moskau nordwestwärts geflohen, bis sie mitten im Kampfgeschehen durch eine Frontlücke der sowjetischen Truppen hindurch auf die deutsche Seite gelangten. In den Gefechten der zurückweichenden Deutschen hatten sie jedoch schon nach einem Tag den Anschluß an die Totenkopf-Panzereinheit wieder verloren, deren Kommandeur – ein aus Mödling bei Wien stammender Hauptmann – ihnen hilfreich entgegengekommen war. Auf den abenteuerlichsten Wegen und am Ende ihrer Kraft waren sie drei Wochen später, an Leningrad vorbei, dank eines an ein Wunder grenzenden Zufalls südlich des Saimasees in Finnland und dort im Grenzstädtchen Lappeenranta eingetroffen, wo der mit einer finnischen Lehrerin verheiratete beste Jugendfreund Jungs als Zollbeamter lebte; die beiden standen seit Jahren in geheimer Verbindung. Durch Deutschlands zerbombte Städte und an Flüchtlingszügen Unterkunft suchender Ausgebombter vorbei waren sie mit Unterbrechungen, doch unbehelligt bis Wien gekommen. Da Jung keinen seiner Verwandten wiederfand, er außerdem einigen als radikaler Kommunist in Erinnerung war und so in der von Nazispitzeln und -zuträgern wimmelnden »Hauptstadt der Ostmark« die Nachstellungen der Gestapo fürchten mußte, folgte er seiner Frau auf dem gefährlichen Weg in den Südosten – mit dem Vorbehalt einer späteren Entscheidung »über unseren weiteren Weg«.

Dies alles berichtete Jung mit ruhiger Stimme, in trockenem Ton. Nur manchmal zuckte die Haut um die Narbe am Kinn, und einige Male fiel mir das metallene Glimmen in seinen Augen auf, an das ich mich plötzlich wieder erinnerte. Sooft Tante Elisabeth etwas sagte, starrte Maria sie an; ihre Bewunderung hatte von jeher der älteren der beiden Schwestern Vaters gegolten. Als Jung schwieg, fragte ich Tante Elisabeth: »Wieso seid ihr aus Moskau geflohen? Ihr seid doch beide aus freien Stücken hingegangen.« In derselben Sekunde glomm es in Jungs Augen auf. Er blickte mich, der ich ihm gegenübersaß, unbewegt an. Eine Minute lang herrschte Totenstille. Hatte ich eine Wunde berührt? Hatte ich vielleicht sogar mit der Absicht gefragt, Jung zu treffen, dessen rücksichtsloser politischer Fanatismus mich seit der Kindheit reizte, weil ich zwischen der Bewunderung für dessen Konsequenz und meiner angeborenen Abneigung gegen alles Gewaltsame schwankte? Da blickte sich Tante Elisabeth schnell um und sagte leise: »Peter, dort verschwinden Menschen zu Zehntausenden. Ohne daß jemand weiß, wohin. Niemand spricht über sie, niemand wagt es, nach ihnen zu fragen. Sie verschwinden. Sie werden verhaftet, verschleppt, erschossen. Sie verschwinden einfach. Keiner kennt den Grund.« Sie neigte sich vor. »Ein Freund ließ uns wissen, daß wir beide nach Sibirien gebracht und dort voneinander getrennt werden sollten. Wir wissen nicht, warum. So ist das dort … In derselben Nacht ließen wir alles stehen und liegen und verschwanden … Das war vor fünf Wochen.«

»Aber ihr seid nach Moskau gezogen«, beharrte ich, »weil dein Mann ein Kommunist ist.«

»Ich bin nach Moskau gezogen«, sagte Tante Elisabeth, »weil ich meinen Mann liebe. Aus demselben Grund werde ich auch künftig bei ihm sein.«

Nicht der Bericht über die verzweifelte Flucht ließ mich lange schlaflos in meinem Zimmer liegen, nachdem wir zehn Minuten später zu Bett gegangen waren. Auch nicht die Frage, wie es in einem Mann aussieht, der einst in seinem Leben, die alte Welt verlachend, alle Brücken hinter sich verbrannte, sich nun aber um den Traum vom anderen, besseren Ufer betrogen sieht und dies vor allen eingestehen muß. Sondern das Gefühl des Unheimlichen, das die beiden mitgebracht hatten. Es war so eindringlich, daß mir Maria am Abend des nächsten Tages, nachdem Tante Elisabeth und Robert Ferdinand Jung das Haus verlassen hatten, gestand, es sei ihr ähnlich ergangen; und Holger sagte uns, daß Tante Elisabeth Vater den Rat erteilt habe: »Rick, mach dich mit deiner Familie in den Westen auf, solange es noch geht, die kommen auch her und werden hier genauso wüten wie im armen Rußland ...«

Nach einer Woche Aufenthalt bei der Hennerth-Großmutter in Rosenau setzten die beiden auf Drängen Jungs die Flucht fort. Mit Hilfe von Direktor Otto Martens, den Vater eingeweiht hatte, gelangten sie unbeschadet nach Wien, wo Jung durch einige ebenfalls von Otto Martens hergestellte Verbindungen in den Besitz der Papiere eines Teils des auf Londoner Banken deponierten elterlichen Vermögens kam; Direktor Martens brachte diese letzte Nachricht aus Österreich mit.

Danach hörten wir jahrelang nichts mehr von ihnen. Erst nach dem Krieg sollten wir erfahren, daß ihnen über Dänemark die Einreise nach England glückte, wo sich Jung als militärischer Geheimnisträger der Sowjets dem Secret Service stellte. Nach drei Monaten täglicher Befragung erhielt er einen fingierten Namen und wurde als ausgezeichneter Kenner der Moskauer technischen und militärischen Intelligenzija im Dienst des Joint Intelligence Bureau tätig, Tante Elisabeth fand als Chemikerin Arbeit in einem Betrieb des Industrieparks südlich von Wimbledon; die beiden bewohnten ein Dreizimmerappartement im East End. Wenig später brachte die sechsunddreißigjährige Elisabeth Jung während eines nächtlichen deutschen Bombenangriffs auf das Stadtgebiet von London und die Hafenanlagen in der Themsemündung einen Knaben zur Welt, der auf den Namen Robert Rick getauft wurde.

Zu dieser Zeit wurde Jung vom britischen Geheimdienst das Ansinnen unterbreitet, sich nach Deutschland einschleusen zu lassen, um Einzelheiten über die Arbeiten am Raketenwaffenprojekt der in Peenemünde um den preußischen Freiherrn Wernher von Braun versammelten Wissenschaftler und Ingenieure zu erfahren. Auf die zusätzlich vorgebrachte Überlegung, den dort mit »Sonderaufgaben« betrauten »Raketenprofessor« Oberth für England zu gewinnen – »da doch seine mit einem Briten verheiratete Schwester seit eh und je in Manchester lebt« –, lehnte er rundweg als aussichtslos mit der Antwort ab: Er sei schon einmal »am unerschütterlichen Patriotismus Oberths gescheitert«, jedem anderen Emissär werde es ebenso ergehen – auch wenn die Deutschen »in ihrer bekannten Arroganz Oberth in Peenemünde mit drittrangigen Arbeitsaufträgen hinhalten und ihn nicht an der Konstruktion der V-2-Raketenwaffe beteiligen«. Unter diesem Vorbehalt nahm er den Auftrag an, erreichte via Schweden den Norden Deutschlands und kehrte nach anderthalb Monaten mit wertvollem Material über die deutsche Heeresversuchsanstalt auf der Ostseeinsel Usedom zurück.

Der letzte Akt im Drama des Lebens der Elisabeth und des Rudolf Jung sollte sich kurz vor Kriegsende abspielen: Jung verschwand eines Tags unauffindbar. Die Nachforschungen seiner Frau blieben ergebnislos. Bei den Herren vom Secret Intelligence Service stieß Tante Elisabeth auf eine Eismauer nichtssagender Höflichkeiten. Anonym aber erhielt sie eine Mitteilung mit der Andeutung, daß ein britischer Doppelagent den Sowjets Jungs wahre Identität verraten habe und dieser bald danach vom NKGB entführt und liquidiert worden sei. Für glaubwürdiger jedoch hielt sie eine zweite Information – wie aus einem ihrer letzten Briefe an meinen Vater hervorgeht –, daß nämlich der SIS einen Handel mit dem Moskauer NKGB abgeschlossen habe, bei dem der britische Preis an die Sowjets die Auslieferung Jungs war.

Am Tag nach Erhalt dieser Information kam das Söhnchen Robert Rick ums Leben. Es wurde beim Überqueren einer Straße in der City of Westminster an der Hand der Mutter nach dem Besuch bei einer Bekannten von einem Automobil erfaßt und vor den Augen der Mutter zu Tode geschleift.

Die unbeugsame Tante Elisabeth, die aus Liebe ihrem Mann in Stalins schauriges Moskau, dorther auf waghalsiger Flucht quer durch den Erdteil nach London gefolgt war, kehrte nie wieder nach Siebenbürgen zurück. Sie liegt auf einem Friedhof am Nordostrand des Hydeparks neben ihrem Söhnchen. Nach dem Verlust des Mannes und des Sohnes hatte ihr die Freundschaft mit einer in der Nähe wohnenden verheirateten jungen Frau viel Trost bedeutet. Die beiden waren sich bei einem Lebensmitteleinkauf begegnet, ins Gespräch gekommen und sogleich mit Vertrauen aufeinander zugegangen, als sich durch ein zufälliges Wort die Gemeinsamkeit der Herkunftslandschaft herausgestellt hatte. Die junge Frau war auf eine ähnlich ungewöhnliche Weise nach London gelangt; sie hatte ihren Mann gegen die Preisgabe eines SIS-Sûreté-Überfallplans an der Donau aus türkischer Haft freigekauft und war zusammen mit diesem, ohne je ihr Geheimnis zu lüften, auf dem Seeweg nach England gekommen. Es war Cosmea Nelson. Viele Jahre nach Tante Elisabeths Tod besuchte ich den Londoner Friedhof und fand mit Hilfe der mittlerweile ebenfalls verwitweten Cosmea Nelson – deren ich mich als Cosmea Amurdschian, der jüngsten Tochter des stadtbekannten »Vater Musa Dagh«, erinnerte – das Grab mit dem schmucklosen Stein und den Namen darauf. Sie zeigte mir auch die Inschrift »Robert Ferdinand Jung, 1897–1945«, die Tante Elisabeth kurz bevor sie starb neben ihrem und ihres Söhnchens Namen hatte einmeißeln lassen. Cosmea pflegte das Grab. Ich war eine Woche lang Gast der immer noch attraktiven Frau; ihre Eltern und Schwestern waren tot, sie lebte vereinsamt in der riesigen Stadt …

Nach dem Besuch der beiden Flüchtigen, der die Familie auf Wochen hinaus beschäftigte und Vater in seinem Urteil über die Vorgänge und die gerechte Sache der Deutschen bestätigte, ging es dann Schlag auf Schlag – so als wollten sich die Krämpfe und Zuckungen der immer entfesselteren Welt, in der die scharfgemachten Raubtiere das Sagen hatten, bis in den letzten Winkel unseres Lebens drängen und sich dort für alle Zeit einprägen.

Einen Monat, nachdem Direktor Martens mit jener letzten Nachricht von Tante Elisabeth und ihrem Mann aus Wien zurückgekehrt war, stand eines Abends Katalin vor der Haustür. Sie war übermäßig erregt, küßte mich flüchtig auf beide Wangen, drängte mich ins Wohnzimmer und, auf die Auskunft hin, daß Eltern und Geschwister im Astra-Kino waren – »Immensee‹ mit der Söderbaum« – in mein Zimmer, einen Ausdruck im Blick, wie ich ihn noch nie gesehen hatte.

Sie ging auf und ab, war außerstande, zu sprechen, und verhielt sich wie eine Irre, halbe Sätze auf Ungarisch vor sich hin murmelnd. Ich zwang sie, sich neben mich zu setzen, und begann zu verstehen, daß es sich bei allem, was sie sagte und flüsterte, um Willi handelte. »Peter«, sagte sie schließlich mit gepreßter Stimme, »mit Willi ist etwas passiert.«

Ich erschrak und fragte: »Ist eine Nachricht gekommen?«

»Nein, nein, nein«, sagte sie, »ich fühl's. Es muß was Schreckliches sein.«

Ich war erleichtert. Natürlich kann mit Willi »was Schreckliches« passiert sein, dachte ich, natürlich lebt Katalin in ständiger Sorge um ihn, wie Millionen anderer Frauen um den geliebten Mann. Aber allein auf eine Vermutung hin … Ich sagte: »Katalin, morgen sieht die Welt schon wieder anders aus.« Der dümmliche Satz war alles, was mir einfiel.

»Nein, Peter«, beharrte sie und sah mich mit diesem verstörten Blick an, der mir zeigte, daß sie in ihrem Zustand zu allem fähig war, »nein, ich fahre zum General Phleps, ich verlange von ihm, daß er mir Willi gibt, wo ist der General, Peter, wo ist er?« Sie stand mit erhobenen Händen vor mir.

»Katalin, ich weiß es nicht. Der ist wahrscheinlich irgendwo in den bosnischen Bergen.«

»Er muß mir meinen Willi geben!« schrie sie plötzlich außer sich. »Wo in den Bergen?« fragte sie dann wieder leise, »wo ist der General? Bosnien? Wo ist das? Er soll mir meinen Willi geben …«

Ich hatte irgendwann in einem Frontbericht gehört, daß der General mit einem Stoßtrupp ausgewählter Leute in den Schluchten und Schlupfwinkeln des Dinarischen Gebirges auf den Anführer der jugoslawischen Partisanen, Tito, Jagd machte. Ich sagte beruhigend: »Katalin, dort ist überall Krieg. Dort wird überall geschossen und umgebracht. Wie willst du hingelangen? Willi wird schon nichts geschehen sein …« Ich war zu betroffen vom Gedanken, daß meinem Freund Willi etwas zugestoßen sein könnte, als daß ich vernünftig mit Katalin hätte reden können. Sie riß sich los von mir und sagte flüsternd: »Ich fahre zu Willi. Er braucht mich. Hier«, sie zeigte mir eine lederne Geldtasche voller Banknoten, »gib mir dein Geld!« Ihr Blick verriet mir, daß sie unerreichbar war, gleichviel, was ich unternehmen würde. Ich kramte mein gespartes Taschengeld zusammen, holte aus einer Schublade der Kommode im Vorzimmer auch das meiner Schwester Maria und gab's ihr. Wie sie gekommen war, verschwand sie, ohne daß ich sie hätte halten können. Sie sagte nicht »Danke«, nicht »Auf Wiedersehen«, sie verschwand, rasch, lautlos – und ich wußte nicht, was in dieser Lage zu unternehmen war. Als die Eltern und Geschwister zu Hause eintrafen, war Katalin seit einer Stunde fort …

Wir haben sie niemals wiedergesehen. Aber ungefähr drei Wochen, nachdem sie wie ein Wesen aus einer anderen Welt im Dunkel des Gartens untergetaucht war, traf bei Willis Eltern die amtliche Mitteilung ein, daß »der Obergefreite Willi Kurzell, der Tapfersten und Treuesten einer«, den Soldatentod »vor dem Feind gestorben« sei. In makellos senkrechten, eckigen Buchstaben die Unterschrift: »Artur Phleps«. Von Katalin, der Tapfersten und Treuesten eine, kam niemals ein Mitteilung. Weder auf dem Amts- noch sonst auf einem Weg.

Jahre nach Kriegsende hörte ich in meinem Bekanntenkreis einen Mann, der unter dem Kommando des Generalleutnants Artur Phleps und dessen Nachfolger Carl von Oberkamp in der Gebirgsdivision »Prinz Eugen« auf dem Balkan gekämpft hatte, die – wie er kopfschüttelnd sagte – »merkwürdigste Frontgeschichte« erzählen, die ihm widerfahren sei: Eines Tags sei »wie aus dem Boden gewachsen« eine junge Ungarin mitten im Kampfbereich seiner Kompanie aufgetaucht. Mit zerschlissenen Kleidern und dem Blick einer Verstörten. Sie habe »Jó napot!«, »Guten Tag!«, gegrüßt und dann pausenlos nach einem »Willi, Willi« gefragt. »Die Frau war vor Kälte blau im Gesicht – es war gegen's Winterende hin im rauhesten bosnischen Karst, überall lag in der Höhe noch Eis und Schnee.« Doch ehe sich jemand der offensichtlich Geistesverwirrten habe annehmen können, seien sie aus der Flanke von Tito-Partisanen angegriffen worden. Nach dem halbstündigen Schußwechsel sei die Frau zwischen den Steinen und Felsbrocken verschwunden gewesen. Nein, sie sei nicht getötet worden, nein. Sie hätten nach ihr gerufen und gesucht, »einige von uns sprachen ja Ungarisch … Aber sie war einfach fort … Erst drei Tage später, auf der Suche nach dem Gefechtsstand des ›Alten‹, wie wir den Phleps nannten, der den Tito nahe bei Jaice um ein Haar erwischt hätte«, wären sie dann wieder auf die Frau gestoßen. Kaum noch kenntlich, habe sie »neben einem baumlangen, rothaarigen Kameraden gelegen. Wie wir später feststellten, war es der Meldegänger, den der ›Alte‹ schon vor einer Woche zu uns geschickt hatte. Ein Obergefreiter. In seinem Soldbuch stand tatsächlich der Name Willi. An den Familiennamen erinnere ich mich nicht … Großer Gott, wie der Mann aussah … Die Tito-Partisanen hatten ihn gefaßt, ihm die Augen ausgestochen und die Kehle durchgeschnitten. Er lag zwischen Steinen und Eis. Sein Körper war, außer dem Kopf, von Wölfen an- und halb aufgefressen. Ein Bein und eine Gesichtshälfte fehlten. Das kam dort mit den Wölfen öfter vor. Die neben ihm liegende Frau war erfroren … Wir begruben beide unter einem Steinhaufen.«

Der von seinen Soldaten auch »Papa Phleps« genannte General, von dem Katalin Tisza ihren Willi zurückfordern wollte, kam im darauffolgenden Kriegsjahr selber ums Leben – als Befehlshaber der Truppen zur Verteidigung Siebenbürgens und des Banats, die es nicht gab. Unweit der Ausläufer des Siebenbürgischen Westgebirges in der Pannonischen Tiefebene stieß er bei einer Erkundungsfahrt, zu der er sich in Begleitung seines Fahrers aufgemacht hatte, überraschend auf die Spitze einer sowjetischen Panzereinheit, die ihn gefangennahm, ohne zu wissen, wer der Gefangene war. Auf der Flucht vor einem bald darauf einsetzenden deutschen Tieffliegerangriff streckten die Panzersoldaten ihn mit einem Genickschuß nieder. Zwei alte ungarische Eheleute begruben ihn im Obstgarten hinter ihrem Haus. Der mächtige Berliner Menschenschlächter Heinrich Himmler, dessen Polizeitrupps in fortgesetzter viehischer Raserei hinter der Front Zivilisten »liquidierten«, stellte noch auf den Toten – hatte sich der Irrsinn verselbständigt? – einen Haftbefehl aus. Phleps hatte sich der Order widersetzt, im Rücken der westwärts rollenden Front der Roten Armee den Partisanenkrieg militärisch zu organisieren.

»Die selbstmörderische Paranoia mache ich nicht mehr mit«, soll der einst hitlertreue General über den Befehl aus der Reichshauptstadt gesagt und den Tod gesucht haben. Sein brennender Wunsch, die Heimat an der Spitze einer starken Armee verteidigen zu können, war nicht in Erfüllung gegangen.

In die Wochen nach Katalins gespenstischem Auftauchen und Verschwinden fällt – ehe es zum dritten Ereignis kam – der Abschluß der

Arbeit Holgers an der »Apokalypse, eine oratorische Dichtung«. Zudem sah ich nach längerer Zeit Rebekka wieder.

Auch diesmal hatte ich ganze Nachmittage hindurch im Musikzimmer neben meinem Bruder vor dem Flügel gesessen, mir von ihm vorspielen lassen und seinem Wunsch entsprochen, kritisch meine Ansicht zu äußern. Er hatte die von mir aus der »Offenbarung des Johannes« ausgewählten Textstellen als scheinbar zusammenhanglose Kompositionsblöcke nebeneinander gestellt und dabei weder Themen- noch Modulationsübergänge oder -verbindungen herzustellen versucht; vielmehr fesselte er den Hörer mit immer neuen, auch im Adagio und Andante unerwartet dramatischen Ansätzen. Dennoch begriff ich an diesen Nachmittagen die innere Folgerichtigkeit vom eröffnenden »Und ich sah in der rechten Hand des, der auf dem Thron saß, ein Buch, versiegelt mit sieben Siegeln« bis zum furiosen Finale »Wenn jemand mit dem Schwert tötet, der muß mit dem Schwert getötet werden« als nahtlos einheitlichen Spannungsbogen. Wie schon einmal, arbeitete Holger auch jetzt gemeinsam mit Musikdirektor Behrisch an der Orchestrierung der Komposition.

Zur Aufführung der »Apokalypse« kam es jedoch nicht. Die geheim und offen sowohl an die Leitung der Kirchengemeinde als auch an Musikdirektor Behrisch gerichteten Drohungen der NS-»Volksgruppenführung« waren unmißverständlich – sie enthielten Andeutungen der Möglichkeit, im Fall der öffentlichen Aufführung mit den Mitteln der Justiz auf kriegsbedingte Notstandsgesetzgebung zu rekurrieren.

Es war auch diesmal die seit ihrer Schulzeit in meinen Vater verliebte stämmige Gudrun-Uta Freddels, die geheime Nachrichten brachte. Der »Volksgruppenführer« Schmidt – der vor einiger Zeit seinen »Hauptbannführer« Zupfenhügler zur »freiwilligen« Meldung in eine SS-Propagandakompanie bewogen und an seine Stelle als »Ha-Ha-Hauptbannführer« den Sohn des Duftsemmelbäckers Kepp ernannt hatte, habe in einer Sitzung mit den »Stabsleitern« geschrien: »Nicht genug damit, daß sich die Informationen über Verhandlungen der Bukarester mit den Westalliierten und den Sowjets häufen – erst vor kurzem trafen sie sich wieder in Stockholm mit den Moskauern –, der gottverdammte Diplomatenidiot von Killinger nimmt unsere Hinweise einfach nicht zur Kenntnis, er geht mit dem Bukarester Judasgesindel auf Hirschjagd oder kriecht mit seiner Sekretärin ins Bett ... Und jetzt haben wir auch noch diesen musikscheißenden Sohn des Kreisschulrats Hennerth am Hals, der Untergangsgespenster an die Wand komponiert, obendrein will der Behrisch das zum öffentlichen Akt machen. Das ist Untergrabung des nationalen Wehrgeistes … Sind denn von hier bis Berlin alle verrückt geworden?«

Dennoch hörten wir die »Apokalypse«. Als sich das »Peripatetiker-Trio«, Albrecht Behrisch und die aus Bukarest und Paris angereisten Eric August Waltos und Waldemar Taucher, zum Frühjahrsbeginn in Kronstadt trafen, lud uns der Musikdirektor in seine Wohnung ein – auf zwei Flügeln würden er und Holger die fünf Sätze des Werks spielen. Zum kleinen Gästekreis des Abends gehörte auch Frau Greta-Alma Martens, die einladen zu dürfen Holger Behrisch gebeten hatte; Frau Greta-Alma hatte ihren Dank mit der Frage an Holger verbunden, ob eine ihr »nahestehende, liebe junge Dame« sie zu dem Privatkonzert begleiten dürfe. »O ja, ich lade auch sie ein«, hatte Holger geantwortet. »Das habe ich doch richtig gemacht?« hatte er mich nachher gefragt.

»Klar«, hatte ich gesagt und gefragt: »Kennst du sie?«

»Nein … Frau Martens sagte nur, daß sie ungewöhnlich musikalisch ist und seit der Kindheit Musik- und Klavierunterricht kriegt.«

Jedem von uns hatte Behrisch zum Mitlesen eine Abschrift der Partitur in die Hand gedrückt. Während des Vorspiels skizzierte er im Parlando die Textpartien. Ich werde es nie vergessen, wie der immer auf Distanz bedachte, fast snobistisch intellektuelle Eric August Waltos nach dem Spiel des Musikdirektors und seines vierzehnjährigen Schülers diesen umarmte, dann zu Mutter ging und ihr wortlos beide Hände küßte; Waltos' starke Beziehung zur Musik war allgemein bekannt.

Die »junge Dame« in Frau Martens' Begleitung war Rebekka.

Für eine Sekunde hatte ich beim Betreten der Wohnung Albrecht Behrischs das Gefühl, überrumpelt worden zu sein, als ich Rebekka an der Seite der Rollstuhlfahrerin erblickte. Doch deren freundliches Winken, näher zu treten, hatte mir geholfen, die Verlegenheit zu überwinden, erst recht, da ich Mutter nach der Begrüßung unserer querschnittgelähmten Nachbarin beim Anblick Rebekkas lächeln gesehen hatte. Weder war sie Rebekka jemals begegnet, noch wußte sie, daß wir beide uns kannten. Die Art des Lächelns aber verriet mir ihr unverhohlenes Gefallen an der Siebzehnjährigen, deren offenherzige und zugleich fremdländische Ausstrahlung die Wirkung nicht verfehlte. Während sie ihr die Hand reichte, sagte ich: »Mutter, darf ich dir Rebekka Hermes vorstellen? ... Rebekka, dies ist meine Mutter.«

Ich spürte Mutters Reaktion körperlich. Sie sah mich mit einem kurzen Blick an, aus dem gleichermaßen blitzschnelles Begreifen, Beifall und die bange Frage zu lesen waren: Bist du dieser Frühreifen auch gewachsen, die mit keinem Wimpernschlag und keiner Bewegung die Kraft verleugnen kann, die sie für jeden, der nicht blind ist, sichtbar in sich trägt? ... Zugleich war ich mir bei Mutters leicht hochgezogener linker Augenbraue sofort ihrer Gedanken bewußt geworden: Warst du denn letzthin nicht öfter mit Frauke zusammen? Was soll ich davon halten, mein Sohn? Welche der beiden ist es also? ... Und bevor wir auf Behrischs Einladung hin zu den rotgepolsterten Lehnstühlen vor den beiden Stutzflügeln gegangen waren, hatte mir Maria von hinten ins Ohr geflüstert: »O Bruderherz, endlich lerne ich sie kennen. Sie ist toll! Aber in deiner Haut möchte ich nicht stecken. So wie ich die beiden einschätze, wird dich keine von ihnen mit der anderen teilen. Wenn du mich fragst, welche die Richtige ist ...«

»Ich frage dich nicht«, hatte ich sie unterbrochen.

Ihrer Gepflogenheit getreu, das letzte Wort zu behalten, hatte sie gewispert: »Wohnen, ach, zwei Seelen auch in deiner Brust?«

Nach dem Konzert saßen Behrisch, mein Vater und Holger an einem der Flügel diskutierend vor der Partitur zusammen. Maria unterhielt sich in der Ecke vor der Gipskopie der Beethoven-Büste auf Französisch mit Waltos eleganter, nicht allein durch den Etruskerschnitt der Augen auffallender Frau, wobei mich auch diesmal das Selbstbewußtsein meiner Schwester beeindruckte. Waltos hatte mich gebeten, im Lehnstuhl neben ihm Platz zu nehmen, und mich in eine Erörterung der Kriterien meiner Auswahl der »Apokalypse«-Texte verwickelt. Ich sagte ihm, daß ich mich beim Lesen der »Offenbarung des Johannes« von deren Bild- und Aussagekraft und der Ausdrucksgenauigkeit habe leiten lassen, »von der Unmittelbarkeit«, sagte ich, »mit der sie auf mich wirkten, ich hatte kein Programm«.

»Das ist sehr wohl ein Programm«, sagte Waltos, »es gibt kein besseres ...«

Einige Male blickte ich zu Rebekka hinüber, die mit Frau Greta-Alma, mit meiner Mutter und mit Taucher in ein Gespräch vertieft war. Einmal fing ich ihren Blick auf. Sie sah mir ruhig in die Augen. Obwohl ihr Gesicht unbewegt blieb, wußte ich, daß sie mich anlächelte – das Mädchen mit dem Morgenlicht auf der Stirn, das am Flußufer vor unseren Zelten steht, die Gotenfürstin mit dem Silberdiadem, die aus dem Wasser der Goldenen Bistritz in den Ostkarpaten steigt und mir die glänzenden Schultern und Brüste zum Kuß entgegenhält, die Tänzerin mit dem Schattenpartner, die mich an sich zieht, und die Hand, deren pulsende Wärme in mich fließt und sich von innen wie eine Fessel um mich legt ... Ich dachte: Wie kommt es, daß ich von Rebekka träume, niemals aber von Frauke? ...

Ehe wir gegen Mitternacht aufbrachen, standen die Herren noch kurz im Kreis; Direktor Martens war wenige Minuten vorher eingetroffen, um seine Frau abzuholen. Ich hörte sie in Schlagworten über die politische und militärische Lage sprechen und Behrisch sagen: »Schon vor zwei Jahren, als er unterwegs nach Sewastopol mit seinen Truppen durch Kronstadt kam und zwei Nächte mein Gast war, verurteilte der Generalmajor von Choltitz hier in diesem Zimmer Hitlers Politik aufs schärfste, er wird es erst recht nach der Erstürmung Sewastopols getan haben, als nur noch eine Handvoll seiner Leute am Leben war. Wieso unternehmen die Offiziere nichts gegen Hitler? Sie nennen ihn einen Narren ...«

Während wir auf die Straße hinaustraten, überlegte ich, daß es in der Runde außer Vater keinen gab, der Hitlers »Drittem Reich« Verständnis entgegenbrachte – und daß dennoch keiner von ihnen die nahenden Sowjetarmeen als künftige Befreier verstand. Ich meinte, die zwiespältige Sorge wahrgenommen zu haben, die sie erfüllte.

Ich begleitete Rebekka durch die verdunkelten Straßen. Unser Gespräch verlief einsilbig, wir waren mit den Gedanken noch bei Holgers Musik. Ich sagte ihr, als sie mich danach fragte, daß ich mehr als früher für die Schule tun müßte; obwohl ich mich im Grundsätzlichen rasch zurechtgefunden hätte, gäbe es immer noch einige Besonderheiten, die mir fremd seien. »Aber ich hab's mir ja selbst eingebrockt«, sagte ich und lachte.

»Die Probleme, die du im rumänischen Șaguna hast«, sagte sie, »habe ich auf andere Art bei den ungarischen Franziskanerinnen – von unserer deutschen Muttersprache führt kein Weg zu den beiden.«

Als wir am leeren, auf beängstigende Weise stillen Stadtpark vorbei auf den Schloßberg zugingen, hängte sie sich bei mir ein, was sie noch niemals getan hatte. »Es ist dunkel«, sagte sie leise, »einsam, kalt, und du bist furchtlos. Ich wußte es. Jetzt fühle ich's. Laß mich nahe bei dir sein.« Ich spürte die Nähe ihrer Haare und ihres Gesichts. Sie sagte: »Die Musik deines Bruders ist ernst und groß wie die Schwarze Kirche.« Sie fügte hinzu: »Mein Vater kaufte mir vorgestern ein Pianino, ich werde wieder spielen können.«

Wir stiegen zwischen den Villen und Gärten eine steile Steintreppe hinauf. Nur unsere Schritte auf den Stufen waren in der Nacht zu hören. Das alleinstehende Haus, das Adam Hermes auf dem Schloß-berg gemietet hatte, stand unweit des westlichen Mauertrakts der alten Festung in einem der Waldgärten auf dem Rücken des mitten in der Stadt liegenden Bergs. Wir blieben stehen und blickten auf die Dächer hinab, die kaum zu sehen waren. Auf der gegenüberliegenden Stadt-seite ragte der Höhenzug der Zinne in den Himmel. Durch die Kühle der Frühjahrsnacht strich der Geruch nasser Wälder. Die Lautlosig-keit und Schwärze ringsum erschienen mir bedrückend. Sooft das rasch ziehende Gewölk den Halbmond für einige Sekunden freigab, glitten unstete Lichtflächen über die Häuser und holten einzelne von ihnen in greller Deutlichkeit aus dem Dunkel hervor; wie weggewischt tauchten sie im Augenblick danach wieder in die Kaskaden der Finster-nis.

»Wenn auch du jetzt weggehst«, sagte Rebekka und schob ihre Hand zu meiner in die Jackentasche, »nach Deutschland, zur SS, an die Front, so wie die anderen … Wie soll ich an dich denken? Was – was wirst du dort tun?«

Ich mußte die Antwort keinen Augenblick lang überlegen. Ich hatte einen langen Weg des Fragens und Nachdenkens hinter mir. Er reich-te vom Hardt-Großvater bis zu meinem Vater. Vom »DJ-Hauptbann-führer Nibelungenfinger« bis zum Rabbiner Schapira, dem Forscher Manfred Steinträger, dem Pastor Daniel Roth und Werner Schremm. Vom adeligen »Reichsjugendredner« und dem Abendland-Dr. Dr. h.c. Heinar Willig bis zu Lutz Klepper und Dan Pandare. Vom Hirten Gor-dan und dem sowjetischen Armenier Arpiar bis zu Tantchen Petra Staratiades und dem bei lebendigem Leib durchgesägten Uniformier-ten im Szeklerland. O ja, auch von Kant, Goethe und Nietzsche bis hin zu den gegen alle Gesetze gängigen Gehorsams rebellierenden Spanier Juan Carlos de Conderra, der in einer Schlacht gegen den Völ-

kerunterdrücker Napoleon fiel und dessen Nachkomme ich war …
Was ich zu tun, was ich zu lassen hatte – darüber war ich mit mir im
Reinen.

Während das Mondlicht die hohe gelbe Fassade des Hotels Aro für
Sekunden als eine verformte Riesenfratze aus dem Dunkel auftauchen
ließ, sagte ich: »Ich werde nicht gehen.«

Erst nach einer Weile fragte Rebekka mit unsicherem Ton: »Aber …
Aber – alle deine Freunde … Ich will nicht«, sagte sie fast heftig, »daß
du meinetwegen einen Weg einschlägst, der dich von deinen Freunden
entfernt, ich habe viel nachgedacht.«

»Auch ich habe nachgedacht«, sagte ich, »meine Freunde und die anderen können dazu stehen, wie sie es für richtig halten. Ich werde nicht
gehen. Und es hat mit dir nichts zu tun. Gar nichts. Ich will weder mir
noch den anderen mit dir etwas beweisen.«

Wir schwiegen lange. Wir hörten unseren Atem. Dann sagte Rebekka: »Sie werden dich einen Feigling nennen.«

»Jeder darf seinen Mut zeigen«, sagte ich.

»Ja«, antwortete sie lebhaft, »ja, du würdest …« Sie unterbrach sich
und schwieg. Zehn Jahre später sollte sie den Satz zu Ende sprechen –
sie gestand mir, daß sie in jener frösteligen Frühjahrsnacht über den
Dächern der lichtlosen Stadt im letzten Augenblick unterdrückt hatte,
daß sie habe sagen wollen: »… du würdest nicht hier neben mir stehen,
wärst du feige … Ich hatte plötzlich eine entsetzliche Angst«, sagte sie,
»ich könnte alles zerstören, wenn ich es sage.«

Als ich damals mit Rebekka auf die dunkle Stadt hinabblickte, wußte
ich nicht, daß die letzte Begegnung, die meiner Entscheidung die endgültige Klarheit verschaffte, noch auf mich wartete. Doch als Rebekka
mit einem Mal dicht vor mir stand, ich ihre Augen und ihren Mund im
Lichtwechsel bald in Helligkeit getaucht, bald umdunkelt eine Handbreit vor mir sah, ihre Lippen immer wieder meine berührten und sie
flüsterte: »Ich liebe dich … Ich liebe dich … Du Abbild deiner Mutter.
Du Sohn ihrer Augen, ihres stolzen, furchtlosen Lächelns … Ich liebe
dich … Ich liebe dich …«, und ich ihren Körper, ihre weichen Lippen
wie eine Flamme fühlte, in die mich jemand mitten hineingestellt hatte,
immer das »Ich liebe dich« zwischen unseren Küssen, da wußte ich, daß
sie dennoch ein Teil meiner Entscheidung war. Ich begriff erst viele
Jahre später, daß ihr kluges Gefühl ihr das Richtige vorgeschrieben

hatte, es zu jenem Zeitpunkt nicht auszusprechen. Ich war damals noch zu unsicher.

Gegen Morgen des nächsten Tags erwachte ich plötzlich. Im Haus schliefen alle. Im selben Augenblick war mir bewußt, daß mich die Bilder geweckt hatten. In der weitgeöffneten Tür meines Zimmers, in dem noch das Halbdunkel herrschte, stand Paul Eisendenk. Aufgereckt und mit versteinertem Gesicht. Mit einem Blick der graphithellen Augen, der mich den Atem anhalten ließ. Er trug feldgraue Uniform. Auf dem linken Blusenärmel breitete der silberne Wappenadler die Schwingen aus – auf dem rechten Kragenspiegel erkannte ich die doppelte Sig-Rune, SS, die Zeichen sahen aus wie niederzuckende Blitze. Paul war barhäuptig, der Kragen geöffnet, die Totenblässe des Gesichts entsprach dem gehetzten Ausdruck der Augen. Paul war erschöpft. Ich wagte nicht, mich zu bewegen, um ihn nicht aus den Augen zu verlieren. Wie er am Türrahmen lehnte, den schmallippigen Mund wie im Krampf verzogen, und mich anblickte, schien er zu sagen:»Hilf mir! …« Er trat ins Zimmer und ging, ohne mich anzusehen, an der Wand entlang zum Sarazenendolch. Er zog ihn vorsichtig aus dem Futteral. »Ja«, hörte ich meine Stimme. »ja, auch auf der anderen Klingenseite ist eine Inschrift eingeritzt. Ich entdeckte sie später. Der Rabbiner Schapira entzifferte sie: ›Ich töte, und ich lache.‹ Es war der Wahlspruch eines berühmten Dichters. Eines Persers.« Plötzlich bemerkte ich, daß Paul nicht mehr den Dolch, sondern die beiden blitzgezackten SS-Runen seines Kragenspiegels in der Hand hielt. Er starrte sie, dann mich an und sagte:»Ein Dichter, sagst du? … ›Ich töte, und ich lache‹? …« Ich zwang mich, aus dem Bett zu steigen. Als ich mich aufrichtete, war Paul verschwunden, die Tür geschlossen, im Haus kein Laut zu hören. Der Sarazenendolch hing an der Wand … Ich wusch mich flüchtig, kleidete mich rasch an und schrieb auf ein Blatt Papier:»Bin nach Rosenau gefahren.« Ich schlich in die Küche, um eine Kleinigkeit zu essen.

Es war ein Sonntag. Von den Bergen hingen Nachtnebel wie die Zotteln riesiger grauer, augenloser Wesen. Ich sah sie durchs Küchenfenster. Ich war barfuß und hatte nicht das geringste Geräusch verursacht. Mit einem Mal stand Mutter neben mir. Sie trug ihren weißen Bademantel und sah mich fragend an. Es war einer jener Augenblicke, über die ich später nicht sagen konnte, ob ihre Erscheinungen Teil der Bilder waren, die ich sah, oder ob diese sich so ereigneten, wie ich sie sah.

Mutter war keine neugierige Frau. Niemals hatte sie uns Kindern mit zudringlichen Fragen Geständnisse zu entlocken versucht. Ohne uns je Zwang anzutun, hatte sie aber durch ebenso taktvolles wie geschicktes Hinlenken diejenigen unserer Probleme erfahren, zu deren Lösung wir allein nicht in der Lage gewesen wären. Dabei hatte sie das Gefühl in uns geweckt, gemeinsam mit ihr die Antwort zu finden. Als sie an diesem Sonntagmorgen, während ich in Eile ein Butterbrot aß und sie mir einen Milchkaffee vorbereitete, nach Rebekka fragte, tat sie es mit der Anteilnahme, die in spontaner Zuneigung gründet; empfand sie eine solche, machte sie niemals ein Hehl daraus. Die Bekanntschaft mit Rebekka beschäftigte sie. »Ist sie Kronstädterin?« fragte sie, »ihr Deutsch verrät nichts über ihre Herkunft. Aber sie sieht nicht aus wie eines unserer Mädchen.«

»Nein«, antwortete ich, »sie kommt aus Nordsiebenbürgen. Aus Ungarn.«

»Ist sie Ungarin?«

Ich überlegte einen Augenblick, dann sagte ich: »Vor zwei Jahren ist sie gemeinsam mit ihrem Vater dorther geflohen.«

»Wie?« fragte Mutter erstaunt, »warum geflohen?«

In der Sekunde darauf las ich in ihren Augen, daß sie alles wußte.

»Rebekka ist Jüdin«, sagte ich, »und – außer der Familie Martens und uns beiden weiß es niemand.«

Es war totenstill in der Küche. Mutters Blick ruhte mit einem hintergründigen Ausdruck auf mir. Minutenlang bewegten wir uns nicht. Sie stellte den Milchtopf vor sich auf den Tisch, trat langsam auf mich zu und griff nach meinen Händen, sie sagte leise: »Du warst immer ein ernstes und ein zuverlässiges Kind, ich wußte früh, daß du deine eigenen Wege gehen würdest … Ich schließe euch beide in mein Gebet ein. Alles andere ist euch überlassen …«

Der Geruch der warmen Kuhmilch machte mich plötzlich froh.

Als ich nach einer Dreiviertelstunde in Rosenau vor dem Eisendenkhaus vom Fahrrad stieg, hörte ich laute Männerstimmen im Hof, noch bevor ich die Tür geöffnet hatte. Mitten im Hof standen zwei junge Männer in der Uniform deutscher Militärpolizisten, Kette und Metallschild auf der Brust machten sie kenntlich. Jeder trug eine Armeepistole. Der Geländewagen mit Tarnanstrich ein Stück weiter unten in der Straße, den ich nicht beachtet hatte, fiel mir ein. Vor den beiden stand der Bauer Eisendenk. Der knochige, große Mann blickte die Uniformierten fast feindselig an. Als ich die Tür hinter mir schloß, sagte der jüngere: »Haben wir uns verstanden? Sie werden ihm sagen, daß er sich sofort bei der Wehrmachtsbefehlsstelle in Kronstadt zu melden hat. Sofort! ...« Der Ton, in dem er das sagte, gefiel mir nicht. Der ältere blickte sich aufmerksam prüfend um und maß mich von oben bis unten. Ohne sich um mich zu kümmern, gingen sie dann an mir vorbei und verließen den Hof.

»Hast du das gehört?« fragte mich Pauls Vater, »die suchen Paul. Sie sagen, er ist desertiert ... Fahnenflucht – der Paul? ... Sie sagen, wenn er sich nicht meldet, gibt's die Todesstrafe. Woher soll ich wissen, wo Paul steckt? Desertiert ...« Kopfschüttelnd ließ er mich stehen und ging auf das Haus zu, seine Bewegungen sahen aus, als sei er nicht mehr er selber, als taumelte er seit der Begegnung mit den beiden Feldgendarmen durch eine Welt, von der er nichts verstand.

Im Begriff, das Fahrrad auf den Kippständer zu stellen, um ihm zu folgen, bemerkte ich, daß sich die Tür im Scheunentor langsam einen Spalt öffnete und wieder schloß. Hatte ich mich getäuscht? Ich ging durch den großen Hof, schob den Holzriegel der Tür auf und trat in die Scheune. Es roch nach Spreu und Strohstaub. Im Dämmerlicht stand ich vor dem schokoladenfarbenen Midi Bubu. Der Zigeuner machte mir aufgeregt mit beiden Händen Zeichen, zu schweigen und ihm zu folgen. »Wir gehen zu meiner Tante«, flüsterte er, »wir haben den deutschen Polizeiwagen gesehen und uns gedacht, daß die zum Eisendenkhof wollen. Da bin ich bis hierher gelaufen.« Quer durch die Obstgärten der Bauernhöfe folgte ich ihm, der in jedem der Zäune einen Durchschlupf kannte, bis wir den letzten Garten und das Zigeunerviertel erreicht hatten. Keine drei Minuten später stand ich im Haus der Semiramida Cariowanda vor meinem Freund Paul Eisendenk. Nachdem sie mich mit den Worten: »Mein Augentraum! Meine Seelenfreude!« umarmt und geküßt hatte, ging die Cariowanda mit dem Neffen ins Nebenzimmer; ehe sie die Tür zuzog, sagte sie leise: »Hier seid ihr sicher. Hier vermutet euch keiner.«

Paul sah so aus, wie er mir in meinem Zimmer erschienen war. »Sie suchen dich«, sagte ich, »sie waren soeben auf eurem Hof.« Paul war ruhig wie immer, er wirkte gealtert und müde. »Wenn sie dich schnappen, erschießen sie dich«, sagte ich.

Er nickte. »Wie viele waren es?«

»Zwei Feldjäger.«

»Haben sie Midi gesehen?«

»Nein, der stand hinter dem Scheunentor.«

»Gut ... Die Cariowanda und der Midi werden schweigen, die sind bei Arbeiten auf unserem Hof immer gut entlohnt und behandelt worden und werden mich nicht verraten ... Ich darf nicht nach Hause, und meine Leute dürfen nicht erfahren, wo ich bin, das würde sie in Gefahr bringen. Ich muß zusehen, wie ich bis zum Kriegsende durchkomme. Lang dauert's nicht mehr.«

»Was ist denn los mit dir?« fragte ich.

»Kannst du mir Kleider besorgen?« fragte Paul, »das hier ist mir alles zu klein.« Er zeigte auf einen Stoß Kleider neben sich, schloß die Augen und lehnte sich in die bunten Kissen zurück, die das Sofa bedeckten.

»Willst du mir nicht sagen, was los ist?« fragte ich.

Ohne die Augen zu öffnen sagte er: »Erinnerst du dich an den Überfall vor den Zelten? ... An den Bärtigen? Den Schielenden mit den zusammengewachsenen Brauen, den Anführer der Bande, der mit einer Stacheldrahtpeitsche auf Horst losging? Ich schlug ihm im letzten Augenblick deinen Sarazenendolch in die linke Brustseite ... Jahrelang verfolgte mich der Gedanke, ich hätte ihn umgebracht. Aber ich sah ihn wieder ...«

»Ich verstehe nichts«, sagte ich nach einer Pause, »ja, ich erinnere mich an ihn.«

»Die Schweine«, murmelte Paul und sah mich an, »diese elenden Schweine sagten uns zum Abschluß der Ausbildung, es geht an die finnisch-russische Front nach Norden.«

Er schwieg. Ich sah, wie eingefallen sein Gesicht war, er hatte Schatten unter den Augen und war unrasiert.

»Und?« fragte ich, »und?«

»Stattdessen brachten sie einige von uns nach Polen – auch mich ...«

»Nach Polen?«

»Als Wachmannschaft. Das Lager heißt Auschwitz ...« »Auschwitz?« fragte ich.

»Auschwitz-Birkenau ... Eines Tags erkannte ich ihn durch eins der Fenster, die dort auf den Lagerhof gehen. Ja, ich erkannte den bärtigen, schielenden Zigeuner wieder, auf den ich vor den Zelten eingestochen

643

hatte ... Eine ganze Menge von Zigeunern und Juden aus Nordsiebenbürgen haben sie in das Lager gesteckt ... Ich denke, alle Juden und Zigeuner aus Ungarn sind in dem polnischen Lager nahe der tschechi-
schen Grenze.« Immer noch lehnte Paul halb liegend in Semiramidas
bunten, weichen Zigeunerkissen und -decken; das Sofa knarrte bei
jeder seiner Bewegungen.

»Sie bringen Juden und Zigeuner um. Polen, Deutsche, Russen.
Nicht zwei oder fünf. Nein, Massen ... Die vorderen Zugangsblöcke
des Lagers sind voll von Zigeunern aus Nordsiebenbürgen.« Er sagte:
»Ich bin nicht in ihre Armee gegangen, um in Auschwitz-Birkenau Verschleppte zu bewachen ... Dann gab es den Zigeuneraufstand im Block
siebzehn. Mit Schaufeln, Steinen und Stöcken gingen die armen
Teufel los. In dem Durcheinander hab ich mir den Schielenden ge-
schnappt. Wir sind gemeinsam getürmt. Es ist gar nicht so weit nach
Nordsiebenbürgen. Dort haben wir uns getrennt ... Auf alle Fälle
hab ich ihn rausgeholt. Aus den Baracken, die sie das ›Zigeunerlager‹
nennen. Aus dem Lager ... Bestimmt haben sie nach dem Aufstand
alle abgeknallt ... Diese Schweine! Aber ich hab ihn nicht umgebracht.«

Er sprach nicht weiter. Mich durchschoß der Gedanke an Rebekka.
Hätte sie Nordsiebenbürgen mit ihrem Vater nicht rechtzeitig verlassen
– es wurde mir siedendheiß bei der Überlegung.

»Was wirst du jetzt tun?« fragte ich.

Paul zuckte mit den Schultern. »Noch weiß ich nicht.« Nach einer
Weile sagte er: »Erst hetzen sie uns zur freiwilligen Meldung auf, dann
beschimpfen uns ihre Ausbilder ›Kriegsverlängerer! Balkanpack!‹, und
dann befehlen sie uns, ihre Drecksgeschichten zu bewachen ... Peter,
das, was die ›Balkan‹ nennen, ist in Berlin, nicht hier. Nein, von denen
laß ich mir nichts mehr erzählen!«

»Ich bringe dir Kleider«, sagte ich in der kaum erträglichen Stille.

»Du kannst mir auch in einer anderen Sache helfen«, sagte er, »ich
brauche meinen rumänischen Personalausweis. Meine Schwester Martha weiß, wo sie ihn findet. Mit ihr kannst du unter vier Augen sprechen.
Richte ihr aus, daß sie den Eltern und unserem Bruder nichts sagen
darf.«

Ich nickte. »In Ordnung.«

»Wieso bist du heute in Rosenau?« fragte Paul.

»Ich – ich habe dich heute morgen in meinem Zimmer gesehen. Da wußte ich, daß du hier bist.«

»Ach ja«, sagte er, richtete sich auf, sah mich an und strich die Kissen zurecht, »ach ja, ich weiß.« Als ich gehen wollte, trat er vor mich und flüsterte: »Einer sagte mir, daß sie ihn schon einige Male umbringen wollten.«

»Wen?«

»Wen schon – den Hitler.«

Ich hielt den Atem an. Paul flüsterte: »Aber da findet sich keiner, der sich vor ihn hinstellt, ihm und danach meinetwegen sich selber eine Kugel durch den Kopf jagt ... Keiner ... Verstehst du das? ... Keiner ...« Er schüttelte den Kopf, er sah dabei aus wie sein Vater, der nur einen Steinwurf von hier entfernt soeben auf die gleiche Weise den Kopf geschüttelt hatte. Wie einer, der die Welt nicht mehr begreift.

Als ich durch die Obstgärten geschlichen und mit dem Fahrrad auf die Straße getreten war, ohne auf dem Eisendenkhof jemandem begegnet zu sein – die sind jetzt mit anderem beschäftigt, dachte ich –, hatte sich der Morgendunst verflüchtigt. Erst auf der Straße fiel mir der Personalausweis wieder ein. Während ich mir einen Vorwand zur Umkehr überlegte, öffnete sich die Hoftür, und Martha stand vor mir. »Ich sah dich«, sagte sie, »und wollte dir wenigstens ›Guten Tag‹ wünschen.«

»Komm mit«, ich zeigte mit dem Kopf zur Linde auf der anderen Straßenseite hinüber. Obwohl ich Martha kannte, soweit ich zurückdenken konnte, fiel mir im Schatten des großen Baumes und im Sonnenlicht, das durch die Äste drang, zum ersten Mal ihre deutliche, wenn auch nicht ins Auge springende Ähnlichkeit mit Paul auf. Die Ähnlichkeit kommt von innen, dachte ich. Ich hatte mich mit der älteren Schwester meines Freundes immer gut verstanden, ja sie hatte mir gefallen. Die ruhige Art zu blicken, zu sprechen, sich zu bewegen, die rötlich schimmernden Brauen und Wimpern über den eine nachdenkliche Heiterkeit ausstrahlenden Augen. Sie war von der Feldarbeit gebräunt. Bestürzt wurde mir bewußt, daß nicht ein Mädchen, sondern eine reife Frau vor mir stand, eine Vierundzwanzigjährige, deren Weiblichkeit ich mit allen Fasern spürte. Ihr Verlobter Thieß Gerch, Sohn des wohlhabendsten Hofs in der Gemeinde, kämpfte seit einem Jahr in der »Prinz Eugen« in Bosnien.

Vom Wiedersehen mit Paul und von der Begegnung mit Martha ge-
hemmt, brachte ich mein Anliegen etwas verworren vor. Sie zeigte
keine Regung, nur ihre Augen wurden schmal, ihr Blick wurde kühl und
ihre Stirn plötzlich feucht, als ich sagte, daß Paul da sei. Er brauche seinen Ausweis, mehr zu berichten sei nicht in seinem Sinn. »Paul wird
sich melden, wenn er es für angebracht hält, du kannst ohne Sorge
sein«, sagte ich.

»Warte hier«, antwortete sie ohne Hast, »sag mir nur eins, hat Paul
eine Schweinerei angestellt?«

»Nein«, sagte ich, »das haben die anderen. Irgendwann wird er es dir
sagen.«

Zwei Minuten später steckte sie mir den Ausweis unauffällig zu, den
ich ebenso unauffällig bei der Zigeunerin Semiramida Cariowanda vor-
beibrachte. Von den Kleidern hatte ich Martha nichts gesagt. Die würde
ich Paul andernorts besorgen. Martha war ins Haus zurückgegangen.

Ich stand unschlüssig auf der Straße. Es ist also doch wahr, dachte
ich, sie bringen wehrlose Menschen um, und sie schicken einen wie
Paul hin, um dabei Wache zu schieben. Hat das mit dem Rassenge-
schwätz des Dr. Dr. h. c. Heinar Willig und jenes adligen »Reichsju-
gendredners« zu tun? … Und wenn Paul das nicht will, drohen sie, ihn
zu erschießen … Der Balkan ist in Berlin, hatte Paul gesagt, nicht hier
bei uns …

Ich hatte das Gefühl, in der nächsten Sekunde zu ersticken. Ich
mußte sofort mit jemandem sprechen. Am liebsten wäre ich zu Martha
zurückgegangen. Doch das durfte ich nicht. Ich spürte ihre Nähe
immer noch, als stünde sie vor mir.

XVIII. Kapitel

Die Wiederkehr der Wölfe

W arum ich nicht nach nebenan zur Hennerth-Großmutter oder zur »Spanierin« ging, sondern zu Rosinchen Strehling fuhr, hätte ich nicht sagen können. Ich traf den Armenier Arpiar, der gerade die Schellenklingel an der Hoftür in Ordnung brachte; die Bäuerin hatte ihn von der Lagerleitung auch für den arbeitsfreien Tag erbeten.

»Gospodina hat Gast«, sagte er und fragte: »Mussen reden mit dir, du lange bleiben hier?«

»Bevor ich zurückfahre, reden wir«, sagte ich. In der Wohnungstür kam mir der dreijährige Matthias entgegen, die hellgrauen Augen seines Vaters lachten mich an. »Pete, Pete!« rief er. Das schwarzweiße Hundewollpaket Papsi stieß die feuchte Schnauze schwanzwedelnd gegen meine Hand. Dann verschwanden die Erkundungsgänger hinten im Hof.

Rosinchen war in der großen Wohnküche mit dem Einräumen von Geschirr beschäftigt; in einer Ecke lief das Radio. Als sie mich sah, hob sie abwehrend die Hand – sie wollte beim Hören der Frontberichte »Das Oberkommando der Wehrmacht gibt bekannt« nicht unterbrochen werden. Ich hörte mit:

»Der Jagdgeschwader-Kommodore Oberst Wilke, der für hundertfünfundfünfzig Luftsiege vom Führer mit dem Eichenlaub mit Schwertern zum Ritterkreuz des Eisernen Kreuzes ausgezeichnet worden war, fand im Luftkampf den Heldentod ... Zwischen dem Djnestr und Pruth griffen die Sowjets während der ganzen Nacht an. Unter hohen Verlusten wurde der Angriff zum Halten gebracht. Rumänische Truppen nahmen verlorengegangene Ortschaften am Pruth wieder. Es sind weiterhin erbitterte Angriffs-und Abwehrkämpfe im Gange ... In Italien herrschte auch gestern örtliche Kampftätigkeit. Eine südwestlich von Cassino eingeschlossene feindliche Kampfgruppe wurde vernichtet ... In der letzten Nacht erreichten unsere Luftverteidigungskräfte bei der

Abwehr britischer Terrorangriffe auf Nürnberg ihren bisher größten Erfolg mit dem Abschuß von hundertdreißig viermotorigen Bombern ...«

Rosinchen schaltete das Gerät ab, noch ehe die übliche Marschmusik mit »Alte Kameraden« und »Einzug der Gladiatoren« begann. Sie nickte mir grüßend zu und reichte mir die Feldpostkarte vom Wandbord – Martin schrieb mit ungelenker Hand, daß es ihm gut gehe; vor seinen Familiennamen hatte er das Kürzel Cz. gesetzt, es sah aus wie die Anfangsbuchstaben des Rufnamens. Aber mir war sofort klar, daß damit die Stadt Czernowitz am Ufer des Pruth gemeint war, die Hauptstadt der an die Ukraine grenzenden nordöstlichen Provinz Rumäniens, der Bukowina: Martin hatte seiner Frau zu verstehen gegeben, wo er sich befand. »Dort also sind die Russen schon angekommen«, sagte Rosinchen trocken, »dann sind sie ja bald auch hier.« Im Dämmerlicht des Raumes wirkte ihr Gesicht farblos, der Apfelglanz der Wangen war erloschen. Nein, dachte ich, nein, ich kann jetzt nicht über meine Sorgen sprechen.

»Ich habe dein Zimmer für zwei Wochen vermietet«, sagte Rosinchen und zeigte auf die Tapetentür hinter mir. Während der sommerlichen »Landdienstwochen« bewohnte ich jedesmal den hellen Raum mit dem Fensterblick auf die Burg. »Ein Wissenschaftler«, sagte sie, »er sammelt Sagen und Sprüche, er mißt Burgen aus.« Sie schüttelte den Kopf, sagte: »Er ist sehr umgänglich«, es klang, als meinte sie: »Sonst ist er aber normal«, und fügte hinzu: »Er heißt Manfred Steinträger.«

Ich hatte plötzlich das Gefühl: Das ist's – wegen Doktor Steinträger bin ich auf den Strehlinghof gekommen! Ich zweifelte keine Sekunde daran: Der Steinträger ist es, mit dem ich jetzt sprechen muß.

»Wo finde ich ihn?« fragte ich rasch.

»Na, auf der Burg«, antwortete Rosinchen, legte einen letzten Teller auf den Stoß zu den anderen und lachte auf, »wo denn sonst?«

Keine Viertelstunde später stand ich im Burghof vor dem schlaksigen Mann mit den in die Augen hängenden Brauen. Von der rechten Schulter baumelte ihm eine zerknautschte Ledertasche, vom Hals ein Fotoapparat, in der Linken hielt er ein Stativ. Seine Füße steckten in Sandalen, er trug ein kariertes Leinenhemd und eine Drillichhose; sein Dreitagebart war grauschwarz gefleckt, Kopfhaare, Brauen und Bart waren von Staub bedeckt ... Genau so hatte er im Südkarpatenpaß unter dem

Roten Turm vor uns gestanden – der Mann, der die Ansicht vertrat, in diesem Winkel des Erdteils sei uns nur noch eins zu tun übrig geblieben: die Spurensicherung. »Der Naziwahnsinn bringt uns um Existenz und Geschichte«, hatte er gesagt. Der Satz hatte mir keine Ruhe gelassen.

Er erkannte mich nach einigen Sekunden wieder, obwohl ich mittlerweile ebenso groß war wie er. Ob er wußte, daß ich dem Verlobten seiner Schwester Thea Cristina, dem unglücklichen Selbstmörder Werner Schremm, in der »Führerschule Hermann von Salza« begegnet war? »Kommen Sie«, sagte er kurzangebunden, auch darin unverändert, »hier bin ich fertig, jetzt nehme ich mir die Bastei im Osten vor.« Ja, das war der Ton seiner Stimme – er klang mir noch in den Ohren seit jenem Abend, als er den soeben von einem »Nationalsozialistischen Weltanschauungslehrgang« im »Reich« zurückgekehrten »Nibelungenfinger« zurechtgestaucht und mir so als erster Mensch meine Zweifel bewußt gemacht hatte. Schuldete er mir daher nicht auch die Antwort auf die letzte Frage in diesem Zusammenhang?

Wir saßen nebeneinander auf dem klobigen Mauerrest der ehemaligen Kapelle, die von den Erbauern auf dem höchsten Punkt der Burganlage errichtet worden war. Vor uns im Süden, fast greifbar, schäumte das wilde Silberweiß der Schnee- und Eisfelder des Butschetschmassivs, westlich davon bogen sich die Hochgrate der Königsteine wie die Rücken zweier ruhender Tiger; unter uns, in erregte Frühlingslichter getaucht, das auf allen Seiten von Bergen umfaßte Hochland.

Steinträger wollte wissen, wie ich »mit den ungewohnten Begleitumständen« zurechtkäme. Damit meinte er die Folgen meines Rausschmisses aus Schule und Jugendorganisation, »derlei spricht sich im redseligen Sachsenland schneller herum, als Buschtrommeln im Hereroland es verkünden könnten«, merkte er an.

»Es ist alles in Ordnung«, antwortete ich, »aber es gibt da eine Frage, mit der ich nicht klarkomme.«

Er wies mich nach kurzem Nachdenken auf meinen Vater hin, den er kannte.

Ich sagte: »Nein, Vater sieht sich im Sinne des Diktums von Michael Albert, ›Steh in deines Volkes Mitte, was sein Schicksal immer sei‹, in der Tradition bedingungsloser Treue zu seinem Volk. Er tut es mit zuverlässiger Redlichkeit. Ihn mit Zweifeln kränken will ich nicht.«

Hätte ich hinzufügen sollen, daß sich mir seit der Kenntnis der spanischen Vorfahren eine ganze Reihe von Fragen stellte? Ich sagte: »Bei alldem, was ich sehe, lese und beobachte, ist es mir nicht mehr möglich, ›in der Mitte‹ meines Volkes zu stehen. Ich gehöre dazu, und ich gehöre dennoch nicht dazu«, sagte ich, »haben Sie eine Antwort?« Die Begegnung mit Paul Eisendenk und das, was ich soeben von ihm erfahren hatte, lag mir auf der Zunge. Doch ich ließ es unerwähnt.

»Ich lebe in der Hoffnung«, sagte Steinträger, »daß der qualvolle Zusammenbruch unserer europäischen Welt, wie er sich zur Zeit abspielt, der Beginn des Begreifens davon ist, daß die Völker die Schwelle, nicht aber das Haus sind, in dem wir Europäer wohnen. Alles andere ist Hybris. Nein, kein Volk soll sich verleugnen! Doch es soll sich seiner Grenzen bewußt sein. Wie ich das meine? ... Ich nehme das Nächstliegende: Wenn ich mir auf der Suche nach Resten der ›Faust‹-Sage in Siebenbürgen vor Augen halte, daß es solche von hier bis England in einigen Gegenden des Erdteils gibt, wenn ich dem Motiv des Bauopfers in der Volksdichtung nachforsche und es bei den Serben, den Griechen, den Ungarn, den Rumänen, aber auch in Nordeuropa finde, oder wenn ich mir beim Vermessen unserer zu Wehrburgen ausgebauten Gotteshäuser sagen muß, daß ich solche auch in Deutschland, in Südfrankreich, in Schweden sah, dann stellt sich mir die Frage, ob wir Europäer angesichts dieser und tausend anderer Gemeinsamkeiten die Trennung in Nationen, in Völker bis hin zu Haß, Raub und Mord am anderen verantworten können – vor unserem gemeinsamen Erbe, vor unserem gemeinsamen Leben ... Keine unserer Nationalkulturen ist so komplex, daß sie anders denn als ein Teil der europäischen Kultur lebensfähig wäre, jede von ihnen bräche zusammen, entzöge man ihr die Befruchtung durch die anderen. Unsere Völker sind nicht mehr und nicht weniger als Hüter und Pfleger ihres Beitrags zum übergeordneten kontinentalen Kulturbild. Daher ist jeder Fehler, den eins unserer Völker macht, ein Fehler Europas.«

Steinträger schwieg unvermittelt, er atmete tief ein. Er sagte: »So erübrigt sich Ihre Frage, Hennerth. Im Zweifelsfall haben uns ohnehin Vernunft, Gewissen und Menschlichkeit zu bestimmen. Denn wie sonst verhält sich einer, dessen Volk aufhört, sich an der Summe der gemeinsamen menschlichen Erkenntnisse auszurichten und so zum ›Pöbel ohne Maß‹ wird, vor dem Luther warnte? Gehören wir auch dann um jeden Preis in ›seine Mitte‹? ... Unser Dichter irrte. Wohl wird der Anständige in der Mitte seines Volkes stehen, wenn es in Not gerät. Aber nicht mehr, wenn es vor dem Verbrechen ›in seiner Mitte‹ die Augen schließt ... Die gleichlautende patriotische Parole der Engländer ›Recht oder Unrecht – mein Vaterland‹, und die Vorstellung davon, was hinter diesem Schutzschild alles geschah, jagt mir Schauer über den Rücken. Ähnliche Formeln finden sich bei allen ... Ich weiß, was Sie jetzt fragen werden: Wie steht es um die Deutschen, die Hitler folgen? Zugegeben: Kaum je wurde ein Volk von seinen Feinden und von seinen Führern so betrogen wie die Deutschen heute. Das entbindet sie von keiner Pflicht. Jedes Volk hat Rechenschaft abzulegen für das, was es tut. Jedes. Und – nein, ich lenke nicht ab, im Gegenteil, wenn ich frage: Und wie steht es um die Völker, die dem Verbrecher Stalin folgen? ... Wo als ehernes Gebot nicht die Menschlichkeit gilt, sind wir verführbar. Weil sie dies Gebot mißachten, erzeugen die rechten wie die linken Ideologien unserer Tage Bestien. Oder können Sie mir eine sicherere Gewähr gegen die Bestie in uns nennen als die Menschlichkeit?«

Steinträger ließ sich von der Mauer hinabgleiten. Er blickte minutenlang regungslos auf die durchschatteten weißen Berghäufungen, die sich unter der Einwirkung des Lichts von uns fortzubewegen schienen. Er sagte knapp: »Ich habe mich gefreut, Sie kennenzulernen, Hennerth. Lassen Sie sich niemals und durch niemanden von Ihren Fragen abbringen.« Er ging drei Schritte, blieb stehen und sagte wie zu sich selber: »Da ist noch was. Werner Schremm gab mir ein Päckchen für Sie. Er knüpfte die Bedingung daran, es Ihnen nur dann auszuhändigen, wenn uns beide ›ein Weg außerhalb des Alltäglichen‹ zusammenführt. Ich werde es Ihnen schicken. Leben Sie wohl.«

Er ging, mit Taschen und Geräten behängt, auf den schmalen Wehrgang zu, der ins Innere des Basteiturms führte. Zu dessen hochgelegenen Schieß- und Kampferkern war ich als Halbwüchsiger zusammen mit Paul und Horst an den rissigen Außenwänden in sorgloser Waghalsigkeit hinaufgeklettert. Ich blickte ihm nach, bis er im dunklen Eingang verschwand. Er ist der Geist des alten Gemäuers, der aus den Steinen kommt und wieder in sie eintaucht, dachte ich, der alten Schriften und Karten, die er durchwühlt. Er ist die Sage und der Spruch, die er sammelt, der Bergfried, den er ausmißt, das alte Ornament und das

Symbol, die er aufzeichnet. Er ist die verläßliche Weisheit, die aus all dem spricht, wenn er wie der struppige, hellwache Gnom des Märchens bei Sonne, Wind und Regen über die Hügel des Hochlands läuft, den Bauern und Hunden in der entlegensten Siedlung gleicherweise bekannt. Er ist das Gewissen und die Erinnerung, ohne die wir nichts sind ... Mir war, als hätte er niemals neben mir auf der Burghöhe gesessen und zu mir gesprochen. Was würde er mir als Werner Schremms Vermächtnis schicken?

Während ich die steilen Kehren des Burgbergs hinabstieg, spürte ich nach und nach deutlicher, daß mir Steinträgers Klarheit einen Weg aus der Bedrückung wies, die mich nach der Wiederbegegnung mit Paul erfaßt hatte – und daß die Beantwortung der beunruhigendsten Frage aus den letzten Monaten möglich war.

Auf dem Strehlinghof sprach ich zehn Minuten lang in einer dunklen Scheunenecke mit Arpiar und verabschiedete mich danach von Rosinchen und Matthias. In der Wohnküche war das Radio wieder eingeschaltet. Die Bäuerin hörte die Übertragung des sonntäglichen »Wunschkonzertes« aus Berlin. Gerade sang Johannes Heesters den Operettenschlager:»Ganz ohne Weiber geht die Schose nicht, ganz ohne Sonne blüht die Rose nicht ...« Die Zuhörer brüllten, klatschten, trampelten. Als lebten sie allesamt in Zeiten des unbeschwertesten Glücks und nicht inmitten einer rings um sie in Asche versinkenden Stadt und verbrennender Menschen. Waren wir alle miteinander irrsinnig?

Als ich auf der Landstraße in Richtung Kronstadt fuhr, spannte sich der blaue Sonntagshimmel über die Landschaft, der Tag war von der Reinheit einer makellosen Melodie. Doch als ich mich kurz nach Neustadt einmal umwendete, sah ich den Himmel hinter mir seltsam verändert. Er flimmerte und sah aus wie ein Netz aus Lichtstreifen. Gefesselt vom überraschenden wie unerklärlichen Bild, blieb ich stehen und blickte hinauf.

Das Flimmern und Glitzern schob sich langsam von den Höhen der Königsteine herwärts in breiter Front immer weiter über die Hochebene. Es schien den ganzen Himmel bedecken zu wollen. In großer Höhe glitt es dann lautlos über mich hinweg. Bald danach erreichte mich ein dumpfes, weiches Grollen, das vom Himmel zu fallen und in die Erde unter mir einzudringen schien. Was ich sah, waren dichtgestaffelte

Flugzeugleiber. Im Sonnenlicht glichen sie einer riesigen Schar von Haien. Vom deutschen Fliegerhorst bei Zernescht unter dem Kleinen Königstein stieg ein Geschwader Messerschmitt-Jäger auf; die Maschinen wirkten wie Pünktchen unter dem riesigen Gitternetz, dem sie sich im Steilflug von hinten näherten.

Wenig später fielen die ersten Sprengbomben auf Kronstadt, von einigen der sechshundert amerikanischen Bomber im Anflug auf die Ölfelder jenseits der Karpaten, die sie in zwanzig Minuten erreichen würden, gleichsam nebenbei abgeworfen wie eine Botschaft: He, jetzt sind wir da ... Die Rauchwolken, die ich vor mir aufsteigen sah, glichen dunklen schlanken Säulen, die mit phantasievoll aufgewölbten Kapitellen langsam über die Stadt und die Berge in den Himmel emporwuchsen und dabei immer formenreicher wurden. Sie glänzten wie emailliertes Schwarzglas und entfalteten sich in zeitlupenhafter Bewegungsschönheit. Es sah aus, als hätten Regisseure himmlischer Szenerien sie sich ausgedacht.

Als ich außer Atem in Kronstadt eintraf und von einem der aufgeregt herumlaufenden Fußgänger hörte, daß »eine Bombe mitten auf dem Schloßberg niedergegangen« war, trat ich wie ein Gehetzter in die Pedale. Der Bombenkrater klaffte in einem Garten hundert Meter vom Haus entfernt, in dem Vater und Tochter Hermes wohnten. Die Explosion hatte keinen Menschen verletzt; Fensterscheiben waren zu Bruch gegangen. Adam und Rebekka Hermes hielten sich seit Stunden außer Haus auf. Menschen umstanden und begafften das Loch, das die Bombe durch die Erdschicht hindurch in den Bergfels gerissen hatte. Dessen aufgefetzte steinerne Eingeweide wirkten in ihrer Nacktheit schamlos, so als würde jemand seine Innereien zur Schau stellen. Unter den Herbeigeeilten erkannte ich Dan Pandare, dessen Elternhaus auf der anderen Seite des Schloßbergs stand. Er erblickte mich und kam erregt auf mich zu. Doch nicht die Tatsache des Einschlags in unmittelbarer Nähe des Hauses, das bis in die Grundmauern erbebt und voller Wandrisse gerade noch stehen geblieben war, stellte sich als der Anlaß seiner Erregung heraus.

Er packte mich am Arm, zog mich ein Stück zur Seite und stieß hervor: »Ich habe vor ein paar Tagen in den Nachrichten gehört, daß Harbig gefallen ist. Rudolf Harbig ... Der Mann mit dem Schritt der Gazelle. Das Laufwunder. Das Mittelstreckengenie, wie es noch keins gab auf der Welt. Peter, wer Kriege anzettelt und die Besten an die Front schickt, anstatt selber hinzugehen und dort, verdammt nochmal, zu krepieren, ist ein Mörder und Irrer zugleich … Als namenloser Soldat verrottet Harbig im russischen Dreck und Schlamm, als Olympiasieger hätte er unsterblichen Ruhm errungen.« Als ich ihn etwas irritiert nach dem Zustand des Elternhauses fragte, fuhr er mich an:»Ach was, Häuser! Die kann jeder instandsetzen oder neu bauen. Aber keinen Toten wieder lebendig machen. Alle, die an der Front fallen, sind Harbigs, verstehst du? Aber es gab nur einen Rudolf Harbig und nur einen Lutz Klepper.« Er ließ mich stehen und ging, immer noch erregt, auf das Haus der Eltern zu.

Am Tag danach sagte mir Rebekka, daß sie ihren Vater nach Covasna unter den Ostkarpaten begleitet hatte, um auf Bitte der Kronstädter jüdischen Gemeinde einen Mann abzuholen, der dort bei einem Ehepaar versteckt gewesen, nun aber nicht mehr gefährdet sei und vorübergehend bei ihnen wohnen werde – ein Mann namens Schapira, Dr. Dr. Josef Schapira, er sei alt, krank und müsse von den besten Ärzten betreut werden, die es in Kronstadt gäbe … Es war seit langem das erste Lebenszeichen, das ich von Onkel Sepp erhielt. Wenig später traf ich ihn im Haus auf dem Schloßberg unweit des Bombenkraters. Trotz seiner Gebrechlichkeit spürte ich die erwartungsvoll angespannte Stimmung, in der er und die beiden Hermes sich befanden – die Verfolgung, die Angst würden bald zu Ende gehen. Was zählte da schon die Bombe im Garten?

In der Woche darauf teilte mir Tantchen Petra am Telefon mit, daß Arpiar Nasrjan wohlbehalten in Bukarest eingetroffen, von ihrem Bekannten Hagop Patkanjan »in Empfang genommen und sicher untergebracht« worden war. Der Zweireiher tragende, wie ein Diplomat auftretende Patkanjan mit dem steifen Bein und der Zigarre, oft zu Gast bei Tantchen Petra, hatte alles vorbereitet, um seinem armenischen Landsmann vom Sewansee unweit des Großen Ararat, »wo Noah Schiff Schluß gemacht«, eine neue Identität zu besorgen, er war ein Mann mit weitreichenden Verbindungen. Um Rosinchen Strehling vor Unannehmlichkeiten zu bewahren, war Arpiar nachts aus dem kaum bewachten Gefangenenlager ausgerückt. Ich hatte ihn am Weidenbachufer zwischen Rosenau und Neustadt erwartet und nach Kronstadt zum Hauptbahnhof gebracht. Auch alles weitere war störungsfrei verlaufen.

Als nächstentags die Gendarmen auf dem Strehlinghof erschienen, war Rosinchens Bestürzung über Arpiars Verschwinden so ehrlich, daß keiner der Uniformierten ihre Ahnungslosigkeit bezweifelte.

Doch ich hatte nicht nur mit Tantchen Petra über Arpiar gesprochen, ich war auch bei Gordan in Fundata auf der Paßhöhe gewesen. Und so hatte am Abend, nachdem Arpiar Nasrjan auf dem Bukarester Nordbahnhof eintraf, mein Freund Paul Eisendenk eine Stunde vor Mitternacht wie abgemacht auf dem Licu-Hof fünfmal ans Fenster des Wohnzimmers geklopft, wo Gordan und Ruxandra ihn erwarteten; Gordan war nach unserem Gespräch sofort bereit gewesen, Paul zu helfen. Schon vier Stunden nach Pauls Ankunft verließ der Hirte in Begleitung eines zweiten Hirten kurz vor Tagesanbruch das elterliche Anwesen. Die beiden wandten sich in raschem Anstieg entlang der alten Grenze auf dem ehemaligen Schmugglerpfad am Muntele Lucșor vorbei nördlich der Zănoaga-Spitze dem Malaeschter Tal zu, wo sie nach Sonnenaufgang bei den erst vor wenigen Tagen aus den Donauniederungen in der Nähe des Eisernen-Tor-Passes hierher getriebenen Herden eintrafen. Der Plan war in Pauls Kopf entstanden. Für den Bauernsohn würde es ein Leichtes sein, sich an den Umgang mit den Schafen und an die Sennwirtschaft zu gewöhnen. Auf den Gedanken, den Waffen-SS-Deserteur im Südkarpatenhochtal und gar in Hirtenkleidung zu vermuten, kam keiner der deutschen Militärpolizisten mit dem Blechschild auf der Brust, die noch einige Male unfreundlich ans Tor des Eisendenkhofs klopften.

Als ich wenig später die Abiturprüfungen ablegte – ungeduldig, zerfahren, nicht allein gedanklich längst mit anderen Dingen beschäftigt, hatten die Schlachten um Kurland zwischen der Rigaer Bucht und Litauen, um die Ostkarpatenübergänge und nördlich des Donaudeltas stromaufwärts begonnen. Die deutsche Wehrmacht erlitt dabei die schwersten Niederlagen des Kriegs. Sie kosteten an Menschen und Material das Vielfache der Schlacht von Stalingrad – während der Sommermonate dieses Jahres fielen täglich sechstausend junge Männer in feldgrauer Uniform – und stellten in der Größenordnung die zur gleichen Zeit durchgeführte Landung der Westalliierten an der Normandieküste in den Schatten.

Viele Jahre später habe ich festgestellt, daß am Tag der letzten mündlichen Prüfung, bei der ich im Fach Französische Sprache und Litera-

tur am Beispiel eines frei gewählten Gedichts über Baudelaires Lebensgefühl der Dekadenz zu sprechen aufgefordert wurde – daß an diesem
Tag in der zu Schutt und Asche zerbombten deutschen Hauptstadt
während eines Luftangriffs der Royal Air Force die drei Kampfhunde
Al, Dsching und Na aus dem beschädigten Zwinger auf dem Dahlemer
Grundstück der Witwe Beatrice-Agathe Baumgartner ausbrachen. Von
den Einschlägen, Flammen und Heißluftwirbelstürmen rasend gemacht, drangen sie in einen Luftschutzkeller ein, wo sie unter den Menschen zu wüten begannen, ehe sie ein junger Mann in Hitler-Jugend-
Marineuniform mit mehreren Schüssen aus einer Pistole niederstreck-
te. Auf Drängen des Dahlemer NS-Kreisleiters wurde Gerald Marc
John de Földy – von dem niemand wußte, daß er der Budapester Jude
Leo Fisch war – für diese Tat mit dem Deutschen Kreuz in Silber ausgezeichnet.

Zu jenem Zeitpunkt hatten Lockheed-Maschinen der United States
Army Air Force beim Anflug auf Rumäniens Ölfelder zum vierten Mal
einige Bomben über Kronstadt abgeworfen, doch auf Wunsch der
schon im Land stehenden sowjetischen Armeen von der Zerstörung der
Ploieşter Anlagen abgesehen, da die Sieger sie für sich nutzen wollten.
Als im August dieses letzten Kriegsjahres der zweiundzwanzigjährige
König Michael mit dem Teddybärgesicht seinen vierzig Jahre älteren
Marschall Antonescu mit dem Eisengesicht, die sich mir beide seit der
Panzerparade auf der Piaţa Victoriei eingeprägt hatten, in Bukarest verhaften, ihn den Sowjets ausliefern und seine Divisionen von der Seite
der Deutschen auf die der Roten Armee übergehen ließ, tat er es, um
Moskaus Rachedurst zu besänftigen und das Land vor der Katastrophe
der totalen Unterwerfung zu bewahren. Doch das Bauernopfer trug
dem Hohenzollernabstämmling und den Politikern seiner Regierung
bei manchen im Lande den Ruf von Verrätern ein. Offiziere der Königlich-Rumänischen Armee setzten sich von ihren Einheiten ab, Staats-
beamte, Studenten und erklärte Kommunistengegner schlugen sich
auf ihre Seite.

Damals waren nicht nur in Bukarest, sondern auch in Kronstadt Offiziere und Soldaten jener noch vor zwei Jahren siegesgewiß ostwärts
drängenden deutschen Armee, die der vor kurzem beim Betreten des
»Café Central« auf offener Straße einem Herzinfarkt erlegene Oberpostdirektor Ioan Crucea »Juan de la Cruz« einst mit den Römern ver-

glichen hatte, als die gezeichneten Angehörigen eines geschlagenen Haufens zu sehen. Die deutschen Ortskommandanturen unternahmen alles, um die aus dem Inferno versprengten und abgerissenen Männer mit hohlwangigen Gesichtern auf eine Weise unterzubringen, daß sie der Bevölkerung nicht zu Gesicht kamen. Doch sie waren nicht zu verbergen. Zugleich war den deutschen Truppen von der neuen Bukarester Regierung ein Abzugsultimatum gestellt worden, das die meisten Kommandeure der rumänischen Streitkräfte eingedenk der jahrelangen Waffenbrüderschaft im Einvernehmen mit Offizieren und Mannschaft noch großzügiger auslegten, als es gedacht war. Im ganzen Land bestiegen die Feldgrauen mit dem Wappenadler auf der Uniformbluse unbehelligt in Eile ihre Kraftfahrzeuge, um das Land zu verlassen, in Schulen und Gemeindehäusern eingerichtete Lazarette wurden Hals über Kopf geräumt und die Verwundeten abtransportiert, Befehls- und Dienststellen aufgelöst, Militärwerkstätten und Konsulate geschlossen. Alles, was »reichsdeutschen« Paß oder Soldbuch hatte, machte sich westwärts auf und davon.

Zurück blieb die von den »reichsdeutschen« Propagandastrahlemännern und Verführern auf die NS-Leimruten gelockte Masse der Deutschen mit rumänischem Personalausweis, die tumben, gutgläubigen, das »große deutsche Muttervolk« seit jeher blind verehrenden »Volksdeutschen«, denen die Arroganz reichsdeutscher Sprachregelung ja schon allein durch diese Bezeichnung einen Platz im hintersten Parkett zugewiesen hatte, etwa neben dem Volkswagen und dem Volksempfänger: Kleine-Leute-Rang, Habenichts-Kategorie …

Doch, nein, nicht alle von ihnen blieben zurück! Im Gebäude der NS-»Volksgruppenführung« nahe der Tränengrube und dem Alten Judenfriedhof waren die Kanzleiräume der »Amtswalter«, »Stabs-« und »Abteilungsleiter« auf eine merkwürdig unauffällige Art leer und verwaist – die feinen Herrschaften waren buchstäblich über Nacht verschwunden. Westwärts, natürlich. Von deutschen Truppenfahrzeugen mitgenommen. Oder in ihren Dienstwagen abgehauen. Samt Familie in Coupés erster Klasse der letzten frei fahrenden Eisenbahnzüge Richtung Wien und noch weiter »verreist« … Von den Spuckern heldischer Töne war in der neuen Lage kein Ton mehr zu hören. Anders als die kleinen Namenlosen und die Masse ihrer Landsleute hatten die ja ihre Beziehungen – zu den deutschen Bataillons- und Regimentskomman-

deuren, die bei ihnen im Quartier gelegen hatten und sie nun mitnah-
men, zu »reichsdeutschen« Geschäftsleuten, die als Kriegsgewinnler in
Siebenbürgen unterwegs gewesen waren und sich nun vor den Sowjets
auf und davon machten, und zu anderen Vertretern des »Dritten
Reichs«. »Warum denn sollen wir bleiben?« sagte die »Landesfrauenführerin« Berta Blessag, »wenn mal die Bolschewiken hier sind, können
wir ohnehin niemandem helfen.« Eben. Und für ihre noch bis gestern
in Zeitungen abgedruckten Hitler-Anhimmelungen würden die Ver-
bleibenden haftbar gemacht werden. Kurz, sie nahm ihren Banken-
chef- und NSDAP-Mitglied-Ehemann und das »DJ-Scharführer«-
Söhnchen Blessi, setzte sich nebst Möbelstücken, Garderobe und
Schmuck in einen Drei-Tonnen-Opel Blitz der Wehrmacht und ließ die
Gefilde ihrer segensreichen Tätigkeit hinter sich. Den Drei-Tonnen-
Laster hatte der im Obergeschoß ihrer Villa wohnende Gestapo-Major
Dr. Jensen, ein Hamburger, besorgt. Die komfortable Villa war übri-
gens noch kürzlich der Schauplatz zügelloser Feste der NS-»Volksfüh-
rer« gewesen.

Im Gebäude der NS-»Volksgruppenführung«, wo bis auf den kom-
mandoführenden »Ha-Ha-Hauptbannführer« Ralf Kepp nur noch niedere Ränge anzutreffen waren, die von heute auf morgen nicht mehr in
den Genuß ofenfrisch duftender Kepp-Semmeln kamen, brach erst
recht das Chaos aus, da sich der »Volksgruppenführer« Andreas
Schmidt berichterstattend in Berlin aufhielt. Nicht zuletzt um auch
diesmal Klage zu führen über den Botschafter des »Dritten Reichs« in
Bukarest, den alten SA-Kämpfer Manfred von Killinger, der, wie
Schmidt einem Berliner Bekannten anvertraute, »von den aalglatten
Bukarester Frondeuren auf der Auerhahnjagd und bei Saufgelagen in
den Ostkarpaten beschäftigt wird, um die Packelei mit Briten, Franzosen und Sowjets ungestört über die Bühne zu bringen«. Hatte er nicht
recht? Wenn freilich auch nur zur Hälfte. Denn während er entsetzt
durch die Trümmerstadt den Weg zum Dienstquartier des Schreib-
tischschlächters Himmler suchte, wußte er noch nicht, daß sich der zum
Diplomaten erhobene Straßenschlägerbaron gemeinsam mit seiner
Vorzimmerkrebse im Keller des Bukarester Botschaftsgebäudes umgebracht hatte, indem er zuerst ihr, danach sich eine Kugel ins Gehirn
jagte. Als endlich auch er draufgekommen war, daß sich auf dem abschüssigen Balkanparkett rings um ihn Dinge taten, von denen er nicht

die leiseste Ahnung hatte, und daß er von sämtlichen »treuen rumänischen Freunden« wie der Ochs aufs Glatteis geführt worden war, sah er
keine andere Möglichkeit mehr.

Die Kunde davon verbreitete sich wie ein Lauffeuer in der rumänischen Hauptstadt und verunsicherte die Bukarester noch mehr, die
dem Herannahen der Sowjettruppen keineswegs mit ungetrübter
Freude entgegensahen. Mit einer lakonischen Notiz auf einem Papier-
fetzchen hatte der britische Premier Winston Churchill seinem Kriegs-
partner Jossif Wissarionowitsch Stalin fast das ganze Land versprochen.
Als ob sie geahnt hätten, daß ihnen in der brüderlichen Umarmung des
benachbarten mörderischen roten Kolosses böse Zeiten bevorstünden,
wuchs in diesen Tagen die Sympathie für die zwar immer etwas fremden, jedoch bewunderten Deutschen, denen beim Verlassen des Landes die Bevölkerung mit Anflügen von Abschiedsweh gemischte Hilfe
leistete, überzeugt davon: »Die kommen in drei Tagen siegreich zurück«, wie einige der sprücheklopfenden feldgrauen Etappenhengste
im Abfahren selbstsicher versprachen.

Aber dann geschah ganz und gar Unglaubliches. Mitten im Auf-, Er-
wartungs- und Umbruchsrummel befahl der vom soeben erst verlust-
reich niedergeschlagenen verzweifelten Aufstand der Polen in Warschau nervös gemachte Hitler dem deutschen Militärkommandanten
Bukarests, die abtrünnige Hauptstadt durch Bombenangriffe zu bestra-
fen. Die in der Nähe stationierten Geschwader starteten zu einhundert-
fünfzig Einsätzen. Was auf den nutz- wie instinktlosen Befehl hin die
Heinkel-Bomber und Sturzkampfflugzeuge in erster Linie erreichten,
war das jähe Kippen der Stimmung. Waren die Bomben auf ihre Hauptstadt der Dank für die Nachsicht in der Behandlung der Abziehenden?
fragten sich die Menschen. Waren die Deutschen vollends um den Verstand gekommen? Hatte man denn in Bukarest oder nicht vielmehr in
Berlin diesen unseligen Krieg ausgeheckt, begonnen, andere mit hineingerissen und verloren? Innerhalb eines Tages erfaßte die Stimmung
das ganze Land. Den Deutschen wurde von Stunde an der Abzug zur
Hölle gemacht, fast fünfzigtausend von ihnen fielen als Gefangene den
Sowjets in die Hände, darunter weit über ein Dutzend Generäle, und
der erste auf der Piața Victoriei eintreffende sowjetische Panzer wurde
mit Jubel und Blumen begrüßt, was kurz vorher noch nicht denkbar gewesen wäre.

Einer, der seinen Rückzug vor den anrückenden Waffenbrüdern rechtzeitig vorbereitet hatte, da er deren künftige Präsenz für nicht geheuer erachtete, war Jeremy Lincoln, alias Jeremias Lincovitsch, Gerry Göllers ebenso dickleibiger wie gut unterrichteter Informationslieferant. Nach dem ersten deutschen Bombardement verließ er das Land in Richtung Schweiz und ward nie wieder gesehen. Er kehrte Bukarest zur selben Stunde den Rücken wie Göller, von dem sich zu verabschieden er nicht versäumt hatte. »Es war eine tolle Zeit mit Ihnen, Ger« – er sagte »terrific«, und fügte hinzu: »Ich habe eine Menge von Ihnen gelernt. Wenn ihr Europäer diese beschissene Selbstmörderei hinter euch habt, suchen Sie mich. Wir kommen bestimmt wieder ins Geschäft.«

Auf Befehl seines neuen Berliner Chefs, des SS-Obergruppenführers Dr. Ernst Kaltenbrunner, Heydrichs und Canaris' Nachfolger, genau so rechtsgescheitelt, schnurrbärtig und skrupellos, genau so österreichisch wie sein Landsmann Hitler und nur wenige Kilometer entfernt von diesem zur Welt gekommen, verließ Göller Bukarest, nicht jedoch das Land. Kaltenbrunners Befehl an den SS-Hauptsturmführer Göller lautete, gemeinsam mit anderen in den Karpaten den Partisanenkrieg im Rücken der Sowjets zu organisieren, geeignete Männer und Frauen zu rekrutieren, das logistische Verbindungsnetz in den Zentren des Landes aufzubauen, Waffen und Munition zu beschaffen … Es werde »Menschen- und Materialverstärkung von Wien aus auf dem Luftweg in Marsch gesetzt«.

Ehe er sich seiner neuen Aufgabe zuwandte, suchte Göller in einer dieser Augustnächte seinen Freund Michael Renbrik auf, den Pfarrer der Abteigemeinde Beatae Mariae Virginis am Altfluß, wo sich die Südkarpaten »wie Gottes aufgeschlagenes Bilderbuch« dem Blick darbieten. Gemeinsam versenkten sie das Funkgerät, das Göller einst ins Pastorenhaus gebracht hatte, von der Fähre nahe der Zisterzienserniederlassung im Fluß. »Ich brauche es hier nicht mehr«, sagte Göller, »für meinen Auftrag steht ein neues in Bukarest bereit. Bei dem, was jetzt auf uns zukommt, ist es für dich zu gefährlich.« Des Pastors Angebot, ihm auch künftig behilflich zu sein, er kenne eine Reihe wichtiger Leute, lehnte Göller ab.

»Warum haust du nicht ab?« fragte Renbrik schließlich, »hier begibst du dich in Teufels Küche!«

»Kannst du mir sagen, Pfäfflein«, erwiderte Göller, »wo sich der Teufel nicht aufhält? Stritten wir darüber nicht schon in Berlin?«

»Keiner von uns weiß, wo Gott ihn hinschickt«, sagte Renbrik.

Göller lachte: »Immer dorthin, wo der Mensch ist. Der Gestank des Menschen lockt ihn an. Um das zu wissen, muß einer nicht erst Theologie studieren.«

Sie wußten beide nicht, daß sie trotz aller Umsicht beim Gang zum Fluß beobachtet worden waren ... Noch vor dem Morgengrauen verließ Göller den Pfarrhof unter den Ruinenmauern und -türmen. Er fuhr nach wie vor die schwarze Kabrio-Limousine Marke Opel, Typ Kadett, mit dem Kratzer auf der Motorhaube, wenn seit kurzem auch allein. Denn seinem Freund Laurenţiu Alexandru Baranga und dessen Frau Kathrein hatte er dringend nahegelegt, das Weite zu suchen. Die beiden waren dem Rat gefolgt.

Wenige Tage danach umstanden Hunderttausende Bukarester die große Piaţa Victoriei und bestaunten die dröhnend über den Asphalt rollenden legendären T-34-Panzerkampfwagen mit dem über die Erdkugel ausgebreiteten Kommunistenwappen Hammer und Sichel, deren westwärts weisende Kanonen in unabsehbarer Reihung an den Schaulustigen vorbeizogen. Unter dem in der Augustsonne blinkenden »Ikarus«-Fliegerdenkmal hindurch fuhren sie – wie auf einigen zu lesen war – »nach Wien« und »nach Berlin«. Und auch über ihren Stahlkuppeln sahen die Bukarester die todesmutigen »Morituri-te-salutant«-Gesichter blutjunger Krieger. In der Hauptstadt teilten sich die Panzer- und die Wagenkolonnen in drei Arme. Endlos überquerten die einen in Richtung Kronstadt die Südkarpaten auf dem Predealpaß, über den ich einst mit Vater zum ersten Mal zu Tantchen Petra gefahren war. Dem Eisernen Tor entgegen rollten die anderen durch die Donauniederungen der Getischen Tiefebene, auf die der Hirte Gordan mit einsetzendem Herbst die Schafherden führte. Die dritten stießen durch die Engen jenes Roten-Turm-Passes nach Siebenbürgen vor, den anderthalb Jahrhunderte früher in dem von Napoleons Kriegen gebeutelten Europa der Oberst Juan Carlos Francisco de Conderra und seine Tochter am Ende des in Kastilien begonnenen Fluchtwegs durchfahren hatten. Die Kolonnen rollten und rollten – auf Straßen, über die jahrtausendelang fast ohne Unterbrechung in alle Himmelsrichtungen siegeshungrige, vorangetriebene, blutbefleckte, fliehende und verstümmelte Krieger gezogen waren und immer noch zogen. Zehn Stunden lang stand ich an der nördlichen Ausfahrt Kronstadts vor der Sankt-Bartholomäus-Kirche und starrte in die von Kämpfen und Schlachten verwilderten Gesichter über den Panzerkuppeln und in den Wagen.

Am Tag davor war Benno in mein Zimmer gestürzt und hatte gekeucht: »Peter, die letzten deutschen Offiziere stellen ein Rollkommando aus Honterusschülern zusammen. Der Guido, der Rippes, der Rolfi Fels, der Kulli, der Bramü – alle sind auf dem Hof des Honterus-Gymnasiums versammelt. Sie kriegen Uniformen und Waffen. Die abziehenden Deutschen nehmen sie mit.«

Ich hatte es trotz allem wie einen Riß in mir gespürt, als ich Benno kalt fragte: »Und?«

»Fahren wir denn nicht mit?« hatte mich Benno angeschrien.

»Nein«, hatte ich gebrüllt, »dreimal nein!«

»Aber wir gehören doch dazu«, Benno war mit Tränen in den Augen auf mich losgegangen, »Peter, was machen wir nur? Auch wenn wir nicht dafür sind, wir gehören wie alle anderen dazu!«

»Ja«, hatte ich zurückgebrüllt, »wir gehören dazu. Aber nicht so! Hast du verstanden? Nicht so … Jetzt beruhige dich.«

Benno hatte immerfort gestammelt: »Wir gehören doch dazu.«

Ich habe weder den stämmigen Rippes noch den asenschönen Rolfi Fels, den wir »Gorilla« und »gorilă« nannten, auch nicht den gutmütigen »Scharführer« Bramü aus der »lederverarbeitenden Sippschaft« noch den kleinen Kulli oder einen der anderen aus dem Rollkommando je wiedergesehen. Nach drei Tagen militärischer Ausbildung wurden sie alle in den Kampf geworfen und kamen bei der sich über Monate erstreckenden Verteidigung der eingekesselten ungarischen Hauptstadt im Feuer der Tag und Nacht angreifenden sowjetischen Infanterie-, Artillerie-, Panzer- und Fliegerdivisionen ums Leben. Kein Mensch hatte mir jemals Auskunft darüber geben können, soviel ich auch fragte, in welchem Abschnitt es geschah, noch weiß ich, ob sie zu den zwanzigtausend umgekommenen Budapester Zivilisten oder den toten Soldaten zu zählen sind. Allein der kühle, überlegte Guido Proder entging dem Gemetzel. In den Gefechten um die Elisabeth-Brücke am linken Donauufer nahe dem Stadtzentrum schwer verwundet und von Anverwandten seiner aus Budapest stammenden ungarischen Mutter versteckt und gepflegt, floh er, wie er mir viel später berichtete, zwölf Jahre danach während des Aufstands der Ungarn gegen die rote Tyrannis aus dem Land. Doch das ist eine Geschichte, die hier noch nicht erzählt sein will …

Am Tag, an dem die Sowjets das Ploiești er Ölgebiet besetzten und sich der Spitzenagent der rumänischen Abwehr, der Fliegermajor Laurențiu Alexandru Baranga, zusammen mit seiner schwangeren bernsteinblonden Ehefrau Kathrein den abziehenden deutschen Flakeinheiten anschloß, fiel auf der anderen Seite des Kontinents Paris den Westalliierten in die Hände. Der deutsche Oberbefehlshaber von Groß-Paris, General Dieter von Choltitz, der einst als Offizier einer siegreichen Armee unterwegs nach Sewastopol zwei Tage zu Gast im Kronstädter Haus des Musikdirektors Behrisch verbracht hatte, mißachtete Hitlers Befehl, Paris niederzubrennen. Er übergab die kaum beschädigte Stadt als Offizier einer geschlagenen Armee kampflos. »Man stelle sich vor«, sollte der Romanautor Eric August Waltos sagen, »er hätte es nicht getan, er hätte Paris in Brand gesteckt …«

Es war Ende August – und es war zugleich der letzte Tag im Leben der Résistanceführerin Yvonne Marchant. Als Yvonne kurz nach Mittag des strahlenden Sonnentags aus ihrer Wohnung in der Auguste Comte nahe dem Jardin de Luxembourg auf die von erregten Menschen volle Straße trat, zeigte ein Nachbar aus dem Fenster des gegenüberliegenden Hauses auf sie und schrie einer Gruppe um die Ecke biegender, die Marseillaise singender Frauen und Männer wie besessen zu: »Auch das ist eine von denen! Auch die hat mit einem Deutschen geschlafen! Ich habe den Deutschen hundertmal bei ihr gesehen!« Der Mann hatte den Blick eines Wahnsinnigen, er wies mit beiden Händen auf die Frau, die ihn mit ungläubigem Gesichtsausdruck anstarrte.

Alles weitere geschah in wenigen Sekunden: Noch ehe Yvonne etwas zur Erklärung oder Verteidigung hätte unternehmen oder sich ins Haus zurückziehen können, hatte einer der angetrunkenen Männer sie an den Haaren gepackt und zu Boden gerissen, eine der Frauen ihr mit einem Tritt die Nase zermalmt und eine zweite, enthemmt kreischend, ihr mit drei Tritten gegen den Hinterkopf den Nackenwirbel gebrochen. »Elende Nazihure!« schreiend, war die Gruppe grölend weitergezogen.

Minuten darauf kehrte Waldemar Taucher aus der Wohnung seines Freundes Charles de Prince in der Rue de Rivoli zurück, noch aufgewühlt vom Anblick der ins Stadtzentrum einrückenden französischen Militäreinheiten, der tanzenden, singenden Masse der Pariser und der Gestik eines ununterbrochen winkenden hochgewachsenen Generals, dessen Name de Gaulle ihm durch Yvonne seit langem geläufig war. Er fand die leblos zusammengekrümmte Frau in der Eingangshalle, in die sie jemand geschleppt und liegengelassen hatte, trug und zerrte sie ohne Zeit zu verlieren in die Wohnung hinauf und war, ehe er in einem Anfall panischer Verzweiflung bewußtlos über der Toten zusammenbrach, noch in der Lage, Charles de Prince anzurufen. Als de Prince nach einem Sturmlauf durch die Mengen der wie von Sinnen jubelnden und tanzenden Menschen hindurch in der Rue Auguste Comte eintraf, hatte Taucher Gallenflüssigkeit und Blut über die Tote erbrochen, auf deren Beinen er lag. In Krämpfen um sich schlagend, hatte er ihr mit der linken Hand die Bluse aufgerissen, so daß sich dem erschauernden de Prince die Brüste der Frau in einer denkmalhaft starren und schönen Ruhe darboten. Es blieb das Bild, das er vor sich sah, sobald er später an die von ihm als Kunstkennerin geschätzte und oft um Rat befragte Yvonne dachte, von deren leitender Tätigkeit im Widerstand er erst durch einen Gedenkaufsatz des Schriftstellers Albert Camus erfuhr.

Daß die über alles geliebte Frau wegen ihrer Verbindung mit ihm umgebracht worden war, sollte Taucher erst Monate später – kurz nach Frédéric Marchants Rückkehr aus dem Krieg – durch einen Zufall bekannt werden. Darüber ergraute er binnen Stunden, malte fortan nur noch Bilder, die wie Geheimzeichen rätselhafter Selbstgespräche anmuteten, und nahm den Weltruhm dafür mit der Gleichgültigkeit des Menschen zur Kenntnis, der die Vergötzung des Lebens als den Grundirrtum unserer Existenz und die Ursache aller Nichtswürdigkeiten erkannte. Zum Zeitpunkt des Todes seiner älteren Schwester hatte Frédéric Marchant in jener ostpreußischen Landschaft gegen die Sowjets gekämpft, aus deren schwermütigen Weiten der Ernst-Jünger-Kriegskamerad von 1918 und Musikdirektor Albrecht Behrisch stammte. In den Rückzugsgefechten war Marchant als einer der Letzten aus den Stellungen auf den Seesker Höhen gewichen, auf denen Behrisch als Kind gespielt hatte; er sollte schon bald nachher als Oberleutnant der französischen SS-Freiwilligen-Division »Charlemagne« das niedergebombte Berlin in Straßenschlachten bis zur letzten Stunde verteidigen,

wie durch ein Wunder die finale Bataille um die Ruinen an der Spree
überlebend.

Die beiden einsamen Männer blieben nach dem Krieg in einer
immer engeren Freundschaft einander verbunden ...

Was mir von jenen Tagen der Absurditäten, Hysterien und Verwir-
rungen, der unsäglichen Not und Angst, der Verbrechen der einen und
des Heldenmuts der anderen, der Untergänge und Ausbrüche aus dem
seit jeher von aufflackernden Hoffnungslichtern nur kurz durchbrochenen Teufelskreis menschlicher Perversitäten, Gaunereien, Verlogen-
heiten, Grausamkeiten und Besessenheiten zu berichten übrigbleibt,
sind in meiner Erinnerung weitgehend zusammenhanglos vereinzelte
Bilder.

Da ist die Auseinandersetzung zwischen meinen Eltern am Tag des
Abzugs der letzten deutschen Militäreinheit aus Kronstadt, als Mutter
in Gegenwart ihrer drei Kinder von ihrem Mann forderte, alles stehen
und liegen zu lassen und mit den abrückenden Deutschen mitzuziehen,
und Vater ihr entgegenhielt, keiner von den erbärmlichen »Volksführern und -verführern« zu sein, »die sich im Augenblick der Not feige aus
dem Staub machen«. Den beschwörenden Vorhaltungen Mutters und
ihrem Hinweis auf die Zukunft der Kinder hielt er ruhig entgegen: »Ihr
alle würdet es mir niemals verzeihen, wollte ich mich gemeinsam mit
den Kreaturen davonstehlen, die der Masse unserer Landsleute jahrelang Tapferkeit und Treue predigten, aber kneifen, wenn es sie zu beweisen gilt.«

»Wir bleiben natürlich zusammen«, sagte Maria entschieden und
blickte Holger und mich an; wir nickten. »Gott sei mit uns«, flüsterte
Mutter.

Tags darauf, gegen elf Uhr, traf die motorisierte Spitze der sowjetischen Zweiten Ukrainischen Front in Kronstadt ein.

Alle Brücken vor uns waren verbrannt. In keinem der folgenden endlosen Jahre habe ich je ein Wort des Vorwurfs aus Mutters Mund gehört.

Da ist aber auch der Tag Mitte Dezember vor der fünften Kriegs-
weihnacht, an dem ich den »Wehrmachtsbericht« über den Beginn
jener letzten militärischen Kraftanstrengung der Deutschen hörte, die
von den Historikern später als »Ardennenschlacht« bezeichnet wurde:
»Starke deutsche Kräfte sind am sechzehnten Dezember um fünf

Uhr dreißig in breiter Front aus dem Westwall nach kurzer, doch gewaltiger Feuervorbereitung zum Angriff angetreten und haben die vordersten amerikanischen Stellungen zwischen dem Hohen Venn und dem Nordteil Luxemburgs im ersten Ansturm überrannt. Von starken Jagdfliegerverbänden geschützt, nimmt die große Angriffsschlacht ihren Fortgang …«

Ich habe mir den Bericht nicht nur wegen meines Erschreckens darüber gemerkt, daß sich Vater vom Anrennen der zwölf deutschen Infanteriedivisionen und zwei Panzerarmeen gegen Amerikaner, Briten, Franzosen, Kanadier, Belgier und Polen die endgültige Kriegswende zugunsten der Deutschen versprach; angesichts der Kunde von schockierenden Willkürakten der Sowjets im Land und trotz einiger langer Diskussionen wähnte er das moralische Recht immer noch auf ihrer Seite. Vielmehr ängstigte uns eine Nachricht, die uns unmittelbar betraf.

Direktor Martens, Bennos Vater, kam an diesem Tag in einem Zustand ungewohnter, mühsam beherrschter Erregung den Gartenpfad herauf und fragte ohne zu grüßen hastig nach Vater.

Als er eine Viertelstunde später das Haus verlassen hatte, rief uns Vater ins Wohnzimmer und teilte uns mit blutleerem Gesicht mit, Direktor Martens habe zuverlässige Nachricht darüber, daß die Bukarester Regierung auf höchster Verwaltungsebene die Zwangsverschleppung in die Sowjetunion aller arbeitsfähigen Deutschen im Land vorbereite, »auf Verlangen Moskaus, wenn nicht gar Stalins persönlich«. Es werde an der Anfertigung entsprechender Namenslisten und der Befehle für die durchführenden Polizei- und Militäreinheiten gearbeitet, handle es sich doch immerhin um gut über fünfhundert Ortschaften, in denen das Unternehmen durchzuführen sei; die Aushebungen sollten überfallartig und gleichzeitig im ganzen Land vor sich gehen, vermutlich nachts, habe ihm Direktor Martens soeben gesagt, der kommende Monat Januar sei vorgesehen, Tag und Stunde stünden noch nicht fest …

Vater sah Maria und mich an und sagte: »Maria und Peter fallen in die vorgesehenen Altersklassen.« Martens habe die Information von einem hochrangigen Offizier des Geheimdienstes, fügte er noch mit halber Stimme hinzu – Stoican oder ähnlich. Aber das sei ja belanglos, murmelte er … Das ist doch, dachte ich, das ist doch jener Generalleut-

666

nant Romulus Stoican, dem Direktor Martens als Gegenleistung für Adam und Rebekka Hermes' Einbürgerung ein Dutzend Kammgarnanzüge zum Präsent gemacht hatte!

Der Absolvent der Moskauer »Militärakademie Frunse«, Romulus Stoican, der Nachfolger Moruzovs als Chef des rumänischen Abwehrdienstes, verfügte seit der Studienzeit über ausgezeichnete Verbindungen zu ersten Kreisen der Roten Armee. So hatte er nach Marschall Antonescus Sturz die Fronten gar nicht erst wechseln müssen, er war von jeher der Mann der Sowjets in Bukarest gewesen. Erfahren im Umgang mit Menschen, hatte ihn sich Direktor Martens nach der ersten Bekanntschaft durch weitere Aufmerksamkeiten gewogen erhalten und immer wieder in Erinnerung gerufen. Es gehe um nahezu achtzigtausend Menschen, hatte der Generalleutnant Direktor Martens anvertraut, die eingefangen und binnen kürzester Zeit zu Wiederaufbauarbeiten in die Sowjetunion, »nach Rußland«, verbracht werden müßten: »In die Kohlengruben des Donbas? In den Ural? Nach Sibirien? Wer weiß das schon …« In summa rechnete Moskau, erfuhr ich am Nachmittag von Benno, mit zweihunderttausend deutschen Arbeitskräften aus den Ländern Südosteuropas. »Der US-Präsident Roosevelt und der Britenpremier Churchill waren zu schwach, sich Stalin zu widersetzen, sie wollten es wohl auch nicht recht«, habe der schon leicht angesäuselte Generalleutnant beim Abendessen mit Direktor Martens im Hotel Lido geplaudert, tja, die jungen Deutschen aus Siebenbürgen und dem Banat »sau înrulat cu entuziasm în diviziile SS«, sie »sind mit Begeisterung in die SS-Divisionen eingetreten«. Wie nur hatten diese bedächtigen Burschen auch so dumm sein können, auf »die schrecklichen Deutschen« hereinzufallen? Das erfordere nun seine Sühne … Der Direktor Martens, sagte mir Benno, habe sich gehütet zu fragen: Und dafür sollen jetzt deren Schwestern, Frauen, die alten Mütter und Väter büßen? Wie war das mit euch, die ihr's nicht weniger schlimm getrieben habt als die »schrecklichen Deutschen«?

»Discreţie, directore«, hatte der in der letzten Zeit häufig zum Glas greifende Generalleutnant zum Schluß gelallt, »Diskretion, Direktor, sonst sind wir beide dran.«

So bestürzt Vater auf uns alle gewirkt hatte, so klar traf er noch am selben Tag, nicht zuletzt auf Mutters energisches Drängen, die Entscheidungen und Vorbereitungen. Maria sollte schon in der kommenden Nacht auf den Zug in Richtung Bukarest gesetzt werden, wo Tantchen Petra sie bei sich aufnehmen würde. »Liebe Hanna«, hatte diese Mutter am Telefon versichert, »Petra Staratiades ist eine sichere Adresse, um Maria vor Ungemach zu bewahren, hier sucht sie keiner. Ich erwarte sie am Nordbahnhof.« Zu mir sagte Vater: »Deine Lage besprechen wir morgen.«

Doch es gab da nicht viel zu besprechen, nein. Denn als Vater nach einer schlaflosen Nacht, in der ich ihn im Haus herumgeistern hörte, und dem beruhigenden Anruf aus Bukarest um einiges entspannter als am Vortag zu mir ins Zimmer kam, bat ich ihn, ehe er zu reden begann, um ein paar Minuten Gehör. Gelassen, jederzeit bereit, mir zuzuhören, so wie ich ihn kannte, setzte er sich auf den Bettrand und blickte mich an. Unser Gespräch dauerte eine halbe Stunde. Nur während der ersten Minuten hielt er mir Einwände entgegen. Zum Schluß bat ich ihn, mit Mutter darüber nicht zu sprechen; das würde ich selber tun.

Bald darauf, in einer jener denkwürdigen Januarnächte, in denen die deutschen Truppen nach ihrer zusammengebrochenen Ardennenoffensive im Westen endgültig auf ihre Ausgangslinien und über diese hinaus zurückgeworfen wurden, im Osten der sowjetische Marschall Shukov den Großangriff auf ihre auseinanderbröckelnden Abwehrfronten befahl, die deutschen Kommandeure in Griechenland, Albanien und Jugoslawien sich mit dem Rückzug beeilten und die US-amerikanische Luftwaffe mit massiven Angriffen auf die Japaner in Singapur begann, lief die »Aktion« der sowjetisch-rumänischen Militärpatrouillen ohne Vorankündigung an, so wie es der lallende Generalleutnant den Direktor Martens hatte wissen lassen.

Punkt drei Uhr morgens hämmerten in Hunderten von Ortschaften in mehreren Provinzen des Landes die Uniformierten mit Fäusten, Stiefelabsätzen und Karabinerkolben bei klirrender Winterkälte gegen Hoftore, Türen und Fensterläden, lasen die Namen der ahnungslosen Betroffenen von ihren Listen laut vor und forderten sie auf, binnen einer Stunde mit einigem Gepäck und Nahrung zum Abmarsch bereit zu stehen. Das laute Pochen, die harschen Befehle, das Betteln verzweifelter Mütter von Kleinkindern, das Jammern der Eltern, denen fünfzehnjährige Söhne und Töchter aus den Armen gerissen wurden, das ununterbrochene Knirschen der Soldatenstiefel auf dem Schnee der bitterkalten Winternacht, das Kreischen Einjähriger in leeren Wohnungen, aus denen vor Jahr und Tag schon die jungen Väter aus- und »zu den Deutschen an die Front« gezogen waren und nun die Mütter gezerrt wurden, die Hilflosigkeit verlassen zurückbleibender Greise, die Häme beutegieriger und höhnender, aber auch die ungläubige Verwunderung entsetzter und hilfsbereiter rumänischer oder ungarischer Nachbarn, der aus Ohnmacht und Angst, aus Wut und Kopflosigkeit gemischte Tumult auf Straßen und Plätzen, unentwegt die heiseren und harten Befehlsrufe auf Russisch vor den Haustoren, ununterbrochen das Knirschen der Soldatenstiefel auf dem Schnee, die Selbstmorde der einen, die Schicksalsergebenheit der anderen, die stoische Ruhe der dritten …

Als der Tag anbrach – der dunkelgraue Januartag eines eisigen Winters, waren über siebzigtausend Kinder, Frauen, Männer auf bewachten Sammelplätzen im Land zusammengetrieben. Sie wurden nach vier, fünf großenteils im Freien verbrachten Tagen und Nächten zum Marsch auf die Bahnhöfe in Bewegung gesetzt und in unauffällig bereitgestellte Viehwaggons langer Eisenbahnzüge gepfercht, deren Schiebetüren sich hinter ihnen schlossen. Ununterbrochen rechts und links, vorn und hinten das Knirschen der Soldatenstiefel auf dem klirrenden Schnee … Kein Chronist zeichnete die Vorfälle im einzelnen auf – die verwegen durch die MP-Feuersalven der sowjetischen Eskorte hindurch unternommenen und geglückten Ausbruchsversuche einiger; die von den Burschen eines entlegenen Dorfs erschlagene und verscharrte Aushebungspatrouille, von der sich nie wieder eine Spur fand; die freiwillig mit der Glaubensgemeinde mitgehenden betagten Pastoren, ja einige aus Protest sich ihren deutschen Nachbarn auf dem Weg nach Osten anschließenden Rumänen; die Väter und Großväter, die sich anstelle minderjähriger Töchter und Enkelinnen den Patrouillen anboten und genommen wurden; die Unflätigkeiten, mit denen der Mob die durch die Ortschaften Getriebenen bedachte; und die schier endlose Kolonne jener Hermannstädter, die auf dem Weg vom Sammelplatz zum Bahnhof den Luther-Choral »Ein feste Burg ist unser Gott« trotz fluchender Sowjetarmisten als Kampflied anstimmten und den Vers »Und wenn die Welt voll Teufel wär und wollt uns gar verschlingen, so fürchten wir uns nicht so sehr …« mit einer Inbrunst sangen wie niemals vorher im kirchlichen Gottesdienst.

Die einen hielten es für ihre Pflicht, mit Bruder und Schwester, Vater und Mutter, Freunden und Bekannten mitzugehen. Die anderen sahen in dem barbarischen Akt die Aufforderung, sich aufzulehnen. Zu Hunderten trafen sich nach der Abfahrt der Eisenbahnzüge die Entsprungenen, Ausgebrochenen, durch Zufall oder entschlossenes Handeln Entkommenen in den hier überall nahen Wäldern und Bergen, wo sie Zuflucht suchten vor den noch wochen- und monatelang die Ortschaften durchstreifenden Suchpatrouillen. Sie fanden Unterkunft in aufgelassenen Berghütten, entlegenen Scheunen, einsamen Bauerngehöften – und bei Hirten, die entgegen ihrem natürlichen Wanderzyklus diesmal die Schafherden vor dem herannahenden Winter nicht von den Bergen hinab in die Donauebenen, sondern zu den Sennhütten und -ställen auf die im Schnee kaum zugänglichen Höhen hinaufgetrieben hatten, um sie vor der ausgehungerten, mit der Rücksichtslosigkeit des Siegers nicht nur nach allem Eßbaren greifenden Sowjetarmee zu retten.

Denn nichts von dem, wonach Sieger begehren, war fortan sicher im Land: Frauen, Schnaps, Schmuck, Uhren, Arbeitskräfte, Steppdecken Eßbesteck … Der Rotarmist holte sich, ging's nicht anders, mit der Pistole oder die Diktirova-Prichod-Trommel-MP in der Faust und dem Ausruf »Dawai Tscheaß!«, »Her die Uhr!«, die Armbanduhr beliebiger Fußgänger, er trat die Wohnungstür ein, brüllte: »Chasaika!«, »Frau!«, und schleifte die Unglückliche in den Garten, wo zehn Kameraden warteten, er versetzte dem zufällig vorbeigehenden Rentner mit dem Karabinerkolben einen Schlag ins Kreuz und trieb ihn zum Entleeren der Soldatenlatrine ins Feldlager, er griff sich die Ware vom Geschäftsregal und feuerte, wenn ihm gerade danach war, auf den Ladenbesitzer, ins Schaufenster, auf den vorbeifahrenden PKW oder auf den Verkehrspolizisten. Und als der beliebteste Bukarester Kabarettist, Tănase, auf einer der hauptstädtischen Bühnen die Situation mit dem Vers umriß

> *»Rău a fost cu ›der, die, das‹,*
> *dar mai rău cu ›davai ceas!‹«,*
> *»Schlimm war es mit ›der, die, das‹,*
> *schlimmer noch mit ›Dawai Tscheaß‹«,*

jubelte ihm das Publikum zu, aber wenige Tage darauf verschwand er und wurde in diesem Leben niemals wieder gesehen. Landauf und landab begann das Gespenst die Seelen lähmender, den Stolz vernichtender und den Geist zerstörender Angst in die Menschen zu kriechen und sich häuslich für einen längeren Aufenthalt in ihnen einzunisten ...

Zu dem Zeitpunkt, als die Deportationszüge aus den Hochlandtälern Siebenbürgens und den fruchtbaren Weiten des Banats ostwärts rollten – nach Passieren der ehrwürdigen Universitätsstadt Jassy, des alten Brennpunkts byzantinischer Frömmigkeit der Rumänen, in die östlichen Ebenen hinaus über die Flüsse Djnestr, Bug, Dnjepr, über den Don in die Kalmückensteppe, nach wochenlanger Fahrt über die Wolga, ja bis ans Ufer des südlichen Ural –, zum selben Zeitpunkt wälzten sich im Norden Ströme nach Millionen zählender flüchtender deutscher Frauen, Kinder und Alten in die entgegengesetzte Richtung. Aus Ostpreußen, Pommern, Brandenburg, Schlesien westwärts vorangepeitscht von den auf Geheiß ihrer Marschälle und vom Anblick des Grauens in den SS-Konzentrationslagern zu erbarmungsloser Rache bereiten Sowjetarmeen. Doch auch die durch jenen grotesken »Wiener Schiedsspruch« von ihren Landsleuten im Süden getrennten Nordsiebenbürger waren mit ihren an die Völkerwanderungszeit erinnernden Ochsen- und Pferdegespannen auf der Flucht vor der Roten Armee westwärts getreckt, ehe die ersten von ihnen im schönen Salzkammergut zum Stehen kamen ...

Drei bemerkenswerte, mehr noch, drei mich auf beunruhigende Art ins Grübeln bringende Datenübereinstimmungen damaliger Ereignisse fielen mir bei den Nachforschungen auf. Ich prüfte sie umständlich und gründlich einige Male nach. Je häufiger und akribischer ich es tat, um so weniger ließen sie sich aus meinem Gedächtnis verdrängen. Ich kann sie bis heute in keine Wertung meiner Lebenserfahrung einordnen, sie stellen sich mir als unbeantwortete Fragen nach Zusammenhängen, denen mein Ermessen nicht gewachsen ist, es sei denn, ich deute sie als Auswüchse der Bizarrerien jener Zeit:

Am selben Tag, ja sogar zur selben Stunde, als Martha Eisendenk im Donez-Steinkohlenbecken am Ende ihrer Kraft aus dem Transportzug kletterte, nur drei Waggons entfernt von der ebenso erschöpften, bis vor kurzem meinen Vater mit Nachrichten aus der »Volksgruppenführung« versorgenden Gudrun-Uta Freddels – die beiden sollten sich bald kennenlernen –, gab zweitausend Kilometer nordwestlich der Kapitän des sowjetischen U-Bootes S 13 den Befehl, das deutsche Ostsee-

671

Flüchtlingsschiff »Wilhelm Gustloff« mit nahezu sechstausend Kindern, Frauen und Verwundeten an Bord zu torpedieren. Fünftausend davon ertranken. Der Kapitän war ein in der sowjetischen Kriegsmarine dienender Rumäne.

Zehn Tage darauf – vier Tage vor dem Untergang Dresdens – ereilte die »General von Steuben« mit über dreitausend Flüchtlingen an Bord das gleiche Schicksal. In jener Nacht, nein, mehr noch, ebenfalls zur selben Stunde, in der dies geschah, wurde nach einer dreiunddreißig Tage dauernden Fahrt Frauke Reiber am Rande des westlichen Uralvorlandes im Lager Kungur bei vierzig Grad Kälte der vierten Frauenbaracke zugeteilt – zusammen mit einer verwirrten, stummen Fünfundzwanzigjährigen, von der sie während der ganzen Fahrt kein Wort gehört hatte. Die Frau, berichteten ihr andere, sei bei der nächtlichen Aushebung von ihrem allein in der Wohnung zurückgebliebenen vierjährigen Sohn getrennt worden. Frauke hatte sich ihrer angenommen. Sie zog die des Sprechens Unfähige im Gebrüll der Wachmannschaften, deren Stiefeltritte pausenlos im Schnee klirrten, an der Hand zu einer der doppelten Holzpritschen und richtete sie mit den paar Habseligkeiten auf der unteren Bettstatt ein. Sie arbeitete tags darauf neben ihr an der Gleisbaustelle, zu der alle Bewohnerinnen der vierten Barakke bei eisigem Ostwind auf Lastern hinausgefahren wurden, und ließ sich in der Folge nicht mehr von ihr trennen. Sie erreichte es bei Lagerkommandanten und Begleitmannschaften, jeweils am selben Arbeitsplatz mit ihr eingesetzt zu werden. Sie kümmerte sich mit unbeirrbarer Geduld um sie, die nach einem Jahr stockend wieder zu sprechen begann. Der erste zusammenhängende und verständliche Satz, den die Frau schweratmend hervorbrachte: »Als sie mich aus dem Haus schoben und traten, hat er mich ohne ein Wort zu sagen immer nur mit großen Augen angeschaut, der Papsi hat gebellt und sich neben ihn gesetzt.« Die Frau war die Bäuerin Rosinchen Strehling, sie sprach von ihrem Söhnchen Matthias. Vom Ehemann, dem »Panduren-Marz« mit den Steinfäusten, war ihr zur Stunde der Aushebung seit fünf Monaten keine Nachricht ins Haus gekommen.

Frauke hatte in der Aushebungsnacht das Drängen des verzweifelten kranken Vaters, sich an ihrer Stelle abführen zu lassen, fast schroff zurückgewiesen und mit hochmütigem Gesichtsausdruck an den Uniformierten vorbei ohne Zögern den Weg zur Sammelstelle angetreten.

Sie hatte es schon drei Wochen vorher abgelehnt, den Wunsch ihrer von der geplanten Verschleppung ebenfalls unterrichteten Eltern zu erfüllen, eine Schein- und Schutzehe mit einem Rumänen einzugehen, um sich als verehelichte Rumänin der Aushebung zu entziehen.

Ohne ihr Wissen hatten die Eltern ein langes Gespräch mit einem benachbarten, der Familie als Sportsfreund des bei Stalingrad gefallenen Sohnes Hasso seit Jahren bekannten Mann geführt – mit Dan Pandare. Der hatte sich, wenn auch zaudernd, dazu bereit erklärt. »Dan«, hatte Frauke jedoch gesagt, »Vaters Idee und deine Bereitschaft in Ehren, aber das tue ich weder dir noch mir an.« Die Millionärstochter Reiber und die kaum bemittelte Bäuerin Strehling blieben im Lager Kungur bis zu dessen Auflösung zusammen. Sie gehörten nach vier Jahren zu den Überlebenden. Kungur liegt übrigens in der unmittelbaren Nachbarschaft jener Stadt Jekaterinenburg im Mittleren Ural, in der gar nicht allzulange vorher die Tscheka, Moskaus Truppe des Todesterrors, die Zarenfamilie hatte umbringen lassen. Die Mörder waren in der sowjetischen Geheimpolizei dienende Ungarn.

Und schließlich stellte ich nach dem Krieg gemeinsam mit meinem Halbvetter Horst die dritte der unentwirrbaren Übereinstimmungen fest: Am Tag des Untergangs des deutschen Frachttankers »Goya«, auch er mit über sechstausend Kindern, Frauen und Verwundeten an Bord, die fast alle im Wasser der Ostsee umkamen, wurde Horst zum Kapitänleutnant befördert und erhielt aus der Hand des Großadmirals Karl Dönitz »für außerordentliche Tapferkeit vor dem Feind« das Ritterkreuz zum Eisernen Kreuz. Der Krieg in Europa dauerte danach keinen Monat mehr.

Die Aushebungsnacht, die meine Eltern trotz der vergebens gesuchten Maria Hennerth und Peter Hennerth unbehelligt überstanden, verbrachte ich in der alten Cruca-Sennhütte oberhalb der Siedlung Fundata an der Törzburger Paßstraße. Dazu war es auf folgende Weise gekommen:

Eine Woche, bevor wir von Vater über die zu erwartenden Zwangsverschleppungen unterrichtet worden waren, hatte mich Dan Pandare zu meiner Überraschung um einen Weg nach Fundata gebeten. »Einem Mann«, sagte er, »muß eine dringende Nachricht überbracht werden. Wenn du ihn nicht antriffst, sprichst du mit seiner Frau. Sie ist zuverlässig ... Mit sonst niemandem ... Machst du das?«

»Wie heißt der Mann?« fragte ich.

Pandare nannte mir den Namen: »Gordan Licu.«

Ich nickte nach einer Pause, ohne ihm zu sagen, daß ich Gordan kannte. Pandare wirkte erleichtert. Er erklärte mir, worum es ging, und gab mir einen kleinen grünen Rucksack. Er zeigte mit fragendem Blick auf den Inhalt und sagte: »Eine spanische Astra- und eine deutsche 08-Pistole, Kaliber neun Millimeter. Dazu zehn Schachteln Munition … Sagst du auch jetzt ja?« fragte er.

Ich nickte wieder.

»Am besten nachts«, sagte er, »du darfst nicht gesehen werden. Wenn sie dich zu fassen kriegen, legen sie dich um.«

»Klar.«

Ich nahm den Törzburger Abendzug bis Rosenau. Ich schlief ein paar Stunden bei der Hennerth-Großmutter und machte mich gegen Mitternacht zu Fuß auf; das Thermometer am Türstock zeigte vierund-zwanzig Grad unter Null. Ich wußte, was mir bevorstand, sollte mich eine der sowjetisch-rumänischen Polizeistreifen stellen, die aus Furcht vor feindseligen Bewegungen das Land hinter der Front Tag und Nacht durchschwärmten. »Von denen, die in Frage kommen, kennst du die Gegend am besten. Du bist schließlich in dem Gebirgswinkel aufge-wachsen«, hatte Pandare gesagt, »außerdem traue ich's dir am ehesten zu. Mir liegt viel an diesem Mann. Sehr viel.«

Alles Land war vom Schnee zugedeckt. Die Nacht war so eisig, daß sich sogar die Hunde in die warmen Ställe und Wohnungen verzogen hatten. Wer nicht anders mußte, schlief zu dieser Stunde neben dem Ofen. Der steinharte Dezemberschnee sang unter meinen Tritten in Tönen, die wie sirrendes Peitschenknallen klangen und mich auf große Entfernung verrieten. Der Luftzug vom Gebirge her brannte mir ins Gesicht, als gieße mir jemand pausenlos siedendes Wasser über Stirn, Nase und Wangen. Ich spürte meine Anspannung. Ich spürte zugleich die teilnahmslose Mächtigkeit der Nacht. Das machte mich ruhig. Sie sind also immer noch hinter Gordan her, dachte ich. »Sie jagen den Mann seit über zwei Monaten«, hatte Pandare gesagt, »wenn sie ihn kriegen, bringen sie ihn auf der Stelle um.«

Ich denke, nicht wegen meiner Vorsicht und Wegkenntnis, sondern wegen der Kälte begegnete ich keinem Lebewesen. Nach einer Stunde ging ich unter dem Törzburger Schloß – der »Dracula-Burg« am Paßeingang – hindurch. Nach weiteren anderthalb Stunden erreichte ich die Paßhöhe. Hier war die Kälte noch eisiger. Die dunklen Gebirgsklötze rechts und links schienen am Nachthimmel festgefroren zu sein. Ich war naß vom Schweiß. Nirgendwo in der Bergsiedlung war ein Licht zu sehen. Ich umging Fundata auf einem in den hüfthohen Schnee getretenen Pfad und betrat den Licu-Hof von der hinteren Seite. Drei Minuten später stand ich im dunklen Wohnzimmer vor Ruxandra. Im Winkel hinter dem Kachelofen brannte eine Kerze.

Nachdem ich ihr Pandares Botschaft ausgerichtet hatte und sagte, daß ich mich sogleich wieder aufmachen müßte, um unbemerkt zu bleiben, flüsterte sie:»Gordan ist im Haus … Für eine Stunde. Er hat sich für die nächste Zeit mit dem Nötigsten versorgt … In den letzten zwei Monaten haben sie hier zwanzig Mal alles auf den Kopf gestellt. Sie werden wieder kommen. Ich vermute, schon morgen. Sie werden immer wieder kommen. Jedes Mal aus Russen und unseren Leuten zusammengestellte Polizeistreifen.«

Ruxandra hatte die Kerze in der Ecke hinter dem breiten Ofen noch tiefer ins Dunkel geschoben. Sie holte Gordan aus dem Felsengelaß mit dem unterirdischen Gang zur anderen Bergseite hinüber, das der Großvater, des verschollenen Bade Licu Vater, unter der Vorzimmerdiele in jahrelanger Arbeit aus dem Stein gemeißelt hatte, als hier bis zum Ersten Weltkrieg jahrhundertelang die Grenze verlief.»An dieser Grenzstraße ist keiner seines Lebens sicher«, hatte er gesagt. Gordan verstaute Waffen und Schachteln in einer Ledertasche.»Ich kann sie brauchen … Kenne ich den Mann, der dich schickt?«

»Nein, du sollst ihn auch nicht kennen. E om de onoare«, »Er ist ein ehrenhafter Mann.«

Ich bemerkte, daß Gordan einen Verband um den Hals trug. Ruxandra wickelte ihm einen langen Wollschal darüber und sagte:»Die Kälte darf nicht an die Wunde kommen.« Trotz der Kerze war es so dunkel im Raum, daß wir nur unsere Gesichter sahen.

Ihre Kugeln waren ihm um die Ohren geflogen wie ganze Ladungen heißer Steine. Zuerst hatten sie lachend MP-Salven auf die Hunde abgefeuert, bis auch der letzte jaulend zusammengebrochen war. Er hatte gleich gewußt, daß er gegen die zwanzig Bewaffneten in den gesteppten Uniformjacken mit breiten, roten Schulterstücken keine Chance hatte. Mit den Maschinenpistolen herumfuchtelnd, hatten sie ihn in der

unverständlichen Sprache angeschrien: »Ihr verlausten Faschisten-
freunde! Die Sowjetarmee brachte euch die Befreiung, jetzt müßt ihr
sie ernähren.« Noch weniger als er hatten seine drei hinter der Herde
gehenden Gehilfen verstanden, worum es ging. Als er begriff, daß sie
die achthundert Schafe zählende Herde haben wollten, seine Herde,
die er mit Geduld und Fleiß großgezogen hatte und mit Umsicht im
Herbstabtrieb donauwärts führte, war er vom Zorn übermannt worden.
Er entriß dem drei Schritte brüllend vor ihm auftauchenden tatarenge-
sichtigen Unteroffizier die Waffe und schlug ihm im Zustand der Raserei mit seiner furchtbaren Kraft das Stirnbein ins Gehirn. Dann fiel er
den schießend herbeirennenden o-beinigen Leutnant blitzschnell von
der Seite an und brach ihm mit einem Tritt den Brustkorb in Trümmer.
Im selben Atemzug schleuderte er einem Dritten seinen geschnitzten
Stab mit einer Wucht gegen den Kopf, daß der Mann mit entstelltem
Schädel zur Seite taumelte und regungslos liegen blieb. Im Kugelhagel
der anderen durch die Büsche das steile Bachufer hinabspringend und
im Sprung überlegend, ob er sich von dieser Seite auf sie stürzen sollte, hatte er sich eines Besseren besonnen und war bachaufwärts gerannt. Ihre beiden Geländewagen hatten sie wegen der quer durch die
Felder gezogenen Berieselungsgräben nicht benützen können. Schon
der erste war steckengeblieben; von einem der Laster hatten sie ihm
MG-Salven hinterhergeschickt. Nach halbstündiger Jagd, während der
auf beiden Seiten die Kugeln rechts und links von ihm in die Steine
hämmerten, hatten sie die Verfolgung aufgeben müssen. Der riesenhafte Mann mit den Bewegungen eines Raubtiers war schneller als sie.

Doch seine Herde hatten sie erbeutet, alle die Schafe, Lämmer und
Böcke, die er von der Stunde der Geburt an im Arm gehalten und gestreichelt, mit denen er, seit es sie gab, zärtliche Zwiegespräche geführt
hatte, und seinen Helfern unter Morddrohungen abgepreßt, wer er war,
woher er kam. Dem einen, dem jüngeren, hatten sie eine Kugel durchs
Knie gejagt.

Er war keuchend aus der Bachsohle geklettert, hatte sich umgeblickt
und sofort wieder niedergeduckt. Die Bewegung an den Uferbüschen
entlang ... Waren sie ihm immer noch auf den Fersen? Doch da erkannte er ungefähr drei Dutzend Schafe seiner Herde. Angeführt von seinem Lieblingstier, dem schwarzköpfigen, weißwollenen großen Karakul, kamen sie laut blökend auf ihn zugelaufen. Während er sich ihnen

zuwandte, sah er das Blut, das ihm aus einer langen Wunde unter dem rechten Ohr floß und sein Hemd durchtränkt hatte. Er riß einen Ärmel ab und band ihn sich um den Hals ... Ihr seid ihnen entkommen, dachte er, den Kugeln, den Fäusten, den Schlachtmessern, den Mägen der dreimal verfluchten roten Eintreiber.

Bis zu den ersten Hügeln der Karpatenausläufer war es nicht weit. In der einbrechenden Nacht versteckte er die Tiere im Stall einer aufgelassenen Sennerei am Felsenende der Valea Doamnei, des Tals der Muttergottes. Er fand keinen Schlaf. Als er im Morgengrauen Dach, Gatter und Tür notdürftig instandsetzte, war ihm seine Lage längst klar. Er hockte sich zwischen die Schafe, überlegte das Weitere und murmelte immer wieder: »Euch kriegen sie nicht, meine Teuren und Treuen.« Die Flüche, die er dazwischen flüsterte, waren die uralten Gebete der Gedemütigten, der von den Mächtigen mit Füßen getretenen Wehrlosen und bis in die Seele hinein Verletzten, denen die zähneknirschend ausgestoßene Verwünschung als letztes Refugium blieb – bei Anrufung der Gebärmütter und Hoden aller weiblichen und männlichen Heiligen auf blutender Zunge zerbissener Aufschrei gegen die Arroganz der Übermacht derer, die je in dies Land eingefallen waren, es geknebelt und ihm die Würde genommen hatten. »Der Winter steht vor der Tür«, sagte er und fuhr den Tieren neben sich streichelnd durch die Wolle, »fürchtet euch nicht. Ich werde alle Vorkehrungen treffen. Ich, der Bandit Gordan, der sich an Soldaten der glorreichen Befreiungsarmee der roten Gottesgeißel verging ... Sie werden mich mit ihren Helfershelfern jagen, solange sie die Herren im Land sind. Aber wir werden sie alle überleben! Denn wir wissen, wie man mit Siegern umgeht. Meine Teuren, meine Treuen ...«

Nachdem ich mit Gordan abseits gelegene Treff- und Verständigungspunkte vereinbart hatte – unter Umständen sollte er mir Nachrichten hinterlassen, wie und womit ich ihm behilflich sein konnte – verließ er als erster das Haus; in einem Monat wollten wir uns in der alten Cruca-Hütte über der Paßhöhe vor Fundata treffen, die über felsiges Gelände ohne hinterlassene Schneespuren zu erreichen war. Ich machte mich fünf Minuten später auf den Weg.

Die Kälte hatte weiter angezogen. Meine Lippen waren nach wenigen Sekunden kalt. Großmutters Thermometer zeigt jetzt dreißig Grad unter Null an, dachte ich. Als die Paßhöhe hinter mir lag, lief ich, um

677

mich warm zu halten, die steilen Abkürzungspfade zwischen den Straßenkehren bergab. Die Luft floß mir durch den Körper wie Eiswasser.

»Kenne ich den Mann, der dich schickt?« hatte Gordan gefragt.

»Nein … Er weiß über viele Männer Bescheid, die sich in den Bergen und Wäldern aufhalten. Männer aus der Armee. Aus der Politik. Studenten. Lehrer. Bauern. Arbeiter. Auch Hirten. Er stellt die Verbindung zwischen ihnen her. Alles läuft über ihn. Die Besorgung von Lebensmitteln, von gefälschten Personalausweisen. Er hat ein Netz von Vertrauensleuten … Er ist – er ist das Hirn.«

Gordan hatte aufmerksam zugehört. »Und was machst du dabei?«

»Das, was ich machte, als ich hierher kam«, hatte ich geantwortet …

Ich lief mit langen Schritten und Sprüngen die von Mauleseln und Treibern getretenen Pfade talwärts durch die vom Schnee erhellte Nachtlandschaft. Ich dachte, was ich Gordan verschwieg, hätte ich vielleicht so gesagt:

Er war ein fröhlicher und freundlicher Mann, ehe er sich zu den Unbotmäßigen schlug, die sich nicht alles gefallen lassen wollen. Dann veränderte er sich von einem Tag auf den anderen. Er wurde scharf, zynisch, rücksichtslos, haßerfüllt. Er hat als Offizier – mittlerweile zum Hauptmann befördert – in seiner Stellung Möglichkeiten, die er nutzt. Von der Waffenbeschaffung bis zur Kenntnis geplanter Polizeiaktionen. Es macht ihm nichts aus, Kopf und Kragen zu wagen. Ich kenne keinen, der so haßt wie er. So kalt, so klar. Er sagte mir: Nein, ein zweites Mal stehe ich nicht einfach da und sehe zu … Er veränderte sich, seit sie über seine Cousine herfielen und sie vergewaltigten, so daß sie um den Verstand kam. Man sagt, es waren vier angetrunkene Rotarmisten. Ich kenne die Cousine. Er vergöttert und verwöhnt sie. Sie heißt Luminiṭa. »Das Schneewittchen«. So weiß wie Schnee, so rot wie Blut …

Dies alles hatte ich Gordan verschwiegen. Er wußte selber am besten, daß Stalins Faust das Land gepackt hatte wie ein Riese die Maus. Er hatte mich gefragt: »Warum gingen die Männer in die Wälder?«

Ich hatte geantwortet: »Der Mann, der mich schickt, sagte: damit dem Volk nicht die letzte Würde verloren geht … Ich soll dir von ihm ausrichten, daß sich unter dem Tǎlmaṣiul-Gipfel auf der anderen Seite des Großen Königsteins, auch im Pǎpuṣa- und Ieser-Gebiet Gruppen Gleichgesinnter in Winterunterkünften aufhalten. Er läßt dir sagen, wenn du's nicht allein schaffst, kannst du bei denen unterkommen. Wann immer. Jeder wird gebraucht. Erst recht einer wie du.«

»Woher weiß er von mir?«

»Ich sagte dir, er hat Leute, die ihm alles melden. Außerdem hat man sich überall vom Raub der Herde erzählt. Vor allem von den drei erschlagenen Sowjets. Ich wußte sofort, daß du das warst.«

»Ich kenne die Gründe nicht, warum die in die Wälder und Berge gegangen sind«, hatte mich Gordan abgefertigt, »ich brauche keine Gruppe. Ich habe die Schafe. Die brauchen mich. Es sind die letzten meiner Herde, die ich seit dem Tod des Vaters und der Brüder mit Mühe großzog.« Er stieß einen Fluch aus und fügte hinzu: »Wenn ich Hilfe benötige, habe ich Ruxandra. Und dich.«

»Klar«, hatte ich zugestimmt.

»Sag dem Mann meinen Dank für Pistolen und Munition.«

Ich hatte vor Gordan auch darüber kein Wort verloren, was mir von Dan Panare abschließend anvertraut worden war: Daß die Amerikaner das Land nicht im Stich lassen würden. Er habe nicht nur Informationen darüber, sondern auch Versprechungen. Die seien nämlich keine Freunde der moskowitischen Bolschewiken. Sie würden nur auf die Beendigung des Kriegs warten, um sie sich vorzuknöpfen. Mit den Amerikanern könnten die Widerständler rechnen … Ich hatte Gordan nichts davon gesagt, weil ich wußte, was er von mächtigen Fremden in seinem Vaterland hielt.

Ich war unter den Türmen und Mauern der Törzburg angekommen. Danach lief ich in die Hochebene hinaus. Immer noch war ich niemandem begegnet. Es war die Stunde, in der die Winternächte hier die größte Kälte ausspien, die zweite Stunde nach Mitternacht. Meine Tritte klangen wie Pistolenschüsse.

Da sah ich plötzlich rechts im Feld drei Gestalten mitlaufen. Schickten sie sich an, mir an der großen Straßenkrümmung den Weg abzuschneiden? Ich blieb stehen. Ich hielt den Atem an. Die drei blieben ebenfalls stehen. Ich überlegte die Möglichkeiten, die ich hatte, sollten es drei Mann einer Polizeipatrouille sein. Warum liefen die auf dem Feld mit mir mit? … Unwillkürlich griff ich nach dem Sarazenendolch in der Außentasche über dem rechten Schenkel. Der Griff war kalt und glatt wie ein Eiszapfen. Während ich ihn aus der Tasche zog, hatte ich eine Sekunde lang das Gefühl, er drängte sich mir in die Hand. Ich ließ die drei Gestalten nicht aus den Augen. Doch dann erkannte ich, daß es drei Büsche waren. Sie setzten sich wieder in Bewegung, als ich weiterlief.

Und während ich nun lief, waren mit einem Mal die Bilder da. Im Helldunkel der Schneelandschaft sah ich über den Dächern vor mir das Feuer, es schwebte über dem Land, die Flammen schlugen bis zur Burg hinauf. Ich mußte mich anstrengen, um zu erkennen, wo es brannte: Es war der Schulhof des Honterus-Gymnasiums. Der große Hof war eine einzige Feuerstelle. Die Flammen züngelten an den Aulafenstern hinauf. Das Glas blendete wie damals, als ich sie bei Dr.Wiegand Schädels »Ab-sofort«-Rede über das »Vorbild des großen deutschen Muttervolkes«, dann beim Verlassen des Schulhofs nach meinem Aufbegehren gegen die Beleidigungen durch den »Reichsjugendredner« gesehen hatte.Vor und hinter den Fenstern war es so hell, daß ich meinte, das Innere des mit dunklen Wandtäfelungen ausgestatteten hohen Raumes und das Bildnis des Reformators Johannes Honterus an der Wand zu sehen – der mutige Blick des breitschultrigen, bärtigen Mannes war auf mich gerichtet. Ich sah, während ich lief, Guido Proder am Honterus-Bildnis vorbei in die Flammen und aus ihnen herausspringen. Ich sah den blonden Bramü mit dem Caesarengesicht sich in den Flammen wälzen. Ich sah den langen Rolfi Fels lichterloh brennen, er trug den glimmenden Kulli wie eine Puppe im Arm, er lief im Kreis durchs Feuer. Und mit einem Mal war Benno allein mitten in den Flammen. Unter den Augen des Reformators führte er einen Tanz in der Lohe auf … Ist Benno verrückt? dachte ich und lief auf ihn zu, was treibt er dort? Ich ging nicht, ich lief, die Tritte wie Pistolenschüsse unter mir. Ich spürte die Entspannung, die trotz der eisigen Luft in den Lungen vom Lauf auf mich ausging und mir die Erregung seit der Begegnung mit Gordan nahm. Warum tue ich dies alles, dachte ich zur gleichen Zeit, warum sage ich Pandare bedenkenlos zu, wenn er mich bittet, einen Auftrag zu übernehmen, von dem wir beide wissen, daß er mich das Leben kostet, wenn ich einer Polizeistreife in die Arme laufe? Warum verspreche ich Gordan meine Hilfe und bin entschlossen, sie ihm zu leisten, wenn mir bewußt ist, daß schon nur die Nähe zu ihm den Tod bedeutet? Was treibt mich dazu, es zu tun? … Ich trage den Sarazenendolch bei mir. Blut klebt an ihm. Wer weiß, wieviel und wessen Blut? In meinem Zimmer lehnt der Stab mit dem geschnitzten Christuskopf.

Wer kennt die Wege, die er aus den Bergen bis zum Strom hinab und wieder in die Berge hinauf zurücklegte und auf denen ich ihn tragen werde? Auf meinem Schreibtisch liegt die Handschrift über die Spanier. Wer kann voraussagen, was ich noch über mich und andere herausfinden werde, wenn ich sie fortsetze?

Und warum tanzt mein Freund Benno Martens, dessen Brillengläser nicht sauber genug sein können, oben auf dem Flammenberg vor mir? O ja, er greift ununterbrochen in den Scheiterhaufen hinein; der ist so groß wie der Schulhof und reicht bis zu den hohen Aulafenstern hinauf. Was will Benno aus den Flammen holen? Die Gegenstände brennen, viele kohlen an den Rändern, die sich in Verwülstungen krümmen und aufblättern. Sind das Bälle? Immer neue fliegen von oben auf den brennenden Berg. Vergebens versucht Benno, sie aufzufangen, bevor sie die Flammen erreichen – unter den Blicken des Reformators, der ihm zuzurufen scheint: Rette, kluger, kleiner Brillenträger, was zu retten ist, fürchte dich nicht, so wie ich mich nicht fürchtete, als sie mich und die Stadt zu vernichten drohten, weil ich aufbegehrte, ohne den höchsten Einsatz ist nichts möglich, was der Rede wert wäre ... Die Bälle fliegen aus den Fenstern des Dachgeschosses, aus denen sich von Zeit zu Zeit die Köpfe Uniformierter recken. Die Uniformierten lachen ihren Kameraden zu, die unten das Feuer umstehen und mit aufgepflanzten Bajonetten jedes vom berghohen Flammenstoß heruntergleitende Feuerbündel lachend wieder hinauf schubsen. »Es sind noch viele«, schreit einer oben, »noch sehr viele.« – »Harascho!« antwortet einer von unten, »harascho!« schreit er.

Ich denke: Mein Gott, das sind Bücher ... Sie verbrennen die Bücher der jahrhundertealten Schulbibliothek des Honterus. Die verbrennen das Herz des alten Gymnasiums!

»Harascho machorka«, schreit einer zu den Fenstern hinauf und dreht sich aus dem Blatt eines Wiegendrucks von anno 1490 eine unförmige Zigarette, »harascho machorka«, wiederholt er ...

Was hatte in der Schatulle gelegen, die mir vom Doktor Steinträger auf Wunsch Werner Schremms mit der Post zugeschickt worden war? Nein, nicht das Eiserne Kreuz, meine ich, das mir beim Öffnen entgegengeblinkt hatte, nein, ich meine den Zettel, der ihm beigelegt war. »Vae victis«, »Wehe den Besiegten«, hatte Schremm darauf geschrieben.

Das Herz unserer Schule verbrennt – das Buch! Es wird nie wieder schlagen.

Immer noch sehe ich, während ich durch die Nacht laufe, Benno, der sich jedem herabfliegenden Buch mit ausgebreiteten Armen entgegenwirft. Mit flatternden Seiten wie verzweifelt schlagenden Flügeln erregter Vögel, die dem Griff des Adlers zu entkommen versuchen, schwirren die Bücher pausenlos herab. Die Inkunabeln und Frühdrukke. Die von Hand auf Pergament gezeichneten Landkarten. Die mit Aquarellen verzierten mittelalterlichen Stundenbücher aus niederländischen, französischen, italienischen, deutschen Klosterwerkstätten. Die auf die Jahre 1826–1867 datierte siebenundsechzigbändige Ganzlederausgabe der Luther- und die im Auftrag der Großherzogin Sophie von Sachsen entstandene hundertsiebenundvierzigbändige Luxusausgabe der Goethe-Werke.

Zugleich höre ich durch meine Atemstöße hindurch den Eröffnungschor aus Holgers »Symphonischem Gedicht: Das Hohelied der Liebe«, mit den Versen Salomos, die ich für ihn ausgewählt hatte: »Siehe, meine Freundin, du bist schön. Siehe, schön bist du. Deine Augen … Dein Haar … Bis der Tag kühl wird und die Schatten schwinden, will ich zum Myrrhenberge gehen und zum Weihrauchhügel. Du bist wunderbar schön, meine Freundin, und kein Makel ist an dir …« Steht am Rand des Feuerbergs im Licht der Funken und Flammen nicht Rebekka? »Harascho machorka«, schreit der Gefreite sie an, schlägt mit dem Fuß nach dem brennenden vierhundert Jahre alten Globus, der ihm vor die Stiefel rollt, und qualmt gutgelaunt den durchs Feuer freigesetzten bitteren Geruch der Hanf- und Flachshadern des Papiers von 1490, »Harascho machorka«, schreit er zu den Fenstern hinauf, lacht und spießt eins der kohlenden Bücher aufs Bajonett, ehe er's lachend auf den Flammenberg zurückbefördert …

Ich lief und lief, und die Bilder liefen mit mir – vor und über mir. Ich laufe durch sie hindurch. Ich laufe durch alle die gespenstisch leeren Dörfer meiner Heimat, durch deren Straßen zitternde Alte und eingeschüchterte Kinder als Schatten huschen und hinter den großen Hoftoren verschwinden, durch alle die Städte, in denen sich Eltern und Großeltern der Verschleppten mit dem verschreckten Blick Aussätziger messen, als seien sie aus dieser Welt verstoßen und gehörten hinfort einer anderen, untergegangenen an, als seien sie in Zukunft nur noch die Geister ihrer selbst. Wie anders hatte doch alles begonnen, als die stolzen Söhne und Ehemänner mit den lustigen Liedern »Muß i denn, muß i denn ...« und »Vorwärts, vorwärts schmettern die hellen Fanfaren, vorwärts, vorwärts, Jugend kennt keine Gefahren ...« an alle Fronten Europas und darüber hinaus gezogen waren ... Und jetzt verbrennt das Herz unserer alten Schule, denke ich und wünsche mir, die Bilder dieser Nacht seien Trugbilder ...

Ich machte bei der Hennerth-Großmutter halt, der Jugendgeliebten jenes Johannes, der seine Liebe der Suche nach unseren kastilischen Vorfahren zwischen Toledo und Perpignan, Triest und Kronstadt geopfert hatte, so stark war das spanische Erbe in ihm gewesen. Ich ließ die Bestürzte allein und lief weiter durch die gläsern starre Nacht bis nach Kronstadt. Ich lief auf den Schloßberg hinauf; hinter allen Fenstern war es dunkel. Noch ehe ich pfiff, stieß Rebekka die Läden im ersten Stockwerk auf.

Als ich das Haus betrat, schlug es vom Turm der Schwarzen Kirche die vierte Nachtstunde – und die Bilder waren mit einem Mal weg. Was nur treibt mich? dachte ich und hörte, wie Rebekka hinter mir die Tür verschloß, warum ducke ich mich nicht ins Unabänderliche? Warum drängt es mich zu den Desperados und Abenteurern in den Wäldern und Bergen, zu den ehrenhaften wie den fragwürdigen unter ihnen? Wieso bäumt es sich in mir auf beim Gedanken, irgendwer maßt sich an, mich nach seinem Dafürhalten einschnüren und abstellen zu können, wo's ihm beliebt, bloß weil er die Macht hat? Nein, nicht mich! Nicht mich! Eher noch verbünde ich mich dem Teufel, der mir allemal mehr zählt als die verlorene Freiheit! ... Ich war wehrlos gegen dies Aufbegehren in mir. Ich war ihm ausgeliefert. Ich war immer schon zur Auflehnung bereit, soweit ich mich erinnere ...

»Sie verbrennen die Bücher«, sagte Rebekka, als ich, noch erhitzt vom Laufen, im Hausflur den Anorak abstreifte, »ich habe den ganzen Tag dagestanden und über den Zaun hinweg zugesehen. Benno war dabei. Er hat geschrien, geweint. Er ist über den Zaun geklettert und hat sich die Hände an den Büchern verbrannt, die er aus den Flammen holte ... Die Soldaten haben gelacht, einer hat zum Spaß hinter ihm hergeschossen ... Sie verbrennen die Bücher«, ihre Stimme erstarb, »die Bücher ...« Die Fassungslosigkeit sprach ihr aus den Augen. Sie war bis ins Mark getroffen. Ich spürte ihre Fassungslosigkeit mit jeder Faser.

In jenen letzten Nachtstunden, in denen die Kälte das Land in den Fängen hielt, schlief ich zum ersten Mal bei Rebekka. Bei der Fürstin mit dem Diadem auf der Stirn. Sie war mit nackten und nassen Gliedern aus dem Ostkarpatenfluß gestiegen und ohne Scheu auf mich zugegangen ...

Einen Monat später wartete ich in der Cruca-Hütte über der Paßhöhe auf Gordan. Ich wartete drei Tage und drei Nächte lang. Das Hochland tief unter mir war von grauer Starre überlagert. Hier oben goß die Sonne ein Licht auf die weißen Gebirgszüge, das in silbernen Flammenstürzen über Kämme und Gipfel auf mich niederbrach. Es war eiskalt. Am Morgen des vierten Tags stand Gordan wie aus dem Boden gewachsen im Dämmer der niedrigen Hütte vor mir. Ich schälte mich aus dem klobigen Umhängepelz mit den langen Zotteln und ließ Gordan mich mit Schnee so lange an Armen, Beinen, Brust und Rücken abreiben, bis meine Haut glühte.

Danach standen wir auf den Felsen über dem Paß und blickten aufs Land hinunter, Schneeluft und Licht wie ein Brennen in Gesicht und Augen, hinter uns die Hochgrate. »Vorgestern nacht«, sagte Gordan, »haben sie im ganzen Land eure Leute ausgehoben. Sie bringen sie nach Rußland ...«

»Es ist also soweit«, sagte ich nach einer Pause.

»Ich hörte«, fuhr Gordan fort, »sie haben sich wie die Schafe abführen lassen.«

»Ja, sie sind es gewohnt, zu gehorchen«, sagte ich.

»Auch wenn sie einer zum Schlachthof führt?« fragte Gordan.

»Sie gehorchen«, sagte ich, »kaum einer von ihnen macht etwas anderes als die anderen. Darin lag unsere Stärke.«

Wir blickten über die Lichtkaskaden der abfallenden Höhenrücken ins Land unter den Dunstschleiern hinab.

»Und du?« fragte Gordan. Wenn er redete, umhüllte der Dampf des Atems sein Gesicht.

Ich schwieg. Ich sah den Paß. Ich sagte ihm nicht, daß ich an den Puerto de Tosas dachte, an Juan Carlos de Conderra, meinen Vorfahren, der gleich doppelt aufbegehrt hatte – für das Leben, für die Freiheit. »Was hätten sie denn sonst tun sollen?« sagte ich dann, »die Männer sind alle im Krieg. Die hatten es nur mit Alten, Frauen und Kindern zu tun.«

Ich erhielt keine Antwort.

Die Eisluft lag wie Stahlkammern um unsere Körper, unter uns nichts als steile, windgehärtet funkelnde Harschflächen, stellenweise durchschnitten von schmalen Gesteinsrücken.

Mitten darin der Paß – eine dunkle, gebogene Messerschneide, die unübersehbare Scheidungslinie zwischen den Gemarkungen, die Entscheidung für die eine oder die andere Seite, hinter die es kein Zurück gibt. »Vorgestern«, sagte Gordan, »waren die Wölfe da. Es war eine unruhige Nacht. Ich hatte alle Hände voll zu tun. Es waren zwölf. Zwölf große Braunwölfe. Der Leitwolf war schwarz und hatte Augen wie Schwefel. Er war von der Größe eines Kalbes. In der Ebene schießen die roten Plünderer auf sie, da ziehen sie sich halb verhungert in die Berge zurück. Wenn sie unten genug zu fressen haben, kommen sie nicht. Sie kommen, wenn sie ausgehungert sind und einer sie führt, der keine Angst kennt. Sie umkreisten die Sennhütte. Dieser verdammte Winter!«

Er schwieg, nach einer Zeit sagte er: »Kannst du mir noch Munition für die Pistolen besorgen? Ich habe alles verschossen.«

»Ja«, antwortete ich, »ich bringe sie dir her. Ich verstecke sie im Loch über der Feuerstelle.«

»Der Kampf mit den Wölfen hat zwei Tage und Nächte gedauert«, sagte er, »sie wußten, daß ich allein bin … Warst du bei den Männern unter dem Tălmaşiul-Gipfel, bei der Păpuşa?« fragte er.

»Ja. Ich war auch im Zibins- und im Mühlbacher-Gebirge. Auch dort sind welche. Die einen warten auf die Amerikaner. Die anderen sagen, die Sowjets werden jetzt noch mehr Militär und Geheimpolizei ins Land schicken. Die dritten meinen, die Deutschen werden wiederkommen. Einige von denen sind mit dem Fallschirm abgesprungen, Flugzeuge aus Wien haben sie nachts bis über die Karpaten gebracht. Ich hörte, ein Mann namens Andreas Schmidt befinde sich unter ihnen. Er soll den Partisanenkampf gegen die Sowjets organisieren.«

»Ich brauche noch Munition«, sagte Gordan, »die Wiederkehr der Wölfe ist so gewiß, wie wir hier stehen …« Wir blickten hinab, die Sonnenstrahlen erreichten jetzt durch die schüttere Dunstdecke hindurch das Land. »Wir müssen auf sie vorbereitet sein«, fuhr Gordan fort, »sie werden wiederkommen. Sie kommen immer wieder. Jedes Mal anderswo. Niemand vermag ihre Wiederkehr vorauszusagen. Aber sie kommen wieder. Mein Urgroßvater erzählte mir davon, mein Großvater, mein Vater. Die Wölfe kommen immer wieder. Halb verhungert. Keiner weiß, woher und wann. Aber sie kommen. Jedesmal führt sie der hungrigste an ...« Er sprach nicht weiter.

Wir warteten den Abend ab, der mit einer ungeheuren Umarmung alles Land an sich zog. Nach Eintritt der Dunkelheit trennten wir uns.

Im Frühjahr hörte ich dann den letzten »Bericht des Oberkommandos der Deutschen Wehrmacht«; er enthielt die Sätze: »Seit Mitternacht schweigen nun an allen Fronten die Waffen. Auf Befehl des Großadmirals hat die Wehrmacht den aussichtslos gewordenen Kampf eingestellt.« Es war der neunte Mai neunzehnhundertfünfundvierzig. Und ich dachte: Er war immer aussichtslos ...

Ein Vierteljahr später gingen Japans Städte Hiroshima und Nagasaki im Feuerblitz amerikanischer Atombomben unter – eines der Verbrechen der Sonderklasse im unseligen Jahrhundert. Zur selben Zeit wurde Ruxandra Licu nach der dritten polizeilichen Aufforderung, ihren Ehemann wissen zu lassen, er habe sich unverzüglich der Behörde zu stellen, die schriftliche Mitteilung ins Haus gebracht: Gordan Licu werde hinfort steckbrieflich gesucht. Nicht nur die Einwohner von Fundata, nein, die Bewohner des ganzen Landes wurden bei Todesstrafe bedroht, dem Flüchtigen in irgendeiner Form Hilfe zu leisten, dem »Banditen und seinen verbrecherischen antisowjetischen Faschistenfreunden«. Die Fahndung nach ihm sei landesweit angeordnet und jedem, der einen Hinweis auf ihn gäbe, eine hohe Geldsumme in Aussicht gestellt worden, hörte Ruxandra.

Sie hatte dem jungen Leutnant vom Staatssicherheitsdienst »Siguranţa« guten Gewissens antworten können, auch nicht annähernd zu einer Angabe über den Verbleib ihres Mannes in der Lage zu sein. Der begehrliche Blick des Offiziers, eines athletischen Dunkelblonden mit kühnem Gesicht, war ihr nicht entgangen. Sie hatte ihm unbewegt in die Augen gesehen und leise gesagt: »Wenn du mich anrührst, wird er dich in Stücke reißen. Egal, wo du dich versteckst. Das schwöre ich dir.«

Zu jenem Zeitpunkt war ich der einzige Mensch, der wußte, in welchem der zahllosen Hochtäler der achthundert Kilometer langen Karpaten sich Gordan mit den Schafen aufhielt, die er trotz der Wiederkehr der Wölfe ohne Verlust über den ersten Winter der Erbarmungslosigkeit hinweggerettet hatte.

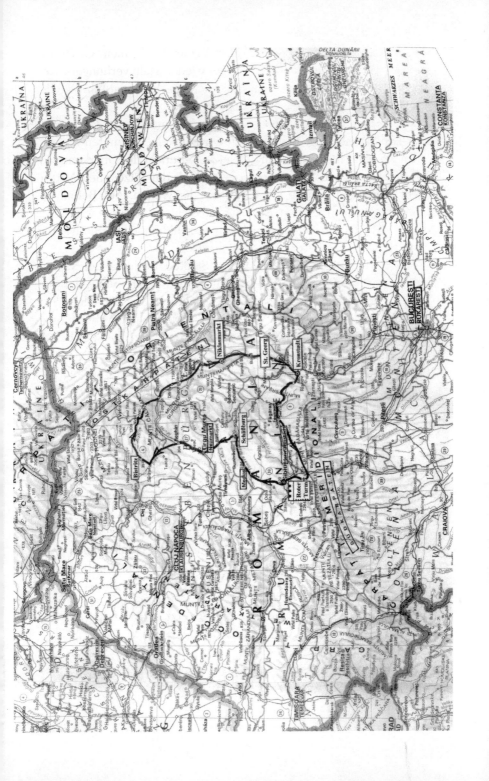

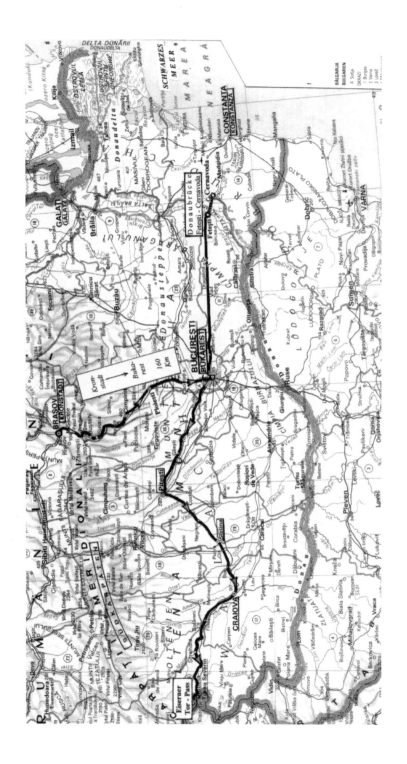